Windows 8 komplett

Windows 8 komplett

Das Praxisbuch

GÜNTER BORN

Markt+Technik

Bibliografische Information der Deutschen Nationalbibliothek

Die Deutsche Nationalbibliothek verzeichnet diese Publikation in der Deutschen Nationalbibliografie; detaillierte bibliografische Daten sind im Internet über <http://dnb.dnb.de> abrufbar.

Die Informationen in diesem Buch werden ohne Rücksicht auf einen eventuellen Patentschutz veröffentlicht. Warennamen werden ohne Gewährleistung der freien Verwendbarkeit benutzt. Bei der Zusammenstellung von Texten und Abbildungen wurde mit größter Sorgfalt vorgegangen. Trotzdem können Fehler nicht vollständig ausgeschlossen werden. Verlag, Herausgeber und Autoren können für fehlerhafte Angaben und deren Folgen weder eine juristische Verantwortung noch irgendeine Haftung übernehmen.
Für Verbesserungsvorschläge und Hinweise auf Fehler sind Verlag und Herausgeber dankbar.

Fast alle Hardware- und Softwarebezeichnungen und weitere Stichworte und sonstige Angaben, die in diesem Buch verwendet werden, sind als eingetragene Marken geschützt. Da es nicht möglich ist, in allen Fällen zeitnah zu ermitteln, ob ein Markenschutz besteht, wird das Symbol ® in diesem Buch nicht verwendet.

10 9 8 7 6 5 4 3 2

15 14 13

ISBN 978-3-8272-4793-3

Covergestaltung: Marco Lindenbeck, webwo GmbH (mlindenbeck@webwo.de)
Fachlektorat: Georg Weiherer, georg.weiherer@freenet.de
Lektorat: Jürgen Bergmoser, jbergmoser@pearson.de
Herstellung: Elisabeth Prümm, epruemm@pearson.de
Korrektorat: Sandra Gottmann
Layout und Satz: Reemers Publishing Services GmbH, Krefeld (www.reemers.de)
Druck und Verarbeitung: Drukarnia Dimograf, Bielsko-Biala
Printed in Poland

Inhaltsübersicht

Inhaltsverzeichnis

Liebe Leserin, lieber Leser

Dieses Buch befasst sich mit Microsoft Windows 8, mit dem ich beim Schreiben dieses Buches bereits fast ein Jahr arbeiten konnte. Microsoft hat angekündigt, dass das neue Betriebssystem auf allen Windows 7-PCs laufen wird, und bietet Upgrades von Windows XP, Windows Vista und Windows 7 auf Windows 8 Pro an. Ich habe Windows 8 hier sowohl auf modernen Windows 7-Rechnern als auch auf älteren Windows Vista-Systemen, auf einem WeTab Tablet-PC und sogar auf einem mit Windows XP ausgelieferten Netbook erfolgreich im Einsatz.

Es gibt viele Neuerungen, die erkundet und erobert werden wollen. In der neuen Version wird Windows 8 z.B. auf die berührungsempfindlichen Bildschirme (Touchdisplays) von Tablet-PCs abgestimmt sein, aber nach wie vor auch Desktopsysteme mit Maus und Tastatur unterstützen. Um die ersten Schritte zu erleichtern, auftretende Probleme gegebenenfalls zu beheben und einen tieferen Einblick in Windows 8 zu erhalten, habe ich dieses Buch geschrieben.

Das Buch wurde in mehrere Teile und Kapitel gegliedert, um die unterschiedlichen Bedürfnisse der Leserinnen und Leser zu berücksichtigen. Inhalts- und Stichwortverzeichnisse ermöglichen Ihnen bei Bedarf den direkten Zugriff auf die benötigten Informationen. Ich hoffe, Ihnen mit der Auswahl der im Buch beschriebenen Themen eine gute Basis zum Arbeiten mit Windows 8 gegeben zu haben. Ihnen als Leserin und Leser wünsche ich viel Spaß und Erfolg im Umgang mit dem Buch und Windows 8.

Günter Born

www.borncity.de

So arbeiten Sie mit diesem Buch

Dieses Buch befasst sich mit den vielfältigen Funktionen von Windows 8 (der Basisversion). Neben den Versionen für Intel x86-/x64-Prozessorarchitektur gibt es jedoch auch eine als »Windows RT« bezeichnete Version für ARM-Prozessoren. Unter Windows RT können keine Windows-Programme von Drittanbietern, sondern nur Apps sowie die von Microsoft mitgelieferten Programme verwendet werden. Da, bis auf diese Einschränkung, die ARM-Variante in der Bedienung identisch ist, kann das Buch daher auch für Systeme mit Windows RT verwendet werden.

Microsoft bietet neben der Basis-Version Windows 8 auch eine funktional erweiterte Variante unter der Bezeichnung Windows 8 Pro an. Für eine begrenzte Zeit nach der Verfügbarkeit von Windows 8 bietet Microsoft ein sehr preisgünstiges Upgrade von Windows XP, Windows Vista und Windows 7 auf Windows 8 Pro an. Außerdem setzen Funktionen wie das Windows Media Center die Windows 8 Pro-Version voraus. Aus diesem Grunde behandle ich im Buch auch ausgewählte Funktionen dieser Windows 8-Variante. Auf die Behandlung spezieller, auf den Unternehmenseinsatz beschränkter Funktionen wie das Einbinden in Domänen wird dagegen verzichtet. Auch die erweiterten Funktionen der für den Unternehmenseinsatz konzipierten Windows 8 Enterprise werden in diesem Buch nicht abgedeckt. Da aber 90 Prozent der Funktionen mit Windows 8 identisch sind, kann das Buch auch dort zumindest als Basis herangezogen werden. Nun noch einige Hinweise auf einige Besonderheiten, die Sie bei der Benutzung des Buches kennen sollten:

- Das Buch wurde in mehrere Teile gegliedert, um die vielfältigen Funktionen von Windows übersichtlicher abhandeln zu können. Die einzelnen Kapitel beschreiben konkrete Funktionen oder behandeln Programme, die Bestandteil von Windows 8 (oder des erweiterten Windows 8 Pro) sind.
- Leider ändert sich die im gedruckten Buch beschriebene Funktionalität durch häufige (App-)Updates. Diese Unterschiede können, angesichts der Vielzahl der Änderungen, nicht über Errata nachdokumentiert werden. Sie sind also auf die von Microsoft bzw. den App-Entwicklern bereitgestellte Onlinehilfe angewiesen.

Sie können das Buch von vorne bis hinten durchlesen, um sich über alles Wissenswerte zu Windows 8 zu informieren. Erfahrene Benutzer können sich auch zielgerichtet die Informationen heraussuchen, die gerade zum Arbeiten benötigt werden. Die Inhalts- und Stichwortverzeichnisse ermöglichen Ihnen den schnellen Zugriff auf die behandelten Themen.

Im Buch wird eine Kursivschreibweise verwendet, um Dateinamen, Befehle, Namen von Optionen etc. im Text hervorzuheben. Zudem sind einzelne Abschnitte durch besondere Symbole in der Marginalspalte gekennzeichnet. Wegen der besseren Erkennbarkeit wurde in den Abbildungen für den Windows-Desktop ein weißer Hintergrund verwendet.

HINWEIS

Abschnitte, die in dieser Form ausgezeichnet sind, enthalten zusätzliche Anmerkungen und Hinweise zum betreffenden Thema.

TIPP

Dieses Symbol kennzeichnet Absätze mit Tipps, die den Umgang mit Windows erleichtern oder auf besondere Sachverhalte eingehen.

ACHTUNG

Das Achtung-Symbol in Absätzen weist auf Sachverhalte oder Vorgänge hin, bei denen Vorsicht geboten ist oder bei denen Fehler bzw. Probleme auftreten können.

Im Buch beziehe ich mich an zahlreichen Stellen auf Webseiten oder Artikel in meinem Blog, in denen Sie hilfreiche Zusatzinformationen finden. Um in der gedruckten Version den Zugriff auf diese Webseiten zu erleichtern, finden Sie hinter Webadressen Angaben der Art [w8-k01-001]. Es handelt sich um einen Zugriffscode, wobei »k01« die Kapitelnummer angibt. Auf der Buchseite meiner Internetpräsenz (`www.borncity.de/BookPage/Win/win8Komplett.htm`) finden Sie eine Linkliste. Über den Code der Art [w8-k01-001] lässt sich der zugehörige Link identifizieren und die betreffende Website aufrufen.

Zusätzlich finden Sie auf der Website des Verlages unter `www.mut.de/24793` diese Linkliste und weitere kostenlose Zusatzmaterialien aus meinem Vorgängertitel Magnum Windows 7 Home Premium SP1 als PDF-Auszug. Dieses von mir ausgesuchte Material beschreibt entweder Teile, die in diesem Buch keinen Platz mehr fanden (z.B. WordPad und Paint-Beschreibung) oder sich auf Windows Live 2011 beziehen (E-Mail, Fotogalerie, MovieMaker), da sich Windows Essentials 2012 nicht so sehr von der Version 2011 unterscheidet.

Windows 8 komplett

Teil 1 Grundlagen & Einstieg

Dieser Teil gibt Ihnen einen Überblick über die Neuerungen und vermittelt Ihnen die Grundlagen, um erfolgreich mit Windows 8 arbeiten zu können. Auch wenn Windows 8 auf den ersten Blick ganz anders aussieht, hat sich an vielen Funktionen nichts oder wenig geändert. Sobald Sie die grundlegenden Arbeitstechniken zum Arbeiten mit der neuen Bedienoberfläche kennen, steht dem Umgang mit Windows 8 nichts mehr im Wege.

1 Die Neuerungen im Überblick

In diesem Kapitel erhalten Sie einen Überblick über die wichtigsten Neuerungen in Windows 8 und erfahren einiges zu den Hardwareanforderungen.

1.1 Windows 8 – Hardwareanforderungen

In den nachfolgenden Abschnitten geht es um die Frage, wie Windows ausgeliefert wird und welche Hardwarevoraussetzungen zur Installation erforderlich sind.

1.1.1 Systemvoraussetzungen

Die gute Nachricht zuerst: Microsoft hatte bereits bei der Entwicklung versprochen, dass Windows 8 auch auf Geräten läuft, die für Windows 7 angeschafft wurden. Daher sind die Hardwareanforderungen zur Installation von Windows 8 recht niedrig:

- *Prozessor:* Das System sollte laut Microsoft mindestens mit einem 1-GHz-Prozessor (32 oder 64 Bit) ausgestattet sein. Allerdings empfiehlt sich doch ein etwas schnellerer Prozessor. Auf gängigen Atomprozessoren mit einer Prozessorgeschwindigkeit von 1,6 GHz ließ sich mit Windows 8 arbeiten. Wichtig ist jedoch, dass die CPU über den SSE2-Befehlssatz und eine PAE/NX-Unterstützung verfügt. Bei älteren CPUs (z.B. Celeron und Pentium M) wird die Installation daher scheitern (`http://www.borncity.com/blog/2012/06/06/windows-8-cpu-kompatibilittsprobleme/` [W8-K1-001]).
- *Arbeitsspeicher:* Microsoft gibt den Mindestspeicher mit 1 Gbyte für die 32-Bit-Version und mit 2 Gbyte für 64-Bit-Systeme an. Ein größerer Hauptspeicherausbau verbessert aber die Leistung merklich. Auf meinem Netbook und dem WeTab Tablet-PC läuft Windows 8 aber mit 1 GByte Speicher als 32-Bit-Version ohne Probleme.
- *DVD-Laufwerk:* Zur Installation sollte ein DVD-Laufwerk vorhanden sein. Für Netbooks wird aber auch eine Installation mittels USB-Sticks unterstützt. Microsoft stellt Tools bereit, um die Installationsdateien auf einen USB-Stick zu übertragen. Auf die Details und Besonderheiten der verschiedenen Installationsvarianten gehe ich in *Kapitel 32* ein.
- *Festplatte:* Zur Installation benötigt Windows 8 – nach Empfehlung von Microsoft – in der 32-Bit-Version mindestens 16 Gbyte (20 Gbyte bei 64-Bit-Systemen) freie Kapazität. Bei manchen Netbooks wird diese Mindestkapazität von der verbauten Solid State Disk (SSD) gerade so erreicht. In der Praxis empfiehlt es sich aber, dass das Systemlaufwerk mindestens 40 Gbyte an freiem Speicher aufweisen sollte. Dann lassen sich nicht nur Anwendungsprogramme und Apps, sondern auch größere Datenbestände (z.B. Videos) speichern. Die auf einem USB-Datenträger installierbare Windows-to-go-Variante wird nur in Windows 8 Enterprise (nur in Unternehmensumgebungen verfügbar) unterstützt.

- *Grafikkarte:* Es muss eine DirectX-9.0c-fähige Grafikkarte mit minimal WDDM 1.0-Treiberunterstützung vorhanden sein. Gängige Grafikkarten mit mindestens 128 Mbyte RAM sollten ausreichend sein. Optimal ist es, wenn die Grafikkarte DirectX 11.1-fähig ist.

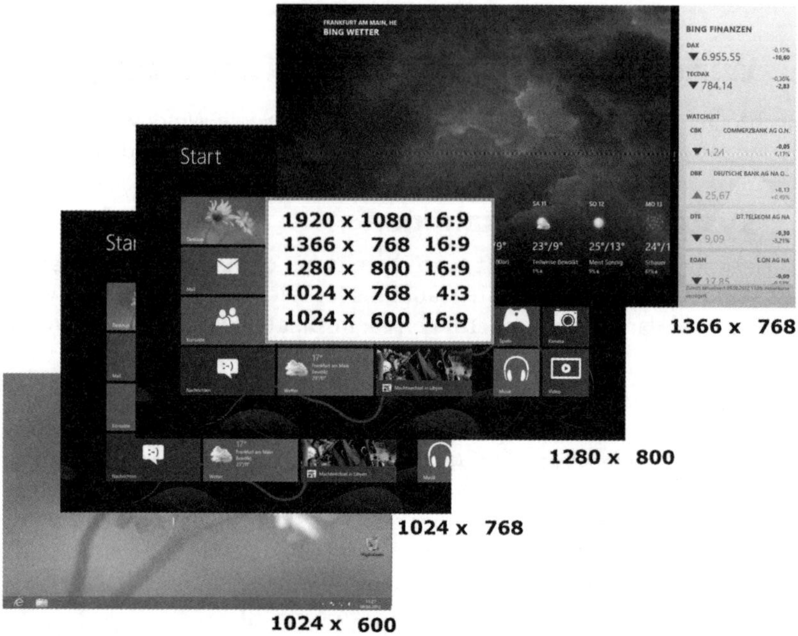

Bild 1.1: Beispiele für verschiedene Displayauflösungen

- *Bildschirmauflösung:* Windows 8 läuft auf Geräten mit unterschiedlichen Bildschirmauflösungen (Bild 1.1), wobei das Bildverhältnis optimal 16:9 betragen sollte. Die hier angegebene Auflösung von 1.024 x 600 Pixel ermöglicht ausschließlich einen Betrieb im »klassischen Desktop-Modus«. Zum Starten von Apps über die neue Oberfläche ist eine Mindestauflösung von 1.024 x 768 Pixel erforderlich. Microsoft empfiehlt zum bestmöglichen Arbeiten mit Windows 8 eine minimale Auflösung von 1.366 x 768 Pixel. Ab dieser Auflösung lassen sich zwei (App-)Fenster im Dock-Modus (Snap-View) nebeneinander auf dem Bildschirm anordnen (Bild 1.1, oberstes Fenster).

Windows 8 unterstützt zum optimalen Arbeiten zudem mehrere Bildschirme, ist aber stark auf eine Fingerbedienung per Touchscreen ausgerichtet. Eine Bedienung per Tastatur und Maus ist trotzdem möglich. Zudem gibt es spezielle Touchpads an Notebooks, die die Windows 8-Gestensteuerung unterstützen.

> TIPP
> Achten Sie beim Kauf von Peripheriegeräten auf jeden Fall darauf, dass deren Treiber auf Windows 8 abgestimmt oder mindestens kompatibel zu Windows 7 sind. Speziell die WIA-Treiber für Scanner und Digitalkameras benötigen unbedingt eine Variante, die mindestens mit Windows Vista (besser mit Windows 7) kompatibel ist. Für die 64-Bit-Version von Windows 8 ist es wichtig, dass entsprechende 64-Bit-Treiber des Herstellers angeboten werden.

1.1.2 Mindestanforderungen für Tablet-PCs

Grundsätzlich können Sie auch Tablet-PCs mit Windows 7, die die obigen Anforderungen erfüllen, zur Installation von Windows 8 verwenden. Hersteller, die ihre Tablet-PCs jedoch mit einem Windows 8-kompatiblen Logo ausstatten möchten, müssen die von Microsoft aufgestellten Anforderungen erfüllen.

Ein zertifiziertes Gerät verfügt über mindestens fünf mechanische Tasten. Neben dem Ein-/Ausschalter ist eine Taste zum Aktivieren/Deaktivieren der Rotationssperre vorgeschrieben. Hinzu kommen die [Win]-Taste sowie zwei Tasten zum Erhöhen/Reduzieren der Lautstärke.

Das gleichzeitige Drücken der Einschalttaste und der [Win]-Taste emuliert bei Tablet-PCs ohne angeschlossene mechanische Tastatur die Tastenkombination [Strg]+[Alt]+[Entf]. Der Touchscreen muss mindestens fünf Berührungspunkte erkennen, um Multitouch-Gesten mit mehreren Fingern zu unterstützen. Microsoft gibt zudem die Mindestbildschirmauflösung des Tablet-PC mit 1.366 x 768 Pixel an.

HINWEIS

Erst bei der angegebenen Mindestauflösung von 1.366 x 768 Pixel ist ein Dock-Modus möglich. Dieser Anzeigemodus ermöglicht es, zwei App-Fenster nebeneinander anzuzeigen. Gängige Tablet-PCs im Low-End-Bereich besitzen nur 1.024 x 600 Pixel und sind für die Ausführung von Apps ungeeignet. Auch Tablet-PCs mit einer Auflösung von 1.280 x 800 Pixel (z.B. Acer Iconia W500) unterstützen keinen Dock-Modus. Bei diesen Geräten ist also keine optimale Windows-Nutzung möglich. Bei dem von mir verwendeten WeTab Tablet-PC wird die Mindestauflösung von 1.366 x 768 Pixel dagegen unterstützt.

Ein zertifizierter Windows 8-Tablet-PC unterstützt USB 2.0, WLAN und Bluetooth 4.0 LE (Low Energy). Zudem ist die Unterstützung der xHCI SuperSpeed USB-3.0-Schnittstelle gefordert (sobald diese Komponenten verfügbar sind). Statt eines BIOS schreibt Microsoft UEFI 2.3.1 mit Secure-Boot-Funktion (für Geräte mit ARM-Prozessoren) zwingend vor. Weiterhin werden eine Grafikeinheit, die Direct3D 10 unterstützt, eine Webkamera mit einer 720-p-Auflösung sowie ein Beschleunigungssensor zur Zertifizierung vorausgesetzt.

Ist eine schnelle Mobilfunkverbindung vorhanden, schreibt Microsoft die Unterstützung für Assisted GPS (A-GPS) vor. Sofern das Gerät die Near Field Communication (NFC, Standard zum kontaktlosen Datenaustausch) verwendet, muss der Tablet-PC die Position des Sensors per Markierung anzeigen. Zudem ist für Windows 8-Tablet-PCs zwingend ein zusätzlicher freier Speicherplatz von mindestens 10 Gbyte nach der Installation des Betriebssystems gefordert.

Windows 8 unterstützt außerdem einen Neun-Achsen-Kombinationssensor, der in neuen Tablet-PCs vorhanden sein soll. Dieser ermöglicht es Apps, sowohl Lageinformationen als auch die Ausrichtung am Erdmagnetfeld sowie Beschleunigungsinformationen auszuwerten.

Neben einer aktiven Helligkeitsregelung der Display-Hintergrundbeleuchtung gibt es auch die Vorgabe, dass bei ARM-Geräten mit Windows RT die Oberflächentemperatur 38 Grad nicht übersteigen darf.

> HINWEIS
>
> Einige Hinweise zu den Tablet-PC-Spezifikationen habe ich unter `http://www.borncity.com/blog/2012/01/25/sensoruntersttzung-in-windows-8/` [w8-k01-002] und unter `http://www.borncity.com/blog/2012/05/31/neue-anforderungen-fr-die-windows-8-logo-zertifizierung/` [w8-k01-003] veröffentlicht.

1.2 Windows-Varianten – was und wo gibt es die?

Nachfolgend gebe ich einen kurzen Überblick zu den Verkaufsversionen von Windows 8.

1.2.1 Bit oder 64 Bit?

Windows 8 gibt es sowohl in einer 32-Bit- als auch in einer 64-Bit-Version. Die 32-Bit-Variante ist vor allem für leistungsschwächere Rechner und Tablet-PCs, die nur über 1 Gbyte Arbeitsspeicher verfügen, von Interesse. Zudem ist die Verwendung der 32-Bit-Version dann anzuraten, wenn für ältere Hardware keine signierten 64-Bit-Treiber angeboten werden.

Die 64-Bit-Versionen laufen nur auf Rechnern, die mit entsprechenden 64-Bit-Prozessoren ausgestattet sind. Diese Windows-Variante unterstützt auch mehr als 4 Gbyte RAM. Bei der 32-Bit-Version lassen sich von den maximal möglichen 4 Gbyte Arbeitsspeicher nur zwischen 2,8 bis 3,7 Gbyte durch Windows 8 verwenden. Der restliche Adressbereich wird vom BIOS für den Zugriff auf die Peripherie (Ein-/Ausgabekomponenten, Controller, Grafikspeicher) reserviert.

Die 32-Bit-Version von Windows 8 ermöglicht zudem (nach einer entsprechenden Aktivierung), auch noch ältere 16-Bit-Programme auszuführen. Die 64-Bit-Version von Windows 8 kann dagegen nur 32- und 64-Bit-Programme ausführen.

1.2.2 Plattformvarianten

Windows 8 steht nicht nur für Rechner mit x86-/x64-Architektur (Intel-Plattform) zur Verfügung. Microsoft hat auch eine Windows 8-Variante für die ARM-Plattform entwickelt. Diese als Windows on ARM (WoA) bezeichnete Variante ist unter dem Produktnamen »Windows RT« ausschließlich von den Herstellern entsprechender Geräte vorinstalliert erhältlich.

> HINWEIS
>
> Funktional unterscheidet sich Windows RT von den für die x86-/x64-Architektur erhältlichen Windows 8-Varianten u.a. dadurch, dass nur einige von Microsoft für ARM entwickelte Windows-Anwendungen wie der Explorer, der Internet Explorer oder Systemtools darauf laufen. Zudem enthält Windows RT (Stand 2012) eine Vorabversion von Microsoft Office 2013 RT. Windows-Anwendungen von Fremdanbietern können auf ARM-Plattformen nicht ausgeführt werden. Geräte auf Basis der ARM-Plattform und Windows RT sind daher auf Apps aus dem Windows Store angewiesen.

1.2.3 Welche Versionen (SKUs) wird es geben?

Das Kürzel SKU steht für Stock Keeping Units, also Handelsversionen. Microsoft bietet folgende SKUs von Windows 8 an:

- *Windows 8:* Die (Basis-)Version für private Anwender.
- *Windows RT*: Die ARM-Edition, nur über OEM-Anbieter von Geräten erhältlich.
- *Windows 8 Pro:* Die Version für den Business-Einsatz, die auch erforderlich ist, um das Windows Media Center Add-On zu installieren.
- *Windows 8 Enterprise Edition:* Nur für Geschäftskunden mit Software-Assurance-Vertrag.

Die Windows 8-Varianten sind dabei als 32- oder 64-Bit-Version erhältlich. Die Enterprise-Variante ist nur für Firmen mit Software-Assurance-Vertrag gedacht. Windows 8 und Windows 8 Pro können dabei über den regulären Handel und in Microsofts Webshop als Download-Versionen bezogen werden.

> HINWEIS
>
> Neben Windows 8 Enterprise Edition ist von Microsoft auch Windows 8 Pro im Rahmen eines Software-Assurance-Vertrags auch als Volumenlizenz erhältlich. Microsoft bietet solche Verträge für Geschäftskunden ab fünf PCs an. Diese Thematik wird im Buch aber nicht weiter behandelt.

1.2.4 Was ist bei der Download-Version zu beachten?

Microsoft bietet in seinem Webshop Windows-Versionen als 32- und 64-Bit-Version zum Download an. Nach dem Download liegt eine *.iso*-Datei (Abbild einer DVD) auf der lokalen Festplatte vor. Diese lässt sich unter Windows 7 mit der rechten Maustaste anklicken und über den Kontextmenübefehl *Datenträgerabbild brennen* auf eine DVD-R brennen. Unter älteren Windows-Versionen ist ein Brennprogramm wie z.B. ImgBurn zum Erstellen der Installations-DVD erforderlich.

1.2.5 Besonderheiten bei Upgrade-Versionen

Microsoft bietet für Windows XP, Windows Vista oder Windows 7 Upgrades auf Windows 8 an. Die Upgrades setzen aber voraus, dass das betreffende Betriebssystem auf dem betreffenden Computer legal installiert ist.

- Wer im Zeitraum vom 2. Juni 2012 bis zum 31. Januar 2013 einen Windows 7-PC erwirbt, kann sich ein Upgrade auf Windows 8 Pro zum Preis von € 14,99 sichern. Hinweise, welche Windows 7-Versionen zum Upgrade berechtigt sind und was es zu beachten gibt, habe ich unter `http://www.borncity.com/blog/2012/06/02/windows-8-upgrade-angebot-fr-1499-euro-gestartet/` [w8-k01-004] zusammengefasst.
- Für Besitzer eines Rechners mit Windows XP, Windows Vista oder Windows 7 steht ab dem 26. Oktober 2012 bis zum 31. Januar 2013 ebenfalls ein vergünstigtes Upgrade auf Windows 8 Pro zur Verfügung. In der Download-Version ist das Paket preisgünstiger (39,99 €) als die über den Handel vertriebenen Upgrades mit DVD (69,99 €). Einige Informationen habe ich unter `http://www.borncity.com/blog/2012/07/02/windows-8-pro-upgrade-kostet-3999/` [w8-k01-005] zusammengestellt.

Welche Upgrade-Pfade es von früheren Windows-Versionen auf Windows 8 gibt und was dabei zu beachten ist, habe ich unter `http://www.borncity.com/blog/2012/06/28/microsoft-verrt-upgrade-pfade-fr-windows-8/` [w8-k01-006] zusammengestellt. Einige Hinweise zum Windows-Upgrade gibt es in *Kapitel 32*.

HINWEIS

Beim Schreiben dieses Kapitels standen Preise für ein Upgrade von Windows 8 auf Windows 8 Pro (Windows 8 Pro Pack) noch nicht offiziell fest. In den Upgrade-Dialogfeldern wurde mir aber ein Preis von 59,99 Euro angezeigt. Das Windows 8 Media Center Pack für Windows 8 Pro wurde von Microsoft online zum Preis von 9,99 Euro angeboten.

Ein Windows 8-Upgrade von älteren Windows-Versionen soll per Internet über einen Webinstaller erfolgen. Das ca. 5 MByte große Programm wird aus einem laufenden Windows heraus gestartet und überprüft den Rechner auf Kompatibilität. Das Programm macht Vorschläge, was vor dem Upgrade an Hard- und Software deinstalliert werden muss, und lädt dann die zum Upgrade benötigten Dateien über Internet auf die Festplatte des PC herunter. Anschließend kann ein USB-Stick oder eine DVD als Installationsmedium erstellt oder das Upgrade direkt durchgeführt werden. Der Webinstaller stand beim Schreiben dieses Manuskripts aber noch nicht in der endgültigen Version bereit (ich hatte nur Zugriff auf Vorabversionen).

1.2.6 Wie unterscheiden sich die Windows-Varianten?

Die von Microsoft angebotenen Windows 8-Varianten unterscheiden sich im bereitgestellten Funktionsumfang und in den Vertriebswegen. Während Windows 8 und Windows 8 Pro für Privatanwender im Direktvertrieb oder im Handel erhältlich sind, wird Windows RT nur an Gerätehersteller zur Vorinstallation auf ARM-Geräten abgegeben. Windows 8 Enterprise steht in Form von Volumenlizenzen für Unternehmenskunden mit Software-Assurance-Vertrag zur Verfügung. Die folgende Tabelle enthält eine Übersicht der verschiedenen Windows 8-Features, die von den unterschiedlichen Windows 8-Varianten unterstützt werden.

Feature	**Windows 8**	**Windows 8 Pro**	**Windows Enterprise**	**Windows RT**
Startseite, semantischer Zoom, Live-Kacheln	x	x	x	x
Windows Store	x	x	x	x
Vorinstallierte Apps wie Mail, Kalender, Kontakte, Fotos, SkyDrive, Reader, Musik, Video etc.	x	x	x	x
Microsoft Office 2013 RT (Word, Excel, PowerPoint, OneNote)				x
Internet Explorer 10	x	x	x	x

Tabelle 1.1: Funktionsumfang der Windows 8-Versionen

Feature	Windows 8	Windows 8 Pro	Windows Enterprise	Windows RT
Verschlüsselung der Geräteinhalte (Device Encryption)				x
Stromsparmodus »Connected Standby»	x	x	x	x
Microsoft-Konto (Benutzerkonto)	x	x	x	x
Desktop	x	x	x	x
Installation von x86-/x64-Windows-Anwendungen	x	x	x	
Neuer Explorer	x	x	x	x
Windows Defender mit Virenschutz	x	x	x	x
SmartScreen-Filter	x	x	x	x
Windows Update	x	x	x	x
Neuer Task-Manager	x	x	x	x
Sprachumschaltung (Language Packs)	x	x	x	x
Verbesserter Multi-Monitor-Support	x	x	x	x
Speicherpools	x	x	x	
Windows Media Player	x	x	x	
Exchange ActiveSync	x	x	x	x
Dateiversionsverlauf (File History)	x	x	x	x
ISO/VHD-Mount	x	x	x	x
Mobile Breitbandunterstützung (3G/4G)	x	x	x	x
Bildanmeldung	x	x	x	x
Teilen (Play To)	x	x	x	x
Remotedesktop (Client)	x	x	x	x
PC auffrischen und Windows neu aufsetzen	x	x	x	x
Dock-Modus für Apps (Snap View)	x	x	x	x
Touchunterstützung, Bildschirmtastatur	x	x	x	x
Trusted-boot	x	x	x	x
VPN-Client	x	x	x	x
BitLocker & BitLocker To Go		x	x	
VHD-Boot		x	x	

Tabelle 1.1: Funktionsumfang der Windows 8-Versionen (Forts.)

Feature	Windows 8	Windows 8 Pro	Windows Enterprise	Windows RT
Hyper-V (Client)		x	x	
Domäneneinbindung		x	x	
Encrypting File System (EFS)		x	x	
Gruppenrichtlinien		x	x	
Remotedesktop (Host)		x	x	

Tabelle 1.1: Funktionsumfang der Windows 8-Versionen (Forts.)

In diesem Buch beschäftige ich mich hauptsächlich mit den von Windows 8 unterstützten Funktionen, wobei die obige Tabelle zeigt, dass Windows RT (bis auf Microsoft Office 2013 RT und die fehlende Unterstützung von Programmen für die x86-/x64-Architektur) funktional identisch ist. Zudem werde ich ausgewählte Funktionen von Windows 8 Pro behandeln.

HINWEIS

Auch von Windows 8 wird es spezielle N-Varianten (z.B. Windows 8 Enterprise N) geben, bei denen der Windows Media Player entfernt wurde. Diese Varianten wurden aufgrund von Wettbewerbsbeschwerden von der EU gefordert. Bei einer solchen N-Variante können die Musik- und Video-Apps ebenfalls keine Audio- und Videodateien wiedergeben.

1.3 Neuerungen im Überblick

Windows 8 kann mit vielen Neuerungen gegenüber den Vorgängerversionen aufwarten. Nachfolgend erhalten Sie dazu einen Schnellüberblick.

1.3.1 Die neue Benutzeroberfläche mit der Startseite

Die augenfälligste Neuerung betrifft die neue Benutzeroberfläche von Windows 8. Nach der Anmeldung gelangt der Benutzer nicht mehr zum gewohnten Windows 7-Desktop mit Startmenü und Taskleiste, sondern zur sogenannten Startseite (Bild 1.2, ursprünglich von Microsoft als Metro-Benutzeroberfläche bezeichnet).

Die Startseite ermöglicht den Zugriff auf alle in Windows 8 installierten Apps sowie auf ausgesuchte Windows-Anwendungen. Jede App oder Windows-Anwendung wird dabei als Kachel auf der Startseite eingeblendet. Nach Anwahl einer Kachel öffnet sich das Anwendungsfenster der App, in dem Informationen bereitgestellt und Funktionen abgerufen werden können. Wird die Kachel einer Windows-Anwendung angewählt, öffnet sich dagegen ein Fenster auf dem Windows-Desktop. Die Startseite ist dabei vom Benutzer anpassbar, d.h., es lässt sich vorgeben, wo die einzelnen Kacheln der Apps und Anwendungen angezeigt werden.

Bild 1.2: Startseite der neuen Benutzeroberfläche

> **HINWEIS**
> Bei Apps gibt es eigentlich keines der Fenster, die wir von Windows-Anwendungen her gewohnt sind. Vielmehr handelt es sich um eine App-Seite, die auf dem gesamten Bildschirm angezeigt wird. Da sich aber zwei App-Seiten im Dock-Modus nebeneinander auf dem Bildschirm anordnen lassen, spreche ich hier im Buch synonym von App-Fenstern und App-Seiten.

Bild 1.3: Klassischer Desktop in Windows 8

Bei Bedarf kann der Benutzer aber über die Kachel *Desktop* der Startseite zum klassischen Windows-Desktop wechseln (Bild 1.3). Dieser Desktop wird automatisch angezeigt, wenn klassische Windows-Anwendungen (z.B. der Explorer oder der Windows Media Player) in einer Fensterdarstellung laufen.

1.3.2 Apps statt Windows-Anwendungen

Ab Windows 8 werden Funktionen in Form von sogenannten Apps bereitgestellt, die über einen Windows Store zu beziehen sind. Microsoft hat dazu neue Programmiermodelle zur Anwendungsentwicklung eingeführt. So lassen sich Apps beispielsweise unter Verwendung neuer Technologien wie HTML5, JavaScript und CSS3 erstellen.

Der Vorteil ist, dass diese Apps sowohl auf Maschinen mit x86-/x64-Architektur als auch auf Geräten mit ARM-Prozessoren laufen. Die aus bisherigen Windows-Versionen bekannten klassischen Windows-Anwendungen laufen dagegen nur noch unter den Windows 8-Varianten für die x86-/x64-Architektur.

1.3.3 Windows Store zum Bezug von Apps

Eine Kachel *Store* in der Startseite ermöglicht den Zugang zum Windows Store. Dieser Windows Store ist der einzige Ort, an dem Benutzer Apps für Windows 8 beziehen können. Die im Shop verfügbaren Apps werden nach verschiedenen Kategorien sortiert. Im Windows Store wird auch angezeigt, ob Updates für installierte Apps bereitstehen und ob Apps gerade heruntergeladen bzw. installiert werden.

1.3.4 Touchbedienung und Bildschirmtastatur

Windows 8 lässt sich zwar mit Tastatur und Maus bedienen, ist aber für eine Fingerbedienung (Touchbedienung) über entsprechende Bildschirme bzw. Displays ausgelegt. Einige Funktionen werden mit Gestensteuerungen, wie z.B. wischen vom Bildschirmrand, aufgerufen. Bei modernen Notebooks können die Gesten auch über ein Trackpad ausgeführt werden. Speziell für Tablet-PCs ohne eigene Tastatur stellt Windows 8 verschiedene Bildschirmtastaturen bereit.

1.3.5 Neuerungen im Explorer

Microsoft hat den Datei-Manager (Explorer) von Windows 8 in der Oberfläche kräftig überarbeitet und einige nette Funktionen spendiert. Am augenfälligsten ist das Menüband mit verschiedenen Registerkarten (Bild 1.4, Hintergrund).

Neu ist auch die Schaltfläche *Zurück* (mit dem nach oben weisenden Pfeil), links neben dem Adressfeld. Diese ermöglicht es, zum übergeordneten Speicherort (Ordner, Laufwerk etc.) zurückzugehen.

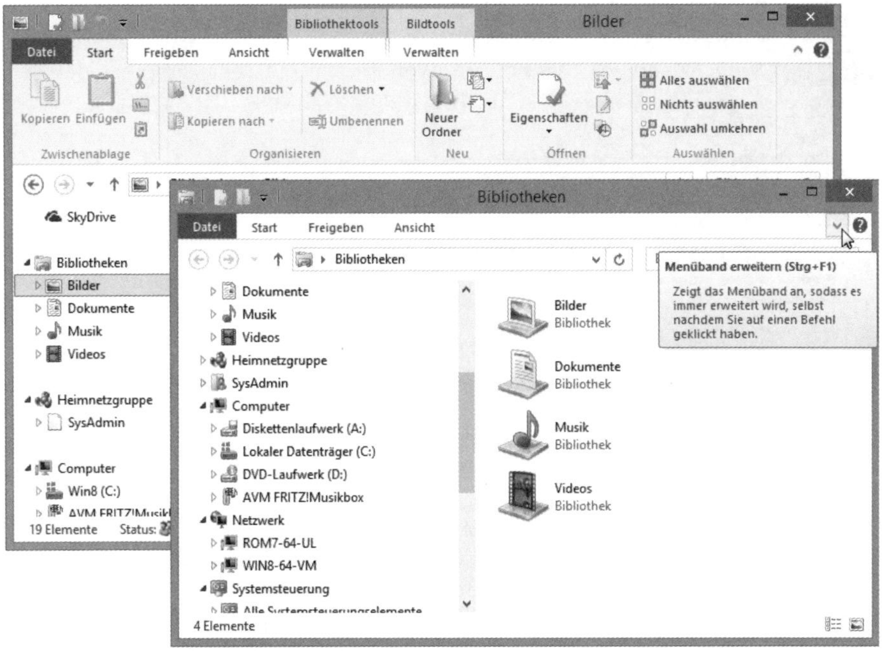

Bild 1.4: Explorer mit Menüband

HINWEIS

Bei einem minimierten Menüband sieht man nur eine Menüleiste mit den Namen der Registerkarten (Bild 1.4, Vordergrund). Durch Anwählen der Registerreiter wird das Menüband temporär angezeigt. Über eine Schaltfläche in der Menüleiste lässt sich das Menüband aber permanent einblenden.

In Windows 8 braucht man keine Drittherstellertools wie Virtual Clone Drive zum Zugriff auf ISO-Dateien (Abbilddatei einer CD oder DVD). Eine ISO-Datei lässt sich direkt aus dem Explorer öffnen, und auf das in der ISO-Datei gespeicherte Abbild der CD oder DVD kann lesend zugegriffen werden. Es reicht, die gewünschte ISO-Datei im Ordnerfenster anzuwählen. Dann findet sich auf der Registerkarte *Verwalten* eine Schaltfläche *Bereitstellen* (Bild 1.5).

Alternativ kann mit der rechten Maustaste ein Kontextmenü der ISO-Datei geöffnet und dann der Befehl *Bereitstellen* zum Mounten aufgerufen werden. Da der Befehl als Standard registriert ist, reicht sogar ein Doppelklicken oder Doppeltippen auf eine ISO-Datei. Anschließend wird der Inhalt der ISO-Datei als eigenständiges Laufwerk bereitgestellt und kann im Ordnerfenster eingesehen werden.

Ähnlich verhält es sich mit virtuellen Festplatten, die über *.vhd*- oder *.vhdx*-Dateien bereitgestellt werden. Nach Anwahl einer Datei kann die virtuelle Festplatte über die Schaltfläche *Bereitstellen* der Registerkarte *Verwalten* in das Dateisystem eingebunden werden. Das Einbinden einer *.vhd*- oder *.vhdx*-Datei in das Windows-Dateisystem kann aber auch (wie in Windows 7 üblich) mittels der Computerverwaltung erfolgen.

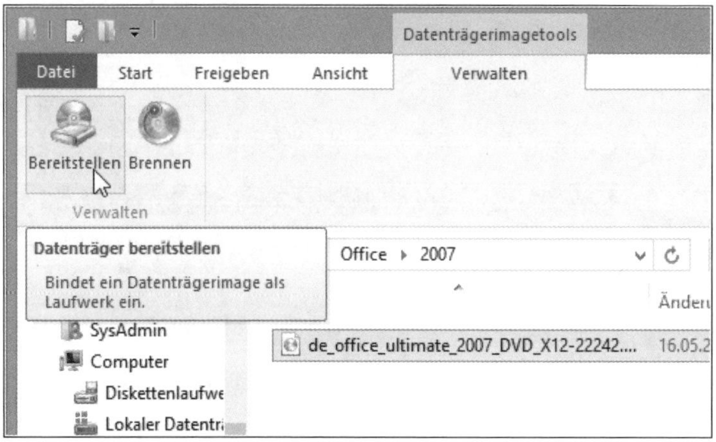

Bild 1.5: Bereitstellen (Mounten) einer ISO-Datei

HINWEIS

Zum Erstellen virtueller Laufwerke kommt die Computerverwaltung zum Einsatz. Virtuelle Festplatten in Form von *.vhd-* oder *.vhdx-*Datei werden von Microsoft-Virtualisierungslösungen wie Windows Virtual PC oder Hyper-V zum Anlegen virtueller Festplatten verwendet. In Windows 7 konnte eine *.vhd-*Datei auch über die Computerverwaltung als separates Laufwerk in das Windows-Dateisystem eingehängt werden. Dann war ein Zugriff auf den Inhalt der *.vhd-*Datei möglich. In Windows 8 ist das VHDX-Format (unterstützt virtuelle Laufwerke mit einer Größe von bis zu 16 Terabyte) hinzugekommen. Wird eine *.vhd-* bzw. *.vhdx-*Datei in Windows 8 in einem Ordnerfenster markiert, lässt sich diese über die Schaltfläche *Bereitstellen* auf der Registerkarte *Verwalten* des Menübands als Laufwerk einbinden.

Über den Befehl *Auswerfen* im Kontextmenü des Laufwerkssymbols oder über die gleichnamige Schaltfläche der Registerkarte *Verwalten* kann die geladene *.iso-* oder *.vhd-*/*.vhdx-*Datei wieder freigegeben werden.

1.3.6 Verbesserte Funktion zum Kopieren

Beim Kopieren mehrerer Dateien wird ein erweitertes Dialogfeld (Bild 1.6, oben) eingeblendet. Über die Schaltfläche *Vorgang anhalten* des Dialogfelds kann die Dateioperation für eine bestimmte Datei angehalten und später wieder fortgesetzt werden.

Zudem gibt es eine Schaltfläche zum Abbrechen des Vorgangs. Dies gibt dem Benutzer die Gelegenheit, eine Dateioperation in der Ausführung zugunsten anderer Operationen zurückzustellen oder zu beenden. Klickt der Benutzer in der linken unteren Ecke des Dialogfelds auf die Schaltfläche *Mehr Details*, blendet Windows im Dialogfeld zudem eine grafische Anzeige mit der Geschwindigkeit der Dateioperation ein (Bild 1.6, unten). Es lässt sich also schnell überprüfen, ob die Geschwindigkeit der Operation über die Zeit abnimmt.

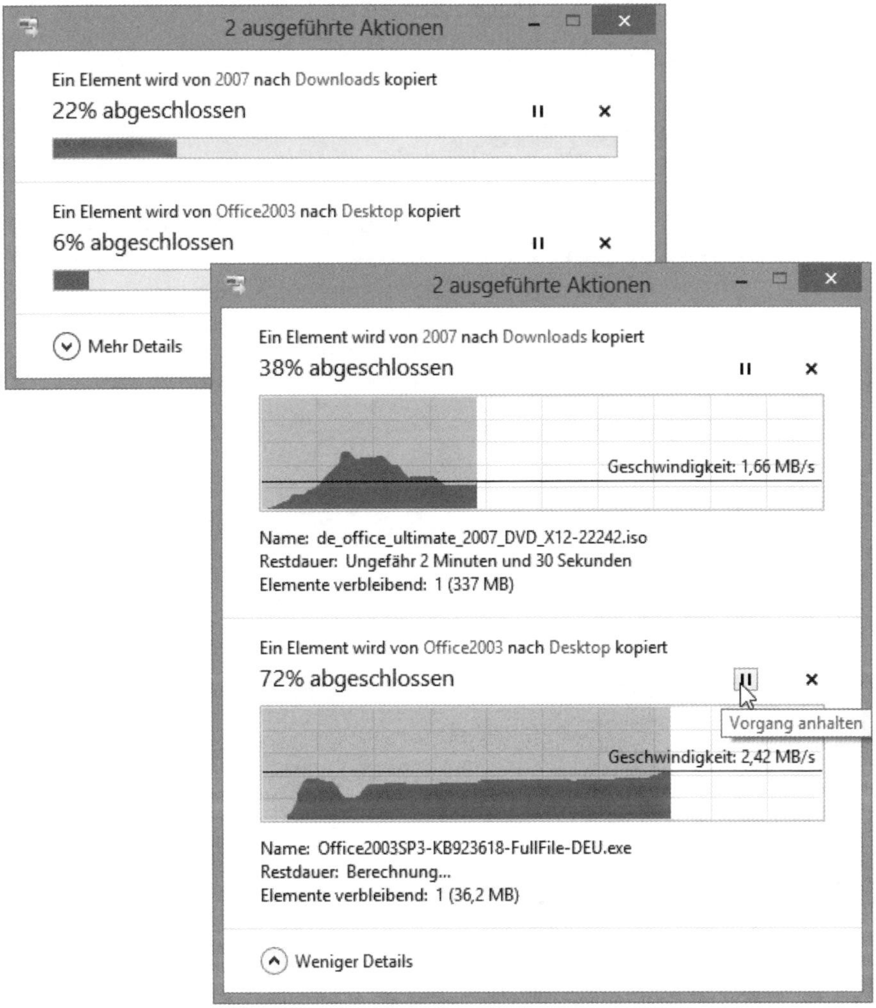

Bild 1.6: Dialogfeld beim Kopieren von Dateien

1.3.7 Erneuerter Task-Manager

Über das Kontextmenü der Taskleiste lässt sich in Windows der Task-Manager aufrufen. Dieser stellt auf verschiedenen Registerkarten eine Auflistung der laufenden Anwendungen, Prozesse und Dienste bereit und wurde in Windows 8 gründlich renoviert.

Beim Aufruf erscheint standardmäßig das in Bild 1.7, oben links, sichtbare Dialogfeld, das nur noch die laufenden Anwendungen auflistet. Über die Schaltfläche *Mehr Details* in der linken unteren Fensterecke wechseln Sie in die detailliertere Darstellung aus Bild 1.7, unten rechts. In der erweiterten Darstellung werden verschiedene Registerkarten mit den laufenden Prozessen, der Leistungsüberwachung, dem App-Verlauf, den angemeldeten Benutzern etc. eingeblendet. Die Darstellung wurde dabei optisch aufbereitet, sodass das Ganze etwas moderner aussieht.

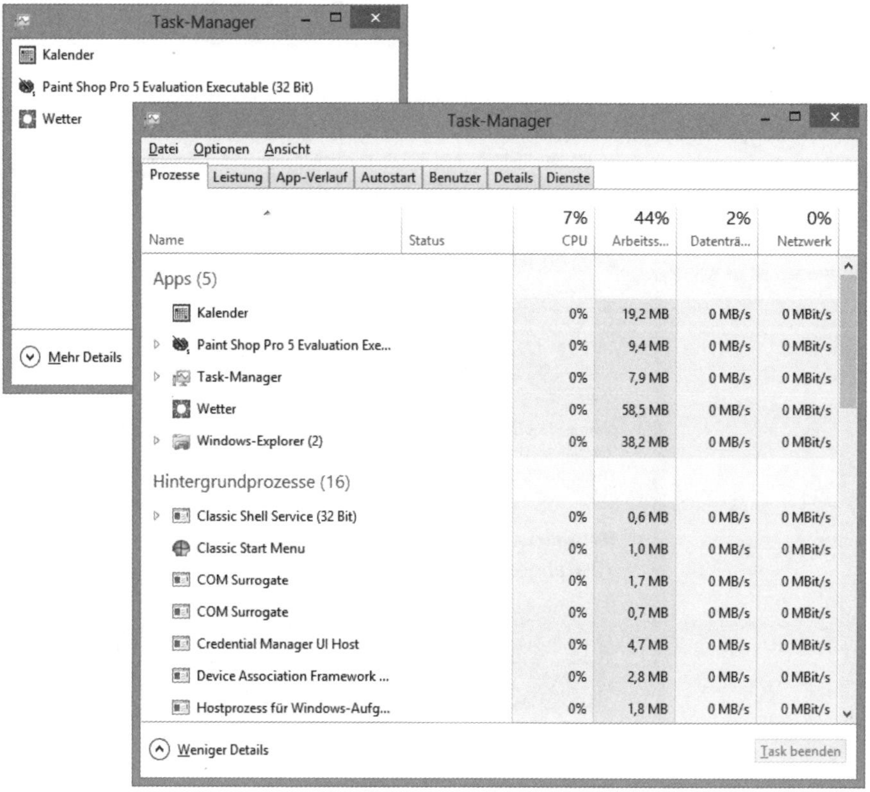

Bild 1.7: Neue Ansichten des Task-Managers

1.3.8 Internet Explorer 10

Windows 8 wird mit dem Internet Explorer 10 ausgeliefert, wobei es eine Variante für den Windows-Desktop und eine App gibt. Die Internet Explorer-App weist am unteren Fensterrand eine Adresszeile samt Navigationsschaltflächen auf (Bild 1.8).

Mit einer Wischbewegung am oberen Rand (bei Touchscreens) bzw. mit einem Rechtsklick der Maus lässt sich die in Bild 1.9 gezeigte Leiste am oberen Browserrand einblenden. Dort werden die geöffneten Registerkarten als Symbole aufgelistet und lassen sich anwählen.

Die Internet Explorer-App unterstützt keine Add-Ons, besitzt aber einen integrierten Adobe Flash Player. Daher können Flash-Inhalte von Webseiten, die von Microsoft als unbedenklich eingestuft wurden, angezeigt werden.

Bild 1.8: Internet Explorer als App

Bild 1.9: Geöffnete Seiten in der Internet Explorer-App

1.3.9 Schutz vor Schadsoftware

Microsoft hat verschiedene Schutzfunktionen gegen Schadsoftware in Windows 8 integriert. In früheren Versionen des Internet Explorers löste der SmartScreen-Filter beim Aufrufen von als riskant eingestuften Webseiten eine deutliche Warnung aus. In Windows 8 wurde der Mechanismus erweitert:

- Wird ein Programm von einem Browser aus dem Internet heruntergeladen und ist dieses nicht als unbedenklich bekannt, löst der SmartScreen-Filter eine deutliche Warnung aus. Der Benutzer muss dann der Programmausführung explizit zustimmen. Add-Ons, die in der Desktop-Version des Internet Explorers ausgeführt werden, laufen in einer Art Sandbox und sind vom System isoliert.
- Zudem hat Microsoft eine Virenschutzfunktion (aus den Microsoft Security Essentials) in Windows 8 integriert. Die betreffenden Funktionen sind im Windows Defender enthalten (Bild 1.10). Windows 8 blockiert über den Defender den Zugriff auf infizierte Dateien und zeigt entsprechende Dialogfelder und Warnungen (Bild 1.11) an.

Der Einsatz der in früheren Windows-Versionen frei verfügbaren Microsoft Security Essentials ist damit in Windows 8 überflüssig.

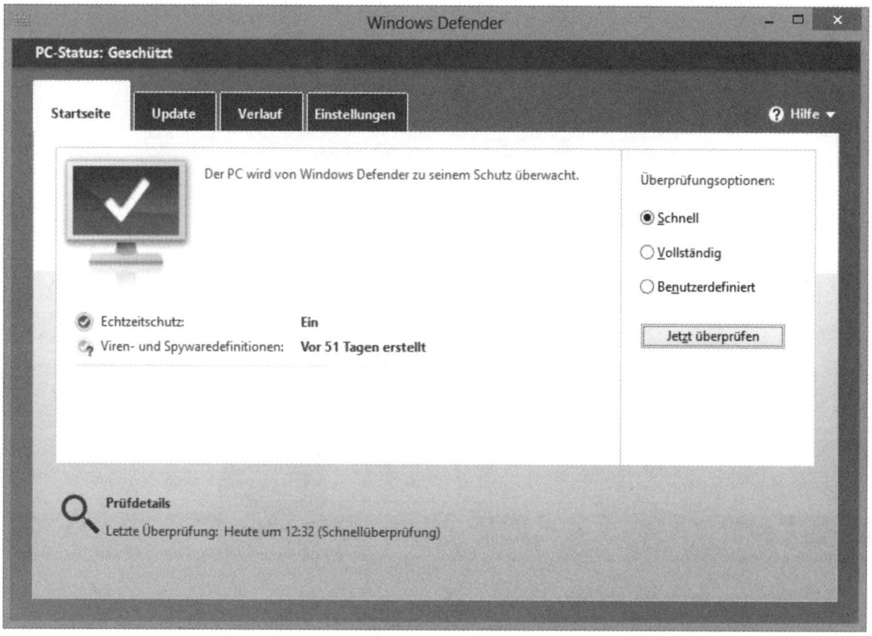

Bild 1.10: Windows Defender

HINWEIS

Microsoft geht im Blogbeitrag unter http://blogs.msdn.com/b/b8_de/archive/2011/09/21/schutz-vor-malware.aspx [w8-k01-007] gezielter auf die Funktionen zum Schutz vor schädlicher Software ein.

1.3.10 Benutzeranmeldung mit Windows Live ID und Bildern

In Windows 8 kann man ein Microsoft-Konto (das mit einem Windows-Live-ID-Konto verbunden ist) einrichten. Alternativ steht die Möglichkeit zum Einrichten eines lokalen Benutzerkontos weiterhin offen. Ein Microsoft-Konto ermöglicht es, persönliche Einstellungen des Benutzerkontos auf mehreren Computern synchron zu halten. Anhand der Anmeldedaten übernimmt Windows 8 die Einstellungen für den Desktop, Themen, erleichterte Bedienung, Spracheinstellungen, Apps, Kennwörter und Browsereinstellungen.

Die Authentifizierung an einem Benutzerkonto kann über ein Kennwort oder einen PIN-Code erfolgen. Um das Merken von Kennwörtern und PIN-Codes zu umgehen, unterstützt Windows 8 die Anmeldung mittels Gesten über angezeigte Bilder. In einer Art Lernphase kann der Benutzer verschiedene Gesten (z.B. ein Gesicht einkreisen, von der Nase einer Person zur Nase einer zweiten Person wischen etc.) an einem angezeigten Bild festlegen (Bild 1.12). Später zeigt Windows 8 dann das Bild in der Anmeldeseite. Nur wenn der Benutzer die festgelegten Gesten in der definierten Reihenfolge ausführt, wird er an seinem Benutzerkonto angemeldet.

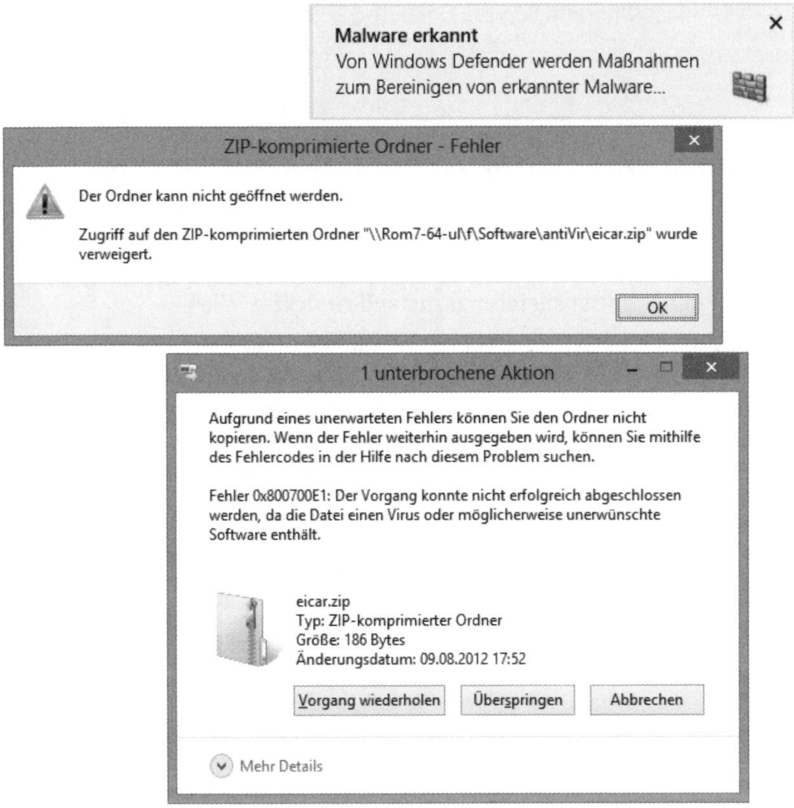

Bild 1.11: Warnung beim Zugriff auf schädliche Dateien

Bild 1.12: Festlegen der Gesten bei der Bild-Anmeldung

HINWEIS

Auch bei einer Bild-Anmeldung ist optional eine Anmeldung per Kennwort möglich.

1.3.11 Das System zurücksetzen und auffrischen

Ist Windows 8 so stark beschädigt, dass nichts mehr richtig funktioniert, besteht die Möglichkeit, das System mit den Funktionen »Alles entfernen und Windows neu installieren« (Reset) und »PC auffrischen« (Refresh) in einen definierten Ausgangs- oder auf den Werksauslieferungszustand zurückzustellen.

Die betreffende Funktion lässt sich über die neue Benutzeroberfläche (Bild 1.13) in den PC-Einstellungen oder im Reparaturmodus von Windows RE (RE steht für Repair Environment) aufrufen. Anschließend wird der Benutzer über Texteinblendungen durch die Schritte des Wiederherstellungsmodus geführt. Es besteht die Möglichkeit, Windows 8 ohne Verlust persönlicher Daten auf einen Ursprungszustand zurückzusetzen. Alternativ kann Windows 8 auf den Werksauslieferungszustand zurückgesetzt werden. Dies ist z.B. hilfreich, wenn der PC weitergegeben werden soll oder wenn gar nichts mehr funktioniert.

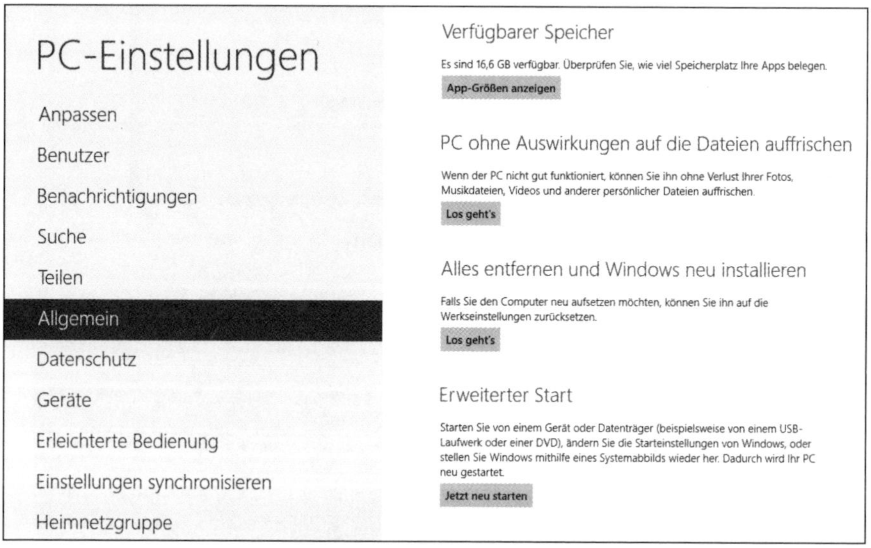

Bild 1.13: Funktionen zum Zurücksetzen von Windows 8

1.3.12 Windows 8 to go

Für den Unternehmenseinsatz lässt sich Windows 8 Enterprise als Windows to go auf einem USB-Datenträger installieren und auf beliebigen Computern booten. In den in diesem Buch behandelten Windows-Varianten wird das Erzeugen einer solchen Installation aber nicht unterstützt.

Bild 1.14: Netbook mit externem USB-Stick und Windows to go

HINWEIS

In meinem Blog beschreibe ich unter http://www.borncity.com/blog/2012/06/01/windows-to-go-mit-windows-8-release-preview/ [w8-k01-008] Ansätze, wie erfahrene Benutzer u.U. eine Windows-to-go-Installation selbst vornehmen und die Funktion ggf. testen können.

1.3.13 Hyper-V Version 3.0

Statt der in einigen Windows 7-Varianten installierbaren Virtualisierungslösung Windows Virtual PC unterstützen die 64-Bit-Versionen von Windows 8 Pro und Windows 8 Enterprise Hyper-V 3.0. Mit geeigneter Hardware können virtuelle Maschinen unter Hyper-V-Plattform ausgeführt werden. Weiterhin steht ein Hyper-V-Manager zur Verwaltung der virtuellen Maschinen zur Verfügung.

ACHTUNG

Leider setzt Hyper-V unter Windows 8 nicht nur eine Virtualisierungsunterstützung durch die CPU (VT-X, AMD-V) voraus. Die CPU muss auch Second Level Address Translation (SLAT) unterstützen. Dies ist bei AMD ab dem K10-Prozessor und bei Intel ab neueren Versionen der iCore-Prozessorserie gegeben.

In meinem Blog gehe ich im Beitrag unter http://www.borncity.com/blog/2011/09/08/windows-8-hyper-v-braucht-slat-fhige-cpus/ [w8-k01-009] auf das Thema SLAT ein. Unter http://www.borncity.com/blog/2012/04/14/windows-8-hyper-v-im-test-teil-i/ [w8-k01-010] habe ich in meinem Blog eine mehrteilige Artikelfolge zu Hyper-V veröffentlicht. Für Systeme im Heimbereich wird man auf alternative Virtualisierungslösungen wie VirtualBox, VMLite oder VMware Player zurückgreifen müssen.

1.3.14 Cloud-Anbindung an Microsoft SkyDrive

Eine zentrale Microsoft-Strategie bei der Entwicklung von Windows 8 ist die Möglichkeit einer Online-Einbindung in die Datenwolke (Cloud). Hierzu wird, neben der Benutzeranmeldung am Microsoft-Benutzerkonto (Live-ID-Konto), auch die Anbindung an SkyDrive unterstützt. Bei SkyDrive handelt es sich um einen von Microsoft für registrierte Benutzer im Internet kostenlos zur Verfügung gestellten Datenspeicher mit 7 GByte Kapazität.

In Windows 8 ist ein direkter Zugriff auf das eigene SkyDrive-Laufwerk mittels einer App möglich. Zudem kann eine Verbindung zum SkyDrive-Laufwerk über den Windows-Explorer eingerichtet werden. So lassen sich direkt Daten per Internet auf dem eigenen Cloud-Speicher verwalten.

1.3.15 Schnellstart dank Hybrid-Boot

Um den Startvorgang von Windows 8 zu beschleunigen, hat Microsoft einen sogenannten »Hybrid-Boot« eingeführt. Beim Herunterfahren werden nur die Anwendungen aus dem Speicher entfernt. Anschließend geht der Windows-Kernel in den Ruhemodus, d.h., das Speicherabbild des Kernels wird in eine Datei geschrieben. Beim nächsten Start lädt der Bootlader den Windows-Kern samt dem Speicherabbild. Dies führt zu wesentlich schnelleren Startvorgängen als bei früheren Windows-Versionen.

HINWEIS

Microsoft geht im Windows 8-Entwicklerblog unter http://blogs.msdn.com/b/b8_de/archive/2011/09/14/erm-246-glichen-von-schnellen-starts-in-windows-160-8.aspx [w8-k01-011] und http://blogs.msdn.com/b/b8_de/archive/2011/09/22/neuentwicklung-des-windows-startvorgangs.aspx [w8-k01-012] auf die Details ein. Der Hybrid-Boot führt jedoch zum Problem, dass dem Benutzer kaum noch Zeit bleibt, um beim Start ins BIOS oder in den abgesicherten Modus zu gehen. Es gibt in Windows 8 daher eine zusätzliche Bootoption zum Aufrufen des abgesicherten Modus (http://www.borncity.com/blog/2012/05/24/windows-8-bootet-zu-schnell-ein-luxusproblem/ [w8-k01-013].

1.4 Hardwarespezifische Neuerungen

Neben den im vorherigen Abschnitt erläuterten Neuerungen ergeben sich auch auf Hardwareebene einige Änderungen gegenüber früheren Windows-Versionen. In den folgenden Abschnitten gehe ich kurz auf die einzelnen Aspekte ein.

1.4.1 Unterstützung für ARM- und x86-/x64-Prozessoren

Ich hatte es bereits erwähnt, eine große Neuerung gegenüber früheren Windows-Versionen ist der Umstand, dass Windows 8 sowohl auf der Intel-x86-/-x64-Architektur als auch auf ARM-Prozessoren läuft. ARM-Prozessoren werden, insbesondere wegen des energiesparenden Betriebs, bevorzugt bei mobilen Geräten wie Smartphones und Tablet-PCs eingesetzt. Microsoft arbeitet mit den Herstellern Nvidia, Qualcomm und Texas Instruments zusammen, um ARM-Geräte für Windows RT zu entwickeln. Allerdings wird Windows RT nur vorinstalliert auf Geräten von OEM-Herstellern erhältlich sein. Und die, bereits vor dem Erscheinen von Windows 8 bzw. Windows RT, vorgestellten Konzepte können sich sehen lassen. Ultrakompakte Rechner mit abnehmbarer Tastatur, die sich sowohl als Tablet-PC als auch als Notebook verwenden lassen, stehen für das neue Windows zur Verfügung.

Bild 1.15: Asus Tablet 600 mit Windows RT (Quelle: Asus)

Die Firma Asus hat zum Beispiel das in Bild 1.15 gezeigte Tablet 600, auf Basis eines Nvidia Tegra 3 ARM-Chips, auf der Computex 2012 vorgestellt. Das Asus Tablet 600 wird mit Windows RT ausgeliefert.

Selbst Microsoft steigt in das Geschäft mit Windows 8-Rechnern ein. Unter dem Modellnamen »Surface« werden ein ARM-Gerät (Surface für Windows RT) und ein x86-/x64-Gerät (Surface für Windows 8 Pro) angeboten (Bild 1.16). Es handelt sich um Tablet-PCs mit 10-Zoll-Touchbildschirm, die mit einer magnetisch ansteckbaren Tastatur in ein Notebook verwandelt werden können. Einige Informationen zu den Surface-Geräten finden sich auf der Microsoft-Seite `http://www.surface.info` [w8-k01-014].

Bild 1.16: Microsoft Surface für Windows 8 (Quelle: Microsoft)

Windows RT ist funktional gegenüber den x86-/x64-Versionen eingeschränkt, denn es laufen weder x86-/x64-Programme auf dieser Plattform, noch lässt Microsoft Windows-Anwendungen von Drittherstellern auf ARM-Plattformen zu (siehe auch den Abschnitt »1.2.6 Wie unterscheiden sich die Windows-Varianten?«).

1.4.2 Touchsupport, Gestensteuerung, Multimonitorbetrieb

Windows 8 wurde für die »Fingerbedienung« entwickelt. Auf Geräten mit Touchdisplays (z.B. Tablet-PCs) sind die notwendigen Treiber, auch zur Erkennung der Lagesensoren, bereits im Betriebssystem enthalten. Startbildschirm und Apps sind auf Touchscreen-Bedienung ausgelegt. Auf Geräten mit Lagesensor (Tablet-PCs) lässt sich Windows 8 sowohl im Hoch- als auch im Querformat bedienen.

Bei Notebooks oder den besonders kompakten Ultrabooks ohne Touchscreen können Hersteller auch spezielle Touchpads (gelegentlich auch als Trackpads bezeichnet) verwenden, die eine Gestensteuerung für Windows 8 unterstützen. Dann lässt sich Windows 8 per Touchpad mit den gleichen Gesten wie auf einem Touchdisplay bedienen. Beim Schreiben dieses Buches hatte der Trackpad-Hersteller Synaptics bereits entsprechende Lösungen vorgestellt.

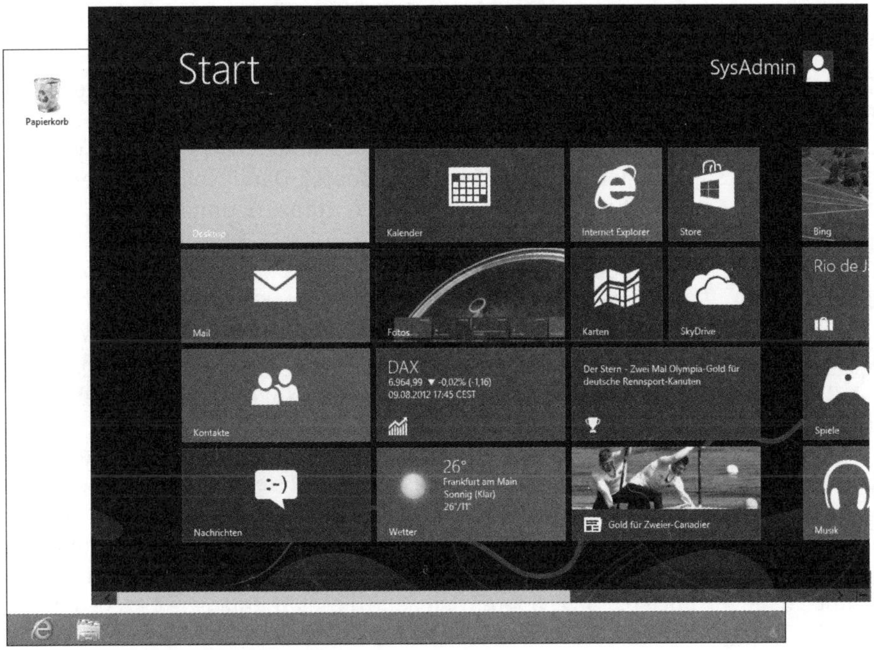

Bild 1.17: Arbeiten mit zwei Monitoren

Windows 8 unterstützt zudem den Betrieb mehrerer Monitore, sodass auf einem Monitor beispielsweise der Windows-Desktop und auf einem zweiten Monitor ein App-Fenster oder die Startseite mit den Kacheln zu sehen ist (Bild 1.17). Die Anzeige lässt sich auch als Duplikat auf einen zweiten Monitor geben oder die Anzeige vom ersten Monitor auf den zweiten umschalten (z.B. sinnvoll bei Notebooks oder den Surface-Geräten, wenn ein separater Monitor angeschlossen wird).

1.4.3 USB 3.0-Unterstützung im Betriebssystem

Eine weitere Neuerung ist die standardmäßige USB 3.0-Unterstützung durch Windows 8. Hierzu wird Windows 8 bereits für Geräte nach dem neuen USB 3.0-Standard, der theoretisch eine Übertragungsgeschwindigkeit von 4.000 MBit/Sekunde (500 Mbyte/s) zulässt, enthalten sein. Die noch in Windows 7 erforderlichen spezifischen USB 3.0-Treiber der jeweiligen Hardwarehersteller sind nicht mehr notwendig.

1.4.4 UEFI-Unterstützung und Secure-Boot

Eine der bei Windows 8 eingesetzten Technologien ist das Unified Extensible Firmware Interface (UEFI). Dieses Interface stellt die Schnittstelle für das Betriebssystem zum Zugriff auf die Hardware bereit und soll das bisher bei Windows-Rechnern verwendete Basic Input Output System (BIOS) ersetzen. UEFI wird zwar bereits in den 64-Bit-Versionen von Windows Vista unterstützt. Momentan ist es aber so, dass viele auf dem Markt angebotenen Mainboards noch mit einem BIOS ausgestattet sind. Was bei Apple-Rechnern seit Jahren Standard ist, soll nun auch unter (den 64-Bit-Versionen von) Windows 8 nicht nur für einen schnelleren Boot-Vorgang sorgen, sondern auch weitere neue Features ermöglichen.

Die UEFI 2.3.1-Spezifikation ermöglicht einen Secure-Boot-Modus, bei dem die Firmware den Bootlader bzw. den Betriebssystem-Startcode auf gültige Sicherheitszertifikate überprüfen kann. Nur wenn die Startdateien des Betriebssystems entsprechend signiert sind, wird das System gebootet. Damit soll verhindert werden, dass sich Schadsoftware (z.B. Rootkits) im Bootprozess einnisten.

HINWEIS

Microsoft hat im Windows 8-Entwickler-Blog unter http://blogs.msdn.com/b/b8_de/archive/2011/09/26/sch-252-tzen-der-vor-betriebssystemumgebung-mit-uefi.aspx [w8-k01-015] einige Informationen rund um den sicheren Start veröffentlicht. In der Vergangenheit gab es Diskussionen darüber, ob Windows 8 UEFI 2.x zwingend voraussetzt. Dies würde bedeuten, dass Windows 8 nicht mehr auf älterer Hardware läuft. Lediglich bei ARM-Systemen und bei für Windows 8 zertifizierten Systemen auf Basis der Intel-x86-/-x64-Architektur setzt Microsoft UEFI 2.x mit Secure Boot zwingend voraus. Bei nicht zertifizierter x86-/x64-Hardware hängt der Zwang zur UEFI-Unterstützung von der Größe der Festplatte ab. Ab 3 Terabyte Festplattenkapazität ist UEFI ebenfalls (aus technologischen Gründen) erforderlich. Systeme mit geringeren Festplattenkapazitäten können dagegen auch per BIOS booten. Ich habe dieses Thema bereits 2011 unter http://www.borncity.com/blog/2011/06/03/setzt-windows-8-uefi-voraus/ [w8-k01-016] in meinem Blog aufgegriffen.

2 Abmelden und Herunterfahren

In Windows 8 haben sich die Schritte zum Anmelden, Abmelden oder Herunterfahren gegenüber früheren Windows-Versionen etwas geändert. Nachfolgend erfahren Sie alles, was es zu diesen Themen zu wissen gibt.

2.1 Wissen zur Windows-Anmeldung

Windows sollte (auch aus Sicherheitsgründen) so eingerichtet sein, dass eine Anmeldung mittels Kennwort an einem Benutzerkonto für jeden Benutzer erforderlich ist.

2.1.1 Benutzerkonten – das sollten Sie wissen

Windows stellt sogenannte Benutzerkonten zum Anmelden zur Verfügung. Benutzerkonten trennen die einzelnen Benutzer des Computers voneinander, sodass diese sich nicht gegenseitig beeinflussen oder stören. Jeder Benutzer kann sich z. B. seine Windows-Oberfläche nach eigenen Wünschen anpassen, ohne dass dies andere Benutzer betrifft. Auch eigene Dokumente (Fotos, Schriftstücke etc.) lassen sich so verwalten. Über den Typ des Benutzerkontos wird festgelegt, was ein Anwender auf dem Computer alles tun darf. Ähnlich wie bei Windows Vista und Windows 7 gibt es unter Windows 8 folgende Kontotypen:

- *Administrator:* Die sogenannten Administratorkonten sind für Personen vorgesehen, die einen Computer verwalten und auch neue Programme oder Geräte auf dem Computer einrichten dürfen. Diese Konten sollten aus Sicherheitsgründen keinesfalls zum normalen Arbeiten (Surfen im Internet etc.) benutzt werden.
- *Standardbenutzer:* Für jeden Benutzer des Rechners sollte ein Standardbenutzerkonto zum Arbeiten vorhanden sein. Windows verhindert, dass ein an einem solchen Konto angemeldeter Benutzer ungewollt etwas an Windows verstellt, Programme oder Geräte installiert sowie Dateien anderer Benutzer unbeabsichtigt verändert. Zudem sorgt Windows bei diesen Benutzerkonten dafür, dass sich Schadprogramme nicht ungewollt (bzw. ohne Zustimmung des Anwenders) auf allen Benutzerkonten des Computers einrichten können.

Bei der Installation wird nur ein Administratorkonto eingerichtet. Es empfiehlt sich aber, für jeden Benutzer des Computers ein eigenes Standardbenutzerkonto anzulegen. Die Benutzerkonten sollten zudem aus Sicherheitsgründen mit einem Kennwortschutz versehen werden, sodass eine unbefugte Benutzung des Computers verhindert wird.

Bei Windows 8 gibt es noch eine Neuerung, die ebenfalls wichtig ist. Bei den Benutzerkonten wird zwischen lokalen Konten und Microsoft-Konten unterschieden.

- *Lokales Benutzerkonto:* Diese Konten entsprechen den Benutzerkonten früherer Windows-Versionen und werden lokal auf dem Computer als Standard- oder Administratorkonto geführt. Es lassen sich Windows-Anwendungen und Apps ausführen. Allerdings ist kein Zugriff auf den Windows Store zum Bezug weiterer Apps möglich.

- *Microsoft-Konto:* Dieser Kontotyp verknüpft das lokale Benutzerkonto mit einem Live-ID-Konto (als Microsoft-Konto bezeichnet). Diese Verknüpfung ermöglicht einmal den Zugriff auf den Windows Store, so dass sich Apps, aber auch andere Inhalte wie Musik oder Videos beziehen lassen. Zudem bietet ein Microsoft-Konto die Möglichkeit zum Zugriff auf Cloud-Dienste, um z.B. den Computer mit anderen Rechnern zu synchronisieren.

Das Synchronisieren des Computers über ein Microsoft-Konto umfasst sowohl den Austausch von Benutzereinstellungen als z.B. auch die Synchronisation von Fotos über das SkyDrive-Laufwerk.

HINWEIS

Zum Arbeiten wird nicht zwingend ein Microsoft-Konto benötigt. Ich richte mir lokale Benutzerkonten ein und gebe beim Zugriff auf den Windows Store, oder wenn Apps dies erfordern, die Zugangsdaten meines Live-ID-Kontos an. Nur wer eine Synchronisierung der Einstellungen möchte, wird das lokale Konto zum Microsoft-Konto hochstufen müssen. Wichtig ist auch, dass sich nur fünf Rechner über ein Microsoft-Konto verwalten lassen. Die Verwaltung von Benutzerkonten durch Administratoren ist in *Kapitel 29* beschrieben.

Microsoft bezeichnet Windows-Anwendungen zwischenzeitlich als »Desktop Apps«, während die Apps aus dem Windows Store (früher auch Metro-Apps genannt) jetzt unter dem Begriff »Windows 8 Apps« fungieren. Um die Verwirrung möglichst gering zu halten, verwende ich in diesem Buch die Begriffe »Windows-Anwendung« für Programme und schlicht »Apps« für die Windows 8-Apps.

2.1.2 Anmeldung an Windows

Nach dem Start zeigt Windows 8 einen Sperrbildschirm (Bild 2.1) an, der sich per Finger oder der Maus nach oben wegschieben lässt. Schneller geht es bei Desktop-Systemen, wenn Sie eine beliebige Taste auf der Tastatur drücken – dann verschwindet der Sperrbildschirm. Die eingerichteten Benutzerkonten werden nun in der Anmeldeseite angezeigt (Bild 2.2). Anschließend lässt sich eines der angezeigten Benutzerkonten (z.B. per Mausklick oder durch Antippen mit dem Finger) auswählen. Sie gelangen dann zur Anmeldeseite, in der das Kennwort im angezeigten Textfeld einzugeben ist (Bild 2.3).

- Bei einem System mit Maus und Tastatur klicken Sie auf das Textfeld, tippen das Kennwort für das Benutzerkonto ein und drücken die [↵]-Taste.
- Bei Systemen mit Touchbildschirm berühren Sie das Textfeld mit dem Finger, warten dann, bis die Bildschirmtastatur erscheint, und tippen das Kennwort über diese Tastatur ein. Dann tippen Sie entweder auf die [↵]-Taste oder tippen auf den Pfeil am rechten Rand des Textfelds.

Bei korrekter Eingabe des Benutzerkennworts erfolgt die Anmeldung an Windows und Sie gelangen zur Startseite (siehe auch folgendes Kapitel). Achten Sie darauf, dass Sie das zum Benutzerkonto passende Kennwort verwenden und bedenken Sie, dass Windows zwischen Groß-/Kleinschreibung unterscheidet.

Bild 2.1: Windows 8-Sperrbildschirm

Bild 2.2: Anmeldeseite mit Benutzerkonten

TIPP

Gerade bei Bildschirmtastaturen kommen Fehleingaben des Benutzerkennworts schnell vor. Windows ersetzt Kennworteingaben im zugehörigen Kennwortfeld aber durch Punkte. Solange Sie ein Kennwort im Textfeld eintippen, wird am rechten Rand des Felds ein stilisiertes Auge eingeblendet (Bild 2.3, Einblendung Vordergrund). Klicken oder tippen Sie auf dieses Auge (und halten die Maustaste gedrückt bzw. den Finger auf dem Bildschirm), zeigt Windows 8 das eingegebene Kennwort im Klartext an.

Haben Sie das falsche Benutzerkonto angewählt? Links neben dem Kontenbild findet sich ein Kreis mit nach links zeigendem Pfeil (Bild 2.3). Wählen Sie dieses Symbol an, gelangen Sie zur Kontenübersicht (Bild 2.2) zurück.

Bild 2.3: Feld zur Kennworteingabe

HINWEIS

Die genauen Modalitäten bei der Anwendung hängen von der Konfiguration der Benutzerkonten ab. Existiert nur ein lokales Benutzerkonto ohne Kennwort, reicht ein Mausklick auf das Kontensymbol der Anmeldeseite zur Anmeldung. Wurde ein Kennwort für dieses Konto vergeben, zeigt Windows in der Anmeldeseite bereits das Textfeld zur Kennworteingabe an – das Anklicken des Kontensymbols ist also überflüssig. Sind mehrere kennwortgeschützte Konten eingerichtet, erfolgt die Anmeldung mit den obigen Schritten.

Bei einem lokalen Benutzerkonto lässt sich das Benutzerkennwort beim Einrichten des Kontos oder nachträglich über die Benutzerkontenverwaltung ändern. Falls Sie das Kennwort für ein lokales Konto vergessen haben, kann ein Administrator das Kennwort des Benutzers zurücksetzen. Besser ist es aber, eine sogenannte Kennwortrücksetzdiskette anzufertigen (siehe *Kapitel 29*), über die Sie das Kennwort des eigenen Benutzerkontos im Notfall zurücksetzen können.

Melden Sie sich an einem Microsoft-Konto an, gilt das Kennwort des Live-ID-Kontos. Dieses Kennwort kann nur über die Live-ID-Kontenseite `live.com` geändert werden, d.h., Sie müssen sich bei Bedarf zum Ändern des Kennworts am Live-ID-Konto anmelden. Falls Sie dieses Kennwort vergessen haben, verwenden Sie die für diesen Webdienst vorgesehenen Methoden zum Zurücksetzen des Kennworts. So lässt sich z.B. eine Mobilfunknummer für einen Rücksetzcode bei der Einrichtung des Microsoft-Kontos eingeben.

2.1.3 Anmeldung per PIN und über Bildcode

In Windows 8 lässt sich ein Benutzerkonto so einrichten (siehe *Kapitel 29*), dass bei der Anmeldung statt eines Kennworts eine PIN einzugeben ist. Ist eine Anmeldung mit PIN konfiguriert, erscheint im Eingabefeld der Anmeldeseite der Hinweis »PIN« (Bild 2.4, Hintergrund oben).

Eine PIN besteht dabei aus mehreren Ziffern, die einzugeben sind. Die [↵]-Taste braucht dabei nicht gedrückt zu werden. Haben Sie die PIN vergessen, lässt sich der unterhalb des PIN-Felds eingeblendete Befehl *Anmeldeoptionen* anwählen. Windows zeigt dann mehrere Symbole an (Bild 2.4, Vordergrund unten). Über das Symbol mit dem Schlüssel wählen Sie die normale Kennworteingabe, während das Symbol des stilisierten Ziffernblocks die PIN-Eingabe im Textfeld ermöglicht. Das stilisierte Bild ermöglicht eine Anmeldung über Gesten in einem Bild.

Bild 2.4: Anmeldung mit Anmeldeoptionen PIN, Bild und Kennwort

Bild 2.5: Anmeldung per Bildcode

Eine weitere nette Funktion in Windows 8 ist die Möglichkeit zur Benutzeranmeldung über einen Bildcode. Ist das Benutzerkonto entsprechend eingerichtet (siehe *Kapitel 29*), erscheint bei Anwahl des Benutzerkontos statt des Textfelds die Darstellung aus Bild 2.5. In der linken Spalte finden sich die Informationen zum gewählten Benutzerkonto. Im rechten Teil des Fensters wird dagegen ein vom Benutzer vorgegebenes Bild eingeblendet.

In diesem Bild sind dann die beim Einrichten der Kontenanmeldung vereinbarten Gesten zur Anmeldung auszuführen. Klappt die Anmeldung über den Bildcode nicht, lässt sich in der linken Spalte auch die Schaltfläche *Zu Kennwort wechseln* anwählen. Dann kann die Anmeldung, wie auf der vorherigen Seite beschrieben, über ein Kennwort erfolgen.

2.2 Abmelden, herunterfahren, neu starten

In Windows 8 hat sich einiges im Hinblick auf das Herunterfahren oder beim Abmelden geändert. Dieser Abschnitt zeigt, welche Funktionen es gibt und wie diese abrufbar sind.

2.2.1 Abmelden, sperren und schneller Benutzerwechsel

Zum Abmelden vom Benutzerkonto sind nur wenige Handgriffe erforderlich. Es reicht, auf der Startseite in der rechten oberen Ecke das Symbol des Benutzerkontos – per Maus oder Finger – anzuwählen (Bild 2.6). Im eingeblendeten Menü lässt sich anschließend der *Abmelden*-Befehl wählen. Sie gelangen dann zur Anmeldeseite mit den Benutzerkonten (siehe Bild 2.2) zurück.

Möchten Sie Ihre Arbeit mit Windows für eine Pause unterbrechen, sollten Sie sich abmelden oder den Zugang sperren. Wählen Sie den Befehl *Sperren* im Menü (Bild 2.6). Der Befehl meldet Sie vom Benutzerkonto ab und veranlasst die Anzeige des Sperrbildschirms. Dies verhindert den Zugriff durch Unbefugte auf das Gerät während Ihrer Abwesenheit.

Bild 2.6: Menü zum Abmelden vom Benutzerkonto

Sind mehrere Benutzerkonten eingerichtet, tauchen deren Namen am unteren Rand des Menüs auf. Falls eine andere Person kurzzeitig Windows benutzen möchte und ein eigenes Benutzerkonto besitzt, kann auch der Modus zum Benutzerwechsel verwendet werden. Wählen Sie hierzu einfach den Befehl mit dem gewünschten Benutzerkonto im Menü an. Sie gelangen direkt zur Anmeldeseite für dieses Konto und können sich am betreffenden Konto anmelden, während die Anwendungen des aktuellen Benutzerkontos weiter ausgeführt werden.

HINWEIS

Der Befehl *Profilbild ändern* bringt Sie zur Seite der PC-Einstellungen, auf der sich das beim Benutzerkonto sichtbare Profilbild anpassen lässt (siehe *Kapitel 29*).

Die im Menü (Bild 2.6) aufgeführten Konteninformationen bestehen aus einem Benutzernamen und einem optionalen Bild. Solange Windows 8 nicht aktiviert ist (*Kapitel 32*), lässt sich das Profilbild nicht zuweisen. Bei Microsoft-Konten gibt es noch eine Besonderheit: Direkt nach dem Anlegen wird die bei der Registrierung festgelegte E-Mail-Adresse angezeigt (z. B. *wintest4711@hotmail.com*). Beim Konto aus Bild 2.6 hatte ich mich aber beim Microsoft-Konto *wintest4711@hotmail.com* angemeldet und in meinem Profil einen Namen sowie ein Kontobild festgelegt. Diese Informationen werden nun in Bild 2.6 angezeigt.

2.2.2 Herunterfahren und Neustart

In früheren Windows-Versionen gibt es im Startmenü eine Schaltfläche zum Herunterfahren und ein Menü mit Befehlen zum Neustart, zum Wechsel in den Ruhezustand etc. Durch den Wegfall des Startmenüs fehlen diese Funktionen, was aber kein Beinbruch ist.

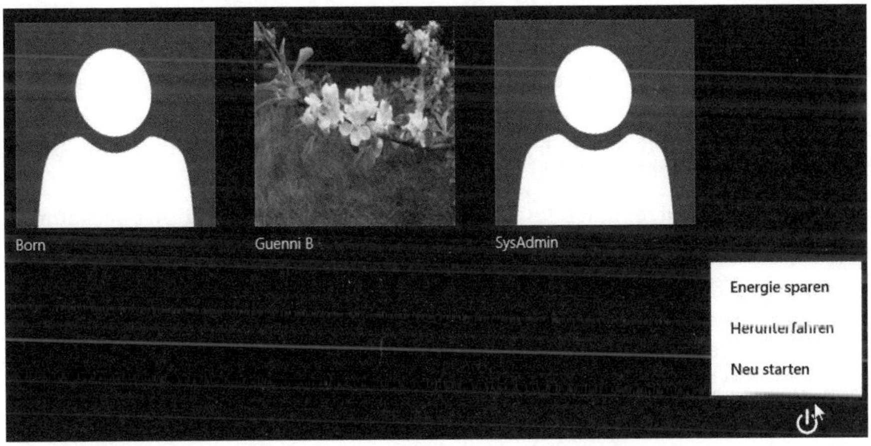

Bild 2.7: Die Befehle Herunterfahren, Neu starten und Energie sparen

Standardmäßig reicht es, die Einschalttaste am Gerät kurz zu drücken, um das Herunterfahren einzuleiten. Dann wird der Rechner jedoch in den »Schnellstart«-Modus versetzt, der ein schnelleres Starten des Systems beim nächsten Einschalten ermöglicht (siehe folgender Abschnitt). Aber an die Möglichkeit zum Drücken des Netzschalters denkt man bei Desktop-Systemen selten. Die meisten Benutzer erinnern sich lediglich, dass Microsoft auf der Anmeldeseite für die Benutzerkonten eine Schaltfläche zum Herunterfahren, Neustarten, Wechsel in den Ruhezustand untergebracht hat. Dies bedeutet aber für den Benutzer, dass er sich über die Startseite abmelden muss (siehe vorhergehende Seite). Anschließend ist der Sperrbildschirm zur Seite zu schieben und dann die Schaltfläche mit dem Menü zum Herunterfahren, Neustarten oder Energiesparen zu wählen (Bild 2.7).

Dieser Weg ist aber recht umständlich. Es gibt elegantere Ansätze, um Windows zu beenden oder gezielt neu zu starten bzw. in den Energiesparmodus zu wechseln:

1. Drücken Sie zum Herunterfahren, Neustarten oder Wechsel in den Energiesparmodus die Tastenkombination [Win]+[I]. Alternativ lässt sich die Charms-Leiste (z.B. per Maus in die obere rechte Desktop-Ecke zeigen oder am Touchscreen mit dem Finger vom rechten Rand zur Bildschirmmitte wischen) am rechten Bildschirmrand einblenden und das Symbol *Einstellungen* wählen (Bild 2.8, rechts).
2. Windows zeigt dann die in Bild 2.8, links, sichtbare Seitenleiste *Einstellungen* an. Wählt der Benutzer das Symbol *Ein/Aus* an, öffnet sich ein Menü mit Befehlen zum Herunterfahren, Neustarten oder Wechsel in den Energiesparmodus.

TIPP

Wer mit Tastatur und Maus arbeitet, kann auch einfach die Tastenkombination [Strg]+[Alt]+[Entf] drücken. Windows blendet dann das Formular mit den Befehlen zum Aufruf des Task-Managers, zum Sperren des Systems etc. auf dem Bildschirm ein. Und dort findet sich das Symbol eines Ausschalters, bei dessen Anwahl sich ebenfalls ein Menü zum Herunterfahren, Neustarten oder Wechsel in den Energiesparmodus öffnet.

2.2.3 Details zum Windows-Schnellstart

Microsoft hat in Windows 8 einen Mechanismus zum schnelleren Start des Betriebssystems eingeführt. Der Schnellstart (Fast Startup) bewirkt, dass Windows 8 binnen weniger Sekunden nach dem Einschalten des Geräts zum Sperrbildschirm hochgefahren ist.

- Wählt der Benutzer den Befehl *Herunterfahren*, beendet Windows alle laufenden Anwendungen und meldet den Benutzer vom Benutzerkonto ab.
- Entgegen dem Verhalten in früheren Versionen wird anschließend der Windows-Kernel aber nicht heruntergefahren. Stattdessen wird der Windows-Kernel in den Ruhemodus (Hibernation) versetzt.

Beim nächsten Booten wird dann der gesicherte Systemstatus (Speicherabbild, Prozessstatus) aus der Ruhezustandsdatei (*hiberfil.sys*) zurückgelesen und die Treiber werden ggf. neu initialisiert. Im Idealfall kann Windows dadurch drei bis sechs Sekunden nach dem Einschalten des Geräts hochgefahren sein.

HINWEIS

Um Updates zu installieren oder nach einem Hardwaretausch ist eventuell ein Beenden von Windows mit Neustart des Kernels erforderlich. Dies ist in der administrativen Eingabeaufforderung mit dem Befehl *shutdown /s /full / t 0* möglich. Stehen Updates an, die einen Neustart von Windows erfordern, wird dies auf der betreffenden Seite angezeigt. Dann kann Windows einen Neustart ausführen, um den Kernel neu zu booten. Unter `http://www.borncity.com/blog/2011/09/09/windows-8-fast-boot-besttigt/` [w8-k02-001] findet sich ein Artikel, der noch einige zusätzliche Hinweise enthält.

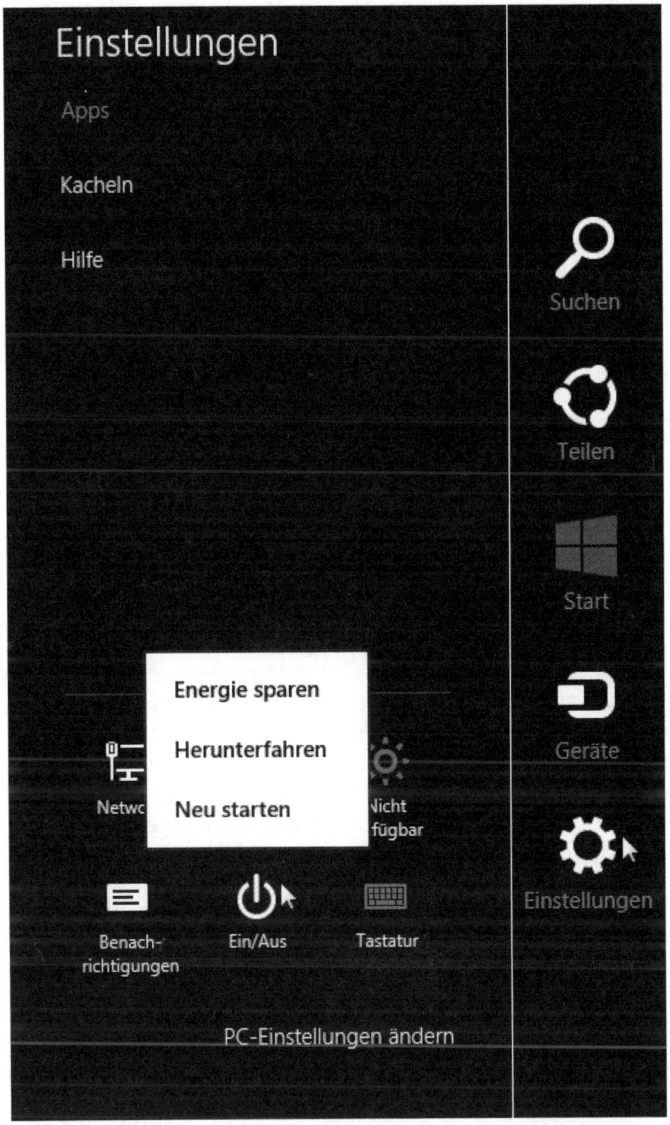

Bild 2.8: Weitere Möglichkeiten zum Herunterfahren, Neustarten, Energiesparen

> **ACHTUNG**
>
> Installiert Windows beim Herunterfahren (und ggf. beim nächsten Systemstart) Updates, werden Sie darüber auf dem Bildschirm informiert. In diesen Fällen dürfen Sie den Rechner keinesfalls ausschalten, auch wenn der Update-Vorgang einige Zeit dauert.

2.2.4 Hinweise zum Neustart von Windows

Die Installation von Geräten oder Programmen erfordert häufig den Neustart von Windows. Einige Installationsprogramme sowie die Windows Update-Funktion bieten den automatischen Neustart des Betriebssystems an. Nicht immer möchte man diesen Neustart aber sofort ausführen, d. h., Sie können dann über Schaltflächen in den angezeigten Installationsdialogfeldern vorgeben, dass der Neustart erst später erfolgen soll.

In diesen Fällen sollen Sie gemäß den obigen Schritten den Neustart über den Befehl *Neu starten* des betreffenden Menüs (Bild 2.8) zu einem späteren Zeitpunkt nachholen. In diesem Fall werden alle Programme beendet und Windows komplett heruntergefahren. Danach startet Windows erneut und Sie gelangen nach dem Laden wiederum zum Sperrbildschirm.

TIPP

Gibt es bei der Geräteinstallation Probleme, wenn lediglich ein Neustart über den Befehl *Neu starten* durchgeführt wird? Speziell bei externen Geräten, die an USB-Anschlüssen betrieben werden, kann es erforderlich werden, dass Sie nach dem Herunterfahren während des Neustarts alle Geräte (einschließlich des Computers) stromlos schalten. Erst danach kann Windows erneut durch Einschalten des Computers gestartet werden.

2.2.5 Energiesparmodus einschalten

Gerade bei Notebooks und Tablet-PCs ist es hilfreich, wenn diese in unbenutztem Zustand in den Energiesparmodus versetzt werden. Vorteil ist, dass Windows aus diesem Modus schneller starten kann. Gehen Sie wie beim Herunterfahren vor, wählen Sie aber den Befehl *Energie sparen* (Bild 2.8). Bei manchen Systemen reicht es auch, die Starttaste am Computer kurz zu drücken oder den Notebook-Deckel zuzuklappen, um in den Modus »Energie sparen« zu wechseln.

Beim Befehl *Energie sparen* speichert Windows die Daten der Sitzung im Arbeitsspeicher und versetzt das System in einen Energiesparmodus, in dem das System sehr wenig Energie verbraucht. Wenn Sie später die Einschalttaste drücken oder die Maus (das Touchpad) oder die Tastatur verwenden bzw. ein Notebook aufklappen, startet Windows erneut. Dabei wird der gesicherte Zustand der Sitzung geladen und nach einer Benutzeranmeldung können Sie weiterarbeiten.

HINWEIS

Bei der Nutzung eines Computers mit Peripheriegeräten wie Monitor, Drucker etc. schaltet Windows zwar den Computer, nicht aber diese Geräte aus. Verwenden Sie schaltbare Steckdosenleisten, sollten Sie den Computer im Modus *Energie sparen* nicht stromlos schalten, da dann u.U. die im RAM gespeicherten Daten verloren gehen. Bei Notebooks sollten Sie beachten, dass der Modus *Energie sparen* weiterhin Strom benötigt, der Akku also entladen wird. Sofern die Hardware und das BIOS entsprechende Unterstützung bieten, wechselt das Notebook aber bei zu niedriger Akkukapazität automatisch vom Modus *Energie sparen* in den Modus *Ruhezustand*.

3 Einstieg in die neue Bedienoberfläche

Zentraler Bestandteil von Windows 8 ist die Startseite mit der neuen Bedienoberfläche. Dieses Kapitel gibt Ihnen einen ersten Überblick über die Startseite und die Bedienung dieser Bedienoberfläche.

3.1 Umgang mit Startseite und neuer Benutzeroberfläche per Fingerbedienung

In diesem Abschnitt möchte ich auf die Bedienung der für Touchscreens optimierten neuen Bedienoberfläche sowie auf die Startseite von Windows 8 eingehen.

3.1.1 Der Startseite im Überblick

Nach der Benutzeranmeldung gelangt der Anwender zur Startseite (Bild 3.1), über die sich Apps, Windows-Anwendungen und -Funktionen aufrufen lassen.

Bild 3.1: Windows 8-Startseite

Auf der Startseite sind die Symbole der Apps oder eingerichteter Windows-Anwendungen als Kacheln sichtbar. Die Kacheln der App-Symbole werden dabei in mehreren Symbolgruppen zusammengefasst und spaltenweise dargestellt.

- Bei einem Touchscreen lässt sich der sichtbare Ausschnitt mit den App-Symbolen durch horizontales Wischen mit dem Finger nach links oder rechts verschieben.
- Tippen Sie auf die Kachel eines App-Symbols (z.B. Fotos), um die zugehörige App zu öffnen.
- Wählen Sie dagegen die Kachel einer Windows-Anwendung an, wechselt die Darstellung zum Windows-Desktop und das Anwendungsfenster des gestarteten Programms oder der Windows-Funktion (z.B. Systemsteuerung) wird geöffnet.
- Auf der Startseite gibt es zudem die Kachel *Desktop*, über die sich zum Windows-Desktop umschalten lässt.

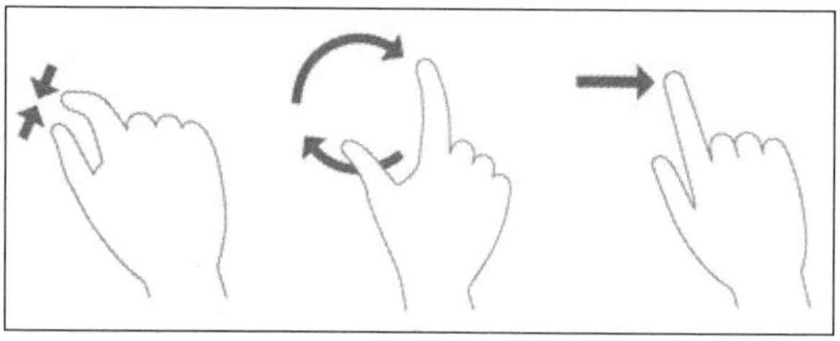

Bild 3.2: Fingergesten
(Quelle: Microsoft)

Der Unterschied zwischen Apps und Windows-Anwendungen besteht darin, dass Letztere (wie bei früheren Windows-Versionen) in einem Fenster auf dem Windows-Desktop ausgeführt werden. Eine App startet dagegen immer im Vollbildmodus und kennt die Fensterdarstellung der Windows-Anwendungen mit Titelleiste und Schaltflächen zum Schließen, Minimieren etc. nicht.

HINWEIS

Apps sind entweder vorinstalliert oder lassen sich ausschließlich über den Windows Store nachinstallieren. Windows-Anwendungen können Sie dagegen, wie in früheren Windows-Versionen, über den jeweiligen Hersteller beziehen und das Programm auf dem Computer oder Tablet-PC installieren. Einzige Voraussetzung ist lediglich, dass das Programm mit Windows 8 kompatibel ist. Bei Windows RT gilt dagegen eine Besonderheit: Es lassen sich keine Windows-Anwendungen von Drittanbietern installieren. Es ist also nicht möglich, die aus der Windows-Welt bekannten Programme zu verwenden. Sie sind auf die von Microsoft vorinstallierten Windows-Anwendungen wie Explorer, Internet Explorer oder Microsoft Office 2013 RT angewiesen. Es lassen sich allerdings, wie unter Windows 8, Apps aus dem Windows Store installieren (auf diesen Sachverhalt gehe ich in *Kapitel 5* ein).

3.1.2 Gesten zur Fingerbedienung im Kurzüberblick

Geräte mit Touchdisplay werden per Finger durch Gestensteuerung bedient. Hierzu wird ein Finger auf die Touchoberfläche aufgesetzt und eine der nachfolgend beschriebenen Bediengesten ausgeführt.

- *Tippen:* Das Antippen eines Elements (z.B. einer Kachel auf der Startseite) aktiviert das betreffende Element und besitzt die gleiche Wirkung wie das Klicken mit der linken Maustaste in früheren Windows-Versionen.
- *Finger gedrückt halten:* Wird der Finger für ein paar Sekunden auf eine Stelle gedrückt, erscheint ein transparentes Viereck und beim Loslassen sollte sich (ähnlich wie beim Rechtsklick per Maus in früheren Windows-Versionen) ein Kontextmenü öffnen.
- *Strecken, Zusammenziehen:* Hierbei werden zwei Finger auf das Display gesetzt und dann gespreizt oder zusammengezogen (Bild 3.2, links). Dies lässt sich zum Zoomen der Anzeige (Fotos, Webseiten etc.) verwenden.
- *Rotieren:* Zwei Finger werden auf das Display gesetzt und dann gedreht (Bild 3.2, Mitte). Windows setzt diese Drehbewegung um (z.B. zum Rotieren von Fotos).
- *Wischen:* Der Finger streicht (horizontal oder vertikal) über das Touchdisplay (Bild 3.2, rechts). Dies wird zum Scrollen oder zur Bedienung von Elementen verwendet. Auf diese Weise lassen sich z.B. die Charms-Leiste oder die App-Leiste einblenden (siehe folgender Abschnitt).

Die Wischbewegung entspricht dem Ziehen per Maus in früheren Windows-Versionen. Durch Ziehen lässt sich z.B. in der Startseite blättern. Oder Sie können markierte Elemente auf der Startseite oder auf dem Windows-Desktop neu anordnen. In der Windows-Hilfe gibt es einen Abschnitt mit einer Einführung in die Fingerbedienung von Windows 8.

ACHTUNG

Abhängig vom Touchgerät kann es bei der Fingerbedienung allerdings Probleme geben. Auf zwei von mir getesteten (älteren) Dell Inspiron All-in-One-Systemen stand der Kunststoffrand des Gehäuses ein paar Millimeter hervor. Dadurch erreichte der Finger nicht den äußeren Bildschirmrand. Windows 8 verwendet aber die äußerste Reihe an Bildpunkten am Bildschirmrand zur Erkennung von Wischgesten. An solchen älteren Touchbildschirmen funktionieren dann die nachfolgend beschriebenen Wischgesten vom Bildschirmrand zum Einblenden der Charms, der geöffneten Apps oder der App-Leiste schlicht nicht. Etwas Ähnliches gilt auch für Tablet-PCs, die in einer Schutztasche stecken. Ich habe dies für das erwähnte All-in-One-System u.a. unter `http://www.borncity.com/blog/2012/01/23/design-probleme-bei-windows-8-metro/` [w8-k03-001] in einem Video dokumentiert. Auf einem WeTab Tablet-PC, den ich zum Testen verwende, traten diese Probleme dagegen nicht auf.

Bei einem Windows 8-konformen Tablet-PC gibt es zudem eine Windows-Taste auf der Vorderseite. Diese besitzt die Funktion der [⊞]-Taste auf der Tastatur und ermöglicht es, zwischen dem zuletzt geöffneten App-Fenster und der Startseite umzuschalten. Werden [⊞]-Taste und Ausschalttaste des Tablet-PC gleichzeitig gedrückt, entspricht dies der Wirkung der Tastenkombination [Strg]+[Alt]+[Entf].

3.1.3 Ein Touchpad tut es notfalls auch

Fehlt bei einem Notebook oder einem Ultrabook ein Touchdisplay? Geräte wie Notebooks verfügen über ein Touchpad, um die Mausbedienung zu ermöglichen. Bei modernen Notebooks mit Synaptics-Touchpad wird u.U. die Gestensteuerung per Touchpad unterstützt (Bild 3.3). Dann sollten die in diesem Kapitel beschriebenen Touchscreen-Gesten auch mit dem Touchpad am Notebook einsetzbar sein.

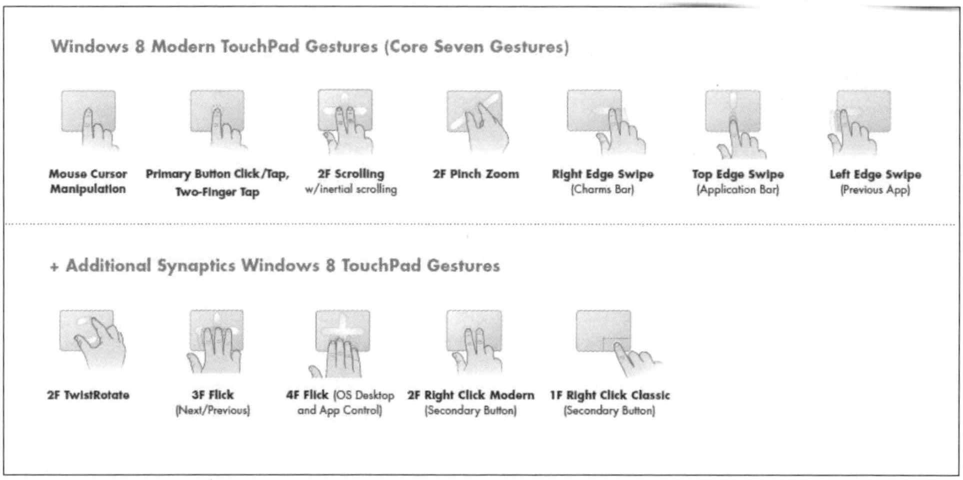

Bild 3.3: Touchpad-Gesten (Quelle: Synaptics)

> HINWEIS
> Unter `http://www.borncity.com/blog/2012/06/14/windows-8-mit-trackpad-gestensteuerung/` [w8-k03-002] habe ich einen Beitrag zum Thema veröffentlicht. Ob Ihr Gerät diese Gesten unterstützt, sollte aus der Gerätedokumentation hervorgehen.

3.1.4 Die Charms-Leiste per Fingergeste einblenden

Wischen Sie mit dem Finger vom rechten Bildschirmrand zur Bildschirmmitte. Dann blendet Windows die sogenannten Charms, verschiedene Symbole, angeordnet in einer Leiste, am rechten Rand ein (Bild 3.4). Über die als »Charms« (englisch für Schmuckanhänger) bezeichneten Symbole können Sie auf verschiedene Funktionen zugreifen.

- *Suchen:* Ermöglicht eine Suche im aktuellen Kontext (z.B. in der Startseite, im Windows Store etc.).
- *Teilen:* Dieses Symbol öffnet eine Seitenleiste, in der andere Apps ausgewählt werden können, um den Inhalt des aktuellen App-Fensters mit dieser App zu teilen (z.B. Webseite per E-Mail verschicken).
- *Start:* Diese Schaltfläche ermöglicht es, vom Fenster einer App zur Startseite und von der Startseite zum Windows-Desktop (sofern dieser geöffnet war) umzuschalten. Auf dem Windows-Desktop schaltet dieses Symbol zur Startseite zurück.

Bild 3.4: Am rechten Rand der Startseite eingeblendete Charms

- *Geräte:* Verwenden Sie dieses Symbol, um die Ausgabe auf einen zweiten Bildschirm umzuleiten bzw. einen Drucker oder ein anderes Ausgabegerät anzuwählen.
- *Einstellungen:* Über dieses Symbol lässt sich eine Seitenleiste öffnen, über deren Symbole und Befehle Sie Zugriff auf verschiedene Windows-Einstellungen (Systemsteuerung, WLAN, Netzwerk, Helligkeit etc.) erhalten.

Die Charms-Leiste verschwindet wieder, sobald Sie ein Symbol oder einen Punkt außerhalb der Leiste anwählen.

3.1.5 Wechsel zwischen Windows-Desktop und Startseite

In Windows 8 arbeitet der Benutzer zwar vorzugsweise mit der Startseite und den App-Fenstern. Aber der aus früheren Windows-Versionen bekannte Windows-Desktop ist nach wie vor vorhanden. Zum Umschalten von der Startseite zum Windows-Desktop können Sie die Kachel *Desktop* anwählen (Bild 3.5).

Dann holt Windows die Darstellung des Windows-Desktops in den Vordergrund. Das Gleiche passiert, wenn Sie auf der Startseite die Kachel einer Windows-Anwendung anwählen. Um anschließend vom Windows-Desktop zur Startseite zurückzukehren, lässt sich die Charms-Leiste durch Wischen am rechten Rand einblenden und dann das Symbol *Start* anwählen (Bild 3.6).

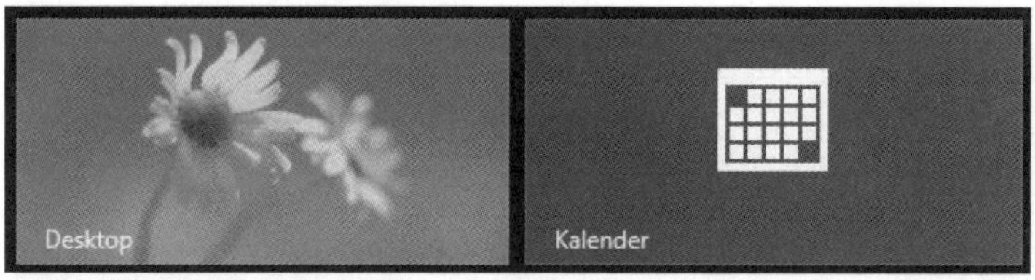

Bild 3.5: Aufruf des Windows-Desktops

Bild 3.6: Wechsel vom Windows-Desktop zur Startseite

HINWEIS

Neben diesem Ansatz kann an einem für Windows 8 zertifizierten Tablet-PC auch die [⊞]-Taste an der Vorderseite gedrückt werden, um zwischen dem zuletzt geöffneten App-Fenster und der Startseite umzuschalten. Zudem lernen Sie auf den folgenden Seiten weitere Möglichkeiten zum Aufruf der Startseite kennen.

3.1.6 Die Kachelanzeige der Startseite verkleinern

Um einen schnellen Überblick über die Kacheln der Startseite zu erhalten, lässt sich deren Darstellung verkleinern (Bild 3.7).

Setzen Sie einfach zwei Finger auf dem Touchbildschirm auf und ziehen Sie diese zusammen. Durch Ausführen dieser Zoombewegung schaltet Windows die Startseite zur verkleinerten Darstellung um. Durch Antippen eines freien Bereichs des Bildschirms kehrt die Anzeige der Startseite zur normal großen Kacheldarstellung zurück.

Bild 3.7: Verkleinerte Kacheln der Startseite

3.1.7 Apps starten, verwenden und beenden

Zum Aufrufen einer App reicht das Antippen der zugehörigen Kachel auf der Startseite mit dem Finger (Bild 3.8). Anschließend sollte die Seite der App auf dem Bildschirm angezeigt werden.

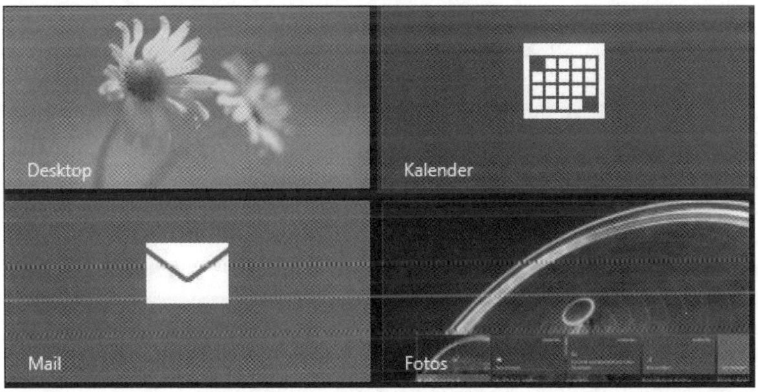

Bild 3.8: Kacheln der Startseite zum Aufrufen der Apps

In Bild 3.9 ist das Fenster der App Fotos zu sehen. Die Funktionen der App lassen sich dann durch Anwählen der Bedienelemente abrufen. Bei der App Fotos kann z.B. ein Bild angewählt werden. Dann schaltet die App zur Darstellung des Inhalts der angewählten Kategorie um.

Bild 3.9: Fenster einer App mit eingeblendeter App-Leiste

Manche Funktionen bringt der App-Entwickler aber nicht auf der App-Seite unter. Wischen Sie bei einer geöffneten Apps vom unteren Bildschirmrand nach oben zur Bildschirmmitte, blendet Windows eine Leiste am unteren Rand ein. Diese App-Leiste zeigt kontextabhängig weitere Bedienelemente, über die auf Optionen oder Funktionen der App zugegriffen werden kann. In Bild 3.9 steht z.B. eine Schaltfläche zum Importieren von Fotos zur Verfügung. Sind Fotoalben geöffnet oder Bilder angewählt, enthält die App-Leiste u.U. andere Schaltflächen (z.B. zum Starten einer Diashow, zum Löschen des Fotos etc.). Welche Bedienelemente sichtbar sind, hängt von der App und vom aktuellen Kontext ab. Die App-Leiste nimmt also quasi die Funktion der Kontextmenüs in Windows-Anwendungen und auf dem Windows-Desktop ein.

HINWEIS

Natürlich lässt sich die Charms-Leiste auch bei geöffnetem App-Fenster durch Wischen oder per Maus am rechten Bildschirmrand einblenden.

Wer mit früheren Windows-Versionen und den dort verwendeten Windows-Anwendungen gearbeitet hat, vermisst vermutlich die Schaltfläche zum Schließen der App. Eigentlich ist es nicht erforderlich, eine App zu schließen. Windows überwacht die Apps und suspendiert diese, sobald sich deren App-Seite nicht mehr im Vordergrund der Bildschirmanzeige befindet. Dadurch verbraucht die

App keine Rechenleistung mehr. Wird der Arbeitsspeicher knapp, beendet Windows automatisch unbenutzte Apps und gibt deren Speicher frei. Allerdings hat Microsoft doch noch Möglichkeiten vorgesehen, um Apps gezielt zu beenden.

1. Legt man den Finger an den oberen Bildschirmrand und zieht dann den Finger etwas nach unten, wird die aktuell geöffnete App zu einem Fenster verkleinert.
2. Belässt man den Finger weiter auf dem Touchscreen und zieht das Fenster mit der verkleinerten App zum unteren Bildschirmrand, verschwindet die App-Anzeige.

Sobald das App-Fenster am unteren Bildschirmrand verschwunden ist, wird die zugehörige App wieder geschlossen.

3.1.8 Wechsel zwischen mehreren Apps und Fenstern

Apps nehmen immer den gesamten Bildschirm ein. Sie können aber eine App öffnen, dann die Charms-Leiste einblenden, über das Symbol *Start* zur Startseite zurückgehen und anschließend eine zweite App aufrufen. Auf diese Weise können mehrere Apps gestartet werden. Allerdings bleibt nur das Fenster der zuletzt aufgerufenen App sichtbar. In Bild 3.10 ist dies zum Beispiel die Fotos-App.

Sie können aber mit dem Finger vom linken Rand zur Bildschirmmitte wischen. Dann werden Miniaturansichten der im Hintergrund laufenden Apps oder des Windows-Desktops sichtbar (Bild 3.10, Vordergrund) und lassen sich zur Bildschirmmitte ziehen. Sobald der Finger vom Touchscreen abgehoben wird, schaltet Windows das betreffende App-Fenster in den Vordergrund.

Durch mehrfache Wischgesten vom linken Rand zur Bildschirmmitte lässt sich so komfortabel zwischen den Seiten der geöffneten Apps blättern. Aber es gibt noch einen zweiten Mechanismus, über den man eine Liste aller App-Fenster einblenden kann.

1. Wischen Sie per Finger vom linken Rand des Touchscreens etwas zur Bildschirmmitte, sodass die verkleinerte Darstellung der nächsten Seite erscheint.
2. Ziehen Sie die Miniaturabbildung per Finger ein Stück zur Bildschirmmitte und schieben die Miniatur gleich wieder zum linken Rand zurück.

Dann wird die in Bild 3.11 am linken Rand sichtbare Leiste eingeblendet. Die Leiste enthält die Miniaturansichten aller geöffneten Apps. Zudem finden sich die Miniaturansichten des Windows-Desktops sowie der Startseite *Start* in der Leiste. Es reicht, die Miniatur anzuwählen, um die zugehörige Darstellung auf dem Bildschirm abzurufen.

Bild 3.10: Fenster einer App einblenden

Bild 3.11: Liste zum Umschalten zwischen Apps, Startseite und Desktop

3.1.9 App-Fenster am Bildschirmrand andocken

In Windows 8 kann die Anzeige geteilt (gesplittet) werden. Dies ermöglicht es, zwei Fenster (Apps, Startseite oder Desktop) nebeneinander darzustellen (Bild 3.12). Hierzu »fassen« Sie das Fenster einer App quasi an, indem Sie den Finger auf den oberen Desktoprand drücken. Dann ziehen Sie das App-Fenster mit dem Finger etwas nach unten, bis der Kontextzoom wirksam und ein verkleinertes Fenster der App gezeigt wird. Ziehen Sie das verkleinerte Symbol des Fensters zum linken oder rechten Bildschirmrand. Sobald Sie den Rand erreichen, lassen Sie das Fenster los.

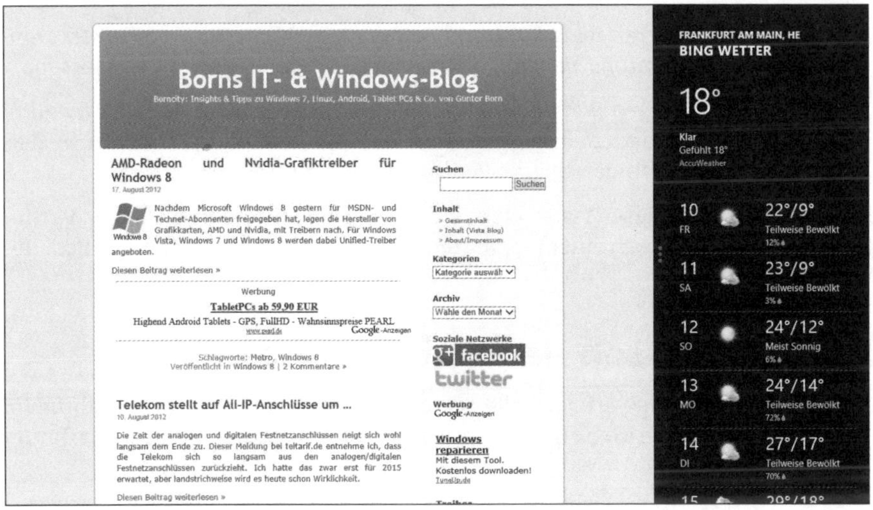

Bild 3.12: Zwei Fenster auf dem Bildschirm anzeigen

Jetzt sollte ein breites und ein schmaleres App-Fenster nebeneinander zu sehen sein. Der vertikale Trennbalken kann bei Bedarf per Finger (an den drei Pünktchen) nach links oder rechts verschoben werden, um das schmalere Fenster am rechten oder linken Bildschirmrand anzudocken oder die geteilte Darstellung wieder aufzuheben.

> **HINWEIS**
>
> Die Dock-Funktion mit geteilter Ansicht wird jedoch nur ab einer Bildschirmauflösung von 1.366 x 768 Pixel freigegeben. Der angedockte Bereich ist dann 320 Pixel breit, sodass für das zweite App-Fenster die minimale Breite von 1024 Pixel verbleibt.
>
> Das Andocken funktioniert in der Regel nicht mehr, wenn der Bildschirm eines Tablet-PC im Hochkantformat betrachtet wird. Dann ist die horizontale Breite bei den gängigen Displays geringer als 1.366 Pixel.

3.1.10 Zusammenfassung der Fingergesten

Auf Tablet-PCs oder Rechnern mit Touchscreens erfolgt die Bedienung per Finger mit den im vorherigen Abschnitt skizzierten Gesten. Hier eine Schnellübersicht der wichtigsten Techniken zur Touchbedienung:

- *Wischen vom rechten Bildschirmrand zur Bildschirmmitte:* die Charms-Leiste am rechten Rand einblenden.
- *Wischen vom linken Bildschirmrand zur Bildschirmmitte:* das nächste (App-) Fenster aus der Taskleiste einblenden.
- *Wischen vom linken Rand zur Bildschirmmitte und gleich wieder zurück:* Blendet die Taskleiste mit den Miniansichten aller laufenden Apps am linken Bildschirmrand ein.
- *Wischen vom unteren Bildschirmrand nach oben:* Blendet die App- bzw. Kontextleiste für Apps am unteren oder oberen Bildschirmrand ein.
- *Wischen vom oberen Bildschirmrand und dann verkleinertes App-Fenster zum unteren Bildschirmrand ziehen:* Die App verschwindet und wird geschlossen.
- *Wischen vom oberen Bildschirmrand und dann verkleinertes App-Fenster zum linken/rechten Rand ziehen:* Andocken der App am Bildschirmrand in der geteilten Bildschirmdarstellung (Split-View).

Beachten Sie, dass diese Gesten bei einer Mausbedienung nicht alle zur Verfügung stehen. Ich gehe ich einem separaten Abschnitt auf die betreffenden Bedienfunktionen ein.

3.2 Anpassen der Bildschirmtastatur

Bei der Touchbedienung erfolgen alle Texteingaben über die Bildschirmtastatur. In diesem Abschnitt gebe ich einige Hinweise zur Verwendung der Bildschirmtastatur.

3.2.1 Eingaben per Bildschirmtastatur

Die Bildschirmtastatur wird automatisch eingeblendet, sobald der Benutzer ein Textfeld mit dem Finger anwählt (Bild 3.13).

Bild 3.13: Bildschirmtastatur bei einer App

Über die Taste [&123] in der linken unteren Ecke kann zur Ebene der Zifferneingabe umgeschaltet werden. Dort finden Sie auch das in E-Mail-Adressen benutzte @-Zeichen oder das Euro-Währungszeichen. Um Sonderzeichen wie das ß einzugeben, halten Sie einfach die betreffende Taste (hier die Taste für den Buchstaben s) für ein paar Sekunden gedrückt. Windows blendet dann eine erweiterte Tastenbelegung in einer Palette im Vordergrund ein (Bild 3.13) und Sie können das Zeichen antippen.

Bild 3.14: Bildschirmtastatur auf dem Desktop

Ist der Windows-Desktop sichtbar, erscheint die Bildschirmtastatur aus Bild 3.14. Diese besitzt das gleiche Layout, weist in der oberen rechten Ecke aber zwei Schaltflächen auf. Über die rechte Schaltfläche *Schließen* lässt sich die Bildschirmtastatur ausblenden. Die links daneben befindliche Schaltfläche verankert die Bildschirmtastatur am unteren Desktoprand. Die verankerte Bildschirmtastatur reicht dann über die gesamte Breite des Bildschirms. Tippen Sie erneut auf die Schaltfläche, wird die Verankerung gelöst und die Bildschirmtastatur kann über den oberen Rand per Maus oder Finger auf dem Windows-Desktop verschoben werden.

Auf dem Windows-Desktop wird die Bildschirmtastatur bei Anwahl eines Felds zur Texteingabe (z.B. Adressfeld des Internet Explorer) nicht automatisch eingeblendet. Ist eine Maus am System angeschlossen, klicken Sie die Taskleiste mit der rechten Maustaste an. Bei einem Touchdisplay legen Sie den Finger für einige Sekunden auf die Taskleiste und lassen dann los. Im angezeigten Kontextmenü wählen Sie die Befehle *Symbolleisten/Bildschirmtastatur* (Bild 3.15)

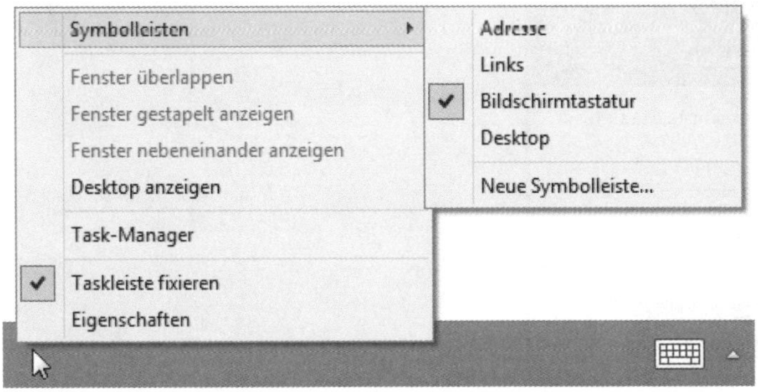

Bild 3.15: Symbol der Bildschirmtastatur in der Taskleiste einblenden

Dann wird das Symbol einer stilisierten Tastatur in der Taskleiste, links neben dem Infobereich, sichtbar. Durch Antippen kann dann die Bildschirmtastatur eingeblendet werden und Sie können auch auf dem Windows-Desktop Texteingaben vornehmen.

3.2.2 Das Layout der Bildschirmtastatur anpassen

Microsoft hat der Bildschirmtastatur unterschiedliche Layouts spendiert. Neben der in Bild 3.15 gezeigten Tastenbelegung gibt es auch eine geteilte Darstellung (Bild 3.16, Hintergrund), die sich ganz gut per Daumen bedienen lässt. Zur Umschaltung ist die Schaltfläche in der rechten unteren Ecke der Bildschirmtastatur anzuwählen.

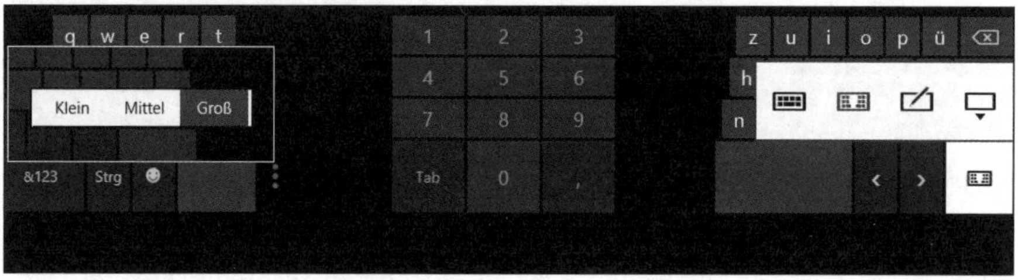

Bild 3.16: Layout der Bildschirmtastatur anpassen

In der im Vordergrund eingeblendeten Palette (Bild 3.16, rechts) lässt sich dann über die beiden linken Symbole zwischen der normalen und der geteilten Bildschirmtastatur umschalten. Das Symbol mit dem stilisierten Stift aktiviert die Handschrifteingabe (siehe folgende Seite), während das rechte Symbol die Bildschirmtastatur ausblendet (auf der Benutzeroberfläche manchmal ganz hilfreich).

Sind Ihnen die Tasten zu groß oder zu klein? Schalten Sie das Layout der Bildschirmtastatur gemäß den obigen Hinweisen zur geteilten Darstellung um. Dann werden rechts, neben der Leertaste des linken Tastenblocks, drei senkrechte Punkte angezeigt. Tippen Sie diese Punkte an, erscheint eine Palette (Bild 3.16, links), über die Sie die Darstellung der Tastenkappen zwischen klein, mittel und groß umstellen können.

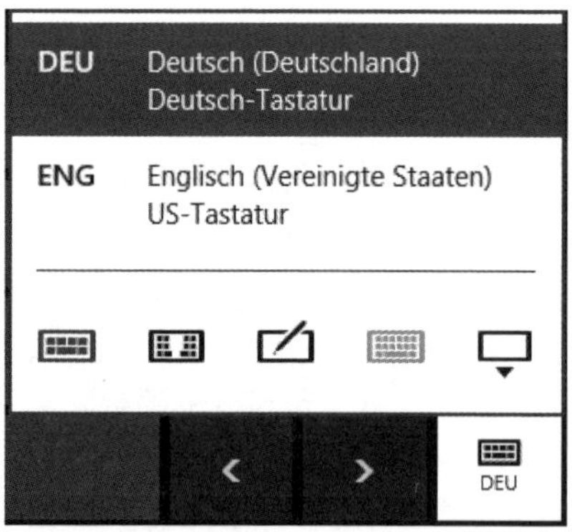

Bild 3.17: Sprachumschaltung per Bildschirmtastatur

Sind mehrere Tastatursprachen installiert, lässt sich die Tastenbelegung zusätzlich zwischen diesen Sprachen umstellen. Wählen Sie die Taste in der rechten unteren Ecke der Bildschirmtastatur, erscheint die in Bild 3.17 gezeigte, erweiterte Palette. Im oberen Teil können Sie dann die angezeigten Sprachschemata anwählen, um das Layout umzustellen.

3.2.3 Wo finde ich die Alt-Taste oder Funktionstasten?

Zur Bedienung von Windows-Anwendungen werden u.U. spezielle Tasten wie `Alt` oder `F1`, `F2` etc. benötigt. Die Bildschirmtastatur weist diese Tasten aber nicht auf. Wer auf die genannten Tasten angewiesen ist, kann einen kleinen Trick verwenden.

1. Blenden Sie die Charms-Leiste am rechten Bildschirmrand ein und wählen Sie das Symbol *Einstellungen* (Bild 3.18, rechts).
2. Wählen Sie in der Seitenleiste *Einstellungen* den am unteren Rand sichtbaren Hyperlink *PC-Einstellungen ändern*.
3. Wählen Sie in der dann angezeigten Seite *PC-Einstellungen* (Bild 3.18, links) den Befehl *Allgemein* in der linken Spalte an.
4. Anschließend stellen Sie in der rechts daneben angezeigten Spalte (Bild 3.18, mittlere Spalte) in der Kategorie »Bildschirmtastatur« den Schiebeschalter *Standardtastaturlayout verfügbar machen* auf den Wert »Ein«.

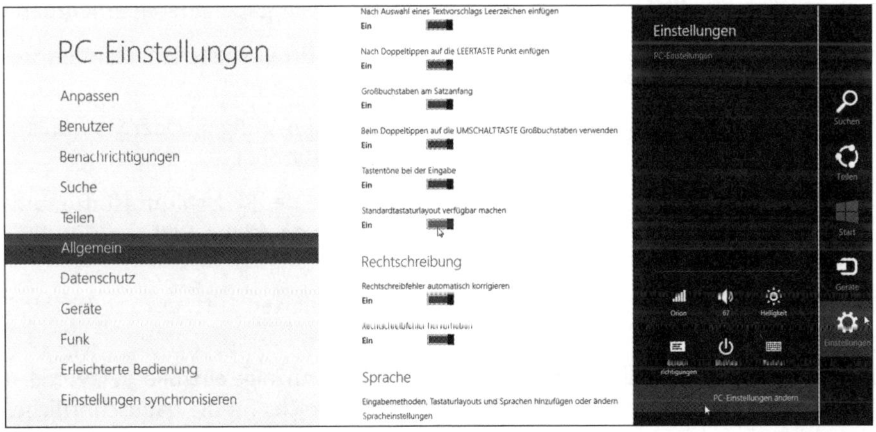

Bild 3.18: Standardtastaturlayout verfügbar machen

Danach können Sie wieder zur Startseite, zum Windows-Desktop oder zu einer App-Seite wechseln. Wenn Sie anschließend die Bildschirmtastatur abrufen, wird diese nach wie vor das alte Layout aufweisen. Aber nun lässt sich das Layout umstellen.

5. Wählen Sie die Taste mit dem Tastatursymbol in der rechten unteren Ecke der Bildschirmtastatur.
6. Anschließend lässt sich das neue Symbol für das Standardtastaturlayout in der eingeblendeten Palette anwählen (Bild 3.19, Vordergrund).

Schließlich sollte das in Bild 3.19 im Hintergrund gezeigte Tastaturlayout sichtbar werden.

Bild 3.19: Bildschirmtastatur mit Standardtastaturlayout

Es sind sowohl eine [⊞]- als auch eine [Alt]-Taste vorhanden. Über die [Fnkt]-Taste lässt sich die oberste Tastenreihe zwischen einer Belegung mit Ziffern und Sonderzeichen zur Funktionstastenbelegung umschalten. Wählen Sie beispielsweise die Funktionstaste [F1] auf dem Windows-Desktop an, öffnet sich das Fenster der Windows-Hilfe.

3.2.4 Handschrifteingabe am Touchscreen

Windows 8 unterstützt eine Handschrifteingabe, die sich mit einem Stift bei Touchscreens ganz gut vornehmen lässt (Bild 3.20). Über die Handschrifterkennung werden die Stifteingaben im Eingabebereich in Schreibschrift überführt und lassen sich durch die *Einfügen*-Schaltfläche als Text in Eingabefelder übernehmen.

1. Um Windows auf eine Handschrifteingabe per Stift einzustellen, blenden Sie als Erstes die Bildschirmtastatur ein.

Dies kann durch Anwahl eines Eingabefelds in einer App erfolgen. Oder Sie wählen in der Taskleiste des Windows-Desktops das Tastatursymbol.

2. Wählen Sie die Taste in der rechten unteren Ecke der Bildschirmtastatur, um die Palette mit den Tastaturlayouts einzublenden (siehe Bild 3.19, Vordergrund).
3. Nun wählen Sie das Tastensymbol mit dem stilisierten Stift, um zur Stifteingabe zu wechseln.

Jetzt blendet Windows den Stifteingabebereich in der Anzeige ein (Bild 3.21, Vordergrund unten). Neben den zwei Zeilen des Eingabebereichs für die handschriftliche Eingabe finden sich am rechten Rand noch einige Tastensymbole, um ein bereits im Eingabefeld vorhandenes Zeichen links von der Eingabemarke zu löschen oder um Tabulator- sowie Leerzeichen einzufügen bzw. die [↵]-Taste zu simulieren.

Sobald Sie im Bereich zur Handschrifteingabe etwas mit dem Finger oder einem Stift schreiben, wird dies weiß eingeblendet. Erkennt die Handschrifteingabe diese Eingabe, wird das Ergebnis in Schreibschrift umgewandelt und am linken Rand des Eingabebereichs eingeblendet (Bild 3.21, Hintergrund oben). Eine intelligente Worterkennung unterstützt Sie bei der Handschrifteingabe, da so fehlerhaft erkannte Buchstaben beim Schreiben eines Worts oder eine Ziffernfolge in vielen Fällen automatisch zur richtigen Schreibweise korrigiert werden.

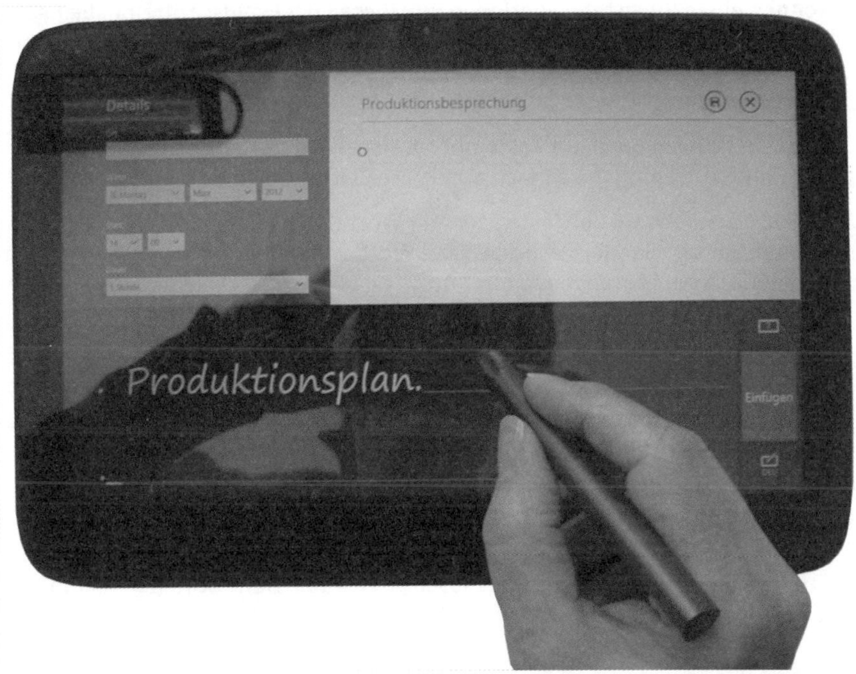

Bild 3.20: Handschrifteingabe per Stift am Touchscreen

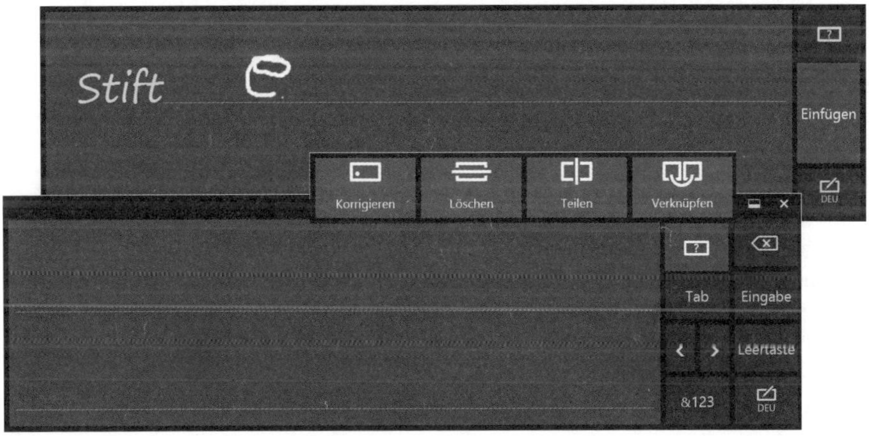

Bild 3.21: Handschrifteingabe vornehmen

Möchten Sie eine Handschrifteingabe löschen, Wörter teilen etc., tippen Sie im rechten Tastenfeld (Bild 3.21, Vordergrund unten) auf die Schaltfläche mit dem Fragezeichen. Dann wird eine Palette mit einigen zusätzlichen Tasten sichtbar.

- *Korrigieren:* Nach Anwahl dieser Taste lässt sich ein Buchstabe der erkannten Texteingabe anwählen. Das betreffende Wort erscheint dann in Sperrschrift mit vergrößertem Zeichenabstand und Punkten zwischen den Zeichen. Sie können einen Buchstaben antippen und diesen per Handschrifteingabe nachtragen. Bei der Korrektur erscheinen Schreibvorschläge oberhalb der Eingabe. Passt ein Begriff, lässt sich dieser durch Anwählen in den Eingabebereich übernehmen.

- *Löschen:* Wählen Sie diese Taste und streichen Sie die zu löschenden Zeichen der Handschrifteingabe einfach durch. Die Zeichenfolge wird gelöscht.
- *Teilen:* Nach Anwahl der Taste kann ein Wort durch einen gezeichneten senkrechten Strich markiert werden. Das Wort wird dann an der betreffenden Stelle durch ein Leerzeichen getrennt.
- *Verknüpfen:* Wurde ein Wort irrtümlich getrennt, wählen Sie diese Taste. Anschließend tippen Sie auf den Text, um eine Sperrschrift zu erhalten. Danach verbinden Sie die beiden getrennten Wörter durch eine geschwungene Linie am unteren Rand. Die Handschrifteingabe zieht die Wörter zu einem Begriff zusammen.

Bei Anwahl einer der obigen Korrekturschaltflächen läuft eine kleine Animation in der Taste ab, die die Korrekturgeste anzeigt. Ist die Handschrifteingabe erfolgreich abgeschlossen und wurde der Text korrekt erkannt, wählen Sie die *Einfügen*-Schaltfläche am rechten Rand der Handschrifteingabe. Dann wird der Text in das aktuelle Textfeld übernommen.

HINWEIS

In Bild 3.20 wird ein spezieller Eingabestift für kapazitive Touchscreens verwendet. Dieser wird von Herstellern wie Callstel über Versender wie Pearl oder Amazon angeboten (siehe `http://www.borncity.com/blog/2011/01/19/stiftbedienung-frs-ipad/` [w8-k03-003]).

3.3 Maus- und Tastaturbedienung für Windows 8

Auch wenn Windows 8 auf Geräte mit Touchscreen bzw. auf eine Fingerbedienung optimiert wurde, werden viele Systeme mit Maus und Tastatur betrieben. Da es zwischen der Touch- und der Maus- bzw. Tastaturbedienung leichte Unterschiede gibt, beschreibe ich die Bedienkonzepte in diesem Buch in zwei getrennten Abschnitten. Nachfolgend stelle ich nun die Maus- und Tastaturbedienung für die Benutzeroberfläche von Windows 8 vor.

3.3.1 Arbeiten mit der Startseite

Die Anmeldung an Windows per Maus und Tastatur ist recht einfach. Der Sperrbildschirm klappt nach einem Mausklick oder beim Drücken der ersten Taste nach oben weg. Danach kann die in *Kapitel 2* beschriebene Anmeldung am Benutzerkonto erfolgen. Anschließend erscheint die Startseite mit den Kacheln der Apps und Windows-Anwendungen. Ist eine Maus vorhanden, und passen die Kacheln nicht auf den Bildschirm, blendet Windows 8 am unteren Rand der Startseite eine horizontale Bildlaufleiste ein (Bild 3.22, Hintergrund). Diese Bildlaufleiste lässt sich per Maus anwählen und zum horizontalen Blättern in der Startseite verwenden.

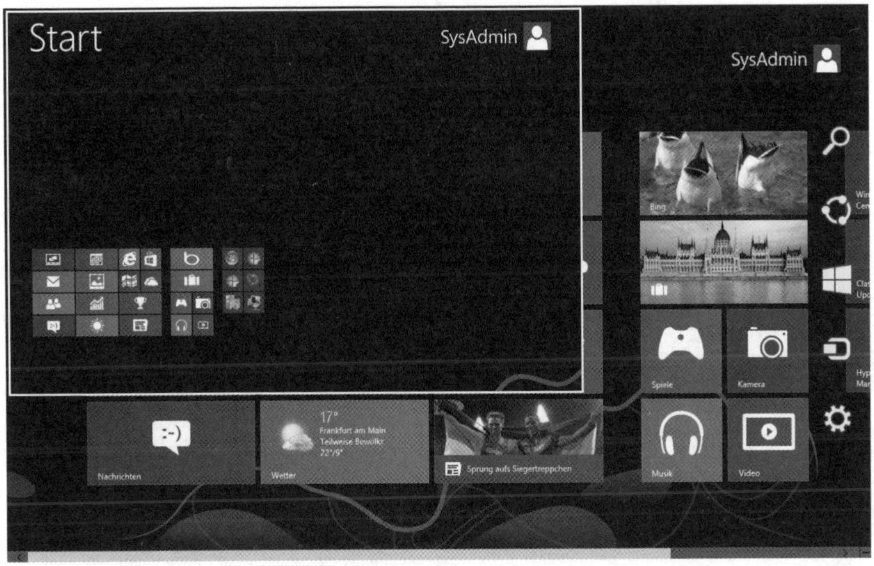

Bild 3.22: Bildlaufleiste der Startseite

> HINWEIS: Ein horizontales Scrollen durch Ziehen der Startseite per Maus funktioniert nicht. Ist ein Mausrädchen vorhanden, lässt sich dieses zum horizontalen Scrollen verwenden. Zudem unterstützen die an Notebooks vorhandenen Touchpads möglicherweise das horizontale Scrollen mittels zweier Finger. Das hängt aber vom Touchpad-Modell und vom verwendeten Synaptics-Treiber ab.

Klicken Sie per Maus auf das Minuszeichen am rechten unteren Rand des Bildschirms (Bild 3.22, Hintergrund), verkleinert Windows die Kachelanzeige der Startseite auf die im linken oberen Bereich von Bild 3.22 als Einblendung sichtbare Darstellung. Man erhält so sehr schnell einen Überblick, welche Apps und Windows-Anwendungen installiert sind und wo sie in der Startseite verankert wurden. Ein Mausklick auf eine freie Stelle neben den App-Symbolen schaltet die Startseite wieder zur vorherigen Darstellung zurück.

Um die Charms (siehe den Abschnitt »3.1.4 Die Charms-Leiste per Fingergeste einblenden«) per Maus einzublenden, wird der Mauszeiger in die rechte obere oder untere Ecke des Bildschirms positioniert. Dann werden die Symbole der Charms-Leiste transparent am rechten Bildschirmrand eingeblendet (in Bild 3.22, Hintergrund, als Bildmontage am rechten Rand zu sehen). Erst wenn die Maus über eines der Symbole bewegt wird, zeigt Windows eine schwarze Leiste mit den Charms an (Bild 3.23, am rechten Rand).

> TIPP: Die Charms-Leiste lässt sich auch durch Drücken der Tastenkombination [Win]+[C] am rechten Bildschirmrand einblenden. Die Bedeutung der Symbole ist im Abschnitt »3.1.4 Die Charms-Leiste per Fingergeste einblenden« beschrieben.

3.3.2 Schnell zur Apps-Seite schalten und gruppieren

Und es gibt noch eine Spezialität: Drücken Sie bei angezeigter Startseite die Tastenkombination [Strg]+[⇆], schaltet Windows von der Startseite zur Darstellung aus Bild 3.23 um.

Bild 3.23: Die Charms-Leiste und gruppierte Kachelübersicht

Die Anzeige dieser Apps-Seite gleicht etwas der Darstellung der Apps-Seite aus Android. Mittels der [⊞]-Taste (oder über das Symbol *Start* der Charms) lässt sich zur Startseite zurückschalten.

> **TIPP**
> Klicken Sie einen freien Bereich der Startseite mit der rechten Maustaste an, lässt sich in der dann eingeblendeten App-Leiste das Symbol *Alle Apps* wählen. Dies schaltet ebenfalls zur Darstellung aus Bild 3.23 um. Führen Sie die Schritte erneut aus, werden die Kacheln der Startseite wieder groß dargestellt.

Auf der Seite *Apps* (Bild 3.23) werden die Kacheln der Apps alphabetisch sortiert aufgelistet. Anschließend folgen die Symbole für Windows-Anwendungen, wobei diese in Gruppen sortiert werden. Erkennbar ist dies z.B. an Gruppentiteln wie »Erleichterte Bedienung«, »Verwaltung« etc. Die Gruppentitel und die enthaltenen Elemente werden aus einer internen Struktur, die dem aus früheren Windows-Versionen bekannten Startmenü entspricht, abgeleitet.

> **HINWEIS**
> Wird die Seite *Apps* (Bild 3.23) angezeigt und bewegen Sie die Maus auf der Seite, blendet Windows die Schaltfläche mit dem Minuszeichen in der rechten unteren Bildschirmecke ein. Wählen Sie diese Schaltfläche an, zeigt Windows nur noch die Gruppen der Seite *Apps* entsprechend dem Bild 3.24. Durch Anwählen einer Gruppe geht es zur Darstellung aus Bild 3.23 zurück. Drücken Sie die [⊞]-Taste, wird die Startseite erneut angezeigt.

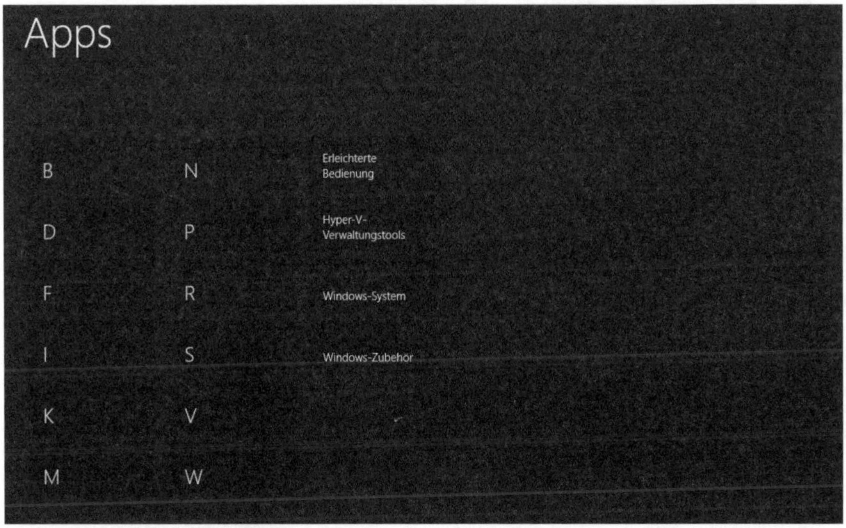

Bild 3.24: Alphabetische Gruppenansicht der Apps-Seite

3.3.3 Wechsel zwischen Startseite und Windows-Desktop

Der Wechsel von der Startseite zum Windows-Desktop ist recht einfach: Entweder man wählt die Kachel *Desktop* auf der Startseite an, oder man startet eine Windows-Anwendung für die zugehörige Kachel auf der Startseite. Um vom Windows-Desktop zur Startseite zurückzukehren, gibt es bei Maus- und Tastaturbedienung allerdings verschiedene Möglichkeiten.

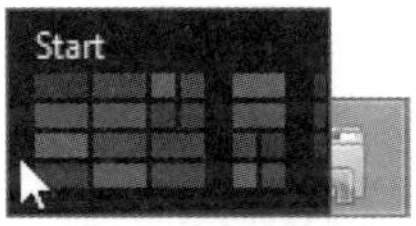

Bild 3.25: Start-Symbol auf dem Windows-Desktop

- Wie bei der Touchbedienung lässt sich die Charms-Leiste am rechten Rand einblenden und dann das Symbol *Start* anwählen (Bild 3.23).
- Zeigen Sie mit der Spitze des Mauszeigers auf die linke untere Ecke des Windows-Desktops, wird die Schaltfläche *Start* eingeblendet (Bild 3.25). Durch Anklicken schaltet die Anzeige zur Startseite.
- Weiterhin können Sie die [⊞]-Taste drücken, um vom Windows-Desktop direkt zur Startseite zu wechseln.

Bei angezeigter Startseite bringt Sie die [⊞]-Taste direkt zum zuletzt geöffneten App-Fenster.

> Besitzt ein Tablet-PC eine Taste mit dem Windows-Logo auf der Frontseite, wirkt diese ebenfalls wie die [⊞]-Taste und kann zum Umschalten verwendet werden.
>
> TIPP

3.3.4 Das Schnellzugriffmenü verwenden

Klicken Sie die in der linken unteren Bildschirmecke eingeblendete Schaltfläche *Start* mit der rechten Maustaste an, öffnet Windows ein Schnellzugriffmenü (Bild 3.26). Über dieses Menü erhalten Sie einen direkten Zugriff auf verschiedene Windows-Funktionen wie den Geräte-Manager, die Ereignisanzeige, die Computerverwaltung, die Systemsteuerung, das Umschalten zum Desktop, die Suche in der *Apps*-Seite und mehr. Besonders interessant sind die beiden Befehle, um die Eingabeaufforderung mit und ohne administrative Berechtigungen zu öffnen. Eine administrative Eingabeaufforderung ist zur Ausführung vieler Systemkommandos erforderlich.

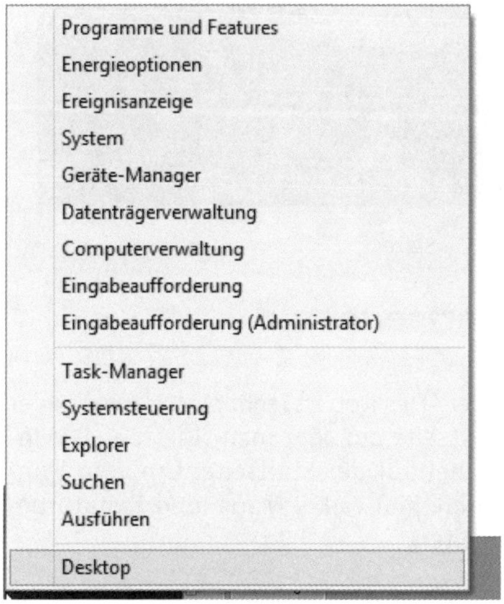

Bild 3.26: Schnellzugriffmenü

3.3.5 Schnelle Suche nach Apps, Befehlen und Dateien

In Windows 7 gibt es das Suchfeld im Startmenü, über welches sich sehr schnell nach Windows-Befehlen und Programmen suchen lässt. Das Startmenü fehlt in Windows 8, aber eine schnelle Suche ist auch in der Startseite möglich.

- Bei angeschlossener Tastatur tippen Sie einfach einen Suchbegriff ein. Schon wird die Seitenleiste *Apps* geöffnet (Bild 3.27). Die Seitenleiste erscheint auch beim Drücken der Tastenkombination ⊞+F.
- Alternativ können Sie den Charm (z.B. durch Wischen mit dem Finger oder über die Tastenkombination ⊞+C) einblenden und dann das Symbol *Suchen* wählen.

Über die drei Einträge *Apps*, *Einstellung* und *Dateien* der Seitenleiste geben Sie vor, ob nach Apps oder Windows-Anwendungen in der Startseite (*Apps*), nach Windows-Funktionen und nach Befehlen (*Einstellungen*) oder nach Dateien zu suchen ist. Treffer werden im linken Teil der Startseite spaltenweise angezeigt.

Bild 3.27: Suchen nach Apps, Dateien und Befehlen

3.3.6 Apps und Anwendungen starten und verwenden

Zum Starten einer App reicht das Anklicken (oder Anwählen) der Kachel des App-Symbols in der Startseite. Die App meldet sich dann im Vollbildmodus (Bild 3.28). Bei der Mausbedienung klappt aber das Wischen vom unteren Rand des Bildschirms zum Abrufen der App-Leiste nicht.

Um die App-Leiste am unteren Bildschirmrand einzublenden (Bild 3.28), klicken Sie mit der rechten Maustaste auf den Anzeigebereich eines App-Fensters oder drücken Sie die [≣]-Taste der Tastatur. Alternativ können Sie auch die Tastenkombination [⊞]+[Z] einer PC- oder Notebook-Tastatur verwenden. Je nach App kann auch eine zweite Leiste am oberen Bildschirmrand erscheinen.

Die App-Leiste enthält App-spezifische Bedienelemente, um auf zusätzliche Funktionen und Einstellungen zuzugreifen. Zum Ausblenden der App-Leiste klicken Sie auf einen Bereich der App-Seite oder Sie drücken die [Esc]-Taste. Mittels der App *Desktop* gelangen Sie direkt zum Windows-Desktop.

TIPP

Windows wählt nach der Benutzeranmeldung die Kachel in der linken oberen Ecke der Startseite automatisch aus. Drücken Sie die [↵]-Taste, startet diese App automatisch. Schieben Sie die Kachel *Desktop* per Maus an die Position in der linken oberen Ecke der Startseite, reicht es, z.B. nach der Benutzeranmeldung die [↵]-Taste zu drücken, um direkt zum Windows-Desktop zu wechseln.

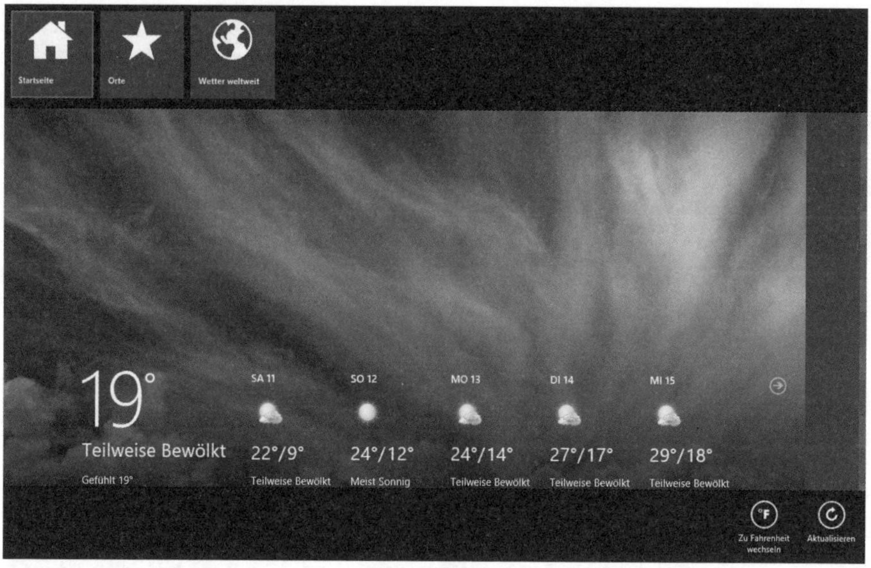

Bild 3.28: Fenster der Wetter-App mit App-Leisten

3.3.7 Mit administrativen Berechtigungen ausführen

Für Apps ist die Ausführung mit administrativen Berechtigungen nicht vorgesehen. Aber es gibt durchaus Windows-Anwendungen, die als Kacheln in der Startseite auftauchen. Bild 3.29 zeigt z.B. das Symbol der Eingabeaufforderung in der Startseite. Die Eingabeaufforderung lässt sich (wie auch andere Windows-Anwendungen) durchaus mit administrativen Berechtigungen ausführen. Um das Ausführen über *Als Administrator ausführen* zu erzwingen, sind folgende Schritte erforderlich.

1. Zuerst ist das App-Symbol in der Startseite mit der rechten Maustaste anzuklicken (bei einem Touchscreen ziehen Sie die Kachel des App-Symbols leicht mit dem Finger nach unten).
2. Windows markiert dann das Symbol mit einem Häkchen in der rechten oberen Ecke und blendet die App-Leiste am unteren Desktoprand ein (Bild 3.29). Ist dort die Schaltfläche *Als Admin ausführen* zu sehen, wählen Sie diese an.

Nach Bestätigung der Abfrage der Benutzerkontensteuerung wird die Anwendung im entsprechenden Modus auf dem Windows-Desktop ausgeführt.

HINWEIS

Es gibt ein verstecktes Benutzerkonto mit dem Namen »Administrator«. Dieses wird automatisch als »Not-Konto« eingeblendet, wenn alle anderen Benutzerkonten gelöscht wurden. Manche Anwender blenden sich dieses versteckte Konto mit Tricks ein. Das ist nicht sonderlich sinnvoll, und Apps funktionieren unter diesem Benutzerkonto mit dem Namen »Administrator« auch nicht.

Bild 3.29: Aufrufoptionen für Apps in der Startseite

3.3.8 Wechsel per Maus zwischen Apps und Anwendungen

Sind mehrere Apps und ggf. Windows-Anwendungen gestartet, stellt sich die Frage, wie sich per Tastatur und Maus zwischen den betreffenden Apps sowie dem Windows-Desktop samt geöffneten Anwendungsfenstern wechseln lässt. Das bei der Touchbedienung mögliche Wechseln per Wischen vom linken Bildschirmrand (siehe den Abschnitt »3.1.8 Wechsel zwischen mehreren Apps und Fenstern«) klappt bei einer Mausbedienung leider nicht. Windows 8 sieht aber mehrere Möglichkeiten zum Wechseln vor.

- Durch Zeigen in die linke untere Fensterecke lässt sich das Symbol *Start* der Startseite oder die Miniaturansicht des Windows-Desktops einblenden. Klickt man auf das Symbol, schaltet Windows zur Darstellung der Startseite oder zum Windows-Desktop um.
- Zeigt man per Maus in die linke obere Ecke des Bildschirms, erscheint das zuletzt geöffnete Fenster oder die App-Seite als Miniatur. Durch Anklicken oder durch Ziehen lässt sich der Windows-Desktop mit dem Anwendungsfenster oder die App-Seite einblenden.
- Zieht man bei gedrückter linker Maustaste das Miniaturbild etwas nach rechts und schiebt es dann wieder an den linken Bildschirmrand, öffnet sich am linken Rand eine Taskliste (Bild 3.30). Die Leiste erscheint auch, wenn man die Miniatur des Fensters per Maus etwas nach unten zieht – oder wenn man in die linke untere Bildschirmecke zeigt und das dortige Symbol etwas nach oben zieht.
- In der Liste finden sich die Miniaturansichten der geöffneten Fenster sowie das Symbol *Start* zum Aufruf des Startseite. Die Miniaturen lassen sich zum Öffnen des zugehörigen Fensters anklicken bzw. zur Bildschirmmitte ziehen.
- Alternativ kann, wie in früheren Windows-Versionen, die Tastenkombination [Alt]+[⇆] zum Einblenden der Taskleiste verwendet werden (Bild 3.31). Bei jedem Antippen der [⇆]-Taste wird eine andere Anwendung ausgewählt. Ein Loslassen der [Alt]-Taste bringt das Anwendungs- oder App-Fenster zur Anzeige.

Bei Systemen mit Tastatur und Maus empfiehlt sich die Verwendung der Tastenkombination [Alt]+[⇆] zur Umschaltung zwischen Anwendungen.

Bild 3.30: Taskliste am linken Rand

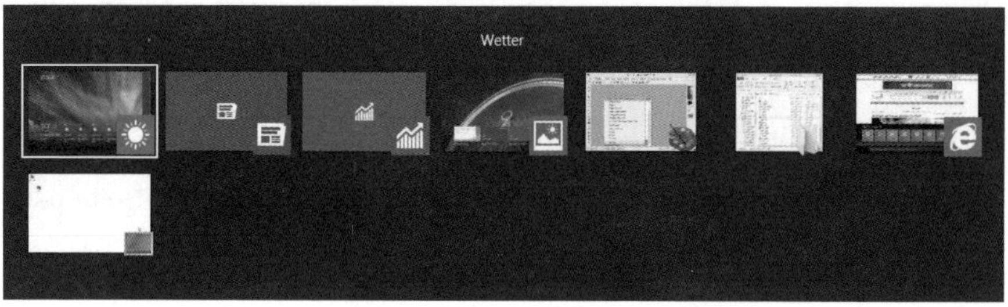

Bild 3.31: Taskwechsel in Windows

3.3.9 Apps per Maus/Tastatur am Bildschirmrand andocken

Ähnlich wie bei der Touchbedienung lassen sich bei einer Mindestauflösung von 1.366 x 768 Pixel zwei App-Seiten oder zwei Fenster (App-Seite, Windows-Desktop) nebeneinander anzeigen (Bild 3.32). Windows unterstützt dabei verschiedene Techniken, um den Bildschirm zu teilen und eine App-Seite oder ein Fenster am linken bzw. rechten Bildschirmrand anzudocken.

- Sie »fassen« das angezeigte App-Fenster oder die Seite des Windows-Desktops per Maus am oberen Desktoprand an – es sollte eine stilisierte Hand als Mauszeiger angezeigt werden. Dann ziehen Sie die Maus bei gedrückter linker Maustaste etwas nach unten. Jetzt wird der Kontextzoom wirksam, der ein verkleinertes Fenster der Seite zeigt. Ziehen Sie das verkleinerte Fenster zum linken oder rechten Bildschirmrand. Sobald Sie den Rand erreichen, lassen Sie die linke Maustaste los.

Bild 3.32: Zwei Fenster auf dem Bildschirm anzeigen

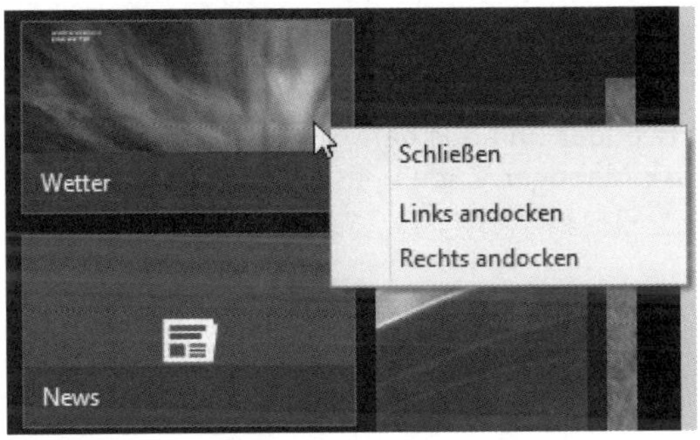

Bild 3.33: Fenster am Rand andocken

- Um eine App-Seite oder den Windows-Desktop am Bildschirmrand anzudocken, können Sie auch per Maus in die linke obere Bildschirmecke zeigen. Sobald die Miniaturvorschau des Fensters erscheint, lässt sich diese mit der rechten Maustaste anklicken. Im Kontextmenü (Bild 3.33) kann dann über die Befehle *Links andocken* und *Rechts andocken* das Anwendungsfenster am linken oder rechten Rand angeheftet werden.

Die Trennlinie (Teilerfeld) zwischen den beiden Fenstern weist einen Bereich mit drei Pünktchen auf. Über diesen Bereich lässt sich die Trennlinie per Maus horizontal nach links oder rechts verschieben, um den schmalen Bereich links oder rechts anzuordnen. Schieben Sie die Trennlinie an den Bildschirmrand, wird die Bildschirmteilung aufgehoben.

TIPP

Sie können auch die Tastenkombination [Win]+[.] verwenden, um die Trennlinie bei gesplitteter Anzeige zwischen den Modi »Teiler rechts«, »Teiler links« und »Teiler aus« umzuschalten (jeder Tastendruck springt zum nächsten Modus). Über die Tastenkombination [Win]+[⇧]+[.] werden die Modi in die andere Richtung umgeschaltet.

3.3.10 Wie werden Apps per Maus/Tastatur beendet?

Apps werden automatisch durch Windows suspendiert, wenn der Benutzer diese in den Hintergrund schaltet. Sie können eine App aber wie bei der Touchbedienung zwangsweise beenden und aus dem Speicher werfen. Hierzu gibt es sogar verschiedene Möglichkeiten:

- Zeigen Sie in die linke obere Ecke des Desktops, um die Miniaturansicht des vorherigen Fensters einzublenden. Sobald die Miniaturansicht eines oder mehrerer Fenster angezeigt wird, klicken Sie diese mit der rechten Maustaste an und wählen den Kontextmenübefehl *Schließen* (Bild 3.33).
- Zeigen Sie per Maus an den oberen Rand des Bildschirms. Wenn der Mauszeiger die Form einer stilisierten Hand annimmt, ziehen Sie die Maus bei gedrückter linker Maustaste nach unten. Das verkleinerte Fenster muss dann über den unteren Bildschirmrand herausgezogen werden, bevor die Maustaste losgelassen wird.

Bei beiden Varianten wird die App beendet und aus dem Speicher entfernt – sie verschwindet also auch aus dem Task-Manager. Zudem lässt sich eine App durch Drücken der Tastenkombination [Alt]+[F4] beenden.

ACHTUNG

Wird der Windows-Desktop angezeigt, bringt die Tastenkombination [Alt]+[F4] dagegen ein Dialogfeld zum Herunterfahren, Neustarten oder Abmelden zur Anzeige.

3.3.11 Tastenkombinationen zur Bedienung

Bei Systemen, die über eine Tastatur verfügen, kann die Bedienung der Startseite oder des Windows-Desktops sowie der restlichen Elemente über diverse Tastenkombinationen erfolgen. Die nachfolgende Tabelle enthält eine Übersicht über die wichtigsten Tastenkombinationen.

Tastenkombination	Bedeutung
[Win]	Zwischen Startseite und dem Windows-Desktop hin- und herschalten.
[Win]+[Tab]	Taskleiste am linken Bildschirmrand einblenden. Lässt man die Tasten los und drückt sie erneut, bewirkt dies einen Wechsel zwischen Apps und Anwendungen.

Tabelle 3.1: Tastenabkürzungen zur Bedienung

Tastenkombination	Bedeutung
Alt+F4	Aktive App schließen. Bei angezeigtem Windows-Desktop erscheint ein Dialogfeld mit Optionen zum Herunterfahren, Abmelden oder Neustarten.
Win+Leertaste	Umschalten zwischen Tastaturlayout und -sprache.
Win+Pos1 Win+Ende	Den linken bzw. rechten Rand der Startseite anzeigen.
Bild ↑ Bild ↓	In der Kacheldarstellung der Startseite zum linken/rechten Rand blättern.
Win+. Win+⇧+.	Die Trennlinie bei angedockten Fenstern (Split-View) nach links oder rechts verschieben, um das App-Fenster rechts oder links anzudocken. Erfordert eine Bildschirmauflösung von 1.366 x 768 Bildpunkten.
Strg+- Strg++	Schaltet bei angezeigter Startseite die Darstellung der App-Symbole zwischen normaler und verkleinerter Darstellung um.
Strg+Alt+Entf	Zeigt die Seite zum Sperren, Abmelden, Aufruf des Task-Managers etc.
↑ ↓ ← →	In der Startseite zwischen den Kacheln zur Auswahl navigieren.
Win+C	Blendet die Charms-Leiste sowie ein Statusfeld mit dem aktuellen Datum und der Uhrzeit auf der Startseite ein/aus.
Win+D	Ruft den Windows-Desktop auf.
Win+E	Öffnet den Explorer.
Win+F	Öffnet am rechten Rand die Seitenleiste mit dem Suchbereich, in dem nach Apps, Dateien etc. gesucht werden kann. Der Eintrag *Dateien* ist vorgewählt.
Win+H	Öffnet am rechten Rand die Seitenleiste mit dem Bereich »Teilen«, um Inhalt mit anderen Apps zu teilen.
Win+I	Blendet die Seitenleiste *Einstellungen* am rechten Rand ein. Dies ermöglicht den Zugriff auf Einstellungen für Netzwerk, Lautstärke, Benachrichtigungen etc.
Win+K	Öffnet am rechten Rand die Seitenleiste mit dem Gerätebereich (z.B. mit dem Gerät »Zweiter Bildschirm«).
Win+L	Meldet den Benutzer von Windows ab (Logoff).
Win+O	Sperrt die Rotation des Bildschirms (bei Systemen mit Lagesensor).
Win+P	Blendet die Seitenleiste *Zweiter Bildschirm* mit dem Projektorbereich am rechten Rand ein. Ermöglicht die Ausgabe auf andere Geräte zu legen.

Tabelle 3.1: Tastenabkürzungen zur Bedienung (Forts.)

Tastenkombination	Bedeutung
Win+Q	Öffnet am rechten Rand die Seitenleiste *Suchen* zur Suche in den Apps.
Win+R	Öffnet das Dialogfeld *Ausführen*.
Win+T	Ermöglicht es bei angezeigtem Windows-Desktop, zwischen den in der Taskleiste des Desktops geöffneten Anwendungen über deren Miniaturvorschau zu blättern.
Win+U	Ruft Funktionen zur erleichterten Bedienung auf.
Win+W	Öffnet am rechten Rand die Seitenleiste *Suchen* zur Suche in den Einstellungen.
Win+X	Öffnet das Mini-Startmenü in der linken unteren Ecke des Bildschirms.
Win+Z	Blendet bei der Startseite die App-Leiste mit der Schaltfläche *Alle Apps* zum Umschalten auf die verkleinerte Darstellung ein. Bei einem angezeigten App-Fenster wird die App-Leiste mit App-spezifischen Optionen eingeblendet.

Tabelle 3.1: Tastenabkürzungen zur Bedienung (Forts.)

TIPP

Die Tastenkombination Win+Druck lässt sich zum Anfertigen eines Screenshots verwenden. Windows speichert dann ein Abbild des gesamten Bildschirms als *.png*-Datei (*Screenhot.png*) im Ordner *Eigene Bilder/Screenshots*. Bei mehreren Screenshot-Dateien werden deren Dateinamen automatisch mit einer fortlaufenden Nummerierung versehen.

3.4 Teilen, Multimonitorbetrieb und Drucken

Abschließend möchte ich noch drei Arbeitstechniken vorstellen, die bei Windows 8 neu eingeführt wurden. Es geht um das Teilen von App-Inhalten, das Arbeiten mit mehreren Monitoren und das Drucken aus Apps und Anwendungen.

3.4.1 Multimonitorbetrieb verwenden

Sind zwei oder mehrere Anzeigegeräte unter Windows 8 verfügbar, kann man sehr einfach App-Fenster oder die Startseite auf einem Monitor anzeigen, während z.B. der Windows-Desktop auf einem alternativen Monitor erscheint (Bild 3.34).

1. Blenden Sie den Charm am rechten Bildschirmrand ein und wählen Sie das Symbol *Geräte* (Bild 3.35, rechte Leiste).
2. In der Seitenleiste *Geräte* (Bild 3.35, mittlere Spalte) wählen Sie im nächsten Schritt den Eintrag *Zweiter Bildschirm*.
3. Sobald die Seitenleiste *Zweiter Bildschirm* (Bild 3.35, links) erscheint, wählen Sie einen der angezeigten Modi aus.

Bild 3.34: Multimonitorbetrieb (Bildmontage zweier Screens)

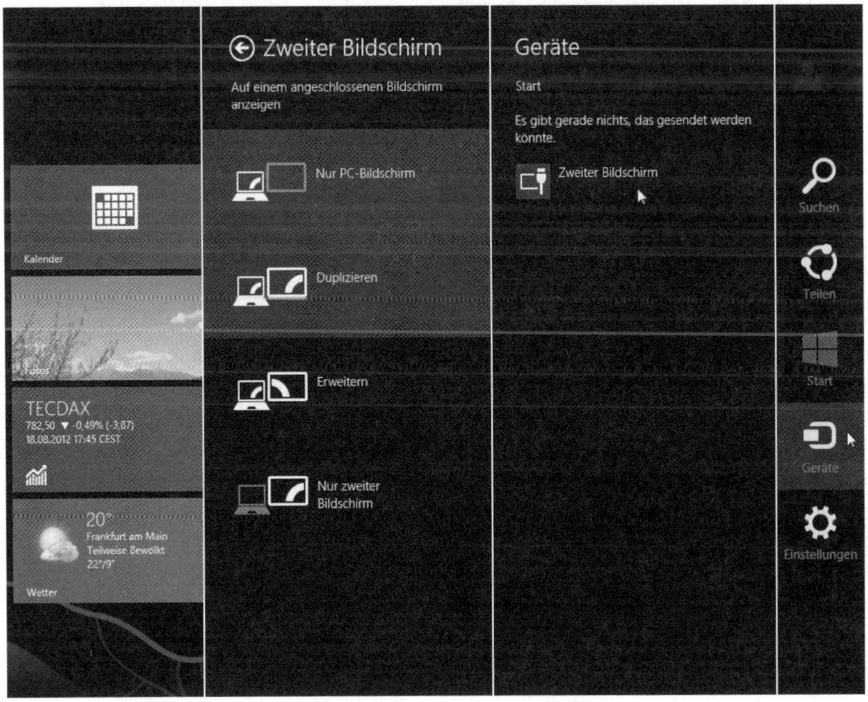

Bild 3.35: Optionen für den zweiten Bildschirm

Die vier Symbole ermöglichen, die Darstellung auf den ersten oder den zweiten Bildschirm zu legen oder den ersten Bildschirm zu duplizieren bzw. zu erweitern. Der Modus »Nur zweiter Bildschirm« ist z.B. hilfreich, wenn ein Notebook oder ein Surface-Tablet-PC an eine Docking-Station mit externem Monitor angeschlossen wird.

Sind zwei Bildschirme vorhanden und wählen Sie beispielsweise die Option *Duplizieren*, erhalten Sie einen zweiten Anzeigebereich. Starten Sie z.B. Windows-Anwendungen auf einem der Desktops, können Sie das zugehörige Fenster dann per Maus oder Finger über die Titelleiste zwischen den beiden Bildschirmen hin- und herschieben. Bei einem App-Fenster fassen Sie dieses am oberen Rand (per Maus oder Finger) an und ziehen es etwas nach unten. Sobald der Kontextzoom von Windows ein stilisiertes Fenster anzeigt, schieben Sie dieses zum gewünschten Bildschirm. Lassen Sie das verkleinerte App-Fenster los, wird dieses auf dem betreffenden Bildschirm zur Vollbilddarstellung erweitert.

3.4.2 Teilen von App-Inhalten

Eine nette Sache ist auch die Funktion zum Teilen von App-Inhalten. Sehen Sie im Browser beispielsweise eine interessante Webseite, die Sie per E-Mail weiterleiten möchten? Oder zeigen Sie gerade ein Foto an, das nun auf Ihr SkyDrive-Laufwerk hochgeladen werden soll? So etwas lässt sich mittels der Funktion »Teilen« sehr einfach bewerkstelligen:

1. Rufen Sie die App auf, deren Inhalte geteilt werden sollen, und stellen Sie sicher, dass der gewünschte Inhalt (z.B. ein Foto oder eine Webseite) angezeigt wird.
2. Blenden Sie die Charms-Leiste am rechten Bildschirmrand ein und wählen Sie das Symbol *Teilen* (Bild 3.36, Hintergrund rechts).
3. Unterstützt die App das Teilen von Inhalten, erscheint in der Seitenleiste *Teilen* eine Liste weiterer Apps (Bild 3.36, Hintergrund, mittlere Spalte). Wählen Sie die gewünschte App aus.
4. Windows wird dann das Fenster der neuen App mit auf dem Bildschirm einblenden und Sie können dort die Schritte zum Weiterverarbeiten von Inhalten ausführen.

Die geteilte Anzeige der Quell-App und der Ziel-App ist in Bild 3.36, Vordergrund, unten links, zu sehen. Die genaue Vorgehensweise hängt von der gewählten Ziel-App ab. Im konkreten Beispiel habe ich die App SkyDrive gewählt. Dort lässt sich ein Zielordner des Online-Speichers SkyDrive wählen, sodass das in der Quell-App angezeigte Foto in den Zielordner (z.B. *Bilder*) übertragen wird. Bei einer Mail-App als Ziel ergänzen Sie beispielsweise den Empfänger und den Text der Mail. Dann wird der Inhalt des angezeigten Quellfensters als E-Mail-Auszug versandt (siehe *Kapitel 16*).

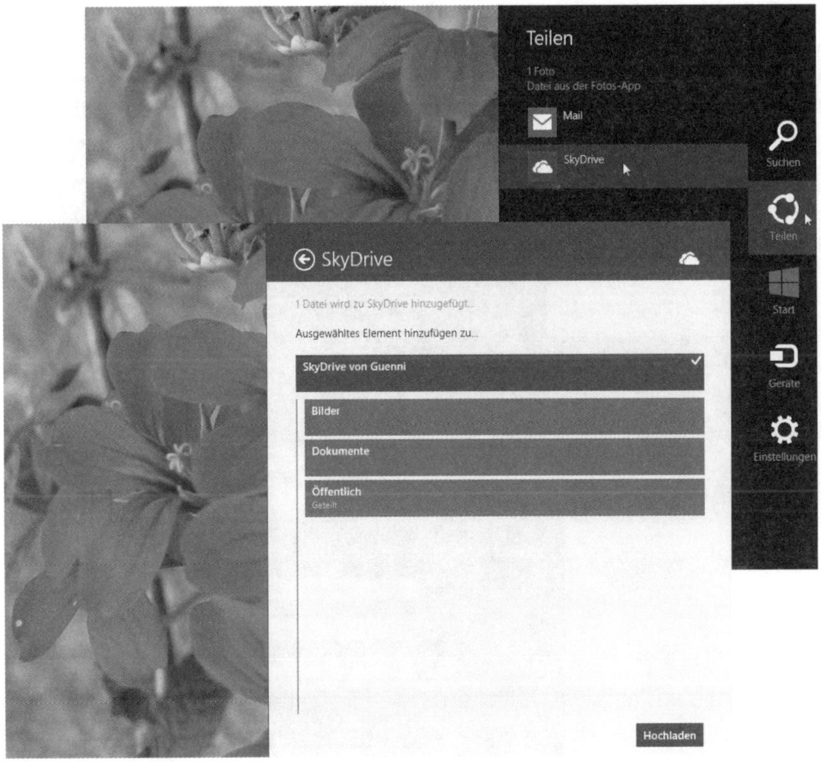

Bild 3.36: Teilen von Inhalten

3.4.3 Drucken aus Apps

Sofern eine App das Ausdrucken von Inhalten unterstützt, lässt sich die Druckfunktion mit wenigen Handgriffen aufrufen:

1. Blenden Sie (bei geöffneter App) die Charms-Leiste (z.B. per Maus in die obere rechte Ecke zeigen) am rechten Bildschirmrand ein.
2. Wählen Sie das Symbol *Geräte* (Bild 3.37, Hintergrund rechts), um die Liste der verfügbaren Geräte anzuzeigen.
3. Wählen Sie in der Seitenleiste *Geräte* (Bild 3.37, Hintergrund oben) das Symbol des gewünschten Druckers.
4. Stellen Sie in der Seitenleiste des gewählten Druckers (Bild 3.37, Hintergrund oben links) mit der Seitenvorschau. die gewünschten Optionen für die Druckausgabe ein.
5. Bei Bedarf lässt sich in der Seitenleiste der Hyperlink *Weitere Einstellungen* wählen, um in der Seitenleiste druckerspezifische Einstelldetails festzulegen (Bild 3.37, Vordergrund unten). Über die *Zurück*-Schaltfläche in der linken oberen Ecke der Seitenleiste geht es zur vorherigen Seitenleiste zurück.
6. Ist alles eingestellt, wählen Sie die in der Seitenleiste angezeigte Schaltfläche *Drucken*.

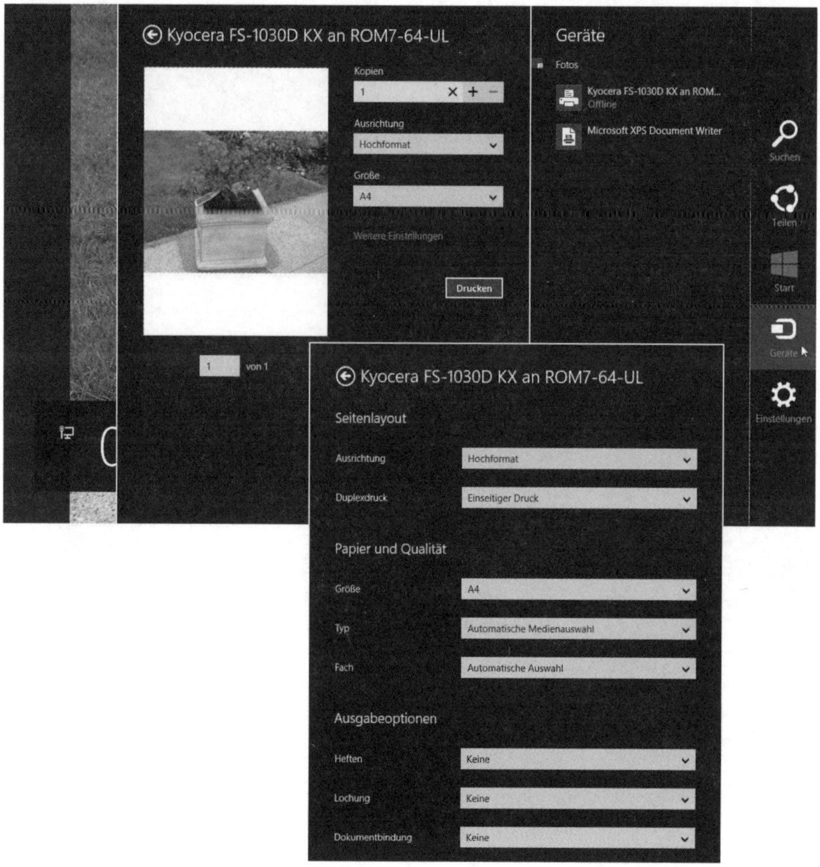

Bild 3.37: Drucken aus einer App

Windows beginnt mit der Druckausgabe und zeigt nach dem Abschluss des Druckauftrags oder bei Fehlern kurzzeitig eine Benachrichtigung auf dem Bildschirm an.

> **TIPP**
>
> Sofern das System über eine Tastatur verfügt, empfiehlt es sich, die Tastenkombination Strg+P zu drücken. Dann öffnet sich die Seitenleiste *Drucken* mit der Liste aller Drucker.

> **HINWEIS**
>
> Standardmäßig enthält die Seitenleiste *Geräte* auf jeden Fall den »Windows XPS Document Writer« als Drucker. Dieser kann Druckausgaben im XPS- und OXPS-Format in Dateien ausgeben, die sich dann mit dem Windows Reader wieder anzeigen lassen.
>
> Die Seitenleiste des Druckers stellt keine Optionen bereit, um nur eine Seite oder einen markierten Dokumentbereich zu drucken. Um solche Ausgaben vorzunehmen, greifen Sie auf Windows-Anwendungen zurück. Diese verwenden das *Drucken*-Dialogfeld, in dem die üblichen Druckoptionen zur Auswahl bereitstehen. In *Kapitel 15* wird am Beispiel der Internet Explorer-App das Drucken erläutert. Hinweise zum Drucken aus Windows-Anwendungen finden Sie in *Kapitel 27*.

4 Arbeiten mit dem Windows-Desktop

Dieses Kapitel vermittelt Ihnen das Wissen zum Arbeiten mit dem Windows-Desktop, mit der Taskleiste und mit (Windows-)Programmen.

4.1 Umgang mit dem Windows-Desktop

Neben der Startseite gibt es in Windows 8 zusätzlich den klassischen, aus Windows 7 bekannten Desktop. In diesem Abschnitt erhalten Sie einen Überblick über dessen Funktionen und erfahren, wie sich der Windows-Desktop zum Arbeiten anpassen lässt.

4.1.1 Neuerungen beim Windows-Desktop

Sobald Sie auf der Startseite das App-Symbol *Desktop* wählen oder eine Windows-Anwendung starten, erscheint der Windows-Desktop (Bild 4.1).

Bild 4.1: Windows-Desktop

Der Windows-Desktop wurde gegenüber früheren Windows-Versionen überarbeitet. Microsoft hat die *Start*-Schaltfläche samt Startmenü aus Windows 8 entfernt – diese wurde durch die Startseite ersetzt. Der Desktopbereich ist, bis auf den angezeigten Hintergrund und das Symbol des Papierkorbs, vollständig leer. Trotzdem ist vieles gleich geblieben.

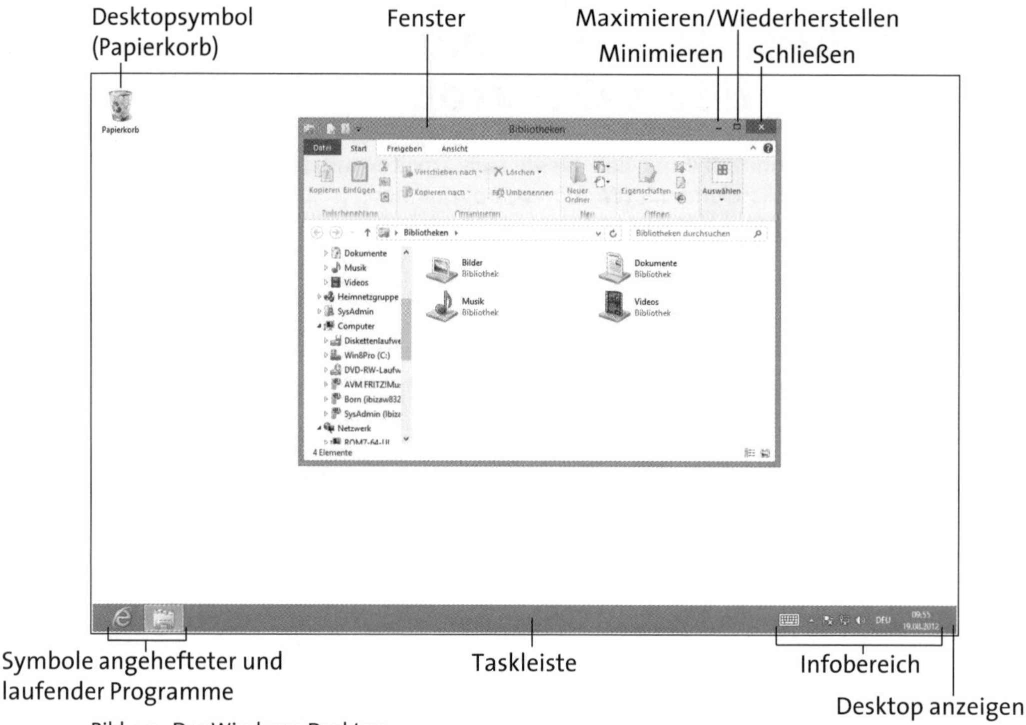

Bild 4.2: Der Windows-Desktop

- Neben dem Papierkorb lassen sich auf dem Desktop weitere Symbole als Verknüpfungen einblenden. Diese ermöglichen Ihnen, Fenster von Windows-Anwendungen und -Funktionen aufzurufen. Das in Bild 4.2 gezeigte Symbol des Papierkorbs ermöglicht Ihnen, Elemente wie Dateien, die Sie nicht mehr brauchen (zum Beispiel einen Brief), einfach zu löschen (siehe *Kapitel 9*).
- Die Taskleiste am unteren Desktoprand verfügt über mehrere Funktionen. Die im linken Bereich vorhandenen Symbole für Internet Explorer (sofern kein anderer Browser installiert wurde) und Bibliotheken sind an der Taskleiste angeheftet und ermöglichen den schnellen Zugriff auf die betreffenden Programme. Bei Bedarf lassen sich weitere Symbole von Anwendungen anheften.
- Zudem blendet Windows für jedes geöffnete Programmfenster ein Symbol in der Taskleiste ein. Über diese als Schaltflächen ausgeführten Symbole können Sie zwischen verschiedenen, aktuell geöffneten Fenstern wechseln. Windows ermöglicht dabei, eine Vorschau auf die Inhalte minimierter Fenster durch einfaches Zeigen per Maus abzurufen.
- Rechts in der Taskleiste befindet sich der Infobereich. Dort werden die Uhrzeit und das Datum sowie der Zustand verschiedener Geräte über Symbole angezeigt. Die in Windows 7 ganz rechts angeordnete Schaltfläche *Desktop anzeigen* ist zwar nicht mehr sichtbar. Sie können aber trotzdem auf den entsprechenden Bereich klicken, um alle geöffneten Fenster auf dem Windows-Desktop aus- und wieder einzublenden.

- Die Fenster geöffneter Windows-Anwendungen sehen zudem wie in früheren Windows-Versionen aus und weisen z.B. in der oberen rechten Ecke die drei Schaltflächen zum Minimieren, Maximieren/Wiederherstellen und Schließen des Fensters auf.

Bis auf die fehlende *Start*-Schaltfläche und einige Kleinigkeiten hat sich daher wenig geändert. Man kann also mit Windows 8 nach wie vor auf dem Windows-Desktop mit Windows-Anwendungen arbeiten.

HINWEIS

In Windows RT (der ARM-Version von Windows) lassen sich aber keine Windows-Programme von Drittherstellern installieren. Sie sind also auf die vorinstallierten Windows-Anwendungen und Apps angewiesen. Wie Sie die Charms-Leiste bei Bedarf am rechten Rand einblenden oder zur Startseite umschalten sowie zwischen App- und Anwendungsfenstern wechseln, ist in *Kapitel 3* beschrieben.

4.1.2 Fehlende Desktop-Symbole einblenden

Auch in Windows 8 ist es kein Problem, fehlende Symbole wie *Computer*, die *Systemsteuerung* oder das *Netzwerk* als Desktop-Symbol einzublenden.

1. Klicken Sie mit der rechten Maustaste auf eine freie Stelle des Desktops (bei Touchbedienung den Finger etwas länger auflegen) und wählen Sie den Kontextmenübefehl *Anpassen* (Bild 4.3).
2. Klicken Sie in der Aufgabenleiste des Fensters *Anpassung* (Bild 4.3, Hintergrund) auf den Link *Desktopsymbole ändern*.
3. Im Dialogfeld *Desktopsymboleinstellungen* (Bild 4.3, Vordergrund) markieren Sie auf der Registerkarte *Desktopsymbole* die gewünschten Kontrollkästchen.

Schließen Sie danach das Dialogfeld über die *OK*-Schaltfläche. In Bild 4.3 habe ich auf diese Weise das Symbol *Computer* auf dem Desktop eingeblendet.

HINWEIS

Markieren Sie das Kontrollkästchen *Zulassen, dass Desktopsymbole durch Designs geändert werden*. Dann übernimmt Windows 8 aus zugewiesenen Designs auch deren Desktopsymbole für Papierkorb und andere Elemente.

Um schneller auf Programme zuzugreifen, lassen sich zudem Symbole von Programmverknüpfungen auf dem Windows-Desktop einrichten.

1. Öffnen Sie ein Ordnerfenster und navigieren Sie zum Ordner, in dem das gewünschte Programm (Windows-Anwendung) gespeichert ist.
2. Öffnen Sie das Kontextmenü des Programms (*.exe*-Datei), indem Sie dieses mit der rechten Maustaste anklicken oder den Finger länger auf die Stelle am Touchscreen pressen und dann loslassen.
3. Wählen Sie im Kontextmenü die Befehle *Senden an/Desktop (Verknüpfung erstellen)*.

Daraufhin wird eine entsprechende Verknüpfung auf dem Desktop angelegt, die sich mit den in *Kapitel 9* beschriebenen Methoden ggf. umbenennen lässt.

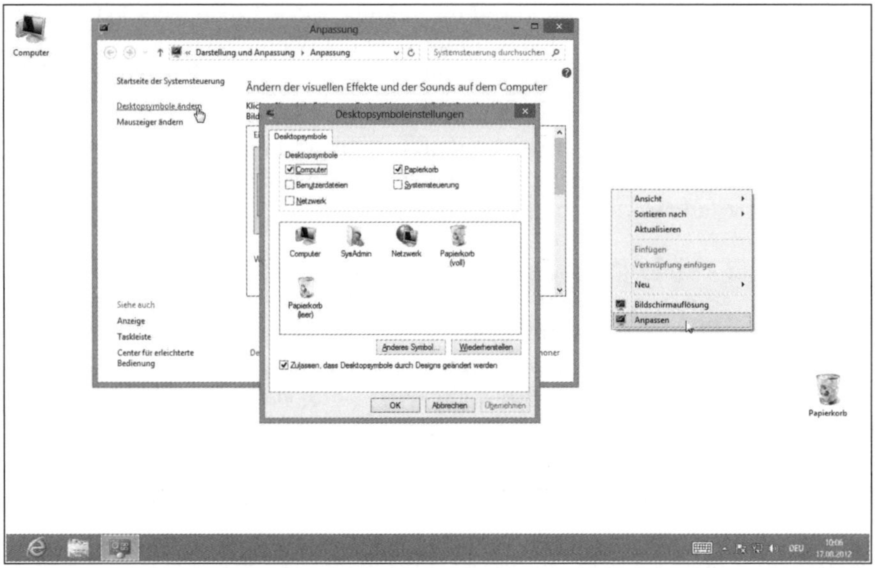

Bild 4.3: Symbole zum Windows-Desktop hinzufügen

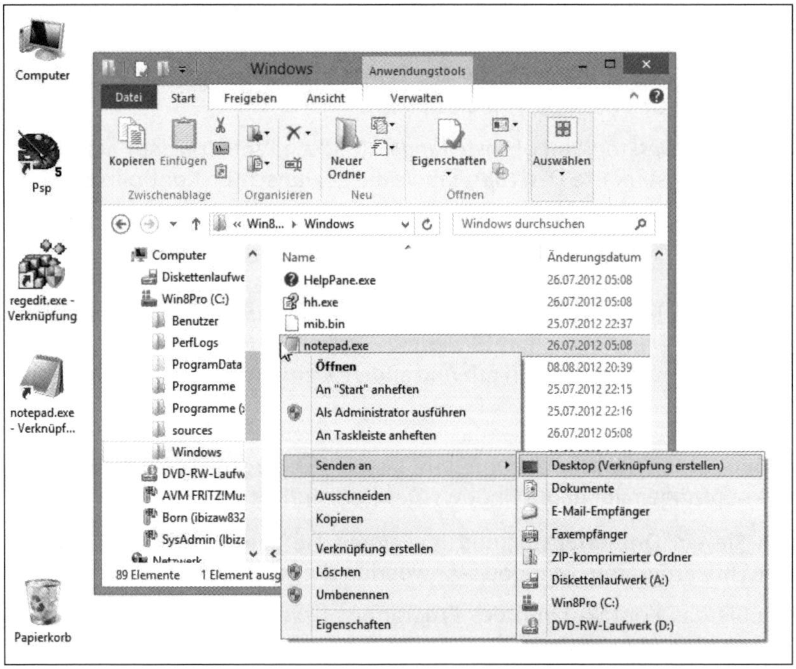

Bild 4.4: Verknüpfungen zum Windows-Desktop hinzufügen

4.1.3 Programmstart per Suche – trotz fehlendem Startmenü

Unter Windows 7 arbeite ich häufig mit dem Suchfeld des Startmenüs, um schnell auf Programme und Funktionen zuzugreifen. Wegen des in Windows 8 fehlenden Startmenüs muss ein alternativer Weg zum Suchen nach Funktionen und Programmen gefunden werden. Bei mit einer Tastatur ausgerüsteten Systemen hilft folgende Alternative.

1. Drücken Sie die [⊞]-Taste, um zur Startseite zu gelangen. Tippen Sie dann einen Suchbegriff ein, schaltet Windows zur Seitenleise *Suchen* um.
2. Nun lässt sich der Suchbegriff weiter ergänzen. Windows listet gefundene Treffer in der Startseite auf (Bild 4.5).
3. Anschließend reicht es, den gefundenen Treffer in der linken Spalte der Ergebnisliste anzuwählen, um die Windows-Anwendung bzw. -Funktion auszuführen.

Bild 4.5: Suchen nach Anwendungen

Bei Anwahl von Windows-Anwendungen und -Funktionen schaltet die Anzeige zum Desktop zurück und das Programmfenster oder das Dialogfeld wird angezeigt.

HINWEIS

Der obige Ansatz funktioniert zwar, hat aber einige Nachteile. So kann der ständige Wechsel zwischen Windows-Desktop, Startseite und wiederum Windows-Desktop nerven. Zudem ist in Bild 4.5 zu erkennen, dass Windows die Treffer nach den Kategorien »Apps«, »Einstellungen« und »Dateien« sortiert. Es werden in der linken Spalte aber nur Treffer der in der Seitenleiste gewählten Kategorie angezeigt. Man kann lediglich erkennen, dass weitere Treffer in den ausgeblendeten Kategorien vorliegen. Dies bedeutet, die Kategorie muss ausgewählt werden, um dort Treffer einsehen und ggf. anwählen zu können.

4.1.4 Das Startmenü nachrüsten

Die Entscheidung von Microsoft, das Startmenü in Windows 8 entfallen zu lassen, hat zu einigem Unmut bei verschiedenen Benutzern geführt. Microsoft begründet den Wegfall mit Erkenntnissen aus gesammelten Telemetriedaten früherer Windows-Versionen. Dort wurde das Startmenü nur von wenigen Benutzern verwendet. Wer ein Startmenü auf dem Windows-Desktop benötigt, kann sich dieses recht einfach und kostenlos unter Windows 8 nachrüsten. Hierzu wird die Software Classic Shell benötigt, die als Open-Source-Software verfügbar ist.

HINWEIS

Die Classic Shell lässt sich kostenlos unter `http://Classic Shell.sourceforge.net/` [w8-k04-001] herunterladen und anschließend mittels eines Assistenten installieren. Achten Sie bei der Installation lediglich darauf, im Schritt »Custom Setup« die Optionen »Classic IE9« und »Classic Explorer« abzuwählen und nur »Classic Start Menu« zuzulassen – es sei denn, Sie möchten auch diese Optionen verwenden. Nachfolgend beziehe ich mich auf die Version 3.6.1 der Classic Shell.

Nach der erfolgreichen Installation der Classic Shell findet sich eine Schaltfläche *Start* in der Taskleiste und Sie können das Startmenü erneut öffnen (Bild 4.6). Das genaue Aussehen des Startmenüs (ein- oder zweispaltig, Skin etc.) ist einstellbar.

Klicken Sie die *Start*-Schaltfläche mit der rechten Maustaste an, lässt sich im Kontextmenü der Befehl *Einstellungen* wählen. Dann erscheint das in Bild 4.6, rechts, sichtbare Eigenschaftenfenster. Um Beeinflussungen der Windows 8-Oberfläche durch die Classic Shell zu vermeiden, sollten Sie folgende Einstellungen anpassen:

- Wählen Sie auf der Registerkarte *Start Menu Style* das Layout für Windows Vista/Windows 7. Auf der Registerkarte *Skin* können z.B. ein zweispaltiges Layout und ein Skin gewählt werden.
- Stellen Sie sicher, dass auf der Registerkarte *Controls* in der Kategorie *Windows Key opens* die Option *Windows Start Menu* und in der Kategorie *Shift-Win opens* die Option *Classic Start Menu* markiert sind.

Dann lässt sich mittels der [⊞]-Taste zwischen Windows-Desktop und der Startseite wechseln und mit [⇧]+[⊞] öffnet sich das aus früheren Windows-Versionen bekannte Startmenü. Die Registerkarte *Special Items* enthält Kontrollkästchen und Optionsfelder, um Startmenüeinträge wie *Ausführen*, *Abmelden* etc. ein-/auszublenden oder bestimmte Einträge als Menü zuzulassen.

TIPP

Stört es Sie, dass Windows 8 nach der Anmeldung die Startseite automatisch öffnet? In der Version 3.6.1 der Classic Shell steht auf der Registerkarte *Windows 8 Settings* das Kontrollkästchen *Skip Metro screen* zur Verfügung. Ist dieses Kontrollkästchen markiert, schaltet die Classic Shell nach jeder Benutzeranmeldung automatisch von der Startseite zum Windows-Desktop um. Unter `http://www.borncity.com/blog/2012/06/01/windows-8-release-preview-mit-startmen/` [w8-k04-002] findet sich ein Artikel, in dem ich einige Einstellmöglichkeiten der älteren Version 3.5.1 der Classic Shell beschreibe.

Und es gibt noch einen zweiten Trick, um nach der Anmeldung schnell zum Windows-Desktop zu kommen: Schieben Sie einfach die Kachel *Desktop* in die linke obere Ecke der Startseite. Dann ist die Kachel automatisch angewählt und das Drücken der [↵]-Taste bringt Sie direkt zum Desktop.

Bild 4.6: Startmenü mit Classic Shell und Einstellungsseite

Sobald das Startmenü über die Classic Shell nachgerüstet wurde, können Sie wie in früheren Windows-Versionen über *Programme* auf die im Startmenü verwalteten Windows-Anwendungen zugreifen. Über das Textfeld *Suchen* lassen sich Windows-Funktionen und -Programme suchen oder Befehle ausführen.

Die Classic Shell stellt Ihnen zudem Befehle zum Herunterfahren, Abmelden etc. von Windows per Startmenü zur Verfügung.

TIPP

Ohne Classic Shell können Sie bei eingeblendetem Desktop alternativ die Tastenkombination `Alt`+`F4` drücken. Dann erscheint ein Dialogfeld, über dessen Listenfeld wählbar ist, ob Windows heruntergefahren, neu gestartet, der Energiesparmodus aufgerufen oder der Benutzer abgemeldet werden soll. Der Befehl wird nach Bestätigung der *OK*-Schaltfläche ausgeführt.

4.1.5 Den Desktop-Hintergrund anpassen

Falls Sie der Desktop-Hintergrund stört, lässt sich dieser anpassen. Sie können eigene Designs oder Hintergrundbilder zuweisen sowie einen unifarbenen Hintergrund wählen. Zudem lassen sich die Farben der Fenster anpassen:

1. Öffnen Sie das Kontextmenü des Desktops (z.B. indem Sie mit der rechten Maustaste auf eine freie Stelle des Desktops klicken) und wählen Sie den Kontextmenübefehl *Anpassen*.
2. Anschließend lässt sich im Fenster *Anpassung* ein neues Design auswählen (Bild 4.7).

Das Design wird sofort nach der Auswahl zugewiesen. Über den Hyperlink *Design speichern* können Sie das ausgewählte Design mitsamt den ggf. vorgenommenen Anpassungen unter einem Namen sichern. Bei Anwahl des Hyperlinks erscheint ein Dialogfeld, in dem der Name des Designs abgefragt wird.

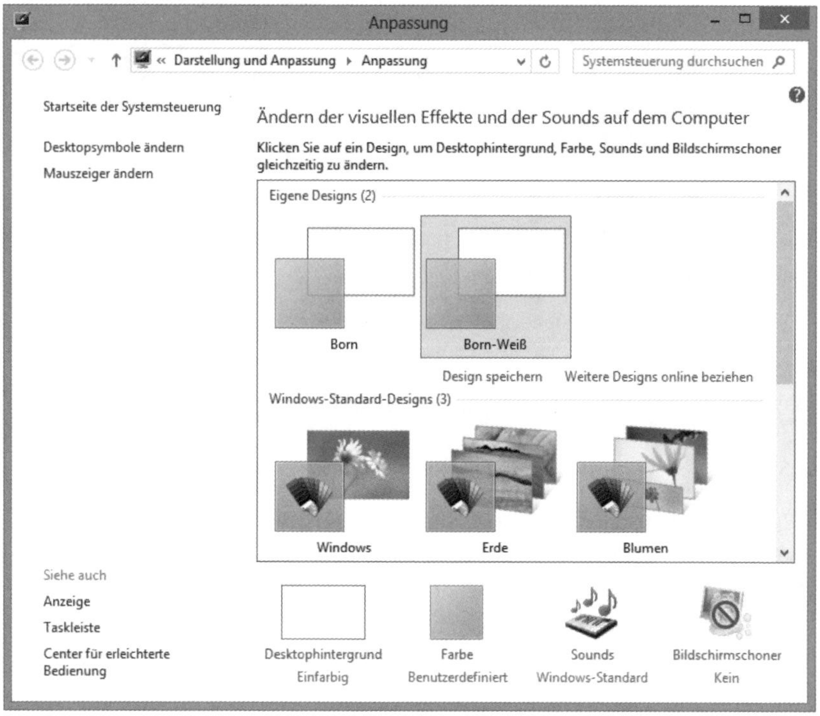

Bild 4.7: Auswahlseite für Desktopdesigns

HINWEIS

Klicken Sie ein eigenes Design mit der rechten Maustaste an, lässt sich im Kontextmenü der Befehl *Design löschen* wählen. Fehlt dieser Kontextmenübefehl? Das Design darf nicht aktuell zugewiesen sein. Markieren Sie ggf. eines der Windows-Standarddesigns und versuchen Sie das Löschen erneut.

Um den Desktophintergrund oder die Fensterfarbe anzupassen, rufen Sie die Seite *Anpassung* (Bild 4.7) per Kontextmenü auf und führen folgende Zusatzschritte aus.

1. Wählen Sie bei Bedarf am unteren Rand der Seite den Befehl *Desktophintergrund* an (Bild 4.7).
2. Dann können Sie in der gleichnamigen Seite (Bild 4.8, Hintergrund oben) ein Foto von verschiedenen Speicherorten oder eine einfarbige Fläche als Hintergrund wählen und zuweisen.
3. Da sich die Fensterdarstellung durch den Desktophintergrund verändert, wählen Sie in der Seite *Anpassung* (Bild 4.7) am unteren Rand das Feld *Farbe*.
4. Danach lässt sich auf der Seite *Farbe und -darstellung* (Bild 4.8, Vordergrund unten) die Fensterfarbe und gegebenenfalls die Farbintensität über die vorhandenen Elemente anpassen.

Die Schaltfläche *Farbmixer einblenden* erweitert die Darstellung der Seite um einige Schieberegler, über die sich individuelle Farbanpassungen für die Fensterrahmen vornehmen lassen. Sobald Sie auf *Änderungen speichern* klicken, werden diese Einstellungen wirksam.

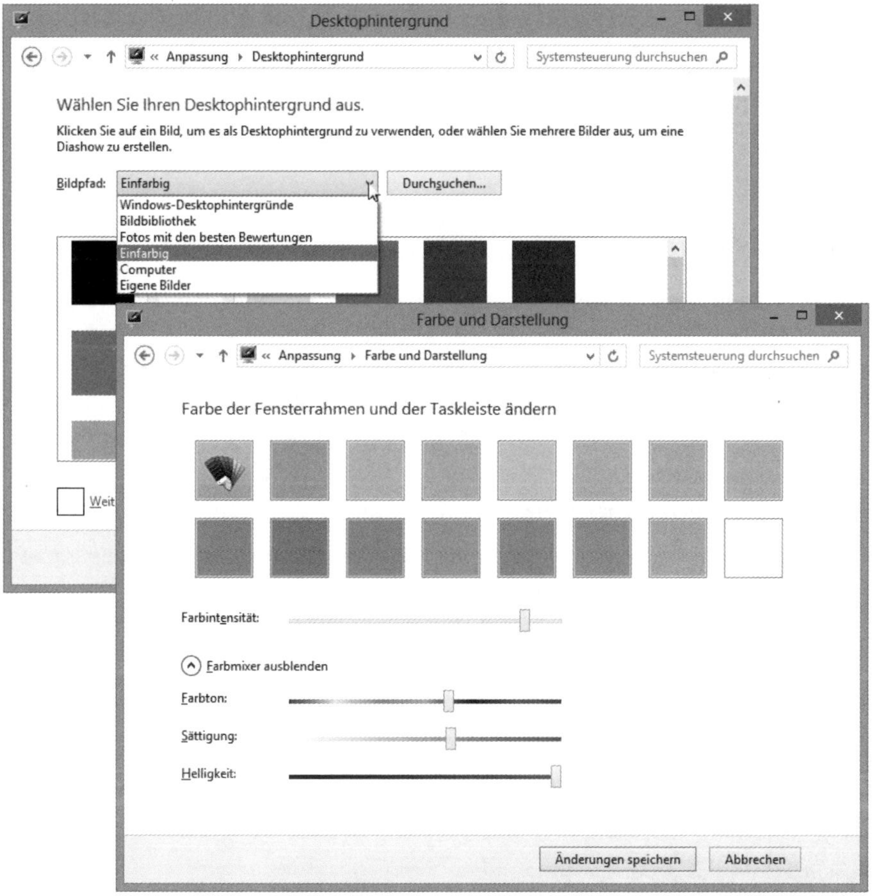

Bild 4.8: Desktophintergrund und Fensterfarbe anpassen

HINWEIS

Gegenüber früheren Windows-Versionen ergeben sich kleinere Neuerungen. So lassen sich im Listenfeld *Bildpfad* (Bild 4.8, Hintergrund oben) nun verschiedene Speicherorte auswählen. Auf der Seite *Farbe und Darstellung* (Bild 4.8, unten) fehlt das Kontrollkästchen zum Aktivieren der Transparenz. Microsoft hat in Windows 8 bestimmte Aero-Anzeigeeffekte wie Transparenz oder Fensterschatten entfernt. Weisen Sie einen weißen Desktop-Hintergrund zu, verwendet Windows automatisch einen grauen Fensterrahmen. Weisen Sie bei Bedarf eine andere Farbe über die Seite *Farbe und Darstellung* (Bild 4.8, unten) zu. Sofern Sie die »verwaschene« Schattenschrift der Desktop-Symboltitel stört, finden Sie unter `http://www.borncity.com/blog/2010/07/06/schattenschrift-fr-desktopsymbole-deaktivieren/` [w8-k04-003] ein kleines WSH-Skriptprogramm *ShadowOff.vbs*, das ich mal für Windows 7 geschrieben habe. Führen Sie das Programm aus, erhalten Sie in einem Dialogfeld die Möglichkeit, die Schattenschrift abzuschalten. Damit die Änderung wirksam wird, müssen Sie sich vom Benutzerkonto ab- und wieder anmelden.

4.2 Arbeiten mit Fenstern und Programmen

Nachfolgend erhalten Sie einen kurzen Überblick zum Umgang mit Programmen und Fenstern und erfahren, wie Sie zwischen Programmen umschalten können. Viele Funktionen lassen sich wie in früheren Windows-Versionen verwenden. Einige Techniken zum Umschalten zwischen Apps und Programmen sind zudem in *Kapitel 3* beschrieben.

4.2.1 So starten Sie Programme

Windows stellt verschiedene Ansätze bereit, um auf Windows-Anwendungen (Windows-Programme) oder auf Windows-Funktionen zuzugreifen.

- Ist ein (Verknüpfungs-)Symbol auf dem Desktop abgelegt (siehe den Abschnitt »4.1.2 Fehlende Desktop-Symbole einblenden«), genügt ein Doppelklick (oder doppeltes Antippen per Finger) zum Aufrufen der Anwendung.
- Weiterhin können Sie die [⊞]-Taste drücken und dann auf der Startseite die Kachel der gewünschten Anwendung anwählen.
- Alternativ lässt sich der in Abschnitt »4.1.3 Programmstart per Suche – trotz fehlendem Startmenü« beschriebene Ansatz verwenden, um auf Windows-Anwendungen sowie auf Windows-Funktionen oder auf ausführbare Programmdateien zuzugreifen und diese zu starten.
- Haben Sie das im Abschnitt »4.1.4 Das Startmenü nachrüsten« beschriebene Startmenü nachgerüstet, lassen sich Programme und Windows-Funktionen über diese Startmenüeinträge aufrufen. Weiterhin lässt sich das Suchfeld des Startmenüs verwenden, um Befehle einzugeben oder nach Windows-Funktionen und Programmen zu suchen und diese dann auszuführen.

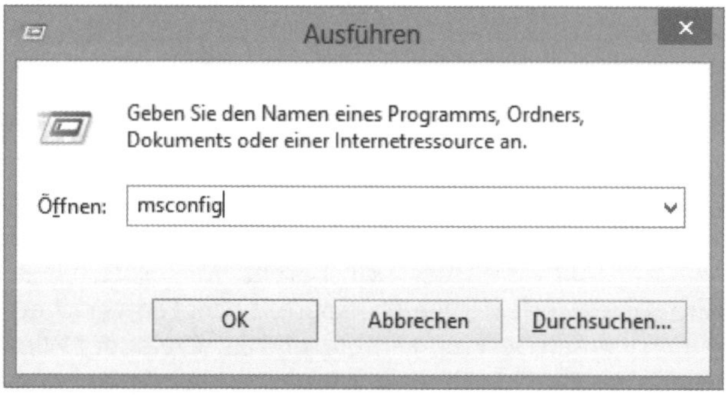

Bild 4.9: Dialogfeld *Ausführen*

- Auch ohne Startmenü können Sie die Tastenkombination [⊞]+[R] drücken, um das Dialogfeld *Ausführen* zu öffnen (Bild 4.9). Tippen Sie den gewünschten Befehl in das Listenfeld *Öffnen* ein, lässt sich dieser mittels der *OK*-Schaltfläche ausführen. Klicken Sie auf die am rechten Rand des Kombinationsfelds *Öffnen* angezeigte Schaltfläche, erscheint eine Liste der zuletzt aufgerufenen Befehle. Durch Anklicken eines Befehls lässt sich dieser als Auswahl übernehmen. Die Schaltfläche *Durchsuchen* des Dialogfelds öffnet ein Zusatzdialogfeld, in dem Sie gezielt in Laufwerken und Ordnern nach dem Programm suchen können. Sie können im Feld *Öffnen* neben Programmnamen auch einen Laufwerksnamen, einen Pfad zum Programmordner und auch Parameter wie beispielsweise den Namen eines zu ladenden Dokuments angeben. Der Befehl *C:* öffnet beispielsweise das Ordnerfenster des betreffenden Laufwerks.

Windows ermöglicht es zudem, Dokumente (z.B. Texte, Fotos, Videos, Musikstücke etc.) auf einfachem Wege in der betreffenden Anwendung zu öffnen. Ein Doppelklick auf ein solches Dokumentsymbol (z.B. auf dem Desktop oder in einem Ordnerfenster) öffnet das Dokument im passenden Anwendungsprogramm. Zudem lassen sich (sofern die Anwendung dies unterstützt) die letzten Dokumente über die Sprunglisten von Taskleisteneinträgen öffnen (siehe den Abschnitt »4.3 Verwenden der Taskleiste«). Weiterhin lässt sich eine Programmdatei (*.exe*) direkt durch einen Doppelklick aus einem Ordnerfenster aufzurufen. Diese Ansätze funktionieren wie in früheren Windows-Versionen.

4.2.2 Abgestürzte Anwendung zwangsweise beenden

Normalerweise beenden Sie eine Anwendung über deren *Schließen*-Schaltfläche in der rechten oberen Ecke des Programmfensters. Manche Anwendungen besitzen auch einen Befehl *Beenden* im Menü *Datei*. Gelegentlich kann es vorkommen, dass Anwendungen nicht mehr reagieren oder Windows überlastet ist. In solchen Fällen haben Sie die Möglichkeit, eine nicht mehr reagierende Anwendung zwangsweise abzubrechen:

- Drücken Sie gleichzeitig die drei Tasten [Strg]+[Alt]+[Entf] und wählen Sie in der angezeigten Seite den Befehl *Task-Manager starten*.
- Oder Sie klicken die Taskleiste mit der rechten Maustaste an und wählen den Kontextmenübefehl *Task-Manager starten*.

Windows öffnet dann das Fenster des Task-Managers (Bild 4.10), in dem Sie den Namen des nicht mehr reagierenden Programms in der Liste der Tasks anwählen. Über die Schaltfläche *Task beenden* lässt sich das Programm dann zwangsweise abbrechen.

Windows entfernt die Anwendung aus dem Arbeitsspeicher, was allerdings gravierende Folgen hat: Enthält das Programm noch ungespeicherte Daten, gehen diese beim gewaltsamen Beenden verloren. Über die Schaltfläche *Mehr Details* gelangen Sie zu einer erweiterten Darstellung des Task-Managers mit einer Reihe von Registerkarten, über die Sie auf Dienste, Leistungsinformationen etc. zugreifen können (siehe auch *Kapitel 31*).

> Der Task-Manager lässt sich übrigens direkt mit der Tastenkombination [Strg]+[⇧]+[Esc] aufrufen.
>
> TIPP

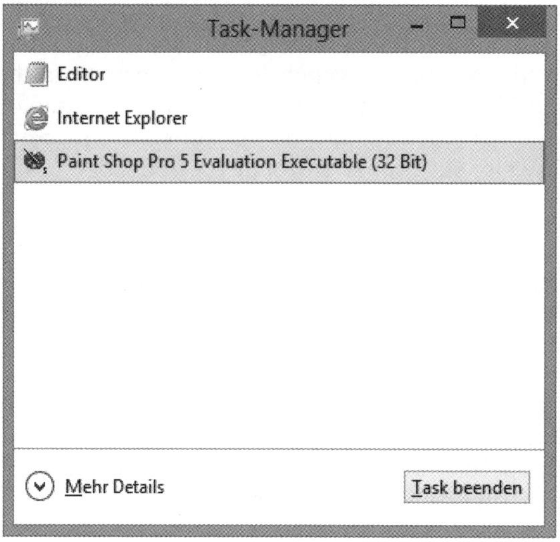

Bild 4.10: Fenster des Task-Managers

4.2.3 Programmumschaltung über Fenster und Taskleiste

Sie können die in *Kapitel 3* für Touchbildschirme und Mausbedienung beschriebenen Techniken zum Umschalten zwischen App-Seiten und geöffneten Anwendungsfenstern verwenden. Für den Desktop gibt es aber noch zusätzliche Möglichkeiten, um direkt zwischen Anwendungen und ggf. Apps umzuschalten.

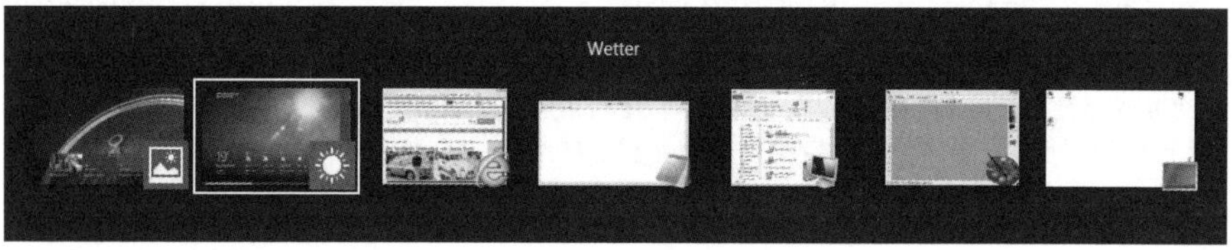

Bild 4.11: Eingeblendete Taskleiste

- Drücken Sie die Tastenkombination [Alt]+[⭾], um die Taskleiste (Bild 4.11) einzublenden. Halten Sie die [Alt]-Taste gedrückt und tippen auf die [⭾]-Taste zum Springen zwischen den Minifenstern. Lassen Sie die [Alt]-Taste los, schaltet dies zur Anzeige des gewählten Elements. Dies ermöglicht sowohl den Zugriff auf Windows-Desktopelemente als auch auf Windows 8-Apps.
- Drücken Sie die Tastenkombination [Alt]+[Esc], um direkt zwischen den auf dem Windows-Desktop geöffneten Anwendungsfenstern, Eigenschaftenfenster und Dialogfeldern umzuschalten. Bei jedem Tastendruck wird ein anderes Desktopelement in den Vordergrund geschaltet. Mit diesem Ansatz können Sie nicht auf Apps zugreifen.
- Sind mehrere Windows-Anwendungsfenster, Dialogfelder und Eigenschaftenseiten auf dem Desktop geöffnet, lassen sich diese über ihre Titelleiste am

oberen Fensterrand nebeneinander anordnen. Dann genügt die Anwahl der Titelleiste, um das gewünschte Element in den Vordergrund zu holen (Bild 4.12, oben). Windows kennzeichnet die Titelleiste des aktiven und der inaktiven Fenster farbig.

- Geöffnete Fenster besitzen ein Symbol in der Taskleiste (Bild 4.12, unten). Dann holt das Anklicken des Taskleistensymbols das zugehörige Fenster in den Vordergrund. Dies funktioniert jedoch nur, falls keine Fenster in der Taskleistenschaltfläche gruppiert sind.
- Sind mehrere Fenster der gleichen Anwendung (z.B. Internet Explorer) geöffnet, gruppiert Windows diese unter einer Schaltfläche (erkennbar an einer »gestapelten« Schaltflächenanzeige). Wurden Fenster zu Schaltflächensymbolen gruppiert, zeigen oder klicken Sie per Maus auf die gewünschte Schaltfläche. Dann erscheint eine Miniaturvorschau der geöffneten Fenster (Bild 4.12, unten) und Sie können das Fenster durch Anwahl der Vorschau in den Vordergrund holen. Die Vorschau verschwindet, sobald der Mauszeiger aus dem Bereich herausbewegt wird.

Auf diese Weise lässt sich sehr elegant zwischen geöffneten Fenstern auf dem Windows-Desktop umschalten.

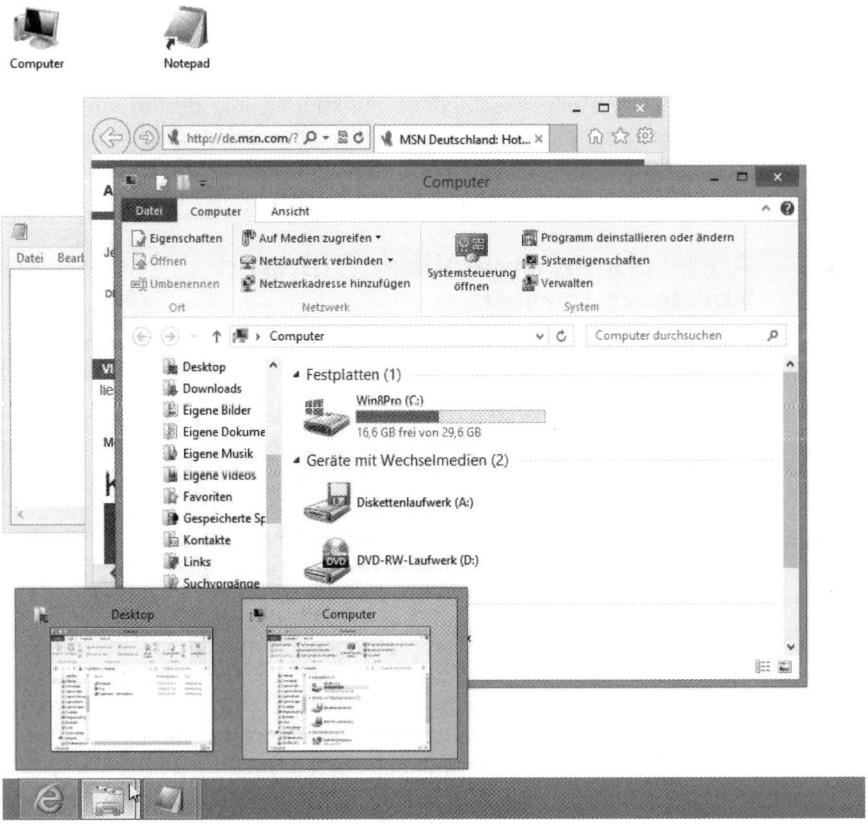

Bild 4.12: Wechsel zwischen Programmfenstern

TIPP

Halten Sie die [Strg]-Taste beim Klicken auf eine gruppierte Schaltfläche der Taskleiste gedrückt, holt Windows das zuletzt geöffnete Fenster der Gruppe in den Vordergrund. Weitere Mausklicks auf die Schaltfläche ermöglichen Ihnen, durch die Liste der Anwendungsfenster dieser Anwendung zu blättern.

4.2.4 Fenster am Desktoprand andocken

Ein Anwendungsfenster lässt sich per Doppelklick auf die Titelleiste (oder mittels der Schaltfläche *Maximieren*) in den Vollbildmodus schalten. Die Schaltfläche *Wiederherstellen* oder ein zweiter Doppelklick auf die Titelleiste stellt die vorherige Fensterdarstellung wieder her.

Ziehen Sie das Fenster per Titelleiste zum rechten oder linken Desktoprand (Mauszeiger muss den Rand berühren), lässt sich das Fenster an diesem Rand andocken und auf die halbe Bildschirmgröße setzen. Um zur vorherigen Fensterdarstellung zurück zu gelangen, ziehen Sie die Titelleiste des betreffenden Fensters einfach vom Desktoprand ab.

TIPP

Sie können auch die [⊞]-Taste zum Andocken der Fenster einsetzen. Mit [⊞]+[→] dockt das aktuelle Fenster am rechten und mit [⊞]+[←] am linken Rand an.

4.3 Verwenden der Taskleiste

Die Windows-Taskleiste stellt verschiedene Funktionen wie die im vorherigen Abschnitt erwähnten Schaltflächen zur Umschaltung zwischen geöffneten Fenstern bereit. Nachfolgend erfahren Sie, was es bezüglich der Taskleiste sonst noch zu wissen gibt.

4.3.1 Änderungen gegenüber früheren Windows-Versionen

Die Taskleiste besitzt (mit Ausnahme der Schaltfläche *Start*) die Funktionalität aus Windows 7. Gegenüber Windows XP und Windows Vista gibt es aber Änderungen.

- Ähnlich wie bei früheren Windows-Versionen werden die Symbole mehrerer Fenster einer geöffneten Anwendung zu einer Gruppenschaltfläche zusammengefasst (z.B. Schaltfläche für Ordnersymbole in Bild 4.13). Über diese Schaltflächen lassen sich die zugehörigen Anwendungen starten (sofern noch nicht laufend) oder das Fenster der laufenden Anwendung in den Vordergrund holen (siehe den vorherigen Abschnitt zum Umschalten zwischen Programmen).
- Wählen Sie die Schaltfläche einer laufenden Anwendung mit einem Rechtsklick in der Taskleiste an (oder ziehen Sie das Symbol leicht aus der Taskleiste zum Desktop), öffnet sich eine Sprungliste (Bild 4.13). Über deren Befehle der Gruppe *Häufig* oder *Zuletzt verwendet* lässt sich auf die (standardmäßig) zehn zuletzt in der Anwendung geöffneten Dokumente zugreifen. Die Befehle *Fenster schließen* bzw. *Alle Fenster schließen* beenden die noch laufende(n) Anwendung(en), die unter der Schaltfläche angezeigt ist (sind).

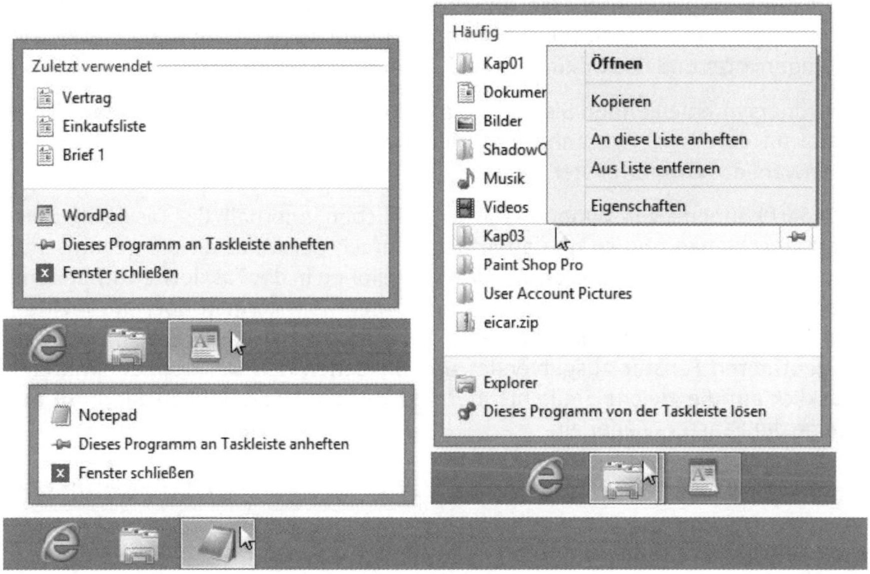

Bild 4.13: Schaltflächen und Sprungmenü der Taskleiste

- Zeigen Sie auf einen Dokumenteintrag in der Sprungliste, findet sich am rechten Rand des Menübefehls eine Schaltfläche zum Festpinnen des Eintrags. Klicken Sie einen Dokumenteintrag in der Sprungliste mit der rechten Maustaste an, lässt sich der Befehl *An diese Liste anheften* wählen, um das Dokument fest in der Gruppe *Angeheftet* aufzunehmen.
- Öffnen Sie die Sprungliste des Symbols einer laufenden Anwendung, lässt sich die Anwendung über den Befehl *Dieses Programm an Taskleiste anheften* dauerhaft als Symbol an der Taskleiste anheften. Das Symbol wird neben den Einträgen für den Internet Explorer und das Ordnerfenster angezeigt. Angeheftete Symbole lassen sich über den Befehl *Dieses Programm von der Taskleiste lösen* der Sprungliste wieder aus der Taskleiste entfernen. Der Ansatz klappt auch für das Fenster der Systemsteuerung. Öffnen Sie später das Kontextmenü dieses Symbols, erscheint eine Sprungliste mit den wichtigsten Befehlen der Systemsteuerung.
- Alternativ können Sie ein Verknüpfungssymbol vom Desktop oder aus einem Ordnerfenster zur Taskleiste ziehen. Dann erscheint eine QuickInfo *Anheften an Taskleiste*. Lassen Sie die Maustaste los, wird das über der Taskleiste befindliche Symbol angeheftet.
- Öffnen Sie das Kontextmenü einer (z.B. in einem Ordner angezeigten) Programmdatei (*.exe*), finden Sie dort den Befehl *An Taskleiste anheften* vor, mit dem sich ebenfalls eine Verknüpfung als Symbol in der Taskleiste einrichten lässt.
- Ziehen Sie ein Dokumentsymbol per Maus zur Taskleiste, halten aber die Maustaste noch gedrückt, blendet Windows eine QuickInfo mit dem Text »Anheften an <Anwendung>« ein, wobei <Anwendung> der Name der dem

Dokumenttyp zugeordneten Anwendung (z.B. *Notepad*) ist. Beim Loslassen wird ggf. eine Schaltfläche für die betreffende Anwendung in der Taskleiste eingerichtet und das Dokument in die Sprungliste eingetragen.

- Ordnersymbole können Sie auf die gleiche Weise als »Dokumente« am Symbol an der Taskleiste anheften. Die Anwahl des Symbols öffnet dann bei Anwahl das Ordnerfenster.

Bei Bedarf können Sie in Windows die Schaltflächen innerhalb der Taskleiste horizontal verschieben und so neu anordnen (einfach per Maus an die gewünschte Position ziehen). Die in früheren Windows-Versionen in der Taskleiste vorhandene Schaltfläche *Desktop anzeigen* gibt es nicht mehr. Sie können aber am rechten Rand (rechts neben der Uhrzeitanzeige des Infobereichs) klicken. Dann werden alle geöffneten Fenster ausgeblendet und Sie sehen den Desktop. Ein weiterer Mausklick auf die gleiche Stelle blendet den vorherigen Desktopzustand mit der Anzeige der Fenster wieder ein.

TIPP

Über Tastenkombinationen wie [⊞]+[1], [⊞]+[2], [⊞]+[3] etc. lässt sich direkt auf das erste, zweite, dritte Symbol etc. der Taskleiste zugreifen, um die betreffende Anwendung aufzurufen. Das funktioniert bis zum zehnten Symbol, das über die Taste [0] angesprochen wird. Mit [⊞]+[⇧]+[1] etc. starten Sie neue Instanzen der betreffenden Anwendung.

4.3.2 Kontextmenübefehle der Taskleiste nutzen

Klicken Sie auf eine freie Stelle der Taskleiste und öffnen das Kontextmenü (z.B. mit der rechten Maustaste), stehen Ihnen verschiedene Befehle zur Verfügung.

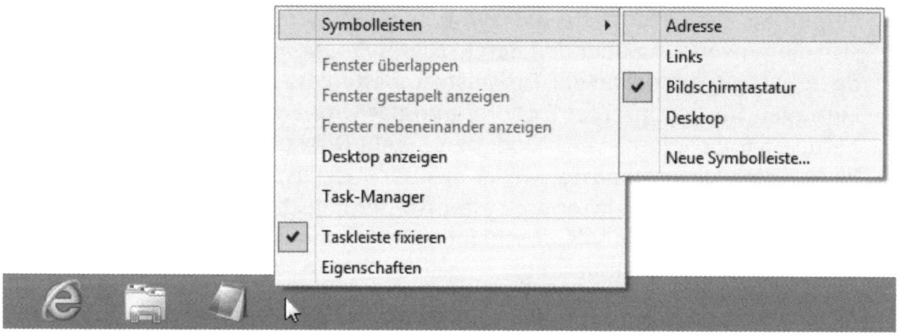

Bild 4.14: Kontextmenü der Taskleiste

- Über den Eintrag *Symbolleisten* öffnet sich ein Untermenü, in dem Sie die Namen ein-/ausblendbarer Symbolleisten (z.B. *Bildschirmtastatur, Adresse*) finden. Ist ein Eintrag mit einem Häkchen markiert, wird die betreffende Symbolleiste in der Taskleiste angezeigt. Das Häkchen wird durch Anklicken des betreffenden Menübefehls gesetzt oder gelöscht. Über den Befehl *Desktop* werden z.B. die Symbole des Desktops als Menüschaltfläche eingeblendet. Mit dem Befehl *Adresse* lässt sich ein Textfeld in der Taskleiste einfügen. Tippen Sie eine Internetadresse in dieses Textfeld ein und drücken dann die [↵]-

Taste, wird die Internetseite abgerufen und im Internet Explorer angezeigt. Auf ähnliche Weise können Sie Laufwerksnamen und Ordnerpfade in das Feld *Adresse* eintippen, um die zugehörige Ordnerdarstellung direkt aufzurufen.

- Sobald Sie mit mehreren Programmen arbeiten, werden sich die einzelnen Fenster überdecken. Dies führt dazu, dass Fenster komplett hinter anderen Fenstern verschwinden, und Sie können diese weder einsehen noch anklicken. Über die drei Kontextmenübefehle *Fenster überlappen*, *Fenster nebeneinander anzeigen* und *Fenster gestapelt anzeigen* (Bild 4.14) besteht die Möglichkeit, alle geöffneten Fenster automatisch auf dem Desktop anzuordnen. Der Kontextmenübefehl *Desktop anzeigen* minimiert alle geöffneten Fenster und blendet auch Dialogfelder und Eigenschaftenfenster aus.
- Der Kontextmenübefehl *Taskleiste fixieren* steuert, ob der Benutzer die Position der Taskleiste anpassen darf. Ist der Befehl nicht mit einem Häkchen markiert, lässt sich die Taskleiste vergrößern (um mehr Platz zur Darstellung der Taskleisteninhalte zu schaffen), indem Sie den Rand per Maus zum Desktop ziehen. Zudem lässt sich die Taskleiste mit der Maus an den linken, rechten oder oberen Rand des Desktops ziehen. Ist der Befehl *Taskleiste fixieren* nicht markiert, weisen die in der Taskleiste eingeblendeten Symbolleisten am linken Rand eine »geriffelte« Fläche auf. Über das betreffende Symbol lässt sich die Symbolleiste vertikal in der Taskleiste verschieben. Wird der Platz in der Symbolleiste knapp, können nicht alle Inhalte eingeblendet werden und am rechten Rand der Leiste erscheint das Symbol zum Einblenden der fehlenden Inhalte als Menü. Die Symbolleistenbreite lässt sich anpassen, indem Sie die geriffelte Fläche am linken Leistenrand per Maus vertikal nach links oder rechts verschieben.

Im Normalfall empfiehlt es sich, den Kontextmenübefehl *Taskleiste fixieren* markiert zu lassen, um eine unbeabsichtigte Veränderung der Taskleiste zu verhindern.

4.3.3 Taskleisteneigenschaften ändern

Wählen Sie im Kontextmenü der Taskleiste den Befehl *Eigenschaften*, erscheint das Eigenschaftenfenster aus Bild 4.15. Über die Registerkarte *Taskleiste* können Sie die Eigenschaften der Taskleiste (fixieren, automatisch ausblenden, kleine Schaltflächen verwenden, Position und gruppieren) anpassen. Ein markiertes Kontrollkästchen *»Aero Peek« für die Desktopvorschau verwenden* ... bewirkt, dass Windows die Fenster nur noch in Umrissen zeigt, wenn Sie per Maus in die rechte untere Bildschirmecke zeigen.

Auf der Registerkarte *Sprunglisten* lässt sich die Anzahl der in Sprunglisten anzuzeigenden Elemente ändern (Standard ist 10, Maximum ist 60). Zudem können Sie über die Kontrollkästchen der Gruppe *Datenschutz* vorgeben, ob zuletzt geöffnete Dokumente und/oder Programme in die Sprunglisten aufgenommen werden sollen.

Die Registerkarte *Symbolleisten* ermöglicht per Markierung der Kontrollkästchen, die gewünschten Leisten in der Taskleiste einzublenden.

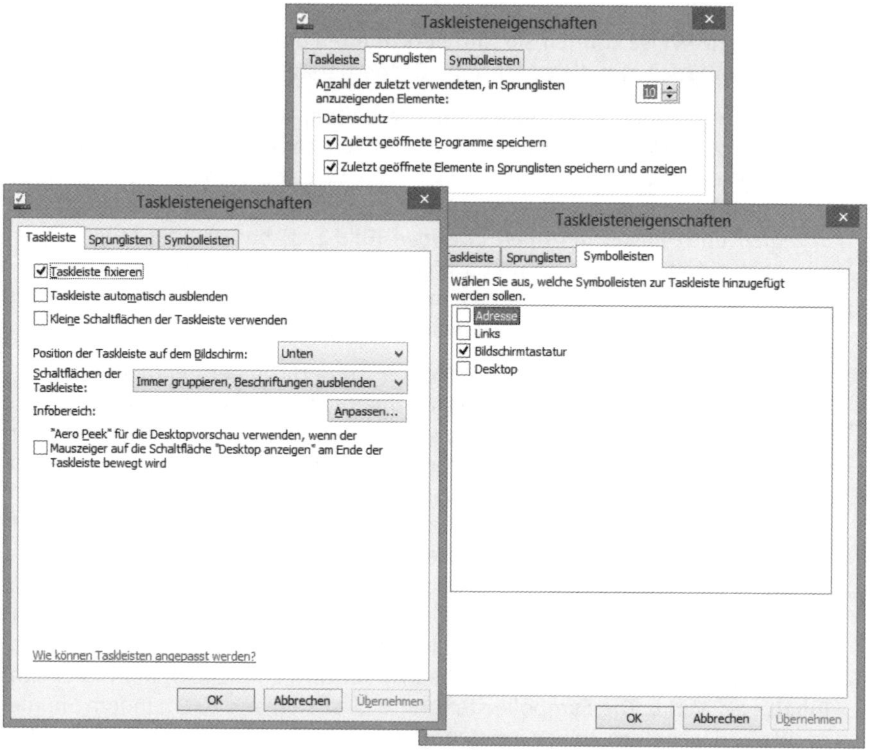

Bild 4.15: Anpassen der Taskleisteneigenschaften

4.3.4 Der Infobereich der Taskleiste

Am rechten Rand der Taskleiste findet sich der sogenannte Infobereich. Dort blendet das Betriebssystem die Uhrzeit, das aktuelle Datum sowie die Statussymbole verschiedener Geräte (z.B. Lautstärkeregelung, Netzwerkverbindung) ein (Bild 4.16). An den Symbolen des Infobereichs können Sie also direkt den Status bestimmter Geräte oder Einstellungen erkennen.

Um möglichst viel Platz in der Taskleiste zur Verfügung zu stellen, minimiert Windows standardmäßig den Anzeigeplatz im Infobereich und versteckt die Symbole inaktiver Geräte. Dies führt dazu, dass nur die wichtigsten Anzeigen wie die Uhrzeit oder der Status des Wartungscenters sowie der Netzwerkstatus erscheinen. Die fehlenden Einträge lassen sich über die Schaltfläche *Ausgeblendete Symbole einblenden* (Bild 4.16, rechts) in einer Palette einblenden. Die erweiterte Anzeige verschwindet, sobald Sie auf eine Stelle außerhalb der Palette klicken.

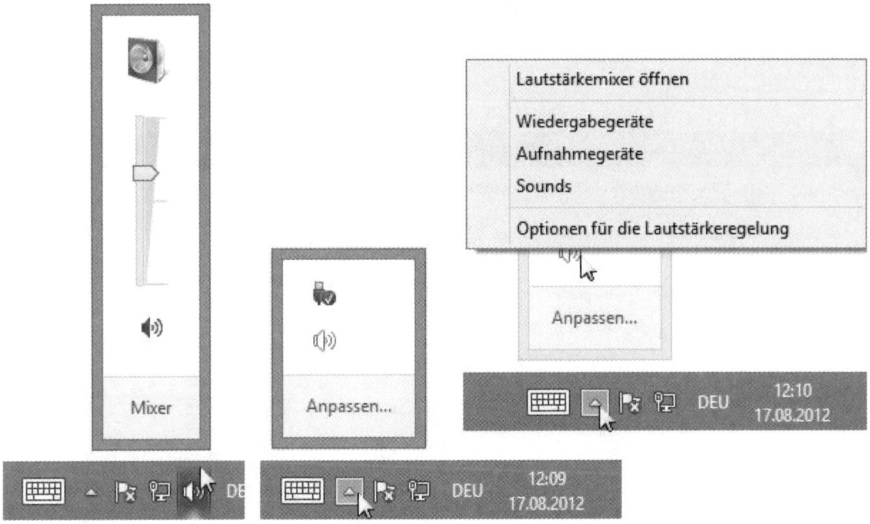

Bild 4.16: Infobereich der Taskleiste

> TIPP
>
> Eine stumm geschaltete oder falsch konfigurierte Soundausgabe wird im Symbol des stilisierten Lautsprechers entsprechend angezeigt. Klicken Sie auf das Lautsprechersymbol, blendet Windows einen Schieberegler oberhalb des Infobereichs ein (Bild 4.16, links). Über diesen Schieberegler können Sie sofort die Lautstärke regeln und mittels einer separaten Schaltfläche die Soundausgabe stumm bzw. einschalten. Ein Rechtsklick auf das Lautsprechersymbol öffnet ein Kontextmenü mit Befehlen zum Zugriff auf den Lautstärkemixer, die Optionen der Lautstärkeregelung, die Soundschemata sowie die Einstellungen der Aufnahme- und Wiedergabegeräte (Bild 4.16, unten). Weitere Informationen zu den Symbolen des Infobereichs finden Sie in den verschiedenen Kapiteln dieses Buches.

4.3.5 Eingabesprache und Sprachunterstützung

Windows 8 lässt sich mit Tastaturlayouts für verschiedene Sprachen betreiben. Zudem besteht die Möglichkeit, mehrere Sprachpakete zu installieren, um die Bedienoberfläche auf die gewünschte Sprache umzustellen. Die Spracheinstellung erfolgt über eine im Infobereich der Taskleiste eingeblendete Schaltfläche (Bild 4.17, unten). Standardmäßig sollte dort die Angabe *DE* zu sehen sein. Taucht der Schriftzug *EN* in der Taskleiste auf, wurde die Eingabemethode bzw. das Tastaturlayout auf Englisch umgestellt. Dann lassen sich keine Umlaute mehr auf der Tastatur eingeben und die Tasten [X] und [Z] sind vertauscht. Klicken Sie auf den Schriftzug der betreffenden Schaltfläche (Bild 4.17, unten). Dann wählen Sie in der eingeblendeten Palette den gewünschten Befehl, z.B. »DEU« für die Eingabemethode. Anschließend wird das Tastaturlayout entsprechend angepasst.

TIPP

Die Eingabemethode lässt sich durch Drücken der Tastenkombination [⊞]+[ ] direkt zwischen den installierten Eingabemethoden umschalten.

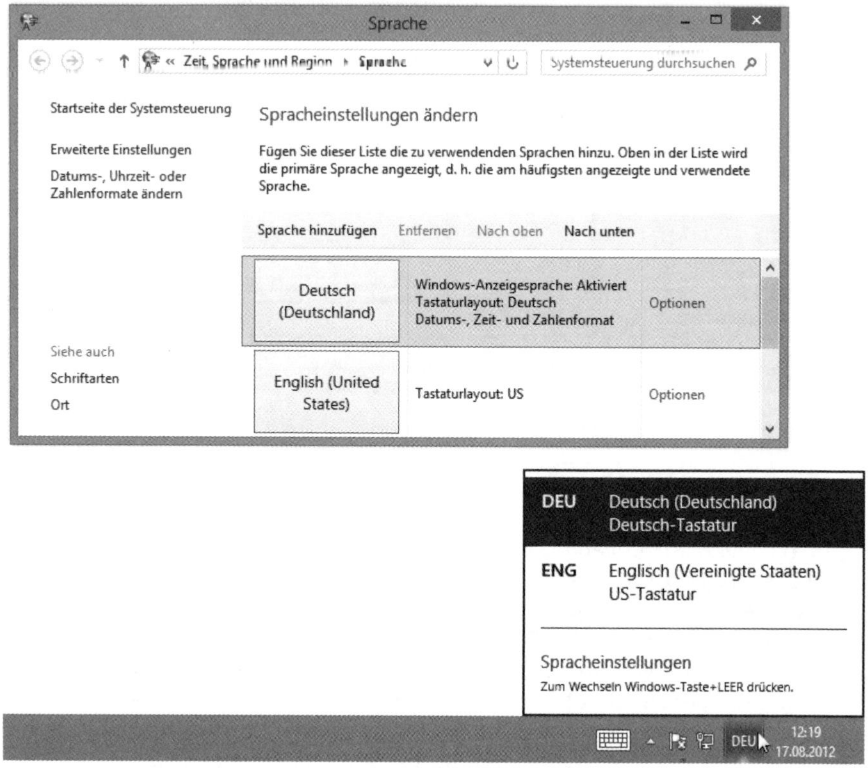

Bild 4.17: Spracheinstellungen im Infobereich der Taskleiste

HINWEIS

Wählen Sie in der eingeblendeten Palette den Befehl *Spracheinstellungen*, gelangen Sie zu dem in Bild 4.17, oben, sichtbaren Fenster. In diesem Fenster lassen sich zusätzliche Sprachpakete installieren sowie die Windows-Anzeigesprache wechseln (siehe *Kapitel 30*).

4.3.6 Uhrzeit und Datum stellen

Zeigen Sie mit der Maus auf die Uhrzeit, wird der Wochentag in einer QuickInfo eingeblendet. Windows gleicht die Uhrzeit über Zeitserver im Internet automatisch ab. Geht die Uhr falsch oder stimmt das Datum nicht, können Sie das Kontextmenü der Zeitanzeige im Infobereich öffnen und den Befehl *Datum/Uhrzeit ändern* wählen. Über die Registerkarten des Eigenschaftenfensters *Datum und Uhrzeit* lassen sich die Einstellungen ändern. Hierzu werden aber Administratorberechtigungen benötigt. Schritte zum Anpassen von Uhrzeit und Datum oder der Zeitsynchronisation sind in *Kapitel 30* beschrieben.

4.3.7 Tasten zur Bedienung

Mittels der Tastatur lassen sich in Windows viele Funktionen schneller als per Mausbedienung abrufen oder Aktionen beenden. Das *Kapitel 3* enthält eine Tabelle mit Tasten zur schnelleren Bedienung der neuen Windows 8-Benutzeroberfläche. Hier noch einige Hinweise auf die Bedeutung weiterer Tasten.

Die [↵]-Taste bestätigt Eingaben in Dialogfeldern und entspricht dem Anklicken der *OK*-Schaltfläche. Über die [Esc]-Taste lassen sich Befehle abbrechen oder Menüs sowie Dialogfelder und Registerkarten schließen (entspricht der *Abbrechen*-Schaltfläche in Dialogfeldern).

Am unteren Rand der Tastatur finden Sie die Sondertasten [Strg] und [Alt], die in Verbindung mit anderen Tasten zum Abrufen diverser Funktionen verwendet werden. Die Taste [Entf] löscht ein Zeichen im Text rechts von der Schreibmarke, während die [←]-Taste das Zeichen links von der Schreibmarke entfernt. Dies ist sowohl bei der Texteingabe als auch beim Benennen von Dokumenten relevant.

Windows-Tastaturen weisen am unteren Rand die beiden Tasten [Win] und [Menü] (links neben der rechten [Strg]-Taste) auf, über die Sie einen direkten Zugriff auf verschiedene Windows-Funktionen erhalten. Tabelle 4.1 enthält einige zusätzliche Tastenkombinationen, die für einen geöffneten Windows-Desktop gelten.

Taste	Bedeutung
[Win]+[Untbr]	Basisinformationen über das System anzeigen.
[Win]+[C]	Die Charms-Leiste am rechten Seitenrand einblenden.
[Win]+[D]	Den Windows-Desktop anzeigen.
[Win]+[M]	Minimiert alle geöffneten Fenster.
[Win]+[⇧]+[M]	Minimierte Fenster wiederherstellen.
[Win]+[Pos1]	Minimiert alle geöffneten Hintergrundfenster bzw. stellt diese wieder her.
[Win]+[ ]	Schaltet die Tastatureingabeschemata zwischen verschiedenen Sprachen um.
[Win]+[E]	Ordnerfenster *Computer* öffnen.
[Win]+[F]	Suchen von Dateien und Ordnern in der Seitenleiste *Suchen*.
[Win]+[R]	Dialogfeld *Ausführen* öffnen.
[Win]+[L]	Sperrt den Computer und zeigt den Anmeldebildschirm.
[Win]+[F1]	Öffnet das Hilfefenster.
[Win]+[T]	Zeigt die Liste mit der Miniaturvorschau der Taskleiste. Antippen der Taste [T] wechselt zur nächsten Schaltfläche.
[Win]+[+]	Bildschirmlupe anzeigen und bei weiterem Antippen der Taste [+] wird der Zoomfaktor erhöht. Mit der Taste [-] lässt sich der Zoomfaktor reduzieren, und [Win]+[Esc] schließt die Bildschirmlupe.

Tabelle 4.1: Bedeutung der [Win]- und der [Menü]-Taste

Taste	Bedeutung
[Win]+[P]	Blendet die Seitenleiste *Zweiter Bildschirm* ein, über deren Symbole die Bildschirmausgabe auf extern angeschlossene Anzeigegeräte (zweiter Bildschirm, Projektor) umgeschaltet werden kann.
[Win]+[X]	Öffnet das Menü für den Schnellzugriff in der linken unteren Ecke des Bildschirms.
[Win]+[↑]	Maximiert das aktive Fenster.
[Win]+[↓]	Ein maximiertes Fenster auf die vorherige Größe wiederherstellen. Ein normales Fenster wird dagegen minimiert.
[Win]+[⇧]+[↑]	Maximiert das Fenster vertikal (am oberen und unteren Bildschirmrand andocken, hilfreich bei langen Texten).
[Win]+[→]	Dockt das aktuelle Fenster am rechten Desktoprand an und vergrößert es auf die Hälfte des Bildschirms.
[Win]+[←]	Dockt das aktuelle Fenster am linken Desktoprand an und vergrößert es auf die Hälfte des Bildschirms.
[Win]+[⇧]+[→] [Win]+[⇧]+[←]	Verschiebt das aktive Fenster im Multimonitorbetrieb zum zweiten Bildschirm bzw. wieder zurück.
[Win]+[1], [Win]+[2] etc.	Startet die Anwendung der ersten, zweiten, dritten bis zur zehnten Schaltfläche der Taskleiste, falls diese noch nicht läuft. Wird die Anwendung bereits als Einzelinstanz ausgeführt, holt die Tastenkombination deren Fenster in den Vordergrund. Sind mehrere Fenster der betreffenden Anwendung geöffnet, öffnet die Tastenkombination die Miniaturvorschau der Fenstern. Halten Sie die [Win]-Taste gedrückt, können Sie durch Antippen der betreffenden Taste mit der Nummer (z.B. [3] für den dritten Eintrag der Taskleiste) durch die Liste der geöffneten Anwendungsfenster dieser Anwendung schalten.
[Win]+[⇧]+[1], [Win]+[⇧]+[2] etc.	Öffnet eine neue Instanz der (der betreffenden Schaltfläche zugeordneten) Anwendung. Mit [Win]+[⇧]+[1] können Sie also mehrere Instanzen des Internet Explorers 10 (sofern installiert und als erste Schaltfläche angeordnet) öffnen.
[Win]+[Alt]+[1], [Win]+[Alt]+[2] etc.	Öffnet die Sprungliste der betreffenden Schaltfläche.
[Win]+[Strg]+[1], [Win]+[Strg]+[2] etc.	Holt das jeweils letzte geöffnete Fenster der Anwendungsinstanz in den Vordergrund. Mehrfaches Antippen der Zifferntaste ermöglicht, die Fenster der Anwendungsinstanzen schrittweise in den Vordergrund zu holen.
[Kontextmenü]	Öffnet das Kontextmenü für das ausgewählte Element.

Tabelle 4.1: Bedeutung der [Win]- und der [Kontextmenü]-Taste (Forts.)

5 Startseite anpassen und Apps beziehen

Apps für Windows 8 lassen sich ausschließlich über den von Microsoft betriebenen Windows Store beziehen. Dieses Kapitel befasst sich einmal mit der Frage, wie sich Apps aus dem Windows Store installieren und updaten lassen. Zudem zeige ich, wie sich die Oberfläche (Startseite, Sperrbildschirm, Profilbild) durch den Benutzer anpassen lässt.

5.1 Profilbild, Startseite und Sperrbildschirm anpassen

In diesem Abschnitt möchte ich einen Blick auf die Möglichkeiten zum Anpassen des Sperrbildschirms sowie zur Anpassung des Aussehens des Startseitenhintergrunds werfen. Dabei soll auch die Funktion zum Wechseln des Profilbilds kurz mit behandelt werden.

5.1.1 Wie gelangt man zu den Einstellungen?

Um Anpassungen an der Startseite, am Profilbild des Benutzers oder am Sperrbildschirm vorzunehmen, ist die betreffende Seite in den Einstellungen aufrufen. Hierzu gehen Sie in folgenden Schritten vor.

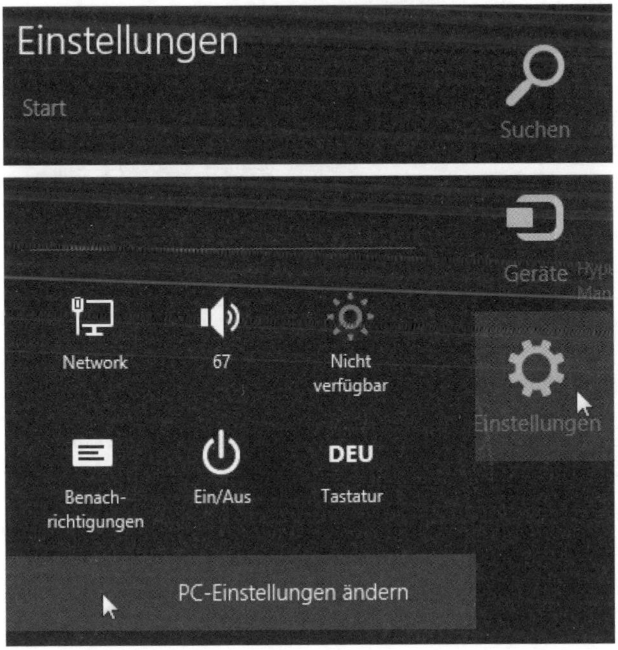

Bild 5.1: Zugriff auf die PC-Einstellungen

1. Öffnen Sie die Charms-Leiste am rechten Bildschirmrand (z.B. vom linken Bildschirmrand zum Desktop wischen oder die Tastenkombination [⊞]+[C] drücken).
2. Wählen Sie das Symbol *Einstellungen* (Bild 5.1, rechts). Sobald die Seitenleiste *Einstellungen* am rechten Rand erscheint, wählen Sie im unteren Bereich der Seitenleiste den Hyperlink *PC-Einstellungen ändern* (Bild 5.1, linke Spalte).
3. In der nun angezeigten Seite »PC-Einstellungen« (Bild 5.2, links) wählen Sie in der linken Spalte den Punkt *Anpassen*.

Anschließend erhalten Sie im Kopfbereich der rechten Spalte (Bild 5.2) die Möglichkeit, über Links auf den Sperrbildschirm, die Startseite oder das Profilbild zuzugreifen.

5.1.2 Anpassen des Sperrbildschirms

Beim Start bzw. nach jeder Abmeldung gelangt der Benutzer zum Sperrbildschirm, auf dem ein Foto angezeigt wird. Auf Wunsch lassen sich aber auch andere Motive für den Sperrbildschirm festlegen.

Bild 5.2: Anpassen des Sperrbildschirms

1. Gehen Sie gemäß den obigen Hinweisen zur Seite *PC-Einstellungen* und wählen Sie in der linken Spalte die Kategorie *Anpassen*.
2. Stellen Sie sicher, dass in der rechten Spalte der Seite die Kategorie *Sperrbildschirm* angewählt wurde.
3. Anschließend können Sie in der rechten Spalte der Seite zwischen verschiedenen Motiven für den Sperrbildschirm auswählen (Bild 5.2).

Es reicht, eines der angezeigten Motive anzuwählen, um dieses dem Sperrbildschirm zuzuweisen. Bei Bedarf lassen sich auch eigene Motive mittels der *Durchsuchen*-Schaltfläche auswählen und dem Sperrbildschirm zuweisen.

> Die Optionen der Kategorie *Anpassen* bleiben gesperrt, solange Windows 8 nicht korrekt aktiviert wurde. In diesem Fall erscheint ein deutlicher Hinweis mit der Aufforderung zum Aktivieren von Windows 8 in der betreffenden Einstellungsseite.
>
> HINWEIS

5.1.3 App-Benachrichtigung für Sperrbildschirm konfigurieren

Wechselt Windows in den Sperrbildschirm, werden standardmäßig Apps und Anwendungen angehalten. Bei manchen Apps (z.B. Messenger oder Mail-Apps) wäre es hilfreich, wenn diese weiter im Hintergrund laufen und Statusbenachrichtigungen anzeigen können. Dies lässt sich in den PC-Einstellungen konfigurieren.

Bild 5.3: Sperrbildschirm-Apps konfigurieren

1. Gehen Sie wie im vorherigen Abschnitt beschrieben vor und rufen Sie in den PC-Einstellungen die Kategorie *Anpassen* auf.
2. Blättern Sie im rechten Teil der Seite in der Kategorie *Sperrbildschirm* nach unten zur Rubrik »Sperrbildschirm-Apps« (Bild 5.3).
3. Klicken Sie auf ein Kästchen mit einem angezeigten Pluszeichen und wählen Sie dann im Popup-Fenster die App, für die ausführliche Statusinformationen anzuzeigen sind.

Windows führt standardmäßig die Apps Nachrichten, Mail und Kalender im Hintergrund aus und kann für den Kalender einen ausführlichen Status anzeigen.

5.1.4 Hintergrund der Startseite anpassen

Bereits beim Einrichten bietet Setup die Möglichkeit, die Hintergrundfarbe und das Muster der Startseite anzupassen. Wer diese Einstellung nachträglich anpassen möchte, geht folgendermaßen vor.

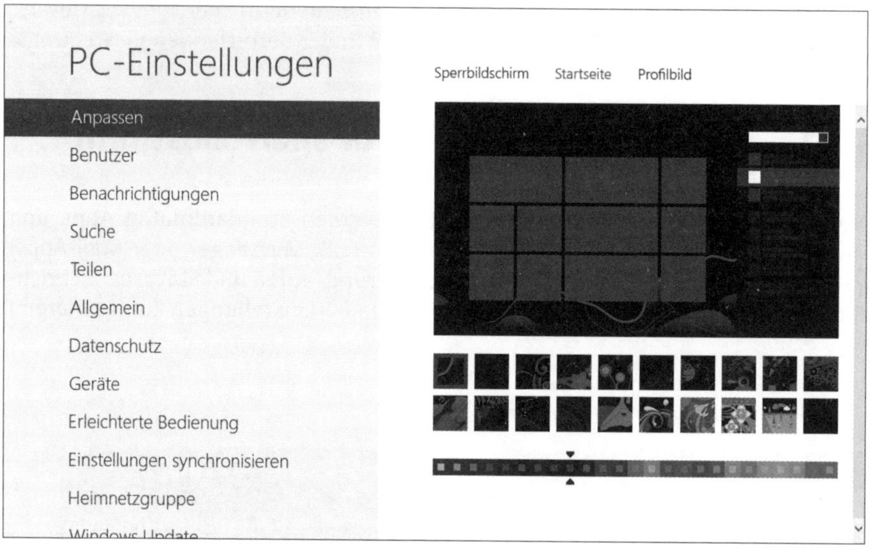

Bild 5.4: Hintergrund des Startseite anpassen

1. Rufen Sie, wie im vorherigen Abschnitt beschrieben, die Seite »PC-Einstellungen« auf und aktivieren Sie die Kategorie *Anpassen*.
2. Klicken Sie in der rechten Spalte der Seite auf den Link *Startseite*. Passen Sie im unteren Teil der Seite das Hintergrundmuster sowie die Hintergrundfarbe an (Bild 5.4).

Über die unter der Vorschau angezeigten Felder lässt sich das Muster für den Hintergrund der Startseite auswählen. Das Farbfeld am unteren Rand ermöglicht über eine Art Schieberegler die Anpassung der Hintergrundfarbe des Musters.

5.1.5 Ändern des Profilbilds

Das Profilbild eines lokalen Benutzerkontos für die Windows-Anmeldeseite lässt sich ebenfalls über die Einstellungen anpassen. Statt *Startseite*, wie im vorherigen Abschnitt skizziert, ist der Link *Profilbild* in der Seite *PC-Einstellungen/Anpassen* zu wählen. In einer Formularseite (Bild 5.5) lässt sich dann das Bild einer Webcam oder ein beliebiges Foto aus einer Fotodatei mittels der Schaltfläche *Durchsuchen* zuweisen.

Bild 5.5: Profilbild anpassen

HINWEIS

Bei Microsoft-Konten wird das der Live ID zugeordnete Bild im Benutzerkonto angezeigt. Um dieses Bild anzupassen, melden Sie sich unter *live.com* mit den Kontendaten an. Klicken Sie dann in der rechten oberen Ecke des Browserfensters auf den Befehl *Profil*. In der Profilseite des Windows Live-Kontos klicken Sie in der linken oberen Ecke auf das Bild des Kontos. Der Befehl *Bild ändern* im eingeblendeten Menü zeigt eine Formularseite, in der Sie ein Bild auswählen und zuweisen können. Den Befehl *Details bearbeiten* öffnet eine Webseite, in der Sie den angezeigten Benutzernamen, Kontaktinformationen etc. bearbeiten und ergänzen können. Ist in dieser Seite ein Benutzername vereinbart, zeigt Windows 8 diesen in der Anmeldeseite mit an. Wurde noch kein Wert festgelegt, blendet Windows 8 dagegen die E-Mail-Adresse des Microsoft-Kontos in der Anmeldeseite ein.

5.2 Anpassen der Startseite

In diesem Abschnitt zeige ich Ihnen, wie sich die Startseite anpassen lässt und wie Sie ggf. Windows Anwendungen als Kacheln eintragen. Es geht hier nicht um die Funktionen bestimmter Apps, sondern um Fragen, wie sich Apps auf der Startseite anordnen, hinzufügen oder entfernen lassen.

5.2.1 Apps verschieben, gruppieren und benennen

Zum Anordnen der App-Symbole auf der Startseite reicht es, das viereckige Symbol per Maus auf dem Bildschirm an die gewünschte Stelle zu ziehen (Bild 5.6). Beim Touchscreen wird einfach der Finger etwas länger auf dem App-Symbol belassen. Dann lässt sich das Symbol mit dem Finger verschieben. Nach dem Loslassen wird das Symbol an der betreffenden Stelle in der Gruppe der App-Symbole eingetragen.

Bild 5.6: Verschieben eines App-Symbols in der Startseite

Auf diese Weise können Sie App-Symbole auf der Startseite zusammenschieben und so zu Gruppen zusammenfassen. Allerdings kennt Windows 8 nicht die bei iOS vorhandene Möglichkeit, Apps in Ordnern zusammenzufassen. Was aber funktioniert, ist das Benennen von Gruppen:

1. Verkleinern Sie auf der Startseite die Kacheldarstellung (Bild 5.7, Hintergrund). Bei einem Touchscreen können Sie mit zwei Fingern die Darstellung herunterzoomen. Bei Mausbedienung klicken Sie auf das in der rechten unteren Ecke angezeigte Minuszeichen.
2. Sobald die App-Symbole in verkleinerter Form auf der Startseite angezeigt werden, klicken Sie mit der rechten Maustaste auf die gewünschte App-Gruppe. Bei Touchbedienung ziehen Sie die Gruppe mit einem Finger ein Stückchen nach unten – oder blenden Sie die App-Leiste durch Wischen ein.
3. Dann sollte die Gruppe in der rechten oberen Ecke mit einem Häkchen markiert und am unteren Bildschirmrand eine App-Leiste sichtbar werden. Wählen Sie nur die Schaltfläche *Gruppe benennen* in der App-Leiste an (Bild 5.7, Vordergrund).
4. Anschließend tippen Sie den Gruppennamen im eingeblendeten Feld ein und bestätigen dies über die *Benennen*-Schaltfläche.

Wählen Sie eine Stelle der Startseite ober- bzw. unterhalb der Kacheln an. Dann sollte die Startseite wieder die Standarddarstellung annehmen. Oberhalb der Kachelgruppe wird dann der Gruppenname angezeigt.

Bild 5.7: App-Gruppen benennen

> Zum Umbenennen oder Aufheben der Gruppennamen gehen Sie mit den gleichen Schritten vor, passen aber den Kachelgruppennamen an bzw. löschen den Text. Sobald Sie die *Benennen*-Schaltfläche bestätigen, weist Windows 8 den neuen Gruppennamen zu.
>
> HINWEIS

5.2.2 App-Symbole anpassen und von der Startseite lösen

Bei Apps lässt sich die Kachelbreite halbieren bzw. wieder verdoppeln. Zudem können die Symbole von Apps von der Startseite entfernt werden.

Bild 5.8: Optionen zum Anpassen eines App-Symbols in der App-Leiste

1. Klicken Sie mit der rechten Maustaste auf das App-Symbol bzw. ziehen Sie beim Touchscreen die Kachel mit dem Finger einen Tick nach unten.
2. Anschließend nehmen Sie über die Schaltflächen der App-Leiste die gewünschten Anpassungen vor.

Sobald die Kachel mit dem App-Symbol in der rechten oberen Ecke mit einem Häkchen markiert wird, blendet Windows die App-Leiste mit zusätzlichen Schaltflächen am unteren Bildschirmrand ein (Bild 5.8).

- Über die gegebenenfalls angezeigten Schaltflächen *Kleiner* und *Größer* lässt sich die Breite der App-Kachel reduzieren bzw. wieder erhöhen.
- Um ein App-Symbol komplett von der Startseite zu entfernen, wählen Sie in der eingeblendeten App-Leiste die Schaltfläche *Von »Start« lösen* (Bild 5.8).

Bei einigen Apps wird in der App-Leiste noch die Schaltfläche *Live-Kachel deaktivieren* angezeigt. Wählen Sie diese Schaltfläche, unterbleibt das Einblenden dynamischer Statusmeldungen in der Kachel. Bei der Wetter-App werden dann z.B. keine Temperaturwerte mehr eingeblendet, beim Kalender unterbleiben Terminerinnerungen. Über die Schaltfläche *Live-Kachel aktivieren* lassen Sie die Anzeige von Statusmeldungen erneut zu.

5.2.3 Apps von der Startseite deinstallieren

Das im vorherigen Abschnitt erwähnte Lösen von der Startseite bewirkt nur, dass das App-Symbol nicht mehr angezeigt wird. Wird eine App nicht mehr benötigt, kann sie direkt über den Startseite deinstalliert werden. Gehen Sie wie im vorherigen Abschnitt beschrieben vor, um die App in der Startseite mit einem Häkchen zu markieren.

Bild 5.9: Deinstallieren einer App

Dann reicht es, die *Deinstallieren*-Schaltfläche in der am unteren Bildschirmrand eingeblendeten App-Leiste anzuwählen (Bild 5.9). Anschließend müssen Sie im eingeblendeten Fenster die *Deinstallieren*-Schaltfläche zur Sicherheit erneut betätigen. Windows wird die aufgelisteten Apps komplett entfernen. Wird eine App später wieder gebraucht, lässt sie sich über den Windows Store erneut installieren.

5.2.4 Apps erneut an Startseite anheften

Haben Sie eine App über die Schaltfläche *Von »Start« lösen* von der Startseite entfernt? Die App ist dann nach wie vor im System vorhanden (nur eine Deinstallation entfernt die App komplett). Um das App-Symbol erneut an der Startseite anzuheften, gehen Sie in folgenden Schritten vor:

1. Stellen Sie sicher, dass die Startseite auf dem Bildschirm angezeigt wird, und rufen Sie die Suche auf. Dies kann über das Symbol *Suchen* der Charms-Leiste (vom rechten Bildrand nach links wischen und auf das Lupensymbol tippen) oder durch Drücken der Tastenkombination [⊞]+[Q] erfolgen.
2. Stellen Sie sicher, dass der Eintrag *Apps* in der Seitenleiste *Suchen* (Bild 5.10 rechts) markiert ist, und tippen Sie dann den App-Namen im eingeblendeten Suchfeld ein.
3. Sobald das gesuchte App-Symbol auf dem Bildschirm eingeblendet wird, klicken Sie dieses mit der rechten Maustaste an. Bei Touchbedienung ziehen Sie das App-Symbol leicht nach unten.
4. Das App-Symbol sollte mit einem Häkchen markiert werden. Wählen Sie nun in der am unteren Bildschirmrand eingeblendeten App-Leiste die Schaltfläche *An »Start« anheften* (Bild 5.11).

Bild 5.10: App-Suche aufrufen und nach Apps suchen

Jetzt sollte die Kachel der App wieder auf der Startseite angezeigt werden. Schieben Sie die Kachel bei Bedarf an die gewünschte Position. Diese Technik ist auch ganz hilfreich, wenn einmal ein App-Symbol aus der Startseite verschwunden ist.

Bild 5.11: App an Startseite anheften

TIPP Was für Apps funktioniert, lässt sich übrigens auch für Windows-Anwendungen (z.B. den Windows-Taschenrechner) verwenden.

5.2.5 App-Symbole in der Suche ausgeblendet

Blenden Sie die Charms-Leiste (z.B. durch Wischen oder über [Win]+[C]) am rechten Bildschirmrand ein und wählen Sie das Symbol *Suchen* an.

Bild 5.12: App in Seitenleiste ausblenden

In der angezeigten Seitenleiste kann dann jedes der angezeigten App-Symbole über den Kontextmenübefehl *Ausblenden* aus der Liste entfernt werden (Bild 5.12). Wie bekommt man die verschwundenen App-Symbole wieder in die Anzeige?

1. Blenden Sie die Charms-Leiste (z.B. durch Wischen oder über die Tastenkombination [⊞]+[C]) am rechten Fensterrand ein und wählen Sie das Symbol *Einstellungen*.
2. In der Seitenleiste wählen Sie den Befehl *PC-Einstellungen ändern* und gehen in der Seite *PC-Einstellungen* in der linken Spalte zum Eintrag *Suche* (Bild 5.13).
3. Anschließend stellen Sie den Schalter der ausgeblendeten App über die rechte Spalte auf den Wert »Ein« zurück.

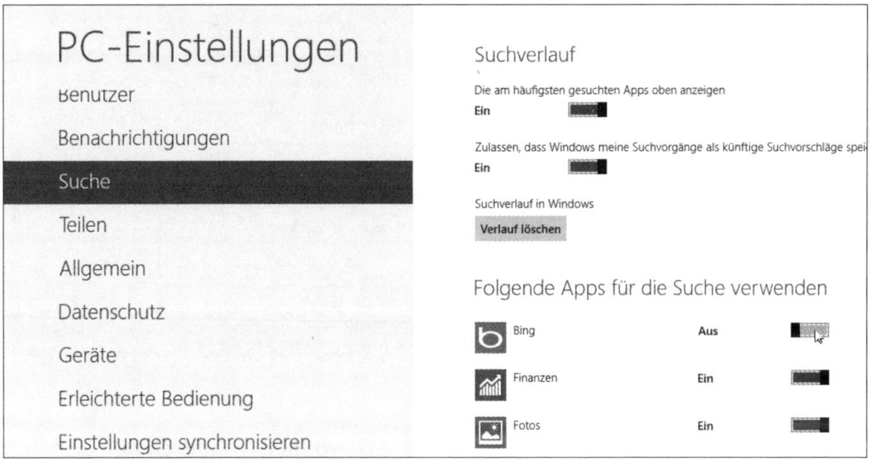

Bild 5.13: Ausgeblendete Apps in Suche wieder zulassen

Danach sollte das App-Symbol in der Seitenleiste der Suche wieder angezeigt werden.

5.2.6 Windows-Anwendungen zur Startseite hinzufügen

In der Suchergebnisliste (Bild 5.10) tauchen nur Apps sowie Windows-Anwendungen aus dem Windows-Startmenü auf. Möchten Sie beliebige Windows-Anwendungen als Symbol zur Startseite hinzufügen, sind folgende Schritte auszuführen:

1. Öffnen Sie das Ordnerfenster des Explorers (z.B. zum Windows-Desktop gehen und dann die Schaltfläche *Ordner* in der Taskleiste wählen).
2. Navigieren Sie zum verborgenen Ordner mit den Startmenüverknüpfungen, um dort eine Verknüpfung auf die benötigte Anwendung anzulegen (Bild 5.14).
3. Öffnen Sie das Kontextmenü der gewünschten Verknüpfungsdatei (z.B. mit der rechten Maustaste) und wählen Sie den Befehl *An »Start« anheften*.

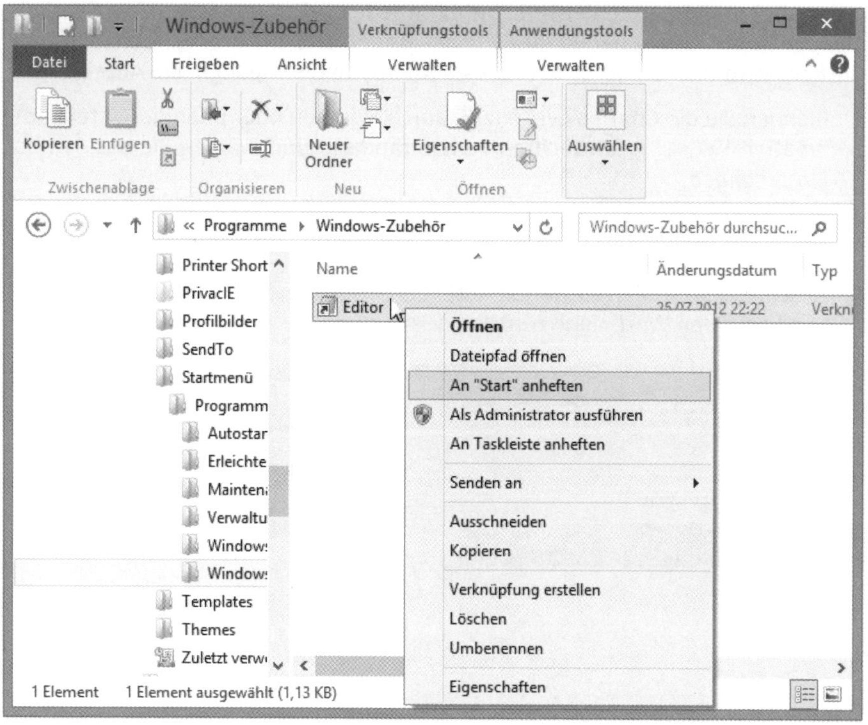

Bild 5.14: Verknüpfungen im Startmenüordner

Der Ordner für benutzerkontenspezifische Startmenüeinträge findet sich im Zweig *C:\Users\<Konto>\AppData\Roaming\Microsoft\Windows\Start Menu\Programs*, während die für alle Benutzerkonten geltenden Startmenüeinträge im Pfad *C:\ProgramData\Microsoft\Windows\Start Menu\Programs* abgelegt werden.

Bild 5.15 zeigt eine Gruppe von selbst definierten Einträgen. Öffnen Sie die App-Leiste eines solchen Symbols, erscheinen zusätzliche Schaltflächen, wie *Neues Fenster öffnen* (startet die Anwendung auf dem Windows-Desktop), *Als Admin ausführen* (ermöglicht es, die Anwendung mit administrativen Berechtigungen auszuführen) oder *Speicherort öffnen* (öffnet ein Ordnerfenster mit dem Ordner, in dem die Verknüpfung abgelegt wurde).

HINWEIS

Den Ordnerinhalt von *\Start Menu\Programs* sehen Sie nur, wenn die Anzeige versteckter Dateien und Ordner aktiviert ist. Sie können im Menüband des Ordnerfensters auf der Registerkarte *Ansicht* die Menüschaltfläche *Optionen* und den Befehl *Ordner- und Suchoptionen ändern* wählen. Dann ist auf der Registerkarte *Ansicht* des eingeblendeten Eigenschaftenfensters die Option *Ausgeblendete Dateien, Ordner und Laufwerke anzeigen* zu markieren. Nach dem Schließen des Eigenschaftenfensters *Ordneroptionen* sollten die versteckten Ordner und deren Inhalte angezeigt werden.

Bild 5.15: Zusätzliche Verknüpfungen auf der Startseite

5.2.7 Anzeige der Verwaltungstools ein-/ausblenden

Windows 8 wird mit Verwaltungstools wie Computerverwaltung, Ereignisanzeige etc. ausgeliefert. Möchten Sie schneller auf diese Tools zugreifen oder tauchen deren Einträge plötzlich in der Startseite auf (Bild 5.17) und sollen wieder entfernt werden?

1. Blenden Sie die Charms-Leiste (z.B. über die Tastenkombination [Win]+[C] oder durch Wischen am rechten Rand) auf der Startseite ein (Bild 5.16, rechts).
2. Wählen Sie das Symbol *Einstellungen* und dann in der eingeblendeten Seitenleiste *Einstellungen* den Befehl *Kacheln* (Bild 5.16, Mitte).
3. In der dann angezeigten Seitenleiste *Kacheln* (Bild 5.16, links) wählen Sie den Schiebeschalter *Verwaltungstools anzeigen* an, sodass dessen Wert auf »Ja« steht.

Wenn Sie anschließend zur Startseite wechseln, sollten die Verwaltungsanwendungen als Kacheln angezeigt werden (Bild 5.17). Mit den gleichen Schritten lässt sich die Option *Verwaltungstools anzeigen* auf »Nein« zurücksetzen und die Anzeige der betreffenden Elemente unterdrücken.

TIPP: Auf der Seite *Kachel* (Bild 5.16, linke Einblendung) finden Sie übrigens noch die Schaltfläche *Löschen*, mit der Sie persönliche Informationen aus den Kacheln der Startseite (z.B. Börsenkurse) entfernen können.

Bild 5.16: Verwaltungstools auf der Startseite ein-/ausblenden

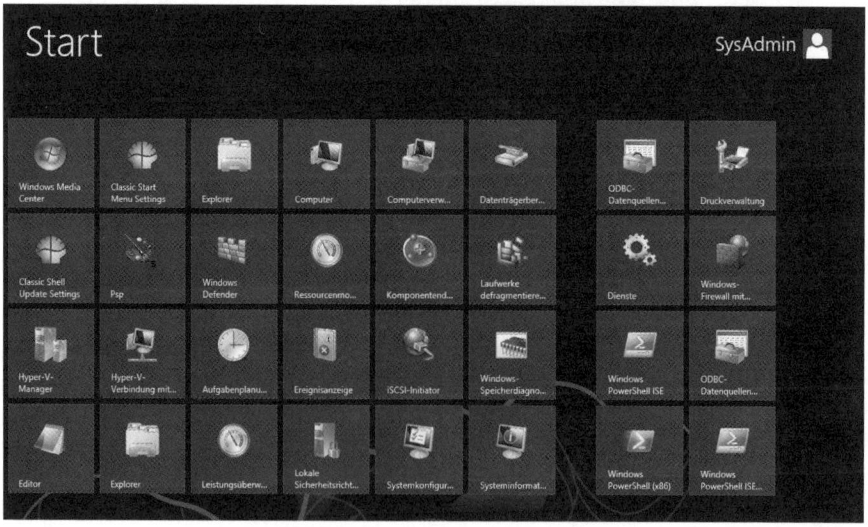

Bild 5.17: Anzeige zusätzlicher Verwaltungstools auf der Startseite

5.3 Verwenden des Windows Store

Apps für Windows 8 können nur über den von Microsoft betriebenen App-Store bezogen werden. In diesem Abschnitt werden Fragen zum Bezug und zur Installation von Apps behandelt.

5.3.1 Hier geht's zum Windows Store

Der Zugriff auf den Windows Store erfolgt über das entsprechende App-Symbol der Startseite (Bild 5.18). Es reicht, das App-Symbol *Store* bei bestehender Internetverbindung anzuwählen.

Bild 5.18: Zugriff auf den Windows Store

Bild 5.19: Startseite des Windows Store

Windows öffnet die in Bild 5.19 gezeigte Seite, in der, nach unterschiedlichen Kategorien geordnet, Apps angeboten werden. In der Rubrik »Blickpunkt« stellt Microsoft bestimmte Apps als Empfehlung vor. Durch horizontales Scrollen lassen sich aber weitere Kategorien wie Spiele, Foto, Musik, Video, soziale Netzwerke, Tools etc. abrufen. Dort stehen verschiedene Apps für unterschiedliche Zwecke zum Download bereit.

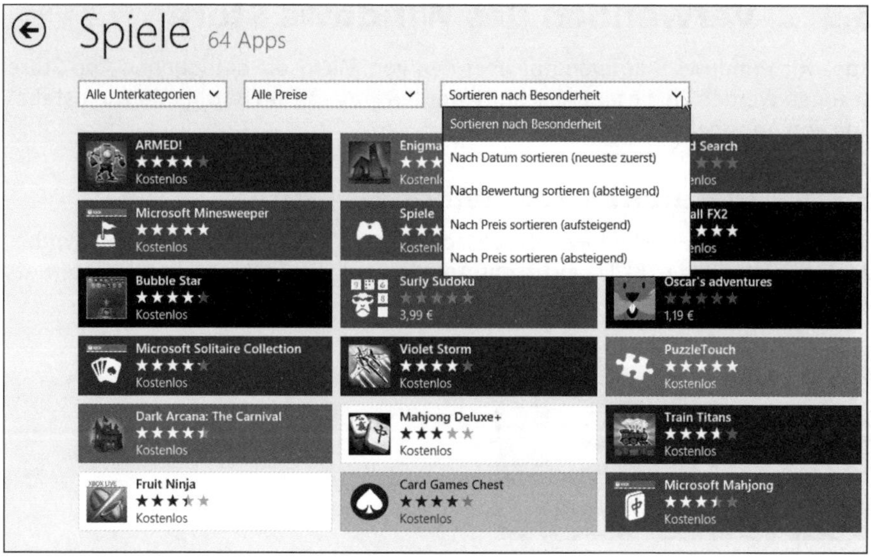

Bild 5.20: Auswahlkriterien für Apps im Windows Store

Wählen Sie den betreffenden Eintrag in einer Kategorie an, um die dort bereitgestellten Apps einzusehen. Klicken Sie auf den Titel einer Kategorie (z.B. »Spiele «), werden alle Apps dieser Rubrik in der Seite aufgeführt. Über die in Bild 5.20 sichtbaren Listenfelder lässt sich die Anzeige der Kategorienseite nach bestimmten Kriterien (z.B. Preis der App) filtern.

5.3.2 Suchen im Windows Store

Haben Sie den Store über das betreffende App-Symbol in der Startseite aufgerufen? Um gezielt nach Apps im Store zu recherchieren, lässt sich eine Suche durchführen:

1. Bei geöffnetem Store rufen Sie die App-Suche durch Drücken der Tastenkombination ⊞+Q auf. Oder Sie blenden die Charms-Leiste (z.B. durch Wischen am rechten Bildschirmrand) ein und wählen dann das *Suchen*-Symbol an.
2. Stellen Sie sicher, dass in der App-Liste der Seitenleiste *Suchen* die App *Store* markiert ist und über dem Suchfeld der Text »Store« eingeblendet wird (Bild 5.21, rechts).
3. Tippen Sie den Suchbegriff im Suchfeld ein (Bild 5.21, rechts). Jetzt werden ggf. bereits Treffer in der Seitenleiste aufgelistet (Bild 5.21, Einblendung im Vordergrund). Klicken Sie anschließend am rechten Rand des Suchfelds auf die *Suchen*-Schaltfläche.

Sobald die Treffer im Store aufgelistet werden (Bild 5.21, links), lässt sich auf die Seite mit der App-Beschreibung zugreifen.

Bild 5.21: Suchen im Windows Store

5.3.3 Apps kaufen und installieren

In Windows 8 lassen sich Apps vom normalen Anwender ausschließlich aus dem App-Store installieren. Gehen Sie wie in den vorherigen Abschnitten beschrieben vor und rufen Sie den Windows Store über das Symbol *Store* der Startseite auf. Anschließend können Sie über die angezeigten Kategorien oder mittels der Suche zum Symbol der gewünschten App navigieren. Sobald Sie das App-Symbol im Store anwählen, wird die App-Seite angezeigt (Bild 5.22).

> Ähnlich wie bei der Startseite können Sie die Ansicht der App-Kacheln im Windows Store verkleinern (mit zwei Fingern auf dem Touchscreen zusammenziehen oder per Maus auf das Minuszeichen in der rechten unteren Bildschirmecke klicken). Dann werden mehr App-Symbole im Store sichtbar.
>
> TIPP

In der App-Seite (Bild 5.22) finden sich in der Kategorie »Übersicht« neben der Beschreibung auch eine Spalte mit Bewertungen sowie Hinweise zur Verwendungsberechtigung. Dort wird z.B. mitgeteilt, ob die App auf Windows-Anmeldeinformationen, Bibliotheken, Netzwerk etc. zugreift. In der Kategorie »Details« finden Sie Anmerkungen zur App-Version, erfahren, welche Prozessoren und Sprachen unterstützt werden, und erhalten nochmals die Details der Verwendungsberechtigungen aufgelistet. Die Kategorie *Rezensionen* ermöglicht Ihnen, Bewertungen anderer Benutzer zur aktuell gewählten App einzusehen.

Bei kostenpflichtigen Apps sieht die linke Spalte der Store-Seite anders aus. Bild 5.23, Hintergrund, zeigt eine solche App-Seite. Über die mit *Testen* beschriftete Schaltfläche lässt sich die App für einen bestimmten Zeitraum freischalten und kann aus dem Store heruntergeladen bzw. installiert werden. Zudem ist in der linken Spalte, unterhalb der Preisangabe, eine Schaltfläche *Kaufen* zum Erwerb der Anwendung enthalten. Wählen Sie diese Schaltfläche an, wird die Schaltfläche *Bestätigen* in der linken Spalte angezeigt (Bild 5.23, Vordergrund). Erst wenn Sie diese Schaltfläche nochmals anwählen, werden Sie zu den Einkaufsseiten weitergeleitet.

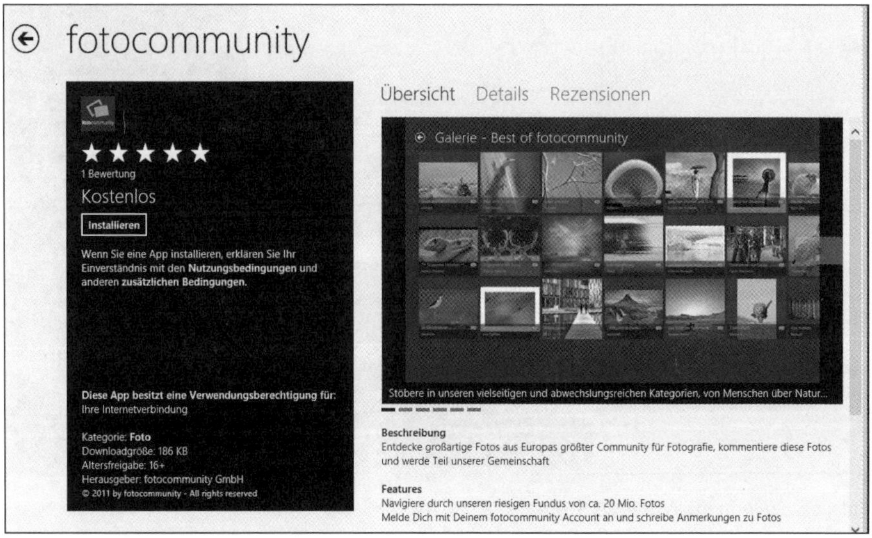

Bild 5.22: App-Seite im Store

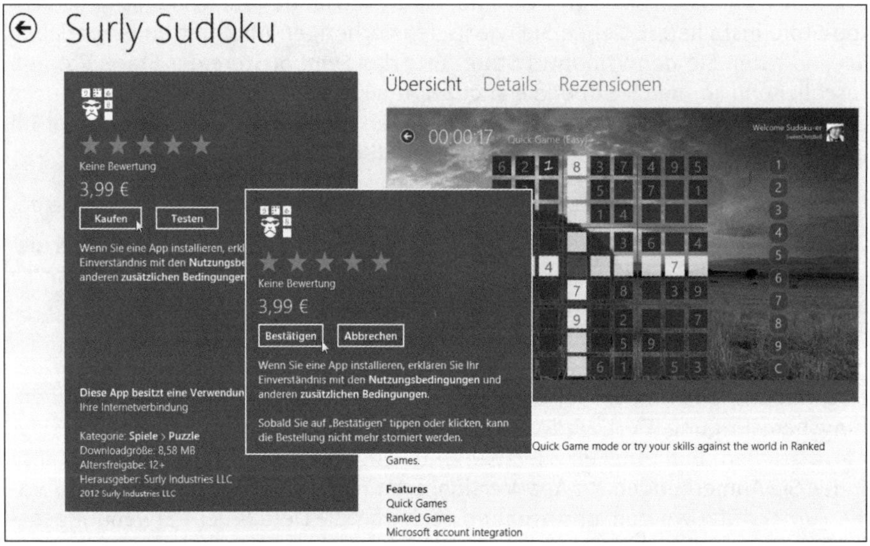

Bild 5.23: App-Seite im Store mit Kaufoption

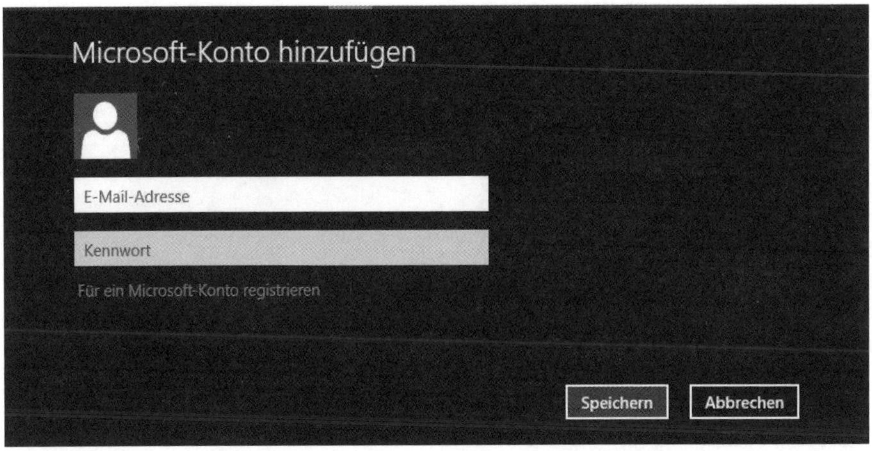

Bild 5.24: Anmelden am Microsoft-Konto

HINWEIS

Der Bezug von Apps aus dem Windows Store setzt voraus, dass ein gültiges Microsoft-Konto für den Benutzer existiert. Arbeiten Sie mit einem lokalen Benutzerkonto, erscheint beim Versuch, eine App zu installieren, die Meldung aus Bild 5.24. Tragen Sie dann die Anmeldedaten für das Microsoft-Konto ein und klicken Sie auf die *Anmelden*-Schaltfläche. Erst nach einer erfolgreichen Anmeldung am Microsoft-Konto lassen sich die weiteren Schritte ausführen. Das lokale Benutzerkonto bleibt dabei erhalten.

Im Windows Store werden auch Windows-Anwendungen angeboten. Zu erkennen ist dies an der Einblendung »Desktop-App« in der betreffenden Kachel des Windows Store. Auf der Detailseite der Desktop-App finden Sie aber keine Schaltfläche zum Kaufen, sondern einen Link, der Sie auf die Webseite des Anbieters weiterleitet.

Ist die Anmeldung am Microsoft-Konto erfolgt, lassen sich kostenlose Apps sofort installieren. Bei kostenpflichtigen Apps müssen zudem Informationen zur Bezahlung im Microsoft-Konto vorliegen. Auf dem Bildschirm wird daher die Abrechnungsseite des Windows Store eingeblendet (Bild 5.25). Sie könnten dann Kreditkarten- und Rechnungsdaten angeben und diese Option zur Zahlung des App-Kaufs wählen. Die Alternative besteht darin, den Anbieter PayPal für die Bezahlung des App-Kaufs über ein Optionsfeld auszuwählen. In diesem Fall werden Sie zu den Webseiten des Anbieters PayPal weitergeleitet, um die Zahlung zu autorisieren.

Nach Anwahl der Schaltfläche *Installieren* (bzw. *Testen*) wird die App aus dem Store heruntergeladen. Während des Downloads und der Installation bleibt eine entsprechende Meldung *<Name> wird installiert* (bzw. *x Apps werden installiert*) in der oberen rechten Ecke des Store sichtbar (Bild 5.26, Hintergrund oben).

Wählen Sie diese, als Hyperlink ausgeführte, Meldung an, wird die Seite »Installieren von Apps« geöffnet (Bild 5.26, Vordergrund unten). Ein Download lässt sich dort über eine Schaltfläche vorübergehend unterbrechen. Nach erfolgreicher Installation erscheint in der rechten oberen Seite des Shops eine entsprechende Meldung (Bild 5.26, Vordergrund unten, rechts).

Bild 5.25: Abrechnungsseite des Microsoft-Kontos für App-Käufe

Bild 5.26: Seite im Store mit Infos zum Installationsstatus

Klicken Sie die Seite »Installieren von Apps« mit der rechten Maustaste an bzw. wischen Sie vom unteren Bildschirmrand, erscheint die App-Leiste (Bild 5.26, unten), in der Sie eine Schaltfläche zum Abbrechen oder Pausieren des Downloads finden.

Kann ein Download nicht abgeschlossen werden, bleibt der Eintrag samt Fortschrittsanzeige in der Seite bestehen. Windows zeigt dann in der Seite »Installieren von Apps« einen entsprechenden Hinweis unterhalb des App-Titels. Klicken Sie auf diese Benachrichtigung, erscheint ein Popup-Fenster mit Zusatzinformationen zur Problemursache (Bild 5.27). Im konkreten Fall wurde die Internetverbindung unterbrochen.

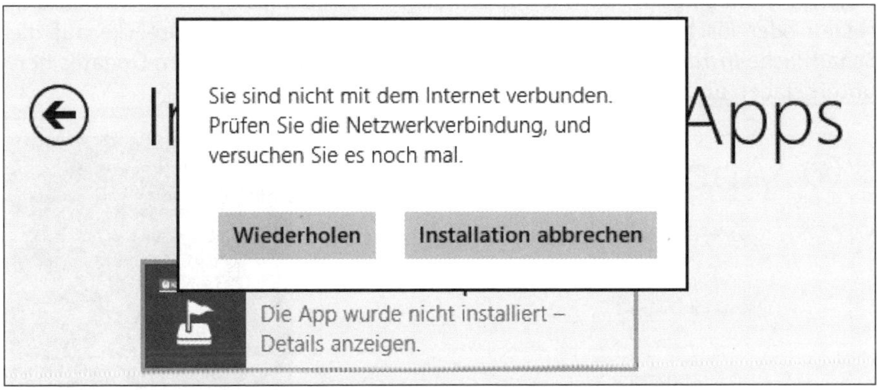

Bild 5.27: Installationsseite mit Informationen zu Download-Problemen

HINWEIS

App-Entwickler haben zusätzlich die Möglichkeit, Apps in Visual Studio 2012 oder in der kostenlosen Variante Visual Studio Express 2012 zu erstellen. In der Entwicklungsumgebung gibt es Menübefehle, um eine App lokal zu installieren. Zudem kann ein Paket zur lokalen Verwendung erstellt werden, das die Installation der App auf lokalen Rechnern zum Testen ermöglicht. Unternehmen haben zudem die Möglichkeit, Apps zentral über Windows Server 2012 zu verwalten, sodass kein Bezug über den Windows Store erforderlich ist. Ich habe dies kurz in meinem Blog unter `http://www.borncity.com/blog/2012/05/31/windows-8-apps-lokal-installieren/` [w8-k05-001] adressiert. Diese Varianten werden in diesem Buch aber nicht behandelt.

5.3.4 Updates für Apps beziehen

Windows 8 überprüft bei installierten Apps, ob Updates im Windows Store verfügbar sind. Bei anstehenden Updates wird im Store eine entsprechende Meldung in der oberen rechten Ecke der Seite eingeblendet. Wählen Sie den Hyperlink an, um die Übersichtsseite mit den Updates einzusehen (Bild 5.28, Vordergrund, unten links). Bei Bedarf können Sie aber auch gezielt prüfen, ob Updates anstehen:

1. Drücken Sie bei angezeigtem Windows Store die Tastenkombination [⊞]+[I] oder blenden Sie die Charms-Leiste am rechten Seitenrand ein und wählen Sie das Symbol *Einstellungen* (Bild 5.28, rechts).
2. Wählen Sie in der Seitenleiste *Einstellungen* den Befehl *App-Updates* (Bild 5.28, Hintergrund rechts) und betätigen Sie dann die Schaltfläche *Nach Updates suchen* (Bild 5.28, oben links).

Windows prüft dann im Store, ob Updates anstehen, und listet diese in der Seite *App-Updates* auf (Bild 5.28, Vordergrund unten). Sind Updates für Apps vorhanden, können Sie deren Kacheln markieren. Ein Häkchen in der rechten oberen Seite des App-Symbols signalisiert, dass die App in den Update-Vorgang einbezogen ist. Durch Anwahl eines Symbols (antippen oder anklicken) lässt sich die Markierung setzen oder löschen. Sobald Sie in der rechten unteren Desktop-Ecke auf die Schaltfläche *Installieren* klicken oder tippen, werden die markierten Updates heruntergeladen und die installierten Apps aktualisiert.

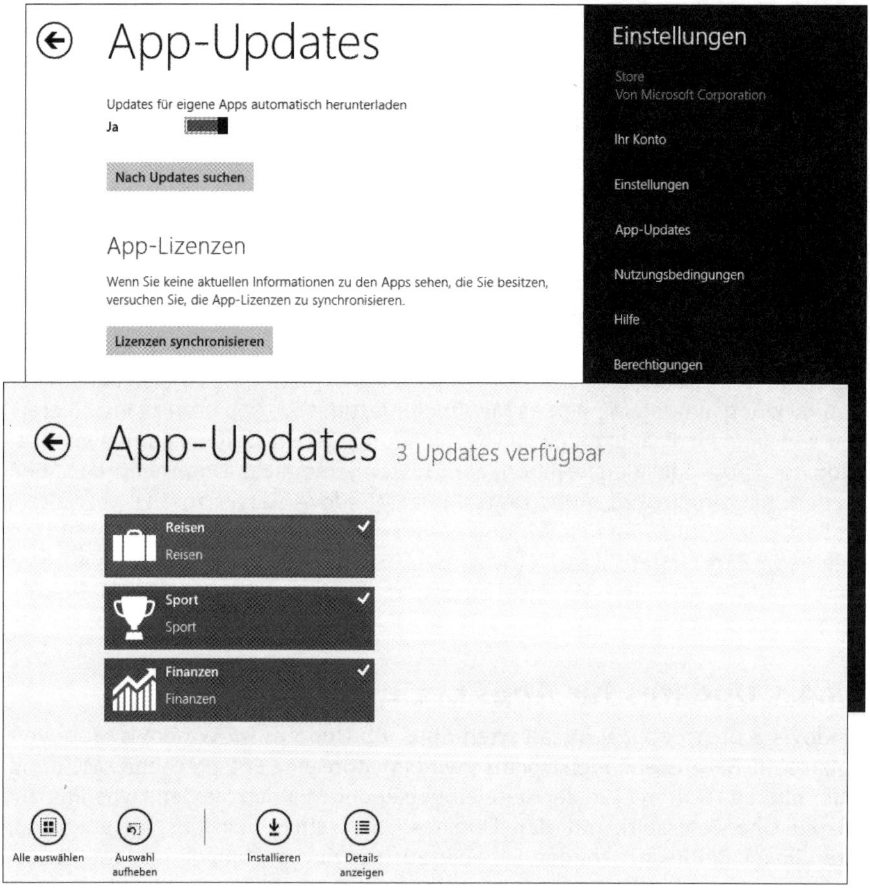

Bild 5.28: App-Seite mit App-Updates

HINWEIS

In der Vergangenheit gab es immer wieder mal Forenanfragen von Windows 8-Nutzern, bei denen zwar ein App-Update gemeldet wurde, aber die Seite »App-Updates« leer war oder eine abweichende Update-Anzahl angezeigt wurde. Hintergrund ist, dass die zur Aktualisierung anstehende App zwischenzeitlich von Microsoft aus dem Windows Store entfernt wurde. Abhilfe schafft dann nur, die betreffenden Apps zu deinstallieren. Unter `http://www.borncity.com/blog/2012/07/04/windows-8-store-updates-dies-nicht-gibt/` [w8-k05-002] finden Sie mehr zu diesem Thema.

Gibt es Probleme mit App-Lizenzen, können Sie auf der Seite *App-Updates* (Bild 5.28, Hintergrund, oben links) die Schaltfläche *Lizenzen synchronisieren* wählen. Dann gleicht Windows die betreffenden Informationen mit dem Konto im Store ab und lädt ggf. fehlende Lizenzen gekaufter Apps nach.

5.3.5 Bereits installierte Apps erneut installieren

Haben Sie eine App in der Startseite deinstalliert (siehe den Abschnitt »5.2.3 Apps von der Startseite deinstallieren«), möchten diese aber wieder in Windows verwenden? Dies geht nur, indem Sie die betreffende App erneut aus dem Store herunterladen und installieren. Rufen Sie den Store auf, navigieren Sie zur App und installieren Sie diese erneut.

HINWEIS

Gelegentlich kommt es vor, dass Apps Fehler aufweisen und dann nicht mehr funktionieren. Windows enthält einen Mechanismus, der das ggf. erkennt und die Benachrichtigung beim Aufruf der App einblendet. Wählen Sie dann den Link *Diese App im Store reparieren*. Sobald eine Verbindung zum Windows Store besteht, erhalten Sie eine entsprechende Benachrichtigung und können die App über die *Reparieren*-Schaltfläche neu herunterladen und einrichten lassen.

5.3.6 Einstellungen für den Windows Store verwalten

Möchten Sie die Einstellungen für den Windows Store und das zugehörige Konto verwalten?

1. Melden Sie sich auf dem betreffenden Rechner an und rufen Sie den Store über das App-Symbol der Startseite auf.
2. Drücken Sie die Tastenkombination [Win]+[I] oder wählen Sie die Schaltfläche *Einstellungen* der eingeblendeten Charms, um die Seitenleiste *Einstellungen* aus Bild 5.29, rechts, einzublenden.

Über die Seitenleiste erhalten Sie Zugriff auf das Konto und können die bevorzugten Einstellungen für Apps oder die Berechtigungen sowie die Nutzungsbedingungen einsehen:

- Über den Befehl *Bevorzugte Einstellungen* lässt sich über zwei Optionen vorgeben, dass Apps in bevorzugten Sprachen oder mit Barrierefreiheitsfunktionen bevorzugt gefunden werden sollen.
- Der Befehl *Berechtigungen* ermöglicht es, die Anzeige von App-Benachrichtigungen auf den Kacheln der Startseite ein- oder auszuschalten.

Um die Konteneinstellungen einzusehen oder zu ändern, wählen Sie in der Seitenleiste *Einstellungen* den Eintrag *Ihr Konto*. Die dann angezeigte Seite (Bild 5.29, links) zeigt die Informationen zum aktuellen Windows Store-Konto. Bei Bedarf können Sie sich mittels der Schaltfläche *Abmelden* vom Windows Store abmelden und dann die sichtbare *Anmelden*-Schaltfläche wählen. Dann wird die Anmeldeseite für ein Microsoft-Konto eingeblendet (Bild 5.24), über das Sie sich mit einem anderen Kontennamen anmelden können.

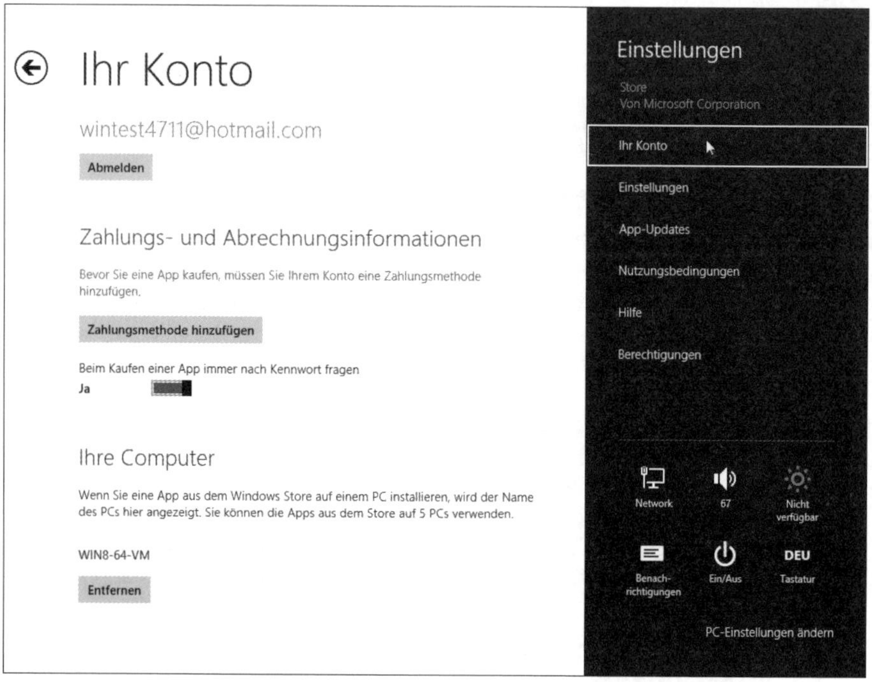

Bild 5.29: Seitenleiste und Einstellungen für das Microsoft-Konto

Über die Schaltfläche *Zahlungsmethode hinzufügen* gelangen Sie zur Seite »Zahlung und Abrechnung« (Bild 5.25), in der Sie die Zahlungsmethode (Kreditkarte oder PayPal) auswählen können. Je nach gewählter Zahlungsmethode sind dann die Kreditkartendaten oder das PayPal-Konto anzugeben. In weiteren Feldern werden persönliche Daten wie Vorname und Name, die Rechnungsadresse etc. abgefragt. Alle mit einem roten Stern gekennzeichneten Eingabefelder sind dabei zwingend auszufüllen. Nach dem Hinzufügen der Zahlungs- und Abrechnungsinformationen bestätigen Sie diese mittels der *Absenden*-Schaltfläche.

5.3.7 Apps auf ein anderes Gerät übertragen?

Microsoft sieht vor, dass eine gekaufte App auf bis zu fünf Windows 8-Geräten installiert werden darf. Sie können daher auf den betreffenden Geräten den Store besuchen und die gewünschte App ohne Neukauf erneut installieren:

1. Zur Kontrolle, welche anderen Windows 8-Systeme zur Nutzung berechtigt sind, rufen Sie den Windows Store über das App-Symbol der Startseite auf.

2. Drücken Sie die Tastenkombination [⊞]+[I] oder gehen Sie über die Schaltfläche *Einstellungen* der eingeblendeten Charms, um die Seitenleiste *Einstellungen* aus Bild 5.30, rechts, einzublenden.
3. Wählen Sie in der Seitenleiste den Eintrag *Ihr Konto* und blättern Sie in der angezeigten Seite nach unten, bis die Rubrik »Ihre Computer« angezeigt wird.

Dort werden alle Windows 8-Systeme, die dem aktuell gewählten Microsoft-Konto zugeordnet sind, aufgelistet. Über die *Entfernen*-Schaltfläche lassen sich einzelne Systeme vom Konto entfernen. Sie haben dann die Möglichkeit, diesem Microsoft-Konto neue Windows 8-Systeme zuzuweisen.

HINWEIS

Das Zuweisen erfolgt bei der ersten Anmeldung am Microsoft-Konto durch das betreffende System. Sie erhalten dann eine Meldung, dass der PC als vertrauenswürdig zu bestätigen ist. Über einen angezeigten Hyperlink können Sie zum Live ID-Konto wechseln, um den Computer explizit zu bestätigen. Hier ist dann eine E-Mail-Adresse für die Benachrichtigung auszuwählen. Microsoft sendet Ihnen eine E-Mail mit einem Hyperlink zu, über den der Computer erneut als vertrauenswürdig über die Live ID-Seite zu bestätigen ist. Auf der betreffenden Live ID-Seite finden Sie auch Befehle vor, um einen oder mehrere Computer von einem Konto zu entfernen.

Beachten Sie, dass sich pro Microsoft-Konto maximal fünf Windows 8-Geräte verwalten lassen. Um Apps auf einem weiteren Windows 8-PC zu installieren, wird ein anderes Microsoft-Konto benötigt und kostenpflichtige App müssen neu erworben werden.

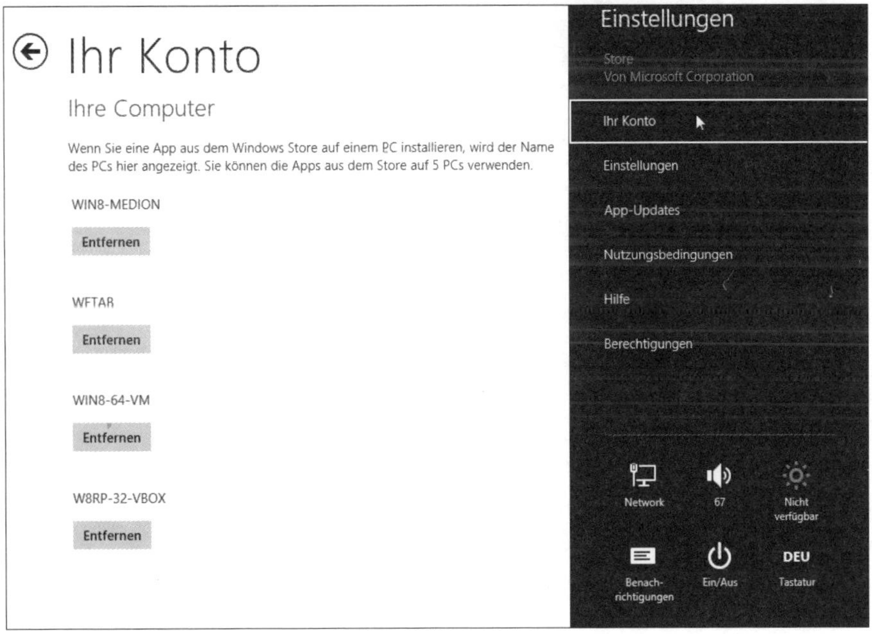

Bild 5.30: Kontrolle der dem Microsoft-Konto zugeordneten PCs

5.3.8 Die Übersicht »Ihre Apps«

Sobald Windows mit dem Microsoft-Konto verbunden ist, können Sie eine Übersicht über die gekauften bzw. bezogenen Apps abrufen. Klicken Sie die Store-Seite mit der rechten Maustaste an oder blenden Sie die App-Leiste durch Wischen vom unteren Bildschirmrand ein. Am oberen Bildschirmrand erscheint eine Leiste mit den beiden Einträgen *Startseite* und *Ihre Apps* (Bild 5.31, Hintergrund, oben). Sobald Sie die Kachel *Ihre Apps* anwählen, erscheint die Liste der auf dem PC nutzbaren Apps (Bild 5.31, Vordergrund, unten). Über die Listenfelder am oberen Bildrand lässt sich die Anzeige der Seite nach verschiedenen Kriterien filtern. Sie können z.B. alle Apps, nur die auf der konkreten Maschine installierten Apps oder die nicht installierten Apps anzeigen lassen.

Bild 5.31: App-Leiste und Seite Ihre Apps

6 Verwenden der Hilfefunktionen

Windows und viele Programme bieten Hilfe- und Supportseiten an, in denen Sie Details zur Bedienung nachlesen können. Nachfolgend finden Sie einen kurzen Überblick über die Windows-Funktion »Hilfe und Support« und erfahren, was Sie ggf. bezüglich der Hilfefunktionen von Anwendungen wissen sollten.

6.1 Windows-Hilfe und Support

Windows stellt die Funktion »Hilfe und Support« zur Unterstützung des Benutzers bereit. Nachfolgend lesen Sie, wie diese Funktion aufgerufen und genutzt werden kann.

6.1.1 Hilfe und Support aufrufen

Zum Aufruf der Funktion »Hilfe und Support« haben Sie unter Windows 8 verschiedene Möglichkeiten.

- Ist kein Fenster auf dem Desktop geöffnet oder als aktives Fenster gewählt, genügt es bei Desktopsystemen, wenn Sie die Funktionstaste [F1] drücken.
- Ist ein Fenster oder ein Dialogfeld auf dem Windows-Desktop geöffnet und aktiv, zeigt die Funktionstaste [F1] den passenden Hilfetext zu diesem Fenster oder Dialogfeld.
- Die Tastenkombination [⊞]+[F1] öffnet dagegen das Fenster »Hilfe und Support« mit der Anzeige der Startseite.
- Werden Fenster auf dem Windows-Desktop angezeigt oder ist die Startseite sichtbar, lässt sich die Tastenkombination [⊞]+[F1] zum Öffnen der Windows-Hilfe drücken.
- Sofern Sie die *Start*-Schaltfläche nachgerüstet haben (siehe in *Kapitel 4* den Abschnitt »4.1.4 Das Startmenü nachrüsten«), lässt sich im Startmenü der Befehl *Hilfe und Support* wählen.
- Blenden Sie die Charms ein, wählen Sie das Symbol *Suchen* und geben Sie in der Seitenleiste *Suchen* bei gewählter Kategorie *Apps* den Begriff »hilfe« ein, lässt sich der Eintrag *Hilfe und Support* wählen.

Windows öffnet in allen diesen Fällen ein Fenster mit dem Titel *Windows-Hilfe und Support* (Bild 6.1) auf dem Windows-Desktop, in dem Sie auf die Hilfethemen zugreifen können.

6.1.2 Navigieren in den Hilfeseiten

Das Arbeiten in Hilfefenstern (*Windows-Hilfe und Support*, Bild 6.1) und der Zugriff auf Hilfethemen sind sehr einfach per Maus möglich. Die Hilfeseite zeigt blau eingefärbte Textstellen (die als Hyperlinks, d.h. Verweise auf Folgeseiten, ausgeführt sind).

- Zeigen Sie mit der Maus auf einen Hyperlink (Text oder ein Symbol), nimmt der Mauszeiger die Form einer stilisierten Hand an. Dies signalisiert eindeutig, dass es sich um einen Hyperlink (Verweis auf eine Folgeseite) handelt.
- Klicken oder tippen Sie auf den Hyperlink (z. B. »Erste Schritte « in Bild 6.1), ruft Windows die Folgeseite der Hilfe ab. Dort finden Sie ggf. neue Hyperlinks zu Seiten mit Unterthemen. In diesem Fall wählen Sie erneut den Hyperlink zum gewünschten Thema.

Wiederholen Sie diese Schritte so lange, bis die gewünschte Information im Hilfefenster angezeigt wird. Über die Schaltflächen und das Suchfeld im Kopfteil des Hilfefensters erhalten Sie Zugriff auf die nachfolgend beschriebenen Funktionen.

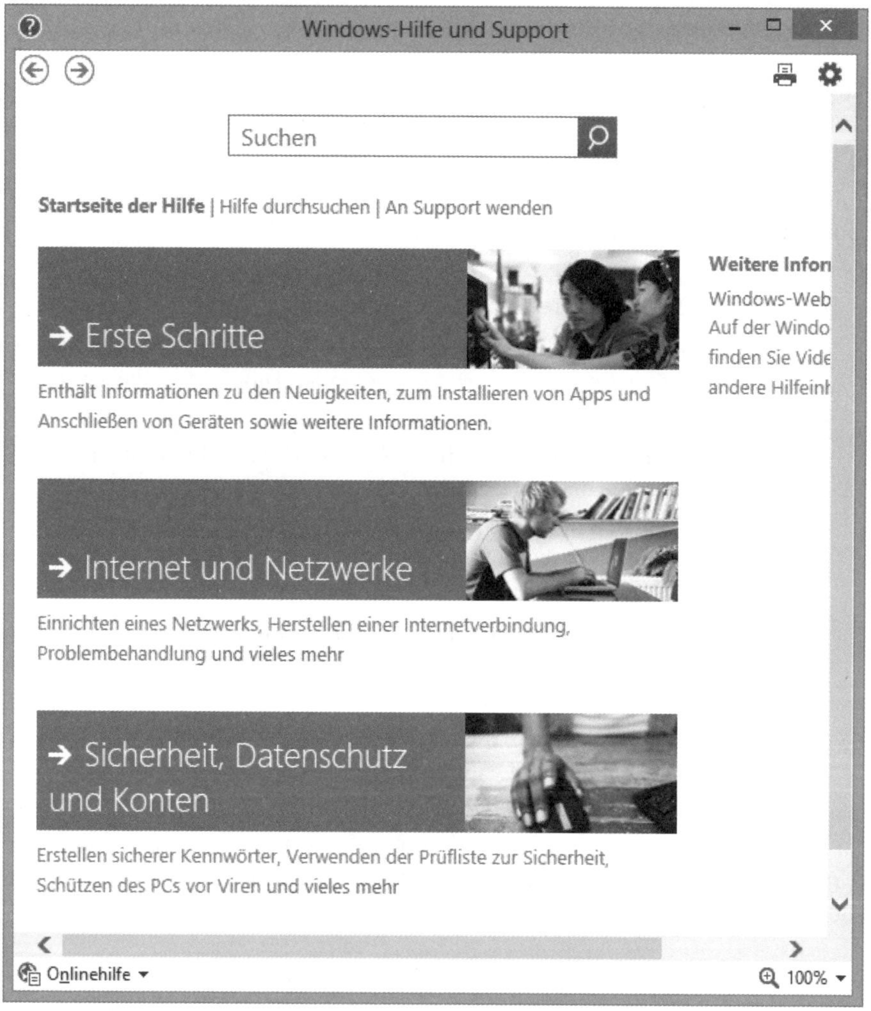

Bild 6.1: Startfenster *Windows-Hilfe und Support*

- Die beiden Schaltflächen *Zurück* und *Vorwärts* in der linken oberen Ecke ermöglichen Ihnen, zwischen besuchten Hilfeseiten vor und zurück zu blättern. Das funktioniert wie das Navigieren und Suchen in Webseiten.
- Im Textfeld *Suchen* lässt sich ein Begriff eintippen und dann durch Anwahl des Lupensymbols oder Drücken der [↵]-Taste die Hilfe nach diesem Begriff durchsuchen. Die Hilfe wird dann die gefundenen Themen als Liste im Dokumentbereich des Fensters einblenden. Über die Hyperlinks können Sie anschließend die zugehörigen Hilfeseiten abrufen.

Die Schaltfläche *Einstellungen ändern* (das Zahnrädchen in der rechten oberen Ecke, Bild 6.1) öffnet ein Dialogfeld (Bild 6.2). Über eine Markierung des Kontrollkästchens *Onlinehilfe abrufen* können Sie erreichen, dass auch online verfügbare Informationen als Hilfethemen abgerufen werden.

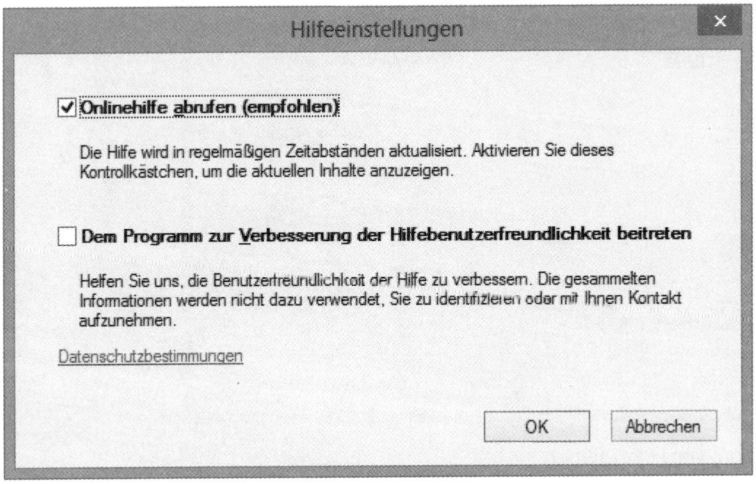

Bild 6.2: Optionen der Hilfe einstellen

Zudem lässt sich über ein weiteres Kontrollkästchen am Programm zur Verbesserung der Hilfebenutzerfreundlichkeit teilnehmen. Dann übermittelt Windows z.B. Informationen an Microsoft, nach welchen Begriffen in der Hilfe gesucht und ob diese gefunden wurden.

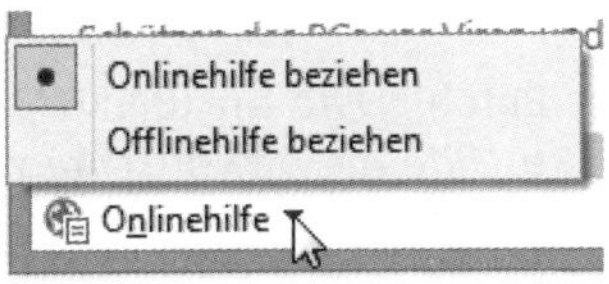

Bild 6.3: Onlinehilfe einbeziehen

Über die Menüschaltfläche in der linken unteren Ecke des Hilfefensters (Bild 6.3) lässt sich über Befehle vorgeben, ob Hilfethemen offline nur am Rechner gesucht werden sollen oder ob die Windows-Hilfe auch Onlineinhalte von Microsoft-Webseiten mit durchsuchen und anzeigen darf. Die Onlinehilfe setzt aber eine aktive Internetverbindung voraus.

6.1.3 Drucken von Hilfeseiten

Zum Drucken der angezeigten Hilfeseite reicht es, das Druckersymbol in der oberen rechten Ecke anzuwählen. Im Dialogfeld *Drucken* legen Sie dann die gewünschten Druckoptionen fest und starten den Ausdruck über die *Drucken*-Schaltfläche des Dialogfelds (Bild 6.4).

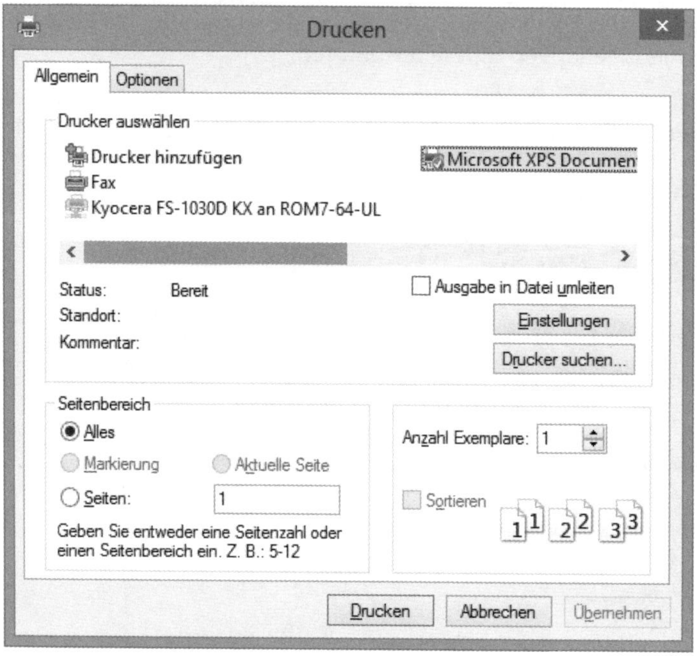

Bild 6.4: Drucken von Hilfethemen

6.1.4 Zugriff auf die Hilfe der neuen Benutzeroberfläche

Sofern Sie auf der Startseite oder mit Apps arbeiten, lässt sich die Hilfe über folgende Schritte einblenden:

1. Blenden Sie die Charms über [⊞]+[C] oder durch Wischen ein und wählen Sie das Symbol *Einstellungen*.
2. Wählen Sie in der Seitenleiste *Einstellungen* den Befehl *Hilfe* an (Bild 6.5, rechts). Anschließend können Sie in der Seitenleiste *Hilfe* die gewünschten Hilfethemen abrufen (Bild 6.5, links).

Windows öffnet dann die Internet Explorer-App und zeigt die betreffende Hilfeseite an. Dazu ist allerdings eine Internetverbindung erforderlich.

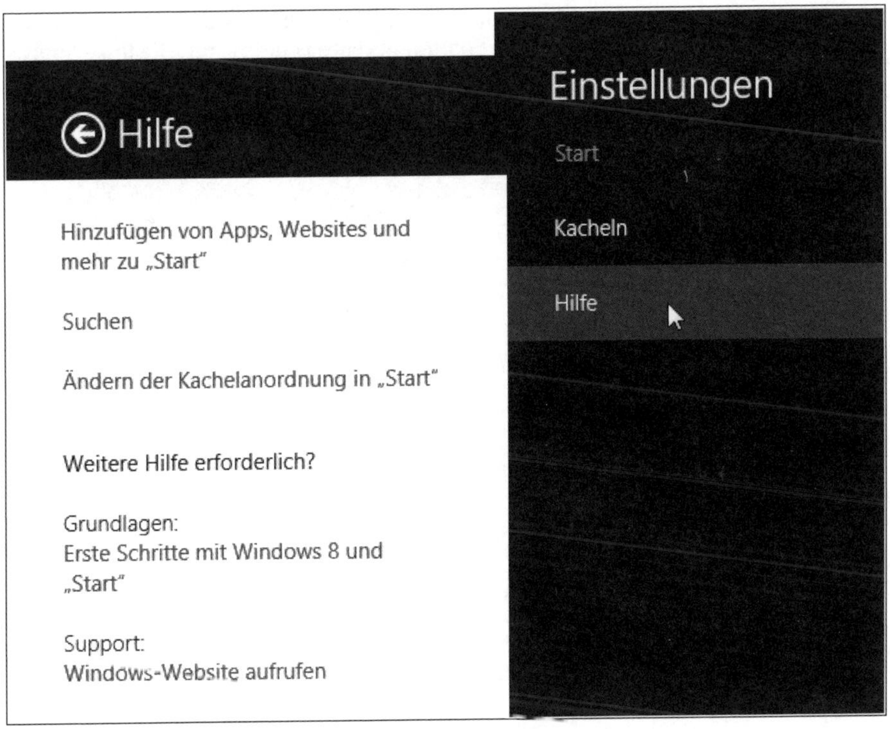

Bild 6.5: Hilfethemen der neuen Benutzeroberfläche

6.2 Hilfe für Programme gefällig?

Neben Windows bieten auch Programme häufig eine eigene Hilfe an. Diese lässt sich dann bei geöffnetem Programmfenster durch Drücken der Funktionstaste F1 aufrufen. Alternativ öffnen Sie in der Menüleiste des Programmfensters das Hilfemenü (Fragezeichen in der Symbolleiste). Im Hilfemenü wählen Sie dann den mit *Hilfe anzeigen* oder ähnlich bezeichneten Befehl (Bild 6.6, links).

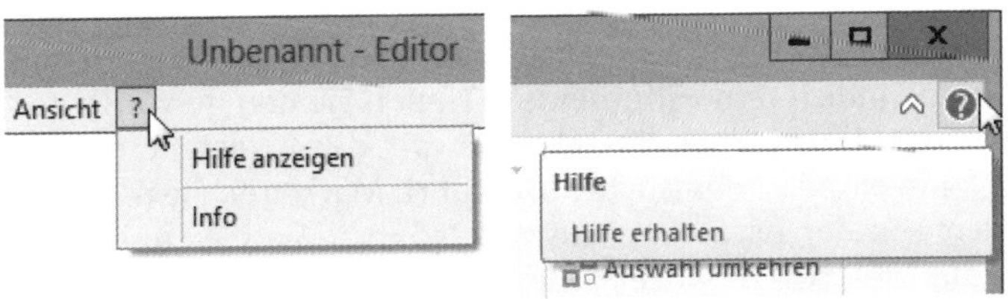

Bild 6.6: Programmhilfe abrufen

Handelt es sich um eine an Windows 8 angepasste Anwendung mit Menüband, klicken Sie auf die am rechten oberen Rand befindliche Schaltfläche *Hilfe erhalten* (Bild 6.6, rechts). In der Regel wird dann das Fenster der Programmhilfe geöffnet und Sie können auf deren Informationen zugreifen. Bei neueren Programmen entspricht die Anzeige des Hilfefensters dem Aufbau des Fensters *Windows-Hilfe und*

Support. Handelt es sich aber um eine ältere Windows-Anwendung, verwendet diese das in Bild 6.7 gezeigte, in zwei Spalten geteilte Hilfefenster. Die linke Spalte weist mehrere Registerkarten zum Zugriff auf die Hilfeinhalte auf, während in der rechten Spalte die Hilfeseiten eingeblendet werden.

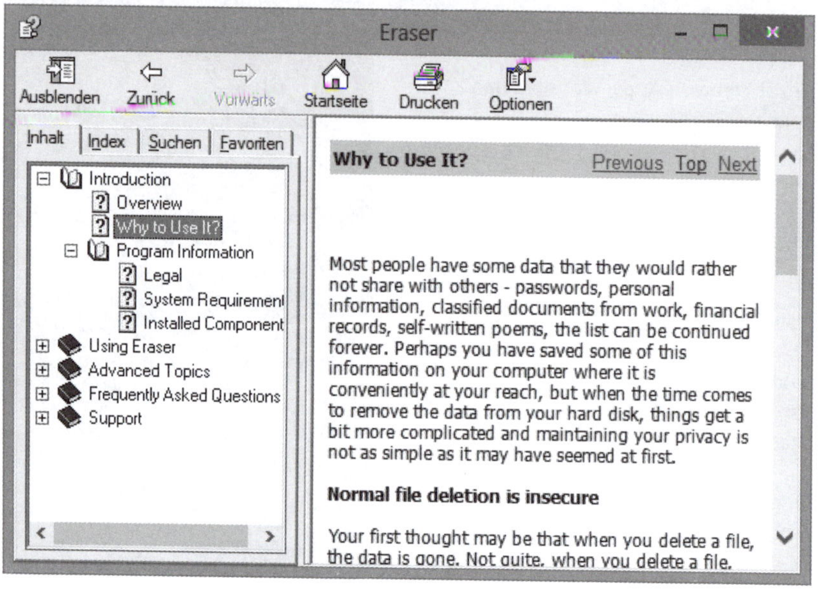

Bild 6.7: Fenster mit der Programmhilfe

- Die Registerkarte *Inhalt* ermöglicht den Zugriff auf die Hilfe über eine Art Inhaltsverzeichnis. Holen Sie die Registerkarte in den Vordergrund, erscheint das Inhaltsverzeichnis mit den Kapitelüberschriften, denen ein geschlossenes stilisiertes Buchsymbol vorangestellt ist. Klicken Sie auf der Registerkarte *Inhalt* auf das angezeigte Symbol, um zu einem Thema die untergeordneten Überschriften zu sehen. Gibt es keine Unterthemen, wird der Inhalt des Themas im rechten Teil des Hilfefensters eingeblendet. Die Navigation in einem solchen Hilfefenster ist ebenfalls über Hyperlinks möglich.
- Die optionale Registerkarte *Index* ermöglicht über das Stichwortverzeichnis einen Zugriff auf die indizierten Hilfethemen. Tippen Sie den gewünschten Begriff in das Textfeld *Zu suchendes Schlüsselwort* der Registerkarte ein, werden die Treffer in einer Ergebnisliste aufgeführt. Markieren Sie dann das gewünschte Thema in der Liste per Mausklick, können Sie die zugehörige Hilfeseite über die Schaltfläche *Anzeigen* im rechten Teil des Hilfefensters abrufen.
- Zur Suche nach Begriffen in den Texten der Hilfeseiten holen Sie die Registerkarte *Suchen* in den Vordergrund und tippen den Suchbegriff in das Feld *Suchbegriffe eingeben* ein. Danach starten Sie die Suche über die Schaltfläche *Themen auflisten*. Gefundene Treffer lassen sich in der Ergebnisliste *Thema wählen* per Mausklick markieren. Dann lässt sich die Hilfeseite über die Schaltfläche *Anzeigen* im rechten Teil des Hilfefensters abrufen.

Sie können die auf den Registerkarten *Index* und *Suchen* gefundenen Treffer auch per Doppelklick anwählen, um die Hilfeseite anzuzeigen. In den durch die Suche ermittelten Hilfeseiten wird der Suchbegriff bei jedem Auftreten im Hilfetext optisch hervorgehoben. Je nach Programm besitzt die linke Spalte des Hilfefensters noch eine Registerkarte *Favoriten*. Über Schaltflächen auf der Registerkarte *Favoriten* lässt sich eine aktuell angezeigte Hilfeseite in eine Favoritenliste aufnehmen. Dies erlaubt den schnellen Zugriff auf häufig benötigte Hilfeseiten.

HINWEIS

Manche älteren Windows-Anwendungen verwenden sogar noch Hilfedateien im HLP-Format. Dieses Format wird aber von Windows 8 nicht mehr unterstützt, da das zur Anzeige benötigte Programm *WinHelp32.exe* im Betriebssystem fehlt.

TIPP

Werden bei Hilfedateien im CHM-Format keine Informationen im rechten Teilfenster gezeigt? Klicken Sie die *.chm*-Datei mit der rechten Maustaste an und wählen Sie den Kontextmenübefehl *Eigenschaften*. Dann klicken Sie auf der Registerkarte *Allgemein* auf die dort eingeblendete Schaltfläche *Zulassen*. Wenn Sie dann das Eigenschaftenfenster über *OK* schließen, sollte die Anzeige der Hilfethemen klappen.

Teil 2 Laufwerke, Bibliotheken, Ordner & Dateien

Dieser Teil befasst sich mit den Funktionen zum Umgang mit Laufwerken, Ordnern, Dateien und bereits in Windows 7 eingeführten Bibliotheken. Sie erfahren, wie sich die Inhalte von Speichermedien ansehen lassen und was es bei Laufwerken zu beachten gibt. In einem eigenen Kapitel wird gezeigt, wie Sie Dateien und Ordner kopieren oder löschen und welche Neuerungen Windows 8 dort bietet. Außerdem befassen wir uns mit der Frage, wo Dokumente unter Windows 8 gespeichert werden sollen – dies hat u.a. Einfluss auf die Anzeige von Fotos oder Musik in Apps. Weitere Stichwörter sind Verschlüsselung oder die Verwaltung von Zugriffsberechtigungen. Mit dem Brennen von Daten-CDs oder -DVDs sowie Bluray Discs, dem Zugriff auf ISO-Dateien und dem Suchen nach Dateien befassen sich eigene Kapitel. Zudem wird gezeigt, welche Funktionen Windows zur Wartung und Verwaltung von Datenträgern bietet.

7 Grundlagen und Einführung in den Explorer

Dieses Kapitel zeigt, was es an Neuerungen beim Explorer hinsichtlich Einstellungen und Benutzeroberfläche gibt. Zudem finden Sie einige Grundlagen zu Ordnern, Dateien und Bibliotheken.

7.1 Umgang mit Ordnerfenstern

Um sich den Inhalt von Laufwerken oder Ordnern anzusehen, wird das Programm *Explorer.exe* (nachfolgend als Explorer bezeichnet) – verwendet. Dieses zeigt den Inhalt in einem Ordnerfenster an. Microsoft hat den früheren Windows-Explorer dabei in Explorer umbenannt und mit einer neuen Benutzeroberfläche versehen. Nachfolgend finden Sie eine kurze Einführung in den Umgang mit diesem Programm.

7.1.1 Der Explorer im Überblick

Der Explorer lässt sich z.B. als Windows-Anwendung über eine Schaltfläche in der Taskleiste des Desktops aufrufen. Ist auf dem Desktop das Symbol *Computer* eingerichtet, wird mit einem Doppelklick darauf ebenfalls der Explorer geöffnet. Oder Sie zeigen per Maus in die linke untere Ecke des Desktops, warten, bis die Schaltfläche *Start* eingeblendet wird, und klicken diese mit der rechten Maustaste an. Dann wählen Sie im Menü für den Schnellzugriff den Befehl *Explorer*. Im Gegensatz zu früheren Windows-Versionen besitzt der Explorer in Windows 8 aber das in Bild 3.1 gezeigte Aussehen.

Auf den ersten Blick hat sich gegenüber früheren Windows-Versionen wenig geändert, der Navigationsbereich, der Detailbereich und die Adressleiste mit dem Suchfeld entsprechen in der Darstellung früheren Versionen des Explorers. Neu ist lediglich die Schaltfläche mit dem nach oben zeigenden Pfeil, links neben dem Adressfeld. Dies ist die Schaltfläche *Hoch nach*, mit dem sich eine Ordnerebene nach oben navigieren lässt. Diese Schaltfläche war in älteren Ausgaben des Explorers vorhanden, wurde zwischenzeitlich »wegoptimiert« und taucht nun als »Neuerung« wieder auf.

> TIPP: Die gleiche Wirkung wie die Schaltfläche *Hoch nach* besitzt übrigens das Drücken der [←]-Taste bzw. der Tastenkombination [Alt]+[↑]. Auch dann wechselt die Anzeige eine Ordnerebene höher.

Neu ist aber das in Windows 8 im Explorer eingeführte Menüband. Standardmäßig ist das Menüband minimiert, sodass man nur die Menüleiste mit den Registerkartentiteln wie *Datei*, *Start*, *Freigeben* und *Ansicht* unterhalb der Titelleiste des Explorer-Fensters sieht (Bild 3.22, Hintergrund oben).

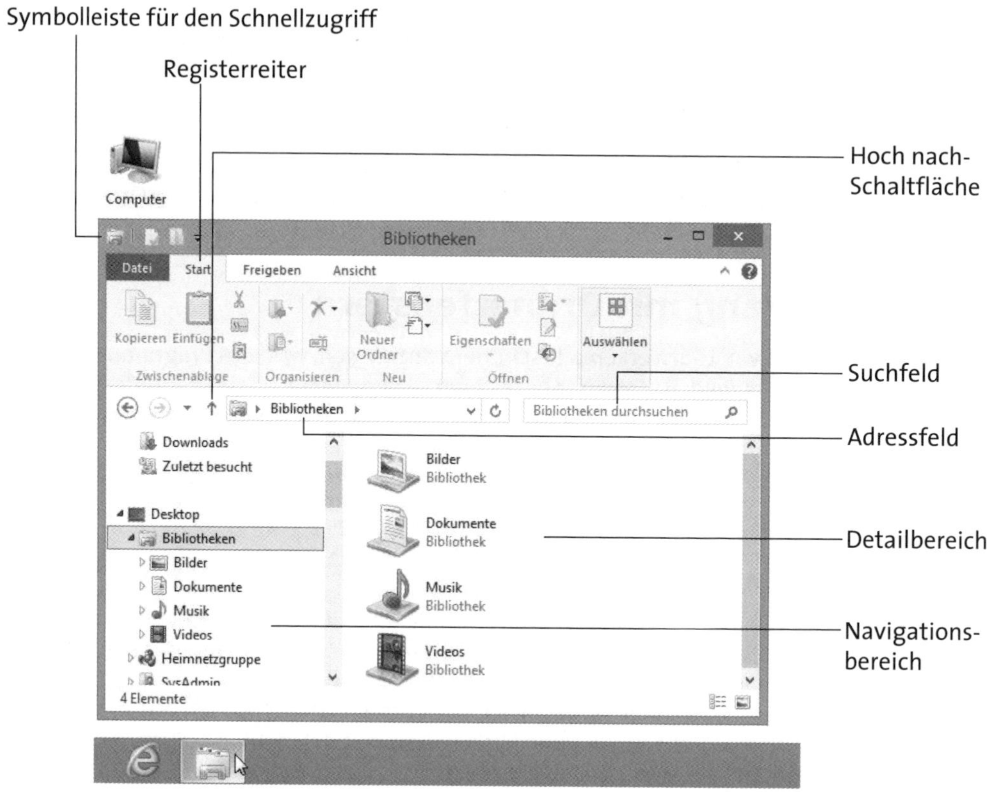

Bild 7.1: Elemente des Explorers

> HINWEIS: Die genaue Bezeichnung der Registerkarten wechselt aber, abhängig vom Kontext der angewählten Laufwerke. Wird z.B. das Symbol *Computer* im Navigationsbereich markiert, erscheint die Registerkarte *Computer* anstelle der Registerkarte *Start*. Zudem erscheint die Registerkarte *Verwalten* der Laufwerkstools.

Wählen Sie einen dieser Registerreitertitel an, wird die zugehörige Registerkarte mit den Bedienelementen temporär eingeblendet (Bild 3.22, Vordergrund). Ein Mausklick auf den Detailbereich des Fensters bewirkt, dass das Menüband wieder ausgeblendet wird. Möchten Sie das Menüband gezielt ein-/ausblenden, finden Sie die am rechten Rand der Menüleiste sichtbare Schaltfläche *Menüband erweitern* bzw. *Menüband minimieren*. Alternativ können Sie die Tastenkombination `Strg`+`F1` drücken, um das Menüband wahlweise ein- oder auszublenden.

Bei eingeblendetem Menüband (Bild 3.22, Vordergrund) werden die Registerkarten (z.B. *Datei*, *Start*, *Freigeben*, *Ansicht*) dauerhaft angezeigt. Durch Anklicken eines Registerreiters wechseln Sie zur zugehörigen Registerkarte des Menübands.

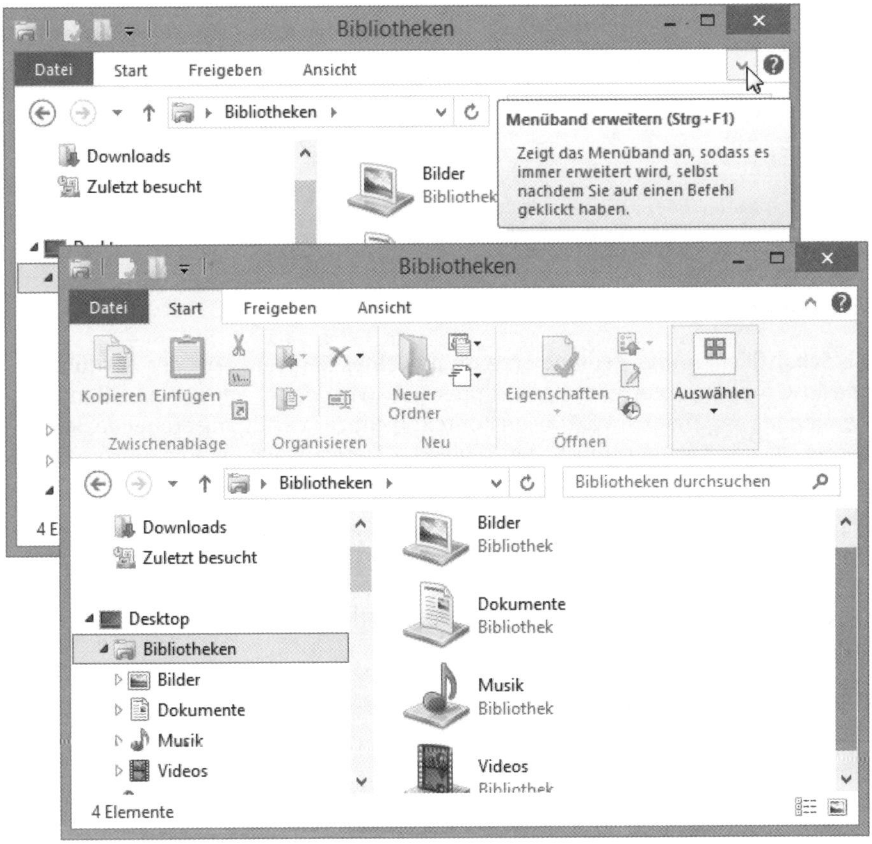

Bild 7.2: Menüband des Explorers

HINWEIS

In früheren Windows-Versionen konnte eine Menüleiste temporär durch Drücken der [Alt]-Taste angezeigt werden. Dies funktioniert unter Windows 8 im Explorer nicht mehr. Drücken Sie die [Alt]-Taste, blendet Windows die verfügbaren Abkürzungstasten für die Registerkarten ein (Bild 7.3). Mit [Alt]+[R] lässt sich z.B. direkt auf die Registerkarte *Start* zugreifen. Drücken Sie dort erneut die [Alt]-Taste, werden die Abkürzungstasten für die Gruppenelemente der Registerkarte eingeblendet. Zudem blendet Windows beim Zeigen auf Bedienelemente des Explorer-Fensters eine QuickInfo in Form eines Tooltipps mit Zusatzhinweisen ein (Bild 7.3).

Das Bild 7.3 zeigt zudem noch den Eintrag *Bildtools* in der Titelleiste an. Die Tools-Einträge werden kontextabhängig sichtbar und ermöglichen den Zugriff auf eine Registerkarte mit speziellen Funktionen. Die *Bildtools* werden z.B. bei Anwahl eines Bilderordners sichtbar. Beim Zugriff auf eine virtuelle Disk oder eine ISO-Datei erscheint der Eintrag *Datenträgerimagetools*. Die Registerkarte unterhalb der *Tools*-Einblendung beinhaltet dann die Bedienelemente zum Zugriff auf die Sonderfunktionen (z.B. ISO-Datei bereitstellen oder brennen, Bilder drehen, Diashow anzeigen, Musik wiedergeben).

Bild 7.3: Abkürzungstasten und Tools-Leiste

Die Schaltflächen und Bedienelemente auf einer Registerkarte des Menübands sind in Gruppen unterteilt. Der Gruppentitel wird dabei am unteren Rand des Menübands angezeigt. Im aktuellen Kontext nicht zur Verfügung stehende Bedienelemente (z.B. Kopieren macht bei fehlender Dateiauswahl wenig Sinn) werden gesperrt und grau abgeblendet dargestellt.

Je nach Breite des Fensters reduziert oder erweitert Windows die Gruppe. Bei reduzierter Gruppe wird nur die Gruppenschaltfläche angezeigt. Diese ist dabei als Menüschaltfläche ausgebildet, d.h., bei Anwahl der Gruppenschaltfläche öffnet sich ein Menü, über dessen Befehle man auf die ausgeblendeten Elemente der Gruppe zugreifen kann (Bild 3.7).

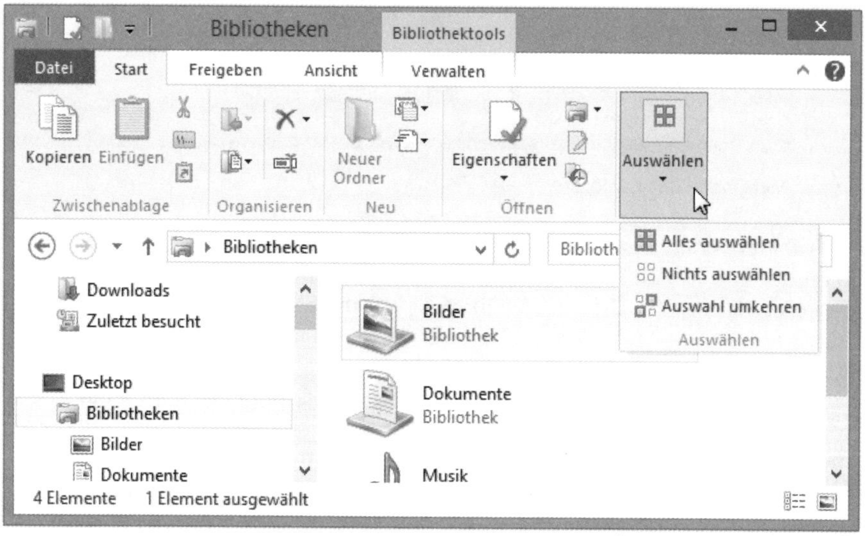

Bild 7.4: Menü einer Gruppenschaltfläche

Die Registerkarte *Datei* des Menübands enthält die in Bild 7.5 gezeigten Befehle. Über diese Registerkarte greifen Sie auf die häufig besuchten Orte oder die Hilfe zu. Weiterhin lässt sich ein neues Explorer-Fenster abrufen, der Verlauf löschen oder das Explorer-Fenster schließen. Der Befehl *Eingabeaufforderung öffnen* ermöglicht Ihnen den direkten Zugriff auf das Fenster der Eingabeaufforderung. Mit dem Befehl *Windows PowerShell öffnen* greifen Sie auf die PowerShell-Konsole zu. Beide Befehle besitzen ein Untermenü, in dem Sie auswählen, ob die Eingabeaufforderung bzw. die PowerShell-Konsole lediglich geöffnet oder mit administrativen Berechtigungen aufgerufen werden soll. Bei der letztgenannten Variante erscheint das Fenster der Benutzerkontensteuerung, über das eine administrative Freigabe zu erteilen ist.

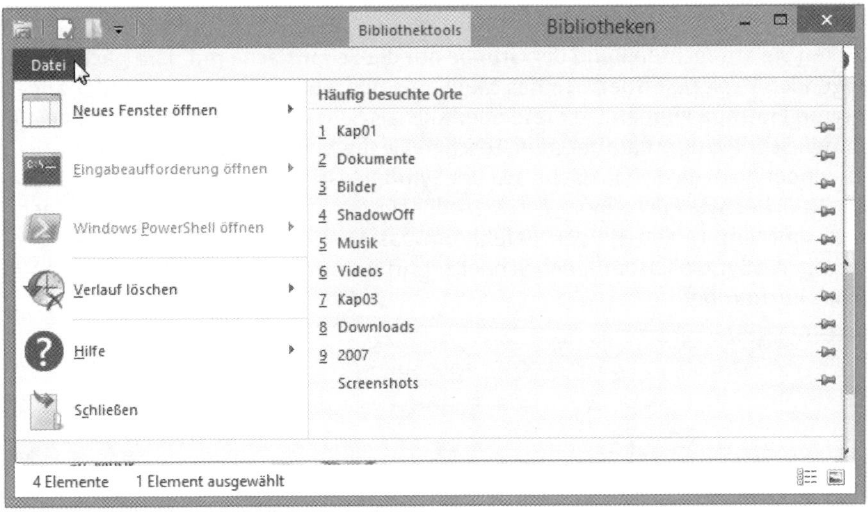

Bild 7.5: Registerkarte *Datei* des Explorers

ACHTUNG

Die beiden Befehle zum Aufruf der Eingabeaufforderung und der PowerShell-Konsole werden nur freigegeben, wenn im Navigationsbereich ein Laufwerk, eine Netzwerkfreigabe oder ein Ordner angewählt ist und dessen Inhalt im Detailbereich angezeigt wird. Windows stellt dann den Pfad zum angewählten Laufwerk in der Befehlszeile des betreffenden Fensters ein. Wählen Sie dagegen das Symbol *Computer* oder das Symbol einer Bibliothek (z.B. *Musik*) an, bleiben die Befehle gesperrt (der Pfad ist nicht bekannt). Zum Zugriff auf Bibliotheksinhalte per Eingabeaufforderung ist vorher der gewünschte Ordner (z.B. *Eigene Musik*) im Detail- oder Navigationsbereich anzuwählen.

TIPP

Ob der Explorer mit minimiertem oder maximiertem Menüband startet, lässt sich in Windows 8 Pro über Gruppenrichtlinien festlegen. Zeigen Sie per Maus in die linke untere Ecke des Desktops, klicken Sie die eingeblendete Schaltfläche *Start* mit der rechten Maustaste an und wählen Sie den Menübefehl *Eingabeaufforderung (Administrator)*. Bestätigen Sie die Sicherheitsabfrage der Benutzerkontensteuerung und geben Sie im Fenster der Eingabeaufforderung den Befehl *gpedit.msc* ein. Navigieren Sie anschließend im Zweig *Computerkonfiguration* zu *Administrative Vorlagen/Windows-Komponenten/Datei-Explorer*. Die Richtlinie *Datei-Explorer mit minimiertem Menüband starten* steuert das Anzeigeverhalten beim Start. Ein Doppelklick auf die Richtlinie öffnet ein Fenster, in dem das Optionsfeld *Aktiviert* markiert werden kann. Dann lässt sich über ein Listenfeld sehr detailliert festlegen, wie der Explorer beim Start dargestellt wird. Die Webseite `http://www.thewindowsclub.com/disable-windows-8-explorer-ribbon` [w8-k07-001] beschreibt detaillierter, wie sich die Gruppenrichtlinien setzen lassen.

7.1.2 Symbolleiste für den Schnellzugriff konfigurieren

Eine weitere Neuerung ist die Symbolleiste für den Schnellzugriff: Am linken Rand der Titelleiste lassen sich Schaltflächen zum direkten Zugriff auf Funktionen des Explorers anordnen. Standardmäßig sind nur die Schaltflächen zur Anzeige der Eigenschaften eines Elements sowie zum Anlegen neuer Ordner zu sehen.

Klicken Sie am rechten Rand der Gruppe auf die Schaltfläche mit dem nach unten zeigenden Dreieck, öffnet sich das Menü aus Bild 7.6. Durch Markieren der angezeigten Einträge können Sie diese ebenfalls als Schaltflächen in der Symbolleiste für den Schnellzugriff aufnehmen. Löschen Sie die Markierung eines Eintrags, verschwindet auch die Schaltfläche aus der Symbolleiste. Auf diese Weise lassen sich Schaltflächen wie *Rückgängig*, *Löschen* oder *Umbenennen* in die Titelleiste aufnehmen. Im Menü finden Sie den Befehl, um das Menüband minimiert anzuzeigen und um die Symbolleiste für den Schnellzugriff unterhalb bzw. oberhalb des Menübands anzuordnen.

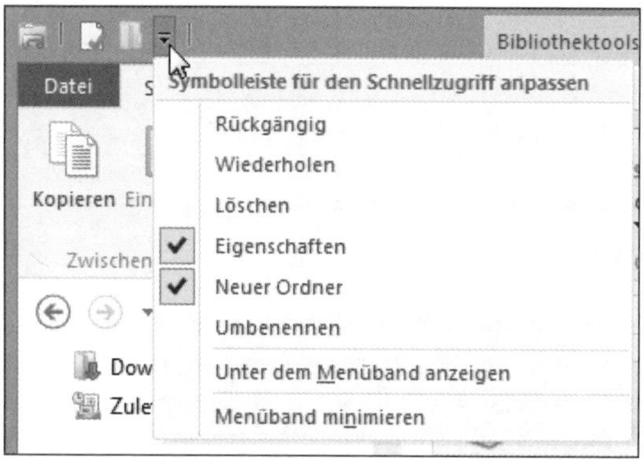

Bild 7.6: Symbolleiste für den Schnellzugriff anpassen

TIPP

Sie können im Menüband Schaltflächen mit der rechten Maustaste anklicken und den Kontextmenübefehl *Zur Symbolleiste für den Schnellzugriff hinzufügen* wählen. Auf diese Weise lassen sich zusätzliche Schaltflächen in der Symbolleiste hinzufügen. Um dieses Symbol wieder zu entfernen, wählen Sie es in der Symbolleiste für den Schnellzugriff mit der rechten Maustaste an. Dann lässt sich im Kontextmenü der Befehl *Symbolleiste für den Schnellzugriff entfernen* wählen.

7.1.3 Bereiche im Explorer-Fenster ein- und ausblenden

Fehlt in Ordnerfenstern der Navigationsbereich? Werden die Elemente des Navigationsbereichs bei der Anwahl eines Ordners nicht automatisch nachgeführt? Oder fehlen Ordner wie *Favoriten* und *Downloads* im Navigationsbereich des Ordnerfensters?

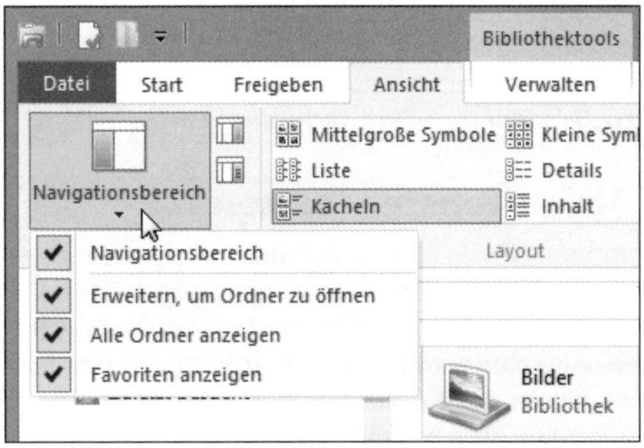

Bild 7.7: Elemente der Gruppe *Bereiche*

Wechseln Sie im Menüband zur Registerkarte *Ansicht*, lässt sich in der Gruppe *Bereiche* über die Menüschaltfläche *Navigationsbereich* (Bild 7.7) vorgeben, wie der Navigationsbereich darzustellen ist.

- *Navigationsbereich:* Über diesen Befehl blenden Sie den in der linken Spalte des Ordnerfensters angeordneten Navigationsbereich ein/aus.
- *Erweitern, um Ordner zu öffnen:* Wechseln Sie im rechten Inhaltsbereich des Explorers in einen Ordner, passt Windows standardmäßig den Navigationsbereich nicht entsprechend an. Möchten Sie, dass der Navigationsbereich automatisch bei Anwahl eines Ordners expandiert wird, ist diese Menüoption zu markieren. Dies erleichtert die Navigation im Explorer erheblich.
- *Alle Ordner anzeigen:* Eine Markierung bewirkt, dass der Ordner des Benutzerprofils, die Systemsteuerung, der Papierkorb und eventuell auf dem Desktop eingerichtete Ordner im Navigationsbereich auftauchen.
- *Favoriten anzeigen:* Ein markierter Befehl erzwingt die Anzeige des Zweigs *Favoriten* mit den Ordnern *Desktop, Downloads* und *Zuletzt besucht* als oberstes Element der Navigationsleiste.

Ein durch ein Häkchen markierter Menüeintrag signalisiert, dass die betreffende Option aktiv ist. Die Gruppe *Bereiche* besitzt neben der Menüschaltfläche *Navigationsbereich* noch zwei weitere Schaltflächen:

- Die Schaltfläche *Vorschaufenster* (oder die Tastenkombination [Alt]+[P]) blendet ein Vorschaufenster in der rechten Spalte des Ordnerfensters ein. In diesem Fenster wird der Inhalt markierter Dokumentdateien verschiedener Dateitypen (z.B. Fotos) in einer Miniaturvorschau dargestellt.
- Über die Schaltfläche *Detailbereich* (bzw. die Tastenkombination [Alt]+[⇧]+[P]) lässt sich eine Anzeige von Details in der rechten Spalte des Ordnerfensters einblenden. Wählen Sie ein Laufwerk, einen Ordner oder eine Datei im Inhaltsbereich an, zeigt der Detailbereich Informationen wie Anzahl der Dateien im Ordner, Größe einer Datei etc. an.

Detailbereich und Vorschaufenster schließen sich gegenseitig aus, d.h., bei Anwahl eines solchen Elements wird das vorherige Element im Ordnerfenster ausgeblendet und der neue Inhalt angezeigt. Sie können also das in der linken Spalte eingeblendete Navigationsfenster oder das Detailfenster am unteren Rand des Ordnerfensters ein- bzw. ausblenden. Um den Bereich am rechten Fensterrand auszublenden, wählen Sie die aktuell markierte Schaltfläche ein zweites Mal an.

7.1.4 Optionen des Ordnerfensters setzen

Microsoft stimmt die Anzeigeoptionen des Explorers auf die Bedürfnisse gelegentlicher Windows-Nutzer ab. Erfahrene Benutzer bevorzugen gegebenenfalls einige andere Anzeigeoptionen. So ist es unter Umständen hilfreich, wenn die Namenerweiterungen von Dateien im Ordnerfenster mit aufgeführt werden. Oder die Markierung von Dateien durch ein Kontrollkästchen bei Auswahl ist gewünscht bzw. stört und ist zu (de-)aktivieren. Administratoren benötigen eventuell auch Zugriff auf versteckte Dateien und Systemdateien bzw. Ordner.

1. Wechseln Sie im Menüband zur Registerkarte *Ansicht* und wählen Sie die Menüschaltfläche *Optionen* an. Dann klicken Sie auf den Befehl *Ordner- und Suchoptionen ändern* (Bild 7.8, Hintergrund).
2. Wechseln Sie im Eigenschaftenfenster *Ordneroptionen* zur gewünschten Registerkarte (Bild 7.8, Vordergrund), passen Sie dort die gewünschten Einstellungen an und schließen Sie das Fenster über die *OK*-Schaltfläche.

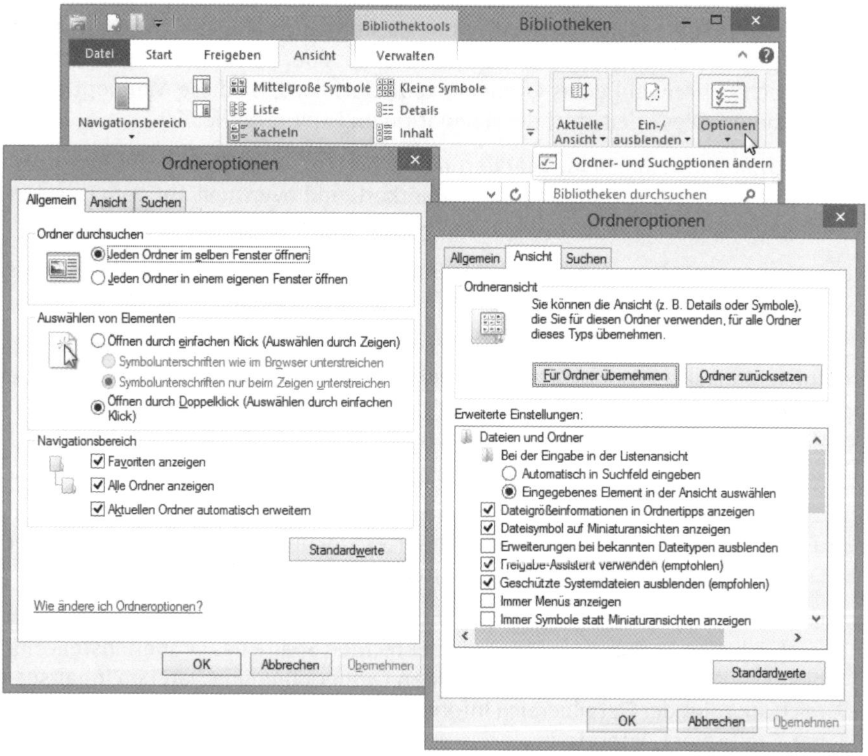

Bild 7.8: Ordneroptionen anpassen

Auf der Registerkarte *Allgemein* des Dialogfelds *Ordneroptionen* (Bild 7.8, links) finden Sie mehrere Optionsfeldgruppen, um das Verhalten des Ordnerfensters generell zu beeinflussen.

- Möchten Sie, dass beim Doppelklick auf ein Laufwerks- oder Ordnersymbol dessen Inhalt in einem separaten Ordnerfenster angezeigt wird? Dann markieren Sie auf der Registerkarte *Allgemein* in der Gruppe *Ordner durchsuchen* das Optionsfeld *Jeden Ordner in einem eigenen Fenster öffnen*.
- Sollen sich Elemente durch einen einfachen Mausklick öffnen, markieren Sie auf der Registerkarte *Allgemein* in der Gruppe *Auswählen von Elementen* das Optionsfeld *Öffnen durch einfachen Klick*. Über die zusätzlich freigegebenen Optionsfelder lässt sich dann noch vorgeben, ob Symbolunterschriften wie im Browser oder nur beim Zeigen zu unterstreichen sind.
- Die Gruppe *Navigationsbereich* ermöglicht es Ihnen, das automatische Expandieren der Ordneranzeige sowie die Anzeige von Favoriten, leerer Wechseldatenträgerlaufwerke und weiterer Ordner wie Systemsteuerung und Papierkorb im Navigationsbereich zu erzwingen (siehe auch den Abschnitt »7.1.3 Bereiche im Explorer-Fenster ein- und ausblenden«).

Über die Schaltfläche *Standardwerte* der Registerkarte lassen sich die Voreinstellungen von Windows 8 jederzeit zurückholen.

Die Registerkarte *Ansicht* (Bild 7.8, Vordergrund rechts) weist eine Reihe von Kontrollkästchen und Optionsfeldern auf, über die Sie das Verhalten des Ordnerfensters anpassen können. Nachfolgend finden Sie eine Beschreibung, welche Bedeutung die wichtigsten Optionen besitzen.

- *Bei der Eingabe in der Listenansicht:* Über die Markierung der Optionsfelder steuern Sie, ob Tastatureingaben in das Suchfeld oder in die Ansicht einzufügen sind. Markieren Sie beispielsweise die Option *Automatisch in Suchfeld eingeben* und tippen Sie in einem geöffneten Ordnerfenster einen Buchstaben per Tastatur ein, wird dieses Zeichen im Suchfeld aufgeführt. Ist die Option *Eingegebenes Element in der Ansicht auswählen* markiert, selektiert Windows beim Eintippen eines Buchstabens automatisch das erste Element des Ordnerfensters, dessen Namen mit dem Buchstaben beginnt.
- *Dateigrößeninformationen in Ordnertipps anzeigen:* Ermöglicht, die Anzeige der Dateigröße eines Ordners in einer QuickInfo einzublenden, wenn sich der Mauszeiger über einem Ordner befindet.
- *Dateisymbol auf Miniaturansichten anzeigen:* Ist dieses Kontrollkästchen markiert, kann Windows im Ordnerfenster (z.B. beim Ordner *Musik*) das Dateisymbol des Wiedergabeprogramms in der rechten unteren Ecke der Miniaturansicht einblenden. Dies funktioniert beispielsweise bei den von Microsoft mitgelieferten Audio- und Videodateien.
- *Erweiterungen bei bekannten Dateitypen ausblenden:* Dieses Kontrollkästchen ist standardmäßig markiert, d.h., Dateinamen werden ohne die zugeordnete Dateinamenerweiterung angezeigt. Erfahrene Anwender und Administratoren können die Markierung löschen. Diese Anzeigeoption lässt sich auch kom-

fortabler über das Kontrollkästchen *Dateinamenerweiterungen* auf der Registerkarte *Ansicht* des Menübands setzen bzw. aufheben.

- *Freigabe-Assistent verwenden (empfohlen):* Windows unterstützt die Verwaltung von Freigaben in Arbeitsgruppennetzwerken über einen Assistenten. Erfahrenen Anwendern empfehle ich aber, diesen Assistenten abzuschalten, da dieser bei Freigaben von Benutzerordnern den kompletten Pfad, beginnend ab dem Ordner *Benutzer*, freigibt. Über die Registerkarte *Freigaben* erteilte Netzwerkfreigaben erscheinen dagegen direkt mit ihrem Freigabenamen im Netzwerk.

- *Geschützte Systemdateien ausblenden:* Windows zeigt geschützte Systemdateien nicht an. Um diese anzuzeigen, ist die Markierung des Kontrollkästchens aufzuheben. Allerdings hat dies den Nachteil, dass auf dem Desktop zwei geschützte Systemdateien sichtbar werden. Im Gegensatz zu Windows XP sollten Sie diese Option nur in Ausnahmefällen temporär einblenden. Denn in diesem Anzeigemodus blendet Windows auch sogenannte NTFS-Links wie *Dokumente und Einstellungen* ein, die bei einer Anwahl durch den Benutzer ein Dialogfeld mit dem Hinweis »Zugriff verweigert« liefern (was schon vor Jahren bei Windows Vista für Irritationen sorgte, siehe `http://www.borncity.com/blog/2007/07/22/ordner-mysterien-in-windows-vista/` [w8-k07-002]).

- *Immer Menüs anzeigen:* Dieses Kontrollkästchen ist noch ein Überbleibsel aus älteren Windows-Versionen und besitzt in Windows 8 keine Wirkung.

- *Immer Symbole statt Miniaturansichten anzeigen:* Markieren Sie dieses Kontrollkästchen, wenn Sie die Anzeige der Dateiinhalte in der Miniaturansicht des Ordnerfensters unterdrücken möchten.

- *Konflikte bei der Ordnerzusammenführung ausblenden:* Diese neue Option steuert, ob Windows beim Zusammenführen zweier Ordner (Kopieren) Konflikte mit vorhandenen Dateien und Unterordnern anzeigen oder ausblenden soll.

- *Kontrollkästchen zur Auswahl von Elementen verwenden:* Markieren Sie diese Option, damit Windows Kontrollkästchen zur Auswahl von Ordnern und Dateien im Ordnerfenster einblendet. Dies entspricht dem Kontrollkästchen *Elementkontrollkästchen* der Gruppe *Ein-/ausblenden* in der Registerkarte *Ansicht*. Die Anzeige der Kontrollkästchen ist bei Fingerbedienung oder für Benutzer hilfreich, die (z.B. wegen motorischer Störungen) die [Strg]-Taste zum Markieren mehrerer Elemente in Ordnerfenstern nicht drücken können.

- *Laufwerkbuchstaben anzeigen:* Durch Löschen der Markierung des Kontrollkästchens erreichen Sie, dass im Ordnerfenster *Computer* die im rechten Inhaltsbereich eingeblendeten Laufwerkssymbole keine Laufwerkbuchstaben mehr aufweisen.

- *Leere Laufwerke im Ordner »Computer« ausblenden:* Markieren Sie dieses Kontrollkästchen, um Laufwerke für Wechseldatenträger, die kein Medium enthalten, im Ordnerfenster *Computer* auszublenden. Bei der Anzeige versteckter Dateien werden solche Laufwerke abgeblendet dargestellt.

- *Ordnerfenster in einem eigenen Prozess starten:* Markieren Sie diese Option, verwendet Windows einen eigenen Prozess für Ordnerfenster. Dies kann die Systemstabilität (bei Programmfehlern) erhöhen, da sich die in getrennten Prozessen laufenden Ordnerfenster gegenseitig nicht beeinflussen. Allerdings hat diese Option einen erhöhten Speicherbedarf.
- *Popupinformationen für Elemente in Ordnern und auf dem Desktop anzeigen:* Beim Zeigen auf manche Desktopsymbole oder auf verschiedene Elemente des aktuellen Ordnerfensters blendet Windows ein Popupfenster bzw. eine QuickInfo mit zusätzlichen Textinformationen ein. Diese Funktion lässt sich durch Deaktivieren des Kontrollkästchens abschalten.
- *Statusleiste anzeigen:* Ermöglicht es, am unteren Fensterrand eine Statusleiste ein-/auszublenden. Dort werden am linken Rand die Zahl der Elemente eines Ordners, die Größe der markierten Datei(en), ggf. die Zahl der Orte einer gewählten Bibliothek, ggf. Netzwerkfreigaben sowie die Zahl der markierten Elemente angezeigt. Am rechten Rand finden sich zwei Schaltflächen zum Umschalten der Ordneranzeige.
- *Verschlüsselte oder komprimierte NTFS-Dateien in anderer Farbe anzeigen:* Markieren Sie dieses Kontrollkästchen, zeigt Windows komprimierte Dateien auf NTFS-Laufwerken in anderen Farben an.
- *Versteckte Dateien und Ordner:* Windows unterdrückt die Anzeige versteckter Dateien und Ordner im Ordnerfenster und in den Suchfunktionen. Markieren Sie (z.B. per Mausklick) im Zweig *Versteckte Dateien und Ordner* das Optionsfeld *Ausgeblendete Dateien, Ordner und Laufwerke anzeigen*. Dies ist für Administratoren wichtig, die auf alle Ordner und Dateien des Systems zugreifen müssen. Um auch Systemdateien anzuzeigen, heben Sie die Markierung des Kontrollkästchens *Geschützte Systemdateien ausblenden* auf. Die Option ist auch im Menüband über das Kontrollkästchen *Ausgeblendete Elemente* der Registerkarte *Ansicht* anpassbar.
- *Vollständigen Pfad in der Titelleiste anzeigen:* Wirkt nur auf die klassische Ordnerdarstellung (alte Windows-Darstellung), bei der die Option den Pfad zum Ordner in der Titelleiste eines Ordnerfensters einblendet.
- *Vorherige Ordnerfenster bei der Anmeldung wiederherstellen:* Markieren Sie dieses Kontrollkästchen, werden Ordnerfenster, die beim Abmelden von Windows auf dem Desktop geöffnet waren, bei einer erneuten Windows-Anmeldung auf dem Desktop wiederhergestellt.
- *Vorschauhandler im Vorschaufenster anzeigen:* Ein markiertes Kontrollkästchen ermöglicht die Anzeige von Dateiinhalten im Vorschaufenster. Löschen Sie die Markierung des Kontrollkästchens, wenn Sie die Leistung des Computers verbessern oder das Vorschaufenster nicht anzeigen möchten.

Die Schaltfläche *Standardwerte* ermöglicht es Ihnen, veränderte Einstellungen auf den Auslieferungszustand zurückzusetzen. Die Schaltfläche *Für Ordner übernehmen* überträgt Vorgaben für die Detailanzeige etc. für alle Ordner. Die Schaltfläche wird aber gesperrt, wenn im Navigationsbereich *Computer* angewählt ist. Die Schaltfläche *Ordner zurücksetzen* ermöglicht es, die Ordnereinstellungen wieder aufzuheben.

HINWEIS

Auf der Registerkarte *Suchen* im Dialogfeld *Ordneroptionen* finden Sie noch diverse Optionen, um die Suche im Explorer zu steuern. So lassen sich komprimierte Archive (ZIP-Dateien), Systemverzeichnisse und Dateiinhalte in die Suche einbeziehen (siehe *Kapitel 12*).

7.1.5 Anpassen der Symbolgröße im Ordnerfenster

Auch in Windows 8 lassen sich unterschiedliche Symbolgrößen in Ordnerfenstern verwenden. Diese Option befindet sich nun auf der Registerkarte *Ansicht* des Menübands in der Gruppe *Layout*. Wechseln Sie im Menüband zur betreffenden Registerkarte und wählen Sie einen der Einträge der Gruppe *Layout* aus (Bild 7.9). Über die Bildlaufleiste des Felds lässt sich zwischen den verfügbaren Anzeigemodi blättern. Weiterhin können Sie auf das in der rechten unteren Ecke des Felds befindliche Symbol *Mehr* (Startprogramm für Dialogfelder) klicken. Dann wird die Gruppendarstellung zu einer Palette erweitert, sodass alle Layoutoptionen sicht- und anwählbar werden.

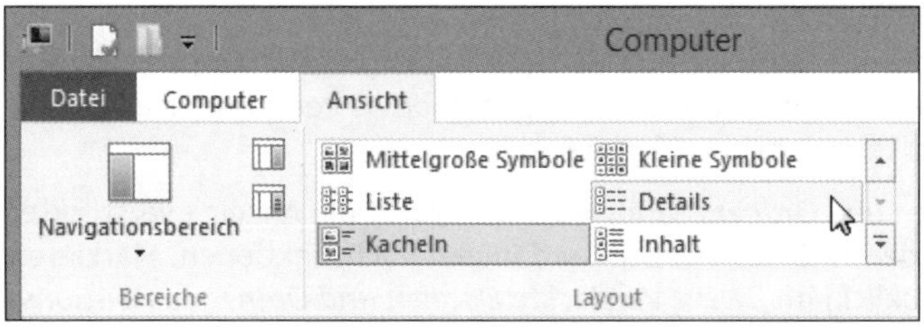

Bild 7.9: Anpassen des Darstellungsmodus für Ordnerfenster

TIPP

Es reicht bereits, per Maus auf die Schaltflächen zu zeigen, um den Darstellungsmodus als Vorschau anzuzeigen. Ähnlich wie beim Windows-Desktop lässt sich die Symbolgröße im Ordnerfenster auch mit der Maus verändern. Halten Sie die [Strg]-Taste gedrückt und drehen Sie das Mausrädchen, passt Windows die Symbolgröße im Ordnerfenster schrittweise gemäß den in der Gruppe *Layout* vorhandenen Modi an.

Die Modi *Liste* und *Details* zeigen die von Windows für die Dateitypen benutzten Dokumentsymbole der Dateien an. In der *Details*-Ansicht werden neben den Dateinamen in zusätzlichen Spalten weitere Informationen wie Dateigröße, Änderungsdatum etc. eingeblendet (Bild 7.10).

Welche Spalten dabei im Ordnerfenster erscheinen, hängt vom Ordnertyp und von den Einstellungen ab. Bei Bild-, Musik- und Videoordnern finden Sie beispielsweise eine Spalte mit der Bewertung der Dateien. Klicken Sie mit der rechten Maustaste auf einen Spaltenkopf (bei Fingerbedienung einfach etwas länger auf den Spaltenkopf drücken und loslassen) der im Ordnerfenster angezeigten Detaildarstellung, lassen sich über das Kontextmenü weitere Anzeigekategorien abrufen (Bild 7.10, unteres Menü). Ein Häkchen vor dem jeweiligen Menübefehl signalisiert, dass die Kategorie als Spalte eingeblendet wird.

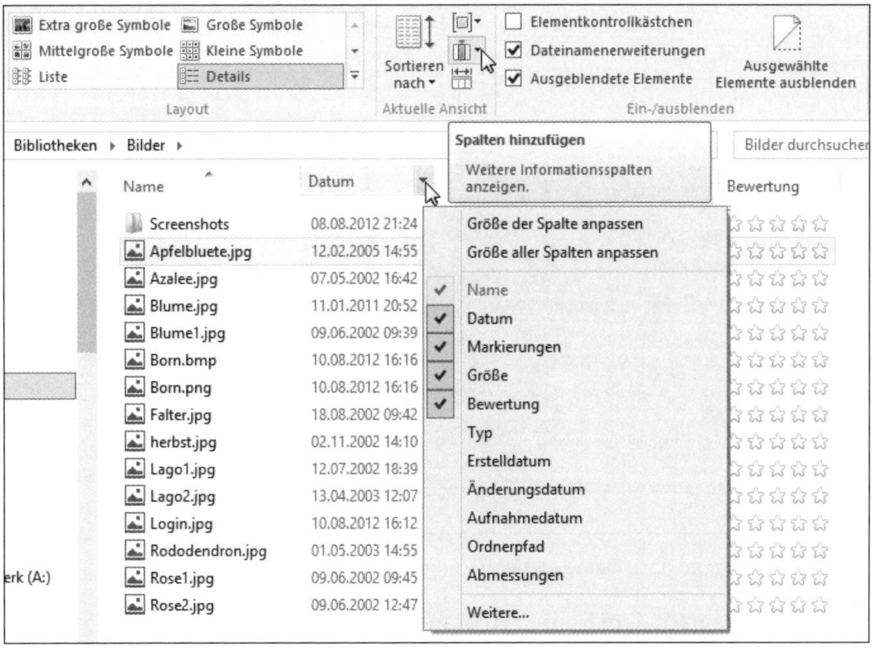

Bild 7.10: Ordnerfenster in der *Details*-Darstellung

> **HINWEIS**
> Zudem finden Sie auf der Registerkarte *Ansicht* des Menübands die Gruppe *Aktuelle Ansicht*. Die Schaltfläche *Spalten hinzufügen* am rechten Gruppenrand (Bild 7.10, oben) öffnet bei Anwahl ebenfalls das Menü zur Auswahl der anzuzeigenden Spalten. Mittels der Schaltfläche *Größe aller Spalten anpassen* der gleichen Gruppe lässt sich die Spaltenbreite des Ordnerfensters automatisch justieren.

7.1.6 Ordneranzeige sortieren und gruppieren

Die Symbole für Laufwerke, Dateien und Ordner lassen sich im Ordnerfenster über die Spaltenüberschriften oberhalb des Anzeigebereichs nach bestimmten Kriterien sortieren bzw. gruppieren.

1. Rufen Sie den Inhalt des gewünschten Speicherorts im Ordnerfenster auf und wählen Sie die gewünschte Darstellung (*Details*, *Kacheln*, *Liste*, *Große Symbole* etc.).
2. Markieren Sie einen freien Bereich im Inhaltsbereich des Ordnerfensters mit einem Rechtsklick und wählen Sie im Kontextmenü den Befehl *Sortieren nach* bzw. *Gruppieren nach*.
3. Sobald das Untermenü mit den Sortier- und Gruppierungskriterien erscheint (Bild 7.11), legen Sie das gewünschte Sortier- oder Gruppierungskriterium fest.

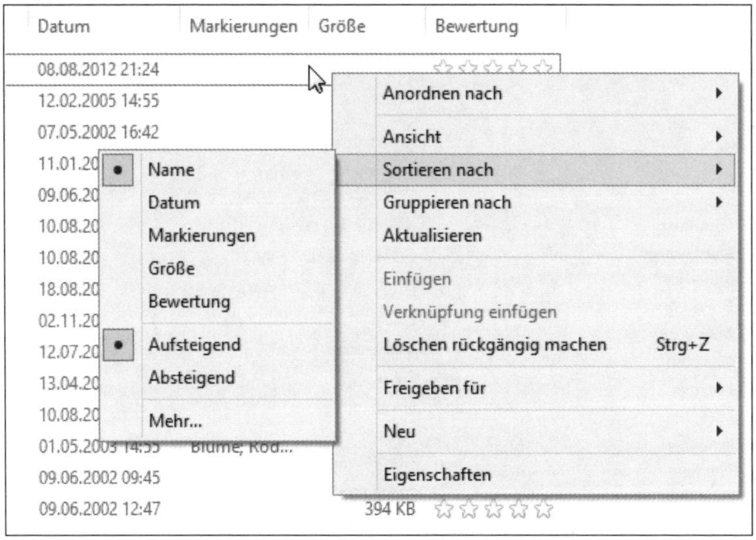

Bild 7.11: Aufsteigend nach Name sortieren

Um die Anzeige nach dem Namen zu ordnen, klicken Sie im Untermenü *Sortieren nach* auf den Befehl *Name* (Bild 7.11). Analog können Sie (bei angewähltem Symbol *Computer*) den Befehl *Typ* verwenden, um nach Laufwerks- oder Dateitypen zu sortieren. Ist der Darstellungsmodus »Details« für ein Ordnerfenster eingestellt, reicht übrigens ein Mausklick auf einen Spaltenkopf zur Sortierung der Anzeige nach dem betreffenden Kriterium. Durch erneutes Anklicken des gleichen Spaltenkopfs lässt sich zudem zwischen einer auf- und absteigenden Sortierung (nach Name, Typ, Größe etc.) umschalten.

TIPP

Statt des Kontextmenüs können Sie in Windows 8 auch zur Registerkarte *Ansicht* des Menübands gehen. In der Gruppe *Aktuelle Ansicht* finden Sie die Menüschaltflächen *Sortieren nach* und *Gruppieren nach* (Bild 7.10). Diese stellen ebenfalls Befehle zum Sortieren und Gruppieren bereit.

Über den Kontextmenübefehl *Gruppieren nach* können Sie zudem über das Untermenü ein zusätzliches Gruppierungskriterium wählen (Bild 7.12). Bei einer gruppierten Ordneranzeige fasst Windows die angezeigten Informationen nach den gewählten Gruppierungskriterien zusammen. In Bild 7.12 erfolgt die Gruppierung z.B. nach den aufgeführten Laufwerkstypen (Festplatten und Geräte mit Wechselmedien). Der Kontextmenübefehl *(Keine)* hebt die Gruppierung wieder auf.

HINWEIS

Über den Gruppierungstitel (in Bild 7.12 z.B. »Festplatten (1)«) lassen sich die Elemente der Gruppierung ein- oder ausblenden. Ein Doppelklick auf den Titeltext der Gruppe oder ein Mausklick auf das vor dem Gruppierungstitel sichtbare kleine Dreieck bewirkt das Umschalten der Anzeige. Alternativ können Sie den Titel der Gruppierung mit einem Rechtsklick anwählen und dann im Kontextmenü die Befehle *Gruppe reduzieren* bzw. *Gruppe expandieren* sowie *Alle Gruppen reduzieren* bzw. *Alle Gruppen expandieren* wählen.

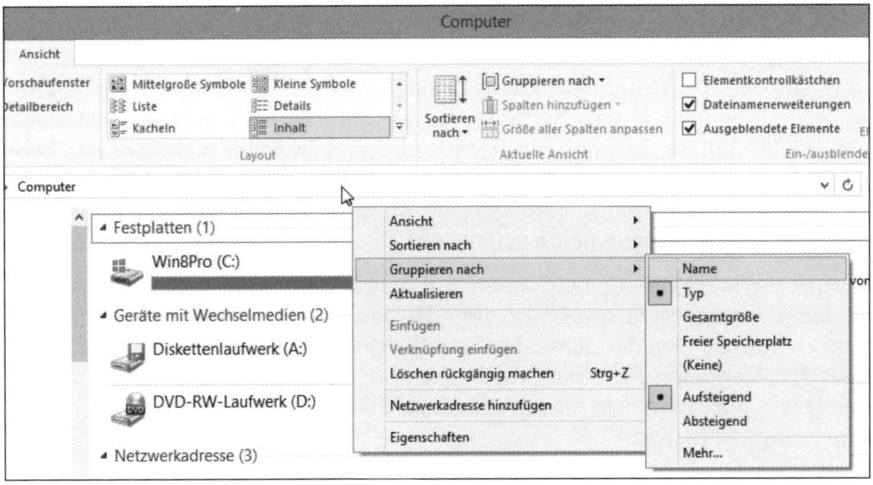

Bild 7.12: Gruppieren nach Name

Im Anzeigemodus *Details* lässt sich die Anzeige eines Ordnerfensters zusätzlich nach bestimmten Kriterien filtern (z.B. alle Dateien mit dem Anfangsbuchstaben »A« im Namen). Hierzu klicken Sie auf die Schaltfläche rechts neben dem Spaltenkopf (Bild 7.13). Dann können Sie im eingeblendeten Menü die Filterkriterien durch Markieren der Kontrollkästchen wählen. Bei der Spalte *Name* erscheint das in Bild 7.13, im Hintergrund links, gezeigte Menü. So könnten Sie beispielsweise die Darstellung der Laufwerke über die Spalte *Typ* auf Festplatten reduzieren, indem Sie das betreffende Kontrollkästchen *Lokale Datenträger* markieren (Bild 7.13, oben rechts). Wählen Sie die Menüschaltfläche der Datumsspalte aus, erscheint ein Menü mit einem Kalenderblatt zur Auswahl des Datums (Bild 7.13, unten rechts).

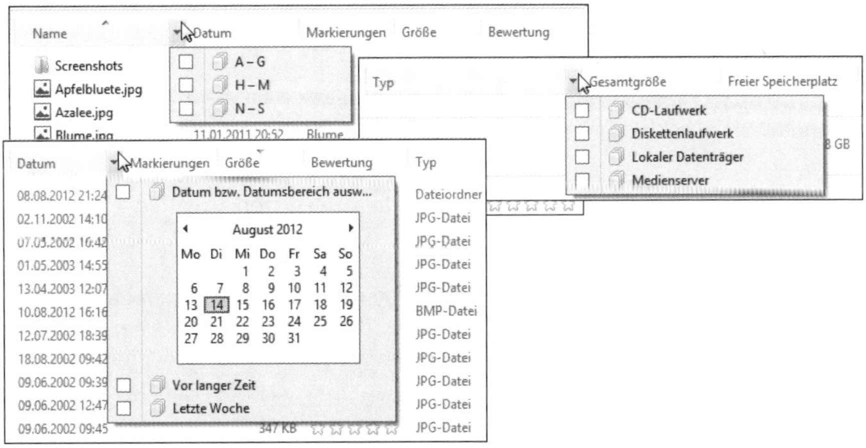

Bild 7.13: Filtern nach Namen, Typ und Datum

7.1.7 Elemente ausblenden

In Windows 8 hat Microsoft noch eine neue Funktion eingeführt. Markieren Sie ein Datei- oder ein Ordnersymbol im Ordnerfenster, wird auf der Registerkarte *Ansicht* des Menübands die Schaltfläche *Ausgewählte Elemente ausblenden* freigegeben (Bild 7.14). Bei Anwahl der Schaltfläche verschwindet das markierte Element aus der Anzeige. Enthält ein gewählter Ordner mehrere Unterelemente, wird in einem Dialogfeld *Änderungen der Attribute bestätigen* nachgefragt, ob dies auch für alle Unterelemente gelten soll.

Die Funktion macht aber nichts anderes, als das Attribut »Versteckt« für die ausgewählten Elemente zu setzen. Ist die Anzeige versteckter Dateien und Ordner eingeschaltet, bleiben die Elemente weiterhin sichtbar, werden aber etwas heller angezeigt. Markieren Sie versteckte Dateien oder Ordner, lässt sich das Attribut »Versteckt« durch erneute Anwahl der Schaltfläche *Ausgewählte Elemente ausblenden* wieder löschen.

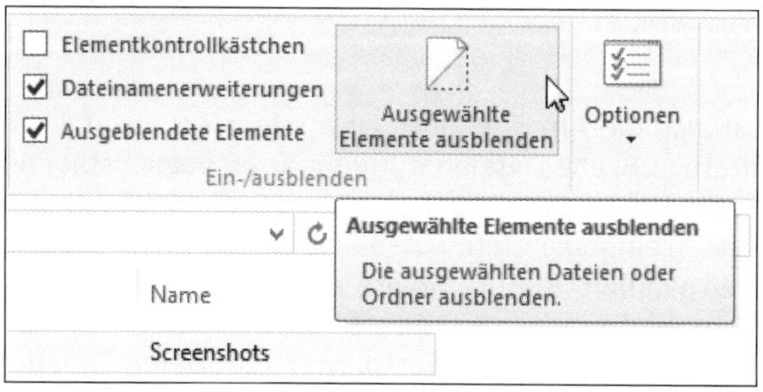

Bild 7.14: Elemente ausblenden

7.1.8 Die Ordnerdarstellung anpassen

Windows 8 ermöglicht es Ihnen, die Ordnersymbole frei zu wählen oder den Ordnertyp zu ändern. Dies beeinflusst das angezeigte Ordnersymbol sowie die Darstellung im Ordnerfenster.

1. Zum Anpassen des Ordnersymbols klicken Sie es mit der rechten Maustaste an und wählen im Kontextmenü den Befehl *Eigenschaften* (Bild 7.15, unten links).
2. Klicken Sie im Eigenschaftenfenster auf den Registerreiter *Anpassen* und legen Sie die gewünschten Optionen auf dieser Registerkarte (Bild 7.15, rechts) fest.

ACHTUNG

Die Registerkarte *Anpassen* wird nicht eingeblendet, wenn Sie einen Ordner in einer Bibliothek anwählen. Achten Sie daher beim Aufruf des Kontextmenübefehls *Eigenschaften* darauf, dass ein Ordner im Benutzerprofil oder auf einem Laufwerk markiert ist.

Sobald Sie die Registerkarte über die *OK*-Schaltfläche schließen oder die Schaltfläche *Übernehmen* betätigen, werden die Einstellungen wirksam. Bezüglich der Einstellungen sollten Sie Folgendes wissen:

- Über das Listenfeld *Diesen Ordner optimieren für* der Gruppe *Ordnertyp* lässt sich eine Vorlage für den Ordnertyp wählen. Sie haben die Wahl zwischen den Werten *Allgemeine Elemente, Dokumente, Bilder, Musik* und *Videos*. Der Wert bestimmt, wie der Ordnerinhalt im Ordnerfenster angezeigt wird. Bei *Bilder, Musik* und *Videos* werden beispielsweise Schaltflächen zur Wiedergabe angewählter Dateien in der Symbolleiste des Ordnerfensters eingeblendet. Die Unterschiede zwischen den Vorlagen bestehen auch darin, dass der Anzeigemodus beim Öffnen des Ordners im Ordnerfenster verändert wird (z. B. Modus *Details* statt *Kacheln* oder *Große Symbole*). So enthält der Ansichtsmodus »Details« bei Medien wie Musik, Bilder oder Videos Bewertungsspalten. Verfügt ein Ordner über Unterordner, lässt sich die Vorlage für alle Unterordner durch Markierung des betreffenden Kontrollkästchens übernehmen.
- Bei Ordnern, die Fotos und Videos enthalten, blendet Windows die Miniaturabbilder der ersten im Ordner abgelegten Dateien im Ordnerfenster ein. Sie können aber das anzuzeigende Bild gezielt aus einer Grafikdatei auswählen, indem Sie auf der Registerkarte *Anpassen* auf die Schaltfläche *Datei auswählen* der Gruppe *Ordnerbilder* klicken. In einem separaten Dialogfeld kann dann eine Grafikdatei mit dem gewünschten Bild ausgewählt und mittels der Schaltfläche *Öffnen* übernommen werden. Das Motiv erscheint jedoch nur, wenn die Darstellung im Ordnerfenster Miniaturansichten ermöglicht. Als Bilddatei können Sie alle Grafikdateien verwenden, die unter Windows als Bilddateien registriert sind (z. B. *.bmp, .gif, .jpg, .png*).

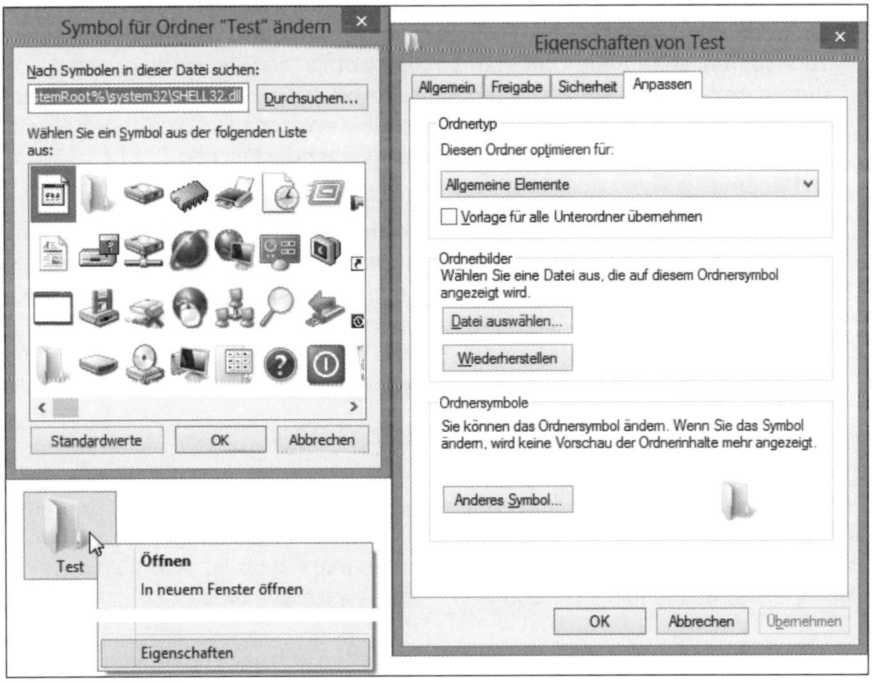

Bild 7.15: Ordnerdarstellung und -typ anpassen

Die Schaltfläche *Anderes Symbol* der Gruppe *Ordnersymbole* öffnet ein weiteres Dialogfeld (Bild 7.15, links), in dem Sie ein beliebiges Symbol für die Ordnerdarstellung wählen können. Die Symbole lassen sich dabei aus der im Dialogfeld angegebenen Datei *SHELL32.dll* oder aus beliebigen anderen Symboldateien beziehen. Klicken Sie notfalls auf die Schaltfläche *Durchsuchen* und wählen Sie die gewünschte Symboldatei (*.exe*, *.dll*, *.ico*) aus.

7.2 Wissen zu Ordnern, Dateien und Bibliotheken

In diesem Abschnitt finden Sie einige Hinweise zur Benennung von Ordnern und Dateien sowie zu den unter Windows verwendeten Speicherorten und Bibliotheken.

7.2.1 Benennung von Ordnern und Dateien

Beim Schreiben von Briefen, Übernehmen von Fotos oder bei anderen Aufgaben fallen Dateien an, die in bestimmten Ordnern gespeichert werden. Dateien werden unter einem eindeutigen Namen auf Datenträgern (Festplatte des Computers, CDs etc.) abgelegt. Zur Strukturierung dieser Ablage lassen sich Ordner verwenden. Bezüglich der Benennung von Ordnern und Dateien gilt Folgendes.

- Die Namen für Dateien müssen in Windows bestimmten Regeln genügen. Ein Dateiname darf zusammen mit der Pfadangabe (Laufwerkbuchstaben und Ordnernamen) maximal 255 Zeichen lang sein. Um sich unnötige Tipparbeit zu ersparen, sollten Sie Dateinamen aber auf ca. 20 Zeichen begrenzen. Sie dürfen im Namen die Buchstaben A bis Z, a bis z, die Ziffern 0 bis 9, das Leerzeichen und verschiedene andere Zeichen verwenden. Ein gültiger Name wäre *Brief an Müller 001*. Nicht zulässig sind aber die Zeichen " / \ | < > : ? * im Dateinamen.
- Neben dem Namen dürfen Dateien noch eine sogenannte Dateinamenerweiterung (oder kurz Erweiterung bzw. Extension genannt) aufweisen. Hierbei handelt es sich um einen Punkt, dem meist weitere (vorwiegend drei oder vier) Buchstaben folgen (z.B. *.txt*, *.bmp*, *.exe*, *.bat*, *.ini*, *.docx*, *.jpeg*, *.tiff* etc.). Diese Erweiterungen legen den Typ der Datei fest, d.h. mit welchem Programm eine Datei bearbeitet werden kann.

HINWEIS

Standardmäßig zeigt Windows die Dateinamenerweiterungen nicht an. Im Abschnitt »7.1.4 Optionen des Ordnerfensters setzen« ist beschrieben, wie Sie die betreffende Darstellung einrichten können. Sie dürfen den Dateinamen und die Erweiterung übrigens mit Groß- und Kleinbuchstaben schreiben. Dieses wird von Windows nicht unterschieden, d. h., die Dateinamen »Brief an Müller.docx« und »brief an müller.docx« werden in Windows gleich behandelt.

Die Dateinamenerweiterung bestimmt den Dateityp (d.h. welche Art von Daten in der Datei gespeichert werden können). Windows weist jedem Dateityp ein spezielles Symbol zu, das die Unterscheidung zwischen verschiedenen Dokumenttypen erleichtert (Bild 7.16).

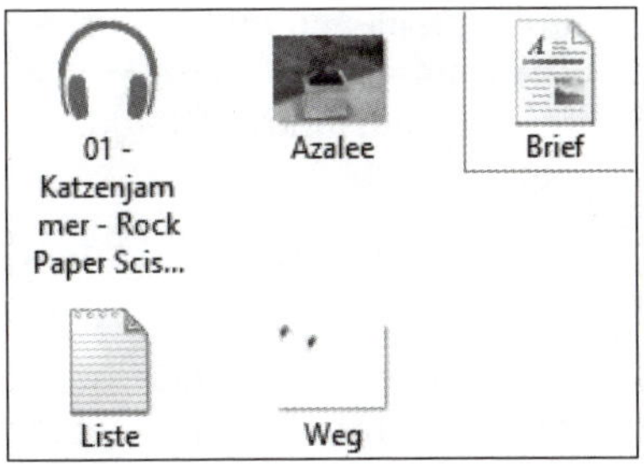

Bild 7.16: Symbole verschiedener Dokumenttypen

An den Symbolen der Dokumentdateien lässt sich meist erkennen, welche Daten diese enthalten (da sich das Symbol oft an das Programm zur Bearbeitung der Dokumentdateien anlehnt). Das Symbol eines stilisierten Schreibblocks sowie die Erweiterung *.txt* stehen für Dateien, die einfache Texte enthalten. Solche Dateien können Sie zum Beispiel mit dem Windows-Programm Editor erstellen. Dateien mit der Erweiterung *.docx* dienen ebenfalls zur Speicherung von Texten, die aber zusätzlich Bilder oder speziell formatierte Wörter bzw. Buchstaben (fett, kursiv etc.) enthalten können. Solche DOC-Dateien lassen sich mit dem Programm Microsoft Word oder mit dem Windows-Programm WordPad erstellen. Die Dateinamenerweiterung *.exe* steht für Programmdateien.

Ordner dienen zur Organisation der Dateiablage, wobei Ordner nicht nur Dateien, sondern seinerseits weitere Ordner (sogenannte Unterordner) enthalten können. Ordner werden auf Speichermedien (Festplatten, CDs, DVDs etc.) angelegt und besitzen wie Dateien einen Namen sowie ein Symbol. Ordnernamen werden nach den gleichen Kriterien wie Dateien gebildet, wobei in der Regel die bei Dateien benutzte Dateinamenerweiterung entfällt.

Dateien und Ordner müssen mit einem eindeutigen Namen versehen werden. Sie können in einem Ordner keine zwei Ordner oder Dateien gleichen Namens ablegen. Eine Datei darf jedoch unter ihrem (gleichen) Namen in unterschiedlichen Ordnern gespeichert werden. HINWEIS

7.2.2 Speicherorte für Ihre Dokumente

Grundsätzlich können Sie unter Windows Dokumente bzw. Dateien auf jedem beliebigen Speichermedium (Festplatte, USB-Stick, Speicherkarte, CD etc.) in Ordnern ablegen. Windows stellt zur Ablage von Dateien aber spezielle Speicherorte für die Dokumentkategorien Bilder, Dokumente, Musik und Videos bereit. Beim Speichern von Dokumenten können Sie folgende Kriterien zur Auswahl der Speicherorte verwenden.

- *Dokumente*: An diesem Speicherort können Sie Dokumente wie Briefe, Kalkulationstabellen, Notizen, Präsentationen etc. ablegen.
- *Bilder*: Dieser Ort ist zur Aufnahme von Fotos und Grafiken, die Sie z.B. von Digitalkameras und Scannern übernehmen oder aus dem Internet oder per E-Mail erhalten, vorgesehen.

- *Musik*: Hier können Sie Ihre digitale Musiksammlung anlegen und über spezielle Funktionen abspielen oder verwalten. Musik können Sie als Dateien von Audio-CDs kopieren oder von legalen Musikseiten aus dem Internet herunterladen.
- *Videos*: Besitzen Sie Videos (z.B. von Digital- oder Videokameras bzw. aus dem Internet), sollten Sie die Dateien hier ablegen.

Diese Speicherorte sind über den Navigationsbereich eines Ordnerfensters erreichbar. Der Navigationsbereich eines Ordnerfensters enthält zudem noch einen Ordner *Downloads*, der zum Speichern von Dateien, die aus dem Internet heruntergeladen wurden, dient.

Beim Aufrufen eines solchen Speicherorts in einem Ordnerfenster sehen Sie zwar sofort die dort abgelegten Dateien. Im Navigationsbereich lässt sich aber erkennen, dass sich die oben genannten Speicherorte auf jeweils zwei Ordner beziehen. In Bild 7.17 bezieht sich der Speicherort *Bilder* auf die beiden Ordner *Eigene Bilder* und *Öffentliche Bilder*. Bei *Dokumente*, *Musik* und *Videos* gibt es die gleiche Aufteilung in eigene und öffentliche Ordner. Über diese Ordner werden die Zugriffsmöglichkeiten auf die Dokumente bestimmt.

- *Private Ordner:* Für jedes Benutzerkonto wird ein sogenanntes Benutzerprofil mit verschiedenen Ordnern auf dem Systemlaufwerk angelegt. Die Ordner in diesem Profil nehmen Dateien auf, die spezifisch für das Benutzerkonto sind. Ordner wie *Eigene Bilder*, *Eigene Dokumente* etc. werden daher in diesem Profil gespeichert. Benutzer anderer Konten haben standardmäßig keinen Zugriff auf diese Ordner, d. h., deren Inhalt ist privat.
- *Öffentliche Ordner*: Unter Windows wird zusätzlich ein allgemeines Benutzerprofil (Alle Benutzer) eingerichtet, das als Speicherort für gemeinsame Daten aller Benutzer des Computers dient. Legt ein Benutzer also eine Datei in einem öffentlichen Ordner wie *Öffentliche Bilder*, *Öffentliche Dokumente* etc. ab, können unter anderen Benutzerkonten angemeldete Personen direkt auf diesen öffentlichen Ordner und damit auf die Dokumente (Fotos, Musik etc.) zugreifen.

Bild 7.17: Navigationsbereich im Ordnerfenster

Durch die Auswahl der Speicherordner kann ein Benutzer also festlegen, wer auf seine Dateien zugreifen kann. Allerdings können sich Administratoren bei Bedarf entsprechende Zugriffsrechte für die Ordner des Benutzerprofils verschaffen und die Dateien einsehen.

> HINWEIS
>
> Zur besseren Strukturierung der Dokumentablage besteht zudem die Möglichkeit, dass Benutzer sich weitere Unterordner zum Ablegen von Dokumenten erzeugen. Sie könnten also einen Ordner *Briefe* unter *Eigene Dokumente* anlegen, der seinerseits wieder die Unterordner *Privat, Geschäftlich, Rechnungen* etc. enthält. Dateien, die thematisch zusammengehören, werden dann in den betreffenden Ordnern bzw. Unterordnern abgelegt. Auf ähnliche Weise können Sie Fotos im Ordner *Bilder* oder Ihre Musiksammlungen im Ordner *Musik* strukturieren. Welche Kriterien Sie zur Aufteilung der Dateien in Ordner verwenden, bleibt Ihnen überlassen.

7.2.3 Das Konzept der Bibliotheken

Das Bild 7.17 zeigt im Navigationsbereich den Eintrag *Bibliotheken* mit den Unterelementen *Bilder, Dokumente, Musik* und *Videos*. Das Konzept der Bibliotheken zur Ordnerverwaltung wurde in Windows 7 neu eingeführt. Bibliotheken sind Verwaltungsstrukturen, über die sich der Inhalt mehrerer Ordner zusammenhängend im Ordnerfenster darstellen lässt (ohne deren Inhalt zu verändern). Einer dieser Ordner wird der Bibliothek dabei als »Standard« zugewiesen, d.h. dessen Inhalt wird beim Zugriff auf die Bibliothek (z.B. *Musik*) im Inhaltsbereich des Ordnerfensters angezeigt. Dies erleichtert die Verwaltung mehrerer Speicherorte (wie *Eigene Bilder/Öffentliche Bilder, Eigene Videos/Öffentliche Videos* etc.). Sie können über den Navigationsbereich auf die Standardbibliotheken zugreifen und erhalten im Ordnerfenster sofort alle Dateien aus dem privaten und öffentlichen Ordner der betreffenden Kategorie angezeigt.

Welche Ordner genau in die Bibliothek einbezogen werden, erkennen Sie im Navigationsbereich, da dort die Struktur der Unterordner *Eigene Bilder, Öffentliche Bilder* etc. eingeblendet wird. In Windows sind die Standardbibliotheken *Bilder, Dokumente, Musik* und *Videos* eingerichtet und beziehen jeweils die privaten und öffentlichen Ordner der Kategorie ein. Bei Bedarf lassen sich benutzerspezifisch neue Ordner zu bestehenden Bibliotheken hinzufügen oder auch neue Bibliotheken anlegen (siehe den Abschnitt »7.2.4 Bibliotheken verwalten«).

> HINWEIS
>
> Die in den Bibliotheken enthaltenen Ordner *Eigene Bilder, Eigene Videos, Eigene Dokumente* werden von Windows im sogenannten Benutzerprofil gespeichert. Für jedes Benutzerkonto existiert ein eigenes Benutzerprofil. Dieses enthält weitere Ordner zum Zugriff auf Adress- und Kontaktdaten (*Kontakte*), auf häufig besuchte Internetseiten (*Favoriten*), auf gespeicherte Suchergebnisse etc. Auch der Windows-Desktop ist letztendlich ein Name im Benutzerprofil.
>
> Das Benutzerprofil finden Sie auf dem Windows-Laufwerk im Ordner *Benutzer*. Dort ist für jedes Benutzerkonto ein Unterordner mit dem Namen des Kontos abgespeichert. Dieser Unterordner enthält dann die Ordner des Benutzerprofils. Wurde die Anzeige aller Ordner in den Ordneroptionen zugelassen (siehe Abschnitt »7.1.4 Optionen des Ordnerfensters setzen«), enthält der Navigationsbereich des Ordnerfensters einen Eintrag für das Benutzerprofil.

Auf dem Windows-Laufwerk sind noch weitere Ordner wie *Programme*, *Programme (x86)* etc. und *Windows* zu finden. Im Ordner *Programme* werden auf dem System installierte Anwendungsprogramme gespeichert, während der Ordner *Windows* zur Aufnahme der Windows-Dateien dient. Bei 64-Bit-Systemen gibt es zusätzlich den Ordner *Programme (x86)*, der zur Aufnahme von 32-Bit-Anwendungen dient, während 64-Bit-Programme im Ordner *Programme* zu finden sind. Diese Ordner sind nicht zum Speichern von Anwenderdateien vorgesehen. Die Zugriffe auf solche Systemordner werden durch Windows aus Sicherheitsgründen für normale Benutzer blockiert.

7.2.4 Bibliotheken verwalten

Die in Windows 7 zur Verwaltung von Ordnerinhalten neu eingeführten Bibliotheken werden auch in Windows 8 unterstützt. Apps greifen z.B. auf Bibliotheken zu, um lokal gespeicherte Fotos, Musik etc. wiedergeben zu können.

1. Um eine neue Bibliothek anzulegen, klicken Sie im Navigationsbereich des Ordnerfensters den Eintrag *Bibliotheken* mit der rechten Maustaste an und wählen Sie den Kontextmenübefehl *Neu/Bibliothek* (Bild 7.18).
2. Anschließend tippen Sie im Navigationsbereich den Bibliotheksnamen für den neu angelegten Eintrag ein. Sobald Sie die [↵]-Taste drücken, wird der Name für die neue Bibliothek vergeben.
3. Solange der Bibliothek noch keine Ordner zugewiesen sind, lässt sich anschließend im Inhaltsbereich des Ordnerfensters die Schaltfläche *Ordner hinzufügen* (Bild 7.19) anwählen. Anschließend können Sie über ein angezeigtes Dialogfeld den gewünschten Ordner zuweisen.

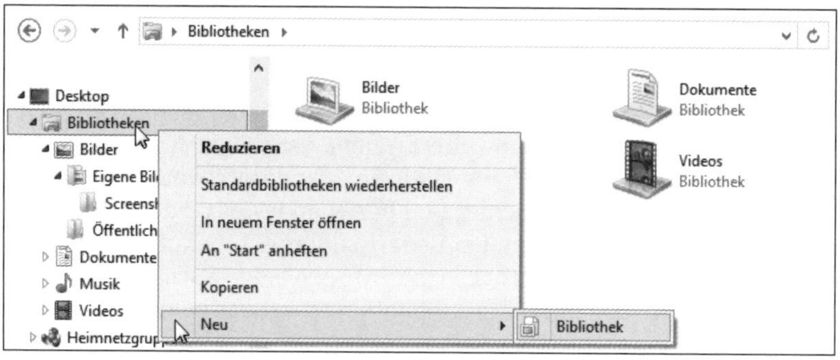

Bild 7.18: Bibliothek anlegen

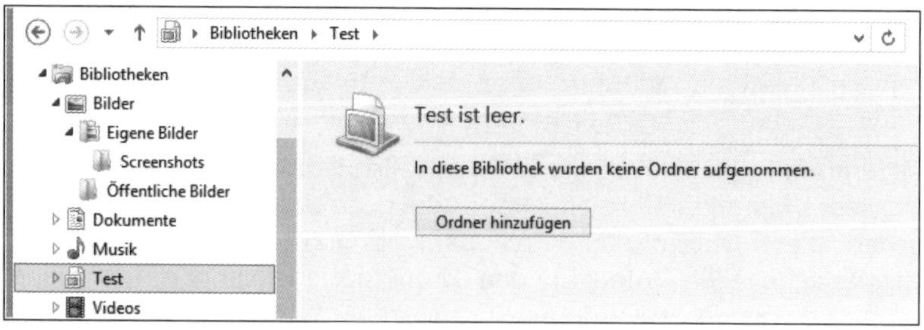

Bild 7.19: Ordner in Bibliothek aufnehmen

> **ACHTUNG**
>
> Die Ordner dürfen dabei auf allen lokal erreichbaren Festplatten (NTFS- und FAT-Dateisystem) liegen. Unzulässig sind jedoch nichtindizierte Ordner im Netzwerk. Das Gleiche gilt für Ordner auf Wechseldatenträgern, die nicht in der Gruppe »Festplatten« des Ordnerfensters auftauchen. Gerade Letzteres wird häufig ignoriert, was zu Problemen bei der Windows-Sicherung führen kann. Wichtig ist auch, dass der Ordner bei der Aufnahme in eine Bibliothek nicht in Bearbeitung ist (gegebenenfalls alle Anwendungen beenden), da es sonst zu einer Fehlermeldung kommt. Bei Ordnern mit vielen Dateien kann es zudem eine ganze Weile dauern, bis diese in die Bibliothek aufgenommen sind.

Bei Bedarf können Sie diesen Bibliotheksnamen später über den Kontextmenübefehl *Umbenennen* ändern oder die Bibliothek mit dem Kontextmenübefehl *Löschen* entfernen. Die Ordner und Dateien, die dieser Bibliothek zugeordnet waren, bleiben dabei natürlich erhalten! Irrtümlich gelöschte Bibliotheken lassen sich gegebenenfalls aus dem Papierkorb restaurieren (siehe nächstes Kapitel). Haben Sie irrtümlich eine oder mehrere Standardbibliotheken (Musik, Bilder, Videos, Dokumente) gelöscht? Klicken Sie den Eintrag *Bibliotheken* im Navigationsbereich mit der rechten Maustaste an und wählen Sie den Kontextmenübefehl *Standardbibliotheken wiederherstellen*.

Um zu einem späteren Zeitpunkt Ordner zu bestehenden Bibliotheken hinzuzufügen oder wieder zu entfernen, haben Sie mehrere Möglichkeiten.

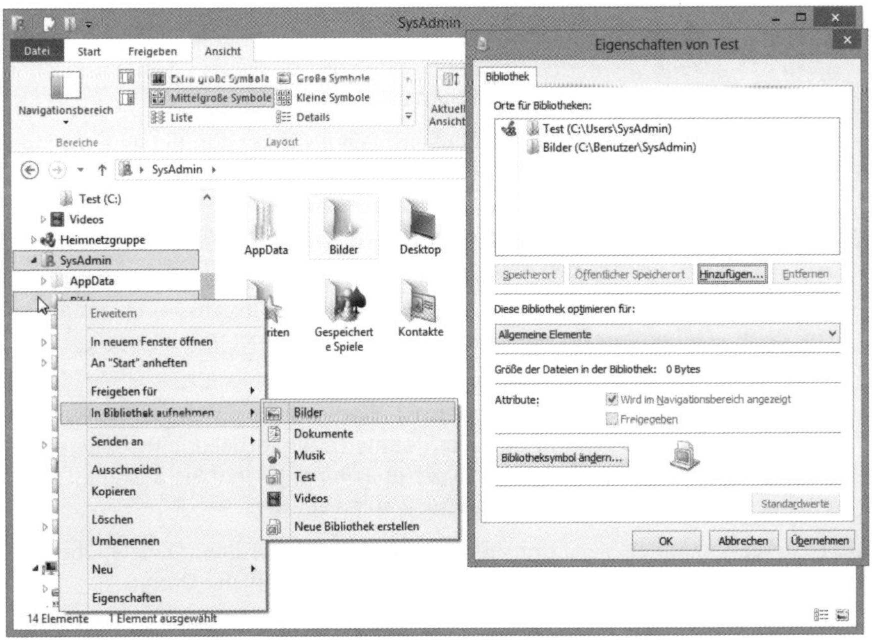

Bild 7.20: Weitere Ordner in Bibliothek aufnehmen

- Sie klicken den aufzunehmenden Ordner mit der rechten Maustaste an, wählen den Kontextmenübefehl *In Bibliothek aufnehmen* und dann im Untermenü den Namen der gewünschten Bibliothek (Bild 7.20, links unten).

- Zum schnellen Entfernen eines Ordners wählen Sie dagegen im Navigationsbereich den Ordnereintrag einer Bibliothek mit einem Rechtsklick an. Dann lässt sich der Kontextmenübefehl *Ort aus Bibliothek entfernen* anklicken.

Der Ordner selbst bleibt beim Entfernen aus einer Bibliothek unverändert. Klicken Sie den Bibliothekseintrag (z.B. *Musik*) im Navigationsbereich eines Ordnerfensters mit der rechten Maustaste an und wählen Sie den Kontextmenübefehl *Eigenschaften*. Dann wird ein Eigenschaftenfenster mit der Registerkarte *Bibliothek* eingeblendet (Bild 7.20, rechts oben).

- Dort finden Sie die Schaltfläche *Hinzufügen*, über die sich ein Dialogfeld zum Auswählen des Ordners öffnen lässt. Bestehende Ordner lassen sich in der Liste markieren und dann mittels der *Entfernen*-Schaltfläche der Registerkarte austragen.
- Sind der Bibliothek mehrere Ordner zugeordnet, können Sie einen als Standardspeicherort auswählen (dort speichert Windows die Dateien, falls Sie keinen Unterordner wählen). Zur Auswahl markieren Sie den gewünschten Ordner und klicken auf der Registerkarte *Bibliothek* auf die Schaltfläche *Speicherort*. Der betreffende Ordner wird in der Liste mit einem kleinen Häkchen markiert.
- Die neu in Windows 8 hinzugekommene Schaltfläche *Öffentlicher Speicherort* ermöglicht das Kennzeichnen eines Bibliotheksordners zur öffentlichen Verwendung innerhalb eines Netzwerks. Der Eintrag wird unter *Orte für Bibliotheken* mit einem grünen Häkchen, dem das Symbol zweier Benutzer überlagert ist, gekennzeichnet. Ein über *Speicherort* markierter Standardordner weist dagegen nur ein grünes Häkchen als Markierung auf.
- Über das Listenfeld *Diese Bibliothek optimieren für* können Sie eine Vorlage zuweisen. Diese bestimmt (ähnlich wie Vorlagen bei Ordnern), welche Funktionen in der Ordneranzeige für den Bibliotheksinhalt zur Verfügung stehen (z.B. Wiedergabe für Musik).
- Die im unteren Teil der Registerkarte *Bibliothek* angezeigten Kontrollkästchen für Attribute werden automatisch durch Windows verwaltet und signalisieren, ob eine Bibliothek im Heimnetzwerk freigegeben ist und im Navigationsbereich angezeigt wird.
- Neu in Windows 8 hinzugekommen ist die Schaltfläche *Bibliothekssymbol ändern*. Diese lässt sich auf benutzerdefinierte Bibliotheken anwenden und öffnet bei Anwahl das Dialogfeld *Anderes Symbol*, in dem Sie aus einer Liste ein neues Symbol für die Bibliothek auswählen können.

Auf diese Weise können Sie Ordner zu einer Bibliothek zuordnen. Dabei gelten die auf den vorherigen Seiten erwähnten Kriterien zur Auswahl der Ordner.

Bei Anwahl eines Bibliothekseintrags im Navigationsbereich oder im Inhaltsbereich wird die Registerkarte *Verwalten* der *Bibliothektools* in der Titelleiste des Ordnerfenster eingeblendet (Bild 7.21). Ist der Eintrag *Bibliotheken* im Navigationsbereich markiert, öffnet die Schaltfläche *Bibliothek verwalten* das Dialogfeld *Orte für Bibliothek*, in dem Ordner zu Bibliotheken hinzugefügt werden können. Die Menüschaltfläche *Speicherort festlegen* ermöglicht es, direkt den Standardordner für die Bibliothek auszuwählen. Schaltflächen wie *Bibliothek optimieren für* oder *Anderes Symbol* ermöglichen den direkten Zugriff auf die oben beschriebenen Einstellungen des Eigenschaftenfenster mit der Registerkarte *Bibliothek* (Bild 7.20, rechts oben). Die Standardeinstellungen der Bibliotheken lassen sich mittels der Schaltfläche *Einstellungen wiederherstellen* der Registerkarte *Verwalten* zurücksetzen.

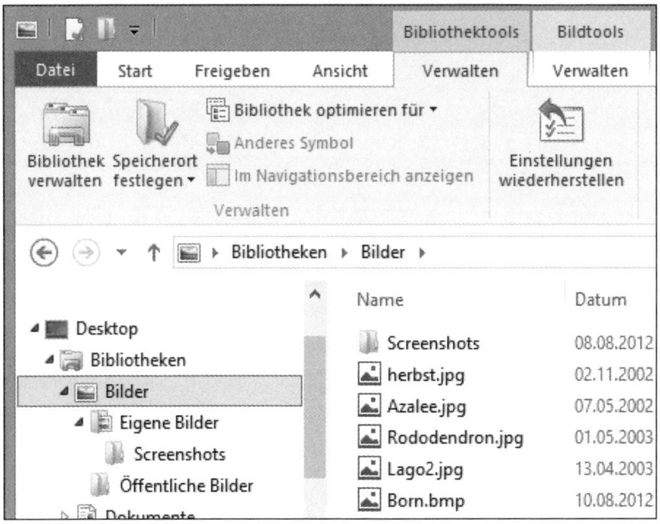

Bild 7.21: Registerkarte *Verwalten* der *Bibliothektools*

8 Arbeiten mit Datenträgern

Datenträger (Festplatten, Wechselmedien wie USB-Sticks oder Speicherkarten) ermöglichen das Speichern von Daten. In diesem Kapitel lernen Sie den Umgang mit Datenträgern unter Windows 8 kennen. Dazu gehören auch der Zugriff auf Wechseldatenträger oder auf virtuelle Laufwerke und ISO-Dateien.

8.1 Zugriff auf Datenträger

Windows 8 stellt verschiedene Funktionen bereit, mit denen Sie auf die Laufwerke des Computers zugreifen und deren Inhalte anzeigen können. Nachfolgend werden die betreffenden Funktionen vorgestellt.

8.1.1 Festplatten und Wechselmedien anzeigen

Informationen über die auf dem Computer vorhandenen Laufwerke liefert das Ordnerfenster *Computer*. Sobald Sie ein Ordnerfenster (z.B. über die Schaltfläche in der Taskleiste) öffnen, werden die Symbole unter *Computer* im Navigationsbereich eingeblendet. Wählen Sie diesen Eintrag an, listet das Ordnerfenster alle gefundenen Festplatten, Wechseldatenträger, Geräte (z.B. USB-Sticks oder Kameras) sowie Netzwerkquellen (Medienserver) in der rechten Seite (Detailbereich) des Ordnerfensters auf. Das Bild 6.1 zeigt ein Ordnerfenster, in dem mehrere Festplatten, verschiedene CD- und DVD-Laufwerke/-Brenner, Wechsellaufwerke (für Speichermedien von Digitalkameras und USB-Sticks) aufgelistet sind.

- Windows verwendet unterschiedliche Symbole für die verschiedenen Laufwerkstypen (Diskettenlaufwerke, CD-/DVD-/BD-Laufwerke, Wechseldatenträger). Wechseldatenträger mit einem eingelegten Medium zeigt Windows ggf. sogar mit einem datenträgerspezifischen Symbol an. USB-Sticks oder externe Laufwerke werden nur angezeigt, wenn das betreffende Gerät auch angeschlossen und eingeschaltet ist. Erscheint ein neu angeschlossenes Gerät nicht sofort im Ordnerfenster *Computer*, hilft unter Umständen das Drücken der Funktionstaste [F5].
- Die im Ordnerfenster *Computer* angezeigten Laufwerke werden mit einem Buchstaben von *A* bis *Z*, gefolgt von einem Doppelpunkt, durchnummeriert. Zudem ist dem Laufwerk noch eine Datenträgerbezeichnung (z.B. *Daten1*, *System* etc.) zugeordnet. Die erste Festplatte wird mit dem Buchstaben *C:* versehen. Weitere Festplatten, Speicherkartenleser, USB-Speichersticks, CD-/DVD-/BD-Laufwerke sowie verbundene Netzlaufwerke erhalten fortlaufend noch freie Buchstaben *D:*, *E:*, *F:* bis *Z:* zugewiesen, wobei durchaus Lücken in der Nummerierung auftreten können.

Die Reihenfolge der Benennung dieser Laufwerkstypen hängt davon ab, ob das Laufwerk beim Windows-Start vorhanden war oder erst später eingeschaltet wurde. Nach Möglichkeit vergibt Windows zuerst Laufwerksbuchstaben an Festplatten (bzw. logische Laufwerke auf Partitionen). Danach werden angeschlossene CD-/DVD-/BD-Laufwerke und Wechseldatenträger durchnummeriert. Beachten Sie aber, dass die Laufwerksbuchstaben vom Administrator mittels der Datenträgerverwaltung neu vergeben werden können.

Die Darstellung des Ordnerfensters lässt sich vom Benutzer anpassen. Windows unterteilt Datenträger nach den Kategorien »Festplatten« und »Geräte mit Wechselmedien«. In der Standardeinstellung werden diese Laufwerkstypen in zwei Gruppen im Ordnerfenster angezeigt (Bild 6.1). Sie können aber eine freie Stelle im Ordnerfenster mit einem Rechtsklick anwählen und anschließend im Kontextmenü über das Untermenü des Befehls *Gruppieren nach* die Gruppierung aufheben (Wert »(Keine)«) oder nach anderen Kriterien vornehmen.

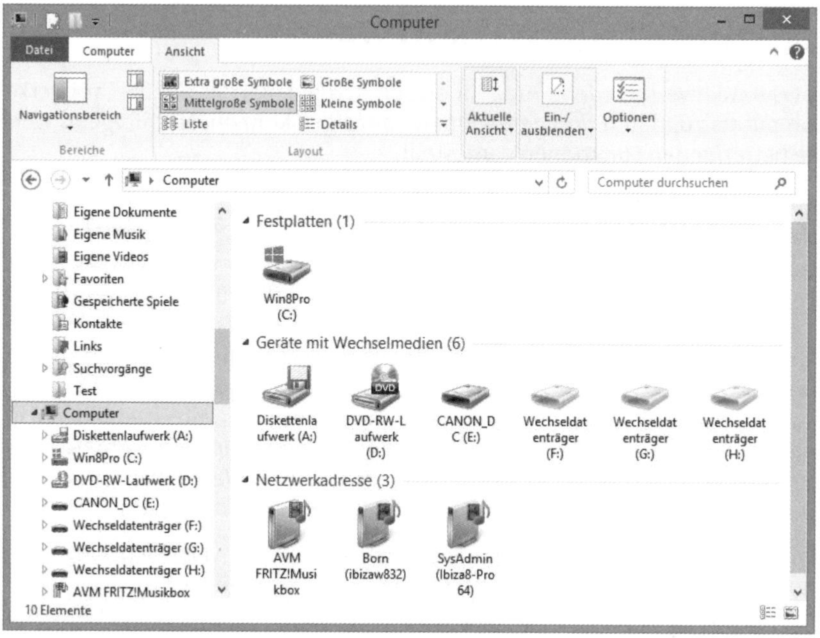

Bild 8.1: Ordnerfenster *Computer* mit Laufwerksübersicht

Die Anzeige der Laufwerke innerhalb des Ordnerfensters lässt sich dabei vom Benutzer anpassen. Sie können beispielsweise die Symbolgröße über die Schaltflächen der Gruppe *Layout* der Registerkarte *Ansicht* umschalten.

HINWEIS

Fehlen bei Ihnen CD-, DVD- oder BD-Laufwerke? Die Ursache kann eine fehlerhafte Software sein. In meinem Blog-Beitrag `http://www.borncity.com/blog/2009/06/30/dvd-wechseldatentragerlaufwerke-verschwunden/` [w8-ko8-oo1] finden Sie eine Lösung für dieses Problem. Werden Speicherkartenleser nur angezeigt, falls eine Speicherkarte eingelegt ist, liegt dies dagegen an den Einstellungen für Ordnerfenster. Wählen Sie auf der Registerkarte *Ansicht* über das Menü der Schaltfläche *Organisieren* den Befehl *Ordner- und Suchoptionen ändern*. Auf der Registerkarte *Allgemein* bewirkt die Option *Alle Ordner anzeigen*, dass auch Wechseldatenträger ohne eingelegtes Medium im Navigationsbereich eingeblendet werden. Das Kontrollkästchen *Leere Laufwerke im Ordner »Computer« ausblenden* der Registerkarte *Ansicht* erzwingt dagegen das Ausblenden der Laufwerke ohne Wechseldatenträger. Ob solche Laufwerke abgeblendet erscheinen, wird über die Option *Ausgeblendete Dateien, Ordner und Laufwerke anzeigen* der Registerkarte *Ansicht* gesteuert.

8.1.2 Informationen zu Laufwerken abfragen

Um zu überprüfen, welche Kapazität ein Laufwerk aufweist und wie viel davon noch frei ist, bietet Windows Ihnen verschiedene Möglichkeiten.

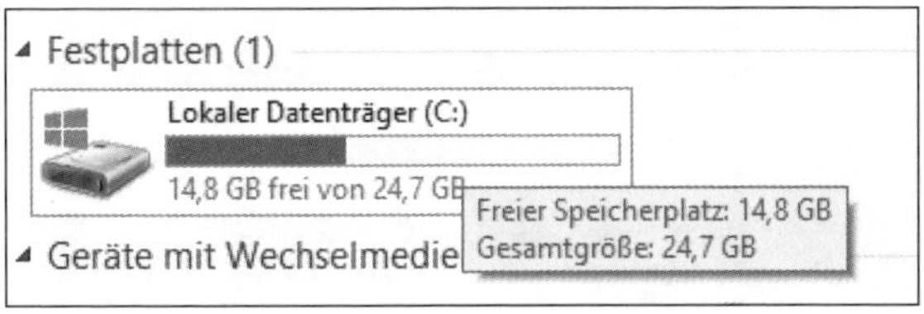

Bild 8.2: Anzeige der Laufwerkskapazitäten

- Stellen Sie den Anzeigemodus für das Ordnerfenster *Computer* über die Gruppe *Layout* der Registerkarte *Ansicht* der Symbolleiste auf den Wert *Kacheln* ein, blendet Windows die in Bild 8.2 gezeigte »Balkendarstellung« neben den Laufwerkssymbolen ein. Sie erkennen bereits an der grafischen Darstellung den auf dem Laufwerk belegten Kapazitätsanteil. Zudem werden die genauen Laufwerksdaten unterhalb der Balkengrafik angezeigt.
- Zeigen Sie mit der Maus auf das Symbol einer Festplatte, blendet Windows in einer QuickInfo die Gesamtkapazität sowie den noch auf dem Datenträger verbliebenen freien Speicherplatz ein (Bild 8.2).

Möchten Sie detaillierte Informationen über ein Laufwerk haben oder dessen Bezeichnung anpassen?

1. Markieren Sie das Laufwerkssymbol im Ordnerfenster *Computer* (z.B. per Mausklick oder durch Antippen).
2. Wählen Sie auf der Registerkarte *Computer* die Schaltfläche *Eigenschaften* aus (Bild 8.3, Hintergrund). Alternativ können Sie den gleichnamigen Kontextmenübefehl verwenden oder die Tastenkombination Alt+↵ drücken.

Dann öffnet sich das Eigenschaftenfenster des Laufwerks und zeigt auf der Registerkarte *Allgemein* die Laufwerksbezeichnung, die Laufwerkskapazität, das benutzte Dateisystem sowie weitere Informationen an (Bild 8.3, Vordergrund).

8.1.3 Datenträgereigenschaften ändern

Bei Bedarf können Sie auf der Registerkarte *Allgemein* verschiedene Eigenschaften eines Laufwerks ändern. Jedem Medium lässt sich eine aus bis zu 32 Zeichen (Buchstaben A bis Z und Ziffern) bestehende Datenträgerbezeichnung zuweisen.

1. Zum Ändern dieser Datenträgerbezeichnung rufen Sie dessen Eigenschaftenfenster und dann die Registerkarte *Allgemein* auf.
2. Klicken Sie in das betreffende Textfeld, tippen Sie den Text für die Datenträgerbezeichnung (z.B. »Daten«) ein und bestätigen Sie dies über die *OK*- bzw. *Übernehmen*-Schaltfläche der Registerkarte.

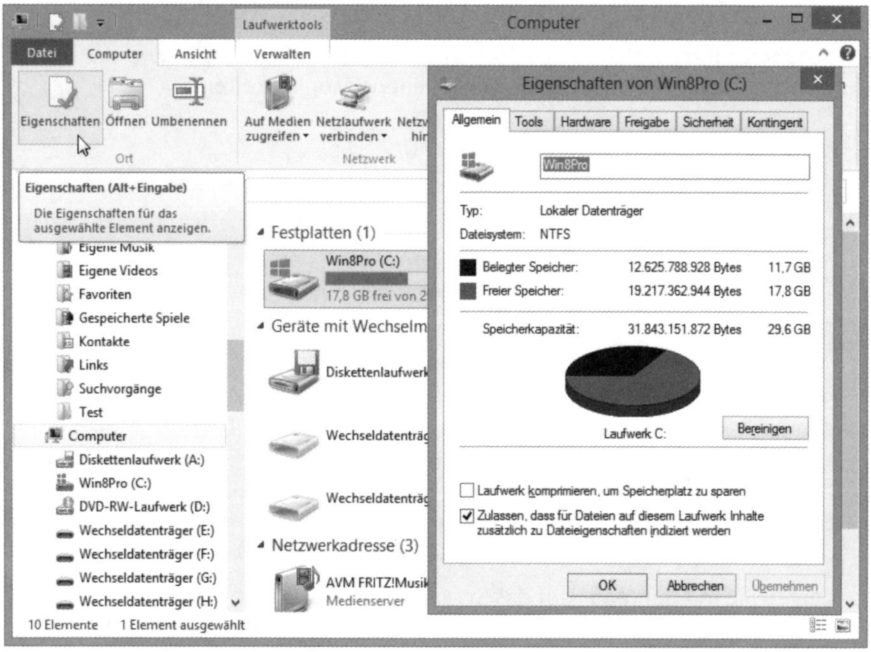

Bild 8.3: Anzeige der Laufwerkseigenschaften

Zum Zuweisen einer geänderten Datenträgerbezeichnung für Festplatten ist allerdings eine Administratorberechtigung erforderlich. Führen Sie diesen Vorgang unter einem normalen Benutzerkonto aus, erscheint beim Anklicken der *OK*-Schaltfläche ein Dialogfeld *Zugriff verweigert* mit einem entsprechenden Hinweis. Klicken Sie auf die Schaltfläche *Fortsetzen* dieses Dialogfelds, wird die Benutzerkontensteuerung aufgerufen. Hier können Sie über ein zusätzliches Dialogfeld ein Administratorkonto auswählen und das zugehörige Kennwort eingeben. Anschließend wird die Datenträgerbezeichnung angepasst. Die Datenträgerbezeichnung von Wechselmedien (wie Speicherkarten oder USB-Sticks) können Sie auch unter einem Standardbenutzerkonto ändern.

Neben der Datenträgerbezeichnung lassen sich auf der Registerkarte *Allgemein* des Eigenschaftenfensters weitere Eigenschaften (auch als Attribute bezeichnet) anpassen.

- Ist ein Datenträger im NTFS-Dateisystem formatiert, können Sie das Kontrollkästchen *Laufwerk komprimieren, um Speicherplatz zu sparen* (Bild 8.3) auf der Registerkarte *Allgemein* aktivieren. Sobald Sie die *OK*- oder *Übernehmen*-Schaltfläche anklicken, erscheint das Dialogfeld aus Bild 8.4. Über die beiden Optionsfelder lässt sich festlegen, ob die Attributänderung nur auf das Hauptverzeichnis des Datenträgers oder auf alle Unterordner anzuwenden ist. Beim Schließen des Dialogfelds über die *OK*-Schaltfläche passt Windows das betreffende Attribut an. Diese Änderung dauert aber bei Datenträgern, die viele Unterordner aufweisen, durchaus einige Zeit.

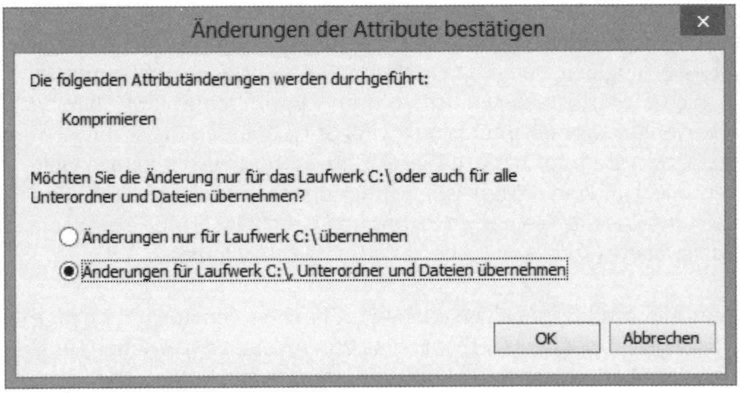

Bild 8.4: Attributänderungen bestätigen

- Windows kann Laufwerksinhalte indizieren, um später bei der Suche nach Dateien schneller auf die relevanten Ergebnisse zugreifen zu können (siehe auch *Kapitel 12*). Die Indizierung kann dabei für die Suche nicht nur über Dateien, sondern auch deren Inhalte (z.B. Textinhalte oder Metadaten) ausgedehnt werden. Markieren Sie auf der Registerkarte *Allgemein* das Kontrollkästchen *Zulassen, dass für Dateien auf diesem Laufwerk Inhalte zusätzlich zu Dateieigenschaften indiziert werden* (Bild 8.3). Auch bei dieser Attributänderung ist nach dem Anklicken der *OK*-Schaltfläche in einem Dialogfeld (Bild 8.4) über die betreffenden Optionsfelder festzulegen, ob die Änderungen für das Laufwerk oder auch für dessen Unterordner zu übernehmen sind. Die Indizierung eines Laufwerks erfordert zudem eine Administratorberechtigung, d. h., beim Arbeiten unter einem Standardbenutzerkonto wird über das Dialogfeld der Benutzerkontensteuerung das Kennwort eines Administratorkontos abgefragt.

Bei Verwendung komprimierter NTFS-Laufwerke bzw. Ordner schreibt Windows die Dateien automatisch in komprimierter Form auf das Medium und entpackt diese bei Lesezugriffen. Durch die Komprimierung lässt sich die Kapazität des Mediums unter Umständen erhöhen. Erhebliche Vorteile bringt die Komprimierung dann, wenn auf einem Laufwerk ungepackte Daten wie Textdokumente oder unkomprimierte Bilder gespeichert werden. Bei Fotos im JPEG-Format, bei MP3-Musikstücken, bei Videos im MPEG- oder DivX-Format oder bei der Ablage von ZIP-Archiven (ZIP-komprimierte Ordner) tritt jedoch kein Kapazitätsgewinn mehr auf, da diese Dateien die Daten bereits in gepackter Form enthalten. Eine NTFS-Komprimierung ist zudem nur sinnvoll, wenn nicht allzu häufig auf die Dateien zugegriffen werden muss, da das ständige Entpacken von Systemdateien zu Leistungseinbußen führen kann. Eine Komprimierung des Systemlaufwerks ist daher problematisch, da sich zudem im Zugriff befindliche Dateien nicht komprimieren lassen. Persönlich verwende ich eine Komprimierung eher bei Benutzerordnern oder bei zur Datenspeicherung verwendeten NTFS-Laufwerken.

HINWEIS

Das Dateisystem bestimmt, wie Windows die Daten auf dem Datenträger verwaltet. Festplatten sollten möglichst mit dem NTFS-Dateisystem formatiert werden. Dieses Dateisystem ermöglicht, den Inhalt kompletter Datenträger zu komprimieren, und stellt auch Sicherheitsmechanismen zum Zugriffsschutz auf Dateien bereit. Speicherkarten für Digitalkameras oder USB-Sticks werden meist mit dem FAT- bzw. FAT32-Dateisystem formatiert. Dieses Dateisystem besitzt jedoch viele Einschränkungen wie z.B. keine Zugriffsberechtigungen, keine Komprimierung oder Verschlüsselung, Dateigröße auf 4 Gbyte und Datenträgergröße beim Formatieren z.B. auf 32 Gbyte (und beim Lesen auf 2 Terabyte) begrenzt.

TIPP

Das Komprimieren eines mit Dateien versehenen Laufwerks kann durchaus einige Stunden dauern. Daher empfiehlt es sich, bereits beim Anlegen eines neuen Laufwerks (bzw. nach dem Formatieren) die Komprimierung – falls diese gewünscht ist – einzuschalten. Dann ist das Laufwerk noch leer und Windows kann die Änderung in wenigen Sekunden durchführen. Kopieren Sie Dateien von einem komprimierten Laufwerk auf einen anderen Datenträger oder verschicken Sie diese Dateien per Internet, benutzt Windows automatisch die unkomprimierten Versionen. In diesem Fall sollten Sie die Dateien in ZIP-komprimierten Ordnern speichern und diese Ordner weitergeben (siehe die folgenden Kapitel).

8.1.4 Datenträger formatieren

Speichermedien wie Festplatten, Speicherkarten, USB-Sticks etc. müssen vor der ersten Benutzung formatiert werden. Das Formatieren sorgt dafür, dass Windows den Datenträger überhaupt erst benutzen kann.

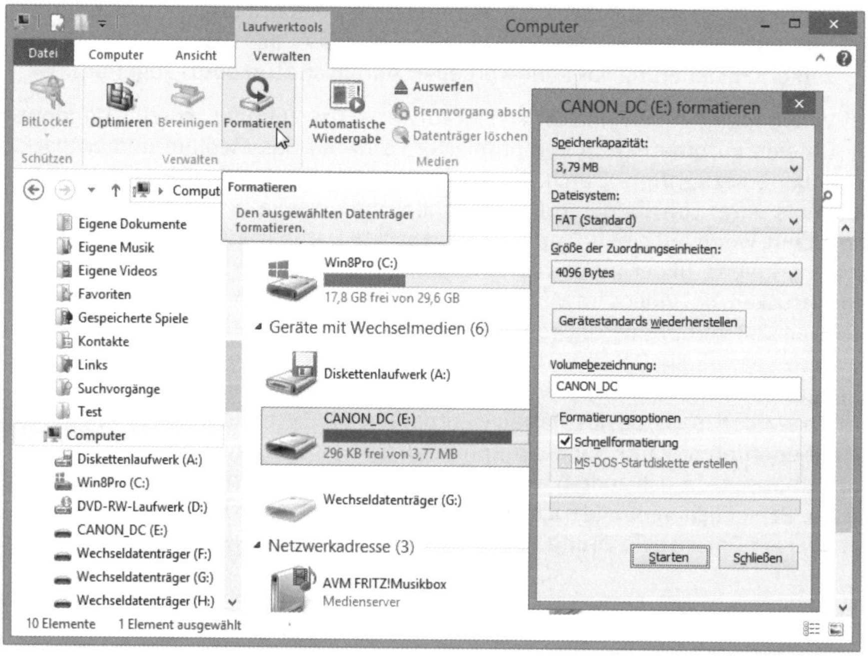

Bild 8.5: Dialogfeld zum Formatieren eines Datenträgers

1. Zum Formatieren eines Datenträgers markieren Sie dessen Symbol im Ordnerfenster *Computer*.
2. Anschließend wählen Sie auf der Registerkarte *Verwalten* die Schaltfläche *Formatieren* (Bild 8.5, Hintergrund). Alternativ lässt sich das Kontextmenü mit der rechten Maustaste öffnen und der Kontextmenübefehl *Formatieren* wählen.
3. Bei einer Festplatte erfordert das Formatieren die Bestätigung des Administrators, die über die Benutzerkontensteuerung abgefragt wird.
4. Im Dialogfeld zum Formatieren des Datenträgers (Bild 8.5, Vordergrund) wählen Sie die gewünschten Optionen aus und bestätigen dies über die Schaltfläche *Starten*.
5. Da beim Formatieren der Inhalt des Datenträgers überschrieben wird, erscheint in einem weiteren Dialogfeld ein Warnhinweis, und das Formatieren wird erst nach der Bestätigung über die *OK*-Schaltfläche durchgeführt (Bild 8.6).

Während des Formatierens informiert eine Fortschrittsanzeige über den Ablauf. Sobald ein Dialogfeld das Ende der Formatierung anzeigt, schließen Sie dieses per Klick auf die *OK*-Schaltfläche. Anschließend ist der Datenträger leer und kann zum Speichern von Daten benutzt werden. Im Feld *Speicherkapazität* des Dialogfelds zeigt Windows einen Wert für die voraussichtliche Speicherkapazität des formatierten Datenträgers an. Windows bietet in diesem Dialogfeld zudem verschiedene Optionen zum Formatieren eines Datenträgers an.

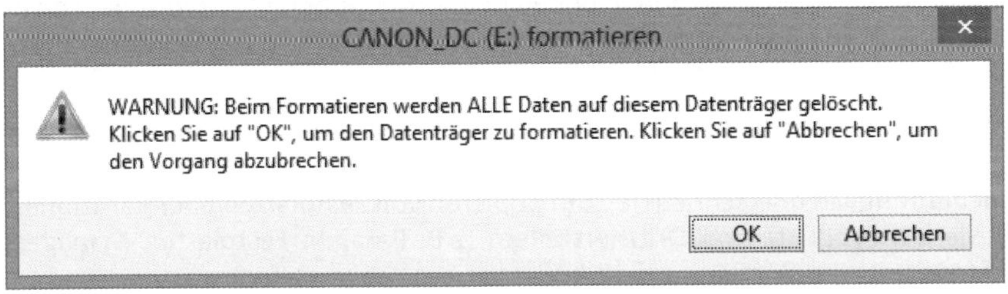

Bild 8.6: Warnung vor dem Formatieren eines Datenträgers

- Das Feld *Dateisystem* legt das beim Formatieren benutzte Dateisystem fest. Festplatten sollten mit dem NTFS-Dateisystem formatiert werden, während Wechseldatenträger wie Disketten oder Speicherkarten für Digitalkameras eine FAT-Formatierung erfordern. Beim FAT-Dateisystem wird noch zwischen den Varianten FAT, FAT32 (wird von Windows 9.x-Versionen für große Festplatten benutzt) und exFAT unterschieden. Das exFAT-Dateisystem (`http://de.wikipedia.org/wiki/ExFAT#exFAT` [w8-k08-002]) ist für Flash-Speichermedien vorgesehen und hebt einige Einschränkungen des FAT32-Dateisystems auf.
- Über *Größe der Zuordnungseinheiten* lässt sich die Größe der logischen Zuordnungseinheit in Byte oder Kbyte wählen. Diese bestimmt u.a. die maximale Kapazität des betreffenden Mediums bei einem gegebenen Dateisystem. Im Allgemeinen sollten Sie in diesem Listenfeld den Wert *Standardgröße* belassen.

- Der im Textfeld *Volumebezeichnung* angegebene Text wird auf dem Medium als Datenträgerbezeichnung abgelegt und erscheint beim Aufrufen des Eigenschaftenfensters (Bild 8.3). Bei Festplattenlaufwerken erscheint diese Bezeichnung auch im Ordnerfenster *Computer*.

Es lassen sich verschiedene Formatierungsarten auf den Datenträger anwenden: Das Kontrollkästchen *Schnellformatierung* bewirkt eine sehr schnelle Formatierung des Mediums, bei der nur das Inhaltsverzeichnis überschrieben wird. Die Option steht nur dann zur Verfügung, wenn das betreffende Medium schon einmal formatiert wurde. Ist das Kontrollkästchen nicht markiert, formatiert Windows das Medium vollständig, d. h., es werden alle auf dem Medium gespeicherten Daten gelöscht.

HINWEIS

Das Kontrollkästchen *MS-DOS-Startdiskette erstellen* wird nur beim Formatieren einer Diskette (sofern noch ein Laufwerk vorhanden ist) freigegeben. Markieren Sie das Kontrollkästchen, legt Windows auf der Diskette Startdateien an. Mit der Diskette lässt sich der Computer dann mit einem minimalen MS-DOS hochfahren. Windows erzeugt beim Formatieren die Datenspuren zur Aufnahme der Dateien und legt auch ein leeres Inhaltsverzeichnis auf dem Datenträger an.

8.1.5 Datenträger kopieren

Bei einem Computer mit Diskettenlaufwerk stellt Windows Ihnen eine Funktion zum Kopieren des gesamten Datenträgers auf eine Diskette gleicher Kapazität bereit. Abrufbar ist die Funktion über den Kontextmenübefehl *Datenträger kopieren* des Diskettenlaufwerks. Dialogfelder führen Sie durch die Schritte zum Kopieren.

Beim Kopieren einer Diskette werden die Daten des Mediums spurweise auf das Zielmedium übertragen, d. h., dort ggf. bereits vorhandene Dateien werden unwiederbringlich überschrieben. Zum Kopieren von Festplatten oder Partitionen sind Sie auf Produkte von Drittherstellern (z.B. Paragon Festplatten Manager, `http://www.paragon-software.de` [w8-k08-003], etc.) angewiesen.

8.2 Arbeiten mit VHD- und ISO-Dateien

Eine der genialen Möglichkeiten von Windows besteht darin, virtuelle Laufwerke in Form von *.vhd*-Dateien zu erzeugen und diese in Windows 8 einzubinden. Weiterhin unterstützt Windows 8 den direkten Zugriff auf ISO-Dateien. Der folgende Abschnitt geht auf die Funktionen rund um das Arbeiten mit virtuellen Laufwerken und ISO-Dateien ein.

8.2.1 Virtuelle Festplatten anlegen

Virtuelle Laufwerke werden auf *.vhd-* oder *.vhdx*-Dateien abgebildet und lassen sich anschließend wie normale Laufwerke verwenden. Zum Anlegen eines virtuellen Laufwerks auf einem vorhandenen Datenträger sind folgende Schritte erforderlich.

1. Starten Sie die Datenträgerverwaltung unter einem Administratorkonto – z. B. indem Sie in die linke untere Ecke des Bildschirms zeigen, nach dem Erscheinen des *Start*-Symbols die rechte Maustaste drücken und dann den Befehl *Datenträgerverwaltung* im Menü für den Schnellzugriff anwählen (Bild 8.7, links).
2. Öffnen Sie im Fenster der Datenträgerverwaltung das Menü *Aktion* und klicken Sie auf den Befehl *Virtuelle Festplatte erstellen* (Bild 8.7, Hintergrund, rechts).
3. Im Dialogfeld *Virtuelle Festplatte erstellen und anfügen* (Bild 8.7, Vordergrund) legen Sie die Parameter der virtuellen Festplatte fest und klicken dann auf die *OK*-Schaltfläche.

> HINWEIS
> Bei Touchbedienung (und alternativ auch mit der Maus) öffnen Sie ein Ordnerfenster und wählen im Navigationsbereich *Computer*. Auf der gleichnamigen Registerkarte lässt sich dann die Schaltfläche *Verwalten* anwählen. Nach Bestätigung der Benutzerkontensteuerung öffnet sich die Computerverwaltung, über die sich auf die Datenträgerverwaltung zugreifen lässt.

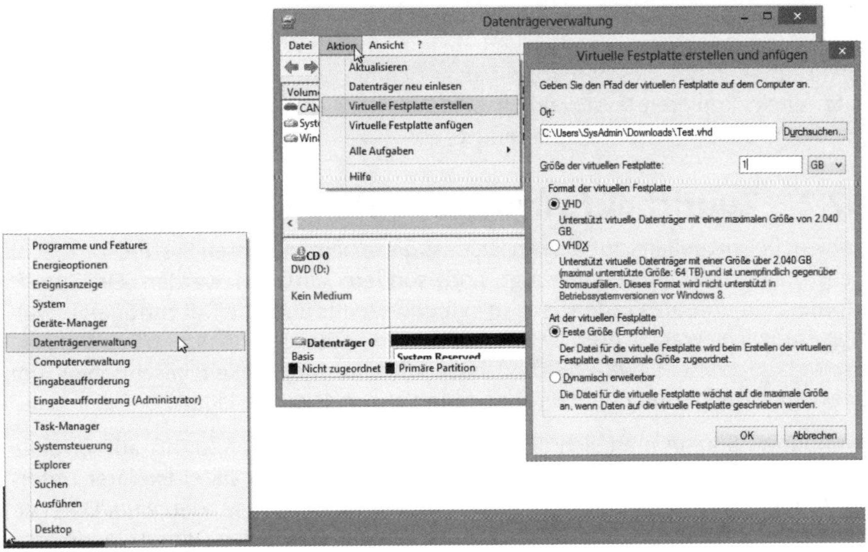

Bild 8.7: Virtuelle Festplatte erstellen

Über das Feld *Ort* legen Sie den Speicherort und den Namen der virtuellen Festplatte fest. Als Speicherort für eine *.vhd*-Datei kommen nur NTFS-Datenträger infrage, bei denen weder eine Komprimierung noch eine Verschlüsselung eingeschaltet ist.

- Eine virtuelle Festplatte lässt sich als *.vhd*-Datei auf einem logischen Laufwerk speichern. Dann ist die Festplatte auch mit Windows 7 kompatibel, aber auf 2 Tbyte Kapazität begrenzt.

- Windows 8 unterstützt über ein Optionsfeld außerdem das neue *.vhdx*-Dateiformat. Diese virtuellen Festplatten können bis zu 64 Tbyte groß werden, lassen sich aber nur unter Windows 8 verwenden.

Über das Textfeld *Größe der virtuellen Festplatte* lässt sich die Kapazität des neuen Laufwerks festlegen. Weiterhin können Sie über die beiden Optionsfelder der Gruppe *Art der virtuellen Festplatte* vorgeben, ob diese eine feste oder eine dynamisch erweiterbare Größe besitzen soll. Empfohlen wird eine feste Größe.

Nach dem Schließen des Dialogfelds taucht die virtuelle Festplatte im unteren Bereich des Fensters der Datenträgerverwaltung auf. Sie können die Festplatte dann – wie andere physische Laufwerke – per Kontextmenü in der Datenträgerverwaltung initialisieren und formatieren. Anschließend hängt die Datenträgerverwaltung die virtuelle Festplatte in das Dateisystem ein. Eine virtuelle Festplatte verhält sich wie eine eigenständige Festplatte und taucht als neues Laufwerk unter dem nächsten freien Laufwerksbuchstaben im Ordner *Computer* auf.

HINWEIS

Virtuelle Laufwerke lassen sich auch mit dem Befehl *diskpart* in einer administrativen Eingabeaufforderung anlegen. Die betreffenden Befehle sind z.B. unter `http://www.borncity.com/blog/2012/06/08/windows-8-vhd-installation-wird-abgelehnt/` [w8-k08-004] angegeben. Installiert man Windows auf einem virtuellen Laufwerk, hat dies den Vorteil, dass sich die betreffende *.vhd*- bzw. *.vhdx*-Datei direkt kopieren lässt. Zudem ersparen Sie sich ggf. das Einrichten einer Installationspartition auf der Festplatte.

8.2.2 Zugriff auf virtuelle Laufwerke

Problem bei virtuellen Laufwerken ist, dass diese beim nächsten Systemstart nicht mehr im Dateisystem eingehängt sind, sondern entladen werden. Ein Zugriff erfordert ein erneutes Laden, was in Windows 7 nur über die Datenträgerverwaltung möglich war. Unter `http://www.borncity.com/blog/2010/02/21/vhd-disks-automatisch-mounten/` [w8-k08-005] habe ich eine Möglichkeit beschrieben, um eine *.vhd*-Datei bei der Benutzeranmeldung automatisch zu laden.

In Windows 8 kann man sich diese Umwege sparen, da der Zugriff auf virtuelle Laufwerke bzw. das Einbinden ins Dateisystem direkt im Datei-Explorer unterstützt wird. Es genügt, im Explorer zum Ordner mit der *.vhd*- oder *.vhdx*-Datei zu navigieren und dann die Datei anzuwählen. Sobald der Eintrag *Datenträgerimagetools* in der Titelleiste erscheint, kann die Registerkarte *Verwalten* aktiviert werden. Über die Schaltfläche *Bereitstellen* lässt sich der Inhalt der virtuellen Disk im Ordnerfenster anzeigen (Bild 8.8, Vordergrund unten). Alternativ kann auch der Kontextmenübefehl *Bereitstellen* zum Laden der virtuellen Disk verwendet werden.

Zum Entladen des virtuellen Laufwerks markieren Sie dieses im Ordnerfenster. Anschließend lässt sich auf der Registerkarte *Verwalten* (Bild 8.8, Hintergrund oben) die Schaltfläche *Auswerfen* wählen. Alternativ kann der gleichnamige Kontextmenübefehl des Laufwerks verwendet werden. Dann wird das Medium ausgeworfen und das bereitgestellte Laufwerk verschwindet aus dem Ordnerfenster.

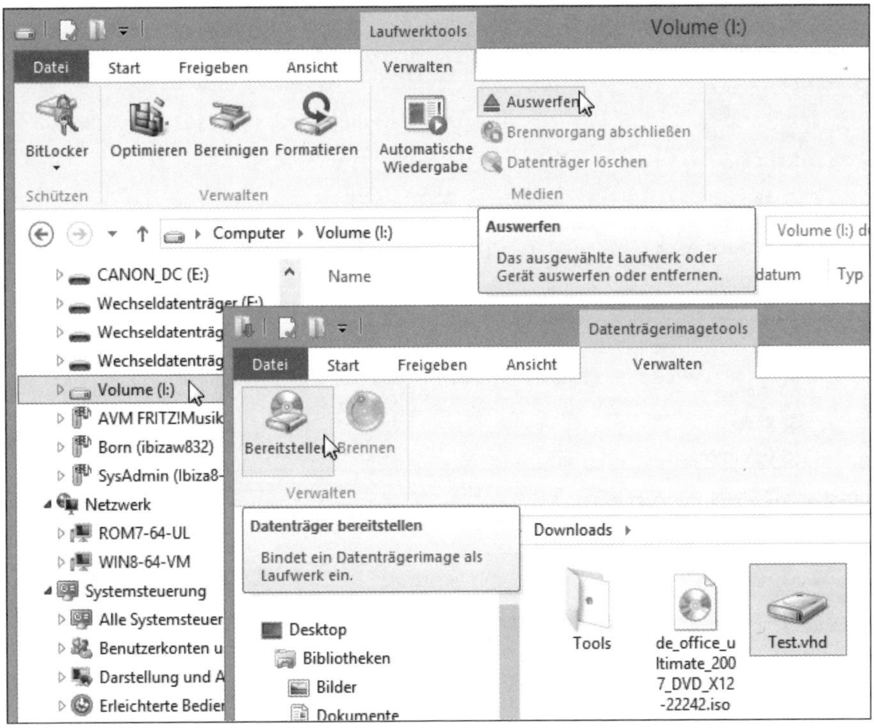

Bild 8.8: Virtuelle Festplatte bereitstellen und auswerfen

8.2.3 Zugriff auf ISO-Abbilddateien

Der Inhalt einer CD oder DVD lässt sich als ISO-Abbild in einer *.iso*-Datei auf der Festplatte ablegen. Solche Abbilder von CDs oder DVDs können mit Programmen wie ImgBurn (`http://www.imgburn.com/` [w8-k04-006]) angefertigt werden. In Windows 8 ist ein direkter Zugriff auf die Inhalte dieser ISO-Dateien aus einem Ordnerfenster möglich.

Navigieren Sie im Explorer zum Ordner mit der *.iso*-Datei und markieren Sie diese. Erscheint der Eintrag *Datenträgerimagetools* in der Titelleiste, reicht es, auf der Registerkarte *Verwalten* des Menübands die Schaltfläche *Bereitstellen* anzuwählen (Bild 8.9). Alternativ lässt sich auch der Kontextmenübefehl *Bereitstellen* zum Laden der ISO-Datei verwenden. Anschließend wird der Inhalt der ISO-Datei im Explorer-Fenster geöffnet.

Zum Entladen der ISO-Datei markieren Sie das Laufwerk, aktivieren die Registerkarte *Verwalten* (Bild 8.10) und wählen die Schaltfläche *Auswerfen*. Oder Sie verwenden den Kontextmenübefehl *Auswerfen* des Laufwerks.

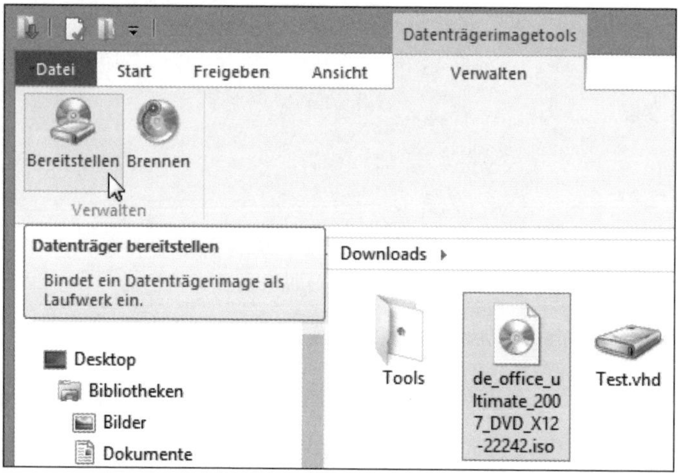

Bild 8.9: Zugriff auf ISO-Dateien

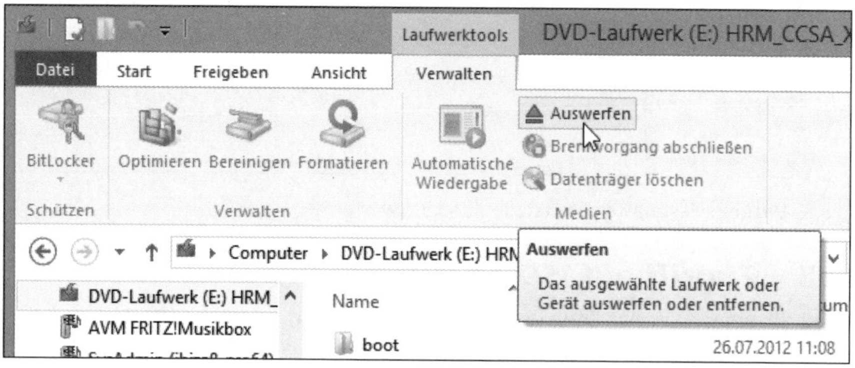

Bild 8.10: ISO-Dateien entladen

8.3 Umgang mit Wechseldatenträgern

Bei Wechseldatenträgerlaufwerken ist es möglich, ein jeweils geeignetes Medium einzulegen und wieder zu entnehmen (Speicherkarten, CDs/DVDs, USB-Sticks). Letztendlich sind die geladenen ISO-Dateien aus dem vorherigen Abschnitt auch Wechseldatenträger. Im nachfolgenden Abschnitt möchte ich daher noch etwas genauer auf die Handhabung von Wechseldatenträgern unter Windows 8 eingehen.

8.3.1 Automatische Wiedergabe, das steckt dahinter

Windows besitzt eine Funktion »Automatische Wiedergabe«, die die Wiedergabe von Medieninhalten auf Wechseldatenträgern unterstützt. Betätigen Sie die Auswurftaste des DVD-/CD-Laufwerks und legen eine entsprechende Disk ein, laden Sie eine ISO-Datei, stöpseln Sie einen USB-Stick ein oder schieben eine Speicherkarte von einer Digitalkamera in den Speicherkartenleser (bzw. schließen Sie eine geeignete Digitalkamera per USB-Kabel an), erscheint eine Benachrichtigung in der rechten oberen Ecke des Bildschirms (Bild 8.11, oben rechts).

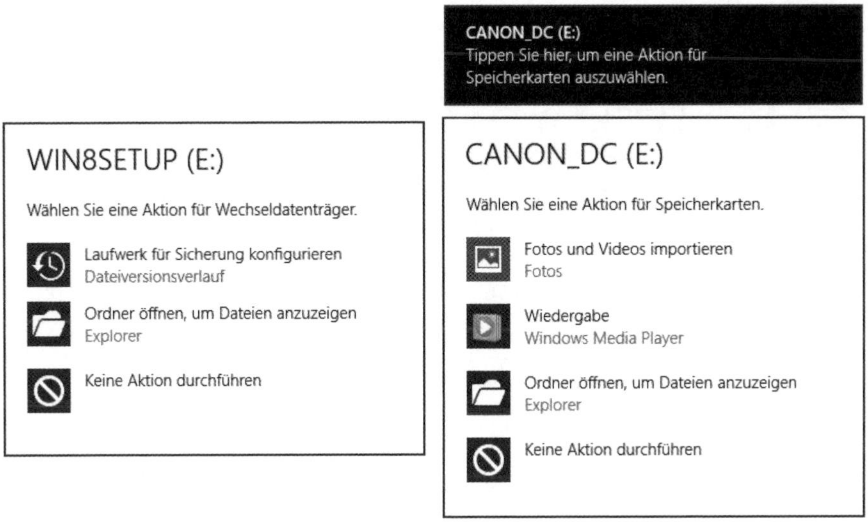

Bild 8.11: Benachrichtigung über erkannten Datenträger

Diese Benachrichtigung verschwindet aber, falls der Benutzer das Infofeld nicht innerhalb weniger Sekunden anklickt oder antippt. Bei Anwahl des Infofelds zeigt Windows eine Infobox mit den für den Datenträger verfügbaren Optionen (Bild 8.11, unten). Welche Befehle in der Infobox angezeigt werden, hängt dabei vom Inhalt des Datenträgers ab. In Bild 8.11 habe ich zwei verschiedene Infoboxen vereint. Die linke Infobox ist beim Einlegen einer Speicherkarte abrufbar und ermöglicht den Zugriff auf den Ordnerinhalt. In der rechten Infobox lässt sich zudem eine Importfunktion für Foto- und Videodateien starten. Handelt es sich beim eingelegten Medium um eine Installations-CD bzw. -DVD, zeigt die Infobox *Automatische Wiedergabe* ggf. eine Option zum Ausführen des Setup-Programms bzw. zum Installieren des Medieninhalts.

TIPP

Falls die Benachrichtigung zu schnell verschwindet, kann der Benutzer den Explorer öffnen und dann das Laufwerkssymbol des Wechseldatenträgers markieren (Bild 8.12). Auf der Registerkarte *Verwalten* befindet sich die Schaltfläche *Automatische Wiedergabe*. Zudem lässt sich das Laufwerkssymbol mit der rechten Maustaste anwählen und dann im Kontextmenü der Befehl *Automatische Wiedergabe öffnen* wählen. Beide Befehle öffnen die Infobox mit den Befehlen der automatischen Wiedergabe (Bild 8.11, unten).

Der Kontextmenübefehl *Als tragbares Gerät öffnen* blendet das Laufwerkssymbol im Detailbereich des Ordnerfensters ein. Über das Laufwerkssymbol lässt sich dann ebenfalls auf das Medium zugreifen.

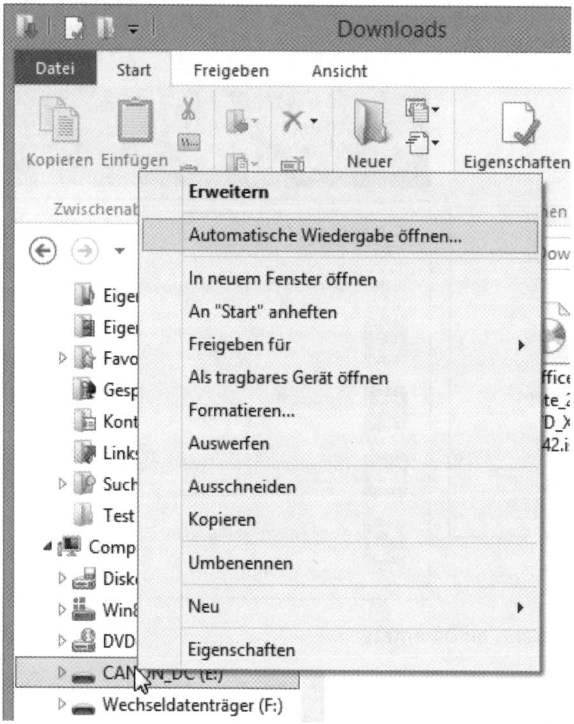

Bild 8.12: Ordnerfenster mit Kontextmenü bei Wechseldatenträgern

HINWEIS

Bei USB-Sticks erscheint ggf. auch ein Eintrag *System beschleunigen*, mit dem sich das Eigenschaftenfenster des Laufwerks öffnen lässt. Auf dessen Registerkarte *ReadyBoost* lässt sich über Optionsfelder das Medium zur Beschleunigung des Systems konfigurieren. Windows kann dann bei Bedarf Teile des Arbeitsspeichers auf den Datenträgern auslagern. Die ReadyBoost-Option funktioniert aber nur, wenn der eingelegte Wechseldatenträger mindestens 256 MByte an freier Kapazität aufweist. Zudem muss das Datenträgerlaufwerk zwingend an einem USB 2.0-Anschluss hängen. ReadyBoost bringt aber nach meinen Erfahrungen kaum einen echten Leistungsgewinn und ab 2 GByte RAM-Ausbau wirkt der Einsatz von ReadyBoost sogar nachteilig. Beim Testen mit Windows musste ich die Erfahrung machen, dass von einer Handvoll USB-Sticks nur ein einziger die ReadyBoost-Leistungsprüfung bestand. Aus diesem Grund empfehle ich, auf diese Funktion zu verzichten.

Erkennt Windows beim Zugriff auf einen Wechseldatenträger, dass dieser Fehler aufweist, erscheint ein Dialogfeld, in dem Sie den Datenträger überprüfen und reparieren lassen können. Bei Datenträgern, die ggf. zwischen mehreren Geräten und Betriebssystemen gewechselt werden (z.B. USB-Speicherstick, der auch unter Linux verwendet wird), sollten Sie auf diese Prüfung verzichten. Nur wenn sich das Medium nicht mehr lesen lässt oder Daten beschädigt sind, lassen Sie das Wechselmedium reparieren.

8.3.2 Automatische Wiedergabezuordnung aufheben

Windows 8 weist der automatischen Wiedergabe den zuletzt gewählten Befehl als Standardvorgang zu. Dann wird beim nächsten Einlegen das Medium z.B. direkt im Ordnerfenster geöffnet. Möchten Sie diese Zuordnung aber wieder aufheben?

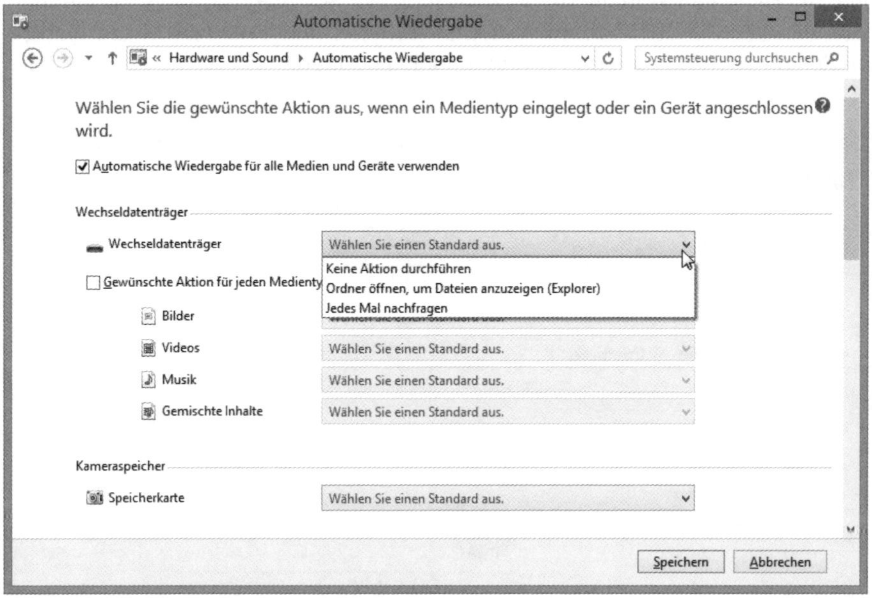

Bild 8.13: Anpassen der automatischen Wiedergabe

1. Öffnen Sie die Systemsteuerung (z.B. ein Ordnerfenster auf dem Windows-Desktop öffnen, das Symbol *Computer* im Navigationsbereich anwählen und auf der Registerkarte *Computer* die Schaltfläche *Systemsteuerung öffnen* anwählen).
2. Tippen Sie im Suchfeld des Systemsteuerungsfensters den Text »Auto« ein und wählen Sie den angezeigten Befehl *Automatische Wiedergabe*.
3. Im angezeigten Fenster *Automatische Wiedergabe* gehen Sie zur gewünschten Gruppe (z.B. Wechseldatenträger), öffnen das zum Medientyp passende Listenfeld und wählen einen der angebotenen Befehle aus (Bild 8.13).

Sobald Sie dieses Dialogfeld über die *Speichern*-Schaltfläche schließen, werden die Vorgaben für den Medientyp gesichert.

8.3.3 Wechseldatenträger richtig entfernen

Um eine CD oder DVD aus dem Laufwerk zu entfernen, drücken Sie in der Regel die Auswurftaste an der Laufwerksschublade. Aber Sie können den Auswurf solcher Medien auch durch Windows veranlassen.

Markieren Sie im Ordnerfenster *Computer* das Laufwerkssymbol des Wechseldatenträgers und wählen Sie auf der Registerkarte *Verwalten* die Schaltfläche *Auswerfen* (Bild 8.14). Alternativ können Sie den gleichnamigen Kontextmenübefehl verwenden. Bei CDs und DVDs fährt Windows dann die Laufwerksschublade aus und Sie können den Datenträger entnehmen. Bei Speicherkarten, die sich in einem Kartenlesegerät befinden, und USB-Speichersticks bewirkt der Befehl *Auswerfen*, dass ggf. noch im Speicher befindliche Daten auf das Medium geschrieben werden. Anschließend können Sie die Speicherkarte aus dem Laufwerk entnehmen bzw. den Speicherstick abziehen. Bei ISO-Dateien und VHD-/VHDX-Laufwerken werden die betreffenden Datenträgerinhalte entladen.

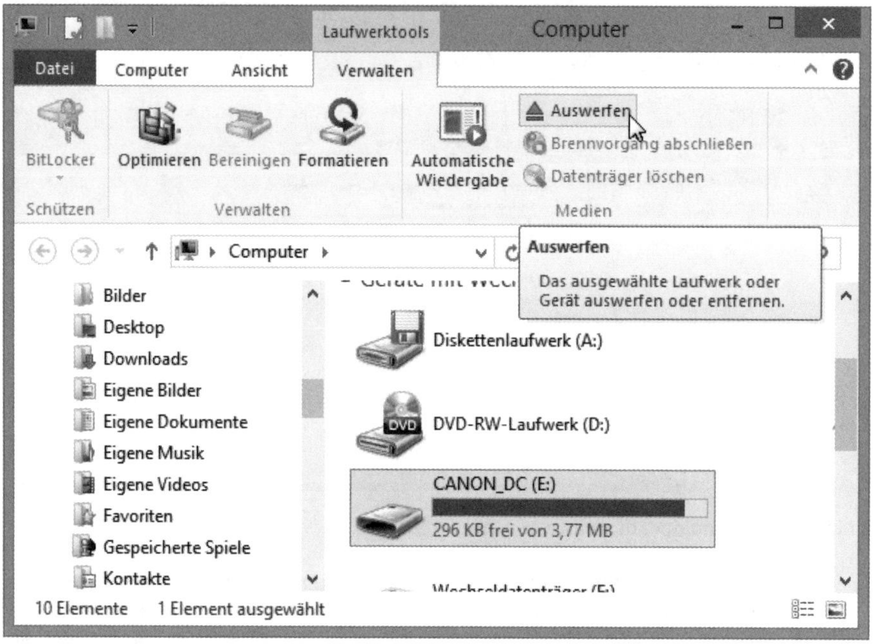

Bild 8.14: Datenträger auswerfen

HINWEIS

Windows verwendet zwar intern Einstellungen, die für ein schnelles Entfernen von Wechselmedien optimiert wurden. Sie sollten aber zur Sicherheit trotzdem die Funktion *Auswerfen* anwenden, um Wechseldatenträger oder andere mobile Geräte wie MP3-Player und Festplatten, die per USB-Schnittstelle an das System angeschlossen sind, sicher zu entfernen. Andernfalls kann es zu Beschädigungen an den Medieninhalten kommen, wenn das Caching für den Datenträger doch eingeschaltet sein sollte. Bei Wechseldatenträgern erkennen Sie in der Regel am Laufwerkssymbol, dass das Medium nicht mehr im Zugriff ist (die Datenträgerbezeichnung wechselt dann ggf. von der Medienbezeichnung zu »Wechseldatenträger«). Werden externe USB-Geräte ausgeworfen, blendet Windows eine QuickInfo mit einem entsprechenden Hinweis im Infobereich der Taskleiste ein (Bild 8.15, links). Per USB-Anschluss mit dem Computer verbundene Geräte können Sie auch auswerfen, indem Sie im Infobereich auf das Symbol *Sicher entfernen* klicken (notfalls erst die Schaltfläche *Ausgeblendete Symbole einblenden*, um das Gerät anzuzeigen, Bild 8.15, rechts). Danach sollte sich das auszuwerfende Gerät über einen Befehl des eingeblendeten Menüs auswählen lassen. Ist das Gerät noch in Benutzung, erscheint ein Dialogfeld mit einer entsprechenden Nachricht. Sie müssen dann Programme und Fenster schließen und den Vorgang wiederholen.

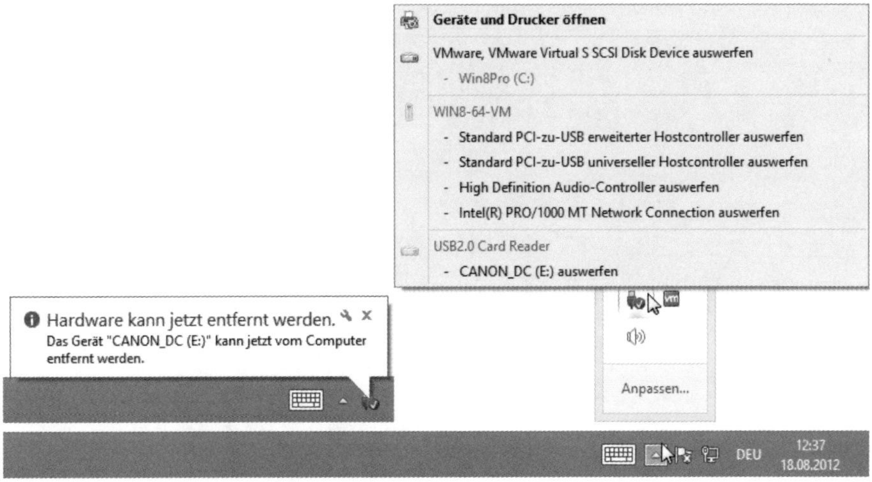

Bild 8.15: Information zum sicheren Entfernen von Hardware

9 Arbeiten mit Ordnern und Dateien

Dieses Kapitel widmet sich dem Umgang mit Ordnern und Dateien. Hier erfahren Sie alles, um unter Windows Dateien und Ordner anzulegen, zu kopieren, zu verschieben, umzubenennen oder zu löschen, und lesen, welche Neuerungen Windows 8 bietet.

9.1 Ordner und Dateien verwalten

Dieser Abschnitt zeigt, wie Sie Ordner und Dateien anlegen, umbenennen, kopieren oder verschieben können.

9.1.1 Neue Ordner anlegen

Windows ermöglicht Ihnen innerhalb eines Ordnerfensters, neue Ordner auf einem Speichermedium wie beispielsweise einer Festplatte anzulegen.

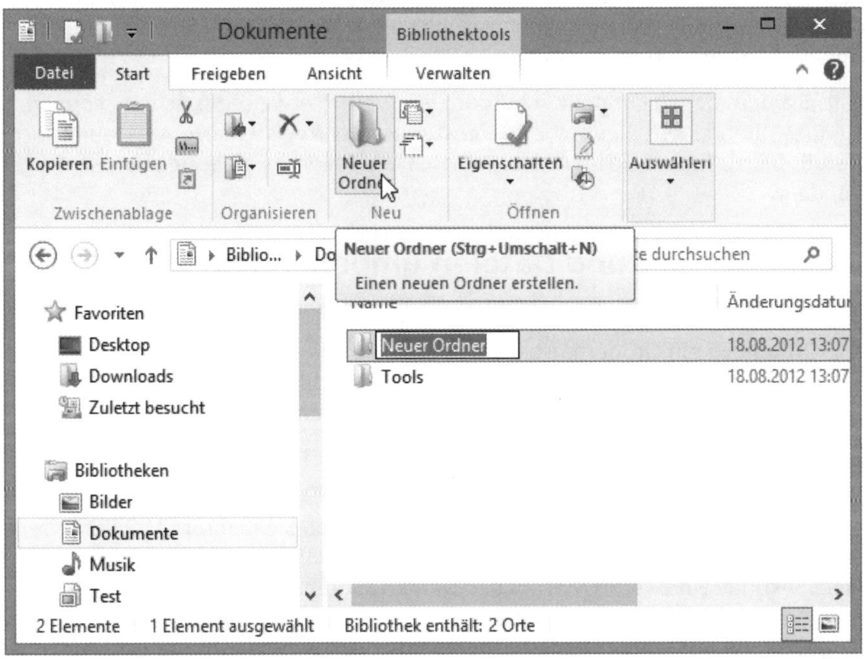

Bild 9.1: Neuen Ordner anlegen

1. Öffnen Sie das Ordnerfenster und navigieren Sie zum Speicherort, an dem der neue Ordner anzulegen ist.
2. Wählen Sie auf der Registerkarte *Start* in der Menüleiste des Ordnerfensters die Schaltfläche *Neuer Ordner* (Bild 7.16).

3. Windows legt ein Ordnersymbol mit dem Namen *Neuer Ordner* an. Solange der Symboltitel (d.h. der Ordnername) noch markiert angezeigt wird (Bild 7.16), können Sie einen (gültigen) Namen für den Ordner eintippen.
4. Sobald der Ordnername eingegeben wurde, drücken Sie zur Übernahme des neuen Ordnernamens entweder die [↵]-Taste oder klicken auf eine freie Stelle des Ordnerfensters.

Bezüglich der Eingabe des neuen Ordnernamens gilt Folgendes: Beim Eintippen des ersten Zeichens wird der markierte Text durch dieses Zeichen ersetzt. Über die Cursortasten [←] und [→] können Sie die Schreibmarke im Text positionieren und Zeichen lassen sich mittels der Tasten [Entf] und [←] rechts und links von der Schreibmarke löschen. Die Regeln zur Benennung der Ordner sind in *Kapitel* 7 erläutert. Beachten Sie, dass ein Ordnername eindeutig sein muss, d. h., der Name darf nicht bereits im aktuellen Ordner für einen anderen Unterordner vergeben sein.

TIPP

Alternativ können Sie eine freie Stelle im Ordnerfenster per Rechtsklick anwählen und im Kontextmenü den Untermenübefehl *Neu/Ordner* aufrufen. Dieser Ansatz funktioniert auch auf dem Desktop und ermöglicht zudem, neben Ordnern auch ZIP-komprimierte Ordner anzulegen (siehe *Kapitel 10*). Weiterhin können Sie bei Bedarf über das Kontextmenü *Neu* auch neue leere Dokumentdateien erzeugen – auch wenn dies üblicherweise mittels der zugehörigen Anwendungsprogramme erfolgt.

Falls Sie dem neuen Ordner ein besonderes Symbol zuweisen möchten, können Sie dies über dessen Eigenschaftenfenster auf der Registerkarte *Anpassen* tun. Details hierzu finden Sie im Abschnitt »7.1.8 Die Ordnerdarstellung anpassen« in *Kapitel 7*.

9.1.2 Ordner und Dateien umbenennen

Ordner und Dateien lassen sich in Windows mit folgenden Schritten umbenennen:

1. Öffnen Sie ein Ordnerfenster, markieren Sie das gewünschte Element (Datei oder Ordner) per Mausklick und rufen den Befehl zum Umbenennen auf. Die dafür verfügbaren Möglichkeiten sind nachfolgend beschrieben.
2. Sobald der Datei- oder Ordnername markiert wird, tippen Sie den neuen Datei- oder Ordnernamen ein.

Um den Befehl zum Umbenennen aufzurufen, haben Sie mehrere Möglichkeiten. Sie können das Element beispielsweise per Mausklick markieren und nach ca. einer Sekunde ein zweites Mal auf den Namen klicken. Oder Sie markieren das Element und drücken die Funktionstaste [F2]. Eine weitere Alternative ist, den Befehl *Umbenennen* im Kontextmenü des Elements oder die Schaltfläche *Umbenennen* auf der Registerkarte *Start* des Menübands zu wählen (Bild 9.2).

Nach der Eingabe des neuen Namens bestätigen Sie dies mit der [↵]-Taste oder klicken einfach auf eine Stelle außerhalb des Namenfelds. Dann übernimmt Windows die Eingabe als neuen Namen. Bei diesem neuen Namen muss es sich aber um einen gültigen Datei- oder Ordnernamen handeln (siehe dazu *Kapitel 7*). Weiterhin darf der Name noch nicht im aktuellen Ordner enthalten sein. Ist eines der beiden Kriterien nicht erfüllt, weist Windows die Änderung des Namens zurück.

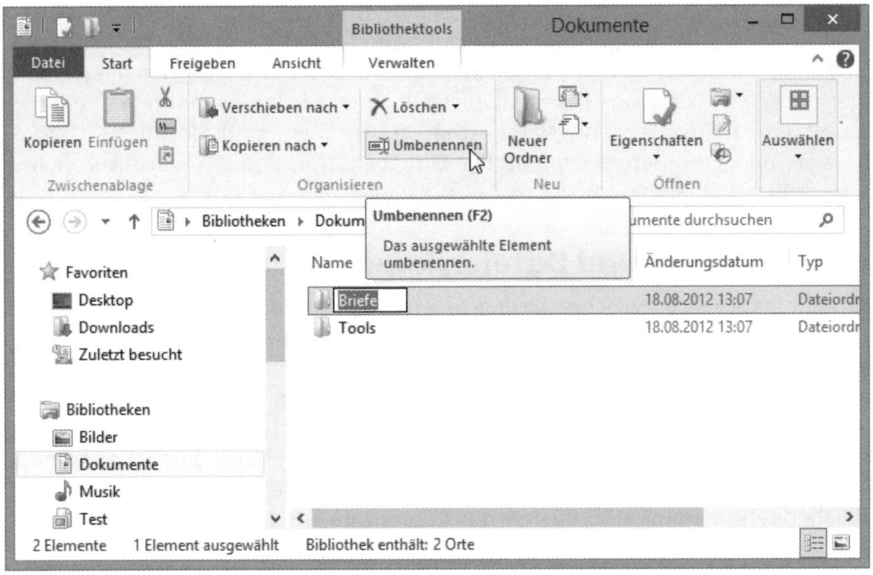

Bild 9.2: Umbenennen einer Datei

HINWEIS

Windows markiert beim Umbenennen nur den Datei- oder Ordnernamen, nicht jedoch die optional eingeblendete Dateinamenerweiterung. Das erste eingetippte Zeichen überschreibt den kompletten Namen. Sie können diese Markierung aufheben, indem Sie nach dem Aufruf des Befehls zum Umbenennen die Tasten [←] oder [→] drücken. Achten Sie beim Umbenennen von Dateinamen darauf, dass die ggf. eingeblendete Dateinamenerweiterung (z.B. *.txt*) erhalten bleibt. Drücken Sie bei geänderter oder gelöschter Dateinamenerweiterung die [↵]-Taste, zeigt Windows eine Warnung. Klicken Sie auf die *Ja*-Schaltfläche, wird die Änderung übernommen. Dann erkennt Windows ggf. aber den Dateityp nicht mehr und das Öffnen der Datei durch einen Doppelklick auf den Dateinamen scheitert.

TIPP

Sie können das Umbenennen eines Ordners oder einer Datei durch Drücken der [Esc]-Taste jederzeit abbrechen. Sofort nach dem Umbenennen lässt sich die Namensänderung durch Drücken der Tastenkombination [Strg]+[Z] wieder rückgängig machen. Der letzte Befehl lässt sich ebenfalls zurücknehmen, wenn Sie sofort nach dessen Ausführung mit der rechten Maustaste auf eine freie Stelle des Ordnerfensters klicken und im Kontextmenü den Befehl *Umbenennen rückgängig machen* wählen. Der Kontextmenübefehl *Umbenennen wiederholen* stellt dagegen den gerade rückgängig gemachten Namen wieder her.

Sie können sich bei Bedarf in der Symbolleiste für den Schnellzugriff auch die beiden Schaltflächen *Rückgängig* und *Wiederholen* einblenden (siehe *Kapitel 7*, Abschnitt »7.1.2 Symbolleiste für den Schnellzugriff konfigurieren«). Dann lassen sich Dateioperationen wie Umbenennungen leicht über die Schaltfläche zurücknehmen.

Wurden mehrere Dateien zum Umbenennen markiert? Dann verwendet Windows den von Ihnen eingegebenen neuen Namen zur Benennung aller markierten Elemente. Zur Unterscheidung wird aber eine Ziffer an die Namen der jeweiligen Einzelelemente angehängt (z.B. »(2)«, »(3)« etc.). Um mehrere Dateien gezielt umzubenennen und Namensteile zu erhalten, sind Sie auf Drittprogramme oder den Befehl *Rename* der Eingabeaufforderung angewiesen (z.B. *rename Bld01*.tif Bld03*.tif*).

9.1.3 Ordner und Dateien kopieren bzw. verschieben

Dateien lassen sich zwischen Ordnern der Festplatte oder zwischen Festplatte und Wechseldatenträgern (z.B. Speicherkarte oder USB-Stick) kopieren und verschieben. Beim Kopieren liegen anschließend zwei Exemplare der Datei vor, beim Verschieben wird die Datei an die neue Position »verschoben«. Nehmen wir als Beispiel Fotodateien, die von einer Speicherkarte zum Ordner *Bilder* der Festplatte übertragen werden sollen. Oder Sie möchten Musikdateien aus einem Ordner der Festplatte auf einen MP3-Player kopieren. MP3-Player lassen sich üblicherweise an eine USB-Buchse des Computers anschließen und werden von Windows als Wechseldatenträger erkannt. Ein weiteres Beispiel ist eine CD oder DVD, die Dateien enthält, die in Ordner auf der Festplatte zu kopieren sind. Zudem können Dateien vom SkyDrive-Onlinespeicher auf die lokale Festplatte übertragen werden. Natürlich können Sie auch Dateien und Ordner der Festplatte zu anderen Speicherorten (z.B. Onlinespeicher, Speicherkarten etc.) kopieren bzw. verschieben. Zum Verschieben oder Kopieren unterstützt Windows mehrere Ansätze. Hier die Schritte, wie es auf jeden Fall klappt.

1. Öffnen Sie das Ordnerfenster (z.B. *Bilder*) mit den zu kopierenden Elementen (z.B. Dateien oder Ordner).
2. Öffnen Sie zusätzlich das Ordnerfenster, in das die Elemente übertragen werden sollen (z.B. *Eigene Bilder/Urlaub*).
3. Positionieren Sie die beiden Ordnerfenster nebeneinander, sodass beide Fenster zu sehen sind (Bild 9.3).
4. Markieren Sie im Ordnerfenster mit den Quelldaten eine Datei oder einen Ordner mit einem Mausklick und ziehen Sie das markierte Element bei gedrückter rechter Maustaste zum Zielfenster.
5. Lassen Sie die rechte Maustaste los und wählen Sie im Kontextmenü einen der Befehle *Hierher kopieren* oder *Hierher verschieben* (Bild 9.4).

Windows kopiert dann beim Befehl *Hierher kopieren* die betreffende Datei in den Zielordner. Wurde der Befehl *Hierher verschieben* gewählt, verschwindet das Element aus dem Quellordner und wandert zum Zielordner.

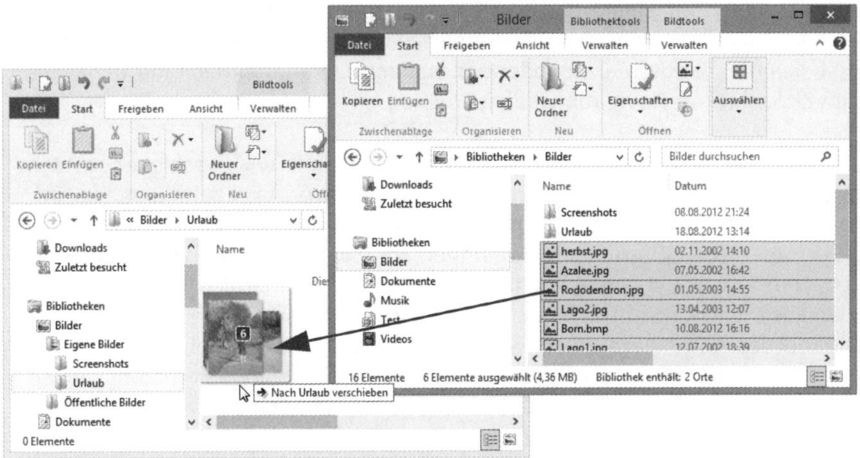

Bild 9.3: Kopieren oder Verschieben zwischen Fenstern

> **HINWEIS**
>
> Bei der Fingerbedienung per Touchscreen fehlt ja die rechte Maustaste. Ziehen Sie einfach die gewünschte Datei oder den gewünschten Ordner mit dem Finger in den Zielordner, lassen den Finger aber noch ein paar Sekunden auf dem gezogenen Element. Wenn Sie dann den Finger wegnehmen, zeigt Windows das Kontextmenü aus Bild 9.4 an. Lassen Sie das Element dagegen direkt nach dem Ziehen mit dem Finger los, verschiebt oder kopiert Windows dieses ohne weitere Nachfrage.

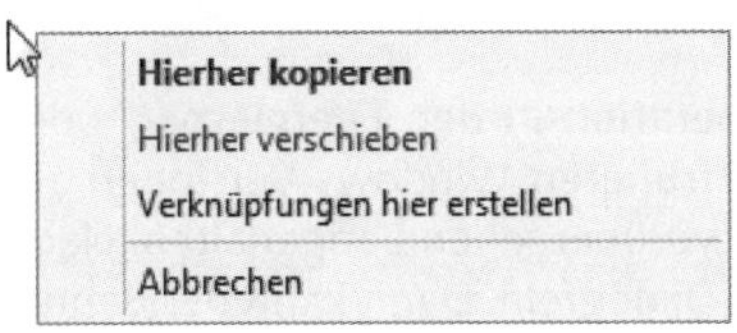

Bild 9.4: Kontextmenü beim Kopieren bzw. Verschieben

Auf diese Weise können Sie Dateien und Ordner samt Inhalt von einem Speicherort zu einem anderen Ort kopieren bzw. verschieben. Dabei ist es egal, ob die Quell- und Zielorte auf einem Laufwerk oder auf unterschiedlichen Laufwerken liegen. Dies bedeutet, das Kopieren von Dateien von einer Speicherkarte oder einem USB-Stick in Ordner der Festplatte lässt sich mit den obigen Schritten genauso gut durchführen wie das Kopieren von Dateien zwischen Ordnern der Festplatte.

Bei sehr großen Dateien oder umfangreichen Ordnern wird während des Kopiervorgangs oder beim Verschieben zusätzlich der Fortschritt in einem kleinen Dialogfeld angezeigt (Bild 9.5).

TIPP

Falls Sie lieber mit einem einzigen Fenster arbeiten, können Sie sicherstellen, dass der Zielordner im Navigationsbereich des Ordnerfensters sichtbar ist. Dann lässt sich die markierte Datei oder der markierte Ordner einfach mit der Maus zum Zielordner im Navigationsbereich ziehen.

ACHTUNG

Die Ausführungen in diesem Abschnitt zum Kopieren/Verschieben setzen voraus, dass diese Operationen im eigenen Benutzerprofil, d.h. im Benutzerordner bzw. im Ordner *Öffentlich*, erfolgen. Nur dann liegen bei NTFS-Datenträgern die erforderlichen Zugriffsberechtigungen vor. Zum Zugriff auf Ordner anderer Benutzerkonten sind dagegen Administratorrechte erforderlich. Dann erscheint u.U. eine Sicherheitsabfrage der Benutzerkontensteuerung, die Sie (ggf. unter Angabe des Administratorkennworts) bestätigen müssen. Beim Verschieben von Ordnern oder Dateien bleiben die Zugriffsberechtigungen erhalten. Um so etwas zu vermeiden, kopieren Sie Ordner und Dateien. Dann passt Windows die Zugriffsberechtigungen an den Zielordner an.

9.1.4 Änderungen beim Kopieren von Dateien

Microsoft hat in Windows 8 einige Änderungen an der Kopierfunktion des Explorers vorgenommen.

- Kopiert der Benutzer Dateien über eine langsame WLAN-Verbindung, schließt dann aber ein LAN-Kabel an, erkennt Windows 8, ob sich die Netzwerkgeschwindigkeit erhöht. Tritt eine Verbesserung in der nutzbaren Bandbreite ein, wird das Netzwerk mit der größeren Übertragungsgeschwindigkeit zum Fortsetzen des Kopiervorgangs verwendet. Hierzu werden die Erweiterungen des Server-Message-Block-(SMB-)Protokolls, das mehrere Kanäle unterstützt, ausgewertet.
- Geht das System während einer Kopieroperation in den Energiespar- oder Ruhemodus, brach die Kopieroperation in früheren Windows-Versionen ab. Bei Windows 8 wird die Operation einfach vorübergehend angehalten. Nach dem Aufwecken des Systems erscheint ein Dialogfeld. Dann kann der Benutzer wählen, ob die Operation fortgesetzt oder abgebrochen werden soll.

Aber auch beim Ablauf des Kopiervorgangs gibt es eine Optimierung. Eines der Probleme beim Kopieren von Dateien ist, dass diese Operation unter Umständen sehr lange dauert. Häufig stellt man beim Kopieren mehrerer Dateien sogar fest, dass die Kopiergeschwindigkeit mit der Zeit abnimmt. Microsoft hat daher das während des Kopiervorgangs gezeigte Dialogfeld kräftig überarbeitet. Werden mehrere Kopieraufträge durch den Benutzer angestoßen, listet Windows 8 diese in einem Dialogfeld *Ausgeführte Aktion* auf (Bild 9.5).

Eine Fortschrittsanzeige signalisiert für jede auszuführende Aktion, wie weit diese fortgeschritten ist. Über zwei Schaltflächen am rechten Rand der Fortschrittsanzeige kann der Benutzer den Kopiervorgang anhalten und bei Bedarf wieder fortsetzen. Das Anhalten ist z.B. ganz hilfreich, falls die Kopiergeschwindigkeit durch Mehrfachzugriffe beim Kopieren stark sinkt. Dann ist es oft nützlich, einen Kopiervorgang vorübergehend anzuhalten, bis eine laufende Aktion abgeschlossen ist. Die zweite Schaltfläche ganz rechts neben der Fortschrittsanzeige (das Kreuz) ermöglicht es, einen Kopiervorgang auch ganz abzubrechen.

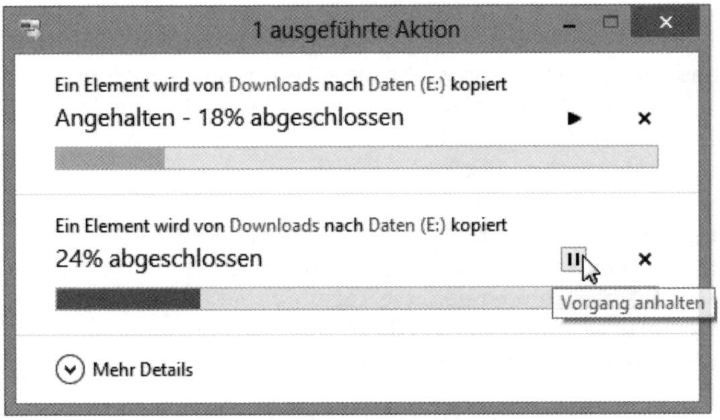

Bild 9.5: Fortschrittsanzeige bei mehreren Kopiervorgängen

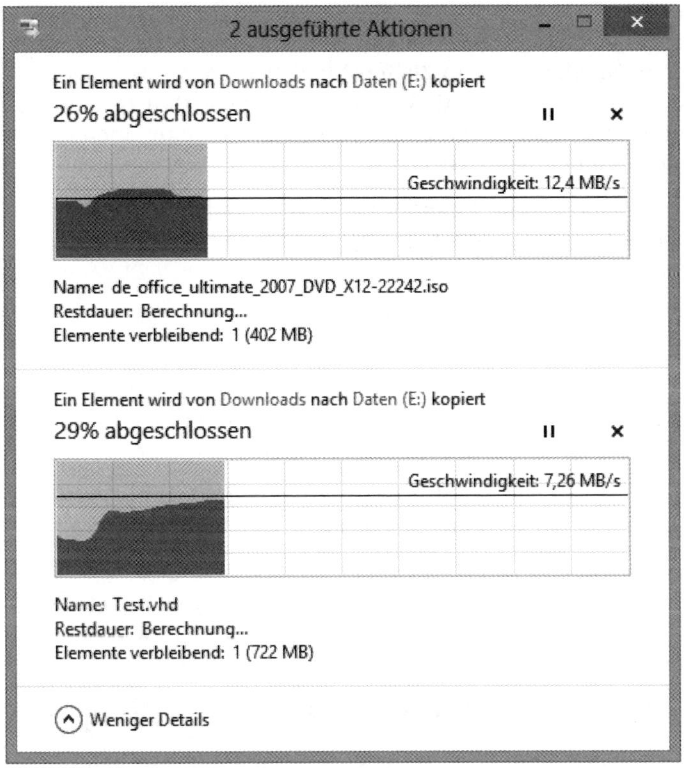

Bild 9.6: Anzeige der Kopiergeschwindigkeit

Um die Leistung von Kopiervorgängen besser einschätzen und gegebenenfalls überwachen zu können, lässt sich in der linken unteren Ecke des Dialogfelds *Ausgeführte Aktion* die Schaltfläche *Mehr Details* auswählen. Windows 8 erweitert dann die Darstellung des Dialogfelds, sodass die Kopiergeschwindigkeit über den zeitlichen Verlauf angezeigt wird (Bild 9.6). So können Sie beurteilen, ob Kopiervorgänge durch Überlastung der Ein-/Ausgabekanäle des Systems stark verlangsamt werden. In diesem Fall empfiehlt es sich, eine von mehreren laufenden Aktionen vorübergehend anzuhalten. Dann steht die Übertragungsbandbreite der oder den restlichen laufenden Aktionen zur Verfügung. Die Schaltfläche *Weniger Details* in der linken unteren Dialogfeldecke schaltet wieder zur kompakten Darstellung mit Fortschrittsanzeigen zurück.

HINWEIS

Diese Anzeige erfolgt nicht nur beim Kopieren von Dateien und Ordnern, sondern wird auch bei anderen Operationen wie z.B. beim Entpacken von ZIP-Archivdateien verwendet. Bei Fotodateien, die Lageinformationen enthalten, berücksichtigt Windows beim Kopieren diese Lage. Im Hochkantformat aufgenommene Motive werden dann um 90 Grad gedreht.

Kopieren oder verschieben mit der linken Maustaste oder dem Finger?

Sie können die oben beschriebenen Schritte zum Kopieren oder Verschieben von Dateien oder Ordnern auch durchführen, indem Sie die Elemente bei gedrückter linker Maustaste vom Quellfenster zum Zielfenster ziehen – was übrigens auch per Finger auf einem Touchscreen funktioniert – und dann die Maustaste loslassen. Windows führt die Operation dann ohne Anzeige eines Kontextmenüs aus. Allerdings gibt es eine Besonderheit zu beachten.

- Befinden sich die Quell- und Zielordner auf verschiedenen Laufwerken, kopiert Windows die per Maus (oder Finger) gezogenen Elemente zum Zielordner.
- Befinden sich die Quell- und Zielordner auf dem gleichen Laufwerk, werden die per Maus (oder Finger) gezogenen Elemente dagegen verschoben.
- Halten Sie die [⇧]-Taste der Tastatur beim Ziehen der Elemente gedrückt, vertauscht Windows die obigen Regeln (d. h., Dateien werden innerhalb eines Laufwerks kopiert und zwischen Laufwerken verschoben).
- Halten Sie die [Alt]-Taste der Tastatur beim Ziehen der Elemente gedrückt, legt Windows beim Loslassen der linken Maustaste eine Verknüpfung auf die gezogenen Elemente im Zielordner an.

Da häufig aber nicht klar ist, ob Ziel- und Quellordner auf dem gleichen Laufwerk liegen, sollten Sie die weiter vorne beschriebene Variante mit der rechten Maustaste bevorzugen.

Kopieren per (Kontext-)Menü und Zwischenablage

Arbeiten Sie lieber mit einem Ordnerfenster oder soll eine Datei bzw. ein Unterordner im gleichen Ordner kopiert werden?

1. Markieren Sie die Datei oder den Ordner mit einem Mausklick oder durch Antippen mit dem Finger und wählen Sie auf der Registerkarte *Start* des Menübands die Schaltflächen *Ausschneiden* bzw. *Kopieren* (Bild 9.7). Alternativ können Sie das Kontextmenü öffnen und die gleichnamigen Befehle wählen.

Bild 9.7: Zugriff auf die Zwischenablage

2. Wechseln Sie im Ordnerfenster zum Zielordner und klicken Sie auf eine freie Stelle im Ordnerfenster.
3. Anschließend können Sie auf der Registerkarte *Start* des Menübands die Schaltfläche *Einfügen* oder im Kontextmenü den Befehl *Einfügen* wählen.

Wurde im ersten Schritt der Befehl *Ausschneiden* benutzt, verschiebt Windows beim Einfügen das markierte Element zum Zielordner und löscht es aus dem Quellordner. Beim Befehl *Kopieren* wird das markierte Element dagegen in den Zielordner kopiert und bleibt im Quellordner weiterhin erhalten.

HINWEIS

Windows merkt sich den Namen des markierten Elements in der sogenannten Zwischenablage, einem internen Arbeitsspeicher des Betriebssystems. Beim Befehl *Kopieren* können Sie den Befehl *Einfügen* sogar mehrfach wählen. Dann fügt Windows das markierte Element jedes Mal in den Zielordner ein. Werden die Befehle *Kopieren* und *Einfügen* im gleichen Ordner angewandt, erzeugt Windows eine Kopie des Ursprungselements. Um die Eindeutigkeit des Ordner- oder Dateinamens beim Kopieren im gleichen Ordner zu erzwingen, fügt Windows dem neuen Namen den Text »Kopie« und ggf. eine fortlaufende Nummer hinzu.

Die Schaltfläche *Pfad kopieren* in der Gruppe *Zwischenablage* auf der Registerkarte *Start* des Menübands kopiert übrigens den kompletten Dateipfad samt dem Namen des gewählten Elements (z.B. »C:\Text\Brief.doc«) in die Zwischenablage. Sie können diese Information aus der Zwischenablage z.B. in Textprogramme oder in Textfelder übernehmen.

TIPP

Statt der Menübefehle können Sie auch Tastenkürzel zum Kopieren bzw. Verschieben per Zwischenablage verwenden. Die Tastenkombination Strg+X entspricht dem Befehl *Ausschneiden*, während Strg+C das Kopieren veranlasst. Mit der Tastenkombination Strg+V wird der Inhalt der Zwischenablage wieder eingefügt.

Geht das Kopieren oder Verschieben schief, können Sie den letzten Vorgang sofort im Anschluss durch Drücken der Tastenkombination [Strg]+[Z] rückgängig machen. Beim Kopieren werden dann die Elemente im Zielverzeichnis gelöscht, während beim Verschieben die Elemente in den Zielordner zurückgeholt werden. Alternativ können Sie auf eine freie Stelle im Ordnerfenster klicken und im Kontextmenü *xxx rückgängig machen* wählen. Der Befehl *Rückgängig* steht zudem optional in der Symbolleiste für den Schnellzugriff als Schaltfläche zur Verfügung.

Kopieren und verschieben per Menüband

Bei Mausbedienung sind die oben erwähnten Kontextmenübefehle nicht so optimal geeignet. Windows unterstützt das Kopieren oder Verschieben aber auch über Schaltflächen im Menüband.

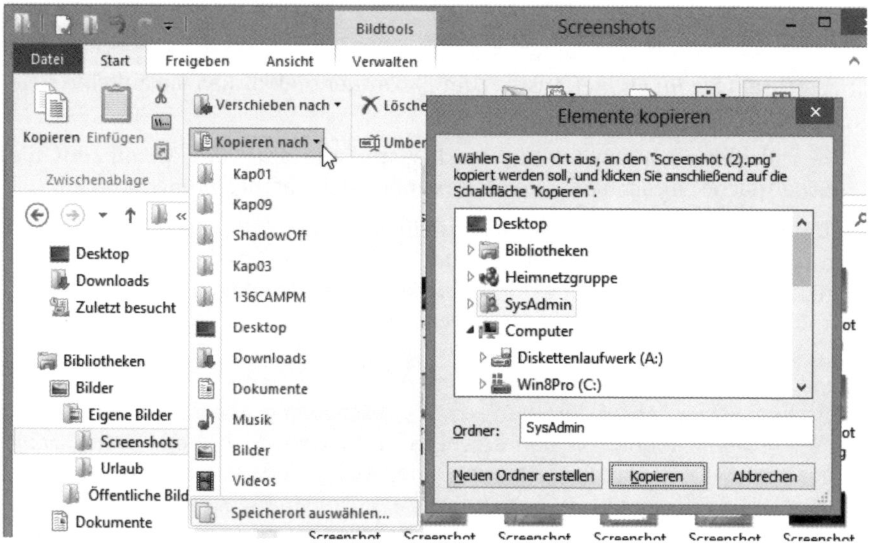

Bild 9.8: Kopieren und verschieben per Menüschaltflächen

1. Markieren Sie die zu verschiebende bzw. zu kopierende Datei oder den Ordner mit einem Mausklick oder durch Antippen mit dem Finger.
2. Wechseln Sie im Ordnerfenster zur Registerkarte *Start* des Menübands und öffnen Sie die Menüschaltfläche *Verschieben nach* bzw. *Kopieren nach* (Bild 9.8).
3. Anschließend wählen Sie im eingeblendeten Menü den Zielordner oder den Befehl *Speicherort auswählen*.
4. Wurde *Speicherort auswählen* aufgerufen, können Sie im eingeblendeten Dialogfeld (Bild 9.8, rechts) zum Zielordner navigieren.
5. Über die mit *Kopieren* oder *Verschieben* beschriftete Schaltfläche wird dann das gewählte Element zum Zielordner kopiert oder verschoben und das Dialogfeld verschwindet.

Das Dialogfeld *Elemente kopieren* bzw. *Elemente verschieben* ermöglicht Ihnen zudem, mittels der Schaltfläche *Neuen Ordner erstellen* einen neuen Ordner am Zielort anzulegen.

Mit dem Menü »Senden an« geht das Kopieren auch

Windows unterstützt das Kopieren von Dateien auf spezielle Laufwerke, in spezielle Ordner oder das Versenden per E-Mail über das Menü *Senden an*.

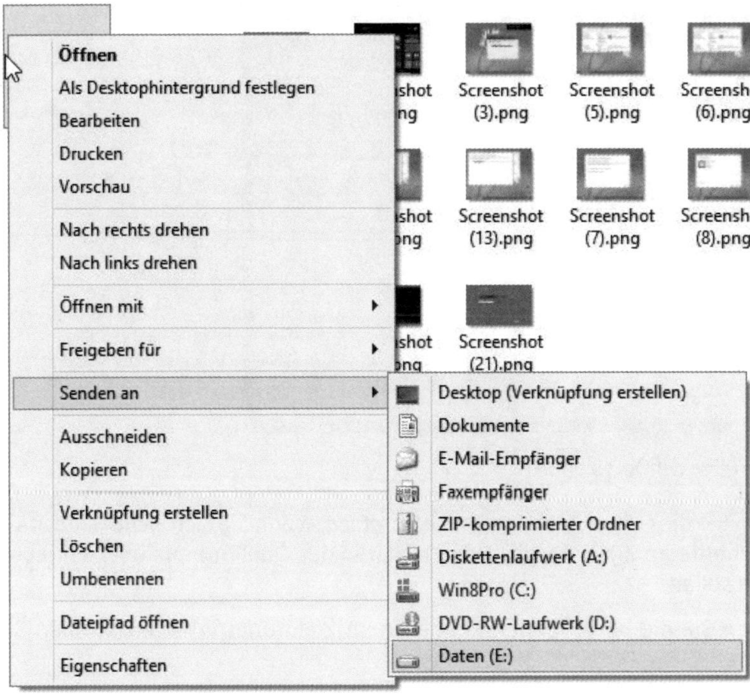

Bild 9.9: Kopieren über *Senden an*

1. Markieren Sie die zu kopierende Datei oder den zu kopierenden Ordner im Ordnerfenster.
2. Öffnen Sie das Kontextmenü mit der rechten Maustaste und wählen Sie den Befehl *Senden an*.
3. Wählen Sie im Untermenü den Zielort für das zu kopierende Element aus (Bild 9.9).

Sie können externe Wechseldatenträger, den Ordner *Dokumente*, CD-, DVD- oder BD-Laufwerke, die als Brenner fungieren, oder auch ZIP-komprimierte Ordner als Ziel wählen. Wird ein DVD-Brenner als Kopierziel gewählt, ermöglicht Ihnen dies auf sehr elegante Weise, Dateien auf einen Datenträger zu brennen (siehe *Kapitel 14*).

9.1.5 Was passiert, wenn die Elemente bereits vorhanden sind?

Beim Kopieren oder Verschieben von Dateien oder Ordnern kann es passieren, dass die betreffenden Elemente bereits im Zielordner vorhanden sind. Tritt ein Konflikt beim Kopieren, Verschieben etc. auf, erscheint das Dialogfeld mit einer Warnung. Über die Schaltfläche *Mehr Details* lässt sich das Dialogfeld auf die Darstellung aus Bild 9.10 erweitern.

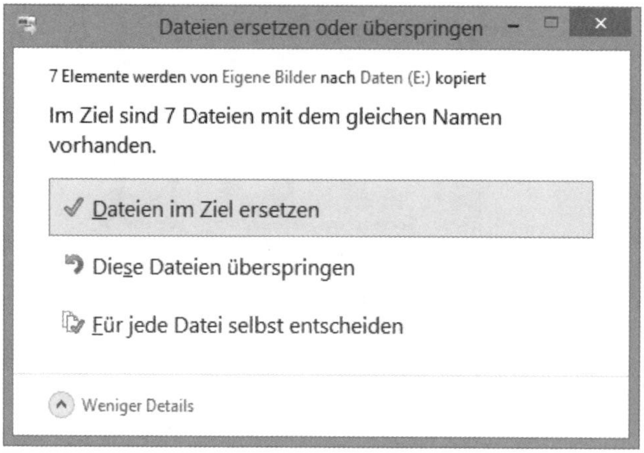

Bild 9.10: Anzeige der Dateikonflikte

- Wählen Sie die Option *Dateien im Ziel ersetzen*, wenn Sie sich sicher sind, dass die Elemente im Zielordner mit den Inhalten des Quellordners überschrieben werden sollen.
- Möchten Sie die betreffenden Elemente im Zielordner erhalten, wählen Sie den Befehl *Diese Dateien überspringen*.
- Sind Sie unsicher, welche Auswirkungen ein Überschreiben hat, wählen Sie den Befehl *Für jede Datei selbst entscheiden* ...

Bei Anwahl des Befehls *Für jede Datei selbst entscheiden* erweitert Windows das Dialogfeld um die in Bild 9.11 gezeigte Darstellung. Hier erhalten Sie detaillierte Informationen zu den aufgetretenen Konflikten und den Dateieigenschaften. Bei Dokumentdateien wie Fotos etc. wird gegebenenfalls eine Miniaturansicht der Versionen angezeigt. Dann lässt sich durch Markieren der jedem Element zugeordneten Kontrollkästchen vorgeben, welche Dateien Sie beibehalten möchten.

- Werden beide Dateien in Quelle und Ziel per markiertem Kontrollkästchen ausgewählt, wird dem zu kopierenden/verschiebenden Element eine fortlaufende Nummer im Dateinamen angehängt.
- Das Dialogfeld enthält zudem in der linken unteren Ecke ein Kontrollkästchen *x Dateien mit gleichem Datum und gleicher Größe überspringen*. Markieren Sie dieses Kontrollkästchen, überspringt der Explorer beim Kopieren oder Verschieben alle Dateien, bei denen der Name, die Größe und das Datum zusammen mit der Uhrzeit übereinstimmen.

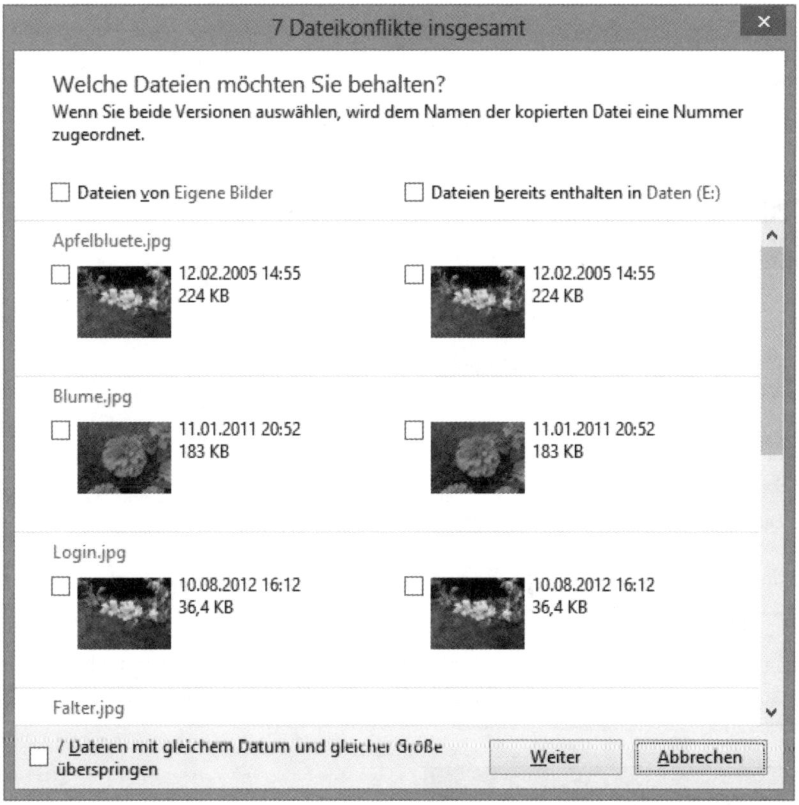

Bild 9.11: Anzeige der verschiedenen Dateiversionen

Die obige Vorgehensweise gilt sinngemäß auch beim Verschieben von Ordnern und Dateien sowie beim Kopieren/Verschieben von mehreren Elementen. In diesen Fällen werden lediglich die Bezeichnungen der Optionen im Dialogfeld angepasst.

ACHTUNG

Beachten Sie, dass sich eine überschriebene Datei nicht mehr durch den Kontextmenübefehl *Rückgängig machen* auf die vorherige Fassung zurücksetzen lässt. Wenn Sie irrtümlich eine Datei im Zielordner überschreiben lassen, ist der Inhalt der Originaldatei verloren. Sie haben höchstens noch die Möglichkeit, eine ältere Fassung über die Funktion *Dateiversionsverlauf* zu restaurieren (siehe Abschnitt »13.2.2 Persönliche Dateien wiederherstellen«, *Kapitel 13*).

HINWEIS

Die Anzeige in Form eines erweiterten Dialogfelds funktioniert bei allen Dateioperationen. Das Bild 9.12 zeigt beispielsweise ein Dialogfeld, das beim Kopieren einer zwischenzeitlich entfernten Datei angezeigt wurde. Über Optionen können Sie dann vorgeben, wie weiter zu verfahren ist.

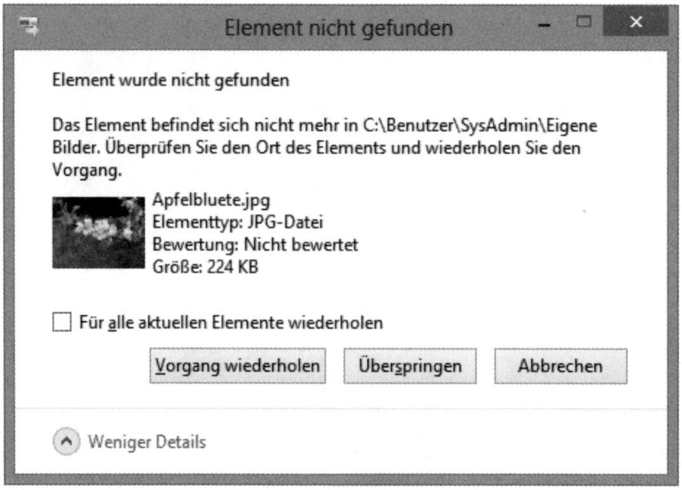

Bild 9.12: Dialogfeld bei Dateizugriffsfehlern

9.1.6 Mehrere Dateien/Ordner gleichzeitig markieren

Windows ermöglicht Ihnen, mehrere Dateien oder Ordner gleichzeitig zu bearbeiten (d.h. zu kopieren, zu verschieben, zu löschen etc.), wenn die Elemente markiert sind.

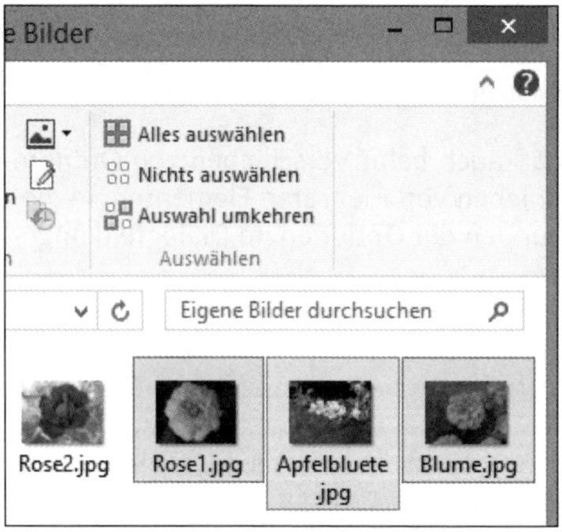

Bild 9.13: Markieren mehrerer Elemente

- Sie können auf der Registerkarte *Start* im Menüband des Ordnerfensters die Schaltflächen *Alles auswählen*, *Nichts auswählen* und *Auswahl umkehren* verwenden (Bild 9.13), um alle Elemente (Dateien, Unterordner) eines Ordners zu markieren oder die Markierung aufzuheben bzw. umzukehren.
- Drücken Sie die Tastenkombination Strg+A, werden ebenfalls alle Elemente eines Ordners markiert.

- Zudem lassen sich Elemente durch Ziehen markieren. Setzen Sie dazu einfach die Maus oder den Finger an einer freien Stelle auf. Dann ziehen Sie bei gedrückter linker Maustaste oder mit dem Finger diagonal ein Rechteck auf. Die im Markierungsrechteck befindlichen Elemente werden markiert.

Sofern Sie mit Maus und Tastatur arbeiten, lassen sich Elemente auch gezielt markieren (funktioniert per Finger am Touchscreen leider nicht).

Bild 9.14: Markieren mehrerer Elemente

- Um mehrere benachbarte Elemente gleichzeitig zu markieren, klicken Sie auf den ersten Eintrag, halten die ⇧-Taste gedrückt und klicken auf das letzte zu bearbeitende Element. Dann werden alle dazwischenliegenden Elemente markiert (Bild 9.14, oben).
- Um nicht direkt aufeinanderfolgende Elemente zu markieren, klicken Sie auf den ersten Eintrag, halten die Strg-Taste gedrückt und klicken danach auf die restlichen zu markierenden Elemente. Dann werden alle angeklickten Elemente markiert (Bild 9.14, unten).

Sie erkennen markierte Elemente an der farbigen Hinterlegung im Ordnerfenster. Anschließend können Sie die gewünschte Dateioperation (Kopieren, Verschieben, Löschen) wie oben bzw. nachfolgend beschrieben durchführen. Wenden Sie die Umbenennen-Funktion auf mehrere markierte Elemente an, vergibt Windows dagegen den neu eingegebenen Namen, hängt aber eine fortlaufende Nummerierung zur Unterscheidung der jeweiligen Dateien an.

9.2 Löschen und Umgang mit dem Papierkorb

Nicht mehr benötigte Ordner oder Dateien können Sie durch Ablegen in den Papierkorb löschen. Der folgende Abschnitt beschreibt die entsprechenden Schritte und zeigt, wie Sie gelöschte Elemente aus dem Papierkorb zurückholen sowie die Einstellungen des Papierkorbs anpassen.

9.2.1 Dateien und Ordner löschen

Benötigen Sie einen Ordner oder eine Datei nicht mehr? Dann können Sie diese Elemente auf einfache Weise löschen.

1. Öffnen Sie das Fenster des Ordners, das die nicht mehr benötigte Datei oder den zu löschenden Ordner enthält.

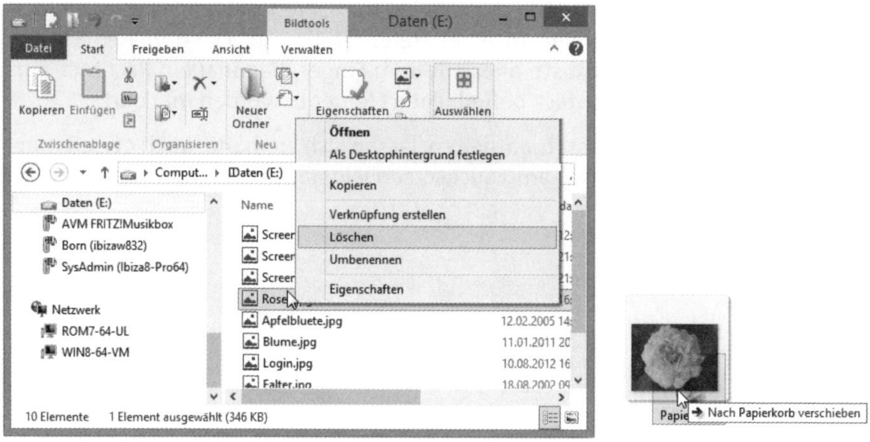

Bild 9.15: Löschen von Dateien oder Ordnern

2. Markieren Sie die zu löschende(n) Datei(en) oder Ordner oder das zu löschende Dokument.
3. Anschließend können Sie auf der Registerkarte *Start* des Menübands die Schaltfläche *Löschen* (das rote Kreuz) wählen (Bild 9.15, Hintergrund).

Alternativ besteht die Möglichkeit, das Element auf das Symbol des Papierkorbs auf dem Windows-Desktop zu ziehen und dann den Finger zu heben oder die linke Maustaste loszulassen. Bei einem markierten Element können Sie auch das Kontextmenü mit der rechten Maustaste öffnen und den Kontextmenübefehl *Löschen* wählen (Bild 9.15). Windows verschiebt in allen Fällen die markierte(n) Datei(en) bzw. den/die markierten Ordner in den Papierkorb.

HINWEIS

Bei der Schaltfläche *Löschen* lässt sich ein Menü mit drei unterschiedlichen Befehlen öffnen. Mit dem Befehl *Recyceln* wird die zu löschende Datei in den Papierkorb verschoben, während der Befehl *Endgültig löschen* die Datei oder den Ordner samt Inhalt endgültig vom Datenträger entfernt. Über den Befehl *Recycelbestätigung anzeigen* können Sie die Anzeige eines Dialogfelds beim Löschen ein- oder ausschalten.

TIPP

Ist der Papierkorb durch Fenster verdeckt, hilft folgender Trick: Ziehen Sie das zu löschende Element einfach in die Taskleiste zur rechten unteren Ecke. Warten Sie bei weiterhin gedrückter linker Maustaste, bis alle Fenster minimiert wurden. Anschließend lässt sich das zu löschende Element zum Desktopsymbol des Papierkorbs ziehen.

Drücken Sie zum Löschen des markierten Elements die [Entf]-Taste der Tastatur, wird das Element ebenfalls in den Papierkorb verschoben. Drücken Sie dagegen gleichzeitig die beiden Tasten [⇧]+[Entf], wird das markierte Element komplett vom Datenträger gelöscht (und nicht in den Papierkorb übernommen). Auch die Menüschaltfläche *Löschen* in der Gruppe *Organisieren* der Registerkarte *Start* des Menübands enthält Befehle, um ein markiertes Element wahlweise in den Papierkorb zu verschieben oder vollständig zu löschen. Dort lässt sich auch ein Befehl zur Anzeige der Löschbestätigung markieren.

Beachten Sie aber: Elemente, die auf Wechseldatenträgern wie SD-Karten oder USB-Sticks (nicht aber USB-Festplatten) gespeichert sind, werden beim Löschen sofort entfernt, da für diese Medien kein Papierkorb eingerichtet wird.

ACHTUNG

Gelegentlich weigert sich Windows, Dateien oder Ordner zu löschen. Der Grund: Diese Elemente sind möglicherweise noch in Benutzung. Warten Sie einige Zeit und wiederholen Sie den Vorgang. Klappt dies immer noch nicht, starten Sie Windows neu und versuchen es wieder. Meist werden die in Benutzung befindlichen Elemente freigegeben und lassen sich anschließend löschen. Dies gilt jedoch nicht für Systemdateien, die durch Windows ständig in Benutzung sind. Diese lassen sich nur löschen, nachdem der Rechner mit einer anderen Windows-Instanz gebootet wurde. Alternativ können Sie mit Tools wie Unlocker probieren, ob die Blockade aufgehoben werden kann. Die Download-Seiten finden Sie über Internetsuchmaschinen.

9.2.2 Gelöschte Elemente aus dem Papierkorb zurückholen

Haben Sie irrtümlich eine Datei oder einen Ordner gelöscht, die/den Sie noch brauchen? Solange sich das Element noch im Papierkorb befindet, können Sie zum Wiederherstellen Folgendes versuchen.

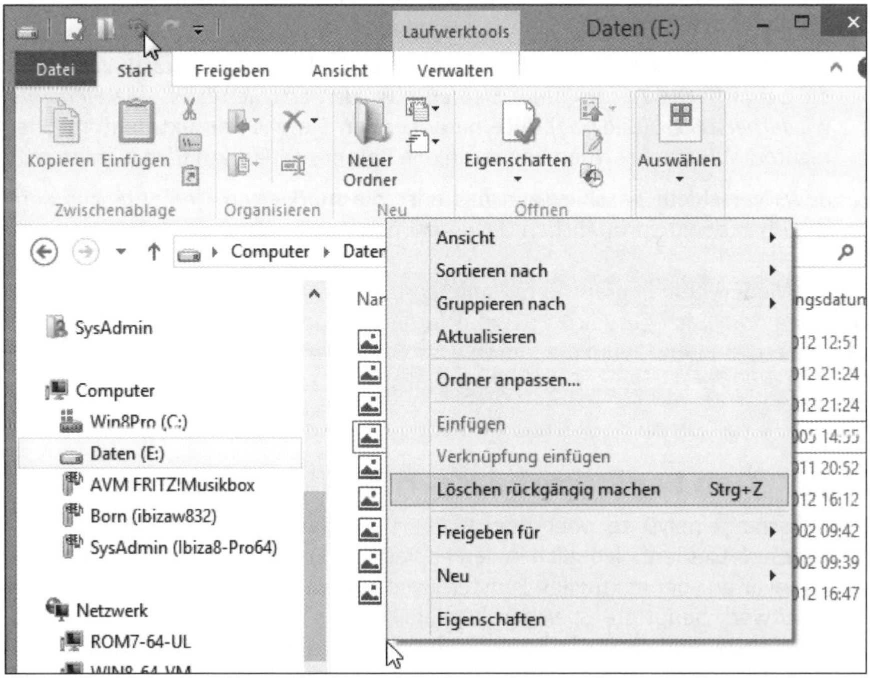

Bild 9.16: Löschen rückgängig machen

- Drücken Sie die Tastenkombination [Strg]+[Z], um die letzte Dateioperation zurückzunehmen.

- Alternativ können Sie eine freie Stelle im Ordnerfenster mit der rechten Maustaste anklicken und den Kontextmenübefehl *Löschen rückgängig machen* wählen (Bild 9.16).
- Zudem lässt sich zur Fingerbedienung die (optional einblendbare) Schaltfläche *Rückgängig* in der Symbolleiste für den Schnellzugriff des Ordnerfensters einblenden und dann anwählen.

Windows holt die zuletzt gelöschte(n) Datei(en) bzw. den oder die Ordner aus dem Papierkorb in das aktuelle Ordnerfenster zurück.

HINWEIS

Diese Methode funktioniert aber nur, wenn Sie sonst noch keine anderen Aktionen durchgeführt haben, da sich der Befehl *Rückgängig* immer auf den zuletzt ausgeführten Windows-Befehl im aktuellen Ordnerfenster bezieht. Weiterhin muss die Datei noch im Papierkorb vorhanden sein – was beim Löschen von Dateien/Ordnern auf Wechseldatenträgern nicht der Fall ist!

Sofern Sie den Fehler erst später bemerken, gibt es eine weitere Möglichkeit, um die gelöschten Dateien vielleicht doch noch aus dem Papierkorb zu »retten«.

1. Doppelklicken Sie auf das Desktopsymbol des Papierkorbs, um das zugehörige Ordnerfenster zu öffnen.
2. Markieren Sie im Fenster des Papierkorbs die wiederherzustellende(n) Datei(en) bzw. Ordner.
3. Wählen Sie im Menüband des Ordnerfensters auf der Registerkarte *Verwalten* die Schaltfläche *Ausgewählte Elemente wiederherstellen* bzw. *Alle Elemente wiederherstellen* (Bild 9.17). Alternativ können Sie das Kontextmenü mit der rechten Maustaste öffnen und darin den Befehl *Wiederherstellen* wählen.

Windows verschiebt anschließend das oder die markierten Elemente aus dem Papierkorb in den ursprünglichen Ordner zurück.

HINWEIS

Dieses Wiederherstellen aus dem Papierkorb klappt aber nur so lange, wie die Elemente dort noch gespeichert sind. Wurde der Papierkorb z.B. zwischenzeitlich geleert, sind die Dateien verloren. Das Gleiche gilt, wenn die zu löschende Datei zu groß für den Papierkorb ist oder falls Sie Dateien auf Wechseldatenträgern löschen.

9.2.3 Den Papierkorb leeren

Beim Löschen einer Datei oder eines Ordners von der Festplatte verschiebt Windows dieses »Element« lediglich in den Papierkorb. Dadurch ist die Datei oder der Ordner zwar aus dem aktuellen Fenster verschwunden. Der von den Dateien auf dem Laufwerk benötigte Speicherplatz bleibt aber weiterhin belegt. Windows prüft zwar gelegentlich, ob der Papierkorb »voll« ist, und entfernt automatisch die ältesten als gelöscht eingetragenen Dateien. Sie können aber »nachhelfen« und den Papierkorb von Zeit zu Zeit selbst leeren.

- Klicken Sie mit der rechten Maustaste auf das Desktopsymbol des Papierkorbs und wählen Sie den Kontextmenübefehl *Papierkorb leeren* (Bild 9.18).

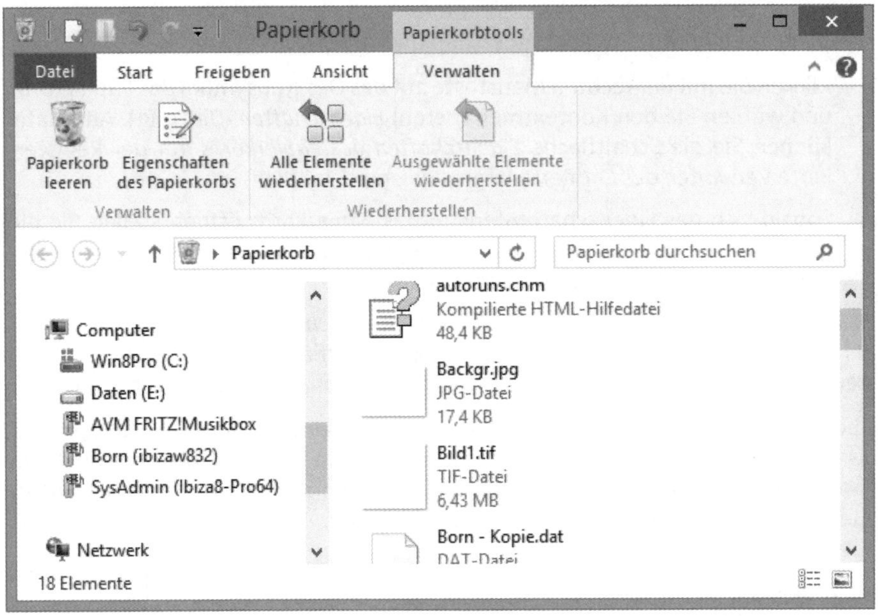

Bild 9.17: Wiederherstellen aus dem Papierkorb

- Alternativ können Sie das Ordnerfenster *Papierkorb* öffnen und im Menüband auf der Registerkarte *Verwalten* die Schaltfläche *Papierkorb leeren* wählen (Bild 9.17).

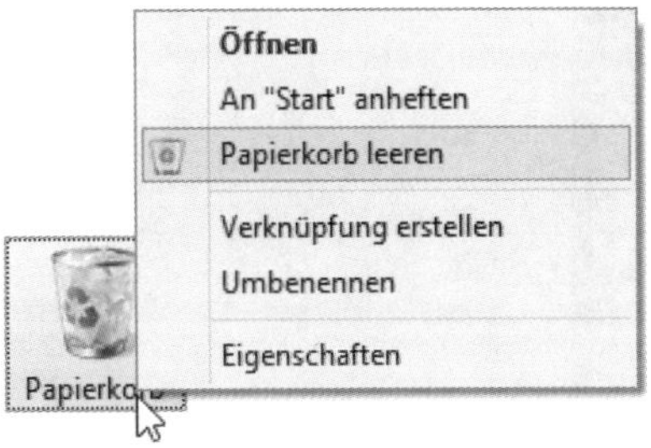

Bild 9.18: Papierkorb leeren

Die Sicherheitsanfrage durch Windows, ob Sie den Inhalt des Papierkorbs wirklich löschen wollen, bestätigen Sie über die Schaltfläche *Ja*. Anschließend löscht Windows die Elemente im Papierkorb und gibt den belegten Speicher auf dem Laufwerk wieder frei. Anschließend erscheint das Symbol eines leeren Papierkorbs. Jetzt sind die gelöschten Dateien endgültig verschwunden.

9.2.4 Die Eigenschaften des Papierkorbs anpassen

Windows reserviert für jedes Festplattenlaufwerk etwas Speicherkapazität für den Papierkorb. Je größer die Kapazität des Laufwerks ist, umso höher ist der vom

Papierkorb belegte Speicherplatz. Sie können aber einstellen, ob und wie viel Speicherplatz auf einem Laufwerk für den Papierkorb reserviert wird.

1. Klicken Sie mit der rechten Maustaste auf das Desktopsymbol des Papierkorbs und wählen Sie den Kontextmenübefehl *Eigenschaften* (Bild 9.19). Alternativ können Sie die Schaltfläche *Eigenschaften des Papierkorbs* auf der Registerkarte *Verwalten* des Ordnerfensters *Papierkorb* wählen.
2. Sobald sich das Eigenschaftenfenster des Papierkorbs öffnet, stellen Sie die gewünschten Eigenschaften auf der Registerkarte *Allgemein* ein und schließen diese über die *OK*-Schaltfläche (Bild 9.19).

Das Kontrollkästchen *Dialog zur Bestätigung des Löschvorgangs anzeigen* (oder der Befehl *Recycelbestätigung anzeigen* der Menüschaltfläche *Löschen* im Menüband) steuert, ob eine Sicherheitsabfrage beim Löschen von Elementen erscheinen soll.

Über die beiden Optionsfelder der Gruppe *Einstellungen für ausgewählten Pfad* lässt sich festlegen, wie groß der Papierkorb sein soll und ob Dateien beim Löschen sofort von der Festplatte entfernt werden sollen. Markieren Sie hierzu zuerst das Laufwerk in der Liste *Papierkorbpfad*. Danach markieren Sie das gewünschte Optionsfeld der Gruppe.

Benötigen Sie die Funktion des Papierkorbs für ein Laufwerk nicht, markieren Sie das Kontrollkästchen *Dateien sofort löschen (nicht in Papierkorb verschieben)*. Alternativ können Sie auch das Optionsfeld *Benutzerdefinierte Größe* markieren und den Wert im Feld *Benutzerdefinierte Größe* auf 0 setzen. Werte größer 0 im Feld *Benutzerdefinierte Größe* geben die Größe des Papierkorbs für das gewählte Laufwerk in Megabyte an. Stimmen Sie die Werte für die Papierkorbgröße auf die Laufwerkskapazität ab.

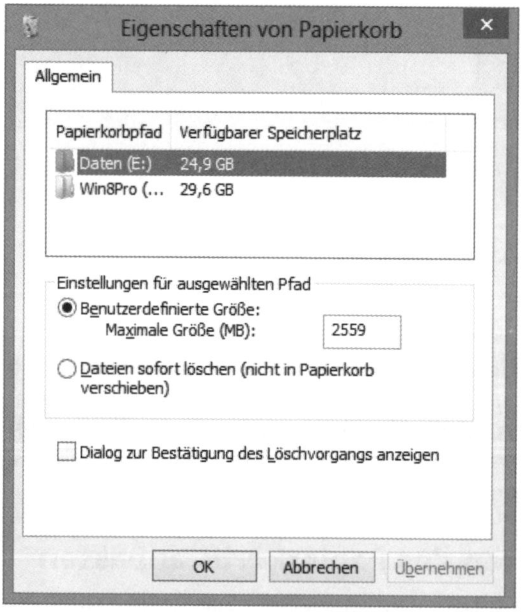

Bild 9.19: Eigenschaften des Papierkorbs anpassen

10 Spezielle Dateifunktionen verwenden

Dieses Kapitel befasst sich mit speziellen Fragen zum Umgang mit Ordnern und Dateien. Sie lernen, die Eigenschaften dieser Elemente abzufragen, deren Attribute zu ändern oder mit komprimierten Ordnern und Archiven zu arbeiten. Weiterhin wird der Umgang mit verschlüsselten Dateien oder Laufwerken in Windows 8 Pro angesprochen.

10.1 Ordner- und Dateieigenschaften verwalten

Sie können nicht nur die Eigenschaften von Laufwerken (Datenträgern) abfragen (siehe *Kapitel 8*). Windows ermöglicht auch, die Eigenschaften von Ordnern oder Dateien anzusehen und teilweise sogar über Attribute zu verändern.

10.1.1 Ordner- und Dateieigenschaften abrufen

Interessiert Sie, wie viele Dateien in einem Ordner samt Unterordnern gespeichert sind? Benötigen Sie einen Überblick über den belegten Speicherplatz oder möchten Sie die Eigenschaften von Dateien ansehen? Dann gehen Sie folgendermaßen vor:

1. Navigieren Sie in einem Ordnerfenster zum gewünschten Ordner und markieren Sie den zu untersuchenden Ordner oder Datei.
2. Wählen Sie auf der Registerkarte *Start* des Menübands die Schaltfläche *Eigenschaften*.

Sie können auch mit der rechten Maustaste das Kontextmenü des Ordner- oder Dateisymbols öffnen und den Befehl *Eigenschaften* wählen – oder Sie drücken die Tastenkombination [Alt]+[↵]. Windows öffnet das zugehörige Eigenschaftenfenster und zeigt die ermittelten Eigenschaften des Ordners oder der Datei auf verschiedenen Registerkarten an (Bild 7.16).

Diese Informationen erhalten Sie bei Ordnern

Bei Ordnern zeigt die Registerkarte *Allgemein* (Bild 7.16, links) in der obersten Gruppe den Namen des Ordners, der sich bei Bedarf auch ändern lässt. In der darunter liegenden Gruppe weist die Registerkarte die Kenndaten des Ordners wie den Speicherort, die belegte Speicherkapazität auf dem Datenträger sowie die Zahl der im Ordner enthaltenen Elemente aus. Weiterhin werden noch das Datum, an dem der Ordner erstellt wurde, sowie die sogenannten Attribute *Schreibgeschützt* und *Versteckt* mit aufgeführt.

HINWEIS

Über Attribute lassen sich verschiedene Eigenschaften von Ordnern und Dateien steuern. So kann einem Dateielement (oder allen Dateien des Ordners) beispielsweise ein Schreibschutz zugewiesen werden. Das Attribut *Versteckt* bewirkt, dass das betreffende Element standardmäßig nicht im Ordnerfenster angezeigt wird. Nur wenn die Anzeige versteckter Dateien eingeschaltet ist (siehe *Kapitel 7*), tauchen solche Dateien und Ordner im Ordnerfenster auf.

Die restlichen Registerkarten ermöglichen, weitere Eigenschaften abzurufen bzw. zu verändern. Die Registerkarte *Freigabe* bestimmt z.B. die Freigabeoptionen des Ordners im Netzwerk. Die (optional vorhandene) Registerkarte *Anpassen* ermöglicht Ihnen, die Ordnersymbole sowie den Ordnertyp zu verändern (siehe *Kapitel 7*). Die Registerkarte *Sicherheit* dient dazu, die Zugriffsrechte auf den Ordner zu beeinflussen (siehe *Kapitel 11*).

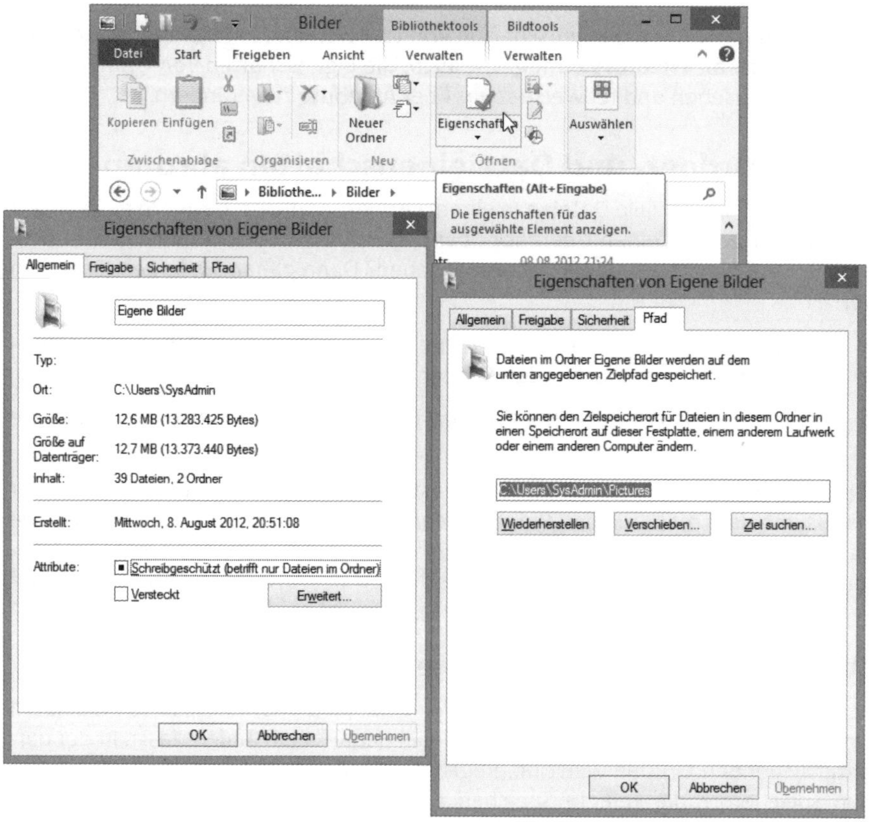

Bild 10.1: Eigenschaften von Ordnern

Die Registerkarte *Pfad* (Bild 7.16, rechts) ist nur bei den Spezialordnern der Bibliotheken (z.B. *Eigene Dokumente*, *Eigene Bilder*, *Eigene Musik*, *Eigene Videos*) des jeweiligen Benutzerkontos vorhanden und ermöglicht, die Lage dieser Ordner (z.B. *Eigene Bilder*) anzupassen. Über die Schaltfläche *Verschieben* lässt sich ggf. ein anderer Ordner in einem Zusatzfenster auswählen und die Dateien des Ordners werden dann in diesem Ziel abgelegt. Die Schaltfläche *Ziel suchen* öffnet das Ordnerfenster, das die Dateien des betreffenden Ordners momentan enthält. Über die Schaltfläche *Wiederherstellen* können Sie den Pfad auf die Herstellervorgaben zurücksetzen.

Eigenschaften bei Dateien

Die Registerkarte *Allgemein* (Bild 10.2, links) listet bei Dateien deren Namen in der obersten Gruppe auf, wobei Sie diesen auch ändern können. In der darunter liegenden Gruppe werden der Dateityp sowie das Programm zum Öffnen des Dateityps angezeigt. Weitere Gruppen listen den Speicherort der Datei, die Dateigröße sowie die auf dem Datenträger belegte Kapazität, das Erstellungsdatum sowie das Datum der letzten Änderung und des letzten Zugriffs auf. Im unteren Bereich der Registerkarte werden zudem die Attribute *Schreibgeschützt* und *Versteckt* der Datei angezeigt.

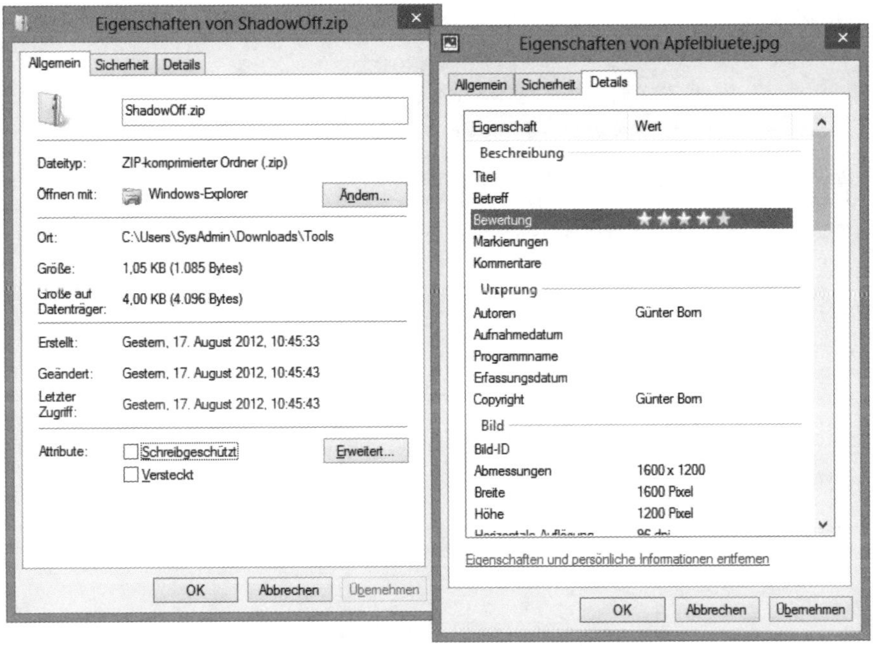

Bild 10.2: Eigenschaften von Dateien

HINWEIS

Die unterschiedlichen Angaben für *Größe* und *Größe auf Datenträger* berücksichtigen den Overhead zum Speichern in verschiedenen Dateisystemen. Abhängig von der beim Formatieren gewählten Clustergröße muss eine unterschiedliche Anzahl an Sektoren belegt werden, auch wenn kleine Dateien vielleicht nur wenige Bytes im ersten Cluster belegen. Dies ist auch der Grund, warum die Angabe der *Größe auf dem Datenträger* stark zwischen Festplatten und CDs bzw. DVDs/BDs differiert. Auf CDs, DVDs und BDs kommt ein anderes Dateisystem (ISO oder UDF) zum Einsatz, das weniger Overhead zum Speichern der Daten benötigt.

Die Registerkarte *Sicherheit* ist nur bei Dateien verfügbar, die auf NTFS-Datenträgern gespeichert sind, und ermöglicht Ihnen, die Zugriffsrechte auf die Datei zu verwalten (siehe *Kapitel 11*). Interessant ist die Registerkarte *Details* (Bild 10.2, rechts), die bei verschiedenen Mediendateien wie Musik, Videos oder Fotos Detailinformationen zu weiteren Eigenschaften auflistet. Diese Detailinformationen werden bei bestimmten Dateiformaten (MP3, MPEG, WMA, WMV, JPEG) als Metadaten mit in den betreffenden Mediendateien gespeichert. Musikdateien können beispielsweise Angaben zum Interpreten, zum Album, zum Titel etc. enthalten. Bei Fotodateien im JPEG-Format werden die sogenannten EXIF-Daten (Kameramodell, Blende, Brennweite, Belichtungszeit etc.) der Kamera aufgelistet. Zudem können Sie verschiedene dieser Eigenschaften (z.B. Bewertung bei Fotos, Videos oder Musik, Titel, Copyright etc.) auf der Registerkarte ändern. Klicken Sie in der betreffenden Zeile auf die Spalte hinter dem Eigenschaftennamen, lässt sich der Wert der Eigenschaft in einem Textfeld anpassen. Mehrere Werte lassen sich durch Semikola getrennt in das Eigenschaftenfeld eingeben.

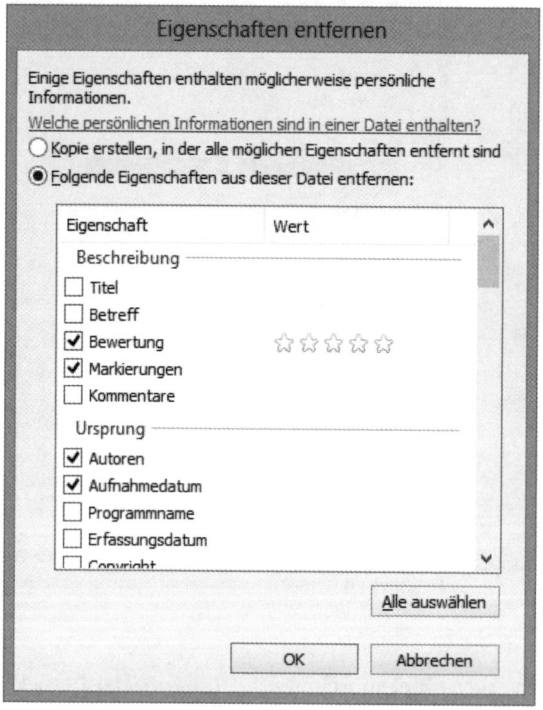

Bild 10.3: Eigenschaften entfernen

TIPP

Möchten Sie Dokumentdateien an Dritte weitergeben, ist es unter Umständen unerwünscht, wenn persönliche Informationen in den Eigenschaften abgelegt sind. Sie können Windows aber anweisen, diese persönlichen Informationen aus der Datei zu entfernen. Ist die Datei im Ordnerfenster markiert? Wählen Sie auf der Registerkarte *Start* des Menübands den unteren Rand der Schaltfläche *Eigenschaften* an, und verwenden Sie im Menü den Befehl *Eigenschaften entfernen*. Oder Sie wählen auf der Registerkarte *Details* den am unteren Rand angezeigten Hyperlink *Eigenschaften und persönliche Informationen entfernen* (Bild 10.2, rechts). Markieren Sie im dann angezeigten Dialogfeld (Bild 10.3) das Optionsfeld *Kopie erstellen* ... und klicken Sie auf die *OK*-Schaltfläche, werden alle Detaileigenschaften gelöscht und das Ganze wird in einer automatisch angelegten Kopie der Dokumentdatei im aktuellen Ordner gespeichert. Über das Optionsfeld *Folgende Eigenschaften aus dieser Datei entfernen* werden die Kontrollkästchen im unteren Teil des Dialogfelds freigegeben. Sie können dann die Kontrollkästchen der zu entfernenden Informationen markieren und das Dialogfeld über die *OK*-Schaltfläche schließen. Daraufhin werden die Detaileigenschaften aus der aktuellen Dokumentdatei gelöscht.

10.1.2 Anpassen der Attribute

Über die Registerkarte *Allgemein* des Eigenschaftenfensters können Sie die Attribute von Dateien und Ordnern anpassen (Bild 7.16 und Bild 10.2). Zum Setzen oder Löschen eines Attributs ist lediglich das betreffende Kontrollkästchen zu markieren bzw. dessen Markierung zu löschen.

- Um einen Ordner oder eine Datei mit einem Schreibschutz auszustatten, markieren Sie das Kontrollkästchen *Schreibgeschützt* auf der Registerkarte. Dateien mit dem Schreibschutzattribut lassen sich durch Anwendungsprogramme nicht mehr überschreiben.
- Systemordnern und Dateien wird häufig das Attribut *Versteckt* zugewiesen. Sie können das Kontrollkästchen markieren, um eigene Dateien oder Ordner mit diesem Attribut auszustatten. In der Standarddarstellung werden die betreffenden Elemente in der Ordneranzeige ausgeblendet.
- Bei Datenträgern, die im FAT- oder FAT32-Dateisystem formatiert wurden (z.B. Speicherkarten), enthält die Registerkarte *Allgemein* noch ein drittes Attribut *Archiv*. Das *Archiv*-Attribut zeigt eine Veränderung der Datei an, d. h., diese wird bei einer Datensicherung durch ein Backup-Programm archiviert. Durch Löschen der Markierung des betreffenden Kontrollkästchens können Sie dieses Attribut für einen Ordner oder eine Datei zurücksetzen. Beim nächsten Ändern des Dateiinhalts wird das Attribut wieder gesetzt. Bei NTFS-Datenträgern finden Sie dieses Attribut in einem Zusatzdialogfeld *Erweiterte Attribute*.

Um auf NTFS-Datenträgern das Archivattribut und weitere Attribute anzusehen bzw. anzupassen, klicken Sie auf der Registerkarte *Allgemein* auf die Schaltfläche *Erweitert* (Bild 10.2, links). Klicken Sie diese an, öffnet Windows das in Bild 10.4 gezeigte Dialogfeld *Erweiterte Attribute* (bei Dateien sieht das Dialogfeld geringfügig anders aus), in dem Sie folgende Attribute finden.

- *Ordner/Datei kann archiviert werden:* Dieses Kontrollkästchen setzt das Archivierungsattribut, d. h., das Element ist als geändert markiert und bei einer Datensicherung (mit einem geeigneten Programm) wird der Ordner oder die Datei in die Sicherung mit einbezogen.
- *Zulassen, dass für Dateien in diesem Ordner Inhalte zusätzlich zu Dateieigenschaften indiziert werden:* Windows kann die Suche nach Dateielementen über einen Index vornehmen, was den Vorgang wesentlich beschleunigt. Ein markiertes Attribut bewirkt, dass das betreffende Element (Ordner oder Datei) zusätzlich nach seinen Inhalten (z.B. Wörtern bei Textdokumenten, Metadaten bei Mediendateien) indiziert wird (siehe auch *Kapitel 12*).

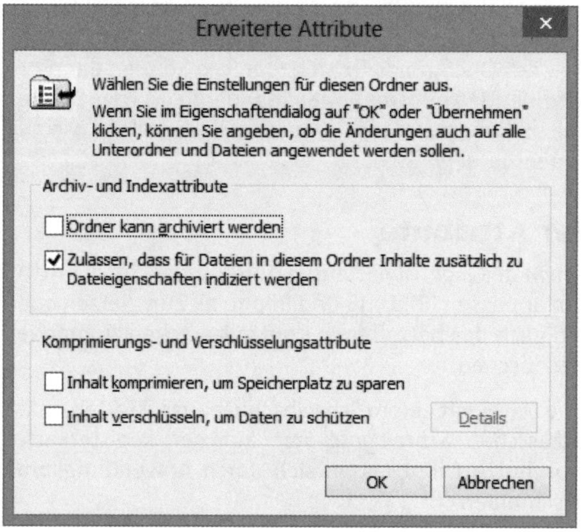

Bild 10.4: Dialogfeld *Erweiterte Attribute*

- *Inhalt komprimieren, um Speicherplatz zu sparen:* Ein markiertes Kontrollkästchen bewirkt bei NTFS-Datenträgern, dass Windows den Inhalt des Ordners oder der Datei automatisch komprimiert, um Speicherplatz zu sparen. Sinnvoll ist dies aber nur bei Ordnern oder Dateien, die nicht bereits komprimierte Daten enthalten (siehe auch Abschnitt »8.1.3 Datenträgereigenschaften ändern« in *Kapitel 8*).
- *Inhalt verschlüsseln, um Dateien zu schützen:* Ein markiertes Kontrollkästchen bewirkt bei NTFS-Datenträgern, dass Windows die Datei oder alle Dateien eines Ordners automatisch mit EFS verschlüsselt. Der Umgang mit der EFS-Verschlüsselung ist im Abschnitt »10.3.1 EFS-Verschlüsselung für Dateien und Ordner«, behandelt.

Schließen Sie nach dem Anpassen der erweiterten Attributeinstellungen das Dialogfeld über die *OK*-Schaltfläche, bewirkt dies noch keinerlei Änderungen. Die Attributänderungen sind über die Schaltflächen *Übernehmen* bzw. *OK* der Registerkarte *Allgemein* explizit zu bestätigen (die Schaltfläche *Abbrechen* verwirft die Änderungen). Bei Ordnern erscheint anschließend das in Bild 10.5 gezeigte Dialogfeld. Wählen Sie dann über die Optionsfelder, ob die Attributänderung nur für den Ordner oder auch für die Unterordner und deren Dateien durchzuführen ist. Erst wenn Sie dieses Dialogfeld über die *OK*-Schaltfläche schließen, setzt Windows die Attribute um. Dies kann bei vielen Dateien durchaus einige Zeit dauern.

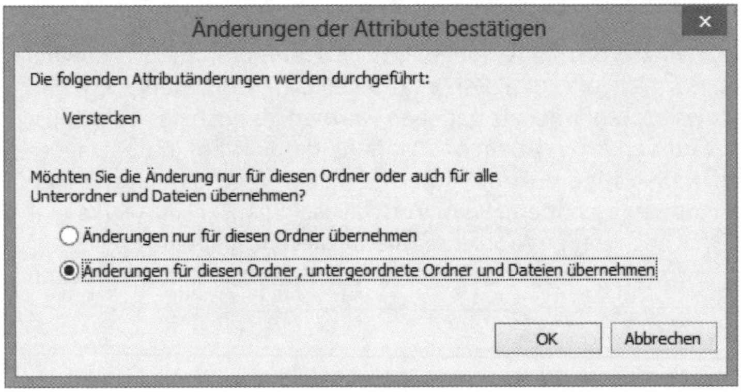

Bild 10.5: Attributänderungen bestätigen

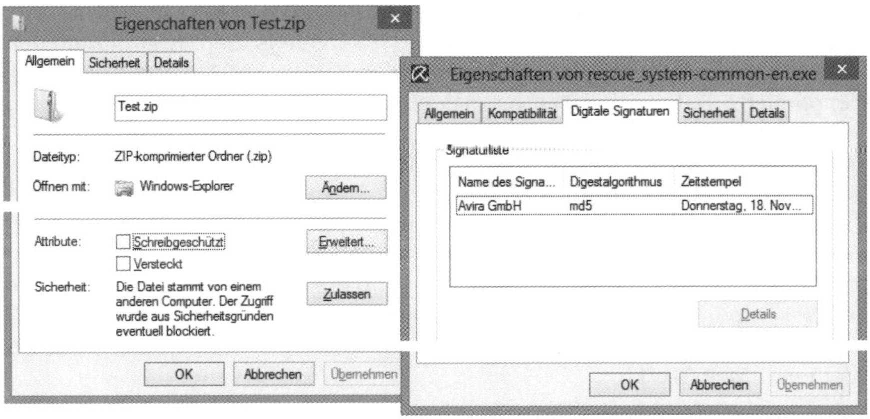

Bild 10.6: Sicherheitsattribut und Zertifikat

HINWEIS

Auf CDs, DVDs und BDs ist das Schreibschutzattribut automatisch gesetzt. Kopieren Sie schreibgeschützte Dateien von einem solchen Medium in Ordner der Festplatte, hebt Windows 8 das Schreibschutzattribut automatisch auf.

Weist die Registerkarte *Allgemein* des Eigenschaftenfensters die Schaltfläche *Zulassen* auf (Bild 10.6, links)? Dies signalisiert, dass die Datei aus dem Internet heruntergeladen wurde. Bei CHM-Hilfedateien wird dann die Anzeige der Hilfeinhalte blockiert. Durch Anwahl der Schaltfläche *Zulassen* lässt sich die Sicherheitskennung zurücksetzen. Auf der Registerkarte *Digitale Signaturen* (Bild 10.6, rechts) lassen sich bei ausführbaren Programmdateien (*.exe*, *.msi* etc.) Informationen zum Ersteller, die digitale Signatur und das zugrunde liegende Zertifikat einsehen. Anhand dieser Angaben lässt sich ggf. entscheiden, ob der Ersteller der Programmdatei vertrauenswürdig ist.

TIPP

Das Kontrollkästchen *Inhalt verschlüsseln* ist in den Windows 8 gesperrt, da diese Funktion (Encrypted File System, EFS) nicht unterstützt wird. In Windows 8 Pro lassen sich Ordner und Dateien aber mit dem Encrypted File System (EFS) oder mit der Funktion BitLocker verschlüsseln (siehe folgende Seiten). Wer sich in Windows 8 sicherheitsrelevante oder vertrauliche Daten auf einem System speichern möchten, kann sich die Open-Source-Lösung TrueCrypt (`http://www.truecrypt.org` [w8-k10-001]) anschauen. Das Programm unterstützt sowohl Containerdateien (Dateien, die auf einem physischen Datenträger angelegt und gegenüber Windows als Laufwerk ausgegeben werden) als auch das Verschlüsseln kompletter Laufwerke (Partitionen). Containerdateien auf Datenträgern müssen aber auf NTFS-Ebene unkomprimiert vorliegen (ggf. das betreffende Attribut unter Windows abschalten). Beim Verschlüsseln ganzer Laufwerke gibt es in TrueCrypt 7.1a noch einige Probleme, die in diesem Blogbeitrag `http://d0wn.biz/windows-8-trotz-truecrypt-installieren/` [w8-k10-002] angesprochen werden.

10.2 Arbeiten mit komprimierten ZIP-Archiven

Um den Speicherplatz auf Festplatten oder Speicherkarten besser auszunutzen, unterstützt das bei Windows verwendete NTFS-Dateisystem das Komprimieren von Laufwerken, Ordnern und Dateien (siehe vorheriger Abschnitt und *Kapitel 8*). Komprimierte Dateien belegen normalerweise weniger Speicherplatz auf dem Datenträger als unkomprimierte Dateien. Das Arbeiten mit der NTFS-Komprimierung ist für den Benutzer transparent, d. h., Windows übernimmt automatisch das Packen bzw. Entpacken beim Speichern und Lesen von Dateien. Das Problem liegt aber darin, dass die Komprimierung verloren geht, wenn die Dateien auf Wechseldatenträger wie CDs, DVDs, BDs, Speicherkarten kopiert oder per E-Mail übertragen werden. Um die Komprimierung auch auf diesen Medien zu nutzen, können Sie ZIP-komprimierte Ordner zum Speichern von Dateien verwenden. Der folgende Abschnitt zeigt, wie Sie diese Funktion nutzen und was hinter ZIP-komprimierten Ordnern steckt.

10.2.1 Was sind ZIP-komprimierte Ordner?

Bei ZIP-komprimierten Ordnern handelt es sich um Archivdateien, die von Windows als spezieller Ordnertyp eingebunden und mit einem entsprechenden Symbol angezeigt werden. Sobald Sie aber die Dateinamenerweiterungen im Ordnerfenster einblenden, lässt sich erkennen, dass diese Ordner nichts anderes als ZIP-Dateien sind, die sich auch mit anderen ZIP-Programmen öffnen oder bearbeiten lassen.

Der Vorteil der ZIP-komprimierten Ordner besteht darin, dass Sie diese auch auf im FAT- oder FAT32-Dateisystem formatierten Datenträgern oder zum Archivieren auf CD/DVD/BD verwenden können. Dateien und Ordner lassen sich in ZIP-komprimierte Ordner ablegen. Die dabei von Windows angelegten ZIP-Archive enthalten die Dateien in komprimierter Form und lassen sich als Ganzes kopieren, auf CD/DVD/BD auslagern, per E-Mail versenden und auch löschen. Beim Versand per E-Mail besteht der Vorteil, dass die Übertragung schneller erfolgt. Erhalten Dritte solche ZIP-Archive, können diese sie mit einem ZIP-Programm wie FreeZip, Ultimate Zip oder der Windows-Funktion entpacken, einsehen und nutzen.

10.2.2 Einen komprimierten ZIP-Ordner anlegen

Um einen neuen komprimierten Ordner anzulegen, stehen Ihnen zwei Möglichkeiten zur Verfügung. Sie können z.B. die folgenden Schritte verwenden.

1. Klicken Sie mit der rechten Maustaste auf eine freie Stelle eines Ordnerfensters und wählen Sie im Kontextmenü den Befehl *Neu/ZIP-komprimierter Ordner* (Bild 10.7).
2. Benennen Sie den Ordner (letztendlich handelt es sich um eine ZIP-Datei) gemäß Ihren Wünschen um.

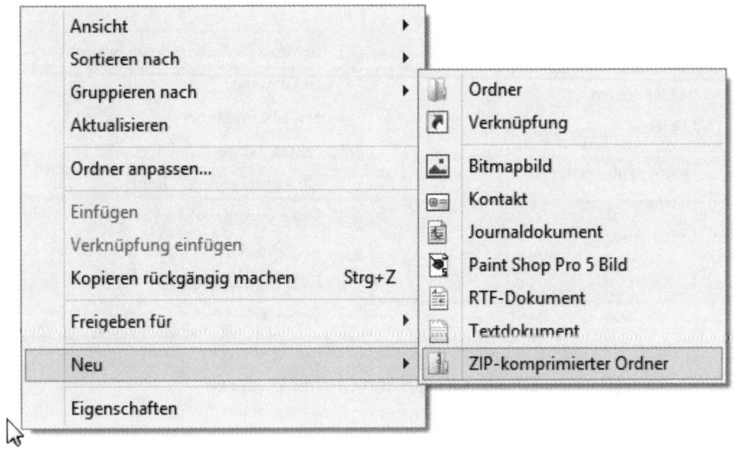

Bild 10.7: ZIP-komprimierten Ordner anlegen

Nach diesen Schritten liegt ein leeres ZIP-Archiv vor, das als Ordnersymbol mit einem stilisierten »Reißverschluss« dargestellt wird. Sie können nun Dateien oder komplette Ordner (z.B. durch Ziehen, siehe *Kapitel 9*) in diesen Ordner kopieren. Der Ordner selbst lässt sich wie jeder andere Ordner unter Windows kopieren, verschieben oder löschen.

10.2.3 Dateien zu einem ZIP-Ordner übertragen

Möchten Sie auf die Schnelle gleich mehrere Dateien in ein ZIP-Archiv speichern, können Sie den Vorgang auch abkürzen.

1. Sie markieren die Dateien oder die Ordner, klicken den markierten Bereich mit der rechten Maustaste an und wählen die Kontextmenübefehle *Senden an/ZIP-komprimierter Ordner* (Bild 10.8).
2. Warten Sie, bis Windows die ZIP-Datei für den ZIP-komprimierten Ordner angelegt und alle markierten Elemente zum Archiv hinzugefügt hat, und benennen Sie ggf. den neu angelegten komprimierten Ordner nach Ihren Wünschen um.

Windows benennt das ZIP-Archiv nach dem Namen des ersten eingefügten Elements. Sie können den Ordnernamen aber wie bei anderen Ordnern bzw. Dateien jederzeit umbenennen.

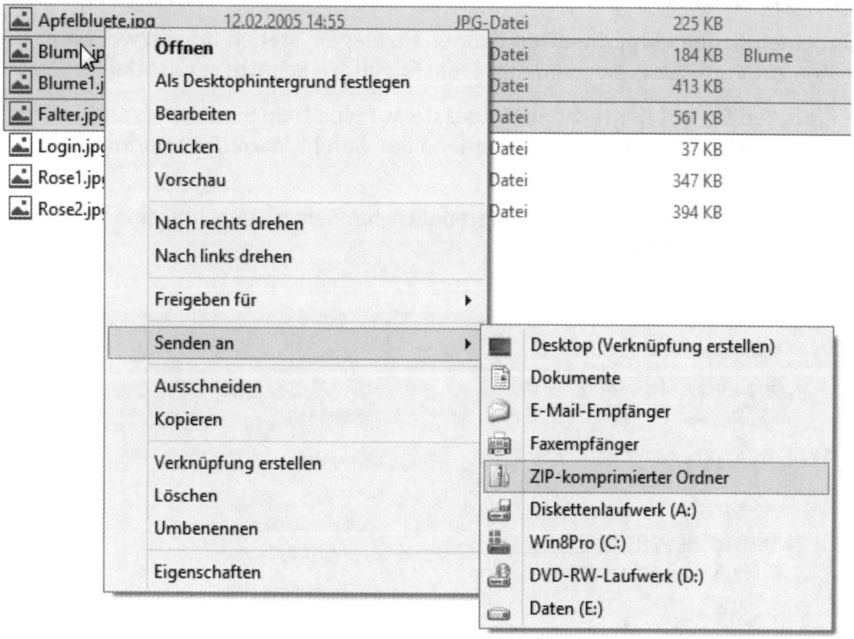

Bild 10.8: Dateien automatisch in ZIP-komprimierten Ordner kopieren

10.2.4 Arbeiten mit ZIP-komprimierten Ordnern

ZIP-komprimierte Ordner werden in Windows mit dem in Bild 10.9, linke Spalte, gezeigten Symbol der Datei *Fotos.zip* dargestellt. Um zu kontrollieren, welche Dateien im ZIP-komprimierten Ordner enthalten sind, wählen Sie dessen Symbol z.B. per Doppelklick an. Windows öffnet ein Ordnerfenster mit dem Inhalt des betreffenden Archivs (Bild 10.9, rechte Spalte).

Sie sehen den Dateinamen, den Dateityp und auch die komprimierte Größe der Datei im Ordnerfenster. Bei Dateien, die bereits intern eine Komprimierung verwenden (z.B. JPEG-Fotos, WMV-Videos, MP3- oder WMA-Musikdateien), bringt die zusätzliche Komprimierung nichts. ZIP-Archive haben dort den Vorteil, dass sich mehrere Dateien darin ablegen lassen. Dies vereinfacht die Handhabung beim Archivieren auf Datenträger oder die Weitergabe an Dritte, da Sie sich nur noch um die Archivdatei kümmern müssen.

- Eine neue Datei oder einen neuen Ordner fügen Sie zum ZIP-Archiv hinzu, indem Sie diese einfach (z.B. bei gedrückter linker Maustaste oder per Finger) aus einem zweiten Ordnerfenster zum Symbol (oder geöffneten Fenster) des komprimierten Ordners ziehen. Sobald Sie die Maustaste loslassen, wird das Element komprimiert und im Archiv abgelegt.

- Zum Entpacken einer Datei aus dem Archiv ziehen Sie diese einfach bei gedrückter linker Maustaste aus dem geöffneten Ordnerfenster des ZIP-komprimierten Ordners zum Windows-Desktop oder zu einem zweiten geöffneten Zielordner. Sie können die Datei auch im Ordnerfenster zu einem im Navigationsbereich angezeigten Ordnersymbol ziehen. Sobald Sie die linke Maustaste loslassen, wird die betreffende Datei extrahiert und im Zielordner abgelegt.
- Möchten Sie alle Dateien eines ZIP-Archivs entpacken, wählen Sie die Schaltfläche *Alle extrahieren* auf der Registerkarte *Extrahieren* im Menüband des Ordnerfensters (Bild 10.9). Windows schlägt dann in einem Dialogfeld den Pfad und den Namen des Zielordners (Bild 10.10) vor. Über die Schaltfläche *Durchsuchen* lässt sich der Zielordner ändern. Über die Schaltfläche *Extrahieren* wird der Inhalt des Archivs entpackt.

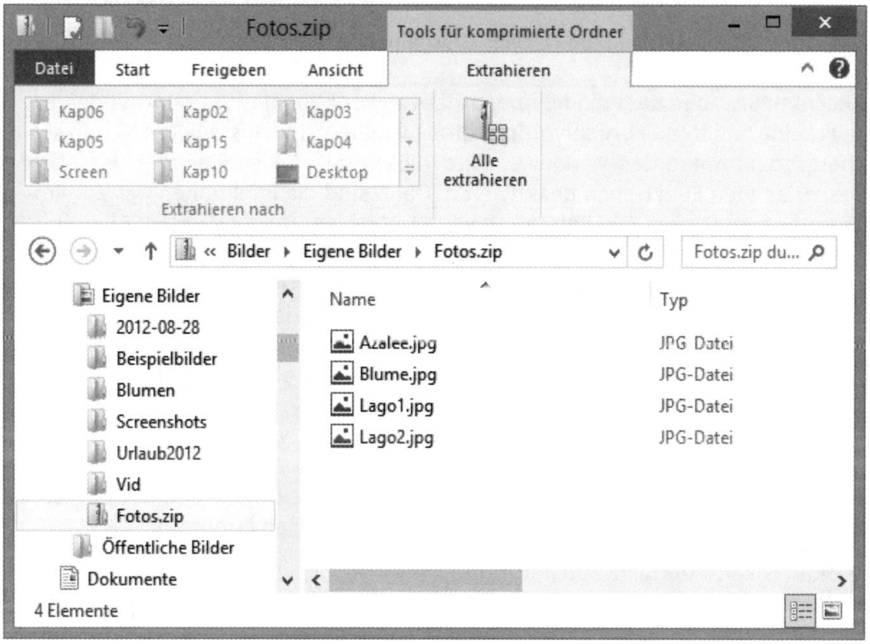

Bild 10.9: Anzeige eines ZIP-komprimierten Ordners

- Löschen können Sie einen Eintrag, indem Sie diesen (z.B. per Mausklick) markieren und dann den Befehl *Löschen* im Kontextmenü oder die Schaltfläche auf der Registerkarte *Start* im Menüband des Ordnerfensters wählen. Nach einer Sicherheitsabfrage, die Sie über die *Ja*-Schaltfläche bestätigen, wird das markierte Element aus dem Archiv ausgetragen. Beachten Sie, dass diese Elemente endgültig gelöscht und nicht im Papierkorb abgelegt werden.

Öffnen Sie das Eigenschaftenfenster eines Eintrag im ZIP-komprimierten Ordnerfenster, sehen Sie, wie viel Speicherplatz die komprimierte und unkomprimierte Datei verbraucht. Die Handhabung eines ZIP-komprimierten Ordners entspricht also dem Umgang mit normalen Dateien und Ordnern unter Windows (siehe *Kapitel 9*).

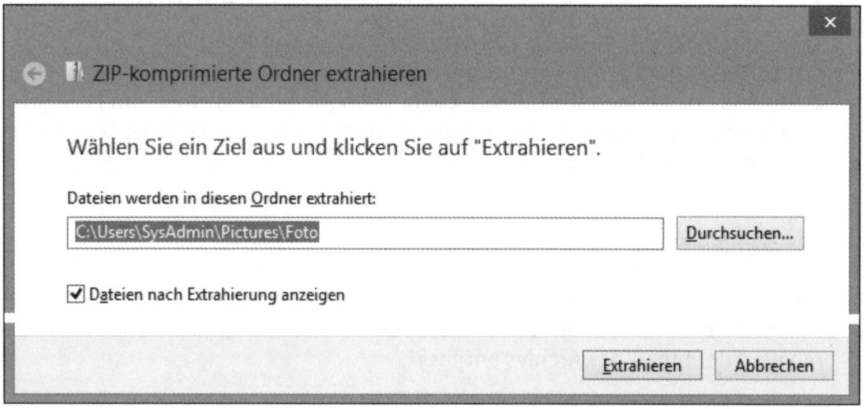

Bild 10.10: Entpacken aller Dateien eines ZIP-komprimierten Ordners

HINWEIS

Beachten Sie aber, dass die hier beschriebene Funktionalität nur vorhanden ist, falls keine anderen ZIP-Archivprogramme installiert sind. Installieren Sie ein solches Programm unter Windows, wird dieses ggf. Teile oder alle der oben beschriebenen Funktionen deaktivieren. Dann sind die Funktionen des ZIP-Programms zum Packen und Entpacken von ZIP-Archiven zu verwenden! Allerdings kann dies auch einige Vorteile haben, da solche Programme in der Regel verschiedene Archivformate (*.zip*, *.arc*, *.lhz* etc.) unterstützen. Die Funktion zum Schützen einer ZIP-Archivdatei per Kennwort wird übrigens seit Windows Vista nicht mehr unterstützt (da sich dieser Schutz leicht aushebeln lässt). Sie können allerdings eine per Kennwort geschützte Datei aus einem ZIP-Archiv öffnen. Dann erscheint ein Dialogfeld mit einer Kennwortabfrage. Im Kontextmenü einer solchen Archivdatei findet sich auch der Befehl *Kennwort entfernen*. Möchten Sie eine Datei mit einem Kennwortschutz in einem ZIP-Archiv ablegen, empfiehlt es sich, Programme wie 7Zip zu verwenden. Die Download-Adressen solcher Programme lassen sich über Internetsuchmaschinen ermitteln.

Windows kann übrigens auch auf die von Microsoft verwendeten Archive mit der Dateinamenerweiterung *.cab* zugreifen. Microsoft und andere Softwarehersteller verwenden *.cab*-Archive, um Installationsdateien zu packen. Doppelklicken Sie auf das Symbol der *.cab*-Datei, wird deren Inhalt in einem Ordnerfenster angezeigt. Zum Entpacken einer Datei ziehen Sie diese einfach zum Desktop oder zu einem zweiten Ordnerfenster – oder Sie wählen den Kontextmenübefehl *Extrahieren*. Alternativ können Sie den Kontextmenübefehl *Kopieren* wählen, um den Dateinamen in die Zwischenablage zu übernehmen. Wenn Sie dann zum Fenster des Zielordners wechseln, lässt sich die betreffende Datei mittels der Tastenkombination `Strg`+`V` oder mit dem Kontextmenübefehl *Einfügen* in diesen Zielordner extrahieren.

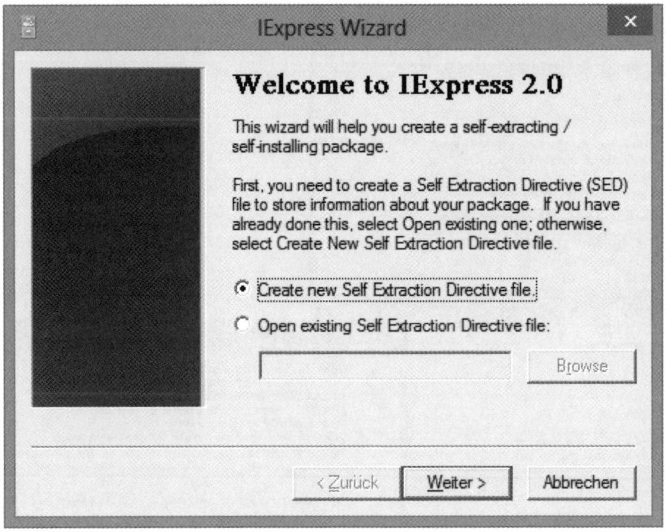

Bild 10.11: IExpress 2.0-Startdialog

TIPP

Windows enthält das undokumentierte Programm IExpress 2.0, mit dem sich selbstentpackende Archivdateien erstellen lassen. Geben Sie auf der Startseite den Befehl *IExpress* ein und drücken Sie die [↵]-Taste. Daraufhin startet der IExpress-Assistent (Bild 10.11), der Sie dann über verschiedene Dialogfelder durch das Erstellen der selbstextrahierenden Archivdateien führt. Sobald alle Schritte durchlaufen sind, wird der Assistent über die *Fertig stellen*-Schaltfläche beendet. Eine so erstellte selbstentpackende Archivdatei im *.exe*-Format lässt sich anschließend per Doppelklick anwählen, um den Extrahier- oder Installationsvorgang zu starten.

10.3 Datenverschlüsselung in Windows 8 Pro

In Windows 8 Pro stehen Administratoren verschiedene Funktionen zur Verschlüsselung sensibler Daten zur Verfügung. Der folgende Abschnitt geht auf einige dieser Funktionen ein.

10.3.1 EFS-Verschlüsselung für Dateien und Ordner

Die Verschlüsselung von Dateien oder ganzen Ordnern mit dem Encrypted File System (kurz EFS) ermöglicht Ihnen, kritische Inhalte gegen unbefugte Einsichtnahme und Missbrauch durch Dritte zu schützen.

1. Öffnen Sie das Eigenschaftenfenster eines Ordners oder einer Datei und wählen Sie auf der Registerkarte *Allgemein* die Schaltfläche *Erweitert*.
2. Markieren Sie im Dialogfeld (Bild 10.12, oben rechts) das Verschlüsselungsattribut *Inhalt verschlüsseln, um Daten zu schützen*.
3. Schließen Sie das Dialogfeld und dann die Registerkarte *Allgemein* über die *OK*-Schaltflächen.

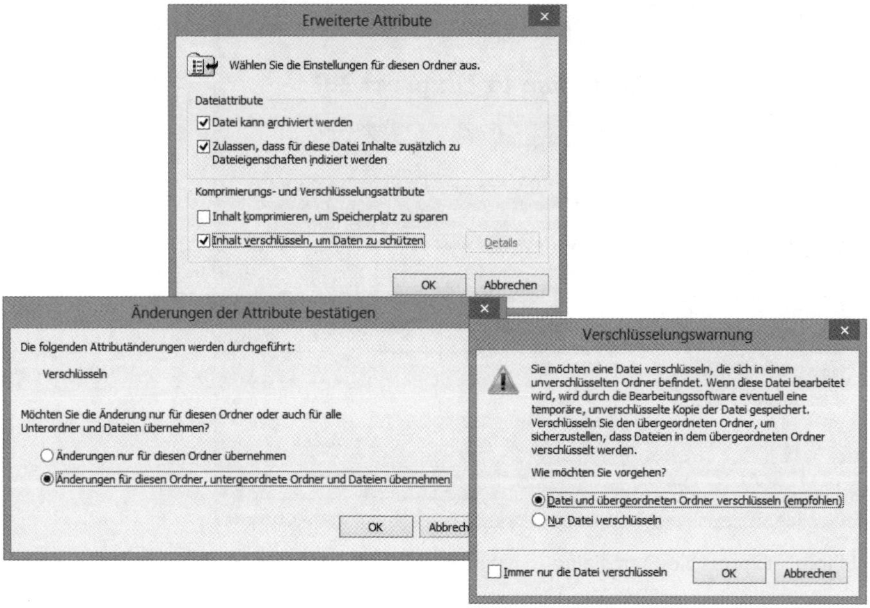

Bild 10.12: Verschlüsseln eines Dateielements

Windows fragt beim Schließen der Registerkarte *Allgemein* in einem Zusatzdialogfeld (Bild 10.12, unten links bzw. rechts) ab, ob nur der markierte Ordner oder zusätzlich auch der übergeordnete Ordner in die Verschlüsselung einzubeziehen ist. War eine Datei beim Verschlüsseln ausgewählt, erscheint das Dialogfeld *Verschlüsselungswarnung* (Bild 10.12, unten rechts) mit einigen Zusatzoptionen. Sie können wählen, ob die Datei oder der Ordnerinhalt samt übergeordnetem Ordner zu verschlüsseln ist. Wählen Sie über die Optionsfelder den gewünschten Modus aus und klicken Sie auf die *OK*-Schaltfläche.

Anschließend wird das betreffende Element (Datei oder Ordnerinhalt) vollständig verschlüsselt. Bei einem verschlüsselten Ordner können Sie z.B. wie mit einem normalen Ordner arbeiten. Der einzige Unterschied besteht darin, dass nur Personen, die Zugang zum Benutzerkonto (bzw. Zugriff auf die Verschlüsselungszertifikate) haben, auf den Inhalt des verschlüsselten Ordners oder eine verschlüsselte Datei zugreifen können. Allen anderen Personen wird der Zugriff verwehrt. Selbst wenn diesen die verschlüsselte Datei in die Hände fällt, nutzt dies (ohne das zugehörige Zertifikat zur Entschlüsselung) nichts.

Daher erfordert eine Verschlüsselung von Dateien und Ordnern auch eine erhöhte Sorgsamkeit des Benutzers und ein gewisses Grundverständnis der benutzten Mechanismen, um später jederzeit auf die eigenen Dateien zugreifen zu können. Vor allem sollten Sie Folgendes wissen:

- Komprimieren und Verschlüsseln schließen sich gegenseitig aus. Wählen Sie das Verschlüsselungsattribut für eine Datei oder einen Ordner auf einem NTFS-Datenträger, lässt sich dieses Element nicht mehr komprimieren. Möchten Sie eine verschlüsselte Datei komprimiert speichern, können Sie diese in einem ZIP-komprimierten Ordner ablegen.

- Die Verschlüsselung der Inhalte erfolgt mit dem sogenannten Encrypted File System (EFS) und ist für den Benutzer transparent. Die verschlüsselten Ordner und Dateien werden in Ordnerfenstern lediglich in grüner Farbe dargestellt. Öffnen Sie die Datei oder den Ordner, entschlüsselt Windows den Inhalt automatisch. Kopieren Sie aber eine Datei aus einem verschlüsselten Ordner in einen unverschlüsselten Speicherort (z.B. FAT-Datenträger), hebt Windows die EFS-Verschlüsselung in der Kopie auf.
- Sobald ein Benutzer erstmalig eine Datei unter seinem Konto verschlüsselt, erzeugt Windows automatisch ein entsprechendes Zertifikat (siehe auch folgende Abschnitte). Nur über dieses Zertifikat kann auf die verschlüsselten Inhalte zugegriffen werden.
- Verschlüsselte Dateien und Ordner sind nur unter einem Benutzerkonto einsehbar, für das das Zertifikat verfügbar ist. Dies ist für das eigene Benutzerkonto gegeben, aber die verschlüsselten Inhalte lassen sich für den Zugriff durch Dritte freigeben. Dann entschlüsselt Windows die Inhalte des Elements beim Öffnen automatisch. Geben Sie verschlüsselte Dokumente auf einem Datenträger weiter oder versuchen Sie, von einem anderen Benutzerkonto auf das Dokument zuzugreifen, und enthält dieses Konto kein entsprechendes Zertifikat, erhalten die Benutzer beim Öffnen den Hinweis, dass der Zugriff verboten ist.

Gerade der letzte Punkt erfordert eine besondere Vorsicht. Wird das Benutzerkonto, unter dem die Datei verschlüsselt wurde, gelöscht, geht auch das Zertifikat verloren. Dann kann auf den Inhalt (ohne gesicherte Zertifikate) nicht mehr zugegriffen werden. Dies gilt auch für den Fall, dass Sie Windows neu installieren oder zurücksetzen müssen. Und es gibt eine noch größere Falle: Vergisst ein Benutzer sein Kennwort zur Anmeldung am Benutzerkonto, kann ein Administrator dieses zwar ändern und eine erneute Anmeldung ermöglichen. Dann sind aber die unter dem Konto zur Verschlüsselung benutzten Zertifikate verfallen und der Benutzer kommt nicht mehr an die Datei- bzw. Ordnerinhalte der verschlüsselten Elemente heran.

HINWEIS

Der Schutz gegen solche Katastrophen besteht darin, die zur Verschlüsselung von Windows erzeugten oder benutzten Zertifikate zu sichern und bei Bedarf wieder zu importieren. Bei einer lokalen Verschlüsselung ist jeder Benutzer bzw. der Administrator für diese Sicherung verantwortlich.

In größeren Firmen oder Organisationen werden ggf. zentrale Zertifikate (innerhalb einer Domäne) zur Verschlüsselung der Dokumente benutzt. Dann lässt sich mithilfe der Fachabteilung ein solches Zertifikat importieren und zum Entschlüsseln der Dokumente nutzen. Falls keine solche Infrastruktur mit zentralen Zertifikaten existiert, gibt es zwei Ansätze, um den Zugriff auf verschlüsselte Dateien und Ordner sicherzustellen. Benutzen Sie die nachfolgend erläuterte Möglichkeit, die Zertifikate zum Verschlüsseln zu sichern, und arbeiten Sie mit Kennwortrücksetzdisketten, um den Verfall der Zertifikate zu vermeiden.

10.3.2 Sichern des EFS-Verschlüsselungszertifikats

Sobald Sie eine Datei oder einen kompletten Ordner erstmals verschlüsseln, erzeugt Windows ein entsprechendes Zertifikat für das betreffende Benutzerkonto. Um einen Verlust der Informationen zu verhindern, fordert Windows nach dem Verschlüsseln den Benutzer zur Sicherung des Zertifikats auf (Bild 10.13). Durch Anklicken des Befehls *Jetzt sichern (empfohlen)* lässt sich der Assistent zum Zertifikatexport aufrufen. Wählen Sie die Option *Später sichern*, werden Sie bei jeder Anmeldung am Benutzerkonto aufgefordert, die Sicherung vorzunehmen. Sie können das Dialogfeld – nach dem ersten Neustart – über ein im Infobereich der Taskleiste eingeblendetes Symbol (Bild 10.13, unten) öffnen. Um das zum Verschlüsseln benötigte Zertifikat auf einem (externen) Datenträger zu sichern, gehen Sie in folgenden Schritten vor:

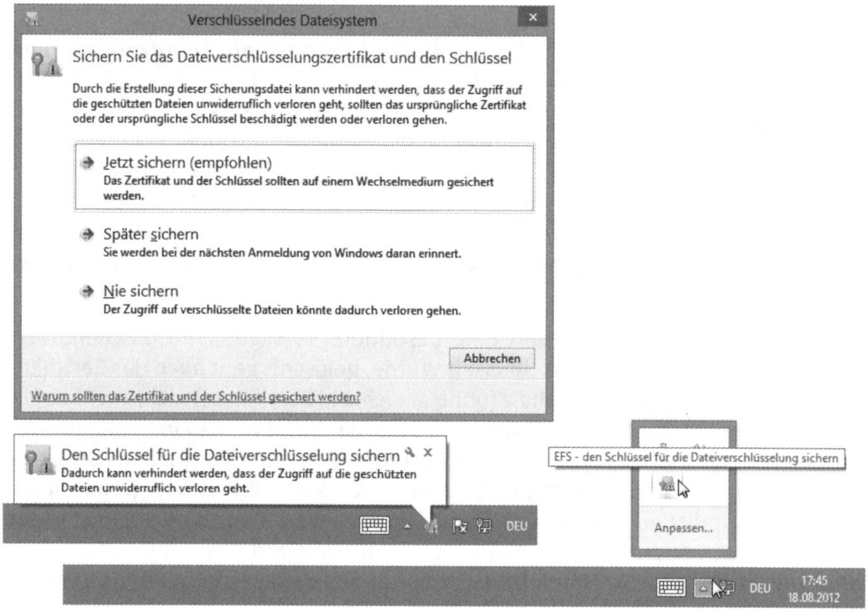

Bild 10.13: Aufforderung zum Sichern der Verschlüsselungszertifikate

1. Rufen Sie ggf. das Dialogfeld *Verschlüsselndes Dateisystem* (Bild 10.13) auf und wählen Sie den Befehl *Jetzt sichern (empfohlen)*.
2. Sobald das Dialogfeld *Willkommen* des Zertifikatexport-Assistenten erscheint, klicken Sie auf die *Weiter*-Schaltfläche. Wählen Sie im Folgedialogfeld die Optionen des zu exportierenden Zertifikats aus (Bild 10.14, links). Welche Optionen freigegeben werden, hängt von der Systemumgebung ab.
3. Tippen Sie im Dialogfeld *Sicherheit* (Bild 10.14, oben rechts) in das *Kennwort*-Feld sowie in das Bestätigungsfeld jeweils ein Kennwort ein. Dieses Kennwort dient zum Zugriff auf das Zertifikat. Ohne das Kennwort lässt sich mit dem Zertifikat nichts anfangen.

4. Im Dialogfeld *Zu exportierende Datei* (Bild 10.14, unten) wählen Sie über die Schaltfläche *Durchsuchen* einen Exportpfad und legen den Namen der Sicherungsdatei fest.
5. Im letzten Dialogschritt werden Ihnen nochmals die Exportoptionen angezeigt. Klicken Sie auf die *Fertig stellen*-Schaltfläche, um den Vorgang abzuschließen.

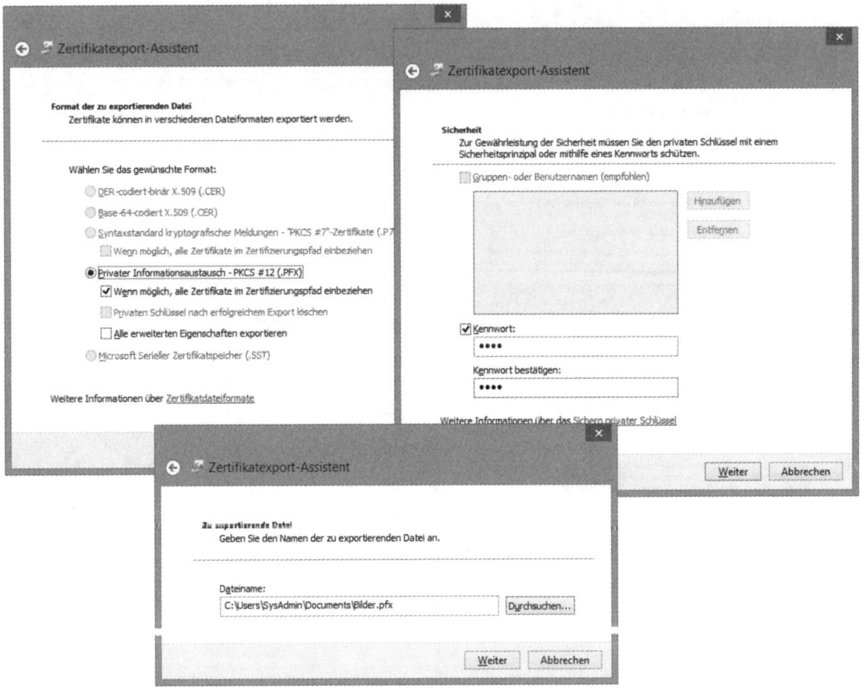

Bild 10.14: Dialogfelder des Sicherungsassistenten

Der Assistent wird geschlossen und der Export beginnt. Sobald Sie das Dialogfeld mit dem Hinweis auf den erfolgreichen Abschluss des Exports über die *OK*-Schaltfläche beenden, liegt auf dem Zielmedium eine Exportdatei vor. Fertigen Sie ggf. Sicherungskopien auf einem Wechseldatenträger an und bewahren Sie diese an einem sicheren Ort auf.

10.3.3 Import eines EFS-Verschlüsselungszertifikats

Haben Sie Ihr Kennwort für das Benutzerkonto vergessen und musste dieses vom Administrator geändert werden? In diesem Fall sind die Zertifikate zur Entschlüsselung verschlüsselter Dateien ungültig – Sie kommen nicht mehr an diese Dateien heran. Sollen Dritte auf Ihre verschlüsselten Dateien zugreifen können oder möchten Sie Ihre verschlüsselten Dateien auf einem anderen Rechner einsehen, müssen Sie das Verschlüsselungszertifikat importieren. Sobald es unter Windows in einem Benutzerkonto importiert wurde, können die mit diesem Zertifikat verschlüsselten Dateien unter diesem Konto eingesehen werden.

1. Öffnen Sie ein Ordnerfenster und navigieren Sie zum Ordner, in dem die exportierte Zertifikatdatei zur Dateiverschlüsselung abgelegt ist. Öffnen Sie diese Datei (z.B. per Doppelklick).
2. Befolgen Sie die Anweisungen des Zertifikatimport-Assistenten, der Sie durch die Schritte zum Einlesen des Zertifikats führt. Über die *Weiter*-Schaltfläche gelangen Sie jeweils zum Folgedialogfeld.

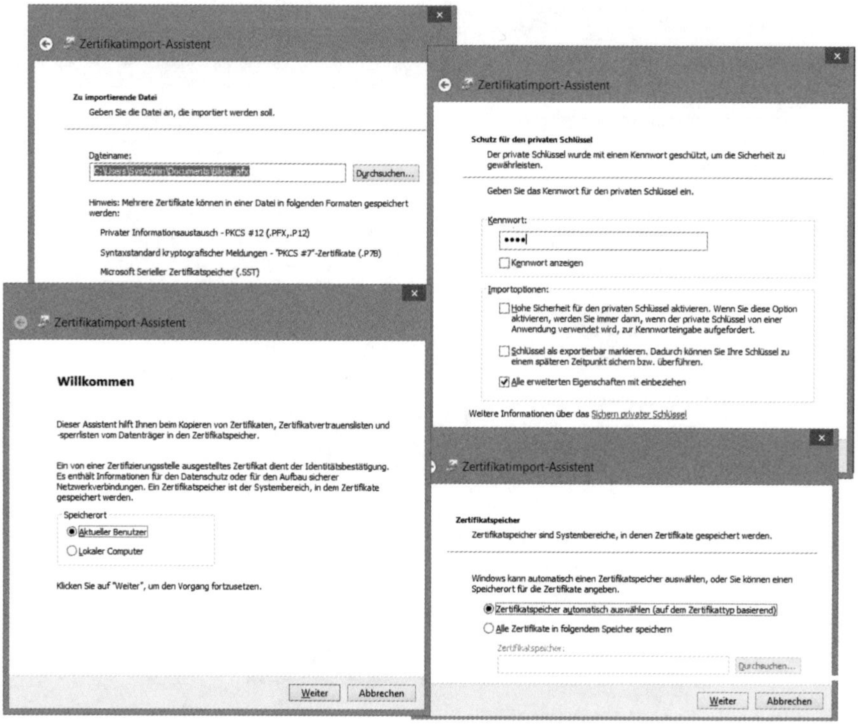

Bild 10.15: Dialogfelder des Zertifikatimport-Assistenten

Wählen Sie über das Optionsfeld im Start-Dialogfeld, ob das Zertifikat für das aktuelle Benutzerkonto oder für alle Konten des Computers zu importieren ist (Bild 10.15, unten links). Kontrollieren Sie im Dialogfeld *Zu importierende Datei* den Pfad zur Importdatei mit dem Zertifikat (Bild 10.15, oben links) und klicken Sie auf die *Weiter*-Schaltfläche. Tippen Sie im Dialogschritt *Schutz für den privaten Schlüssel* (Bild 10.15, oben rechts) in das *Kennwort*-Feld das zum Zugriff auf das Zertifikat vereinbarte Kennwort ein. Bei Bedarf können Sie im Dialogfeld weitere Importoptionen wählen und dann auf die *Weiter*-Schaltfläche klicken. Im Dialogschritt *Zertifikatspeicher* (Bild 10.15, unten rechts) wählen Sie über die Optionsfelder, ob das Zertifikat automatisch durch Windows gespeichert oder in einem besonderen Zertifikatspeicher abgelegt wird. Anschließend können Sie im letzten Dialogschritt auf die *Fertig stellen*-Schaltfläche klicken, um den Import abzuschließen.

10.3.4 Dritten den Zugriff auf verschlüsselte Dateien gewähren

Um anderen Personen den Zugriff auf Ihre verschlüsselten Dateien und Ordner zu gewähren, könnten Sie ihnen die betreffenden Zertifikate zukommen lassen. Dies bedeutet aber, dass sie an alle Ihre Dokumente, die mit dem Zertifikat verschlüsselt wurden, herankommen.

HINWEIS

Damit dieser Zugriff funktioniert, müssen die berechtigten Personen auf demselben Rechner unter verschiedenen Konten arbeiten. Zudem ist es erforderlich, dass diese Personen bereits einmal unter diesen Konten eine Datei oder einen Ordner verschlüsselt haben (dann wird für das Konto von Windows einmalig ein Verschlüsselungszertifikat angelegt). Bei der Zusammenarbeit in einem Firmennetzwerk erfordert der gemeinsame Zugriff auf die verschlüsselten Dateien die zentrale Verwaltung der Zertifikatdateien. Interessierte Leser seien hier auf die Microsoft-Webseite (z.B. `http://technet.microsoft.com/de-de/library/cc782901%28WS.10%29.aspx` [w8-k10-003]) verwiesen.

Um berechtigten Personen den Zugriff auf Ihre verschlüsselten Dateien zu gewähren, gehen Sie in folgenden Schritten vor:

1. Markieren Sie die bereits verschlüsselte Datei und wählen Sie auf der Registerkarte *Start* die Schaltfläche *Eigenschaften* – oder öffnen Sie mit der rechten Maustaste das Kontextmenü und wählen Sie den Kontextmenübefehl *Eigenschaften*.
2. Anschließend klicken Sie auf der Registerkarte *Allgemein* des Eigenschaftenfensters auf die Schaltfläche *Erweitert*.
3. Im Dialogfeld *Erweiterte Attribute* (Bild 10.16, links oben) klicken Sie auf die *Details*-Schaltfläche.
4. Wählen Sie im Dialogfeld *Benutzerzugriff auf ...* (Bild 10.16, rechts oben) die *Hinzufügen*-Schaltfläche.
5. Wählen Sie im Dialogschritt *Verschlüsselndes Dateisystem* (Bild 10.16, links unten) die Einträge aller Personen, denen der Zugriff gewährt werden soll, und bestätigen Sie die Auswahl über die *OK*-Schaltfläche.

Wenn Sie die noch geöffneten Dialogfelder über die *OK* Schaltfläche schließen, werden die Zertifikate der ausgewählten Benutzerkonten in den Zugriffsberechtigungen der verschlüsselten Datei mit vermerkt. Diese Benutzer können dann auf die Datei zugreifen. Windows überprüft das Zertifikat des zugreifenden Kontos, und sofern dies in der Freigabe vermerkt ist, wird der Zugriff gewährt.

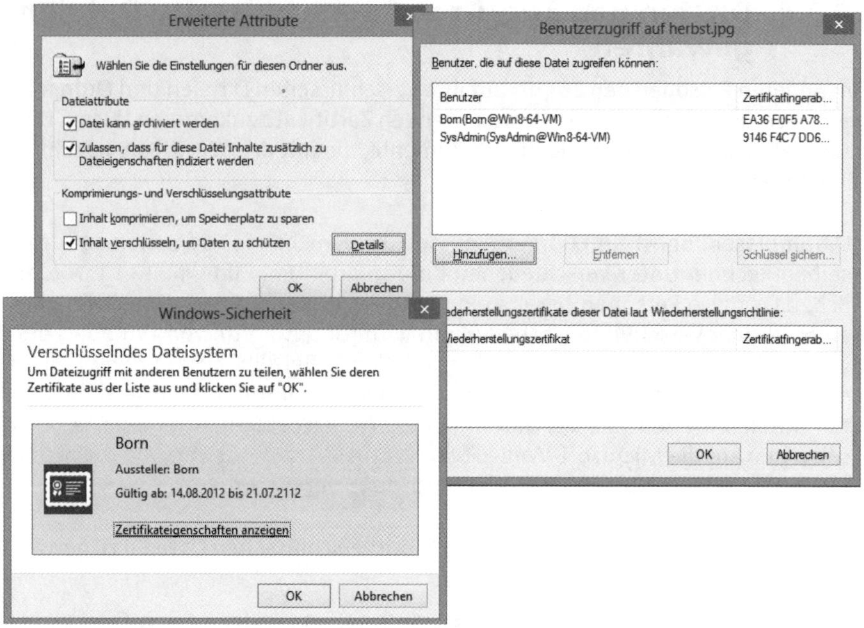

Bild 10.16: Zugriff auf verschlüsselte Inhalte freigeben

Schlüssel für EFS-Zertifikate zurückziehen und verwalten

Ist ein Zertifikat in fremde Hände gelangt oder verloren gegangen? Um die missbräuchliche Verwendung durch Dritte zu verhindern, können Sie ein neues Zertifikat vergeben. Dann werden die verschlüsselten Dateien und Elemente mit diesem Zertifikat signiert und nur die Freigaben bzw. Besitzer des neuen Zertifikats erhalten Zugriff – alte Zertifikate werden nutzlos.

1. Öffnen Sie die Seite *Benutzerkonten* in der Systemsteuerung (z.B. indem Sie die Charms-Leiste bei sichtbarem Windows-Desktop einblenden, das Symbol *Einstellungen* und in der Seitenleiste *Einstellungen* den Befehl *Systemsteuerung* wählen, dann zu den Benutzerkonten navigieren).
2. Wählen Sie links in der Aufgabenleiste des Fensters *Benutzerkonten* den Hyperlink *Dateiverschlüsselungszertifikate verwalten* (Bild 10.17, links oben).
3. Gehen Sie über die *Weiter*-Schaltfläche zum Dialogfeld *Ein Dateiverschlüsselungszertifikat auswählen oder erstellen* (Bild 10.17, rechts oben). Wählen Sie über Optionsfelder aus, ob ein markiertes Zertifikat gespeichert oder ein neues Zertifikat zur Dateiverschlüsselung ausgestellt werden soll. Falls noch kein Zertifikat existiert, legen Sie ein neues an. Klicken Sie dann auf die *Weiter*-Schaltfläche.
4. Bei einem neuen Zertifikat wählen Sie im Folgedialogfeld aus Bild 10.17, unten links, die gewünschte Zertifikatoption aus.

5. Tragen Sie im Dialogfeld aus Bild 10.17, unten rechts, das Kennwort zum Zugriff auf das Zertifikat ein und legen Sie den Pfad sowie den Namen der Sicherungsdatei für das Zertifikat fest.
6. Wählen Sie im letzten Dialogfeld die Laufwerke aus, die Windows auf verschlüsselte Inhalte überprüfen und auf denen ggf. das Zertifikat aktualisiert werden soll.

Klicken Sie erneut auf die *Weiter*-Schaltfläche und lassen Sie den Export der Zertifikatdatei sowie die Aktualisierung der verschlüsselten Inhalte durchführen. Nachdem Sie die Dialogfelder geschlossen haben, sollten Sie (sofern noch nicht geschehen) die Zertifikatdatei auf einem Wechseldatenträger archivieren. Alle verschlüsselten Inhalte lassen sich nur noch mit dem neuen Zertifikat öffnen – die vorher ausgestellten Zertifikate sind verfallen.

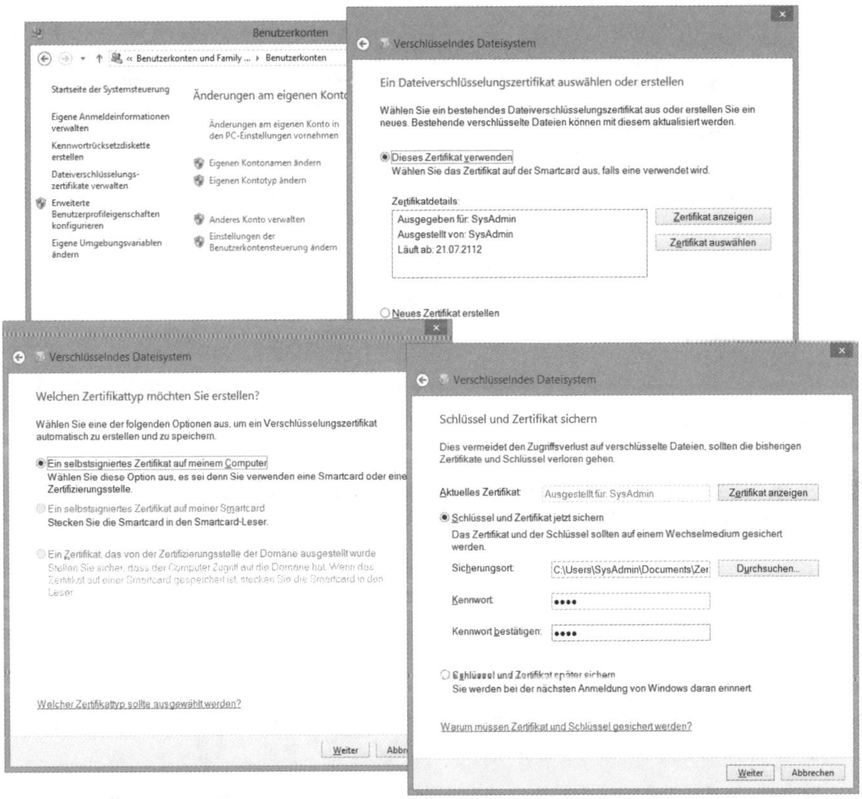

Bild 10.17: EFS-Zertifikate verwalten

> Beachten Sie aber: Wurde (noch mit dem alten Zertifikat) verschlüsseltes Material auf Datenträgern archiviert oder per Mail weitergegeben, kann ein Dritter über das alte Verschlüsselungszertifikat weiterhin auf die Inhalte der verschlüsselten Dateien zugreifen.
>
> HINWEIS

Ihre Zertifikate können Sie auch komfortabel über den Zertifikate-Manager verwalten. Geben Sie in das Suchfeld der Seitenleiste *Suchen* (*Apps* muss markiert sein) den Befehl *certmgr.msc* ein und wählen Sie den dann angezeigten Befehl. Im Zertifikate-Manager wählen Sie den Zweig *Zertifikate – Aktueller Benutzer/ Eigene Zertifikate/Zertifikate*. Dann werden alle für das Benutzerkonto ausgestellten Zertifikate eingeblendet (Bild 10.18). Über den Kontextmenübefehl *Alle Aufgaben* können Sie Zertifikate importieren, exportieren und löschen.

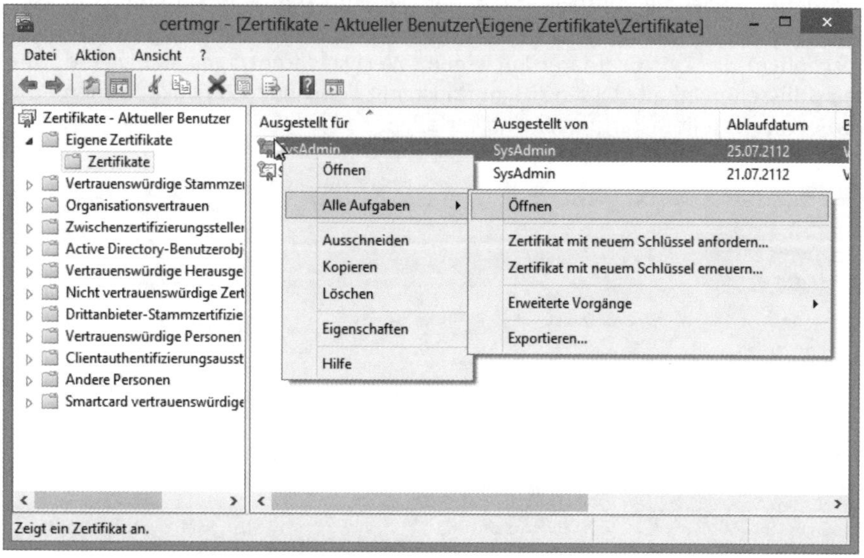

Bild 10.18: Zertifikate-Manager zur Zertifikatverwaltung

10.3.5 Zentrale Wiederherstellungsschlüssel verwenden

Der in den vorhergehenden Abschnitten beschriebene Ansatz setzt voraus, dass Sie die Zertifikatdatei für die betreffenden Dokumente besitzen und ggf. für Dritte eine separate Zertifikatfreigabe auf dem betreffenden Rechner erfolgt. In größeren Organisationen muss sichergestellt sein, dass autorisierte Stellen ggf. über eine Art Zentralschlüssel Zugriff auf verschlüsselte Dokumente haben. Hierzu lässt sich unter Windows 8 ein zentraler Wiederherstellungsschlüssel über ein entsprechendes Zertifikat erstellen:

1. Rufen Sie das Fenster der Eingabeaufforderung auf und wechseln Sie mit dem Befehl *cd* in den Ordner *Dokumente* Ihres Benutzerkontos.
2. Geben Sie den Befehl *cipher /r:xxx* ein, wobei *xxx* für den Namen einer Zertifikatdatei (z.B. *Born1*) steht, und bestätigen Sie dies über die [↵]-Taste.
3. Anschließend geben Sie das Kennwort zum Zugriff auf die PFX-Datei ein und bestätigen dies (Bild 10.19).

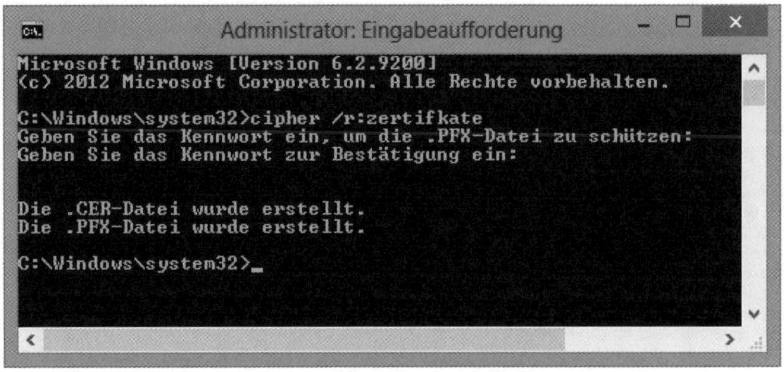

Bild 10.19: Wiederherstellungsschlüssel erstellen

Der Befehl *cipher* erzeugt zwei Dateien, eine öffentliche Zertifikatdatei *.cer* und eine *.pfx*-Datei. Sichern Sie die *.pfx*-Datei auf einem Wechseldatenträger und bewahren Sie diesen an einem sicheren Ort auf. Mit dieser Datei lassen sich später alle mit dem durch *cipher* ausgestellten Zertifikat verschlüsselten Inhalte öffnen. Die *.pfx*-Datei ist also so etwas wie der Generalschlüssel für die Dokumente.

Nun müssen Sie Windows noch über Gruppenrichtlinien anweisen, die Dokumente und Ordner zukünftig mit der Zertifikatdatei zu verschlüsseln.

1. Rufen Sie (z.B. über das Suchfeld der Seitenleiste *Suchen*, *Apps* gewählt) die Datei *gpedit.msc* auf, wobei Sie diese im Modus *Als Administrator ausführen* starten müssen.
2. Wechseln Sie im Editor für lokale Gruppenrichtlinien in der linken Spalte zum Zweig *Richtlinien für Lokaler Computer/Computerkonfiguration/Windows-Einstellungen/Sicherheitseinstellungen/Richtlinien für öffentliche Schlüssel/Verschlüsselndes Dateisystem*. Dort dürften beim ersten Aufruf noch keine Richtlinien vorhanden sein.
3. Klicken Sie mit der rechten Maustaste auf den Zweig *Verschlüsselndes Dateisystem* und wählen Sie den Kontextmenübefehl *Datenwiederherstellungs-Agents hinzufügen* (Bild 10.20).
4. Sobald der Assistent zum Hinzufügen des Wiederherstellungs-Agents startet, öffnen Sie über die *Weiter*-Schaltfläche das nächste Dialogfeld (Bild 10.21, rechts oben) und wählen die Schaltfläche *Ordner durchsuchen*.
5. Wählen Sie im *Öffnen*-Dialogfeld die ausgestellte *.cer*-Datei aus, bestätigen Sie über die *Öffnen*-Schaltfläche und klicken Sie im Folgedialogfeld (Bild 10.21, unten links) auf die *Ja*-Schaltfläche, um den Wiederherstellungs-Agent hinzuzufügen.
6. Gehen Sie über die *Weiter*-Schaltfläche zum Abschlussdialogfeld und wählen Sie dort die *Fertig stellen*-Schaltfläche.
7. Verlassen Sie den Editor für lokale Gruppenrichtlinien, wechseln Sie zum Fenster der Eingabeaufforderung und geben Sie den Befehl *gpupdate /force* [↵] zum Aktualisieren der Gruppenrichtlinien ein.
8. Geben Sie den Befehl *cipher /u* [↵] zum Aktualisieren der bereits auf dem Rechner verschlüsselten Dokumente ein.

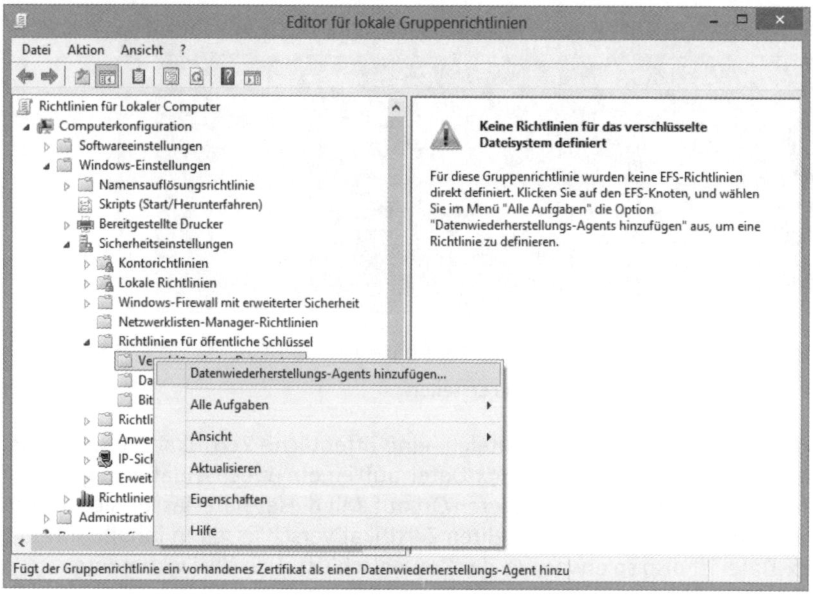

Bild 10.20: Datenwiederherstellungs-Agents hinzufügen

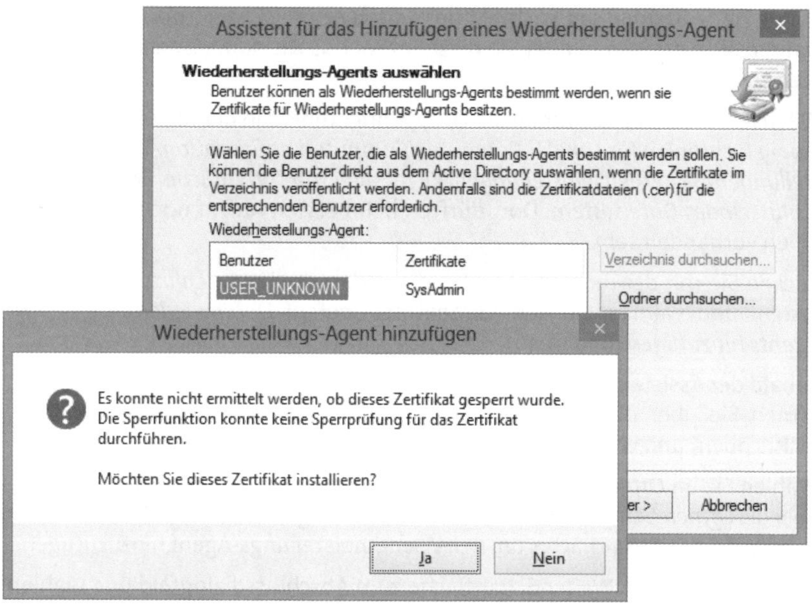

Bild 10.21: Assistent zum Hinzufügen der Datenwiederherstellungs-Agents

Anschließend können Sie das Fenster der Eingabeaufforderung beenden. Über die (hoffentlich) gesicherte Datei (z.B. *Born1.pfx*) lassen sich im Notfall alle verschlüsselten Dokumente des Computers wieder entschlüsseln (einfach die *.pfx*-Datei unter dem Konto importieren und dann auf die verschlüsselten Dateien zugreifen).

10.3.6 Anforderungen: Laufwerkverschlüsselung mit BitLocker

Windows 8 Pro unterstützt die Verschlüsselung des Systemlaufwerks und eingebauter Datenlaufwerke mit der BitLocker-Funktion. Zudem lassen sich auch USB-Flashspeicher mit BitLocker To Go verschlüsseln, um sensible Daten bei Verlust vor dem Zugriff Unbefugter zu schützen.

Im Gegensatz zur ordnerbezogenen EFS-Verschlüsselung gilt die BitLocker-Verschlüsselung immer für das gesamte Laufwerk. Daher kommt auch kein Verschlüsselungszertifikat, das unter einem Benutzerkonto abgelegt wird, zum Einsatz. BitLocker verwendet vielmehr zum Verschlüsseln eines Laufwerks einen eigenen Schlüssel, der an einem sicheren Speicherort abgelegt und bei jedem Bootvorgang des Betriebssystems ausgelesen wird. BitLocker kann sich dabei auf einen im Rechner eingebauten TPM-Chip (Trusted Platform Module) stützen, in dem die Kryptografieinformationen (z.B. Verschlüsselungsschlüssel) gesichert werden. Sofern die Hardware mit einem TPM-Chip ausgestattet ist, muss dieser in der Regel vor der Verwendung durch BitLocker im BIOS bzw. UEFI des Rechners freigegeben werden. Zudem ist TPM vor der Aktivierung von BitLocker über die TPM-Verwaltungskonsole einzuschalten (siehe auch den Abschnitt »10.3.9 BitLocker-Laufwerkverschlüsselung verwalten«.

BitLocker setzt eine unverschlüsselte Startpartition (z.B. die Partition »system reserviert«) voraus, über die das System startet. Dann wird der Schlüssel gelesen und das verschlüsselte Laufwerk im laufenden Betrieb entschlüsselt. Das mit BitLocker zu verschlüsselnde Windows-Laufwerk muss daher in eine zweite Partition entsprechender Größe installiert werden.

BitLocker lässt sich auch auf Systemen einsetzen, die über keinen TPM-Chip verfügen. Konfigurieren Sie BitLocker in diesem Fall durch Änderung der Gruppenrichtlinien so, dass die Schlüssel auf einem USB-Stick (oder Flash-Speicher) abgelegt werden. Der Rechner lässt sich dann nur nutzen, wenn der USB-Stick in einer USB-Buchse angeschlossen ist. Geht der USB-Stick mit dem Schlüssel verloren, wird die Schlüsseldatei gelöscht, oder ist der Datenspeicher beschädigt, lässt sich der Rechner nicht mehr nutzen. In Windows 8 bietet BitLocker bei Datenpartitionen die Möglichkeit, den Wiederherstellungsschlüssel auszudrucken.

ACHTUNG

Ist das Betriebssystemlaufwerk verschlüsselt, prüft die von der unverschlüsselten Startpartition aufgerufene Bootroutine den Computer auf Veränderungen am BIOS/UEFI, an den Startdateien und ggf. am TMP-Chip. Sobald ein potenzielles Sicherheitsrisiko erkannt wird, sperrt BitLocker das Betriebssystemlaufwerk. Dieses lässt sich dann nur noch durch den beim erstmaligen Aktivieren erstellten BitLocker-Wiederherstellungsschlüssel entsperren. Fehlt dieser Schlüssel, verlieren Sie dauerhaft den Zugriff auf die Dateien der gesperrten Partition. Bei Systemen mit TMP-Mikrochip speichert BitLocker die Wiederherstellungsschlüssel auf diesem Chip und fordert sie vom TMP-Mikrochip zum Entsperren an. Verschlüsselte Datenlaufwerke oder Wechseldatenträger lassen sich mit einem Kennwort oder einer Smartcard entsperren. Zudem ist eine automatische Entsperrung bei der Anmeldung am Computer konfigurierbar.

10.3.7 TPM für BitLocker abschalten

Besitzt Ihr Rechner keinen TPM-Chip, müssen Sie als Administrator das Verhalten des BitLocker-Setup-Assistenten über eine Gruppenrichtlinie so anpassen, dass ein USB-Flashlaufwerk zur Ablage der Verschlüsselungsschlüssel benutzt wird.

1. Rufen Sie *gpedit.msc* über das Suchfeld der Seitenleiste *Suchen* mit administrativen Berechtigungen auf und navigieren Sie dann in der linken Spalte des Editors für lokale Gruppenrichtlinien zum Zweig *Richtlinien für Lokaler Computer/Computerkonfiguration/Administrative Vorlagen/Windows-Komponenten/BitLocker-Laufwerkverschlüsselung/Betriebssystemlaufwerke* (Bild 10.22, Hintergrund).
2. Doppelklicken Sie im rechten Teil auf *Zusätzliche Authentifizierung beim Start anfordern*. Markieren Sie im angezeigten Dialogfeld (Bild 10.22, Vordergrund) das Optionsfeld *Aktiviert* sowie im Feld *Optionen* das Kontrollkästchen *BitLocker ohne kompatibles TMP zulassen*. Danach klicken Sie auf die *OK*-Schaltfläche.

Im Zweig *BitLocker-Laufwerkverschlüsselung* finden Sie weitere Unterzweige, in denen Sie die Richtlinien für Festplattenlaufwerke (z.B. Zugriff auf unverschlüsselte Laufwerke blockieren, BitLocker-Datenträger früherer Windows-Versionen zulassen, Wiederherstellen verschlüsselter Datenträger etc.) konfigurieren können. Nachdem Sie die Gruppenrichtlinienverwaltung geschlossen haben, sollten Sie die Richtlinien über den Befehl *gpupdate /force* [↵] mittels der Eingabeaufforderung aktualisieren. Danach können Sie BitLocker aktivieren und Laufwerke verschlüsseln lassen.

HINWEIS

Bei vorhandenem TPM-Mikrochip kann ein verschlüsseltes Laufwerk automatisch über die dort gespeicherten Inhalte entsperrt werden. Ergänzend zu TPM lässt sich ein Systemstartschlüssel auf einem USB-Flashlaufwerk ablegen. Dann kann ohne den Systemstartschlüssel nicht auf das Laufwerk zugegriffen werden. Bei Kombination von TPM mit PIN muss der Benutzer die PIN zum Zugriff auf das verschlüsselte Laufwerk eingeben. Zudem können die Verfahren TMP mit PIN und Systemstartschlüssel kombiniert werden. Die Vorgaben lassen sich über die Gruppenrichtlinie einstellen.

10.3.8 BitLocker aktivieren und Laufwerk verschlüsseln

Vor der Verschlüsselung von Laufwerken ist BitLocker zu aktivieren. Hierzu markieren Sie im Ordnerfenster *Computer* das zu verschlüsselnde Laufwerk und wählen im Menüband auf der Registerkarte *Verwalten* über die Menüschaltfläche *BitLocker* den Befehl *BitLocker aktivieren* (Bild 10.23). Bei Festplatten ist in der Regel eine Administratorberechtigung zum Aufruf der Funktion erforderlich, da Standardbenutzer keinen Vollzugriff auf solche Laufwerke besitzen.

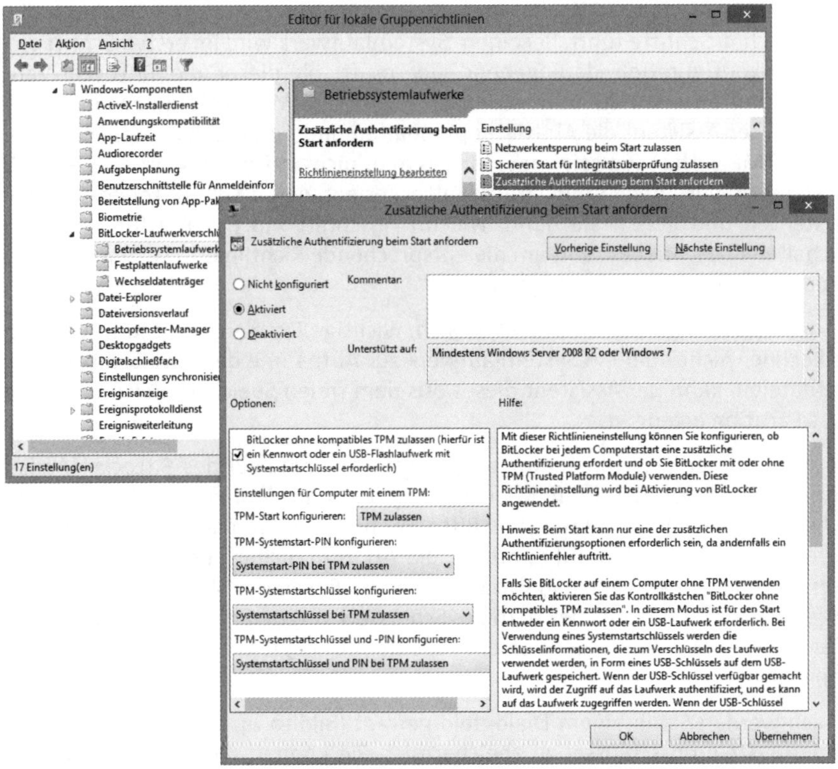

Bild 10.22: TPM in BitLocker abschalten

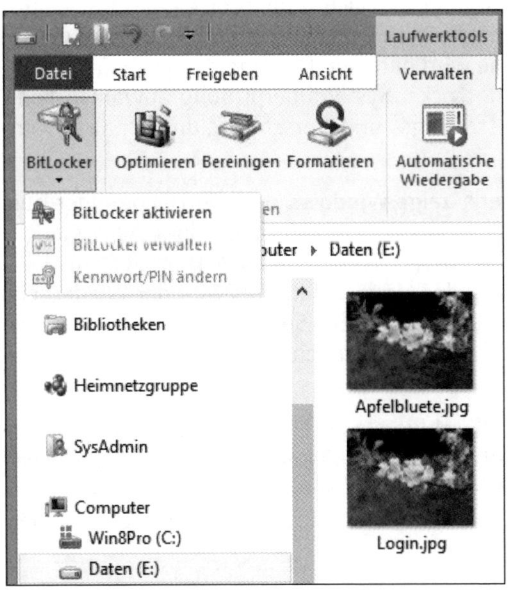

Bild 10.23: BitLocker aktivieren

Die Verschlüsselung wird durch einen Assistenten eingeleitet, der Sie durch die erforderlichen Schritte führt. Bei einem Systemlaufwerk wird im ersten Schritt die Computerkonfiguration dahingehend überprüft, ob dieser die BitLocker-Verschlüsselung unterstützt. Ist im Computer kein TPM-Mikrochip eingebaut, wird der BitLocker-Assistent die Aktivierung anhalten und ggf. melden, dass ein kompatibles TMP vorhanden sein muss, dieses aber nicht gefunden wurde. Es erfolgt der Hinweis, dass der Administrator BitLocker aktivieren soll. Beenden Sie den Assistenten und gehen Sie dann, wie im Abschnitt »10.3.7 TPM für BitLocker abschalten« beschrieben, vor, um die entsprechende Richtlinie zu setzen. Danach wiederholen Sie die Aktivierung erneut.

Vor der Verschlüsselung empfiehlt es sich, wichtige Dateien zu sichern. Verfügt der Rechner nicht über ein Systemlaufwerk zur Aufnahme der unverschlüsselten Startdateien, kann der Assistent dieses aus dem freien Speicherbereich der Windows-Partition erzeugen.

Die während der Verschlüsselung angezeigten Dialogfelder des BitLocker-Assistenten hängen von der konfigurierten Richtlinie und dem zu verschlüsselnden Laufwerk ab. Bei der Aktivierung von BitLocker für das Systemlaufwerk werden Sie bei fehlendem TMP-Chip aufgefordert, die Art zum Sichern des Wiederherstellungsschlüssels zu wählen (Bild 10.24, oben links). Bei einem USB-Stick werden Sie aufgefordert, diesen zum Speichern des Schlüssels auszuwählen. Bei Verwendung eines Kennworts wird dieses in einem separaten Dialogfeld abgefragt (Bild 10.24, oben rechts).

Danach werden Sie in einem Dialogfeld gefragt (Bild 10.24, unten links), wo der Wiederherstellungsschlüssel zu speichern ist. Sie können den Schlüssel in eine Datei auf einem USB-Laufwerk, in eine Datei auf einem separaten Datenträger (sollte unverschlüsselt sein) oder im Microsoft-Konto (Live-ID-Konto) speichern sowie ausdrucken. Im nächsten Dialogfeld lässt sich wählen, ob das gesamte Laufwerk oder nur der benutzte Speicherplatz zu verschlüsseln ist (Bild 10.24, unten rechts). Über die *Weiter*-Schaltfläche wird dann ein Dialogfeld angezeigt, in dem Sie über ein Kontrollkästchen die BitLocker-Systemüberprüfung anwählen können. Dann werden die Wiederherstellungs- und Verschlüsselungsschlüssel auf Lesbarkeit überprüft.

Verschlüsseln Sie ein Datenlaufwerk, zeigt Windows u.a. die Dialogfelder aus Bild 10.25 an. Dort lässt sich vorgeben, wie der Wiederherstellungsschlüssel zu sichern ist. Gegenüber dem Systemlaufwerk wird keine Sicherung auf ein USB-Medium angeboten. Bei Verwendung des Microsoft-Kontos wird der Wiederherstellungsschlüssel online in der Cloud gespeichert. Solange Sie Zugriff auf das betreffende Microsoft-Konto haben, lässt sich der Schlüssel zum Entsperren verwenden.

Bei einem Systemlaufwerk ist zum Verschlüsseln ein Neustart erforderlich, da nur nicht in Benutzung befindliche Laufwerke verschlüsselt werden können. Entfernen Sie alle Wechseldatenträger – bis auf das ggf. verwendete USB-Laufwerk, auf dem der Schlüssel gespeichert wurde. Dann lässt sich der Systemneustart über das angezeigte Dialogfeld einleiten.

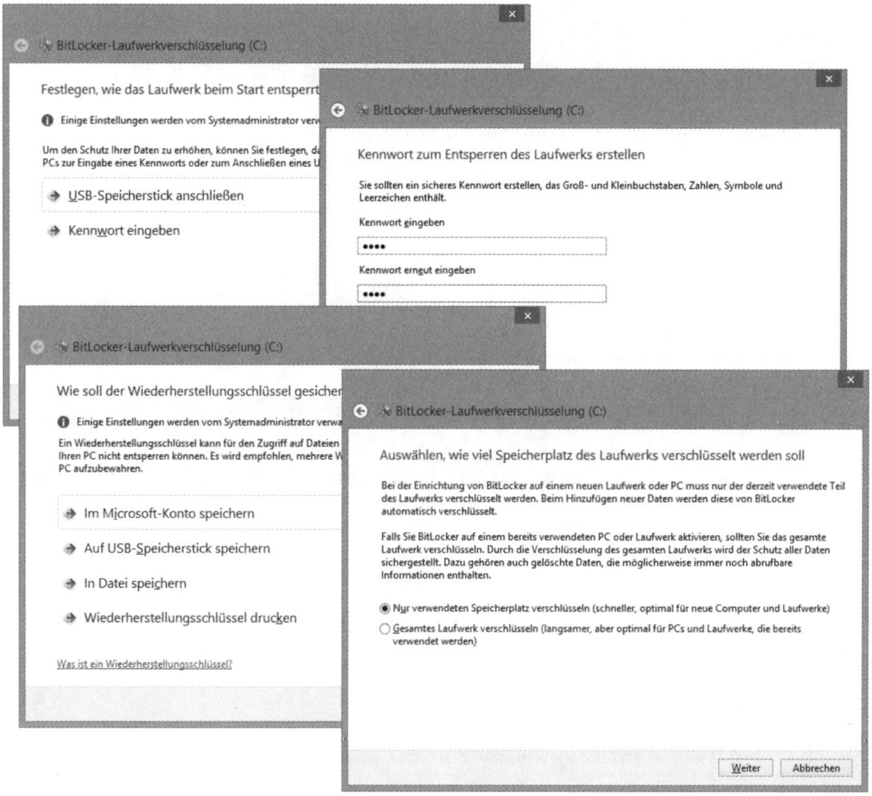

Bild 10.24: BitLocker beim Systemlaufwerk aktivieren

Beim Start überprüft BitLocker, ob mit dem Schlüssel auf den Speicherort zugegriffen werden kann, und beginnt dann mit der Verschlüsselung. Arbeiten Sie mit einem Kennwort, wird dieses beim Windows-Start in einer eigenen Seite abgefragt (Bild 10.26).

Die Verschlüsselung kann, abhängig von der Größe des Laufwerks, durchaus einige Zeit dauern. Bei der Verschlüsselung einer Datenpartition oder eines Wechseldatenträgers zeigt BitLocker ein Dialogfeld mit einer Fortschrittsanzeige auf dem Desktop (Bild 10.27, Vordergrund unten links). Möchten Sie die Verschlüsselung unterbrechen (funktioniert nicht für Systemlaufwerke), um einen Wechseldatenträger zu entfernen, verwenden Sie die angezeigte *Anhalten*-Schaltfläche des Dialogfelds. Über die *Fortsetzen*-Schaltfläche des Dialogfelds lässt sich die Verschlüsselung des Datenträgers später fertigstellen. Eine erfolgreiche Verschlüsselung wird durch ein entsprechendes Dialogfeld gemeldet (Bild 10.27, Vordergrund rechts). Im Ordnerfenster *Computer* werden BitLocker-verschlüsselte Laufwerke mit einem speziellen Symbol angezeigt (Bild 10.27, Hintergrund).

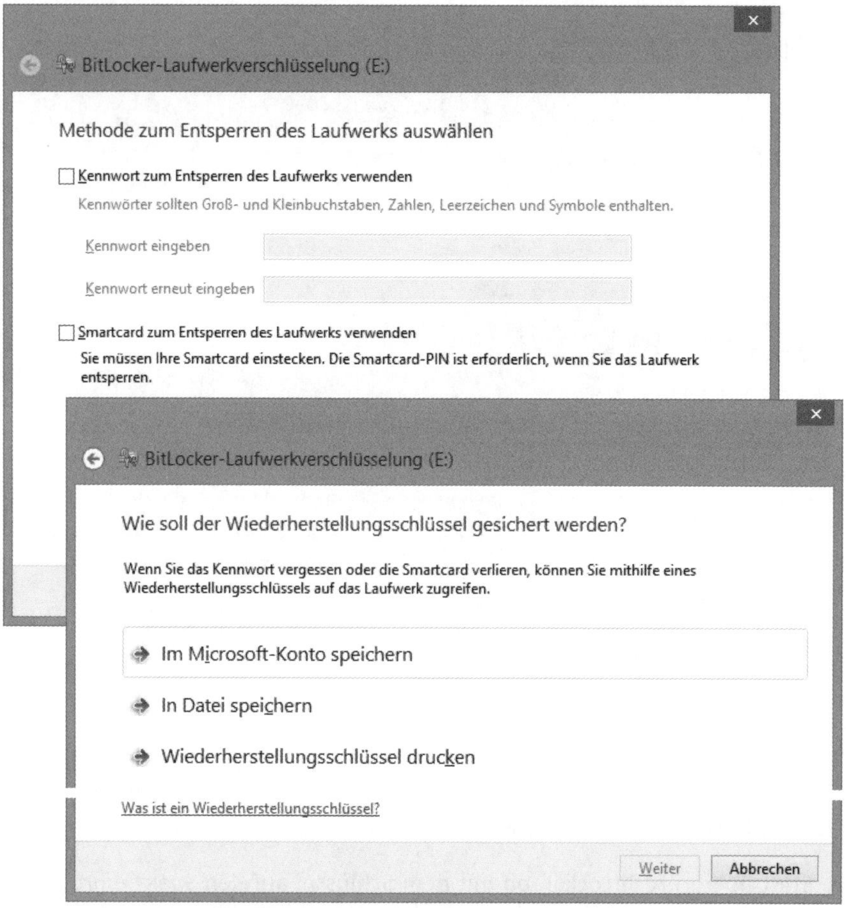

Bild 10.25: Dialogfelder beim Aktivieren von BitLocker für ein Datenlaufwerk

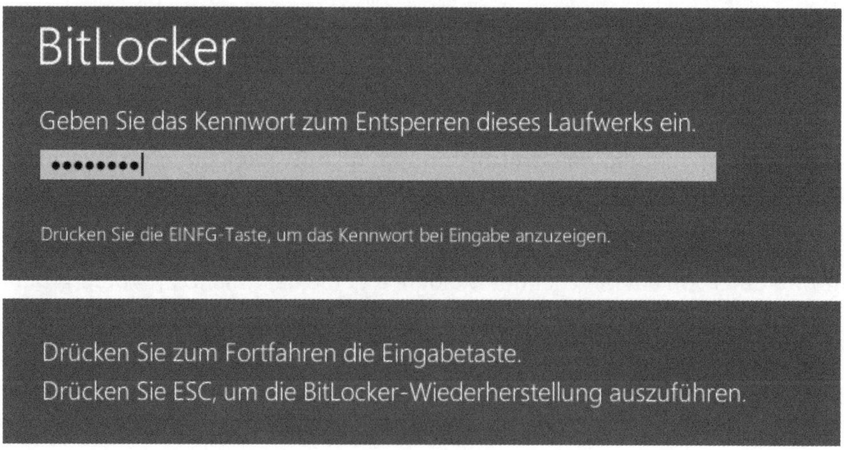

Bild 10.26: Abfrage des Kennworts zum Entsperren

Bild 10.27: Verschlüsselte Laufwerke und Dialogfelder beim Verschlüsseln

> HINWEIS
>
> Beachten Sie, dass alle Benutzer, die sich unter Windows anmelden können, Zugriff auf das verschlüsselte Laufwerk erhalten. Geben Sie ein BitLocker-Laufwerk im Netzwerk frei, können autorisierte Benutzer ebenfalls den Laufwerksinhalt einsehen. Falls allerdings Dritte den Datenträger (verlorener USB-Stick, gestohlene Festplatte) in die Hände bekommen, sind die Daten vor der Einsichtnahme geschützt.

10.3.9 BitLocker-Laufwerkverschlüsselung verwalten

Die BitLocker-Funktion lässt sich über die Systemsteuerung verwalten. Öffnen Sie das Ordnerfenster *Computer* und wählen Sie das gewünschte BitLocker-Laufwerk aus. Dann lässt sich im Menüband des Ordnerfensters auf der Registerkarte *Verwalten* die Menüschaltfläche *BitLocker* anwählen. Wählen Sie im Menü den Befehl *BitLocker verwalten* (Bild 10.28, oben). Alternativ können Sie die Systemsteuerung öffnen und im Suchfeld »Bit« eintippen. Dann lässt sich der Befehl *BitLocker-Laufwerkverschlüsselung* oder *BitLocker verwalten* wählen. In der Folgeseite werden die Laufwerke samt deren Status angezeigt (Bild 10.28, unten).

Sie sehen in der Laufwerksübersicht, welche Festplatten und Wechseldatenträger bereits verschlüsselt sind. Am Verschlüsselungssymbol lässt sich auch erkennen, ob die Datenträger bereits entsperrt sind. Ein stilisiertes Administratorsymbol vor den Befehlen zeigt bei Festplatten, dass zu deren Verschlüsselung administrative Rechte erforderlich sind. Bei BitLocker-to-go-Laufwerken (Wechseldatenträger) kann die Verschlüsselung auch aus Standardbenutzerkonten erfolgen.

Über die neben den Laufwerken eingeblendeten Hyperlinks *BitLocker aktivieren* und *BitLocker deaktivieren* können Sie BitLocker für das Laufwerk aktivieren oder für eine entsperrte Einheit deaktivieren. BitLocker fragt dann in einem Dialogfeld nach, ob die Verschlüsselung entfernt werden soll. Letzteres ist erforderlich, falls ein Datenträger nicht mehr verschlüsselt oder ein Wechselmedium an anderen Rechnern weiterverwendet werden soll.

HINWEIS

Beim Deaktivieren lässt sich bei Systemlaufwerken wählen, ob deren Inhalt entschlüsselt oder nur BitLocker temporär ausgeschaltet werden soll. Letzteres ist erforderlich, falls Sie Aktualisierungen am Betriebssystem oder an TPM vornehmen wollen. Durch Entschlüsseln wird das Laufwerk dagegen wieder allgemein sichtbar und der Wiederherstellungsschlüssel gelöscht.

Bei einem per Kennwort/PIN verschlüsselten Laufwerk lässt sich über den Befehl *Kennwort/PIN ändern* ein Dialogfeld öffnen, in dem das verwendete Kennwort geändert werden kann. Zudem finden Sie in der Seite *BitLocker-Laufwerkverschlüsselung* (Bild 10.28, unten) Befehle, um das Kennwort zu ändern oder zu entfernen.

10.3.10 Laufwerke entsperren

Zum Zugriff auf ein mit BitLocker verschlüsseltes Laufwerk muss dieses entsperrt werden. Sie können BitLocker beim Aktivieren oder über die Verwaltungsfunktion so einrichten, dass dieses Entsperren für ein Laufwerk automatisch erfolgt. Systemdatenträger lassen sich z.B. über den TPM-Chip oder ein USB-Flashmedium mit dem Wiederherstellungsschlüssel entsperren. Bei der Entsperrung per Kennwort wird dieses direkt beim Systemstart abgefragt (siehe Bild 10.26).

Verwenden Sie bei BitLocker-to-go-Wechseldatenträgern ein Kennwort (statt einer Smartcard), empfiehlt es sich, auf das automatische Entsperren zu verzichten. Dann erscheint bei jedem Einlegen des Datenträgers eine Benachrichtigung in der rechten oberen Ecke des Bildschirms, in der nach dem Kennwort gefragt wird (Bild 10.29). Bei Datenlaufwerken (oder falls die Einblendung wieder verschwunden ist) können Sie auch das Kontextmenü des Laufwerks im Ordnerfenster öffnen und den Befehl *Laufwerk entsperren* wählen.

Tragen Sie danach das Kennwort zum Entsperren ein. Erst nach Eingabe des beim Aktivieren von BitLocker für das Laufwerk eingegebenen Kennworts lässt sich der Zugriff über die *Entsperren*-Schaltfläche freigeben. Über den Befehl *Weitere Optionen* lässt sich der erweiterte Teil mit dem Kontrollkästchen zum automatischen Entsperren einblenden.

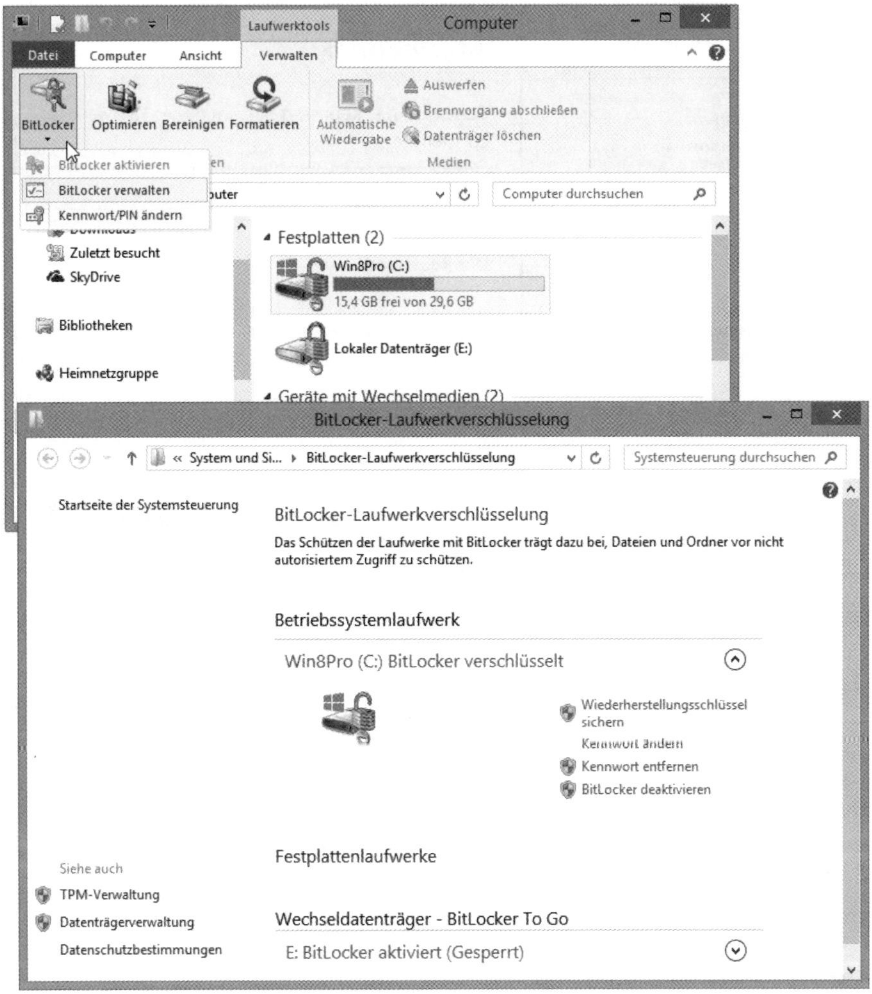

Bild 10.28: BitLocker-Laufwerke verwalten

10.3.11 Wiederherstellen von BitLocker-Laufwerken

Problem bei jeder Verschlüsselung ist, dass bei Verlust des Schlüssels die Daten auf BitLocker-Laufwerken unwiederbringlich verloren sind. Ein TPM-Chip kann defekt werden, das USB-Flashlaufwerk mit dem Wiederherstellungsschlüssel geht verloren oder ist nicht mehr lesbar, der Anwender hat die PIN oder das Kennwort zum Entschlüsseln vergessen etc. Bei verschlüsseltem Windows-Laufwerk reicht sogar das Herunterfahren bei abgeschaltetem TMP, um den Neustart zu verhindern (der TPM-Schlüssel wird ja nicht mehr gelesen). Auch überschriebene Startdateien führen dazu, dass BitLocker das Laufwerk nicht mehr entsperren kann.

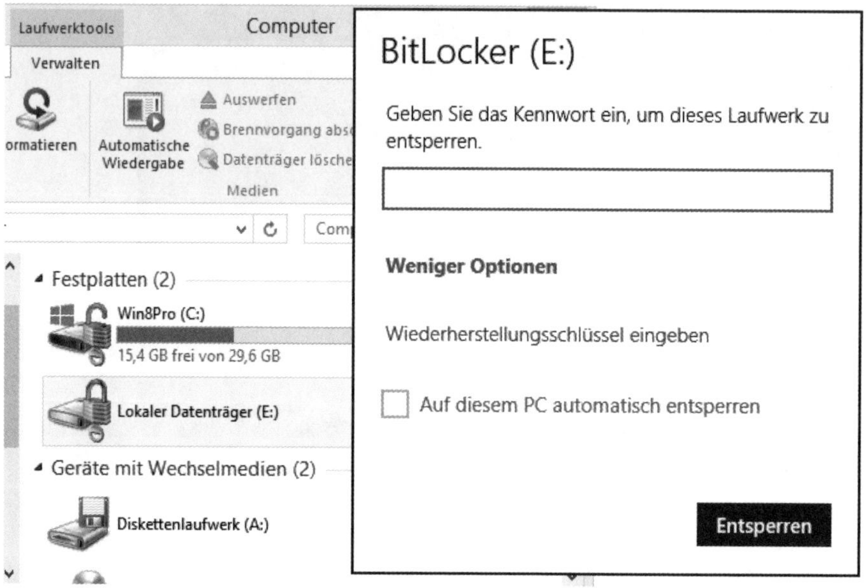

Bild 10.29: Abfrage des Kennworts zum Entsperren

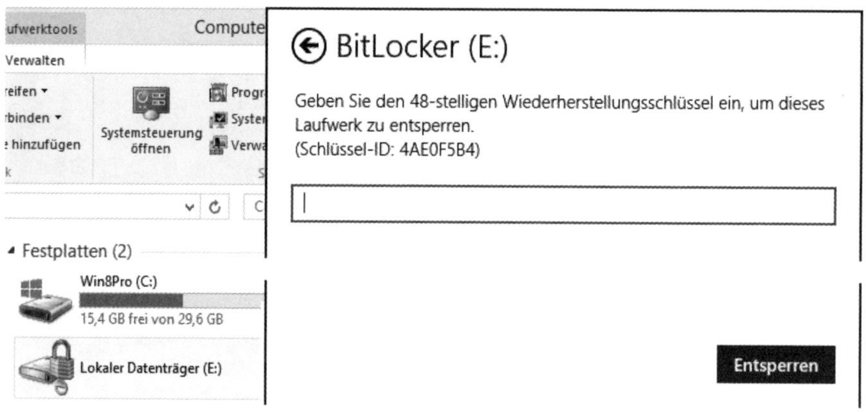

Bild 10.30: Entsperren mit dem Wiederherstellungsschlüssel

Wurde das Kennwort zum Entsperren vergessen, reicht es, im Dialogfeld zur Kennwortabfrage (Bild 10.29) auf den Hyperlink *Wiederherstellungsschlüssel eingeben* zu klicken. Je nach Speicherung des Schlüssels lässt sich der Wiederherstellungsschlüssel von einem Flash-Laufwerk einlesen oder in einem eingeblendeten Benachrichtigungsfenster (Bild 10.30) manuell einzugeben. Der Wiederherstellungsschlüssel besteht dabei aus einer Gruppe von acht Zahlenblöcken mit sechs Ziffern.

HINWEIS

Möchten Sie die Wiederherstellung bei einem System mit TPM-Chip testen, rufen Sie die TPM-Verwaltungskonsole auf. Dies kann unter einem Administratorkonto durch Drücken der Tastenkombination [Win]+[R] und Eingeben des Befehls *tpm.msc* erfolgen. Wenn Sie nun in der Verwaltungskonsole TPM abschalten und das Flash-Laufwerk mit dem Wiederherstellungsschlüssel entfernen, sollte beim nächsten Start des Rechners nach dem Wiederherstellungsschlüssel gefragt werden. Dann sollten Sie in der Wiederherstellungskonsole die Aufforderung zum Anschließen des USB-Flashlaufwerks mit dem Wiederherstellungsschlüssel erhalten. Dann wird der Wiederherstellungsschlüssel vom Medium eingelesen.

Setzen Sie BitLocker nur ein, wenn wirklich wichtige bzw. vertrauliche Informationen auf der Festplatte gespeichert sind. Wenn Sie vertrauliche Dokumente in entsprechend EFS-verschlüsselten Ordnern speichern (siehe vorherige Abschnitte), sollte ein Missbrauch durch Dritte ebenfalls unterbunden werden. Sie haben dann zumindest noch die Möglichkeit, das Betriebssystem zu starten, und können über gesicherte Zertifikate an die verschlüsselten Informationen gelangen. Wenn Sie in der Windows-Hilfe nach dem Stichwort »BitLocker« suchen, werden Ihnen weitere Informationen angezeigt.

Trotz der Möglichkeit zum Wiederherstellen eines BitLocker-Laufwerks sollten Sie erhöhte Vorsicht walten lassen und sich von wichtigen Dateien unverschlüsselte Sicherheitskopien anfertigen, die Sie an sicheren Orten aufbewahren. Die Gefahr, den kompletten Inhalt der Festplatte durch einen defekten/verlorenen USB-Speicherstick/TPM-Chip und nicht mehr verfügbare Wiederherstellungsschlüssel zu verlieren, ist gegenüber dem entsprechenden Sicherheitsgewinn nicht zu vernachlässigen. Denken Sie vor der Neuinstallation des Betriebssystems daran, die Wiederherstellungsschlüssel und wichtige Daten zu sichern. Nur wenn der Schlüssel vorhanden ist, lässt sich ein BitLocker-Laufwerk nach einer Neuinstallation des Betriebssystems entsperren. Um gegen unliebsame Überraschungen gefeit zu sein, empfiehlt sich sogar, vor Änderungen am System oder vor Neuinstallationen BitLocker auf den Laufwerken zu deaktivieren.

10.4 SkyDrive-Integration in Windows

Windows 8 verfügt über eine SkyDrive-Integration, sodass sich Daten per Internetverbindung auf dem Onlinespeicher ablegen und von dort auch synchronisieren lassen. Nachfolgend wird das Konzept von SkyDrive vorgestellt und gezeigt, wie sich SkyDrive im Ordnerfenster integrieren und verwenden lässt.

10.4.1 SkyDrive für Windows 8, das steckt dahinter

SkyDrive ist ein Onlinespeicher, den es schon eine ganze Weile gibt und der von Microsoft für registrierte Anwender bereitgestellt wird. Wird für Windows 8 ein Microsoft-Konto (Live-ID-Konto) eingerichtet, steht diesem ebenfalls ein 7 Gbyte großer Onlinespeicher kostenlos zur Verfügung.

Zum Zugriff werden lediglich die Zugangsdaten des Microsoft-Kontos sowie eine Internetverbindung benötigt. Dann kann der Benutzer sowohl per Browser als auch über die SkyDrive-App auf diesen Onlinespeicher zugreifen. Auch Microsoft

Office 2010/2013 sowie die Webversionen von Office verfügen über eine SkyDrive-Integration. Ganz interessant ist aber auch die Möglichkeit der SkyDrive-Integration des Explorers, sodass direkt aus Ordnerfenstern auf die SkyDrive-Dateien zugegriffen werden kann.

10.4.2 Zugriff auf SkyDrive per Browser

Der SkyDrive-Speicherbereich wird eingerichtet, sobald der Benutzer über ein Microsoft- bzw. Live-ID-Benutzerkonto verfügt. Dann reicht es, sich per Browser an der Webseite `skydrive.com` mit seinen Benutzerdaten anzumelden. Anschließend erscheint die Verwaltungsseite des SkyDrive-Kontos. Das Bild 10.31, Hintergrund oben, zeigt die Verwaltungsseite samt Ordnerstruktur meines SkyDrive-Speichers im Browser.

- Die Kacheln im Dokumentbereich stehen für verschiedene Ordner, die auf dem SkyDrive-Laufwerk angelegt wurden. Bei einigen Kacheln wird bereits eine Miniaturvorschau der im Ordner enthaltenen Dokumente eingeblendet.
- Über Symbole in der rechten Ecke, oberhalb des Dokumentinhalts, lässt sich die SkyDrive-Darstellung zwischen der Kachel-/Miniaturansicht und einer Listendarstellung umschalten.

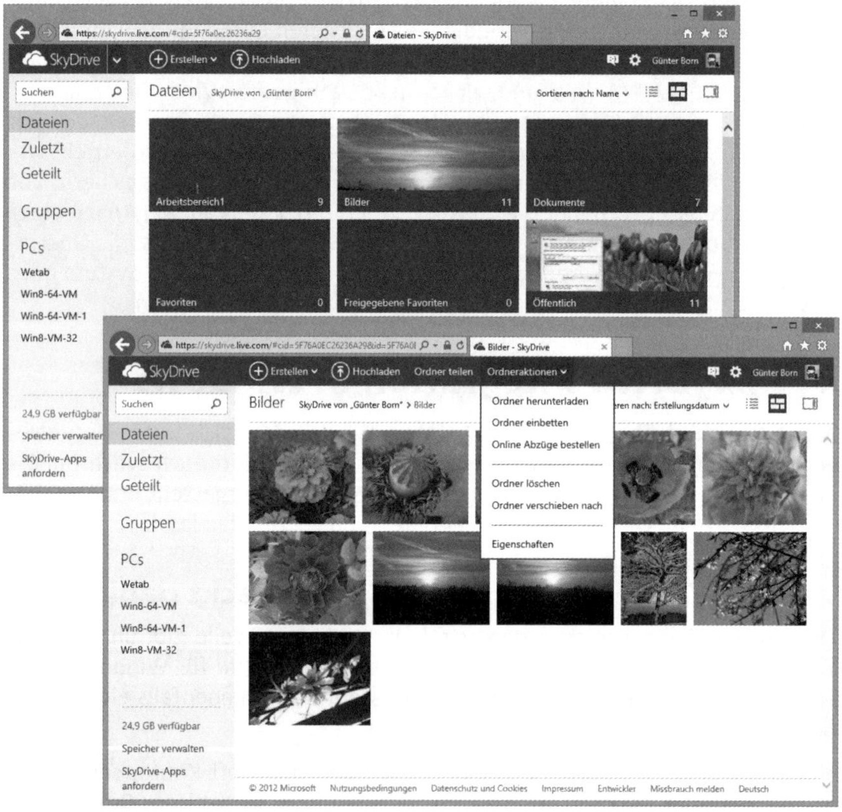

Bild 10.31: Zugriff auf SkyDrive aus dem Browser

- Die SkyDrive-Menüleiste am oberen Dokumentrand ermöglicht den kontextabhängigen Aufruf von Befehlen, um Ordner anzulegen (Menü *Erstellen*), Dateien hochzuladen oder Ordner zu synchronisieren. Über das Menü *Erstellen* lassen sich auch Office-Dokumente anlegen und dann mittels Webanwendungen wie Word, Excel, PowerPoint und OneNote laden. Diese Dokumente werden standardmäßig im Ordner *Office Live-Dokumente* gespeichert.
- Wählen Sie eine Kachel in der Verwaltungsseite an, erscheint der Inhalt des betreffenden SkyDrive-Ordners im Browserfenster (Bild 10.31, Vordergrund unten). Anschließend lassen sich die Dokumente durch Anklicken abrufen.
- Um von der Anzeige eines Ordnerinhalts wieder zur SkyDrive-Verwaltungsseite zu wechseln, wählen Sie das Symbol *SkyDrive* in der linken oberen Ecke des Browserfensters an (Bild 10.31). Wählen Sie den am rechten Rand des Symbols *SkyDrive* sichtbaren Pfeil (Bild 10.33, Hintergrund oben), erscheinen die in Bild 10.33, unten, gezeigten Kacheln. Über diese Kacheln können Sie zu weiteren Live-ID-Diensten wie Outlook.com, Kalender etc. wechseln.

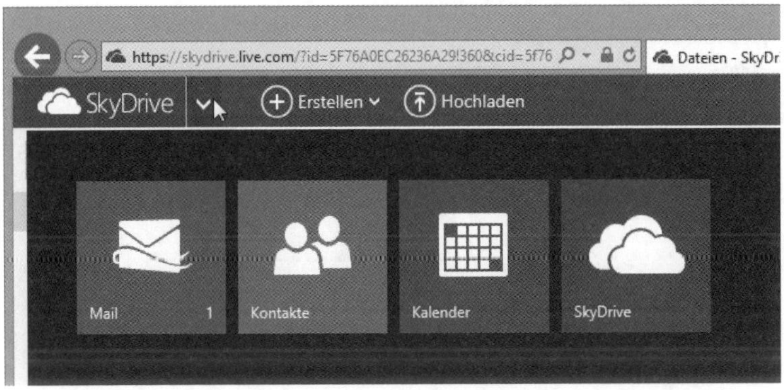

Bild 10.32: SkyDrive-Symbolleiste mit Zugriff auf Live-Dienste

- Klicken Sie eine Kachel, ein Foto oder ein Dokument mit der rechten Maustaste an, erscheint ein Kontextmenü, über dessen Befehle Sie das betreffende Element öffnen, löschen, kopieren, umbenennen, verschieben und teilen können.

Einige Ordner sind bereits auf dem SkyDrive-Laufwerk vordefiniert. So ist der Ordner *Öffentlich* für andere Nutzer zugänglich, während die anderen Ordner privat sind, die Inhalte sich aber mit anderen Nutzern gezielt teilen lassen.

Im Ordner *Bilder* können Sie Grafikdateien und Fotos hochladen. Öffnen Sie diesen Ordner, zeigt SkyDrive.com nicht nur die Fotos als Miniaturansichten an, sondern stellt auch Funktionen zur Anzeige als Diashow, zum Sortieren der Fotoanzeige, zum Herunterladen zur Verfügung. Zudem können Sie ein Foto über die Funktion *Teilen* per E-Mail (über ein Hotmail.com- oder Outlook.com-E-Mail-Konto) versenden. Die Schaltfläche *Einbinden* generiert dagegen den HTML-Code, um ein Foto in eine Webseite oder in einen Blog einzubinden.

10.4.3 SkyDrive-Integration im Explorer

Um direkt aus einem Ordnerfenster auf das SkyDrive-Laufwerk zuzugreifen, muss ein entsprechender Client unter Windows installiert sein. Die benötigte Windows-

Anwendung SkyDrive für Windows kann kostenlos von der Webseite `http://apps.live.com/skydrive` [w8-k10-004] angefordert werden. Die Anwendung wird unter Windows installiert. Ein Assistent führt Sie dabei durch die Installationsschritte (Bild 10.33). Im Dialogfeld aus Bild 10.33, oben links, sind das Live-ID-Benutzerkonto (Microsoft-Konto) sowie das zugehörige Kennwort einzutragen. Über diese beiden Angaben wird der Zugriff auf das SkyDrive-Laufwerk abgesichert.

HINWEIS

Sie können aber auf diese Installation des SkyDrive-Clients verzichten, falls Sie die Microsoft Essentials 2012 mit E-Mail-Client, Foto- und Videosoftware etc. installieren. In den Microsoft Essentials ist auch ein SkyDrive-Client enthalten.

Das Dialogfeld aus Bild 10.33, oben rechts, zeigt, wie der Zugriff im Explorer über den Navigationsbereich erfolgen kann. Im Bereich der Favoriten findet sich ein Eintrag *SkyDrive*, bei dessen Anwahl die betreffenden Ordner eingeblendet werden.

Bild 10.33: Installation von SkyDrive für Windows

Das Besondere an der Windows-Integration von SkyDrive besteht darin, dass Dateien von verschiedenen Geräten über den Onlinespeicher miteinander synchronisiert werden können. So lassen sich beispielsweise Fotos von einem per SkyDrive synchronisierten Gerät auf einem Windows 8-Rechner in der Fotos-App darstellen. Die Freigabe, ob Dateien über SkyDrive synchronisiert werden dürfen, erfolgt über das Dialogfeld aus Bild 10.33, unten. Sobald die *Fertig*-Schaltfläche bestätigt und die Abfrage der Benutzerkontensteuerung zugelassen wurde, richtet der Setup-Assistent die SkyDrive-Integration unter Windows ein. Dies gilt nicht nur für Windows 8, sondern auch für Windows 7 oder ältere Windows-Versionen.

Ist der SkyDrive-Client installiert, erscheint eine kurze Benachrichtigung im Infobereich der Taskleiste (Bild 10.34, unten). Falls das SkyDrive-Symbol im Infobereich verdeckt ist, wählen Sie die Schaltfläche *Ausgeblendete Symbole einblenden* der Taskleiste. Dann erscheint in der eingeblendeten Palette das SkyDrive-Symbol. In dessen Kontextmenü (Bild 10.34, oben rechts) finden Sie Befehle, um auf den SkyDrive-Ordner, die SkyDrive-Webseite oder die SkyDrive-Einstellungen zuzugreifen. Der Kontextmenübefehl *Einstellungen* öffnet ein Eigenschaftenfenster mit zwei Registerkarten. Auf der Registerkarte *Einstellungen* (Bild 10.34, oben links) lässt sich vorgeben, ob SkyDrive beim Anmelden unter Windows automatisch starten und ob Dateien automatisch auf anderen Geräten verfügbar sein sollen.

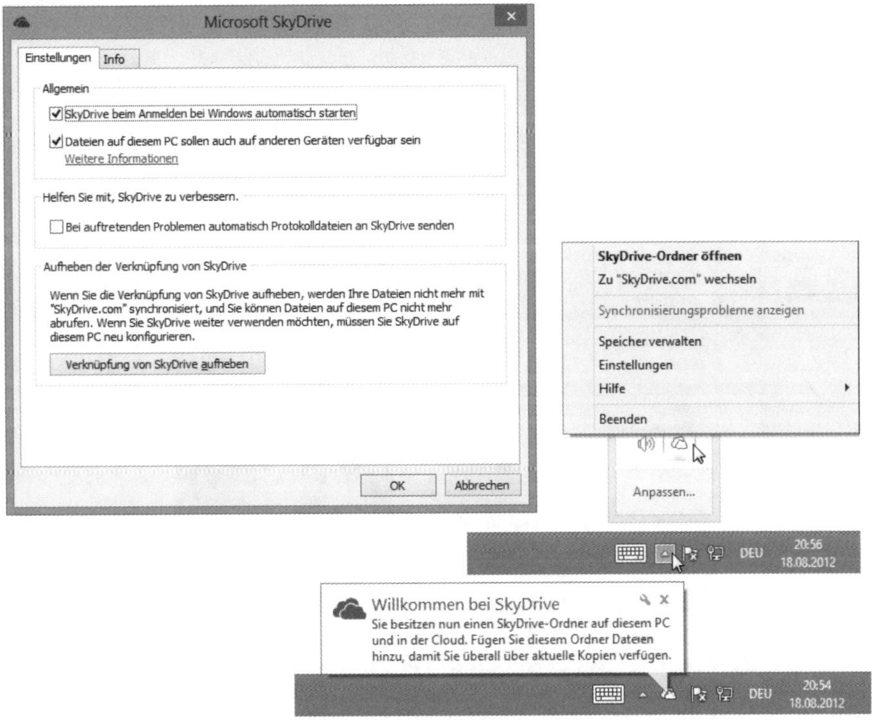

Bild 10.34: Zugriff auf die SkyDrive-Funktionen per Taskleiste

Nach dem Einrichten kann der SkyDrive-Onlinespeicher wie ein lokales Laufwerk verwendet werden. Sobald SkyDrive für Windows sich mit den Zugangsdaten am SkyDrive-Onlinespeicher angemeldet hat, lässt sich der Laufwerksinhalt über den SkyDrive-Eintrag im Navigationsbereich eines Ordnerfensters abrufen (Bild 10.35). Anschließend können Sie, wie bei lokalen Ordnern, neue Unterordner anlegen oder Dateien zwischen lokalen Ordnern und dem Onlinespeicher kopieren, verschieben oder löschen. Die Darstellung kann dabei über die Registerkarte *Ansicht* der Menüleiste des Ordnerfensters zwischen einer Listenanzeige und der Anzeige der Miniaturdarstellung der Dokumentinhalte umgestellt werden.

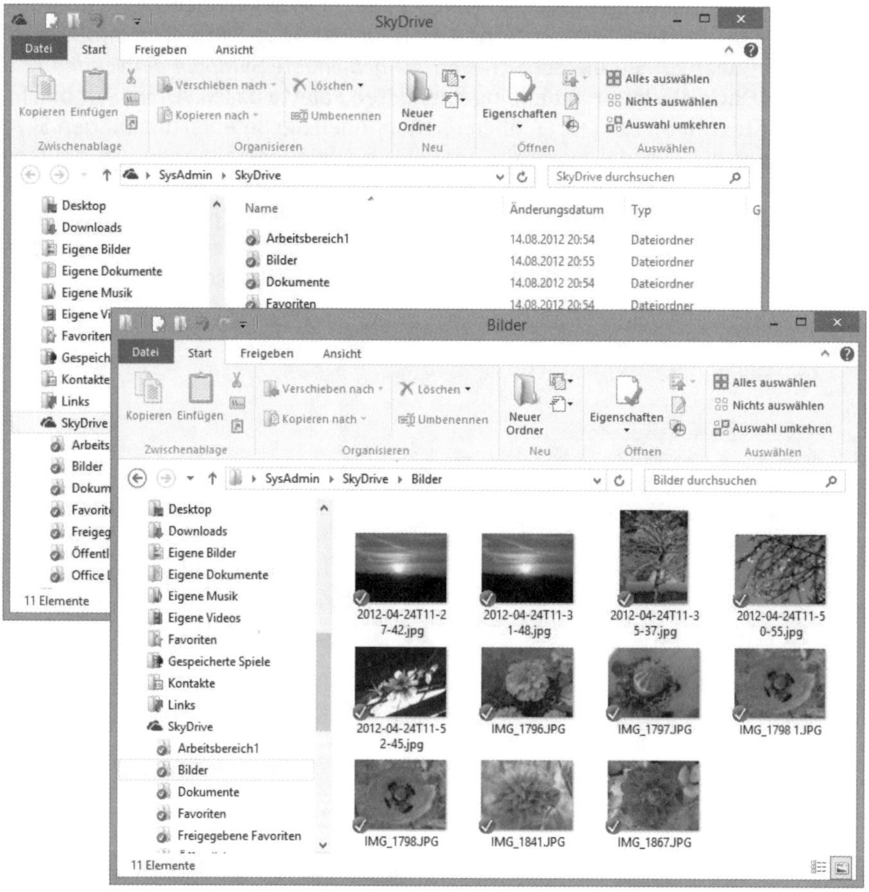

Bild 10.35: SkyDrive-Integration im Explorer

10.4.4 Verwenden der SkyDrive-App

Zum Zugriff auf die SkyDrive-Daten lässt sich auch die SkyDrive-App auf der Windows 8-Startseite verwenden. Wählen Sie das entsprechende Symbol an (Bild 10.36).

Bild 10.36: SkyDrive-App aufrufen

HINWEIS

Voraussetzung zum Zugriff auf SkyDrive ist die Anmeldung unter einem gültigen Microsoft-Konto (Live-ID-Benutzerkonto). Sie können entweder ein lokales Benutzerkonto anlegen. Dann erscheint beim ersten Zugriff auf SkyDrive eine Einblendung »Anmelden mit einem Microsoft-Konto«. In diesem Formular geben Sie dann die Anmeldedaten für das Microsoft-Konto ein. Sofern Sie ein Microsoft-Konto als Benutzerkonto einrichten, erfolgt die SkyDrive-Anmeldung automatisch.

Ist der Zugang eingerichtet, öffnet die SkyDrive-App die in Bild 10.37 dargestellte Übersichtsseite des zugeordneten SkyDrive.

Bild 10.37: Anzeige des SkyDrive-Inhalts in der SkyDrive-App

Die Seite listet alle in SkyDrive eingerichteten Kategorien (hier *Arbeitsbereich1, Bilder, Dokumente, Favoriten, Freigegebene Favoriten, Öffentlich, Office Live-Dokumente* etc.) als Kacheln auf. Sind Dokumente in Ordnern gespeichert, bei denen eine Vorschau möglich ist, wird ein Vorschaubild in der Übersicht eingeblendet. Wählt man eine Kachel an, wechselt die SkyDrive-App zur Inhaltsdarstellung des jeweiligen Ordners. In Bild 10.38 ist der Inhalt des Ordners *Bilder* mit einigen auf dem SkyDrive gespeicherten Fotos zu sehen. Durch Anwahl eines Dokuments wird dessen Darstellung geöffnet und Sie sehen die Vollbilddarstellung des Fotos.

Bild 10.38: Inhalt des Bilderordners in der SkyDrive-App

10.4.5 SkyDrive-Dokumente per App lokal speichern

Um ein Dokument von SkyDrive herunterzuladen und mittels der SkyDrive-App lokal zu speichern, sind mehrere Schritte notwendig.

1. Navigieren Sie in der SkyDrive-App durch die Ordnerhierarchie (einfach die Kacheln der Ordner und dann des Dokuments anwählen), bis das gewünschte Dokument im App-Fenster angezeigt wird (Bild 10.39).
2. Blenden Sie die App-Leiste (z.B. durch Wischen oder mit der rechten Maustaste) am unteren Rand der SkyDrive-App ein und wählen Sie die Schaltfläche *Herunterladen* (Bild 10.39).
3. Sobald die Auswahlseite (Bild 10.40, Hintergrund) angezeigt wird, können Sie einen der eingeblendeten Ordnernamen anwählen. Oder Sie klicken rechts neben dem Eintrag *Dateien* auf das nach unten zeigende Logo, um die Ordnerliste einzublenden, und wählen dann den Zielordner (Bild 10.40, linke Ordnerliste).
4. Sobald der korrekte Zielordner angezeigt wird, wählen Sie in der rechten unteren Ecke der Seite die Schaltfläche *Diesen Ordner anwählen* (Bild 10.40, Einblendung unten rechts) und bestätigen das Ganze nochmals über die angezeigte *OK*-Schaltfläche.

Auf diese Weise lassen sich Dateien per SkyDrive-App in lokale Ordner übertragen und unter Windows weiterverwenden. Bei Systemen mit Touchbedienung ist die Handhabung eventuell einfacher als im Ordnerfenster des Explorers.

Bild 10.39: Detailansicht einer Bilddatei in der SkyDrive-App

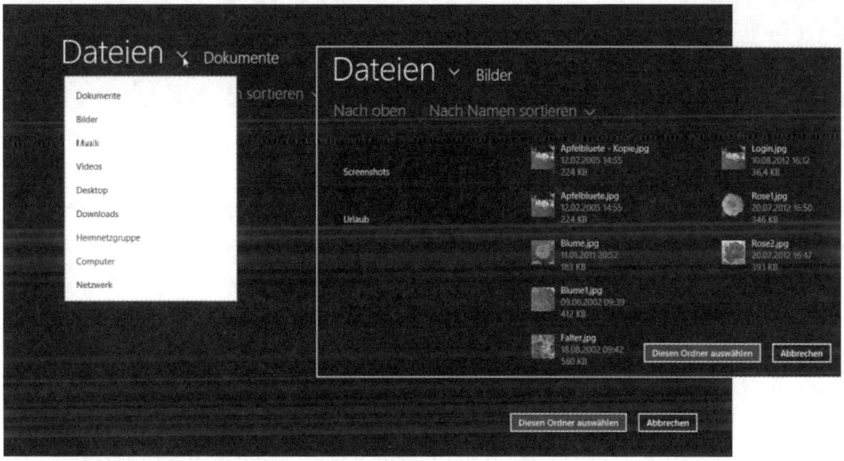

Bild 10.40: Auswahl des Speicherziels in der SkyDrive-App

> **HINWEIS**
>
> Die in der App-Leiste sichtbare Schaltfläche *Löschen* ermöglicht es, die gewählte Datei vom SkyDrive-Laufwerk zu entfernen. Wählen Sie die Schaltfläche *Öffnen mit* an, blendet die SkyDrive-App (ggf. dauert das einige Sekunden) ein Popup-Fenster mit lokalen Apps und Windows-Anwendungen zum Öffnen der Dokumentdatei ein (Bild 10.41). Wählen Sie einen Eintrag, wird das Dokument aus dem SkyDrive-Laufwerk auf den Rechner übertragen und in der gewählten App oder Windows-Anwendung geöffnet. Achten Sie bei diesem Schritt darauf, dass das Kontrollkästchen *Diese App für alle xxx-Dateien verwenden* nicht markiert ist. Andernfalls wird die betreffende Windows-Einstellung für den Dateityp verändert und die App bzw. Anwendung wird automatisch beim nächsten Öffnen einer betreffenden Datei gestartet.

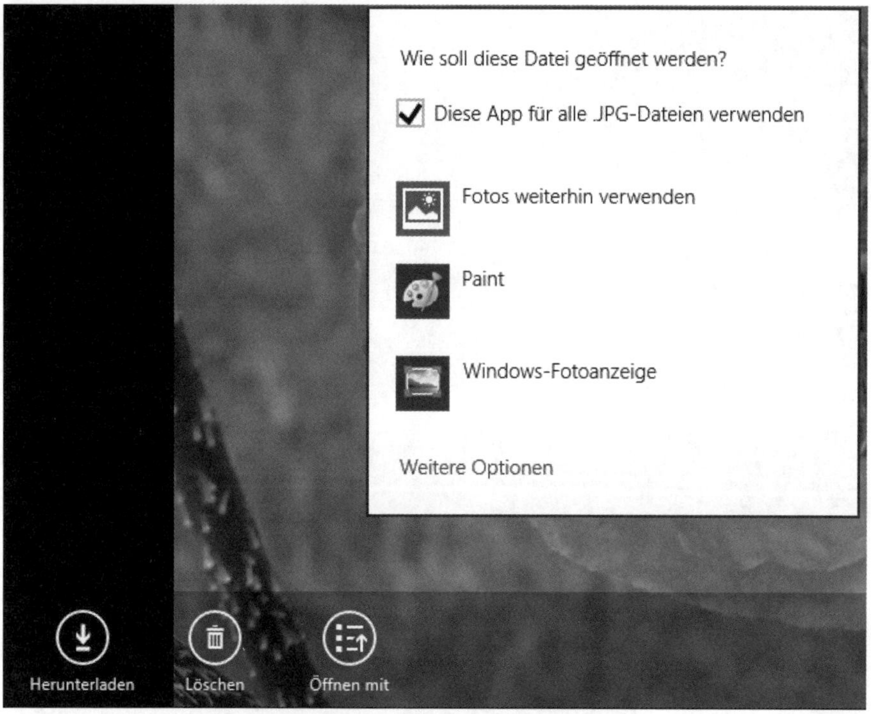

Bild 10.41: Auswahl der Anwendung über *Öffnen mit*

10.4.6 Lokale Dateien per SkyDrive-App hochladen

Um lokal gespeicherte Dateien per SkyDrive-App in Ordner von SkyDrive hochzuladen, sind ähnliche Schritte erforderlich. Sobald Sie mit der SkyDrive-App Zugriff auf den Onlinespeicher haben, navigieren Sie zum gewünschten Ordner (Bild 10.42).

- Durch Anwahl einer Ordnerkachel gelangen Sie zur Anzeige des Ordnerinhalts. Über den in der Kopfzeile angezeigten Ordnernamen *xxx auf SkyDrive von xxx* lässt sich zur obersten Ordnerebene von SkyDrive zurückkehren.
- Zudem findet sich in der linken oberen Ecke der Seite ein Navigationspfeil, um zur vorhergehenden Ansicht zurückzublättern.

Das rechts neben dem Ordnernamen befindliche Navigationssymbol (nach unten zeigender Winkel) öffnet die in Bild 10.42 im oberen Bereich sichtbare Liste. Über diese lässt sich auf den SkyDrive-Ordner, die Favoriten und die SkyDrive-Freigaben zugreifen.

1. Um Dateien zum aktuellen Ordner hinzuzufügen, blenden Sie die App-Leiste am unteren Fensterrand ein (Bild 10.42). Dies kann z.B. durch Drücken der rechten Maustaste erfolgen.
2. Im nächsten Schritt wählen Sie in der App-Leiste die Schaltfläche *Hochladen* (Bild 10.42) und navigieren in der Folgeseite über das Menü *Dateien* (Bild 10.43, Hintergrund links) zum Quellordner.

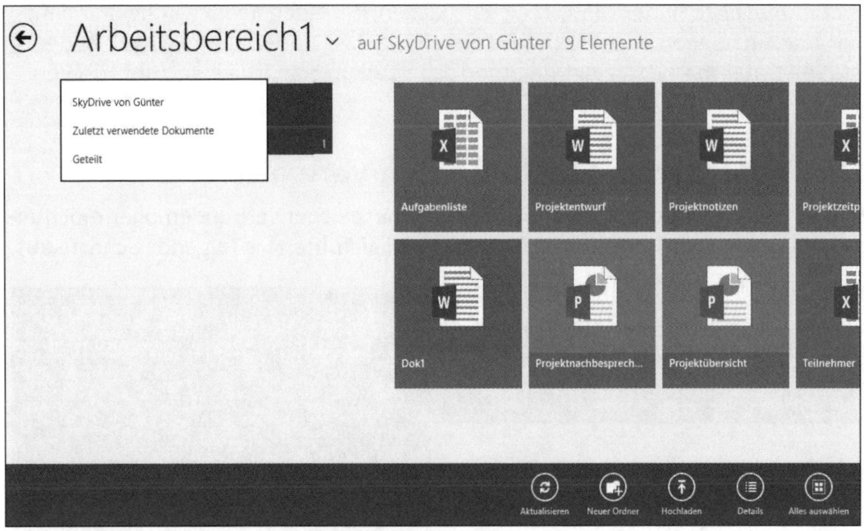

Bild 10.42: Navigations- und Bedienelemente der SkyDrive-App

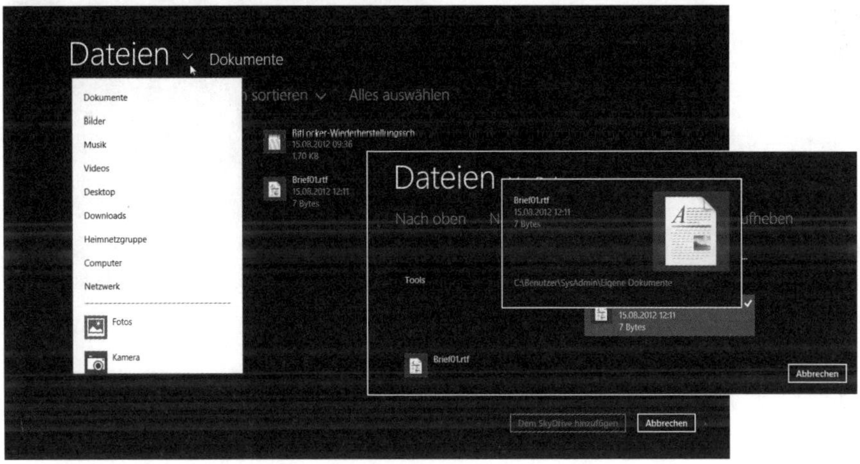

Bild 10.43: Dateien per SkyDrive-App hochladen

3. Sobald der gewünschte Quellordner mit der benötigten Datei angezeigt wird, markieren Sie die hochzuladende Datei in der Dateiliste und wählen die in der rechten unteren Seitenecke freigegebene Schaltfläche *Dem SkyDrive hinzufügen* (Bild 10.43, Vordergrund rechts).

Die App-Seite springt zur Übersichtsdarstellung des SkyDrive-Ordners zurück und in der oberen rechten Ecke findet sich eine Statusanzeige, dass die Datei in Bearbeitung ist. Nach erfolgtem Hochladen wird die neue Datei in der Übersichtsdarstellung des SkyDrive-Ordners eingeblendet.

HINWEIS

In der App-Leiste finden Sie auch Schaltflächen, um einen neuen Ordner auf dem SkyDrive anzulegen oder die Detaildarstellung des Ordnerinhalts einzublenden. Ist eine Datei markiert, zeigt die App-Leiste zudem Schaltflächen zum Löschen, Öffnen oder Herunterladen der Datei.

10.4.7 SkyDrive-Einstellungen verwalten

Haben Sie ein Konto mit dem SkyDrive-Onlinespeicher verbunden oder möchten Sie den Onlinespeicher verwalten? In diesem Fall führen Sie folgende Schritte aus.

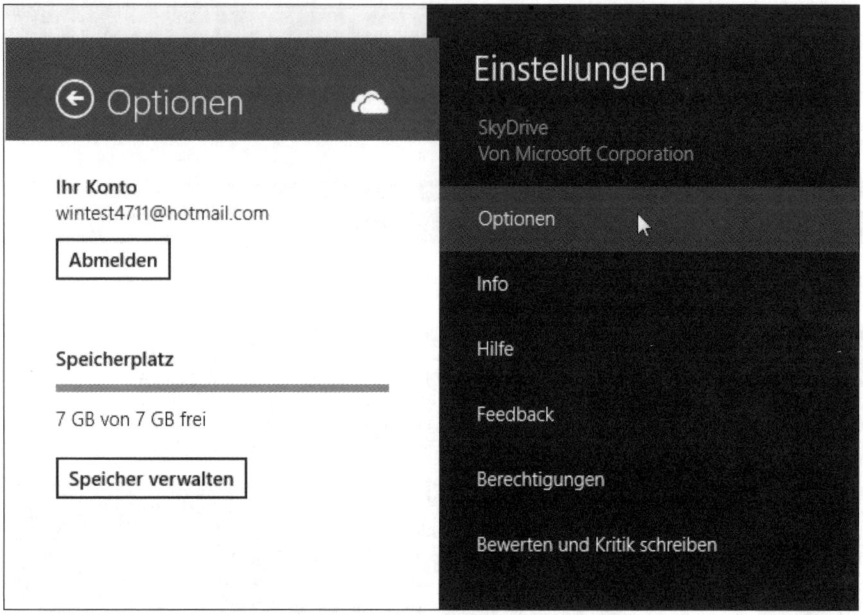

Bild 10.44: Abmelden von SkyDrive

1. Blenden Sie die Charms-Leiste am rechten Seitenrand ein und wählen Sie *Einstellungen*.
2. Wählen Sie in der Seitenleiste *Einstellungen* (Bild 10.44, rechts) den Befehl *Optionen*.
3. Anschließend betätigen Sie in der Seitenleiste *Optionen* (Bild 10.44, links) die Schaltfläche *Abmelden*.

Die SkyDrive-App hebt dann die Verbindung mit dem Onlinespeicher auf. Anschließend wird das Formular *Microsoft-Konto hinzufügen* im Vordergrund eingeblendet und Sie können sich an einem anderen Microsoft-Konto anmelden.

Die Schaltfläche *Speicher verwalten* wechselt dagegen zur App des Internet Explorer. Dort wird die SkyDrive-Anmeldeseite gezeigt. Nach der Anmeldung gelangen Sie zur, auf den vorherigen Seiten beschriebenen, SkyDrive-Webseite, in der Sie den Onlinespeicher verwalten können.

11 Dateitypen, Verknüpfungen, Berechtigungen

In diesem Kapitel geht es um die Frage, wie sich Dokumentdateien Windows-Anwendungen und Apps zum Öffnen zuordnen lassen. Sie erfahren, wie Sie diese Zuordnungen mit Bordmitteln anpassen und nicht registrierte Dokumente in Anwendungen öffnen bzw. die Dokumenttypen registrieren können. Weiterhin wird erläutert, wie Sie Verknüpfungen einrichten oder deren Eigenschaften anpassen. Zudem gehe ich auf die Funktionen zur Anpassung der Zugriffsberechtigungen auf Laufwerke, Ordner und Dateien ein.

11.1 Dateitypen unter Windows verwalten

Wählen Sie eine Dokumentdatei (z.B. per Doppelklick) an, wird diese im zugehörigen Anwendungsprogramm geöffnet. Der Dateityp ist dann der betreffenden Anwendung zugeordnet. Wie Sie diese Vorgaben ändern, falls es mal Probleme gibt, oder wie Sie ggf. neue Dateitypen registrieren, wird nachfolgend gezeigt.

11.1.1 Unbekannte Dokumente öffnen

Mit den Dateinamenerweiterungen wird in Windows der Dokumenttyp festgelegt. Dieser spezifiziert nicht nur das angezeigte Dokumentsymbol, sondern bestimmt auch, mit welcher Anwendung solche Dokumente bei Anwahl (z.B. per Doppelklick) geöffnet werden.

Kennt Windows einen Dokumenttyp nicht (z.B. weil eine geänderte Dateinamenerweiterung benutzt wird), erscheint beispielsweise im Ordnerfenster das Symbol für unbekannte Dokumente (siehe Datei *readme.text* in Bild 7.16, Hintergrund). Um eine solche Datei direkt aus einem Ordnerfenster in einer passenden Anwendung zu öffnen, stellt Windows 8 entsprechende Funktionen bereit.

Wählen Sie eine solche Datei (z.B. per Doppelklick) an, blendet Windows eine Palette im Vordergrund ein. Der Inhalt der angezeigten Palette hängt dabei von der Dateinamenerweiterung bzw. vom Dateityp ab.

- Hat Windows 8 überhaupt keine Information über die Art des Dateityps, erscheint die Palette aus Bild 11.1, links. Über den Befehl *Im Store nach einer App suchen* wechseln Sie zum Windows Store, in dem Sie selbst nach einer App zum Öffnen des Dokuments suchen können.
- Der Link *Weitere Optionen* erweitert die Palette zur Darstellung aus Bild 11.1, rechts. Sie können dann einen Eintrag aus einer Liste gefundener Windows-Anwendungen auswählen. Belassen Sie das Kontrollkästchen *Diese App für alle xxx-Dateien verwenden* nicht markiert. Dann wird die Dokumentdatei versuchsweise mit der betreffenden Anwendung geladen, der Dokumenttyp aber nicht für die ausgewählte Anwendung registriert.

- War dagegen das Kontrollkästchen *Diese App für alle .xxx-Dateien verwenden* bei Anwahl der App markiert, registriert Windows 8 die Anwendung beim Öffnen der Dokumentdatei und weist dem Dokumenttyp auch ein App-Symbol zu.

Bild 11.1: Palette bei gänzlich unbekanntem Dateityp

> HINWEIS: Wichtig ist allerdings, dass bei markiertem Kontrollkästchen *Diese App für alle .xxx-Dateien verwenden* das gewählte Anwendungsprogramm den Dokumenttyp auch öffnen kann. Dies ist beispielsweise häufig bei Textdateien gegeben, die sich im Editor oder in WordPad ansehen lassen. Grafikprogramme unterstützen häufig verschiedene Dateitypen wie *.bmp*, *.gif*, *.tif* und *.jpg*.

Konnte Windows 8 den Dokumenttyp bereits klassifizieren (z.B. Textdatei, Grafikdatei), wird bei Anwahl der Datei die Palette aus Bild 7.16, links, eingeblendet.

- Das Betriebssystem schlägt bereits passende Anwendungen zum Öffnen vor. Bei Textdateien sind dies beispielsweise der Windows-Editor oder das Programm WordPad.
- Es reicht dann, in der Palette den Eintrag mit der gewünschten Anwendung anzuwählen.

Dann wird die Dokumentdatei in der gewählten Anwendung geöffnet. Gleichzeitig verknüpft Windows den Dokumenttyp anhand der Dateinamenerweiterung mit der gewählten Anwendung. Im Ordnerfenster sollte das Dokument mit dem Symbol der betreffenden Anwendung angezeigt werden.

Sofern in der Palette keine passende App angezeigt wird, lässt sich der Befehl *Weitere Optionen* anwählen. Dann erscheint die Palette aus Bild 7.16, rechts, in der alle bekannten Apps (konkret sind es installierte Windows-Anwendungen) aufgelistet werden. Am unteren Listenrand finden sich noch die beiden Befehle, um im Windows Store oder auf dem PC nach einer passenden App zu suchen.

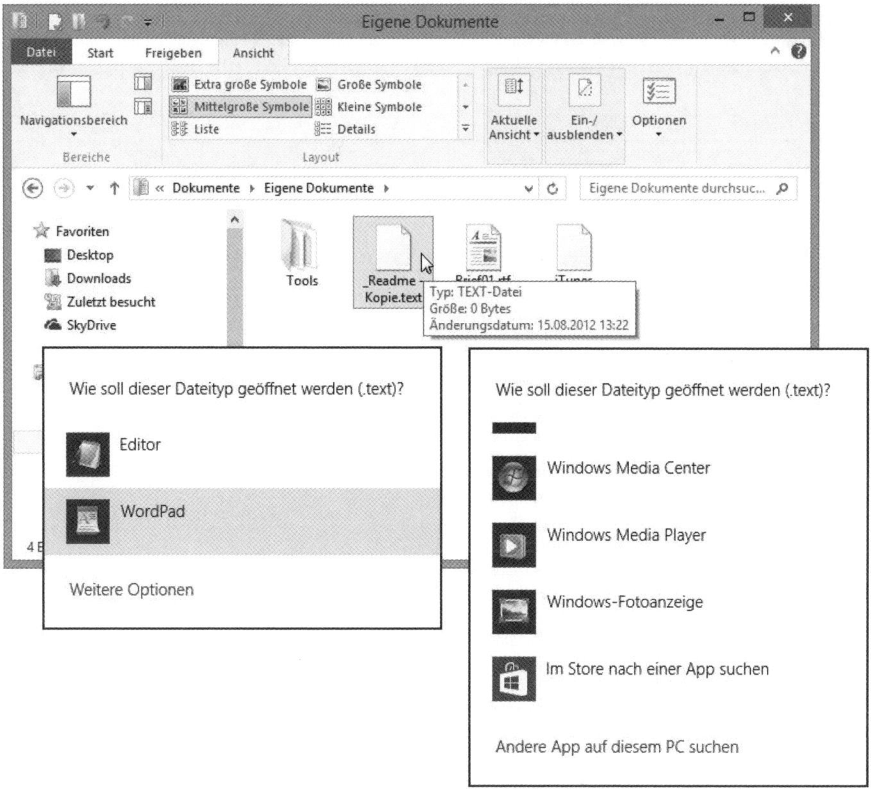

Bild 11.2: Palette zur Auswahl der Anwendung bei unbekanntem Dateityp

Wählen Sie den Befehl *Andere App auf diesem PC suchen*, erscheint das Dialogfeld *Öffnen mit* (Bild 11.3). Wählen Sie in diesem Dialogfeld eine Windows-Anwendung (*.exe*-Datei) zum Öffnen der Anwendung aus. Passende Windows-Anwendungen finden sich im Windows-Ordner sowie natürlich im Ordner *Programme*, bei 64-Bit-Systemen zusätzlich im Ordner *Programme (x86)*. Bestätigen Sie die Auswahl über die *Öffnen*-Schaltfläche. Dann wird das gewählte Programm dem Dateityp zugewiesen. Das Symbol der Dokumentdatei ändert sich und das Dokument wird in der Anwendung geladen.

HINWEIS

Gegenüber früheren Windows-Versionen ist der ganze Vorgang weniger transparent geworden, da das Kontrollkästchen zum dauerhaften Registrieren eines Dokumenttyps nur noch in einigen Fällen angeboten wird. Windows 8 verwendet einen Automatismus, der u. U. selbsttätig entscheidet, den Dokumenttyp zu registrieren. Falls ein solches Malheur passiert ist, können Sie die Datentypenzuordnung mit den Hinweisen im folgenden Abschnitt auch wieder korrigieren.

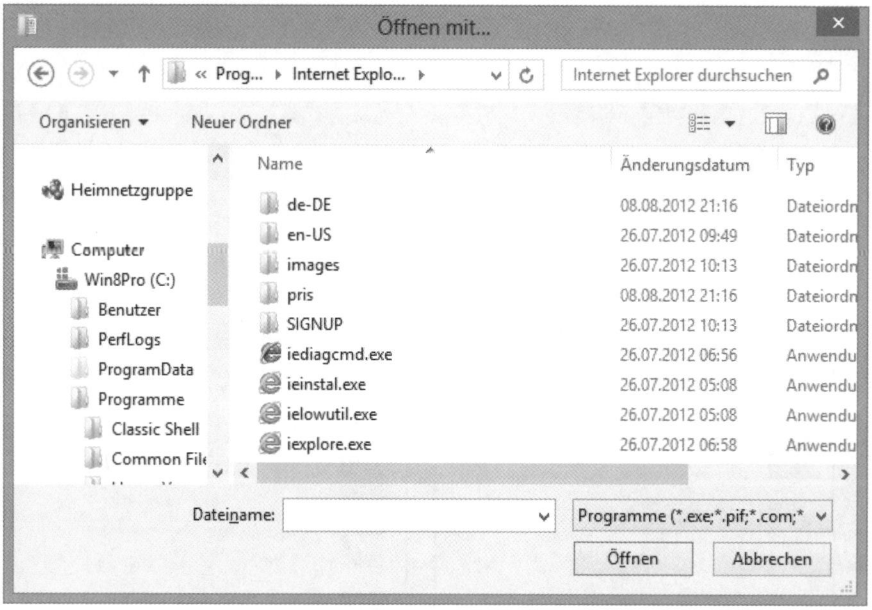

Bild 11.3: Dialogfeld *Öffnen mit* zur Auswahl der Anwendung

11.1.2 Registrierte Dokumente über »Öffnen mit« laden

Wurde beim Öffnen einer Datei mit einem unbekannten Dokumenttyp eine Windows-Anwendung automatisch registriert? Oder liegt bereits ein registrierter Dokumenttyp vor? Dann öffnet sich bei der Anwahl (z.B. per Doppelklick) einer solchen Dokumentdatei immer die registrierte Anwendung. Gelegentlich ist es aber erwünscht, ein Dokument in einem anderen Anwendungsprogramm zu laden. Oder bei fehlerhaften Registrierungen muss die Dokumenttyp-Zuordnung zur Anwendung angepasst werden. Führen Sie folgende Schritte aus.

1. Markieren Sie die betreffende Datei in einem Ordnerfenster und wechseln Sie im Menüband zur Registerkarte *Start*. Wählen Sie in der Gruppe *Öffnen* die Menüschaltfläche *Öffnen* (Bild 11.4, oben rechts). Alternativ können Sie im Kontextmenü den Befehl *Öffnen mit* (Bild 11.4, rechts) wählen.
2. Wird im Untermenü die passende Anwendung angezeigt, wählen Sie den zugehörigen Befehl an. Andernfalls wählen Sie den Befehl *Standardprogramm auswählen*.
3. Sobald die Palette »Wie soll diese Datei geöffnet werden?« angezeigt wird (Bild 11.4, Vordergrund links), wählen Sie die gewünschte Anwendung.

Die Vorgehensweise entspricht den Ausführungen im vorherigen Abschnitt. Sie können eine Anwendung wählen und das Kontrollkästchen *Diese App für alle .xxx-Dateien verwenden* markieren. Oder Sie wählen den Hyperlink *Weitere Optionen*, um im Store nach Apps oder auf dem Rechner nach Windows-Anwendungen zum Öffnen des Dokumenttyps zu suchen.

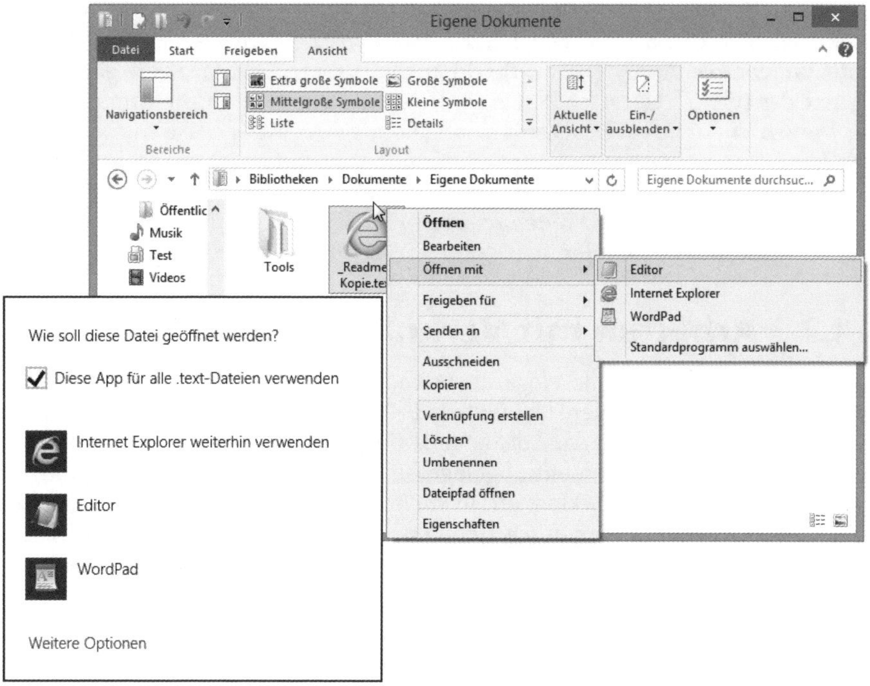

Bild 11.4: Kontextmenü zum Öffnen eines Dokuments

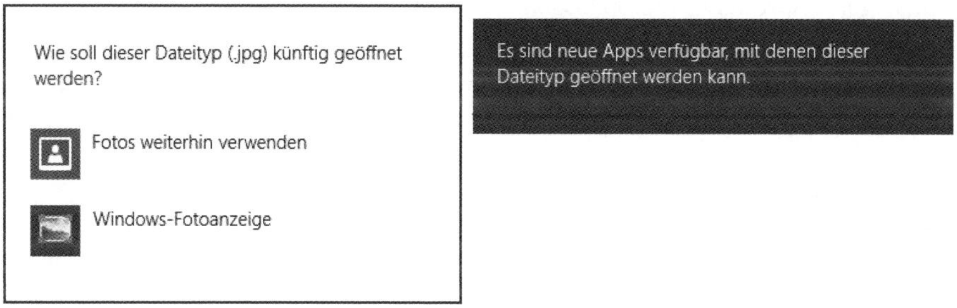

Bild 11.5: Benachrichtigung bei neuen Apps

HINWEIS

Bei der Installation bzw. Verwendung neuer Apps zeigt Windows 8 auf der Startseite u.U. eine Benachrichtigung in der rechten oberen Desktopecke (Bild 11.5, rechts). Diese teilt mit, dass neue Apps zur Bearbeitung der Dateitypen zur Verfügung stehen. Bei Anwahl lässt sich die Standardanwendung für den Dokumenttyp zuweisen (Bild 11.5, links).

TIPP

Wurde ein Dokumenttyp ungewollt einer Anwendung zugeordnet oder hat eine Programminstallation diese Registrierung verändert? Dies lässt sich mit den obigen Schritten leicht korrigieren. Wählen Sie die gewünschte Anwendung zum Öffnen des Dateityps und stellen Sie sicher, dass das Kontrollkästchen *Diese App für alle .xxx-Dateien verwenden* markiert ist. Dann passt Windows die Zuordnung des Dateityps zur Anwendung entsprechend an.

Die Einträge für registrierte Dokumenttypen finden sich in der Registrierung im Schlüssel *HKEY_CLASSES_ROOT*. Für jeden Dateityp ist ein Unterschlüssel mit der Dateinamenerweiterung (z. B. *.txt*) vorhanden. Dessen Standardwert gibt den Namen des zweiten Unterschlüssels an, in dem die Registrierungsinformationen für Verben wie Öffnen, Drucken etc. abgelegt sind. Einträge, die mit »AppX« beginnen, beziehen sich auf Apps. Erfahrene Anwender können daher auch direkt über den Registrierungs-Editor auf die Einstellungen für registrierte Dokumenttypen zugreifen. In den meisten Fällen sollte man aber mit den obigen Schritten weiter kommen.

11.2 Arbeiten mit Verknüpfungen

Verknüpfungen stellen eine elegante Methode zum schnellen Zugriff auf Programme, Dateien oder andere Elemente (z. B. Drucker, Startmenübefehle, Einträge der Systemsteuerung etc.) dar. Solche Verknüpfungen enthalten die Information, wo das eigentliche Zielelement abgelegt ist, und definieren das Verknüpfungssymbol, eine optionale QuickInfo etc. In *Kapitel 4* wurde bereits erläutert, wie sich sogenannte Verknüpfungen durch Ziehen per Maus auf dem Desktop einrichten lassen. Nachfolgend wird diskutiert, wie Sie Verknüpfungen gezielt anlegen und deren Eigenschaften anpassen.

11.2.1 Verknüpfungen per Assistent einrichten

Sie können Verknüpfungen über einen Assistenten einrichten. Dies hat gegenüber der in *Kapitel 4* gezeigten Methode den Vorteil, dass sich gleichzeitig die Verknüpfungseigenschaften definieren lassen.

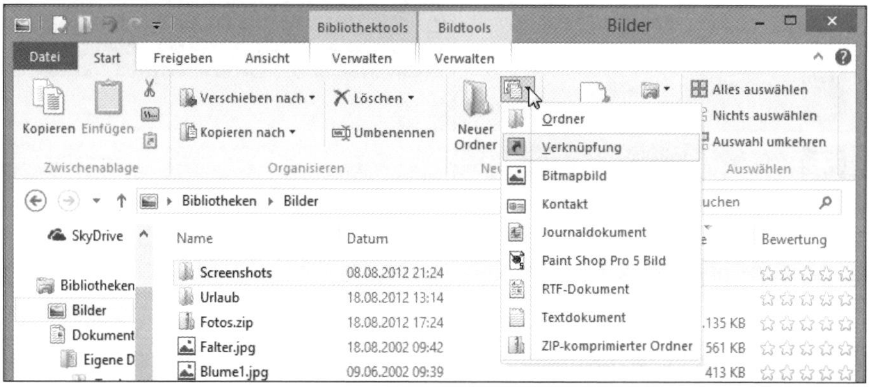

Bild 11.6: Einrichten einer Verknüpfung

1. Wählen Sie auf der Registerkarte *Start* im Menüband des Ordnerfensters in der Gruppe *Neu* die Menüschaltfläche *Neues Element* und klicken dann im Menü auf *Verknüpfung* (Bild 11.6). Sie können auch mit der rechten Maustaste auf eine freie Stelle des Desktops oder eines Ordnerfensters klicken und im Kontextmenü den Untermenübefehl *Neu/Verknüpfung* wählen.

2. Windows startet einen Assistenten, in dessen Start-Dialogfeld (Bild 11.7, oben links) Sie die Befehlszeile zum Aufruf des gewünschten Programms mitsamt den gewünschten Optionen festlegen.
3. Falls Sie den Programmpfad nicht kennen, klicken Sie auf die Schaltfläche *Durchsuchen*. Windows öffnet ein Dialogfeld (Bild 11.7, oben rechts), in dem Sie den Ordner wählen, der die Programmdatei enthält. Schließen Sie das Dialogfeld über die *OK*-Schaltfläche und klicken Sie im Dialogfeld des Assistenten auf die Schaltfläche *Weiter*.
4. Tragen Sie im zweiten Dialogfeld des Assistenten (Bild 11.7, unten) einen Namen für die Verknüpfung in das betreffende Textfeld ein und klicken Sie dann auf die Schaltfläche *Fertig stellen*.

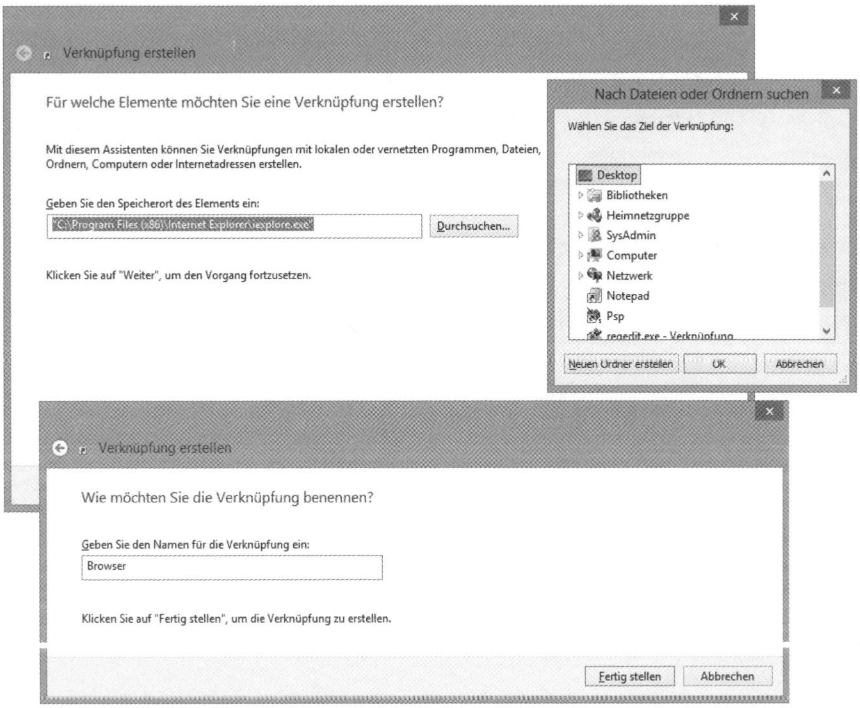

Bild 11.7: Dialogfelder zum Einrichten einer Verknüpfung

Der Assistent wird geschlossen und Windows richtet im aktuellen Ordner (bzw. auf dem Desktop) die neue Verknüpfung mit dem angegebenen Titel ein. In einem weiteren Schritt können Sie nun noch die Eigenschaften dieser Verknüpfung anpassen.

11.2.2 Eigenschaften einer Verknüpfung ändern

Jede Verknüpfung besitzt bestimmte Eigenschaften wie den Symboltitel, das benutzte Symbol, die Verknüpfung zur Zieldatei etc. Der Symboltitel lässt sich direkt durch Umbenennen der Verknüpfung anpassen. Die restlichen Eigenschaften werden über ein eigenes Eigenschaftenfenster geändert.

1. Markieren Sie das betreffende Verknüpfungssymbol, öffnen Sie das Kontextmenü und wählen Sie den Befehl *Eigenschaften*. Alternativ können Sie auch die Schaltfläche *Eigenschaften* auf der Registerkarte *Start* des Ordnerfensters wählen.
2. Wählen Sie im Eigenschaftenfenster der Verknüpfung die Registerkarte *Verknüpfung* (Bild 11.8, Hintergrund links) und passen Sie die Verknüpfungseigenschaften an.

Die einzelnen Eigenschaften der Registerkarte *Verknüpfung* besitzen folgende Bedeutung:

Bild 11.8: Eigenschaften einer Verknüpfung

- Das Textfeld *Ziel* enthält den Pfad und den Namen der Zieldatei, die bei Anwahl der Verknüpfung benutzt wird. Benötigt ein Programm z.B. bestimmte Aufrufoptionen (wie Dateinamen), sind diese in der betreffenden Zeile anzugeben. Mit *Notepad.exe Test.txt* würde beispielsweise der Editor gestartet und gleichzeitig die Textdatei *Test.txt* geöffnet. Der Zielordner, in dem die in der Verknüpfung angegebene Datei abgelegt ist, lässt sich über die Schaltfläche *Dateipfad öffnen* als Ordnerfenster öffnen.

- Einige Anwendungen benötigen einen eigenen Ordner, in dem Bibliotheksdateien oder zusätzliche Dateien abgelegt werden. Dieser Ordner wird in das Feld *Ausführen* eingetragen.
- Auf dem Desktop abgelegte Verknüpfungen auf Programme können Sie mit einer Tastenkombination versehen. Dann lässt sich die Verknüpfung durch Drücken der Tastenkombination direkt aufrufen. Solche Tastenkombinationen beinhalten immer die Tasten [Strg] und [Alt] sowie eine dritte Taste. Die betreffende Eigenschaft wird über das Feld *Tastenkombination* definiert. Zum Festlegen der Tastenkombination [Strg]+[Alt]+[E] klicken Sie in das Feld *Tastenkombination* und drücken dann die Taste [E]. Durch Drücken der [←]-Taste lässt sich der Inhalt des Felds mit der Tastenkombination wieder aufheben. Windows zeigt den Text »Keine« an. Achten Sie aber darauf, nur Tastenkombinationen zu benutzen, die noch nicht durch Windows belegt sind. Weiterhin sind die Tasten [Esc], [↵], [⇆], [ ], [Druck] oder [←] in Windows für andere Zwecke reserviert.
- Die zur Verknüpfung gehörende Anwendung lässt sich im Vollbildmodus (*Maximiert*), als normales Fenster oder als Symbol (*Minimiert*) öffnen. Welcher Modus benutzt wird, kann über das Listenfeld *Ausführen* eingestellt werden.
- Das Feld *Kommentar* ermöglicht Ihnen, einen Text als Kommentar einzugeben. Dieser Feldinhalt wird später als QuickInfo angezeigt, sobald Sie mit der Maus auf das Verknüpfungssymbol zeigen.
- Die Schaltfläche *Erweitert* öffnet das in Bild 11.8, unten, gezeigte Dialogfeld. Dort können Sie (bei Programmdateien) über das Kontrollkästchen festlegen, dass die Anwendung ausschließlich unter einem Administratorkonto aufgerufen werden darf.
- Windows verwendet standardmäßig das Symbol der Anwendung als Verknüpfungssymbol. Klicken Sie auf der Registerkarte *Verknüpfung* auf die Schaltfläche *Anderes Symbol*, öffnet Windows das gleichnamige Dialogfeld (Bild 11.8, oben rechts) mit den verfügbaren Symbolen. Windows-Programmdateien enthalten mindestens ein solches Symbol, meist jedoch mehrere. Bei Bedarf lässt sich im Textfeld des Dialogfelds der Pfad zu einer anderen Symboldatei (z.B. *shell32.dll*) angeben oder über die Schaltfläche *Durchsuchen* auswählen. Markieren Sie im Dialogfeld *Anderes Symbol* das gewünschte Symbol und schließen Sie das Dialogfeld über die *OK*-Schaltfläche.

Die Änderungen werden wirksam, sobald Sie die Registerkarte über die *OK*-Schaltfläche schließen oder auf die Schaltfläche *Übernehmen* klicken.

TIPP: Die im Windows-Ordner *\System32* gespeicherten Dateien *shell32.dll, pifmgr.dll* und *moricons.dll* enthalten eine ganze Sammlung von Symbolen. Viele *.exe*- und *.dll*-Dateien weisen ebenfalls Symbole auf.

11.3 NTFS-Zugriffsberechtigungen verwalten

Über das NTFS-Dateisystem lassen sich Zugriffsberechtigungen für Dateien und Ordner (und Geräte) zuweisen. Nachfolgend wird kurz erläutert, was es mit Zugriffsrechten auf sich hat und wie Sie diese anpassen.

11.3.1 Zugriffsberechtigungen, das steckt dahinter

Beim Anlegen von Dateien und Ordnern vergibt Windows automatisch die Zugriffsrechte. Diese regeln, wer alles auf das betreffende Element zugreifen darf. Dabei lässt sich noch die Art des Zugriffs unterscheiden – z.B. nur lesen oder lesen und schreiben, bei Programmen gibt es die Berechtigung zum Ausführen oder bei Ordnern kann auch eine Berechtigung zum Anzeigen des Inhalts vergeben bzw. entzogen werden. Versucht ein Benutzer, ohne entsprechende Berechtigung auf eine Datei oder einen Ordner zuzugreifen oder ein Programm zu starten, verweigert Windows dies und weist den Zugriff über ein Dialogfeld ab. Als normaler Benutzer brauchen Sie sich mit Zugriffsberechtigungen für Dateien nicht zu befassen. Sie sollten lediglich folgende Grundregeln kennen, die Windows bei auf NTFS-Datenträgern gespeicherten Dateien und Ordner anwendet.

- Legen Sie eine neue Datei oder einen neuen Ordner an, vermerkt Windows, unter welchem Konto dies passiert ist. Der Benutzer dieses Kontos ist der Besitzer des betreffenden Dateielements. Dieser enthält den kompletten Zugriff, kann diese also lesen, verändern, umbenennen, kopieren und verschieben.
- Benutzer anderer Standardkonten können auf solche Ordner oder Dateien, die z.B. im Ordner *Eigene Dokumente* oder in anderen Ordnern des Benutzerkontos gespeichert sind, in der Regel nicht zugreifen. Nur Administratoren verfügen über Berechtigungen, um auf solche Dateien zuzugreifen.
- Möchten Sie, dass andere Benutzer Ihre Dateien und Ordner einsehen, kopieren, löschen oder verändern können, legen Sie diese einfach im Ordnerzweig *Öffentlich* (z.B. *Öffentliche Dokumente*) bzw. in dessen Unterordnern ab. Windows passt dann automatisch die Zugriffsberechtigungen so an, dass alle Benutzer Vollzugriff erhalten.
- Wenn Sie einen Ordner oder ein Laufwerk in einem Netzwerk freigeben, passt Windows ebenfalls die Zugriffsberechtigungen entsprechend Ihren Vorgaben an. Bei einer Netzwerkfreigabe lässt sich beispielsweise vorgeben, ob andere Netzwerkteilnehmer die Dateien nur einsehen oder auch ändern können.
- Kopieren Sie Dateien und Ordner, gleicht Windows automatisch die Berechtigungen an die Vorgaben des Zielorts an. Beim Verschieben von Dateien und Ordnern bleiben dagegen die Berechtigungen der betreffenden Elemente erhalten (wichtig für Administratoren, falls diese Elemente von einem Benutzerkonto zu einem anderen Konto übertragen möchten).

Mit diesen Regeln lässt sich problemlos mit Dateien und Ordnern auf NTFS-Dateisystemen arbeiten, ohne dass Sie sich mit den Details der Benutzerberechtigungen befassen müssen. Der Ansatz hat zudem noch den gravierenden Vorteil, dass

Windows automatisch sicherstellt, dass die Zugriffsrechte entsprechend den Einstellungen des Benutzerkontos vergeben werden. Daher wird von Microsoft die manuelle Veränderung der Zugriffsrechte nicht empfohlen.

Allerdings gibt es gelegentlich Gründe, Zugriffsrechte auf Dateien oder Ordner individuell zu vergeben. Wird beispielsweise ein Benutzerkonto gelöscht und die Dateien bleiben erhalten, können nur noch Administratoren auf diese Elemente zugreifen. Dann kann es hilfreich sein, wenn ein Administrator den Besitz der Dateien übernimmt oder diese in den Ordner *Öffentlich* kopiert. Erfahrene Benutzer können die Zugriffsrechte auch verwenden, um nur einigen Benutzern den Zugriff auf Dokumente in freigegebenen Ordnern zu gewähren.

> HINWEIS
>
> Administratoren erhalten in der Regel die Möglichkeit, auf alle Dateisystemelemente zuzugreifen und dort auch Änderungen an den Berechtigungen vorzunehmen. Lediglich Dateisystemobjekte, die zum Ressourcenschutz den Besitzer »Trusted Installer« aufweisen, besitzen Einschränkungen auch für Administratoren. Diese sind Dateien, die bei der Installation im System von einem entsprechenden Dienst abgelegt wurden (z.B. im Ordner *Windows*). Hier muss der Administrator erst den Besitz des betreffenden Objekts übernehmen. Die Besitzübernahme von solchen Dateisystemobjekten sollte jedoch nur in Notfällen erfolgen, da der Trusted Installer einen weiteren Sicherheitsmechanismus gegen die unbeabsichtigte Manipulation von Systemdateien darstellt.

11.3.2 So können Sie Zugriffsrechte einsehen und verändern

Die aktuellen Zugriffsrechte einer Datei, eines Ordners oder eines Laufwerks lassen sich in Windows mit wenigen Mausklicks ansehen.

1. Markieren Sie den gewünschten Ordner, das betreffende Laufwerk oder die gewünschte Datei und wählen Sie den Kontextmenübefehl *Eigenschaften* oder die gleichnamige Schaltfläche auf der Registerkarte *Start* im Menüband des Ordnerfensters.
2. Holen Sie im Eigenschaftenfenster die Registerkarte *Sicherheit* (Bild 11.9) in den Vordergrund, um die aktuellen Zugriffsrechte einzusehen.

In der Gruppe *Gruppen- oder Benutzernamen* werden die Namen der Gruppen- oder Benutzerkonten aufgeführt, die Zugriff auf das Objekt haben sollen. Bild 11.9 zeigt die Standardeinstellung für die Zugriffsrechte eines lokalen Ordners innerhalb des Benutzerkontos. Es haben z.B. das *SYSTEM*, die Gruppe der lokalen *Administratoren* sowie der aktuelle Benutzer, d.h. der Besitzer der Datei oder des Ordners, Zugriff. Klicken Sie auf einen der Einträge, werden die aktuellen Berechtigungen in der unteren Liste angezeigt. Dabei signalisiert ein Häkchen in der Spalte *Zulassen*, dass der Benutzer (oder ein Mitglied der betreffenden Gruppe) Zugriff auf die betreffende Kategorie hat. Ein Häkchen in der Rubrik *Verweigern* entzieht das betreffende Zugriffsrecht. Um welches Zugriffsrecht (Ändern, Lesen, Anzeigen etc.) es sich handelt, wird in den einzelnen Zeilen angegeben.

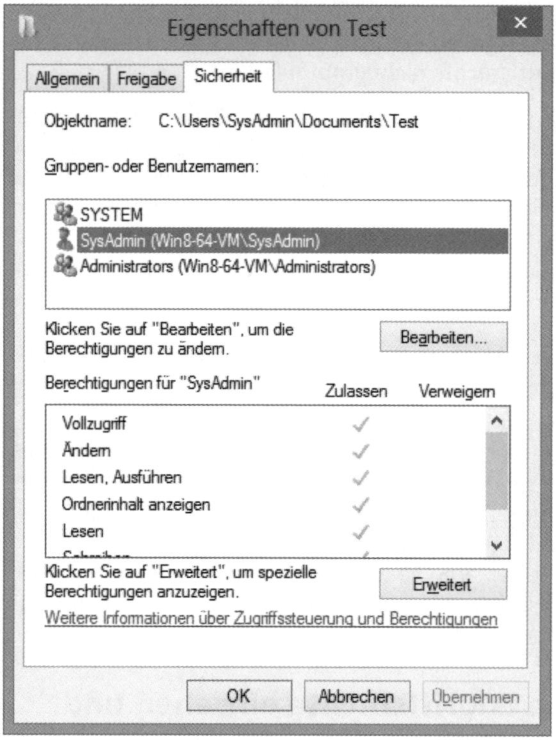

Bild 11.9: Registerkarte *Sicherheit*

So lassen sich Berechtigungen für Benutzer/Gruppen setzen

Um die Zugriffsberechtigung für eine auf der Registerkarte *Sicherheit* aufgelistete Gruppe oder für einen einzelnen Benutzer für eine Datei oder einen Ordner anzupassen, gehen Sie folgendermaßen vor:

1. Markieren Sie auf der Registerkarte *Sicherheit* im Feld *Gruppen- oder Benutzernamen* den gewünschten Gruppen- oder Benutzernamen (Bild 11.9) und wählen Sie die Schaltfläche *Bearbeiten*.

2. Anschließend passen Sie im Feld *Berechtigungen für xxx* des eingeblendeten Dialogfelds (Bild 11.10) die Markierung der Kontrollkästchen in den Spalten *Zulassen* und *Verweigern* gemäß Ihren Wünschen an.

Wird beispielsweise die Markierung der Kategorie *Ändern* in der Spalte *Verweigern* gesetzt, darf der gewählte Benutzer die betreffende Datei oder den Inhalt des Ordners nicht mehr ändern. Haben Sie eine Gruppe gewählt, wirkt sich dies auf alle Benutzer dieser Gruppe aus. Auf ähnliche Weise können Sie Schreibrechte oder das Recht zum Ausführen von Programmen anpassen. Die Änderungen werden wirksam, sobald Sie die *OK*-Schaltfläche oder die *Übernehmen*-Schaltfläche anklicken und dann den Warnhinweis über die *Ja*-Schaltfläche bestätigen.

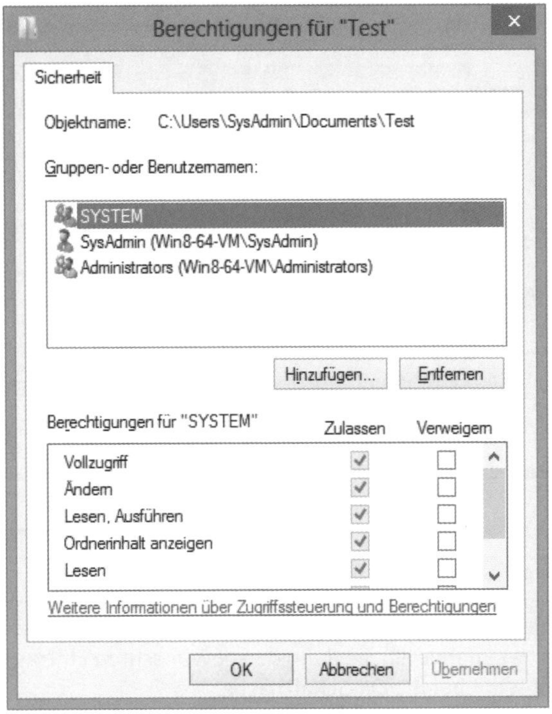

Bild 11.10: Berechtigungen anpassen

ACHTUNG

Bevor Sie die Berechtigungen ändern und Zugriffsrechte entziehen, sollten Sie sich aber über die Folgen im Klaren sein. Wenn Sie beispielsweise der Gruppe der Administratoren die Berechtigung zum Vollzugriff entziehen und keine Änderungsrechte zulassen, kann niemand mehr die Ordner und Dateien manipulieren. Bei den von Windows angelegten Benutzerordnern wie *Eigene Dokumente* kommt es bei Änderungen an den Berechtigungen zu Fehlermeldungen, dass meist keine Administratorrechte vorhanden sind. Nehmen Sie unter Standardbenutzerkonten nur Änderungen an Berechtigungen für Dateisystemelemente vor, die Sie selbst angelegt haben. In der Regel empfiehlt es sich, die im vorherigen Abschnitt beschriebenen Ansätze zu verwenden und Windows die Vergabe der Zugriffsberechtigungen zu überlassen.

Berechtigungsliste: Benutzer hinzufügen/entfernen

Um weitere Benutzer (oder Gruppen) zur Berechtigungsliste hinzuzufügen, gehen Sie in folgenden Schritten vor:

1. Wählen Sie im Dialogfeld *Berechtigungen für xxx* (Bild 11.10) die Schaltfläche *Hinzufügen* und warten Sie, bis Windows das Dialogfeld *Benutzer oder Gruppen auswählen* öffnet (Bild 11.11, links).
2. Klicken Sie auf die Schaltfläche *Erweitert*, um die Darstellung aus Bild 11.11, rechts, zu erreichen, und betätigen Sie die Schaltfläche *Jetzt suchen*.

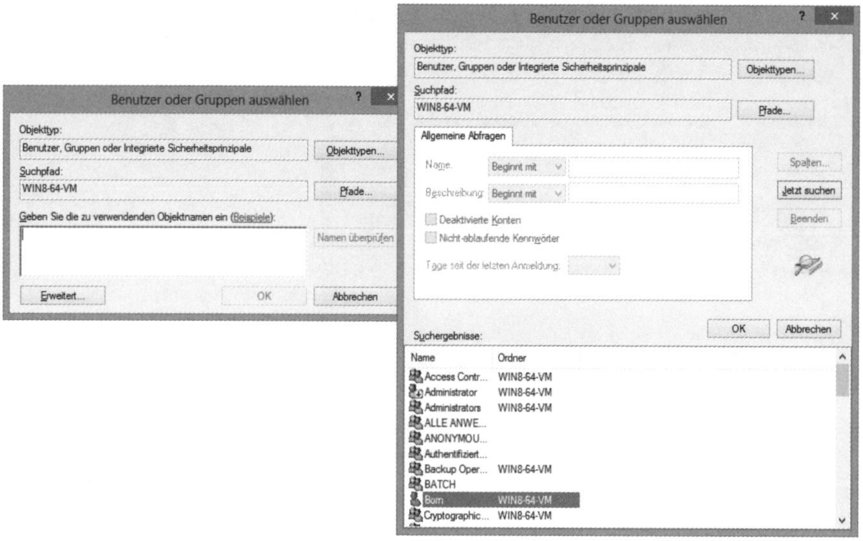

Bild 11.11: Benutzer bzw. Gruppe hinzufügen

3. Warten Sie, bis Windows die Liste der Benutzer/Gruppen im unteren Teil des Dialogfelds vervollständigt hat, markieren Sie dann den gewünschten Eintrag und schließen Sie das Dialogfeld über die *OK*-Schaltfläche.

Der betreffende Benutzer- oder Gruppenname wird in die Liste im Dialogfeld *Berechtigungen für xxx* (Bild 11.10) eingefügt. Um Benutzer- oder Gruppennamen in dieser Liste zu entfernen, markieren Sie diese in der Liste (Bild 11.10) und bestätigen die *Entfernen*-Schaltfläche.

11.3.3 Erweiterte Sicherheitseinstellungen verwalten

Am unteren Rand der Registerkarte *Sicherheit* finden Sie die Schaltfläche *Erweitert* (Bild 11.9), um die erweiterten Sicherheitseinstellungen (spezielle Berechtigungen) einsehen oder anpassen, Überwachungen einrichten und den Besitz eines Elements übernehmen zu können.

Windows öffnet bei Anwahl der Schaltfläche *Erweitert* das Eigenschaftenfenster *Erweiterte Sicherheitseinstellungen für xxx* (Bild 11.12). Auf der Registerkarte *Berechtigungen* können Sie die Berechtigungseinträge für das gewählte Element verwalten.

- Um das Zugriffsrecht für einen Benutzer oder eine Gruppe komplett zu entfernen, markieren Sie den Eintrag und klicken auf die Schaltfläche *Entfernen*. Dann wird im markierten NTFS-Element (Ordner, Datei) der betreffende Name gelöscht – Windows findet bei Zugriffen von diesem Konto auf das Objekt des Dateisystems die betreffenden Zugriffsberechtigungen nicht mehr und weist den Zugriff ab.

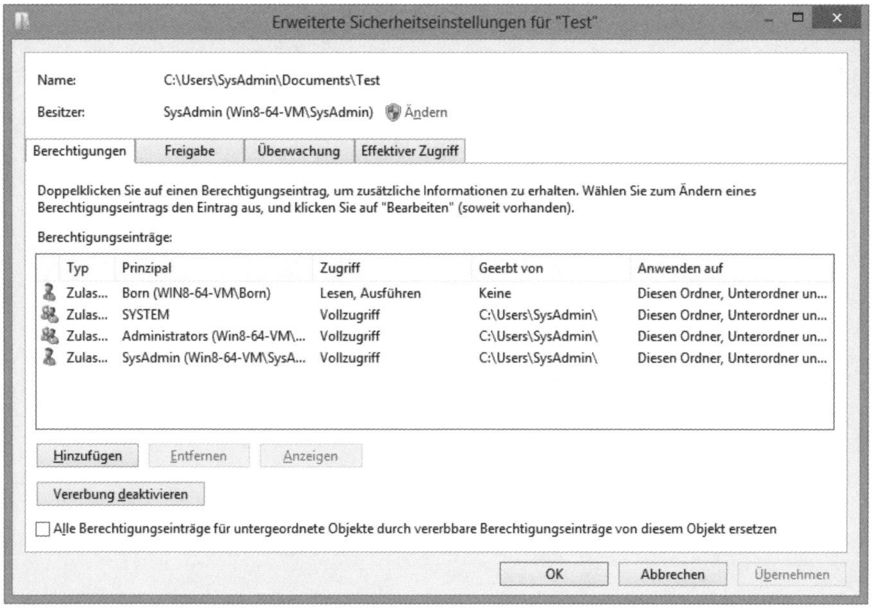

Bild 11.12: Erweiterte Berechtigungen verwalten

- Möchten Sie eine neue Gruppe oder einen neuen Benutzer mit aufnehmen, klicken Sie auf die Schaltfläche *Hinzufügen*. Im Dialogfeld aus Bild 11.13 wählen Sie den Hyperlink *Prinzipal auswählen*. Dann wird das Dialogfeld aus Bild 11.10, links, gezeigt und Sie können, wie auf den vorhergehenden Seiten beschrieben, mittels der *Hinzufügen*-Schaltfläche eine Gruppe oder einen Benutzernamen wählen. Anschließend können Sie in dem in Bild 11.13 gezeigten Dialogfeld die Zugriffsoptionen setzen.
- Möchten Sie Zugriffsrechte bestehender Einträge anpassen, markieren Sie den Eintrag und klicken auf die dann eingeblendete Schaltfläche *Bearbeiten*. Auch dann erscheint das Dialogfeld aus Bild 11.13, wobei dann bereits ein Prinzipal ausgewählt ist. Über die Kontrollkästchen lassen sich die Zugriffsberechtigungen einstellen. Über den Hyperlink *Prinzipal auswählen* lässt sich ein anderer Benutzer- oder Gruppenname wählen.

Sobald Sie das Dialogfeld und das Eigenschaftenfenster über die *OK*-Schaltflächen schließen, werden die Einstellungen für das Objekt übernommen.

Effektive Berechtigungen kontrollieren

Wurden Zugriffsberechtigungen zugewiesen, kann es vorkommen, dass ein Benutzer Mitglied der Gruppe der Administratoren ist (die Vollzugriff besitzt) und gleichzeitig dem Konto individuelle Rechte zugewiesen wurden. Daher ermöglicht Windows, auf der Registerkarte *Effektiver Zugriff* des Dialogfelds *Erweiterte Sicherheitseinstellungen für xxx* eine Zusammenstellung aller gesetzten effektiven Berechtigungen abzurufen (Bild 11.14). Sie müssen lediglich den Benutzer über den Hyperlink *Einen Benutzer auswählen* vorgeben und dann die Schaltfläche *Effektiven Zugriff anzeigen* wählen.

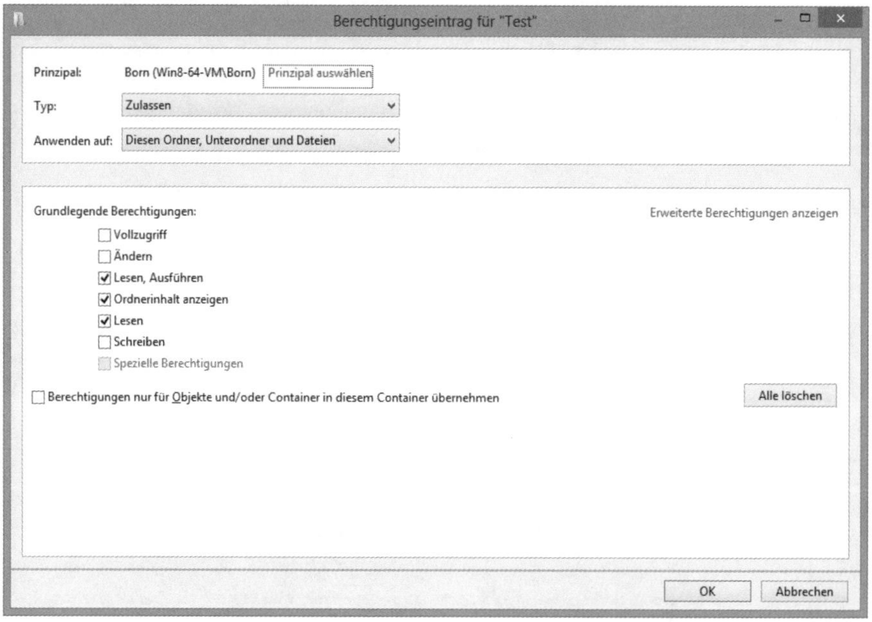

Bild 11.13: Berechtigungseinträge für einen Benutzer/eine Gruppe verwalten

Bild 11.14: Kontrolle der effektiven Berechtigungen

Den Besitz eines Objekts übernehmen

Der Benutzer, der einen Ordner oder eine Datei erstellt, ist auch der Besitzer des Objekts. Der Besitzer erhält den Vollzugriff. Wenn ein Benutzer nun nicht mehr verfügbar ist, müsste sich ein anderer Benutzer zum Zugriff an dessen Konto anmelden. Existiert das Konto nicht mehr, aber die Dateien des Benutzerkontos (z.B. *Eigene Dokumente*) sind erhalten geblieben, wird die Sache schon schwieriger. Ein Administrator kann auf den Ordner zugreifen und die Dateien in den Ordner *Öffentlich* verschieben. Dann besitzt jeder volle Zugriffsrechte.

Sie können sich aber auch unter einem Administratorkonto anmelden und den Besitz der Datei übernehmen.

1. Hierzu wählen Sie die Registerkarte *Sicherheit* und klicken auf die Schaltfläche *Erweitert* (Bild 11.9).
2. Im Dialogfeld *Erweiterte Sicherheitseinstellungen* wird der aktuelle Besitzer im Feld *Besitzer* gezeigt (Bild 11.15, Hintergrund). Wählen Sie den Hyperlink *Ändern* und bestätigen Sie anschließend die Abfrage der Benutzerkontensteuerung.
3. Im Dialogfeld *Benutzer oder Gruppe auswählen* ist dann der neue Besitzer vorzugeben (siehe den Abschnitt »Berechtigungsliste: Benutzer hinzufügen/entfernen«).

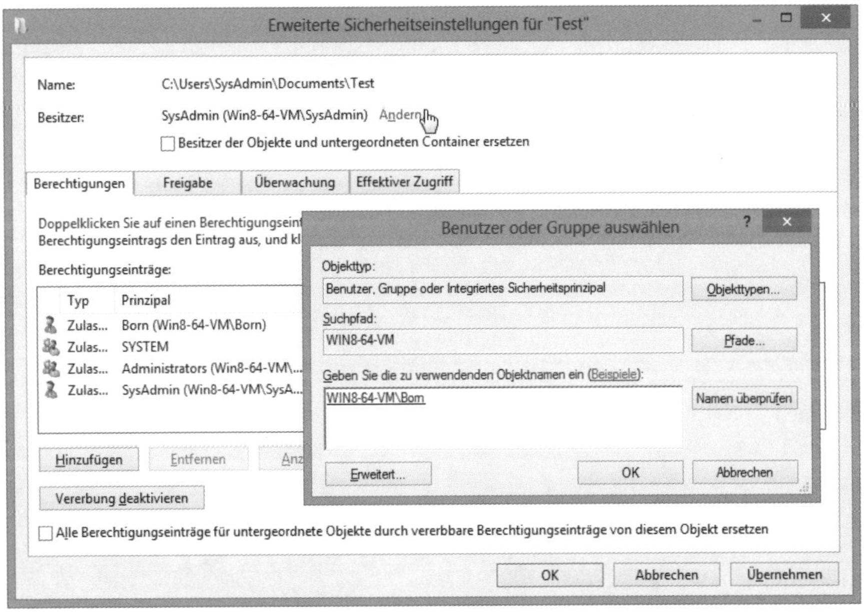

Bild 11.15: Besitzübernahme von Dateien und Ordnern

Schließen Sie das Dialogfeld über die *OK*-Schaltfläche, geht der Besitz an der Datei bzw. am Ordner an den gewählten Benutzer über. Der neue Benutzer wird direkt im Dialogfeld *Erweiterte Sicherheitseinstellungen für xxx* im Feld *Besitzer* eingeblendet.

HINWEIS

Das Eigenschaftenfenster *Erweiterte Sicherheitseinstellungen* verfügt auch noch über die Registerkarte *Überwachung*, auf der Sie die Überwachung auf Zugriffe definieren können. Dann zeichnet Windows die erfolgreichen und abgelehnten Zugriffsversuche auf das Objekt in den Ereignisprotokollen auf.

12 Suchen in Windows

Windows unterstützt Sie bei der Suche nach Dokumenten und Ordnern auf dem lokalen Computer. In diesem Kapitel erfahren Sie, wie die Suche funktioniert und welche Optionen zur Anpassung der Suche verfügbar sind.

12.1 Suchfunktionen unter Windows einsetzen

Windows 8 unterstützt eine Suche an verschiedenen Stellen. Nachfolgend erhalten Sie einen kurzen Überblick, wo die Suchfunktionen verwendet werden können.

12.1.1 Suche in der Startseite

Die Suchfunktion der Startseite ermöglicht Ihnen, gezielt auf Dateien, Windows-Funktionen, Windows-Anwendungen und auch auf Apps zuzugreifen. Die Vorgehensweise ist in *Kapitel 3* im Abschnitt »3.3.5 Schnelle Suche nach Apps, Befehlen und Dateien« erläutert.

Blenden Sie die Charms-Leiste am rechten Rand ein und wählen Sie *Suchen*, ermöglicht die Seitenleiste *Suchen*, gezielt nach Apps, Windows-Anwendungen, Windows-Funktionen und auch nach Benutzerdateien suchen zu lassen (Bild 12.1).

- Zur Suche nach Apps und Windows-Anwendungen ist lediglich sicherzustellen, dass der Eintrag *Apps* in der Seitenleiste markiert ist.
- Markieren Sie dagegen den Eintrag *Einstellungen*, sucht Windows nach den Namen passender Befehle und Funktionen (z.B. »PC auffrischen«, »Windows Update«). Dies ist hilfreich, um schnell auf eine Windows-Betriebssystemfunktion zuzugreifen.
- Wählen Sie dagegen die Kategorie *Dateien* in der Seitenleiste *Suchen* an, erfolgt die Suche über Dateien und Ordner, die in den Benutzerordnern gespeichert sind (Bild 12.1).
- Die Seitenleiste *Suchen* wird auch zum Suchen im Windows Store verwendet. Sobald die Seitenleiste eingeblendet wird, klicken Sie zunächst auf die Kachel *Store*, um den Windows Store zu öffnen, und tippen Sie anschließend den gesuchten Begriff ein.
- Verwenden Sie die Tastenkombination [Win]+[F] zum Öffnen der Seitenleiste *Suchen*, wird automatisch die Kategorie »Dateien« voreingestellt und über die Tastenkombination [Win]+[Q] erfolgt die Suche nach Apps und Anwendungen.

Bereits während der Eingabe blendet Windows bei der Suche nach Apps im Ergebnisbereich Treffer ein, die dem Suchbegriff entsprechen. Jeder weitere eingetippte Buchstabe verfeinert den zur Suche verwendeten Filter. Treffer tauchen in der linken Spalte des Anzeigebereichs auf. Dies ist eine schöne Sache, um schnell auf Apps, Programme oder Funktionen zuzugreifen.

Statt beispielsweise mühsam über die Systemsteuerung oder die Seitenleiste die Benutzerverwaltung oder die Seite mit den Firewall-Einstellungen aufzurufen, reichen Eingaben wie »Benutzer« oder »Fire« und die Anwahl der Kategorie »Einstellungen« zum Einblenden der gewünschten Befehle.

Geben Sie einen Suchbegriff ein, listet Windows hinter den jeweiligen Kategorien die Zahl der Treffer auf (Bild 12.1). Bei gewählter Kategorie »Dateien« werden bei der Eingabe des Suchbegriffs zudem Suchvorschläge unterhalb des Suchfelds eingeblendet. Wählt der Benutzer einen Vorschlag, erfolgt die Suche nach diesem Begriff.

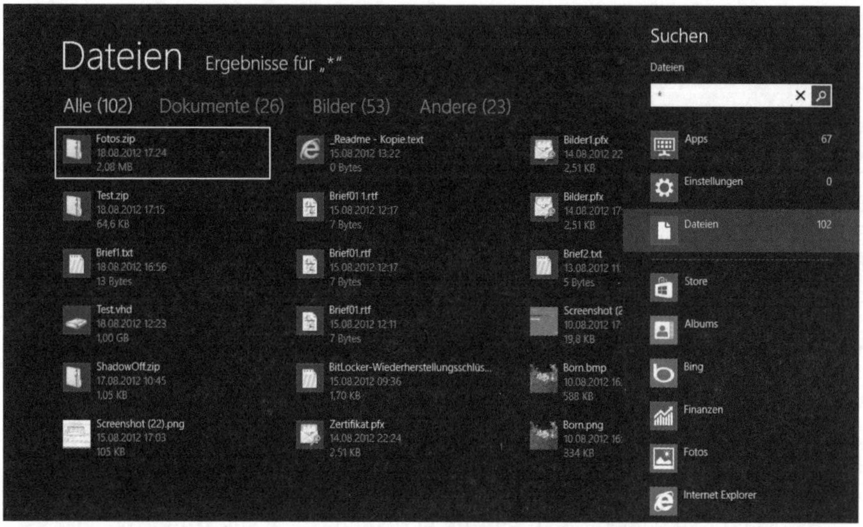

Bild 12.1: Suchen in Windows

HINWEIS

Die Microsoft-Entwickler haben auf der Webseite `http://blogs.msdn.com/b/b8_de/archive/2011/10/25/entwerfen-einer-benutzerfreundlichen-suche-252-ber-den-startbildschirm.aspx` [w8-k12-001] einen Artikel veröffentlicht, der sich mit der Suche in der Startseite befasst.

12.1.2 Schnellsuche in der Systemsteuerung

Haben Sie die Systemsteuerung über das Startmenü aufgerufen? Statt mühsam über die Kategorienansicht zu den Befehlen zu navigieren oder zur Einzelsymboldarstellung umzuschalten, gehen Sie folgendermaßen vor.

1. Wählen Sie das Suchfeld in der rechten oberen Ecke des Systemsteuerungsfensters an.
2. Tippen Sie den gewünschten Befehl (oder einen Teilausdruck) in das Suchfeld ein (Bild 12.2).

Windows blendet dann die Treffer im Fenster der Systemsteuerung ein und Sie können die Einträge anwählen, um direkt auf die betreffenden Funktionen zuzugreifen.

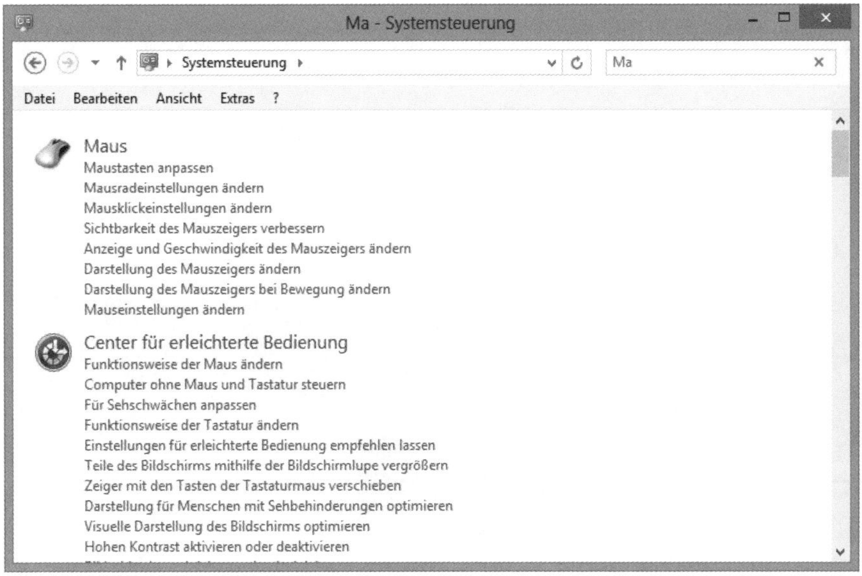

Bild 12.2: Suchen in der Systemsteuerung

TIPP

Benötigen Sie eine Funktion der Systemsteuerung häufiger, ziehen Sie den Hyperlink der zugehörigen Befehlsgruppe (z.B. *System und Sicherheit, Hardware und Sound, Programme* etc.) bei gedrückter linker Maustaste einfach zum Windows-Desktop. Beim Loslassen der Maustaste richtet Windows ein Verknüpfungssymbol auf dem Desktop ein, über das sich das Ordnerfenster der Systemsteuerung mit vorausgewählter Befehlsgruppe aufrufen lässt.

12.1.3 Suchen im Ordnerfenster

Zum Suchen nach bestimmten Dateien, Ordnern oder Dokumenten empfiehlt sich die direkte Suche im Ordnerfenster.

1. Öffnen Sie ein Ordnerfenster und wechseln Sie ggf. zum Ordner, in dem die Suche stattfinden soll.
2. Wählen Sie das Suchfeld in der rechten Ecke des Ordnerfensters und tippen Sie den Suchbegriff ein (Bild 7.16).

Die Suchanfrage bezieht sich standardmäßig auf den aktuellen Ordner und dessen Unterordner. Bereits bei der Eingabe der ersten Zeichen eines Suchbegriffs filtert Windows die nicht zutreffenden Dateien und Ordner aus der Anzeige aus. Die Suche startet also direkt nach der Eingabe des ersten Zeichens und wird bei jedem zusätzlich eingegebenen Zeichen verfeinert. Bild 7.16 zeigt die im aktuellen Ordner und in dessen Unterordnern gefundenen Treffer, die dem Suchmuster »Blu« entsprechen. Farbig im Elementnamen markierte Stellen signalisieren eine Übereinstimmung des Dateinamens mit dem eingegebenen Suchbegriff.

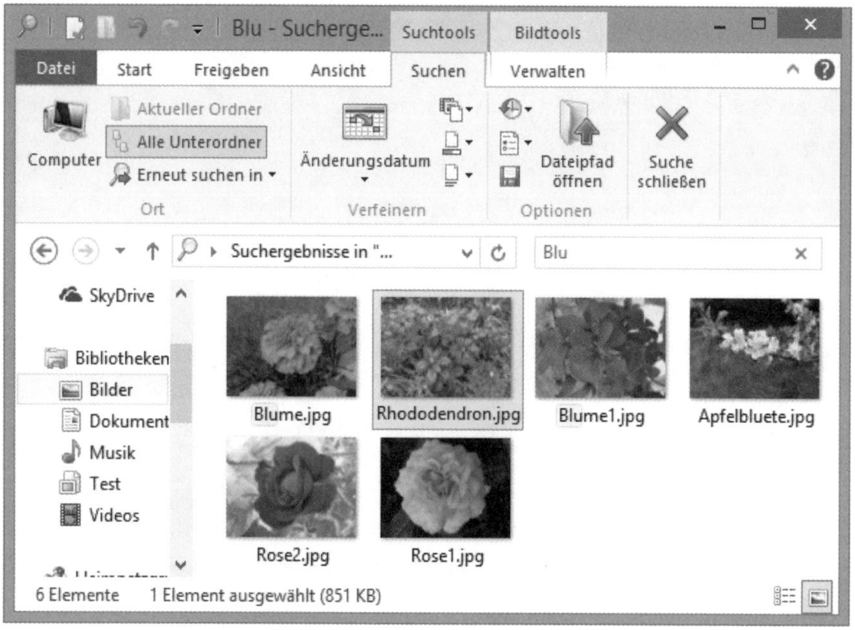

Bild 12.3: Suchen im Ordnerfenster

TIPP

Sie können z.B. den linken Rand des Suchfelds zwischen Adressfeld und Suchfeld (z.B. per Maus) nach links oder rechts ziehen, um die Größe des Suchfelds anzupassen. Sobald Sie mit der Eingabe des Suchbegriffs beginnen, blendet Windows eine Liste bereits eingetippter Suchbegriffe ein. Bei Bedarf können Sie einen passenden Begriff durch Anklicken in das Suchfeld übernehmen. Ein Mausklick auf ein leeres Suchfeld reicht ebenfalls, um die Liste der bereits eingegebenen Filterbegriffe einzublenden. Klicken Sie auf das Kreuz am rechten Rand des Suchfelds (Bild 7.16), wird der eingegebene Filterausdruck aus dem Suchfeld entfernt – Windows zeigt wieder den ungefilterten Ordnerinhalt.

Mysteriös: Warum werden Dateien mit abweichenden Namen gezeigt?

Vielleicht werden Sie bei der Betrachtung der Ergebnisse aus Bild 7.16 bezüglich der Treffer etwas stutzig. Ordner oder Dateien, in deren Namen der Suchbegriff vorkommt, lassen sich als Treffer erklären. Ist die Anzeige der Dateinamenerweiterungen eingeschaltet, ließe sich auch erklären, warum eine Datei mit der Bezeichnung »Rose.bmp« eventuell als Treffer bei der Suche nach »B« im Ordnerfenster auftaucht. Aber wie ist die in Bild 7.16 auftauchende Grafikdatei »Apfelbluete.jpg« zu deuten? Weder der Dateiname noch die Dateinamenerweiterung passen zum Suchmuster. Windows hebt auch nichts farbig im Dateinamen hervor, sodass die fehlende Übereinstimmung mit dem Filterbegriff nicht bestätigt wird.

Die Erklärung für die Treffer: Windows benutzt standardmäßig eine intelligente Suche, die neben dem Datei- und Ordnernamen auch Dateiinhalte und Zusatzinformationen in die Suche einbezieht. Ein Textdokument »Einladung.txt« könnte z.B. das Stichwort »Blume« im Text aufweisen, so würde also bei der Suche nach dem Muster »B« angezeigt. Bei manchen Dateien (Fotos, Musik etc.) lassen sich zusätzliche Informationen (als Markierungen bezeichnet) über Eigenschaften zuordnen. In unserem Beispiel wurde der angezeigten Fotodatei »Apfelbluete.jpg« eine Beschriftung mit dem Text »Blume« zugewiesen, die Datei wird also anhand dieser Markierung ausgefiltert und in der Ergebnisliste angezeigt.

12.1.4 Tipps zur Formulierung von Suchanfragen

Wenn Sie in umfangreichen Datenbeständen suchen, können Sie den Zugriff auf die gewünschten Informationen durch Wahl des Suchbegriffs und des Suchbereichs gezielt steuern. Hier einige Hinweise und Tipps zur Formulierung von Suchanfragen.

- Navigieren Sie erst zum Hauptordner (oder zur gewünschten Bibliothek), bevor Sie eine Suche in einem Ordnerfenster starten. Dies grenzt die Suche auf die im Ordnerfenster einbezogenen Bibliotheken, Ordner und Unterordner ein. Über die Registerkarte *Suchen* des Menübands lässt sich die Suche im Ordnerfenster mittels der Schaltflächen *Aktueller Ordner* und *Alle Unterordner* gezielt begrenzen oder ausweiten.
- Ist Ihnen die genaue Schreibweise einer gesuchten Datei oder eines Ordners nicht geläufig? Tippen Sie einen Datei- oder Ordnernamen im Suchfeld ein, lassen sich auch Teilausdrücke der Art »Brief« oder »Rechnung« verwenden. Dann listet die Suchfunktion Ergebnisse auf, die mit dem betreffenden Teilausdruck übereinstimmen (also z.B. auch »Rechnungen2012« beim Suchbegriff »Rechnung«).
- Sie können im Suchmuster Platzhalterzeichen (sogenannte Wildcards) wie das Sternchen »*« oder das Fragezeichen »?« verwenden. Der Platzhalter »*« wird bei der Suche durch beliebige Zeichen im Dateinamen ersetzt. Das Suchmuster »M*ier« würde in einem Ordner mit den drei Dokumenten »Meier«, »Maier« und »Meister« nur die beiden Ergebnisse »Maier« und »Meier« liefern. Mit dem »?« wird dagegen nur ein Zeichen im Suchmuster ersetzt.
- Beachten Sie, dass Windows die Suchbegriffe auch auf die – normalerweise nicht angezeigte – Dateinamenerweiterung (z.B. *.bmp*, *.txt*, *.doc* etc.) ausdehnt. Der Suchbegriff »B« wird dann z.B. auch eine Bilddatei »Skizze.bmp« in der Ergebnisliste zeigen. Sie können dies nutzen, um gezielt nach Dateitypen zu suchen (z.B. indem Sie Suchmuster wie »*.doc«, »*.bmp«, »*.jpg« etc. verwenden).
- Weiterhin bezieht Windows standardmäßig auch die Dateiinhalte in die Suche mit ein. Speziell bei Textdateien oder Dateien mit Markierungen (Fotos, Videos, Musik) beeinflusst dies die Ergebnisliste ebenfalls. Sie können also nach einem Interpreten eines Musikstücks, nach Beschriftungen von Fotos etc. suchen lassen.

Wie Sie die Kriterien zur Suche eingrenzen oder mehrere Suchkriterien kombinieren, wird nachfolgend beschrieben.

HINWEIS

Werden Dateien bei der Suche nicht gefunden, sollten Sie testweise die Suchkriterien ändern bzw. überprüfen. Weiterhin kann es sein, dass die Anzeige versteckter Dateien und Ordner ausgeschaltet und die Datei mit diesen Attributen versehen ist. Dann ignoriert die Suche die betreffenden Einträge. Weiterhin kann es sein, dass die Datei in einem Ordner eines anderen Benutzerkontos oder in einer anderen Bibliothek liegt, sodass Sie als Standardbenutzer keinen Zugriff darauf haben.

12.2 Erweiterte Suchoptionen verwenden

Windows unterstützt die Steuerung der Suche über verschiedene Optionen. Nachfolgend werden die erweiterten Möglichkeiten zur Suche beschrieben.

12.2.1 Den Suchbereich erweitern/einschränken

Fördert die Suche über das Suchfeld des Ordnerfensters nicht die gewünschten Treffer zutage? Vielleicht liegen die Informationen in einem anderen Ordnerzweig, auf einem anderen Laufwerk oder im Internet. Navigieren Sie im Ordnerfenster zum gewünschten Laufwerk bzw. Ordner und probieren Sie eine neue Suche aus. Versuchen Sie auch, den Suchbegriff zu variieren. Sobald das Suchfeld im Ordnerfenster angewählt wurde, erscheint die Registerkarte *Suchen* mit den Suchtools im Menüband des Ordnerfensters. Wechseln Sie im Menüband des Ordnerfensters zur Registerkarte *Suchen*, finden Sie verschiedene Bedienelemente, um die Suche zu beeinflussen.

- Über die Gruppe *Ort* der *Suchen*-Registerkarte lässt sich vorgeben, wo gesucht werden soll. Wählen Sie die Schaltfläche *Computer*, um alle Laufwerke des Computers in der Suche zu berücksichtigen.
- Wählen Sie im Navigationsbereich des Ordnerfensters ein einzelnes Laufwerk oder einen Ordner aus, wird die Suche auf diesen Ort beschränkt.
- Über die Schaltfläche *Aktueller Ordner* der Gruppe *Ort* der Registerkarte *Suchen* lässt sich die Suche auf Treffer im aktuellen Ordner begrenzen. Die Schaltfläche *Alle Unterordner* bezieht die Unterverzeichnisse ein (Bild 12.4).
- Wählen Sie im Menüband des Ordnerfensters auf der Registerkarte *Suchen* die Menüschaltfläche *Erneut suchen in* (Bild 12.4), so lässt sich der gewünschte Suchort (Heimnetzgruppe, Bibliotheken, Internet) in einem Menü auswählen.

Der Eintrag *Internet* der Menüschaltfläche *Erneut suchen in* öffnet ein Browserfenster und startet die Suche nach dem vorher eingegebenen Begriff über die Standardsuchmaschine des Browsers. Bei Einträgen wie *Bibliotheken* oder *Heimnetzgruppe* wird die Suche im Ordnerfenster an den betreffenden Speicherorten fortgesetzt.

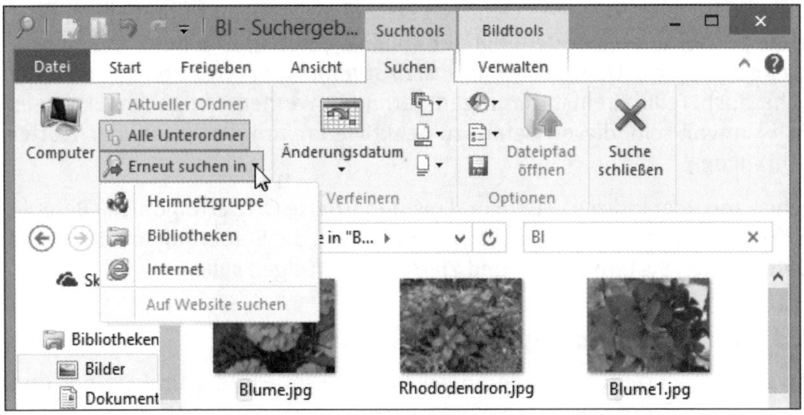

Bild 12.4: Suche erweitern

12.2.2 Suchvorgänge und Suchoptionen

Die Windows-Suche speichert die eingegebenen Suchbegriffe. Bei Bedarf lässt sich so auf vorher eingegebene Suchbegriffe zugreifen, um eine Suche zu wiederholen. Wählen Sie im Menüband die Registerkarte *Suchen*, finden Sie in der Gruppe *Optionen* die Menüschaltfläche *Zuletzt ausgeführte Suchvorgänge* vor. Bei deren Anwahl öffnet sich eine Liste der Suchbegriffe (Bild 12.5, oben).

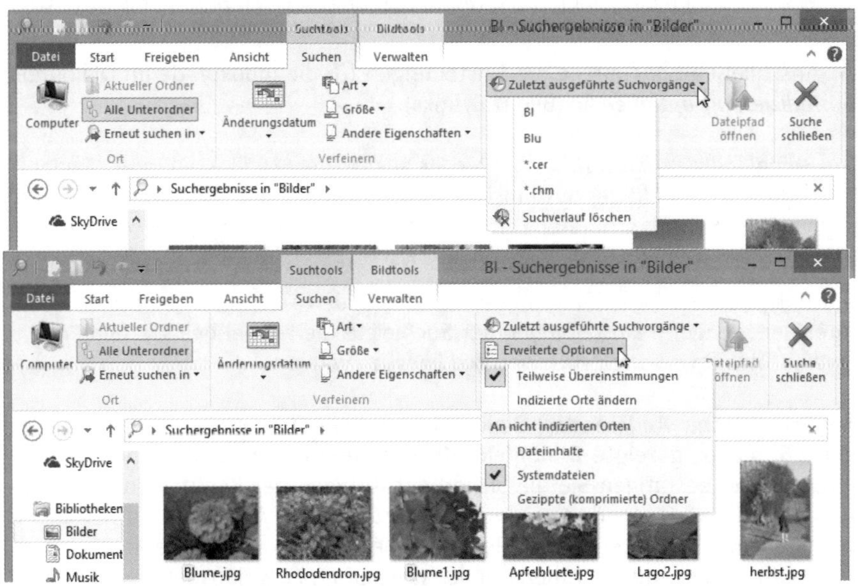

Bild 12.5: Ausgeführte Suchvorgänge und Suchoptionen

Sie können dann einen Eintrag der Liste wählen. Dieser wird in das Suchfeld übernommen und die Treffer erscheinen sofort im Ordnerfenster. Mit dem Befehl *Suchverlauf löschen* der Menüschaltfläche lässt sich die Liste der Suchbegriffe leeren.

Über die Schaltfläche *Erweiterte Optionen* erscheint ein Menü mit Befehlen, über die Sie die Suchoptionen steuern können (Bild 12.5, unten). Die Befehle sind teilweise selbsterklärend. Über *Teilweise Übereinstimmungen* erreichen Sie, dass bei der Suche auch Teilübereinstimmungen gefunden werden. Umgekehrt kann es natürlich sinnvoll sein, diesen Befehl zu deaktivieren, um die Anzahl der Treffer einzuschränken.

Die Suche kann über indizierte Orte und nicht indizierte Orte erfolgen. Die Befehle im Abschnitt *An nicht indizierten Orten* ermöglichen die Steuerung, ob die Suche über Dateiinhalte, Systemdateien und ZIP-Archive erfolgen soll.

12.2.3 Indizierungsoptionen ändern

Windows verwendet einen Indizierungsdienst, um im Hintergrund Ordner und Dateien auf NTFS-Datenträgern zu durchsuchen und die erforderlichen Schlüsselwörter (Datei- und Ordnernamen, Markierungen in Dateien etc.) in Indexdateien einzutragen. Ob ein Ordner oder eine Datei indiziert wird, lässt sich über ein Attribut festlegen (siehe *Kapitel 10*). Weiterhin bezieht Windows die Inhalte der Bibliotheken (*Musik*, *Fotos* etc.) automatisch in die Indizierung ein. Durch Aufnahme eines Ordners in eine Bibliothek wird dieser also zwangsweise indiziert. Weiterhin gibt es die Möglichkeit, die Indexpfade der Suche individuell anzupassen.

1. Gehen Sie im Menüband des Ordnerfensters zur Registerkarte *Suchen* und öffnen Sie das Menü der Schaltfläche *Erweiterte Optionen* (Bild 12.5, unten).
2. Wählen Sie im eingeblendeten Menü den angezeigten Befehl *Indizierte Orte ändern*.
3. Anschließend passen Sie die Einstellungen für die Indexpfade im Dialogfeld *Indizierungsoptionen* an (Bild 12.6, links).

HINWEIS

Den Befehl *Indizierungsoptionen* finden Sie auch in der Systemsteuerung. Tippen Sie »Indi« im Suchfeld des Systemsteuerungsfensters ein, um den Befehl anzuzeigen. Sie finden dann in der Trefferliste auch einen Eintrag *Problembehandlung*, über den sich Probleme in der Windows-Suche ggf. beheben lassen.

Alternativ können Sie bei angezeigter Startseite den Text »Indi« eintippen und unter der Kategorie *Einstellungen* der Suchleiste die Kachel des Treffers *Probleme mit Windows Search erkennen und beheben* wählen.

Die Schaltfläche *Ändern* des Dialogfelds *Indizierungsoptionen* öffnet das in Bild 12.6, rechts, gezeigte Dialogfeld. Klicken Sie auf die Schaltfläche *Alle Orte anzeigen* und bestätigen Sie die Sicherheitsabfragen der Benutzerkontensteuerung, um alle verfügbaren Speicherorte einzublenden. Anschließend markieren Sie in der eingeblendeten Ordnerhierarchie die Kontrollkästchen der in die Indexsuche einzubeziehenden Ordner. Ähnlich wie beim Navigationsbereich eines Ordnerfensters können Sie eine eventuell vorhandene Ordnerhierarchie über das kleine Dreieck vor dem Laufwerks- oder Ordnersymbol ein- bzw. ausblenden. Die Vorgaben werden beim Schließen des Dialogfelds mittels der *OK*-Schaltfläche übernommen.

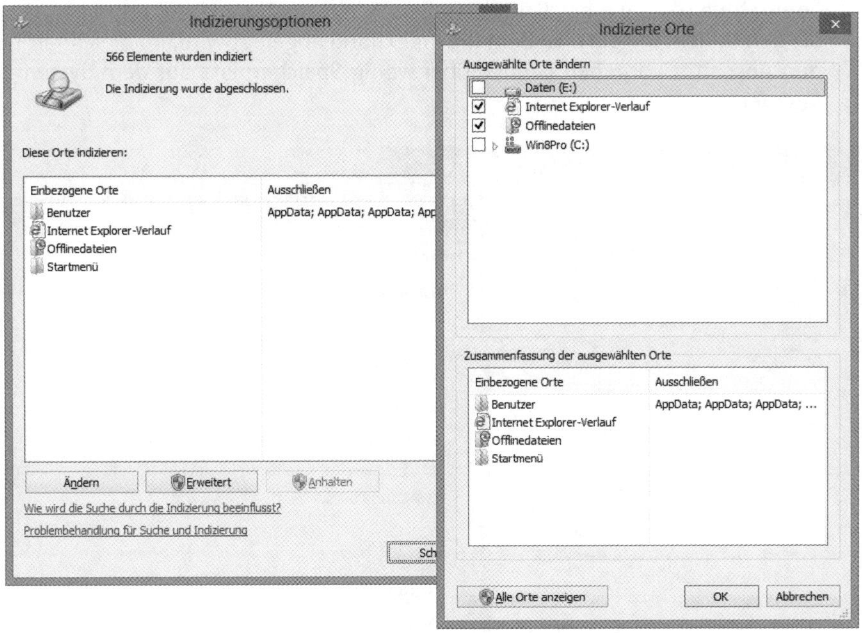

Bild 12.6: Anpassen der Indizierungsoptionen

> **TIPP**
> Über die Schaltfläche *Anhalten* des Dialogfelds *Indexoptionen* (Bild 12.6, links) lässt sich der Indexdienst von Administratoren stoppen. Da der Dienst aber wenig Systemleistung benötigt, dürfte dazu nur selten die Notwendigkeit bestehen.

Die Schaltfläche *Erweitert* des Dialogfelds *Indexoptionen* (Bild 12.6, links) öffnet nach Bestätigung der Sicherheitsabfrage der Benutzerkontensteuerung das in Bild 12.7 gezeigte Eigenschaftenfenster *Erweiterte Optionen*.

- Auf der Registerkarte *Dateitypen* (Bild 12.7, links) finden Sie eine Liste der in die Suche einzubeziehenden Dateitypen. Klicken Sie auf einen Eintrag, lässt sich über die beiden Optionsfelder am unteren Rand der Registerkarte vorgeben, ob nur die Dateieigenschaften (z.B. Markierungen) oder auch der Dateiinhalt zu indizieren ist. Die Indizierung des Dateiinhalts ist bei Dateien mit Textinhalten sinnvoll.
- Auf der Registerkarte *Indexeinstellungen* ermöglicht die Schaltfläche *Neu erstellen* im Abschnitt *Problembehandlung*, ausgewählte Speicherorte neu zu indizieren oder die ursprünglichen Indexeinstellungen wiederherzustellen. Die Kontrollkästchen im Abschnitt *Dateieinstellungen* beziehen sich auf verschlüsselte Dateien und auf die Behandlung von Schreibweisen mit diakritischen Zeichen (z.B. Akzente in französischen Namen, was in der deutschen Sprache weniger relevant ist). Bei der Anwahl des Kontrollkästchens *Verschlüsselte Dateien indizieren* erscheint ein Dialogfeld mit dem Hinweis, dass die Datensicherheit nicht geprüft werden kann. Die Funktion ist nur in Windows 8 Pro sinnvoll, wenn eine BitLocker-Laufwerkverschlüsselung (oder eine

kompatible Lösung eines Drittherstellers) eingesetzt wird. Weiterhin können Sie den Indizierungsort, an dem die Indexdatei abgelegt wird, im gleichnamigen Abschnitt vorgeben (sinnvoll bei wenig Speicherplatz auf dem Systemlaufwerk).

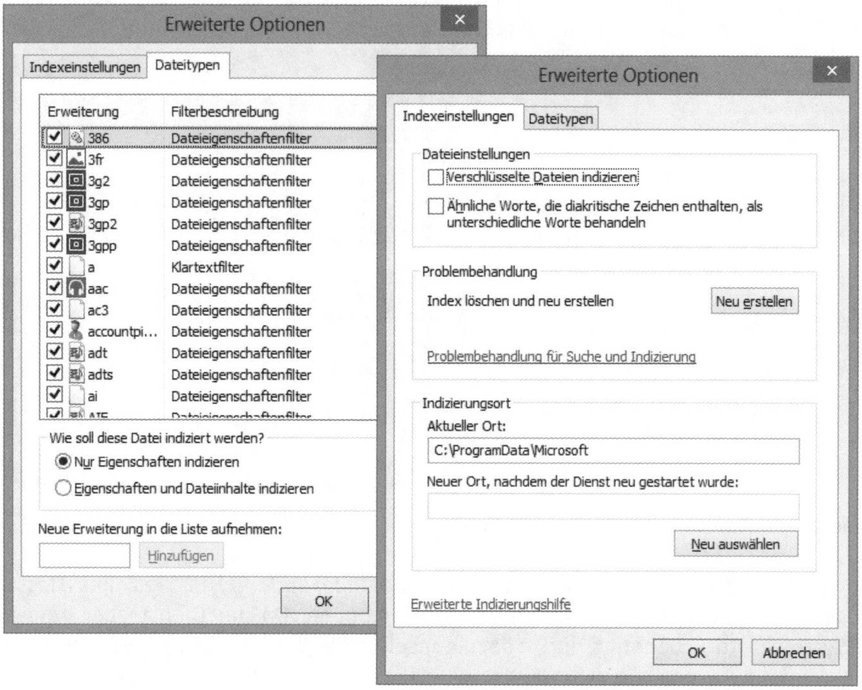

Bild 12.7: Erweiterte Optionen

Die Änderungen werden wirksam, sobald die Registerkarten über die *OK*-Schaltfläche geschlossen wurden.

12.2.4 Anpassen der Suchoptionen

Um die Kriterien, nach denen gesucht werden soll, anzupassen, gehen Sie in folgenden Schritten vor:

1. Klicken Sie im Ordnerfenster auf der Registerkarte *Ansicht* des Menübands auf die Schaltfläche *Optionen* und wählen Sie im eingeblendeten Menü den Befehl *Ordner- und Suchoptionen ändern*.
2. Wechseln Sie im Eigenschaftenfenster *Ordner- und Suchoptionen* zur Registerkarte *Suchen*.
3. Markieren Sie auf der Registerkarte *Suchen* (Bild 12.8) des Dialogfelds *Ordneroptionen* die gewünschten Suchoptionen und schließen Sie das Dialogfeld über die *OK*-Schaltfläche.

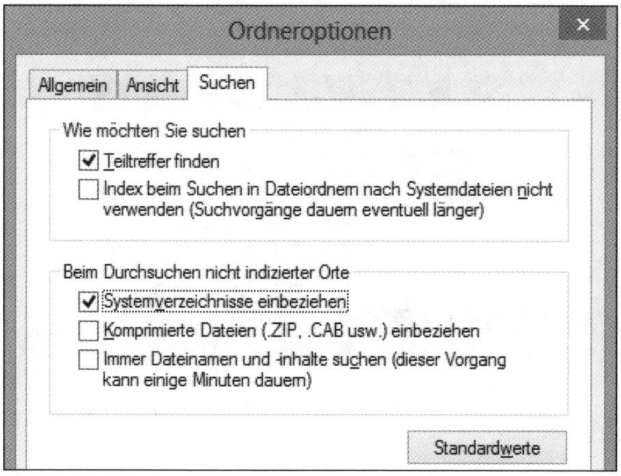

Bild 12.8: Suchoptionen anpassen

Für die Kontrollkästchen der Registerkarte gilt Folgendes:

- Dieses Kontrollkästchen *Teiltreffer finden* sollte markiert sein, damit die Suche auch Elemente findet, die das Suchmuster im Namen aufweisen.
- Markieren Sie das Kontrollkästchen *Index beim Suchen in Dateiordnern nach Systemdateien nicht verwenden*, prüft Windows bei Systemdateien die Dateiinhalte, ohne die Indexeinträge zu berücksichtigen. Dies verlangsamt aber die Suche erheblich.
- Mit der Markierung des Kontrollkästchens *Systemverzeichnisse einbeziehen* erreichen Sie, dass die Suche auch Verzeichnisse wie *Windows* oder *Programme* bzw. *Programme (x86)* einbezieht.
- Sollen auch ZIP-Archive und andere komprimierte Dateien in der Suche berücksichtigt werden, markieren Sie das Kontrollkästchen *Komprimierte Dateien (.ZIP, .CAB usw.) einbeziehen*.
- Markieren Sie das Kontrollkästchen *Immer Dateinamen und -inhalte suchen (dieser Vorgang kann einige Minuten dauern)*, um sicherzustellen, dass Treffer sowohl über Dateinamen als auch in allen auswertbaren Dateiinhalten gefunden werden. Diese Art der Suche ist sehr langsam, da Windows bei nicht indizierten Ordnern die einzelnen Dateien öffnen und die Markierungen bzw. bei Texten die Wörter lesen muss.

Über die Schaltfläche *Standardwerte* lassen sich die von Microsoft vorgesehenen Einstellungen zurückholen. Die Änderungen werden beim Schließen der Registerkarte über die *OK*-Schaltfläche wirksam.

12.2.5 Verfeinern der Suche

Sie können Windows anweisen, die Suche auf bestimmte Kriterien (z.B. Dokumenttypen, Dateigrößen, Datumswerte etc.) zu beschränken. In Windows 8 ist die Verfeinerung der Suche über entsprechende Filterkriterien recht komfortabel möglich.

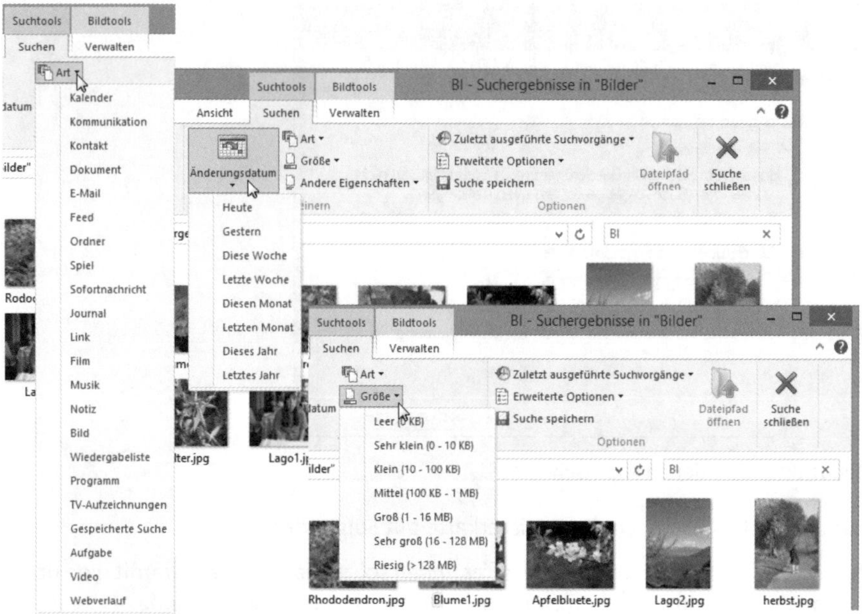

Bild 12.9: Suchfilter hinzufügen

1. Zum Hinzufügen der Suchfilter wählen Sie das Suchfeld des Ordnerfensters an und wechseln dann im Menüband zur Registerkarte *Suchen*.
2. Anschließend öffnen Sie die Menüschaltflächen *Änderungsdatum*, *Art* oder *Größe* der Gruppe *Verfeinern* und wählen im eingeblendeten Menü das gewünschte Filterkriterium aus (Bild 12.9).

Die Menüschaltfläche *Änderungsdatum* ermöglicht es, Zeitkriterien zum Eingrenzen der Suche festzulegen, während die Menüschaltfläche *Größe* die Treffer über Dateigrößen filtert. Die Menüschaltfläche *Art* ermöglicht, die Suche auf Kalendereinträge (sofern ein kompatibles Programm installiert ist), E-Mails, Kontakte, Spiele, Ordner etc. einzugrenzen.

Windows kann neben den Namen und den Dateiinhalten (bei Dokumenten mit Textinhalten) sowie den oben genannten Filterkriterien wie Datum, Größe auch spezielle Dateieigenschaften gezielt in die Suche einbeziehen. Dies könnten der Fotograf eines Fotos, ein Bildtitel, der Interpret eines Musikstücks etc. sein. Solche Dateieigenschaften lassen sich als Metadaten z.B. über die Eigenschaften der Datei in Foto-, Musik- und Videodateien ablegen (siehe *Kapitel 10*).

Um gezielt solche Dateieigenschaften bei der Suche zu berücksichtigen, öffnen Sie im Menüband des Ordnerfensters die Menüschaltfläche *Andere Eigenschaften*. Die Menüschaltfläche findet sich auf der Registerkarte *Suchen*, die bei Anwahl des Suchfelds erscheint. Welche Befehle angezeigt werden, hängt vom gewählten Ordner ab (ein Fotoordner zeigt andere Einträge als ein Musikordner). Wenn Sie Bibliotheken wie *Musik*, *Bilder* oder *Video* anwählen, lassen sich auch Suchfilter für Interpret, Titel etc. abrufen.

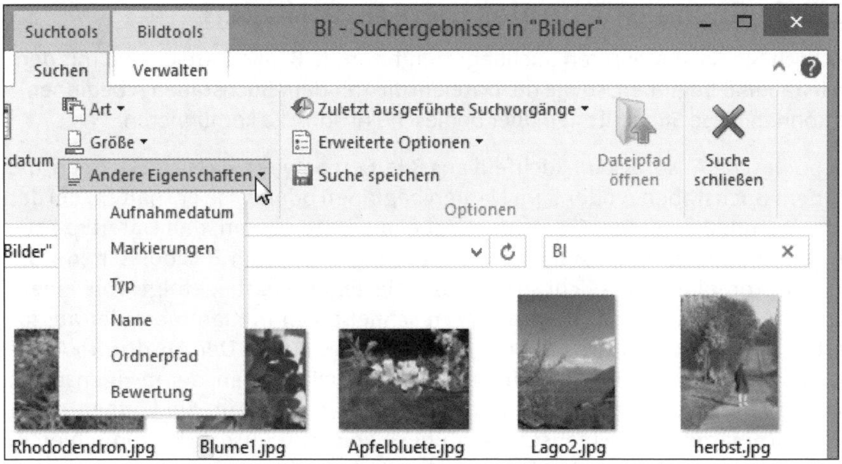

Bild 12.10: Eigenschaften in die Suche einbeziehen

Wählen Sie einen der Einträge, übernimmt Windows das betreffende Schlüsselwort (z.B. »markierungen:«) im Suchfeld. Ergänzen Sie dann den gewünschten Wert im Suchfeld (z.B. »markierungen:autoren:=Born«). Über »typ:« kann die Suche gezielt über Dateinamenerweiterungen durchgeführt werden. Bei Bedarf können Sie die Filterkriterien auch kombinieren.

HINWEIS

Wird die Eigenschaft nicht im Menü der Menüschaltfläche *Andere Eigenschaften* angezeigt, lässt sich der Name auch manuell in das Suchfeld eintippen. Um beispielsweise die Eigenschaft »autoren« in Dateien zu berücksichtigen, können Sie den Eigenschaftennamen »autoren:Born« in das Suchfeld eintippen. Tippen Sie nur die Eigenschaft mit dem Doppelpunkt ein (z.B. »autoren:«) und ist diese Eigenschaft bekannt, öffnet sich ein Menü, über das Sie einen Wert für die Eigenschaft auswählen können. Die Suche wird dann nur solche Dateien liefern, deren Eigenschaft *autoren* den betreffenden Wert aufweist. Sie können dabei alle Eigenschaftennamen im Suchfeld angeben, die auf der Registerkarte *Details* im Eigenschaftenfenster einer Datei aufgeführt werden.

Das manuelle Formulieren von Suchanfragen erfordert, dass Sie die betreffenden Eigenschaftennamen und die Syntax zur Suche kennen. Auf der Webseite `http://msdn.microsoft.com/de-de/library/aa965711(v=vs.85).aspx` [w8-k12-002] finden Sie eine englischsprachige Beschreibung zur »Windows Search Advanced Query Syntax«. Allerdings enthält der Artikel nur eine Auflistung der englischsprachigen Eigenschaftennamen, während ein deutschsprachiges Windows in den Suchausdrücken die deutschen Eigenschaftennamen (also autoren statt authors oder typ statt kind) erwartet. Leider habe ich bis zur Drucklegung dieses Buches keinen deutschsprachigen Artikel mit einer Beschreibung der Advanced Query Syntax für Windows 7 bzw. Windows 8 gefunden, sodass Sie ggf. etwas experimentieren müssen, um die deutschen Eigenschaftennamen herauszufinden.

12.2.6 Suche mit booleschen Ausdrücken

Möchten Sie nach mehreren Suchbegriffen filtern (z.B. alle Dateien, die mit dem Buchstaben B beginnen, sowie die Dateien, die mit dem Buchstaben A beginnen)? Sie können diese Suchkriterien über boolesche Ausdrücke kombinieren.

Der boolesche Ausdruck im Suchfeld aus Bild 12.11 bewirkt, dass alle Dateien, die mit dem Buchstaben A oder B im Namen beginnen oder diese enthalten, bei der Suche gefunden werden. Sie können dabei die Dateinamen, den Dateityp bzw. die Dateinamenerweiterung und auch die Eigenschaften in booleschen Ausdrücken kombinieren. Wichtig ist, dass die Eigenschaft, gefolgt von einem Doppelpunkt, vorangestellt wird. Daran schließt sich in Klammern der auszuwertende boolesche Ausdruck an (z.B. »name:(a OR b)«). Der Ausdruck »Autoren:(Born OR Bach)« wird alle Dateien in der Suche auflisten, deren Eigenschaft *Autoren* entweder den Namen »Born« oder »Bach« enthält. Sie können dabei auch Dateinamen und Eigenschaften über boolesche Ausdrücke kombinieren. Die Angabe »Autor:Born AND Blumen« listet alle Dateien auf, deren Name mit *Blumen* beginnt und deren Eigenschaftenwert *Autoren* den Wert »Born« aufweist. Das Bild 12.1 enthält eine Auflistung zulässiger Operatoren in booleschen Ausdrücken.

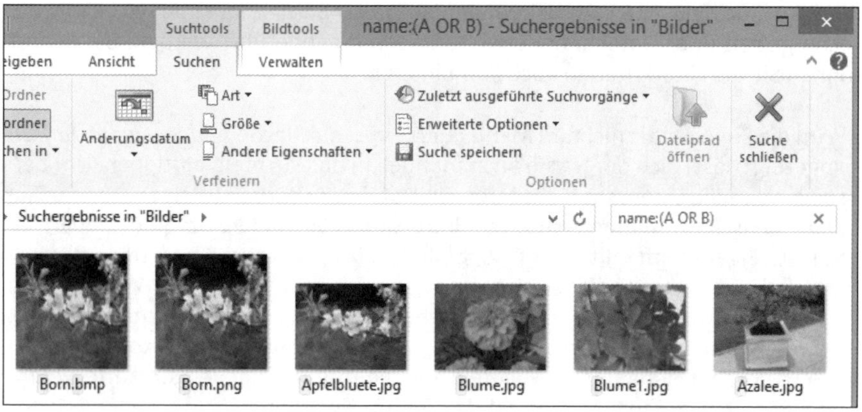

Bild 12.11: Suche mit booleschen Ausdrücken

ACHTUNG

Die Klammer im booleschen Ausdruck bewirkt, dass der Teilausdruck erst ausgewertet wird. In »Autoren:(Born OR Bach)« bedeutet dies, der Klammerausdruck bezieht sich auf die Eigenschaft *Autoren*. Wichtig ist auch, dass der boolesche Operator in Großbuchstaben angegeben wird, sonst klappt die Auswertung nicht.

Ausdruck	**Bemerkung**
AND UND	Führt einen Und-Vergleich zwischen den angegebenen Operanden aus (z.B. »Autoren:(Born AND Bach)« erkennt nur Elemente, deren Eigenschaft *Autoren* beide Werte enthält).
OR ODER	Führt einen Oder-Vergleich zwischen den angegebenen Operanden aus (z.B. »Autoren:(Born OR Bach)« erkennt Elemente, deren Eigenschaft *Autoren* einen der beiden Werte aufweist).
NOT NICHT	Gibt an, dass das zu suchende Element den Ausdruck nicht aufweisen darf (z.B. »Autoren:NOT Born« listet alle Dateien auf, deren Eigenschaft *Autoren* nicht den Wert »Born« aufweist).
»xxx«	Die Anführungszeichen um einen Teilausdruck geben an, dass dieser Ausdruck in der genauen Schreibweise in der Datei vorkommen muss (z.B. »Sommerfest 2007«).
(xxx)	Findet Dateien, die die in Klammern angegebenen Wörter enthalten (z.B. »(Born Bach)«). Klammern können auch benutzt werden, um mehrere Werte einer Eigenschaft zuzuordnen (z.B. »Autoren:(Born OR Back)«).
>	Listet Dateien auf, deren Wert größer als der angegebene Wert ist (z.B. »Datum:> 01.01.07«).
<	Listet Dateien auf, deren Wert kleiner als der angegebene Wert ist (z.B. »Größe:< 4 MB«).

Tabelle 12.1: Operatoren in booleschen Ausdrücken

HINWEIS

Verwenden Sie die Menüschaltflächen der Gruppe *Verfeinern* auf der Registerkarte *Suchen*, um die Eigenschaften im Suchfeld vorzugeben. Windows fügt die Suchfilter, getrennt durch Leerzeichen, in das Suchfeld ein. Dies wirkt dann wie eine UND-Verknüpfung.

12.2.7 Suchergebnisse speichern

Beim Schließen des Ordnerfensters mit den Suchergebnissen gehen sowohl die Ergebnisse als auch die Einstellungen verloren. Möchten Sie eine bestimmte Suche häufiger durchführen, können Sie die Suchergebnisse speichern.

1. Aktivieren Sie im Menüband des Ordnerfensters mit den Suchergebnissen die Registerkarte *Suchen* und wählen Sie die dort sichtbare Schaltfläche *Suche speichern* (Bild 12.12, Hintergrund, oben).
2. Windows öffnet ein Dialogfeld *Speichern unter* zur Auswahl des Speicherziels (Bild 12.12, Vordergrund). Belassen Sie als Zielordner *Suchvorgänge*, passen Sie ggf. den Dateinamen an und klicken Sie anschließend auf die Schaltfläche *Speichern*.

Windows legt die Suchergebnisse im Zielordner ab. Der Dateiname gibt dabei auch die Suchkriterien an.

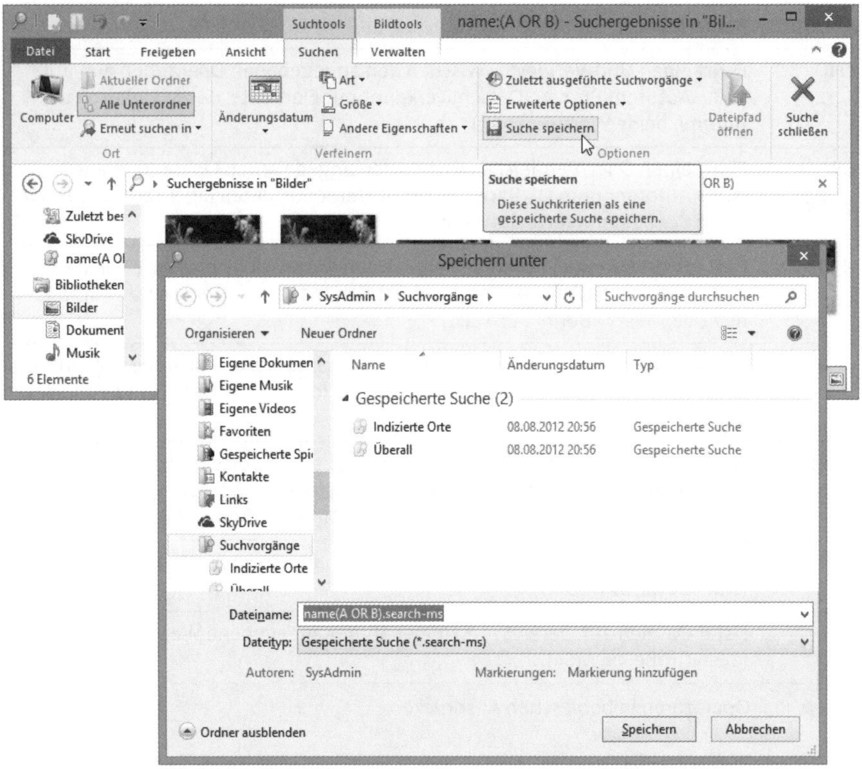

Bild 12.12: Suche speichern und erneut abrufen

Um die gespeicherte Suche erneut zu öffnen, wählen Sie im Navigationsbereich des Ordnerfensters den Sucheintrag unter *Favoriten* (Bild 12.12, Hintergrund). Oder navigieren Sie zum Eintrag des Benutzerkontos (z.B. *SysAdmin* oder *Born*) und dann zum Untereintrag *Suchvorgänge*. Anschließend lässt sich der Eintrag für die gespeicherte Suche anwählen. Windows wird dann die Suche mit den gewählten Kriterien erneut durchführen und die Ergebnisse im Ordnerfenster anzeigen.

TIPP

Fehlt bei Ihnen im Navigationsbereich der betreffende Eintrag bzw. der Ordnerzweig mit dem Benutzerprofil? Oder wundern Sie sich, dass der Navigationsbereich den Papierkorb und auch die Einträge für die Systemsteuerung enthält? Dies lässt sich in den Optionen einstellen (Registerkarte *Ansicht*, Menüschaltfläche *Optionen*, Befehl *Ordner- und Suchoptionen ändern*). Markieren Sie auf der Registerkarte *Allgemein* in der Gruppe *Navigationsbereich* das Kontrollkästchen *Alle Ordner anzeigen*. Dann tauchen u.a. das Benutzerprofil, der Papierkorb und die Systemsteuerungselemente im Navigationsbereich auf.

13 Datenträgerverwaltung und -wartung

In diesem Kapitel lernen Sie die von Windows bereitgestellten Funktionen zur Verwaltung von Datenträgern wie Festplatten kennen und erfahren auch, wie sich Datenträger warten (z.B. bereinigen oder auf Fehler überprüfen) lassen.

13.1 Funktionen zur Laufwerkswartung

Windows verfügt über einige Wartungsfunktionen, die Sie auf den Inhalt von Laufwerken anwenden können.

13.1.1 Platz schaffen mit der Datenträgerbereinigung

Beim Arbeiten mit Windows sammelt sich im Laufe der Zeit eine ganze Menge Datenmüll im Papierkorb und in sogenannten temporären Ordnern an. Diese Dateien lassen sich durch die Datenträgerbereinigung entfernen.

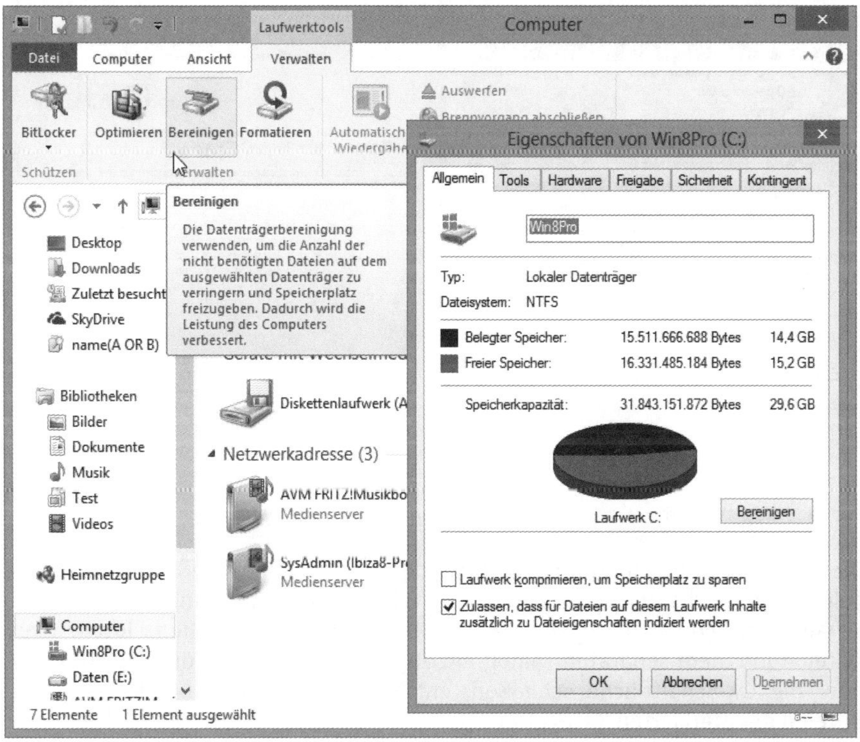

Bild 13.1: Aufrufen der Datenträgerbereinigung

Sie können im Ordnerfenster *Computer* das gewünschte Laufwerk markieren und anschließend im Menüband auf der Registerkarte *Verwalten* die Schaltfläche *Bereinigen* wählen (Bild 13.1, Hintergrund).

Alternativ lässt sich im Ordnerfenster *Computer* das gewünschte Laufwerk markieren und dann auf der Registerkarte *Computer* die Schaltfläche *Eigenschaften* (oder der gleichnamige Kontextmenübefehl) wählen. Im Eigenschaftenfenster befindet sich auf der Registerkarte *Allgemein* ebenfalls die mit *Bereinigen* bezeichnete Schaltfläche zum Aufruf der betreffenden Funktion (Bild 13.1, Vordergrund).

Windows analysiert beim Aufruf der Funktion den Datenträger, was einige Zeit dauern kann und über eine Fortschrittsanzeige signalisiert wird. Sobald das Dialogfeld mit der Registerkarte *Datenträgerbereinigung* erscheint, markieren Sie die Kontrollkästchen der Kategorien, in denen Dateien gelöscht werden sollen (Bild 13.2, links), und klicken auf die *OK*-Schaltfläche.

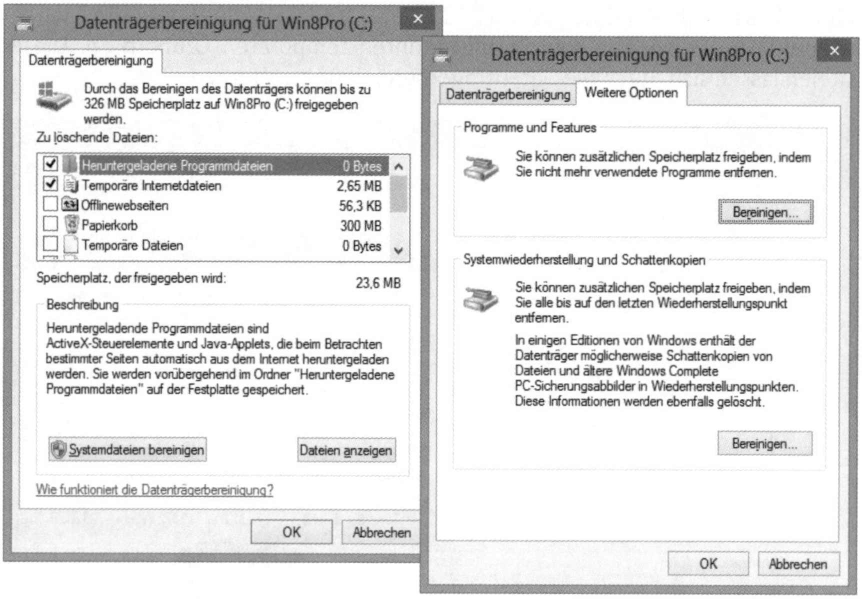

Bild 13.2: Registerkarten *Datenträgerbereinigung* und *Weitere Optionen*

Die Datenträgerbereinigung gibt für jede Kategorie die Größenordnung des belegten Bereichs an. Bei Bedarf können Sie einen Eintrag anklicken und die Schaltfläche *Dateien anzeigen* betätigen. Dann werden Ihnen die zu löschenden Dateien in einem separaten Dialogfeld angezeigt. Sobald Sie die Registerkarte über die *OK*-Schaltfläche schließen, entfernt die Laufwerksbereinigung alle Dateien der markierten Kategorien.

HINWEIS

Um auch Systemdateien zu bereinigen, kann ein Administrator die Schaltfläche *Systemdateien bereinigen* anwählen. Nach Bestätigung der Sicherheitsabfrage ermittelt die Datenträgerbereinigung die verfügbaren Dateien und zeigt eine erweiterte Liste an Einträgen auf der Registerkarte *Datenträgerbereinigung*. So können Sie nun auch den ggf. vorhandenen Ordner *Windows.old* aus einer alten Windows-Installation löschen lassen. Zudem wird die Registerkarte *Weitere Optionen* eingeblendet (Bild 13.2, rechts). Auf dieser Registerkarte finden Sie in der Gruppe *Programme und Funktionen* die Schaltfläche *Bereinigen*. Diese öffnet das Fenster *Programme deinstallieren oder ändern*, in dem Sie nicht mehr benötigte Programme entfernen können. Die Schaltfläche *Bereinigen* der Gruppe *Systemwiederherstellung und Schattenkopien* ermöglicht Ihnen, die Wiederherstellungspunkte bis auf den letzten Sicherungssatz zu löschen.

13.1.2 Datenträgerprüfung durchführen

Ein Problem stellen beschädigte oder fehlerhafte Dateien auf Festplatten dar. Wenn Sie den Computer einfach abschalten, ohne Windows vorher zu beenden, können Dateien beschädigt werden. Oder ein Programmabsturz bewirkt, dass die Daten nicht richtig in die zugehörige Datei geschrieben werden. Bei nicht korrekt beendeten Windows-Sitzungen führt das Betriebssystem beim nächsten Start u.U. automatisch eine Datenträgerprüfung durch. Haben Sie den Verdacht, dass das Speichermedium eventuell beschädigt ist, können Sie diese Prüfung auch manuell aufrufen.

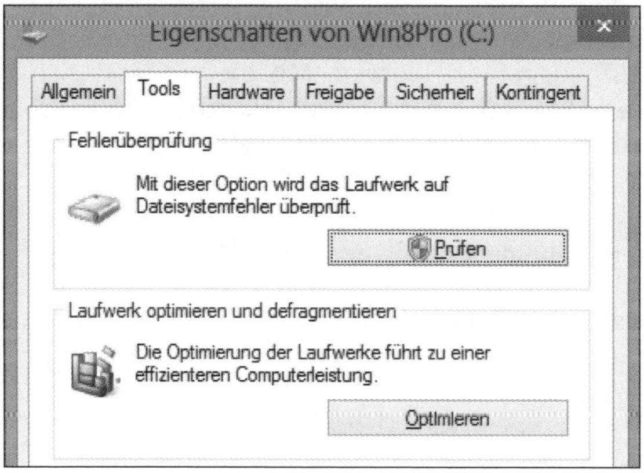

Bild 13.3: Registerkarte *Tools* mit Optionen zur Datenträgerwartung

1. Markieren Sie im Ordnerfenster *Computer* das gewünschte Laufwerk und wählen Sie dann auf der Registerkarte *Computer* des Menübands die Schaltfläche *Eigenschaften*.
2. Im Eigenschaftenfenster lässt sich dann auf der Registerkarte *Tools* die mit *Prüfen* bezeichnete Schaltfläche im Abschnitt *Fehlerüberprüfung* wählen (Bild 13.3).
3. Bestätigen Sie die Sicherheitsabfrage der Benutzerkontensteuerung, um den Vorgang fortsetzen zu können.

Windows öffnet dann das in Bild 13.4 gezeigte Dialogfeld, in dem der Status des Laufwerks angezeigt wird. In den meisten Fällen ist keine Überprüfung erforderlich und Sie können das Dialogfeld über die *Schließen*-Schaltfläche beenden. Bei Bedarf können Sie aber den im Dialogfeld eingeblendeten Befehl *Laufwerk scannen* bzw. *Laufwerk scannen und reparieren* anwählen. Dann wird eine Datenträgerüberprüfung vorgenommen, deren Ablauf in einem Statusfenster angezeigt wird.

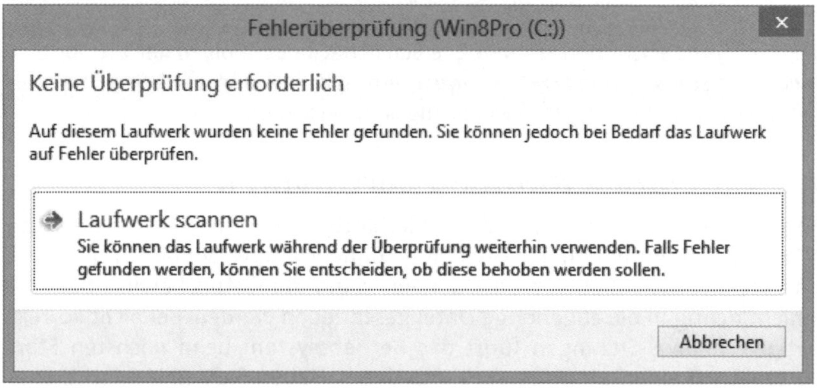

Bild 13.4: Dialogfeld der Datenträgerprüfung

HINWEIS

Beachten Sie, dass sich die Datenträgerprüfung nur ausführen lässt, wenn Sie über Administratorrechte verfügen. Die Datenträgerprüfung kann auch mit dem Konsolenprogramm *chkdsk* ausgeführt werden. Mit diesem lässt sich ebenfalls eine Fehlerprüfung samt Reparatur durchführen. Hierzu ist das Fenster der Eingabeaufforderung über den Befehl *Als Administrator ausführen* zu öffnen. Der Befehl *chkdsk /?* zeigt die Aufrufoptionen und mit *chkdsk /r <lw:>* wird das in *<lw:>* angegebene Laufwerk einer Fehlerüberprüfung unterzogen. Gegenüber früheren Windows-Versionen hat Microsoft die Datenträgerprüfung (und das zugrunde liegende Tool chkdsk) überarbeitet. Daher erkennt das Betriebssystem, wenn Fehler vorliegen. Zudem lässt sich die Datenträgerprüfung des Windows-Laufwerks auch bei laufendem System durchführen. Einige Hinweise habe ich unter `http://www.borncity.com/blog/2012/05/17/windows-8-chkdsk-redesign-und-ntfs-healt-monitoring/` [w8-k13-001] veröffentlicht.

13.1.3 Laufwerke optimieren

Beim Schreiben von Dateien werden die Daten in freie Cluster auf dem Datenträger abgelegt. Dateioperationen (vergrößern, verkleinern oder löschen von Dateien) führen dazu, dass Cluster freigegeben oder freie Cluster für die Dateidaten belegt werden. Die Daten einer Datei werden dann mit der Zeit nicht mehr zusammenhängend in benachbarten Clustern, sondern im ungünstigsten Fall über die Cluster des Datenträgers verstreut abgelegt. Man bezeichnet dies als Fragmentierung. Die Fragmentierung verringert die Zugriffsgeschwindigkeit auf die Dateien, da die Schreib-/Leseköpfe des Laufwerks jeweils die einzelnen Cluster ansteuern müssen, um auf die Daten der Datei zugreifen zu können. Windows führt auf NTFS-Datenträgern (per Aufgabenplanung) automatisch eine Defragmentierung im Hintergrund durch. Allerdings können auch Wechselmedien fragmentiert sein. Sie können prüfen, ob eine Fragmentierung der betreffenden Laufwerke vorliegt, und eine Optimierung vornehmen. Hierbei werden die von den Dateien belegten Cluster auf dem Datenträger in benachbarte Cluster verschoben und freie Cluster zu kompletten Blöcken zusammengefasst.

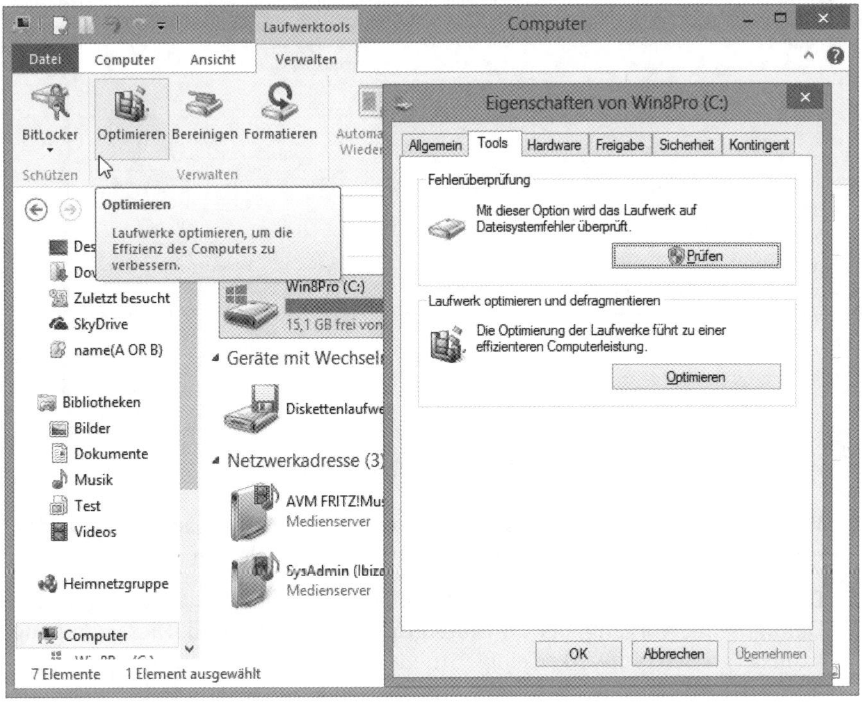

Bild 13.5: Datenträgeroptimierung aufrufen

Zur Überprüfung und Optimierung eines Datenträgers bietet Windows Ihnen verschiedene Wege an.

- Markieren Sie im Ordnerfenster *Computer* das gewünschte Laufwerk und wählen Sie dann auf der Registerkarte *Verwalten* des Menübands die Schaltfläche *Optimieren* (Bild 13.5, Hintergrund).
- Alternativ kann auf der Registerkarte *Computer* des Menübands die Schaltfläche *Eigenschaften* gewählt werden. Im Eigenschaftenfenster lässt sich dann auf der Registerkarte *Tools* die mit *Prüfen* bezeichnete Schaltfläche im Abschnitt *Fehlerüberprüfung* wählen (Bild 13.5, Vordergrund).

Windows öffnet dann das in Bild 13.6 gezeigte Dialogfeld *Laufwerke optimieren*, in dem der Status des Laufwerks angezeigt wird. In den meisten Fällen ist keine Überprüfung erforderlich und Sie können das Dialogfeld über die *Schließen*-Schaltfläche beenden. Im Dialogfeld *Laufwerke optimieren* werden der Zeitpunkt der letzten Optimierung sowie der aktuelle Fragmentierungsstatus angezeigt.

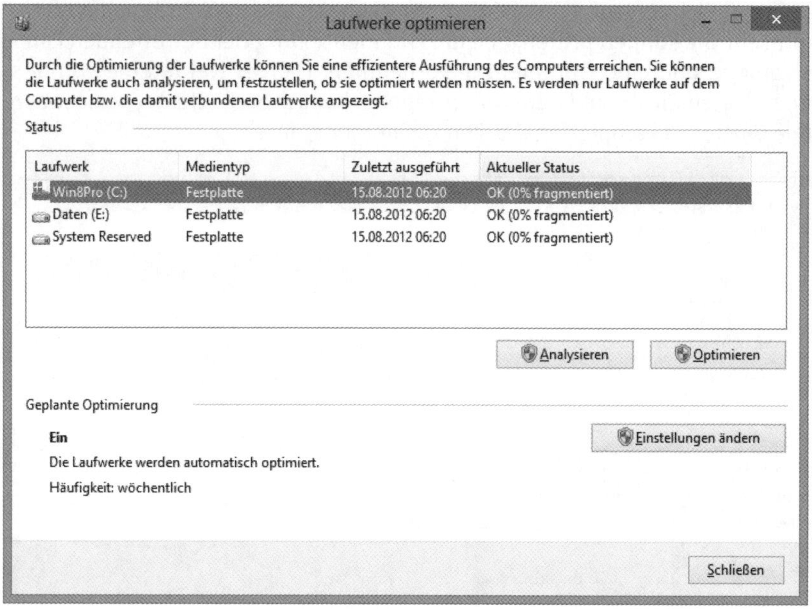

Bild 13.6: Dialogfeld zum Defragmentieren eines Datenträgers

- Wählen Sie ein Laufwerk aus und klicken auf die Schaltfläche *Analysieren*, erfolgt eine Prüfung, ob eine Defragmentierung erforderlich ist.
- Die Schaltfläche *Optimieren* startet zuerst eine Analyse und dann ggf. den Defragmentiervorgang, der im Hintergrund ausgeführt wird. Dieser Vorgang kann bei großen Laufwerken einige Stunden dauern. Sie können diesen Vorgang aber jederzeit über die Schaltfläche *Anhalten* des Dialogfelds unterbrechen.
- Über die Schaltfläche *Einstellungen ändern* öffnen Sie ein Dialogfeld (Bild 13.7) zur Auswahl des Optimierungsintervalls und des Laufwerks.

Die Schaltfläche *Schließen* beendet das Dialogfeld *Laufwerke optimieren*.

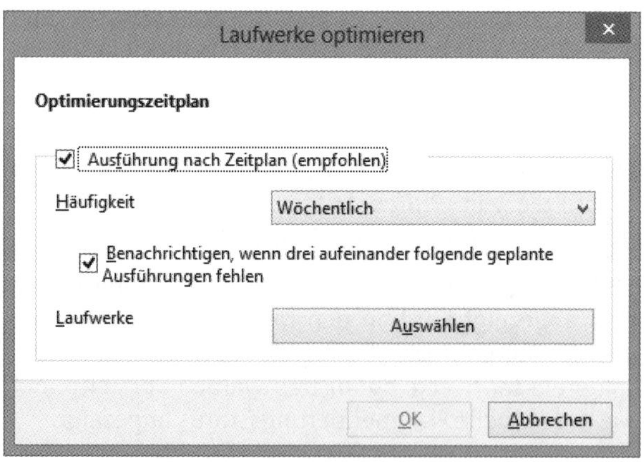

Bild 13.7: Optimierungszeitplan anpassen

13.2 Dateiversionen und Speicherplätze verwalten

Microsoft hat in Windows 8 noch zwei Neuerungen, den Dateiversionsverlauf zum Verwalten von Sicherungskopien von Dateien sowie die Funktion Speicherplätze (Storage Spaces) zur dynamischen Verwaltung von Festplattenspeicher, eingebaut, die nachfolgend kurz vorgestellt werden.

13.2.1 Den Dateiversionsverlauf einrichten

Diese Funktion ermöglicht es, Kopien von geänderten Dateien aus den Bibliotheken, dem Windows-Desktop, den Kontakten und den Favoriten in festen Intervallen auf einem separaten Datenträger zu sichern. Bei Bedarf lässt sich dann auf die Vorgängerversionen der gesicherten Dateien zugreifen.

HINWEIS

Bereits unter früheren Windows-Versionen (z.B. Windows 7 Ultimate) gab es die auf dem NTFS-Dateisystem aufsetzende Funktion *Vorgängerversion wiederherstellen*, bei der Änderungen an Dateien in Volumenschattenkopien gespeichert wurden. Über diese Kopien ließen sich vorhergehende Dateiversionen wiederherstellen. Diese Funktion ist unter Windows 8 aber entfallen. Beachten Sie zudem, dass die Funktion Dateiversionsverlauf keine verschlüsselten Dateien in die Sicherung einbezieht.

Die Funktion Dateiversionsverlauf kann sowohl auf separate interne Datenträger als auf externe Laufwerke oder auf Netzlaufwerke sichern. Auf dem Sicherungsdatenträger richtet die Funktion einen Ordner *FileHistory* zur Aufnahme der gesicherten Dateien ein.

1. Zum Einrichten der Funktion rufen Sie die Systemsteuerung (z.B. über den Navigationsbereich des Ordnerfensters) auf und wählen die Kategorie *System und Sicherheit*.
2. In der Folgeseite wählen Sie den Eintrag *Dateiversionsverlauf* (Bild 13.8, oben links) und warten, bis die Folgeseite erscheint.
3. Auf der Seite *Dateiversionsverlauf* (Bild 13.8, unten) wählen Sie das gewünschte Laufwerk zur Sicherung aus und bestätigen danach die Schaltfläche *Aktivieren*.

Dies schaltet den Dateiversionsverlauf ein. In einem zusätzlich eingeblendeten Dialogfeld (Bild 13.8, oben rechts) ermöglicht Windows noch die Freigabe in einer Heimnetzgruppe. Dann können Teilnehmer der Heimnetzgruppe auf den Dateiversionsverlauf zugreifen. Ein auf der Seite *Dateiversionsverlauf* eventuell beim Laufwerk eingeblendeter Hyperlink *Jetzt ausführen* ermöglicht eine sofortige Sicherung der Dateien auf das Sicherungslaufwerk.

Über die Befehle der Aufgabenleiste lassen sich diverse Funktionen zur Konfigurierung der Funktion aufrufen.

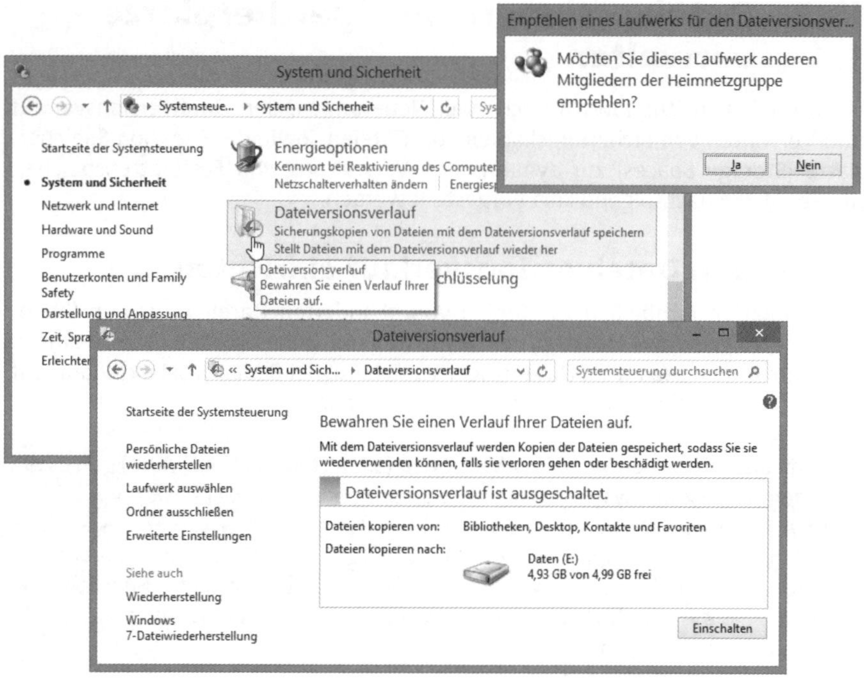

Bild 13.8: Dateiversionsverlauf aktivieren

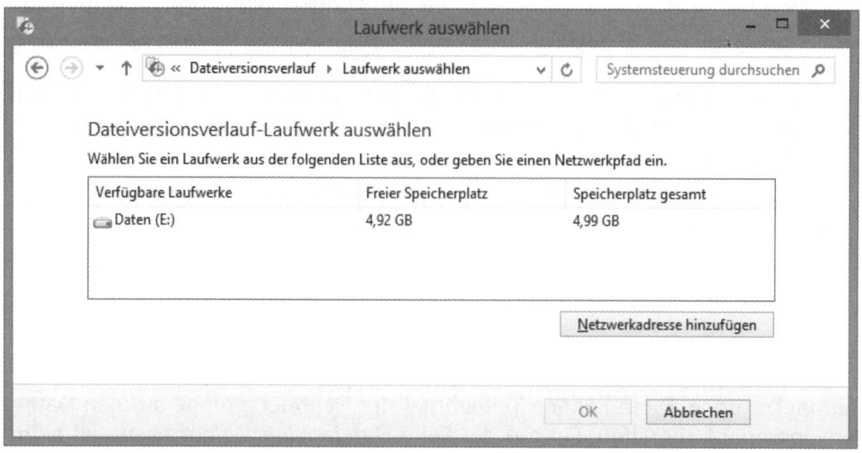

Bild 13.9: Sicherungslaufwerk für den Dateiversionsverlauf auswählen

- *Laufwerk auswählen:* Dieser Befehl öffnet ein Dialogfeld (Bild 13.9), in dem Sie das Ziellaufwerk für die Sicherung festlegen bzw. anpassen können. Über die Schaltfläche *Netzwerkadresse hinzufügen* öffnen Sie ein Dialogfeld, in dem eine Freigabe auf einem Netzwerkrechner als Sicherungsziel ausgewählt werden kann. Dann erfolgt die Sicherung auf diesem Netzlaufwerk.

- *Ordner ausschließen*: Mit diesem Befehl öffnen Sie das Dialogfeld aus Bild 13.10. Über die Schaltfläche *Hinzufügen* können Sie Ordner vorgeben, die von der Speicherung des Verlaufs auszunehmen sind. Die *Entfernen*-Schaltfläche ermöglicht es, eingetragene Ordner wieder auszutragen. Änderungen an der Konfiguration müssen Sie über die Schaltfläche *Änderungen speichern* bestätigen.

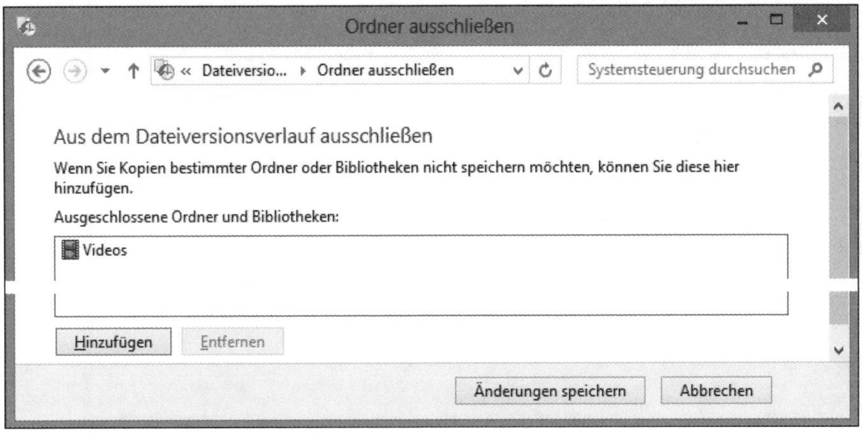

Bild 13.10: Ordner vom Dateiversionsverlauf ausschließen

Erweiterte Einstellungen verwalten

Der Befehl *Erweiterte Einstellungen* öffnet eine Verwaltungsseite (Bild 13.11), in der Sie das Zeitintervall zum Sichern der Dateikopien von »Alle 10 Minuten« über »Alle 12 Stunden« bis »Täglich« vorgeben können. Standardmäßig ist eine stündliche Sicherung voreingestellt. Weiterhin lässt sich die Größe des Offlinecaches in Prozent der Laufwerkskapazität des Zielmediums angeben.

Über das Listenfeld *Aufbewahrung gespeicherter Versionen* können Sie festlegen, ob die Sicherungskopien für immer (Standard) aufbewahrt werden oder ob die Kopien irgendwann zu löschen sind. Der Modus zum Löschen reicht von Zeitangaben (z.B. 1 bis 9 Monate, 1 bis 2 Jahre) bis hin zur Option »Bis Platz benötigt wird«.

Über den Hyperlink *Versionen bereinigen* im Abschnitt *Versionen* öffnen Sie das Dialogfeld *Bereinigung des Dateiversionsverlaufs*, in dem Sie das Löschkriterium (z.B. »Älter als 1 Jahr«) wählen und dann die betreffenden Kopien mittels der Schaltfläche *Bereinigen* vom Datenträger entfernen können.

Über das Kontrollkästchen *Dieses Laufwerk empfehlen* haben Sie die Möglichkeit, das konfigurierte Sicherungslaufwerk auch anderen Mitgliedern in einem Heimnetzwerk zur Sicherung des Datenversionsverlaufs anzubieten.

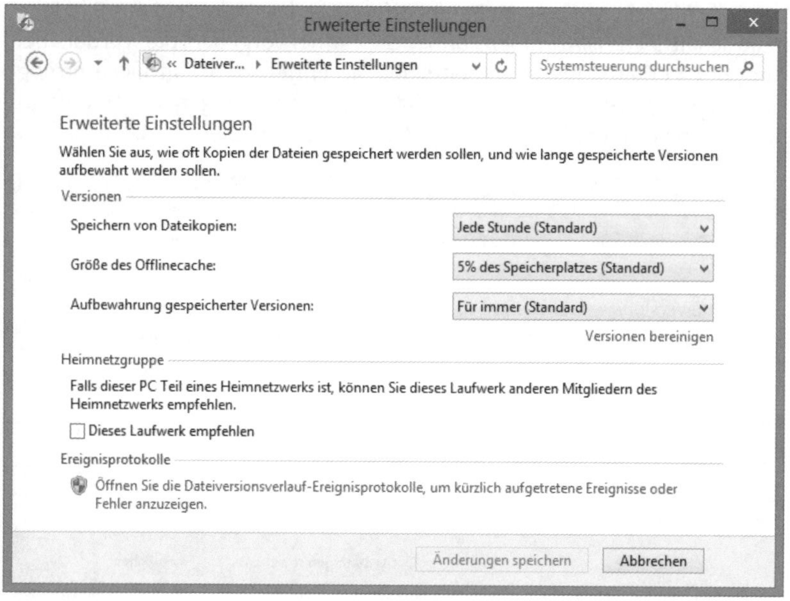

Bild 13.11: Erweiterte Einstellungen des Dateiversionsverlaufs

13.2.2 Persönliche Dateien wiederherstellen

Zum Wiederherstellen von Dateien lässt sich in der Aufgabenleiste der Seite *Dateiversionsverlauf* der Befehl *Persönliche Dateien wiederherstellen* anklicken (Bild 13.8, unten). Weiterhin ist in der Systemsteuerungsseite (Bild 13.8, oben) der Befehl *Stellt Dateien mit dem Dateiversionsverlauf wieder her* verfügbar. Und auf der Registerkarte *Start* im Menüband eines Ordnerfensters finden Sie in der Gruppe *Öffnen* die Schaltfläche *Verlauf* (Bild 13.12, oben).

Über diese Wege öffnet Windows ein Dialogfeld (Bild 13.12, unten), in dem Sie einen angezeigten Ordner oder eine Datei markieren und dann die Schaltfläche zum Wiederherstellen am unteren Fensterrand wählen können. Anschließend kopiert Windows die Sicherungskopie aus dem Ordner *FileHistory* des Sicherungslaufwerks in den Originalordner zurück. Windows fragt dabei über das Dialogfeld *Dateien ersetzen oder überspringen* nach, ob die Datei überschrieben werden darf.

HINWEIS

Die in Windows 7 vorhandenen Funktionen zum Sichern und Wiederherstellen von Ordnern und Dateien oder die Systemabbildsicherung sind in Windows 8 zwar noch enthalten, aber ziemlich versteckt. Sie können in der Systemsteuerung nach »Dateiversionsverlauf« suchen und diese Funktion anwählen. Dann findet sich in der linken unteren Ecke des Fensters der Befehl *Windows 7-Dateiwiederherstellung*, bei dessen Anwahl das Dialogfeld zum Anfertigen einer Systemabbildsicherung, einer Sicherung oder eines Systemreparaturdatenträgers erscheint. Allerdings sind diese Funktionen recht unzuverlässig und werden in diesem Buch nicht behandelt. Um ein Backup anzufertigen, sollten Sie auf Tools von Fremdherstellern ausweichen. Das Thema Windows 7-Dateiwiederherstellung sowie der Umgang mit Befehlen wie *recimg* und *wbadmin* adressiere ich im Markt+Technik Titel »Windows 8 – Tipps und Tricks«, ISBN: 978-3-8272-4803-9.

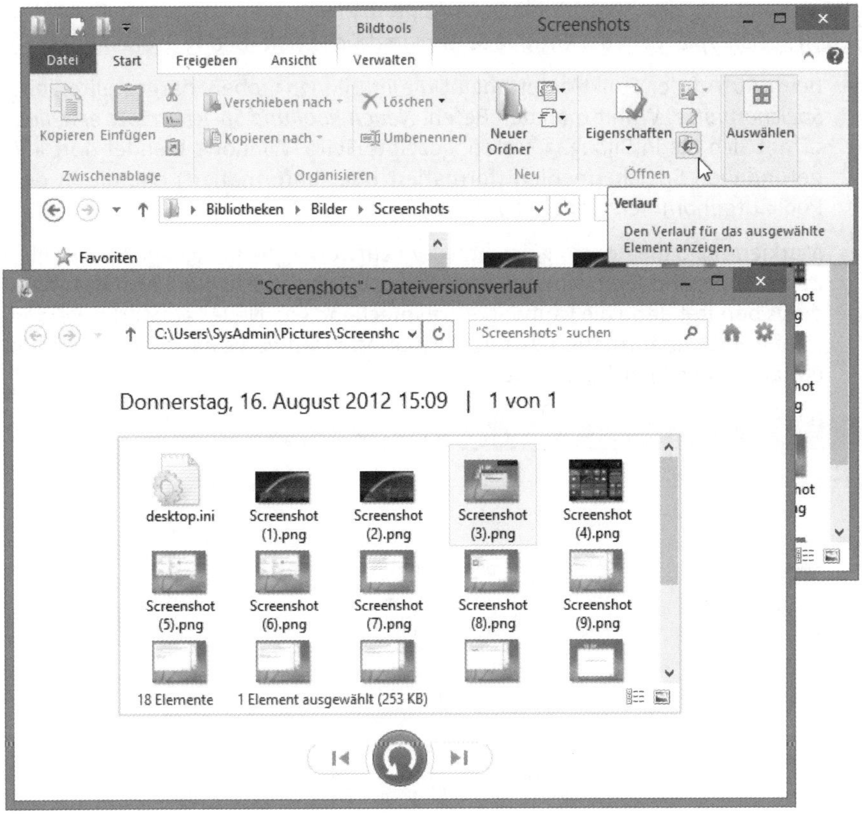

Bild 13.12: Persönliche Dateien aus dem Dateiversionsverlauf wiederherstellen

13.2.3 Speicherpools mit der Funktion Speicherplätze verwalten

Bei der Funktion Speicherplätze (Storage Spaces) handelt es sich um eine Funktion, mit der sich Festplatten zu virtuellen Speichereinheiten zusammenfassen lassen, sodass Inhalte fehlertolerant auf den Medien gespiegelt werden können. Die Verwaltung erfolgt über einen Speicherpool, der sich durch Hinzufügen neuer Datenträger – anschließbar über USB, SATA (Serial ATA) oder SAS (Serial Attached SCSI) – leicht erweitern lässt. Der Speicherpool kann dabei Datenträger unterschiedlicher Kapazität beinhalten, die zu virtuellen Laufwerken (Spaces) zusammengefasst werden.

HINWEIS

Diese virtuellen Festplatten verhalten sich wie physische Laufwerke, warten aber mit neuen Features wie einer Fehlertoleranz gegen Ausfall eines Datenträgers auf. Unter `http://www.borncity.com/blog/2012/01/06/windows-8-details-zum-storage-space/` [w8-k13-002] habe ich einen Artikel veröffentlicht, der sich mit den Funktionen befasst.

Die Verwaltung der Speicherplätze erfolgt in der Systemsteuerung über den Befehl *Speicherplätze* in der Gruppe *System und Sicherheit* (Bild 13.8, oben links).

- Beim Aufruf der Funktion erscheint die in Bild 13.13, oben, dargestellte Seite *Speicherplätze*. Wählt man den Befehl *Neuen Pool und Speicherplatz erstellen*, öffnet sich die in Bild 13.13, unten, gezeigte Seite. Windows blendet dort alle gefundenen Speichermedien (formatiert oder unformatiert) ein, die in den Pool aufgenommen werden können.
- Markieren Sie die Kontrollkästchen der Laufwerke, die in Storage Spaces einzubeziehen sind, und wählen Sie danach die Schaltfläche *Pool erstellen*. Windows bereitet dann die Laufwerke entsprechend vor. Neue Laufwerke werden initialisiert und formatiert, bereits formatierte Laufwerke nimmt die Funktion einfach in den Speicherpool auf.

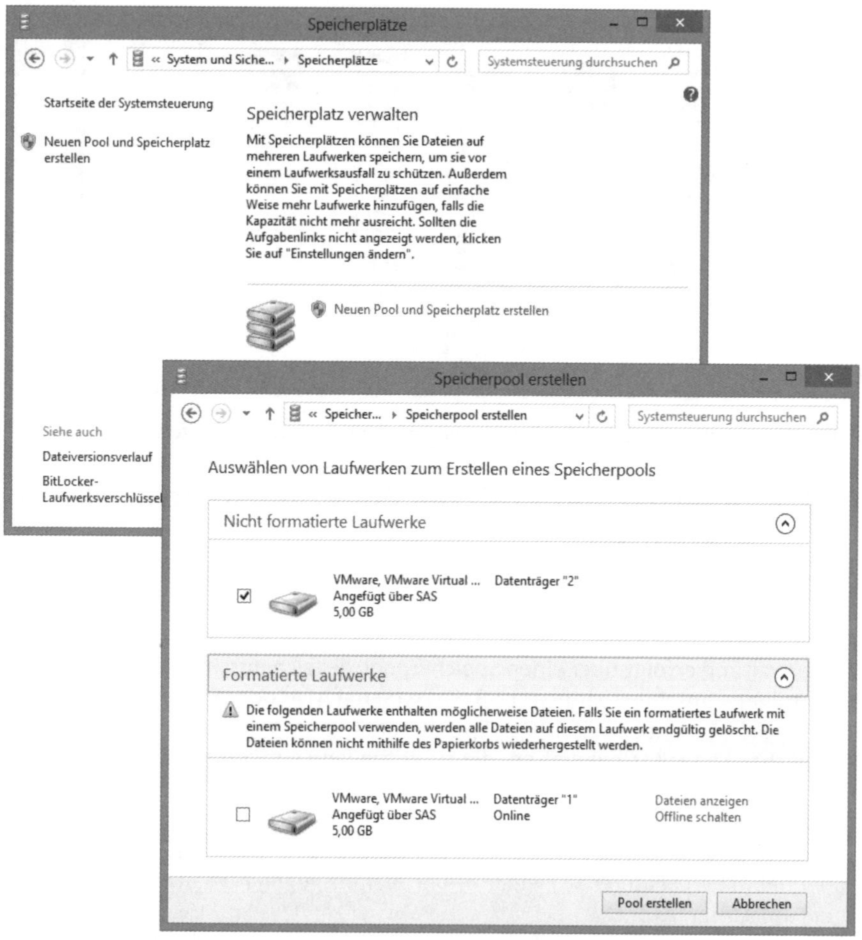

Bild 13.13: Speicherplätze (Storage Spaces) und Speicherpool verwalten

Über eine weitere Seite *Speicherplatz erstellen* (Bild 13.14) fordert Windows zur Konfigurierung des Speicherpools auf.

- Vergeben Sie im Abschnitt *Name und Laufwerkbuchstabe* einen Volumenamen und einen Laufwerkbuchstaben für das neue Laufwerk des Speicherpools.
- Im Feld *Resilienztyp* lässt sich der Modus für die Fehlertoleranz vorgeben. Dieser Modus bestimmt, wie die Daten auf die Laufwerke eines Pools aufzuteilen sind, sodass eine Fehlertoleranz bei Ausfall eines oder mehrerer Laufwerke erreicht wird. Bei einem einzigen Laufwerk ist keine Resilienz (Fehlertoleranz) möglich. Zwei Laufwerke ermöglichen eine Zwei-Wege-Spiegelung und so weiter.
- Weiterhin wird die logische Größe des Speichers in einem Feld angezeigt bzw. lässt sich dort auch begrenzen. In diesem Feld ist ein Wert zulässig, der größer als die vorhandene Kapazität ist.

Sobald Sie die Schaltfläche *Speicherplatz erstellen* anwählen, legt Windows den Speicherpool an. Nach dem Erstellen sollte der Speicherplatz als neues Laufwerk des Speicherpools im Explorer auftauchen und kann wie jedes andere Laufwerk zum Speichern von Dateien und Ordnern verwendet werden. Windows sorgt dann für die fehlertolerante Speicherung der Daten auf den angeschlossenen physischen Laufwerken.

> **HINWEIS**
> Windows verwaltet den Pool dynamisch. Ist die Speicherkapazität erschöpft, lassen sich einfach neue Laufwerke an den Rechner anschließen und zum Speicherpool hinzufügen. Beachten Sie aber, dass die Funktion das gesamte Laufwerk belegt, dort vorhandene Daten also verloren gehen.

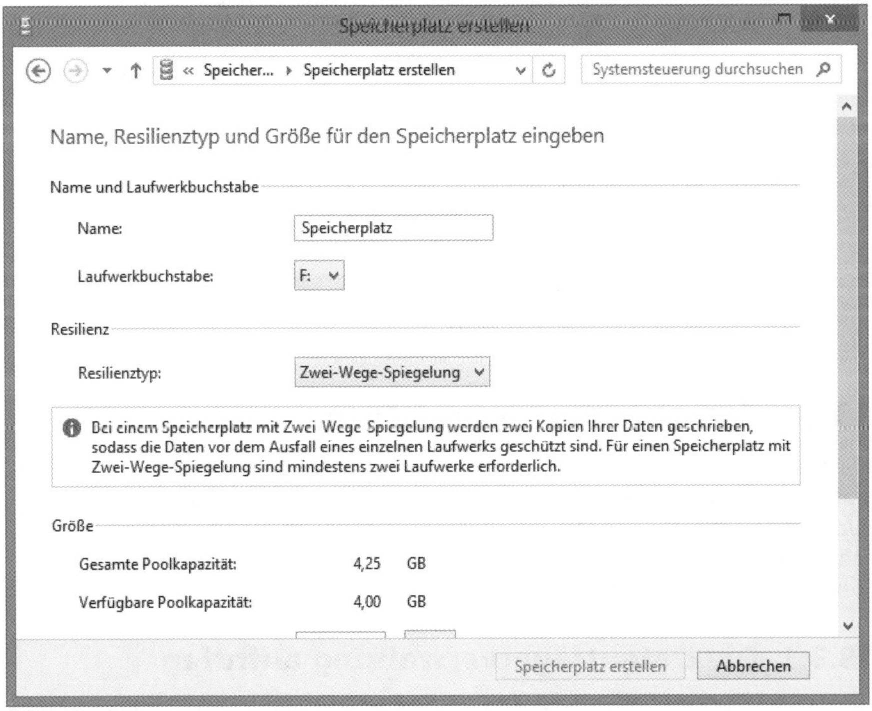

Bild 13.14: Speicherplatz erstellen

Sind bereits Speicherplätze konfiguriert, zeigt die Seite *Speicherplatz verwalten* (Bild 13.15) die verfügbaren Speicherpools, deren Kapazität und Belegung sowie die vorhandenen physischen Laufwerke an. Über die am rechten Rand des jeweiligen Speicherpools eingeblendeten Befehle (Bild 13.15) lassen sich weitere Speicherplätze (Pools) erstellen oder Laufwerke zu bestehenden Speicherpools hinzufügen. Zudem gibt es einen Befehl zum Umbenennen oder Löschen eines Speicherpools.

Die expandierte Gruppe *Physische Laufwerke* gibt die für den Speicherpool verwendeten Laufwerke samt dem Laufwerkbuchstaben, die verwendete und die verfügbare Kapazität sowie den Resilienztyp an. Am rechten Rand der einzelnen Einträge unter *Physische Laufwerke* finden Sie z. B. Befehle zum Umbenennen oder Löschen eines Laufwerks. Der Befehl *Ändern* öffnet die Seite aus Bild 13.14, in der Sie die Eigenschaften des Speicherplatzes anpassen können.

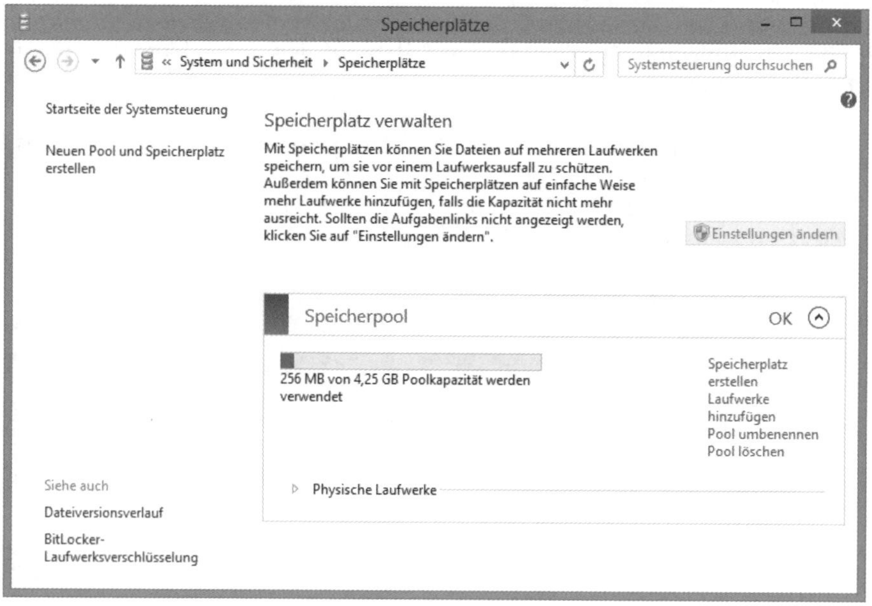

Bild 13.15: Anzeige des Speicherplatzes im Speicherpool

13.3 Datenträger verwalten

Windows stellt die Funktion *Datenträgerverwaltung* bereit, über die Sie neue Festplatten oder andere Datenträger in das System aufnehmen und deren Laufwerkbuchstaben anpassen können. Zudem bietet die Datenträgerverwaltung die Möglichkeit, Festplatten zu partitionieren und in logische Laufwerke aufzuteilen. Die Funktionen werden nachfolgend vorgestellt.

13.3.1 Die Datenträgerverwaltung aufrufen

Die Datenträgerverwaltung ist Bestandteil der Computerverwaltung – eines Werkzeugs, über das Sie verschiedene Administrationsaufgaben ausführen können. Die Verwendung der Computer- und damit der Datenträgerverwaltung erfordert jedoch die Ausführung unter einem Konto mit Administratorrechten. Sie haben verschiedene Möglichkeiten (z.B. über die Systemsteuerung), um die Computerverwaltung aufzurufen.

- Öffnen Sie ein Ordnerfenster und wählen Sie im Navigationsbereich das Symbol *Computer*. Anschließend können Sie auf der Registerkarte *Computer* des Menübands die Schaltfläche *Verwalten* wählen. Nach Bestätigung der Benutzerkontenabfrage erscheint die Computerverwaltung.
- Blenden Sie die Charms-Leiste am rechten Bildschirmrand ein, wählen Sie *Suchen* und tippen Sie in das Suchfeld der Seitenleiste *Suchen* den Text »Verw« ein und warten Sie, bis der Treffer *Verwaltung* in der Kategorie *Apps* angezeigt wird. Dann wählen Sie den Treffer über den Kontextmenübefehl *Als Administrator ausführen* an und verwenden im Ordnerfenster die angezeigte Verknüpfung *Computerverwaltung*.
- Bei Mausbedienung lässt sich in die linke untere Ecke des Desktops zeigen. Sobald die Schaltfläche *Start* erscheint, klicken Sie mit der rechten Maustaste und wählen im Menü für den Schnellzugriff den Befehl *Computerverwaltung* oder gleich *Datenträgerverwaltung*. Dies erfordert jedoch zwingend, dass Sie unter einem Administratorkonto angemeldet sind.

Wurde die Computerverwaltung mit administrativen Berechtigungen aufgerufen, wählen Sie in der linken Spalte den Zweig *Computerverwaltung/Datenspeicher/Datenträgerverwaltung* (Bild 13.16).

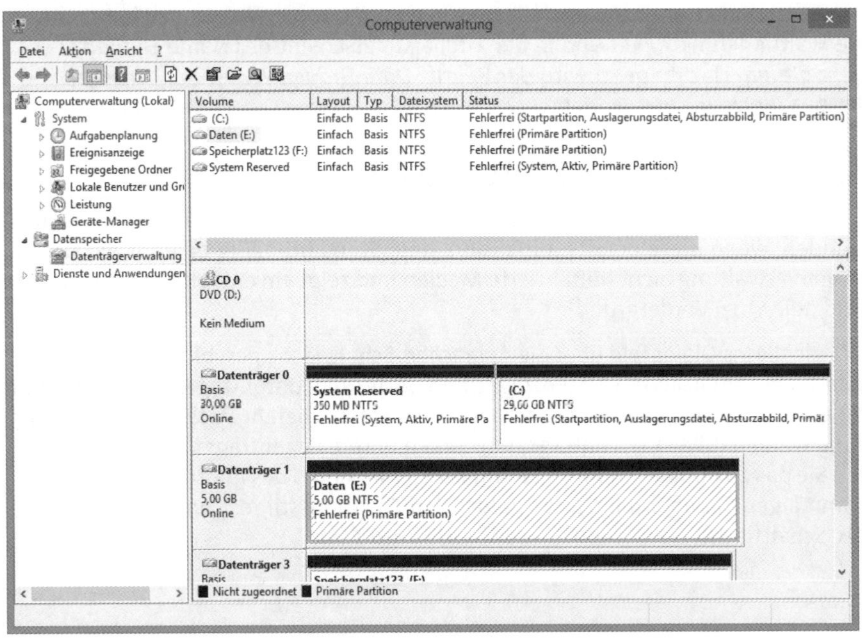

Bild 13.16: Datenträgerverwaltung in der Computerverwaltung

Die Datenträgerverwaltung nimmt Kontakt zum betreffenden Dienst auf und ermittelt die Datenträgerkonfiguration. Anschließend zeigt sie die erkannten logischen Laufwerke im oberen Teil des Fensters an (Bild 13.16). Im unteren Teil erscheinen die erkannten Datenträger (CD-/DVD-Laufwerke und physische Festplatten sowie Wechselmedien oder gemountete *.iso-* und *.vhd*-Dateien). Sie erhalten einen Überblick über die zugewiesenen Laufwerkbuchstaben, über das benutzte Dateisystem, den Fehlerstatus sowie über die Laufwerkskapazität und die freie Kapazität der Datenträger. In der Spalte ganz rechts, in der Laufwerksliste, lässt sich übrigens erkennen, ob noch Teile des Datenträgers frei sind, d. h., noch nicht als Partitionen mit logischen Laufwerken belegt wurden.

HINWEIS

Sie können in das Suchfeld der Startseite auch den Befehl *diskmgmt.msc* eintippen und dann die Tastenkombination Strg+⇧+↵ drücken. Nach Bestätigung der Sicherheitsabfrage der Benutzerkontensteuerung gelangen Sie direkt zum Fenster der Datenträgerverwaltung (d. h., die linke Spalte der Computerverwaltung fehlt). Persönlich finde ich aber, dass der Weg über die Computerverwaltung leichter zu merken ist.

Die Computerverwaltung und Datenträgerverwaltung werden durch die Microsoft Management Console (MMC) bereitgestellt. Diese lässt sich über sogenannte Snap-ins erweitern. Funktional besteht kein Unterschied zwischen der Computer- und der Datenträgerverwaltung, da das gleiche Snap-in für die benötigten Datenträgerfunktionen benutzt wird. In der Computerverwaltung erhalten Sie lediglich über die Einträge der linken Spalte Zugriff auf verschiedene Snap-ins, während in der Datenträgerverwaltung lediglich das benötigte Snap-in eingebunden ist. Dann entfällt die linke Spalte zum Wechseln zwischen den Verwaltungsfunktionen und in der Titelleiste erscheint der Name *Datenträgerverwaltung*. Nachfolgend wird der Begriff *Datenträgerverwaltung* synonym für beide Werkzeuge verwendet.

13.3.2 Datenträger initialisieren

Datenträger (z.B. Festplatten oder Partitionen) werden durch Windows nur eingebunden, wenn diese bereits initialisiert sind. Standardmäßig erkennt die Datenträgerverwaltung nicht initialisierte Medien und zeigt ein entsprechendes Dialogfeld (Bild 13.17, Vordergrund).

Wurde dieses Dialogfeld über die *Abbrechen*-Schaltfläche geschlossen, können Sie den nicht initialisierten Datenträger im Fenster der Datenträgerverwaltung mit einem Rechtsklick anwählen und den Kontextmenübefehl *Datenträgerinitialisierung* wählen (Bild 13.17, Hintergrund). Sind mehrere Datenträger aufgeführt, wählen Sie das zu initialisierende Element durch Markieren des Kontrollkästchens aus. Dann legen Sie über die Optionsfelder den Partitionsstil fest und klicken auf die *OK*-Schaltfläche.

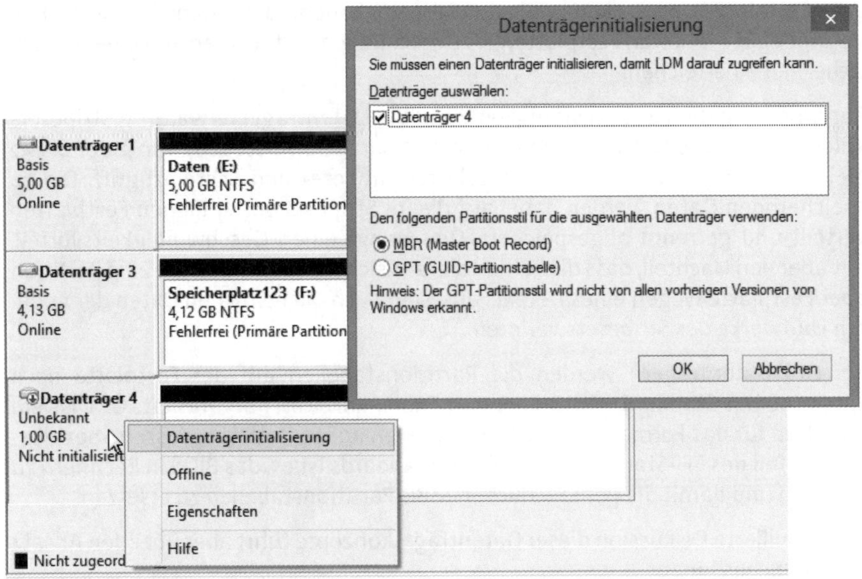

Bild 13.17: Datenträger in der Datenträgerverwaltung initialisieren

HINWEIS

Bei Festplatten unter 2 Terabyte (was bei privaten Systemen meist der Fall sein dürfte) sowie bei 32-Bit-Windows-Versionen wählen Sie die Option *MBR*. Dann legt Windows einen Master Boot Record auf dem Datenträger an, sodass dieser später auch zum Booten von Betriebssystemen benutzt werden kann. Datenträger größer als 2 Terabyte erfordern eine GPT-Partitionierung sowie UEFI statt eines BIOS.

Spezielle Fragen zu Datenträgern und Volumes

Festplatten werden als Datenträger angesehen und lassen sich in Partitionen unterteilen. Eine formatierte Partition wird in der Datenträgerverwaltung als Volume bezeichnet. Datenträger lassen sich als Basisdatenträger oder logisches Volume einrichten. Bei den meisten Systemen wird eine Festplatte als Basisdatenträger mit MBR-Partitionierung konfiguriert, der primäre Partitionen, erweiterte Partitionen und logische Laufwerke enthalten kann. Ein Basisdatenträger mit MBR-Partitionierung kann entweder vier primäre Partitionen oder drei primäre Partitionen und eine erweiterte Partition aufweisen. Die erweiterten Partitionen werden benutzt, um darauf eine Vielzahl logischer Laufwerke anzulegen (während auf einer primären Partition nur ein Laufwerk eingerichtet werden kann).

Ein übergreifendes Volume ermöglicht es, ein logisches Laufwerk über mehrere Festplatten anzulegen und so größere Kapazitäten bereitzustellen.

Dynamische Datenträger können mehrere Festplatten innerhalb eines Computers nutzen, um dort Daten zu duplizieren und dadurch die Zuverlässigkeit bzw. Leistung zu erhöhen. Ein dynamischer Datenträger funktioniert wie eine primäre Partition auf einem Basisdatenträger, kann aber beliebig viele dynamische Volumes enthalten. Das Betriebssystem sieht nur die logischen Volumes, die sich aber auf zwei Festplatten erstrecken können. Alternativ können die Daten eines logischen Volumes auf mehreren Festplatten als Duplikate geführt werden, um eine Ausfallsicherheit zu erreichen.

Zur Erhöhung der Leistungsfähigkeit kann die Datenträgerverwaltung Stripesets anlegen. Als Stripeset bezeichnet man das parallele Ansteuern von zwei bis 32 gleich großen Partitionen oder Festplatten im Lese- und Schreibzugriff. Die zu speichernden Daten werden dabei auf die im Stripeset vorhandenen Festplatten verteilt und getrennt abgespeichert. Dies bringt einen Geschwindigkeitsvorteil, hat aber den Nachteil, dass die Fehlertoleranz sich nicht erhöht. Fällt eine Partition oder Festplatte wegen eines Defekts aus, sind auch die restlichen Daten der anderen Laufwerke des Stripesets verloren.

Bei GPT-Datenträgern werden die Partitionstabellen auf der Festplatte nach einem neuen Standard (GUID Partition Table, kurz GPT) organisiert. GPT ist ein Standard für das Format von Partitionstabellen auf Festplatten, dessen Spezifikation ist Teil des EFI-Standards. Ziel dieses Standards ist es, das BIOS in Rechnern zu ersetzen und damit die gebräuchlichen MBR-Partitionstabellen zu ersetzen.

Die detaillierte Diskussion dieser Datenträgerkonzepte führt aber über den Ansatz dieses Buches hinaus.

13.3.3 Datenträger partitionieren

Größere Festplatten mit zig Gigabyte Kapazität lassen sich in mehrere Partitionen unterteilen. Dies ermöglicht es, ggf. mehrere Betriebssysteme (z.B. Windows und Linux oder mehrere Windows-Versionen) auf unterschiedlichen Partitionen zu installieren oder Daten separat vom Betriebssystem zu halten. Muss das Systemlaufwerk neu formatiert werden (z.B. wegen einer Neuinstallation des Betriebssystems), bleiben die restlichen Laufwerke mit Datendateien davon meist unberührt. Auch die Windows-Sicherungsfunktion kann ein separates (logisches) Laufwerk als Sicherungsmedium nutzen. Aus diesem Grund ist die Festplatte vieler vorkonfektionierter Systeme bereits in zwei logische Laufwerke (das Windows-Laufwerk und das Sicherungslaufwerk) partitioniert.

Den Datenträger durch Zuordnen partitionieren

Windows bezeichnet das Partitionieren eines Datenträgers als »Zuordnen«. Um den Datenträger als logisches Laufwerk verwenden zu können, müssen Sie diesen nach der Initialisierung in der Datenträgerverwaltung zuordnen.

1. Öffnen Sie das Kontextmenü des betreffenden Eintrags im unteren Bereich der Datenträgerverwaltung (z.B. mit der rechten Maustaste) und wählen Sie den Kontextmenübefehl *Neues einfaches Volume* (Bild 13.18).
2. Sobald die Datenträgerverwaltung den Assistenten startet, klicken Sie im Willkommen-Dialogfeld auf die *Weiter*-Schaltfläche. Über die Schaltflächen *Weiter* und *Zurück* können Sie zwischen den einzelnen Dialogschritten wechseln.
3. Legen Sie im Dialogschritt *Volumegröße festlegen* (Bild 13.19, oben links) im Feld *Größe des einfachen Volumes in MB* die gewünschte Kapazität fest. Belegen Sie nur einen Teil des Datenträgers, falls dieser mehrere logische Laufwerke aufnehmen soll.

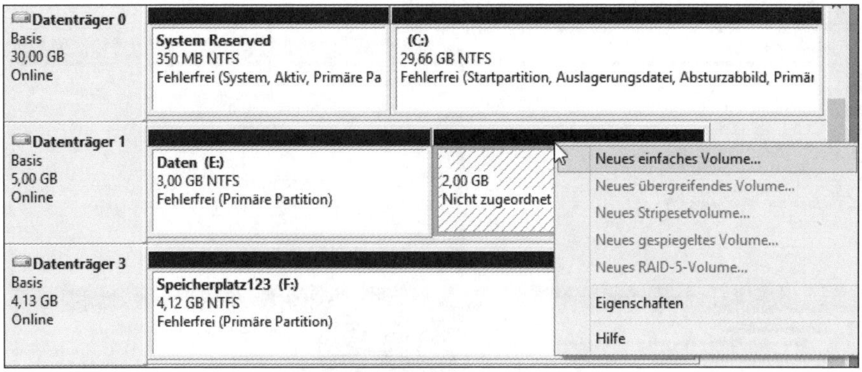

Bild 13.18: Befehle für einen neuen Datenträger abrufen

4. Über die *Weiter*-Schaltfläche gelangen Sie zum Folgedialog (Bild 13.19, oben rechts), in dem Sie das Optionsfeld *Folgenden Laufwerkbuchstaben zuweisen* markieren. Bei Bedarf können Sie den Laufwerkbuchstaben über das zugehörige Listenfeld anpassen und dann auf die *Weiter*-Schaltfläche klicken.
5. Im Dialogschritt *Partition formatieren* (Bild 13.19, unten links) wählen Sie das Dateisystem (NTFS, FAT) für das logische Laufwerk aus, tragen die Volumebezeichnung ein und können ggf. die Größe der Zuordnungseinheiten (Cluster) anpassen. Weiterhin lassen sich über Kontrollkästchen eine Schnellformatierung sowie eine Komprimierung des Laufwerks erzwingen.
6. Klicken Sie auf die *Weiter*-Schaltfläche und klicken Sie im letzten Dialogschritt (Bild 13.19, unten rechts) auf die *Fertig stellen*-Schaltfläche.

Die Datenträgerverwaltung wird das Laufwerk (ggf. nach einer Nachfrage) formatieren, den Laufwerkbuchstaben zuweisen und dann in das System einbinden. In der Datenträgerverwaltung erscheint das Laufwerk unter dem betreffenden Buchstaben und Volumenamen in der Liste der für Windows verfügbaren Datenträger. Gleichzeitig wird im unteren Teil des Datenträgerfensters der von der Partition belegte Anteil auf dem Datenträger grafisch dargestellt. Weiterhin blendet Windows 8 eine Benachrichtigung über den neuen Datenträger in der rechten oberen Ecke des Bildschirms ein (Bild 13.20). Anschließend können Sie das logische Laufwerk unter Windows benutzen.

> ACHTUNG
>
> Leider gibt es einen kleinen Bug in Windows 8. Einerseits beginnt die Datenträgerverwaltung sofort mit dem Formatieren des Volumes. Gleichzeitig blendet Windows 8 ein Dialogfeld mit der Aufforderung zum Formatieren des Datenträgers ein (Bild 13.21). Wählen Sie dort die Schaltfläche zum Formatieren, löst dies eine Fehlermeldung aus. Sie sollten daher das Dialogfeld über die *Abbrechen*-Schaltfläche verlassen.

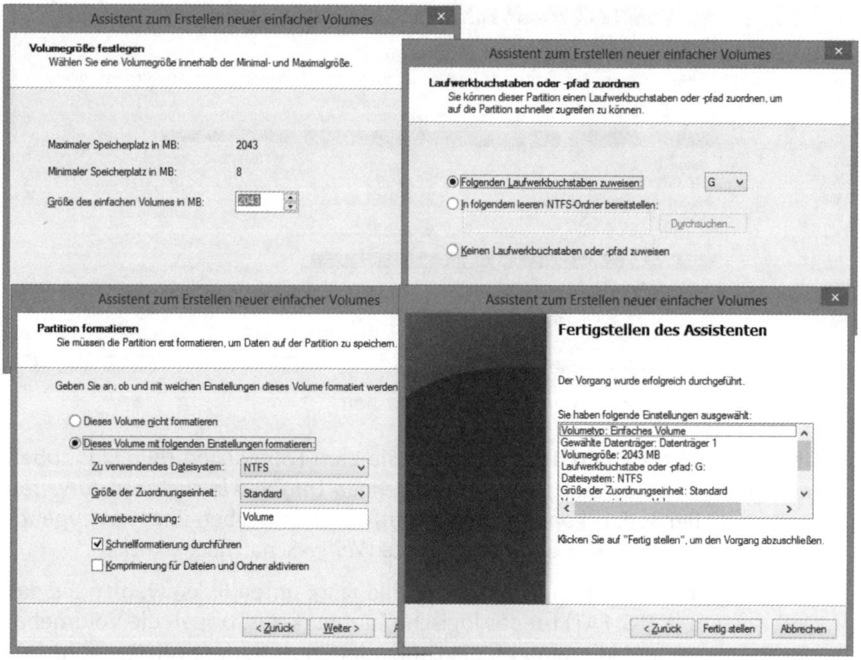

Bild 13.19: Optionen für ein neues Volume festlegen

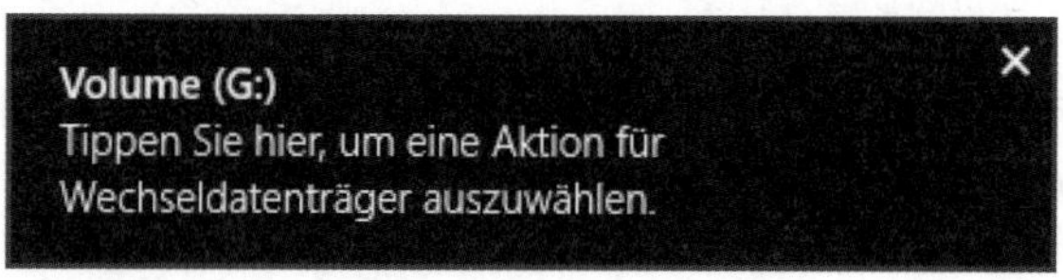

Bild 13.20: Benachrichtigung bei neu erkanntem Datenträger

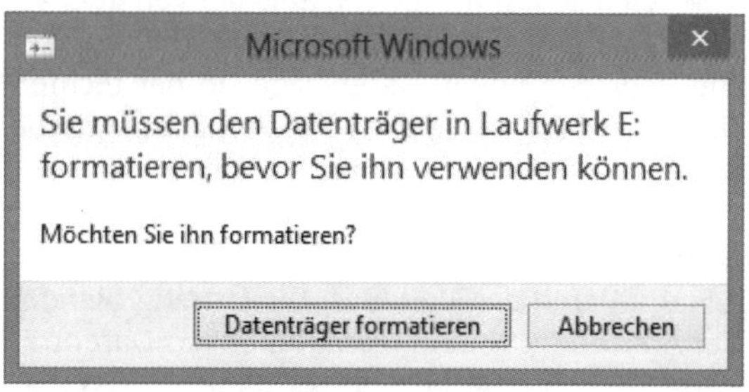

Bild 13.21: Aufforderung zum Formatieren des Datenträgers

HINWEIS

Ein Laufwerk mit einem Master Boot Record (MBR) kann maximal vier Partitionen aufnehmen, wobei einer primären Partition immer nur ein logisches Laufwerk zugewiesen werden kann. Auf einer sekundären Partition lassen sich dagegen mehrere logische Laufwerke anlegen. Die Datenträgerverwaltung bietet das Anlegen einer sekundären Partition aber erst an, wenn drei Primärpartitionen existieren. Möchten Sie eine Festplatte nur in eine primäre und eine sekundäre Partition (mit mehreren logischen Laufwerken) unterteilen? Hier hilft ein Trick: Legen Sie neben der ersten Systempartition zwei kleinere Primärpartitionen und dann die Sekundärpartition an. Danach lassen sich die zweite und dritte Primärpartition löschen. Der freie Speicherbereich kann der ersten Primärpartition zugeschlagen werden. Die Alternative wäre, das Fenster der Eingabeaufforderung zu öffnen und dort den Befehl *diskpart* zu verwenden. Dieser Befehl unterstützt über Optionen die Vorauswahl des Partitionstyps. In meinem Blog findet sich ein Artikel `http://www.borncity.com/blog/2010/04/08/partitionierung-ein-buch-mit-7-siegeln/` [w8-k13-003], der spezielle Aspekte der Partitionierung adressiert. Der für Windows 7 verfasste Artikel gilt auch für Windows 8.

Partitionen anpassen und löschen

Die Windows-Datenträgerverwaltung unterstützt die Änderung der Partitionsgröße eines Volumes. Dies ermöglicht Ihnen, die Größe eines logischen Laufwerks einzuschränken oder, sofern noch freie Kapazität auf dem Datenträger vorhanden ist, zu erhöhen.

1. Um Partitionseinstellungen in der Datenträgerverwaltung anzupassen, wählen Sie den Eintrag für das logische Laufwerk in der Spalte *Volume* der Laufwerksliste (oberer Teil in Bild 13.22) oder den Partitionseintrag in der Auflistung der Datenträger (unterer Teil in Bild 13.22) und öffnen das Kontextmenü (z.B. mit der rechten Maustaste).
2. Anschließend wählen Sie im Kontextmenü den gewünschten Befehl aus, um die Volumegröße anzupassen, das logische Laufwerk zu entfernen, die Partition als aktiv zu markieren etc.

Die Befehle *Öffnen* und *Durchsuchen* zeigen ein Ordnerfenster, in dem der Inhalt des betreffenden logischen Laufwerks angezeigt wird.

Um die Partition zu vergrößern, wählen Sie den Kontextmenübefehl *Volume erweitern* (Bild 13.22). Ein Assistent führt Sie in verschiedenen Dialogfeldern durch die Schritte zum Anpassen der Partitionsgröße. Weist der Datenträger noch unbelegten freien Speicher auf, wird dies im Dialogfeld aus Bild 13.23, links, in der Spalte *Ausgewählt* angezeigt. Sie können dann den Anteil des unbelegten Speicherbereichs über das Drehfeld *Speicherplatz in MB* reduzieren. Oder Sie klicken auf die Schaltfläche *Entfernen*, um die komplette unbelegte Partition freizugeben.

Blättern Sie über die Schaltfläche *Weiter* zum Folgedialogfeld (Bild 13.23, rechts), wird die neue Kapazität angezeigt. Über *Zurück* lässt sich zum vorherigen Dialogfeld blättern. Klicken Sie im Abschlussdialog auf die Schaltfläche *Fertig stellen*, passt die Datenträgerverwaltung die Größe des Volumes entsprechend den Vorgaben an und reduziert auch die Größe des unbelegten Partitionsbereichs.

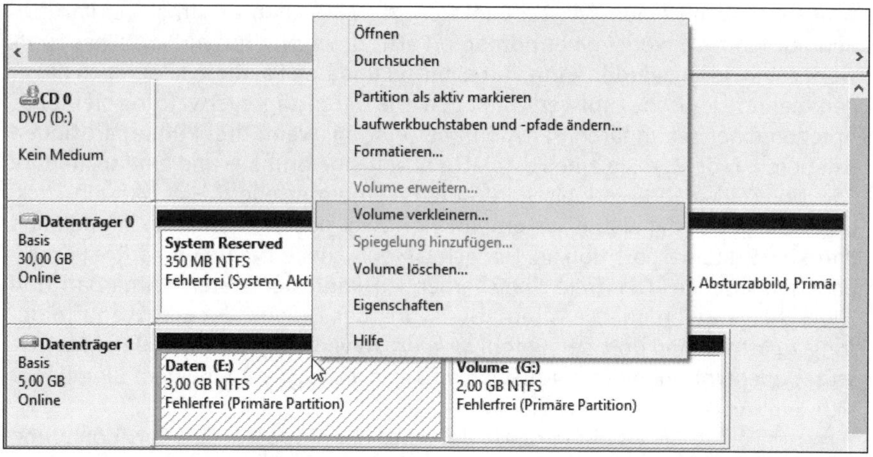

Bild 13.22: Partition verwalten

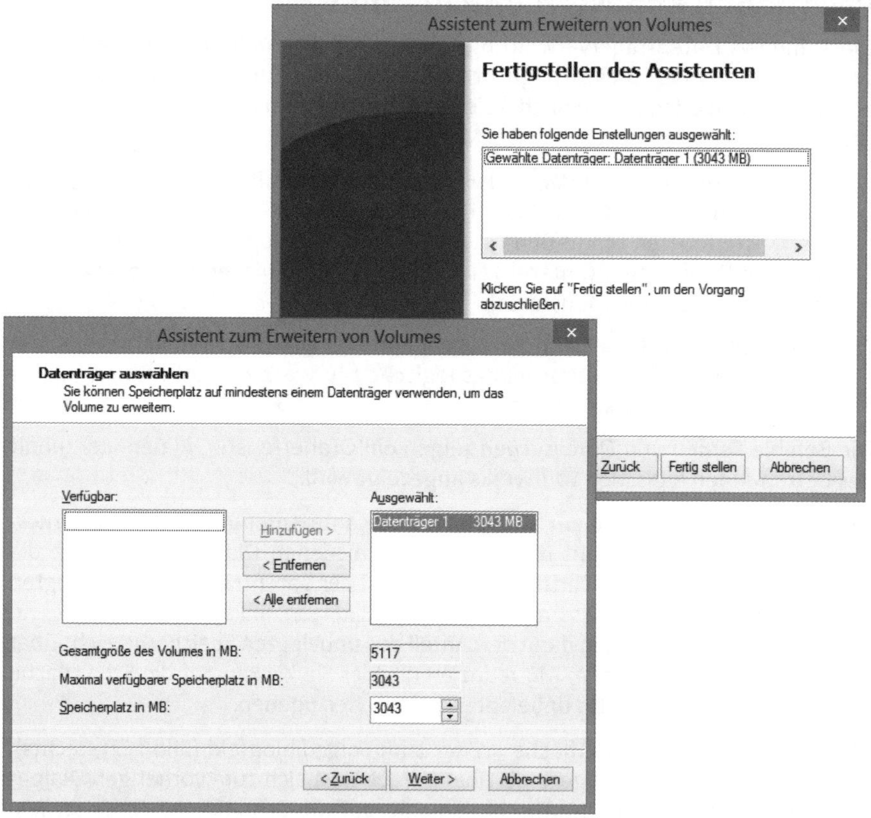

Bild 13.23: Partition vergrößern

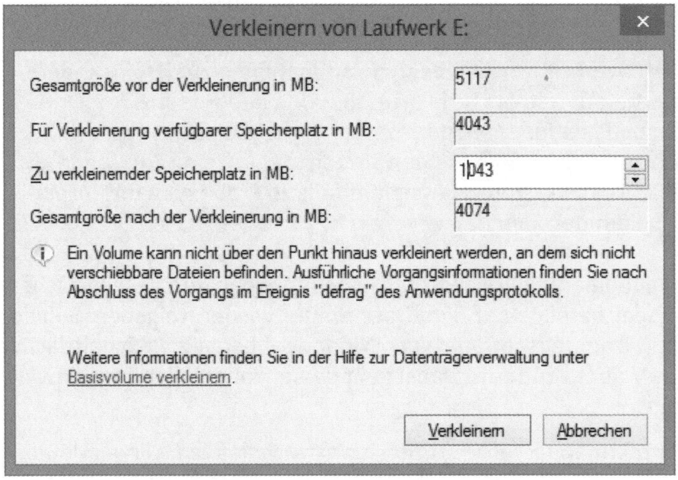

Bild 13.24: Partition verkleinern

Wählen Sie den Kontextmenübefehl *Volume verkleinern* (Bild 13.22), erscheint das in Bild 13.24 gezeigte Dialogfeld. Über das Drehfeld *Zu verkleinernder Speicherplatz in MB* können Sie dann die Größe der Partition in Megabyteschritten bis zu einer minimalen Grenze reduzieren. Die Änderung wird wirksam, sobald Sie die *OK*-Schaltfläche betätigen.

HINWEIS

Bei der Änderung der Partitionsgröße mittels der Datenträgerverwaltung bleibt der Inhalt des logischen Laufwerks erhalten. Sie sind daher zum Ändern der Partitionsgröße nicht mehr unbedingt auf Tools von Fremdherstellern angewiesen. Eine Verkleinerung kann sich jedoch nur auf den freien Teil des logischen Laufwerks erstrecken. Durch Löschen nicht benötigter Dateien, Reduzieren der Papierkorbgröße, Bereinigen des Laufwerks und Entfernen von Systemsicherungspunkten kann aber ggf. weiterer Speicherplatz freigegeben werden. Der durch die Reduzierung der Partitionsgröße frei werdende Speicherplatz kann einem neuen logischen Laufwerk zugewiesen werden. Falls sich ein Datenträger nicht verkleinern lässt, obwohl noch genügend freie Kapazität angezeigt wird, sind abgespeicherte Volumenschattenkopien oder Wiederherstellungspunkte die Ursache (siehe auch meinen Beitrag `http://www.borncity.com/blog/2007/05/18/wenn-vista-beim-verkleinernvergrern-der-partition-patzt/` [w8-k13-005] zu Windows Vista, der eingeschränkt für Windows 8 gilt). Zudem empfehle ich die Lektüre des Blog-Beitrags `http://www.borncity.com/blog/2010/04/08/partitionierung-ein-buch-mit-7-siegeln/` [w8-k13-003], der sich mit speziellen Aspekten der Partitionierung befasst. Beachten Sie zudem, dass es noch eine Partitionierungsfalle gibt, die ich im Blog unter `http://www.borncity.com/blog/2012/06/29/vorsicht-partitionierungsfalle-bei-windows-8/` [w8-k13-004] beschrieben habe.

Die Datenträgerverwaltung unterstützt nicht das Verschieben von Partitionen oder das Ändern des Formats ohne Datenverlust. Möchten Sie Partitionen einer Festplatte ohne Datenverlust verschieben, zusammenfassen oder in andere Dateisysteme konvertieren, sind Sie auf Partitionierungsprogramme von Drittanbietern (z.B. Paragon Partition Manager, `http://www.paragon-software.com/de/index.html` [w8-k13-006]) angewiesen. Achten Sie aber darauf, eine auf Windows 8 abgestimmte Version einzusetzen, da es andernfalls zu Problemen mit formatierten NTFS-Medien kommen kann.

Über den Kontextmenübefehl *Volume löschen* können Sie den durch ein logisches Laufwerk belegten Speicherplatz auf dem Datenträger wieder freigeben. Sobald Sie die betreffende Sicherheitsabfrage von Windows über die *Ja*-Schaltfläche bestätigen, wird das Volume entfernt. Dabei geht dessen Inhalt allerdings unwiederbringlich verloren.

Wählen Sie den Kontextmenübefehl *Partition als aktiv markieren*, verwendet der Computer das auf dieser Partition gespeicherte Ladeprogramm (Boot Record) zum Starten des Betriebssystems. Es kann nur eine aktive Partition auf der (MBR-)Festplatte vorhanden sein, wobei es sich um eine primäre Partition handeln muss. Sobald Sie den Befehl einmalig angewandt haben, wird die gewählte Partition aktiviert und der Befehl gesperrt.

ACHTUNG

Logische Laufwerke oder sekundäre Partitionen lassen sich nicht aktivieren. Sind mehrere Festplatten im System vorhanden, können Sie jeder Festplatte eine primäre Partition zuweisen und diese aktivieren. Windows startet aber immer über die aktive Partition der ersten beim Booten gefundenen Festplatte. Die Aktivierung einer Partition sollte nur von erfahrenen Benutzern angewandt werden, da bei Aktivierung der falschen Partition der Computer ggf. nicht mehr starten kann.

Laufwerkbuchstaben für logische Laufwerke anpassen

Beim Neupartitionieren von Festplatten und Zuweisen von logischen Laufwerken ändern sich u.U. die Laufwerkbuchstaben für Wechselmedien wie DVD-/CD-ROM-Laufwerke. Dies kann zu Problemen führen, wenn bestimmte Funktionen oder Programme einen bestimmten Laufwerkbuchstaben verlangen. Um den Laufwerkbuchstaben für ein Wechseldatenträger- oder ein Festplattenlaufwerk zu ändern, gehen Sie folgendermaßen vor.

1. Starten Sie die Computer- bzw. Datenträgerverwaltung gemäß den obigen Hinweisen und warten Sie, bis die logischen Laufwerke und Partitionen angezeigt werden.
2. Öffnen Sie (z.B. mit der rechten Maustaste) das Kontextmenü des gewünschten Laufwerkssymbols und wählen Sie den Kontextmenübefehl *Laufwerkbuchstaben und -pfade ändern* (Bild 13.22).
3. Wählen Sie im angezeigten Dialogfeld (Bild 13.25, links) die Schaltfläche *Ändern*, markieren Sie im Folgedialogfeld das Optionsfeld *Folgenden Laufwerkbuchstaben zuweisen* und wählen Sie den Buchstaben im Listenfeld aus (Bild 13.25, rechts).

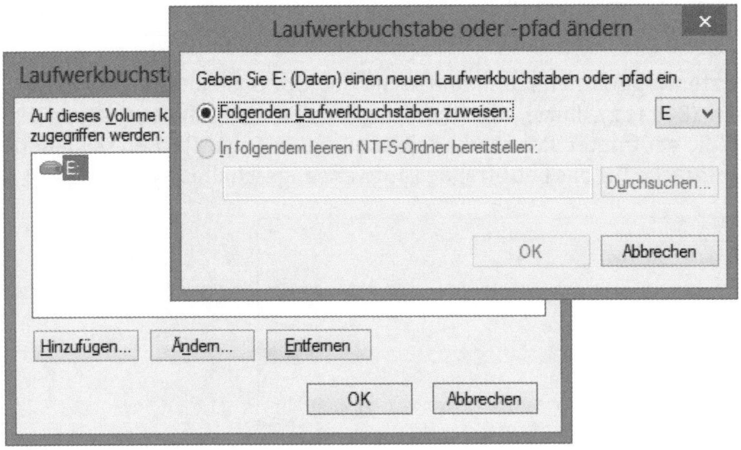

Bild 13.25: Laufwerkbuchstaben anpassen

Sobald Sie die Dialogfelder über *OK* schließen, wird der neue Laufwerkbuchstabe übernommen. Über die Datenträgerverwaltung können Sie jedoch nur solche Laufwerkbuchstaben zuweisen, die noch frei sind.

> ACHTUNG
>
> Laufwerkbuchstaben sollten Sie nur mit sehr großer Vorsicht anpassen, da dies unter Umständen zu Problemen mit anderen Programmen führen kann. Der Laufwerkbuchstabe für das Windows-Laufwerk C: sollte nicht umbenannt werden, da sonst das System nicht mehr booten kann.

13.3.4 Cacheeinstellung bei Datenträgern setzen

Windows benutzt zur effizienten Verwaltung von Datenträgern wie Festplatten und Wechsellaufwerken einen Schreibcache. Dieser ermöglicht, Dateien in Zeiten geringer Prozessorauslastung auf das Medium auszulagern. Wird das Medium aus dem Laufwerk entfernt, bevor der Cachespeicher geschrieben wurde, gehen die Daten verloren. Dies ist der Grund, warum Speichermedien wie USB-Sticks oder Speicherkarten unter Windows mittels der Funktion »Auswerfen« sicher entfernt werden sollen (siehe den Abschnitt »8.3.3 Wechseldatenträger richtig entfernen« in *Kapitel 8*). Die Datenträgerverwaltung gibt Ihnen aber die Möglichkeit, die internen Vorgaben des Betriebssystems zum Benutzen des Cachespeichers anzupassen. Um einem Datenverlust durch zu frühzeitiges Entfernen eines Wechseldatenträgers vorzubeugen, können Sie die Verwendung des Cachespeichers für das Gerät abschalten. Andererseits sollte bei Festplatten der Schreibcache aus Leistungsgründen aktiviert sein.

1. Rufen Sie die Datenträgerverwaltung unter einem Administratorkonto auf und warten Sie, bis die Datenträger im unteren Teil des Fensters angezeigt werden.
2. Öffnen Sie (z.B. mit der rechten Maustaste) das Kontextmenü des Datenträgers und wählen Sie den Kontextmenübefehl *Eigenschaften* (Bild 13.26).

3. Wechseln Sie im Eigenschaftenfenster des Datenträgers zur Registerkarte *Richtlinien* und passen Sie die Einstellungen an (Bild 13.27).

Bei Wechseldatenträgerlaufwerken können Sie das Optionsfeld *Schnelles Entfernen* markieren (Bild 13.27, links), um den Schreibcache abzuschalten. Wenn Sie anschließend die geöffneten Registerkarten über die *OK*-Schaltflächen schließen, wird der Schreibcache für das betreffende Laufwerk abgeschaltet.

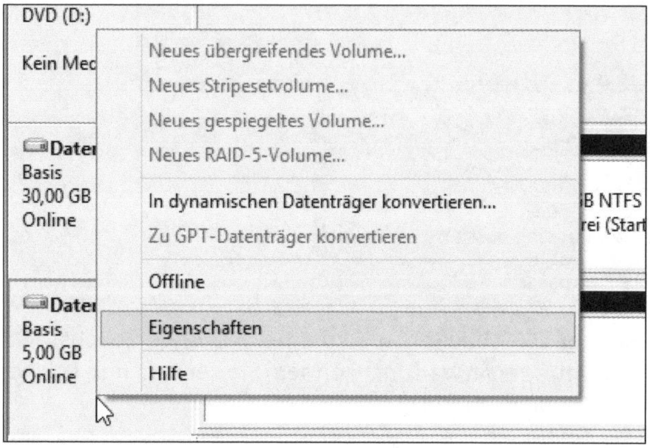

Bild 13.26: Erweiterte Laufwerkseigenschaften abrufen

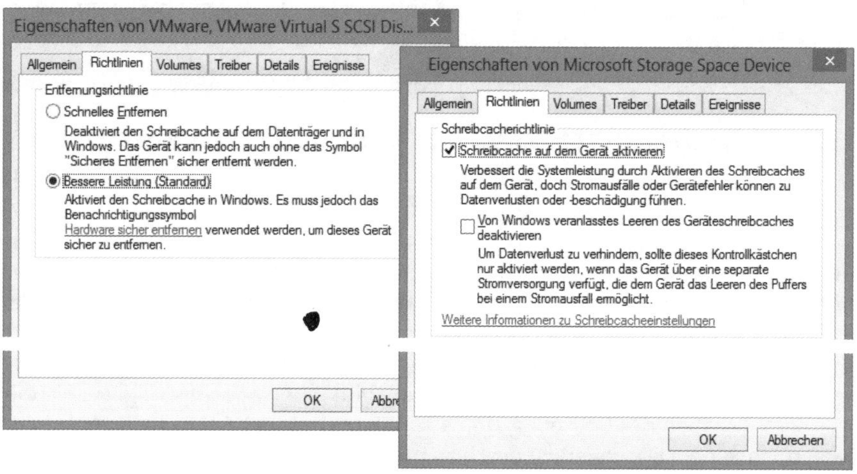

Bild 13.27: Anpassen der Cacheeinstellungen

HINWEIS

Benutzen Sie die obigen Schritte für ein Festplattenlaufwerk, das über die Speicherplätze-Funktion verwaltet wird, finden Sie auf der Registerkarte *Richtlinien* das Kontrollkästchen *Schreibcache auf dem Gerät aktivieren* (Bild 13.27, rechts). Stellen Sie sicher, dass dieses Kontrollkästchen markiert ist, um die Schreibvorgänge für dieses Laufwerk über den Schreibcache abzuwickeln. Das zweite Kontrollkästchen *Von Windows veranlasstes Leeren des Geräteschreibcaches deaktivieren* sollte nicht markiert sein.

13.3.5 Kontingente für die Datenträger vergeben

Arbeiten mehrere Benutzer an einem System, ist es ärgerlich, wenn die Festplatte von einem Benutzer mit Dateien zugemüllt wird. Bei NTFS-Laufwerken können Sie dies als Administrator verhindern, indem Sie den Benutzern einfach ein Speicherkontingent auf dem Laufwerk zuteilen. Erreicht der Benutzer die Kontingentgrenze, bleibt ihm nur die Möglichkeit, nicht benötigte Dateien zu löschen.

1. Öffnen Sie ein Ordnerfenster, markieren Sie das gewünschte Laufwerksymbol und wählen Sie die Schaltfläche *Eigenschaften* auf der Registerkarte *Start* des Menübands (Bild 13.28, Hintergrund).
2. Wechseln Sie im Eigenschaftenfenster zu der, nur bei NTFS-Laufwerken vorhandenen, Registerkarte *Kontingent*. Wählen Sie die angezeigte Schaltfläche *Kontingenteinstellungen anzeigen* (Bild 13.28, links) und bestätigen Sie die Abfrage der Benutzerkontensteuerung.
3. Markieren Sie die Kontrollkästchen *Kontingentverwaltung aktivieren*. Dann erhält der Benutzer beim Erreichen der Kontingentgrenze einen entsprechenden Hinweis. Markieren Sie zudem das Kontrollkästchen *Speicherplatz bei Überschreitung der Kontingentgrenze verweigern* (Bild 13.28, rechts), meldet Windows dem Benutzer beim Erreichen der Kontingentgrenze ein volles Speichermedium.
4. Um den Benutzer dieser Kontingenteinträge festzulegen, klicken Sie auf der Registerkarte *Kontingent* auf die Schaltfläche *Kontingenteinträge*. Windows öffnet ein separates Dialogfeld *Kontingenteinträge für ...* zur Kontingentverwaltung (Bild 13.29, Hintergrund oben).
5. Klicken Sie in der Symbolleiste des Fensters auf die Schaltfläche *Neuer Kontingenteintrag*, öffnet sich das in Bild 13.29, unten rechts, gezeigte Fenster, in dem Sie den Namen des Benutzerkontos eintragen. Falls Sie den Namen nicht kennen, klicken Sie auf die Schaltfläche *Erweitert* und im darauffolgenden Fenster auf die Schaltfläche *Jetzt suchen*. Windows listet daraufhin die auf dem Rechner vorhandenen Benutzerkonten auf. Sie können einen dieser Einträge markieren und dann auf die *OK*-Schaltfläche klicken.
6. Schließen Sie das Dialogfeld durch erneutes Anklicken der *OK*-Schaltfläche, erscheint das in Bild 13.29, links, gezeigte Dialogfeld. Markieren Sie das Optionsfeld *Speicherplatz beschränken auf* und geben Sie die Grenzwerte für das Kontingent und die Warnstufe ein.

Sobald Sie die Dialogfelder über die *OK*-Schaltfläche schließen, werden die Daten als eigener Datensatz im Fenster *Kontingenteinträge für ...* eingetragen. Sie können die Eigenschaften dieser Einträge per Kontextmenü ansehen (z.B. mit rechts anklicken und *Eigenschaften* im Kontextmenü wählen). Über den Kontextmenübefehl *Löschen* wird die Kontingentierung für das Konto aufgehoben.

Auf diese Weise lassen sich mehreren Konten Kontingente auf dem Datenträger zuweisen. Verlassen Sie danach das Fenster über die *Schließen*-Schaltfläche. Sobald Sie die Registerkarte *Kontingent* über *OK* schließen oder die *Übernehmen*-Schaltfläche betätigen, wird die Kontingentverwaltung aktiv.

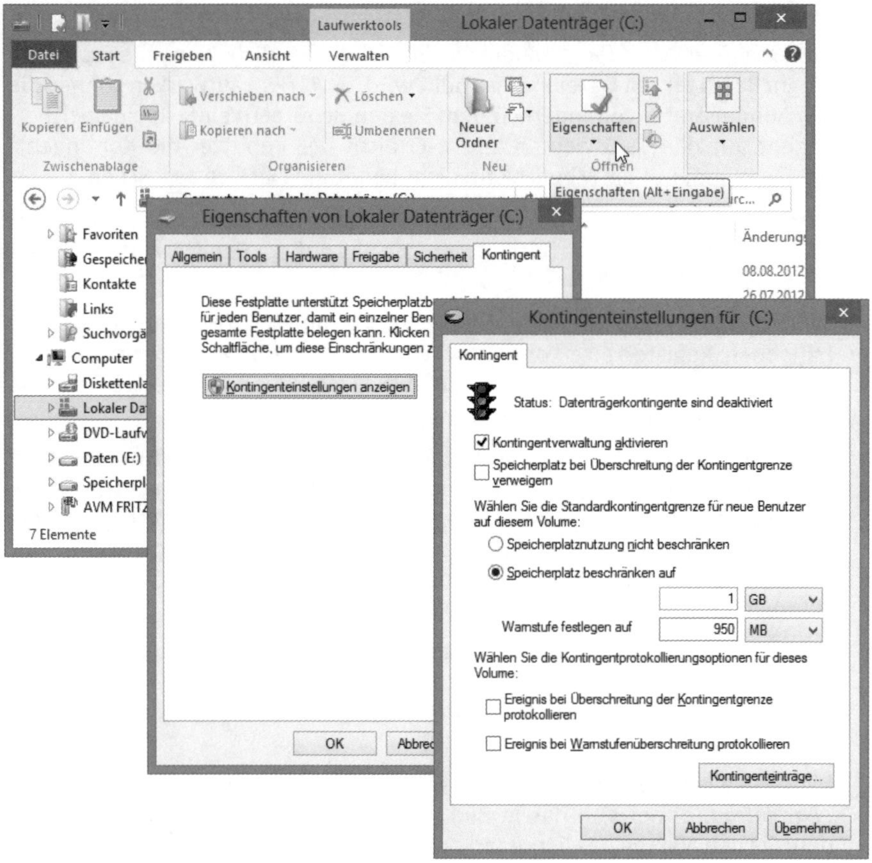

Bild 13.28: Festlegen der Kontingenteinstellungen

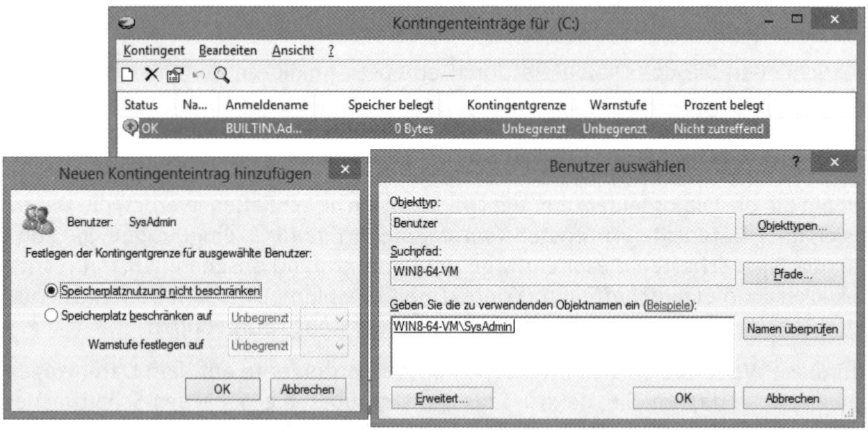

Bild 13.29: Zuweisen der Benutzerkonten zur Kontingenteinstellung

14 Brennen von CDs, DVDs und BDs

Windows unterstützt das Brennen von CDs, DVDs und Blu-ray Discs (BDs). Dieses Kapitel zeigt Ihnen, wie Sie mit den Brennfunktionen umgehen.

14.1 Wissenswertes zum Brennen

Der folgende Abschnitt befasst sich mit Fragen zu den einzelnen CD-, BD- und DVD-Medien sowie zu Brennern.

14.1.1 Brenner und Rohlinge

Moderne Multiformat-Brenner (DVD- oder BD-Brenner) können sowohl CDs als auch DVDs (und ggf. Blu-ray Discs, BDs) brennen. Zum Brennen müssen Sie daher darauf achten, geeignete Rohlinge zu verwenden. Das Bild 14.1 gibt einen Überblick über die gängigen Rohlingsformate.

Rohlingstyp	Bemerkung
CD-R	Es handelt sich um einen einmal beschreibbaren CD-Rohling. Das R steht für Recordable.
CD RW	Diese CD-Rohlinge sind wiederbeschreibbar und lassen sich in CD-/RW-Brennern ca. 1.000 Mal beschreiben und auch wieder löschen. Das RW steht für Rewriteable.
DVD-R	Einmal beschreibbare DVD-Rohlinge mit einer Kapazität von 4,7 Gbyte, die nach dem Minus-Standard hergestellt wurden.
DVD+R	Einmal beschreibbare DVD-Rohlinge mit einer Kapazität von 4,7 Gbyte, die nach dem Plus-Standard hergestellt wurden.
DVD-RW	Wiederbeschreibbare DVD-Rohlinge mit einer Kapazität von 4,7 Gbyte, die nach dem Minus-Standard hergestellt wurden.
DVD+RW	Wiederbeschreibbare DVD-Rohlinge mit einer Kapazität von 4,7 Gbyte, die nach dem Plus-Standard hergestellt wurden.
DVD-RAM	Spezieller, ca. 100.000 Mal wiederbeschreibbarer Datenträger im DVD-Format, der aber nur auf speziellen Laufwerken bzw. Brennern gelesen und beschrieben werden kann.
DVD+R DL	Einmal beschreibbarer Dual Layer-Rohling mit doppelter Kapazität (8,5 Gbyte) nach dem Plus-Standard.
DVD-R DL	Einmal beschreibbarer Dual Layer-Rohling mit doppelter Kapazität (8,5 Gbyte) nach dem Minus-Standard.
BD-R	Einmal beschreibbarer Single Layer-Blu-ray-Rohling mit 25 Gbyte Kapazität.
BD-RE	Wiederbeschreibbarer Single Layer-Blu-ray-Rohling mit 25 Gbyte Kapazität.
BD-R DL	Einmal beschreibbarer Dual Layer-Blu-ray-Rohling mit 50 GByte Kapazität.

Tabelle 14.1: Rohlingstypen

HINWEIS

CD-Rohlinge hatten ursprünglich eine Kapazität von 650 Megabyte (entspricht 74 Minuten Musik). Bei CD-Rs findet man mittlerweile praktisch nur noch 700-Mbyte-Rohlinge (80 Minuten Aufzeichnungszeit) im Handel. Es gibt aber spezielle CD-R-Rohlinge mit Überlänge (z.B. mit 800 Mbyte bzw. 90 Minuten Aufzeichnungszeit). Allerdings unterstützen nicht alle CD- bzw. DVD-Brenner bzw. die zugehörigen Brennprogramme die Verwendung solcher Überlängen.

Die Kapazität einer DVD wird durch die Zahl der Schichten (Layer) im Datenträger und durch die Möglichkeit, beide Seiten einer Datenschicht beschreiben zu können, bestimmt. DVDs gibt es deshalb mit verschiedenen Kapazitäten (4,7 GB = single-sided/single-layered; 8,5 GB = single-sided/dual-layered). Beachten Sie aber, dass die obigen Kapazitätsangaben der Hersteller auf einem Marketingtrick beruhen. Es wird 1 Kbyte mit 1.000 Byte statt mit den in der Computertechnik üblichen 1.024 Byte angesetzt. Die rechnerisch korrekte Kapazität ist daher immer um den Multiplikator 0,93132 geringer (z.B. 4,37 GB statt der angegebenen 4,7 GB). Ähnliches gilt sinngemäß auch für Blu-ray Discs, die mit Single Layer (25 Gbyte) und Dual Layer (50 Gbyte) Kapazität angeboten werden. Weitere Informationen zu DVD-/BD-Typen finden Sie auf Internetseiten wie `http://www.afterdawn.com/glossary` [w8-k14-001] oder `http://de.wikipedia.org` [w8-k14-002].

Achten Sie auch darauf, dass die Rohlinge für die Geschwindigkeit der benutzten Laufwerke zugelassen sind (sonst kann es Unwuchten beim Abspielen in schnellen Laufwerken sowie Fehler beim Brennen geben). Zudem sollten Sie bei CDs, DVDs und BDs auf das Anbringen von Etiketten (Labeln) verzichten, da dies neben Unwuchten auch zum Verziehen des Rohlings führen kann. Das Medium ist dann nicht mehr abspielbar – im schlimmsten Fall zerspringt der Rohling im Laufwerk und verursacht irreparable Schäden. Besser ist es in diesem Fall, auf Brenner mit LightScribe- oder LabelFlash-Technologie auszuweichen oder bedruckbare Rohlinge zu kaufen. Dann lässt sich die Beschriftung auf die Oberfläche des Rohlings aufbringen.

Es gibt Rohlinge von Markenherstellern und preiswertere »No-Name«-Produkte. Testen Sie, ob No-Name-Ware mit Ihrem Brenner harmoniert. Wenn Sie wichtige Daten (z.B. Ihre Fotosammlung) auf CD oder DVD sichern, kommt es auf eine lange Haltbarkeit an. Die preiswerteren Rohlinge (mit grünlicher Datenschicht) besitzen eine Haltbarkeit von etwa zehn Jahren. Hochwertige Rohlinge (meist mit einer golden oder silbern verspiegelten Datenschicht) sind am problemlosesten einsetzbar und am langlebigsten (manche Hersteller sprechen von 100 Jahren Lebensdauer). Unter `http://www.heise.de/ct/artikel/Silberne-Erinnerungen-291658.html` [w8-k14-003] finden Sie einen Artikel zu diesem Thema. Zur Archivierung sollten Sie bevorzugt CDs verwenden und, falls deren Kapazität nicht reicht, auf DVD-R ausweichen. Anbieter von zur Archivierung geeigneten Rohlingen finden Sie, wenn Sie in einer Suchmaschine nach Stichwörtern wie »CD Rohling für Archivierung« suchen.

14.1.2 Brenneinstellungen für das Laufwerk anpassen

Windows benutzt beim Brennen die Festplatte zum Zwischenspeichern der Daten. Um die Brennoptionen einzustellen, gehen Sie in folgenden Schritten vor.

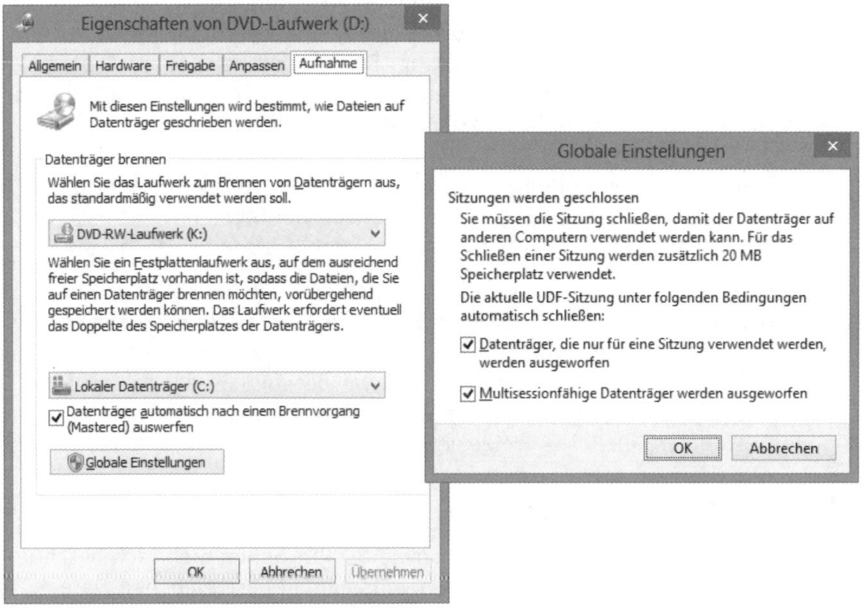

Bild 14.1: Anpassen der Brenneinstellungen

1. Melden Sie sich unter einem Administratorkonto an und öffnen Sie das Ordnerfenster *Computer*.
2. Öffnen Sie im Ordnerfenster *Computer* das Kontextmenü des Brenner-Laufwerks (z.B. mit der rechten Maustaste) und wählen Sie dann im Kontextmenü den Befehl *Eigenschaften*.
3. Im Eigenschaftenfenster wählen Sie die Registerkarte *Aufnahme* (Bild 7.16, links), passen die Optionen an und schließen die Registerkarte über die *OK*-Schaltfläche.

Über das oberste Listenfeld lässt sich bei mehreren Brennern das Standardlaufwerk für Brennvorgänge unter Windows einstellen. Das untere Listenfeld öffnet ein Menü, über das Sie ein Festplattenlaufwerk, das zur Zwischenspeicherung der Daten verwendet wird, auswählen können. Verwenden Sie einen Datenträger, der über genügend freie Kapazität zur Datenaufnahme verfügt.

Möchten Sie verhindern, dass Windows den Rohling nach dem Brennen einer Sitzung automatisch auswirft, deaktivieren Sie da Kontrollkästchen *Datenträger automatisch nach einem Brennvorgang (Masterei) auswerfen*.

Eine weitere Frage stellt das Abschließen einer Sitzung dar. Dies ist erforderlich, um das Medium auf einem anderen Computer lesen zu können. Standardmäßig schließt Windows die Sitzung ab, sobald der Rohling nach dem Brennen ausgeworfen wird. Das Abschließen einer Sitzung belegt aber zusätzlich 20 MByte auf dem Medium. Um dieses automatische Abschließen eines Brennvorgangs beim Auswerfen eines UDF-formatierten Datenträgers zu verhindern, klicken Sie auf die Schaltfläche *Globale Einstellungen* (Bild 7.16, links) und bestätigen ggf. die Sicherheitsabfrage der Benutzerkontensteuerung. Danach löschen Sie im Dialogfeld *Globale Einstellungen* (Bild 7.16, rechts) die Markierung der beiden Kontrollkästchen und schließen das Dialogfeld über die *OK*-Schaltfläche.

TIPP

Um die Sitzung nach dem Brennen manuell zu schließen, klicken Sie das Laufwerk des Brenners im Ordnerfenster *Computer* mit der rechten Maustaste an. Anschließend können Sie im Kontextmenü den Befehl *Sitzung schließen* wählen.

Während Sie die Eigenschaften samt der Registerkarte *Aufnahme* noch unter einem Standardbenutzerkonto ansehen können, müssen Sie zum Anpassen der globalen Einstellungen zwingend unter einem Administratorkonto angemeldet sein. Die Benutzerkontensteuerung fordert zwar bei Anwahl der Schaltfläche *Globale Einstellungen* ein Administratorkonto an und fragt das Kennwort ab. Windows verhindert aber die Anzeige des Dialogfelds *Globale Einstellungen*.

14.1.3 RW-Medien löschen

CD-RWs und DVD+RWs bzw. DVD-RWs sowie BD-RE können mehrfach beschrieben werden. Besitzen Sie einen solchen bereits einmal beschriebenen Datenträger, den Sie erneut verwenden möchten? Dann können Sie den Datenträger vor der Wiederverwendung löschen.

1. Legen Sie den Datenträger in den Brenner ein und öffnen Sie das Ordnerfenster *Computer*.
2. Öffnen Sie das Kontextmenü des Brennersymbols (z. B. mit der rechten Maustaste anklicken oder Finger länger auf dem Symbol belassen) und wählen Sie den Kontextmenübefehl *Datenträger löschen* (Bild 14.2, Hintergrund rechts). Alternativ findet sich eine gleichnamige Schaltfläche auf der Registerkarte *Verwalten* des Menübands.
3. Im Dialogfeld *Datenträger kann gelöscht werden* (Bild 14.2, links) markieren Sie ggf. das Kontrollkästchen zum automatischen Schließen des Assistenten nach Abschluss des Löschens.
4. Klicken Sie auf die *Weiter*-Schaltfläche und warten Sie, bis der Datenträger gelöscht wurde.

Das Löschen dauert bis zu einer Minute und der Ablauf wird durch eine Fortschrittsanzeige dargestellt. Anschließend können Sie das ggf. noch geöffnete Dialogfeld schließen und den Datenträger erneut zum Schreiben von Dateien verwenden.

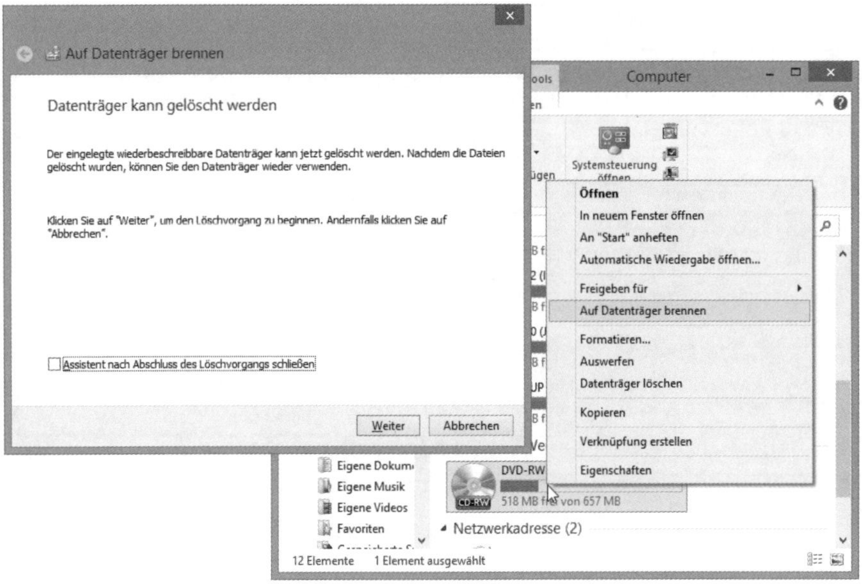

Bild 14.2: Löschen eines wiederbeschreibbaren Rohlings

14.1.4 Rohling im UDF-Dateisystem formatieren

CDs, DVDs und BDs können im ISO-Format oder im UDF-Dateiformat beschrieben werden. Das UDF-Dateiformat wurde als plattformunabhängiges Format für DVDs entwickelt, lässt sich aber auch für CDs/BDs nutzen. Windows unterstützt beide Varianten beim Brennen von Daten auf CDs, BDs oder DVDs. Dabei wird das ISO-Dateisystem als »Mastered«-Modus bezeichnet, bei dem die Daten auf einen Rutsch auf das Medium gebrannt werden. Dieser Modus stellt sicher, dass die Daten-CD bzw. -DVD/-BD überall lesbar ist. Sie können Daten aber auch im sogenannten Livedateisystem auf den Rohling schreiben. Dann wird das UDF-Dateisystem verwendet. Dieser Modus erlaubt das sogenannte »Packet Writing«, mit dem sich mehrfach Dateien auf den Rohling übertragen lassen – der Rohling lässt sich quasi wie ein USB-Laufwerk verwenden. Windows stellt Sie beim Einlegen eines neuen Rohlings vor die Wahl, welches Dateisystem zum Speichern der Daten verwendet werden soll (siehe die folgenden Seiten). Sie können den Rohling aber auch explizit mit folgenden Schritten für das UDF-Format vorbereiten.

1. Legen Sie den Datenträger in den Brenner ein und öffnen Sie das Ordnerfenster *Computer*.
2. Öffnen Sie das Kontextmenü des Laufwerkssymbols des Brenners und wählen Sie den Kontextmenübefehl *Formatieren* (Bild 14.3, rechts). Alternativ lässt sich die gleichnamige Schaltfläche auf der Registerkarte *Verwalten* im Menüband des Ordnerfensters anwählen.
3. Im Dialogfeld *DVD-RW-Laufwerk xxx formatieren* (Bild 14.3, links) wählen Sie über das Listenfeld *Dateisystem* die gewünschte Variante aus. Geben Sie bei Bedarf einen Namen für den Datenträger in das Textfeld ein und klicken Sie auf die *Starten*-Schaltfläche.

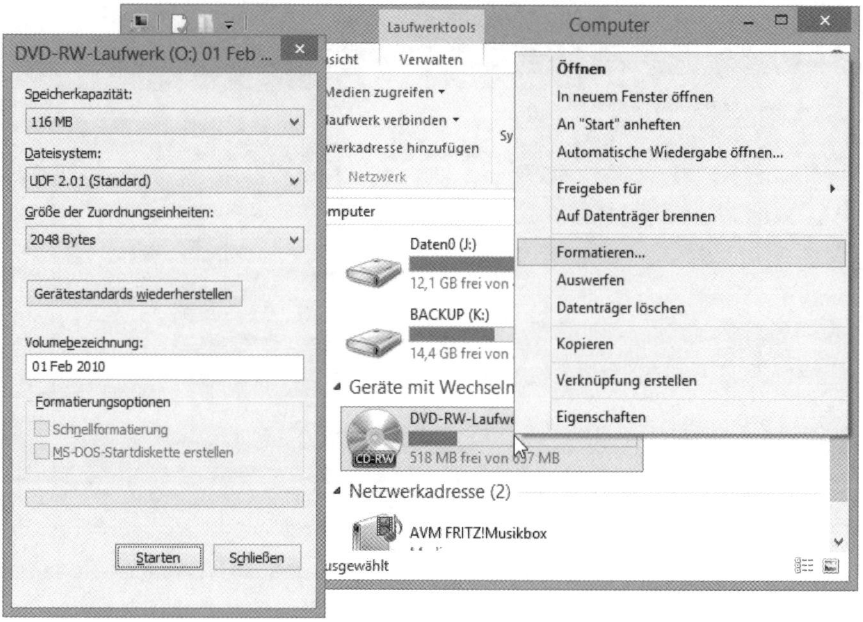

Bild 14.3: CD/DVD formatieren

4. Das Dialogfeld mit der Warnung, dass alle Daten beim Formatieren gelöscht werden, bestätigen Sie über die *OK*-Schaltfläche und warten dann, bis der Datenträger formatiert wurde.

Sobald die Meldung erscheint, dass der Datenträger formatiert ist, schließen Sie dieses Dialogfeld. Anschließend können Sie den Datenträger verwenden.

HINWEIS

Der Ansatz des direkten Formatierens eignet sich beispielsweise, wenn Sie eine bereits benutzte wiederbeschreibbare CD oder DVD für das Livedateisystem vorbereiten möchten. Beachten Sie aber, dass durch die UDF-Formatierung ca. 20 Prozent der Bruttokapazität des Datenträgers verloren geht. Bei einer CD liegt die Nettokapazität daher bei 443 Mbyte.

Für das UDF-Dateisystem gibt es verschiedene Versionen, die sich über das Menü der Schaltfläche *Dateisystem* abrufen lassen. Die erste Version 1.02 lässt sich nur bei DVD-RAM nutzen und ist zur Verwendung unter Windows 98 bzw. Apple-Computer geeignet. Die Version 1.5 wird ab Windows 2000 und XP unterstützt, kann unter Windows 98 oder auf Macintosh-Systemen aber nicht gelesen werden. Standardmäßig wird die, ab Windows XP und Windows 2003 Server unterstützte, Version 2.01 beim Formatieren benutzt. Diese Variante wird auch von DVD-Videorecordern beim Aufzeichnen von DVD VR-Medien verwendet. Die neueste Version 2.5 wird erst ab Windows Vista unterstützt.

14.1.5 Automatische Wiedergabe beim Einlegen leerer Rohlinge

Legen Sie einen neuen, noch leeren CD-, DVD- oder BD-Rohling in den Brenner ein, erkennt Windows 8 dies und zeigt eine Benachrichtigung in der rechten oberen Ecke des Bildschirms an (Bild 14.4, rechts). Wählen Sie dieses Benachrichtigungsfeld an, erscheint die Einblendung der automatischen Wiedergabe aus Bild 14.4, links. Sie können dann wählen, ob Sie Dateien auf den Datenträger brennen, eine Audio-CD anfertigen oder nichts tun möchten. Die eingeblendete Nachricht können Sie über *Keine Aktion durchführen* beenden. Der Befehl *Dateien auf Datenträger brennen* dient dazu, das Medium zum Brennen von Dateien vorzubereiten. Führen Sie hierzu folgende Schritte aus.

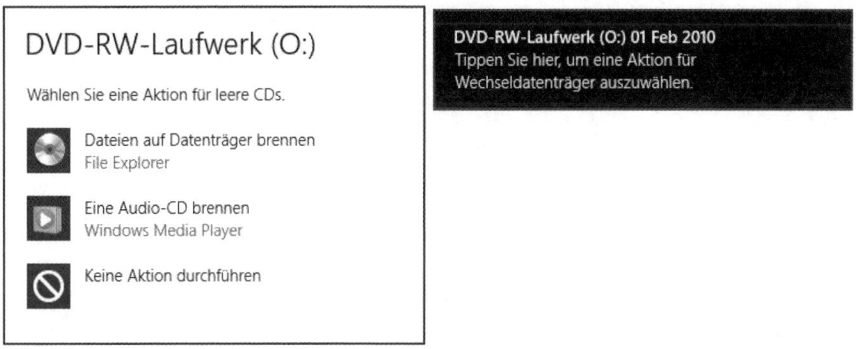

Bild 14.4: Benachrichtigung per »Automatische Wiedergabe« bei Medien

1. Wählen Sie im eingeblendeten Fenster der automatischen Wiedergabe den Befehl *Dateien auf Datenträger brennen* (Bild 14.4, links). Bei einer eingelegten, leeren DVD bzw. BD fehlt übrigens die Auswahl *Eine Audio-CD brennen*.
2. Markieren Sie im Dialogfeld *Auf Datenträger brennen* (Bild 14.5) ggf. das Textfeld *Datenträgertitel* und korrigieren Sie den bis zu 16 Zeichen langen Datenträgertitel.
3. Markieren Sie entweder das Optionsfeld *Wie ein USB-Flashlaufwerk* (für eine Verwendung im Livedateisystem) oder das Optionsfeld *Mit einem CD/DVD-Player* (für Mastered-Betrieb) und wählen Sie im Dialogfeld die *Weiter*-Schaltfläche.

Den Brennmodus »Mastered« sollten Sie verwenden, um die Dateien in einem Schritt auf das Medium zu schreiben. Dann öffnet Windows sofort ein Ordnerfenster, in das Sie die zum Brennen vorgesehene Datei kopieren können (siehe unten). Um den Rohling quasi als mehrfach beschreibbaren Wechseldatenträger zu verwenden, wählen Sie dagegen die Option *Wie ein USB-Flashlaufwerk*. Dann erscheint bei Anwahl der Schaltfläche *Weiter* das in Bild 14.6 gezeigte Dialogfeld mit dem Hinweis, dass das Formatieren des Datenträgers sehr lange dauern kann. Wählen Sie die *Ja*-Schaltfläche, um den Datenträger im UDF-Dateiformat zu formatieren. Der Vorgang wird über eine Fortschrittsanzeige signalisiert.

Bild 14.5: Leeren Datenträger vorbereiten

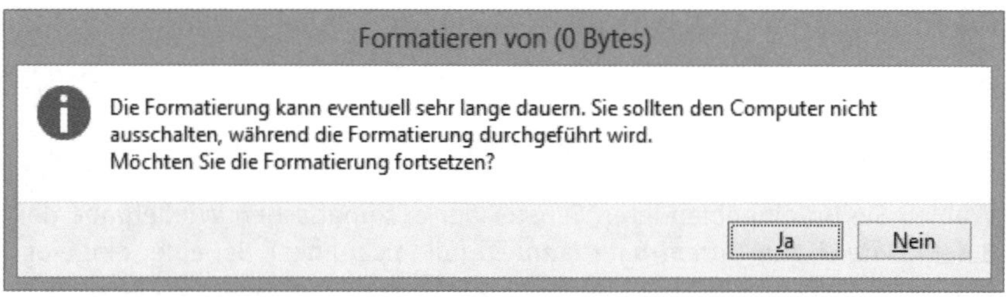

Bild 14.6: Dialogfeld beim Vorbereiten des Livedateisystems

Sobald das Dialogfeld verschwindet, können Sie den Datenträger wie einen Flash-Datenspeicher verwenden.

14.2 Daten auf CDs, DVDs oder BDs brennen

Dieser Abschnitt zeigt beispielhaft, wie Sie Daten-CDs, -DVDs oder -BDs in den beiden Modi »Mastered« und »Livedateisystem« brennen können.

14.2.1 CDs/DVDs wie USB-Laufwerke nutzen

Wurde der Datenträger im Livedateisystem vorbereitet, können Sie diesen wie ein Wechseldatenlaufwerk verwenden. Es genügt, die gewünschten Dateien zum Symbol des Brenners zu kopieren. Sie können dazu den Befehl *Senden an* im Kontextmenü der gewählten Datei oder des Ordners verwenden. Oder Sie ziehen die Dateien und Ordner zum Symbol des Brenners im Navigationsbereich eines Ordnerfensters. Zudem findet Sie im Menüband des Ordnerfensters auf der Registerkarte *Freigeben* die Schaltfläche *Auf Datenträger brennen* vor. Die Dateien werden direkt auf das Medium geschrieben. Bei RW-Medien lässt sich der Datenträger sogar bei Bedarf löschen und erneut verwenden.

14.2.2 Daten im Mastered-Modus auf CD/DVD/BD brennen

Um verschiedene Dateien (oder komplette Ordner) von der Festplatte auf eine CD, DVD oder BD zu sichern, sollten Sie den Mastered-Modus für den Datenträger verwenden. Über diesen Modus lässt sich die Kapazität des Datenträgers bestmöglich ausnutzen und die Medien besitzen die höchste Kompatibilität beim Lesen auf anderen Systemen. Windows unterstützt verschiedene Ansätze, wie Sie beim Brennen vorgehen. Diese Ansätze gliedern sich in das Vorbereiten des Datenträgers für den Mastered-Modus, das Zusammenstellen der Dateien zum Brennen und das eigentliche Brennen.

Zusammenstellen der Daten zum Brennen

Um Dateien im Mastered-Modus auf eine CD oder DVD zu brennen, können Sie in folgenden Schritten vorgehen.

1. Öffnen Sie ein Ordnerfenster (z.B. über die Schaltfläche der Taskleiste) und suchen Sie den Ordner mit den zu sichernden Dateien.
2. Markieren Sie anschließend die zu brennenden Dateien und Ordner (z.B. durch Ziehen per Maus).
3. Wechseln Sie im Menüband des Ordnerfensters zur Registerkarte *Freigeben* und wählen Sie die Schaltfläche *Auf Datenträger brennen* (Bild 14.7, links).
4. Falls die Aufforderung aus Bild 14.7, rechts, erscheint, legen Sie den Rohling in den Brenner ein.
5. Wird das Dialogfeld *Auf Datenträger brennen* (Bild 14.5) eingeblendet, wählen Sie die Option *Mit einem CD/DVD-Player* und bestätigen die *Weiter*-Schaltfläche.

HINWEIS

Beachten Sie, dass die Abläufe ggf. etwas abweichen können. Wird beispielsweise ein im Mastered-Modus vorbereiteter Datenträger eingelegt, entfällt die Anzeige des Dialogfelds *Auf Datenträger brennen*. Liegt bei Anwahl der Schaltfläche *Auf Datenträger brennen* bereits ein Datenträger im Brenner, entfällt natürlich auch die Anzeige des Dialogfelds, das Sie zum Einlegen des Rohlings auffordert.

Liegen Daten als Zusammenstellung zum Brennen vor, informiert Windows Sie über eine entsprechende QuickInfo (Bild 14.7, unten) im Infobereich der Taskleiste. Dieser Hinweis ist hilfreich, da die Dateien einer Zusammenstellung im Mastered-Modus nicht sofort auf den Datenträger gebrannt, sondern in einem Zwischenspeicher auf der Festplatte abgelegt werden.

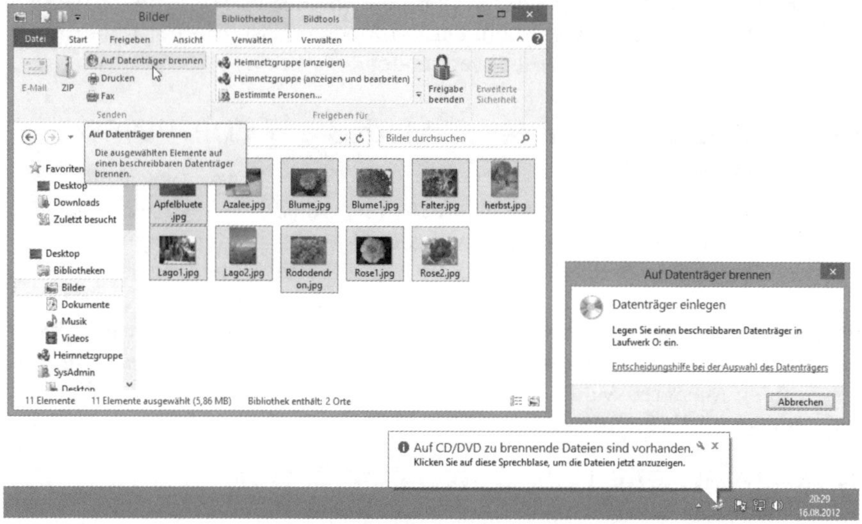

Bild 14.7: Vorbereiten zum Brennen von Dateien im Mastered-Modus

Die Zwischenspeicherung gibt Ihnen die Gelegenheit, weitere Dateien aus verschiedenen Ordnern zum Brennen auszuwählen. Falls erforderlich, können Sie das Brennersymbol im Navigationsbereich eines Ordnerfensters anwählen, um die im Zwischenspeicher zum Brennen abgelegten Dateien in einem Ordnerfenster anzusehen (Bild 14.8, Hintergrund oben). Bei Bedarf lassen sich dann Dateien (z. B. durch Ziehen zum Papierkorb) aus der Zusammenstellung entfernen. Erst wenn alle gewünschten Dateien in der Zusammenstellung enthalten sind, können diese auf den Datenträger gebrannt werden.

HINWEIS

Die Zusammenstellung bleibt auch erhalten, wenn Sie sich von Windows abmelden oder den Rechner herunterfahren. Dies gibt Ihnen Gelegenheit, Daten über längere Zeit zu sammeln und abzuwarten, bis die Größe der Zusammenstellung die Kapazität des Rohlings weitgehend ausnutzt.

Brennen der Zusammenstellung auf das Medium

Um die Daten der Zusammenstellung auf den Rohling zu brennen, sind folgende Schritte auszuführen.

1. Öffnen Sie ein Ordnerfenster und wählen Sie das Symbol des Brenners. Dann wechseln Sie zur Registerkarte *Verwalten* des Menübands und wählen die Schaltfläche *Brennvorgang abschließen* (Bild 14.8, Hintergrund oben).
2. Sobald Windows den eingelegten Rohling erkannt hat, können Sie im Dialogfeld *Auf Datenträger brennen* im Schritt *Datenträger vorbereiten* den Datenträgertitel und die Brenngeschwindigkeit korrigieren (Bild 14.8, Vordergrund, unten links).
3. Klicken Sie danach auf die Schaltfläche *Weiter*, um das Brennen zu starten.

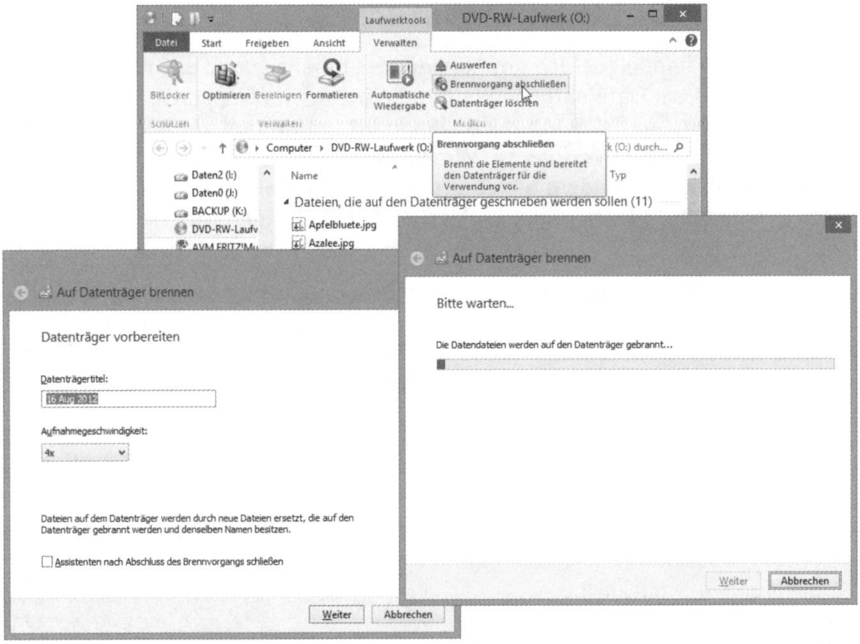

Bild 14.8: Brennvorgang abschließen

Windows brennt anschließend die markierten Dateien über den vorher gewählten Brenner auf den Datenträger. Der Ablauf wird durch eine Fortschrittsanzeige im Dialogfeld *Auf Datenträger brennen* angezeigt (Bild 14.8, Vordergrund, unten rechts). Das Brennen kann, abhängig vom Datenträger, von der Brenngeschwindigkeit und der Menge der zu brennenden Daten, eine Weile dauern. Sobald der Brennvorgang abgeschlossen ist, wird die Schublade des Brenners ausgefahren.

4. Schließen Sie die Schublade des Brenners und klicken Sie ggf. im noch geöffneten Dialogfeld *Auf Datenträger brennen* auf die Schaltfläche *Fertig stellen*.

Ist der gebrannte Rohling beim Einfahren noch im Laufwerk, lässt sich direkt auf dessen Inhalt zugreifen.

TIPP

Sie können im Mastered-Modus als Multisession erstellte Datenträger ein weiteres Mal in den Brenner einlegen. Ist noch freie Kapazität vorhanden, lassen sich weitere Dateien zur Zusammenstellung hinzufügen. Öffnen Sie das Ordnerfenster des Datenträgers, werden die bereits vorhandenen Inhalte und die neu hinzugefügten Elemente aufgeführt. Brennen Sie die Zusammenstellung erneut, fügt Windows einfach die neu aufgenommenen Dateien in eine weitere Sitzung ein und verlinkt die bereits vorhandenen Dateien in einem modifizierten Inhaltsverzeichnis. Wird das Medium später auf einem Rechner eingelesen, kann dieser auf alle Dateien in den verschiedenen Sessions zugreifen. Beachten Sie aber, dass ältere CD-Laufwerke Multisession-CDs nicht immer erkennen können. Zudem reduziert der Multisession-Modus die Nettokapazität des Datenträgers etwas, da zum Abschluss der Sitzung ebenfalls ca. 20 Mbyte auf das Medium geschrieben werden.

14.3 ISO-Dateien brennen

Bei ISO-Dateien handelt es sich um Abbilder des Inhalts von CDs, DVDs oder BDs, die als Datei mit der Dateinamenerweiterung *.iso* auf der Festplatte des Rechners abgelegt wurden. Solche ISO-Dateien stehen oft im Internet zur Softwareverteilung als Download zur Verfügung. Windows 8 kann ISO-Dateien nicht nur als Laufwerke einbinden, sondern bietet auch die Möglichkeit zum direkten Brennen dieser ISO-Dateien. Die Brennoption lässt sich mit wenigen Mausklicks verwenden.

1. Markieren Sie die *.iso*-Datei im Ordnerfenster und wählen Sie auf der Registerkarte *Verwalten* die Schaltfläche *Brennen* (Bild 14.9, Hintergrund). Alternativ lässt sich das Kontextmenü der ISO-Datei mit der rechten Maustaste öffnen und der Kontextmenübefehl *Datenträgerabbild brennen* wählen.
2. Wählen Sie im Dialogfeld *Windows-Brenner für Datenträgerabbilder* (Bild 14.9, Vordergrund) ggf. das Laufwerk mit dem Brenner (sofern mehrere Brenner vorhanden sind).
3. Markieren Sie zur Sicherheit das Kontrollkästchen mit der Option zum Überprüfen des Datenträgers nach dem Brennen und klicken Sie anschließend auf die *Brennen*-Schaltfläche.

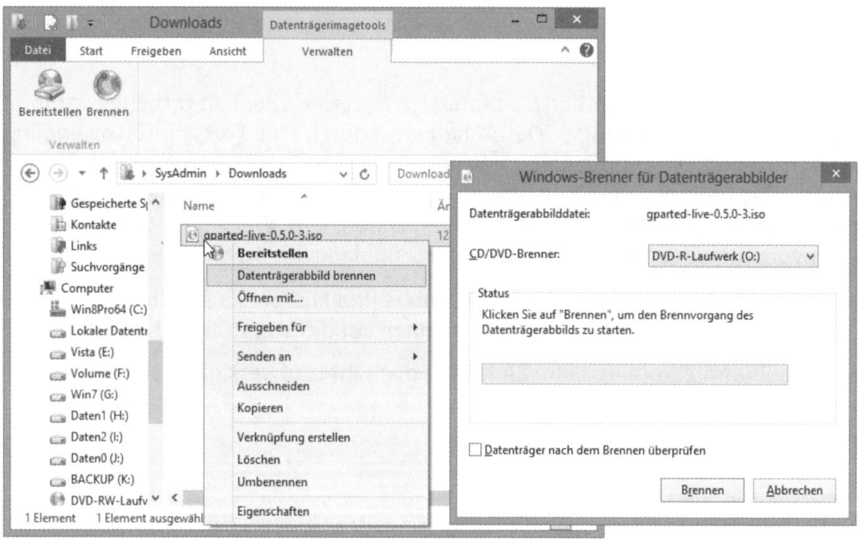

Bild 14.9: Datenträgerabbild (ISO-Datei) brennen

Windows fordert Sie zum Einlegen eines Rohlings in den Brenner auf und zeigt dann den Brennablauf in einer Fortschrittsanzeige. Nach einem erfolgreichen Brennvorgang entnehmen Sie dem Brenner den Rohling, beschriften diesen und schließen das Dialogfeld.

HINWEIS

Windows 8 enthält eigentlich alle benötigten Brennfunktionen. Sofern Sie trotzdem andere Brennprogramme (z.B. Nero) einsetzen möchten, achten Sie darauf, dass die verwendete Version für dieses Betriebssystem zugelassen ist. Ein Problem im Zusammenhang mit der Installation von Brennprogrammen mit Videobearbeitungsfunktionen besteht darin, dass diese eigene DirectShow-Filter mit Decodern und Encodern für Videoformate einrichten und damit die Windows-DirectShow-Filter blockieren. Dies führt dann ggf. bei der Wiedergabe von Videomaterial im Windows Media Player zu Problemen.

Windows 8 komplett

Teil 3 Arbeiten mit Apps und Windows-Anwendungen

Dieser Teil zeigt, wie Sie mit den in Windows 8 enthaltenen Apps und Windows-Anwendungen arbeiten. Die Bandbreite reicht vom Umgang mit Fotos, Musik und Videos über Internetfunktionen bis hin zum Drucken unter Windows.

15 Arbeiten mit dem Internet Explorer

Microsoft stellt in Windows 8 den Internet Explorer 10 als Browser zum Surfen im Internet bereit. In diesem Kapitel finden Sie eine Übersicht über die Funktionen des Internet Explorers und sowie einige Hinweise, was bei dem Einsatz anderer Browser zu beachten ist.

15.1 Neuerungen bei Browsern

In diesem Abschnitt werden die Neuerungen des Internet Explorers kurz adressiert und Sie erfahren, was es hinsichtlich der Browser unter Windows 8 zu wissen gibt.

15.1.1 Dreifachpack: der IE in mehreren Varianten?

Windows 8 wird mit dem Internet Explorer 10 als Browser ausgeliefert. Eine der größten Neuerungen besteht darin, dass gleich mehrere Browservarianten vorinstalliert sind. Je nach Windows-Version sind zwei oder sogar drei Varianten des Internet Explorers vorinstalliert.

- Microsoft stellt den Internet Explorer einmal in Form einer konventionellen Windows-Anwendung bereit. Diese Variante des Internet Explorers lässt sich, sofern kein anderer Browser installiert wurde, über ein entsprechendes Symbol in der Taskleiste des Windows-Desktops starten (Bild 3.1, unten).
- Alternativ steht auf der Startseite noch die Version des Internet Explorers als App bereit. Durch Anwahl der betreffenden Kachel (Bild 3.1, oben) der Startseite wird die App-Version des Browsers aufgerufen.

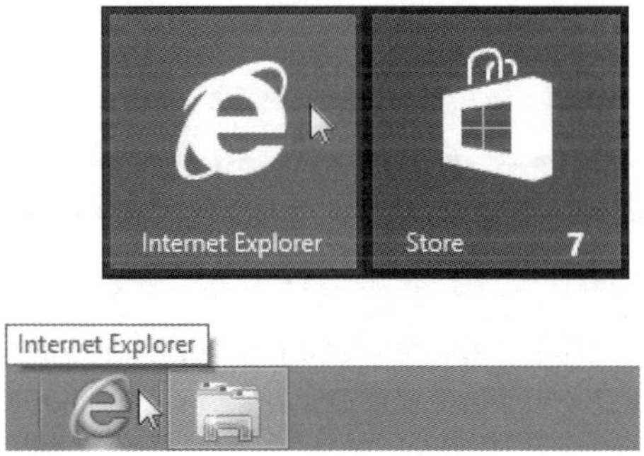

Bild 15.1: Varianten zum Aufruf des Internet Explorers

Der konventionelle Internet Explorer 10 läuft als Windows-Anwendung in einem Fenster und gleicht im Aussehen dem aus Windows 7 bekannten Internet Explorer 9. Bei einem 64-Bit-Windows gibt es zusätzlich noch die Besonderheit, dass der Internet Explorer in der Desktop-Variante als 32- sowie als 64-Bit-Version vorliegt. Über das Symbol des Internet Explorers in der Taskleiste wird dabei immer die

Desktop-Variante aus dem Ordner *Program Files* gestartet. Bei einem 32-Bit-System läuft also der 32-Bit-Browser, während bei einem 64-Bit-Windows 8 die 64-Bit-Desktop-Variante des Internet Explorers aufgerufen wird.

HINWEIS

Bei Ihrem System wird beim Einrichten oder kurz nach der Installation das, aufgrund von EU-Auflagen eingeführte, Browserauswahlfenster erscheinen (siehe Abschnitt »15.1.5 Das Browserauswahlfenster gibt's auch noch«). Das zugehörige Programm löscht den Eintrag des Internet Explorers aus der Taskleiste und ermöglicht Ihnen die Installation alternativer Browser. In den nachfolgenden Abschnitten setze ich voraus, dass der Internet Explorer als Standardbrowser unter Windows 8 belassen wurde.

15.1.2 Besonderheiten beim Internet Explorer

Wird der Internet Explorer über die Kachel der Startseite aufgerufen, startet die Internet Explorer-App und belegt mit dem App-Fenster den gesamten Bildschirm (Bild 15.2).

Bild 15.2: Die App-Variante des Internet Explorers

Im Unterschied zum konventionellen Internet Explorer 10 unterstützt die App keine Plug-Ins. Allerdings hat Microsoft den Adobe Flash-Player im Internet Explorer implementiert, sodass Flash-Inhalte ausgesuchter Webseiten auch in der App-Version angezeigt werden können. Andere Erweiterungen wie spezielle Suchanbieter sind nicht mehr einsetzbar. Wer auf solche Zusätze angewiesen ist, sollte auf den konventionellen Internet Explorer 10 oder andere Browser ausweichen.

> HINWEIS
>
> Microsoft begründet den Verzicht auf die Plug-In-Unterstützung einmal mit der längeren Laufzeit bei akkubetriebenen Geräten wie Tablet-PCs. Plug-Ins verhindern dort unter Umständen das Umschalten in energiesparende Betriebszustände. Als weiterer Grund wird die Erhöhung der Zuverlässigkeit angeführt. Schlecht programmierte oder inkompatible Plug-Ins führen immer wieder zu Abstürzen und Hängen des Internet Explorers. Der Verzicht auf Plug-Ins eliminiert daher eine weitere Fehlerquelle. Zudem deutet Microsoft an, dass dies beim App-basierenden Internet Explorer zur Verbesserung der Privatsphäre beim Surfen führt. Plug-Ins lassen sich z.B. auch einsetzen, um Benutzerdaten (besuchte Webseiten, Kenndaten des benutzten Windows etc.) zu sammeln und an Betreiber von Webseiten zu übertragen.

15.1.3 Flash-Unterstützung beim Internet Explorer

Wie bereits im vorherigen Abschnitt ausgeführt, hat Microsoft den Adobe Flash Player bereits in Windows 8 integriert. Sowohl die Desktop-Version als auch die App von Internet Explorer 10 unterstützen Adobe Flash. Es ist also keine Installation eines solchen Add-Ons mehr erforderlich.

Allerdings gibt es auch Einschränkungen. Da Flash-Seiten als Sicherheitsrisiko bekannt sind und immer wieder Sicherheitslücken im Flash Player aufgedeckt werden, lässt der Browser die Wiedergabe von Flash-Inhalten nur zu, wenn die Webseite durch Microsoft als bekannt und unbedenklich hinsichtlich der Inhalte eingestuft wurde. Der Browser überprüft also jede aufgerufene Webseite mit Flash-Inhalten, ob eine Freigabe auf dem entsprechenden Microsoft-Server vorliegt.

15.1.4 Welche Browser soll ich verwenden?

Ob Sie den Internet Explorer oder einen anderen Browser verwenden, bleibt Ihnen überlassen. Solange Sie diese Browser als Desktop-Programme einsetzen, gibt es auch keine Einschränkungen. Um einen alternativen Browser als App zu verwenden, muss diese App auf Windows 8 abgestimmt sein. Zur Zeit, als dieses Buch verfasst wurde, ließ sich nur Google Chrome als App-fähiger Browser einsetzen. Die Version von Firefox war zu dieser Zeit noch nicht verfügbar.

Problem beim Einsatz eines Browsers als App ist jedoch, dass Windows 8 immer nur einen Browser als App akzeptiert. Daher kann es passieren, dass bei der Installation eines alternativen Browsers als Standardbrowser plötzlich die Internet Explorer-App verschwindet und nur noch eine Kachel zum Aufruf des Desktop-Internet Explorers angezeigt wird.

> HINWEIS
>
> Wie man den Internet Explorer wieder als App einrichten kann, habe ich in meinem Blog (`http://www.borncity.com/blog/2012/03/27/windows-8-bug-gelst-ie-verschwunden/` [w8-k15-001] adressiert. Der Beitrag bezieht sich zwar auf eine Vorabversion von Windows 8 – die technischen Hintergründe gelten aber auch für die endgültige Version des Betriebssystems.

15.1.5 Das Browserauswahlfenster gibt's auch noch

Auf Druck der EU bietet Microsoft das Browserauswahlfenster früherer Windows-Versionen auch unter Windows 8 an. Wird dieses Auswahlfenster über Windows-

Update installiert, erhalten Sie eine entsprechende Benachrichtigung (Bild 15.3, oben). Wählen Sie die *Weiter*-Schaltfläche, gelangen Sie zum Browserauswahlfenster (Bild 15.3, unten). In diesem Fenster lassen sich neben dem Internet Explorer auch andere Browser wie der Firefox oder der Google Chrome auswählen, herunterladen und installieren.

Weiterhin trägt das Update eine Kachel in der Startseite ein, über die Sie jederzeit auf das Browserauswahlfenster zugreifen und einen alternativen Browser installieren können. In der von mir getesteten Fassung wirkte sich die Installation alternativer Browser nicht auf die Internet Explorer-App aus, die auch weiterhin auf der Startseite verfügbar war. Die neuen Browser wurden als Windows-Anwendungen zur Taskleiste des Windows-Desktops hinzugefügt. Ob sich dies zukünftig ändert, ist aber offen.

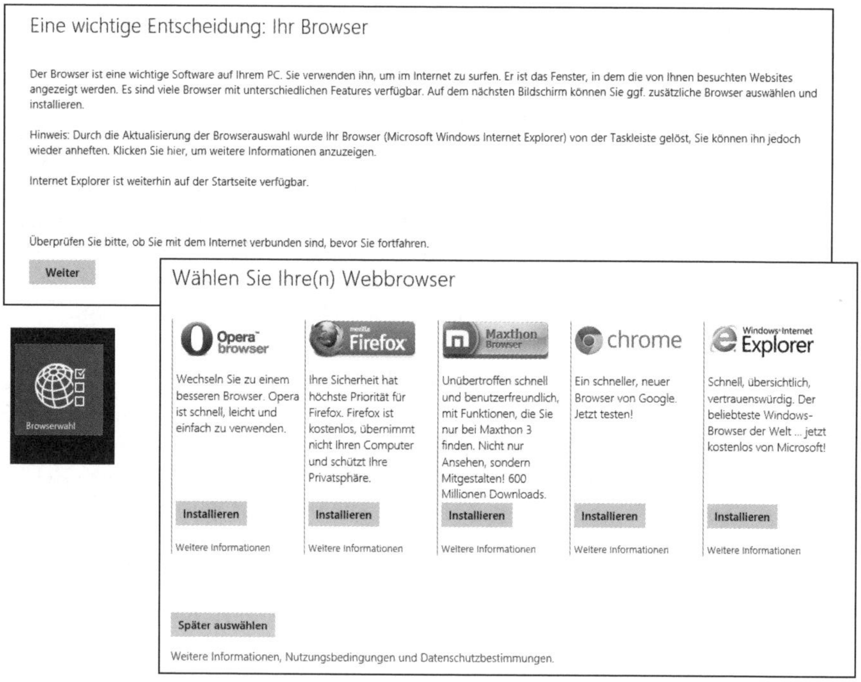

Bild 15.3: Browserauswahlfenster

> **ACHTUNG**
>
> Sobald Sie einen alternativen Browser (z.B. Google Chrome) als Standardbrowser einrichten lassen, ist die Kachel der Internet Explorer-App verschwunden. Lassen Sie den Internet Explorer 10 später wieder als Standardbrowser zu und fehlt die Kachel in der Startseite? Suchen Sie über die Seitenleiste nach »Internet Explorer« und heften Sie die fehlende Kachel erneut an der Startseite an. Gibt es Probleme, weil nach der Anzeige des Browserauswahlfensters das Taskleisten-Symbol des Internet Explorers fehlt und sich der Browser nicht mehr installieren lässt? Unter `http://www.borncity.com/blog/2012/09/12/windows-8-app-genatzt-wie-krieg-ich-den-ie-10-wieder/` [w8-k15-006] gehe ich in meinem Blog auch auf diesen Sachverhalt ein und skizziere, wie man dieses Problem umschiffen kann.

15.2 Einstieg in den IE

In diesem Abschnitt wird die Bedienung der App-Variante des Internet Explorers 10 vorgestellt.

15.2.1 Arbeiten mit dem Internet Explorer

Die App-Variante des Internet Explorers ist für die Touchbedienung ausgelegt. Rufen Sie die Internet Explorer-App über die Startseite auf, erscheint die in Bild 15.2, gezeigte Darstellung. Als Standard ist die Suchseite Bing eingestellt, was sich aber ändern lässt.

Die Benutzeroberfläche und Bedienelemente des IE wurden so entworfen, dass die Anzeige nur bei Bedarf erfolgt. Beim Start des Browsers ist zwar noch die App-Leiste mit dem Adressfeld sowie einigen Bedienelementen sichtbar. Tippen oder klicken Sie auf den Dokumentbereich, verschwindet auch die App-Leiste. Dadurch ist der gesamte Bildschirmbereich komplett für die Darstellung der abgerufenen Webseite verwendbar.

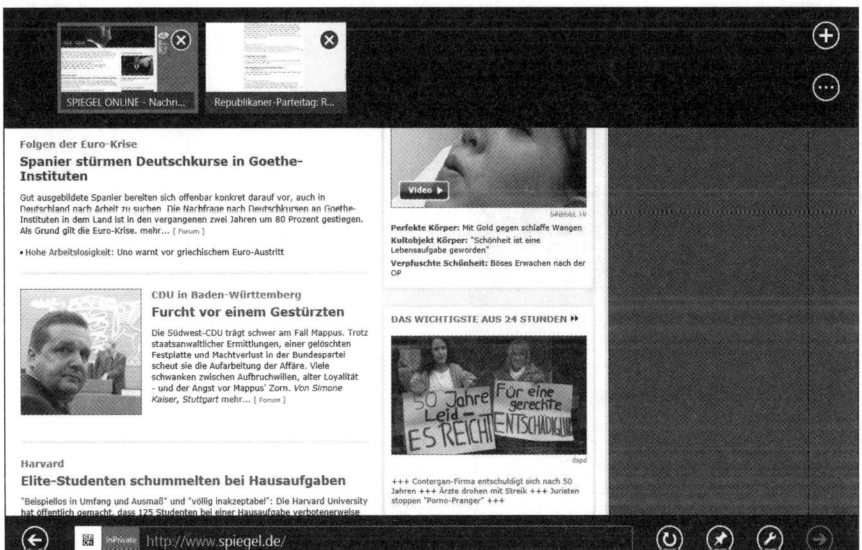

Bild 15.4: Anzeige mit App-Leiste und geöffneten Seiten

Erst wenn der Benutzer bei Fingerbedienung vom unteren Bildschirmrand nach oben wischt, die Tastenkombination [⊞]+[Z] drückt oder mit der rechten Maustaste an den (unteren) Rand bzw. auf eine freie Fläche des Browserfensters klickt, werden zwei Leisten mit Bedienelementen am oberen und unteren Desktoprand sichtbar (Bild 15.4).

- Die Leiste am oberen Bildschirmrand (von Microsoft als »Stil-Umschaltelement für Registerkarten« bezeichnet) zeigt bis zu zehn Registerkarten der letzten geöffneten Browserseiten als Miniaturansichten. Die aktive Seite wird durch einen blauen Rahmen um die Miniaturansicht der Registerkarte gekennzeichnet. Durch Antippen oder Anklicken lässt sich zur gewünschten Seite umschalten.

- Wählen Sie die in der rechten oberen Ecke einer Miniaturansicht eingeblendete *Schließen*-Schaltfläche an, entfernt der Browser die Seitenvorschau und schließt auch die zugehörige Webseite.
- Die obere Schaltfläche *Neue Registerkarte* am rechten Rand der oberen Leiste (Bild 15.5, Vordergrund oben) oder die Tastenkombination [Strg]+[T] ermöglicht das Öffnen einer neuen, leeren Registerkarte zum Abrufen einer Webseite.
- Die untere der am rechten Rand der oberen Leiste sichtbaren Schaltflächen öffnet dagegen ein Menü (Bild 15.5, Hintergrund unten). Mit dem Befehl *Registerkarten schließen* werden alle Registerkarten bis auf die aktuell geöffnete Seite geschlossen.
- Der Internet Explorer 10 unterstützt den InPrivate-Modus nun auch für einzelne Registerkarten. Der Befehl *Neue InPrivate-Registerkarte* der Menüschaltfläche (Bild 15.5, Hintergrund unten) öffnet die neue Registerkarte im InPrivate-Modus. Der InPrivate-Modus wird durch eine Einblendung in der unteren App-Leiste angezeigt (Bild 15.6) und hindert den Internet Explorer daran, Daten zur Browsersitzung zu speichern. Beim Schließen des Browserfensters werden alle Daten (z.B. Verlauf der besuchten Webseiten) verworfen.

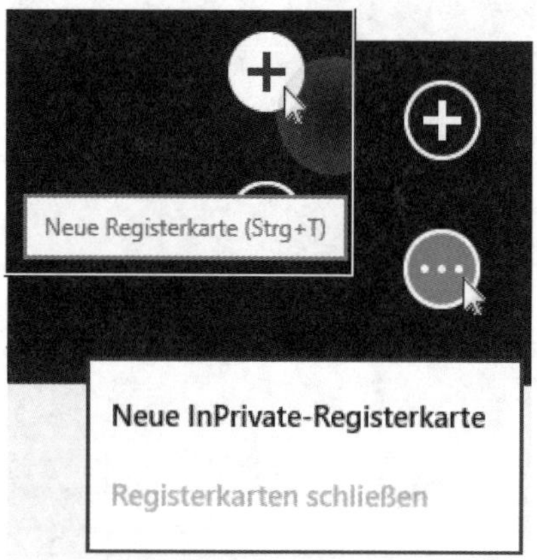

Bild 15.5: Bedienelemente der oberen App-Leiste

Die am unteren Bildschirmrand eingeblendete App-Leiste (Bild 15.6) enthält die Bedienelemente zur Navigation und wird von Microsoft als »Navigationsleiste« bezeichnet.

- Die beiden Schaltflächen *Zurück* und *Vorwärts* am rechten und linken Rand der App-Leiste dienen zum Blättern zwischen besuchten Webseiten.
- Das Adressfeld ermöglicht die Eingabe der Webseitenadressen. Während des Ladens einer Webseite blendet der IE eine Fortschrittsanzeige oberhalb der Adressleiste ein. Zudem werden in der Adressleiste Statusinformationen (z.B. grüner Hintergrund beim Abrufen per SSL abgesicherter HTTPS-Seiten) angezeigt.

- Links neben dem Adressfeld zur Eingabe der Webadressen werden optional die Kennzeichnung bei benutztem InPrivate-Modus und daneben das Logo der aktuellen Webseite eingeblendet.

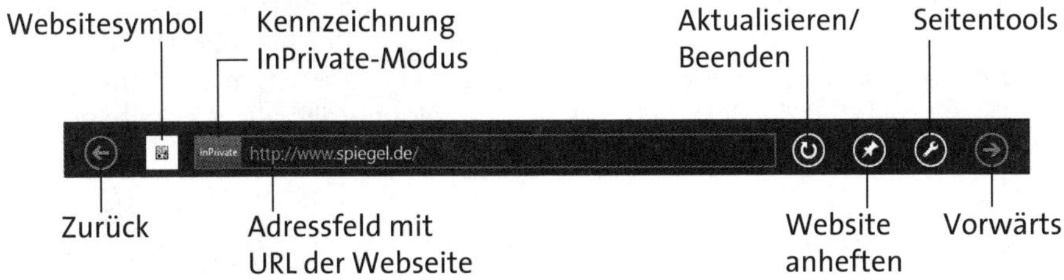

Bild 15.6: Bedienelemente der unteren App-Leiste

- Rechts neben dem Adressfeld befindet sich eine Schaltfläche, die kontextbezogen die Funktion *Aktualisieren* (zum erneuten Abrufen einer bereits angezeigten Webseite) oder *Beenden* (Abbrechen eines laufenden Webseitenabrufs) besitzt.
- Die Schaltfläche *Website anheften* öffnet ein Menü (Bild 15.7, links). Über den Befehl *Zu Favoriten hinzufügen* nehmen Sie die aktuell angezeigte Webseite in die Favoritenliste auf. Der Befehl *An »Start« anheften* ermöglicht es, die aktuelle Webseite als Kachel zur Startseite hinzuzufügen. Bei Anwahl erscheint die in Bild 15.7, oben links, gezeigte Einblendung zur Korrektur des Seitentitels. Bestätigen Sie die Schaltfläche *An »Start« anheften*, wird nicht nur eine Kachel in der Startseite eingetragen, sondern die Webseite wird gleichzeitig in die Liste »Angeheftet« des Browsers aufgenommen.

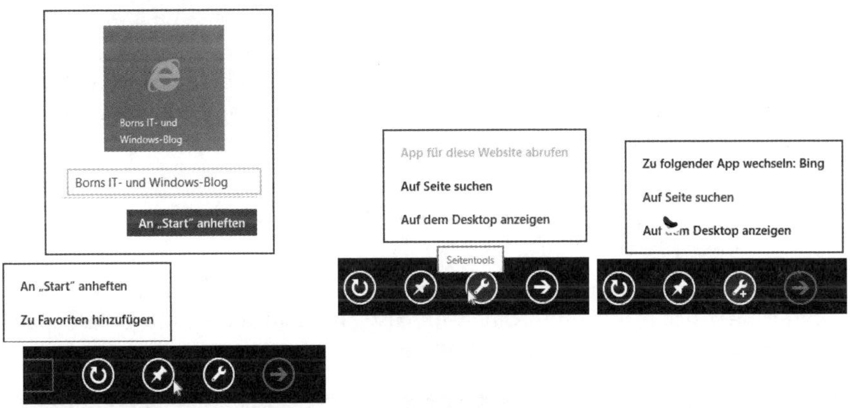

Bild 15.7: Fenster *An »Start« anheften* und Seitentools

- Die Menüschaltfläche *Seitentools* (Bild 15.6) zeigt verschiedene Befehle zur Auswahl (Bild 15.7, rechts). Über den Befehl *App für diese Webseite abrufen* gelangen Sie zum Windows Store. Ein grau abgeblendeter Befehl *App für diese Webseite abrufen* signalisiert, dass keine Angebote für die aktuell geöffnete Website existieren. Ist bereits eine passende App installiert, finden Sie den Befehl *Zu folgender App wechseln: xxx*, wobei *xxx* für den App-Namen (z.B. Bing-App) steht.

- Beim Befehl *Auf Seite suchen* (Bild 15.7, rechts) wechselt die App-Leiste zur Darstellung aus Bild 15.8. Es lässt sich ein Suchbegriff im Textfeld eintippen und dann in der aktuellen Webseite suchen. Treffer werden farblich unterlegt. Mittels der Schaltflächen *Zurück* und *Weiter* der App-Leiste können die vorherigen oder folgenden Treffer abgerufen werden. Der Menübefehl *Auf dem Desktop anzeigen* der Menüschaltfläche *Seitentools* wechselt zum Windows-Desktop, startet den Internet Explorer und zeigt die aktuelle Webseite in dieser Windows-Anwendung an.

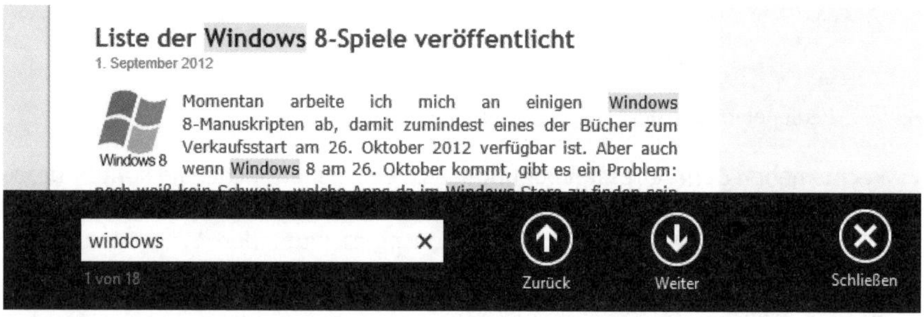

Bild 15.8: Suchen in der Webseite

> **TIPP** Zeigt der Benutzer mit der Maus auf ein Bedienelement oder lässt er den Finger etwas länger auf der betreffenden Position des Touchscreens verweilen, blendet Windows einen Tooltipp mit dem Funktionsnamen der Schaltfläche ein.

Die App des Internet Explorers verwendet die gleichen Bedienelemente wie andere Apps. Zudem wird (bei einer Mindestbildschirmauflösung von 1.366 x 768 Bildpunkten) auch die Andockfunktion am rechten oder linken Bildschirmrand unterstützt. In der Benutzeroberfläche sind weitere Funktionen wie die Bildschirmtastaturunterstützung für Formulare sowie eine integrierte Rechtschreibprüfung mit AutoKorrektur integriert. Die Bildschirmtastatur wird z.B. bei Touchscreen-Bedienung automatisch eingeblendet, sobald der Benutzer ein Eingabefeld berührt.

15.2.2 Häufig verwendete und angeheftete Webseiten abrufen

Um sich die Eingabe häufig verwendeter Webseiten per Bildschirmtastatur zu ersparen, lässt sich recht komfortabel auf häufig besuchte oder mittels der Schaltfläche *An »Start« anheften* festgepinnte Webseiten zugreifen.

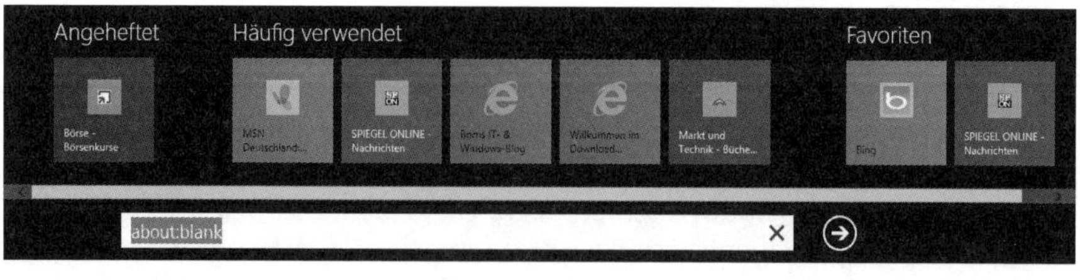

Bild 15.9: Häufig verwendete und angeheftete Webseiten abrufen

Tippen oder klicken Sie in der unteren App-Leiste auf das Adressfeld (notfalls das Feld länger angeklickt oder angetippt lassen). Beim Loslassen schaltet die App zur Darstellung aus Bild 15.9 um. In einer Einblendung finden Sie Navigationskacheln zum schnellen Zugriff auf Webseiten.

In der Kategorie *Häufig verwendet* lassen sich dann die Kacheln der in letzter Zeit häufiger aufgerufenen Webseiten anwählen. Wurden Webseiten an die Startseite angeheftet, tauchen deren Kacheln auch in der App-Seite unter der Kategorie »Angeheftet« auf. Die Navigationskacheln der Kategorie »Favoriten« wurden über den Befehl *Zu Favoriten hinzufügen* des Desktop-Internet Explorers oder der Schaltfläche *Website anheften* der App-Leiste (siehe vorhergehende Seite) als Lesezeichen festgelegt. Verwenden Sie das Mausrad oder den Finger, um horizontal nach rechts zur betreffenden Kategorie zu blättern. Die Anwahl der gewünschten Kachel genügt, um zur betreffenden Webseite zu wechseln.

15.2.3 Eingaben beim IE

Eingaben in Textfelder (z.B. das Such- und Adressfeld) der Internet Explorer-App können sowohl mit einer physischen Tastatur als auch über die Windows-8-Bildschirmtastatur erfolgen. Tippen Sie auf ein Textfeld (z.B. das Adressfeld), blendet Windows bei Touchbedienung automatisch die Bildschirmtaststatur ein (Bild 15.10). Bereits beim Eingeben einer URL filtert der Browser passende Adressen aus der Liste der Favoriten und zuletzt besuchten Seiten. Die gewünschten Seiten können über die angezeigte Navigationskachel direkt abgerufen werden.

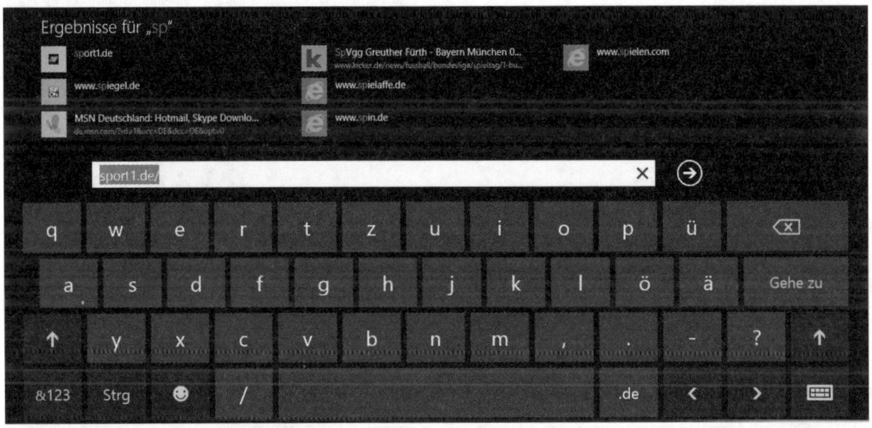

Bild 15.10: Eingaben per Bildschirmtastatur beim IE

> **HINWEIS** Ist der Benutzer bei einem Microsoft-Konto (Live-ID) angemeldet, wird automatisch die Roaming-Funktion zum Abgleich der URL-Listen (Browserverlauf, Favoriten, kürzlich besuchte Websites) benutzt. So kann der Benutzer mithilfe dieses Kontos auf mehreren Windows 8-Systemen dank automatischem Roaming mit seinen individuellen URL-Listen arbeiten.

Weiterhin passt sich die Bildschirmtastatur automatisch an den Browser an, um Eingaben zu vereinfachen. Ist die Adressleiste angewählt, werden Zeichen wie »/« und die Kennung ».com« automatisch eingeblendet. Dies beschleunigt die Eingabe der URLs von Webseiten. Ähnliche Kontextanpassungen erfolgen bei Formularen oder speziellen Feldern. Wird beispielsweise eine E-Mail-Adresse in einem Eingabefeld erwartet, passt der Internet Explorer die Bildschirmtastatur automatisch diesem Kontext an. Dann werden z.B. »@« und ».com« oder ».de« angezeigt. Über die mit »&123« beschriftete Taste in der linken unteren Ecke wechseln Sie zum Layout mit den Zifferntasten und weiteren Sonderzeichen. Eine Eingabe bestätigen Sie über die mit *Gehe zu* gekennzeichnete Taste.

15.2.4 Websuche beim IE

Die App des Internet Explorers besitzt kein separates Suchfeld. Tippen Sie einen Begriff im Adressfeld ein, der keiner Webadresse entspricht und auch nicht mit Treffern im Verlauf übereinstimmt, wechselt der Browser zur Standardsuchmaschine (meist Bing). Anschließend wird dort automatisch eine Suche nach dem Begriff gestartet. Es besteht aber auch die Möglichkeit, bei aktivem Internet Explorer gezielt eine Suche zu starten.

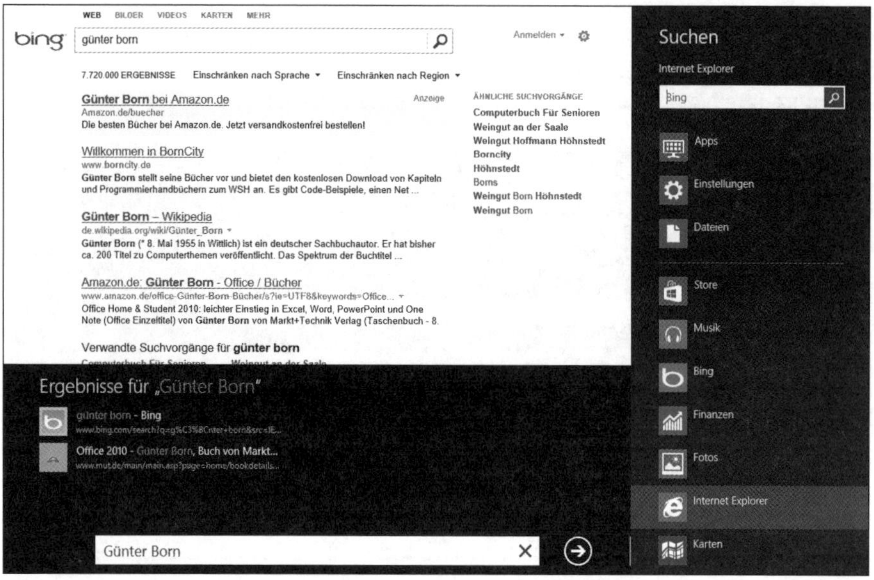

Bild 15.11: Suchen beim IE

1. Blenden Sie (z.B. durch Wischen mit dem Finger vom rechten Bildschirmrand zur Bildschirmmitte oder durch Zeigen per Maus in die obere oder untere rechte Bildschirmecke) die Charms-Leiste am rechten Bildschirmrand ein.
2. Klicken Sie auf *Suchen*, um die Seitenleiste *Suchen* am rechten Bildschirmrand einzublenden.
3. Anschließend tippen Sie den gewünschten Begriff ins Suchfeld der eingeblendeten Seitenleiste ein (Bild 15.11).

Sobald Sie das Lupensymbol am rechten Rand des Suchfelds wählen oder die [↵]-Taste drücken, startet der Internet Explorer die Suche in der Microsoft-Standardsuchmaschine Bing.

> **TIPP** Um den Standardsuchanbieter zu wechseln, rufen Sie die Desktop-Version des Internet Explorers auf und tragen dort den Suchanbieter ein (siehe Abschnitt »15.3.16 Suchmaschine einstellen und -anbieter hinzufügen«). Wenn Sie anschließend den IE neu starten, sollte der neue Suchanbieter verwendet werden.

15.2.5 Weitere Arbeitstechniken für den IE

Der Internet Explorer ermöglicht verschiedene Arbeitstechniken, die den Umgang per Touchbedienung oder das Arbeiten mit der Maus erleichtern bzw. die Funktionalität von Windows erst richtig zur Geltung bringen.

- Statt die App-Leiste am unteren Desktoprand einzublenden und dann über die beiden Schaltflächen *Zurück* und *Vorwärts* zwischen verschiedenen Webseiten zu blättern, geht dies auch einfach per Fingergesten. Wischen Sie mit dem Finger im Browserfenster nach links oder rechts, um zur vorherigen bzw. nächsten Webseite zu scrollen. Bei Mausbedienung zeigen Sie auf den linken/rechten Dokumentrand und klicken anschließend auf die zum Blättern eingeblendete Schaltfläche.
- Wischen Sie mit dem Finger im Browserfenster nach oben oder unten, um in der aktuellen Webseite vertikal zu scrollen. Bei Mausbedienung lässt sich das Rädchen oder die eingeblendete Bildlaufleiste zum Scrollen verwenden. Zudem stehen bei Tastaturbedienung die Cursortasten [↑] und [↓] zum Blättern zur Verfügung.
- Doppeltippen Sie am Touchscreen per Finger auf das Browserfenster, um die Darstellung zu vergrößern oder anschließend wieder zu verkleinern. Natürlich können Sie durch Spreizen oder Zusammenziehen zweier Finger auf dem Touchscreen den Zoom stufenlos anpassen. Bei einem normalen PC lässt sich bei gedrückter [Strg]-Taste das Mausrädchen zum Zoomen drehen. Alternativ funktionieren die Tastenkombinationen [Strg]+[+] und [Strg]+[-], um die Browseranzeige zu vergrößern oder zu reduzieren.

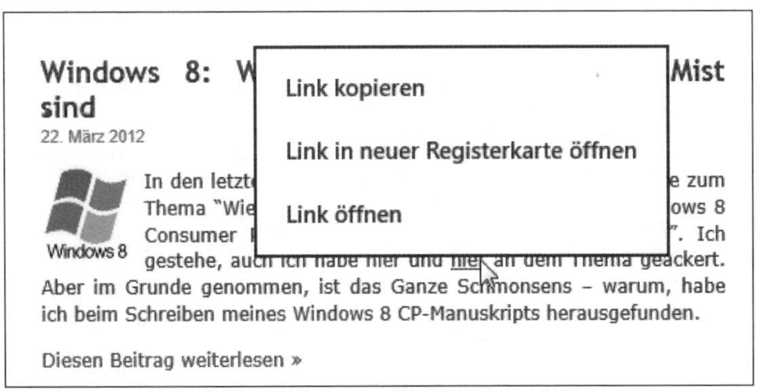

Bild 15.12: Kontextmenü von Hyperlinks im IE

- Tippen oder klicken Sie auf einen Hyperlink, wird die betreffende Webseite abgerufen. Klicken Sie den Link mit der rechten Maustaste an oder drücken Sie mit dem Finger ein paar Sekunden auf den Hyperlink, erscheint beim Loslassen ein Kontextmenü (Bild 15.12). Dort finden Sie Befehle, um den Link in die Zwischenablage zu kopieren oder die Folgeseite auf der aktuellen oder einer neuen Registerkarte zu öffnen.
- Texte wie Wörter lassen sich durch Antippen mit dem Finger oder per Doppelklick mit der Maus markieren. Windows zeigt dann (bei Touchbedienung) am Anfang und Ende des markierten Textbereichs zwei kleine Kreise (Bild 15.13, links). Sie können dann den Markierungsbereich durch Verschieben der kleinen Kreise anpassen. Tippen Sie per Finger auf einen der Markierungskreise oder klicken Sie den markierten Bereich mit der rechten Maustaste an, wird der Kontextmenübefehl *Kopieren* im Kontextmenü eingeblendet (Bild 15.13, rechts). Durch Anwahl überträgt die App (hier der Browser) den markierten Bereich in die Windows-Zwischenablage. Wechseln Sie zu einem Bedienelement, das Eingaben ermöglicht, blendet Windows bei Touchbildschirmen die Bildschirmtastatur ein. Sie können dann den Inhalt der Zwischenablage mittels der Tastenkombination [Strg]+[V] einfügen.

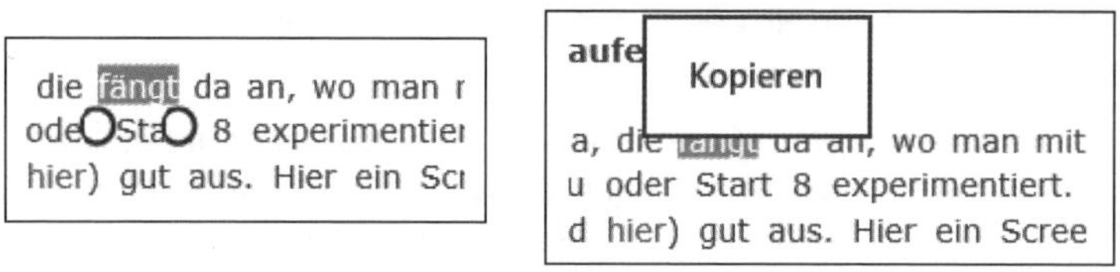

Bild 15.13: Markieren und Kopieren beim IE

Neben den obigen Gesten lässt sich der IE auch durch Tastenkombinationen steuern. Die nachfolgende Tabelle enthält eine kurze Übersicht der möglichen Befehle.

Tastenkombination	Wirkung
[Strg]+[Shift]+[P]	Eine neue Registerkarte im InPrivate-Modus öffnen.
[Strg]+[T]	Öffnet eine neue Registerkarte zum Abrufen einer Webseite und wechselt dann zur Seite mit den Navigationskacheln häufig aufgerufener Seiten.
[Strg]+[F4]	Schließt die aktive Registerkarte mit der geöffneten Webseite.
[↹]	Zwischen den Elementen einer Webseite springen.
[Shift]+[↹]	Zwischen den Elementen einer Webseite rückwärts springen.
[Enter]	Selektiertes Element aktivieren (z. B. Webseite aufrufen).
[Strg]+[P]	Webseite drucken.
[Strg]+[F]	Öffnet am unteren Bildschirmrand die App-Leiste mit dem Suchfeld zur Suche innerhalb der Webseite.

Tabelle 15.1: Tastenkombinationen zur Bedienung des Internet Explorers

Tastenkombination	Wirkung
[Strg]+[L]	Öffnet die App-Leiste mit dem Adressfeld und blendet die Seite mit den Navigationskacheln häufig aufgerufener Seiten ein.
[Rück]	Zur vorherigen Webseite zurückblättern.
[Esc]	Den aktuellen Modus beenden.

Tabelle 15.1: Tastenkombinationen zur Bedienung des Internet Explorers (Forts.)

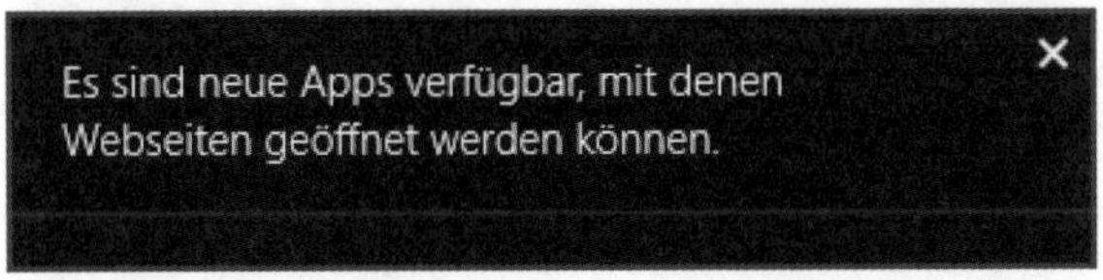

Bild 15.14: Eingeblendete Benachrichtigung

Websites lassen sich als Kachel auf der Startseite anheften (siehe vorhergehende Seiten). Die Benutzeroberfläche ermöglicht die Weiterleitung von Benachrichtigungen durch Apps (Bild 15.14). An der Startseite angeheftete Website-Kacheln können den Benutzer durch Benachrichtigungen auf dem Laufenden halten, ohne dass die Website geöffnet werden muss. Benachrichtigungen (neu eintreffende Nachrichten, Hintergrundbenachrichtigungen für angeheftete Websites etc.) werden in einer Benachrichtigungsleiste am Bildschirmrand eingeblendet. Sind Eingaben erforderlich, zeigt der Internet Explorer Eingabefelder im Stil der neuen Benutzeroberfläche. Benachrichtigungsleisten verschwinden automatisch, wenn sie nicht mehr benötigt werden.

Bild 15.15: Benachrichtigung durch Windows SmartScreen

Bei Downloads schützt der Internet Explorer Sie per SmartScreen-Filter mittels Benachrichtigungen vor möglicher Schadsoftware (Bild 15.15). Dann lässt sich entscheiden, ob der Zugriff auf die Datei zugelassen oder abgebrochen werden kann. Zusätzlich überprüft der Windows Defender (oder ein installierter Zusatz-Virenscanner) den Download auf mögliche Schadfunktionen und informiert Sie bei erkannter Malware.

15.2.6 Drucken aus der Internet Explorer-App

Zum Drucken aus einer App wie dem Internet Explorer sind nur wenige Handgriffe erforderlich.

1. Rufen Sie die gewünschte Webseite in der Internet Explorer-App auf und blenden Sie die Charms-Leiste (z.B. per Maus in die obere rechte Ecke zeigen) am rechten Bildschirmrand ein.

2. Wählen Sie das Symbol *Geräte* (Bild 3.37, rechts), um die Liste der verfügbaren Geräte anzuzeigen. Standardmäßig ist auf jeden Fall der »Windows XPS Document Writer« verfügbar (Bild 3.37, mittlere Spalte).

HINWEIS

Sofern das System über eine Tastatur verfügt, lässt sich die Tastenkombination [Strg]+[P] drücken. Dann öffnet sich die Seitenleiste *Drucker*, in der alle installierten Drucker angezeigt werden.

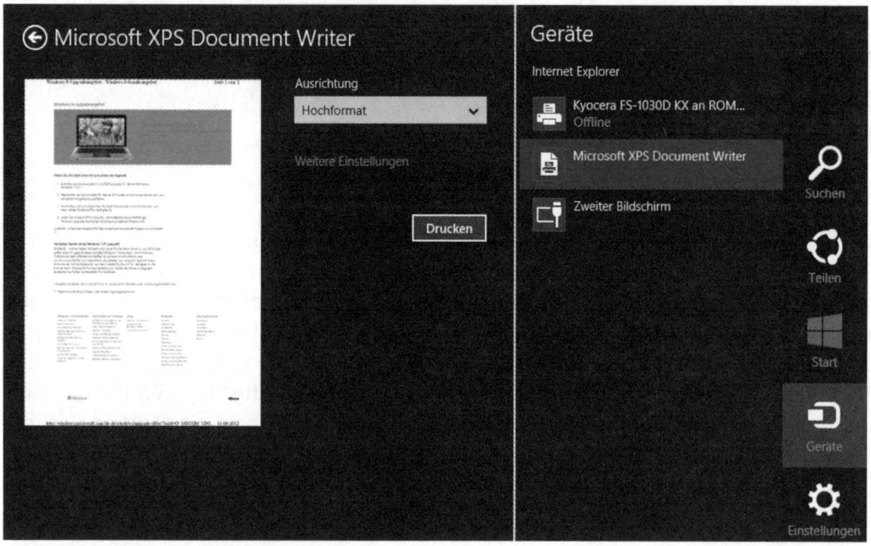

Bild 15.16: Drucken beim IE einleiten

3. Wählen Sie in der Seitenleiste *Geräte* das Symbol des gewünschten Druckers aus.
4. Nun erscheint die Seitenleiste des gewählten Druckers (Bild 3.37, links) mit der Seitenvorschau. Stellen Sie die gewünschten Optionen für die Druckausgabe ein.
5. Bei Bedarf lässt sich in der Seitenleiste der Hyperlink *Weitere Einstellungen* wählen. Dann erscheint die Seitenleiste mit den druckerspezifischen Einstelldetails. Über die *Zurück*-Schaltfläche in der linken oberen Ecke der Seitenleiste geht es zur vorherigen Seitenleiste zurück.
6. Ist alles eingestellt, wählen Sie die in der Seitenleiste angezeigte Schaltfläche *Drucken*.

Windows beginnt mit der Druckausgabe und zeigt nach dem Abschluss des Druckauftrags oder bei Fehlern kurzzeitig eine Benachrichtigung auf dem Bildschirm.

> **HINWEIS**
> Die Seitenleiste des Druckers stellt keine Optionen bereit, um nur eine Seite oder einen markierten Dokumentbereich zu drucken. Um solche Ausgaben vorzunehmen, öffnen Sie die App-Leiste am unteren Rand des App-Fensters und wählen die Schaltfläche *Seitentools* samt dem Befehl *Auf dem Desktop anzeigen*. Dann erscheint die Seite in der Desktop-Version des Internet Explorers und im *Drucken*-Dialogfeld stehen die üblichen Druckoptionen zur Auswahl bereit.

15.2.7 Teilen von Inhalten zwischen Apps

In *Kapitel 3* (Abschnitt »3.1.9 App-Fenster am Bildschirmrand andocken«) ist die Möglichkeit beschrieben, ein App-Fenster am linken oder rechten Bildschirmrand anzudocken. Die geteilte Bildschirmdarstellung (SplitView-Darstellung) ermöglicht es, zwei App-Fenster oder ein App-Fenster neben der Startseite bzw. dem Windows-Desktop geöffnet zu halten. So lassen sich in Windows 8 mehrere Aufgaben gleichzeitig erledigen (z.B. Surfen und auf das Postfach oder die Musiksammlung zugreifen). Voraussetzung für das Andocken ist eine Auflösung von mindestens 1.366 x 768 Pixel.

Aber es geht noch mehr, denn man kann durchaus Inhalte eines App-Fensters mit anderen Apps teilen. Beim IE lassen sich URLs, Ausschnitte oder Abbildungen und Auswahl mit der Mail-App oder anderen Apps teilen. Dies soll am Beispiel einer Webseite gezeigt werden, auf die man Dritte per E-Mail hinweisen will.

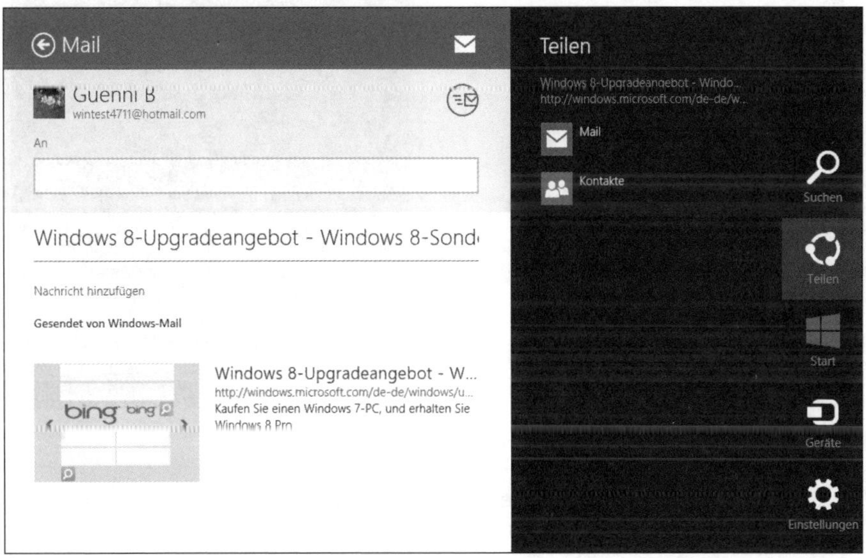

Bild 15.17: Inhalte beim IE teilen

1. Rufen Sie die zu teilende Internetseite in der Internet Explorer-App auf und blenden Sie die Charms-Leiste am rechten Bildschirmrand ein (z.B. durch Wischen nach links oder Zeigen per Maus in die rechte obere Bildschirmecke).
2. Wählen Sie die Schaltfläche *Teilen* (Bild 15.17, rechts). In der Seitenleiste *Teilen* sollte die App Mail auftauchen (Bild 15.17, mittlere Spalte), die Sie dann anwählen.

3. Nun erscheint die Seitenleiste *Mail* (Bild 15.17, links), in der bereits der Inhalt des Browserfensters eingefügt wurde. Es ist die Empfängeradresse einzutragen und dann das *Senden*-Symbol in der rechten oberen Ecke der Seitenleiste anzuwählen.

Die Mail wird dann an den angegebenen Empfänger verschickt. Mit der *Teilen*-Schaltfläche lässt sich jede App, die das Teilen unterstützt, ansteuern.

15.2.8 Zugriff auf die Webeinstellungen der IE-App

In der Internet Explorer-App gibt es die Möglichkeit, auf die am häufigsten benötigten Konfigurationseinstellungen zuzugreifen. Hierzu rufen Sie die App auf und gehen folgendermaßen vor.

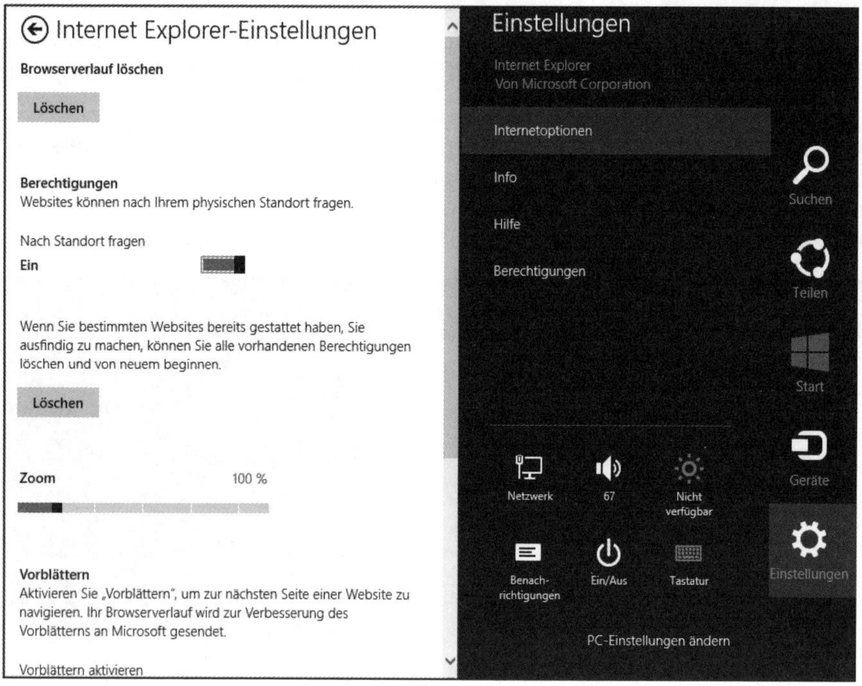

Bild 15.18: Zugriff auf die Einstellungen der IE-App

1. Blenden Sie die Charms-Leiste am rechten Rand ein (z. B. ⊞+C drücken) und wählen Sie *Einstellungen* (Bild 15.18, rechts).
2. Wählen Sie in der Seitenleiste *Einstellungen* den Befehl *Internetoptionen* (Bild 15.18, Mitte) und passen Sie in der Seitenleiste *Internet Explorer-Einstellungen* (Bild 15.18, links) die Vorgaben an.

Über diesen Weg können Sie den Browserverlauf löschen, die Berechtigungen zum Zugriff auf den Standort kontrollieren, den Zoomwert einstellen und die Codierung vorgeben. Über den Befehl *Berechtigungen* der Seitenleiste *Internet Explorer* lassen sich die Benachrichtigungen ein-/ausschalten.

> HINWEIS
> Um auf weitere Einstellungen zuzugreifen, starten Sie die Desktop-Variante des Internet Explorers. Über *Extras/Internetoptionen* erhalten Sie Informationen zu allen Browsereinstellungen.

15.3 Arbeiten mit dem Desktop-Browser

Neben dem auf den vorhergehenden Seiten vorgestellten Internet Explorer steht die Desktop-Variante des Internet Explorers über das betreffende Symbol der Taskleiste zur Verfügung. Die Funktionen dieser in einem Fenster auf dem Windows-Desktop laufenden Variante des Internet Explorers werden in diesem Abschnitt vorgestellt.

15.3.1 Der Desktop-Internet Explorer im Überblick

Die Desktop-Variante des Internet Explorers (oder ein anderer Browser) lässt sich über eine Schaltfläche in der Taskleiste aufrufen. Der Standardbrowser wird geöffnet, wenn Sie eine lokal gespeicherte HTML-Dokumentdatei z.B. per Doppelklick anwählen. Der Inhalt des Browserfensters hängt dabei von den Voreinstellungen ab. Das Bild 15.19 zeigt das Anwendungsfenster des Internet Explorers mit den wichtigsten Bedienelementen. Die Fenster anderer Browser (z.B. Google Chrome oder Firefox) können leicht unterschiedlich aussehen. Die wichtigsten Elemente sind aber weitestgehend identisch.

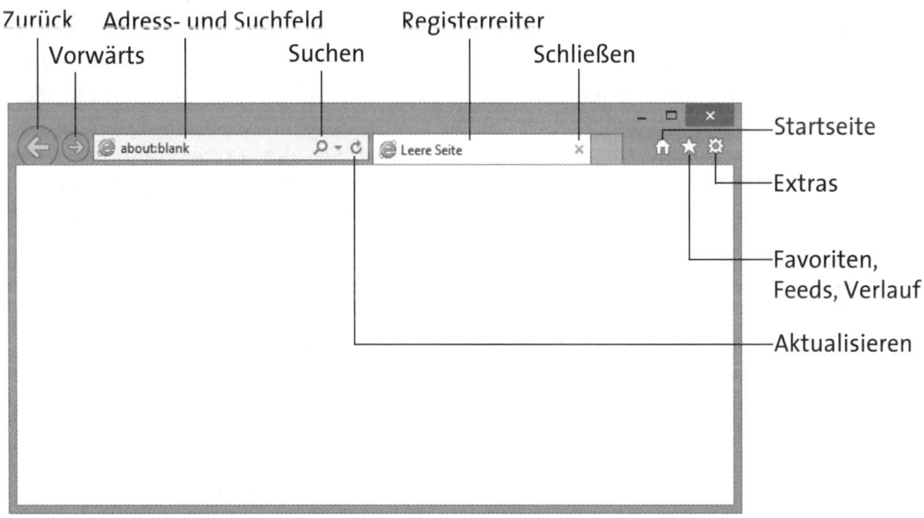

Bild 15.19: Internet Explorer im Überblick

- In das Adressfeld tragen Sie die Adresse (URL) der gewünschten Webseite ein. Im Internet Explorer 10 fungiert dieses Adressfeld auch als Suchfeld. Sie können einen Begriff eingeben und dann über die *Suchen*-Schaltfläche des Felds im Internet mittels einer Suchmaschine danach suchen lassen.
- Rechts neben der Schaltfläche zur Suche findet sich noch eine Schaltfläche, die kontextabhängig mit *Aktualisieren* (zum erneuten Abrufen der aktuellen

Webseite) oder mit *Abbrechen* (zum Abbrechen eines Webseitenabrufs) belegt wird. Sie können auch die Funktionstaste [F5] drücken, um die Seite nochmals anzufordern. Möchten Sie das Laden der Webseite abbrechen (z.B. weil der Aufbau extrem lange dauert), klicken Sie auf die rechte *Stopp*-Schaltfläche (das Symbol mit dem roten X). Alternativ können Sie auch die [Esc]-Taste drücken, um das Laden einer Seite abzubrechen.

- Links neben dem Adressfeld finden sich zwei Schaltflächen, über die sich zur letzten besuchten Webseite zurück und danach vorwärts zu nächsten aufgerufenen Webseite blättern lässt.
- Rechts neben dem Adressfeld findet sich mindestens ein Registerreiter einer geöffneten Webseite. In Bild 15.19 wird eine leere Seite »about:blank« angezeigt. Moderne Browser wie der Internet Explorer können mehrere Internetseiten gleichzeitig handhaben, wobei deren Anzeige über separate Registerkarten erfolgt. Durch Anklicken der betreffenden Registerreiter lässt sich die jeweilige Webseite in den Vordergrund holen. Der Registerreiter der Seite besitzt eine *Schließen*-Schaltfläche zum Schließen der Registerkarte mit der Webseite.
- Der Internet Explorer weist am rechten Rand noch eine Befehlsleiste mit Menüschaltflächen zum Zugriff auf die Programmfunktionen auf. Über die Schaltfläche *Startseite* rufen Sie die im Browser festgelegte Startseite ab. Die Menüschaltfläche *Favoriten, Feeds und Verlauf anzeigen* ermöglicht den Zugriff auf diese Funktionen, während über die Menüschaltfläche *Extras* der Zugriff auf weitere Browserfunktionen wie *Internetoptionen* erfolgt.

Die bei früheren Versionen des Internet Explorers am unteren Fensterrand eingeblendete Statusleiste fehlt unter Windows 8. Um den Webseiteninhalt größer oder kleiner darzustellen, können Sie bei einem Touchbildschirm mit dem Finger zoomen. An einem Desktop-System drücken Sie die Tastenkombinationen [Strg]+[+] und [Strg]+[-], um den Zoomfaktor zur Anzeige des Dokumentinhalts zu erhöhen bzw. zu reduzieren. Bei einer Maus mit Rädchen halten Sie die [Strg]-Taste gedrückt, während Sie am Mausrädchen drehen, um den Zoomfaktor zu ändern. Zudem finden Sie den Befehl *Zoom* im Menü der Schaltfläche *Extras*, in dessen Untermenü Sie den Zoomfaktor wählen können.

TIPP

Sie können die Titelleiste des Internet Explorers mit der rechten Maustasten anwählen. Dann finden Sie im Kontextmenü Befehle, um die Statusleiste, die Menüleiste, die Favoritenleiste etc. früherer Browserversionen einzublenden. Bei eingeblendeter Statusleiste findet sich in der rechten unteren Ecke des Browserfensters ein Bedienelement, um den Zoomfaktor anzupassen.

HINWEIS

Wird eine Webseite angezeigt, blendet der Internet Explorer ggf. zwischen den Schaltflächen *Suchen* und *Aktualisieren* noch die Schaltfläche *Kompatibilitätsansicht* ein (wenn die Seite Anzeigeelemente wie z.B. Cascading Style Sheets verwendet, die ggf. zu Kompatibilitätsproblemen führen können). Wählen Sie die Schaltfläche an, verwendet der Internet Explorer den Darstellungsmodus älterer Browserversionen, um die Seite korrekt anzuzeigen.

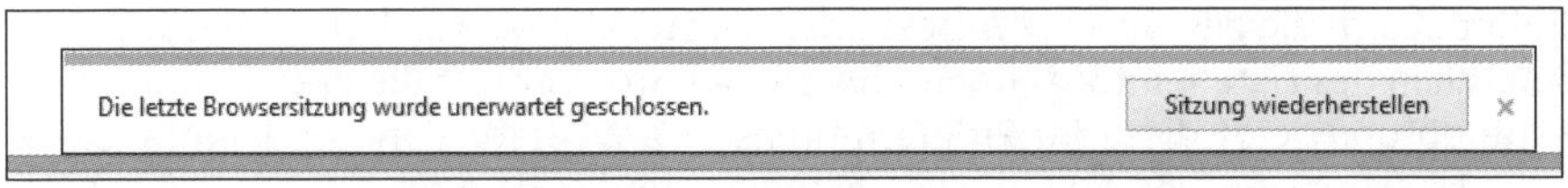

Bild 15.20: Sitzung wiederherstellen

TIPP

Ist der Internet Explorer beim Anzeigen von Webseiten abgestürzt oder musste das Programm über den Task-Manager beendet werden (weil es nicht mehr reagiert), brauchen Sie den Browser nur neu zu starten. Anschließend bietet Ihnen das Programm über eine Schaltfläche das Wiederherstellen der letzten Browsersitzung an (Bild 15.20).

Verursachen geladene Add-Ons beim Aufruf einen Absturz des Internet Explorers? Dann starten Sie das Programm über den Befehl *iexplore.exe -extoff* (z.B. indem Sie sich eine Verknüpfung auf dem Desktop mit dem Befehl anlegen, oder Sie öffnen das Dialogfeld *Ausführen* mittels der Tastenkombination [Win]+[R] und geben den Befehl ein). Der Befehl unterbindet das Laden von Add-Ons beim Starten.

15.3.2 Webseiten im Browser abrufen

Sobald die Internetverbindung steht und der Browser gestartet ist, können Sie Webseiten abrufen. Hierzu brauchen Sie nur die Adresse der gewünschten Webseite in das Adressfeld einzugeben und die [↵]-Taste zu drücken.

Beim Eintippen der Adresse einer Internetseite öffnet der Browser das Listenfeld der Adressleiste und schlägt Adressen ähnlicher Internetseiten vor (Bild 15.21). Neben der Liste mit bereits eingegebenen Webadressen werden auch Vorschläge aus der Verlaufsliste, ggf. aus den Favoriten etc., eingeblendet. Klicken Sie auf die Menüschaltfläche *Favoriten, Feeds und Verlauf anzeigen*, öffnet sich eine Palette, in der Sie festgelegte Favoriten, die Verlaufsliste oder RSS-Feeds über Registerkarten abrufen können. Wählen Sie die beim ersten Aufruf angezeigte Schaltfläche *»Vorgeschlagene Sites« aktivieren*. Nach der Anwahl ist die Aktivierung in einem Dialogfeld zu bestätigen. Anschließend können Sie über die angezeigte Schaltfläche *Vorgeschlagene Sites anzeigen* eine Liste thematisch ähnlicher Webseiten im Dokumentfenster des Browsers einblenden.

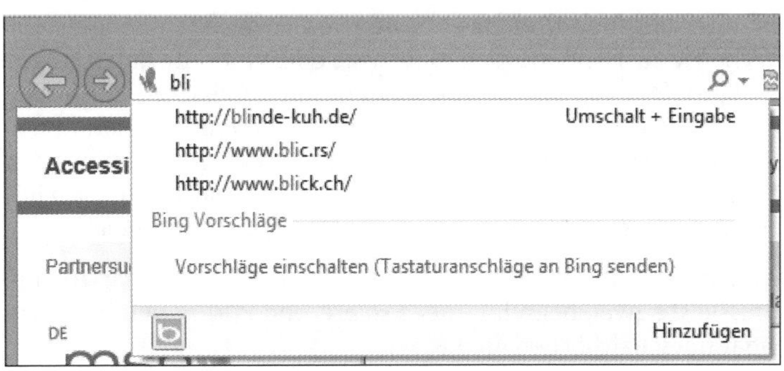

Bild 15.21: Eingeben der Webseitenadresse

Befindet sich die gewünschte Adresse in der Liste, können Sie deren Adresse durch Anklicken des Listeneintrags übernehmen. Der Browser ruft die betreffende Webseite ab und zeigt diese im Programmfenster an. Dieser Vorgang kann aber, je nach Übertragungsgeschwindigkeit, einige Sekunden dauern.

TIPP

Zeigen Sie im Internet Explorer auf einen Eintrag des geöffneten Listenfelds, blendet der Browser am rechten Rand das *Löschen*-Symbol ein. Klicken Sie auf dieses Symbol, wird der Eintrag aus der Verlaufsliste gelöscht. Dies ermöglicht Ihnen, fehlerhaft eingetippte oder gegenüber Dritten als »kompromittierend« empfundene Webseitenadressen auf einfache Weise aus der Liste zu entfernen.

HINWEIS

Die Nutzung von Vorschlägen für ähnliche Webseiten erfordert, dass der Internet Explorer Informationen über angesurfte Internetangebote sammeln darf. Im Menü der Schaltfläche *Extras* finden Sie den Befehl *Datei/Vorgeschlagene Sites*. Ist dieser markiert, verwendet der Browser die Funktion. Durch erneute Anwahl des Befehls lässt sich die Funktion deaktivieren. Zudem findet sich das Kontrollkästchen *»Vorgeschlagene Sites« aktivieren* auf der Registerkarte *Erweitert* des Eigenschaftenfensters *Internetoptionen* (Menüschaltfläche *Extras*, Befehl *Internetoptionen*).

Die Adressen von Internetseiten werden meist in der Form *www.xxx.com* angegeben. Das Ganze wird als Domainadresse bezeichnet und gibt dem Kenner einige Hinweise auf die Art der Website. Mit *www* wird meist die Hauptseite eines Webangebots versehen. Die Zeichen *xxx* stehen hier für den Namen der Domain (z.B. Firmennamen wie *microsoft*, *mut* etc.). Die Endungen geben einen Hinweis auf das Land (*.de*, *.at*, *.ch* etc.) oder die Organisation (*.com*, *.org*, *.net* etc.). Der Browser ergänzt die Adresse anschließend noch um den Vorspann *http://*, d.h., Sie brauchen diese Kennung nicht anzugeben. An diese Adresse schließt sich gelegentlich noch eine Buchstabenfolge mit dem Pfad zu Unterordnern auf dem betreffenden Webserver an (z.B. *www.microsoft.com/de/de/*). Manchmal taucht in diesem Zusammenhang auch der Begriff URL auf. Dieser ist aber nichts anderes als die englische Abkürzung für »Uniform Resource Locator« und bezeichnet eine Adressangabe im Internet.

15.3.3 Navigieren in Internetseiten

Das Navigieren in Internetseiten bzw. das Abrufen von Folgeseiten ist in einem Browser mit einfachen Mausklicks möglich. Haben Sie eine Webseite durch Eingeben der Adresse abgerufen, können Sie Folgeseiten durch Anklicken der in der Webseite enthaltenen Hyperlinks abrufen. Beim Zeigen auf Hyperlinks nimmt der Mauszeiger die Form einer stilisierten Hand an. Der Browser signalisiert mit der Änderung des Mauszeigers bzw. dem Symbol der stilisierten Hand, dass es sich bei der betreffenden Dokumentstelle um einen sogenannten Hyperlink handelt.

Zum Blättern zwischen bereits besuchten Webseiten bieten die Browser am linken Rand der Adressleiste zwei, beim Internet Explorer mit *Zurück* und *Vorwärts* beschriftete Navigationsschaltflächen (Bild 15.22).

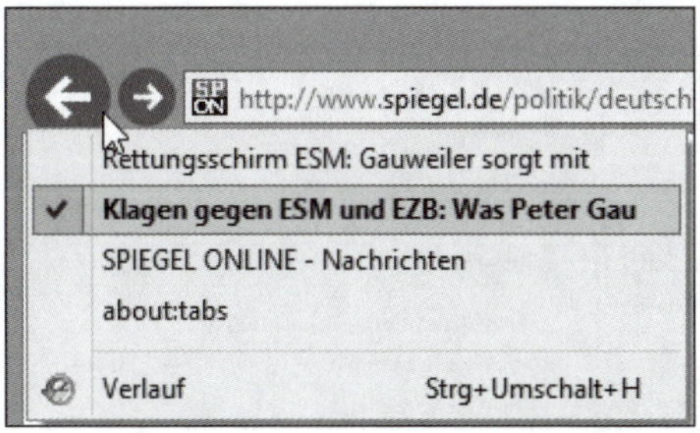

Bild 15.22: Abrufen der besuchten Seiten über Navigationsschaltflächen

- Zeigen Sie in der Symbolleiste auf die links vom Adressfeld angezeigte Schaltfläche *Zurück*, blendet der Internet Explorer bereits eine QuickInfo mit dem Text *Zurück zu* ... ein, wobei der Titel der vorherigen Seiten mit angezeigt wird. Klicken Sie in der Symbolleiste auf die Schaltfläche *Zurück*, um die vorher besuchte Webseite anzuzeigen.
- Haben Sie mehrere Webseiten in Folge aufgerufen, können Sie durch mehrfaches Anklicken der Schaltfläche *Zurück* schrittweise durch die vorher »besuchten« Webseiten zurückblättern. Gelangen Sie zur ersten aufgerufenen Webseite, wird die Schaltfläche *Zurück* gesperrt. Um gezielt zu einer Webseite zu gehen, wählen Sie den Pfeil der Schaltfläche *Vorwärts* etwas länger an oder klicken mit der rechten Maustaste. Dann wird ein Menü eingeblendet, über dessen Befehle Sie auf eine Seiten zugreifen können (Bild 15.22).
- Haben Sie über die Schaltfläche *Zurück* eine der Vorgängerseiten abgerufen, gelangen Sie über die rechts daneben befindliche Schaltfläche *Vorwärts* zur Folgeseite zurück. Durch mehrfaches Anklicken der Schaltflächen können Sie ggf. seitenweise bis zum Anfang bzw. Ende der besuchten Seitenfolge blättern. Dies funktioniert übrigens ähnlich wie beim Navigieren zwischen angesehenen Ordnern in Ordnerfenstern.

Beim Firefox oder Google Chrome sehen die Schaltflächen leicht unterschiedlich aus, funktionieren aber genau wie beim Internet Explorer. Der Browser gibt die Schaltflächen *Zurück* und *Vorwärts* nur frei, wenn während der aktuellen Sitzung bereits Folgeseiten abgerufen und diese im Dokumentfenster angezeigt wurden bzw. wenn bereits von einer angezeigten Seite zur Vorgängerseite zurück geblättert wurde.

15.3.4 Browserverlauf löschen und Privatmodus nutzen

Stört es Sie, dass Dritte ggf. über die URL-Liste kontrollieren können, welche Webseiten Sie aufgerufen haben? Dann klicken Sie in der Symbolleiste des Internet Explorers auf die Menüschaltfläche *Extras*, gehen zum Menüeintrag *Sicherheit* und wählen den Befehl *Browserverlauf löschen* (Bild 15.23). In einer eingeblendeten Palette legen Sie über Kontrollkästchen den Löschumfang fest und wählen dann die Schaltfläche *Löschen*.

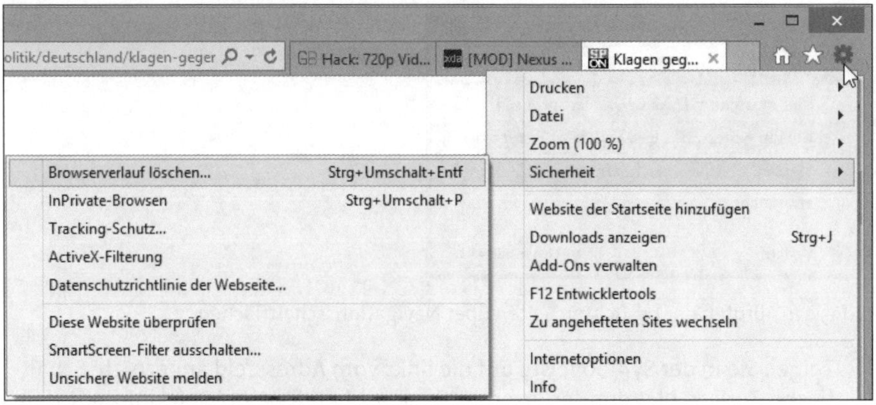

Bild 15.23: Abrufen der Sicherheitsfunktionen

Möchten Sie beim Surfen möglichst wenige Spuren auf dem Rechner hinterlassen und auch wenige Informationen gegenüber besuchten Internetseiten preisgeben, lässt sich der Privatmodus verwenden. Im Internet Explorer wählen Sie hierzu den Befehl *InPrivate-Browsen* der Menüschaltfläche *Extras/Sicherheit* (Bild 15.23). Oder Sie drücken die Tastenkombination [Strg]+[⇧]+[P], um den Privatmodus aufzurufen.

15.3.5 Mehrere Seiten gleichzeitig anzeigen

Je nach Verbindungsgeschwindigkeit und Datenlast auf den Internetleitungen dauert das Laden von Webseiten ggf. etwas länger. Manchmal ist es günstiger, gleich mehrere Seiten über die betreffenden Hyperlinks zu öffnen. Sind die Seiten fertig geladen, können Sie diese in Ruhe lesen. Ähnlich wie andere Browser bietet der Internet Explorer Möglichkeiten, um mehrere Webseiten gleichzeitig aufzurufen.

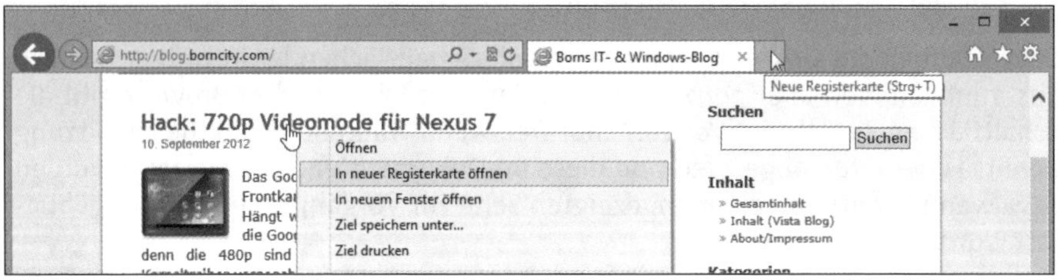

Bild 15.24: Webseiten in neuer Registerkarte abrufen

- Sie können nach dem Abrufen der ersten Webseite auf den nächsten freien Registerreiter *Neue Registerkarte* (Bild 15.24) klicken oder die Tastenkombination [Strg]+[T] drücken. Sobald der Browser eine neue Registerkarte im Dokumentfenster anzeigt, klicken Sie in das Adressfeld, tippen die gewünschte URL der abzurufenden Seite ein und bestätigen dies mittels der [↵]-Taste.
- Oder Sie klicken den Hyperlink zum Abrufen der Folgeseite mit der rechten Maustaste an und wählen im Kontextmenü den Befehl *In neuer Registerkarte öffnen* bzw. *In neuem Fenster öffnen* (Bild 15.24).

Dann wird die neue Webseite auf der geöffneten Registerkarte angezeigt. Bei Bedarf können Sie so gleich mehrere Webseiten auf separaten Registerkarten abrufen und dann durch Anklicken der jeweiligen Registerreiter zwischen den Dokumentseiten wechseln. Wurde die Folgeseite durch Verwendung des entsprechenden Hyperlinks in einem separaten Fenster geöffnet, lässt sich über die Taskleiste (oder durch Drücken der Tastenkombination [Alt]+[⇆]) zum Browserfenster der Hauptseite wechseln.

> HINWEIS
>
> Möchten Sie eine Registerkarte schließen, klicken Sie auf die am rechten Rand des Registerreiters eingeblendete *Registerkarte schließen*-Schaltfläche, oder Sie drücken die Tastenkombination [Strg]+[W].
>
> Das Verhalten beim Öffnen neuer Webseiten über Hyperlinks lässt sich beim Internet Explorer auf der Registerkarte *Allgemein* des Eigenschaftenfensters *Internetoptionen* über die Schaltfläche *Registerkarten* einstellen.

15.3.6 Schnellinfos, das steckt dahinter

Die Funktion »Schnellinfo« ermöglicht Ihnen den schnellen Zugriff auf bestimmte Informationen von Onlinediensten aus einer angezeigten Internetseite heraus.

Bild 15.25: Schnellinfos im Internet Explorer abrufen

1. Zum Abrufen einer Schnellinfo reicht es, wenn Sie den gewünschten Begriff in der angezeigten Webseite markieren (Bild 15.25). Ist eine Schnellinfo abrufbar, wird ein entsprechendes Symbol eingeblendet.
2. Anschließend lässt sich das Menü des neben dem markierten Begriff angezeigten Symbols durch Anklicken öffnen und dann ein Befehl wählen.

Sie finden Befehle, um den Begriff mit dem Microsoft-Dienst Bing zu übersetzen, per Windows Live E-Mails zu verfassen etc. oder mittels der Standardsuchmaschine nach dem markierten Begriff suchen zu lassen. Über den Befehl *Alle Schnellinfos* blenden Sie ein Untermenü ein, in dem weitere Schnellinfo-Funktionen abrufbar sind. Beim Zeigen auf einen Befehl des Schnellinfo-Anbieters (z.B. eBay), blendet der betreffende Schnellinfo-Anbieter gefundene Dateien (z.B. zum markierten Begriff passende Artikel dieses Anbieters) in einem Infofenster ein. Der Vorteil dieser Funktion besteht darin, dass Sie Informationen abrufen können, ohne die aktuell angezeigte Webseite verlassen zu müssen. Das Verhalten hängt aber vom Schnellinfo-Anbieter ab – bei manchen Anbietern öffnet sich auch eine neue Seite zum Anzeigen der Informationen.

HINWEIS

Wird der Befehl zum Verfassen von E-Mails per Windows Live im Kontextmenü angewählt und sind die Windows Essentials 2012 nicht installiert, erscheint die Anmeldeseite für den Microsoft-Dienst »Outlook.com« (sofern Sie an einem Microsoft-Konto angemeldet sind). Arbeiten Sie mit einem lokalen Konto, erscheint bei Anwahl des Befehls zum Versenden von E-Mails die Anmeldeseite für das Microsoft-Konto.

15.3.7 Schnellinfo-Anbieter verwalten

Um auf Schnellinfos zuzugreifen, müssen zunächst entsprechende Schnellinfo-Anbieter installiert werden. Wählen Sie hierzu im Schnellinfo-Menü den Befehl *Weitere Schnellinfos suchen* (Bild 15.25). Der Internet Explorer zeigt dann eine von Microsoft bereitgestellte Webseite an, auf der Schnellsuchanbieter aufgelistet werden (Bild 15.26, Hintergrund). Navigieren Sie durch das Angebot, bis sich das Dialogfeld aus Bild 15.26, Vordergrund, öffnet.

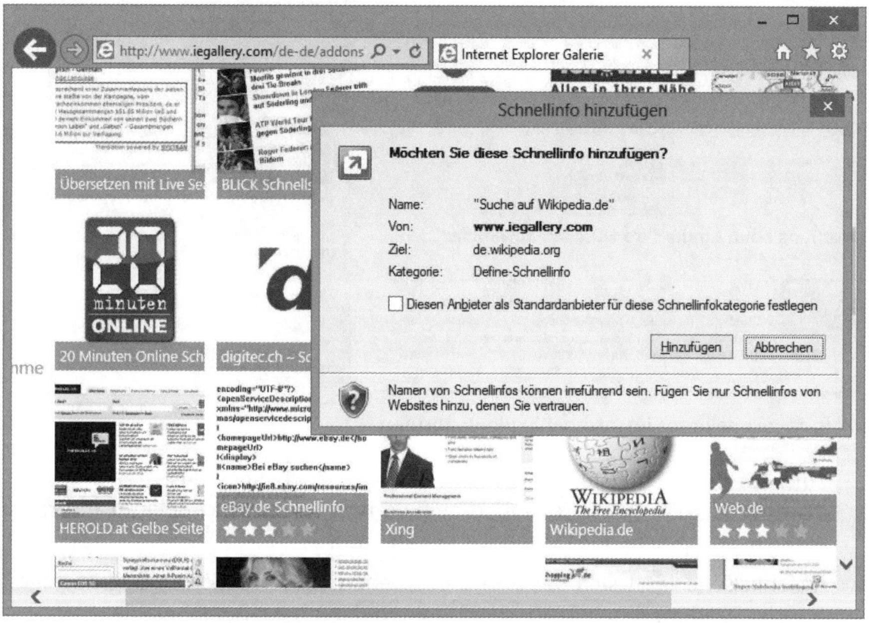

Bild 15.26: Schnellinfo-Anbieter installieren

Es reicht, die beim Anbieter in der Webseite gezeigte Schaltfläche *Zum Internet Explorer hinzufügen* anzuklicken und dann im eingeblendeten Dialogfeld (Bild 15.26, oben rechts) die Schaltfläche *Hinzufügen* zu bestätigen. Über ein Kontrollkästchen lässt sich im Dialogfeld der Anbieter als Standard für die Schnellsuche vorgeben. Nach der erfolgreichen Installation sollte ein betreffender Eintrag im Schnellinfo-Menü auftauchen, der bei Anwahl dieses Anbieters eine Schnellinfo mit Treffern zum markierten Suchbegriff anzeigt.

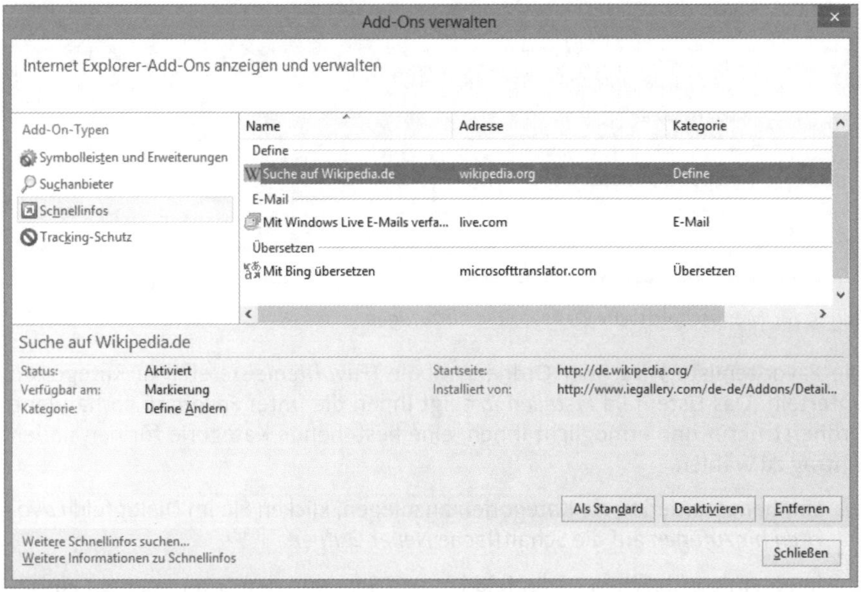

Bild 15.27: Schnellinfo-Anbieter verwalten

Über den Menübefehl *Schnellinfo verwalten* (Bild 15.25) lässt sich das Dialogfeld *Add-Ons verwalten* (Bild 15.27) mit der Liste der Add-Ons öffnen. Dabei ist bereits die Kategorie *Schnellinfo* vorselektiert und das Dialogfeld zeigt die installierten Add-Ons für Schnellinfos. Wählen Sie einen Eintrag in der Liste der Schnellinfo-Anbieter an, lassen sich dessen Statusinformationen im unteren Teil des Dialogfelds ansehen. Über eingeblendete Schaltflächen lässt sich das betreffende Add-On deaktivieren, als Standard wählen oder auch deinstallieren (entfernen).

15.3.8 Lesezeichen für Webseiten festlegen

Webseiten, die Sie häufiger besuchen, lassen sich als Lesezeichen (im Internet Explorer als Favoriten bezeichnet) festhalten. Verwenden Sie die folgende Schrittfolge, um einen Favoriteneintrag im Internet Explorer zu definieren.

1. Rufen Sie die gewünschte Webseite im Internet Explorer auf, sodass die Seite angezeigt wird.
2. Wählen Sie die Schaltfläche *Favoriten, Feeds und Verlauf anzeigen* und dann in der eingeblendeten Palette die Menüschaltfläche *Zu Favoriten hinzufügen* (Bild 15.28) an. Dann wählen Sie im Menü den Befehl *Zu Favoriten hinzufügen*. Oder Sie drücken einfach die Tastenkombination `Strg`+`D`. Alternativ können Sie auch direkt die Menüschaltfläche *Zu Favoriten hinzufügen* anwählen.

3. Legen Sie im Dialogfeld *Favoriten hinzufügen* (Bild 15.28, links) den Namen für den Eintrag fest, wählen Sie ggf. einen Unterordner im Listenfeld *Erstellen in* aus und klicken Sie anschließend auf die Schaltfläche *Hinzufügen*.

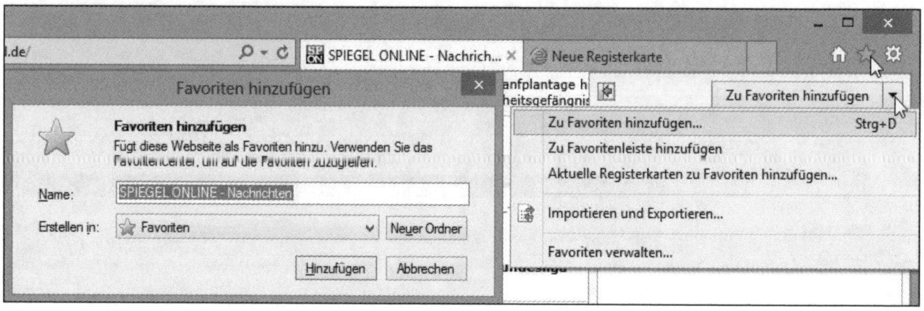

Bild 15.28: Menüschaltfläche *Zu Favoriten hinzufügen*

Die Favoritenliste wird über Ordnersymbole (*Favoritenleiste* etc.) in Kategorien unterteilt. Das Listenfeld *Erstellen in* zeigt Ihnen die unter *Favoriten* vorhandene Ordnerstruktur und ermöglicht Ihnen, eine bestehende Kategorie für den neuen Eintrag zu wählen.

- Um benutzerdefinierte Kategorien anzulegen, klicken Sie im Dialogfeld *Favoriten hinzufügen* auf die Schaltfläche *Neuer Ordner*.
- In einem zusätzlichen Dialogfeld können Sie dann den Ordnernamen eintippen, über das Listenfeld *Erstellen in* einem Eintrag der Favoritenliste zuordnen und über *Erstellen* anlegen.

Der Internet Explorer trägt beim Schließen des Dialogfelds *Favoriten hinzufügen* die Adresse der Webseite unter dem angegebenen Namen in die Ordnerstruktur der Favoritenliste ein. Verwenden Sie den Befehl *Zu Favoritenleiste hinzufügen* der Menüschaltfläche, wird der neue Eintrag direkt der Kategorie *Favoritenleiste* der Palette zugeordnet.

TIPP

Drücken Sie die Tastenkombination [Strg]+[⇧]+[I], wird das Favoritencenter am linken Rand des Browserfensters eingeblendet (Bild 15.29, links). Ziehen Sie dann das im Adressfeld des Browserfensters vor der Webadresse angezeigte Symbol per Maus aus dem Adressfeld in die Leiste des Favoritencenters zu einem der angezeigten Ordnersymbole der Favoritenliste. Wenn Sie die linke Maustaste loslassen, wird die URL an der betreffenden Stelle der Favoritenliste eingeblendet.

15.3.9 Favoriten verwalten

Möchten Sie viele Favoriten definieren, ist es günstiger, diese in Gruppen (Ordnern) zu verwalten.

1. Wählen Sie die Schaltfläche *Favoriten, Feeds und Verlauf anzeigen* und dann in der eingeblendeten Palette die Menüschaltfläche *Zu Favoriten hinzufügen* (Bild 15.29, rechts) an.

2. Dann wählen Sie den Befehl *Favoriten verwalten* und führen im angezeigten Dialogfeld (Bild 15.29, links) die gewünschten Funktionen aus.

Im Dialogfeld *Favoriten verwalten* (Bild 15.29, links) können Sie über Schaltflächen Favoriteneinträge löschen, umbenennen, Ordner zur Aufnahme der Favoriten anlegen und Einträge verschieben.

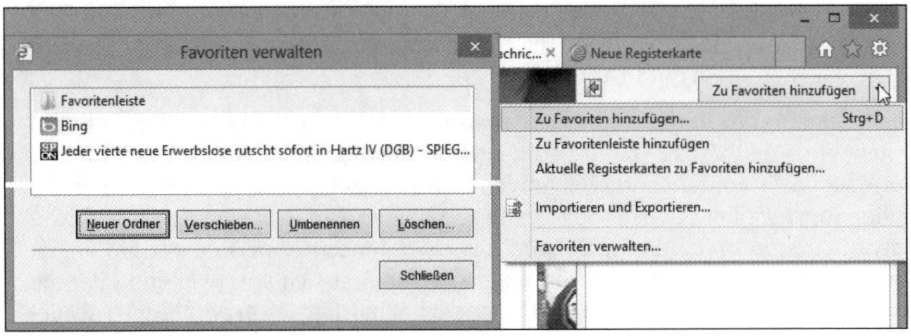

Bild 15.29: Favoriten verwalten

TIPP

Eine erstellte Favoritenlisten geht beim Wechsel zu einem anderen Rechner oder bei der Neuinstallation des Betriebssystems verloren. Der Internet Explorer stellt Ihnen im Menü der Schaltfläche *Zu Favoriten hinzufügen* den Befehl *Importieren und Exportieren* zur Verfügung (Bild 15.29, rechts). Bei Anwahl des Befehls startet ein Assistent, der Sie über verschiedene Dialogfelder durch den Im- und Export führt. Die Favoriten lassen sich in eine HTML-Dokumentdatei im Dokumentordner sichern und aus dieser Datei auch wieder importieren.

15.3.10 Zugriff auf Favoriten

Um später per Internet Explorer auf die Liste der Favoriten (bzw. Lesezeichen) zuzugreifen, klicken Sie auf die Schaltfläche *Favoriten, Feeds und Verlauf anzeigen*. Anschließend wählen Sie auf der Registerkarte *Favoriten* den gewünschten Eintrag an (Bild 15.30).

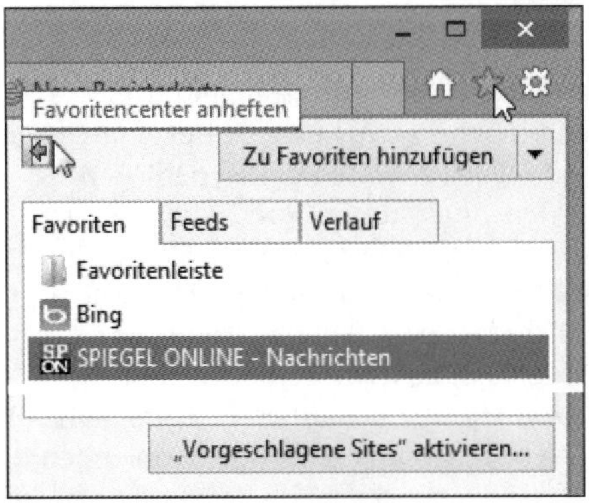

Bild 15.30: Favoriten abrufen

Einträge mit Ordnersymbolen strukturieren die Favoritenliste. Klicken Sie auf ein Ordnersymbol, wird dessen Inhalt eingeblendet. Sobald ein Lesezeichen (bzw. ein Favoriteneintrag) erscheint, können Sie es anklicken. Die Leiste mit der Registerkarte *Favoriten* wird bei Anwahl eines Eintrags wieder ausgeblendet und die Webseite in den Dokumentbereich geladen.

TIPP

Blenden Sie die Menüleiste des Internet Explorers durch kurzzeitiges Drücken der [Alt]-Taste im Browserfenster ein, lassen sich die Favoriten über die Einträge des Menüs *Favoriten* abrufen.

Die Registerreiter in der Kopfzeile des Favoritencenters (Bild 15.30) ermöglichen Ihnen, auch den Verlauf oder die eingerichteten RSS-Feeds anzuzeigen. Stört es Sie, dass das Favoritencenter bei Anwahl eines Eintrags verschwindet? Klicken Sie in der Kopfzeile der Leiste auf die am linken oberen Rand angezeigte Schaltfläche *Favoritencenter anheften*. Dann wird das Favoritencenter permanent am linken Rand des Browserfensters sichtbar. Diese Leiste lässt sich anschließend über die am rechten Rand der Kopfzeile eingeblendete Schaltfläche *Favoritencenter schließen* wieder ausblenden. Im angehefteten Modus klicken Sie die Einträge des Favoritencenters mit der rechten Maustaste an. Dann finden Sie Kontextmenübefehle, um Einträge zu löschen, umzubenennen, neue Ordner hinzuzufügen oder die Webseiten auf neuen Registerkarten zu öffnen.

HINWEIS

Der Internet Explorer stellt am unteren Rand des Favoritencenters (Bild 15.30) die Schaltfläche *»Vorgeschlagene Sites« aktivieren* zur Verfügung. Bei aktivierter Funktion wechselt die Beschriftung der Schaltfläche in *Vorgeschlagene Sites anzeigen*. Die Anwahl dieser Schaltfläche öffnet eine Auswahlseite mit Vorschlägen, über die Sie auf Webseiten wie YouTube-Broadcast, Facebook etc. zugreifen können. Alternativ können Sie im Internet Explorer die Menüschaltfläche *Extras* öffnen und den Befehl *Zu angehefteten Sites wechseln* wählen.

Statt Favoriten zu definieren, können Sie die Menüschaltfläche *Extras* öffnen und den Befehl *Website der Startseite hinzufügen* wählen. Dann öffnet sich das gleichnamige Dialogfeld, in dem Sie ggf. die URL anpassen und dann die *Hinzufügen*-Schaltfläche bestätigen können. Anschließend steht eine Kachel zum Aufruf der Webseite in der Startseite zur Verfügung.

Der Internet Explorer 10 unterstützt weiterhin Web Slices. Über Web Slices können Webentwickler Teile von Internetseiten als Informationseinheiten (Slices) ausweisen. Rufen Sie z.B. in der Menüschaltfläche *Extras* den Befehl *Add-Ons verwalten*. Dann lässt sich im Dialogfeld *Add-Ons verwalten* der Hyperlink *Weitere Symbolleisten und Erweiterungen suchen* am unteren Rand wählen. Der Hyperlink öffnet die Webseite *iegallery.com*, auf der Sie auch Web Slices (tauchen in der IE-Galerie unter »Angeheftete Websites« auf) als Add-Ons finden und installieren können. Installierte Web Slices lassen sich in den Favoriten über den Eintrag *Favoritenleiste* anwählen. Blenden Sie die Favoritenleiste ein ([Alt]-Taste drücken und die Menübefehle *Ansicht/Symbolleisten/Favoritenleiste* anwählen), lässt sich der Inhalt eines Web Slice über Einträge einblenden (Bild 15.31).

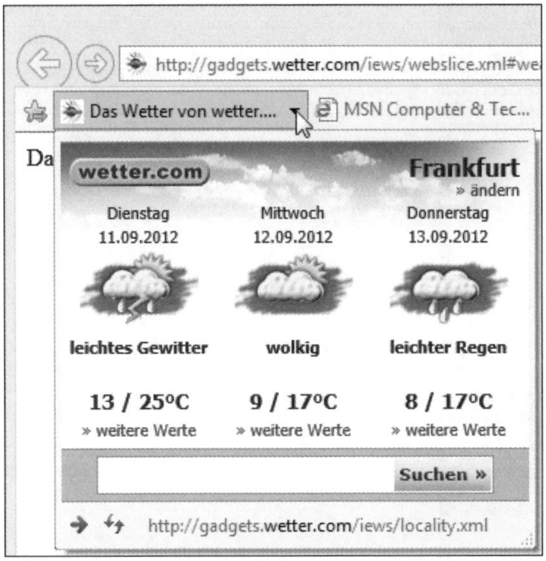

Bild 15.31: Web Slices abrufen

15.3.11 Verlauf der besuchten Webseiten anzeigen

Haben Sie es versäumt, eine kürzlich besuchte Webseite in die Favoriten aufzunehmen, kennen aber deren Adresse nicht mehr? Um in allen (also auch durch Anwahl von Hyperlinks) besuchten Webseiten zu recherchieren, lässt sich der im Browser gespeicherte Verlauf (im Firefox als Chronik bezeichnet) verwenden.

1. Um eine kürzlich besuchte Webseite, die nicht in der Favoritenliste enthalten ist, erneut abzurufen, drücken Sie die Tastenkombination [Strg]+[H] (steht für History). Oder Sie wählen die Schaltfläche *Favoriten, Feeds und Verlauf anzeigen* und wechseln dann zur Registerkarte *Verlauf*.
2. Anschließend können Sie die auf der Registerkarte *Verlauf* eingeblendeten Verlaufseinträge anklicken und so die zugehörige Webseite öffnen (Bild 15.32).

Über das Listenfeld im Kopfbereich der Registerkarte *Verlauf* lassen sich die Einträge nach verschiedenen Kriterien wie Datum sortieren. Im Listenfeld findet sich auch eine Option, um nach Treffern in der Verlaufsliste zu suchen.

> HINWEIS
> Um zu verhindern, dass Dritte sehen, welche Webseiten Sie angesurft haben, löschen Sie den Verlauf im Browser, oder Sie verwenden den Privatmodus beim Surfen. Beide Techniken sind im Abschnitt »15.3.4 Browserverlauf löschen und Privatmodus nutzen«, in diesem Kapitel beschrieben.

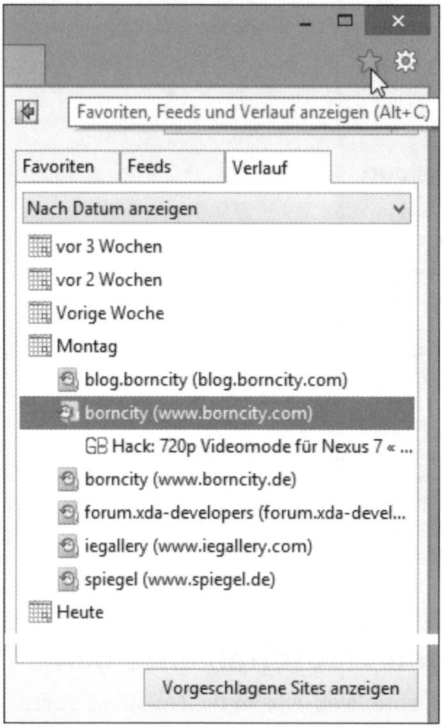

Bild 15.32: Verlauf im Favoritencenter abrufen

15.3.12 RSS-Feeds abonnieren und abrufen

Statt sich mühsam durch verschiedene Webseiten und Blogs zu hangeln, um nachzusehen, was dort an aktualisierten Informationen vorhanden ist, können Sie auf sogenannte RSS-Feeds (RSS steht für Really Simple Syndication) setzen. Bei RSS-Feeds handelt es sich um ein plattformunabhängiges XML-Nachrichtenformat, bei dem Webseiten Nachrichten an einen RSS-Reader übertragen können. Der RSS-Reader zeigt diese Inhalte dann als Nachrichtenticker oder Webseite an. Sie können interessante Nachrichten anwählen, um sich die Details als Webseite zeigen zu lassen.

Der Internet Explorer ist mit einem RSS-Reader ausgestattet, der RSS-Feeds abonnieren, anzeigen und verwalten kann. Um einen RSS-Feed zu abonnieren, gehen Sie folgendermaßen vor.

1. Rufen Sie die gewünschte Webseite (die RSS-Feeds unterstützen muss) im Internet Explorer auf.
2. Wählen Sie in der Webseite den Hyperlink (meist mit *RSS* bezeichnet) zum Abrufen der Feeds an (bei meiner Webseite `blog.borncity.com` findet sich der Link am Seitenende).
3. Nachdem der Browser den Inhalt der RSS-Feed-Seite im Dokumentfenster eingeblendet hat, suchen Sie das Hinweisfeld mit dem Hyperlink *Feed abonnieren* (Bild 15.33, Hintergrund) und wählen diesen an.

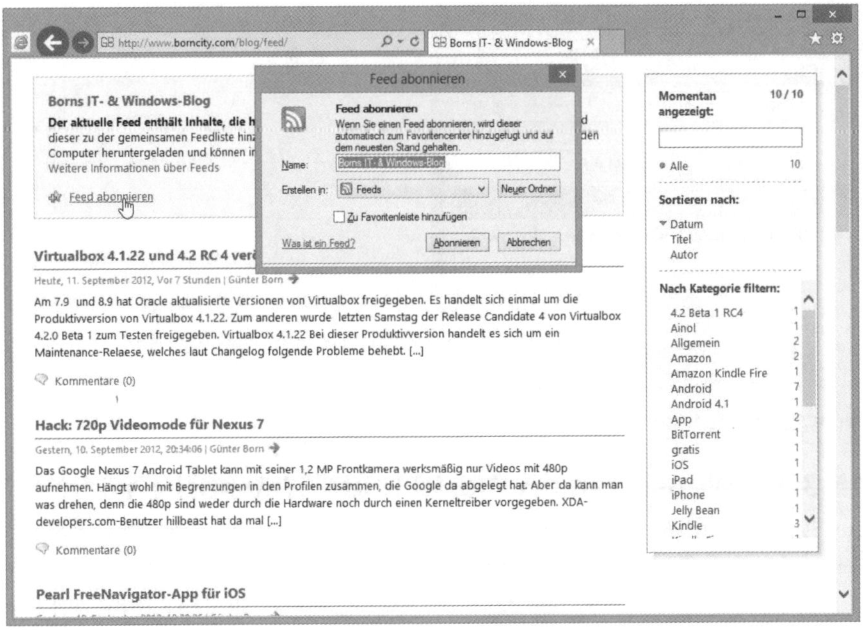

Bild 15.33: Abonnieren eines RSS-Feeds

4. Im dann angezeigten Dialogfeld (Bild 15.33, Vordergrund) lässt sich der Name des Feeds ändern und über die Liste *Erstellen in* können Sie eine Kategorie in der RSS-Feedliste wählen. Bei Bedarf klicken Sie, wie bei Favoriten, die Schaltfläche *Neuer Ordner* an und definieren eine benutzerdefinierte Kategorie.

Sobald Sie das Dialogfeld über die *Abonnieren*-Schaltfläche schließen, wird der RSS-Feed in der Feedliste des Favoritencenters abgelegt und der RSS-Reader lädt die betreffenden Daten herunter.

15.3.13 RSS-Feeds abrufen

Die abonnierten RSS-Feeds lassen sich im Internet Explorer über das Favoritencenter abrufen. Wählen Sie die Schaltfläche *Favoriten, Feeds und Verlauf anzeigen* in der Symbolleiste an. Auf der Registerkarte *Feeds* (Bild 15.34) werden dann die konfigurierten Feedeinträge angezeigt (Bild 15.33).

Wenn Sie anschließend einen der abonnierten Einträge in der Feedliste anwählen, wird die zugehörige Seite im Dokumentfenster des Browsers angezeigt.

> TIPP
> Klicken Sie auf der Registerkarte *Feeds* des Favoritencenters (Bild 15.33) einen Eintrag mit der rechten Maustaste an, lässt sich dieser über Kontextmenübefehle umbenennen oder zum Beenden des Abonnements löschen.

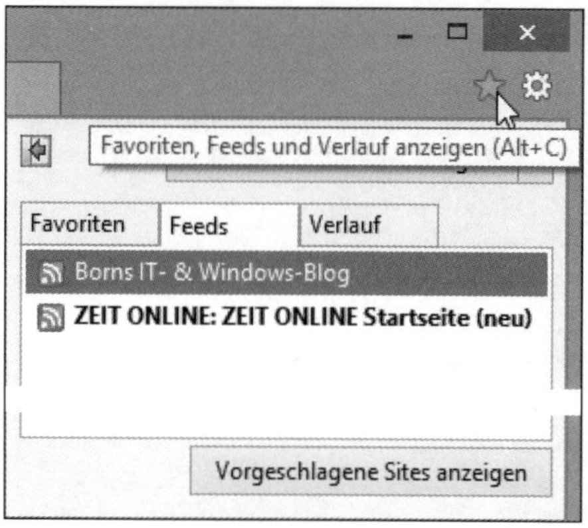

Bild 15.34: RSS-Feed abrufen

15.3.14 Webseiten im World Wide Web suchen

Zur Suche nach Webseiten lassen sich Suchmaschinen verwenden. Im Internet Explorer erfolgt die Suche über das Adressfeld.

1. Klicken Sie in das Adressfeld des Browsers und tippen Sie den Suchbegriff ein (Bild 15.35).
2. Klicken Sie auf die am rechten Rand des Suchfelds angezeigte Schaltfläche *Suchen* oder drücken Sie die [↵]-Taste bzw. die Tastenkombination [Alt]+[↵].

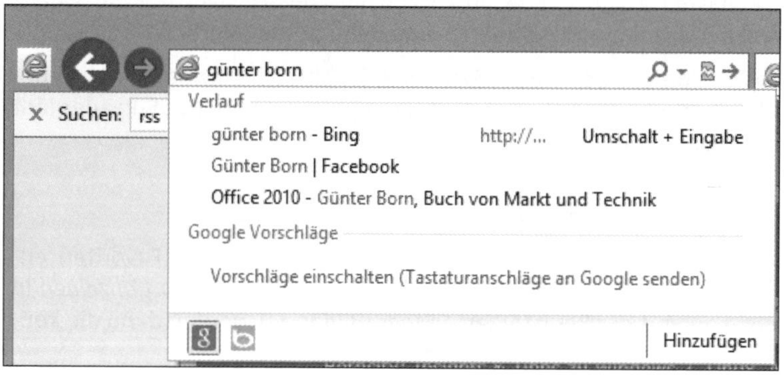

Bild 15.35: Suchen im Web per Internet Explorer

Der letzte Schritt startet die Suchanfrage an der eingestellten Standardsuchmaschine. Die Tastenkombination [Alt]+[↵] bewirkt, dass das Suchergebnis auf einer neuen Registerkarte angezeigt wird.

Der Browser listet gefundene Webseiten mit einem als Hyperlink ausgeführten Seitentitel sowie einer Kurzbeschreibung in einer Ergebnisseite auf. Über die Hyperlinks lassen sich die gefundenen Dokumente im aktuellen Browserfenster oder in separaten Registerkarten öffnen.

HINWEIS

Die obige Vorgehensweise bewirkt, dass die Suche über den im Browser eingestellten Standardsuchanbieter ausgeführt wird. Da eine Suchmaschine u.U. nicht die gewünschten Suchergebnisse liefert, ist es gelegentlich hilfreich, alternative Suchmaschinen mit den gleichen Begriffen zu konsultieren. Bereits bei der Eingabe des Suchbegriffs öffnet sich eine Vorschlagsliste (Bild 15.35). Sie können dann einen passenden Vorschlag wählen. Am unteren Rand der Liste werden die Symbole der installierten Suchmaschinen (in Bild 15.35 sind das Bing und Google) eingeblendet. Durch Anwahl eines Suchmaschinensymbols erfolgt die Suche über diesen Anbieter.

TIPP

Ein Problem bei der Verwendung von Suchmaschinen ist es, dass der Suchanbieter genaue Kenntnisse über die von Ihnen gesuchten Begriffe und die dann angesurften Webseiten erhält. Aus Gründen des Persönlichkeits- und Datenschutzes verzichte ich auf die direkte Suche bei Google oder Microsofts Suchmaschinen, sondern greife auf Dienste wie scroogle (`www.scroogle.org`) und ixquick (`www.ixquick.com`) zurück. Diese leiten meine Suchanfragen anonymisiert an Google und/oder andere Suchanbieter weiter und beziehen mehrere Suchmaschinen in die Suche ein. Die beiden oben genannten Suchmaschinen speichern zudem die Daten einer Suchanfrage maximal über einen Zeitraum von wenigen Stunden, sodass die Rückverfolgung von Anfragen zum Surfer kaum möglich ist. Den Anbieter ixquick können Sie, wie nachfolgend beschrieben, zum Internet Explorer hinzufügen.

15.3.15 Inhaltssuche in der Webseite

Möchten Sie in einer angezeigten Internetseite nach einem bestimmten Begriff suchen lassen? Dies ist im Internet Explorer mit einem kleinen Kniff möglich.

1. Drücken Sie die Tastenkombination [Strg]+[F] (steht für Find), um die Suchleiste im Browserfenster einzublenden. Alternativ können Sie im Menü der Schaltfläche *Extras* den Befehl *Datei/Auf dieser Seite suchen* anwählen.
2. Klicken Sie auf das Textfeld *Suchen* und tippen Sie den gewünschten Suchbegriff ein (Bild 15.36).

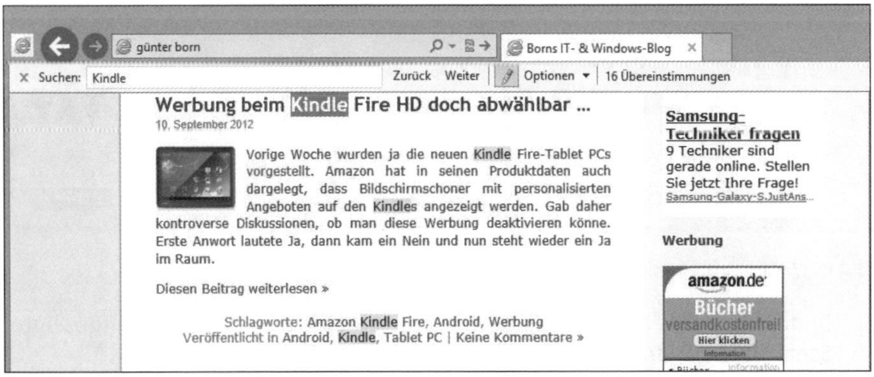

Bild 15.36: Suchen in einer Webseite

Bereits beim Eintippen beginnt die Inhaltssuche innerhalb der Webseite. Übereinstimmende Begriffe werden farbig hervorgehoben. Über die Schaltflächen *Weiter* und *Zurück* der Suchleiste suchen Sie bei Bedarf im Dokument in Richtung Dokumentanfang oder -ende nach weiteren Treffern. Zudem lässt sich über eine Menüschaltfläche *Optionen* die Suche nach ganzen Wörtern und/oder unter Berücksichtigung der Groß-/Kleinschreibung eingrenzen. Über die am linken Rand sichtbare *Schließen*-Schaltfläche blenden Sie die Suchleiste wieder aus.

15.3.16 Suchmaschine einstellen und -anbieter hinzufügen

Der Internet Explorer verwendet Bing als Standardsuchmaschine. Sie können aber jederzeit andere Suchmaschinen in die Konfigurierung aufnehmen und diese auch als Standard zur Suche vorgeben.

1. Öffnen Sie das Menü des Adressfelds, indem Sie auf das Lupensymbol klicken (Bild 15.37), und wählen Sie in der eingeblendeten Palette die Schaltfläche *Hinzufügen*.
2. Sobald die in Bild 15.37 im Hintergrund sichtbare Webseite erscheint, wählen Sie den gewünschten Suchmaschinenanbieter an.

Bild 15.37: Hinzufügen eines Suchanbieters

3. In der Webseite mit dem aufgeführten Anbieter wählen Sie die angezeigte Schaltfläche *Zum Internet Explorer hinzufügen*.

4. Im Dialogfeld *Suchanbieter hinzufügen* (Bild 15.38) lässt sich im Dialogfeld über zwei Kontrollkästchen zusätzlich festlegen, ob der neue Anbieter als Standard bei der Suche zu verwenden ist und ob Suchvorschläge des Anbieters beim Eintippen eines Suchbegriffs eingeblendet werden dürfen.

Sobald Sie die *Hinzufügen*-Schaltfläche bestätigen, wird der Suchanbieter zum Internet Explorer hinzufügt und kann verwendet werden.

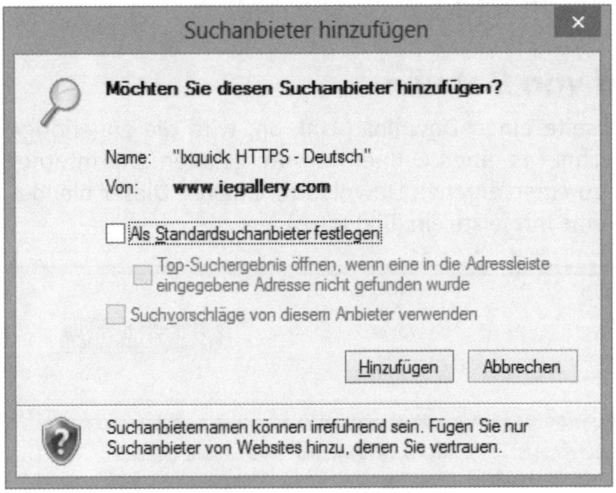

Bild 15.38: Konfigurieren der Optionen für den Suchanbieter

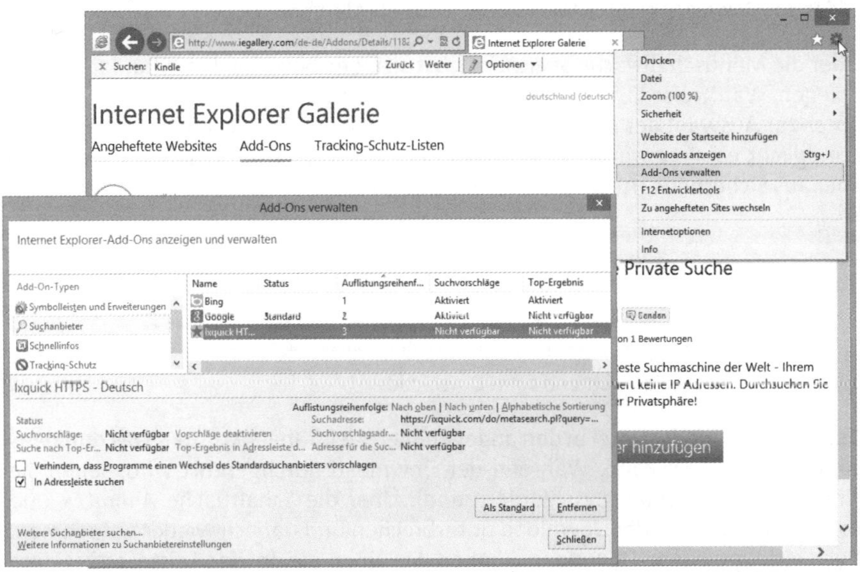

Bild 15.39: Suchanbieter verwalten

HINWEIS

Um Suchanbieter zu verwalten und ggf. zu löschen, wählen Sie in der Symbolleiste des Browsers die Menüschaltfläche *Extras* und klicken auf den angezeigten Befehl *Add-Ons verwalten* (Bild 15.39, oben rechts). Markieren Sie im Dialogfeld *Add-Ons verwalten* (Bild 15.39, unten links) die Kategorie *Suchanbieter* und klicken anschließend auf einen Eintrag der Liste mit den Anbietern. Der Browser blendet im unteren Bereich des Dialogfelds Optionen und Schaltflächen zur Konfiguration sowie zum Entfernen des Anbieters ein. Über das Kontextmenü eines Eintrags lassen sich weitere Einstellungen vornehmen.

15.3.17 Download von Dateien

Wählen Sie auf einer Webseite einen Download-Link an, wird die zugehörige Datei auf den Windows-Rechner in einen Ordner heruntergeladen. Der Internet Explorer 10 verwendet hierzu einen eigenen Download-Manager. Dieser blendet während eines Downloads eine Infoleiste ein (Bild 15.40).

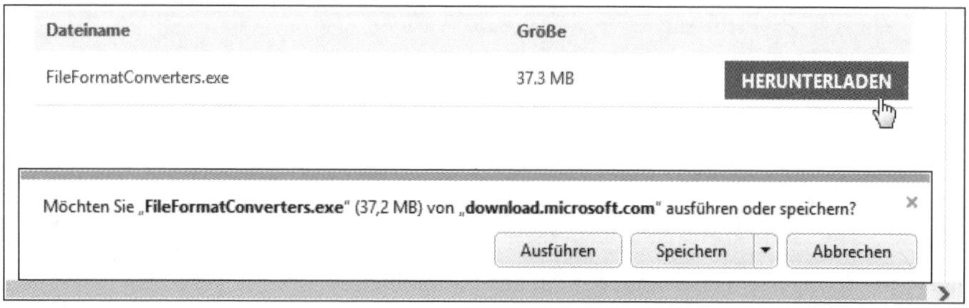

Bild 15.40: Download einer Datei aus einer Webseite abrufen

Über die Menüschaltfläche *Speichern* lässt sich der Download im Standardordner ablegen. Wahlweise lässt sich im Menü der Schaltfläche auch der Befehl *Speichern unter* zur Auswahl des Download-Ordners anwählen. Die Schaltfläche *Ausführen* ermöglicht es, Programmdateien nach dem Download sofort auszuführen, was aber aus Sicherheitsgründen unterbleiben sollte.

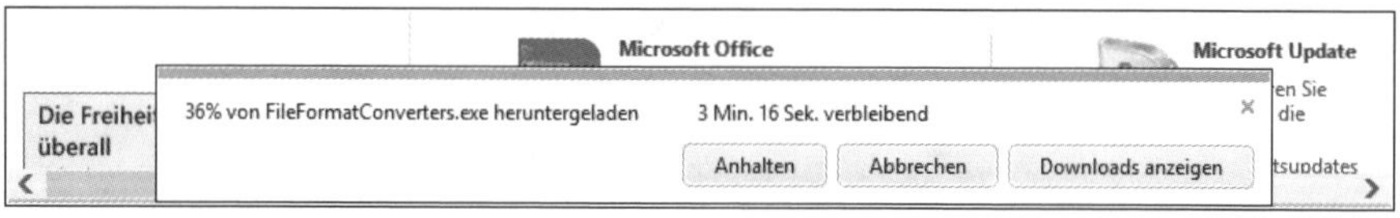

Bild 15.41: Statusanzeige während eines Downloads

Der Browser lädt die Datei in den angegebenen Zielordner herunter, was durchaus einige Zeit dauern kann. Während der Download durchgeführt wird, sehen Sie eine Statusleiste (Bild 15.41, Vordergrund). Über die Schaltfläche *Anhalten* und *Fortsetzen* lässt sich der Download unterbrechen und danach wieder aufnehmen. Nach erfolgreichem Download können Sie über die in der Leiste angezeigte Schaltfläche *Ausführen* eine heruntergeladene Programmdatei ausführen. Die vorher mit *Abbrechen* benannte Schaltfläche wird jetzt mit *Ordner öffnen* beschriftet und ermöglicht, direkt das Ordnerfenster für den Download aufzurufen.

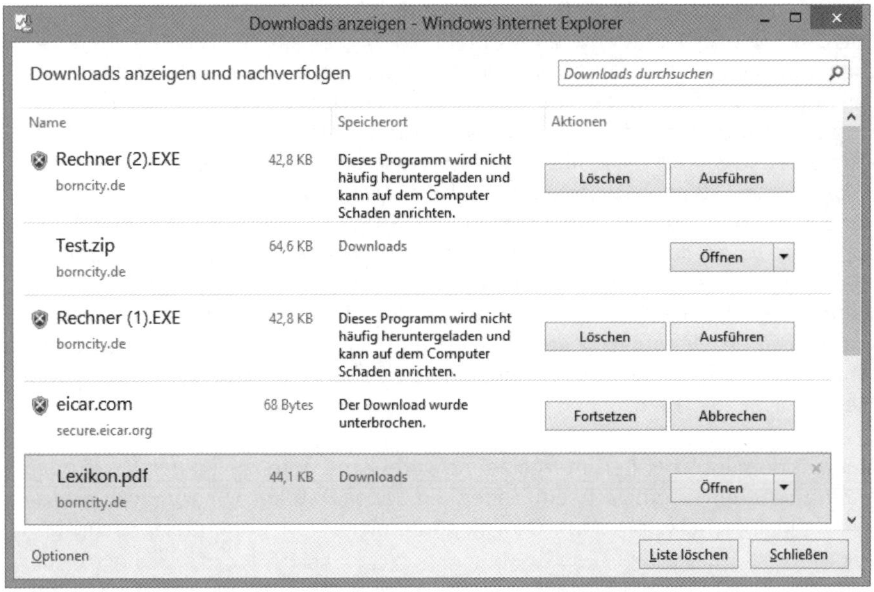

Bild 15.42: Dialogfeld *Downloads anzeigen*

Bild 15.43: Dialogfeld *Downloadoptionen*

HINWEIS

Wurde die Informationsleiste zum Download ausgeblendet, können Sie im Browserfenster die Menüschaltfläche *Extras* und dann den Befehl *Downloads anzeigen* anwählen. Oder Sie drücken die Tastenkombination Strg+J. Dann erscheint das Dialogfeld aus Bild 15.42, in dem alle Downloads aufgelistet sind. Über Schaltflächen lassen sich abgeschlossene Downloads ausführen und angehaltene Downloads fortsetzen. Mit der Schaltfläche *Liste löschen* entfernen Sie die Einträge. Downloads werden standardmäßig im *Downloads*-Ordner des Benutzerkontos gespeichert. Über den Hyperlink *Optionen* lässt sich das Dialogfeld aus Bild 15.43 öffnen, in dem Sie den *Downloads*-Ordner festlegen können. Die Download-Einstellungen gelten (wie viele andere Einstellungen) für die Desktop-Version und die App-Variante des IE.

TIPP

Häufig werden im Internet Dokumentdateien im Adobe PDF-Format oder als Microsoft Office-Dokumente zum Download angeboten. Klicken Sie einen solchen Download-Hyperlink an, versucht der Browser u. U., die Datei direkt als Dokument zu öffnen. Dabei kommt es immer wieder vor, dass die betreffenden Plug-Ins im Browser »hängen« und das Dokument nicht angezeigt werden kann. Vermeiden lässt sich dies, indem Sie den Hyperlink mit der rechten Maustaste anklicken und den Kontextmenübefehl *Ziel speichern unter* wählen. Anschließend können Sie im geöffneten Dialogfeld *Speichern unter* ein Download-Ziel angeben, um so das Dokument unter dem angegebenen Namen als Datei zu speichern. Dieses lässt sich nach einer Überprüfung durch einen aktuellen Virenscanner per Doppelklick unter Windows im zugehörigen Anwendungsprogramm öffnen. Der obige Ansatz ist auch hilfreich, um zum Download angebotene Musik- oder Videodateien direkt zu speichern, statt diese im Windows Media Player zu öffnen.

ACHTUNG

Eine aus dem Internet heruntergeladene Datei kann potenziell durch Viren oder andere Schädlinge infiziert sein. Laden Sie daher Dateien nur von vertrauenswürdigen Internetseiten (z.B. Download-Bereiche von Computerzeitschriften wie `www.chip.de`, `www.computerbild.de`, `www.pcwelt.de` oder `www.heise.de`) herunter. Zudem sollten Sie einen aktuellen Virenscanner installiert haben. Dieser schlägt beim Zugriff auf die heruntergeladenen Dateien Alarm, wenn Schadfunktionen entdeckt werden.

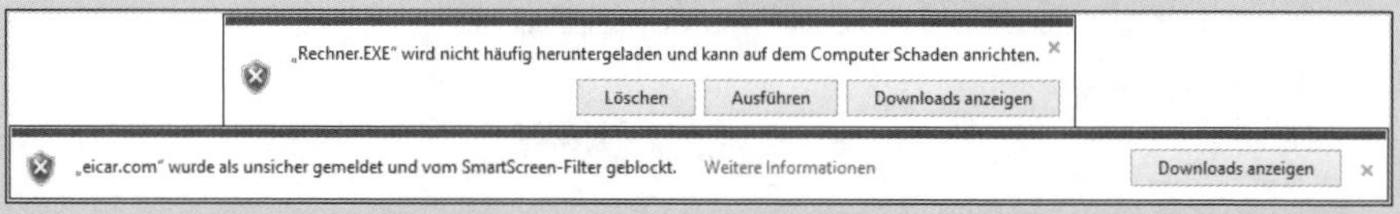

Bild 15.44: Warnung bei unbekannten Downloads

Windows 8 stellt dabei bereits einen Grundschutz bereit. Mit dem Windows Defender wird auch eine Scan-Engine für Schadsoftware installiert, die automatisch über Updates aktuell gehalten wird. Zudem ist im Internet Explorer der SmartScreen-Filter integriert. Dieser Filter warnt den Benutzer, falls ausführbare Dateien aus unbekannten Quellen heruntergeladen und dann geöffnet werden sollen (Bild 15.44), und blockiert bekannte Schadprogramme.

15.3.18 Bilder und Webseiten speichern

Webseiten können Bilder und Fotos enthalten, die man gelegentlich lokal auf der Festplatte speichern möchte. Aber auch das Sichern einer Webseite in eine lokale Datei auf der Festplatte ist möglich.

1. Um ein Bild von einer Webseite auf dem Computer zu speichern, klicken Sie dieses im Browserfenster mit der rechten Maustaste an (Bild 15.45) und wählen den Kontextmenübefehl *Bild speichern unter*.

2. Anschließend lassen sich im Dialogfeld *Bild speichern* der Zielordner sowie der Dateiname für die Grafik anpassen und über die *Speichern*-Schaltfläche bestätigen.

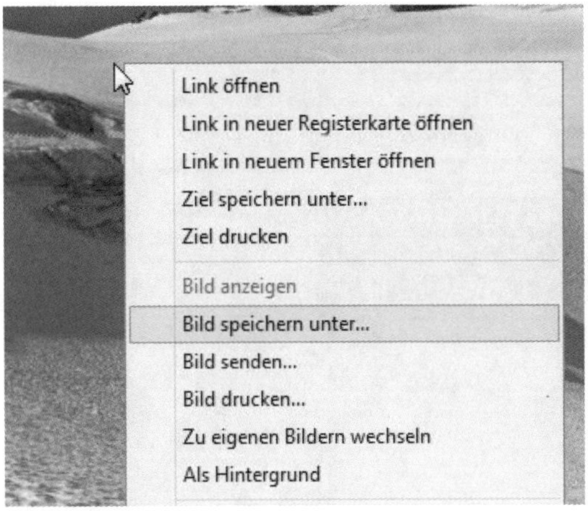

Bild 15.45: Kontextmenü für Bilder

Die Bilder werden üblicherweise im Ordner *Bilder* des Benutzerkontos im JPEG-, PNG- oder GIF-Format (abhängig vom Ausgangsformat der Webseitengrafik) gesichert. Sie können teilweise auch das BMP-Format zum Speichern einstellen.

HINWEIS

Wählen Sie im Internet Explorer den Kontextmenübefehl *Bild drucken*, um das betreffende Bild der Webseite direkt zu drucken – hilfreich z.B. bei Landkarten, die auf Webseiten angezeigt werden. Der Kontextmenübefehl *Als Hintergrund* ermöglicht, das Bild der Webseite als Desktophintergrund abzulegen.

Beachten Sie bei der Verwendung gespeicherter Bilder und Fotos, dass diese in der Regel urheberrechtlich geschützt sind. Solange Sie die gespeicherten Grafiken nur privat nutzen, wird dies Dritte wenig interessieren. Bevor solche Fotos aber auf eigene Webseiten, in Foren etc. eingestellt oder z.B. in öffentlichen Vorführungen verwendet werden dürfen, benötigen Sie das Einverständnis des Rechteinhabers.

1. Um eine komplette Webseite zu speichern, öffnen Sie das Menü der in der Bedienleiste des Internet Explorers gezeigten Schaltfläche *Extras* und wählen die Befehle *Datei/Speichern unter* (Bild 15.46, oben rechts).
2. In einem Dialogfeld wählen Sie den Zielordner, passen ggf. den Dateinamen und das Speicherformat an (Bild 15.46, Vordergrund) und bestätigen dies über die *Speichern*-Schaltfläche.

Sie können den Seiteninhalt über das Listenfeld *Dateityp* als Webarchiv (*.mht*) oder als HTML-Dokument (*.htm*, *.html*) sichern lassen. Beim *.htm*- bzw. *.html*-Format werden enthaltene Grafiken in separaten Dateien im Zielordner abgelegt. Zudem besteht die Möglichkeit, nur die Textinhalte der Webseite als *.htm*- oder als reine Textdatei (*.txt*) zu sichern. Beachten Sie aber bei der Verwendung heruntergeladener Inhalte das Urheberrecht desjenigen, der sie erstellt hat.

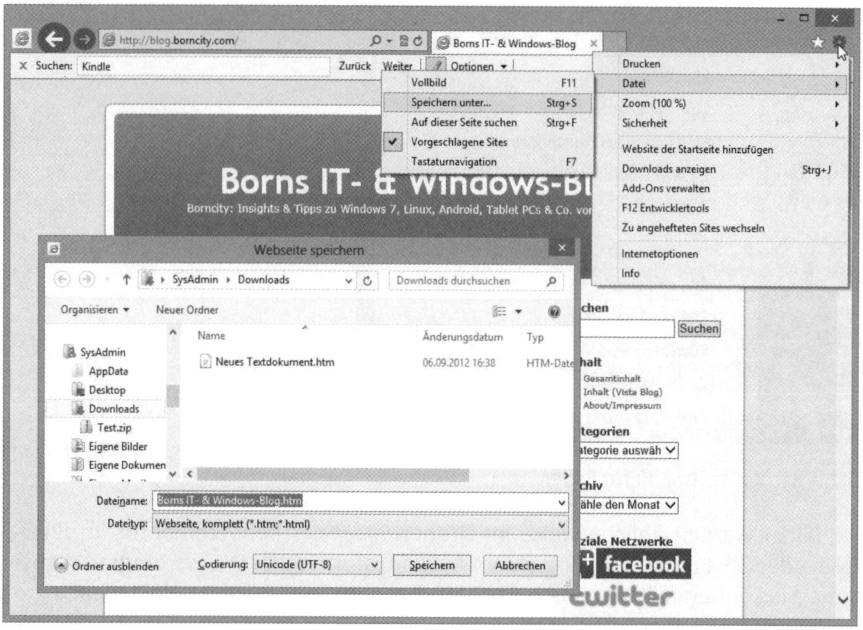

Bild 15.46: Speichern einer Webseite

15.3.19 Webseiten drucken

Sie können den Inhalt von Webseiten oder Teile davon auf dem Drucker ausgeben, um diese zu archivieren oder später zu lesen. Gehen Sie in folgenden Schritten vor, um eine Webseite oder Teile davon auszudrucken:

1. Markieren Sie ggf. den auszudruckenden Teil der Seite durch Ziehen mit der Maus (oder dem Finger).
2. Wählen Sie in der Bedienleiste des Internet Explorers die Schaltfläche *Extras*. Anschließend wählen Sie im Untermenü des Befehls *Drucken* den Eintrag *Drucken* (Bild 15.47, Hintergrund). Oder Sie drücken die Tastenkombination Strg+P.
3. Legen Sie im Dialogfeld *Drucken* (Bild 15.47, Vordergrund) die gewünschten Optionen fest und bestätigen Sie diese über die *Drucken*-Schaltfläche.

Um beispielsweise den markierten Ausschnitt der Webseite auszudrucken, aktivieren Sie das Optionsfeld *Markierung*. Die gesamte Seite wird mit der Option *Alles* gedruckt.

Der Browser druckt anschließend den Inhalt der aktuell angezeigten Dokumentseite(n) samt Grafiken aus. Dieser Ausdruck umfasst auch die nicht sichtbaren Dokumentteile, falls das Anzeigefenster kleiner als das Dokument ist.

TIPP

Da viele Webseiten Werbung oder Inhalte aufweisen, die für den Ausdruck nicht interessieren, ist die Ausgabe der gesamten Seite oft unerwünscht. Sie können die gewünschten Inhalte vor dem Ausdruck markieren. Bei manchen Webseiten findet sich auch ein Link, über den eine Druckversion der betreffenden Webseite abgerufen werden kann.

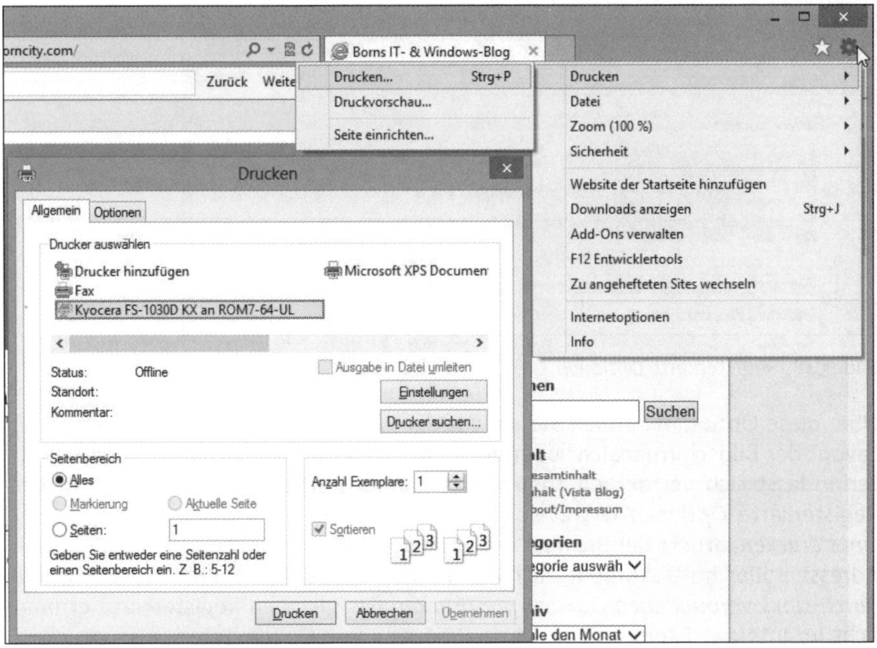

Bild 15.47: Drucken einer Webseite

Ausgabe per Microsoft XPS Document Writer

Unter Windows ist standardmäßig ein Drucker »Microsoft XPS Document Writer« eingerichtet. Wählen Sie diesen Druckereintrag, speichert Windows das Dokument in einen wählbaren Ordner. Der Pfad zum Speicherort wird in einem Dialogfeld *Druckausgabe speichern unter* abgefragt.

Standardmäßig wird eine *.oxps*-OpenXPS-Dokument-Datei erstellt. Sie können aber über das Listenfeld *Dateityp* auch das Speichern als *.xps*-Datei erzwingen. Dieses Dateiformat ist mit früheren Windows-Versionen kompatibel.

Solche *.oxps*- und *.xps*-Dateien lassen sich durch einen Doppelklick auf das Dateisymbol in der Reader-App von Windows 8 öffnen. Alternativ lässt sich der Kontextmenübefehl *Öffnen mit* der betreffenden Dateien verwenden, um die *.oxps*- und *.xps*-Dateien wahlweise mit der Reader-App oder mit der nach wie vor vorhandenen Windows-Anwendung XPS-Viewer anzuzeigen.

Drucken von Frames

Manche Webseiten sind in mehrere Teile, auch als Frames (deutsch: Rahmen) bezeichnet, unterteilt. Dann werden im Internet Explorer die Optionsfelder der Gruppe *Frames drucken* auf der Registerkarte *Optionen* freigegeben (Bild 15.49).

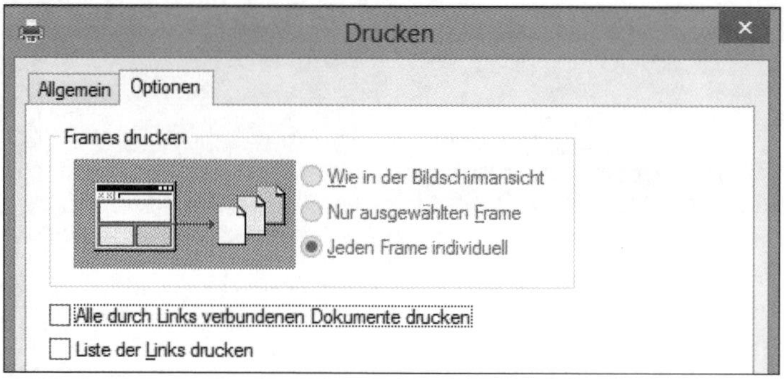

Bild 15.48: Registerkarte *Optionen*

Über diese Optionen können Sie die auf dem Bildschirm angezeigten Frames im Layout der Bildschirmansicht oder getrennt auf separate Blätter ausgeben. Weiterhin lässt sich der aktuell angewählte Frame drucken. Markieren Sie auf der Registerkarte *Optionen* des Dialogfelds *Drucken* das Kontrollkästchen *Liste der Links drucken*, druckt der Browser am Ende der Dokumentseite eine Liste mit den Adressen aller im Dokument enthaltenen Hyperlinks. Das Kontrollkästchen *Alle durch Links verbundenen Dokumente drucken* der gleichen Registerkarte ermöglicht im Internet Explorer, eine ganze Sequenz von Dokumenten auszudrucken, die per Hyperlinks erreichbar sind. Wenden Sie diese Option aber sehr zurückhaltend und mit Bedacht an, da die Folgelinks eine erhebliche Anzahl von Druckseiten ergeben können.

Druckvorschau abrufen

Der Befehl *Druckvorschau* im Untermenü des Befehls *Drucken* der Menüschaltfläche *Extras* (Bild 15.47, Hintergrund) öffnet ein Fenster, in dem eine Vorschau des Ausdrucks wiedergegeben wird (Bild 15.49). Über die Schaltflächen der Symbolleiste können Sie die Seitenausrichtung ändern und das Layout beurteilen. Die Schaltfläche mit dem Druckersymbol ermöglicht es, die Ausgabe anzustoßen. Neu sind die Marken im Layoutbereich der Druckvorschau, über die Sie den Druckrand einstellen können.

Druckseite einrichten

Wählen Sie im Internet Explorer die Menüschaltfläche *Extras*, lässt sich im Untermenü des Befehls *Drucken* der Eintrag *Seite einrichten* wählen (Bild 15.47, Hintergrund). Es öffnet sich das gleichnamige Dialogfeld (Bild 15.50). Dort wählen Sie das Papierformat, die Ausrichtung der Seite, die Ränder sowie den Schacht für die Papierzufuhr. Über die Listenfelder *Kopfzeile* und *Fußzeile* in der Gruppe *Kopf- und Fußzeilen* wählen Sie unter verschiedenen Optionen, um Zusatzinformationen wie die URL oder eine Seitennummer im betreffenden Bereich mit auszudrucken. Gegenüber früheren Versionen des Internet Explorers ist das Einstellen dieser Optionen sehr komfortabel geworden. Sie können über die Listenfelder jeweils bis zu drei Zusatzinformationen für die Kopf- oder Fußzeile festlegen.

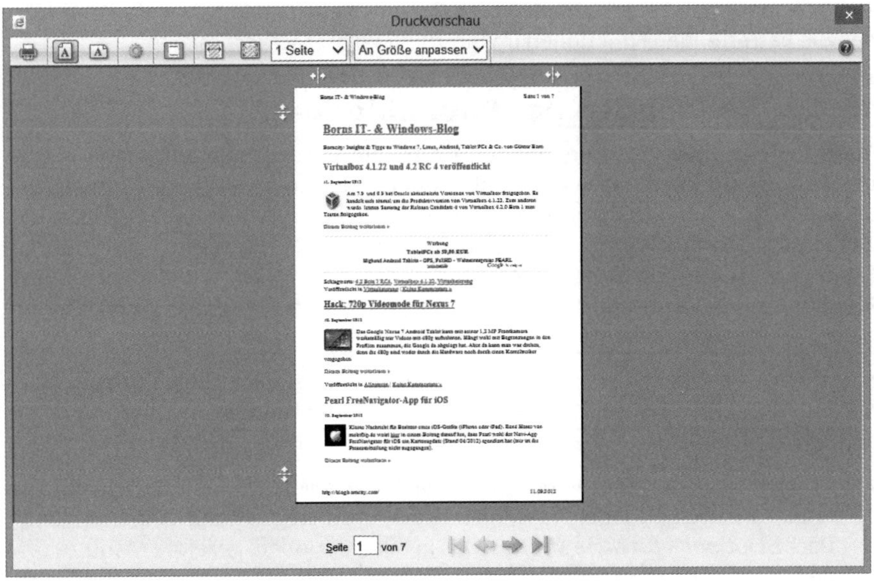

Bild 15.49: Druckvorschau einer Webseite

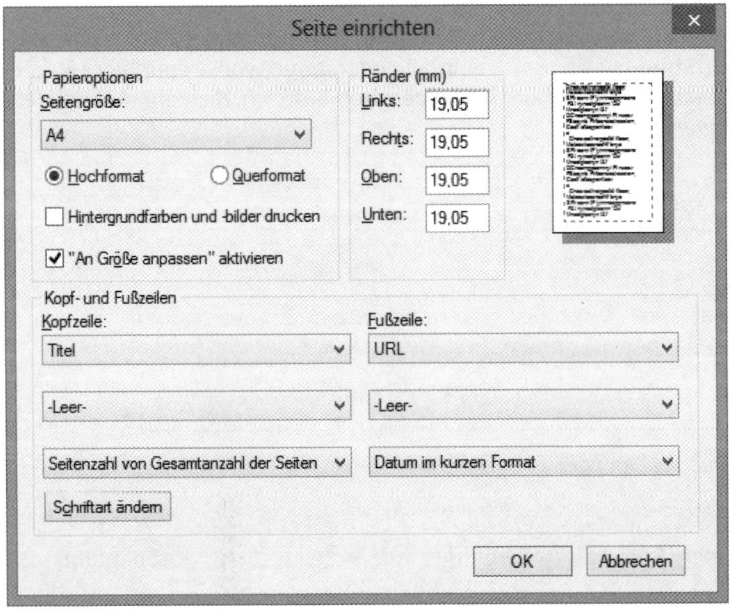

Bild 15.50: Druckseite einrichten

15.4 Sicher surfen

Browser wie der Internet Explorer, der Firefox, Google Chrome etc. stellen verschiedene Funktionen bereit, um sicherer im Internet zu surfen, das Ausspionieren von Informationen zu unterbinden oder Optionen einzustellen. Nachfolgend werden die betreffenden Funktionen im Internet Explorer 10 besprochen.

15.4.1 Verwenden des Popupblockers

Manche Webseiten versuchen beim Aufrufen im Vordergrund automatisch weitere Fenster mit Werbung, sogenannte Popups, zu öffnen. Moderne Browser wie der Internet Explorer besitzen einen sogenannten Popupblocker (Werbefilter), der das Einblenden bestimmter Werbefenster unterbindet. Erscheint beim Internet Explorer im unteren Dokumentbereich die Informationsleiste mit dem Hinweis »Ein Popup von ... wurde geblockt« (Bild 15.51, unten)? In diesem Fall wurde ein solches Werbefenster vom Internet Explorer unterdrückt.

Manchmal ist es aber erforderlich, dass Sie den Inhalt des geblockten Fensters ansehen müssen (z.B. weil Sie ein seriöses bzw. erwünschtes Angebot mit Informationen abrufen möchten).

1. Wählen Sie in der Informationsleiste die Schaltfläche *Einmal zulassen*, um das Popup anzuzeigen. Oder Sie wählen in der Informationsleiste die Menüschaltfläche *Optionen für diese Site*, um das in Bild 15.51, oben, gezeigte Menü zu öffnen.
2. Wählen Sie im Menü den Befehl *Immer zulassen*, um Popups der Site grundsätzlich zuzulassen.

Die Befehle bewirken, dass das geblockte Informationsfenster erscheint oder das Angebot der betreffenden Webseite einmalig oder immer vom Popupblocker freigegeben wird. Letzteres ist z.B. bei Anmeldeseiten hilfreich, die beim Aufruf vielleicht geblockt werden.

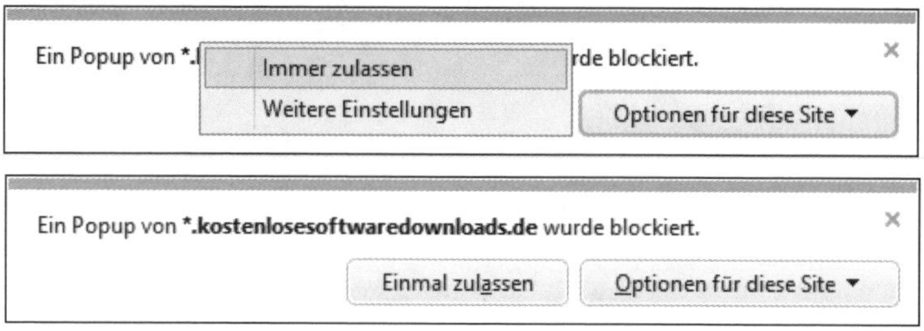

Bild 15.51: Popupblocker-Optionen

TIPP

Halten Sie bei Anwahl eines Hyperlinks die Tastenkombination [Alt]+[Strg] gedrückt, um den Popupblocker für die aufzurufende Seite vorübergehend abzuschalten.

15.4.2 Popupblocker-Einstellungen anpassen

Um Popups von Sites grundsätzlich zuzulassen oder irrtümlich angelegte Einträge zu bereinigen, lassen sich die Popupblocker-Einstellungen einsehen und ggf. anpassen. Sie können in der Informationsleiste die Menüschaltfläche *Optionen für diese Site* anwählen und dann den Befehl *Weitere Einstellungen* wählen (Bild 15.51, oben). Oder Sie verwenden den Befehl *Internetoptionen* der Menüschaltfläche *Extras*, um das Eigenschaftenfenster des Internet Explorers zu öffnen. Auf der Registerkarte *Datenschutz* finden Sie auch die Schaltfläche *Einstellungen*, um die Popupblocker-Einstellungen anzupassen.

Beide Ansätze öffnen das Dialogfeld *Popupblockereinstellungen* (Bild 15.52). In diesem Dialogfeld können Sie Ausnahmen vereinbaren, indem Sie die zuzulassenden URL-Adressen im Textfeld *Adresse der Website, die zugelassen werden soll* des Dialogfelds ablegen und die Schaltfläche *Hinzufügen* betätigen. Wenn Sie auf diese Weise z.B. die Adressen der Homebanking-Seiten eintragen, werden diese beim Aufrufen nicht blockiert, sondern wie gewohnt angezeigt.

Über die Kontrollkästchen der Gruppe *Benachrichtigungen und Blockierungsstufe* lässt sich steuern, wie der Browser blockierte Fenster signalisiert und wie Popups zu blockieren sind. Über das Listenfeld *Blockierungsstufe* wählen Sie, welcher Modus (schwach, mittel, stark) beim Blockieren verwendet werden soll.

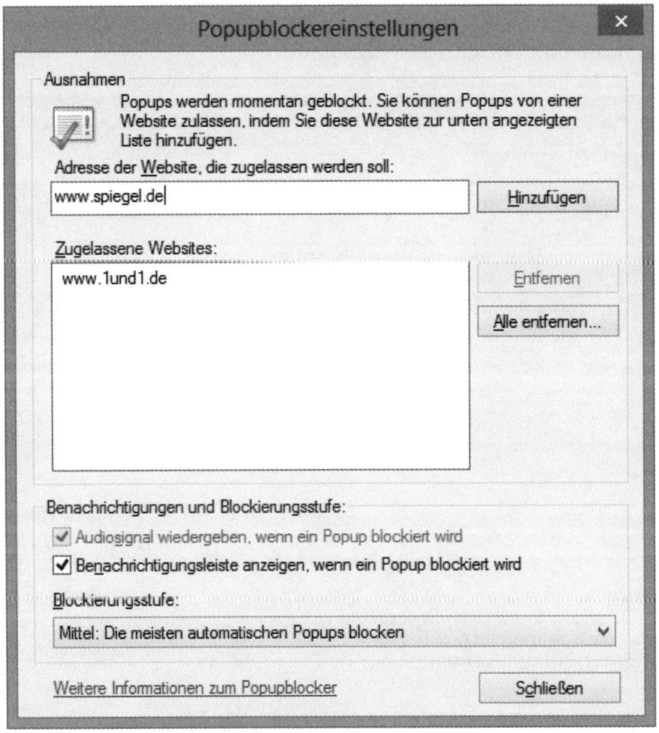

Bild 15.52: Popupblockereinstellungen beim Internet Explorer

Layer Ads und Flash-Werbung blockieren

Zum Einblenden von Werbefenstern werden verschiedene Techniken benutzt. Im einfachsten Fall öffnet ein Skriptprogramm in der angesurften Webseite das Popupfenster. Dies wird vom Popupblocker abgefangen. Manche Websites setzen aber sogenannte Layer Ads für Werbeeinblendungen ein: Dabei wird über ein Skriptprogramm die Werbeeinblendung als Layer über den eigentlichen Seiteninhalt gelegt. In einigen Fällen bedienen sich die Layer Ads der Adobe Flash-Technik zum Anzeigen der Werbeeinblendung. Mit Layer Ads lassen sich die Popupblocker des Browsers umgehen.

Diese Art der Werbung über Layer Ads ist äußerst nervig. Solange die Einblendung vorhanden ist, kommt der Benutzer nicht an das Angebot der eigentlichen Webseite heran. Die Werbung verdeckt die komplette Webseite und die *Schließen*-Schaltfläche lässt sich nur finden, wenn der Benutzer über die horizontale Bildlaufleiste zum rechten Zeilenrand blättert.

Bei solchen, mit der Adobe Flash-Technik realisierten, Werbeeinblendungen empfiehlt es sich, das Shockwave Flash Player-Plug-In abzuschalten. Wählen Sie im Menü der Schaltfläche *Extras* des Internet Explorers den Befehl *Add-Ons verwalten*. Im Dialogfeld *Add-Ons verwalten* suchen und markieren Sie den Eintrag *Shockwave Flash Object* (Bild 15.53). Wird im unteren Teil des Dialogfelds die Schaltfläche *Deaktivieren* eingeblendet, klicken Sie diese an und schließen das Dialogfeld wieder. Das Flash-Add-On ist deaktiviert und mit Flash realisierte Layer Ads werden wirksam geblockt. Möchten Sie später Flash-Seiten ansehen, schalten Sie den Flash Player über die obigen Schritte wieder ein.

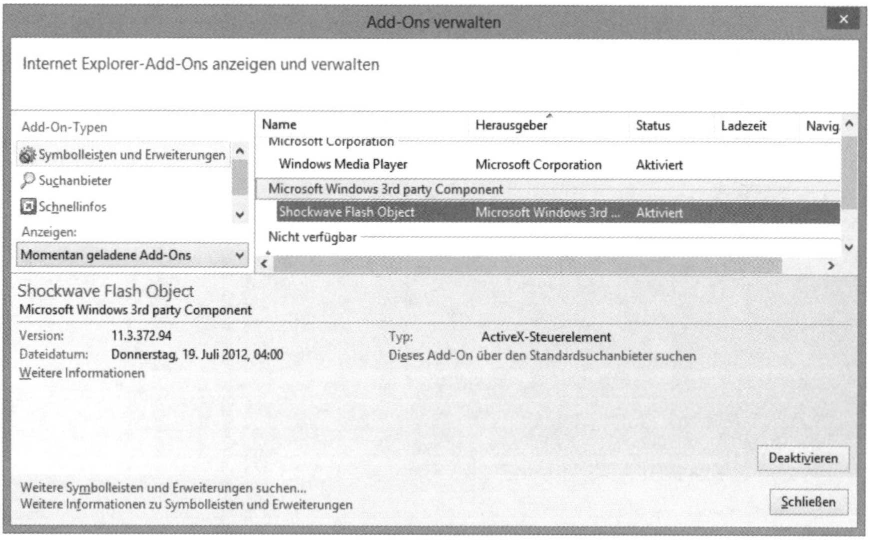

Bild 15.53: Add-Ons im Internet Explorer verwalten

HINWEIS

Tauchen weitere Werbeeinblendungen durch Layer Ads auf? Als Radikalkur könnten Sie die Sicherheitsstufe für Internetseiten im Internet Explorer auf »Hoch« setzen (siehe folgende Abschnitte) und damit die Ausführung von Skripten, Java oder ActiveX-Komponenten deaktivieren. Leider führt dies dazu, dass andere Webseiten u. U. nicht oder nicht mehr richtig angezeigt werden. Müssen Sie eine Webseite mit Layer Ads häufiger besuchen, empfiehlt es sich, diese in die Liste der eingeschränkten Websites aufzunehmen (siehe folgende Abschnitte). Dort steht die Sicherheitsstufe automatisch auf »Hoch«, und Werbeeinblendungen werden unterdrückt.

15.4.3 SmartScreen-Filter: Phishing- und Malwareschutz

Ein Risiko stellen Webseiten dar, die dem Benutzer entweder Schadsoftware per Download unterschieben oder vertrauliche Daten entlocken wollen. E-Mails oder Webseiten versuchen, den Benutzer z.B. über Phishingangriffe dazu zu bringen, persönliche oder finanzielle Informationen (z.B. Zugangsdaten für Internetkonten) preiszugeben. Typisch sind E-Mails, die vorgeblich von einer Bank, von eBay etc. stammen und eine Aufforderung enthalten, sich zur Überprüfung der Zugangsdaten oder Zahlungsvorgänge am Onlinekonto anzumelden. Ein Mausklick auf den in der E-Mail enthaltenen Hyperlink öffnet dann aber nicht die angegebene Webseite, sondern leitet Sie zu einer gefälschten Webseite um. Deren Aufmachung ähnelt meist dem erwarteten Angebot oder benutzt sogar Teile des Internetauftritts des vermeintlichen Absenders. Gibt der Benutzer nun Zugangsdaten in das Anmeldeformular der Phishingwebseite ein, werden diese Daten durch die Betrüger »abgefischt« und später zur Anmeldung am betreffenden Onlinekonto missbraucht. Dies ermöglicht den Betrügern, ggf. Bankkonten zu leeren oder Internetzugangsdaten für E-Mail- bzw. eBay-Konten etc. für kriminelle Machenschaften zu missbrauchen.

Der Internet Explorer besitzt einen eingebauten SmartScreen-Filter, der verschiedene Schutzmechanismen bietet.

- Beim Surfen im Web analysiert der SmartScreen-Filter Webseiten anhand des enthaltenen Codes und anhand einer dynamischen Liste von gemeldeten Phishingwebsites und Websites mit Schadsoftware. Werden verdächtige Webseiten abgerufen, zeigt der SmartScreen-Filter eine Meldung mit einer entsprechenden Warnung an.
- Zudem vergleicht der SmartScreen-Filter aus dem Web heruntergeladene Dateien mit einer Liste von gemeldeten Websites mit Schadsoftware und Programmen, die als unsicher bekannt sind. Wurde eine Übereinstimmung gefunden, blendet der SmartScreen-Filter eine Warnung ein (Bild 15.15, Bild 15.44), dass der Download blockiert wurde.

Parallel dazu führt der in Windows 8 enthaltene Windows Defender noch eine Überprüfung heruntergeladener Dateien auf Schadsoftware durch und meldet infizierte Dateien.

> HINWEIS
> Unter `http://windows.microsoft.com/de-DE/windows7/SmartScreen-Filter-frequently-asked-questions-IE9` [w8-k15-002] findet sich ein (noch auf den Internet Explorer 9 bezogenes) Dokument, das die Funktionen des SmartScreen-Filters ganz gut beschreibt.

1. Um eine aktuell geladene Webseite im SmartScreen-Filter zu überprüfen, wählen Sie in der Symbolleiste des Internet Explorers die Menüschaltfläche *Extras*.
2. Dann wählen Sie im Menü den Eintrag *Sicherheit* und im Untermenü den Befehl *Diese Website überprüfen* (Bild 15.54).

3. Das Dialogfeld mit dem Ergebnis dieser Überprüfung schließen Sie über die *OK*-Schaltfläche.

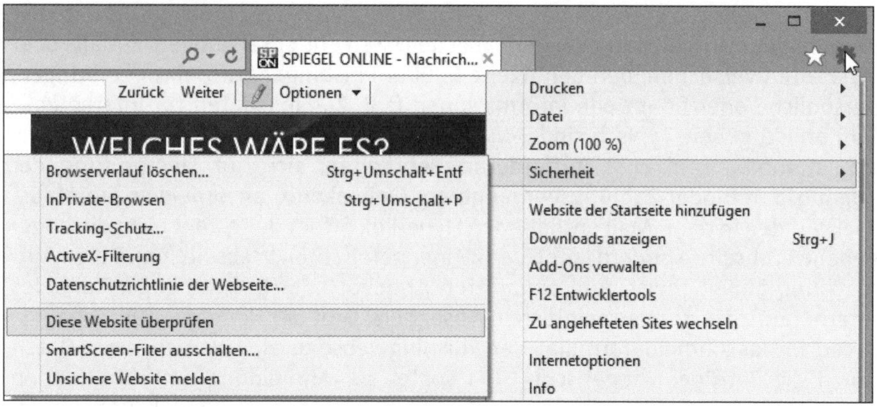

Bild 15.54: Phishingfilter aufrufen

Beim Aufruf des Befehls *Diese Website überprüfen* fragt der Phishingfilter einen Microsoft-Server ab, ob die gerade geladene Adresse zu einer bekannten Phishingwebseite gehört oder ob die Seite bekannte Phishingtechniken verwendet. Eine Negativmeldung stellt aber keine Unbedenklichkeitsbescheinigung dar. Über den Befehl *SmartScreen-Filter ausschalten* des Untermenüs kann die Funktion bei Bedarf auch komplett deaktiviert werden. Anschließend finden Sie im Untermenü einen Befehl, um den SmartScreen-Filter wieder einzuschalten.

HINWEIS

Um kein Opfer von Phishingattacken zu werden, sollten Sie einige Regeln beachten: Banken oder andere seriöse Anbieter, bei denen Sie ein Konto unterhalten, werden Sie niemals telefonisch oder per E-Mail nach Anmeldedaten oder Kennwörtern fragen! Diese Anbieter verlangen auch nicht per E-Mail mit integriertem Link, dass Sie Ihr Konto reaktivieren. Selbst beim Telefonbanking fragt die Bank bei der Authentifizierung nur einzelne Ziffern der Geheimnummer ab. Zugangsdaten zu Bankkonten werden von Banken niemals per E-Mail verschickt, sondern immer per Post. Die Informationen (z.B. PIN-Code) sind in verschlossenen Umschlägen enthalten. Wird Ihnen ein solcher Umschlag beschädigt oder geöffnet zugestellt, sollten Sie unverzüglich die Bank bzw. den betreffenden Anbieter verständigen und die PIN sperren lassen. Klicken Sie niemals auf einen per E-Mail zugesandten Link, um eine Anmeldeseite für ein Konto abzurufen, sondern tippen Sie die Ihnen bekannte Internetadresse der Bank bzw. des Anbieters manuell in die Adressleiste Ihres Browsers ein. Das Gleiche gilt sinngemäß für andere Konten (E-Mail, eBay, PayPal etc.). Wichtig ist auch, dass der Rechner frei von Trojanern ist, da diese u.U. Benutzereingaben aufzeichnen und per Internet weiterleiten. Prüfen Sie unbedingt, ob aufgerufene Anmeldeseiten beispielsweise eine abgesicherte *HTTPS*-Verbindung benutzen und sich durch ein gültiges Zertifikat ausweisen können.

15.4.4 Tracking-Schutz beim Internet Explorer

Der Internet Explorer unterstützt über den Befehl *Sicherheit/InPrivate-Browsen* der Menüschaltfläche *Extras* einen InPrivate-Modus beim Surfen. Dieser verhindert, dass Daten über angesurfte Internetseiten auf dem Rechner aufgezeichnet werden.

Surfen Sie im Web, werden in abgerufenen Webseiten eventuell Inhalte weiterer Webseiten (z.B. Google-Werbung) bereitgestellt. Solche Informationen lassen sich verwenden, um Informationen über die abgerufenen Webseiten zu sammeln (als Tracking bezeichnet). Das Sammeln von Daten kann durch den Tracking-Schutz des Internet Explorers unterbunden werden. Über installierbare Plug-Ins lassen sich Tracking-Schutz-Listen verwenden, die »Nicht aufrufen«-Vorgaben für Inhalte von Drittanbietern auf einer Website beinhalten. Dadurch lässt sich festlegen, ob Informationen an die auf der Tracking-Schutz-Liste aufgeführten Drittanbieter gesendet werden. Details über die Funktionsweise finden Sie z.B. unter `http://www.iegallery.com/de-DE/tpl/FAQ` [w8-k15-003].

1. Zur Verwaltung der Tracking-Listen wählen Sie die Menüschaltfläche *Extras* und dann den Befehl *Sicherheit*.
2. Anschließend wählen Sie im Untermenü den Befehl *Tracking-Schutz* (Bild 15.54) und passen die Einstellungen über das Dialogfeld *Add-Ons verwalten* (Bild 15.55, Hintergrund) an.

Im Dialogfeld *Add-Ons verwalten* (Bild 15.55, Hintergrund) ist die Kategorie *Tracking-Schutz* bereits vorgewählt. Im oberen rechten Teilfenster listet das Dialogfeld alle bereits installierten Tracking-Schutz-Listen auf.

- Ist keine Liste angewählt, lässt sich im unteren Teilfenster der Link *Liste für den Tracking-Schutz online abrufen* wählen. Dann öffnet sich die Internet Explorer-Galerie. In der Kategorie »Tracking-Schutz-Listen« finden Sie diverse Add-Ons mit vorkonfigurierten Tracking-Schutz-Listen.
- Über die neben der Liste befindliche *Hinzufügen*-Schaltfläche öffnen Sie das Dialogfeld *Tracking-Schutz* (Bild 15.55, Vordergrund unten). Bestätigen Sie mit der Schaltfläche *Liste hinzufügen*, wird das Add-On mit der Tracking-Liste zum Browser hinzugefügt.
- Wählen Sie eine Tracking-Liste im Dialogfeld *Add-Ons verwalten* (Bild 15.55, Hintergrund) an, kann dieses Add-On über Schaltflächen am unteren Dialogfeldrand deaktiviert oder entfernt werden.

Über den Hyperlink *Weitere Informationen* lassen sich Details zur Tracking-Liste abrufen.

> HINWEIS
> Rufen Sie eine Webseite im Internet Explorer auf, wird im Adressfeld über ein Symbol angezeigt, wenn Inhalte gefiltert wurden (Bild 15.56, Hintergrund). Klicken Sie auf das Symbol, öffnet sich ein Dialogfeld (Bild 15.56, Vordergrund), über dessen Schaltfläche Sie die Filterung deaktivieren können.

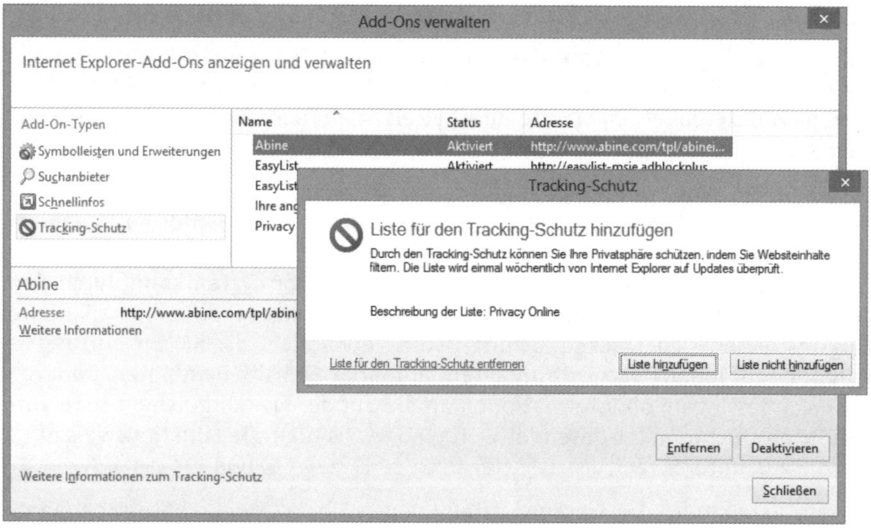

Bild 15.55: Tracking-Schutz verwalten

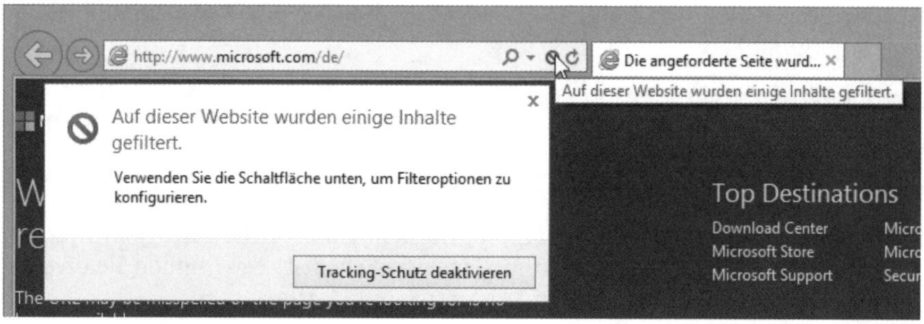

Bild 15.56: Tracking-Schutz deaktivieren

15.4.5 ActiveX-Filterung beim Internet Explorer einsetzen

Eine weitere Sicherheitstechnik, die im Internet Explorer zum Einsatz kommt, ist die ActiveX-Filterung. Bei ActiveX-Steuerelementen und Add-Ons handelt es sich letztendlich um im Browser ausführbare Programme, mit denen Webseiteninhalte wie beispielsweise Videos angezeigt werden können. Potenziell besteht die Gefahr, dass die ActiveX-Steuerelemente und Add-Ons Schadcode enthalten oder durch Dritte über Sicherheitslücken angreifbar sind. Über die ActiveX-Filterung lässt sich verhindern, dass Websites solche Programme installieren und verwenden.

1. Zum Einschalten der ActiveX-Filterung wählen Sie die Menüschaltfläche *Extras* und dann den Befehl *Sicherheit*.
2. Anschließend wählen Sie im Untermenü den Befehl *ActiveX-Filterung* (Bild 15.54, Hintergrund).

Der betreffende Menübefehl wird dann mit einem Häkchen markiert, um zu kennzeichnen, dass die ActiveX-Filterung aktiv ist. Problem ist aber, dass Inhalte vertrauenswürdiger Websites, die ggf. auf ActiveX-Elemente oder Add-Ons angewiesen sind, u.U. nicht mehr korrekt angezeigt werden.

15.4.6 Abgesicherte https:-Datenübertragung zu Websites

Viele Webseiten enthalten Formulare, in die sich Daten wie Name, Adresse oder andere Angaben eintippen lassen. Bei der Übertragung an den Webserver werden die Daten u.U. über verschiedene Rechner geleitet und es besteht die Gefahr, dass Dritte die Daten mitlesen. Gerade bei Bestell- und Bezahlvorgängen oder bei der Übertragung von Daten an Anmeldeseiten (z.B. für Internetbanking) ist es wichtig, die zugehörigen Daten vor Missbrauch zu schützen. Verhindern lässt sich dies über eine sogenannte SSL-Verschlüsselung der übertragenen Formulardaten an einen HTTPS-Server. Selbst wenn Dritte die Daten abfangen, können diese aufgrund der Verschlüsselung damit nichts anfangen.

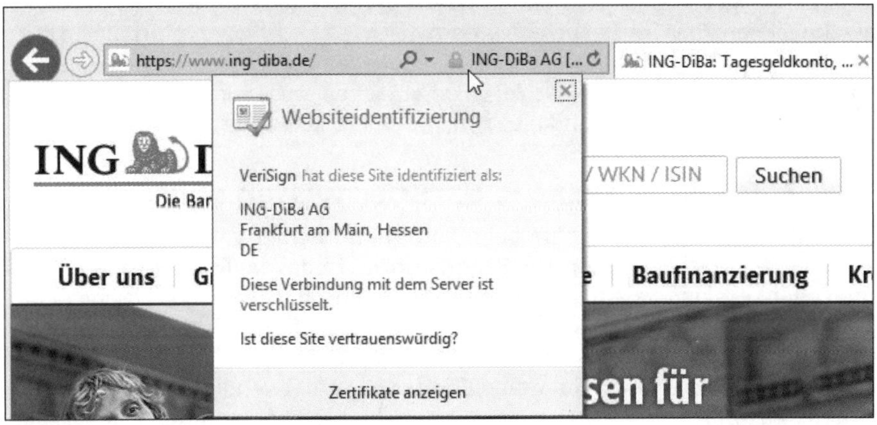

Bild 15.57: Abgesicherte Websites

Achten Sie deshalb bei allen sicherheitskritischen Dateneingaben (Kreditkartendaten, Zugangsdaten für E-Mail-, Bank- oder eBay-Konten etc.) auf Webseiten darauf, dass der Anbieter eine sichere Verbindung zu einem HTTPS-Server über das HTTPS-Protokoll bereitstellt. In Bild 15.57 sehen Sie das Fenster des Internet Explorers mit einer Bankingseite.

Ob eine abgesicherte Verbindung zu einem HTTPS-Webserver vorliegt, erkennen Sie daran, dass in der Adressleiste der Text »https://« anstelle von »http://« angezeigt wird. Zudem wird beim Internet Explorer das Symbol eines stilisierten Schlosses am rechten Rand des Adressfelds eingeblendet. Zudem wird der Hintergrund des Adressfelds grün eingefärbt.

Klicken Sie auf das stilisierte Schloss, blendet der Internet Explorer Informationen zur Websiteidentifizierung ein. Sie können im eingeblendeten Fenster überprüfen, wer das Zertifikat für wen ausgestellt hat. Über *Zertifikate anzeigen* lässt sich das Zertifikat mit allen Details anzeigen.

HINWEIS

Das Kürzel *https* steht für Hypertext Transfer Protocol Secure, ein Übertragungsverfahren, bei dem die Daten mit SSL (steht für Secure Sockets Layer) verschlüsselt und dann zum Server übertragen werden.

ACHTUNG

Eine Verbindung zu einem HTTPS-Server per *HTTPS*-Protokoll stellt aber lediglich sicher, dass die von Ihnen in das Browserfenster eingetippten Daten im Internet verschlüsselt übertragen werden. Es besteht noch die Möglichkeit, dass Dritte einen *HTTPS*-Server mit gefälschten Webseiten betreiben. Sie müssen daher sicherstellen, dass beim Aufruf einer entsprechenden Webseite (z.B. Zugangsseite für Internetbanking) auch wirklich der erwartete Anbieter dahintersteht. Dies lässt sich über die Details des Zertifikats überprüfen.

Wichtig ist, dass das Zertifikat noch gültig und nicht abgelaufen ist und dass es auf die erwartete Person bzw. Institution ausgestellt wurde. Auch der Zertifikatsaussteller (Trustcenter) sollte eine vertrauenswürdige Institution wie VeriSign sein.

Bei einem abgelaufenen Zertifikat sollte der Browser (ähnlich wie bei den oben beschriebenen Phishingversuchen) automatisch Alarm schlagen, statt die Internetseite anzuzeigen. Erkundigen Sie sich ggf. bei Ihrer Bank bzw. auf den Informationsseiten der Bank, wie das Zertifikat aussehen muss und was zu beachten ist. Ähnliches gilt bei anderen Anbietern, die HTTPS-Server betreiben.

15.4.7 Cookies, was Sie darüber wissen sollten!

Zur Wahrung Ihrer Privatsphäre beim Surfen im Internet gehört auch, dass Sie über Cookies Bescheid wissen. Der Begriff Cookies ist das englische Wort für Plätzchen oder Keks und beschreibt einen Mechanismus, bei dem ein Webserver eine kleine Textdatei auf Ihrem Rechner abgelegt. Dies ist an sich nichts Schlimmes, da auf diesem Weg keine Schädlinge auf den Computer eingeschleppt werden können. Bei einer Bestellabwicklung sind Cookies sogar notwendig, da der Inhalt des Warenkorbs dort gespeichert wird. Die Gefahr besteht darin, dass in Cookies gespeicherte Informationen von Webservern geschickt kombiniert werden, um Ihre Surfgewohnheiten auszuspionieren. Eine Website speichert beispielsweise Informationen zu abgerufenen Seiten in einem Cookie. Der Server kann zusätzlich vom Browser noch die Betriebssystemversion, den benutzten Browser, den Provider sowie die für den Internetzugang vergebene IP-Adresse des Computers abrufen und im Cookie speichern. Geben Sie nun in einer anderen angesurften Webseite in einem Formular z.B. Ihre E-Mail-Adresse oder weitere persönliche Daten preis, könnten diese ebenfalls in einem Cookie landen. Ein Server, der den Aufbau der Cookies verschiedener Webserver kennt, kann nun diese Informationen abrufen und zu einem Benutzerprofil kombinieren. Um sich vor der Datensammelwut der Webseitenanbieter zu schützen, sollten Sie die automatische Annahme der Cookies abschalten:

1. Rufen Sie im Internet Explorer das Eigenschaftenfenster über den Befehl *Internetoptionen* im Menü der Schaltfläche *Extras* auf.
2. Auf der Registerkarte *Datenschutz* klicken Sie auf die Schaltfläche *Erweitert* (Bild 15.58, links).

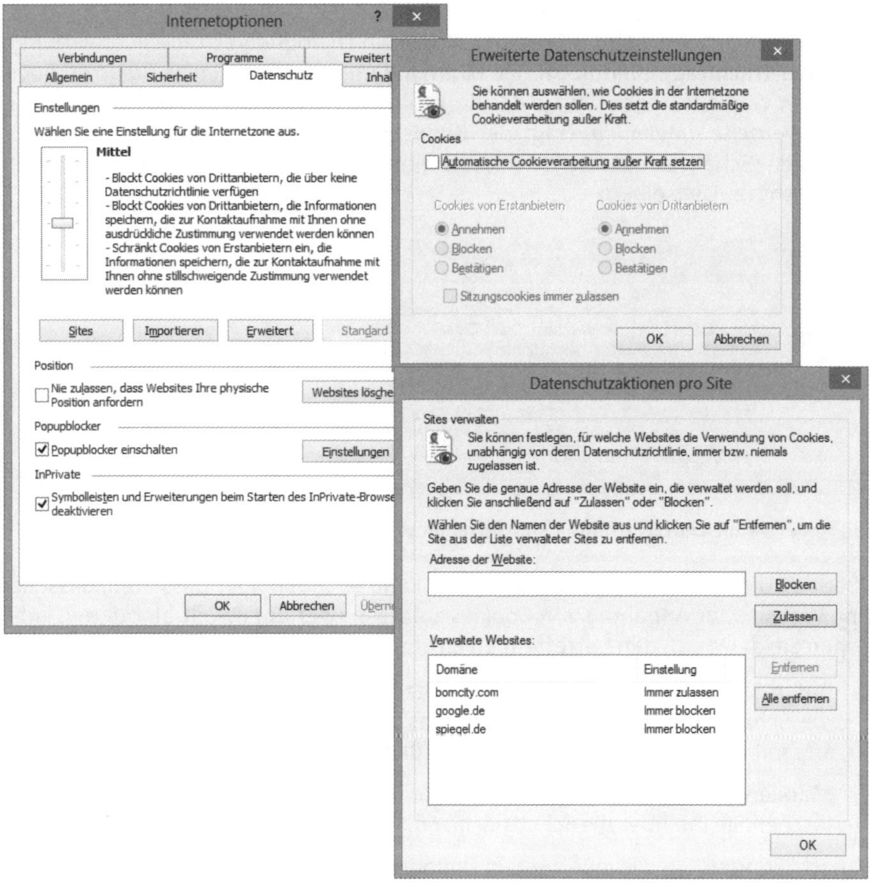

Bild 15.58: Cookieeinstellungen verwalten

3. Im Dialogfeld *Erweiterte Datenschutzeinstellungen* lässt sich die automatische Cookiebehandlung abschalten und anschließend individuell konfigurieren (Bild 15.58, oben rechts).

Um die Annahme von Cookies individuell zu konfigurieren, markieren Sie das Kontrollkästchen *Automatische Cookieverarbeitung außer Kraft setzen* im Dialogfeld *Erweiterte Datenschutzeinstellungen* und setzen z.B. die Cookieannahme auf *Bestätigen*.

> TIPP
>
> Da viele Webserver Cookies voraussetzen, werden etliche Webseiten bei gesperrter Cookieannahme nicht mehr korrekt angezeigt. Sie können diese Server aber austricksen, indem Sie das Kontrollkästchen *Sitzungscookies immer zulassen* markieren. Jetzt nimmt der Browser zwar Cookies während der aktuellen Sitzung vom Server an, löscht diese aber beim Beenden des Browsers wieder. Das Sammeln umfangreicher persönlicher Daten wird damit zumindest erheblich erschwert. Ich selbst blockiere die Cookies von Drittanbietern und gebe den Modus zum Bestätigen bei Cookies von Erstanbietern vor. Dies reduziert die Zahl der Cookiebehandlungsanfragen.

Versucht ein Webserver beim Abruf der Webseite ein Cookie auf dem Rechner zu platzieren, erscheint beim Internet Explorer ein Dialogfeld *Datenschutzwarnung* mit einer Nachfrage (Bild 15.59). Sie können dann die Schaltfläche *Zulassen* oder *Ablehnen* wählen. Markieren Sie das Kontrollkästchen *Festlegung auf alle Cookies dieser Webseite anwenden*, trägt der Browser die Webseite beim Anklicken der jeweiligen Schaltfläche mit dem betreffenden Cookiemodus in eine interne (Datenschutz-)Liste ein.

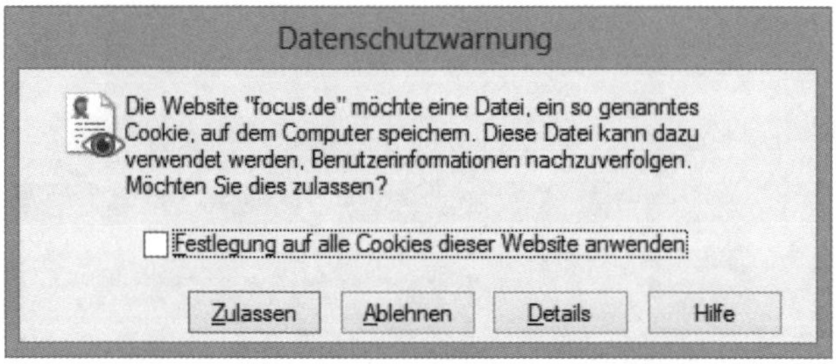

Bild 15.59: Datenschutzwarnung beim Surfen in Webseiten

Über das Dialogfeld *Datenschutzwarnung* kann es Ihnen aber passieren, dass Sie eine Website zur Annahme von Cookies zulassen oder ungewollt blockieren. Entfernen Sie dann ggf. den betreffenden Eintrag aus der Datenschutzliste.

1. Rufen Sie die Registerkarte *Datenschutz* (Bild 15.58, links) auf und wählen Sie die Schaltfläche *Sites*. Es erscheint das Dialogfeld *Datenschutzaktionen pro Site* mit den bereits verwalteten Sites (Bild 15.58, unten).
2. Markieren Sie den Eintrag der Website in der Liste *Verwaltete Websites* und löschen Sie ihn über die Schaltfläche *Entfernen*.

Danach können Sie die geöffneten Dialogfelder und Registerkarten schließen. Anschließend lässt sich die Cookiebehandlung beim nächsten Besuch der Website neu vorgeben.

ACHTUNG

Insider wissen, dass Browser z.B. Informationen in DOM Storage Objects auf dem Rechner ablegen können. Wählen Sie die Menüschaltfläche *Extras* und dann den Befehl *Internetoptionen*. Anschließend lässt sich auf der Registerkarte *Erweitert* der Eigenschaftenseite *Internetoptionen* die Markierung der Option *DOM-Storage aktivieren* löschen – das Speichern von Daten im DOM-Storage unterbleibt dann.

Auch der Macromedia Flash Player (oder Microsoft Silverlight) kann Informationen über besuchte Webseiten in Flash-Cookies (sogenannten Shared Objects) speichern. Um dieses Speichern von Flash-Cookies zu unterbinden, öffnen Sie die Systemsteuerung und tippen im Suchfeld des Fensters »flash« ein. Dann wählen Sie den Eintrag für den Flash-Player an (Bild 15.60, Hintergrund). Auf der Registerkarte *Speicher* (Bild 15.60, Vordergrund) des Eigenschaftenfensters *Flash Player-Einstellungsmanager* ist das Optionsfeld *Verhindern, dass Websites Informationen auf diesem Computer speichern* zu markieren. Über die Schaltfläche *Alle löschen* lassen sich Flash-Cookies entfernen.

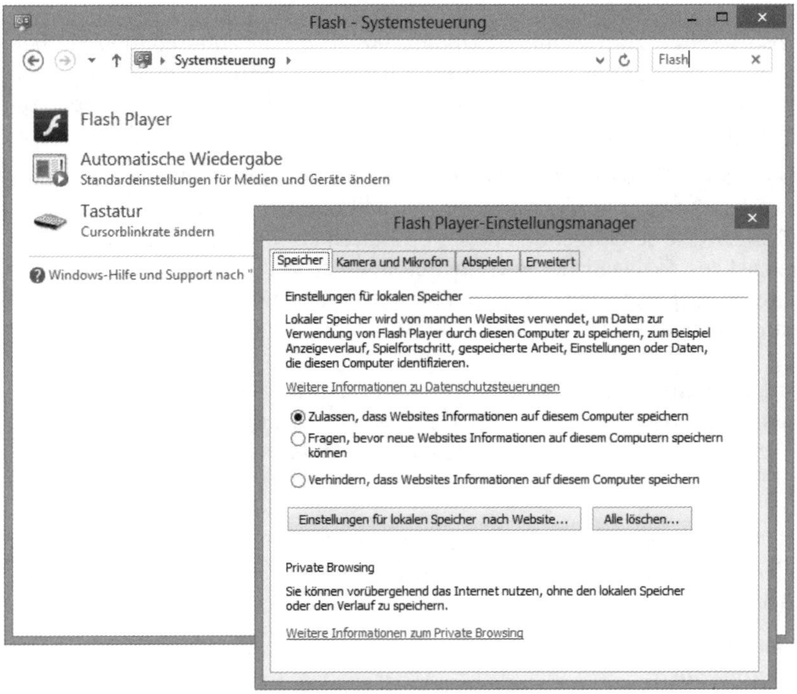

Bild 15.60: Flash Player-Einstellungsmanager

15.4.8 Wissen zu Webinhaltszonen

Webseiten lassen sich im Hinblick auf Sicherheitsaspekte in verschiedene Kategorien einordnen. Eine Webseite, über die Sie Internetbanking betreiben, Webseiten bekannter Firmen etc. werden Sie sicherlich als vertrauenswürdig einstufen. Bei Webseiten unbekannter Anbieter oder gar mit zwielichtigem Charakter sollte man eher zurückhaltend sein. Der Internet Explorer benutzt sogenannte Webinhaltszonen, um Webseiten mit unterschiedlichem Vertrauensgrad zu kategorisieren:

- *Internet:* Hierunter fallen alle Websites, die in keiner der anderen Zonen enthalten sind. Da die meisten angesurften Webseiten in diese Zone fallen, lauern hier die größten Risiken. Idealerweise sollte diese Zone mit sehr restriktiven Sicherheitseinstellungen konfiguriert werden – allerdings gibt es das Problem, dass sich bei zu starken Restriktionen viele Seiten nicht mehr richtig oder überhaupt nicht anzeigen lassen.
- *Lokales Intranet:* Diese Zone umfasst alle Webinhalte, die sich lokal in einem Netzwerk mit Internetfunktionen (als Intranet bezeichnet) befinden. Für diese Site gibt es die Möglichkeit, die einzubeziehenden Freigaben und Server zu konfigurieren. Bei Privatanwendern besitzt diese Zone kaum Bedeutung, da in diesem Umfeld kein Intranet benutzt wird.
- *Vertrauenswürdige Sites:* Diese Zone ist für alle Seiten vorgesehen, deren Anbieter bekannt sind und deren Inhalt Sie als vertrauenswürdig einstufen.

Hierzu gehören beispielsweise Seiten mit Internetbanking-Funktionen, die Microsoft-Seiten zum Windows Update etc. In dieser Zone können Sie beispielsweise die Nutzung der für Internetbanking benötigten Java- oder JavaScript-Funktionen freigeben oder die Nutzung signierter ActiveX-Komponenten gestatten (siehe die folgenden Seiten).

- *Eingeschränkte Sites:* In diese Zone gehören alle Webseiten, denen Sie keinesfalls vertrauen oder von denen Sie eventuell schon vorab wissen, dass diese möglicherweise schädigende Inhalte enthalten könnten. Für diese Zone sind möglichst restriktive Sicherheitseinstellungen zu wählen, um eine maximale Sicherheit zu gewährleisten. Hier könnten alle aktiven Funktionen (Active Scripting, ActiveX, Java etc.) deaktiviert werden.

> HINWEIS
> Der Begriff Site kommt aus der englischen Sprache und bezeichnet ein Fabrikgelände oder einen Aufstellungsort für die Produktion. Eine Firmenpräsenz im Internet wird auch als Website bezeichnet. Die Startseite nennt man auch Homepage.

Für Sie als Benutzer hat dieses Zonenkonzept den Vorteil, dass Sie diesen Zonen verschiedene Sicherheitseinstellungen zuordnen können. Hierzu gehen Sie in folgenden Schritten vor:

1. Wählen Sie im Menü der Schaltfläche *Extras* des Internet Explorers den Befehl *Internetoptionen*.
2. Holen Sie im nun eingeblendeten Dialogfeld *Internetoptionen* die Registerkarte *Sicherheit* in den Vordergrund (Bild 15.61, links) und passen Sie die Einstellungen der verfügbaren Webinhaltszonen an.

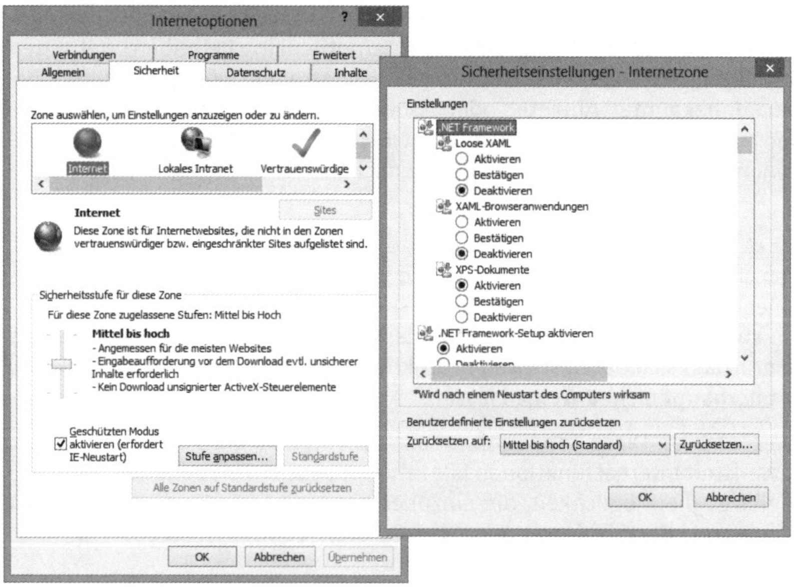

Bild 15.61: Webinhaltszonen anpassen

Um die Änderungen zu übernehmen, klicken Sie auf die *Übernehmen*-Schaltfläche oder schließen die Registerkarte über die *OK*-Schaltfläche.

In Bild 15.61, links, sehen Sie die Registerkarte *Sicherheit* mit den Webinhaltszonen. Fehlt bei Ihnen eine Zone, verwenden Sie die horizontale Bildlaufleiste zum Blättern zwischen den Zonen. Klicken Sie auf das Symbol einer Webinhaltszone, blendet der Internet Explorer die Sicherheitsstufe dieser Zone im unteren Teil der Registerkarte *Sicherheit* ein.

Die genaue Darstellung der Registerkarte hängt davon ab, ob die Standardvorgaben oder benutzerdefinierte Einstellungen wirksam sind. Falls noch keine Anpassungen vorgenommen wurden, verwendet der Internet Explorer Standardeinstellungen für die Sicherheit der einzelnen Webinhaltszonen. Die Zone *Internet* bekommt die Sicherheitsstufe »Mittel bis hoch« zugeordnet. Die Zone *Lokales Intranet* weist die Sicherheitsstufe »Niedrig« auf, während die Zone *Vertrauenswürdige Sites* auf »Mittel« gesetzt ist. Nur die Zone *Eingeschränkte Sites* erhält die Sicherheitsstufe »Hoch«.

Je höher die Sicherheitsstufe für eine Zone gesetzt ist, umso sicherer ist das Surfen. Der Nachteil ist aber, dass damit die Funktionalität des Internet Explorers eingeschränkt wird. Internetbanking wird beispielsweise in der Sicherheitsstufe »Hoch« kaum noch möglich sein. Die Stufen »Niedrig« lassen dagegen alle Funktionen zu, d.h., aktive Inhalte und Skriptprogramme sind zulässig (daher sind die Stufen standardmäßig für die Internetzone blockiert). Daher herrscht dort ein erhöhtes Risiko für Angriffe. Bei Standardvorgaben können Sie den Schieberegler auf der Registerkarte nach oben oder unten ziehen, um die Sicherheitsstufe einer markierten Webinhaltszone anzupassen.

Der Schieberegler in der Gruppe *Sicherheitsstufe für diese Zone* auf der Registerkarte *Sicherheit* ermöglicht aber nur eine sehr grobe Auswahl der im Browser zulässigen Funktionen. Über die Schaltfläche *Stufe anpassen* öffnet sich das in Bild 15.61, rechts, gezeigte Dialogfeld. Dort können Sie Funktionseinschränkungen wesentlich detaillierter festlegen.

HINWEIS

Sie können z.B. die Optionen zum Ausführen von ActiveX- oder Java-Komponenten sowie JavaScript auf *Deaktiviert* stellen. Dies erhöht zwar die Sicherheit dramatisch. In der Praxis wird man aber immer einen Kompromiss zwischen den Sicherheitsanforderungen und den Erfordernissen der Webseiten wählen müssen. Rufen Sie häufiger eine Website auf, die ActiveX, Plug-Ins (Add-Ons) oder Java (z.B. die Microsoft Update-Seiten, YouTube, Chaträume) oder gelockerte Sicherheitseinstellungen benötigt, und vertrauen Sie dem Anbieter, können Sie diesen in die Liste der vertrauenswürdigen Sites eintragen. Dort können dann Scripting oder die Ausführung von ActiveX-Komponenten oder Java-Applets zugelassen werden. Die Internetseiten unbekannter Anbieter sollten aber möglichst mit restriktiveren Sicherheitseinstellungen abgerufen werden. Websites, die mit Layer Ads arbeiten, stufe ich in der Zone der eingeschränkten Sites ein, um Werbeeinblendungen zu unterbinden.

Eine Übersicht über viele der Optionen des Dialogfelds *Sicherheitseinstellungen* finden Sie auf meiner Webseite `http://www.borncity.de/Tricks/IE/` [w8-k15-004] (die Einstellungen gelten auch noch weitgehend für den Internet Explorer 10). Das Konzept der Webinhaltszonen ist zwar ganz pfiffig, sollte Sie aber nicht vollständig in Sicherheit wiegen. Möglicherweise gibt es im Browser Sicherheitslücken, die entsprechend manipulierten Webseiten das Ausführen von Funktionen mit den niedrigsten Sicherheitseinstellungen erlauben. Microsoft schließt solche Lücken zwar durch Sicherheitsupdates. Aber man sollte sich des (theoretischen) Risikos bewusst sein, dass ggf. weitere Sicherheitslücken vorhanden sind. Mit individuell angepassten Sicherheitseinstellungen (z.B. Scripting und aktive Inhalte deaktiviert) lässt sich das Risiko aber weitgehend eliminieren. Achten Sie beim Internet Explorer auch darauf, dass das Kontrollkästchen *Geschützten Modus aktivieren* auf der Registerkarte *Sicherheit* markiert ist. Der Browser läuft dann in einem Modus mit reduzierten Rechten, sodass keine Änderungen am System ohne Zustimmung des Benutzers vorgenommen werden können.

So stufen Sie einzelne Websites ein

Ohne Ihr weiteres Zutun werden alle angesurften Webseiten der Webinhaltszone *Internet* zugeordnet und im betreffenden Sicherheitskontext angezeigt. Setzen Sie die Sicherheitseinstellungen zu hoch, werden viele Webseiten nicht mehr korrekt angezeigt. Sie können aber bestimmte Websites den Zonen *Vertrauenswürdige Sites* und *Eingeschränkte Sites* zuordnen. Dies ermöglicht Ihnen beispielsweise, in Seiten für Internetbanking über die Zone *Vertrauenswürdige Sites* die ggf. benötigte Ausführung von Java oder Skripten zuzulassen. Häufiger angesurfte Webseiten, deren Anbieter Ihnen aber unbekannt oder nicht besonders vertrauenswürdig erscheinen, tragen Sie in die Zone *Eingeschränkte Sites* ein. Um die Adresse einer Webseite in die Zonen *Vertrauenswürdige Sites* oder *Eingeschränkte Sites* aufzunehmen, gehen Sie folgendermaßen vor:

1. Markieren Sie auf der Registerkarte *Sicherheit* das Symbol der gewünschten Webinhaltszone (*Vertrauenswürdige Sites* oder *Eingeschränkte Sites*) und klicken Sie anschließend auf die nun freigegebene Schaltfläche *Sites* (Bild 15.61, links).
2. Im nun erscheinenden Dialogfeld *Eingeschränkte Sites* bzw. *Vertrauenswürdige Sites* tippen Sie die Adresse (URL) für die betreffende Website in das Feld *Diese Website zur Zone hinzufügen* ein (Bild 15.62).

Bereits beim Eintippen einer URL wird Ihnen ggf. eine Liste bereits besuchter Websites mit ähnlichen URLs angezeigt. Erscheint die URL, können Sie die zugehörige Adresse durch Anklicken übernehmen. Zum Entfernen einer Website wählen Sie die betreffende Adresse (URL) in der Liste an und betätigen die *Entfernen*-Schaltfläche.

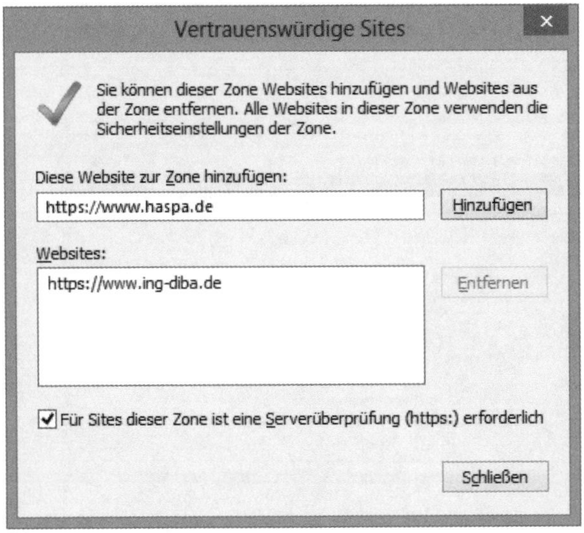

Bild 15.62: Website zu einer Zone hinzufügen

HINWEIS

Bei vertraulichen Inhalten (z.B. beim Internetbanking oder beim E-Mail-Austausch) wird das bereits oben erwähnte *https:*-Protokoll benutzt, bei dem die Seiten verschlüsselt übertragen werden. Beim Eintippen der Internetadresse (URL, Uniform Resource Location) wird der Vorspann für das Protokoll normalerweise weggelassen. Markieren Sie aber im Dialogfeld *Vertrauenswürdige Sites* das Kontrollkästchen *Für Sites dieser Zone ist eine Serverüberprüfung (https:) erforderlich*, werden nur Sites in der Liste der vertrauenswürdigen Sites akzeptiert, denen das Kürzel *https://* vorangestellt ist. Der Browser prüft dann, ob die Seiten auf einem abgesicherten *https:*-Server liegen. Möchten Sie beide Protokollvarianten in der Liste der vertrauenswürdigen Sites verwenden, lassen Sie das Kontrollkästchen unmarkiert. Webseiten, die auf *https:*-Servern liegen, muss dann beim Eintragen in die Liste der vertrauenswürdigen Sites der Vorspann *https://* vorangestellt werden.

Der Heise-Verlag bietet unter `http://www.heise.de/security/dienste/browsercheck` [w8-k15-005] deutschsprachige Informationen rund um das Thema Sicherheit sowie Testseiten, um die Anfälligkeit verschiedener Browser (Internet Explorer, Mozilla/Firefox etc.) gegenüber bestimmten Sicherheitslücken zu überprüfen.

15.4.9 Add-Ons verwalten

Beim Internet Explorer lässt sich die Funktionalität über Add-Ons erweitern. Zum Verwalten der Add-Ons wählen Sie im Internet Explorer über die Menüschaltfläche *Extras* den Befehl *Add-Ons verwalten*. Anschließend können Sie im eingeblendeten Dialogfeld (Bild 15.63) das Add-On wählen. In der Liste *Add-On-Typen* lässt sich beim Internet Explorer dabei zwischen diversen Kategorien umschalten. Anschließend können Sie, bei angewähltem Add-On, über eingeblendete Schaltflächen die Einstellungen des Add-Ons anpassen oder die Funktion deaktivieren sowie das Add-On deinstallieren.

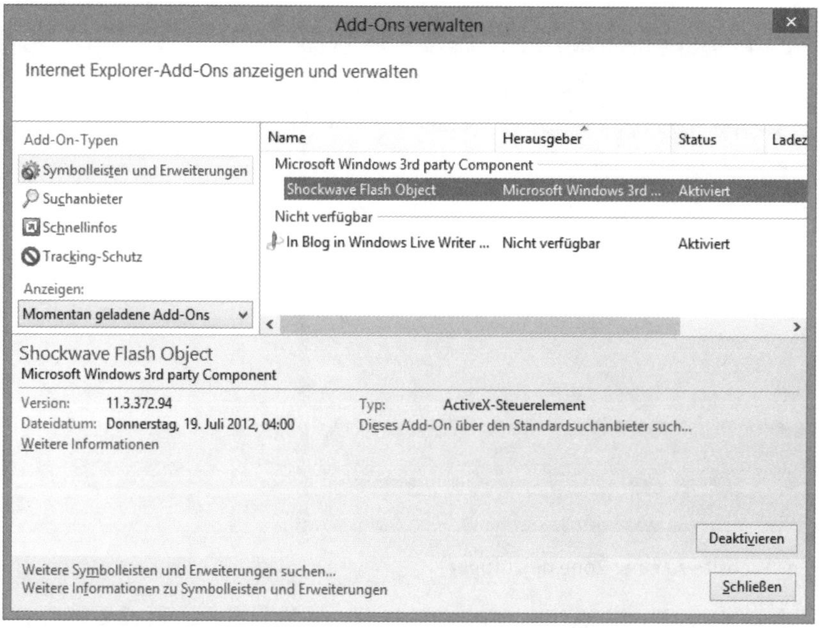

Bild 15.63: Add-Ons verwalten

15.5 Anpassen der Browsereinstellungen

Beim Internet Explorer lassen sich diverse Einstellungen anpassen. Einige dieser Optionen sind auf den vorherigen Seiten beschrieben. Nachfolgend finden Sie noch einige Hinweise zu verschiedenen Optionen.

15.5.1 Internetoptionen beim Internet Explorer

Über den Befehl *Internetoptionen* im Menü der Schaltfläche *Extras* öffnen Sie ein Eigenschaftenfenster (Bild 15.64), auf dessen Registerkarten Sie das Verhalten des Browsers beeinflussen können.

Auf der Registerkarte *Allgemein* (Bild 15.64) finden Sie in der Gruppe *Startseite* Elemente, um die Startseite des Browsers vorzugeben. Rufen Sie eine Internetseite vor dem Aufruf dieser Registerkarte auf, lässt sich diese mittels der Schaltfläche *Aktuelle Seite* als Startseite vereinbaren. Die Schaltfläche *Standardseite* stellt eine Microsoft-Startseite ein und die neue Schaltfläche *Neue Registerkarte verwenden* trägt eine leere Seite »about:tabs« als Startseite ein. Die Startseite wird beim Aufruf des Internet Explorers sowie bei Anwahl der Schaltfläche *Startseite* abgerufen.

TIPP

Sie können auch mehrere Startseiten (Zeilen durch ↵-Taste trennen) auf der Registerkarte *Allgemein* eintragen. Dann werden diese auf separaten Registerkarten geöffnet. Die Angabe »about:blank« bewirkt die Anzeige einer leeren Seite. Über die Optionsfelder der Gruppe *Start* können Sie zudem festlegen, ob beim Aufruf des Browsers die Registerkarten der letzten Browsersitzung oder die Startseite anzuzeigen sind.

Bild 15.64: Registerkarte *Allgemein*

In der Gruppe *Browserverlauf* lässt sich über die Schaltfläche *Löschen* das Dialogfeld zum Löschen des Verlaufs, festgelegter Cookies, temporärer Internetdateien, Formulardaten und gespeicherter Kennwörter aufrufen. Verwenden Sie die Schaltfläche *Einstellungen*, um in einem Dialogfeld festzulegen, wann die temporären Internetdateien im Browsercache zu aktualisieren sind und wie groß der Cache sein soll.

Über die Schaltfläche *Registerkarten* der gleichnamigen Gruppe lässt sich die Anzeige der Webseiten auf den Registerkarten beeinflussen. Die Schaltflächen der Gruppe *Darstellung* öffnen Dialogfelder zur Anpassung der Seitenanzeige.

Auf der Registerkarte *Inhalte* lassen sich die Family-Safety-Einstellungen (siehe *Kapitel 22*) sowie der Inhaltsratgeber aufrufen. Über beide Funktionen kann festgelegt werden, welche Webseiteninhalte (kein Sex, keine Gewaltszenen) abgerufen werden dürfen.

Über die Registerkarte *Erweitert* lässt sich eine Reihe von Einstelloptionen über Kontrollkästchen festlegen. Auf der Registerkarte *Programme* finden Sie die Option zur Aktivierung der Überwachung, ob der Internet Explorer der Standardbrowser ist. Die Registerkarte bietet weitere Schaltflächen zum Aufrufen der Add-On-Verwaltung oder zur Anpassung des Programms, das zur HTML-Quellcodebearbeitung benutzt wird.

15.5.2 Weitere Funktionen des Internet Explorers

Neben den auf den vorhergehenden Seiten beschriebenen Funktionen wartet der Internet Explorer mit einigen weiteren interessanten Features auf.

- *Tastaturnavigation:* Über die Funktionstaste [F7] oder über den Befehl *Datei/Tastaturnavigation* der Menüschaltfläche *Extras* lässt sich die Funktion der Tastaturnavigation ein- oder ausschalten. Bei eingeschalteter Tastaturnavigation kann mittels der Cursortasten ([←], [→] etc.) innerhalb der Webseite zwischen Hyperlinks und Inhalten navigiert werden. Dies verbessert den barrierefreien Zugang zu Internetangeboten.
- *Entwicklertools:* Über die Funktionstaste [F12] bzw. den Befehl *F12 Entwicklertools* der Menüschaltfläche *Extras* lässt sich im Internet Explorer ein zusätzliches Programmfenster öffnen. Entwickler von Webseiten können in diesem Fenster den HTML-Quellcode, die zur Darstellung verwendeten CSS-Definitionen sowie Skripte einsehen oder die Funktion des Profilers starten. Zudem bietet das Fenster in einer Menüleiste weitere Funktionen, um HTML-Code oder CSS-Vorgaben zu überprüfen, Skripte zu debuggen und vieles mehr.

Im Kontextmenü finden Sie zudem Befehle, um über den Internet Explorer direkt auf die Microsoft Live-Dienste zuzugreifen. Sie können z.B. Texte im Browser markieren und dann mit dem Dienst Bing übersetzen lassen, mit Windows Live Mail E-Mails verfassen oder über *Suche mit Bing* in der Suchmaschine nach dem Begriff suchen lassen.

16 E-Mails und Kontakte verwalten

Windows 8 enthält die Apps Mail und Kontakte zur E-Mail-Bearbeitung und zur Verwaltung von Kontakten (z.B. in Google, Facebook etc.). Nachfolgend finden Sie eine Beschreibung der Funktionen dieser beiden Apps und erfahren, welche weiteren Möglichkeiten es zur Verwaltung von E-Mails und Kontakten gibt.

16.1 Arbeiten mit der Mail-App

Die in Windows 8 enthaltene Mail-App ermöglicht den Zugriff auf E-Mail-Postfächer (Exchange, Hotmail, Google-Mail etc.). Nachfolgend werden die Einrichtung der E-Mail-Konten und der Umgang mit der App skizziert.

16.1.1 Welche E-Mail-Anbieter unterstützt die Mail-App?

Die Mail-App kann auf die Postfächer verschiedener E-Mail-Anbieter zugreifen. Der Austausch von Nachrichten funktioniert jedoch nur, wenn der E-Mail-Server des betreffenden Anbieters folgende Übertragungsprotokolle unterstützt:

- EXCHANGE ACTIVESYNC (EAS): Über dieses Protokoll können Postfächer auf Microsoft Exchange-Servern, bei Hotmail, bei Outlook.com und bei Google Mail verwaltet werden.
- IMAP: Bei E-Mail-Servern, die das Internet Message Access Protocol (IMAP) unterstützen, kann die Mail-App auf die Ordner eines E-Mail-Postfachs zugreifen und die dort vorhandenen Inhalte anzeigen.
- SMTP: Sofern ein E-Mail-Server dieses Protokoll (Simple Mail Transfer Protocol) unterstützt, kann die Mail-App über den Postausgangsserver neue Nachrichten versenden.

Exchange ActiveSync und IMAP ist gemeinsam, dass die E-Mails auf dem Server verbleiben, bis diese explizit von Ihnen gelöscht werden. Die Mail-App holt während einer Sitzung lediglich die Inhalte der betreffenden Postfachordner über das Internet ab und zeigt die neuesten Nachrichten bei Bedarf an.

> HINWEIS
>
> Anbieter wie Microsoft Hotmail oder Google Mail lassen sich problemlos in der Mail-App einrichten. Bei anderen Postfachanbietern informieren Sie sich, welche Protokolle unterstützt werden. Die erforderlichen Daten wie die IMAP- und SMTP-Adressen erfahren Sie vom betreffenden Anbieter. Bei 1&1 ist eine IMAP-Unterstützung generell, bei Web.de nur bei kostenpflichtigen Web.de-Club-Postfächern möglich.

POP3-Server, wie sie von vielen Anbietern verwendet werden, können dagegen in der Mail-App nicht konfiguriert werden. Stellt der Anbieter eines E-Mail-Postfachs nur einen Mail-Abruf per POP3 bereit, verwenden Sie einen Windows-Client wie Windows Live Mail aus den Windows Essentials 2012 oder Microsoft Outlook. Viele E-Mail-Postfächer unterstützen zudem Web-Mail, sodass der Zugriff auf das Postfach über einen Browser möglich ist. Weiterhin besteht die Möglichkeit, solche Postfächer auf ein Hotmail-Konto umzuleiten und dieses per Mail-App abzufragen.

16.1.2 Die Mail-App aufrufen

Zum Aufrufen der App reicht die Anwahl der Kachel *Mail* auf der Startseite (Bild 16.1). Die Darstellung der Kachel hängt davon ab, ob die Mail-App eingerichtet wurde oder nicht.

Bild 16.1: Kachel der Mail-App auf der Startseite

Bei einem konfigurierten Mail-Konto zeigt die App auf der Kachel die neuesten Nachrichten sowie die Zahl der neu eingetroffenen Mails (Bild 16.1, rechte Kachel). Bevor Sie mit der App arbeiten können, muss mindestens ein E-Mail-Konto mit den zugehörigen Zugangsdaten eingerichtet worden sein. Zudem erfordert die App die einmalige Anmeldung an einem Microsoft-Konto, über das der Zugriff auf weitere E-Mail-Konten verwaltet wird.

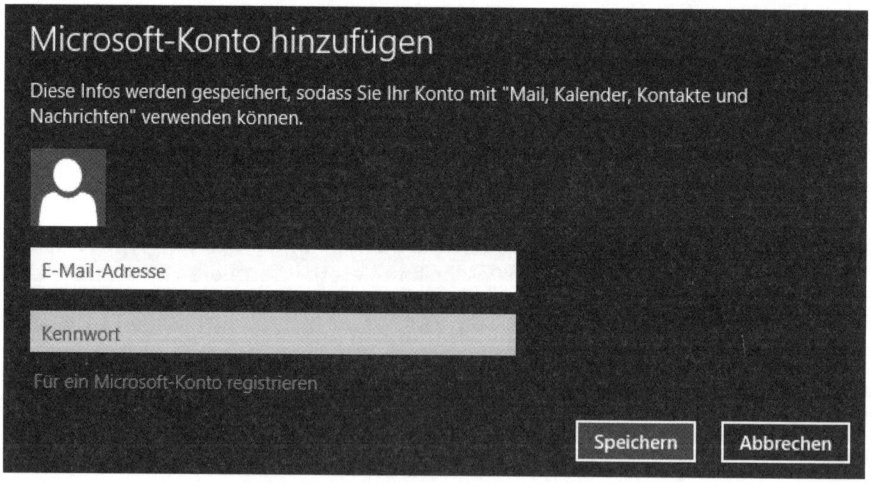

Bild 16.2: Anmeldung beim Microsoft-Konto

Besteht keine solche Verbindung, erscheint beim Aufruf der Mail-App das Anmeldeformular für ein Microsoft-Konto (Bild 16.2). Tragen Sie die Anmeldedaten eines bestehenden Microsoft-Kontos (Live-ID-Konto) ein oder registrieren Sie sich für ein solches Konto neu.

> HINWEIS
>
> Sofern Sie bereits unter einem Microsoft-Konto angemeldet sind, wird dieses zur Verwaltung der Mail-Konten verwendet. Das Anmeldeformular für das Microsoft-Konto aus Bild 16.2 erscheint dann nicht.

16.1.3 E-Mail-Konten in der Mail-App einrichten

Zum Zugriff auf E-Mail-Postfächer ist das einmalige Einrichten der jeweiligen E-Mail-Konten erforderlich.

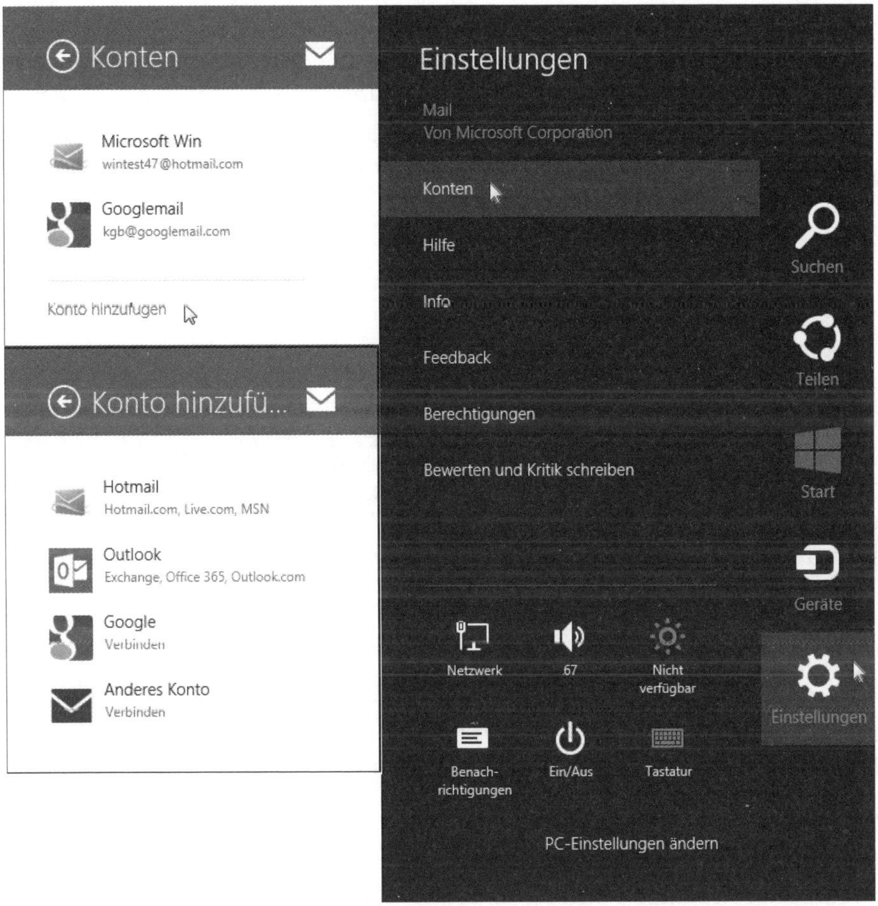

Bild 16.3: E-Mail-Konto zur Mail-App hinzufügen

1. Blenden Sie bei geöffneter Mail-App die Charms-Leiste am rechten Bildschirmrand ein (z.B. [⊞]+[C] drücken, per Maus in die rechte obere Ecke des Bildschirms zeigen oder per Finger vom rechten Bildschirmrand nach links wischen).
2. Klicken Sie auf *Einstellungen* (Bild 16.3, rechts). In der nun eingeblendeten Seitenleiste *Einstellungen* wählen Sie den Befehl *Konten* (Bild 16.3, Mitte).
3. Sobald die Seitenleiste *Konten* (Bild 16.3, oben links) erscheint, wählen Sie den Link *Konto hinzufügen*.
4. In der Seitenleiste *Konto hinzufügen* (Bild 16.3, unten links) wählen Sie den gewünschten Anbieter *Hotmail, Outlook, Google, Yahoo* etc. oder *Anderes Konto* aus.
5. Geben Sie die Anmeldedaten in die betreffenden Felder des angezeigten Formulars ein und klicken Sie auf die *Verbinden*-Schaltfläche.

Das angezeigte Formular zum Eingeben der Anmeldedaten hängt vom gewählten Anbieter ab. Bei den Einträgen Hotmail, Outlook, Google hat Microsoft die Anmeldeformulare bereits auf den Anbieter abgestimmt.

- Standardmäßig werden bei solchen Konten lediglich die E-Mail-Adresse und das Kennwort für den gewählten Anbieter im Formular abgefragt (Bild 16.4, links).
- Bei einem Google-Konto lassen sich zusätzlich über ein Kontrollkästchen Google-Kontakte und der Google-Kalender mit synchronisieren (Bild 16.4, rechts).

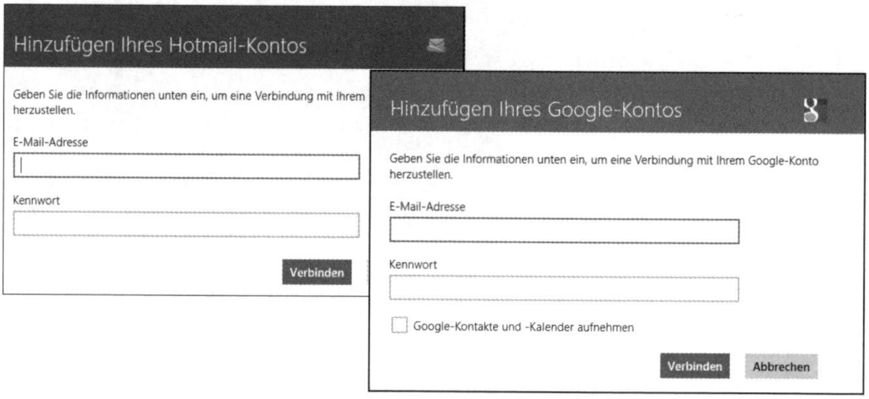

Bild 16.4: Hotmail- und Google-Konten konfigurieren

- Ist der E-Mail-Anbieter nicht aufgeführt, wählen Sie in der Seitenleiste *Konto hinzufügen* (Bild 16.3, unten links) den Wert *Anderes Konto*.
- Im eingeblendeten Fenster (Bild 16.5, links) wählen Sie den Link *Mehr Details anzeigen*. Die Darstellung des Formulars wird erweitert. Tragen Sie dann die Zugangsdaten Ihres E-Mail-Anbieters in die Felder des eingeblendeten Formulars (Bild 16.5, rechts) ein.

Neben der E-Mail-Adresse des betreffenden Kontos werden im Formular der Benutzername und das Kennwort zur Authentifizierung abgefragt. Im unteren Teil des Formulars finden Sie die Felder, in denen die Adressen der SMTP- und IMAP-Server einzutragen sind.

Die benötigten Daten erfragen Sie beim Anbieter Ihres Postfachs bzw. schlagen diese auf dessen Webseiten nach. Nachfolgend finden Sie die Daten einiger E-Mail-Anbieter.

Anbieter	IMAP (Posteingang)	SMTP (Postausgang)
1 und 1	imap.1und1.de TLS: Port 143 SSL: Port 993	smtp.1und1.de Port 25
Web.de	imap.web.de Port 993	smtp.web.de Port 587
T-Online	imapmail.t-online.de Port 143 secureimap.t-online.de SSL: Port 993	smtpmail.t-online.de Port 587 oder 25 securesmtp.t-online.de SSL: Port 587 oder 25

Tabelle 16.1: IMAP- und SMTP-Adressen

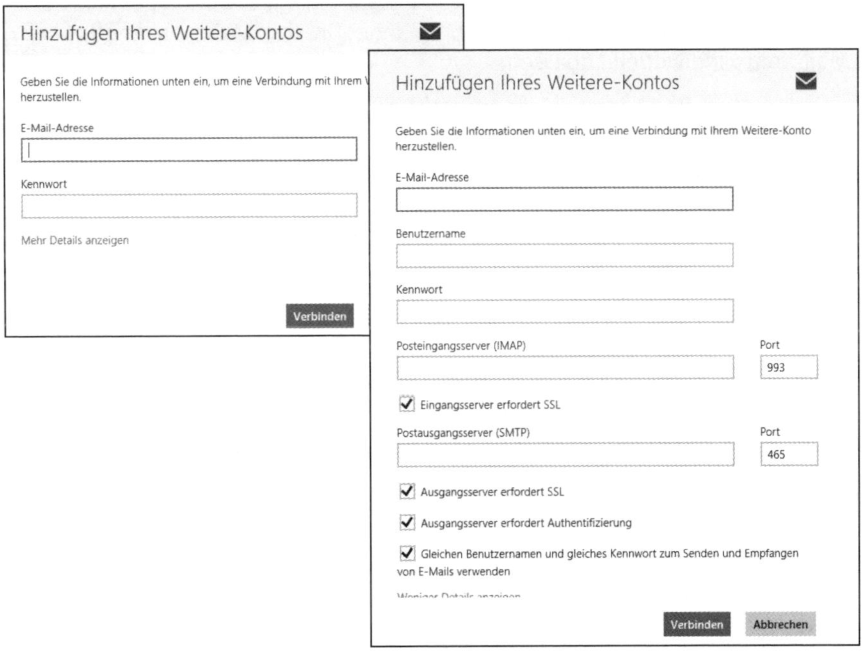

Bild 16.5: E-Mail-Konto zur Mail-App hinzufügen

HINWEIS

SSL ist ein abgesichertes Transportprotokoll für Daten im Web. TLS ist die nachfolgende Bezeichnung für höhere SSL-Versionen (siehe `http://de.wikipedia.org/wiki/Transport_Layer_Security` [w8-k16-001]. Bei Verbindungsproblemen sollten Sie versuchsweise den SSL-Port und im nächsten Durchgang den TLS-Port im Feld *Port* des Mail-Formulars eingeben.

Ob der Posteingangs- bzw. Postausgangsserver eine SSL-Verschlüsselung unterstützt, müssen Sie beim Anbieter Ihres Postfachs erfragen.

Sind die Anmeldedaten korrekt, fügt die Mail-App diese zur Konfigurierung hinzu und beginnt mit der Synchronisation des betreffenden Postfachs. Dabei werden die Kopfzeilen der Nachrichten, nicht aber die Nachrichtentexte und Anhänge heruntergeladen und von der App bei Anwahl des Kontos angezeigt.

ACHTUNG

Verzichten Sie bei Windows-Live-ID-Benutzerkonten auf Sonderzeichen wie Umlaute im Benutzernamen bzw. im Kennwort, da es andernfalls Probleme bei der Anmeldung geben kann. Bei Problemen mit Google-Konten ist *@googlemail.com* statt *@gmail.com* in der E-Mail-Adresse zu verwenden.

16.1.4 Anpassen der Konteneinstellungen

Soll der Name des angezeigten Postfachs in der Mail-App umbenannt werden? Zeigt die Mail-App weniger E-Mails im Posteingang als mit anderen Programmen? Möchten Sie die Signatur, die durch die Mail-App unter jede ausgehende Nachricht eingefügt wird, anpassen? Soll der Zeitraum des Mailabrufs geändert werden? Diese Einstellungen lassen sich für jedes in der Mail-App konfigurierte E-Mail-Konto individuell anpassen.

1. Blenden Sie die Charms-Leiste am rechten Seitenrand ein und wählen Sie *Einstellungen*.
2. In der Seitenleiste *Einstellungen* wählen Sie den Eintrag *Konten* (siehe Bild 16.3) und in der Seitenleiste *Konten* (Bild 16.6, rechts) den Eintrag des gewünschten E-Mail-Kontos.
3. Anschließend passen Sie in der Seitenleiste des Kontos (Bild 16.6, links) die gewünschten Einstellungen an.

Auch hier hängt die Zahl und Art der angezeigten Felder vom gewählten Konto ab. Standardmäßig sind aber die in Bild 16.6, links, gezeigten Felder sichtbar. Bei Google-Mail gibt es in der Gruppe *Zu synchronisierender Inhalt* zusätzliche Optionen, um Kalender und Kontakte mit zu synchronisieren.

- Sofern E-Mails in der Anzeige des Posteingangs fehlen, prüfen Sie, ob der Wert des Listenfelds *E-Mail herunterladen* auf »Immer« gesetzt ist – dies kann aber die Synchronisierungszeit des Postfachs erheblich verlängern.
- Lässt der E-Mail-Anbieter nur den Abruf von E-Mails alle 15 Minuten zu oder möchten Sie den Datenverkehr begrenzen, passen Sie den Wert des Felds *Neue E-Mail herunterladen* entsprechend an.

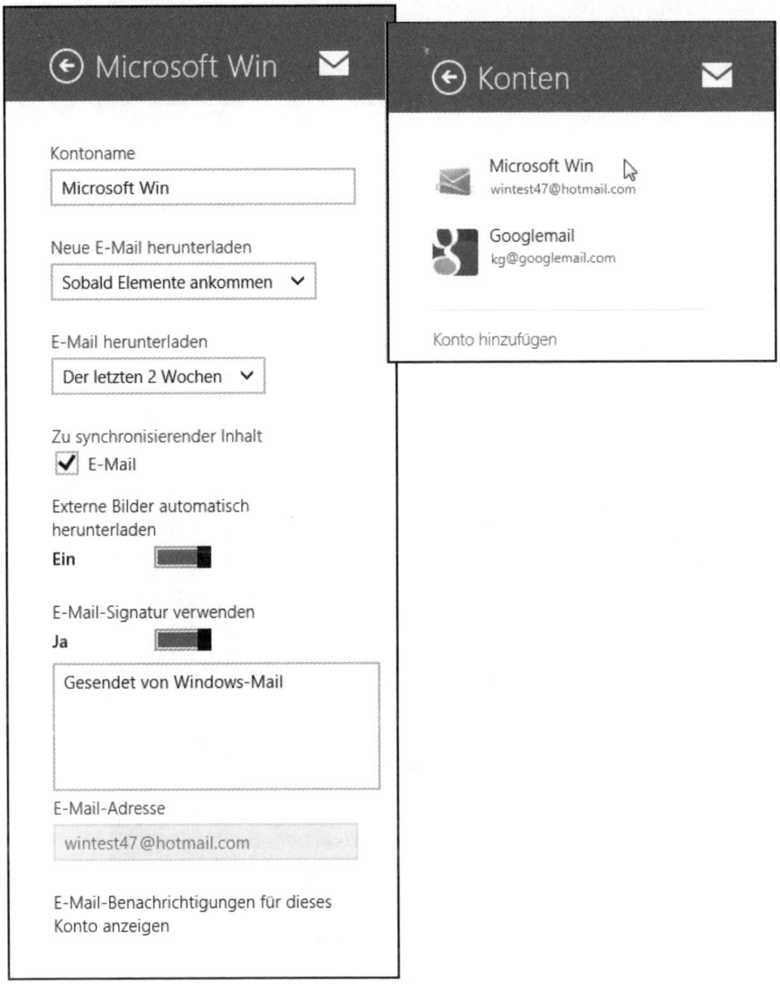

Bild 16.6: Kontendaten anpassen

- Ob eine Signatur unter jede ausgehende Mail eingefügt wird, lässt sich über den Schiebeschalter *E-Mail-Signatur verwenden* steuern. Den Text der Signatur passen Sie über das zugehörige Textfeld an.
- Am unteren Rand der Seitenleiste befindet sich zudem der Schiebeschalter *E-Mail-Benachrichtigungen für dieses Konto anzeigen* (ggf. per Bildlaufleiste zum unteren Rand blättern). Stellen Sie die Option auf »Aus«, wenn neue Mails nicht zu Benachrichtigungen führen sollen.

Um ein Mail-Konto zu löschen, blättern Sie in dessen Seitenleiste (Bild 16.6, links) per Bildlaufleiste zum unteren Rand. Dort finden Sie die Schaltfläche *Konto entfernen*. Beim Microsoft-Konto, das zur Verwaltung der Kontenzugriffe verwendet wird, ist die Schaltfläche mit *Konten entfernen* benannt. Diese Schaltfläche löst die Verknüpfung mit dem Microsoft-Konto und damit auch den Zugriff auf alle konfigurierten E-Mail-Konten.

HINWEIS

Sind Sie an einem Microsoft-Konto angemeldet, wird die Schaltfläche *Konto entfernen* abgeblendet (das Konto wird ja als Anmeldekonto bei Windows verwendet). Dann gibt es den zusätzlichen Hinweis, dass man zu *Einstellungen/Weitere PC-Einstellungen* wechseln soll, um dieses Konto zu ändern oder zu entfernen.

16.1.5 Berechtigungen der Mail-App anpassen

Apps können auf dem Sperrbildschirm Benachrichtigungen anzeigen. Die Mail-App kann beispielsweise Benachrichtigungen über eintreffende E-Mails auf der Kachel der Startseite sowie auf dem Sperrbildschirm einblenden. Die Einstellungen lassen sich in der Seitenleiste *Berechtigungen* anpassen (Bild 16.7, links).

1. Blenden Sie, bei angezeigter Mail-App-Seite, die Charms-Leiste am rechten Seitenrand ein (z.B. [⊞]+[C] drücken) und wählen Sie *Einstellungen*.
2. In der Seitenleiste *Einstellungen* wählen Sie den Befehl *Berechtigungen* (Bild 16.7, rechts) an.

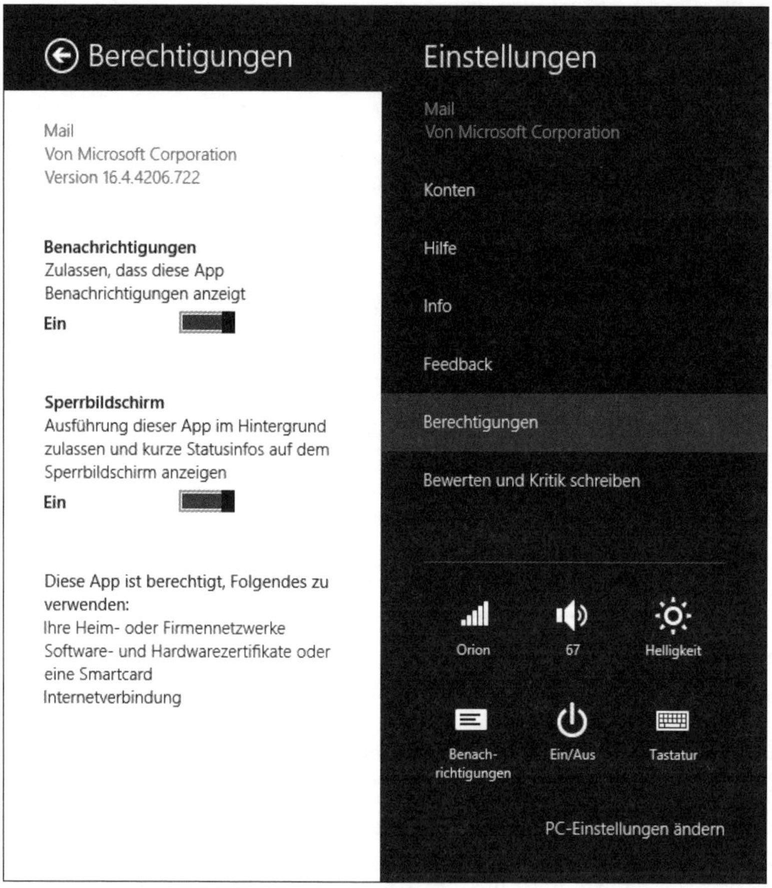

Bild 16.7: Berechtigungen der Mail-App anpassen

3. Anschließend schalten Sie in der Seitenleiste *Berechtigungen* (Bild 16.7, links) die Optionen für die Benachrichtigung auf der Kachel sowie für Statusinformationen auf dem Sperrbildschirm durch Anwählen ein oder aus.

Die Seitenleiste verschwindet, sobald Sie eine andere Stelle des Mail-App-Fensters anklicken oder antippen.

16.2 Arbeiten mit der Mail-App

Sobald E-Mail-Konten in der Mail-App eingerichtet sind, können Sie die Postfächer einsehen, auf E-Mails zugreifen, Nachrichten beantworten und auch selbst E-Mails schreiben. Nachfolgend werden die Funktionen vorgestellt.

16.2.1 E-Mails einsehen und löschen

Ist die Mail-App mit einem Microsoft-Konto verbunden, kann die App zum Zugriff auf die konfigurierten Postfächer verwendet werden. Nach dem Start der Mail-App erscheint die App-Seite entweder mit der Kontenübersicht (Bild 16.8, Hintergrund oben), oder mit der Anzeige des zuletzt angewählten Posteingangsordners (Bild 16.8, Vordergrund unten). Abhängig von der Bildschirmauflösung gibt es allerdings noch eine dritte Darstellung (Bild 16.9), in der alle Informationen in drei Spalten zusammengefasst sind.

- In der Kontenübersicht (Bild 16.8, Hintergrund oben) werden die konfigurierten Benutzerkonten in der linken Spalte als Gruppen aufgelistet (hier Hotmail und Google-Mail).
- Nach Anwahl eines Kontos blendet die Mail-App dessen Ordnerstruktur in der linken (Bild 16.8, Vordergrund unten) Spalte ein. Abhängig vom Anbieter des Postfachs finden sich dort Einträge für Posteingang, Postausgang, Entwürfe, gesendete Elemente, eventuell gelöschte Elemente und für Junk-E-Mail. Hinter dem Ordnernamen wird die Zahl der Einträge in diesem Ordner aufgelistet.
- Wählen Sie einen der Ordner (z.B. Posteingang) in der linken Spalte an, schaltet die Mail-App zur Seite mit der Anzeige des Ordnerinhalts um (Bild 16.8, Vordergrund unten). In der linken Spalte werden die Nachrichten des Ordners aufgelistet. Markieren Sie in der linken Spalte eine der Nachrichten, erscheint deren Inhalt in der rechten Spalte des Fensters. Verwenden Sie die in der linken oberen Ecke des App-Fensters eingeblendete Schaltfläche *Zurück*, um vom Posteingang (Bild 16.8, Vordergrund unten) zur Übersichtsdarstellung aller Konten (Bild 16.8, Hintergrund oben) zurückzukehren. Bei der Darstellung aus Bild 16.9 werden die Informationen zu einem Ordnerinhalt und zur gewählten Mail dagegen in der mittleren und rechten Spalte angezeigt.
- Über die in der oberen rechten Ecke des App-Fensters angebrachte Schaltfläche *Löschen* (Bild 16.8, Vordergrund unten) wird die aktuell angezeigte Nachricht ohne weitere Nachfragen entfernt.
- Neu eintreffende Nachrichten werden mit einer fetten Betreffzeile angezeigt. Wählen Sie die Nachricht in der linken Spalte an, hebt die Mail-App die Fettschrift nach einigen Sekunden auf. Dies kennzeichnet gelesene Mails. Blenden Sie die App-Leiste am unteren Seitenrand ein, lässt sich die Schaltfläche *Als ungelesen markieren* wählen. Die Nachrichtenzeile wird in der linken Spalte wieder als ungelesen (also in fetter Schrift) angezeigt.

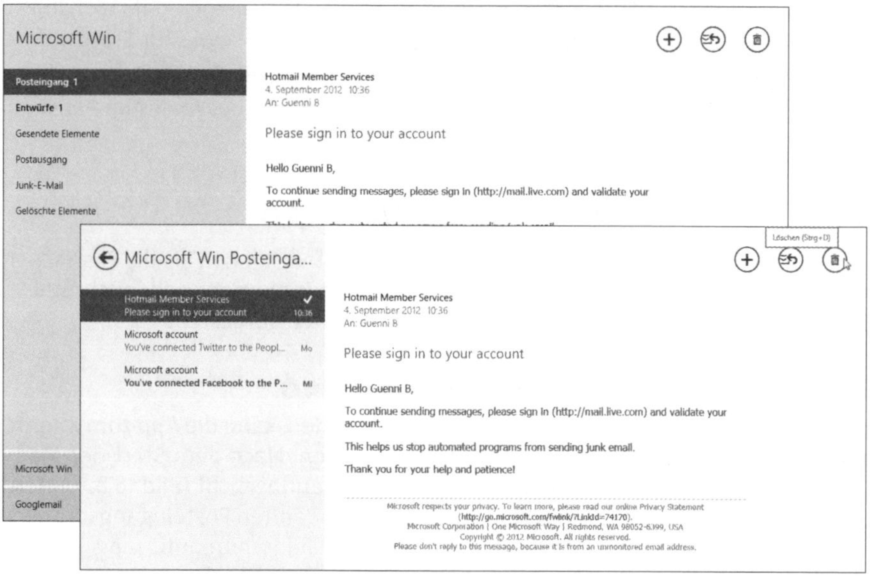

Bild 16.8: Fenster der Mail-App mit Postfächern und Mails

Bild 16.9: Dreispaltige Darstellung im Fenster der Mail-App

> HINWEIS
>
> Die Mail-App bildet die Ordnerstruktur des Mail-Servers für das Postfach ab. Es tauchen also die Ordner auf, die der Mailanbieter auf seinem Server verwaltet. Die Anbieter von E-Mail-Postfächern filtern eintreffende Mails und sortieren Spam-Nachrichten (unerwünschte Werbemails) in den Ordner *Junk-E-Mail* ein. Dies verhindert, dass Ihr Posteingang mit Werbung oder Ähnlichem überflutet wird. Wählen Sie von Zeit zu Zeit den Ordner *Junk-E-Mail* in der linken Spalte der Mail-App an und löschen Sie diese unerwünschten Werbenachrichten.

16.2.2 Nachrichten verschieben

Nachrichten werden auf dem E-Mail-Server in die im vorherigen Abschnitt beschriebenen Postfachordner wie Posteingang, Postausgang, Entwürfe, gesendete Elemente, eventuell gelöschte Elemente und Junk-E-Mail einsortiert. Landen Mails unbegründet im Ordner *Junk-E-Mail* oder finden Sie Spam-Nachrichten im Posteingang? Diese fehlsortierten Mails können Sie verschieben.

1. Markieren Sie die zu verschiebende Nachricht im Fenster der Mail-App (Bild 16.10), sodass der Nachrichteninhalt im rechten Teil des Fensters erscheint.
2. Blenden Sie die App-Leiste am unteren Rand des App-Fensters ein und wählen Sie die Schaltfläche *Verschieben* (Bild 16.10).
3. Sobald die Mail-App die Liste der Postfachordner in der linken Spalte des App-Fensters anzeigt, wählen Sie den Zielordner aus.

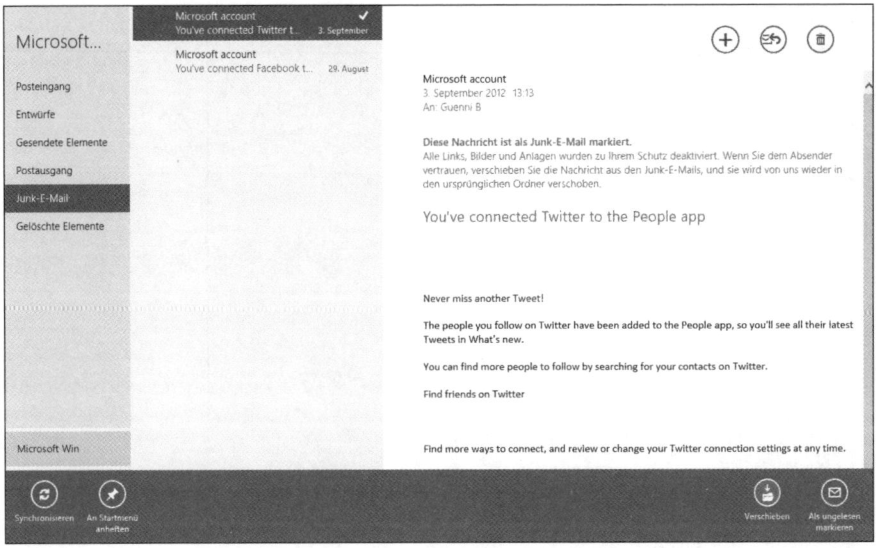

Bild 16.10: Mails verschieben

Die Nachricht wird dann auf dem E-Mail-Server in diesen Ordner verschoben. Auf diese Weise können Sie sehr einfach fehlerhaft im *Junk-E-Mail*-Ordner gelandete Nachrichten in den Posteingang verschieben.

16.2.3 Mail-App synchronisieren

Die Mail-App tauscht die Nachrichten gemäß den eingestellten Optionen (siehe den Abschnitt »16.1.4 Anpassen der Konteneinstellungen«) mit dem E-Mail-Server aus. Benötigen Sie einen Abgleich zwischen Mail-App und dem Mail-Server, wählen Sie das gewünschte Postfach im App-Fenster an. Dann reicht die Anwahl der Schaltfläche *Synchronisieren* (Bild 16.10) in der App-Leiste zum Abgleich der Anzeige mit dem Mail-Server.

16.2.4 Ein Postfach an die Startseite anheften

Sind mehrere E-Mail-Konten in der Mail-App eingerichtet und möchten Sie einen schnellen Zugriff auf spezielle Postfächer haben? Dann bietet es sich an, das Postfach als Kachel auf der Startseite einzufügen. Anschließend genügt die Anwahl dieser Kachel, um das zugehörige Postfach direkt in der Mail-App zu öffnen. Zum Einrichten der Kachel gehen Sie in folgenden Schritten vor.

1. Wählen Sie das Postfach und dann den Posteingangsordner in der linken Spalte des Mail-App-Fensters an.
2. Blenden Sie die App-Leiste am unteren Rand des App-Fensters ein und wählen Sie die Schaltfläche *An Startmenü anheften* (Bild 16.11).
3. Korrigieren Sie ggf. den im eingeblendeten Fenster sichtbaren Titeltext für die neue Kachel und bestätigen Sie die Schaltfläche *An »Start« anheften*.

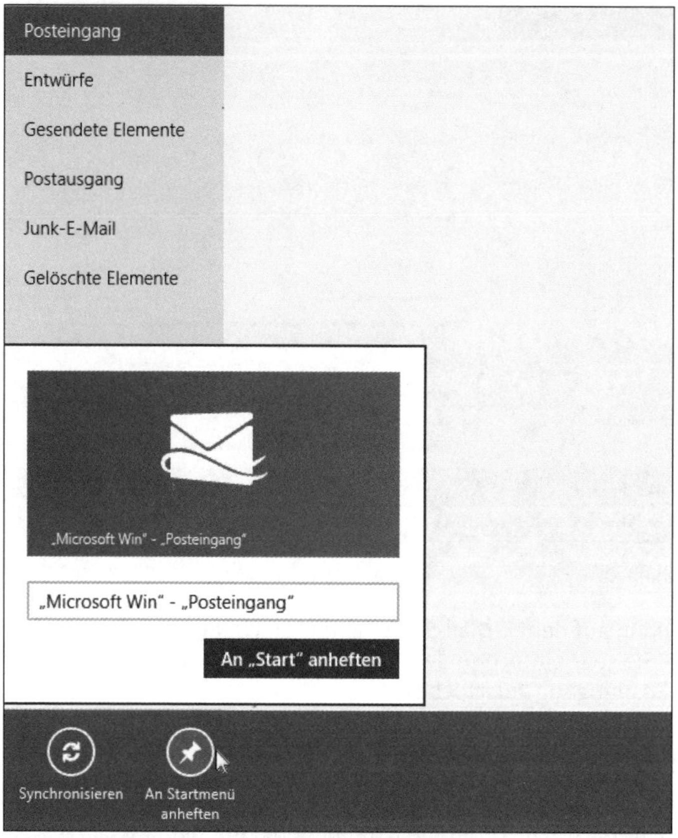

Bild 16.11: Postfach an Startseite anheften

Anschließend sollte ein Symbol zum Aufruf des Postfachs auf der Startseite zu finden sein. Bei einem an die Startseite angehefteten Postfach wird die Schaltfläche mit *Von »Start« lösen* bezeichnet und ermöglicht das Entfernen der Kachel.

> Die Symbolbeschriftung *An Startmenü anheften* in der App-Leiste ist übrigens noch falsch, da die Beschriftung üblicherweise auf *An »Start« anheften* lautet. Möglicherweise wird dieser Fehler bei einem der kommenden App-Updates korrigiert.
>
> HINWEIS

16.2.5 Suchen nach E-Mails

Treffen in Ihrem Postfach sehr viele Nachrichten ein, geht leicht der Überblick verloren. Es ist dann sehr aufwendig, eine bestimmte E-Mail in der Liste der eingetroffenen Nachrichten des Posteingangs zu finden.

1. Stellen Sie sicher, dass der Posteingang des gewünschten E-Mail-Postfachs in der linken Spalte der Mail-App angezeigt wird (Bild 16.12, linke Spalte).
2. Blenden Sie die Charms-Leiste am rechten Seitenrand ein und wählen Sie *Suchen* (Bild 16.12, rechte Spalte).
3. Tippen Sie den Suchbegriff im Suchfeld ein und bestätigen Sie mit der rechts neben dem Eingabefeld befindlichen *Suchen*-Schaltfläche oder drücken Sie die [↵]-Taste.

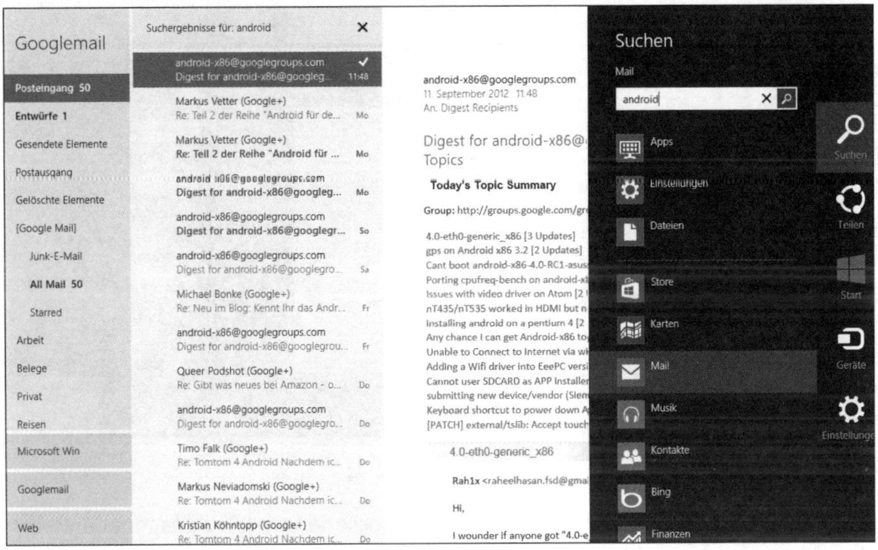

Bild 16.12: Suchen nach Mails

Dann werden die Treffer im Postfach in der linken Spalte (Bild 16.12, zweite Spalte von links) des Mail-App-Fensters angezeigt und Sie können den Inhalt der Mails durch Anwahl der Einträge im App-Fenster abrufen.

> Um wieder zur Anzeige aller E-Mails zurückzukehren, löschen Sie die Filterung über das angezeigte Element *X* des Suchfelds.
>
> TIPP

16.2.6 E-Mails drucken

Um eine Nachricht aus der Mail-App auszudrucken, gehen Sie in folgenden Schritten vor.

1. Rufen Sie den Text der auszudruckenden Nachricht im Fenster der Mail-App auf (Bild 16.13, oben links).
2. Blenden Sie die Charms-Leiste am rechten Seitenrand ein und wählen Sie *Geräte* (Bild 16.13, oben rechts).
3. Wählen Sie in der Seitenleiste *Geräte* den gewünschten Drucker (Bild 16.13, oben) aus und warten Sie, bis der Drucker erkannt wurde.
4. Passen Sie ggf. in der Seitenleiste die Druckoptionen an und betätigen Sie danach die *Drucken*-Schaltfläche (Bild 16.13, unten).

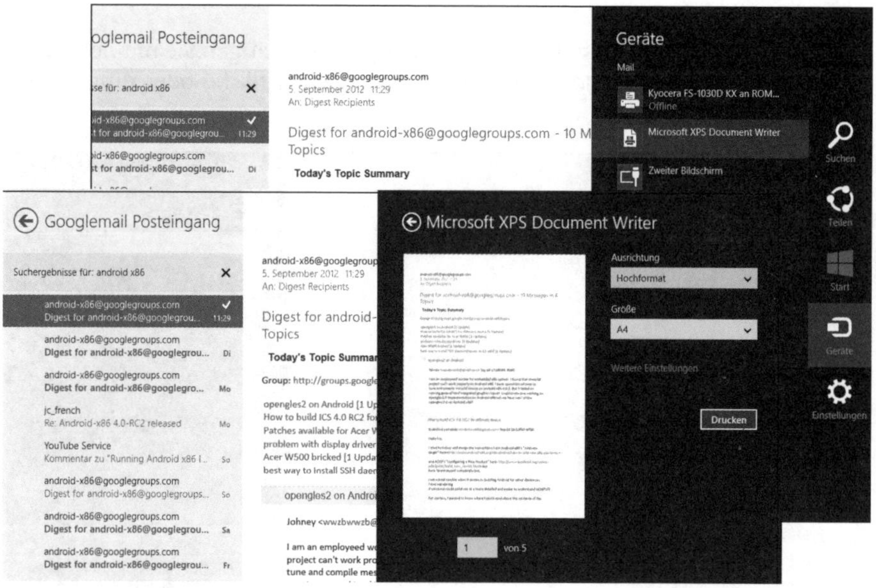

Bild 16.13: Mail drucken

Anschließend sollte die Mail auf dem angeschlossenen Drucker ausgegeben werden.

16.2.7 E-Mail-Anlagen speichern

An E-Mails lassen sich Anlagen (Fotos, Dokumente etc.) anhängen. Treffen E-Mails mit einem Anhang ein, wird dies in der linken Spalte der Mail-App durch eine stilisierte Büroklammer (Bild 16.14, linke Spalte) angezeigt. Sie können diese Dateien zur weiteren Verwendung speichern oder direkt in anderen Apps oder Windows-Anwendungen laden.

> **HINWEIS**
> Die Mail-App belässt Anhänge zu Nachrichten auf dem E-Mail-Server Ihres Mail-Anbieters. Erst auf Ihre Anforderung hin werden die Dateien eines E-Mail-Anhangs vom Server heruntergeladen. Dies spart Übertragungsvolumen, macht aber beim Zugriff auf solche Anhänge einen zusätzlichen Schritt erforderlich.

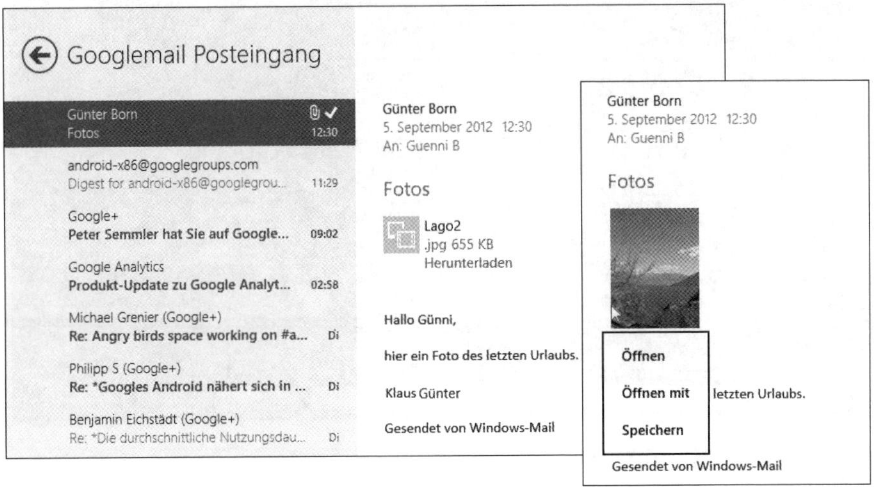

Bild 16.14: Mailanlage speichern

1. Wählen Sie die Nachricht mit dem Anhang in der linken Spalte der Mail-App an (Bild 16.14, linke Spalte), um den Mail-Inhalt anzuzeigen.
2. In der angezeigten Nachricht wählen Sie den Link *Herunterladen* (Bild 16.14, mittlere Spalte) an, um das Herunterladen der betreffenden Datei zu veranlassen.
3. Warten Sie, bis der Anhang heruntergeladen wurde. Bei Fotos werden diese anschließend in der Nachricht angezeigt (Bild 16.14, rechts).
4. Öffnen Sie das Kontextmenü der angehängten Datei und wählen Sie einen der angezeigten Kontextmenübefehle (Bild 16.14, rechts) aus.

Der Befehl *Öffnen* lädt die betreffende Datei in der passenden App bzw. Windows-Anwendung, während *Öffnen mit* Ihnen die Auswahl der zum Öffnen des Anhangs zu verwendenden App oder Windows-Anwendung ermöglicht.

5. Haben Sie im Kontextmenü *Speichern* gewählt, navigieren Sie über die Kopfzeile *Dateien* der angezeigten App-Seite (Bild 16.15) zum Zielordner.
6. Ändern Sie bei Bedarf den Dateinamen und wählen Sie danach die *Speichern*-Schaltfläche.

Fotos sollten Sie in der Bibliothek *Bilder* ablegen. Andere Anhänge wandern ggf. in die Bibliotheken *Dokumente*, *Musik*, *Videos* oder in den Ordner *Downloads*.

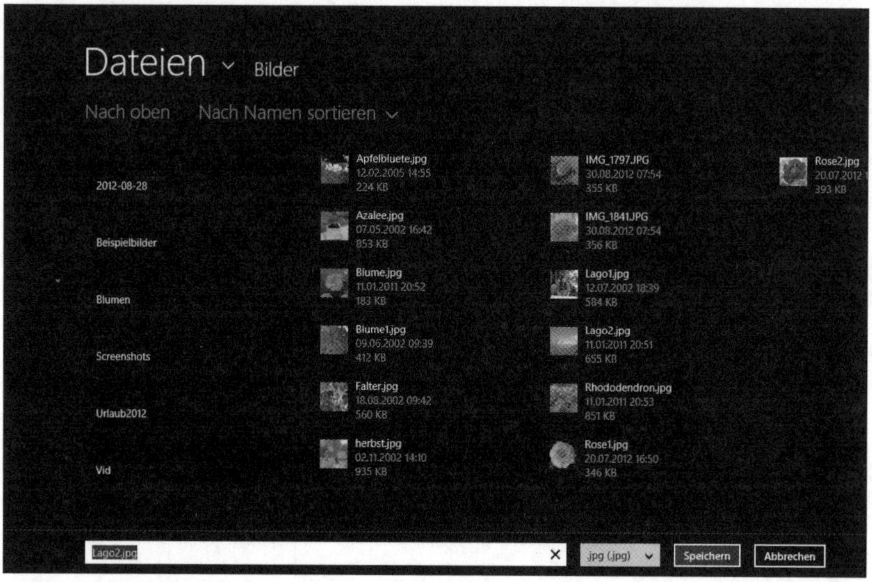

Bild 16.15: Zielordner auswählen

ACHTUNG

Beachten Sie, dass angehängte Dateien durchaus ein Sicherheitsrisiko darstellen und Schadfunktionen enthalten können. Angehängte Dokumente im PDF-Format mit einem angeblichen Brief können trojanische Pferde enthalten, die Ihren Rechner ausspionieren. Oder es ist ein Virus in der angehängten Programmdatei enthalten, der Windows unbrauchbar macht. Stellen Sie sicher, dass die Signaturdateien von Windows Defender oder der eingesetzten Sicherheitssoftware aktuell sind, und benutzen Sie den gesunden Menschenverstand. Anhänge von ungekannten Absendern, die Ihnen das neueste Windows-Update oder einen speziellen Virenscanner versprechen, sind mit Sicherheit Fälschungen. Ähnliches gilt, falls der Anhang irgendwie nicht zum Text der Mail passt. Bedenken Sie auch, dass Systeme aus dem Bekanntenkreis von Schadsoftware befallen sein können, sodass deren Computer infizierte Mail-Anhänge übermitteln.

16.2.8 E-Mails beantworten und weiterleiten

Haben Sie eine Nachricht empfangen, die Sie an Dritte weiterreichen möchten? Möchten Sie auf eine Nachricht antworten?

1. Wählen Sie die betreffende Nachricht in der linken Spalte des Posteingangs an (Bild 16.16).
2. In der rechten Spalte des App-Fensters mit dem Nachrichtentext tippen oder klicken Sie auf die Schaltfläche *Antworten*.
3. Danach wählen Sie im eingeblendeten Menü einen der drei Befehle *Antworten*, *Allen antworten* oder *Weiterleiten*.

Welchen der drei Menübefehle Sie wählen, hängt davon ab, was geplant ist.

Bild 16.16: Mail beantworten oder weiter leiten

- *Antworten*: Die Mail-App öffnet ein neues Fenster, in dem bereits die Empfängeradresse und der Betreff eingetragen sind, zum Beantworten der Nachricht. Der Vorspann »Re:« im Betreff kennzeichnet die Nachricht als Antwort. Weiterhin wurde der Text der empfangenen Nachricht bereits als Zitat in der Antwort übernommen.
- *Allen antworten:* Eine elektronische Nachricht kann an mehrere Empfänger verschickt werden – die Empfänger sind dann im Feld *An* oder *Cc* eingetragen. Um allen auf dem Verteiler stehenden Empfängern eine Antwort zukommen zu lassen, wählen Sie diesen Befehl. Die Mail-App übernimmt die Empfängerliste aus *An* und *Cc* in die Antwort-Mail – alles andere bleibt wie beim Beantworten.
- *Weiterleiten*: Der Menübefehl ermöglicht Ihnen, die Nachricht an einen weiteren (oder weitere) Empfänger zu schicken. Bei Anwahl des Befehls wird die empfangene Nachricht automatisch in das neue Fenster übernommen. Die Betreffzeile enthält den alten Text, dem aber ein »Fw:« (steht für »Forward«) vorangestellt ist. Weiterhin wird automatisch der alte Nachrichtentext in das Fenster des Nachrichten-Editors übernommen. Bei einer Weiterleitung ist von Ihnen die Empfängeradresse im Feld *An* zu ergänzen.

Im neuen Fenster können Sie anschließend den Antworttext zur Nachricht hinzufügen und danach versenden. Dies funktioniert wie beim Erstellen einer neuen Nachricht (siehe folgenden Abschnitt).

> HINWEIS
>
> Die Mail-App übernimmt beim Beantworten oder Weiterleiten automatisch den Text der Ursprungsnachricht und hängt diesen an das Ende der neuen Mail an. Wenn eine Nachricht mehrfach zwischen Personen pendelt, wird der zitierte Teil der vorhergehenden Nachrichten immer länger. Im Hinblick auf die Netiquette sollten Sie die nicht mehr relevanten Teile der vorherigen Nachricht vor dem Versenden löschen (z. B. den Text markieren und dann die [Entf]-Taste drücken).

16.2.9 Neue E-Mails verfassen und senden

Die Schaltfläche *Neu* im Fenster der Mail-App (Bild 16.17, oben rechts) ermöglicht Ihnen, eine neue E-Mail-Nachricht zu verfassen. Die App zeigt bei Anwahl der Schaltfläche das Formular zum Erstellen der neuen Nachricht (Bild 16.17, unten).

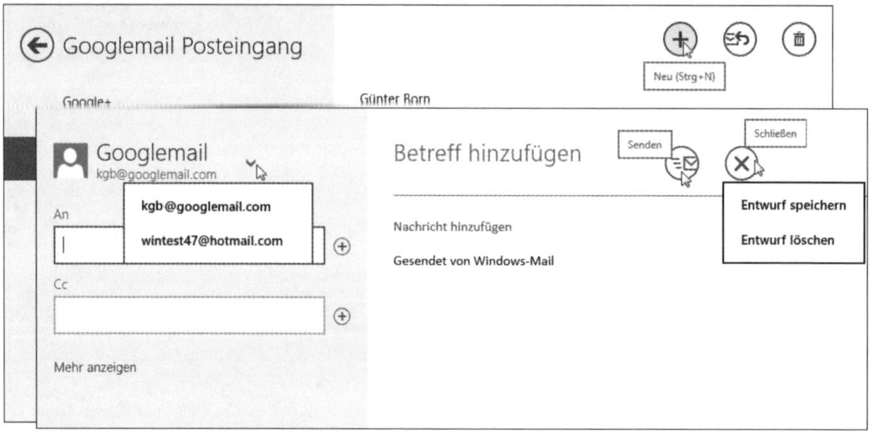

Bild 16.17: Neue Mail erstellen

- Tragen Sie im Feld *Betreff hinzufügen* einen aussagekräftigen Nachrichtentitel und im darunter befindlichen Feld *Nachricht hinzufügen* den Inhalt der Nachricht ein.
- Sind mehrere E-Mail-Konten in der Mail-App eingetragen, öffnen Sie in der linken Spalte das Kontenmenü und wählen das gewünschte Absenderkonto aus.
- Tragen Sie in den Feldern *An* sowie ggf. in *Cc* die Empfängeradressen ein. Das Feld *Cc* steht für »Carbon copy« und dient quasi als Verteiler für »Durchschläge« an weitere Empfänger zur Kenntnisnahme.

Die fertiggestellte E-Mail verschicken Sie über die *Senden*-Schaltfläche. Falls Sie die Nachricht doch nicht versenden möchten, lässt sich die *Schließen*-Schaltfläche anwählen. Ein Menü lässt Ihnen die Auswahl, um den Entwurf der neuen Nachricht zu löschen oder im Ordner *Entwürfe* zu speichern.

TIPP

Um auf die als Entwurf gespeicherten Nachrichten zuzugreifen, wählen Sie im Hauptfenster der Mail-App das gewünschte Konto und dann den Ordner *Entwürfe*. Im App-Fenster wird der Nachrichtenentwurf geöffnet. In der rechten oberen Fensterecke finden Sie die Schaltflächen *Bearbeiten* zum Korrigieren und Versenden des Entwurfs sowie *Löschen* zum Verwerfen.

Zum Eintragen der Empfängeradressen in die Felder des E-Mail-Formulars verwenden Sie folgende Techniken.

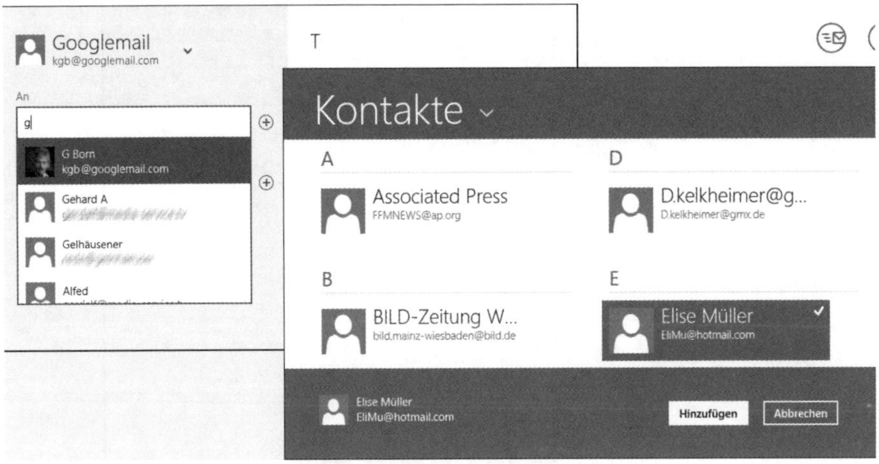

Bild 16.18: Empfängeradressen eintragen

- Tippen Sie ggf. die Adressen direkt in die Felder *An* und *Cc* ein. Sind Kontakte (z.B. über die App *Kontakte*) bekannt, blendet die Mail-App bereits bei der Eingabe erster Zeichen in eines der Adressfelder die Liste der passenden Kontakte in einer Palette (Bild 16.18, links) ein. Die Trefferliste wird dann anhand der Eingaben gefiltert. Wählen Sie eine Adresse komfortabel in der Liste aus, um diese in das Adressfeld zu übernehmen.
- Verwenden Sie das Plus-Symbol rechts neben den Feldern *An* und *Cc*, um zur Kontakte-App umzuschalten. Wählen Sie im angezeigten Fenster der Kontakte-App (Bild 16.18, rechts) einen Kontakt aus und übernehmen Sie diesen dann mittels der *Hinzufügen*-Schaltfläche in das Empfängerfeld der Mail-App.
- Wählen Sie in der linken Spalte des App-Fensters den Link *Mehr anzeigen* (Bild 16.19, links), wird zusätzlich das Feld *Bcc* (steht für »Blind carbon copy«) freigegeben (Bild 16.19, rechts). Tragen Sie in dieses Feld Empfängeradressen ein, die bei der Mailzustellung nicht angezeigt werden dürfen (z.B. vertrauliche Verteiler, Kundenlisten etc.).
- Das Listenfeld *Priorität* (Bild 16.19, rechts) gibt Ihnen die Möglichkeit, die Priorität der Nachricht gegenüber dem Empfänger zwischen den Werten »Normale Priorität«, »Hohe Priorität« und »Niedrige Priorität« festzulegen. Der Wert des Felds *Priorität* hat übrigens keinen Einfluss auf die Geschwindigkeit der Mail-Zustellung. Beachten Sie zudem, dass manche Empfänger Nachrichten mit der Kennzeichnung »Hohe Priorität« eher negativ betrachten. Aus diesem Grund sollten Sie den Wert dieses Feldes auf »Normale Priorität« belassen.

Sie können einen oder mehrere Empfänger in die Adressfelder eintragen. Eine rot umrahmte Eingabe (wie in Bild 16.19 im Feld *An*) signalisiert übrigens eine fehlerhafte Eingabe (E-Mail-Adresse unvollständig oder mehrere Adressen nicht getrennt).

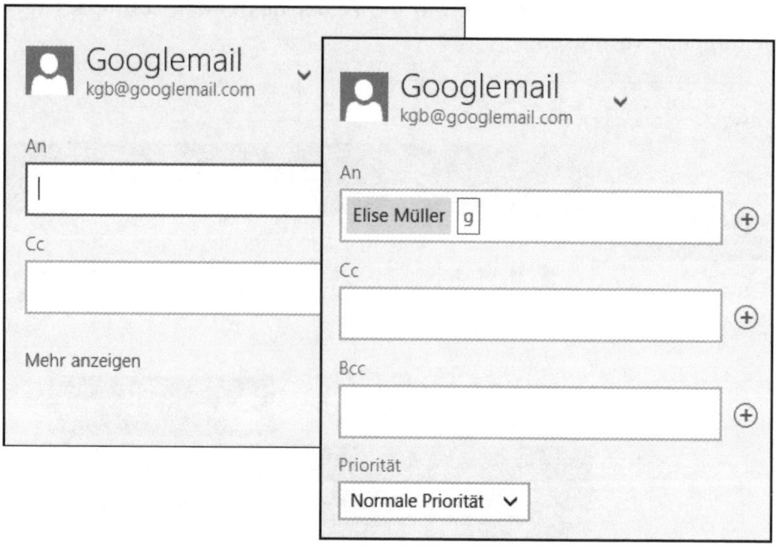

Bild 16.19: Erweiterte Empfängerfelder und Prioritäten

HINWEIS

Tragen Sie E-Mail-Adressen manuell in den Empfängerfeldern ein, achten Sie auf eine gültige Schreibweise, da die Nachricht andernfalls als unzustellbar zurückkommt. E-Mails werden in der Form *Name@anbieter.xxx* geschrieben. *Name* steht für den E-Mail-Namen des Empfängers. Dann kommt das als AT oder Klammeraffe bezeichnete Zeichen @. Dahinter folgt eine Art »Ortsangabe« mit der Adresse des E-Mail-Servers, auf dem das Postfach des Empfängers zu finden ist (z.B. zeigt mir *hotmail.de*, dass der Betreiber die Firma Microsoft mit dem deutschen Ableger des Hotmail-Diensts ist). Um das in allen E-Mail-Adressen vorkommende Zeichen @ auf einer externen Tastatur einzutippen, drücken Sie gleichzeitig die Tasten `Alt Gr` und `Q`.

16.2.10 Nachrichtentext formatieren

Die Mail-App stellt Ihnen Funktionen zum Formatieren des Nachrichtentexts (Fettschrift, Farben etc.) zur Verfügung.

- Markieren Sie (z.B. durch Ziehen per Maus) einen Textbereich der Nachricht, blendet die Mail-App automatisch die App-Leiste (Bild 16.20) am unteren Fensterrand ein.
- Wählen Sie in der App-Leiste die gewünschte Formatschaltfläche (z.B. *Fett*, Kursiv, *Unterstreichen*), um das Format dem markierten Text zuzuweisen.
- Durch erneute Anwahl der Schaltfläche wird die zugehörige Formatierung des markierten Textbereichs wieder aufgehoben.
- Über die Schaltflächen *Schriftart* und *Textfarbe* variieren Sie das Schriftbild oder weisen farbige Textauszeichnungen zu.

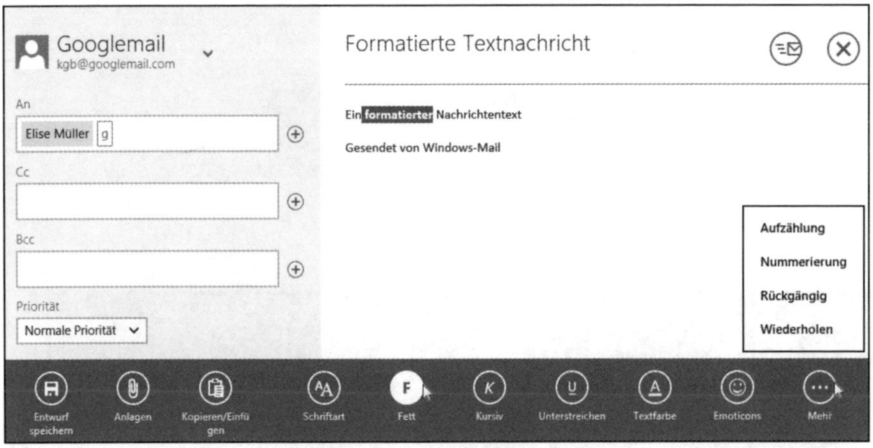

Bild 16.20: App-Leiste mit Formatschaltflächen

- Die Schaltfläche *Emoticons* öffnet eine Palette, über die Sie sogenannte Smileys (stilisierte Gesichter) als Symbole im Nachrichtentext einfügen.
- Über die Schaltfläche *Mehr* wird ein Menü angezeigt, über das Sie Aufzählungen und Nummerierungen für Textabsätze zuweisen sowie die letzten Befehle zurücknehmen oder wiederholen können.

Formatierte Nachrichten werden als HTML-Mail verschickt. Bedenken Sie aber beim Einsatz solcher Formate, dass nicht jeder Empfänger der Nachricht dies wünscht. Häufig leidet zum Beispiel die Lesbarkeit des Texts, wenn dieser zu stark formatiert oder gar farbig ausgezeichnet ist. Zudem sind solche HTML-Mails größer als Textnachrichten ohne Formatierung – was zu einer längeren Übertragungszeit führt.

16.2.11 Nachrichten mit Anhängen verfassen

Einer E-Mail können Sie Dateien (Fotos, Textdokumente etc.) als Anhang zuordnen. Diese werden mit der Nachricht übertragen und können vom Empfänger bei Bedarf separat gespeichert werden (siehe den Abschnitt »16.2.7 E-Mail-Anlagen speichern«).

1. Blenden Sie zur Auswahl des Anhangs die App-Leiste am unteren Rand der Mail-App ein und wählen Sie die Schaltfläche *Anlagen* (Bild 16.21, oben) an.
2. Navigieren Sie in der angezeigten Auswahlseite (Bild 16.21, unten) über den Titel »Dateien« zum Ordner mit der (den) anzuhängenden Datei(en).
3. Markieren Sie die gewünschten Elemente und bestätigen Sie über die *Anfügen*-Schaltfläche (Bild 16.21, unten).
4. Zurück im Fenster der Mail-App wählen Sie die Schaltfläche *Senden* (Bild 16.21, oben). Bei Bedarf lässt sich vorher der Link *Stattdessen mit SkyDrive senden* anklicken oder antippen.

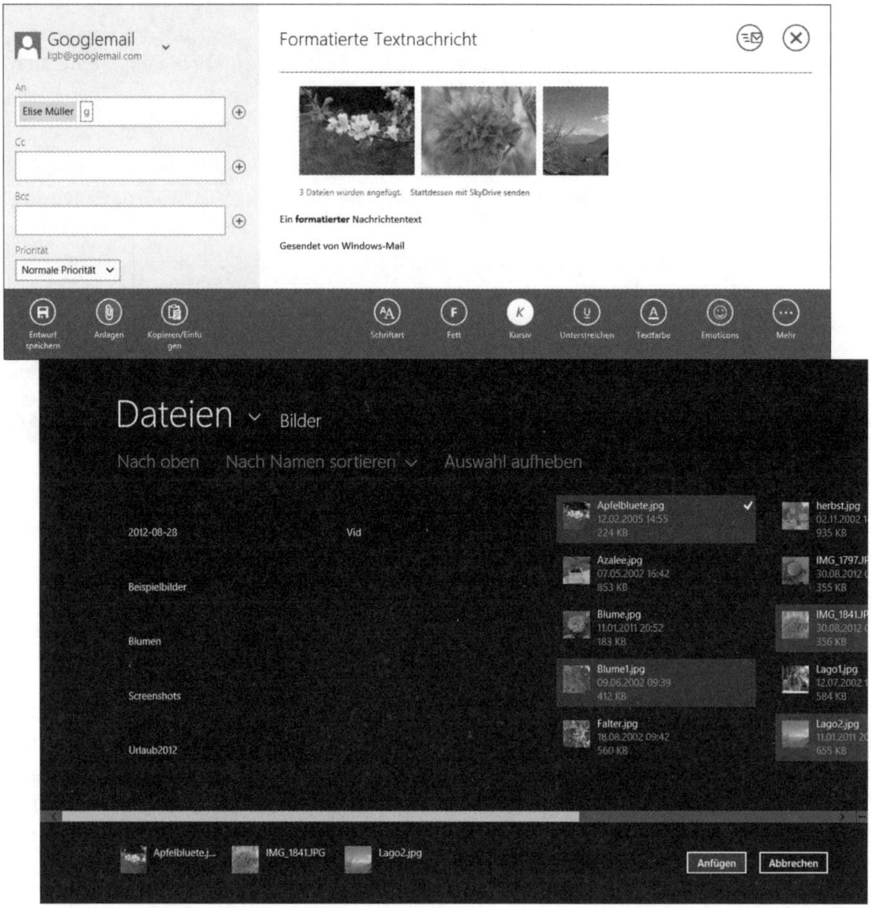

Bild 16.21: Nachricht mit Anhang verfassen

Standardmäßig werden die angehängten Dateien bei Anwahl der *Senden*-Schaltfläche mit der E-Mail zum Server übertragen. Bei sehr großen Anhängen kann es aber passieren, dass der E-Mail-Server des Empfängers diese Nachricht aufgrund ihrer Größe abweist. Verwenden Sie den Link *Stattdessen mit SkyDrive senden*, kopiert die Mail-App die Dateien des Anhangs in einen öffentlichen Ordner Ihres SkyDrive-Laufwerks. In der Nachricht sind dann nur Links auf die im SkyDrive gespeicherten Dateien eingetragen. Greift der Empfänger auf den Anhang zu, werden die zugehörigen Dateien von Ihrem SkyDrive-Laufwerk abgerufen. Dieser Ansatz ist z.B. zum Versand von Fotos oder umfangreichen Dateien zu bevorzugen.

16.2.12 Kleiner E-Mail-Knigge

E-Mail ist ein komfortables Medium, um schnell mittels Texten mit Dritten zu kommunizieren oder Informationen zu übermitteln. Um das Ganze möglichst effizient für beide Seiten zu gestalten, sollten Sie Folgendes berücksichtigen.

- Zeit ist Geld, speziell beim Empfänger Ihrer E-Mail. Formulieren Sie die Nachrichten so, dass neben einem aussagekräftigen und verständlichen Betreff (kein »Hallo«) auch der Text vom Empfänger verstanden wird. Fassen Sie sich kurz und beschreiben Sie das Anliegen in klaren Sätzen. Kürzen Sie beim Beantworten von Nachrichten nicht relevante Teile des vorherigen Texts.
- Verwenden Sie einen sachlichem Ton in Ihren E-Mails. Eine geharnischte E-Mail ist schneller als ein Brief verschickt, kann aber unbeabsichtigte Folgen nach sich ziehen. Falls Sie sich über etwas ärgern, warten Sie mit dem Formulieren der E-Mail einige Zeit. Manches stellt sich, wenn der erste Ärger verraucht ist, doch anders dar.
- Schicken Sie niemandem eine Anlage zu, wenn Sie nicht sicher sind, dass dies erwünscht ist! Vergewissern Sie sich, dass der Empfänger Ihre Dokumentdateien auch öffnen kann. Nicht jeder verfügt über das von Ihnen zum Erstellen der Datei benutzte Programm.
- Reduzieren Sie nach Möglichkeit die Dateigröße von Anhängen. Fotos lassen sich mit einem Bildbearbeitungsprogramm ggf. in der Größe schrumpfen. Dokumente oder Programme können Sie mit einem Komprimierprogramm oder der Windows-Funktion »ZIP-komprimierter Ordner« in einem ZIP-Archiv speichern, wodurch sich die Dateigröße um den Faktor 10 bis 100 reduziert. Verwenden Sie den Link *Stattdessen mit SkyDrive senden*, um die Datenlast auf den E-Mail-Servern zu reduzieren.
- Geben Sie keine E-Mail-Adressen bei Gewinnspielen oder auf Webseiten ein, wenn Sie den Zweck und die Verwendung nicht kennen. Solche E-Mail-Adressen werden häufig zum Versenden von Werbemails missbraucht und Sie brauchen sich über die Zunahme von Spam-Mails nicht zu wundern.
- Löschen Sie E-Mails von unbekannten Absendern, die ggf. noch einen Anhang mit Virenscannern, einem Windows-Update, einem BKA-Schreiben etc. angefügt haben, ungeöffnet. Die Gefahr, sich Schadprogramme einzufangen, ist einfach zu hoch.
- Vorgebliche Nachrichten Ihrer Bank oder anderer Dienstleister wie z.B. Online-Shops mit dem Hinweis, das Konto durch Eingabe Ihrer Anmeldedaten zu überprüfen, sollten Sie unbedingt ignorieren. Keine Bank wird eine Kontenverifizierung per E-Mail verlangen. Meist handelt es sich bei solchen unaufgefordert zugegangenen Mails um Phishingversuche. Betrüger leiten Sie über Links im Nachrichtentext auf gefälschte Anmeldeseiten und versuchen Ihre Zugangsdaten für Bank- oder E-Mail-Konten etc. herauszufinden. Gelingt dies, übernehmen die Betrüger Ihre Online-Identität und treiben ggf. in Ihrem Namen Missbrauch.

Wenn Sie bei der E-Mail-Kommunikation den gesunden Menschenverstand einsetzen und aktuelle Virenschutzsoftware verwenden, sollten die Risiken überschaubar und beherrschbar bleiben.

HINWEIS

Sofern Sie Nachrichten offline auf dem Rechner erstellen oder lesen möchten, benötigen Sie ein E-Mail-Programm, welches das POP3-Protokoll zum Nachrichtenabruf unterstützt. Neben Microsoft Outlook oder dem Programm Thunderbird können Sie auch auf Windows Live Mail aus den Windows Essentials 2012 zurückgreifen. Im Download-Bereich des Verlags zu diesem Buch (siehe im Vorwort den Abschnitt »So arbeiten Sie mit diesem Buch«) finden Sie einen Link zu einem PDF-Auszug, der die Funktionen einer älteren Fassung von Windows Live Mail beschreibt.

16.3 Kontakte mit der App verwalten

Neben der Mail-App wird Windows mit einer App zur Verwaltung von Kontakten ausgeliefert. Nachfolgend werden die Funktionen der App *Kontakte*, die auch Kontakte bei sozialen Netzwerken wie Facebook einbezieht, vorgestellt.

16.3.1 Die Kontakte-App im Überblick

Zur Verwaltung von Kontakten (Adressdaten, E-Mail-Adressen) steht in Windows 8 die Kontakte-App zur Verfügung. Es handelt sich aber um mehr als ein simples Adressbuch. Die App ist quasi eine Nachrichtenzentrale, über die sich auf alle Kontakte aus sozialen Netzwerken oder Onlinekonten zugreifen lässt. Neben Facebook-Freunden, Hotmail-Kontakten etc. lassen sich auch Twitter-Nachrichten oder Statusbenachrichtigungen aus sozialen Netzwerken wie Facebook einsehen. Aufgerufen wird die App über das in Bild 16.22 gezeigte Symbol.

Bild 16.22: Kachel der Kontakte-App auf der Startseite

Je nach Konfigurierung werden auf der Kachel Kontaktinformationen eingeblendet (Bild 16.22, links), oder es erscheint die Kachel aus Bild 16.22, rechts. Nach dem Aufrufen erscheint die in mehrere Spalten unterteilte App-Startseite (Bild 16.23, oben links).

- In der rechten oberen Ecke des App-Fensters (Bild 16.23, oben) wird eine Auswahl der bereits konfigurierten Onlinekonten (Facebook, Hotmail, Twitter etc.) angezeigt. Wählen Sie einen dieser Einträge an, gelangen Sie direkt zur Seitenleiste *Konten* und können hier die Konten verwalten.
- Unterhalb des Spaltentitels »Freizeit« (Bild 16.23, links) wird Ihr Foto eingeblendet, das Sie dem zur Anmeldung verwendeten Microsoft-Konto zuweisen können. Die Rubrik »Alle« listet alle Ihre Kontakte auf.

- Wählen Sie den Eintrag »Benachrichtigungen« (Bild 16.23, links) an, blendet die App über Twitter, Facebook etc. eingetroffene Nachrichten in einer Folgeseite ein (Bild 16.23, Vordergrund, oben rechts).
- Über den Eintrag »Neuigkeiten« (Bild 16.23, links) öffnen Sie eine Übersichtsseite (Bild 16.23, unten rechts), in der die neuesten Twitter- oder Facebook-Einträge zu finden sind.

Im Fußbereich der Spalten sehen Sie an eingeblendeten Symbolen, ob die Einträge der Seite »Neuigkeiten« zu Twitter oder Facebook gehören. Die *Zurück*-Schaltfläche in der linken oberen Ecke der jeweils angezeigten Seite bringt Sie zur Startseite der App zurück.

Bild 16.23: Fenster der Kontakte-App

16.3.2 Konten zum Synchronisieren von Kontakten einrichten

Sie können Kontakte manuell eintragen (siehe folgender Abschnitt) oder aus anderen Onlinekonten übernehmen (importieren) und synchronisieren lassen. So synchronisiert sich die Kontakte-App automatisch mit dem Hotmail-Adressbuch des zur Benutzeranmeldung verwendeten Microsoft-Live-ID-Kontos. Neben dem Hotmail-Adressbuch können Adressbücher anderer Online-Präsenzen wie Facebook, Hotmail, Twitter, LinkedIn, Google und Exchange synchronisiert werden. Voraussetzung ist, dass die betreffenden Konten in den Einstellungen der Kontakte-App konfiguriert wurden.

HINWEIS

Beim ersten Aufruf der App zeigt diese eine Spalte mit den unterstützten Kontentypen (Bild 16.24). Durch Anwahl eines Eintrags von Facebook, Twitter etc. öffnen Sie die Konfigurationsseite zum Einbinden des Kontos. Egal, ob Sie einen Eintrag für einen Kontentyp oder den Link *Nein, danke* zum Beenden der Seite wählen. Die Spalte wird bei späteren Aufrufen der App nicht mehr angezeigt. Nachfolgend beschreibe ich daher die Schritte, um Konten jederzeit festlegen oder Einstellungen anpassen zu können.

Bild 16.24: Unterstützte Kontentypen beim ersten App-Aufruf

Um ein weiteres Konto in der Kontakte-App zu konfigurieren, gehen Sie in folgenden Schritten vor.

1. Blenden Sie die Charms-Leiste am rechten Bildschirmrand ein (z.B. mittels der Tasten [⊞]+[C]) und wählen Sie *Einstellungen* (Bild 16.25, rechte Spalte).
2. Dann wählen Sie in der eingeblendeten Seitenleiste *Einstellungen* (Bild 16.25, Mitte) den Befehl *Konten*.
3. Sobald die Spalte *Konten* als Seitenleiste erscheint (Bild 16.25, oben links), wählen Sie den Hyperlink *Konto hinzufügen*.
4. In der Seitenleiste *Konto hinzufügen* (Bild 16.25, unten links) wählen Sie das Symbol für den gewünschten Kontentyp.
5. Dann befolgen Sie die Schritte des eingeblendeten Anmeldeformulars (Bild 16.26) für den gewählten Webdienst und geben die Anmeldedaten des Kontos ein.

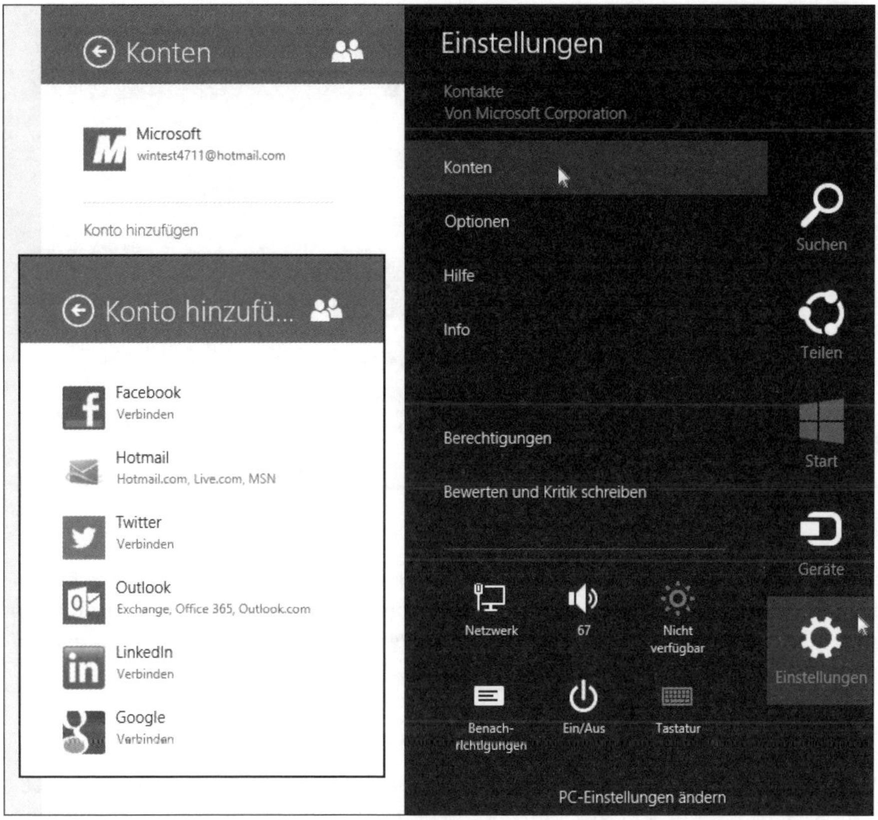

Bild 16.25: Konten der Kontakte-App einrichten

Das angezeigte Anmeldeformular (Bild 16.26) hängt vom gewählten Dienst bzw. vom Anbieter ab. Nachfolgend finden Sie einige Hinweise, was zu beachten ist:

- Für Hotmail-Konten fragt die App lediglich die Live-ID-Anmeldedaten (Benutzername und Kennwort) in einem eingeblendeten Fenster ab. Nach erfolgreicher Anmeldung werden die Kontakte angezeigt.
- Bei Fremddiensten wie Facebook oder Twitter erscheint ein Formular mit dem Hinweis »Was geschieht noch, wenn ich eine Verbindung herstelle?« (Bild 16.26, oben links). Lesen Sie ggf. nach, welche Daten ausgetauscht werden. Klicken Sie anschließend – falls Sie einverstanden sind – auf die Schaltfläche *Verbinden*.
- Danach tragen Sie bei Twitter oder Facebook die betreffenden Anmeldedaten im Folgeformular (Bild 16.26, oben rechts) ein. Bestätigen Sie anschließend die Schaltfläche *Anmelden* und warten Sie, bis die Verbindung erfolgreich eingerichtet wurde.
- Sobald das Abschlussformular erscheint (Bild 16.26, unten), bestätigen Sie die *Fertig*-Schaltfläche.

Bild 16.26: Anmeldeformular der Kontakte-App

Sie gelangen dann zur Kontakte-Seite zurück. Sind die Konten erfolgreich eingetragen, werden die Kontakte mit dem betreffenden Dienst synchronisiert. Anschließend erscheinen die Kontakte, Nachrichten, Tweets und Statusmeldungen der jeweiligen Dienste in der App-Seite.

16.3.3 Die Einstellungen eines Kontos anpassen

Wurde ein Konto erfolgreich angelegt, Sie möchten die Kontendaten aber einsehen, ändern oder den Konteneintrag löschen? Verwenden Sie die nachfolgenden Schritte.

1. Blenden Sie die Charms-Leiste am rechten Fensterrand der Kontakte-App ein, wählen Sie *Einstellungen* und in der angezeigten Seitenleiste den Befehl *Konten*.
2. Wählen Sie in der Seitenleiste *Konten* (Bild 16.27, rechts) den gewünschten Konteneintrag an, um dessen Detailseite des Kontos einzusehen.
3. Passen Sie in der Seitenleiste des Kontos (Bild 16.27, links und Mitte) die gewünschten Daten an.

Über die *Zurück*-Schaltfläche der Seitenleiste springen Sie bei Bedarf zu den Vorgängerseiten zurück. Der genaue Aufbau der Seitenleiste mit den Kontendaten (Bild 16.27, links und Mitte) hängt etwas vom angewählten Konto ab, wobei viele Elemente aber gleich sind.

- Im Feld *Kontoname* passen Sie bei Bedarf den für das Konto angezeigten Text an.
- Das Listenfeld *Neue E-Mail herunterladen* ermöglicht Ihnen, den Synchronisationsmodus zwischen verschiedenen Werten (»Sobald Elemente ankommen«, »Alle 15 Minuten« etc.) auszuwählen.

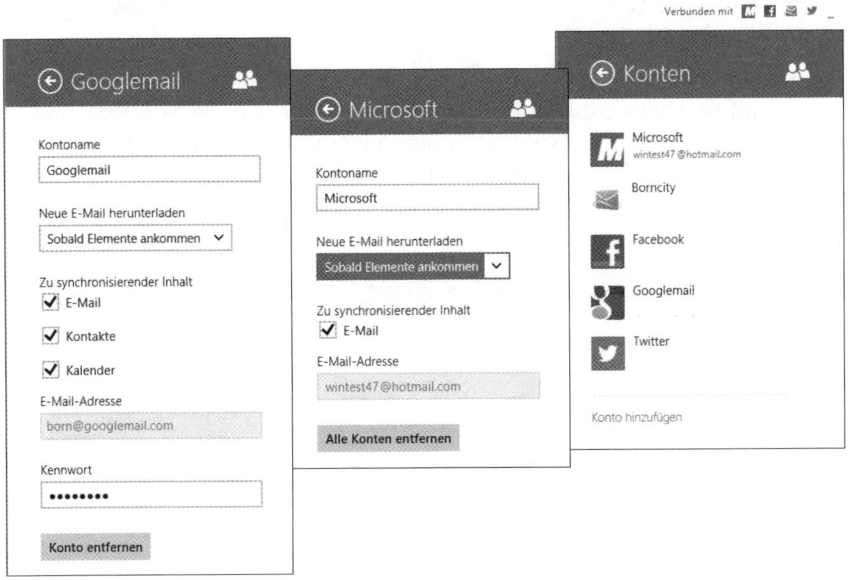

Bild 16.27: Seitenleisten der Kontakte-App zur Kontendatenverwaltung

- Über die Kontrollkästchen der Gruppe *Zu synchronisierender Inhalt* stellen Sie ein, welche Elemente (E-Mail, Kontakte, Kalender) von der App abgerufen werden dürfen. Welche Kontrollkästchen dort angezeigt werden, hängt vom jeweiligen Anbieter ab. Google ermöglicht z.B. E-Mail, Kontakte und Kalender zu synchronisieren, während Hotmail nur das Abschalten der E-Mail-Synchronisierung zulässt.
- Bei einigen Konten können Sie im Feld *Kennwort* das benötigte Kennwort zum Zugriff auf den Dienst eintragen.

Die Schaltfläche *Konto entfernen* ermöglicht Ihnen, das betreffende Konto aus der Synchronisierung der Kontakte-App auszutragen.

ACHTUNG

Beim Microsoft-Konto, das zur App-Anmeldung verwendet wird, ist die Schaltfläche mit *Alle Konten entfernen* (Bild 16.27, Mitte) benannt. Der Grund: Über dieses primäre Konto erfolgt die Verwaltung der Zugriffsdaten zu weiteren Konten, die bei weiteren Anbietern wie Google-Mail geführt werden. Wählen Sie diese Schaltfläche, wird die Verbindung zum primären Microsoft-Konto, das auch die Synchronisation der restlichen Onlinekonten verwaltet, entfernt. Dann ist keine Synchronisation mehr möglich. Stellen Sie die Verbindung zu diesem primären Microsoft-Konto später durch eine erneute Anmeldung wieder her, sollten die Kontakte der eingerichteten Sekundärkonten wieder zugreifbar sein.

Beachten Sie aber: Sind Sie an einem Microsoft-Konto als Benutzer angemeldet, wird die Schaltfläche *Konto entfernen* abgeblendet (das Konto wird ja als Anmeldekonto bei Windows verwendet und lässt sich berechtigterweise nicht löschen). Dann gibt es den zusätzlichen Hinweis, dass man zu *Einstellungen/Weitere PC-Einstellungen* wechseln soll, um dieses Konto zu ändern (sprich: zu einem lokalen Konto herunterzustufen) oder zu entfernen.

16.3.4 Pflege der Kontendaten für Facebook oder Twitter

Bei Konten wie Facebook oder Twitter ist die Pflege der Konteneinstellungen (z.B. das Teilen auf Facebook zulassen) per Seitenleiste nicht möglich. Hintergrund ist, dass diese Daten nicht in der Kontakte-App, sondern über das primäre Microsoft-Konto verwaltet werden. Zum Anpassen dieser Einstellungen ist daher ein Zugriff auf das primäre Microsoft-Konto in einem Browser erforderlich. Hier die Schritte, wie Sie vorgehen können.

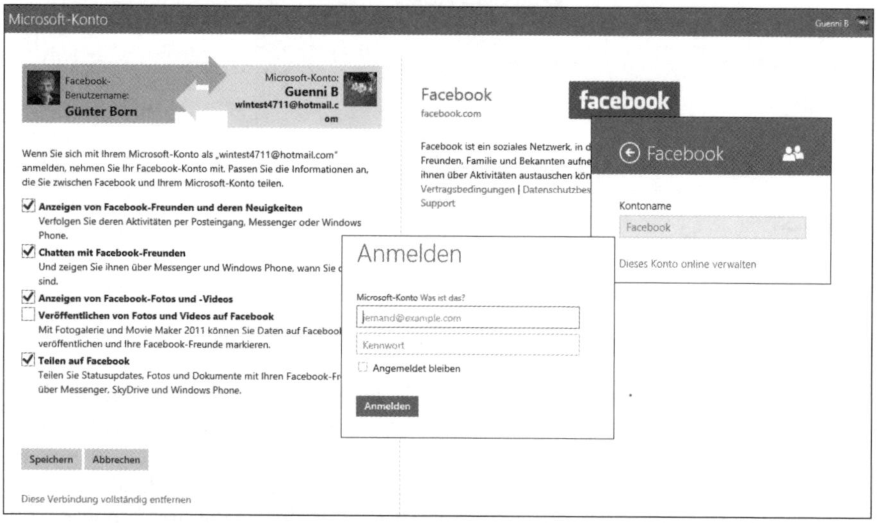

Bild 16.28: Kontenkonfigurierung im Microsoft-Konto

1. Gehen Sie, gemäß den Beschreibungen der vorhergehenden Seiten, zur Seitenleiste *Konten* und wählen das Facebook- oder Twitter-Konto an.
2. Die Kontakte-App zeigt für diese Konten eine reduzierte Darstellung in der Seitenleiste (Bild 16.28, Einblendung rechts). Wählen Sie den Hyperlink *Dieses Konto online verwalten*.
3. Warten Sie, bis die Internet Explorer-App gestartet wurde, und melden Sie sich über die automatisch eingeblendete Live-ID-Seite an (Bild 16.28, Einblendung Mitte).
4. Sobald Sie zur Kontenverwaltungsseite (Bild 16.28) gelangen, legen Sie die gewünschten Optionen (z.B. wird durch die Deaktivierung eines Kontrollkästchens das Zugriffsrecht entzogen) fest.
5. Sobald Sie die *Speichern*-Schaltfläche der Seite wählen, werden die Änderungen im Microsoft-Konto gesichert.

Über den Hyperlink *Diese Verbindung vollständig entfernen* können Sie die Zugriffsberechtigungen des Microsoft-Kontos auf das Facebook- oder Twitter-Konto vollständig entziehen.

16.3.5 Anpassen der Kontakte-Optionen

Über die Optionen können Sie die Kontaktliste filtern sowie die Kontakte nach Nachname sortieren. Hier die Schritte, um diese Optionen anzupassen.

Bild 16.29: Anpassen der Optionen der Kontakte-App

1. Blenden Sie die Charms-Leiste am rechten Seitenrand ein und wählen Sie *Einstellungen* (Bild 16.29, rechts).
2. Wählen Sie in der Seitenleiste *Einstellungen* den Befehl *Optionen* (Bild 16.29, Mitte).
3. Anschließend passen Sie dann in der angezeigten Seitenleiste (Bild 16.29, links) die gewünschten Einstellungen an.

Über den Schiebeschalter der Seitenleiste *Optionen* lassen Sie ggf. die Sortierung über den Nachnamen zu. Die Kontrollkästchen ermöglichen Ihnen, die Kontaktliste nach den Konten zu filtern. Die Werte der markierten Optionen tauchen in der Kontaktliste auf.

16.3.6 Eigenes Profil einsehen, in Facebook und Twitter posten

Möchten Sie die Daten des eigenen Profils, so wie es Dritte angezeigt bekommen, einsehen? Oder soll eine Statusnachricht an Ihrer Facebook-Pinnwand gepostet bzw. ein neuer Tweet bei Twitter abgesetzt werden? Dies ist in der Kontakte-App mit wenigen Schritten durchführbar.

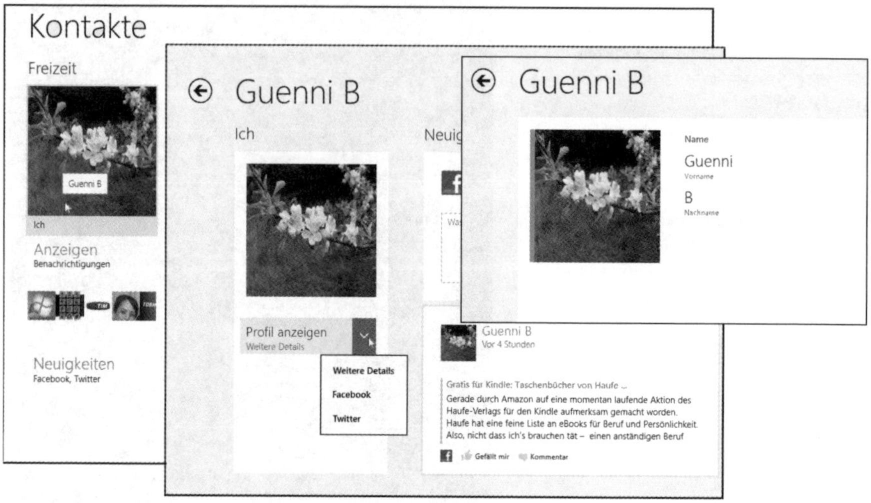

Bild 16.30: Profildaten in der Kontakte-App einsehen

1. Wählen Sie in der Spalte »Freizeit« der App-Seite das Profilfoto oberhalb von »Ich« (Bild 16.30, Hintergrund links) an.
2. In der angezeigten Detailseite (Bild 16.30, Mitte) öffnen Sie in der Spalte »Ich« das Menü des Elements *Profil anzeigen*.
3. Wählen Sie einen der Menüeinträge aus, um zur Detailseite des Profils zu gelangen.

Der Befehl *Weitere Details* blendet dann die Detailseite mit den von Ihnen definierten Profildaten mit Name und Vorname im App-Fenster ein (Bild 16.30, Vordergrund rechts). Verwenden Sie die in der linken oberen Fensterecke angezeigte Schaltfläche *Zurück*, um zu den Vorgängerseiten zurückzukehren.

Wählen Sie dagegen die Befehle *Facebook* oder *Twitter* im Menü des Elements *Profil anzeigen*, öffnet sich die Browser-App. Diese zeigt dann die eigene Profilseite bei Facebook bzw. Twitter an. Schließen Sie die Browser-App, um zum Profil im Kontakte-App-Fenster zurückzukehren. An dieser Stelle vielleicht noch ein paar Worte zur angezeigten Profilseite der Kontakte-App.

- Innerhalb der Profilseite zeigt die Spalte »Neuigkeiten« (Bild 16.31), was gerade los ist. Sie sehen z.B. die letzten eigenen Posts bei Facebook oder Twitter.
- Wählen Sie den Hyperlink *Alle anzeigen* neben dem Spaltentitel »Neuigkeiten«, um die Detailseite mit Ihren zuletzt geposteten Facebook- und Twitter-Nachrichten anzuzeigen.

- Folgen Sie Personen auf Twitter, werden deren Tweets am rechten Rand der Profilseite in der Spalte »Benachrichtigungen« angezeigt.
- Scrollen Sie weiter nach rechts, erscheint die Spalte »Fotos« mit den von Ihnen bei Facebook veröffentlichten Alben.

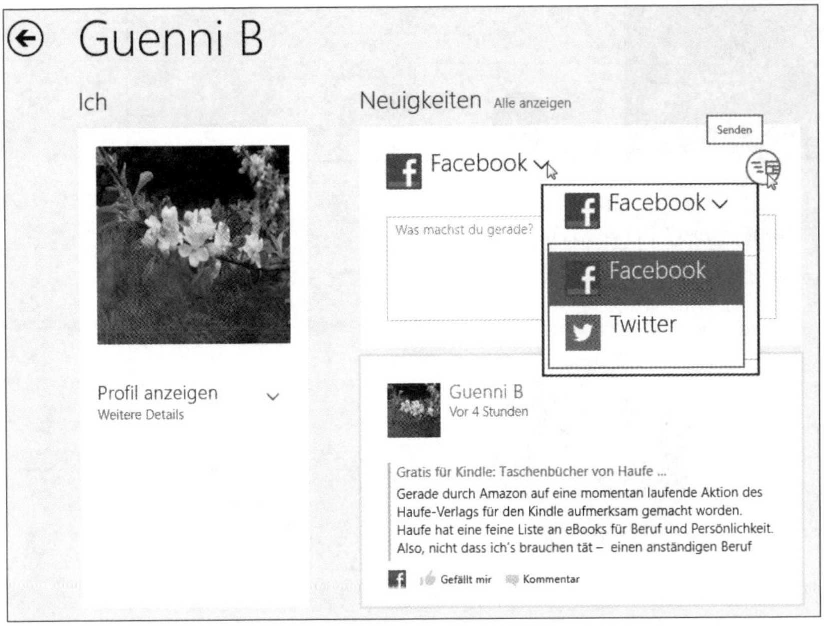

Bild 16.31: Postings ansehen und bei Facebook/Twitter posten

Möchten Sie selbst einen Tweet bei Twitter oder eine neue Statusnachricht an Ihrer Facebook-Pinnwand posten?

1. Öffnen Sie das Menü des Eintrags »Facebook« oder »Twitter« (Bild 16.31, Hintergrund) und wählen Sie einen Eintrag für Facebook oder Twitter aus (Bild 16.31, Einblendung im Vordergrund).
2. Tippen Sie einen Text ins Feld »Was machst du gerade?« ein und wählen Sie danach die oberhalb des Textfelds eingeblendete Schaltfläche *Senden*.

Die Kontakte-App übermittelt dann den eingetragenen Text direkt an das ausgewählte Twitter- oder Facebook-Konto.

16.3.7 So sehen Sie Details der Kontakte an

Möchten Sie auf die Details und Informationen Ihrer Kontakte zugreifen, ist das im Handumdrehen erledigt.

1. Wählen Sie im Hauptfenster der Kontakte-App in der Spalte »Alle« den gewünschten Kontakt (Bild 16.32, Hintergrund oben) aus.
2. Wählen Sie ggf. in der angezeigten Seite mit den Details (Bild 16.32, unten) des Kontakts das Element *Profil anzeigen* an, und rufen Sie im Menü den gewünschten Befehl ab.

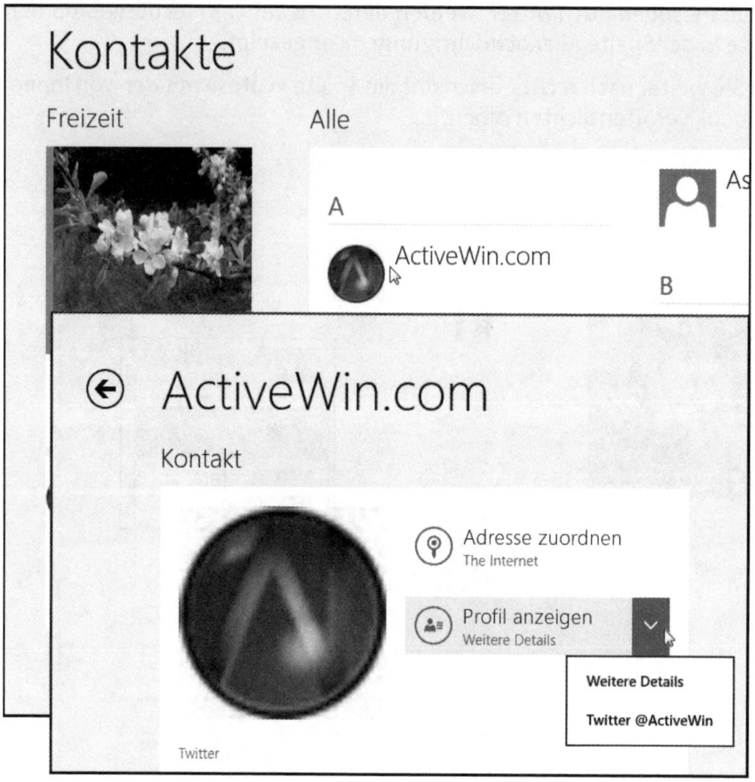

Bild 16.32: Kontaktdetails ansehen

Der Umfang der angezeigten Informationen in der Detailseite des Kontakts hängt von den vorhandenen Daten ab.

- In der angezeigten Seite werden auf jeden Fall die Daten des Kontakts sowie dessen Neuigkeiten in Form von Tweets (bei Twitter-Kontakten) oder Facebook-Statusbenachrichtigungen eingeblendet.
- Taucht z.B. der Befehl *Nachricht senden* in der Kontaktspalte auf, öffnet sich bei Anwahl die Nachrichten-App. Sie können dann mit dem Kontakt per Messaging bzw. Chat in Verbindung treten, wenn die Person über einen Onlinedienst erreichbar ist.
- Über den ggf. sichtbaren Eintrag *E-Mail senden* lässt sich direkt eine neue Nachricht über die Mail-App erstellen und absenden.
- Der Menübefehl *Weitere Details* unter *Profil anzeigen* zeigt Informationen zum Kontakt (z.B. Adresse, Name etc.). Mit dem zweiten Menübefehl lässt sich die Webseite des betreffenden Diensts (Twitter, Facebook) in der Browser-App öffnen, um weitere Daten einzusehen.
- Über den Eintrag *Alle anzeigen* in der Spalte *Neuigkeiten* gelangen Sie zur Seite mit allen Nachrichten des Kontakts.

Über die in der linken oberen Ecke der Seite eingeblendete Schaltfläche *Zurück* gelangen Sie jeweils zur vorhergehenden Formularseite.

TIPP

Reduzieren Sie in der Kontakte-Hauptseite den Zoomfaktor, erscheinen Kacheln mit den Buchstaben des Alphabets, über die Sie auf die sortierten Kontaktgruppen zugreifen können. Optional können Sie die App-Leiste am unteren Rand einblenden. Sie finden dann Schaltflächen, um Kontakte zu bearbeiten, an die Startseite anzuheften oder um einen Kontakt mit einem zweiten Kontakt zu verknüpfen (z.B. Ehepartner, Kinder, Firmenangehörige).

16.3.8 Wie lege ich neue Kontakte an?

Zur Pflege der Kontaktdaten ist zu beachten, dass diese aus verschiedenen Quellen (Hotmail-Adressbuch, Facebook-Konto, Twitter-Konto etc.) kommen. In der Kontakte-App lassen sich neue Kontakte nur lokal anlegen und dem Microsoft-Konto (Live-ID-Konto der Benutzeranmeldung) zuordnen.

1. Blenden Sie die App-Leiste (z.B. per Rechtsklick oder durch Wischen) am unteren Fensterrand ein und wählen Sie die Schaltfläche *Neu* (Bild 16.33, Hintergrund unten).
2. Wählen Sie im angezeigten Formular der App-Vorschau (Bild 16.33, Vordergrund oben) zuerst im Feld *Konto* das Onlinekonto, dem der Kontakt zugeordnet werden soll. Der Wert »Microsoft« bezieht sich auf das Hotmail-Adressbuch, das dem Live-ID-Konto zugeordnet ist.
3. Tragen Sie danach in dem angezeigten Formular die gewünschten Kontaktdaten in die betreffenden Felder ein (Bild 16.33, Vordergrund oben).
4. Bei Bedarf können Sie über die Schaltflächen mit dem +-Zeichen ein Kontextmenü (Bild 16.33, Vordergrund rechts) einblenden und über dessen Befehle zusätzlich anzuzeigende Eingabefelder wie zweiter Name, geschäftliche/private E-Mail-Adressen, Namen von Partnern, Websites etc. hinzufügen und durch Daten ergänzen.
5. Sind alle Informationen eingetragen, betätigen Sie die Schaltfläche *Speichern*, die am unteren Fensterrand in der App-Leiste angezeigt wird.

Der Kontakt wird dann unter dem Microsoft-Primärkonto angelegt. Verwenden Sie die *Abbrechen*-Schaltfläche, um das Anlegen eines neuen Kontakts abzubrechen.

Nach dem Speichern gelangen Sie zur Einzelansicht des Kontakts und können über die in der linken oberen Ecke angezeigte Schaltfläche *Zurück* zur Hauptseite der App-Vorschau wechseln. Die Schaltfläche *Nur online* (Bild 16.33, unten) in der App-Leiste des Hauptfensters ermöglicht es, die Liste nach den online verfügbaren Kontakten zu filtern.

Möchten Sie einen Eintrag im Formular entfernen, wählen Sie das Feld an. Dann lässt sich der Feldinhalt über die am rechten Rand des Felds angezeigte *x*-Schaltfläche (Bild 16.34) löschen.

Bild 16.33: Neuen Kontakt eintragen

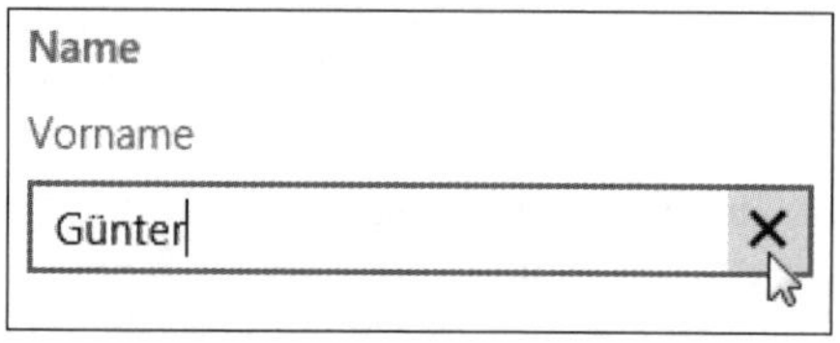

Bild 16.34: Kontakteigenschaft löschen

16.3.9 Wie pflege ich Kontakte?

Möchten Sie die Daten Ihrer Kontakte nachträglich bearbeiten und um Informationen ergänzen? Oder soll ein Kontakt gelöscht werden?

1. Wählen Sie in der App-Seite den gewünschten Kontakt an, sodass die Einzelseite mit den Kontaktdaten angezeigt wird (Bild 16.35, unten).
2. Blenden Sie die App-Leiste am unteren Fensterrand ein. Dies kann per Rechtsklick oder durch Wischen mit dem Finger vom unteren Bildschirmrand erfolgen.
3. Um einen Kontakt zu entfernen, wählen Sie dann in der App-Leiste die Schaltfläche *Löschen* und bestätigen dies im eingeblendeten Popup-Fenster (Bild 16.35, Einblendung unten rechts) über die gleichnamige Schaltfläche.
4. Sollen Daten des Kontakts geändert werden, wählen Sie die Schaltfläche *Bearbeiten* der App-Leiste, um das in Bild 16.35, Hintergrund oben, gezeigte Formular zu öffnen.

Bild 16.35: Kontakte bearbeiten und löschen

5. Passen Sie dann die Kontaktdaten in den angezeigten Feldern an. Bei Bedarf lassen sich weitere Felder über die Schaltflächen mit den Pluszeichen hinzufügen. Möchten Sie einen Wert entfernen, wählen Sie das Feld an. So lässt sich der Feldinhalt über die am rechten Rand des Felds angezeigte *x*-Schaltfläche löschen.
6. Sind alle Korrekturen durchgeführt, betätigen Sie die in der App-Leiste angezeigte *Speichern*-Schaltfläche.

Sie gelangen wieder zur Einzelansicht des Kontakts und können über die Schaltfläche *Zurück* oder durch Wischen mit dem Finger zur Hauptseite mit der App-Vorschau aller Kontakte zurückkehren.

> **ACHTUNG**
>
> Welche Bearbeitungsoptionen für Kontakte angeboten werden, hängt vom verwendeten Onlinekonto ab. Die Schaltfläche *Löschen* steht z.B. bei Microsoft-Konten, nicht aber bei Facebook-Kontakten zur Verfügung. Um solche Kontakte zu löschen, melden Sie sich am Konto des betreffenden Onlinedienstes an und führen dort die entsprechenden Schritte zum Löschen durch.

16.3.10 In den Kontakten suchen

Möchten Sie in den Kontakten suchen? Die Suche erfolgt über die Charms-Leiste.

1. Stellen Sie sicher, dass das Fenster der App-Kontakte mit der Kategorie *Alles* angezeigt wird.
2. Blenden Sie die Charms-Leiste (Bild 16.36, rechts) am rechten Bildschirmrand ein (z.B. Tastenkombination [⊞]+[C] drücken, per Maus in die rechte obere Bildschirmecke zeigen oder per Finger vom rechten Rand zum Desktop wischen).
3. Klicken Sie in der Charms-Leiste auf *Suchen*, tippen Sie im Suchfeld der Seitenleiste *Suchen* (Bild 16.36, mittlere Spalte) den gewünschten Suchbegriff ein und wählen Sie dann das Lupensymbol rechts neben dem Eingabefeld an.

Anschließend sollten die Treffer in der linken Spalte des App-Fensters aufgelistet werden.

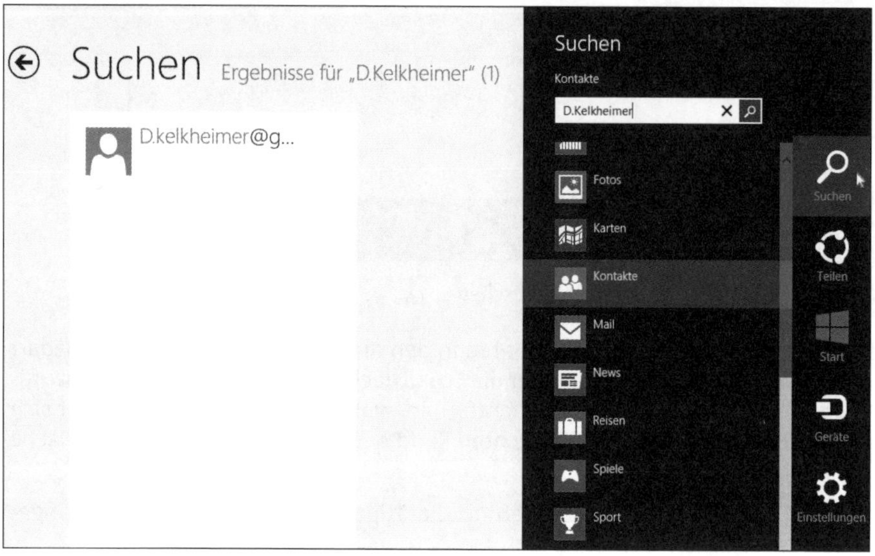

Bild 16.36: Suchen in den Kontakten

HINWEIS

Die Suche unterscheidet nicht zwischen Eigenschaften (z.B. Name, Vorname) eines Kontakts. Vielmehr werden die im Suchfeld eingegebenen Begriffe quasi als »Volltextsuche« auf alle Eigenschaften der Kontakte angewandt. Treffer werden in roter Schrift in der Ergebnisliste hervorgehoben.

Anstelle der Kontakte-App können Sie Ihre Kontakte über alternative Windows-Anwendungen verwalten. Installieren Sie beispielsweise Windows Live Mail aus den Windows Essentials 2012, steht eine Funktion zur Kontaktverwaltung zur Verfügung (Bild 16.37). Diese kann die Kontakte von Onlinekonten einbeziehen, ermöglicht aber auch, lokale Kontakte anzulegen, die ohne Online-Anbindung verwendbar sind.

Bild 16.37: Kontaktverwaltung in Windows Live Mail

17 Kalender, Nachrichten und weitere Apps

Windows 8 enthält weitere Apps, um beispielsweise Termine zu verwalten, Nachrichten anzuzeigen, Wetter-, Finanz- oder Reiseinformationen abzurufen und mehr. Dieses Kapitel stellt die Funktionen verschiedener Apps vor.

17.1 Terminverwaltung mit dem Kalender

Windows 8 enthält eine eigene Kalender-App zur Synchronisierung und zur Verwaltung von Terminen – auch mit Kalendern anderer Anbieter wie beispielsweise Google.

17.1.1 Die Kalender-App im Überblick

Die Kalender-App lässt sich über die betreffende Kachel der Startseite aufrufen. Beim Start der App sollte die in Bild 17.1 sichtbare Terminübersicht als Monatsdarstellung erscheinen.

Bild 17.1: Fenster der Kalender-App mit Monatsdarstellung

- Termine sind in der Darstellung farbig gekennzeichnet, das Tagesdatum wird mit einem grauen Hintergrund markiert.
- Die Umschaltung in der Kalenderdarstellung zwischen einer Tages- (Bild 17.2), Wochen- und Monatsansicht erfolgt dabei über die App-Leiste am unteren Fensterrand.

Blenden Sie zur Umschaltung der Darstellung die App-Leiste durch Wischen vom unteren Bildschirmrand oder durch einen Rechtsklick mit der Maus ein (Bild 17.1) und wählen Sie dann die gewünschte Schaltfläche (*Tag*, *Woche*, *Monat*).

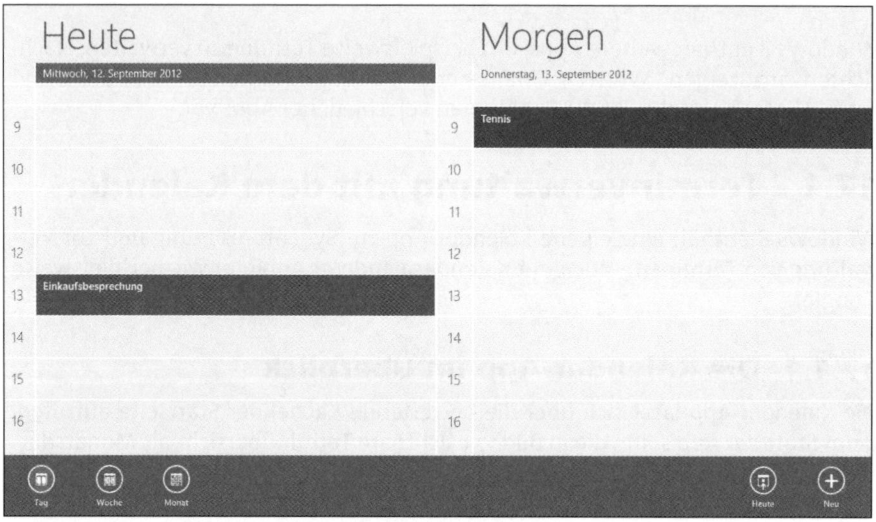

Bild 17.2: Fenster der Kalender-App mit Tagesdarstellung

TIPP

Bei angeschlossener Tastatur lässt sich mittels der Tastenkombinationen [Strg]+[1] (Tag), [Strg]+[2] (Woche) und [Strg]+[3] (Monat) die Darstellung des Kalenderblatts umschalten. Die Schaltfläche *Heute* bzw. die Tastenkombination [Strg]+[T] stellt den aktuellen Tag im Kalenderblatt ein.

- Zur Navigation innerhalb des Kalenders können Sie in der Tages- und Wochenansicht über eine Bildlaufleiste per Maus oder mit dem Mausrädchen nach oben bzw. unten blättern.
- Bei der Monatsansicht geschieht das Blättern horizontal über das Mausrad oder die Pfeilschaltflächen links und rechts von der Monatsanzeige.
- Ist kein Kalenderelement angewählt, lassen sich alternativ die Cursortasten [→], [←], [↑], [↓] einer externen Tastatur zur Navigation im Kalenderblatt verwenden.
- Auf einem Touchscreen navigieren Sie durch Wischen mit dem Finger. Wischen nach links oder rechts blättert zwischen Tages-, Wochen- und Monatsansichten. Wischen nach oben oder unten ermöglicht es z.B. in der Tagesansicht, im Zeitverlauf zu scrollen.

Die Schaltfläche *Heute* der per rechtem Mausklick geöffneten App-Leiste bringt Sie zum Kalenderausschnitt mit dem aktuellen Tagesdatum zurück.

HINWEIS

Beim Kalender ist keine Suche implementiert worden. Blenden Sie die Charms-Leiste am rechten Fensterrand ein, bezieht sich das *Suchen*-Symbol auf Apps und nicht auf den Kalender. Weiterhin fehlt der Kalender-App eine Funktion zum Drucken eines Terminblatts.

17.1.2 Mit welchen Konten arbeitet der Kalender?

Die Kalender-App wird automatisch mit dem Live-ID-Konto, das zur Benutzeranmeldung verwendet wird, synchronisiert. Haben Sie also beispielsweise mit Windows Live Mail unter Windows Termine eingerichtet, werden diese automatisch von der Kalender-App übernommen. Bei Bedarf können Sie aber weitere Konten in der App konfigurieren und so mehrere Kalender synchronisieren.

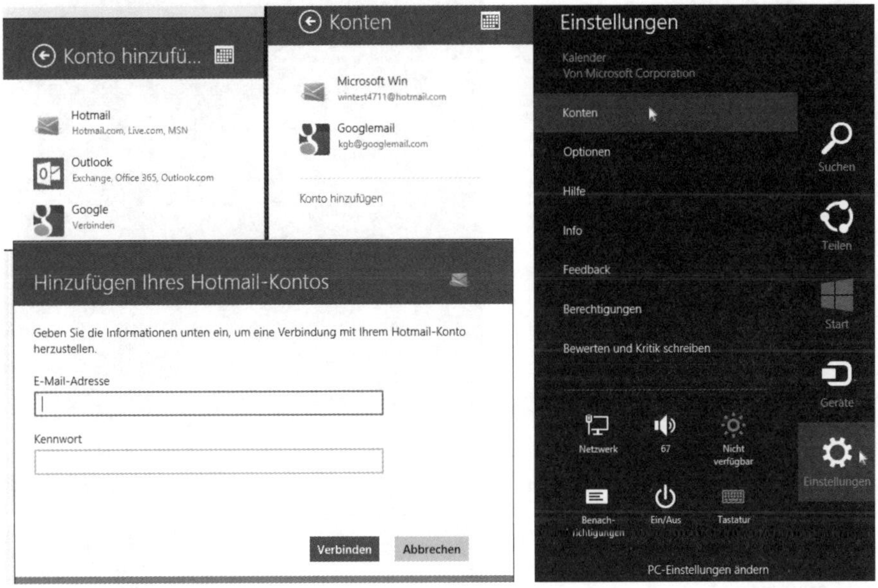

Bild 17.3: Konten der Kalender-App verwalten

1. Blenden Sie bei sichtbarem App-Fenster die Charms-Leiste am rechten Bildschirmrand ein (z.B. durch Wischen von links oder die Tastenkombination [⊞]+[C]) und wählen Sie *Einstellungen* (Bild 17.3, rechts).
2. Wählen Sie in der *Einstellungen*-Leiste (Bild 17.3) den Befehl *Konten* zur Verwaltung der Benutzerkonten aus.
3. In der eingeblendeten Seitenleiste *Konten* (Bild 17.3, oben Mitte) werden die bereits (z.B. in der Mail-App) eingerichteten Konten aufgelistet. Wählen Sie den Befehl *Konto hinzufügen* aus.
4. In der neu angezeigten Seitenleiste (Bild 17.3, oben links) wählen Sie einen der angezeigten Anbieter »Hotmail«, »Outlook« oder »Google«.
5. Anschließend ergänzen Sie im eingeblendeten Eingabeformular (Bild 17.3, unten links) die Anmeldedaten des Kontos und wählen dann die Schaltfläche *Verbinden*.

Die Kalender-App stellt eine Verbindung zum betreffenden Konto her und synchronisiert dort vorhandene Termine. Bei Google lassen sich aber nur Hauptkalender verwenden.

17.1.3 Konten löschen oder anpassen

Soll ein bestehendes Konto wieder entfernt werden, oder möchten Sie die Einstellungen anpassen?

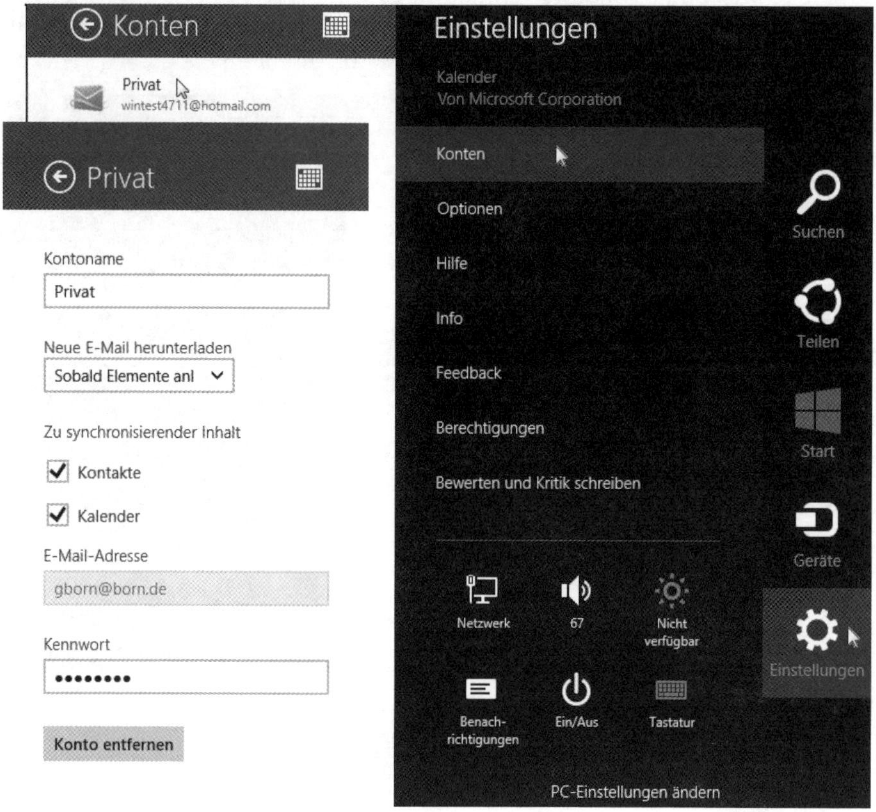

Bild 17.4: Löschen bzw. anpassen eines Kalender-Kontos

1. Gehen Sie wie im vorherigen Abschnitt beschrieben vor und navigieren Sie über das Charms-Symbol *Einstellungen* und den Befehl *Konten* zur Seitenleiste *Konten* (Bild 17.4, oben links).
2. Wählen Sie in der Seitenleiste *Konten* das betreffende Konto an und ändern Sie in der Seitenleiste des Kontos (Bild 17.4, unten links) die gewünschten Einstellungen.

Die Schaltfläche *Konto entfernen* ermöglicht Ihnen, das betreffende Konto komplett zu löschen. Es findet dann kein Kalenderabgleich mehr statt. Beachten Sie aber, dass sich das Ganze auch auf andere Apps wie Mail oder Kontakte bezieht. Beim Googlemail-Konto deaktivieren Sie dagegen das Kontrollkästchen *Kalender*, um die Anzeige der Daten zu unterbinden.

Im Formular mit den Kontendaten können Sie das Textfeld *Kontoname* sowie weitere Einstellungen wie das Kennwort ändern, um den angezeigten Kontennamen vorzugeben oder ein geändertes Kennwort zu berücksichtigen.

17.1.4 Berechtigungen/Optionen anpassen

Sie können mehr als einen Kalender in der App einbinden und verwalten. Dann empfiehlt es sich, die Farben der einzelnen Kalender anzupassen.

Bild 17.5: Berechtigungen und Optionen eines Kalender-Kontos

1. Hierzu blenden Sie die Charms-Leiste am rechten Seitenrand des Kalender-App-Fensters ein und wählen *Einstellungen*.
2. In der Seitenleiste *Einstellungen* wählen Sie den Befehl *Optionen* und passen dann in der gleichnamigen Seitenleiste die Farbe für die gewünschten Konten an (Bild 17.5, rechts).

In der Seitenleiste *Optionen* werden die definierten Kalender mit den jeweiligen Namen aufgelistet. Für jeden dieser Kalender lässt sich über einen Schiebeschalter festlegen, ob dieser angezeigt werden soll. Zudem können Sie über ein Listenfeld eine Kalenderfarbe wählen.

Über den Befehl *Berechtigungen* der Seitenleiste *Einstellungen* lässt sich die Seitenleiste aus Bild 17.5, links, einblenden. Dort legen Sie über Schiebeschalter fest, ob die Kalender-App Benachrichtigungen (z.B. Terminerinnerungen) auf dem Desktop und auf dem Sperrbildschirm einblenden darf.

17.1.5 Neue Termine eintragen

Um Termine neu im Kalender einzutragen, haben Sie verschiedene Möglichkeiten.

- Drücken Sie die Tastenkombination [Strg]+[N] oder blenden Sie die App-Leiste am unteren Fensterrand ein und wählen Sie die Schaltfläche *Neu* (Bild 17.6).
- Oder wählen Sie eine Terminzeile in der Tagesansicht (bzw. in der Wochen- oder Monatsansicht) des Kalenders an.

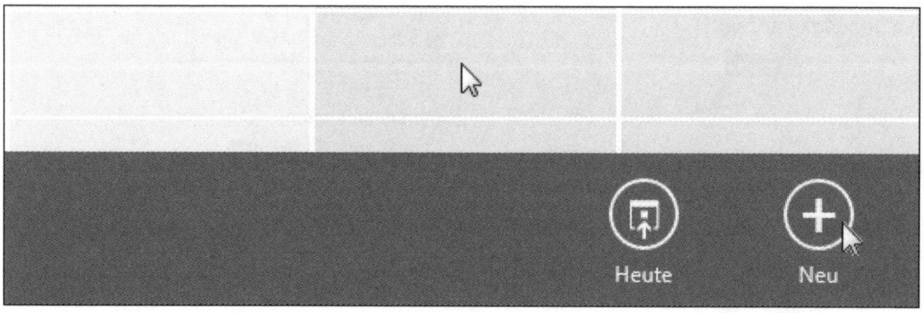

Bild 17.6: Neuen Termineintrag im Kalender anlegen

In allen Fällen schaltet der Kalender zur Seite mit den Termindetails (Bild 17.7) um, in der Sie die Einzelheiten des Termins festlegen.

- Passen Sie als Erstes über die Felder der linken Spalte *Details* des App-Fensters die Eigenschaften des Termins an.
- Klicken Sie in der rechten Spalte des App-Fensters in das Feld für den Betreff und tragen Sie den Titeltext des Termins ein.
- Ergänzen Sie im darunter befindlichen Feld weitere Informationen wie z.B. zur Besprechung benötigtes Material, Stichpunkte zur Erinnerung etc.
- Bestätigen Sie den Termin über die *Speichern*-Schaltfläche in der rechten oberen Ecke des App-Fensters – verwerfen können Sie das Ganze über die *Abbrechen*-Schaltfläche.

HINWEIS

Die Schaltfläche in der rechten oberen Ecke des App-Fensters (Bild 17.7) kann mit *Diesen Termin speichern* oder mit *Einladung senden* (falls Einladungen im Feld *Wer* enthalten sind) bezeichnet sein. Die Schaltfläche *Einladung senden* speichert den Termin und verschickt gegebenenfalls eine Mail an den oder die Eingeladenen.

Zur Handhabung der Einstellungen in der Spalte *Details* gibt es einige Besonderheiten zu beachten:

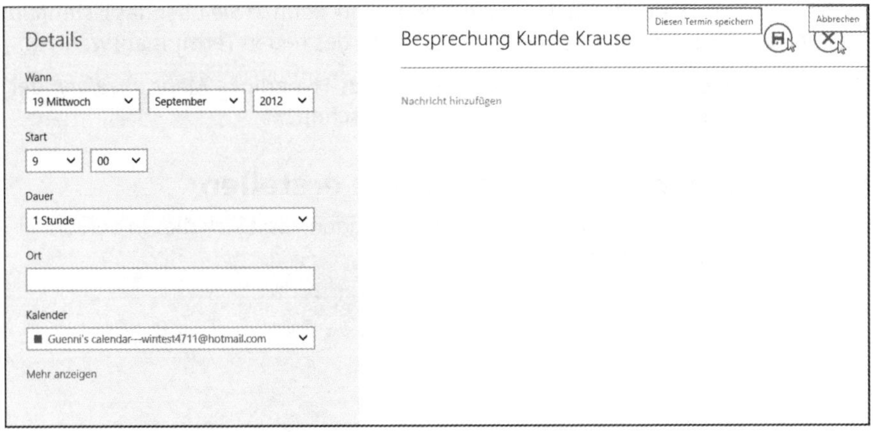

Bild 17.7: Details des neuen Termineintrags im App-Fenster festlegen

- Passen Sie in den Feldern *Wann* (Bild 17.7) das Datum an und legen Sie im Feld *Start* den Besprechungsbeginn fest. Das Feld *Dauer* ermöglicht Ihnen, vorgegebene Werte (30 Minuten, 1 Stunde etc.) abzurufen.
- Wählen Sie im Feld *Dauer* den Wert »Benutzerdefiniert«, wechselt die Spalte *Details* zur Darstellung aus Bild 17.8. Sie können dann über die Felder der Gruppen *Start* und *Ende* auch mehrtägige Termine sowie die genauen Zeiten für Anfang und Ende des Termins vorgeben.
- Das Kontrollkästchen *Ganztägig* (Bild 17.8) belegt die Terminspalte des kompletten Tags, beginnend vom Starttermin.

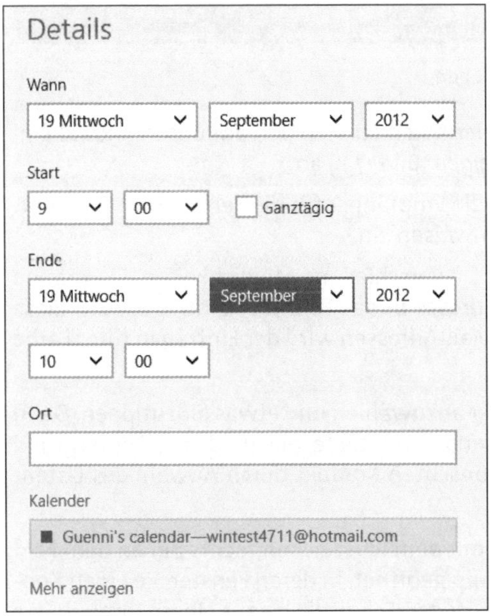

Bild 17.8: Variante der Details-Spalte eines Termineintrags

- Sind mehrere Kalender in der App eingebunden, können Sie über das Listenfeld *Kalender* einen dieser Kalender zum Festlegen des neuen Termins auswählen.

Weitere Optionen stehen Ihnen nach Anwahl des Hyperlinks *Mehr anzeigen* der Spalte *Details* zur Verfügung (siehe folgender Abschnitt).

17.1.6 Termine mit Einladungen erstellen

Möchten Sie Personen zu einer Besprechung einladen, lässt sich dies in den erweiterten Kalenderoptionen vornehmen.

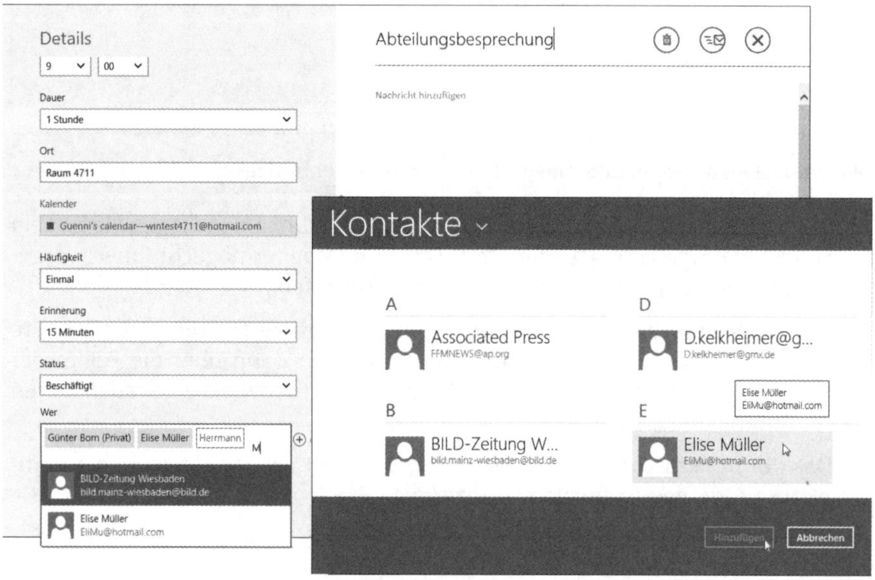

Bild 17.9: Einladung für einen Termin festlegen

1. Wählen Sie in der Spalte *Details* der Kalender-App den am unteren Rand eingeblendeten Hyperlink *Mehr anzeigen* (Bild 17.8) an.
2. Tragen Sie im Feld *Wer* (Bild 17.9) die Empfänger für die Termineinladung entsprechend den nachfolgenden Hinweisen ein.

Zum Eintragen der Empfänger haben Sie verschiedene Möglichkeiten. Sie können z.B. einen Namen oder eine E-Mail-Adresse in das Feld *Wer* eintragen, um diese Person einzuladen. Bei ungültigen E-Mail-Adressen wird der Eintrag in roter Farbe dargestellt.

- Am einfachsten ist es, das Feld *Wer* anzuwählen und etwas einzutippen. Dann blendet die App eine Liste passender Kontakte ein (Bild 17.9, Hintergrund links). Sie können dann den gewünschten Kontakt durch Anwahl des Listeneintrags in das Feld übernehmen.
- Oder Sie wählen die Schaltfläche mit dem Pluszeichen rechts neben dem Feld *Wer* an. Dann wird die Kontakte-App geöffnet, in deren Fenster Sie einen Kontakt anwählen und über die *Hinzufügen*-Schaltfläche zur Übernahme in das Feld *Wer* bestätigen.

Existieren E-Mail-Einladungen, verschwindet die Schaltfläche *Speichern* in der rechten oberen Ecke der App-Seite. Sobald alle Termindetails festgelegt sind, bestätigen Sie dies über die dann in der rechten oberen Ecke angezeigte *Einladung senden*-Schaltfläche. Die App trägt dann den Termin im gewählten Kalender ein und verschickt zudem Einladungen mit den Termindetails an die im Feld *Wer* eingetragenen Empfänger.

> Einträge im Feld *Wer* löschen oder korrigieren Sie, indem Sie deren Kontextmenü öffnen. Dort finden Sie Befehle zum Entfernen, Bearbeiten, Kopieren oder Ausschneiden.
>
> HINWEIS

17.1.7 Arbeiten mit Serienterminen und Erinnerungen

Möchten Sie Serientermine vergeben oder im Vorfeld an Termine erinnert werden, können Sie dies in der Kalender-App beim Erstellen eines neuen Termins festlegen.

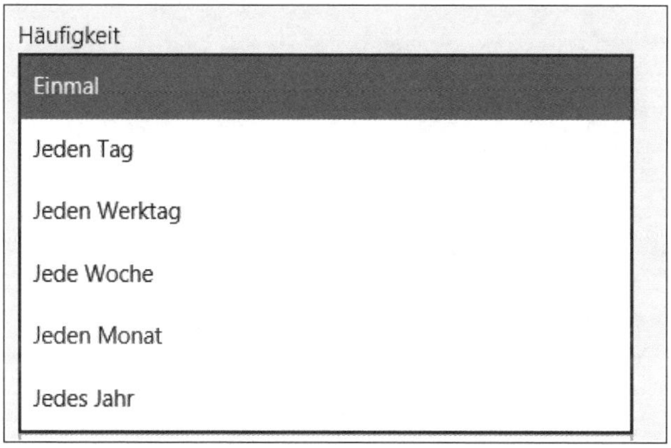

Bild 17.10: Wiederkehrenden Termin festlegen

- *Wiederkehrende Termine:* Wählen Sie das Listenfeld *Häufigkeit* in der erweiterten Darstellung der Spalte *Details* (Bild 17.10) der Kalender-App an und stellen Sie das Wiederholungsintervall auf den gewünschten Wert (täglich, werktäglich, wöchentlich, monatlich, jährlich) ein.
- *Terminerinnerung:* Öffnen Sie im Fenster der Kalender-App das Feld *Erinnerung* (Bild 17.11, unten) in der erweiterten Darstellung der Spalte *Details* und legen Sie das Erinnerungsintervall auf den gewünschten Wert fest. Bei Eintritt des Erinnerungszeitpunkts blendet Windows eine entsprechende Benachrichtigung (Bild 17.11, oben) in der rechten oberen Ecke des Bildschirms ein.

Um Kalender mehrerer Personen zu koordinieren, lässt sich der Status einer Person über das Feld *Status* (Bild 17.12) der Spalte *Details* zwischen Werten wie »Beschäftigt«, »Mit Vorbehalt«, »Abwesend«, »Frei« oder »Anderweitig beschäftigt« setzen. Über das Kontrollkästchen *Privat* der Spalte *Details* können Sie einen Termin im geschäftlich genutzten Kalender als privat kennzeichnen.

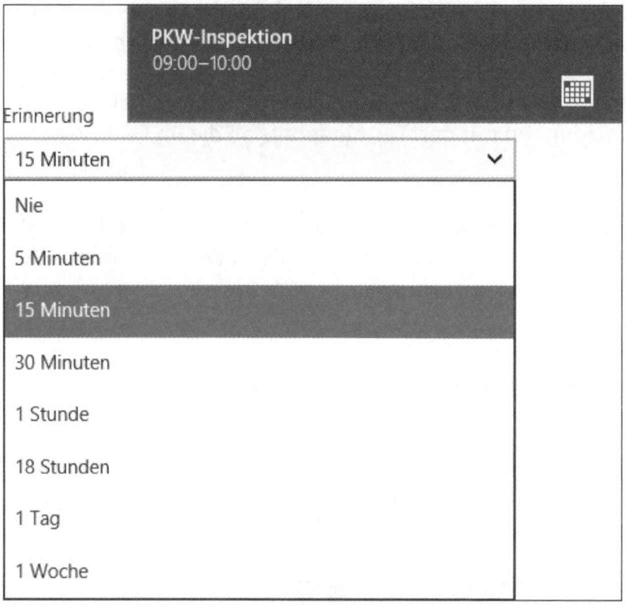

Bild 17.11: Terminerinnerung festlegen und Terminbenachrichtigung

Bild 17.12: Kalenderstatus vorgeben

17.1.8 Termine verschieben oder löschen

Soll ein Termin verschoben oder gelöscht werden, wählen Sie diesen in der Tagespalte an. Zum Verschieben passen Sie einfach die Werte der Felder *Wann* und *Start* in der Spalte *Details* (Bild 17.13) an und bestätigen dies über die *Speichern*-Schaltfläche in der rechten oberen Fensterecke. Sind im Feld *Wer* Kontakte eingetragen, erscheint statt der *Speichern*-Schaltfläche die Schaltfläche *Einladung senden*.

Einen Termin entfernen Sie durch Anwahl der Schaltfläche *Löschen* (Bild 17.13, oben rechts) aus dem Kalender. Dieser Vorgang ist über die gleichnamige Schaltfläche im eingeblendeten Fenster zu bestätigen.

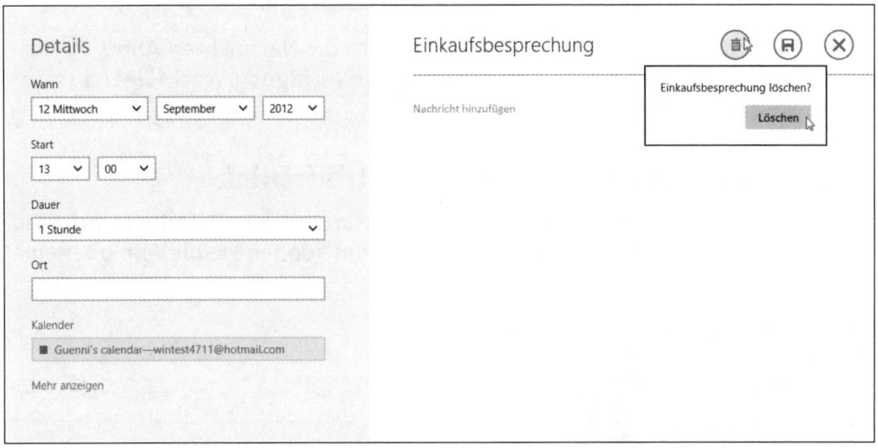

Bild 17.13: Termin verschieben oder löschen

17.1.9 Arbeiten mit mehreren Kalendern

Das Feld *Kalender* (Bild 17.14, Hintergrund links) in der Spalte *Details* ermöglicht gegebenenfalls die Auswahl zwischen verschiedenen Kalendern, die einem Konto zugeordnet sind.

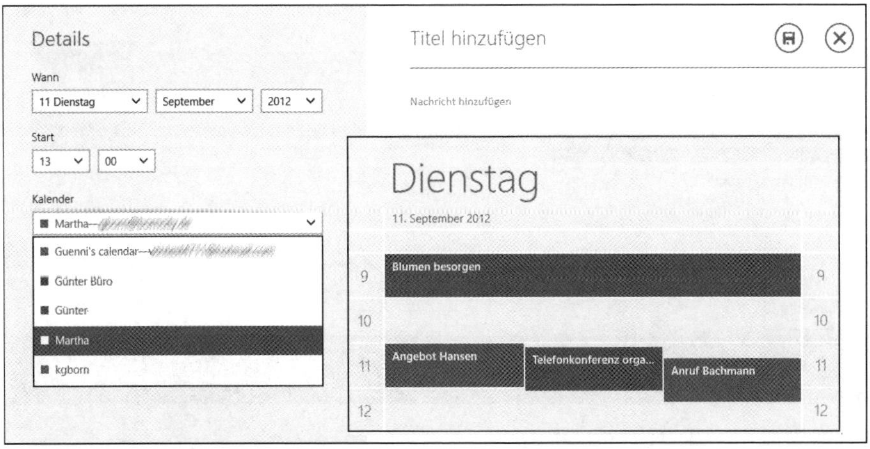

Bild 17.14: Mehrere Kalender verwalten

Legen Sie Termine für einen anderen Kalender im Terminblatt fest, werden diese in einer anderen Farbe (Bild 17.14, Vordergrund rechts) angezeigt. Auf den gleichen Zeitraum fallende Termine zeigt die App in der Tagesansicht nebeneinander an.

> HINWEIS
>
> Beachten Sie aber, dass die Kalender-App keine Möglichkeit besitzt, mehrere Kalender separat zu führen.

17.2 Verwenden der Nachrichten-App

Neben der Kontakte-App steht in Windows 8 auch die Nachrichten-App zum Austausch von Nachrichten mit Ihren Kontakten zur Verfügung. Nachfolgend erfahren Sie, welche Funktionen diese App bietet.

17.2.1 Die Nachrichten-App im Überblick

Die Nachrichten-App stellt die Funktion zum Austausch von (Sofort-)Nachrichten mit anderen Teilnehmern zur Verfügung. Aufrufen können Sie die App über eine Kachel auf der Startseite (Bild 17.15).

Bild 17.15: Kachel der Nachrichten-App

Nach dem Aufruf erscheint die Übersichtsseite der Nachrichten-App auf dem Bildschirm (Bild 17.16).

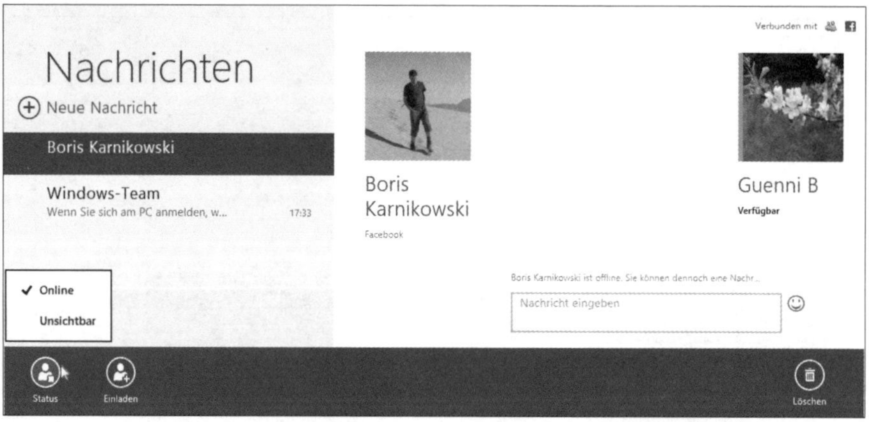

Bild 17.16: Fenster der Nachrichten-App

- In der Spalte *Nachrichten* (Bild 17.16, links) sehen Sie Kontakte, mit denen bereits Nachrichten ausgetauscht wurden. Zudem gibt es eine Schaltfläche zum Senden neuer Nachrichten.

- Am rechten Rand des App-Fensters wird das eigene Bild samt dem Namen und dem eigenen Status angezeigt (Bild 17.16, rechts).
- Blenden Sie die App-Leiste am unteren Fensterrand ein, können Sie den eigenen Status über die Schaltfläche *Status* (Bild 17.16, unten) zwischen »Online« und »Unsichtbar« umschalten. Im Status »Online« können andere mit Ihnen Kontakt aufnehmen.

In der mittleren Spalte zeigt das App-Fenster den angewählten Kontakt sowie die ausgetauschten Nachrichten oder Eingabefelder für das Formulieren von Nachrichten.

HINWEIS

Die Schaltfläche *Löschen* der App-Leiste ermöglicht es, alle Unterhaltungen einer Diskussion samt den Einträgen in der linken Spalte »Nachrichten« aus dem App-Fenster zu entfernen. Die Schaltfläche *Einladen* der App-Leiste öffnet die Browser-App mit der Live-ID-Anmeldeseite. Nach einer Anmeldung am Microsoft-Konto können Sie einen neuen Freund einladen.

Über *Einstellungen* in der Charms-Leiste öffnen Sie die zugehörige Seitenleiste. Über den Befehl *Optionen* erscheint eine Seitenleiste, in der sich der Empfang von Nachrichten der Nachrichtendienste ein- oder ausschalten lässt.

17.2.2 Neue Nachricht verfassen

Um einem Ihrer Kontakte eine Nachricht zu senden, gehen Sie in folgenden Schritten vor.

Bild 17.17: Kontakt für neue Nachricht auswählen

1. Wählen Sie im Fenster der Nachrichten-App in der linken Spalte den Link *Neue Nachricht* (Bild 17.17, Hintergrund oben) an.
2. Sobald sich das Fenster der Kontakte-App öffnet, wählen Sie den gewünschten Kontakt (Bild 17.17, Vordergrund) aus und bestätigen dies über die *Auswählen*-Schaltfläche der automatisch eingeblendeten App-Leiste.

Mit diesen Schritten wird der Kontakt in der linken Spalte der Nachrichten-App aufgenommen (Bild 17.18). Zum Versenden einer Nachricht an einen Kontakt sind folgende ergänzende Schritte notwendig.

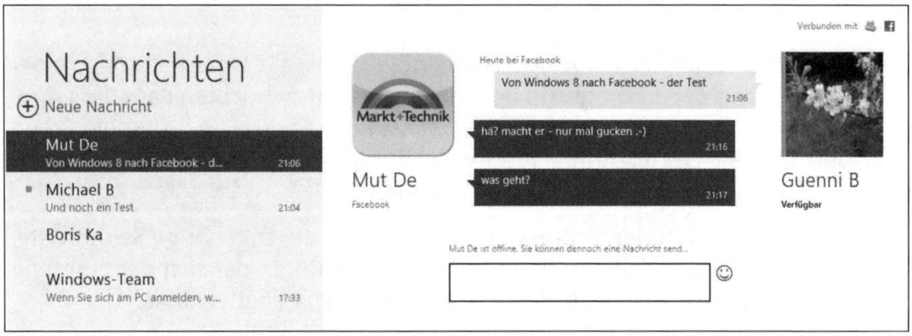

Bild 17.18: Neue Nachricht eingeben

3. Stellen Sie sicher, dass der gewünschte Kontakt in der Spalte »Nachrichten« (Bild 17.18, linke Spalte) ausgewählt ist.
4. Geben Sie im Textfeld (Bild 17.18) den Nachrichtentext ein und drücken Sie die [↵]-Taste zum Abschicken der Nachricht.

Während der Texteingabe lassen sich über das rechts neben dem Textfeld sichtbare Smiley-Symbol Emoticons in einer Palette abrufen und in die Nachricht einfügen. Alle gesendeten und empfangenen Nachrichten werden im App-Fenster angezeigt (Bild 17.18, mittlere Spalte). Ob ein Kontakt online ist, sehen Sie übrigens in der linken Spalte an einem grünen Punkt (Bild 17.18, linke Spalte) vor dem Namen des Kontakts. Reagieren Teilnehmer, die gerade online sind, auf Ihre Nachrichten und antworten, sind quasi Chats möglich. Sie sehen an dem oberhalb des Eingabefelds angezeigten Text sogar, wenn der Teilnehmer weitere Nachrichten eingibt.

17.3 Wetter, Karten und Reiseinfos

Windows kann Sie bei Reisen mit verschiedenen Apps wie Wetter, Reiseinfos oder dem Bing-Kartendienst unterstützen. Die Funktionen dieser Apps werden nachfolgend kurz vorgestellt.

17.3.1 Wettervorhersage im Blick

Die über eine Kachel (Bild 17.19) der Startseite abrufbare Wetter-App blendet aktuelle Wetterinformationen (Temperatur, Wettervorhersage etc.) über den vorgegebenen Standort im App-Fenster ein (Bild 17.20).

Bild 17.19: Kachel zum Aufruf der Wetter-App

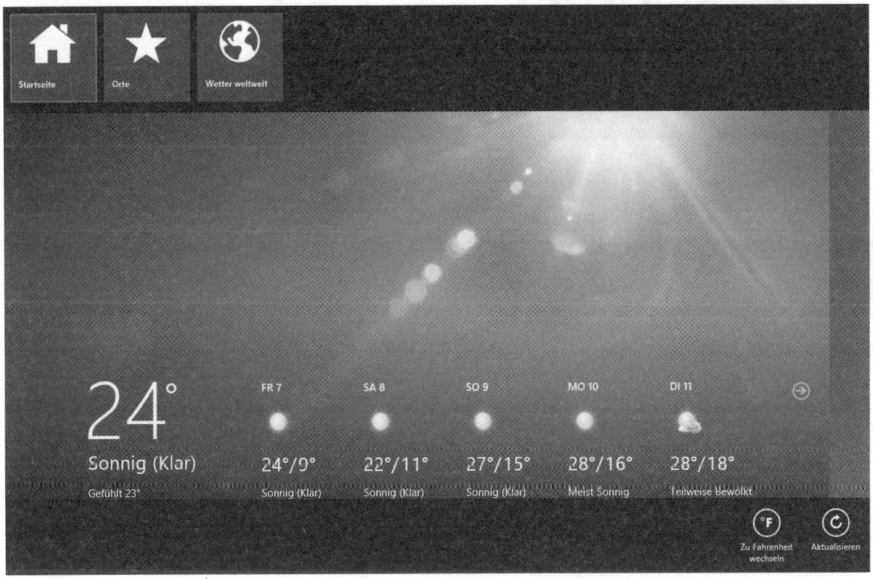

Bild 17.20: App-Fenster mit Wetterinformationen

- Beim Start der App erscheint die Wettervorhersage für mehrere Tage für den eingestellten Ort in der App-Seite. Durch horizontales Blättern lässt sich zu einer Seite mit stündlichen Wettervorhersagen scrollen. Zusätzlich können auf diese Weise Karten (Niederschlag, Temperatur etc.) oder historische Wetterdaten abgerufen werden.
- Zwei Schaltflächenelemente am rechten Rand der Startseite ermöglichen das Blättern zur Wettervorschau weiterer Tage (10-Tage-Trend) bzw. das Einblenden der Daten zu Windgeschwindigkeit und Feuchtigkeit.
- Um die Temperaturanzeige umzustellen, blenden Sie die App-Leiste ein. Über die in der unteren App-Leiste sichtbare Schaltfläche *Zu Fahrenheit wechseln* (Bild 17.20) oder *Zu Celsius wechseln* lässt sich die Temperaturskala umstellen.
- Den angezeigten Ort ändern Sie, indem Sie die App-Leiste einblenden und in der oberen App-Leiste (Bild 17.20) die Schaltfläche *Orte* wählen. Danach wählen Sie in der eingeblendeten Seite die Kachel mit dem Pluszeichen (Bild 17.21, Hintergrund). Tragen Sie im eingeblendeten Formular (Bild 17.21, Einblendung im Vordergrund) den neuen Standort ein. Bereits bei der Eingabe erscheint ein Auswahlmenü, aus dem Sie die gewünschte Stadt wählen und durch Anwahl der Schaltfläche *Hinzufügen* als Ort übernehmen.

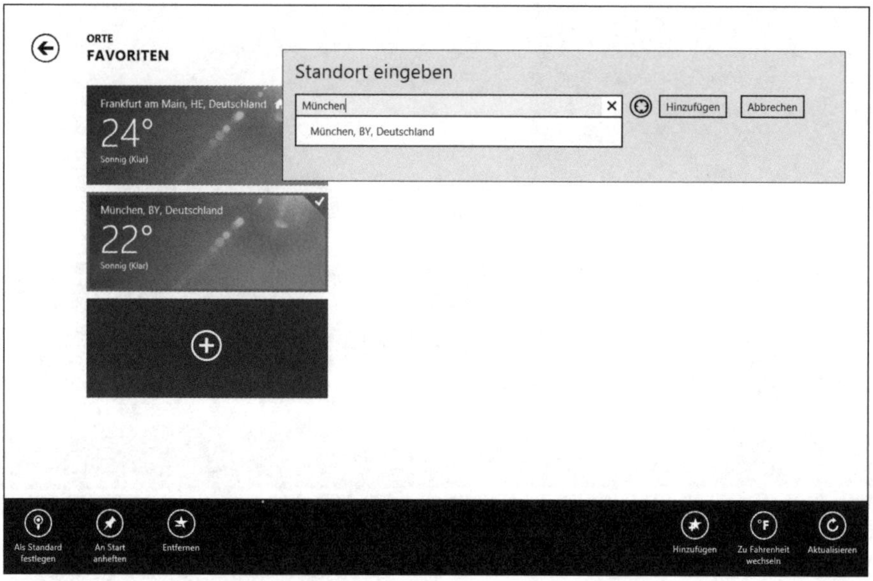

Bild 17.21: Ort in der Wetter-App festlegen

- Um einen so definierten Ort wieder zu löschen, wechseln Sie über die Kachel *Orte* der oberen App-Leiste (Bild 17.20) erneut zur Seite mit den Orten. Dann markieren Sie die Kachel mit dem betreffenden Ort (Bild 17.21, Hintergrund), indem Sie z. B. diese Kachel mit der rechten Maustaste anklicken oder mit dem Finger etwas nach unten ziehen. Sobald die Kachel in der rechten oberen Ecke mit einem Häkchen markiert ist, lässt sie sich mittels der *Entfernen*-Schaltfläche der unteren App-Leiste löschen.
- Die Schaltfläche *Als Standard festlegen* (Bild 17.21, unten) der unteren App-Leiste richtet den Ort so ein, dass dessen Wetterdaten beim Start der App eingeblendet werden.

Mittels der Schaltfläche *An Start anheften* der unteren App-Leiste kann der ausgewählte Ort als Kachel in die Startseite eingefügt werden. Bei Anwahl der Kachel öffnet dann die Wetter-App die Anzeige mit den Wetterdaten dieses Orts.

HINWEIS

Die beiden Schaltflächen *Als Standard festlegen* und *An Start anheften* sind nur sichtbar, wenn mindestens zwei Orte definiert sind. Zudem fehlen dann in der App-Leiste auch die drei linken Schaltflächen. Beim ersten Start fordert die App den Benutzer auf, den Zugriff auf die Positionsdienste zuzulassen oder abzulehnen. Um die Verwendung der Positionsdaten nachträglich anzupassen, blenden Sie die Charms-Leiste am rechten Seitenrand ein und wählen *Einstellungen*. Über den Befehl *Einstellungen* in der gleichnamigen Seitenleiste lässt sich der Befehl *Berechtigungen* wählen. Werden die Positionsdaten nicht freigegeben, lässt sich der Befehl *PC-Einstellungen ändern* der Seitenleiste *Einstellungen* wählen. In der Kategorie *Datenschutz* finden Sie die Option, um den Zugriff von Apps auf die Standorteinstellungen freizugeben.

Auf einem Tablet-PC mit GPS-Sensor kann die Wetter-App den Standort automatisch aus den Positionierungsdaten bestimmen und den angezeigten Ort einstellen. Die Wetter-App bezieht die Wetterdaten online von Bing Wetter, kann also nur Informationen anzeigen, die dort bekannt sind. Zudem ist eine Online-Verbindung erforderlich, damit die App funktioniert.

17.3.2 Karten und Routenplanung

Maps ist ein von Microsoft angebotener Kartendienst, der sich als Pendant zu Google Maps darstellt und sowohl Karten anzeigen als auch Routen planen kann. Die Karten-App wird über eine Kachel auf der Startseite aufgerufen (Bild 17.22) und ermöglicht bei einer bestehenden Online-Verbindung den Zugriff auf diesen Kartendienst. Anschließend wird eine Karte (Bild 17.23) eingeblendet.

Bild 17.22: Kachel der Startseite zum Aufruf des Kartendiensts

HINWEIS

Beim ersten Aufruf erscheint eine Nachfrage der App, ob die Positionsdienste aktiviert werden dürfen. Dies ist bei Verwendung der Karten-App als Navigationshilfe erforderlich. Die Verwendung des Standorts lässt sich sperren, indem Sie in der eingeblendeten Charms-Leiste auf *Einstellungen* klicken und dann in der Seitenleiste *Einstellungen* den Befehl *Berechtigungen* wählen.

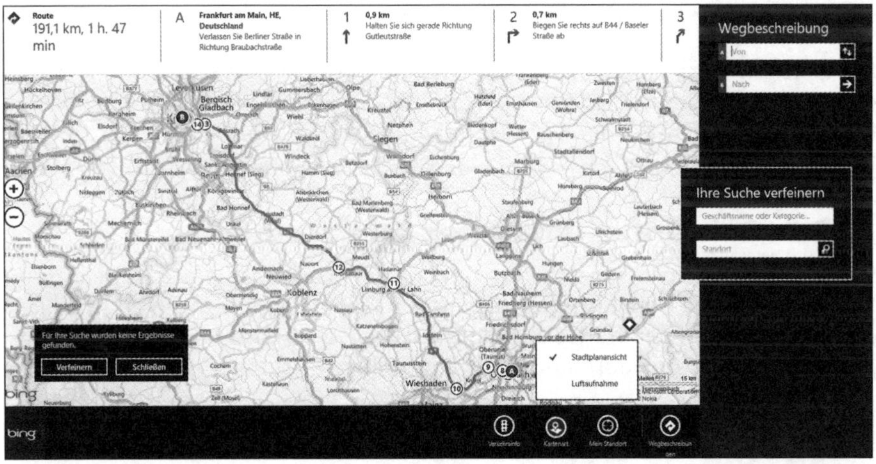

Bild 17.23: Routenplanung und Suchen mit der Karten-App

- Sie können per Maus oder Finger im Kartenausschnitt blättern. Zwei eingeblendete Lupensymbole (Bild 17.23, linker Rand) ermöglichen es, die Kartenausschnitte zu vergrößern oder zu verkleinern. Alternativ ist bei Touchbedienung der Zoom durch Spreizen oder Zusammenziehen zweier Finger möglich.

- Blenden Sie die App-Leiste (z.B. durch Wischen mit dem Finger oder per Rechtsklick) ein, finden Sie am unteren Rand Schaltflächen, um den eigenen Standort, Verkehrsinformationen oder den Kartenstil (Bild 17.23, unterer Rand, Einblendung rechts) abzurufen. Der eigene Standort ist nur verfügbar, wenn Positionsdaten (z.B. von einem GPS-Sensor) vorliegen. Beim Kartenstil können Sie zwischen der in Bild 17.23 gezeigten Stadtplanansicht und dem Modus *Luftaufnahmen* (erstellt aus Satelliten- und Luftbildern) umschalten.

Eine Routenplanung ist über die Schaltfläche *Wegbeschreibungen* der unteren App-Leiste möglich.

- Bei Anwahl werden in der Seitenleiste (Bild 17.23, rechter Rand, Hintergrund) zwei Eingabefelder für Start und Ziel eingeblendet.
- Über die rechts neben dem Feld »Nach« eingeblendete Schaltfläche oder über die [↵]-Taste lässt sich dann eine Fahrtroute zwischen den angegebenen Orten berechnen.

Diese Wegbeschreibung wird dann farbig in der Karte angezeigt. Zudem finden Sie am oberen Kartenrand eine Wegbeschreibung in Textform.

1. Zur Suche in der Karte blenden Sie die Charms-Leiste am rechten Bildschirmrand ein und wählen *Suchen*.
2. Anschließend lässt sich in der Seitenleiste ein Suchbegriff eingeben und die Suche starten.

Findet der Suchdienst keinen Treffer, erscheint ein Hinweis und Sie können über die angezeigte Schaltfläche *Verfeinern* (Bild 17.23, Einblendung unten links) eine Seitenleiste mit Feldern (Bild 17.23, Einblendung in der rechten Seitenleiste) zur verfeinerten Suche einblenden. Dort lässt sich gezielt ein Ort oder ein Begriff in eines der Suchfelder eintragen und zur Suche verwenden.

> HINWEIS
> Die App erfordert eine Onlineverbindung zum Laden der Onlinekarten. Die eigene Position wird durch ein Rautensymbol gekennzeichnet und entweder über einen GPS-Sensor oder aus anderen Angaben (z.B. WLAN-Standort) ermittelt.

17.3.3 Reiseinfos direkt per App abrufen

Über die Reisen-App lassen sich Informationen über auswählbare Reiseziele abrufen oder Flug- und Hotelbuchungen vornehmen. Starten können Sie die App über das Symbol *Reisen* der Startseite (Bild 17.24). Das App-Fenster (Bild 17.25) ermöglicht das Abrufen von Informationen über wählbare Reiseziele.

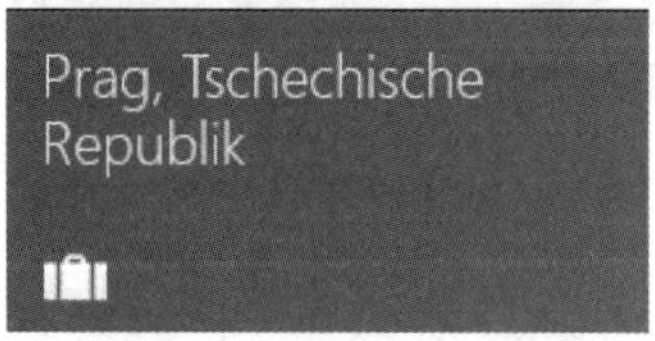

Bild 17.24: Kachel der Reisen-App auf der Startseite

Bild 17.25: Fenster der Reisen-App mit Informationen

- Im Fenster der Reisen-App (Bild 17.25) lässt sich horizontal in der Darstellung blättern. In verschiedenen Kategorien werden Ihnen ausgesuchte Zielorte und Artikel angeboten. Wählen Sie eine Kachel mit einem Zielort, lassen sich Fotos, ggf. Panoramaaufnahmen, Beschreibungen und weitere Informationen in der Detailseite einsehen. Die Informationen werden durch horizontales Scrollen eingeblendet.
- Öffnen Sie die App-Leiste, erscheinen verschiedene Kacheln am oberen Fensterrand. Über diese Kacheln wechseln Sie zwischen der Startseite, allen unterstützten Reisezielen sowie Buchungsseiten für Flüge und Hotels.
- Auf der Seite *Ausgewählte Reiseziele* greifen Sie über Kacheln auf vorgegebene Orte zu oder wählen über ein Listenfeld Regionen wie Afrika, Asien, Europa aus, um Zielorte zu filtern.
- Blenden Sie die Charms-Leiste am rechten Seitenrand ein, lässt sich über *Suchen* die gleichnamige Seitenleiste einblenden. Dort können Sie auch direkt nach Reisezielen suchen.

Eine Unterstützung für die Druckerausgabe ist in der App nicht implementiert. Aufgerufene Seiten lassen sich aber über die Windows-Funktion *Teilen* über die Mail-App versenden.

17.4 Informationen per App abrufen

Benötigen Sie einen schnellen Überblick über Finanzdaten oder möchten Sie aktuelle Nachrichten bzw. Hinweise zu Sportereignissen auf einen Blick sehen? Auch hier kann Windows 8 Sie mit vorinstallierten Apps unterstützen.

17.4.1 App zum Beziehen von Nachrichten

Windows enthält die News-App, um Nachrichten zum Tagesgeschehen abzurufen. Die Nachrichten werden durch den Dienst Bing bereitgestellt, stammen aber aus abonnierten Nachrichtenportalen wie Fokus. Aufrufen lässt sich die App über die in Bild 17.26 gezeigte Kachel der Startseite. Daraufhin erscheint das App-Fenster mit der aktuellen Bing-Schlagzeile (Bild 17.27), die aus diversen Nachrichtenportalen extrahiert wird.

Bild 17.26: Kachel der News-App auf der Startseite

Bild 17.27: Anzeige von Schlagzeilen und Nachrichten im App-Fenster

- Blättern können Sie per Maus oder Touchbedienung waagerecht, um weitere, am rechten Rand eingestellte Nachrichtenschlagzeilen anzuzeigen.
- Klicken oder tippen Sie auf das App-Fenster, wird der zur Schlagzeile passende Artikel eingeblendet.
- Über die in der linken oberen Seitenecke eingeblendete Schaltfläche *Zurück* gelangen Sie erneut zur Übersichtsseite.

Öffnen Sie die App-Leiste, lassen sich am oberen Rand (Bild 17.27) verschiedene Kacheln anwählen.

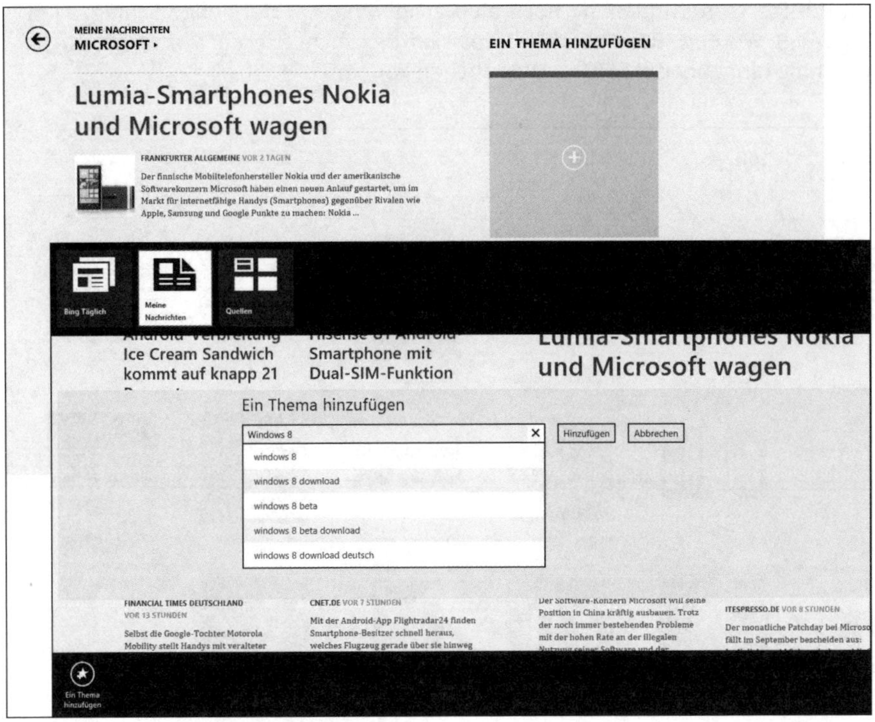

Bild 17.28: Themen zur Anzeige hinzufügen

- Über *Bing Täglich* wird das von Bing zusammengestellte Standard-Nachrichtenangebot angezeigt.
- Wählen Sie den Eintrag *Meine Nachrichten* (Bild 17.27, oben), gelangen Sie zur betreffenden Nachrichtenseite. Beim ersten Aufruf erscheint am rechten Seitenrand die Spalte *Ein Thema hinzufügen* (Bild 17.28, Hintergrund oben). Ist bereits ein eigenes Thema definiert, lässt sich die gleichnamige Schaltfläche (Bild 17.28, unten) in der unteren App-Leiste anwählen.
- Es erscheint ein Formular (Bild 17.28, Einblendung im Vordergrund), über dessen Textfeld Sie ein Stichwort eintragen bzw. aus der eingeblendeten Vorschlagsliste auswählen und dann mittels der *Hinzufügen*-Schaltfläche aufnehmen können. Die App zeigt anschließend ausgewählte Nachrichten zu diesem Thema an.

Eine Übersicht der Nachrichtenquellen erhalten Sie, wenn Sie die Kachel *Quellen* (Bild 17.28) in der App-Leiste wählen. Dann werden im App-Fenster die zur Auswertung der Schlagzeilen verwendeten Nachrichtenportale aufgelistet (Bild 17.29).

> **HINWEIS**
> Per Klick auf *Einstellungen* in der Charms-Leiste lässt sich die gleichnamige Seitenleiste einblenden. Der Befehl *Optionen* wechselt zu einer Seitenleiste, in der Sie den Nachrichtenverlauf löschen sowie die Sprache für angezeigte Inhalte anpassen können.

Auf der Startseite finden Sie noch die Kachel *Bing*, auf der einige Schlagzeilen angezeigt werden. Bei Anwahl öffnet sich die Suchseite der Microsoft-Suchmaschine Bing, über die Sie im Web suchen können.

Bild 17.29: Nachrichtenquellen der App

17.4.2 Sportnachrichten auf Abruf

Die Sport-App stellt Ihnen aktuelle Sportnachrichten, die über den Microsoft-Dienst Bing bezogen werden, im App-Fenster zusammen. Aufrufen lässt sich die App über die in Bild 17.30 gezeigte Kachel der Startseite.

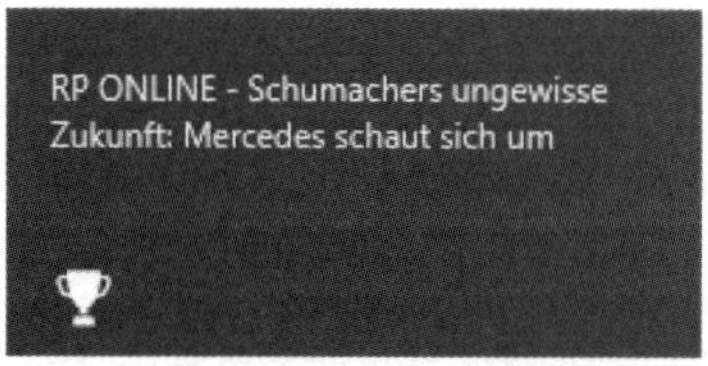

Bild 17.30: Kachel der Sport-App

- Im Fenster der App (Bild 17.31) blättern Sie bei Bedarf per Maus oder durch Scrollen mit dem Finger auf einem Touchscreen horizontal in den Sportnachrichten.
- Wählen Sie eine Kachel mit einer Sportnachricht an, gelangen Sie zur Detailseite des jeweiligen Nachrichtenportals (z.B. Zeit, DAPD etc.).

Bild 17.31: Anzeige der Sportnachrichten

Über die am oberen Rand per rechtem Mausklick einblendbare App-Leiste (Bild 17.31) lassen sich verschiedene Kategorien wie Bundesliga, Formel 1, Golf etc. auswählen. Die Sportnachrichten werden dann nach diesen Kategorien gefiltert.

17.4.3 Finanznachrichten und Kurse per App im Blick

Die Finanzen-App bezieht ihre Informationen ebenfalls über den Dienst Bing und stellt verschiedene Finanzdaten auf einer Seite zusammen. Die App zeigt abwechselnd Kenndaten wie die Kurse von DAX und TECDAX auf der Kachel der Startseite an (Bild 17.32). Über diese Kachel rufen Sie die App auch auf.

Bild 17.32: Kachel der Finanzen-App

- Beim Start erscheint eine Seite mit einer Headline und den Börsenkursen des DAX und TECDAX (Bild 17.33, Hintergrund unten). Verwenden Sie die Maus oder die Finger bei Touchscreens, um horizontal zu den am rechten Rand befindlichen Finanznachrichten, zur Watchlist mit ausgesuchten Börsenkurzen etc. zu blättern.

- Über die am oberen Bildrand per rechtem Mausklick einblendbare App-Leiste (Bild 17.33, oben) lassen sich verschiedene Nachrichtenseiten wie aktueller Kurs, ausgewählte Aktien (Watchlist), Wirtschaftsmeldungen (News), Währungen etc. aus dem Web abrufen.

Bild 17.33: Anzeige der Finanzdaten

- Um neue Börsenkurse zur Watchlist hinzuzufügen, wählen Sie das betreffende Symbol in der oberen App-Leiste an. In der Einzelseite der Watchlist (Bild 17.33) werden die bereits ausgewählten Kurse über die betreffenden Kacheln eingeblendet. Über die letzte Kachel der Watchlist mit dem Pluszeichen oder die Schaltfläche *Hinzufügen* in der App-Leiste öffnen Sie ein Formular (Bild 17.33, Einblendung im Vordergrund), in dem Sie einen Firmennamen oder eine Wertpapierkennung eintragen und über die Schaltfläche *Hinzufügen* in die Watchlist aufnehmen können.
- Wählen Sie eine Kachel mit der rechten Maustaste (oder durch Herunterziehen mit dem Finger) an, wird diese mit einem Häkchen in der oberen rechten Ecke markiert. Gleichzeitig erscheint die App-Leiste am unteren Fensterrand (Bild 17.33). Über die Schaltfläche *Entfernen* lässt sich dann die Kachel mit der Kursanzeige von der Watchlist löschen.

Die App unterstützt keine Druckausgabe, der angezeigte Inhalt kann aber per Klick auf *Teilen* in der Charms-Leiste über die Mail-App verschickt werden.

HINWEIS

Über *Einstellungen* in der Charms-Leiste lässt sich die Seitenleiste *Einstellungen* einblenden. Die Befehle *Optionen* und *Berechtigungen* ermöglichen es bei dieser App, Spracheinstellungen einzusehen und anzupassen.

17.4.4 PDF- und OXPS-Dokumente mit dem Reader lesen

Die Reader-App kann Adobe PDF-Dateien sowie vom XPS-Writer erzeugte Dokumente im Microsoft OXPS- und XPS-Format anzeigen. Die Startseite enthält standardmäßig keine Kachel für die Reader-App.

1. Blenden Sie auf der Startseite die Suchleiste über die Charms-Leiste am rechten Rand ein und geben Sie »Re« als Suchbegriff im Suchfeld (Bild 17.34) ein.
2. Markieren Sie den Treffer für den Reader (Bild 17.34, links), blenden Sie die App-Leiste am unteren Rand ein und heften Sie dann die gefundene Kachel über die Schaltfläche *An »Start« anheften* an die Startseite an.

Bild 17.34: Suchen der Reader-App

Starten Sie die Reader-App über die betreffende Kachel der Startseite, erscheint die App-Seite.

- Sind alle Dokumente geschlossen, erscheint eine Übersichtsseite (Bild 17.35, Hintergrund oben). Über die Rubrik *Zuletzt verwendet* lässt sich direkt über die angezeigten Miniaturansichten auf bereits einmal geöffnete PDF- und OXPS-/XPS-Dokumente zugreifen.
- Um ein neues Dokument zu laden, verwenden Sie die Kachel *Durchsuchen* in der App-Seite (Bild 17.35, Hintergrund oben). In der angezeigten Folgeseite *Dateien* lässt sich in der Bibliothek *Dokumente* und in anderen Ordnern nach passenden Dokumenten suchen (funktioniert wie bei anderen Apps).

HINWEIS

Arbeiten Sie auf dem Windows-Desktop mit dem Explorer, reicht z.B. ein Rechtsklick auf die PDF-, OXPS- oder XPS-Datei. Dann findet sich im Kontextmenü der Befehl *Öffnen*, der die Anzeige des Dokuments in der Reader-App ermöglicht.

Bild 17.35: Anzeigen der Reader-App

Ist ein Dokument im App-Fenster des Readers geladen, wird dieses in der Seitenansicht im Reader dargestellt (Bild 17.35, Vordergrund unten).

- Über die in der rechten unteren Ecke der App-Seite eingeblendeten Plus- und Minuszeichen (Bild 17.35, rechte untere Ecke) ändern Sie den Zoomfaktor. Das Minuszeichen schaltet z.B. zur Anzeige der Miniaturseiten um.
- Blenden Sie die App-Leiste am unteren Bildschirmrand ein, können Sie über verschiedene Schaltflächen (Bild 17.35, unten) auf die Darstellung des Dokuments zwischen einer Seite, zwei Seiten oder fortlaufender Darstellung umschalten.
- Über die Schaltfläche *Suchen* der App-Leiste wird ein Suchfeld eingeblendet, über das Sie nach Textstellen im Dokument suchen können.
- Die Schaltfläche *Öffnen* ermöglicht das Laden neuer Dokumente, während Sie das geladene Dokument mit *Speichern unter* in einem Ordner sichern.
- Die Schaltfläche *Mehr* zeigt ein Menü mit Befehlen zum Drehen der Anzeige oder zum Schließen eines Dokuments. Über den Befehl *Textmarken* lässt sich auf ein Inhaltsverzeichnis eines Dokuments zugreifen.

Ist ein Drucker lokal oder im Netzwerk eingerichtet, können Sie auch Dokumente ausgeben. Klicken Sie dazu in der eingeblendeten Charms-Leiste auf *Geräte*. Dann sollte in der Seitenleiste *Geräte* ein Drucker auswählbar sein.

18 Fotos verwalten und anzeigen

Windows 8 stellt Funktionen bereit, um Fotos von Geräten wie Digitalkameras zu importieren und Fotodateien zu organisieren. Obwohl manches ähnlich wie unter Windows 7 funktioniert, ergeben sich durch die Bedienoberfläche bzw. die Apps doch einige Änderungen. Nachfolgend lernen Sie diese Funktionen samt der Fotos- und Kamera-App kennen.

18.1 Fotos zum Computer übertragen

Besitzen Sie eine Digitalkamera (oder ein Fotohandy) und möchten Sie die Fotos auf den Computer übertragen, um diese dort zu speichern, zu verwalten oder zu bearbeiten? Windows ermöglicht Ihnen, Fotos von Speicherkarten, CDs/DVDs oder direkt von Geräten über verschiedene Ansätze zu übernehmen.

18.1.1 Fotoimport von Digitalkameras

Die meisten Anwender bevorzugen es, die Fotos direkt von der Digitalkamera auf den Rechner zu übertragen. Papierabzüge können Sie über einen Scanner digitalisieren. Zudem kann Windows Fotos auch von Speicherkarten oder CDs/DVDs importieren und in die Bibliothek *Bilder* einsortieren. Nachfolgend erfahren Sie, was dabei beachtet werden sollte.

Diese Voraussetzungen müssen zum Import gegeben sein!

Damit Windows 8 das betreffende Gerät oder die Quelle mit den Fotos erkennt, muss dieses (z.B. über ein USB-Kabel) mit dem Rechner verbunden und eingeschaltet sein.

- Manche Digitalkameras unterstützen den Standard Digital Storage Class oder das Picture Transfer Protocol. Solche Kameras werden durch Windows beim Anschluss über die USB-Schnittstelle entweder als Wechseldatenträger erkannt oder können über den Fotoimport-Assistenten direkt angesprochen werden.
- Android-Smartphones können den internen Speicher oder die externe microSD-Karte ebenfalls als »USB-Wechseldatenträger« gegenüber Windows bereitstellen. Dann lässt sich direkt auf den Speicher zugreifen, sofern der Zugriff auf den Speicher am Android-Gerät zugelassen ist (siehe z.B. `http://www.borncity.com/blog/2011/10/01/dateitransfer-zwischen-touchlet-x4-und-pc/` [w8-k18-001]).
- Bei Apple-Geräten wie dem iPhone oder iPad greift ein ähnlicher Mechanismus, der den internen Speicherbereich mit den Fotos gegenüber Windows als Wechseldatenträger ausgibt, sobald das Gerät über die Dock-Schnittstelle per USB-Kabel mit dem Windows-Rechner verbunden wird.

Bild 18.1: Speicherkartenleser

Weder für Android- noch für Apple-Geräte werden dabei zusätzliche Treiber gebraucht. Bei allen Geräten (Digitalkameras, Smartphones), die sich gegenüber Windows nicht als Laufwerk ausgeben, benötigen Sie einen für Windows 8 geeigneten Gerätetreiber mit WIA-Unterstützung. Falls kein Treiber existiert, lässt sich bei Digitalkameras oder Fotohandys die Speicherkarte zum Fototransfer direkt über einen Speicherkartenleser (Bild 18.1) am Computer einlesen (siehe auch *Kapitel 9*). Verwenden Sie diesen Ansatz, um den Inhalt von CDs oder DVDs mit Fotos in Windows zurückzulesen.

HINWEIS

Falls die Geräte einen WIA-Treiber benötigen, um durch den Import-Assistenten von Windows erkannt zu werden, ist es wichtig, dass der betreffende Treiber mindestens auf Windows Vista abgestimmt ist. Für Windows XP entwickelte WIA-Treiber funktionieren unter Windows 8 nicht (siehe meinen Beitrag zu Windows 7 unter `http://www.borncity.com/blog/2009/12/03/scanner-unter-windows-7/` [w8-k18-002]). Bei Scannern gibt es dann höchstens die Möglichkeit, Scans aus Windows-Anwendungen heraus über die Twain-Schnittstelle zu scannen. Twain ist ein herstellerunabhängiger Softwarestandard zur Datenübernahme von Scannern, der von vielen Grafikprogrammen unterstützt wird.

18.1.2 So funktioniert der Fotoimport

Wie Sie Fotos von Vorlagen scannen, ist in den *Kapiteln 24* kurz erläutert. Neben dem Kopieren der Fotodateien von einer Speicherkarte per Kartenleser oder von CD/DVD (siehe *Kapitel 9* und folgende Seiten) lassen sich die Fotos auch über Import-Assistenten in Windows übernehmen. Dabei gibt es sowohl einen Import-Assistenten für Windows als auch einen Assistenten der Fotos-App. Hier die Vorgehensweise zum Fotoimport.

1. Verbinden Sie das Gerät (Kamera, Smartphone etc.) z. B. per USB-Kabel mit dem Computer und schalten Sie es ein. Oder legen Sie den Datenträger (Speicherkarte, Foto-CD/-DVD) in das entsprechende Laufwerk ein.
2. Sobald Windows das Gerät (z. B. Kamera) oder ein Medium mit Fotodateien erkennt, erscheint auf dem Bildschirm die Benachrichtigung aus Bild 18.2, rechts. Wählen Sie das Benachrichtigungsfeld an.
3. Sobald die Benachrichtigung der automatischen Wiedergabe (Bild 18.2, links) eingeblendet wird, wählen Sie den Befehl *Fotos und Videos importieren*.

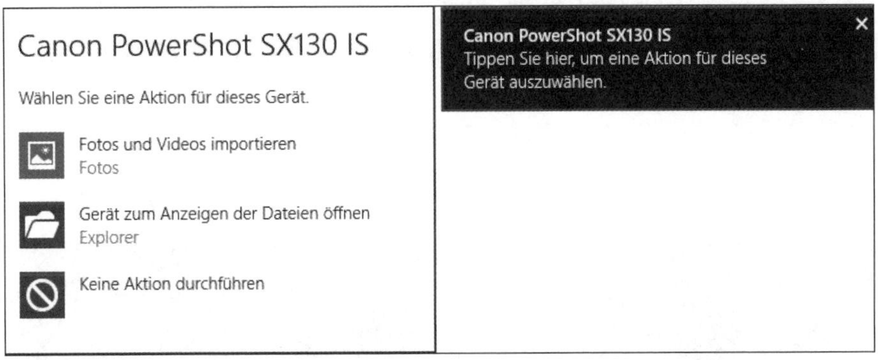

Bild 18.2: Benachrichtigungen beim Import

Die Benachrichtigung verschwindet und Windows startet die Importfunktion der Fotos-App zur Fotoübernahme vom Medium. Nun sollte die in Bild 18.3 gezeigte App-Seite erscheinen.

Bild 18.3: Auswahl der Fotos und des Zielordners im Import-Assistenten

4. Markieren Sie die zu importierenden Fotos, passen Sie ggf. die Datumsangabe im Textfeld an und wählen Sie danach die *Importieren*-Schaltfläche.

Zum Import markierte Fotos werden mit einem Häkchen in der rechten oberen Ecke gekennzeichnet. Ein Rechtsklick auf das Foto oder kurzes Herunterziehen mit dem Finger ermöglicht Ihnen, diese Markierung zu setzen oder zu löschen.

Das im Fußbereich der Seite angezeigte Textfeld enthält das aktuelle Datum als Vorgabewert. Diese Angabe fungiert beim Import als Ordnername. Der Import erfolgt in den Standardordner der Bibliothek *Bilder*, d.h., mit der obigen Angabe im Textfeld finden sich die Fotos anschließend unter *Eigene Bilder/2012-08-28*.

Bild 18.4: Dialogfelder des Import-Assistenten

- Während des Imports erscheint eine Fortschrittsanzeige (Bild 18.4, oben). Sie können den Import mittels der Schaltfläche *Anhalten* unterbrechen und anschließend über die angezeigte *Fortsetzen*-Schaltfläche wieder aufnehmen.
- Nach dem erfolgreichen Import erscheint die Benachrichtigung aus Bild 18.4, unten. Mittels der Schaltfläche *Ordner öffnen* wechseln Sie dann in die Albendarstellung der Fotos-App (Bild 18.5).

TIPP

Haben Sie die Anwahl der Importbenachrichtigung (Bild 18.2) verpasst, möchten die Fotos aber in die Fotos-App importieren? Dann rufen Sie die Fotos-App über deren Kachel per Startseite auf. Anschließend öffnen Sie die App-Leiste (z.B. mit der rechten Maustaste oder durch Wischen nach oben) und wählen die Schaltfläche *Importieren* (Bild 18.6). Gegebenenfalls erscheint eine Info zur Auswahl des Importgeräts. Nach Anwahl der gewünschten Bilderquelle gelangen Sie erneut zur Importseite (Bild 18.3).

Bild 18.5: Anzeige des importierten Albums

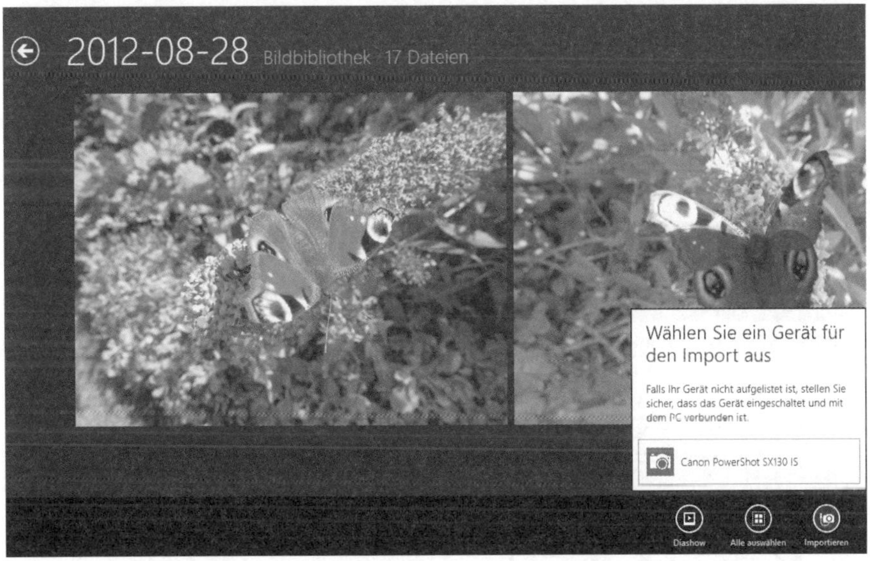

Bild 18.6: Importfunktion erneut aufrufen

18.1.3 Import über den Import-Assistenten von Windows

Sofern Sie zum Importieren und zum Zugriff auf Foto- oder Videodateien die Windows-Ordneranzeige und Windows-Anwendungen bevorzugen, lässt sich der Import auch vom Windows-Desktop aus vornehmen. Dieses Vorgehen ist auch dann hilfreich, falls die Benachrichtigung der automatischen Wiedergabe nicht erscheint oder bereits geschlossen wurde.

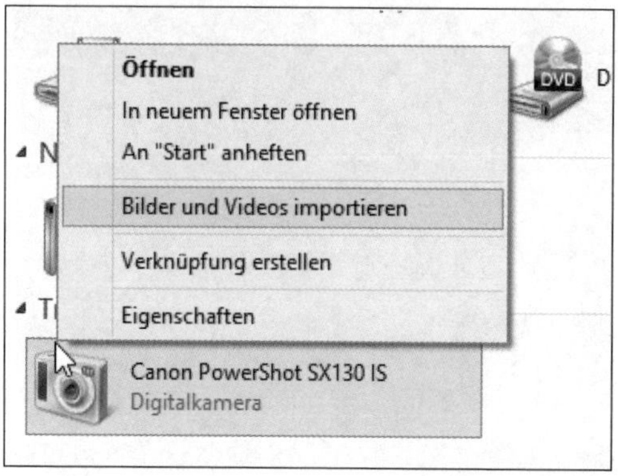

Bild 18.7: Aufrufen des Windows-Import-Assistenten

1. Öffnen Sie (z.B. über die Taskleiste) ein Ordnerfenster und suchen Sie das Symbol des Geräts oder des Wechselmediums mit den Fotos.
2. Öffnen Sie das Kontextmenü des Datenträgers und wählen Sie den Befehl *Bilder und Videos importieren* (Bild 18.7).
3. Warten Sie, bis der Import-Assistent die Bilder und Videos gefunden hat (Bild 18.8, oben), und wählen Sie im angezeigten Dialogfeld *Bilder und Videos importieren* (Bild 18.8, unten) die Importoptionen. Bestätigen Sie dies über die *Weiter*-Schaltfläche.

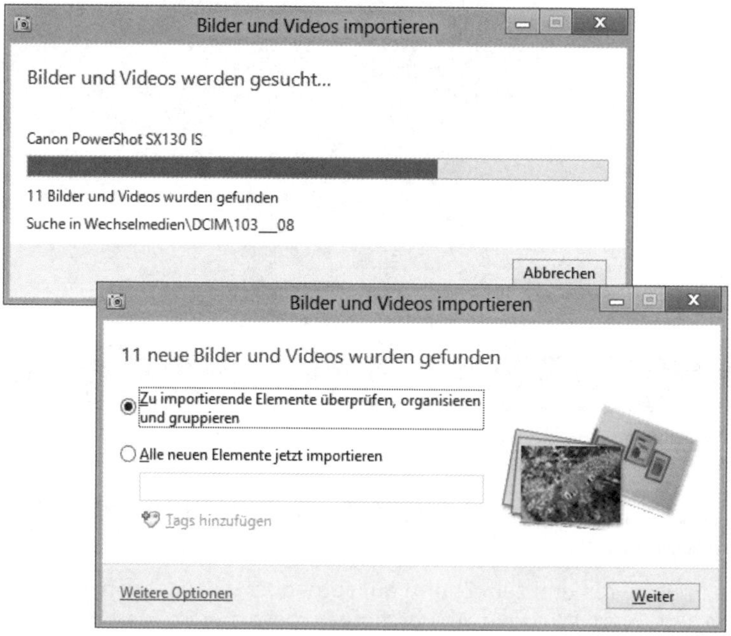

Bild 18.8: Dialogfelder des Import-Assistenten

Über die Option *Alle neuen Elemente jetzt importieren* des Dialogfelds aus Bild 18.8, unten, können Sie einen Ordnertitel zum Import im zugehörigen Textfeld angeben und ggf. auf *Tags hinzufügen* klicken, um allen importierten Fotodateien eine Bezeichnung anzuheften. Der Import wird dann über die *Weiter*-Schaltfläche angestoßen. Das Optionsfeld bleibt gesperrt, wenn keine neuen Video- oder Fotodateien zum Import gefunden werden.

Das Optionsfeld *Zu importierende Elemente überprüfen, organisieren und gruppieren* ermöglicht Ihnen, über die *Weiter*-Schaltfläche ein zusätzliches Dialogfeld (Bild 18.9) zur Auswahl einzelner Fotos zu öffnen.

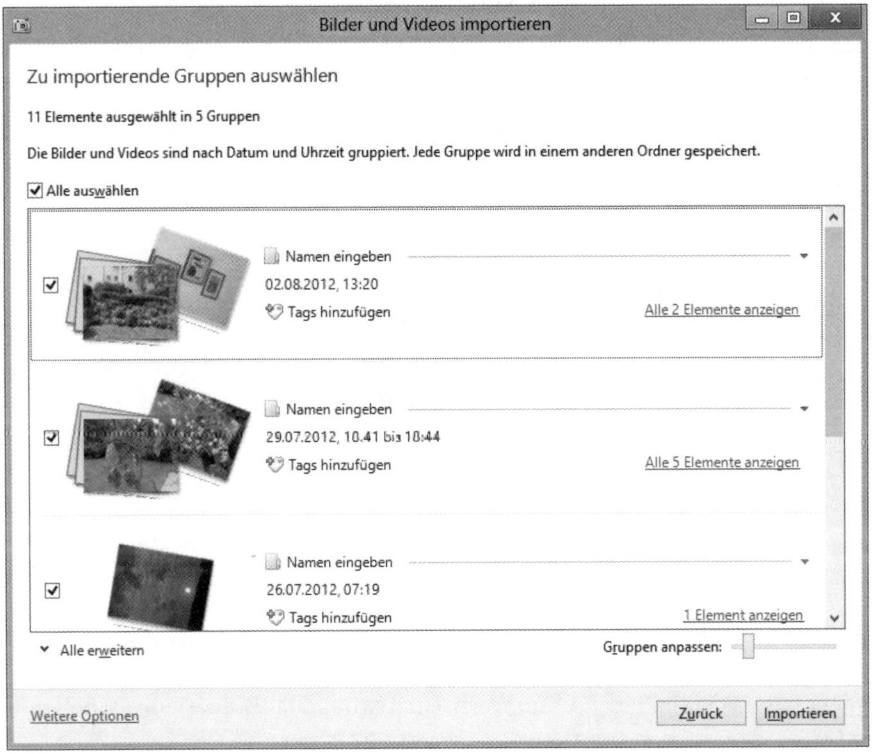

Bild 18.9: Gruppen von Fotos beim Import

Die Fotos werden nach ihrem Aufnahmedatum zu Gruppen zusammengefasst. Sie können dann über markierte Kontrollkästchen einzelne Gruppe in den Import einbeziehen oder durch Löschen der Markierung den Import verhindern. Die *Importieren*-Schaltfläche startet die Übernahme der Foto- und Videodateien. Die Fotodateien werden in der Bibliothek *Bilder* (oder *Videos* bei Videos) im Ordner *Eigene Dateien* in Unterordnern gespeichert. Die Namen der Unterordner werden dabei automatisch aus dem Aufnahmedatum abgeleitet. Sie haben aber die Möglichkeit, im Dialogfeld aus Bild 18.9 den Eintrag *Namen eingeben* anzuwählen und einen neuen Ordnernamen anzugeben.

Der Hyperlink *Weitere Optionen* in der linken unteren Dialogfeldecke öffnet das nachfolgend beschriebene Dialogfeld, in dem Sie die Importoptionen vorgeben können.

Ist der Import abgeschlossen, öffnet Windows automatisch die Bibliothek mit den importierten Fotos in einem Ordnerfenster (Bild 18.10). Das Ordnerfenster einer Bibliothek fasst dabei die Inhalte von Speicherorten zu sogenannten Gruppen zusammen. Oberhalb der importierten Fotos werden dann der Name des Fotoordners sowie dessen Pfad angegeben.

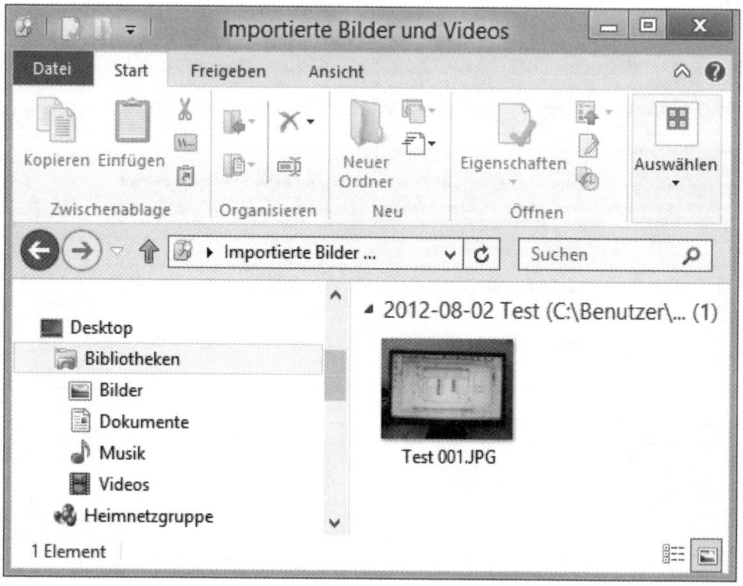

Bild 18.10: Bibliotheksanzeige mit importierten Fotos

HINWEIS

Diese Art des Imports funktioniert sowohl für Kameras und andere Geräte als auch für Speichermedien wie Speicherkarten oder CDs/DVDs, die Foto- bzw. Videomaterial enthalten und in Wechseldatenträgerlaufwerke eingeschoben werden.

Der Assistent überträgt eigenständig neue Inhalte des Quellmediums auf den Rechner. Löschen Sie die importierten Fotodateien auf dem Rechner, meldet der Import-Assistent, dass keine neuen Fotos oder Videos gefunden wurden. Sie haben aber die Möglichkeit, im Import-Assistent das Optionsfeld *Zu importierende Elemente überprüfen, organisieren und gruppieren* zu wählen. Dann lassen sich die gewünschten Fotos im nächsten Dialogfeld gezielt zum Import auswählen.

Die hier beschriebenen Ansätze zum Umgang mit dem Import-Assistenten von Windows 8 funktionieren übrigens auch noch, wenn die Fotogalerie aus den Windows Essentials 2012 installiert sind.

18.1.4 Importeinstellungen anpassen

Bei Bedarf können Sie die Importeinstellungen des Windows-Import-Assistenten über Optionen anpassen.

1. Klicken Sie hierzu im Dialogfeld *Bilder und Videos importieren* des Import-Assistenten auf den Hyperlink *Weitere Optionen* (Bild 18.8).
2. Passen Sie im Dialogfeld *Importeinstellungen* die jeweiligen Optionen an und schließen Sie das Dialogfeld über die *OK*-Schaltfläche.

Über Listenfelder wie *Bilder importieren in* und über die *Durchsuchen*-Schaltflächen geben Sie den jeweiligen Hauptordner vor, in den die Foto- oder Videodateien gespeichert werden sollen.

Bild 18.11: Import der Fotos in den Zielordner

- Das Listenfeld *Ordnername* ermöglicht die Auswahl des Schemas zur Benennung des anzulegenden Unterordners mit den importierten Dateien. Setzen Sie den Wert z.B. auf »Name«, wird der von Ihnen im Dialogfeld *Bilder und Videos importieren* eintragbare Text zur Ordnerbenennung verwendet.

- Kameras benennen die Fotodateien mit einem herstellerspezifischen Text (z.B. IMG, PICT etc.), gefolgt von einer fortlaufenden Bildnummerierung sowie mit der Dateinamenerweiterung *.jpg*. Das Feld *Dateiname* im Dialogfeld *Importeinstellungen* ermöglicht, das Schema zum Umbenennen der importierten Dateien vorzugeben (z.B. »Name«, »Ursprünglicher Dateiname«).

Über die Kontrollkästchen der Gruppe *Andere Optionen* legen Sie fest, ob die Beschriftung beim Import abgefragt wird, ob Fotos beim Import gedreht und vom Quellmedium gelöscht werden sollen und ob ein Ordnerfenster nach dem Importieren zu öffnen ist.

HINWEIS

Das automatische Drehen funktioniert aber nur, wenn die Lageinformation durch die Kamera bei der Aufnahme der Fotos in den EXIF-Informationen gespeichert wurde.

18.1.5 Direktes Kopieren von Fotos

Der Nachteil beim Anschluss von Kameras zum Fotoimport besteht darin, dass das Gerät eingeschaltet werden muss (kostet Akkulaufzeit). Der Importvorgang ist mit seinen Automatismen nicht sonderlich transparent. Auch das Zurückspeichern der (bearbeiteten) Fotodateien auf die Speicherkarte (um beispielsweise über die in Elektromärkten und Drogerien aufgestellten Fotostationen Papierabzüge anfertigen zu lassen) ist nicht möglich. Am komfortabelsten empfinde ich den direkten Zugriff auf die Speicherkarte mittels eines Speicherkartenlesers, um Fotos per Ordnerfenster hin und her zu transferieren.

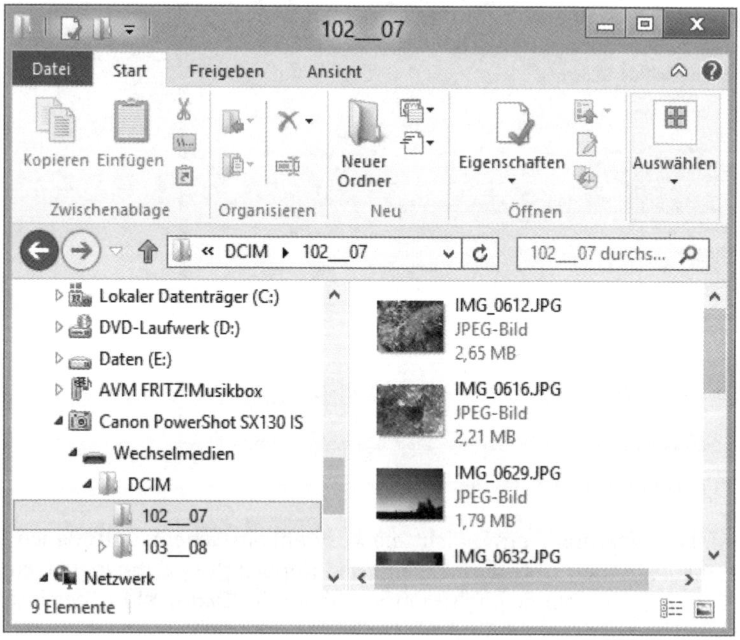

Bild 18.12: Ordnerstruktur einer Speicherkarte

HINWEIS

Die Hersteller von Digitalkameras haben sich auf den DCF-Standard (Digital Camera Format) zur Ablage der Fotodateien auf den Speichermedien geeinigt. Auf der Speicherkarte finden Sie den Ordner *DCIM*, der wiederum Unterordner aufweist. Die Unterordner mit den Bilddateien setzen sich meist aus dem Herstellernamen und einer Ziffernfolge (z.B. »102_07«, »136CANON«) zusammen. Dieser Ansatz ermöglicht Ihnen, die Fotos vor dem Import in einer Miniaturvorschau anzusehen, ggf. direkt auf der Speicherkarte zu löschen und die Dateien selektiv in Zielordner zu speichern. Zudem funktioniert auch das Zurückschreiben von bearbeiteten Fotos auf die Speicherkarte.

Zum Kopieren reicht es, das Ordnerfenster der Speicherkarte bzw. des Wechseldatenträgers zu öffnen und neben das geöffnete Fenster des Zielordners zu positionieren. Dann lassen sich die Fotodateien, wie in *Kapitel 9* beschrieben, komfortabel zwischen den beiden Ordnerfenstern kopieren oder verschieben.

18.1.6 Automatisches Drehen von Fotos

Windows 8 unterstützt im Explorer das verlustfreie Drehen von JPEG-Fotomotiven, sofern die Bildabmessungen ganzzahlig durch 16 teilbar sind. Bei der Übernahme von Fotos, die im Hoch- und Querformat aufgenommen wurden, sind Hochformataufnahmen (Porträtaufnahmen) um 90 Grad zu drehen.

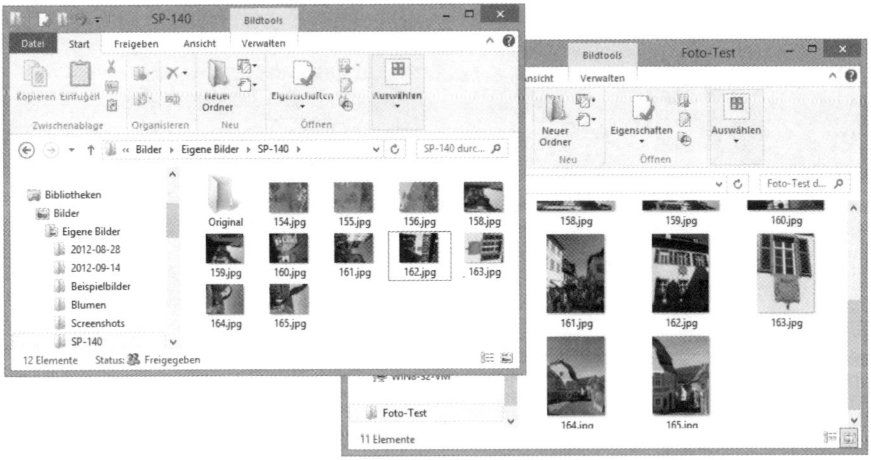

Bild 18.13: Automatisches Drehen von Fotodateien

Besitzt die Kamera Lagesensoren und speichert die Kameraausrichtung während der Aufnahme im EXIF-Datensatz der JPEG-Fotodatei, berücksichtigt Windows die Bildausrichtung beim Kopieren. Sofern die Kamera den Metawert zur Bildausrichtung korrekt im EXIF-Datensatz ablegt, sollte die Anzeige automatisch in der korrekten Form erfolgen (Hochkantfotos werden automatisch gedreht dargestellt, Bild 18.13).

HINWEIS

Konkret wird das EXIF-Feld *Orientation* ausgewertet, das nach meinen Informationen den Wert 1 = Portrait oder 6 = Landscape aufweisen sollte. Es gibt auch Kameras, die den Wert 8 für *Portrait* speichern. Ich habe keine entsprechende Kamera zur Verfügung, aber versuchsweise den obigen Wert bei einigen Hochformataufnahmen per EXIF-Editor in die zugehörigen JPEG-Grafikdateien geschrieben (Bild 18.13, links). Die mit dem entsprechenden EXIF-Tag versehenen Fotodateien wurden beim Kopieren in einen zweiten Ordner automatisch in die richtige Lage gedreht (Bild 18.13, Hintergrund rechts).

18.2 Fotoverwaltung unter Windows

Windows stellt einige Funktionen zur Fotoverwaltung zur Verfügung, von der Fotos-App bis hin zur Fotoanzeige. Nachfolgend werden die Funktionen zur Fotoverwaltung vorgestellt.

18.2.1 Einführung in die Fotos-App

Zur Anzeige von Fotos steht die Fotos-App auf der Startseite zur Verfügung. Standardmäßig besitzt die Kachel einen roten Hintergrund mit dem Schriftzug »Fotos« (Bild 3.1, links). Findet die App Fotos in der Bildbibliothek, wird eines der Fotos als Miniatur in der Kachel eingeblendet (Bild 3.1, rechts). Optional lässt sich ein Foto auch gezielt zur Anzeige auf der Kachel auswählen (siehe den Abschnitt »18.2.6 Foto für Kachel und Hintergrund der App vorgeben«).

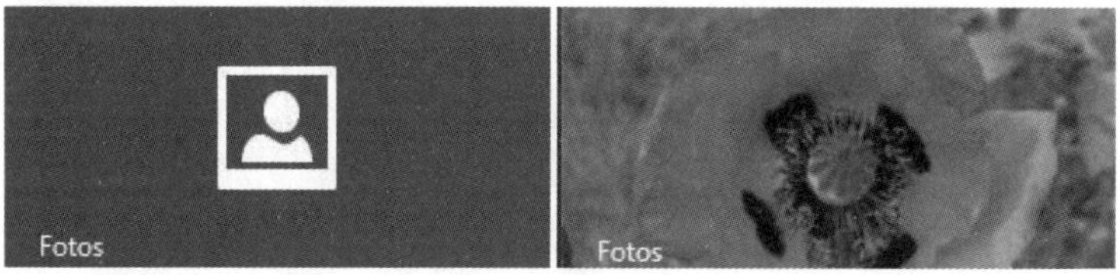

Bild 18.14: Kacheln der App Fotos

Nach dem Aufruf der App erscheint das App-Fenster mit einer Übersicht der bereits konfigurierten Speicherorte (Bild 18.15). Die Fotos-App unterstützt den Zugriff auf die Bildbibliothek, das SkyDrive-Laufwerk, auf Facebook, auf Flickr und auf Geräte.

- *Bildbibliothek:* Dies sind alle Fotodateien, die in die Bibliothek *Bilder* und deren Unterordnern abgelegt sind. Dies können importierte Dateien (siehe vorhergehende Abschnitte) von Kameras oder Speicherkarten sein. Auch Screenshots, angefertigt mittels der Tastenkombination [⊞]+[Druck], oder Schnappschüsse der Kamera-App werden in der Bibliothek *Bilder* abgelegt und in der Fotos-App angezeigt.
- *SkyDrive:* Ist ein Microsoft-Live-ID-Konto zur Anmeldung eingerichtet, kann die Fotos-App per Internetverbindung auf das SkyDrive-Laufwerk zugreifen. Dann werden bei Anwahl der betreffenden Kategorie die Fotodateien des SkyDrive-Ordners *Bilder* im App-Fenster angezeigt. Fotos lassen sich im Explorer oder über die SkyDrive-App in den SkyDrive-Ordner *Bilder* hochladen (siehe *Kapitel 10*, Abschnitt »10.4 SkyDrive-Integration in Windows«).

- *Facebook:* Haben Sie den Zugriff auf ein Facebook-Benutzerkonto (z.B. bei der Kontakte-App) im zugeordneten Microsoft-Konto gestattet, synchronisiert die Fotos-App Facebook-Fotoalben und ermöglicht den Zugriff auf Fotos oder Videos.
- *Flickr:* Der Anbieter (unter `www.flickr.com` erreichbar) ermöglicht angemeldeten Benutzern das kostenlose Speichern von Fotos in Fotoalben. Ist ein betreffendes Benutzerkonto vorhanden und in der Fotos-App konfiguriert, lassen sich die Bilder über die Kategorie »Flickr Fotos« abrufen.
- *Geräte:* In dieser Kategorie besteht die Möglichkeit, per Fotos-App auf Fotos anderer Geräte (Windows-Rechner, Smartphones etc.) zuzugreifen. Voraussetzung ist, dass die Geräte über SkyDrive unter dem gleichen Microsoft-Konto synchronisiert werden.

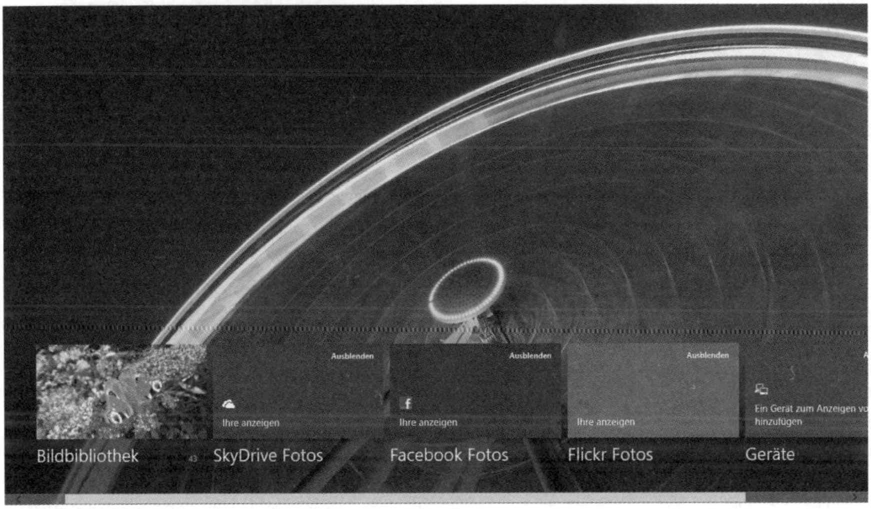

Bild 18.15: Startseite der Fotos-App

Zu jeder Kategorie wird am unteren Rand die Information über die Zahl der gefundenen Elemente (Fotos, Videos) eingeblendet.

> HINWEIS
>
> Die Verwaltung der Zugriffe auf Online-Anbieter und Geräte erfolgt über ein Microsoft-Konto, in dem die betreffenden Zugriffe freizugeben sind (siehe *Kapitel 16*, Abschnitt »16.3.2 Konten zum Synchronisieren von Kontakten einrichten« oder nachfolgende Seiten). Andere Onlinedienste wie Imageshack.us, Fotoalben bei Google+ oder Videos bei YouTube etc. werden zurzeit von der Fotos-App nicht unterstützt.

18.2.2 SkyDrive, Facebook, Flickr und Geräte einbinden

Die Verwaltung der Zugriffe auf Online-Anbieter und Geräte erfolgt über ein Microsoft-Konto, in dem die betreffenden Zugriffe freizugeben sind. Es reicht, die

Kachel für den gewünschten Anbieter (z. B. SkyDrive oder Facebook) anzuwählen und dann die Anmeldeinformationen oder Kontenfreigaben einzutragen.

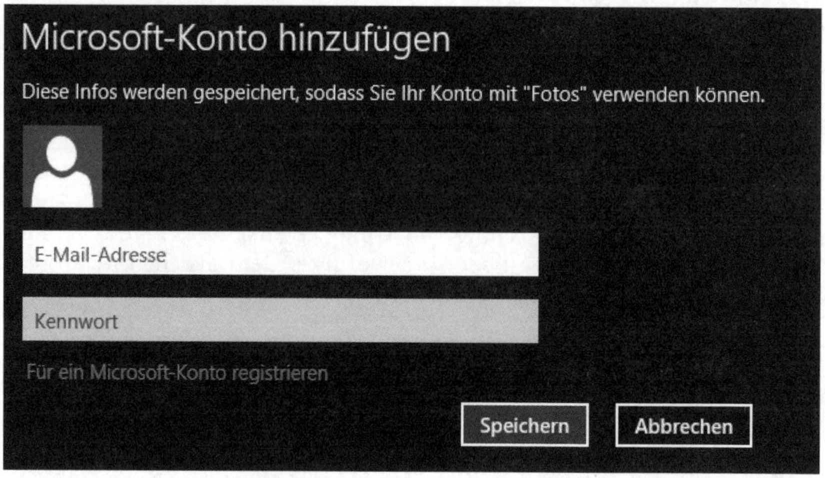

Bild 18.16: Anmeldung am Microsoft-Konto

Bei der Anwahl der SkyDrive-Kachel erscheint ein Formular (Bild 18.16), in dem Sie den Benutzernamen und das Kennwort des Microsoft-Kontos eintippen und dann über die Schaltfläche *Speichern* bestätigen. Schon wird der Zugriff auf die SkyDrive-Fotos freigegeben.

Bei Facebook oder Flickr wählen Sie ebenfalls die gewünschte Kachel in der Fotos-App an und warten, bis die Infoseite erscheint, in der Sie die *Verbinden*-Schaltfläche (Bild 18.17, oben rechts) wählen. Anschließend führen Sie folgende Punkte aus.

- Tragen Sie im angezeigten Formular (Bild 18.17, Mitte rechts) die Benutzerdaten für Facebook oder Flickr ein und wählen Sie danach die *Anmelden*-Schaltfläche. Bei der Facebook-Anmeldung erscheinen die gleichen Felder wie in der Facebook-Login-Seite. Flickr verwendet dagegen einen Authentifizierungsdienst von Drittanbietern. In diesem Fall geben Sie beispielsweise die Zugangsdaten dieses Anbieters (z. B. Yahoo-E-Mail-Adresse samt Kennwort) ein.
- Klappt die Anmeldung, öffnet die App anschließend eine Seite des Windows-Live-ID-Kontos (Bild 18.17, links) zur Verwaltung der Zugriffe auf das betreffende Facebook- oder Flickr-Konto. Je nach Konto ermöglicht die Seite die Autorisierung einzelner Funktionen (Zugriff, Hochladen, Löschen) für die Fotos-App. Passen Sie die gewünschten Optionen an und autorisieren Sie den Zugriff über die *OK*-Schaltfläche des Formulars. Ab diesem Zeitpunkt werden auch Fotoalben des Facebook- oder Flickr-Kontos in der App angezeigt.
- Sie können über die Bildlaufleiste des angezeigten Formulars in der betreffenden Seite blättern. Über die in der linken oberen Ecke eingeblendete Schaltfläche *Zurück* geht es zum betreffenden Anmeldeformular zurück. Wurde die Verbindung erfolgreich eingerichtet, schließen Sie den Vorgang über die Schaltfläche *Fertig* ab (Bild 18.17, unten rechts).

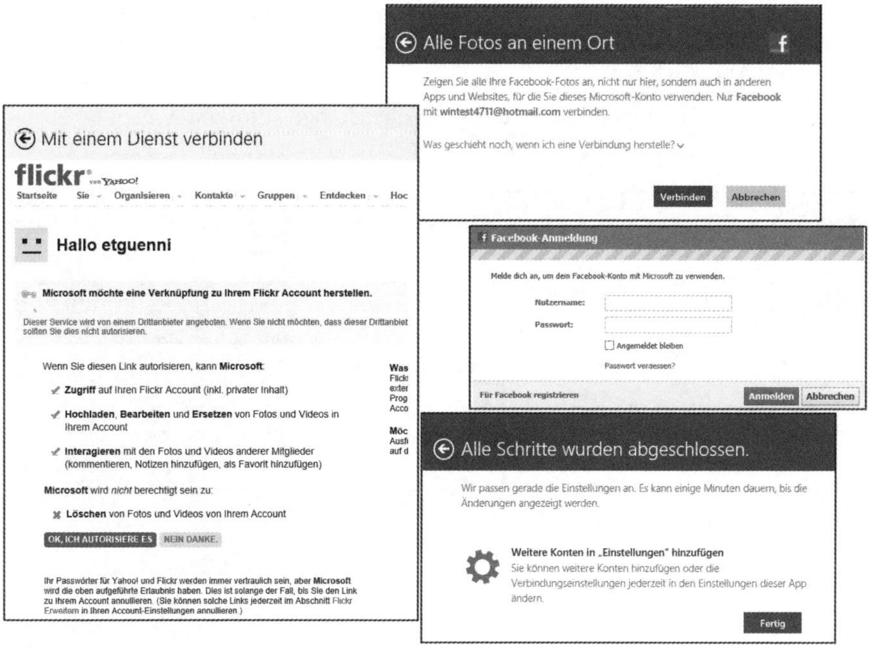

Bild 18.17: Facebook- oder Flickr-Konto in der Fotos-App einrichten

Ab diesem Schritt ist das Konto in der Fotos-App eingerichtet und Sie können über die betreffende Kategorie auf den Inhalt von Facebook, Flickr oder SkyDrive zugreifen.

18.2.3 Optionen und Konten der Fotos-App nachträglich anpassen

Um Optionen und Kontendaten der Fotos-App einzusehen, anzupassen oder eventuell zu löschen, gehen Sie folgendermaßen vor.

1. Blenden Sie die Charms-Leiste am rechten Bildschirmrand der Fotos-App ein (z.B. [Win]+[C] drücken oder vom rechten Bildschirmrand wischen) und wählen Sie *Einstellungen* (Bild 18.18, rechts).
2. In der angezeigten Seitenleiste *Einstellungen* (Bild 18.18) wählen Sie den Befehl *Optionen*.
3. Anschließend passen Sie in der angezeigten Seitenleiste *Optionen* (Bild 18.18) die gewünschten Einstellungen an.

Die Seitenleiste *Optionen* zeigt die mit dem Microsoft-Konto verbundenen Einstellungen.

- Die Schaltfläche *Konto entfernen* trennt beispielsweise die Verbindung mit dem Microsoft-Konto, sodass weder Zugriffe auf SkyDrive noch auf verbundene Facebook- oder Flickr-Konten möglich sind.

- Über den Schieberegler *Zufällige Wiedergabe der Fotos auf der App-Kachel* aktivieren oder deaktivieren Sie die zufällige Wiedergabe gefundener Fotos auf der App-Kachel.
- Löschen Sie die Markierungen der Kontrollkästchen *Fotos und Videos anzeigen aus*, werden die zugehörigen Kategorien in der Fotos-App-Seite ausgeblendet.

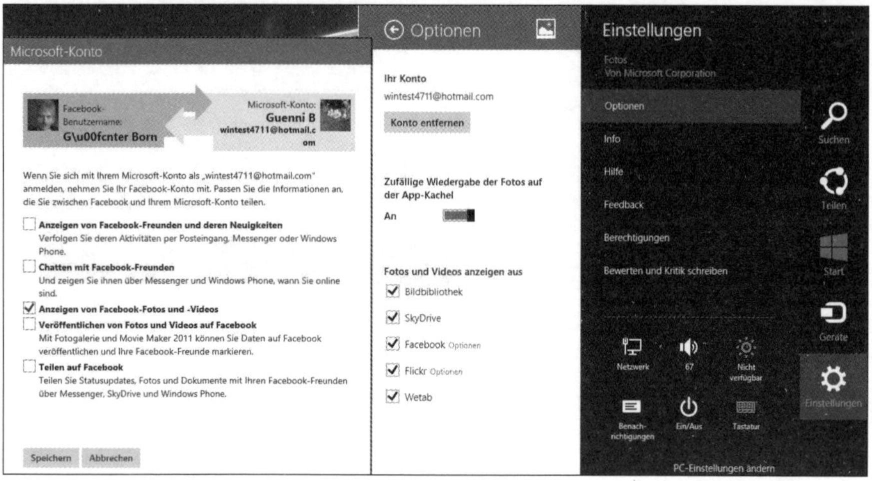

Bild 18.18: Zugriff auf die Optionen der App Fotos

Wählen Sie den bei Facebook oder Flickr eingeblendeten Hyperlink *Optionen* (Bild 18.18, Spalte *Optionen*) an, öffnet sich die Internet Explorer-App mit der Anmeldeseite des Microsoft-Kontos. Nach Eingabe der Anmeldedaten dieses Kontos gelangen Sie zur Webseite (Bild 18.18, links), in der die Zugriffsberechtigungen auf das Facebook- oder Flickr-Konto verwaltet werden. Löschen oder setzen Sie die Markierung der Kontrollkästchen, um Zugriffe zuzulassen oder einzuschränken. So ist die Anzeige von Videos und Fotos, die Chatfunktion oder die Übernahme von Statusnachrichten aus Facebook-Seiten für die Fotos-App abschaltbar.

Anschließend bestätigen Sie die Einstellungen über die Schaltfläche *Speichern* und melden sich (über ein Bedienelement in der rechten oberen Ecke des Dokumentbereichs) vom Microsoft-Konto ab.

18.2.4 Fotos zwischen Geräten teilen

Über die Kategorie *Geräte* (Bild 18.15) besteht in Windows 8 die Möglichkeit, Fotos von anderen Windows 8-Systemen in die Fotos-App mit einzubinden. Eingebundene und per SkyDrive synchronisierte Geräte tauchen anschließend unter ihrem Gerätenamen in der Fotos-App auf.

In Bild 18.19 ist das auf diese Weise eingebundene Gerät »WeTab« aufgeführt. Wählen Sie die Kategorie an, werden die auf diesem Gerät gefundenen Fotos angezeigt und können betrachtet, als Diashow wiedergegeben oder sogar importiert werden.

Bild 18.19: Fotos des eingebundenen Geräts »WeTab«

HINWEIS

Das Einbinden der Fotos anderer Geräte in die Fotos-App erfolgt über SkyDrive. Voraussetzung ist einerseits, dass die betreffenden Geräte bzw. die Fotos-App mit einem Microsoft-Konto verbunden sind. Zudem muss auf dem Gerät ein aktueller SkyDrive-Client für Windows 8 installiert sein.

Es gibt SkyDrive-Clients für Windows, iOS und Android. Beim Schreiben dieses Kapitels habe ich zusätzlich die SkyDrive-Apps für iOS (iPad) und für Android 4 (Smartphone) getestet. Dort gab es keine Option, um die Fotodateien freizugeben. Lediglich das Teilen von Fotos zwischen Windows 8-Systemen war möglich. Ich gehe aber davon aus, dass Microsoft langfristig das Teilen von Fotos beliebiger Geräte mit Android oder iOS plant und die betreffenden Apps modifizieren wird.

Vorbereiten der SkyDrive-Einstellungen zum Teilen

Um Geräte in der Fotos-App anzuzeigen, ist es erforderlich, dass im SkyDrive-Client die entsprechende Freigabe über die Option *Dateien auf diesem PC sollen auch auf anderen Geräten verfügbar sein* erteilt wurde. Unter Windows wird diese Option als Kontrollkästchen in den Installations-Dialogfeldern mit angeboten. Haben Sie diese Freigabe während der Installation nicht erteilt, lässt sich dies unter Windows 8 recht einfach nachholen.

1. Wechseln Sie zum Windows-Desktop und öffnen Sie in der Taskleiste die Palette *Ausgeblendete Symbole einblenden* (Bild 18.20, unten).
2. Klicken Sie das in der Palette angezeigte SkyDrive-Symbol mit der rechten Maustaste an und wählen Sie den Kontextmenübefehl *Einstellungen* (Bild 18.20, rechts).
3. Gehen Sie im Eigenschaftenfenster *Microsoft SkyDrive* zur Registerkarte *Einstellungen* und markieren Sie das Kontrollkästchen *Dateien auf diesem PC sollen auch auf anderen Geräten verfügbar sein* (Bild 18.20, links).

Sobald Sie das Eigenschaftenfenster über die *OK*-Schaltfläche schließen, kann der SkyDrive-Client die lokalen Dateien mit dem SkyDrive-Laufwerk synchronisieren. Ist die Kategorie *Geräte* in der Fotos-App eines anderen Windows 8-Systems einmalig angewählt, sollten die Fotos der anderen Geräte ebenfalls angezeigt werden.

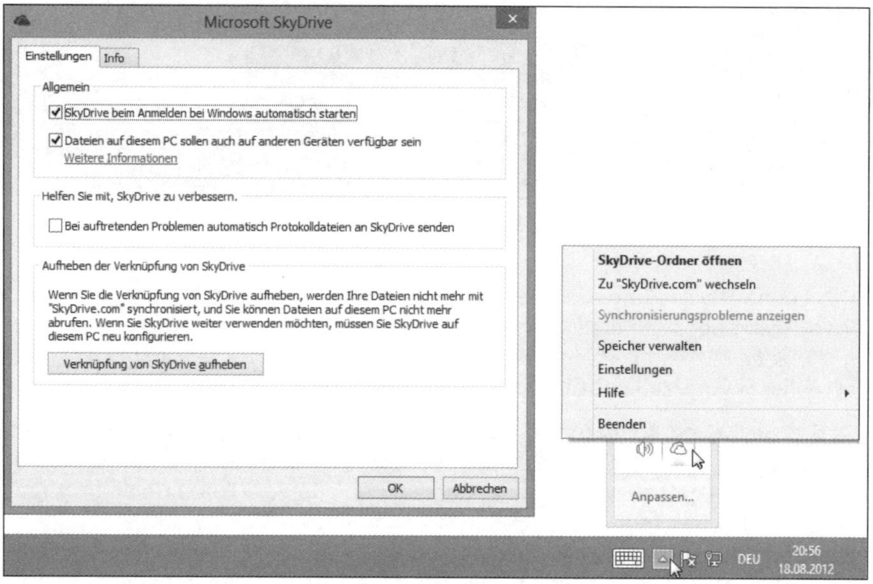

Bild 18.20: SkyDrive-Einstellungen

Anmelden am SkyDrive-Konto

Sind die Dateien auf den fremden Windows 8-Systemen freigegeben, können Sie die Kategorie *Geräte* einrichten. Es genügt im Grunde, die Kachel der Kategorie *Geräte* anzuwählen.

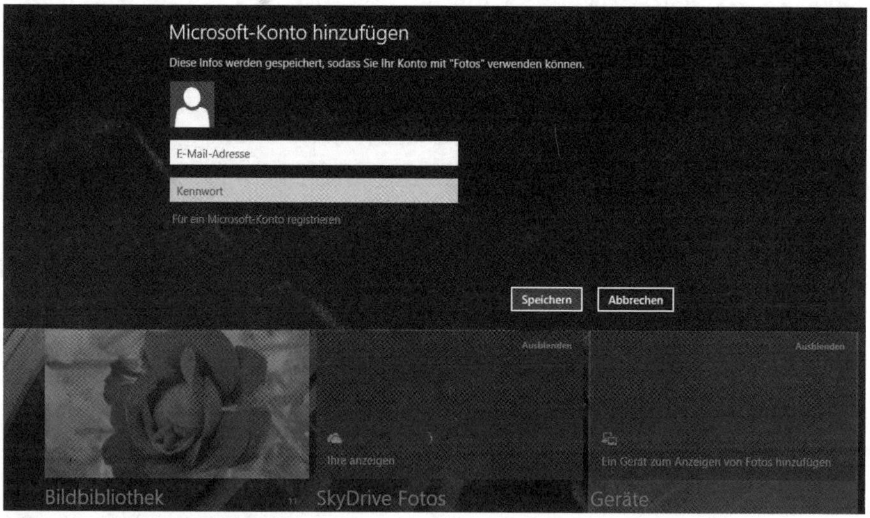

Bild 18.21: Anmelden am Microsoft-Konto

Besteht noch keine Verbindung der Fotos-App zu einem Microsoft-Konto, erscheint das Anmeldeformular (Bild 18.21). Tragen Sie dann den Benutzernamen und das Kennwort des Microsoft-Kontos ein und wählen Sie die *Speichern*-Schaltfläche.

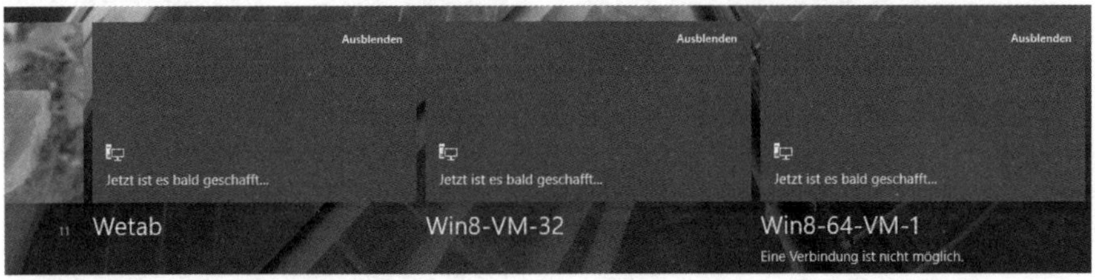

Bild 18.22: Meldung während der Gerätesynchronisation

Die Fotos-App versucht anschließend über das Microsoft-Konto die zugeordneten SkyDrive-Laufwerke zu identifizieren und zeigt diese als separate Kacheln auf der Fotos-App-Startseite an. Anschließend werden die Fotodateien synchronisiert, d.h. vom Gerät über SkyDrive zur Fotos-App übertragen. Dies kann durchaus sehr lange dauern. Die Fotos-App zeigt während dieser Zeitdauer die Information »Jetzt ist es bald geschafft« auf der Kachel des Geräts an (Bild 18.22). Unterhalb der Kachel wird bereits der Gerätename aufgeführt. Wird die Verbindung des jeweiligen Geräts mit SkyDrive getrennt (z.B. Gerät abgeschaltet), meldet die Fotos-App, dass kein Zugriff möglich ist. Sobald die Fotos des Geräts mit der Fotos-App synchronisiert wurden, blendet die App deren Motive in zufälliger Reihenfolge auf der Kachel des Geräteeintrags ein (Bild 18.19).

18.2.5 Navigieren in der Fotos-App

Zum Anzeigen von Fotos (oder Videos aus Facebook-Alben) ist das Navigieren innerhalb des Fotos-App-Fensters erforderlich. Dies ist aber recht einfach, da Sie die Bedienfunktionen bereits von anderen Apps kennen.

> HINWEIS
> Bei der Bildbibliothek stecken hinter den Alben letztendlich Ordner, die weitere Fotos enthalten. Bei anderen Kategorien wie z.B. Facebook werden die bei diesem Anbieter eingerichteten Fotoalben aufgelistet. Neben Fotos kann die App aber auch Videos, die sich in einem Album befinden, anzeigen. Dies ist z.B. häufig bei Facebook der Fall, wo sowohl Fotos und Videos in Alben auftreten können.

- Wählen Sie in der Startseite der Fotos-App die gewünschte Kategorie durch Antippen mit dem Finger oder Anklicken per Maus aus (Bild 18.23, unten) aus, um zur Übersichtsdarstellung des betreffenden Speicherorts zu wechseln. Je nach Speicherort und Struktur können dort bereits Einzelbilder und/oder Alben aufgeführt werden – im Kopfbereich informiert die Fotos-App, wie viele Ordner und Einzelbilder gefunden wurden.
- Durch Anwahl eines Albums (Bild 18.23, unten) gelangen Sie zu dessen Albenübersicht (Bild 18.23, Mitte), in der Sie die angezeigten Elemente anwählen,

um zur nächsten Anzeigeebene zu gelangen. Bei angewählten Alben sehen Sie anschließend deren Inhalt. Bei gewählten Dateien wird das Fotos oder das Video angezeigt (Bild 18.23, oben).

Bild 18.23: Albenübersicht der Bildbibliothek

Über die in der linken oberen Ecke der App-Seite sichtbare *Zurück*-Schaltfläche oder über die Taste [Rück] wechseln Sie zur übergeordneten Seite zurück.

- Blenden Sie die App-Leiste am unteren Rand per rechtem Mausklick oder durch Wischen von unten nach oben ein, erhalten Sie einen kontextabhängigen Zugriff auf verschiedene Schaltflächen zum Löschen von Fotos, zur Anzeige einer Diashow, zum Fotoimport oder (wie nachfolgend erläutert) zum Festlegen des App-Hintergrunds.

- Zur Navigation innerhalb einer Foto- oder Videogalerie können Sie horizontal mit dem Finger wischen. Bei Mausbedienung lässt sich per Mausrädchen, Bildlaufleiste und bei angeschlossener Tastatur über die Tasten [→] und [←] in der Galerie blättern.

Das Scrollen funktioniert sowohl in der Startseite der App als auch in der Albendarstellung sowie auch in der Darstellung eines Einzelbilds. Bei der Einzelbilddarstellung gelangen Sie dann zum vorherigen bzw. folgenden Bild. Befinden Sie sich in einer Albenansicht (Bild 18.23, Mitte), werden die Einzelbilder (oder Unteralben) in Form einer horizontalen Bildergalerie (Filmstreifen) in der App-Seite angezeigt. Auch hier lässt sich per Finger oder Maus innerhalb der Galerie horizontal blättern.

18.2.6 Foto für Kachel und Hintergrund der App vorgeben

Wenn Sie nicht möchten, dass die Kachel der Fotos-App auf der Startseite ständig wechselnde Motive zeigt, lässt sich ein festes Fotomotiv zuweisen. Zudem können Sie auch den Hintergrund des Fotos-App-Fensters oder den Windows-Sperrbildschirm mit einem eigenen Foto belegen.

Bild 18.24: Foto als Kachel, Hintergrund oder Sperrbildschirm festlegen

1. Navigieren Sie gemäß der vorherigen Beschreibung zu einem Einzelfoto aus der Bildbibliothek.
2. Blenden Sie die App-Leiste (z.B. durch Wischen) am unteren Rand ein. Dann wählen Sie die Schaltfläche *Festlegen als* und im Anschluss den gewünschten Befehl (Bild 18.24).

Wählen Sie den Befehl *App-Kachel*, um das aktuelle Foto permanent in der Kachel der Fotos-App anzuzeigen. Über den Befehl *App-Hintergrund* tauscht Windows das von Microsoft vorgesehene Foto für den Hintergrund der Fotos-App-Seite gegen das aktuelle Fotomotiv aus. Der Befehl *Sperrbildschirm* bewirkt, dass Windows das Foto auf dem eingeblendeten Sperrbildschirm anzeigt.

18.2.7 Fotoauswahl aus Alben als Collage anzeigen

Erscheint auf der Startseite der Fotos-App links neben der Kategorie *Bildbibliothek* (Bild 18.25, Hintergrund, unten links) eine Wiedergabeschaltfläche? Wählen Sie die Schaltfläche an, schaltet die Darstellung zur Darstellung einer Art Collage, in der Fotos zufällig ausgewählter Albeninhalte auf der Seite eingeblendet werden (Bild 18.25, Vordergrund oben).

Bild 18.25: Fotocollage der Bildbibliothek

In dieser Darstellung lässt sich keine App-Leiste am unteren Fensterrand einblenden und es gibt auch sonst keine Funktionen. Der Inhalt der Collage wird zyklisch durch Austausch einzelner Fotos aktualisiert. Wählen Sie das App-Fenster per Mausklick oder Antippen an, erscheint in der linken oberen Ecke die *Zurück*-Schaltfläche, mit der Sie zur Startseite der Fotos-App zurückkommen.

HINWEIS

Bisher habe ich nicht herausfinden können, unter welchen Bedingungen die Fotos-App diese Wiedergabeschaltfläche einblendet. Von mehreren Windows 8-Installationen auf verschiedenen Maschinen zeigt nur eine Fotos-App die Schaltfläche an. Eine Änderung der Bildschirmauflösung oder das Hinzufügen von Videos ändert nichts am Verhalten der App.

18.2.8 Anzeige der Albenübersicht als Mini-Galerie

Bei Bedarf kann eine Darstellung als Mini-Galerie abgerufen werden. Dann wird der gesamte Albeninhalt über entsprechende Miniaturansichten (Bild 18.26) aufgelistet.

- Bei einem Touchscreen ziehen Sie zwei Finger zusammen, um den Zoomfaktor zu reduzieren.

- Verwenden Sie eine Maus, klicken Sie das Minuszeichen (Bild 18.26, Hintergrund unten, rechts) in der rechten unteren Bildschirmecke an, wechselt die App-Seite zur Miniaturdarstellung. Über das Pluszeichen gelangen Sie wieder zur Darstellung des »Filmstreifens« zurück.

Bild 18.26: Anzeige der Albenübersicht als Mini-Galerie

Die Darstellung als Galerie mit Miniansichten ist insbesondere dann vorteilhaft, um schnell einen Überblick über den Inhalt eines Albums zu bekommen oder um Einzeldateien zu löschen (siehe auch folgende Seiten).

18.2.9 Anzeige von Fotos und Videos

Sobald Sie über die Albendarstellung eine Einzeldatei (Foto oder Video) angewählt haben, wird der Inhalt als Vollbild in der App-Seite dargestellt. Bild 18.27, oben, zeigt die Darstellung eines Fotos (mit eingeblendeter App-Leiste) als statische Seite.

- Bei angewählten Videoalben werden die darin enthaltenen Videos mit Elementen zur Wiedergabesteuerung in der App-Seite eingeblendet (Bild 18.27, unten). Dann reicht die Anwahl der Wiedergabeschaltfläche, um das Video in der App-Seite wiederzugeben. Während der Wiedergabe wird ein Bedienelement zum Anhalten des Videos angezeigt.
- Blenden Sie die App-Leiste (z.B. über die [▤]-Taste der Tastatur, mittels rechter Maustaste oder durch Wischen vom unteren Rand des Touchscreens nach oben) im App-Fenster ein, finden Sie Schaltflächen zum Abruf der verfügbaren Funktionen (Bild 18.27, oben).
- Bei der Videos enthält die App-Leiste eine Schaltfläche zum Anhalten der Wiedergabe. Die Schaltfläche *Festlegen* ermöglicht über die im Abschnitt »18.2.6 Foto für Kachel und Hintergrund der App vorgeben«, besprochenen Befehle das Motiv der Fotos-App-Kachel oder dem Hintergrund der App-Seite zuzuweisen.

Bild 18.27: Vollbilddarstellung eines Fotos und Videos in der Fotos-App

- Die Schaltfläche *Diashow* ermöglicht, die Bilder eines Albums aus der lokalen Bilderbibliothek als Diaschau automatisch in der App-Seite wiederzugeben. Bei Facebook und SkyDrive wird keine Diaschau unterstützt. Dort finden sich bei angezeigtem Einzelbild die Schaltflächen *In Facebook anzeigen* und *In Sky-Drive anzeigen*. Bei deren Anwahl öffnet sich die App-Seite des Internet Explorers mit der betreffenden Facebook- oder SkyDrive-Seite.

Weiterhin finden Sie noch die Schaltfläche *Löschen* in der App-Leiste, um die Einzeldatei aus der Bildbibliothek zu entfernen. Bei Onlinediensten wie Facebook, Sky-Drive oder Flickr fehlt die Schaltfläche. Um solche Fotos zu löschen, wechseln Sie zur Webseite des jeweiligen Onlinediensts und verwenden dessen Löschfunktion.

HINWEIS

Wird ein Foto in Vollbilddarstellung angezeigt, fehlt zunächst die *Zurück*-Schaltfläche in der linken oberen Ecke des App-Fensters. Klicken oder tippen Sie auf das Bild oder blenden Sie die App-Leiste ein. Dann wird auch die Schaltfläche *Zurück* angezeigt. Alternativ können Sie auch die [Esc]-Taste drücken, um zur Albenübersicht zurück zu gelangen.

18.2.10 Verwalten von Albeneinträgen

Haben Sie in der Fotos-App-Seite ein Album aus der Bilderbibliothek angewählt und ggf. zur Anzeige von Miniaturansichten umgeschaltet? Blenden Sie in der Albenansicht die App-Leiste am unteren Bildschirmrand ein, finden Sie dort Schaltflächen (Bild 18.28), um Fotos komfortabel zu löschen, zu sortieren oder um eine Diashow aufzurufen.

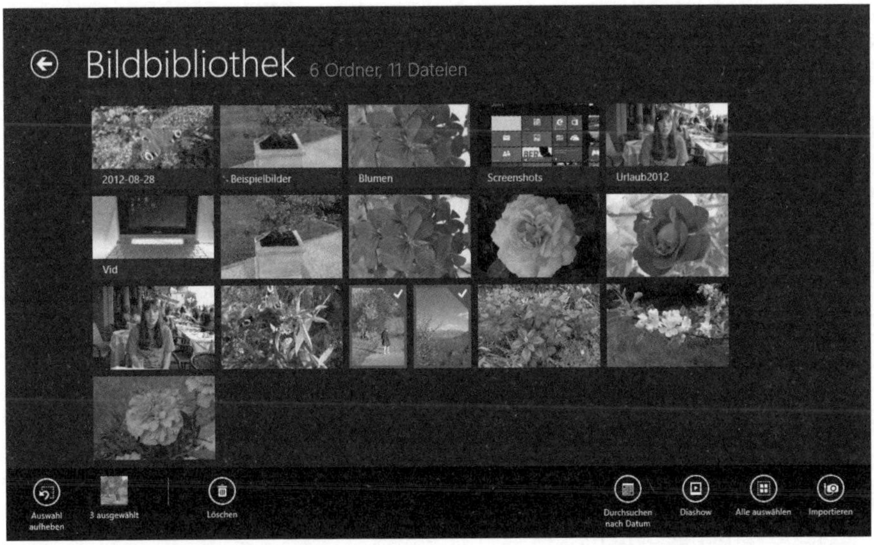

Bild 18.28: Verwalten von Fotos in der Fotos-App

- Um ein Foto zu löschen, muss dieses zunächst markiert werden. Hierzu ziehen Sie ein Foto per Finger etwas nach unten oder wählen es per Maus mit einem Rechtsklick an. Dann markiert die App den betreffenden Eintrag. Dies wird durch ein Häkchen in der oberen rechten Fensterecke angezeigt.
- Mittels der Schaltfläche *Alle auswählen* können alle Fotos der Galerie markiert werden. Die Zahl der ausgewählten Elemente wird in der App-Leiste aufgelistet.
- Wählen Sie ein markiertes Foto erneut (z.B. mit der rechten Maustaste) an, wird die Markierung wieder aufgehoben. Die Schaltfläche *Auswahl aufheben* entfernt die Auswahl aller Fotos.

TIPP

Sind Fotos in einer Kategorie (z.B. SkyDrive) noch markiert, Sie sind aber bereits zu einer anderen Bilderquelle gewechselt? Dann klappt das Markieren der Fotos nicht. Sie erhalten vielmehr die Benachrichtigung, dass nur Fotos aus einer Quelle angewählt werden können. Wählen Sie dann die Schaltfläche *Auswahl aufheben* an, da diese die Auswahl aller Fotos entfernt.

Die Schaltflächen der am unteren Bildrand eingeblendeten App-Leiste ermöglichen Ihnen, die nachfolgenden Funktionen anzuwenden:

- Mit der *Löschen*-Schaltfläche werden markierte Fotos aus der Bilderbibliothek entfernt. Dieser Vorgang ist in einem separaten Fenster zu bestätigen. Fotos aus Online-Angeboten wie Facebook-Fotoalben, dem SkyDrive-Ordner *Bilder* oder bei Flickr können auf diese Weise nicht entfernt werden. Wechseln Sie zur Webseite des betreffenden Onlinediensts, um die Fotos dort mit den angebotenen Funktionen zu entfernen.
- Die Schaltfläche *Diashow* ermöglicht es, den Inhalt der Fotogalerie in einer Vollbilddarstellung im Fenster der App-Vorschau als Diashow zeitgesteuert wiederzugeben.

Die Diashow wird beendet, sobald Sie ein angezeigtes Bild (per Finger oder Mausklick) anwählen. Die Zeit zur Bildanzeige während einer Diashow lässt sich allerdings nicht anpassen.

> **HINWEIS** Auch wenn Microsoft kurz vor Drucklegung Optionen zum Drehen und Beschneiden von Fotos per Update nachgeschoben hat, fehlen der Fotos-App rudimentäre Funktionen z.B. zur Fotobearbeitung. Hier empfiehlt es sich, im Windows Store nach Apps zur komfortableren Verwaltung von Alben, Diashows oder zur Bearbeitung von Fotos zu suchen. Alternativ können Sie die Fotogalerie aus den Windows Essentials 2012 zur Verwaltung der Fotos verwenden. Diese Windows-Anwendung besitzt u.a. auch Funktionen zum Bearbeiten von Fotos.

18.2.11 Fotos drucken, so geht's

Fotos lassen sich direkt aus der Fotos-App auf einem Fotodrucker auf Papier ausgeben.

1. Rufen Sie in der Fotos-App die Vollbilddarstellung des gewünschten Fotos auf (siehe vorherige Seiten).
2. Blenden Sie die Charms-Leiste am rechten Rand ein (⊞+C oder Wischen vom rechten Bildschirmrand) und wählen Sie *Geräte* (Bild 18.29, rechts).
3. Wählen Sie in der angezeigten Seitenleiste *Geräte* den gewünschten Drucker aus, legen Sie die Druckoptionen in der eingeblendeten Seitenleiste (Bild 18.29, linke Spalten) fest und betätigen Sie die *Drucken*-Schaltfläche.

Über den in der Seitenleiste des Druckers angezeigten Link *Weitere Einstellungen* können Sie eine zusätzliche Seitenleiste (Bild 18.29, linke Spalte) mit druckerspezifischen Einstelloptionen öffnen. Über die *Zurück*-Schaltfläche (der Pfeil im Kreis) in der linken oberen Ecke geht es zur vorherigen Seitenleiste zurück.

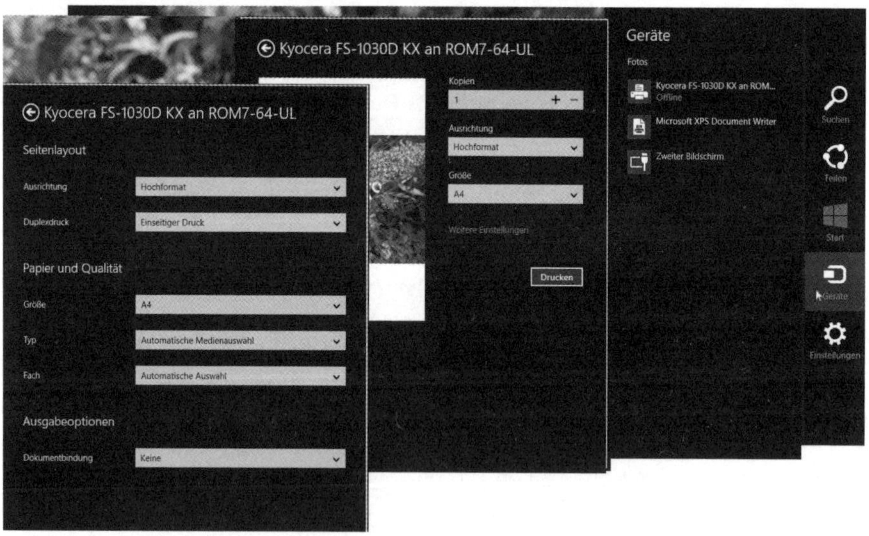

Bild 18.29: Ein Foto in der Fotos-App drucken

18.2.12 Fotos teilen, das steckt dahinter

Die Fotos-App ermöglicht das Teilen eines Fotos, d.h., das Foto wird direkt an eine andere App zur weiteren Verarbeitung übertragen. Sie können z.B. ein Foto per Mail-App versenden, an die SkyDrive-App zum Hochladen auf den Onlinespeicher oder an Apps zur Fotobearbeitung übergeben.

1. Rufen Sie das Foto in der Fotos-App als Vollbilddarstellung auf, blenden Sie die Charms-Leiste am rechten Rand ein und wählen Sie *Teilen* (Bild 18.30, rechts).
2. Wählen Sie in der Seitenleiste *Teilen* die gewünschte App aus, und sobald das zweite App-Fenster (Bild 18.30, links) geöffnet wird, bearbeiten Sie dort das Foto weiter.

Bei der Mail-App finden Sie z.B. eine Formularseite, in der Sie die Empfängeradresse und ggf. einen Betreff hinzufügen und dann die Nachricht versenden können. Wurde z.B. SkyDrive als App zum Teilen gewählt, lässt sich das Foto in den Onlinespeicher hochladen.

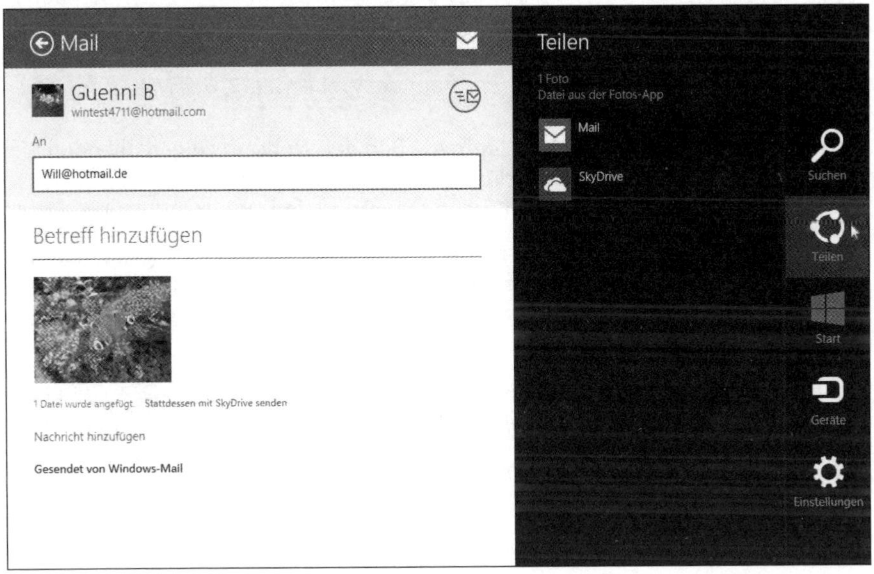

Bild 18.30: Foto per Fotos-App mit einer anderen App teilen

18.2.13 Zugriff auf die Webcam mit der Kamera-App

Ist der Rechner mit einer Webcam ausgestattet, lässt sich deren Bild über die Kamera-App anzeigen und als Video oder Standbild aufzeichnen.

- Zum Anzeigen der Webcam wählen Sie die Kamera-App auf der Startseite an (Bild 18.31, unten).
- Beim ersten Aufruf der Kamera-App wird die Bestätigung zur Verwendung von Kamera und Mikrofon abgefragt, der Sie über die Schaltfläche *Zulassen* (Bild 18.31, oben) zustimmen.

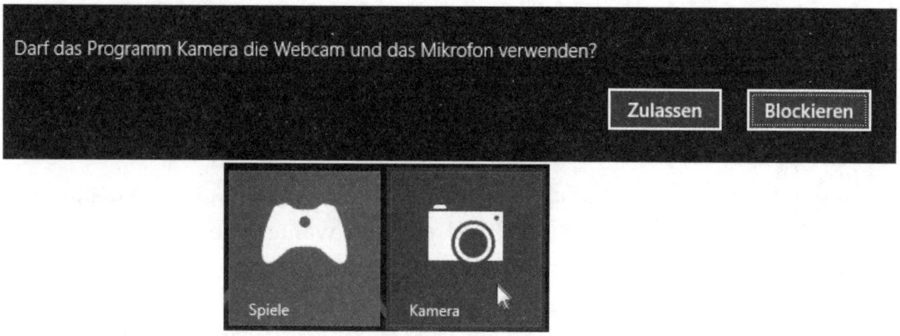

Bild 18.31: Kamera-App per Kachel aufrufen und Freigabe der Kamera

TIPP

Fordert Windows Sie nach dem Aufruf der Kamera-App zum Einschalten der Kamera auf? Viele Net- und Notebooks besitzen eine Tastenkombination (z.B. [Fn]+[F6]), mit der sich die Webkamera ein- und ausschalten lässt.

Um den Zugriff auf die Webcam und das Mikrofon wieder zu entziehen, blenden Sie die Charms-Leiste am rechten Bildschirmrand ein, wählen *Einstellungen* und dann in der Seitenleiste *Kamera* den Befehl *Berechtigungen*. Deaktivieren Sie in der angezeigten Seitenleiste den Zugriff auf die Webcam und das Mikrofon.

Nach dem Start sollte die App das laufende Bild der Webcam zeigen. Blenden Sie per Rechtsklick mit der Maus oder durch Wischen die App-Leiste am unteren Fensterrand (Bild 18.32) ein, um auf die Kamerasteuerung und Optionen zuzugreifen.

- Wählen Sie die Schaltfläche *Kameraoptionen*, erscheint das gleichnamige Fenster (Bild 18.32, rechts). Stellen Sie dort die Fotoauflösung der Webcam sowie das zu verwendende Audiogerät zur Tonaufnahme über die Listenfelder ein.
- Öffnen Sie bei Bedarf über den Link *Mehr* das Fenster *Weitere Optionen* (Bild 18.32, links) und regeln Sie dort Helligkeit, Kontrast und die Abtastfrequenz.
- Um sofort einen Screenshot des aktuellen Videobilds anzufertigen, tippen oder klicken Sie auf den Bildbereich. Die Kamera-App fertigt dann eine Grafikdatei mit dem aktuellen Standbild an.
- Soll das Bild der Webcam als Video aufgezeichnet werden, wählen Sie in der App-Leiste die Schaltfläche *Videomodus* und tippen oder klicken auf das Videobild. Während der Aufnahme läuft ein Zeitzähler am rechten unteren Bildrand mit. Die erneute Anwahl des Videobereichs beendet die Aufnahme.
- Für zeitgesteuerte Screenshots oder Videoaufzeichnungen wählen Sie in der App-Leiste die Schaltfläche *Timer*. Sobald das Symbol weiß angezeigt wird, tippen Sie auf das Videobild. Der Timer wird für drei Sekunden heruntergezählt (der Countdown erscheint in der Anzeige). Dann löst die Kamera-App einen Screenshot aus. War die Schaltfläche *Videomodus* in der App-Leiste aktiv, startet die Videoaufzeichnung. Zum Beenden dieser Aufzeichnung tippen oder klicken Sie erneut auf das Videobild.

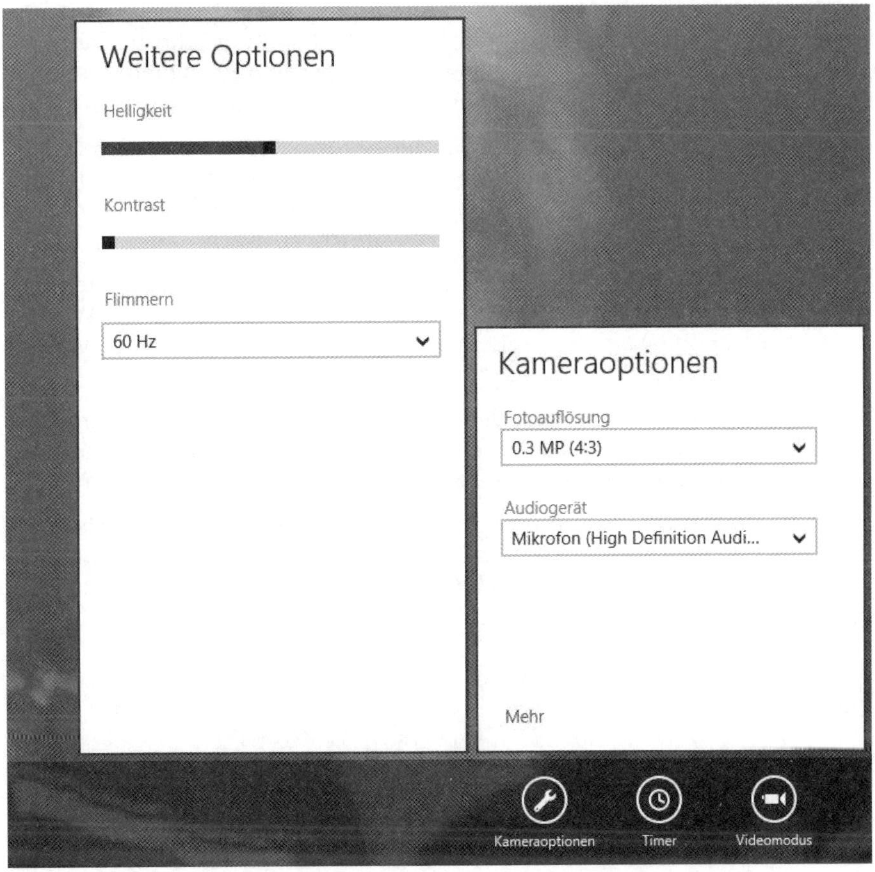

Bild 18.32: Optionen der Kamera-App anpassen

Nach erfolgter Aufzeichnung können Sie per Finger, Mausrädchen oder Cursortasten nach rechts scrollen. Dann zeigt die Kamera-App die zuletzt aufgezeichneten Screenshots oder MP4-Videos zur Wiedergabe an. Die zugehörigen Dateien werden in der Bibliothek *Bilder* im Ordner *Eigene Bilder/Eigene Aufnahmen* als JPG-Grafik oder als MP4-Video gespeichert.

18.3 Fotoverwaltung mit Windows-Anwendungen

Wer lieber mit dem Windows-Desktop anstatt mit der Fotos-App arbeitet, findet verschiedene Desktop-Funktionen und Windows-Anwendungen zur Fotoverwaltung. Nachfolgend möchte ich diese Möglichkeiten kurz vorstellen.

18.3.1 Fotoverwaltung per Ordnerfenster

Die Fotos-App ermöglicht zwar einen komfortablen Zugriff auf Fotogalerien, die lokal und online gehalten werden, stellt aber keine Funktionen zur Fotobearbeitung bereit. Auch sind die Möglichkeiten zum Zugriff auf lokal gespeicherte Fotos bescheiden – nur was in der Bibliothek *Bilder* enthalten ist, gelangt zur Anzeige. Um lokale Fotos anzusehen, als Diashow wiederzugeben oder zu drehen, reichen ein Ordnerfenster sowie die in Windows enthaltene Fotoanzeige und Diashow.

- Navigieren Sie in einem Explorer-Fenster auf dem Desktop zu einem Ordner mit Fotodateien (z.B. die Bibliothek *Bilder*) und lassen sich die Dateiinhalte über Darstellungsmodi wie »Große Symbole« der Registerkarte *Ansicht* (Bild 18.33, Hintergrund oben) als Miniaturansicht anzeigen.
- Zudem stehen über die Bildtools in der Menüleiste eines Ordnerfensters Schaltflächen zum Drehen der Fotos nach links bzw. rechts oder zur Wiedergabe als Diashow auf der Registerkarte *Verwalten* bereit (Bild 18.33, Vordergrund unten).
- Klicken Sie eine Fotodatei mit der rechten Maustaste an, finden Sie im Kontextmenü zudem verschiedene Funktionen zum Drehen, zum Aufrufen einer Vorschau in der Windows-Fotoanzeige, zum Drucken oder zum Öffnen.

Das Kontextmenü *Öffnen mit* ermöglicht es, über angezeigte Befehle die Fotodatei gezielt in der Fotos-App oder in anderen Anwendungen wie der Windows-Fotoanzeige, dem Programm Paint oder in eventuell installierten Zusatzprogrammen zu öffnen.

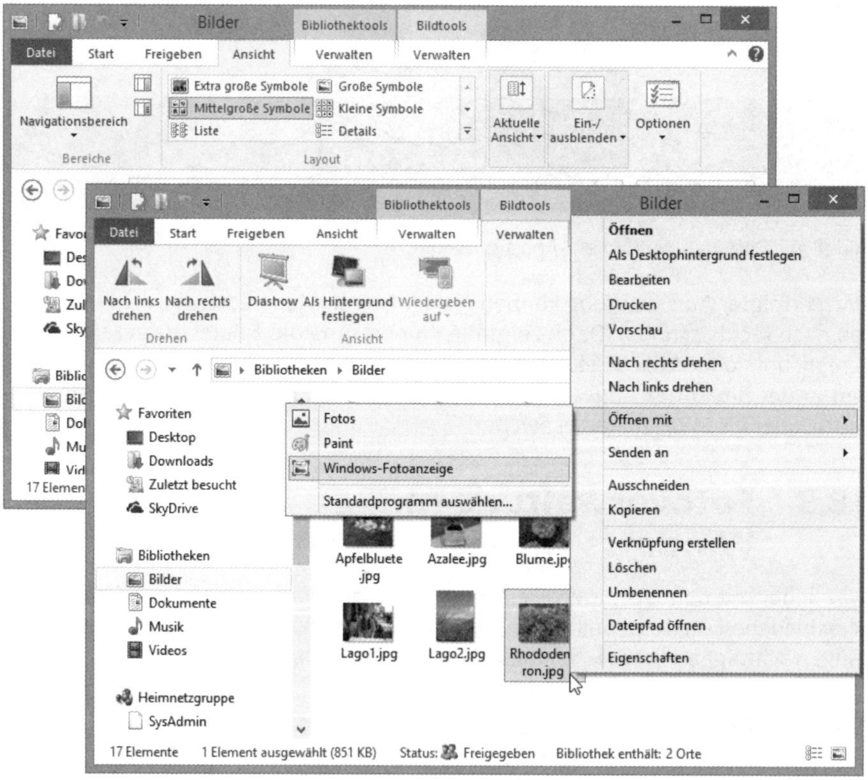

Bild 18.33: Fotofunktionen im Explorer

18.3.2 Verwenden der Windows-Fotoanzeige

Zum komfortablen Ansehen der Fotos lässt sich auch die Windows-Fotoanzeige verwenden. Öffnen Sie das Kontextmenü einer Grafikdatei und wählen Sie den Befehl *Öffnen mit*. In dessen Untermenü lässt sich der Befehl *Windows-Fotoanzeige* auswählen (Bild 18.33, unten).

> HINWEIS
> Sie können auch direkt den Befehl *Vorschau* im Kontextmenü zur Anzeige der Fotodatei verwenden. Dieser Befehl startet aber die für die Vorschau eingerichtete Windows-Anwendung. Standardmäßig ist dies die Windows-Fotoanzeige. Werden weitere Grafikprogramme installiert, können sich diese für die Vorschau registrieren und werden dann vom Kontextmenübefehl automatisch geöffnet.

Die Fotoanzeige öffnet das Fenster aus Bild 18.34, über dessen Schaltflächen und Menüleiste Sie Zugriff auf verschiedene Funktionen erhalten. Die Bedienelemente in der Fußleiste der Fotoanzeige besitzen folgende Funktionen.

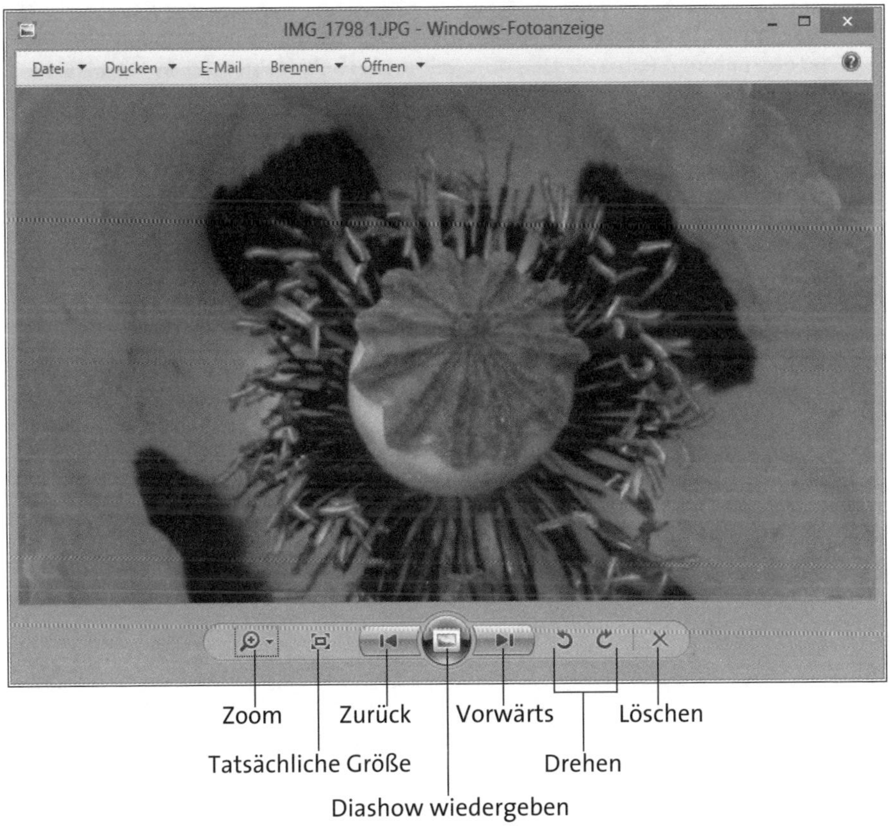

Bild 18.34: Fotodarstellung in der Windows-Fotoanzeige

- Die Schaltfläche *Zoom* öffnet einen Schieberegler, über den sich der Zoomfaktor der Fotoanzeige stufenlos vergrößern lässt.
- Ist das Foto größer als der Darstellungsbereich der Fotoanzeige, lässt sich der sichtbare Ausschnitt per Maus oder Finger im Fenster verschieben.
- Die Schaltfläche *Tatsächliche Größe* passt den Zoomfaktor so an, dass die Anzeige des Fotos dessen tatsächlicher Größe entspricht. Die Schaltfläche ändert sich dann in *An Fenster anpassen*, sodass das Foto bei Anwahl der Schaltfläche in der Darstellung an die Fenstergröße der Fotoanzeige angepasst wird.
- Über die beiden Schaltflächen *Vorwärts* und *Zurück* der Fußleiste können Sie zwischen Grafikdateien des aktuellen Ordners blättern.
- Verwenden Sie die beiden mit *Drehen* bezeichneten Schaltflächen, um das angezeigte Foto um 90 Grad im oder gegen den Uhrzeigersinn zu drehen.
- Mittels der *Löschen*-Schaltfläche lässt sich die aktuell angezeigte Fotodatei aus dem Fotoordner entfernen.
- Über die mittlere Schaltfläche der Fußleiste wird die Wiedergabe der im Ordner enthaltenen Fotos als Diashow gestartet (siehe folgender Abschnitt).

Neben den Bedienelemente der Fußleiste stellt die Windows-Fotoanzeige noch eine Menüleiste am oberen Fensterrand bereit, über die sich verschiedene Funktionen abrufen lassen.

- Der Menüeintrag *Datei* enthält z.B. Befehle zum Löschen der aktuellen Datei, um Kopien der Datei zu erstellen (*Kopie erstellen*), um den Pfad samt Dateiname in die Zwischenablage zu übertragen (*Kopieren)*, um das Eigenschaftenfenster zu öffnen und um das Programm zu beenden. Beim Menübefehl *Kopieren* lässt sich anschließend auf der Registerkarte START eines Ordnerfensters die Schaltfläche *Einfügen* wählen. Dann legt Windows das Bild als Kopie in einer Datei ab. Der Befehl *Kopieren* funktioniert nicht mit anderen Programmen.

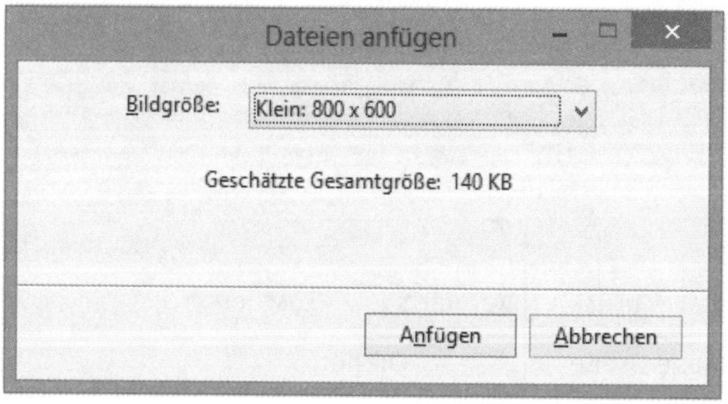

Bild 18.35: Dialogfeld zum Verkleinern von Bildanhängen

- Über das Menü *E-Mail* lässt sich ein Foto einer E-Mail anfügen, sofern ein entsprechendes E-Mail-Programm (z.B. Windows Live Mail) installiert wurde. Bei Anwahl des Menüs *E-Mail* erscheint zudem ein Dialogfeld (Bild 18.35), welches das Verkleinern der Fotodatei ermöglicht. Sobald Sie die *Anhängen*-Schaltfläche anwählen, startet Windows das E-Mail-Programm, erzeugt eine neue E-Mail und hängt die Fotodatei als Anlage an.

- Über das Menü *Brennen* ist der Befehl *Daten-CD* abrufbar. Dieser stellt das Foto in den Sammlungsbereich einer Daten-CD, die anschließend gebrannt werden kann. In den meisten Fällen dürfte es aber einfacher sein, die gewünschten Fotos manuell auf eine Daten-CD oder -DVD zu brennen (siehe *Kapitel 14*).

Im Menü *Öffnen* finden Sie Befehle, um das aktuell angezeigte Foto in einer frei wählbaren Anwendung zu öffnen. Dies kann z.B. das mit Windows gelieferte Programm Paint oder die Fotos-App sein. Sind weitere Grafikbearbeitungsprogramme installiert, werden deren Namen ebenfalls im Menü aufgeführt.

18.3.3 Fotos per Windows-Diashow wiedergeben

Um die Fotos eines Ordners in Form einer Diashow am Bildschirm wiederzugeben, klicken Sie in der Windows-Fotoanzeige auf die am unteren Fensterrand angezeigte Schaltfläche *Diashow* (Bild 18.34). Alternativ können Sie die Funktionstaste [F11] drücken, um die Diashow zu starten.

Bild 18.36: Wiedergabe der Diashow

Der Desktop verschwindet und Windows zeigt das erste Foto der Diashow (Bild 18.36). Das Motiv wechselt dann in festen Zeitabständen zwischen den Bilddateien des aktuellen Ordners. Die Bildreihenfolge wird von der Diashow anhand der Dateinamen vorgegeben.

Klicken Sie den Bildbereich mit der rechten Maustaste an oder öffnen Sie das Kontextmenü mit einem längeren Fingerdruck, finden Sie Befehle, um die Diashow anzuhalten, fortzusetzen, vor- oder zurückzublättern, zu beenden oder die Ablaufgeschwindigkeit zu erhöhen. Über die Cursortasten ← und → der Tastatur können Sie ebenfalls zwischen den Bildern der Diashow blättern. Die Diashow lässt sich jederzeit durch Drücken der Esc-Taste beenden.

18.3.4 Fotoabzüge bestellen und Fotos drucken

Von den mit der Digitalkamera geschossenen Fotos können Sie in Fotolabors Papierabzüge anfertigen lassen. Hierzu stellt der Befehl *Drucken* der Windows-Fotoanzeige die Option *Abzüge bestellen* bereit (Bild 18.37, oben links). Bei Anwahl des Befehls startet ein Assistent (Bild 18.37, oben rechts), der die Auswahl der Fotoanbieter ermöglicht und dann die Fotodateien per Internetverbindung zu den Fotolabors übertragen kann. Günstiger ist es jedoch, die in Kaufhäusern, Elektronikmärkten oder Fotogeschäften aufgestellten Lesestationen zu verwenden. Dort können Sie die Speicherkarten der Kamera einlesen, die Fotos auswählen, ggf. bearbeiten und dann zum Labor übertragen. Manche dieser Stationen bieten auch die Möglichkeit, direkt vor Ort Papierabzüge auszudrucken. Labors bieten die preisgünstigste Möglichkeit, an Papierabzüge zu gelangen.

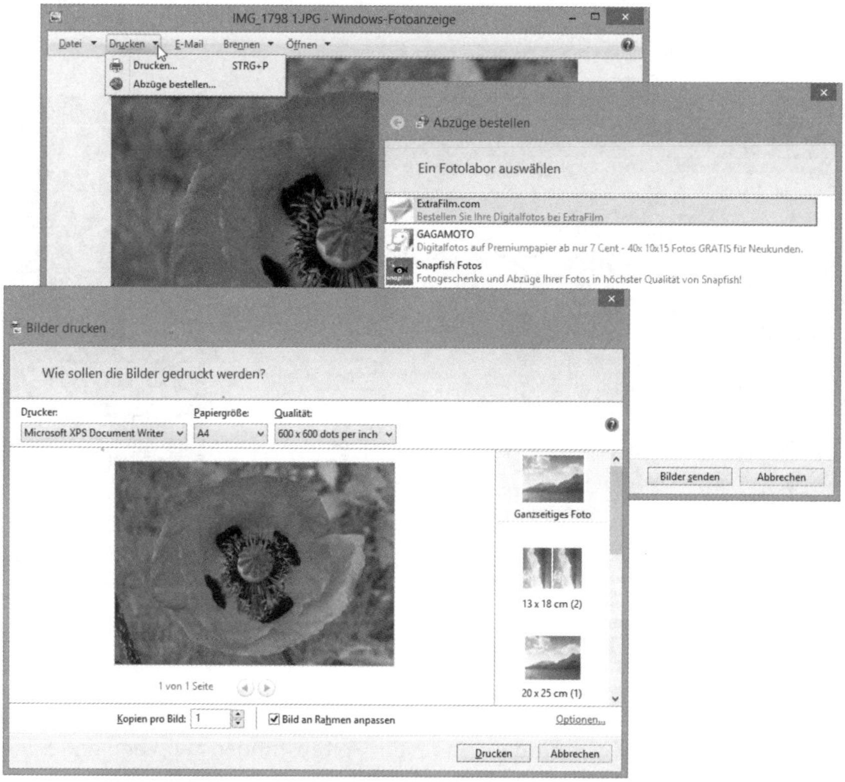

Bild 18.37: Fotoabzüge bestellen und Fotos drucken

1. Öffnen Sie den Ordner, der Ihre Fotodateien enthält (z.B. Bilder bzw. Eigene Bilder oder deren Unterordner), und markieren Sie das oder die zu druckenden Fotos.

2. Klicken Sie eine der markierten Fotodateien mit der rechten Maustaste an und wählen Sie im Kontextmenü den Befehl *Drucken*. Alternativ können Sie auch die Windows-Fotoanzeige aufrufen und dort die *Drucken*-Schaltfläche verwenden (Bild 18.37, oben links).
3. Sobald Windows das Dialogfeld des Fotodruck-Assistenten öffnet (Bild 18.37, unten), legen Sie die Optionen zur Druckausgabe fest und starten die Ausgabe über die *Drucken*-Schaltfläche.

Den Drucker, die Papiergröße oder weitere Geräteoptionen lassen sich über die Listenfelder im Kopfbereich des Dialogfelds auswählen. Im Fußbereich wählen Sie, wie viele Kopien pro Bild angefertigt werden sollen und ob die Bilder an den Rahmen angepasst werden müssen. Das Druckformat lässt sich über die Vorgaben in der rechten Spalte einstellen.

18.3.5 Fotoverwaltung und -bearbeitung mit Fremdprogrammen

Möchten Sie lokale Fotos komfortabel importieren, in einer Fotogalerie nach verschiedenen Kriterien sortieren, gegebenenfalls nachbearbeiten (aufhellen, beschneiden etc.)? Dann empfiehlt sich die Verwendung der Windows Live Fotogalerie (oder Picasa von Google). Es handelt sich zwar um Windows-Anwendungen, die auf dem Windows-Desktop laufen. Aber die beiden genannten Programme bieten wesentlich mehr Funktionen als die Fotos-App.

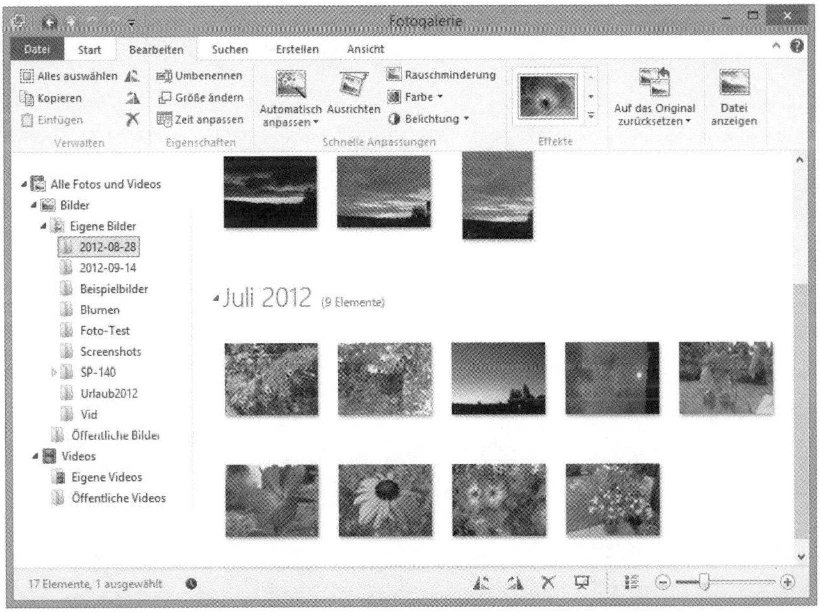

Bild 18.38: Fotogalerie der Windows Essentials 2012

Ist die Fotogalerie unter Windows installiert, lässt sich das Programm auch über eine Kachel des Startbildschirms aufrufen. Anschließend bietet das Programm über einen Navigationsbereich und ein Menüband (Bild 18.38) vielfältige Funktionen zur Navigation, Verwaltung, Anzeige und Bearbeitung von Fotodateien.

HINWEIS

Die Fotogalerie ist Bestandteil der Windows Essentials 2012, die kostenfrei von Microsoft (vermutlich unter `http://www.windowslive.de/essentials/` [w8-k18-003]) zu beziehen sind. Unter `http://www.borncity.com/blog/2012/08/08/windows-essentials-2012-freigegeben/` [w8-k18-004] finden Sie einen Blog-Beitrag, in dem sich die Download-Links der Version 2012 (einschließlich des Full-Installers) befinden.

In meinem Markt+Technik-Titel »Magnum – Windows 7 Home Premium« sind die Programmfunktionen der Vorgängerversion beschrieben, wobei die Funktionalität weitgehend gleich geblieben ist. Den Abschnitt »Fotoverwaltung mit der Windows Live Fotogalerie« finden Sie als kostenlose PDF-Datei im Download-Bereich dieses Buchs (die Adresse finden Sie im Vorwort – siehe Abschnitt »So arbeiten Sie mit diesem Buch« am Buchanfang).

18.3.6 Grafikdateien mit Microsoft Paint bearbeiten

Auch in Windows 8 ist noch das Programm Paint dabei, das sich über das Suchfeld der Startseite mit der Eingabe »Paint« finden und dann aufrufen lässt.

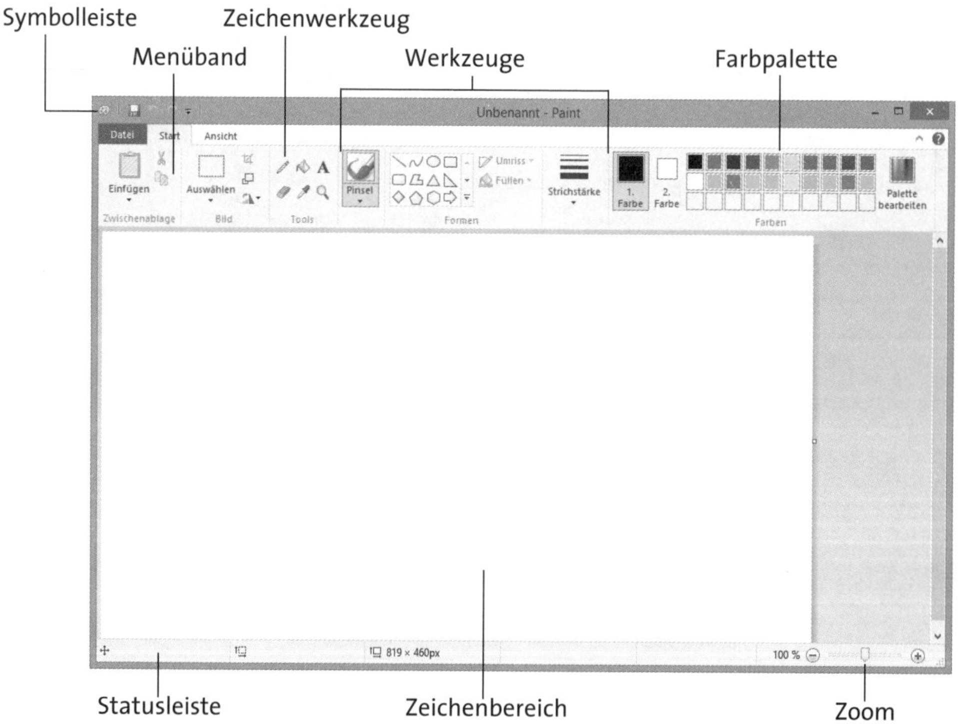

Bild 18.39: Paint-Anwendungsfenster

- Nach dem Start meldet sich das Programm mit einem leeren Programmfenster (Bild 18.39), das eine Titelleiste mit der Symbolleiste für den Schnellzugriff und ein Menüband mit mehreren Registerkarten sowie die *Paint*-Schaltfläche enthält. Die *Paint*-Schaltfläche öffnet ein Auswahlmenü, über das Sie Befehle zum Drucken, zum Öffnen und Speichern von Grafikdokumenten etc. erreichen.

- Das Menüband enthält die beiden Registerreiter *Start* und *Ansicht* mit den Bedienelementen des Programms. Auf der Registerkarte *Ansicht* finden Sie Kontrollkästchen, um ein Gitter im Zeichenbereich oder Lineale im Dokumentbereich ein-/auszublenden (den gleichen Effekt erreichen Sie über die Tastenkombination Strg+G) sowie Bedienelemente, um zwischen Vollbild- und Miniaturansicht umzuschalten oder um den Zoomfaktor anzupassen. Die Registerkarte *Start* enthält alle Bedienelemente zur Auswahl von Werkzeugen, Formen, Strichstärken etc. und zum Arbeiten mit der Zwischenablage. Die Bedienelemente des Menübands sind dabei in verschiedene Gruppen unterteilt.
- Die Statusleiste am unteren Rand liefert beim Zeichnen die Position des Mauszeigers, zeigt die Bildabmessungen in Pixel an und enthält am rechten Rand einen Schieberegler, um den Zoomfaktor für die Ansichtsvergrößerung anzupassen.

Beim Zeigen auf Schaltflächen des Menübands blendet Paint eine QuickInfo mit dem Funktionsnamen ein. Reicht der Platz zur Darstellung aller Bedienelemente im Menüband nicht mehr aus, fasst Paint die Elemente einzelner Gruppen zu einer Gruppenschaltfläche zusammen. Klicken Sie auf das am unteren Rand einer Gruppenschaltfläche sichtbare kleine Dreieck, blendet Paint eine Palette mit den Elementen der Gruppe ein. Befindet sich der Mauszeiger im Zeichenbereich des Dokuments, nimmt er die Form eines Stifts, eines Kreuzes oder des zuletzt gewählten Zeichenwerkzeugs an.

HINWEIS

Paint kann verschiedene Dateien mit verschiedenen Grafikformaten (JPEG, BMP, PNG etc.) öffnen und lässt sich zur Not auch zum Beschneiden von Fotos verwenden. Die grundlegenden Arbeitstechniken zum Umgang mit Bildern in Microsoft Paint haben sich seit Windows 7 nicht verändert und sind in meinem Markt+Technik-Titel »Magnum – Windows 7 Home Premium« beschrieben. Den Abschnitt »Werkzeuge zur Grafikbearbeitung« finden Sie als kostenlose PDF-Datei im Download-Bereich dieses Buches (siehe Vorwort, Abschnitt »So arbeiten Sie mit diesem Buch«).

18.4 Screenshots unter Windows erstellen

Die vom Computerbildschirm erstellten Abbildungen werden als Screenshots bezeichnet. Windows 8 bietet verschiedene Möglichkeiten, um Screenshots von Programmfenstern, von einer App-Seite sowie vom kompletten Windows-Desktop anzufertigen. Nachfolgend werden die Funktionen kurz vorgestellt.

18.4.1 Screenshots von Apps und des Desktop

Die einfachste Möglichkeit zum Anfertigen eines Screenshots besteht darin, die Tastenkombination ⊞+Druck zu betätigen. Windows 8 fertigt dann ein Abbild des aktuellen Bildschirms an und speichert dieses als PNG-Datei. Die Grafikdateien finden sich im Ordner *Screenshots* der Bibliothek *Bilder* und werden mit *Screenshot (x).png* benannt. Das in Klammern stehende x symbolisiert eine fortlaufende Nummerierung.

Der obige Ansatz funktioniert, um sowohl App-Seiten als auch den Windows-Desktop »zu fotografieren«. Um ein Abbild des Windows-Desktops, der Startseite, einer App-Seite oder lediglich eines Programmfensters anzufertigen, können Sie auch folgende Tastenkombinationen verwenden:

- [Druck]: Diese Tastenkombination fertigt einen Screenshot des gesamten Bildschirms (Windows-Desktop, Startseite, App-Seite) an und überträgt dieses in die Windows-Zwischenablage.
- [Alt]+[Druck]: Diese Tastenkombination fertigt einen Screenshot des aktuellen Programmfensters oder Dialogfelds/Eigenschaftenfensters an und stellt die Daten in die Windows-Zwischenablage.

Bei angezeigter Startseite oder geöffneter App übertragen die beiden obigen Tastenkombinationen dagegen den gesamten Bildschirminhalt in die Zwischenablage. Sie können den Inhalt der Zwischenablage dann z.B. über die Tastenkombination [Strg]+[V] in eine Grafikanwendung wie das Windows-Programm Paint einfügen und dort weiter bearbeiten.

> HINWEIS
> Sind zwei Apps nebeneinander auf dem Bildschirm geöffnet, fertigt die Tastenkombination [Alt]+[Druck] ein Abbild des aktuell aktiven App-Fensters an.

18.4.2 Screenshots mit dem Snipping-Tool

Windows 8 enthält noch das bereits aus früheren Windows-Versionen bekannte Snipping-Tool, welches das Anfertigen von Bildschirmfotos (Screenshots) vom Windows-Desktop unterstützt. Aufrufen lässt sich das Snipping-Tool, indem Sie bei angezeigter Startseite einfach den Text »Snip« eintippen. Dann sollten die Seitenleiste *Suchen* sowie als Treffer unter »Apps« der Eintrag *Snipping Tool* angezeigt werden. Wählen Sie den Eintrag für das Snipping-Tool an.

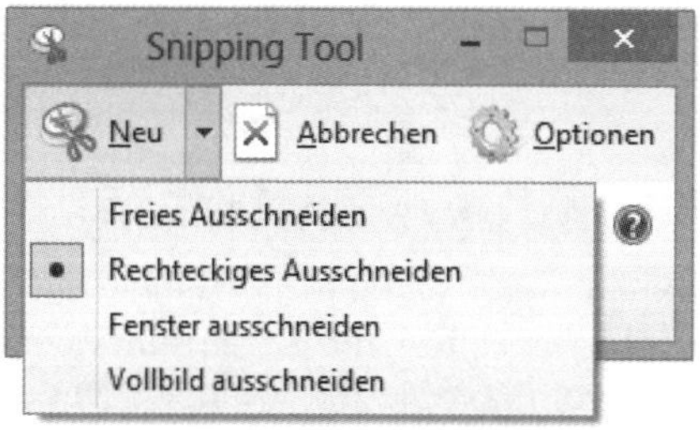

Bild 18.40: Ausschneidetyp wählen

1. Sobald das Programm startet, erscheint das in Bild 18.40 gezeigte Programmfenster. Klicken Sie dann auf den rechten Teil der Schaltfläche *Neu* und wählen Sie im Menü den gewünschten Ausschneidetyp.
2. Sobald der Bildschirminhalt abgeblendet dargestellt wird, legen Sie den Bereich, der im Screenshot enthalten sein soll, durch Klicken oder Ziehen per Maus fest.

Die weitere Aktion hängt vom gewählten Ausschneidetyp ab.

- Bei den beiden Ausschneidetypen *Freies Ausschneiden* und *Rechteckiges Ausschneiden* können Sie den gewünschten Bereich durch Ziehen mit der Maus markieren.
- Beim freien Ausschneiden lassen sich bei gedrückter linker Maustaste beliebige Bereiche umfahren und damit markieren.
- Haben Sie die Option *Rechteckiges Ausschneiden* gewählt, klicken Sie auf die linke obere Ecke des gewünschten Bereichs und markieren bei gedrückter linker Maustaste den Rechteckausschnitt per Maus. Der auszuschneidende Bereich wird mit einem roten Rahmen markiert.
- Beim Modus *Fenster ausschneiden* ist das abzubildende Fenster per Maus anzuklicken.

Sobald die Maustaste beim Ziehen oder Klicken losgelassen wird, fertigt das Snipping-Tool den Screenshot an. Im Modus *Vollbild ausschneiden* wird der Screenshot dagegen direkt nach Anwahl des Befehls angefertigt.

> TIPP
>
> Stellen Sie fest, dass der Windows-Desktop nicht den gewünschten Inhalt anzeigt, klicken Sie im Fenster des Snipping-Tools auf die *Abbrechen*-Schaltfläche. Anschließend können Sie die gewünschten Fenster öffnen bzw. in den Vordergrund bringen und danach das Snipping-Tool erneut aufrufen.

Nach dem Anfertigen des Screenshots wird der Bildschirmabzug im Fenster des Snipping-Tools angezeigt (Bild 18.41). Über die Schaltflächen der Symbolleiste des Snipping-Tool-Fensters lässt sich der angefertigte Bildschirmabzug noch markieren bzw. korrigieren.

- *Stift:* Diese Schaltfläche ermöglicht es, über das zugehörige Menü verschiedenfarbige Markierungsstifte abzurufen. Anschließend können Sie bei gedrückter linker Maustaste mit dem Stift bestimmte Bereiche des Bildschirmabzugs anzeichnen. Der Stift zieht eine dünne Linie in der gewählten Farbe.
- *Textmarker:* Klicken Sie diese Schaltfläche an, wird der Textmarker-Modus eingeschaltet. Sie können dann den Mauszeiger bei gedrückter linker Maustaste über Bereiche des Screenshots ziehen und diese gelb markieren.
- *Radierer:* Klicken Sie diese Schaltfläche an, wird der Radierer eingeschaltet. Sie können dann mit dem Stift oder per Textmarker ausgezeichnete Stellen anklicken und so die Markierungen wieder löschen.

Das Snipping-Tool legt die Screenshots automatisch in der Zwischenablage ab. Haben Sie jedoch Markierungen im Fenster des Snipping-Tools am Bildschirmabzug vorgenommen, lässt sich der modifizierte Bildschirmabzug durch Drücken der Tastenkombination [Strg]+[C] oder über den Befehl *Kopieren* des Menüs *Bearbeiten* in die Zwischenablage übertragen. Den gleichen Effekt besitzt die *Kopieren*-Schaltfläche der Symbolleiste (dritte Schaltfläche von links). Sie können dann ein Grafikprogramm oder eine andere Anwendung starten und den Inhalt der Zwischenablage über die Tastenkombination [Strg]+[V] in den Dokumentbereich einfügen.

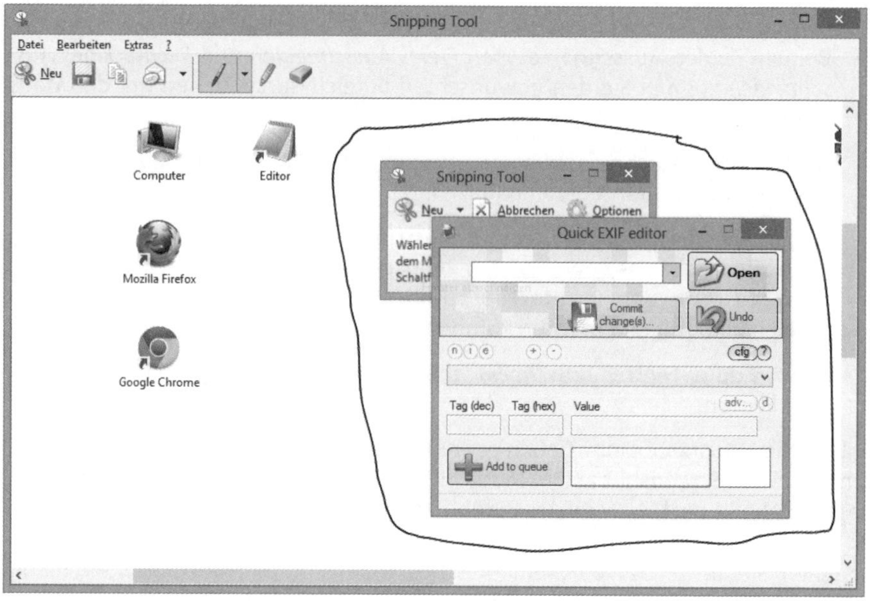

Bild 18.41: Screenshot bearbeiten

Die Menüschaltfläche *Ausgeschnittenes senden* bzw. der Befehl *Senden an* des Menüs *Datei* ermöglicht, eine neue E-Mail-Nachricht in einem Fenster zu öffnen und das Ausgeschnittene als Anhang oder als eingefügtes Bild zu versenden. Die Variante wählen Sie über die Befehle des Untermenüs bzw. des Menüs der Schaltfläche *Ausgeschnittenes senden*. Voraussetzung ist allerdings, dass ein kompatibler E-Mail-Client installiert ist.

- Über die Schaltfläche *Neu* der Symbolleiste wird der Screenshot verworfen und das verkleinerte Fenster (Bild 18.40) zur Auswahl des Ausschneidetyps erscheint wieder.
- Die Schaltfläche *Speichern* der Symbolleiste, die Tastenkombination `Strg`+`S` oder der Befehl *Speichern* im Menü *Datei* öffnen das Dialogfeld *Speichern unter*, um das ausgeschnittene Bild in einer Datei zu speichern.

Die *Speichern*-Funktion ermöglicht Ihnen, im Dialogfeld *Speichern unter* den Zielordner zu wählen und einen Dateinamen für die zu sichernde Datei einzutragen. Zudem lässt sich das Speicherformat wählen. Das Programm unterstützt das Speichern der Grafik im JPEG-, GIF-, PNG-Format und als HTML-Dokument. Die einzige Besonderheit besteht darin, dass im Dialogfeld *Speichern unter* ein Hyperlink *Aufnahmedatum angeben* unterhalb des Listenfelds zur Auswahl des Dateityps eingeblendet wird. Klicken Sie auf diesen Hyperlink, erscheint ein Textfeld, in das Sie das Datum, an dem der Screenshot angefertigt wurde, eintragen können. Dieser wird als sogenannte Markierung mit in den Eigenschaften der Grafikdatei abgespeichert. Sobald Sie die *Speichern*-Schaltfläche wählen, wird das Dialogfeld geschlossen und die Datei im gewählten Format unter dem angegebenen Namen im Zielordner abgelegt.

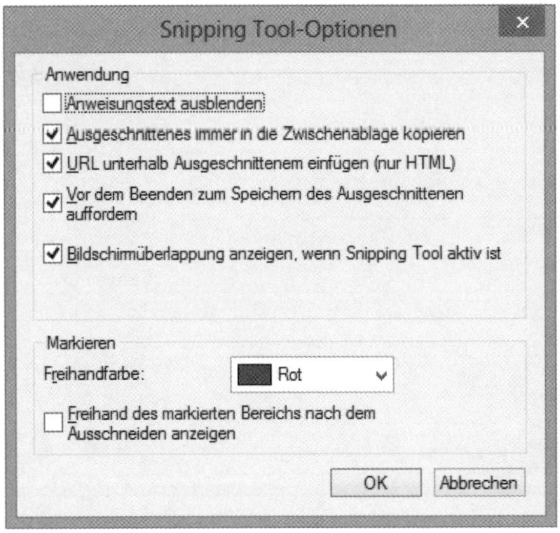

Bild 18.42: Optionen des Snipping-Tools

HINWEIS

Um die Optionen des Snipping-Tools anzupassen, klicken Sie in der Symbolleiste des Programmfensters auf die Schaltfläche *Optionen* (Bild 18.40). Ist das Fenster mit dem angefertigten Screenshot zu sehen (Bild 18.41), wählen Sie im Menü *Extras* den Befehl *Optionen*. Anschließend können Sie im Dialogfeld *Snipping Tool-Optionen* (Bild 18.42) die gewünschten Einstellungen anpassen und dann mittels der *OK*-Schaltfläche übernehmen. Das Dialogfeld ermöglicht Ihnen, die Farbe der Freihandmarkierungen anzupassen oder festzulegen, ob die Freihandlinie im Bildschirmabzug mit angezeigt werden soll. Weiterhin lässt sich vorgeben, ob die Screenshots automatisch in die Zwischenablage einzufügen sind.

19 Apps zur Musik- und Videowiedergabe

Windows 8 ermöglicht die Wiedergabe von Musik über die Musik-App. Für Videos gibt es die Video-App. In diesem Kapitel gehe ich kurz auf die Möglichkeiten dieser beiden Apps ein. Die Wiedergabe von Mediendateien mit dem Windows Media Player und dem Windows Media Center wird in separaten Kapiteln behandelt.

19.1 Musikwiedergabe mit der Musik-App

Um Musik auf einem Windows-System wiedergeben zu können, hat Microsoft die Musik-App vorinstalliert. Nachfolgend werden die Funktionen dieser App vorgestellt.

19.1.1 Die Musik-App im Überblick

Die Musik-App ermöglicht Ihnen, beim Dienst Xbox Musik zu kaufen und später wiederzugeben. Weiterhin können Sie in der *Musik*-Bibliothek gespeicherte Audiodateien abspielen. Die App wird über eine Kachel der Startseite aufgerufen (Bild 19.1, links).

Bild 19.1: Kachel der Musik-App

Die Musik-App blendet übrigens das Cover des aktuell wiedergegebenen Albums als Miniaturansicht in der Kachel ein (Bild 19.1, rechts).

- Ähnlich wie beim Windows Store werden im Fenster der App (Bild 19.2) Musikalben, unterteilt nach verschiedenen Kategorien, aufgeführt. Standardmäßig erscheint die Rubik »aktuelle Wiedergabe« mit dem Cover des aktuell gespielten Titels oder einer Auswahl aus verschiedenen Microsoft-Angeboten.
- Es gibt zusätzlich die Kategorien »meine Musik« mit lokal gespeicherten Musikstücken aus der *Musik*-Bibliothek, den Shop »Xbox Musik-Marktplatz« und »am beliebtesten« mit beliebten Musikalben.
- Bei Bedarf scrollen Sie horizontal zwischen diese Kategorien, um die Angebote einzusehen. Am Touchscreen verwenden Sie den Finger zum Scrollen. Bei Tastatur- und Mausbedienung scrollen Sie per Mausrädchen oder über die am unteren Rand gezeigte Bildlaufleiste.
- Der Zugriff auf ein Musikalbum oder auf dessen Musikstücke erfolgt durch Anwahl der betreffenden Albenkacheln.

Am oberen rechten Fensterrand befindet sich zudem die Schaltfläche, um sich am Xbox-LIVE-Konto anzumelden.

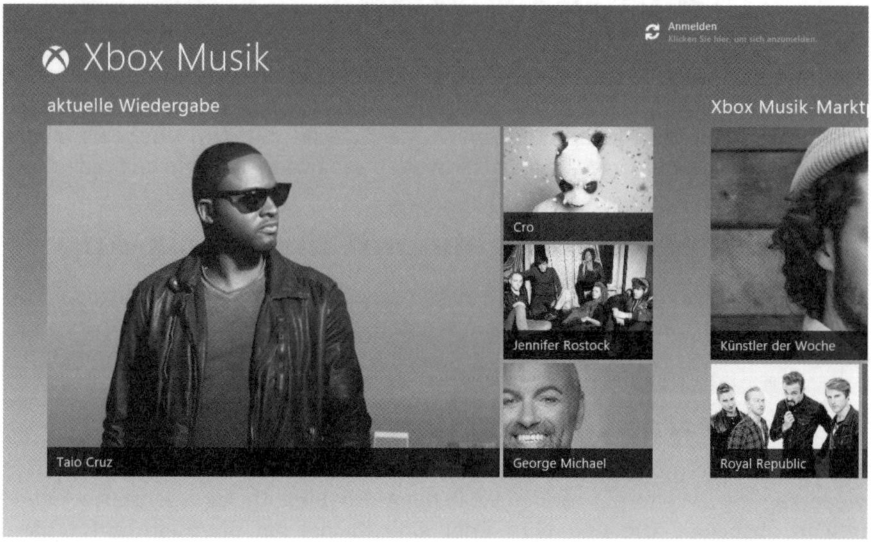

Bild 19.2: Startseite der Musik-App

19.1.2 Präferenzen der Musik-App einstellen

Welche Kategorie beim Start der App im App-Fenster erscheint oder ob die App auf der Kachel das gespielte Album anzeigt, lässt sich über die App-Präferenzen einstellen.

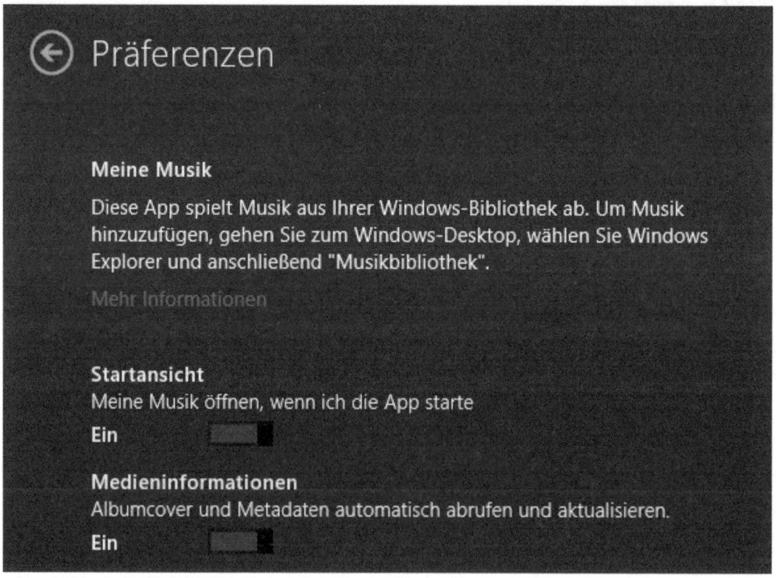

Bild 19.3: Präferenzen der Musik-App

1. Um beim Start der App die Kategorie »meine Musik« im App-Fenster anzuzeigen, blenden Sie die Charms-Leiste am rechten Rand ein und wählen *Einstellungen*.
2. In der Seitenleiste *Einstellungen* wählen Sie den Befehl *Präferenzen*.

Dann können Sie in der gezeigten Seitenleiste die Optionen *Startansicht* und *Medieninformationen* ein- oder ausschalten (Bild 19.3).

19.1.3 Zugriff auf lokale Musik

Sind Musikstücke lokal in der Bibliothek *Musik* gespeichert, lassen sich diese über das App-Fenster wiedergeben. Blättern Sie bei Bedarf zum linken Rand des App-Fensters, um die Kategorie *meine Musik* (Bild 19.4) anzuzeigen. In der Kategorie werden alle Musikstücke aus der *Musik*-Bibliothek in Alben, ggf. mit deren Covern, sortiert aufgelistet.

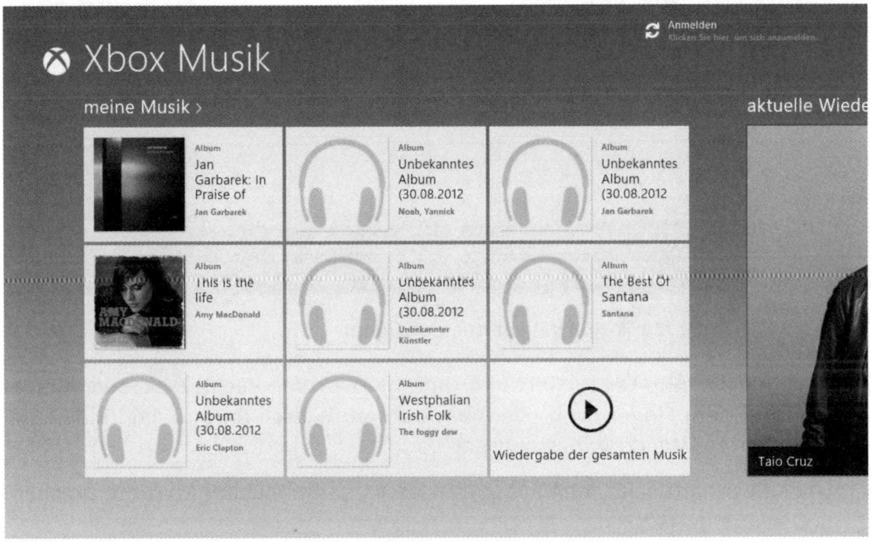

Bild 19.4: Rubrik »meine Musik« im Fenster der Musik-App

- Wählen Sie die Kachel *Wiedergabe der gesamten Musik* (Bild 19.4), um alle lokal gespeicherten Alben abzuspielen. Bei Anwahl der Kachel wird die App-Leiste (Bild 19.5, unten) eingeblendet, über deren Schaltflächen Sie die Wiedergabe anhalten, fortsetzen oder zwischen Albentiteln springen können. Zudem lässt sich über zwei entsprechende Schaltflächen die zufällige Wiedergabe oder das Wiederholen von Musikstücken ein-/ausschalten.
- Um ein Musikalbum oder ein Musikstück daraus wiederzugeben, wählen Sie dessen Eintrag in der Kategorie »meine Musik« an. Die App blendet dann das Wiedergabefenster des Albums im Vordergrund ein (Bild 19.5).

- In der linken Spalte des eingeblendeten Wiedergabefensters sehen Sie das Albumcover sowie Schaltflächen zum Abspielen aller Titel des Albums, zum Recherchieren nach der Diskografie des Künstlers sowie zur Aufnahme der Titel in die aktuelle Wiedergabeliste.

Zum Abspielen eines Einzeltitels wählen Sie diesen im Wiedergabefenster an und verwenden die eingeblendete Schaltfläche *Abspielen*.

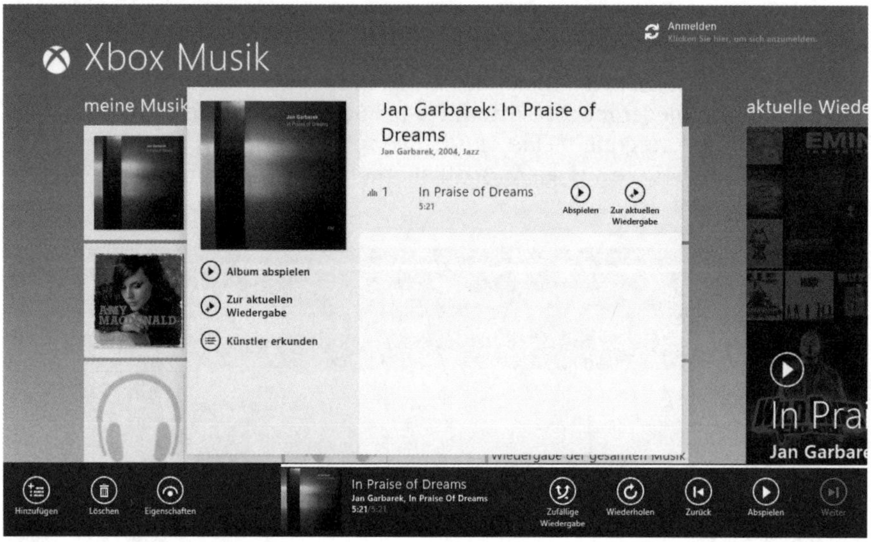

Bild 19.5: Fenster der Musik-App mit geöffnetem Album

Blenden Sie die App-Leiste (Bild 19.5, unten) (z.B. per Rechtsklick oder durch Wischen mit dem Finger nach oben) am unteren Bildschirmrand ein, finden Sie Schaltflächen zur Wiedergabesteuerung vor.

- Über die Schaltfläche *Pause/Abspielen* lässt sich die Wiedergabe unterbrechen und wieder fortsetzen.
- Mit *Zurück* und *Weiter* navigieren Sie zwischen den Titeln einer Wiedergabeliste oder eines Albums.
- Die Schaltfläche *Wiederholen* schaltet die Titelwiederholung am Ende ein und mit *Zufällige Wiedergabe* lassen sich die Titel der Wiedergabeliste in zufälliger Reihenfolge abspielen.

Bei einem abgespielten Einzeltitel enthält die App-Leiste die Suchleiste mit der Fortschrittsanzeige. Die Schaltfläche *Löschen* ermöglicht es Ihnen, einen Musiktitel bzw. ein komplettes Album zu löschen. Dieses Löschen muss in einer weiteren Formularseite explizit bestätigt werden.

19.1.4 Wenn keine Musik vorhanden ist

Beim ersten Aufruf der App erscheint in der Rubrik »meine Musik« nur eine Anzeige (Bild 19.6) mit dem Hinweis auf fehlende Musiktitel. Sie werden aufgefordert, entweder im Marktplatz oder lokal Musikstücke auszuwählen und zu spielen.

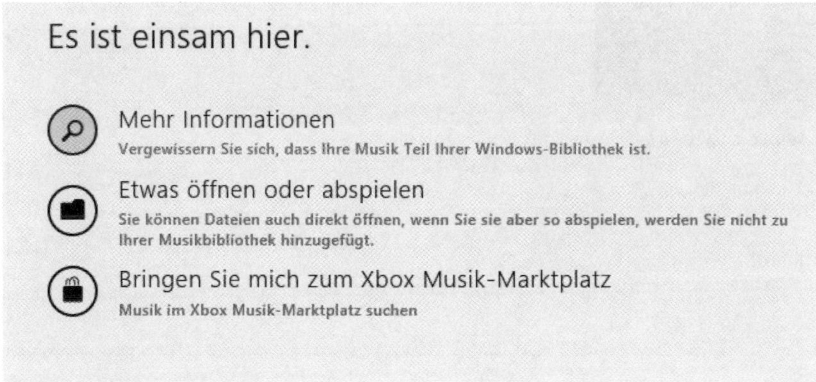

Bild 19.6: Meldung bei fehlender Musik

Wählen Sie *Etwas öffnen oder abspielen*, öffnet sich eine Seite zur Auswahl des Ordners mit den Musikdateien. In der Seite können Sie, ähnlich wie bei der Fotos- oder SkyDrive-App, zum gewünschten Speicherort navigieren und den Musikordner wählen.

Klappt das nicht, beenden Sie die App, wechseln zum Windows-Desktop und kontrollieren, ob Musikdateien in der Bibliothek *Musik* vorhanden sind. Kopieren Sie ggf. die gewünschten Audiodateien (MP3 oder WMA) in den Ordner *Eigene Musik* der Bibliothek.

HINWEIS

Beachten Sie, dass es auch einige Zeit dauern kann, bis die Musik-App den Inhalt der *Musik*-Bibliothek erfasst und als Alben katalogisiert hat.

19.1.5 Wiedergabelisten anlegen

Einzelne Musiktitel lassen sich in Wiedergabelisten organisieren, die anschließend abgespielt werden können.

1. Navigieren Sie in der Musik-App zum Wiedergabefenster des Albums (Bild 19.7), indem Sie das gewünschte Album anwählen.
2. Sobald das Wiedergabefenster des Albums/Titels im Vordergrund eingeblendet wird, wählen Sie die Schaltfläche *Zur aktuellen Wiedergabe*.

Diese Schaltfläche ist gleich zweifach im Wiedergabefenster (Bild 19.7) enthalten.

- Wählen Sie die Schaltfläche *Zur aktuellen Wiedergabe* in der linken Spalte des Albums, um alle Titel aufzunehmen.

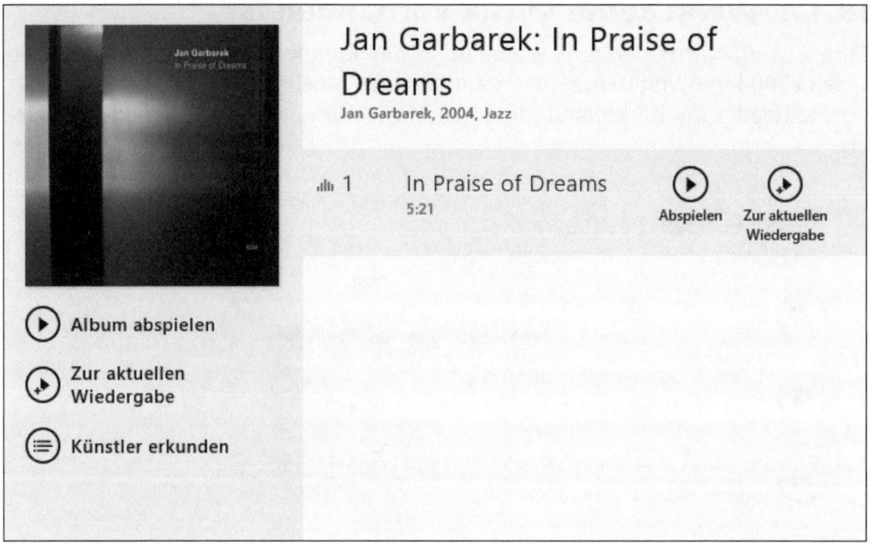

Bild 19.7: Wiedergabefenster der Musik-App

- Anschließend suchen Sie den Einzeltitel aus und klicken dann dessen Schaltfläche *Zur aktuellen Wiedergabe* an, um diesen Einzeltitel aufzunehmen.

Die Titel werden dann in der, in der Startseite der App angezeigten, Rubrik *aktuelle Wiedergabe* (Bild 19.8, rechte Spalte) beim Abspielen angezeigt. Eine neue, benannte Wiedergabeliste, die sich dauerhaft verwenden lässt, legen Sie mit folgenden Schritten an.

Bild 19.8: Benannte Wiedergabeliste in der Musik-App anlegen

1. Navigieren Sie zur Albenseite (Bild 19.8, Hintergrund) und blenden Sie die App-Leiste am unteren Seitenrand ein.
2. Wählen Sie in der App-Leiste die *Hinzufügen*-Schaltfläche und dann im eingeblendeten Fenster den Befehl *Neue Wiedergabeliste* (Bild 19.8, unten links).
3. Tragen Sie danach den Titel der Wiedergabeliste im eingeblendeten Textfeld ein und bestätigen Sie dies über die *Speichern*-Schaltfläche.

Definierte Wiedergabelisten werden in der Kategorie »meine Musik« unter dem vorgegebenen Namen und mit der Zahl der enthaltenen Titel angezeigt (Bild 19.9).

Bild 19.9: Wiedergabeliste »Jazz« in der Musik-App

Um einen Titel zu einer bereits existierenden Wiedergabeliste hinzuzufügen, gehen Sie wie oben vor, wählen in der App-Leiste aber die dann sichtbare Schaltfläche *Zu xxx hinzufügen* (Bild 19.8, unten links), wobei *xxx* hier für den Namen der Wiedergabeliste steht.

19.1.6 Anmelden an Xbox LIVE

Um auf Online-Musik zuzugreifen und ggf. zu kaufen, ist eine Anmeldung am Microsoft-Konto erforderlich. Diesem Microsoft-Konto ist zudem ein Xbox LIVE-Konto zugeordnet, um Käufe abwickeln zu können.

1. Arbeiten Sie unter einem lokalen Benutzerkonto, wählen Sie in der rechten oberen Ecke des App-Fensters den Eintrag *Anmelden* (Bild 19.10, oben).
2. Tragen Sie im Anmeldeformular für das Microsoft-Konto die Anmeldedaten in den betreffenden Textfeldern ein und bestätigen Sie mit *Speichern* (Bild 19.10).

Dann wird die Musik-App mit Ihrem Microsoft-Konto verbunden, dem das Xbox LIVE-Konto zugeordnet ist. Über dieses Xbox LIVE-Konto werden Käufe abgewickelt.

Bild 19.10: Anmelden am Xbox LIVE-Konto

19.1.7 Wissen zum Xbox LIVE-Konto

Das zusätzliche Xbox LIVE-Konto wird automatisch beim Anlegen des Microsoft-Kontos eingerichtet und mit dem Microsoft-Konto verknüpft. Dieses Xbox LIVE-Konto dient zur Verwaltung der Musik-, Video- und Xbox-Spielekäufe.

- Dem Xbox LIVE-Konto ist ein eigener Xbox-Benutzername (von Microsoft als Gamertag bezeichnet) zugeordnet.
- Dieser Name (bei meinem Testkonto lautet dieser »EbenenMoewe169«) wird beim Anlegen des Microsoft-Kontos automatisch aus zwei Wörtern und einer Zahl erzeugt und taucht z. B. auf, wenn Xbox LIVE-Spiele benutzt werden.

Wem dieser Gamertag nicht gefällt, kann diesen innerhalb der ersten 14 Tage nach dem Anlegen des Microsoft-Kontos kostenfrei ändern. Soll der Gamertag später umbenannt werden, kostet dies 800 Microsoft-Punkte, was einem Wert von 10 Euro entspricht.

19.1.8 Zugriff auf die Xbox LIVE-Konteneinstellungen

Um den aktuellen Benutzernamen einzusehen, die Xbox LIVE-Mitgliedschaft, Zahlungsoptionen oder Rechnungsinformationen einzusehen und zu verwalten, gehen Sie folgendermaßen vor.

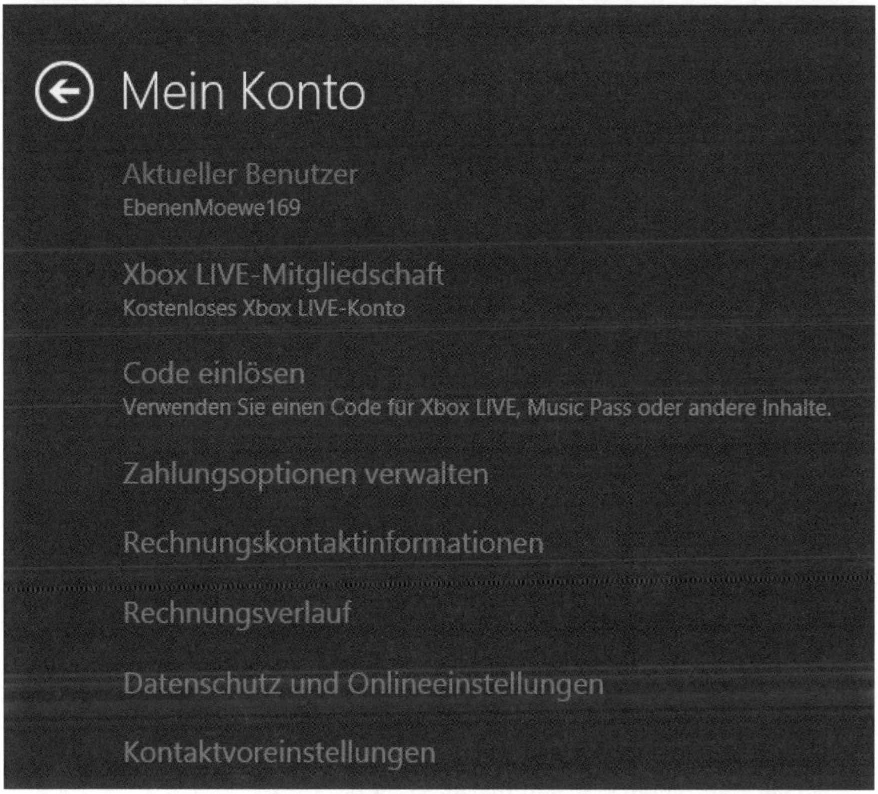

Bild 19.11: Befehle zum Zugriff auf das Xbox LIVE-Konto

1. Blenden Sie bei geöffneter Musik-App die Charms-Leiste am rechten Seitenrand ein und wählen Sie *Einstellungen*.
2. Wählen Sie den Befehl *Konto* in der eingeblendeten Seitenleiste.
3. Greifen Sie in der Seitenleiste *Mein Konto* (Bild 19.11) über verschiedene Befehle auf das Xbox LIVE-Benutzerkonto zu.

Über diese Befehle lassen sich die Mitgliedschaft für ein Xbox LIVE-Konto, Zahlungsoptionen, Rechnungsdaten etc. einsehen. Einige Befehle öffnen die Internet Explorer-App und zeigten die Xbox Live-Anmeldeseite. Verwenden Sie dort die Anmeldedaten Ihres Microsoft-Kontos zur Anmeldung.

19.1.9 Trennen vom Microsoft-Konto

Arbeiten Sie mit einem lokalen Benutzerkonto, sind aber unter einem Microsoft-Konto an der Musik-App angemeldet? Um die Musik-App vom Microsoft-Konto zu trennen, blenden Sie die Seitenleiste *Präferenzen* über *Einstellungen* und den Befehl *Präferenzen* ein (siehe den Abschnitt »19.1.1 Die Musik-App im Überblick«). Hier befindet sich eine Schaltfläche *Entfernen*, um die Verbindung der Musik-App zum Microsoft-Konto zu trennen.

HINWEIS

Verwenden Sie bereits zur Benutzeranmeldung unter Windows ein Microsoft-Konto, wird die Schaltfläche *Entfernen* in der Seitenleiste *Präferenzen* nicht angeboten.

19.1.10 Alben im Xbox Musik-Marktplatz kaufen

Sind Sie am Microsoft-Konto angemeldet, können Sie über den Xbox Musik-Marktplatz Alben erwerben.

- Navigieren Sie in der Kategorie »Xbox Musik-Marktplatz« oder »am beliebtesten« zum gewünschten Album. Wählen Sie hierzu entweder eines der angezeigten Albencover an (Bild 19.12, Hintergrund oben).
- Oder tippen bzw. klicken Sie auf den Titeltext der Kategorien »Xbox Musik-Marktplatz« bzw. »am beliebtesten« (Bild 19.12, Hintergrund oben), um in der Katalogseite (Bild 19.12, unten) gezielt nach Alben von Künstlern zu stöbern. Über die linke Spalte lässt sich nach Genres filtern, in der rechten Liste können Sie ein Album anwählen.
- Durch Anwahl eines Albums werden dessen Detailinformationen in einem eingeblendeten Fenster angezeigt. Im eingeblendeten Albumfenster werden die Songs aufgelistet und Sie finden Schaltflächen, um eine Vorschau des Albums oder eines Titels anzuspielen, die Diskografie des Künstlers abzurufen oder um das Album bzw. den Titel zu kaufen.

Bei der Vorschau können Sie 30 Sekunden des Musikstücks anhören. Optional lässt sich die App-Leiste mit den Elementen zur Wiedergabesteuerung am unteren Fensterrand einblenden.

TIPP

Bei meinen Tests traten gelegentlich bei der Wiedergabe der Albenvorschau Fehler auf, die mit einem Fehlercode angezeigt wurden. Durch Beenden der App samt Neustart von Windows ließ sich dieses Problem immer beheben.

Um im Musik-Marktplatz gezielt zu suchen, blenden Sie die Charms-Leiste am rechten Rand ein und wählen *Suchen*. Dann erscheint die Seitenleiste *Suchen* mit markierter Musik-App. Über das Suchfeld lässt sich im Shop gezielt nach Künstlern und Titeln suchen – das funktioniert genauso wie die Suche im Windows Store.

Bild 19.12: Xbox Musik-Marktplatz

1. Um ein Album oder einen Song zu kaufen, wählen Sie im Musik-Marktplatz das Element *Album/Song kaufen* (Bild 19.12, unten) in der Albenseite an.
2. Sie gelangen zur Shop-Seite »Kauf bestätigen«, in der der Kaufbetrag (Bild 19.13) angezeigt wird und Sie den Kauf abwickeln können.

Voraussetzung für einen Kauf ist, dass im Xbox LIVE-Kundenkonto eine Kreditkarte zur Abrechnung eingetragen ist. Bei fehlender Zahlungsmethode lässt sich das Element *Neue Kreditkarte hinzufügen* in der Seite anwählen. Sie werden durch Shop-Seiten geführt, in denen Sie die Kreditkarten- und Rechnungsinformationen ergänzen können.

Die gekauften Musikalben und Musikstücke werden dann im Xbox LIVE-Konto vermerkt und in der Kategorie »Sammlung« aufgelistet. Mit dem Kauf erwerben Sie die entsprechenden Digital-Rights-Management-Berechtigungen zur Wiedergabe in der Musik-App.

Bild 19.13: Kaufen im Xbox Musik-Marktplatz

HINWEIS

Während der Drucklegung dieses Buches wurde von Microsoft das Verfahren zum Bezahlen über »Microsoft Points« samt der Möglichkeit, Guthaben per Prepaid-Karte aufzuladen, auf Kreditkarte umgestellt. Weitere Änderungen sind daher zukünftig nicht ausgeschlossen. In den Kontooptionen (abrufbar über das Symbol *Einstellungen* der Charms-Leiste) lassen sich Prepaid-Codes einlösen. Informationen über den Xbox-Marketplace finden Sie auf der Webseite `http://www.xbox.com/de-DE/Marketplace/FAQ` [w8-k19-001]. Informationen über verschiedene Varianten von Prepaid-Karten für Xbox LIVE gibt es auf der Webseite `http://www.xbox.com/de-DE/Xbox360/Accessories/XboxLIVE` [w8-k19-002]. Die Käufe von Videos (über die Video-App) sowie der Kauf von Xbox-Spielen werden nach dem gleichen Verfahren über Xbox LIVE abgewickelt.

19.2 Video-App zur Wiedergabe von Filmen

Neben der Musik-App existiert in Windows noch eine App, um lokale Videos abzuspielen oder um Videos aus einem Shop erwerben und anzeigen zu können. Nachfolgend wird die App kurz vorgestellt.

19.2.1 Die Video-App im Überblick

Die Video-App wird über die Kachel *Video* der Startseite (Bild 19.14) aufgerufen und lässt sich wie die Musik-App bedienen. Ähnlich der Musik-App zeigt das App-Fenster (Bild 19.15) die Inhalte in mehreren Kategorien an.

Bild 19.14: Kachel der Video-App

Bild 19.15: Startseite der Video-App

- Standardmäßig wird die Kategorie »Im Rampenlicht« mit empfohlenen Videos angezeigt. Es gibt zusätzlich die Kategorien »meine Videos« zum Zugriff auf lokal in der *Videos*-Bibliothek gespeicherte Filme und den Shop »Filme-Marktplatz«.
- Bei Bedarf scrollen Sie horizontal zwischen diesen Kategorien, um die Angebote einzusehen. Am Touchscreen verwenden Sie den Finger zum Scrollen. Bei Tastatur- und Mausbedienung scrollen Sie per Mausrädchen oder über die am unteren Rand gezeigte Bildlaufleiste.

Der Zugriff auf ein Video erfolgt durch Anwahl der betreffenden Kachel in der App-Seite. Am oberen rechten Fensterrand findet sich ebenfalls die Schaltfläche *Anmelden*, um sich am Xbox-LIVE-Konto anzumelden.

HINWEIS

Bei meinen Tests war keine Anmeldung möglich, wenn das Konto mit der Musik-App verbunden war. Genau wie bei der Musik-App können Sie über *Einstellungen* in der Charms-Leiste auf die Konteneinstellungen und Präferenzen zugreifen.

19.2.2 Zugriff auf lokale Videos

Zur Wiedergabe eines lokalen Videos erwartet die Video-App, dass dieses in der *Videos*-Bibliothek gespeichert ist. Blättern Sie bei Bedarf zum linken Rand des App-Fensters, zur Kategorie *meine Videos* (Bild 19.16). In der Kategorie werden alle in der *Videos*-Bibliothek gefundenen Videodateien aufgelistet.

Bild 19.16: Lokale Videos aus »meine Videos« auswählen

- Wählen Sie die Kachel des gewünschten Videos an, um dieses wiederzugeben (Bild 19.16, linke Spalte). Sofern keine Vorschau in der Kachel eines Videos angezeigt wird, deutet dies auf ein nicht unterstütztes Videoformat hin.
- Bei Anwahl des Videos wird die Wiedergabe im App-Fenster gestartet (Bild 19.17). Ist das Fenster angewählt, blendet die App die Suchleiste mit der Fortschrittsanzeige im Videobereich ein. Diese Anzeige veranschaulicht, welcher Teil des Videos wiedergegeben wird. Ziehen Sie das kreisförmige Symbol der Suchleiste per Finger oder Maus an die gewünschte Position der Videowiedergabe, um an diese Stelle des Videos zu springen.
- Bei Bedarf blenden Sie die App-Leiste am unteren Seitenrand ein. Über deren Schaltflächen halten Sie die Wiedergabe an, setzen sie wieder fort, schalten die Wiederholung ein oder springen zwischen Videodateien (siehe Abschnitt 19.1.3 Zugriff auf lokale Musik). Über die Schaltfläche *Abspielen bis* lässt sich das Video auf kompatiblen Geräten ausgeben.

Über die in der linken oberen Ecke des App-Fensters (Bild 19.17) angezeigte Schaltfläche *Zurück* gelangen Sie zur Startseite der App zurück.

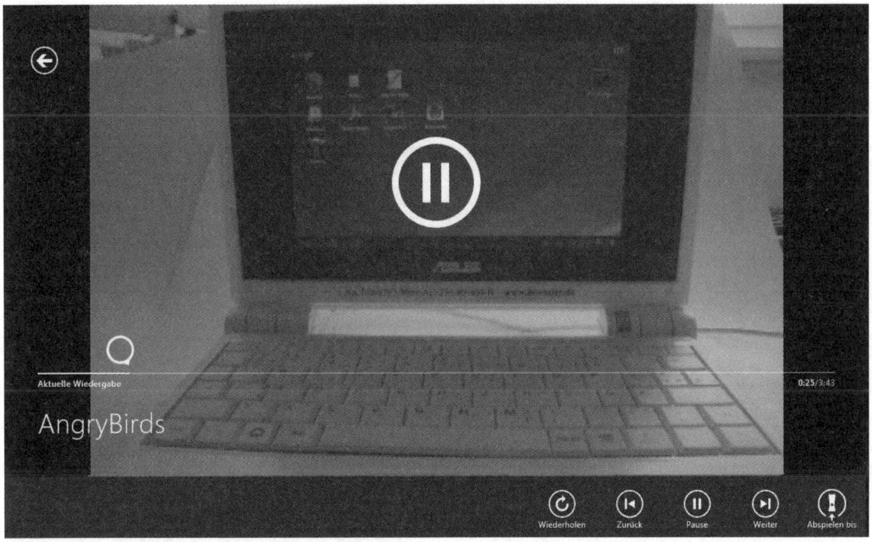

Bild 19.17: Videowiedergabe im App-Fenster

19.2.3 Zugriff auf Kaufvideos

Über die Kategorien »Im Rampenlicht« oder »Filme-Marktplatz« des App-Fensters Xbox Video (Bild 19.18) lassen sich die angezeigten Cover anwählen. Die App blendet dann das Detailfenster für das Video ein, in dem Sie Informationen zum Film sowie Schaltflächen (Bild 19.18, Einblendung im Vordergrund) zum Kaufen, Leihen und Erkunden anwählen können.

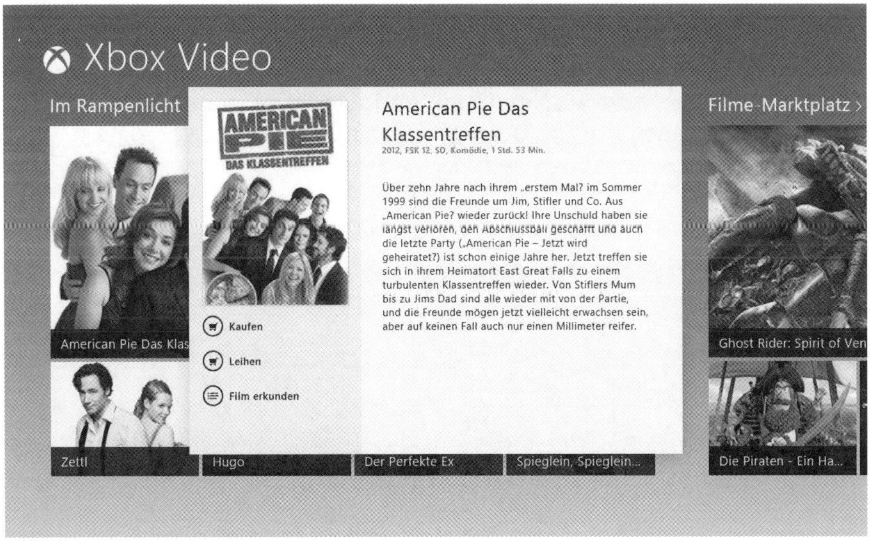

Bild 19.18: Videoangebot bei Xbox Video

Bei Filmen gibt es z.Z. keine Vorschaumöglichkeit. Sie können über die Schaltfläche *Erkunden* die benötigten Informationen zum Film in Textform abrufen. Der Kauf oder die Ausleihe eines Videos gleicht im Prinzip dem Kauf eines Musikalbums.

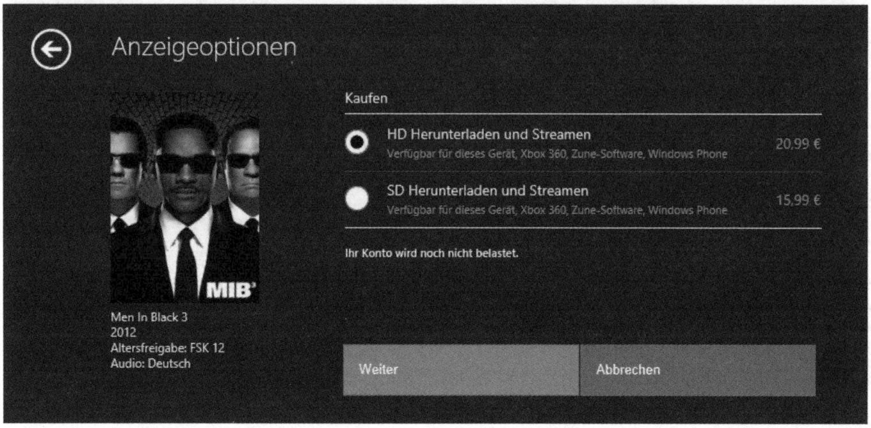

Bild 19.19: Seite mit Anzeigeoptionen zum Kauf bei Xbox Video

Nach Anwahl der betreffenden Schaltfläche gelangen Sie zur Seite mit den Zahlungsinformationen (Bild 19.19), wo der Preis aufgelistet wird. Über die *Weiter*-Schaltfläche durchlaufen Sie dann Seiten, um den Kaufpreis per Kreditkarte zu begleichen.

Gekaufte oder geliehene Filme werden über das Xbox LIVE-Konto verwaltet und lassen sich im Rahmen der Lizenzbedingungen mittels der Video-App wiedergeben.

HINWEIS

Sie können im Windows Store nachsehen, ob zusätzliche Apps zur Wiedergabe von Webradio oder zum Abspielen von YouTube-Videos angeboten werden. YouTube-Videos lassen sich aber auch direkt im Browser abrufen.

20 Musik & Videos per Media Player wiedergeben

Wem die in *Kapitel 19* beschriebenen Möglichkeiten der Musik- und Video-App vielleicht etwas zu bescheiden sind, kann auch zu dem in Windows 8 enthaltenen Windows Media Player greifen. Dieser ermöglicht Ihnen, sowohl Musik-CDs als auch Audio- und Videodateien wiederzugeben. (Die Möglichkeit zur Wiedergabe von DVD-Video wurde allerdings von Microsoft entfernt – dies ist dem Windows Media Center vorbehalten). Das vorliegende Kapitel befasst sich mit der Handhabung des Windows Media Players (WMP).

20.1 Media Player-Grundlagen und Technikwissen

In diesem Abschnitt lernen Sie einige Grundlagen zur Bedienung des Windows Media Players kennen.

20.1.1 Windows Media Player im Überblick

Der Windows Media Player lässt sich über die Startseite aufrufen, indem Sie den Begriff »media« eintippen. Bereits bei der Eingabe des ersten Buchstabens wird die Seitenleiste *Suchen* eingeblendet und bald taucht auch der Eintrag *Windows Media Player* in der Trefferliste auf (Bild 20.1). Sie müssen dann lediglich den betreffenden Eintrag anklicken, um die Windows-Anwendung aufzurufen.

Bild 20.1: Den Windows Media Player aufrufen

> TIPP: Sobald das Programm gestartet ist, können Sie das Kontextmenü der Schaltfläche in der Taskleiste öffnen und den Kontextmenübefehl *Dieses Programm an Taskleiste anheften* wählen. Dann wird in der Taskleiste dauerhaft eine Schaltfläche zum Aufruf des Windows Media Players eingerichtet.

HINWEIS

Wenn Sie den Windows Media Player zum ersten Mal aufrufen, erscheinen einige Dialogfelder, in denen Sie die Grundkonfigurierung des Programms festlegen können. Wählen Sie im Startdialogfeld die Option *Empfohlene Einstellungen* und dann die *Fertig*-Schaltfläche, wird der Windows Media Player automatisch eingerichtet. Mehr Kontrolle erhalten Sie, wenn Sie im Dialogfeld des Einrichtungs-Assistenten die Option *Benutzerdefinierte Einstellungen* markieren. Bei einer benutzerdefinierten Einstellung werden Sie über die am unteren Dialogfeldrand angezeigten und mit *Weiter* bzw. *Fertig* beschriftete Schaltfläche durch verschiedene Dialogfelder geführt, in denen Sie dann die gewünschten Einstellungen festlegen können.

Das Programm öffnet nach dem Aufruf ein Anwendungsfenster auf dem Windows-Desktop (Bild 20.2). Am unteren Fensterrand des Programmfensters finden sich die Schaltflächen zur Wiedergabesteuerung des Media Players.

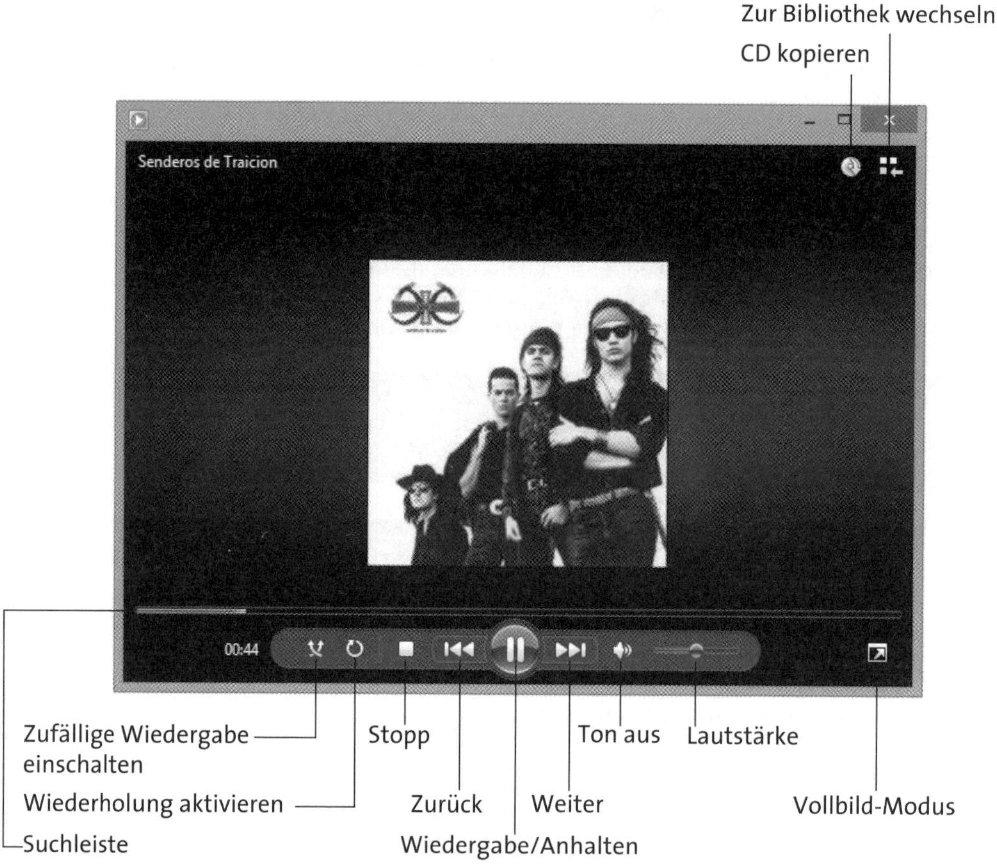

Bild 20.2: Windows Media Player-Bedienelemente während der Musikwiedergabe

- Über die Schaltfläche *Wiedergabe/Anhalten* lässt sich ein Multimediatitel abspielen bzw. anhalten. Mit der Schaltfläche *Stopp* wird die Wiedergabe beendet.

- Der Schieberegler *Lautstärke* ermöglicht Ihnen, die Lautstärke einzustellen, und die Anwahl des Lautsprechersymbols schaltet den Ton ein oder aus.
- Die Schaltflächen der Wiedergabesteuerung (*Zurück/Weiter*) ermöglichen Ihnen, schrittweise zwischen den Medientiteln (bei Musik zwischen den Musikstücken und bei Videos zwischen den ggf. vorhandenen Kapiteln) vor oder zurück zu gehen. Klicken Sie auf die Schaltfläche *Weiter* und halten die linke Maustaste länger gedrückt, wechselt der Player (bei der Wiedergabe von Videos) in den schnellen Vorlaufmodus.
- Weiterhin finden Sie noch zwei Schaltflächen, mit denen sich die Titel in zufälliger Reihenfolge wiedergeben bzw. wiederholen lassen.

Der Schieber der Suchleiste bewegt sich beim Abspielen der Medientitel nach rechts. Sie sehen also, welcher Teil des aktuellen Titels bereits abgespielt wurde bzw. noch wiederzugeben ist. Durch Ziehen des Schiebers mit der Maus lässt sich zu einer bestimmten Stelle im aktuellen Titel springen.

20.1.2 Playerbedienung bei minimiertem Fenster

Minimieren Sie den Windows Media Player (z.B. über die entsprechende Schaltfläche in der Titelleiste), können Sie diesen direkt über dessen Schaltfläche in der Taskleiste bedienen. Zeigen Sie einfach auf die in der Taskleiste sichtbare Schaltfläche des Windows Media Players.

Bild 20.3: Miniplayeransicht in der Taskleiste

In der Vorschau des Windows Media Player-Minifensters (Bild 20.3) werden Schaltflächen zur Bedienung eingeblendet. Über diese Schaltflächen können Sie die Wiedergabe anhalten oder fortsetzen, ohne das Media Player-Fenster öffnen zu müssen.

20.1.3 Anzeigevarianten des Players

Das Fenster des Windows Media Players kann verschiedene Darstellungsmodi (Aktuelle Wiedergabe, Bibliothek) aufweisen:

Bild 20.4: Bibliotheksmodus des Windows Media Players

- Beim Abspielen einer Audio-CD erscheint standardmäßig die in Bild 20.2 gezeigte Darstellung »Aktuelle Wiedergabe« mit dem Albumcover. Geben Sie eine Audiodatei wieder, erscheint dagegen das Fenster der Medienbibliothek (Bild 20.4).
- Die Umschaltung des Anzeigemodus erfolgt über zwei Schaltflächen am rechten Fensterrand. Im Modus »Aktuelle Wiedergabe« klicken Sie auf die Schaltfläche *Zur Bibliothek wechseln* (Bild 20.2). Beim Modus »Bibliothek« wählen Sie dagegen in der rechten unteren Fensterecke die Schaltfläche *Zur aktuellen Wiedergabe wechseln* (Bild 20.4) an.

In der rechten unteren Ecke des Programmfensters finden Sie im Modus »Aktuelle Wiedergabe« eine Schaltfläche (Bild 20.2), um den Media Player in eine Vollbildansicht zu schalten. Diese ist bei der Videowiedergabe hilfreich. Verwenden Sie die [Esc]-Taste (oder einen Doppelklick auf die Anzeige), um von der Vollbildansicht zur Fensterdarstellung zurückzuschalten.

> TIPP
> Zeigen Sie mit der Maus auf ein Bedienelement, erscheint eine QuickInfo mit einem Hinweis auf die betreffende Funktion. Drücken Sie kurz die [Alt]-Taste, wird ein Menü in der linken oberen Fensterecke geöffnet, über dessen Befehle Sie direkt auf die Funktionen des Windows Media Players zugreifen können.

20.1.4 Die Media Player-Optionen anpassen

Sie können die Einstellungen des Windows Media Players auch nachträglich über das Eigenschaftenfenster *Optionen* anpassen.

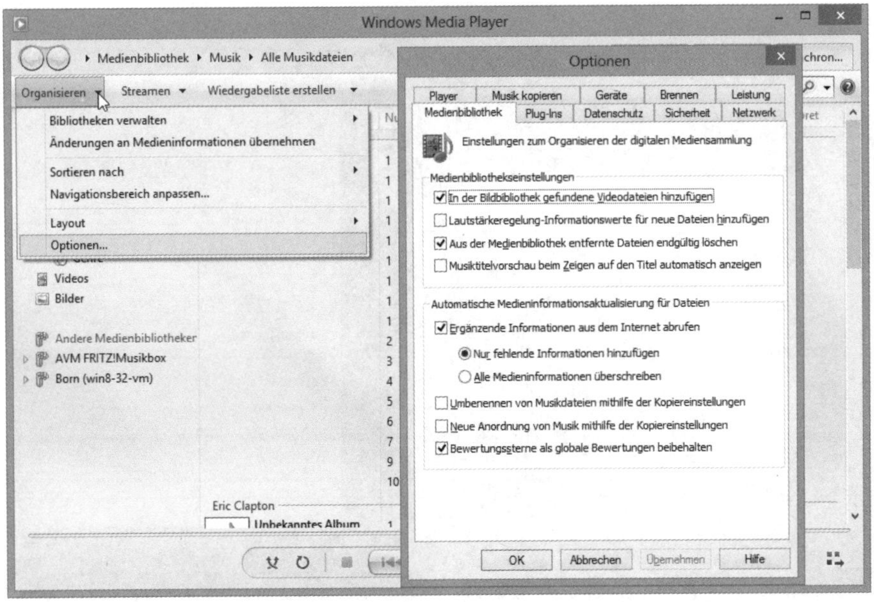

Bild 20.5: Optionen des Windows Media Players

1. Öffnen Sie im Windows Media Player das Menü der Schaltfläche *Organisieren* und klicken Sie auf den Befehl *Optionen* (Bild 20.5, Hintergrund). Fehlt die Symbolleiste, drücken Sie kurz die `Alt`-Taste und wählen Sie im Menü *Extras* den Befehl *Optionen*.
2. Anschließend rufen Sie im Eigenschaftenfenster *Optionen* (Bild 20.5, Vordergrund) die einzelnen Registerkarten ab und passen die jeweiligen Einstellungen an.

Auf der Registerkarte *Datenschutz* lässt sich beispielsweise vorgeben, ob Player-IDs gesendet, Wiedergabelisten aufgezeichnet oder Mediennutzungsrechte automatisch erworben werden sollen. Die Registerkarte *Musik kopieren* ermöglicht Ihnen, die Formate (WMA, MP3) beim Kopieren von Musik-CDs einzustellen. Eine Beschreibung der jeweiligen Optionen erhalten Sie, wenn Sie nach Anwahl der Registerkarte die Schaltfläche *Hilfe* anwählen. Die Änderungen werden nach dem Anklicken der *OK*-Schaltfläche übernommen.

20.2 Musikwiedergabe im Media Player

Der Windows Media Player kann sowohl einzelne Musikdateien (z.B. MP3- oder WMA-Dateien) als auch Audio-CDs abspielen. Nachfolgend wird kurz erläutert, wie dies geschieht und was es dabei zu beachten gibt.

20.2.1 Musik-CDs wiedergeben

Mit einem CD- oder DVD-Laufwerk und einer Soundkarte mit angeschlossenen Lautsprechern lässt sich unter Windows auch Musik von Audio-CDs hören.

Bild 20.6: Wiedergabe einer Audio-CD

Zum Abspielen einer Musik-CD genügt es, wenn Sie diese in das CD- bzw. DVD-Laufwerk einlegen. Sobald das Medium erkannt wurde, beginnt die Wiedergabe der Musik-CD mit dem ersten Titel (Bild 20.6). Über die Schaltflächen der Wiedergabesteuerung am unteren Fensterrand können Sie schrittweise zwischen den Musiktiteln wechseln, die Lautstärke verändern oder die Wiedergabe anhalten (siehe Abschnitt »20.1.1 Windows Media Player im Überblick«).

Wird der Listenbereich am rechten Rand angezeigt (z.B. über den Kontextmenübefehl *Liste anzeigen* des Player-Fensters einblendbar), listet der Player die Musikstücke bei unbekannten Alben als »Spur 1«, »Spur 2« etc. auf. Erkennt der Media Player das Album und konnte er die Zusatzinformationen aus dem Internet abrufen, werden Albumtitel, die einzelnen Musiktitel sowie das Albumcover eingeblendet. Einzelne Musikstücke lassen sich gezielt abspielen, indem Sie die Titel in der Wiedergabeliste per Doppelklick anwählen. Über den Menübefehl *Liste ausblenden* der in der rechten oberen Ecke angezeigten Schaltfläche *Listenoptionen* beenden Sie die Anzeige dieser Titelliste. Alternativ öffnen Sie das Menü der Schaltfläche *Organisieren* und wählen die Befehle *Layout/Liste anzeigen*.

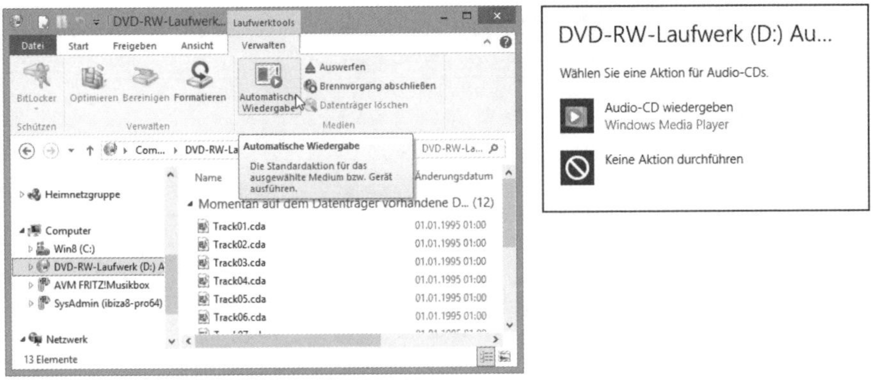

Bild 20.7: Automatische Wiedergabe

HINWEIS

Einige Audio-CDs sind vom Hersteller mit einem Kopierschutz für Computer versehen, die das Abspielen per CD- oder DVD-Laufwerk im Windows Media Player verhindern. Zudem kann es sein, dass die automatische Wiedergabe im Windows Media Player nicht funktioniert. Öffnen Sie dann ein Ordnerfenster im Explorer, wählen das Laufwerkssymbol, in dem die Audio-CD liegt. Dann lässt sich auf der Registerkarte *Verwalten* des Menübands die Schaltfläche *Automatische Wiedergabe* wählen (Bild 20.7, links). Anschließend wählen Sie im Benachrichtigungsfenster der automatischen Wiedergabe (Bild 20.7, rechts) den Befehl *Audio-CD wiedergeben*. Alternativ können Sie den Windows Media Player über die Startseite aufrufen, die [Alt]-Taste drücken und dann im eingeblendeten Menü den Untermenübefehl *Wiedergabe/VCD- oder CD-Audio* wählen.

20.2.2 Audiodateien wiedergeben

Musikstücke lassen sich aufzeichnen und in Audiodateien im Microsoft-eigenen WMA-Format, im MP3-Format oder im WAV-Format in Dateien speichern. Weiterhin können Sie Audiodateien per Internet von Musikshops wie beispielsweise dem Xbox Musik-Marktplatz herunterladen oder von Datenträgern auf die Festplatte kopieren. Der Windows Media Player kann solche Audiodateien von der Festplatte wiedergeben.

1. Öffnen Sie den Ordner, in dem die Musikdatei gespeichert wurde (z.B. *Eigene Musik*).
2. Öffnen Sie das Kontextmenü der abzuspielenden Musikdatei (z.B. per Rechtsklick) und wählen Sie den Kontextmenübefehl *Mit Windows Media Player wiedergeben* (Bild 20.8).

Windows startet dann die Wiedergabe der Audiodatei im dem jeweiligen Audioformat zugewiesenen Wiedergabeprogramm. In der Regel wird dies der Windows Media Player sein.

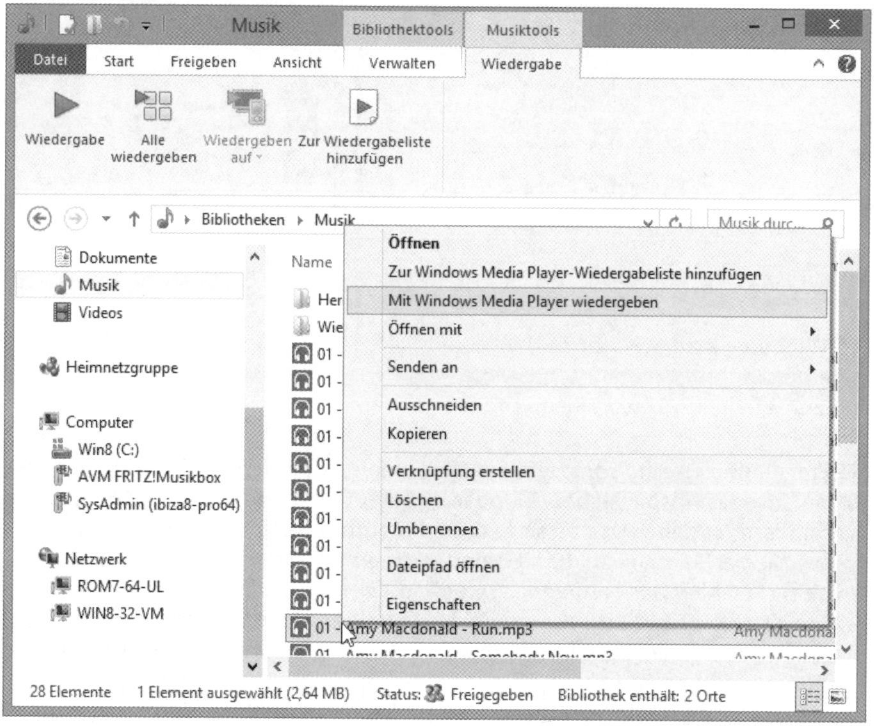

Bild 20.8: Audiodatei wiedergeben

HINWEIS

Wählen Sie eine Audiodatei per Doppelklick im Ordnerfenster an oder die Schaltfläche *Wiedergabe* auf der gleichnamigen Registerkarte des Menübands (Bild 20.8), startet Windows diese Wiedergabe mit dem Standard-Player. In der Regel wird dies die Musik-App sein. Sollen alle Musikdateien im Ordnerfenster nacheinander wiedergegeben werden, wählen Sie im Ordnerfenster die Schaltfläche *Alle wiedergeben*. Zudem enthält die Registerkarte eine Schaltfläche, um den markierten Titel in eine sogenannte Wiedergabeliste der Musiktitel einzutragen.

20.2.3 Audioformate im Überblick

Zur Speicherung von Musik kommen verschiedene Audioformate zum Einsatz.

- Das WAV-Format (*.wav*) speichert Audiodaten in unkomprimierter Form mit diversen Abtastraten (z.B. CD-Qualität im 16-Bit-Stereoton mit 44,1 KHz Abtastrate). Das Aufzeichnungsverfahren führt zu recht großen Dateien (ca. 10 Mbyte pro Minute). Dieses Format wird auf Audio-CDs zum Speichern der Musiktitel benutzt.
- Elektronische Musikstücke (Instrumentalstücke) werden häufig in MIDI-Dateien abgelegt. Diese sehr kompakten Dateien enthalten Angaben hinsichtlich der zu spielenden Noten und der zu verwendenden Instrumente (Stimmen). Im Internet finden sich viele im MIDI-Format aufgezeichnete Instrumentalstücke. Die Wiedergabe erfolgt über den Synthesizer der Soundkarte.

- Das vom Fraunhofer Institut als verlustbehaftetes Komprimierverfahren für Musikdateien entwickelte MP3-Verfahren zeichnet sich durch eine sehr hohe Klangqualität (128-Kbit-Datenrate) bei sehr kompakten Audiodateien (ca. 1 Mbyte pro Minute) aus. Eine neuere MP3Pro-Variante kommt mit einer 64-Kbit-Datenrate bei gleicher Klangqualität aus und reduziert die Dateigröße gegenüber MP3 nochmals um rund 50 %.

Von Microsoft wurde das WMA-Format (*.wma*, steht für Windows Media Audio) zur Speicherung von Audiodaten entwickelt. Der Vorteil dieses Formats besteht darin, dass es bei einer durchaus brauchbaren Klangqualität nur die Hälfte des Speicherplatzes von MP3-Dateien belegt.

Der Windows Media Player besitzt bereits alle zur Wiedergabe dieser Audioformate benötigten sogenannten Codecs (steht für Coder/Decoder, also eine Funktion zum Codieren/Decodieren im betreffenden Format). Liegt die Audiodatei in einem Fremdformat vor, kann der Windows Media Player diese nicht wiedergeben. Manchmal kann der Media Player das benötigte Audiocodec per Internet abrufen, oft sind aber separate Abspielprogramme erforderlich.

HINWEIS

Dateien im Microsoft WMA-Format, die aus Musikshops per Internet abgerufen werden können, sind häufig mit einem DRM-Schutz (Digital Rights Management) versehen. Diese Dateien lassen sich nur dann im Windows Media Player wiedergeben, wenn dieser die zugehörigen Abspiellizenzen findet. Probleme gibt es, wenn die Dateien auf einen anderen Rechner kopiert werden oder wenn Sie Windows erneut installieren. Details zum Erwerb der Abspiellizenzen oder zum erneuten Herunterladen der benötigten Abspiellizenzen finden Sie im jeweiligen Musikshop.

20.3 Videowiedergabe im Windows Media Player

Haben Sie Videodateien zur Wiedergabe in den Ordnern der Bibliothek *Videos* gespeichert oder möchten Sie VCDs am Computer abspielen? Dies ist mit dem Windows Media Player möglich.

20.3.1 Videodateien wiedergeben

Camcorder und viele Digitalkameras oder Videohandys liefern Videodateien. Zudem lassen sich Videodateien aus dem Internet herunterladen. Solche Videodateien können Sie mit dem Windows Media Player wiedergeben.

1. Öffnen Sie den Ordner (z.B. die Bibliothek *Videos* oder deren Ordner *Eigene Videos*), in dem die Videodateien gespeichert sind.
2. Öffnen Sie das Kontextmenü der gewünschten Videodatei (z.B. per Rechtsklick) und wählen Sie den Befehl zur Wiedergabe (Bild 20.9).

Welcher Befehl zur Wiedergabe zu verwenden ist, hängt vom Format der Videodatei ab. Bei Videodateien im Microsoft WMV-Format wird der Kontextmenübefehl *Mit Windows Media Player wiedergeben* angeboten (Bild 20.9, oberes

Menü). Bei Videomaterial im MP4-Format wählen Sie dagegen den Kontextmenübefehl *Öffnen mit* und im Untermenü *Windows Media Player*.

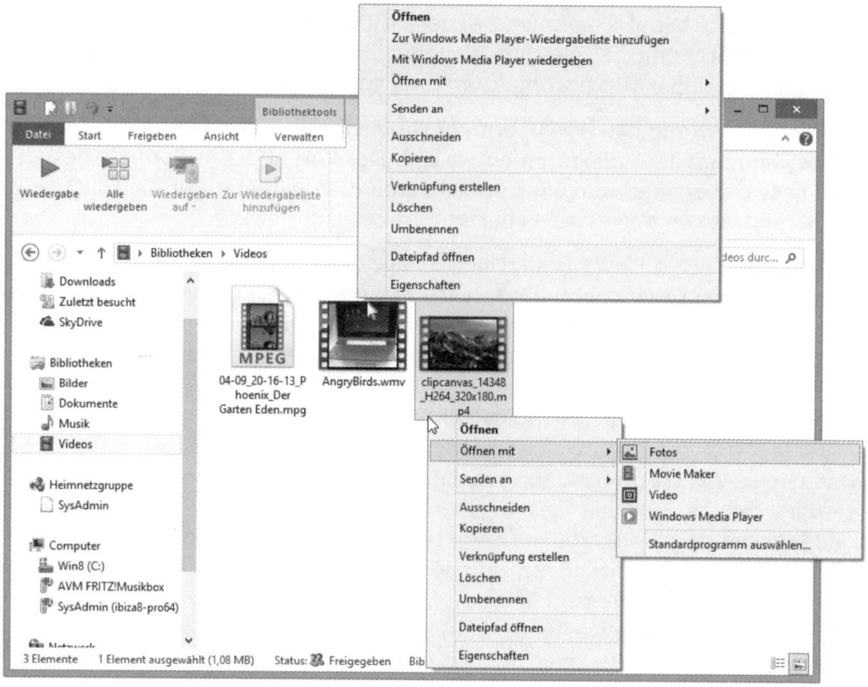

Bild 20.9: Wiedergabe einer Videodatei starten

HINWEIS

In Windows 8 gibt es gravierende Änderungen bei der Videowiedergabe. Microsoft liefert keinen Decoder für MPEG-2-Videomaterial mit. Daher wird die *.mpeg-Datei* in Bild 20.9 als MPEG-Videoformat ohne Vorschau dargestellt und lässt sich auch nicht korrekt im Windows Media Player abspielen (der Ton ist da, aber das Bild fehlt).

Windows startet den Windows Media Player, der das Video im Medienbereich des Fensters anzeigt (Bild 20.10). Die Tonspur wird über die Soundkarte wiedergegeben. Die Bedienung erfolgt über die Schaltflächen der Wiedergabeleiste, die am unteren Rand des Playerfensters unterhalb des Videobereichs angezeigt werden (siehe Kapitelanfang).

Bei Videos lässt sich die Bildgröße per Kontextmenü anpassen. Klicken Sie den Bildbereich mit der rechten Maustaste an und wählen Sie den Befehl *Video*. Dann lässt sich in einem Untermenü der Zoomfaktor wählen. Eine Vollbilddarstellung erreichen Sie über den Befehl *Vollbild*. Zurück zur Fensterdarstellung bringt Sie der Kontextmenübefehl *Vollbild schließen*. Schneller geht das Umschalten zwischen den beiden Modi, indem Sie den Videobereich jeweils per Doppelklick anwählen oder die Tastenkombination [Alt]+[↵] verwenden.

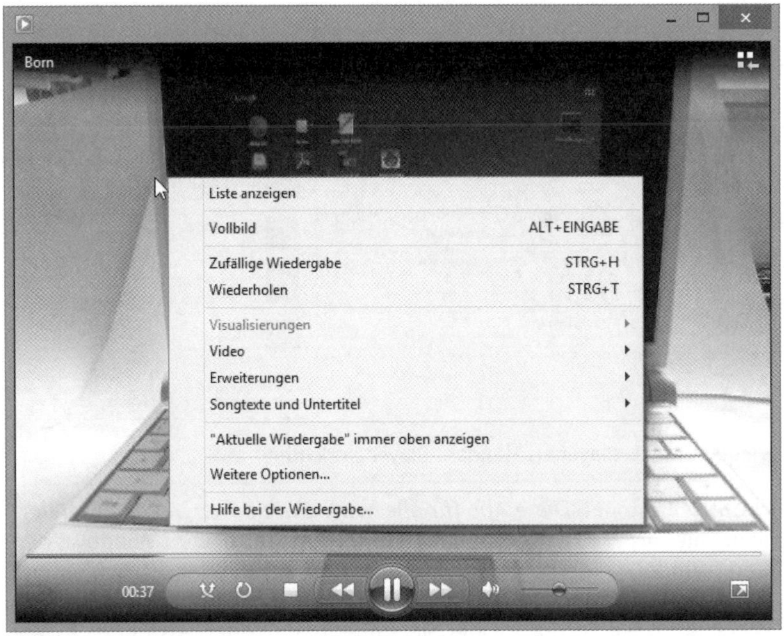

Bild 20.10: Wiedergabe von Videodateien

HINWEIS

Ähnlich wie bei Musikdateien können Sie Videodateien im Ordnerfenster des Explorers über die Schaltflächen *Alle wiedergeben* und *Wiedergabe* auf der Registerkarte *Wiedergeben* des Menübands abspielen. Diese Schaltflächen starten aber den Standard-Player, d.h., in den Windows-Voreinstellungen startet dann die Video-App.

TIPP

Zur Wiedergabe unterstützter Audio- und Videodateien können Sie den Windows Media Player öffnen und dann die abzuspielenden Mediendateien aus dem Ordnerfenster zum Windows Media Player ziehen. Lassen Sie die Maustaste über dem Fenster des Windows Media Players los, gibt der Player die betreffenden Mediendateien wieder.

20.3.2 Windows Media Player als Standard-Player einrichten

Möchten Sie den Windows Media Player (WMP) als Standard-Player zur Wiedergabe von Audio- und Videodateien verwenden? Dies ist mit folgenden Schritten möglich.

1. Öffnen Sie das Kontextmenü der Audio- oder Videodatei und wählen Sie die Befehle *Öffnen mit/Standardprogramm auswählen* (Bild 20.11, links).
2. Im eingeblendeten Fenster (Bild 20.11, rechts) wählen Sie dann den Windows Media Player als Programm.

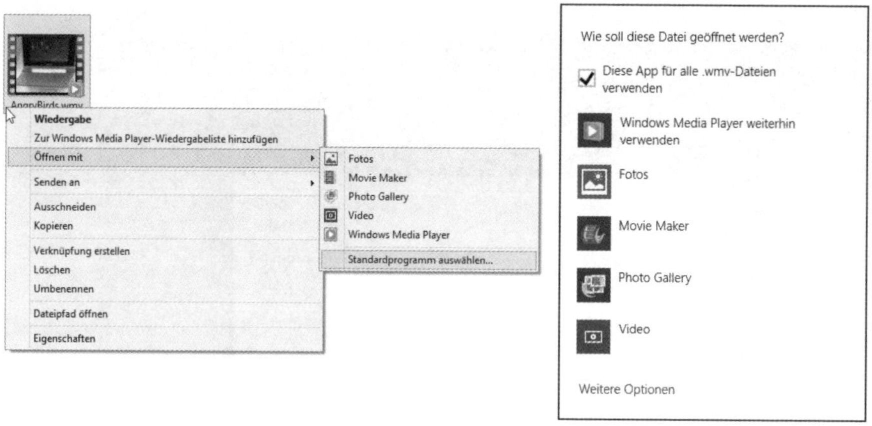

Bild 20.11: Windows Media Player als Standard-Player einrichten

Sofern das Kontrollkästchen *Diese App für alle .wmv-Dateien verwenden* markiert ist (wobei *.wmv* hier als Platzhalter für das Dateiformat steht), wird Windows den ausgewählten Windows Media Player zum Öffnen verwenden. Anschließend reicht zur Wiedergabe im Windows Media Player ein Doppelklick auf die Mediendateien des betreffenden Formats. Oder Sie wählen im Ordnerfenster des Explorers die *Wiedergabe*-Schaltfläche auf der Registerkarte *Wiedergabe* des Menübands.

HINWEIS

Achten Sie beim Zuweisen aber darauf, dass Sie nur solche Mediendateien dem Windows Media Player als Standard-Player zuweisen, die dieser auch tatsächlich wiedergeben kann. Fehlerhafte Zuweisungen lassen sich über den Kontextmenübefehl *Öffnen mit* einer Mediendatei korrigieren.

20.3.3 Wiedergabe von Video-CDs

Videos können auf CDs (Video-CD oder Super Video-CD) sowie auf DVDs und BDs gespeichert sein. Während in Windows 7 auch die Wiedergabe von S-Video-CDs oder DVD-Videos unterstützte, fehlt diese Wiedergabemöglichkeit in Windows 8. Hintergrund ist, dass Windows 8 keinen MPEG-2-Decoder mehr beinhaltet. Standardmäßig lassen sich nur noch Video-CDs, die Filmmaterial im MPEG-1-Format enthalten, im WMP abspielen.

Zur Wiedergabe des Inhalts einer Video-CD reicht es, das Medium in das betreffende Laufwerk einzulegen. Dann sollte standardmäßig die Wiedergabe beginnen. Oder Windows zeigt die Benachrichtigung aus Bild 20.12, oben rechts. Wählen Sie das Feld der Benachrichtigung an, erscheint das in Bild 20.12, rechts, sichtbare Auswahlfenster, in dem Sie den Eintrag *Video-CD wiedergeben* auswählen.

1. Startet die automatische Wiedergabe nicht, rufen Sie den Windows Media Player auf – die Video-CD muss im DVD-Laufwerk eingelegt sein.
2. Anschließend drücken Sie die `Alt`-Taste und wählen im eingeblendeten Menü (Bild 20.12, links) den Untermenübefehl *Wiedergabe/VCD- oder CD-Audio*.

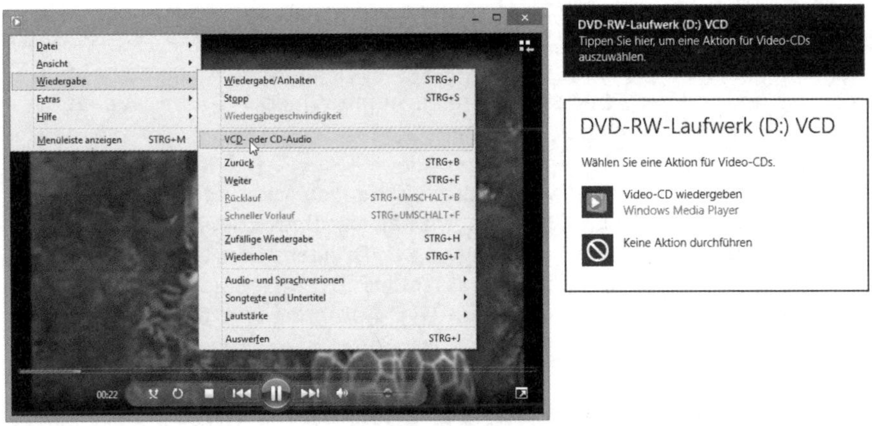

Bild 20.12: Wiedergabe einer Video-CD im Media Player

Anschließend sollte die Video-CD wiedergegeben werden. Sofern der Befehl *VCD- oder CD-Audio* nicht freigegeben wird, liegt entweder kein Medium im Laufwerk oder das eingelegte Medium ist nicht im Video-CD-Format beschrieben.

> Sofern Sie über Windows 8 Pro verfügen und auf das Windows Media Center aufgerüstet haben, wird die Wiedergabe von DVD-Video im Media Center unterstützt.
>
> HINWEIS

20.3.4 Videoformate und »Codecs«

Videodateien lassen sich in verschiedenen Videoformaten (AVI, WMV, MPEG-1, MPEG-2, MPEG-4 etc.) in lokalen Dateien oder auf CDs bzw. DVDs speichern. Die Dateinamenerweiterung gibt dabei oft einen Hinweis auf das benutzte Videoformat (*.avi* = AVI-Format, *.mpg* oder *.mpeg* = MPEG-Format, *.wmv* = Windows Media-Format, eine MPEG-4-Variante, *.qt* = Apple QuickTime-Format). Die Entschlüsselung der Videodaten erfolgt auch bei Videos durch sogenannte Decoder (landläufig auch als Codecs bezeichnet). Dies sind Softwarebausteine, die unter Windows (als DirectShow-Filter bzw. Media Foundations) installiert werden.

In Windows liefert Microsoft bereits viele Decoder zur Wiedergabe von Videomaterial im AVI-, im MPEG-1-, und MPEG-4-Format (*.wmv*, *.mp4*, *.avi*) mit. Gegenüber Windows 7 ist die Anzahl der im Betriebssystem unterstützten Decoder aber limitiert. So werden keine MPEG-2-Videodateien unterstützt. Auch bei DivX- und 3GP-Videoformaten kommt es darauf an, welche Encodierung für das Videoformat vorliegt. Bei meinen Tests konnte ich diverse DivX-Videos abspielen, während andere Videos nicht sauber wiedergegeben wurden. Bei manchen *.3gp*-Videodateien von Handys war ebenfalls keine Bildwiedergabe möglich.

ACHTUNG

Sie können zwar sogenannte Codec-Packs (z.B. K-Lite-Codec Pack) unter Windows 8 installieren. Dies führt aber nicht dazu, dass der WMP DVD-Videos abspielen kann. Zudem können Codec-Packs zu vielfältigen Problemen führen, wenn die verwendeten DirectShow-Filter nicht mit Windows 8 harmonieren. Ich habe einige dieser Probleme in meinem Blog unter `http://www.borncity.com/blog/2011/08/05/wmp-video-wiedergabeprobleme-bild-ton/` [w8-k20-001] behandelt. Einige dieser Probleme fallen allerdings weg, da Microsoft auch den Windows DVD-Maker aus Windows 8 entfernt hat. Das Betriebssystem stellt daher auch keine Funktionen zum Authoring von DVD-Videos bereit. Über den Windows Movie Maker aus den Windows Essentials 2012 lassen sich zwar Videodateien schneiden und Filme exportieren – DVD-Authoring wird aber nicht unterstützt.

20.3.5 Videodateien, MPEG-2-Material und DVD-Video wiedergeben

Sofern Sie nicht auf die Wiedergabe von DVD-Video verzichten möchten und auch mit den vom Windows Media Player unterstützten Videoformaten unzufrieden sind, empfehle ich die Verwendung des VLC Player. Dieses Programm bringt seine eigenen Decoder mit, und diese kollidieren auch nicht mit den Windows-DirectShow-Filtern. Ist der VLC Player auf dem Windows 8-Rechner vorhanden, können Sie auch FLV-Videos (Flash-Videoformat) und eine Reihe anderer Videoformate problemlos abspielen.

Sie können das Programm starten und dann die Videodateien in das geöffnete Programmfenster ziehen, um die Wiedergabe zu starten. Das Programm unterstützt aber im Menü *Datei* (Bild 20.13) den Zugriff auf Dateien (Befehl *Datei öffnen*) und auf CDs bzw. DVDs (Befehl *Medium öffnen*), sodass eine komfortable Auswahl möglich ist.

HINWEIS

Der VLC Player für Windows lässt sich kostenfrei einsetzen und über die Webseite `http://www.videolan.org/vlc/` [w8-k20-002] herunterladen. Neben einer installierbaren Version finden Sie auf der angegebenen Webseite auch eine portable Version, die in Form einer ZIP-Archivdatei bereitgestellt wird. Nach dem Entpacken der ZIP-Archivdatei verwenden Sie die Programmdatei *vlc.exe* zum Starten des Players. Legen Sie sich eine Verknüpfung auf dem Windows-Desktop an, um komfortabel auf den VLC Player zuzugreifen. Dann lassen sich Videodateien auch durch Ziehen zu diesem Desktop-Symbol im VLC Player wiedergeben.

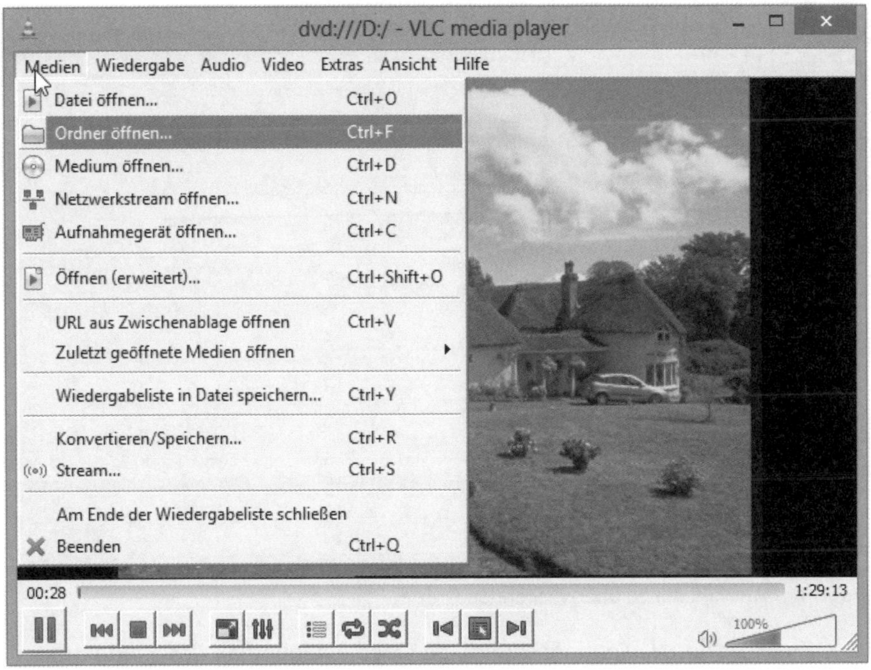

Bild 20.13: Wiedergabe einer DVD-Video im VLC Player

20.4 Arbeiten mit der Medienbibliothek

Mit der Medienbibliothek können Sie Ihre Multimediadateien (Musik, Videos, Bilder etc.) komfortabel verwalten. Nachfolgend lernen Sie den Umgang mit der Medienbibliothek kennen.

20.4.1 Inhalte zur Medienbibliothek hinzufügen

Der Windows Media Player ist standardmäßig so eingestellt, dass aus Ordnern der Festplatte abgespielte Musiktitel automatisch zur Medienbibliothek hinzugefügt werden. Nur beim Abspielen von Mediendateien von CDs, DVDs und Wechseldatenträgern werden die Titel nicht eingetragen.

> HINWEIS
>
> Einstellen lässt sich dieses Verhalten über das Kontrollkästchen *Lokale Mediendateien bei Wiedergabe der Bibliothek hinzufügen* auf der Registerkarte *Player* des Eigenschaftenfensters *Optionen* (aufrufbar über den Befehl *Optionen* im Menü der Schaltfläche *Organisieren*).

Ähnlich wie bei Ordnerfenstern stellt der Windows Media Player eine Funktion bereit, mit der Sie Mediendateien aus vorgebbaren Ordnern zur Medienbibliothek hinzufügen können. Dies ermöglicht Ihnen eine elegante Verwaltung der auf dem Computer gespeicherten Medieninhalte.

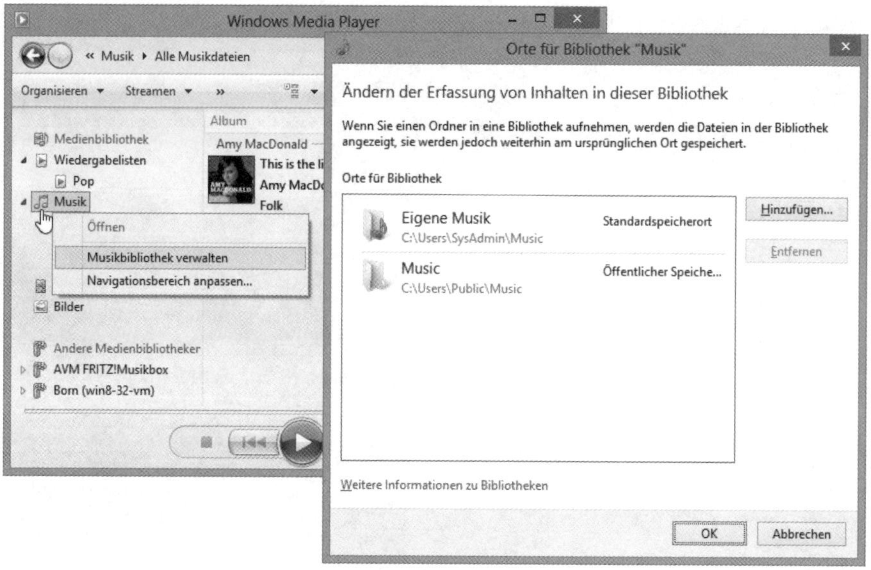

Bild 20.14: Auswahl der zu überwachenden Ordner

1. Öffnen Sie im Navigationsbereich der Medienbibliothek das Kontextmenü des Bibliothekseintrags *Musik*.
2. Wählen Sie den Kontextmenübefehl *Musikbibliothek verwalten* (Bild 20.14, Hintergrund, links). Alternativ finden Sie den Befehl *Bibliotheken verwalten* im Menü der *Organisieren*-Schaltfläche.
3. Im anschließend angezeigten Dialogfeld *Orte für Bibliothek »Musik«* verwenden Sie die Schaltfläche *Hinzufügen* (Bild 20.14, rechts), um weitere Ordner in die Liste der Orte für Bibliotheken aufzunehmen.

Bei Bedarf können Sie einen Ordnereintrag in der Liste *Orte für Bibliothek* anwählen. Im Kontextmenü finden Sie Befehle, um Einträge zu entfernen, in der Liste nach oben oder unten zu verschieben oder als Standardordner für die Bibliothek auszuweisen. Die *Entfernen*-Schaltfläche ermöglicht, einen markierten Ordner aus der Bibliothek auszutragen. Schließen Sie das Dialogfeld über die *OK*-Schaltfläche. Bei den restlichen Bibliothekseinträgen (*Videos*, *Bilder* etc.) können Sie die gleichen Anweisungen verwenden, um zusätzliche Ordner aufzunehmen.

HINWEIS

Bei Hinzufügen eines Ordners zur Bibliothek sollten die Dateien automatisch hinzugefügt werden. Sie können aber das Menü der Schaltfläche *Organisieren* öffnen und den Befehl *Änderungen an Medieninformationen übernehmen* anwählen. Dann aktualisiert der Windows Media Player die intern gespeicherten Medieninformationen.

20.4.2 Inhalte der Medienbibliothek abrufen

Um die Inhalte der Medienbibliothek anzusehen und die Titel wiederzugeben, gehen Sie in folgenden Schritten vor:

1. Starten Sie den Windows Media Player und wählen Sie (falls der Modus »Aktuelle Wiedergabe« erscheint) die Schaltfläche *Zur Bibliothek wechseln*.
2. Wählen Sie in der linken Spalte des Navigationsbereichs (Bild 20.15) die gewünschte Bibliothekskategorie aus (z.B. *Musik*).

Bild 20.15: Navigieren in der Medienbibliothek

3. Expandieren Sie den Zweig der Bibliothekskategorie (über die Dreiecke vor dem jeweiligen Eintrag) und wählen Sie einen Eintrag wie *Interpret*, *Album* etc.
4. Sobald der Inhalt der Medienbibliothek nach diesem Kriterium im rechten Teil des Fensters erscheint, wählen Sie zum Abspielen eines Titels diesen z.B. per Doppelklick in der Liste an.

Über den Navigationsbereich des Windows Media Players können Sie also sehr bequem auf bereits abgespielte Musik, Videos, Bilder etc. zugreifen. Sie brauchen nur einen der Einträge des Bereichs anzuwählen, um die betreffenden Medieneinträge nach Kategorien geordnet abzurufen.

- Die Navigationsleiste ermöglicht Ihnen darüber hinaus, über weitere Einträge wie *Wiedergabelisten* auf abzuspielende Titel zuzugreifen.

Bild 20.16: Suchen in der Medienbibliothek

- Bei Bedarf können Sie auch den Namen eines Interpreten, Titels etc. in das Suchfeld der Symbolleiste eintippen (Bild 20.16). Der Media Player durchsucht dann die Medienbibliothek nach den entsprechenden Stichwörtern und listet Übereinstimmungen auf.
- Öffnen Sie das Menü der Schaltfläche *Organisieren*, finden Sie im Untermenü des Befehls *Sortieren nach* Befehle, um den Inhaltsbereich nach diversen Kriterien (z.B. Interpret, Album etc.) zu sortieren.

Möchten Sie einen Medientitel aus der Medienbibliothek entfernen? Öffnen Sie das Kontextmenü eines Titeleintrags (z.B. mit der rechten Maustaste) und wählen Sie den Kontextmenübefehl *Löschen* aus. In einem zusätzlichen Dialogfeld wählen Sie dann über Optionsfelder, ob der Eintrag nur aus der Bibliothek entfernt oder auch von der Festplatte gelöscht werden soll.

20.4.3 Eigenschaften der Bibliothekseinträge anpassen

Die Einträge der Bibliothek werden durch Windows automatisch per Internet mit Medieninformationen (z.B. Albumtitel, Interpret etc. bei Audio-CDs) ergänzt. Falls keine Informationen gefunden werden oder diese fehlerhaft sind, können Sie auch manuell die Einträge in der Medienbibliothek ergänzen bzw. anpassen.

1. Öffnen Sie das Kontextmenü des zu ändernden Bibliothekseintrags im Detailbereich (z.B. mit der rechten Maustaste) und wählen Sie den gewünschten Kontextmenübefehl (Bild 20.17).
2. Legen Sie anschließend die gewünschten Eigenschaften im markierten Bibliothekseintrag oder in den angezeigten Dialogfeldern fest.

Bild 20.17: Eigenschaften von Bibliothekseinträgen anpassen

Die angebotenen Kontextmenübefehle hängen davon ab, ob Sie ein Album oder einen Musiktitel anwählen.

- Über den Kontextmenübefehl *Bearbeiten* eines Musiktitels wird dieser z.B. markiert und Sie können einen neuen Titeltext eingeben.
- Der Befehl *Bewerten* öffnet ein Untermenü, über dessen Befehle Sie dem gewählten Bibliothekseintrag eine Bewertung zwischen einem und fünf Sternen zuweisen können. Diese Bewertung wird im Detailbereich des Media Players sowie des Ordnerfensters angezeigt.
- Der Befehl *Hinzufügen zu* ermöglicht, über Befehle im Untermenü den Titel zu bestehenden oder neuen Wiedergabe-, Brenn- und Synchronisationslisten hinzuzufügen.

Wird in der Bibliothek kein oder ein fehlerhafter Albumtitel für ein Musikalbum angezeigt? Sie können ein Cover in einem Grafikprogramm laden und in die Zwischenablage kopieren. Dann lässt sich dieses Cover über den Kontextmenübefehl *Albumgrafik einfügen* (Bild 20.17, linkes Menü) in die Bibliothek übernehmen. Diesen Befehl sollten Sie aber nur einsetzen, wenn das Albumcover nicht über Internetdatenbanken eingepflegt werden kann. Besser ist es, den Kontextmenübefehl *Albuminformationen aktualisieren* zu verwenden. Dieser versucht, die eingetragenen Daten über das Internet abzugleichen und fehlende Informationen zu ergänzen.

1. Werden keine Informationen zu einem Album oder dessen Titeln angezeigt, wählen Sie den Kontextmenübefehl *Albuminformationen suchen*.
2. Verwenden Sie die angezeigten Dialogfelder (Bild 20.18), um einen Abgleich der Albuminformationen vorzunehmen.

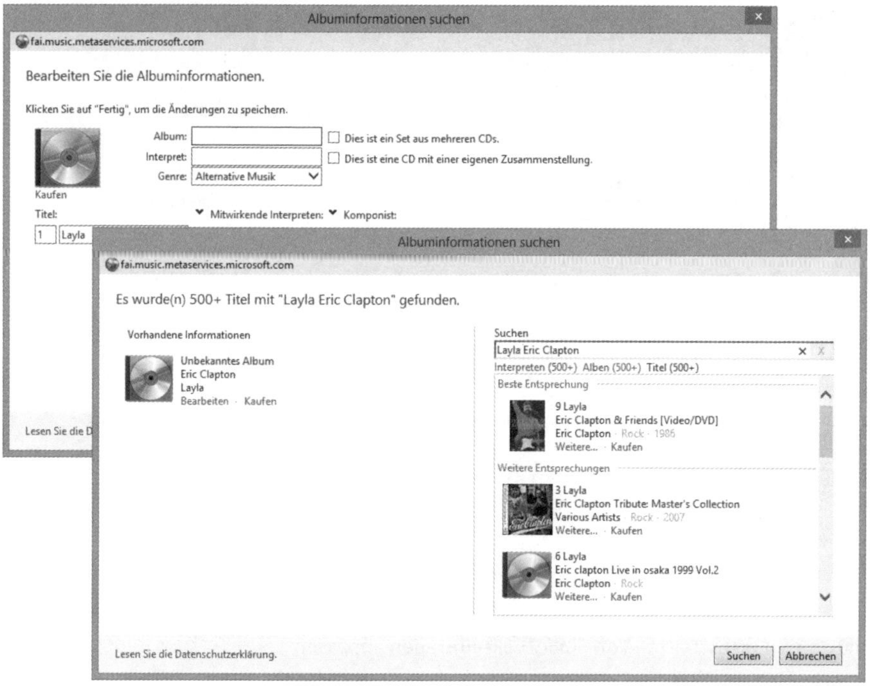

Bild 20.18: Albuminformationen suchen

Der vom Windows Media Player gestartete Assistent (Bild 20.18) ermöglicht nicht nur einen Abgleich der Albuminformationen mit Musikdatenbanken im Internet, sondern auch das manuelle Einpflegen von Interpret und Titel für den Albumtitel sowie die Musikstücke. Es reicht, den mit *Bearbeiten* beschrifteten Hyperlink unterhalb des Albums anzuwählen. Es werden Textfelder angezeigt, um die Albuminformationen (Albumtitel, Titel der Musikstücke etc.) manuell zu ergänzen.

HINWEIS

Sie können den Assistenten durchaus mehrfach aufrufen und die Informationen über die gezeigten Dialogfelder korrigieren bzw. ergänzen. Allerdings habe ich die Erfahrung gemacht, dass die betreffenden Funktionen nicht immer zuverlässig arbeiten und sich Titel eventuell nicht korrekt aus den Internetdatenbanken übernehmen lassen. Dann bleibt ggf. nur die manuelle Ergänzung im Dialogfeld.

- Bei Bedarf können Sie die Einträge der Bibliothek bereinigen. Mit dem Kontextmenübefehl *Löschen* lässt sich z.B. ein Titel bzw. ein Album aus der Bibliothek austragen. In einem Dialogfeld ist dann über Optionsfelder zu wählen, ob nur der Bibliothekseintrag oder auch die auf der Festplatte gespeicherten Dateien zu entfernen sind.
- Um einen gelöschten Bibliothekseintrag (oder ein komplettes Album) erneut zur Bibliothek hinzuzufügen, ziehen Sie einfach die betreffenden Musikdateien oder den kompletten Ordner per Maus aus einem geöffneten Ordnerfenster zum Bibliotheksbereich des Windows Media Players. Nach einer Nachfrage werden die Informationen in der Bibliothek aktualisiert.

- Wurden Titel eines Albums als separate Einträge in die Bibliothek eingefügt? Ziehen Sie ein Album oder einen Titel im Detailbereich des Media Players per Maus zum Coverbild eines zweiten Albums. Sobald die QuickInfo »Mit ... kombinieren« erscheint, lassen Sie die Maustaste los und bestätigen im anschließend angezeigten Dialogfeld die Übernahme. Dann wird der betreffende Eintrag in der Bibliothek zum gewünschten Album verschoben.

Sie können auch im Ordnerfenster den Kontextmenübefehl *Eigenschaften* für Musik- und Videodateien wählen, zur Registerkarte *Details* wechseln und dort (ähnlich wie bei Fotos) die Dateieigenschaften anpassen. Die Eigenschaften werden in der Bibliothek des Media Players übernommen.

HINWEIS

Der Windows Media Player speichert die Bibliothekseinträge im Benutzerprofil im Zweig *\Users\<Benutzername>\AppData\Local\Microsoft\Media Player* in einer Datenbank mit dem Namen *CurrentDatabase_400.wmdb*. Die Datenbankdatei ist mit dem Attribut »System« versehen und wird nur sichtbar, wenn Sie in den Optionen des Ordnerfensters die Anzeige geschützter Systemdateien zulassen. Wird die Bibliothek beschädigt, können Sie die Datenbankdatei löschen oder umbenennen. Der Windows Media Player legt beim nächsten Start eine neue Bibliotheksdatenbank an.

20.4.4 Arbeiten mit Wiedergabelisten

Wiedergabelisten ermöglichen Ihnen, beliebige Musiktitel (oder auch Videotitel) zur Wiedergabe zusammenzustellen. Statt anschließend die Einzeltitel anzuwählen, können Sie den Windows Media Player anweisen, die komplette Wiedergabeliste abzuspielen. Über Wiedergabelisten lassen sich zudem die wiederzugebenden Musikstücke, Videos etc. in beliebiger Reihenfolge zusammenstellen. Um eine solche Wiedergabeliste anzulegen, gehen Sie in folgenden Schritten vor.

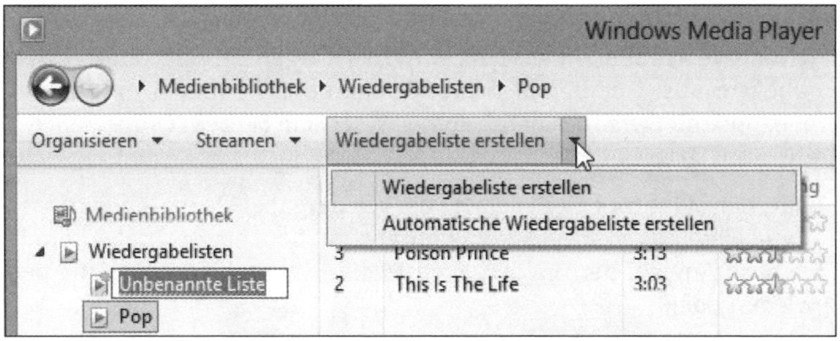

Bild 20.19: Anlegen einer neuen Wiedergabeliste

1. Starten Sie den Windows Media Player und stellen Sie sicher, dass der Eintrag *Medienbibliothek* in der Adressleiste angezeigt wird (in Bild 20.19 unterhalb der Titelleiste sichtbar).
2. Wählen Sie in der Symbolleiste des Fensters die Schaltfläche *Wiedergabeliste erstellen* (Bild 20.19). Erscheint ein Menü, wählen Sie dort den gleichnamigen Befehl.

3. Tippen Sie anschließend im Navigationsbereich im hervorgehobenen Feld einen Namen für die neue Wiedergabeliste ein.
4. Erweitern Sie anschließend im Navigationsbereich die Kategorie (z.B. *Musik*) und wählen Sie den Eintrag, um die gewünschten Titel in der mittleren Spalte einzublenden.

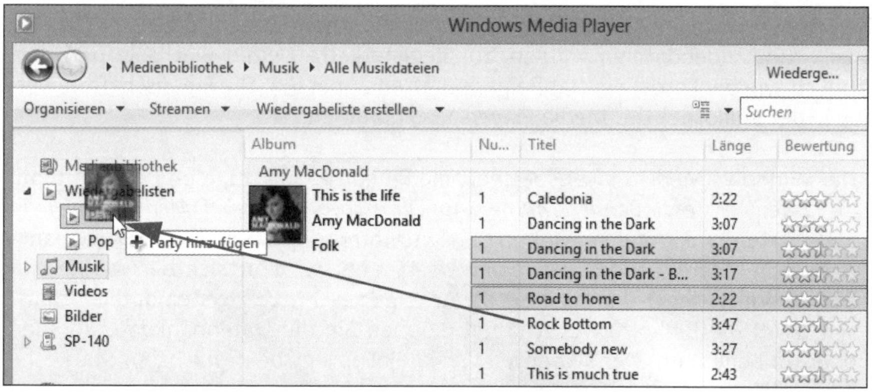

Bild 20.20: Titel zur Wiedergabeliste hinzufügen

5. Markieren Sie den oder die gewünschten Titel in der mittleren Spalte und ziehen Sie diese bei gedrückter linker Maustaste zur Wiedergabeliste im Navigationsbereich (Bild 20.20).

Beim Loslassen werden die Titel in die Liste einsortiert. Wiederholen Sie die letzten Schritte, bis alle gewünschten Titel in der Wiedergabeliste aufgeführt werden.

Zur Pflege der Wiedergabelisten wählen Sie den betreffenden Eintrag im Navigationsbereich an (Bild 20.21). Dann lässt sich die Reihenfolge der Titel durch Ziehen per Maus oder über das Kontextmenü eines Titels in der Wiedergabeliste sortieren. Über den Kontextmenübefehl *Aus Liste entfernen* tragen Sie einen Eintrag aus der Wiedergabeliste aus. Der Befehl *Bearbeiten* ermöglicht Ihnen, einen Titel umzubenennen, und mit *Dateispeicherort öffnen* wechseln Sie zum Ordnerfenster mit der betreffenden Datei.

Wählen Sie später im Windows Media Player die Wiedergabeliste im Navigationsbereich per Doppelklick aus, startet die Wiedergabe mit dem ersten Titel. Alternativ können Sie nach Anwahl der Wiedergabeliste einen eingeblendeten Titel per Doppelklick wiedergeben.

TIPP

Öffnen Sie im Navigationsbereich das Kontextmenü einer Wiedergabeliste (z.B. mit der rechten Maustaste), finden Sie Befehle, um die Liste umzubenennen, zu löschen, um die Einträge zu bewerten, um die komplette Titelliste wiederzugeben etc. Die hier am Beispiel von Musik gezeigten Techniken lassen sich auch zum Erstellen von Wiedergabelisten für Videomedien oder für Bilder verwenden. Bei Anwahl der Wiedergabeliste für Fotos werden diese z.B. als Diashow wiedergegeben. Da Sie die Einträge der Fotos in der Wiedergabeliste sortieren können, lässt sich auf diesem Umweg die Reihenfolge der wiederzugebenden Motive in der Diashow festlegen.

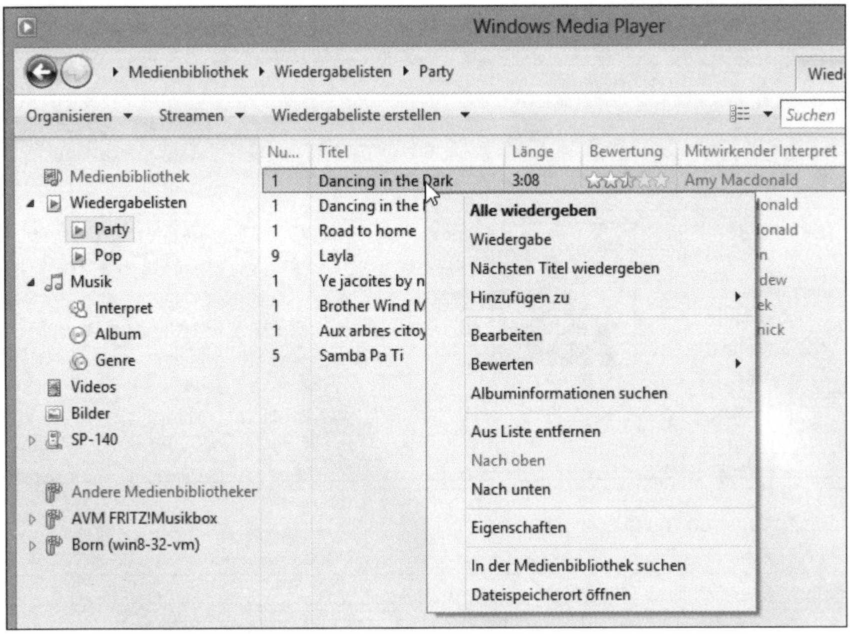

Bild 20.21: Wiedergabeliste pflegen

20.5 Kopieren, Brennen, Synchronisieren

Der Windows Media Player ermöglicht Ihnen, den Inhalt von Musik-CDs als Audiodateien auf die Festplatte zu übernehmen, solche Audiodateien als eigene Zusammenstellung auf CD zu brennen oder Musikstücke zwischen Computer und MP3-Player zu übertragen. Der folgende Abschnitt zeigt, wie sich diese Funktionen nutzen lassen.

20.5.1 Musik-CD auf die Festplatte kopieren

Der Windows Media Player kann den Inhalt nicht kopiergeschützter Musik-CDs auf die Festplatte kopieren. Dann lassen sich die Musikstücke direkt von der Festplatte abspielen (siehe vorhergehende Seiten).

1. Legen Sie die Original-CD in das Laufwerk ein, starten Sie – falls nicht automatisch geschehen – den Windows Media Player und wählen Sie anschließend im Navigationsbereich den Eintrag für das Medium an (Bild 20.22).
2. Sobald die Titelliste angezeigt wird, können Sie die Markierung der Kontrollkästchen aller nicht zu kopierenden Musiktitel (z.B. durch Anklicken per Maus) aufheben.
3. Bei Bedarf können Sie das Menü der in der Symbolleiste sichtbaren Schaltfläche *Kopiereinstellungen* öffnen (Bild 20.23). Über den Befehl *Format* lässt sich im Untermenü das gewünschte Audioformat (z.B. MP3) zum Kopieren auswählen. Die Audioqualität beim Speichern legen Sie über das Untermenü des Befehls *Audioqualität* fest.

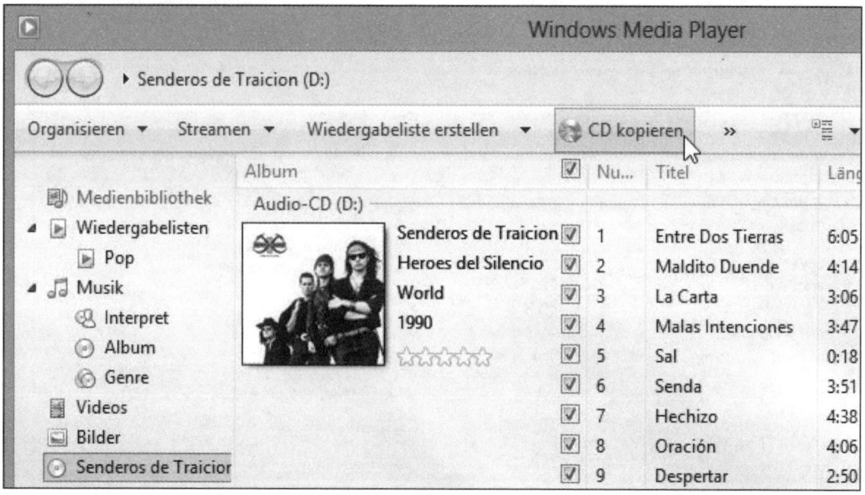

Bild 20.22: Kopieren von CD

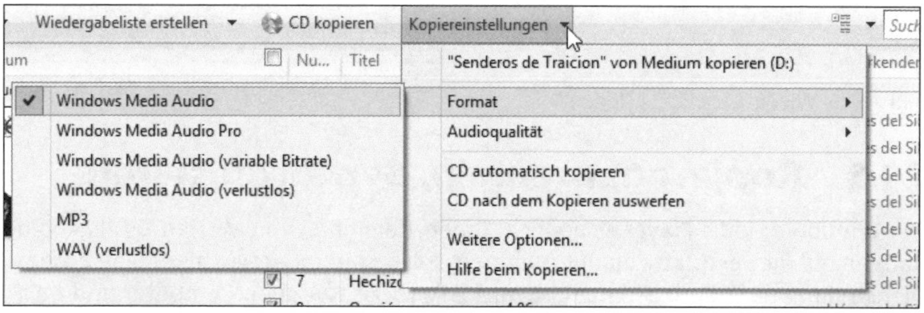

Bild 20.23: Auswahl der Kopieroptionen

4. Klicken Sie abschließend in der Symbolleiste des Playerfensters auf die Schaltfläche *CD kopieren* (Bild 20.22).

Der Windows Media Player beginnt dann mit dem Auslesen der markierten Musiktitel und kopiert diese im angegebenen Format in den Ordner *Eigene Musik*. Dabei wird für jedes Album ein eigener Unterordner und für jeden Musiktitel eine separate Datei angelegt. Eine Textanzeige in der Titelliste (Bild 20.24) informiert Sie, welcher Titel gerade kopiert wird. Über die während des Vorgangs angezeigte Schaltfläche *Kopieren beenden* können Sie den Vorgang jederzeit abbrechen.

TIPP

Möchten Sie die Musik in einen anderen Ordner der Festplatte kopieren? Wählen Sie im Menü der Schaltfläche *Organisieren* den Befehl *Optionen*. Auf der Registerkarte *Musik kopieren* des Eigenschaftenfensters lässt sich über die Schaltfläche *Ändern* der Pfad zum Speicherort anpassen. Die Schaltfläche *Dateiname* öffnet ein Dialogfeld, in dem Sie die im automatisch erzeugten Dateinamen zu verwendenden Informationen (Interpret, Titel etc.) wählen können.

Bild 20.24: Anzeige des Kopierstatus

20.5.2 Musiktitel auf CD brennen

Verfügt der Computer über einen CD-, DVD- oder BD-Brenner, lassen sich auf der Festplatte gespeicherte Musikstücke mit dem Windows Media Player als Audio-CD brennen. Voraussetzung ist, dass die Musikstücke in einem von Windows Media Player unterstützten Format vorliegen und nicht kopiergeschützt sind. Führen Sie folgende Schritte zum Erstellen der neuen Audio-CD aus:

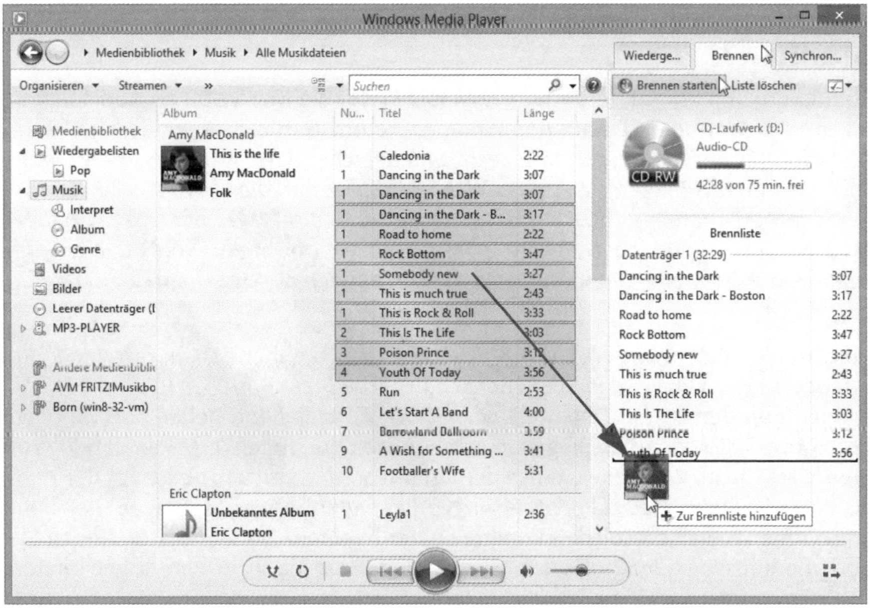

Bild 20.25: Audiodateien in Brennliste übertragen

1. Starten Sie den Windows Media Player und wählen Sie in der rechten oberen Ecke des Programmfensters die Registerkarte *Brennen*.
2. Wählen Sie im Navigationsbereich die Wiedergabelisten oder die Einträge der Medienbibliothek, um die gewünschten Musiktitel im Programmfenster anzuzeigen.
3. Ziehen Sie die gewünschten Musiktitel mit der Maus nach rechts in die Brennliste (Bild 20.25).
4. Sobald die gewünschten Titel zusammengestellt sind, klicken Sie in der Brennliste auf die Schaltfläche *Brennen starten* (Bild 20.25).
5. Sobald die Schublade des Brenners ausgefahren wird, legen Sie einen leeren Rohling ein, schließen die Schublade und befolgen die Hinweise des Programms.

Nachdem der Rohling erkannt wurde, beginnt der Windows Media Player mit dem Brennen der Musiktitel auf das Medium. Während des Brennens werden Sie über Fortschrittsanzeigen im Programmfenster über den Ablauf informiert. Sie können den Brennvorgang zwar über die im Media Player-Fenster eingeblendete Schaltfläche *Brennen abbrechen* jederzeit beenden – riskieren dann aber den Verlust des Rohlings. Nach dem Brennen des letzten Titels wirft der Media Player das Medium standardmäßig aus. Sie können dann den Windows Media Player beenden und die gebrannte Audio-CD nach der Entnahme aus dem Laufwerk erneut einlegen und testen.

Wie lässt sich eine MP3- oder WMA-Musik-CD brennen?

Standardmäßig brennt der Windows Media Player die Musiktitel als Audiospuren im Format der Audio-CDs auf den Rohling. Die Musikstücke liegen dort im WAV-Audioformat vor, benötigen also recht viel Speicherplatz. Andererseits ermöglichen sowohl das MP3- als auch das WMA-Audioformat, die Musikstücke komprimiert in Audiodateien abzuspeichern. Moderne Audio-Player oder der Windows Media Player ermöglichen es, diese MP3- und WMA-Dateien von CD oder ggf. sogar von DVD wiederzugeben. Dann werden einfach die einzelnen Audiodateien abgespielt.

Möchten Sie eine MP3- oder WMA-CD bzw. -DVD brennen? Dann öffnen Sie im Windows Media Player das Menü der Schaltfläche *Brennoptionen* (Bild 20.26) und wählen nun den Befehl *Daten-CD oder -DVD*. Anschließend gehen Sie wie oben gezeigt vor, klicken auf die Registerkarte *Brennen* und fügen die Audiodateien zur Brennliste hinzu. Wenn Sie danach den Brennvorgang starten, überträgt der Windows Media Player die Audiodateien im vorliegenden Format separat auf den Rohling. Öffnen Sie einen solchen Rohling später in einem Ordnerfenster, finden Sie dort die einzelnen Audiodateien. Sie können diese dann in einem geeigneten DVD-Player oder am Computer abspielen.

Bild 20.26: Optionen zum Brennen einer Daten-CD

HINWEIS

Im Menü der Schaltfläche *Brennoptionen* (Bild 20.26) finden Sie den Befehl *Weitere Brennoptionen*, über den sich die Registerkarte *Brennen* des Eigenschaftenfensters *Optionen* öffnen lässt. Dort können Sie z.B. eine Angleichung der Lautstärke aller Musikstücke vornehmen oder das Unterdrücken von Pausen zwischen Tracks bei Audio-CDs zu- oder abschalten.

Gemäß Urheberrecht dürfen Sie Kopien von Musiktiteln aus legalen Quellen und für private Zwecke anfertigen. Allerdings nur dann, wenn hierfür kein wirksamer technischer Kopierschutz umgangen werden muss.

20.5.3 Musik mit einem portablen Player synchronisieren

Besitzen Sie einen MP3- oder WMA-Player und möchten Sie Musikstücke auf dieses portable Abspielgerät übertragen? Mit dem Windows Media Player aus Windows ist dies kein Problem.

1. Starten Sie den Windows Media Player und verbinden Sie den portablen Media Player (MP3-Player) über die USB-Schnittstelle mit dem Computer.
2. Warten Sie, bis das portable Gerät erkannt wird, und klicken Sie im Windows Media Player auf die Registerkarte *Synchronisieren* (Bild 20.27, oben rechts).
3. Wählen Sie im Navigationsbereich Wiedergabelisten oder Einträge der Medienbibliothek aus, um deren Titellisten im Programmfenster einzublenden (Bild 20.27, links).
4. Markieren Sie die gewünschten Musiktitel im Inhaltsbereich des Windows Media Players und ziehen Sie diese mit der Maus nach rechts in die Synchronisationsliste des Geräts.

Bild 20.27: Audiodateien mit MP3-Player synchronisieren

5. Auf dem Player nicht mehr erwünschte Titel können Sie in der Synchronisationsliste markieren und über den Kontextmenübefehl *Aus Liste entfernen* löschen.

6. Sobald alle Musiktitel ausgewählt sind, wählen Sie in der Symbolleiste (oberhalb der Synchronisationsliste) die Schaltfläche *Synchronisierung starten*.

Der Windows Media Player gleicht dann die Titelliste des portablen Geräts mit der Synchronisationsliste ab, fügt neue Titel zum Player hinzu und löscht ggf. unerwünschte Titel. Eine Fortschrittsanzeige im Fenster des Windows Media Players informiert Sie über den Ablauf. Nach dem Beenden der Synchronisierung wird die Titelliste im Synchronisationsbereich gelöscht. Sie können dann einen angezeigten Hyperlink zum Trennen des Geräts wählen und dann den portablen (MP3-)Player von der USB-Schnittstelle abziehen.

TIPP

Wird das Abspielgerät vom Windows Media Player unterstützt, können Sie dessen Inhalte über den Navigationsbereich einsehen und verwalten. Verbinden Sie einfach das Abspielgerät per USB-Kabel mit Windows. Anschließend taucht das Gerät im Navigationsbereich auf und bei dessen Anwahl lässt sich auf Kategorien wie Musik, Videos oder Bilder zugreifen. In Bild 20.28 ist beispielsweise ein Android-Smartphone (Simvalley SP-140 des Anbieters Pearl) angeschlossen. Dessen Inhalt der microSD-Karte ist hinsichtlich Fotos, Videos und Musik direkt über den WMP einsehbar. Im Kontextmenü der angezeigten Titel finden sich Befehle, um diese zu löschen oder zur Synchronisierungsliste hinzuzufügen.

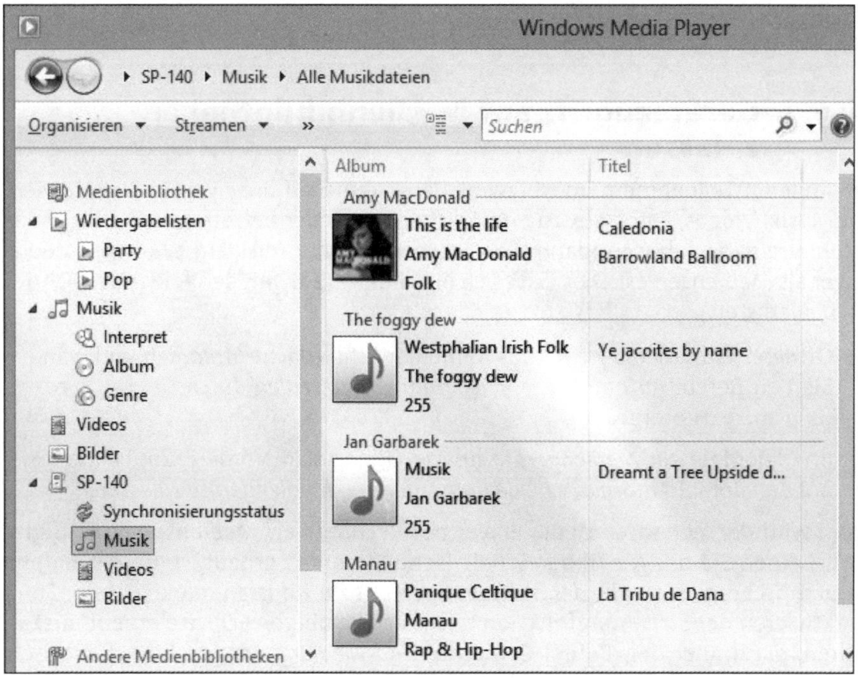

Bild 20.28: Audiodateien des Abspielgeräts einsehen

HINWEIS

Gibt es Probleme mit der Gerätesynchronisation? Moderne MP3-Player mit USB-Anschluss werden von Windows als Wechseldatenträgerlaufwerk erkannt. Sie können also den MP3-Player mit dem USB-Anschluss Ihres Rechners verbinden und dann dessen Inhalt in einem Ordnerfenster anzeigen. Anschließend lassen sich Dateien vom MP3-Player zur Festplatte kopieren, verschieben, löschen und auch Dateien von der Festplatte zum MP3-Player kopieren. Das Ganze entspricht dem Vorgehen beim Kopieren normaler Dateien und erfordert nicht den Start des Windows Media Players.

Sofern Sie einen iPod-Player, ein iPad oder ein iPhone von Apple besitzen, können Sie diese Geräte ebenfalls per USB-Kabel mit dem Computer verbinden. Sie benötigen dann aber das kostenlose Programm iTunes von der Internetseite `http://www.apple.com/de/itunes/` [w8-k20-003], um im Apple-Store gekaufte Musik unter Windows auf das Gerät zu übertragen.

20.6 Medienstreaming im Netzwerk

Der Windows Media Player ermöglicht die Übertragung und Wiedergabe von Mediendaten über Netzwerke. Damit können Sie digitale Medieninhalte an allen Stellen, die durch ein Netzwerk (oder eine Drahtlosübertragung) erreichbar sind, abrufen. Ist das Empfangsgerät mit entsprechenden Videoausgängen versehen, werden die Bilder und Videos auf dem angeschlossenen Bildschirm angezeigt oder an einem Fernseher bzw. Videoprojektor (Beamer) ausgegeben. Der Ton zum Film oder die Musik lässt sich mittels Lautsprecherboxen bzw. über die Hi-Fi-

Anlage wiedergeben. Nachfolgend wird gezeigt, welche Funktionen Windows bzw. der Windows Media Player in dieser Hinsicht bieten.

20.6.1 Gerätezugriff auf Medienbibliotheken zulassen

Um anderen Teilnehmern im Netzwerk den Zugriff auf die eigenen Bibliotheken mit Musik, Videos, Fotos etc. zu ermöglichen, muss der betreffende Benutzer die Medienfreigabe zulassen (dann dient dessen Rechner mit dem Windows Media Player als Medienserver). Dies lässt sich in Windows z.B. mit den folgenden Schritten bewerkstelligen.

1. Öffnen Sie im Media Player das Menü der Schaltfläche *Streamen* und wählen Sie den Befehl *Automatische Wiedergabe der Medien durch Geräte zulassen* (Bild 20.29, Hintergrund).
2. Im Dialogfeld *Alle Mediengeräte zulassen* (Bild 20.29, Vordergrund) klicken Sie auf den Befehl *Automatisch alle Computer und Mediengeräte zulassen*.

Dann wird der Windows Media Player des Rechners als Medienserver konfiguriert. Öffnen Sie das Menü der Schaltfläche *Streamen* erneut, sollte der Befehl *Automatische Wiedergabe der Medien durch Geräte zulassen* markiert sein. Zum Deaktivieren der Streamingfunktion reicht es, die obigen Schritte erneut auszuführen, dann aber den Befehl *Computer und Mediengeräte nicht automatisch zulassen* (Bild 20.29, Vordergrund) zu wählen.

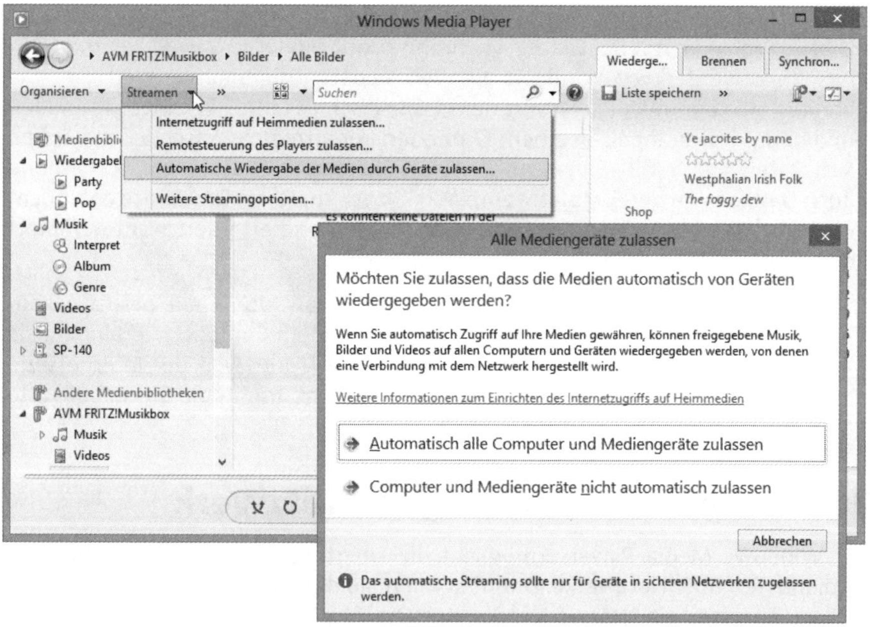

Bild 20.29: Medienstreaming zulassen

HINWEIS

Die Medienstreaming-Funktion von Windows arbeitet innerhalb des Netzwerks als DLNA-Server und kann von geeigneten Empfangsgeräten erkannt und angesprochen werden. Bereits in Windows Vista unterstützte der Windows Media Player 11 die Funktionen eines Medienservers. Ab Windows 7 sind im Windows Media Player 12 zusätzliche Funktionen hinzugekommen, die eine Medienfreigabe weiter vereinfachen. Das Konzept ermöglicht sogar, dass Sie eine Medienbibliothek auf einem lokalen Rechner unter einem Benutzerkonto im Windows Media Player einrichten und diese freigeben. Dann kann von anderen Benutzerkonten auf die freigegebene Medienbibliothek zugegriffen werden.

In Windows 8 erscheint nach der Freigabe des Medienstreamings ggf. noch der Assistent, der Sie durch die Schritte zum Einrichten einer Heimnetzgruppe führt. In Dialogfeldern können Sie die Bibliotheken (Musik, Bilder etc.) freigeben. Zudem wird das Kennwort zum Zugriff auf die Heimnetzgruppe angezeigt.

20.6.2 Streamingoptionen anpassen

Mit den obigen Schritten überlassen Sie dem Windows Media Player, wie er das Medienstreaming einstellt. Möchten Sie die Streamingeinstellungen überprüfen oder gezielt anpassen? Dies ist ebenfalls über das Menü der Schaltfläche *Streaming* möglich.

1. Wählen Sie den Befehl *Weitere Streamingoptionen* der Menüschaltfläche *Streamen* an (Bild 20.29, Hintergrund).
2. Danach nehmen Sie im Dialogfeld *Medienstreamingoptionen* (Bild 20.30) die gewünschten Anpassungen vor.

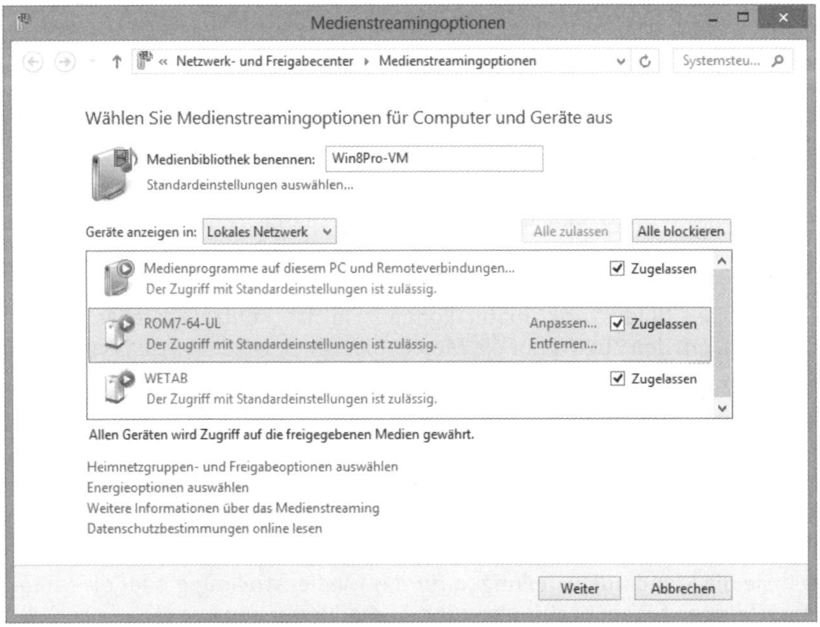

Bild 20.30: Medienstreamingoptionen anpassen

Das Dialogfeld *Medienstreamingoptionen* (Bild 20.30) enthält Bedienelemente, um das Streaming auf lokale Netzwerke zu begrenzen, generell zu blockieren oder einzelne Geräte innerhalb eines Netzwerks vom Zugriff auszuschließen. Hier ein kurzer Überblick über die einzelnen Optionen.

- Im Feld *Medienbibliothek benennen* taucht standardmäßig der Name des Benutzerkontos auf. Sie können den Inhalt des Felds aber umbenennen. Die freigegebene Bibliothek taucht unter diesem Namen im Navigationsbereich des Windows Media Players anderer Netzwerkteilnehmer auf.
- Das Listenfeld *Gerät anzeigen in* legt fest, wo der zum Streaming freigegebene Windows Media Player als Gerät auftauchen darf. Setzen Sie den Wert *Lokales Netzwerk*, taucht der Windows Media Player des Rechners mit einem eigenen Symbol im Netzwerk auf (Bild 20.32). Der Wert *Alle Netzwerke* ermöglicht den Zugriff auf den Media Player von anderen Netzwerken (z.B. von anderen Arbeitsgruppennetzwerken).
- Über die Schaltfläche *Alle blockieren* des Dialogfelds kann die Streamingfunktion des lokalen Rechners abgeschaltet bzw. der Zugriff durch andere Geräte auf die Bibliotheken blockiert werden. Mittels der Schaltfläche *Alle zulassen* werden die Bibliotheken wieder freigegeben.

Bei Bedarf lässt sich auch festlegen, von welchen Geräten andere Benutzer auf die eigenen Bibliotheken zugreifen und Inhalte wiedergeben dürfen. Das Dialogfeld *Medienstreamingoptionen* listet alle im Netzwerk gefundenen Wiedergabegeräte auf.

- Der erste Eintrag *Medienprogramme auf diesem PC* ... bezieht sich auf Medienprogramme, die auf dem eigenen Rechner laufen. Meist handelt es sich um den Windows Media Player, der z.B. auch unter anderen Benutzerkonten ausgeführt werden und auf für das Streaming freigegebene Bibliotheken zugreifen kann.
- Zudem erscheinen die im Netzwerk gefundenen Geräte (z.B. die als Medienserver fungierenden Windows Media Player) als separate Einträge. Eine Bezeichnung der Art »ROM7-64-UL)« signalisiert dann, dass ein Rechner mit dem angegebenen Netzwerknamen gefunden wurde und dieser als Medienserver fungieren kann.
- Um den Zugriff eines bestimmten Geräts auf die Streamingfunktionen des eigenen Windows Media Players zu blockieren, löschen Sie die Markierung des Kontrollkästchens *Zugelassen* dieses Geräts im Dialogfeld *Medienstreamingoptionen* (Bild 20.30). Später können Sie das Kontrollkästchen erneut markieren, um den Zugriff auf die Medienbibliothek wieder zuzulassen.
- Um den Zugriff eines Geräts auf die eigene Medienbibliothek lediglich zu trennen, reicht es, dessen Eintrag im Dialogfeld *Medienstreamingoptionen* (Bild 20.30) zu markieren und dann auf den eingeblendeten Hyperlink *Entfernen* zu klicken. Dies funktioniert aber nur, wenn das Gerät nicht online ist. Notfalls müssen Sie das betreffende Gerät ausschalten oder die Netzwerkverbindung trennen.

Möchten Sie die Standardeinstellungen für das Medienstreaming oder die Streamingeinstellungen für ein bestimmtes Gerät detaillierter anpassen?

- Wählen Sie im Dialogfeld *Medienstreamingoptionen* (Bild 20.30) den eingeblendeten Hyperlink *Standardeinstellungen auswählen* an.

- Wählen Sie im Dialogfeld *Medienstreamingoptionen* (Bild 20.30) den in der Zeile des betreffenden Geräts eingeblendeten Hyperlink *Anpassen* an.

Je nach gewähltem Link wird dann das Dialogfeld *Standardeinstellungen für Medienstreaming anpassen* (Bild 20.31, oben) oder das Dialogfeld *Einstellungen für Medienstreaming anpassen* (Bild 20.31, unten) eingeblendet. Setzen Sie dann die gewünschten Optionen und schließen das geöffnete Dialogfeld über die *OK*-Schaltfläche.

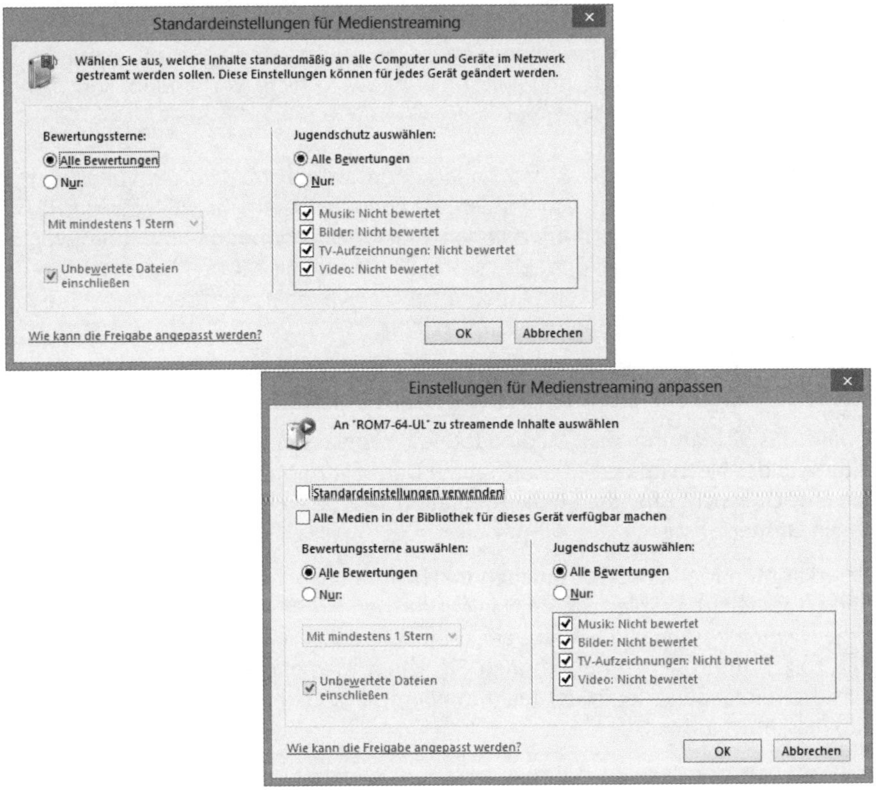

Bild 20.31: Einstellungen für Medienstreaming anpassen

Zum Zugriff auf die Optionen eines Geräts löschen Sie die Markierung des Kontrollkästchens *Standardeinstellungen verwenden* (Bild 20.31, unten).

- Über das Kontrollkästchen *Alle Medien in der Bibliothek für dieses Gerät verfügbar machen* können Sie den Zugriff auf Videos, Musik, Bilder in den eigenen Bibliotheken für das betreffende Gerät zulassen.

- In der Gruppe *Bewertungssterne auswählen* lassen sich über die beiden Optionsfelder alle Medien mit Bewertungen (ein bis fünf Sterne) oder Medien mit einer Bewertung von mindestens x Sternen zulassen. Das Kontrollkästchen *Unbewertete Dateien einschließen* ermöglicht auch Mediendateien, die noch nicht bewertet wurden, zum Streaming freizugeben.

- In der Kategorie *Jugendschutz auswählen* lässt sich über die Optionsfelder wählen, ob alle Bewertungen oder spezielle Bewertungen in Kategorien wie Musik, Bilder, Videos heranzuziehen sind.

Die Änderungen werden wirksam, sobald Sie das Dialogfeld über die *OK*-Schaltfläche schließen.

HINWEIS

Die Schaltfläche *Weiter* am unteren Rand des Dialogfelds *Medienstreamingoptionen* (Bild 20.30) öffnet wieder den Assistenten zur Konfigurierung der Heimnetzgruppe. Im ersten Dialogfeld legen Sie die freizugebenden Bibliotheken fest, während im zweiten Dialogfeld der Code zum Zugriff auf die Heimnetzgruppe angezeigt wird. Diese Optionen sind in Windows 7 nicht vorhanden, sondern neu in Windows 8 hinzugekommen.

TIPP

Gelegentlich dauert es etwas, bis Änderungen an den Medienfreigaben oder Optionen im Netzwerk wirksam werden. Sie können aber im Menü der Schaltfläche *Organisieren* den Befehl *Änderungen an Medieninformationen aktualisieren* wählen. Hilft dies nichts, empfiehlt es sich, den Windows Media Player zu beenden und sich vom Benutzerkonto abzumelden. Nach einer erneuten Anmeldung sollten die neuen Einstellungen verfügbar sein.

20.6.3 Zugriff auf andere Medienbibliotheken

Sobald das Streaming von Mediendateien zugelassen wurde, können Geräte innerhalb des Netzwerks die betreffenden Daten vom Medienserver abrufen. Um sich eine Übersicht über die Medienfreigaben im Netzwerk zu verschaffen, öffnen Sie ein Ordnerfenster.

Die erkannten Medienserver tauchen im Navigationsbereich unter *Computer* auf (Bild 20.32, oben). Wählen Sie im Navigationsbereich des Ordnerfensters die Einträge *Heimnetzgruppe* oder *Netzwerk* an, tauchen die Medienserver ebenfalls auf (Bild 20.32, unten). Erkennen können Sie einen Medienserver am Symbol eines stilisierten Rechners, der in der rechten oberen Ecke ein Notensymbol und einen Filmausschnitt aufweist.

HINWEIS

In der Netzwerkumgebung (Bild 20.32, unten) tauchen Netzwerkstationen wie *WETAB* gleich mit Symbolen auf. Das stilisierte Computersymbol in der Gruppe »Computer« steht für den Netzwerkrechner. Der Medienserver auf dem Netzwerkgerät wird dagegen in der Kategorie »Multimedia« als *WETAB:SysAdmin* angezeigt und besitzt im Symbol eine stilisierte Filmrolle. Die Bezeichnung »SysAdmin« wurde bei der Freigabe der Mediendateien im betreffenden Dialogfeld (Bild 20.30) als Name der Bibliothek eingetragen. Das dritte Symbol *WETAB* aus Bild 20.32, unten, dargestellt als stilisiertes hochkant stehendes Gerät mit grünem Kreis und weißem Dreieck, ist nur sichtbar, wenn auf dem betreffenden Rechner der Windows Media Player ausgeführt wird. Wählen Sie ein solches Symbol per Doppelklick an, erscheint ein Dialogfeld mit den Eigenschaften des Media Players. Über das Kontextmenü lässt sich über den Befehl *Medienstreamingoptionen* auf die Einstellungen (Bild 20.30) des eigenen Windows Media Players zugreifen.

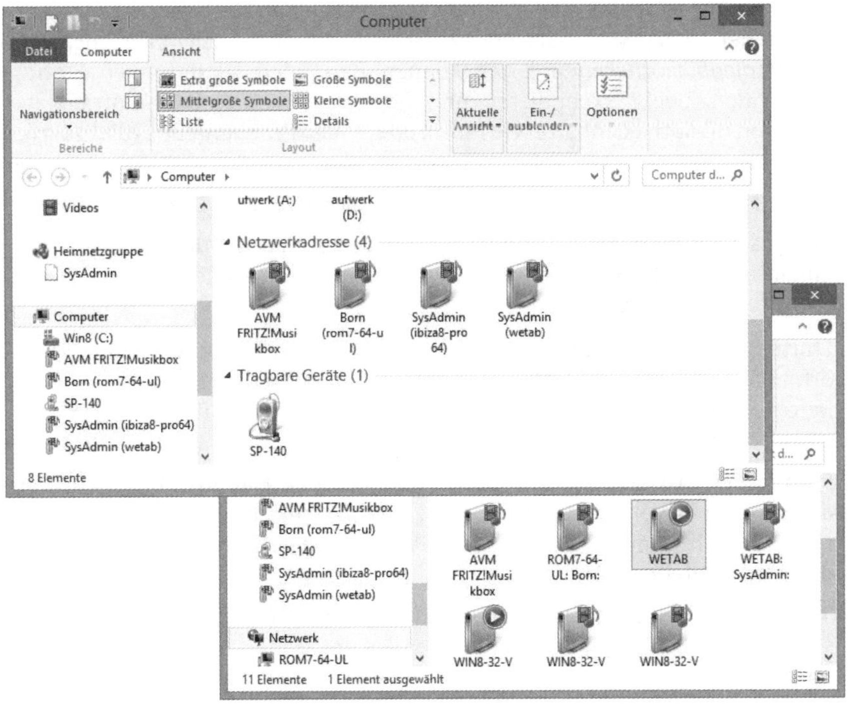

Bild 20.32: Zugriff auf einen Medienserver

Bild 20.33: Zugriff auf einen Medienserver im Windows Media Player

Sobald Streamingserver wie der Windows Media Player im Netzwerk erkannt werden, listet der Windows Media Player diese im Navigationsbereich im Zweig *Andere Medienbibliotheken* auf. Sie können dann den betreffenden Eintrag anwählen, den Zweig expandieren und über dessen Bibliothekseinträge die betreffenden Bibliotheksinhalte wie Musik oder Videos wiedergeben (Bild 20.33).

20.6.4 Fernsteuerung eines Windows Media Players

In Windows ist es möglich, Mediendateien per Fernsteuerung über das Netzwerk auf einem anderen Rechner per Windows Media Player wiederzugeben. Hierzu gehen Sie folgendermaßen vor.

1. Starten Sie auf dem fernzusteuernden Rechner den Windows Media Player, öffnen Sie das Menü der Schaltfläche *Streamen* und stellen Sie sicher, dass der Befehl *Remotesteuerung des Players zulassen* markiert ist (Bild 20.34, Hintergrund, oben links).
2. Starten Sie anschließend auf dem fernsteuernden Hauptrechner den Windows Media Player, wechseln Sie ggf. zur Bibliotheksanzeige und wählen Sie in der Bibliothek einen Titel oder eine Wiedergabeliste mit den abzuspielenden Medientiteln aus.
3. Stellen Sie sicher, dass der Listenbereich sichtbar ist (notfalls blenden Sie diesen über den Befehl *Layout/Liste einblenden* der Menüschaltfläche *Organisieren* ein).
4. Öffnen Sie in der Kopfzeile des Listenbereichs die Menüschaltfläche *Wiedergeben auf* und wählen Sie im Menü *Play To* (Bild 20.34, Hintergrund, oben rechts) den fernzusteuernden Rechner aus.

Bild 20.34: Medienwiedergabe auf anderen Rechnern

Sobald das Playerfenster erscheint (Bild 20.34, Vordergrund), erhalten Sie Zugriff auf die Steuerungsfunktionen des Players. Sie können die Titel zur Wiedergabe auswählen und die Wiedergabe über die Bedienleiste steuern.

> **HINWEIS**
>
> Gelegentlich dauert es etwas, bis der Abgleich über das Netzwerk vorgenommen wurde und der fernzusteuernde Rechner im Menü der Schaltfläche *Wiedergeben auf* auftaucht. Bei meinen Tests musste ich zudem den Media Player des Fremdrechners beenden und gleich wieder starten, damit die Fernsteuerung möglich wurde. Ist am Fernrechner der Zugriff durch Geräte freigegeben, können Sie im Navigationsbereich des eigenen Rechners versuchsweise die Medienbibliothek des Netzwerkrechners in der Kategorie *Andere Medienbibliotheken* anwählen. Dann greift der Windows Media Player zwangsweise über das Netzwerk auf das Gegenstück zu und dieser Rechner wird auch im Menü der Schaltfläche *Wiedergeben zu* aufgeführt.

20.6.5 Internetzugriffe auf Heimmedien zulassen

In Windows besteht die Möglichkeit, per Internet auf die Bibliotheken (als Heimmedien bezeichnet) des Windows Media Players zuzugreifen und diese per Streaming wiederzugeben. Die Authentifizierung dieser Zugriffe erfolgt über ein Microsoft-Konto, d.h., Sie müssen das Benutzerkonto zum Microsoft-Konto umstufen.

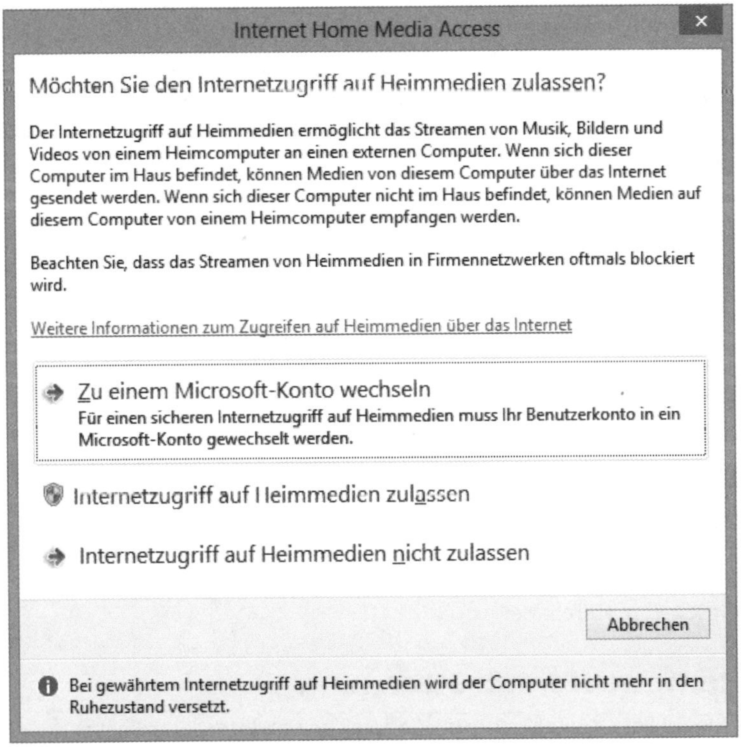

Bild 20.35: Internetzugriff auf Heimmedien zulassen

1. Zur Freigabe dieser Zugriffe auf Heimmedien starten Sie den Windows Media Player, öffnen das Menü der Schaltfläche *Streamen* und wählen den Befehl *Internetzugriff auf Heimmedien zulassen*.
2. Wählen Sie im angezeigten Dialogfeld (Bild 20.35) den Befehl *Internetzugriff auf Heimmedien zulassen* und bestätigen Sie die Sicherheitsabfrage der Benutzerkontensteuerung.

Windows passt dann die Einstellungen für den Zugriff per Internet auf die Medienbibliothek an und bestätigt dies über ein Dialogfeld.

HINWEIS

Um den Zugriff später wieder zu entziehen, gehen Sie mit den gleichen Schritten vor, wählen aber im Dialogfeld aus Bild 20.35 den Befehl *Internetzugriff auf Heimmedien nicht zulassen*.

Zugriff per Internet auf Heimmedien testen und einsetzen

Haben Sie den Internetzugriff auf Heimmedien auf dem als Server fungierenden Rechner gemäß den obigen Schritten freigegeben? Dann gehen Sie folgendermaßen vor.

- Wiederholen Sie die Schrittfolge aus dem vorherigen Abschnitt auf dem als Client fungierenden Windows-Rechner.
- Starten Sie den Browser (Internet Explorer) und rufen Sie die Konfigurationsseiten des WLAN-Routers auf. Definieren Sie dort für das TCP-Protokoll zwei Portumleitungen – die externen Ports *443* und *44656* sind auf den internen Port *10245* weiterzuleiten.

Nachdem die Portumleitung erfolgt ist und beide Rechner über deren Benutzerkonto mit dem Microsoft-Konto verknüpft sind, können Sie im Windows Media Player die Verbindung testen.

1. Klicken Sie im Windows Media Player auf die Menüschaltfläche *Streamen* und wählen Sie erneut den Befehl *Internetzugriff auf Heimnetzwerk zulassen*.
2. Im eingeblendeten Dialogfeld wählen Sie den Befehl *Verbindungen diagnostizieren*.

Anschließend warten Sie, bis im Dialogfeld die Testergebnisse angezeigt werden. Wenn die Portweiterleitung am Router korrekt vorgenommen wurde, sollte eine Verbindung bestätigt werden. In diesem Fall erfolgt der Zugriff auf die Heimmedien per Internet wie in einem lokalen Netzwerk: Sie wählen in der Navigationsleiste des Windows Media Players einfach den in der Gruppe *Andere Medienbibliotheken* angezeigten Remoterechner.

20.6.6 Internetradio und Streaming

Der Windows Media Player lässt sich zur Wiedergabe von Internetradiostationen einsetzen. Um eine Radiostation im Internet auf dem Computer über eine schnelle Internetverbindung wiederzugeben, haben Sie zwei Möglichkeiten.

Sie können die Internetseite der Radiostation im Browser aufrufen und dort den gewünschten Radiosender auswählen. Auf der Internetseite `http://www.surfmusik.de/` [w8-k20-004] finden Sie beispielsweise eine Übersicht über Internetradiostationen (Bild 20.36, Hintergrund). Haben Sie eine Radiostation gefunden, wählen Sie den entsprechenden Hyperlink (bei surfmusik.de mit »Live« bezeichnet) an. Der Browser öffnet ein zweites Fenster mit dem eingebetteten Windows Media Player (Bild 20.36, Vordergrund). Dort finden Sie Schaltflächen, um die Wiedergabe anzuhalten, fortzusetzen und die Lautstärke anzupassen.

Bild 20.36: Internetradio per Browser wiedergeben

> **HINWEIS**
> Internetradiostationen können im Format des Windows Media Players oder des RealPlayers senden. Verzichten Sie nach Möglichkeit auf die Installation angebotener alternativer Player, da dies zu Problemen unter Windows 8 führen kann.

21 Das Windows Media Center

In Windows 8 ist das Windows Media Center eine optionale Komponente, die vom Anwender explizit nachgerüstet werden muss. Das Windows Media Center samt der benötigten Decoder zur Wiedergabe von MPEG-2-Videos und DVD-Video lässt sich ausschließlich in Windows 8 Pro nachrüsten. Anschließend lassen sich entsprechend ausgestattete Rechner als Medienzentrale zur Wiedergabe von Musik, Bildern und Videos sowie zum Ansehen von TV-Sendungen verwenden. Auch das Aufzeichnen von Videos ist möglich. Nachfolgend erhalten Sie einen kurzen Überblick über das Windows Media Center.

21.1 Das Windows Media Center im Überblick

In diesem Abschnitt erhalten Sie einen kurzen Überblick über das Windows Media Center (WMC) und erfahren, wie Sie dieses einrichten und starten.

21.1.1 Das Windows Media Center nachrüsten

Voraussetzung für das Windows Media Center ist Windows 8 Pro, da sich nur diese Version upgraden lässt. Sofern das WMC nicht vorinstalliert mit einem Rechner ausgeliefert wurde, führen Sie folgende Schritte aus.

Bild 21.1: Features zu Windows 8 hinzufügen

1. Blenden Sie die Seitenleiste *Suchen* (z.B. über die Charms-Leiste) am rechten Bildschirmrand ein und geben Sie den Begriff »media cen« im Suchfeld ein (Bild 21.1).
2. Wählen Sie die Kategorie *Einstellungen* und dann den angezeigten Treffer *Weitere Features mit einer neuen Edition von Windows beziehen*.
3. Bestätigen Sie die Sicherheitsabfrage der Benutzerkontensteuerung. Anschließend durchlaufen Sie die Dialogfelder des Assistenten (Bild 21.3), um das neue Feature zu beziehen.

> **HINWEIS**
> Sie können auch die Seite *System* (z.B. über die Tastenkombination [Windows]+[Pause] oder über die Schaltfläche *Eigenschaften* des Ordnerfensters *Computer*) öffnen und dort den entsprechenden Hyperlink anwählen (Bild 21.2).

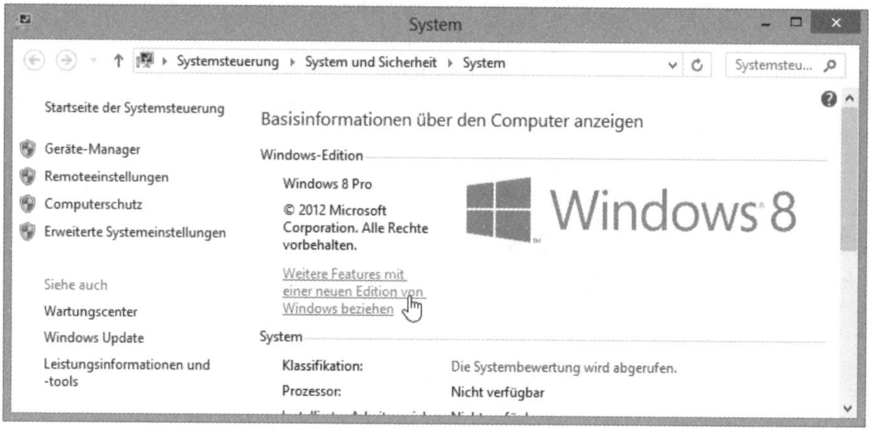

Bild 21.2: Seite *System* mit Option zum Hinzufügen von Features

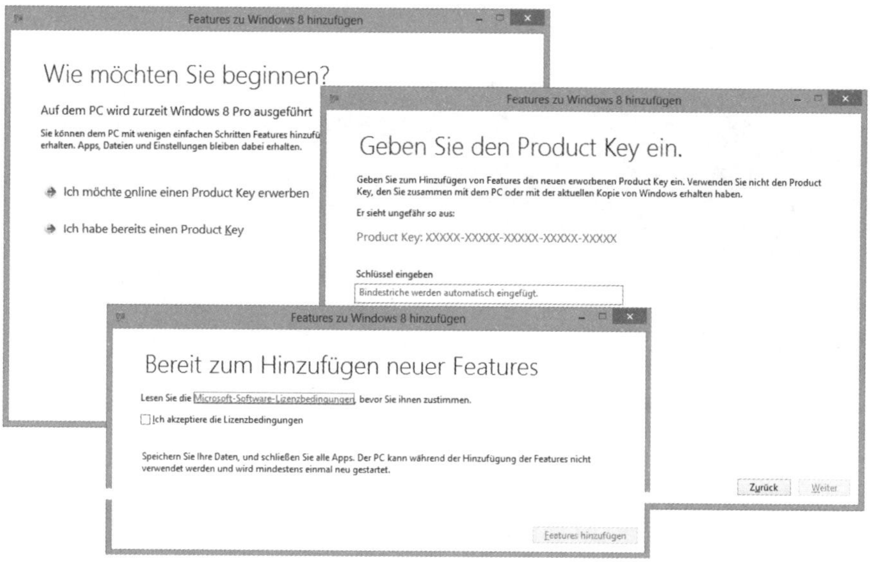

Bild 21.3: Media Center als Feature hinzufügen

Im ersten Dialogfeld (Bild 21.3, oben links) erhalten Sie Gelegenheit, einen Produktschlüssel online zu beziehen. Besitzen Sie bereits einen Produktschlüssel für das Windows Media Center-Pack, wählen Sie den unteren Befehl *Ich habe bereits einen Product Key* und gehen über die *Weiter*-Schaltfläche zum nächsten Dialogfeld (Bild 21.3, oben rechts). Dort tragen Sie den Produktschlüssel ein und gehen über die *Weiter*-Schaltfläche zum letzten Dialogfeld (Bild 21.3, unten), in dem Sie die Anerkennung der Lizenzbedingungen über ein Kontrollkästchen bestätigen.

Sobald Sie die Schaltfläche *Features hinzufügen* bestätigen, beginnt Windows 8 mit dem Einrichten dieser Features. Das Betriebssystem wird dabei heruntergefahren und ggf. mehrfach neu gestartet. Während dieses Vorgangs werden Sie über Statusanzeigen (Bild 21.5) über den Fortgang informiert.

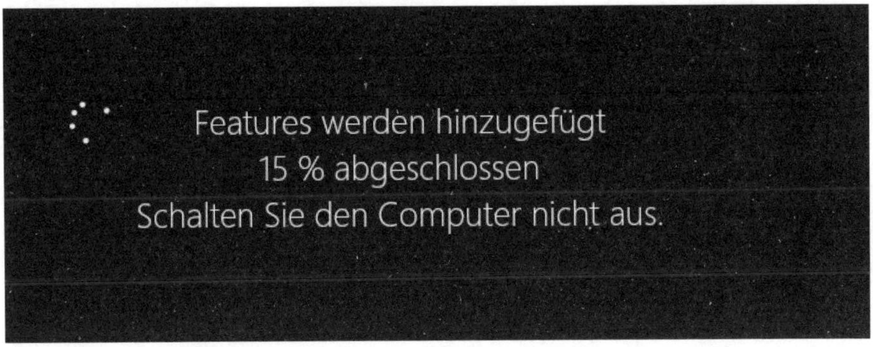

Bild 21.4: Statusanzeige bei Features hinzufügen

Sobald der Vorgang abgeschlossen ist, können Sie sich erneut unter Windows anmelden und das Media Center einrichten. Das Windows Media Center bringt auch die benötigten Decoder zur Wiedergabe von MPEG-2-Videos und DVD-Video mit und ermöglicht das Ansehen und Aufzeichnen von TV-Sendungen.

> HINWEIS
>
> Beim Schreiben dieses Kapitels standen von Microsoft noch keine Produktschlüssel für das Windows Media Center-Upgrade zur Verfügung – und auch der Server zum Beziehen eines Produktschlüssels war abgeschaltet. Bei früheren Versuchen wurde mir ein Upgrade-Preis von 9,90 Euro für das Media Center angezeigt. Diese Preisangabe ist daher mit Vorbehalt zu sehen.

21.1.2 Hardware-Voraussetzungen für das Media Center

Das Windows Media Center sollte sich auf älteren, für Windows 8 geeigneten Rechnern verwenden lassen und Audiodateien, Musik-CDs oder Videos flüssig wiedergeben können. Allerdings sind schnellere Prozessoren (ab 2,5 GHz) zu empfehlen – auf einem Netbook mit 1 Gbyte RAM und 1,6 GHz Atom-CPU lief hier die Videowiedergabe zwar ruckelfrei, aber die Bedienung und der TV-Empfang waren doch etwas zäh. Die Bedienung des Windows Media Center kann per Tastatur und Maus erfolgen. Die Software unterstützt aber auch Infrarotfernbedienungen. Am Computer muss dazu ein IR-Empfänger vorhanden sein, der durch Windows 8-Treiber eingebunden werden kann.

Ein spezieller Punkt ist der TV-Empfang über integrierte Tunerkarten oder externe USB-Empfangseinheiten. Ein von mir verwendeter USB-DVB-T-Empfänger (terrestrisch) wurde von Windows 8 direkt mit Treibern unterstützt (Bild 21.5) und ließ sich problemlos im Windows Media Center einbinden. Einige DVB-S (Satellit) oder

DVB-C (Kabel) werden ebenfalls direkt von Windows mit entsprechenden Treibern unterstützt. Für andere Hardware benötigen Sie BDA-Treiber (BDA steht für Broadcasting Digital Architecture) des Herstellers. Ideal ist es, wenn der Hersteller sogar PBDA-Treiber (P steht für Protected, d.h. Kopierschutz) bereitstellt. Ist der Treiber korrekt installiert, finden Sie im Zweig *Audio-, Video- und Gamecontroller* des Geräte-Managers einen Eintrag für die Treiber der DVB-Karte bzw. den DVB-T-Stick – manche Geräte weisen sogar zwei Einträge auf.

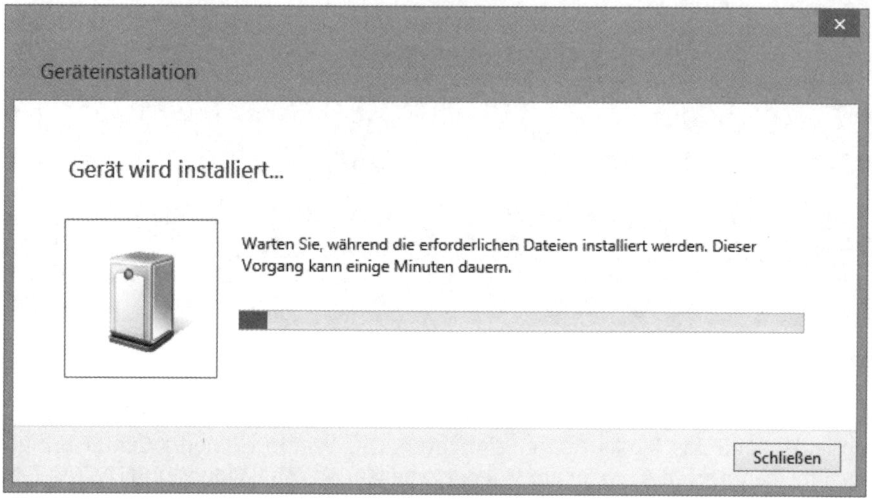

Bild 21.5: Treiberinstallation für den TV-Empfänger

21.1.3 Was bietet das Windows Media Center?

Sie können nach dem Start des Windows Media Centers über Tastatur und Maus oder über eine Fernbedienung eine Vielzahl an Funktionen zur Wiedergabe von Multimediainhalten (Fotos, Musik, Videos) abrufen.

- Es gibt Funktionen, mit denen Sie die auf dem Computer gespeicherten Fotos als Diashow wiedergeben oder Videos aus Dateien sowie von CD/DVD ansehen können. Sie können zudem Musik hören, indem Sie Audiodateien oder Audio-CDs im Media Center abspielen.
- Ist eine TV-Empfangseinheit installiert, können Sie Fernsehsendungen im Windows Media Center ansehen. Beim TV-Empfang ist eine zeitversetzte Wiedergabe (Timeshift) möglich. Sie können eine laufende Sendung anhalten und zu einem späteren Zeitpunkt fortsetzen. Das Media Center zeichnet in der Zwischenzeit die Sendung auf und gibt beim Fortsetzen der Anzeige die zwischengespeicherten Teile zeitversetzt wieder.
- Das Windows Media Center bietet eine Funktion, um Fernsehsendungen aufzuzeichnen. Optional lassen sich aufgezeichnete TV-Sendungen, Video-DVDs wiedergeben.

Über einen Internetzugang können zudem Zusatzinformationen (wie das aktualisierte Fernsehprogramm) abgerufen werden.

21.1.4 Das Windows Media Center aufrufen

Das Windows Media Center wird direkt über eine Kachel der Startseite aufgerufen (Bild 21.6) und läuft als Windows-Anwendung. Sofern keine Kachel auf der Startseite angezeigt wird, tippen Sie einfach »media« auf der Tastatur ein und wählen dann den Eintrag für das Windows Media Center in der Trefferliste der Suchfunktion.

Bild 21.6: Windows Media Center aufrufen

> TIPP: Um schneller vom Windows-Desktop auf das Media Center zuzugreifen, markieren Sie auf der Startseite die Kachel des Windows Media Centers mit der rechten Maustaste und wählen in der eingeblendeten App-Leiste (Bild 21.6, unten) den Befehl *An Taskleiste anheften*. Dann steht eine Schaltflächen zum Aufruf des WMC in der Taskleiste des Desktops zur Verfügung.

21.1.5 Einrichten des Windows Media Centers

Beim ersten Start des Windows Media Centers werden Sie über eine Willkommensmeldung zur Konfigurierung aufgefordert. Bei diesen Schritten können Onlineinhalte wie beispielsweise ein TV-Programm abonniert und eine TV-Empfangskarte eingerichtet werden. Über die im Fenster eingeblendete *Weiter*-Schaltfläche lässt sich durch die Konfigurationsdialoge blättern.

Sobald das in Bild 21.7 gezeigte Fenster erscheint, empfiehlt es sich, die *Express*-Option zu wählen. Dann gelangen Sie direkt zum WMC und Windows übernimmt die Einrichtung selbstständig. Erfahrene Anwender können über die Option *Benutzerdefiniert* die einzelnen Funktionen des Programms schrittweise konfigurieren.

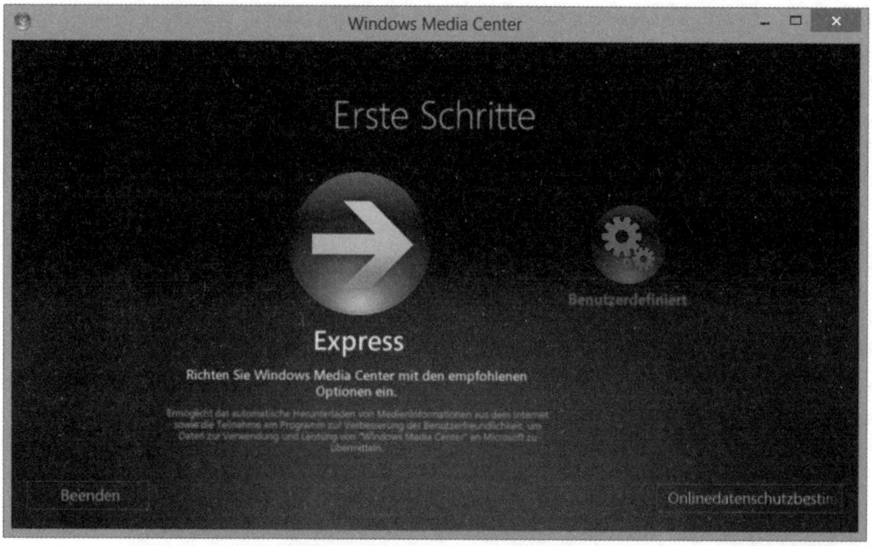

Bild 21.7: Setup-Optionen des Media Centers

21.1.6 Setup nachträglich ausführen

Möchten Sie die Konfiguration nachträglich anpassen, gehen Sie in folgenden Schritten vor.

1. Rufen Sie das Windows Media Center über die Kachel der Startseite auf und führen Sie einen Bildlauf zur Kategorie *Aufgaben* durch.
2. Wählen Sie den Punkt *Einstellungen* (Bild 21.8, unten) an (siehe auch den nachfolgenden Punkt »Das Media Center bedienen«).
3. Anschließend wählen Sie im Formular *Einstellungen* (Bild 21.8, oben) die gewünschte Option aus.

Je nach gewählter Kategorie werden Sie über weitere Untermenüs zu den einzelnen Konfigurationsseiten geführt (Bild 21.9).

- Ist eine Kategorie erreicht, bietet das betreffende Formular (Bild 21.9, unten links) die verfügbaren Optionen als Optionsfelder, Kontrollkästchen und Schaltflächen an. Wählen Sie die Optionen per Maus oder über die Fernbedienung aus.
- Bei umfangreichen Optionen erscheinen am Ende der Optionsliste zwei als spitze Winkel ausgeführte Schaltflächen (siehe Bild 21.9, rechts), über die sich in den Optionen blättern lässt.

Mit *Weiter* und *Zurück* bezeichnete Schaltflächen am unteren Seitenrand ermöglichen das Blättern zwischen verschiedenen Konfigurationsseiten.

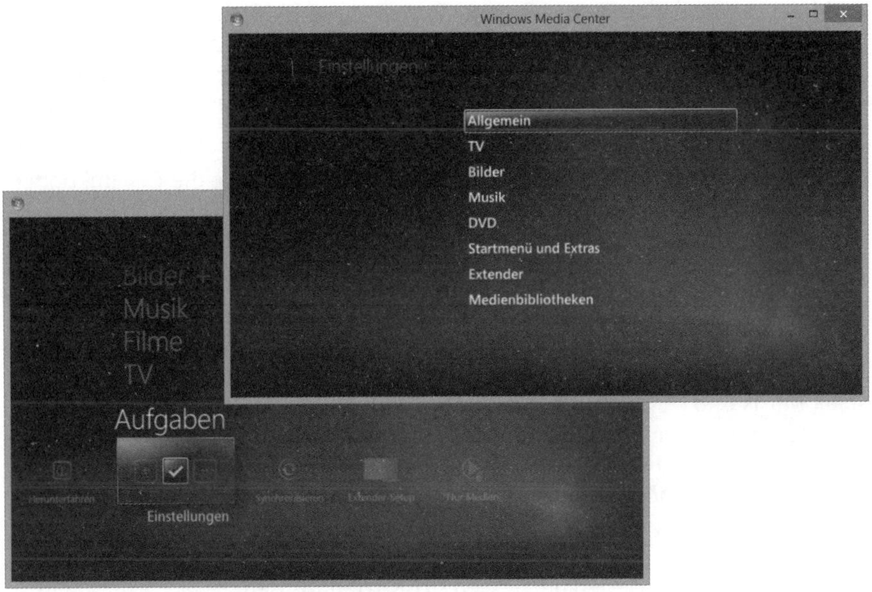

Bild 21.8: Kategorie *Aufgaben/Einstellungen* und Setup-Seite des Media Centers

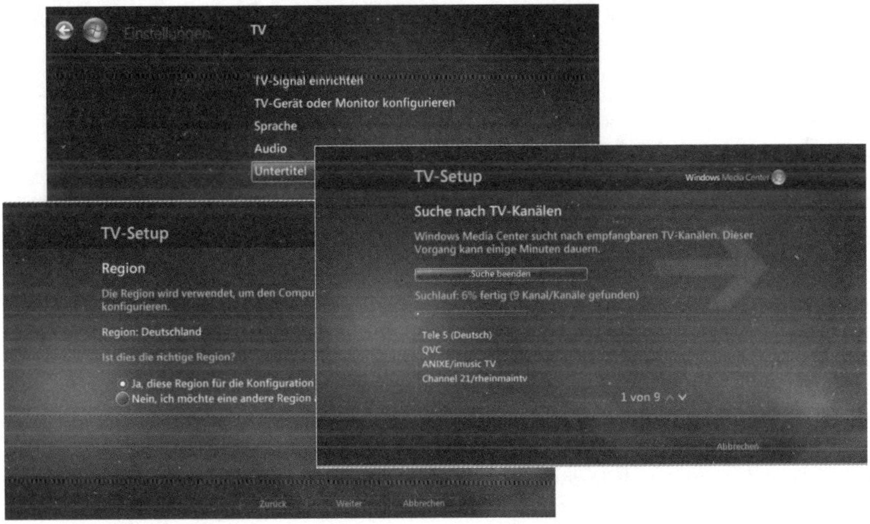

Bild 21.9: Konfigurationsseiten im Media Center

Eine mit *Speichern* bezeichnete Schaltfläche im Formular ermöglich Ihnen, die Änderungen abzulegen, die *Abbrechen*-Schaltfläche verwirft Änderungen. Zeigen Sie per Maus in die linke obere Ecke (Bild 21.9, oben links) der Seite, finden Sie eine blaue, mit einem nach links zeigenden Pfeil versehene Schaltfläche, um einen Schritt zurückzuspringen. Die zweite Schaltfläche mit dem Media Center-Logo bringt Sie zur Startseite des Windows Media Centers zurück.

- In der Gruppe *Allgemein* der Seite *Einstellungen* (Bild 21.8, oben) lassen sich das Start- und Anzeigeverhalten, visuelle Effekte und Sound, Optionen für die Programmbibliothek, das Windows Media Center-Setup, Jugendschutzeinstellungen und Download-Optionen festlegen sowie Informationen zum Datenschutz abrufen.
- Über das Menü *TV* der Kategorie *Einstellungen* können Sie die TV-Funktionen (z.B. ein externes TV-Gerät oder den Monitor) einrichten. Über den Befehl *TV-Signal* gelangen Sie zu Seiten, um bei einer eingebauten TV-Tunerkarte den Sendersuchlauf aufzurufen. Erst wenn dieser Sendersuchlauf erfolgreich durchgeführt wurde und Kanäle gefunden hat, lassen sich diese später über die Kanalwahl bei der TV-Anzeige abrufen.

Über die restlichen Menübefehle der Seite *Einstellungen* können Sie festlegen, wie Bilder, Musik und DVDs wiedergegeben werden sollen. Der Befehl *Extender* ist nur sinnvoll, wenn Sie einen Media Center-Extender (Xbox) über ein Netzwerk angeschlossen haben und dieses Gerät zum Windows Media Center hinzufügen möchten. Über *Medienbibliotheken* lassen sich zu überwachende Medienordner angeben. Musik, Bilder und Videos können dann, ähnlich wie bei der Medienbibliothek des Windows Media Players, automatisch oder manuell in das Windows Media Center eingebunden werden und lassen sich später abrufen.

HINWEIS

Je nach gewählter Option wird Ihnen die Anerkennung bestimmter Lizenzbedingungen (z.B. Play Ready-Installation) angeboten. Lesen Sie sich diese genau durch, bevor Sie diese bestätigen.

21.2 Kurzanleitung zum Windows Media Center

Sobald das Windows Media Center eingerichtet wurde, können Sie über die betreffenden Funktionen Videos, Bilder, Musik und TV-Sendungen wiedergeben. Zudem besteht die Möglichkeit, Medieninhalte auf CD oder DVD zu brennen. Die Funktionen sind menügeführt und weitgehend selbsterklärend. Nachfolgend finden Sie eine Kurzübersicht zur Bedienung der Media Center-Funktionen.

21.2.1 Das Media Center bedienen

Beim Aufruf zeigt das Windows Media Center die Startseite (Bild 21.10) mit den verfügbaren Funktionen und Navigationselementen. Wählen Sie das Symbol einer Funktion per Maus oder über die Fernbedienung an, gelangen Sie zur betreffenden Bedienseite, in der Sie die Einzelfunktionen abrufen können.

- Über die Steuerungstasten ([←], [→], [↑], [↓]) der Fernbedienung lässt sich dabei sowohl horizontal als auch vertikal ein Bildlauf durchführen, um durch das Funktionsmenü zu scrollen. Die aktuelle Funktion wird im Zentrum des Bildschirms mit einem Symbol eingeblendet und lässt sich über die [OK]-Taste anwählen.

- Arbeiten Sie mit der Maus, lässt sich über die (beim Zeigen) am rechten/linken und oberen/unteren Bildschirmrand eingeblendeten Navigationssymbole ein horizontaler und vertikaler Bildlauf durchführen. Ein Mausklick auf die in der Mitte des Bildschirms angezeigte Funktion ruft diese auf. Per Mausrädchen lässt sich ebenfalls ein vertikaler Bildlauf durchführen.
- Alternativ können Sie die Cursortasten (←, →, ↑, ↓) der Tastatur zum Ausführen eines Bildlaufs und zum Abrufen der Funktionen verwenden. Die ↵-Taste ruft die Funktion auf. Die ←-Taste bringt Sie eine Bedienebene zurück.

Bild 21.10: Navigation in der Startseite

Die beiden beim Zeigen mit der Maus in der linken oberen Ecke eingeblendeten Schaltflächen ermöglichen Ihnen, eine Ebene zurückzugehen bzw. die Startseite aufzurufen. Am unteren Bildrand eingeblendete Elemente dienen zur Wiedergabesteuerung.

Wird das Windows Media Center in den Vollbildmodus geschaltet, verschwinden sowohl der Windows-Desktop als auch die Taskleiste.

Bild 21.11: Darstellungsmodi beim Media Center anpassen

- Sie können aber die Tastenkombination [Alt]+[⇆] drücken, um die Taskleiste aufzurufen. Dann erscheint die Windows-Taskleiste am unteren Rand des Bildschirms. Durch ein weiteres Drücken der [⇆]-Taste lassen sich dann geöffnete Fenster in den Vordergrund schalten.
- Zeigen Sie mit der Maus in die rechte obere Ecke des Windows Media Center-Bildschirms, werden die in Bild 21.11 gezeigten drei Schaltflächen sichtbar. Über die linke Schaltfläche lässt sich das Vollbildfenster des Media Centers zu einer Schaltfläche in der Taskleiste minimieren und die rechte Schaltfläche schließt die Anwendung. Über die mittlere Schaltfläche wechseln Sie in den Fenstermodus des Media Centers, d. h., Sie können die Inhalte weiterer geöffneter Anwendungsfenster sehen.

Die beiden in der linken oberen Fensterecke angezeigten Schaltflächen (Bild 21.10) bringen Sie zur vorherigen Ebene oder zur Startseite des WMC zurück.

21.2.2 Live-TV empfangen

Zum Abrufen eines TV-Programms führen Sie in der Startseite einen Bildlauf zum Eintrag *TV* durch und klicken anschließend auf den Menüeintrag *Live-TV*. Oder Sie drücken auf der Windows Media Center-Fernbedienung die Taste für LIVE-TV. Sie gelangen in den Empfangsmodus für den TV-Empfänger. Voraussetzung ist, dass eine TV-Empfangskarte funktionsfähig im Rechner installiert und eingerichtet ist.

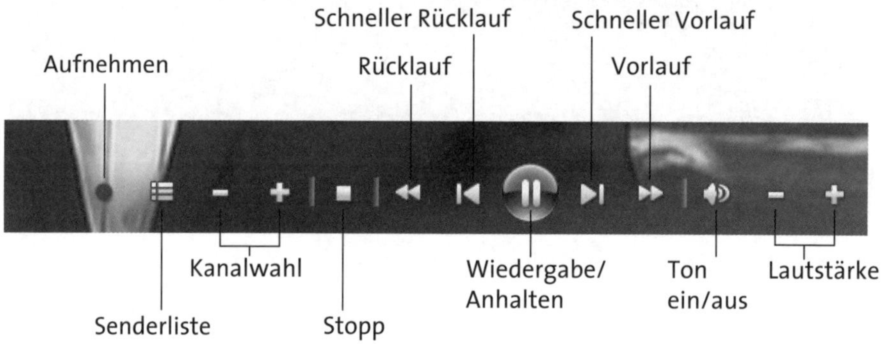

Bild 21.12: Bedienelemente beim TV-Empfang

Das Windows Media Center zeigt bei Anwahl der Funktion das Fernsehbild des aktuell gewählten Kanals an. Zum Wechseln des Kanals bewegen Sie die Maus zum unteren Teil des Bildschirms, um die Bedienelemente einzublenden (Bild 21.12).

- *Kanalwahl:* Wählen Sie eine der beiden Tasten -/+ für die Kanalwahl an. Diese Tasten stellen jeweils den nächsthöheren bzw. niedrigeren Kanal ein. Über die mit Senderliste bezeichnete Schaltfläche lässt sich eine elektronische Programmvorschau als Liste abrufen. Dann können Sie einen Sender durch Anwahl des Programmplatzes in der Liste auswählen. Weiterhin können Sie die Kanäle auch direkt über die Kanalnummern abrufen. Diese lassen sich per Tastatur oder über die Tasten der Fernbedienung in der Form 01, 02, 11 etc. eingeben. Die Kanalliste wird beim Sendersuchlauf automatisch eingerichtet und lässt sich über die Setup-Optionen auch individuell belegen.

- Um die Lautstärke anzupassen, finden Sie zwei weitere Tasten im Bedienfeld am unteren Bildrand. Die Taste mit dem Lautsprechersymbol ermöglicht, den Ton stumm zu schalten.
- Die Taste *Wiedergabe/Anhalten* des Bedienblocks ermöglicht Ihnen, TV-Sendungen zeitversetzt anzusehen. Hierzu bewegen Sie die Maus zur Schaltfläche *Anhalten* und klicken darauf. Das Symbol der Taste wechselt dann zu einem kleinen Dreieck und das Windows Media Center zeichnet die Sendung im Hintergrund auf. Zum Fortsetzen der Wiedergabe klicken Sie erneut auf die Taste *Wiedergabe/Anhalten*.

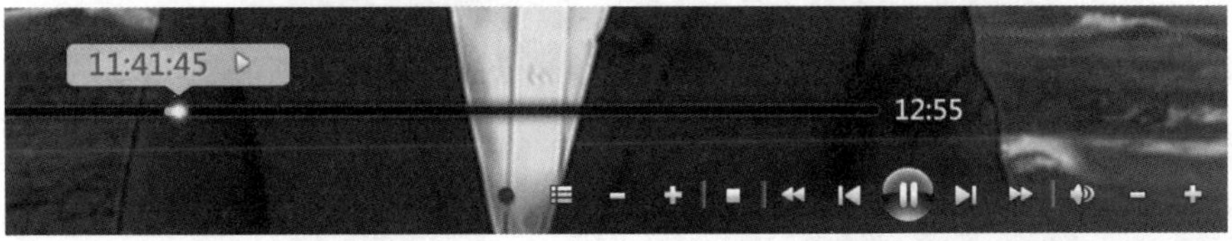

Bild 21.13: Anzeige beim Vor-/Zurückspulen bzw. bei zeitversetzter Wiedergabe

- Über die rechts und links von der Taste *Wiedergabe/Anhalten* befindlichen Steuerungstasten (*Vorlauf*, *Schneller Vorlauf*, *Rücklauf*, *Schneller Rücklauf*) können Sie bei der Wiedergabe von TV-Sendungen und Videos innerhalb des Films vor- oder zurückspulen. Bei der zeitversetzten Wiedergabe wird die in Bild 21.13 sichtbare Leiste eingeblendet. Sie erkennen dann, welcher Zeitbereich durch das Windows Media Center erfasst wurde und welcher Zeitabschnitt gerade wiedergegeben wird.

Beenden lässt sich die Wiedergabe des Live-TV-Programms (oder eines abgespielten Videos), indem Sie im Bedienfeld auf die *Stopp*-Taste klicken – oder indem Sie in der linken oberen Ecke zur Startseite zurückspringen.

21.2.3 TV-Sendungen mitschneiden

Möchten Sie eine TV-Sendung mitschneiden, klicken Sie auf die in der Bedienleiste angezeigte Aufnahmeschaltfläche (Bild 21.12). Während der Aufzeichnung wird links neben der Zeitleiste ein roter Punkt (Bild 21.14, unten) eingeblendet.

Dieser signalisiert, dass eine Aufnahme läuft – Sie können dann keinen anderen TV-Kanal mehr anwählen. Sie können die Aufnahmeschaltfläche erneut anwählen, um die Aufzeichnung zu beenden.

Wählen Sie den roten Punkt neben der Zeitleiste (z.B. mit der rechten Maustaste) an, werden Informationen zur Aufzeichnung eingeblendet (Bild 21.14, oben). Wählen Sie den eingeblendeten Bereich (z.B. per Mausklick) an, blendet das WMC die Seite zur Steuerung der Aufzeichnungsoptionen (Häufigkeit, Zeitdauer etc.) im Vordergrund ein (Bild 21.15).

Sie finden dort Optionen, um Serienaufnahmen zu konfigurieren, die Aufzeichnung zu beenden oder anzusehen. Wählen Sie einen Bereich außerhalb des eingeblendeten Fensters an, verschwindet das Fenster wieder.

Bild 21.14: TV-Sendung aufzeichnen

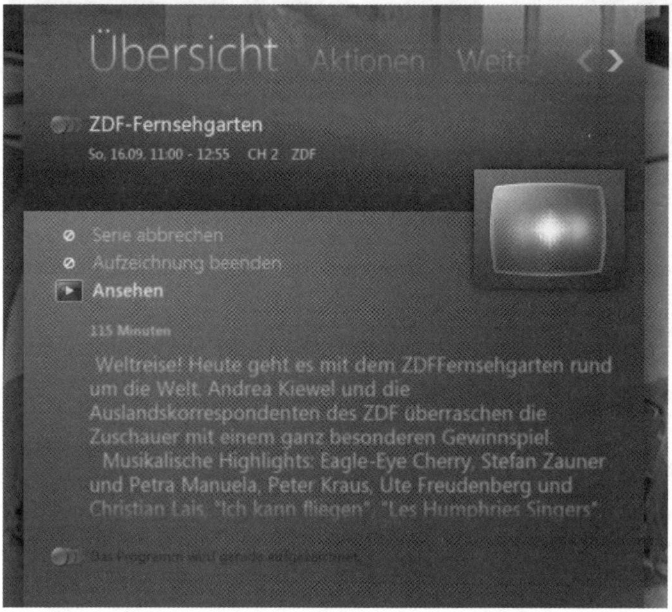

Bild 21.15: Einstellungen für TV-Aufzeichnung anpassen

HINWEIS

Die TV-Aufnahmen werden in den öffentlichen Bibliotheken unter *TV-Aufzeichnungen* abgelegt. Öffnen Sie ein Ordnerfenster, findet sich ein entsprechender Eintrag im Navigationsbereich, über den Sie auf den Ordner mit den TV-Aufzeichnungen zugreifen können. Die Aufzeichnungen liegen in einem speziellen Microsoft WTV-Format vor.

21.2.4 Aufzeichnungen, Videos, Musik und Bilder wiedergeben

Aufgezeichnete TV-Sendungen, auf der Festplatte abgespeicherte Videos, Fotos oder Musiktitel lassen sich im Windows Media Center wiedergeben.

1. Hierzu rufen Sie die Startseite des WMC (z.B. über die in der oberen linken Ecke des Bildschirms eingeblendete Schaltfläche) auf.
2. Anschließend führen Sie einen Bildlauf im Menü der Startseite durch, um die betreffende Kategorie (*Musik, Bilder + Videos, TV*) anzuwählen (Bild 21.16).
3. Wählen Sie in den Folgeseiten die gewünschte Unterkategorie und navigieren Sie zu den Medieninhalten (z.B. *Bildbibliothek, Videobibliothek* etc.).

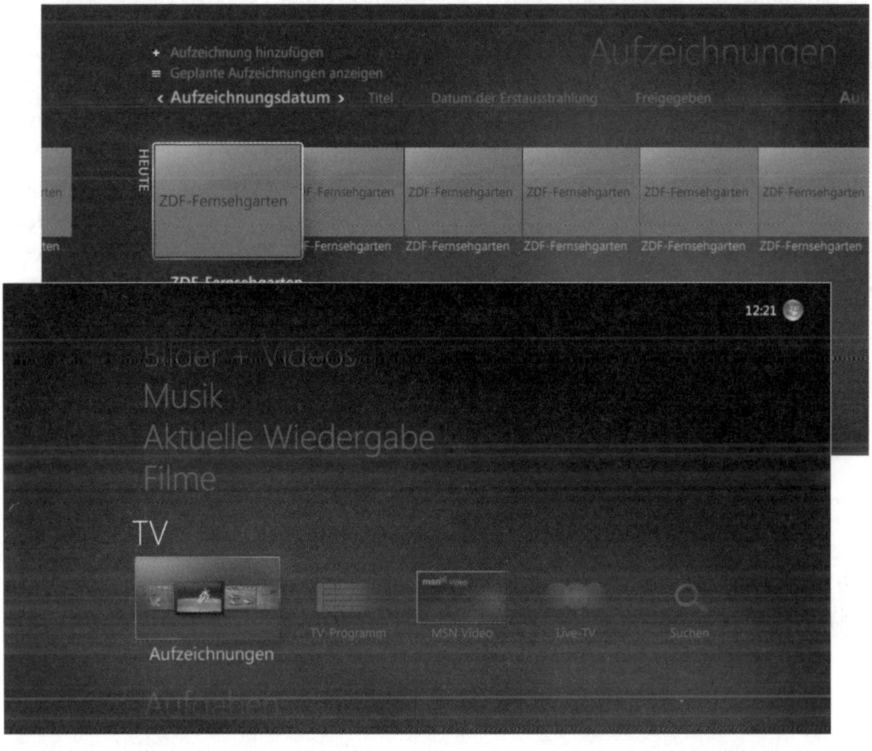

Bild 21.16: Medieninhalte abrufen

Anschließend können Sie die Medienwiedergabe über die Schaltflächen des am unteren Bildrand eingeblendeten Bedienteils steuern (siehe Bild 21.12).

- Die Kategorie *TV* ermöglicht Ihnen über den Befehl *TV-Programm* oder *Live-TV* die Wiedergabe von TV-Sendungen über einen im Rechner eingebauten TV-Tuner. Unter dem Befehl *Aufzeichnungen* finden Sie auch die aufgezeichneten TV-Sendungen, die Sie durch Anwählen wiedergeben können.

- In der Kategorie *Filme* finden Sie den Punkt *DVD wiedergeben*, über den Sie Video-DVDs auf einem DVD-/BD-Laufwerk abspielen können. Über *Filmbibliothek* können Sie auf die auf dem Computer abgelegten Videodateien zugreifen und diese wiedergeben.
- Unter der Kategorie *Musik* finden Sie die Funktionen, um Musik aus verschiedenen Quellen wiederzugeben. Die Funktion *Musikbibliothek* listet alle im Media Center bekannten Musiktitel auf und ermöglicht deren Wiedergabe. Ist ein Radiotuner im Rechner eingebaut, ermöglicht der Befehl *Radio* den Zugriff auf Radioprogramme. Mit dem Befehl *Suchen* öffnet sich ein Formular zur Eingabe eines Suchbegriffs, über den Sie Titel in der Musikbibliothek suchen können (hilfreich bei umfangreichen Musiksammlungen).
- Wählen Sie die Kategorie *Bilder + Videos,* um auf Fotos oder gespeicherte Videodateien zugreifen zu können. Der Befehl *Bildbibliothek* listet alle gefundenen Fotos auf und ermöglicht, diese als Diashow abzurufen. *Favoriten wiedergeben* ermöglicht Ihnen, die in der Medienbibliothek erfassten Favoriten der Medientitel wiederzugeben. Der Befehl *Videobibliothek* listet die gespeicherten Videodateien auf und ermöglicht deren Wiedergabe.

Die Funktionen lassen sich während eines Bildlaufs per Maus anwählen und mit einem Mausklick (oder der [OK]-Taste der Fernbedienung) aufrufen. Sie werden dann über weitere Menüs durch die Optionen zum Abrufen der Funktionen geführt.

HINWEIS

Viele Funktionen des Windows Media Centers lassen sich intuitiv bedienen. Aus Platzgründen wurde das Kapitel auf eine Kurzeinführung begrenzt. Sie können Details und Hilfestellungen zu speziellen Fragen über die Windows-Hilfe abrufen (z.B. indem Sie den Begriff »Media Center« in das Suchfeld eingeben).

22 Spiele, Jugendschutz und Kompatibilitätseinstellungen

Windows 8 enthält nicht mehr die Spiele älterer Windows-Versionen. Sie können aber Kartenspiele wie Solitär, Brettspiele wie Mahjong und mehr als Apps aus dem Windows Store beziehen. Und damit die Kids nicht nur am Rechner hängen, lassen sich Jugendschutzfunktionen über Family Safety in Windows 8 einrichten. In diesem Kapitel werden einige Spiele, die Family Safety-Funktionen sowie die Einstellung von Kompatibilitätsoptionen für ältere Spiele beschrieben.

22.1 Spiele im Kurzüberblick

In Windows 8 lassen sich Spiele als Apps aus dem Windows Store nachinstallieren. Nachfolgend erhalten Sie einen Kurzüberblick über dieses Thema.

22.1.1 Zugriff auf Xbox Spiele

Über Xbox Spiele erhalten Sie Zugriff auf eine ganze Sammlung kostenpflichtiger Spiele-Apps. Dabei ist auch der Kauf von Xbox 360-Spielen, die für die Microsoft Xbox 360-Spielekonsole geschrieben wurden, möglich. Über die Kachel *Spiele* (Bild 22.1) der Startseite gelangen Sie zum Spieleangebot.

Bild 22.1: Kachel zum Zugriff auf Xbox Spiele

Nach dem Aufruf erhalten Sie per Onlineverbindung Zugriff auf die Xbox Spiele-Seite (Bild 22.2, unten). Diese listet, ähnlich wie bei Musik und Videos, in einer Startseite verschiedene Kategorien mit Inhalten auf.

- Standardmäßig wird die Kategorie »Im Rampenlicht« eingeblendet, über deren Kacheln Sie auf populäre oder empfohlene Spiele zugreifen können. Bei einigen Spielen wie beispielsweise Minesweeper werden Sie aber zum Windows Store weitergeleitet.
- Die beiden Kategorien »Windows Spiele-Marktplatz« und »Xbox 360 Spiele-Marktplatz« ermöglichen den Zugriff auf die Shopseiten zum Erwerb von Spielen.
- Am linken Rand werden Ihr Profil als Spieler sowie die Rubrik »Freunde« (Bild 22.2, oben) angezeigt. Die Rubrik »Freunde« zeigt Benutzer an, die Sie in Xbox LIVE in diese Kategorie aufgenommen haben (wird in diesem Buch nicht besprochen). Im Profil taucht der Xbox-Benutzername (Gamertag, siehe *Kapitel 19*, Abschnitt »19.1.7 Wissen zum Xbox LIVE-Konto«) auf.

Und es gibt eine Rubrik »Spielaktivitäten«, unter der Spiele (nach einer Anmeldung), die Sie bei Xbox LIVE spielen, aufgeführt werden.

Bild 22.2: Xbox Spiele-Startseite und Rubrik »Freunde«

22.1.2 Xbox Spiele für Online-Gamer

Xbox Spiele ermöglicht Ihnen, mit oder gegen Freunde oder andere Spieler online anzutreten sowie Spielergebnisse miteinander vergleichen zu können. Auch der Bezug kostenpflichtiger Spiele aus Xbox LIVE erfordert die Anmeldung am Xbox LIVE-Konto mittels Ihres Microsoft-Kontos. Der Ablauf bei Anmeldung und Kauf entspricht der Vorgehensweise beim Erwerb von Musik und Videos (siehe *Kapitel 19*) und wird hier nicht weiter besprochen. Gehen Sie zur Rubrik »Spiele« im Windows Store, um die nachfolgend beschriebenen, kostenlosen Spiele-Apps zu beziehen (siehe auch *Kapitel 5*, Abschnitt »5.3 Verwenden des Windows Store«). Nachfolgend stelle ich noch einige kostenlose Spiele-Apps kurz vor.

22.1.3 Die Minesweeper-App

Das Spiel Minesweeper können Sie kostenlos aus dem Windows Store herunterladen und installieren. Die App bildet ein Strategiespiel ab, in dem Sie ein Minenfeld räumen und die sicheren Bereiche in möglichst kurzer Zeit herausfinden sollen.

Bild 22.3: Spiele-App Minesweeper

1. Zum Aufrufen der installierten Minesweeper-App wählen Sie die entsprechende Kachel der Startseite (Bild 22.3, linke untere Ecke).
2. Sobald die Startseite der App erscheint, wählen Sie den Spielmodus (z.B. »Einfach 9 x 9«) über eine der in der Seite angezeigte Kachel (Bild 22.3, oben) aus.
3. Melden Sie sich bei Bedarf im eingeblendeten Formular (Bild 22.4) am Microsoft-Konto an.
4. Nach der Auswahl des Spielmodus wird eine Infoseite mit Hinweisen zur Spielstrategie eingeblendet, die Sie über die angezeigte *Weiter*-Schaltfläche verlassen.
5. Anschließend können Sie mit dem »Minenräumen« auf dem Spielfeld beginnen, indem Sie ein Feld anwählen.

Xbox LIVE-Spiele erwarten, dass sich der Benutzer mit einem Xbox LIVE-Konto verbindet, um Spielstände, Freunde etc. verwalten zu können. Dabei genügt eine einmalige Anmeldung am Xbox LIVE-Konto, um die Xbox LIVE-Spiele mit dem Konto zu verbinden.

Sofern Sie nicht unter einem Microsoft-Konto angemeldet sind, erscheint bei jedem Start eines Xbox LIVE-Spiels das in Bild 22.4 gezeigte Fenster. Es genügt, die Anmeldedaten anzugeben, um sich am Microsoft-Konto anzumelden und die Verbindung zum Xbox LIVE-Konto herzustellen.

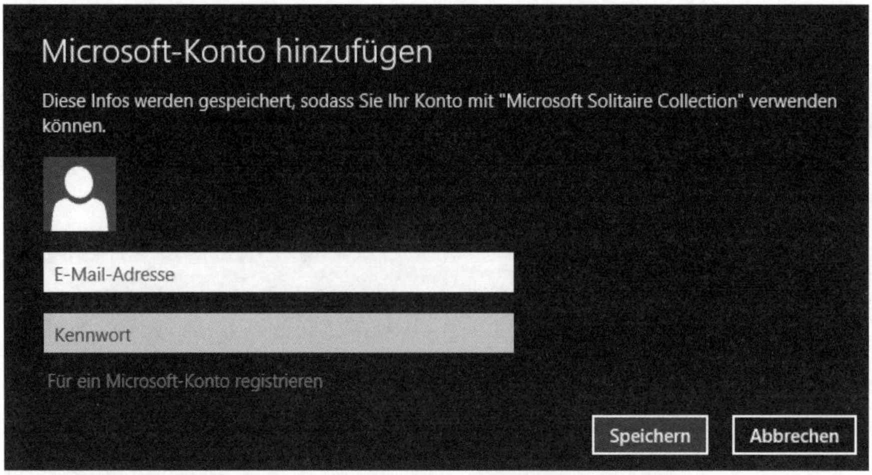

Bild 22.4: Anmeldung am Microsoft-Konto

TIPP

Diese Anmeldung ist bei vielen Xbox LIVE-Spielen aber nur erforderlich, sofern die Spielstände in Ihrem Xbox Spiele-Konto einsehbar sein sollen. Die z. B. automatisch bei der Anwahl eines Minesweeper-Spielmodus angezeigte Anmeldeseite des Microsoft-Kontos können Sie daher über die *Abbrechen*-Schaltfläche beenden.

Das Minesweeper-Spielfeld (Bild 22.3, unten), das Minenfeld, ist in einzelne Kästchen unterteilt. Am oberen Fensterrand sehen Sie das gewählte Spielelevel, die verstrichene Zeit sowie die Zahl der im Spielfeld verbleibenden Minen. Beim Start des Spiels finden Sie am oberen Fensterrand noch einen Hinweis zum Aufdecken der Felder, der aber beim Spielstart verschwindet.

- Wählen Sie jeweils die einzelnen Felder an, um das betreffende Feld aufzudecken. Dadurch lässt sich herausfinden, ob ein Feld minenfrei ist und ob sich Minen in der Nachbarschaft befinden.
- Die Zahl 1 in einem Feld bedeutet, dass sich eine Mine auf einem der benachbarten Felder befindet. Die Zahl 2 weist auf die entsprechende Minenzahl auf den Nachbarfeldern hin.
- Vermuten Sie auf einem Feld eine Mine, können Sie dieses mit der rechten Maustaste anklicken. Minesweeper markiert dieses Feld mit einem kleinen Fähnchen.

Ziel ist es, möglichst viele minenfreie Felder in kürzester Zeit aufzudecken. Haben Sie ein Feld gewählt, das eine Mine enthält, ist das Spiel leider verloren.

- Dann erscheint eine Ergebnisseite, in der Sie ein neues oder das vorhandene Spiel starten, das Spielfeld zeigen und die Punkte anzeigen können.
- Über die Schaltfläche *Freigabe* dieser Ergebnisseite öffnen Sie die Seitenleiste *Teilen*. Dort können Sie eine App (z. B. Mail oder SkyDrive) auswählen, um das Ergebnis zu teilen. Die Schaltfläche *Zurück* bringt Sie zur Startseite der App.

- Um das Spiel während des Ablaufs neu zu beginnen, öffnen Sie die App-Leiste (Bild 22.3, unten) und wählen die Schaltfläche *Neues Spiel*.
- Die Schaltfläche *Dasselbe Spielfeld spielen* der App-Leiste stellt den Zustand beim Spielstart wieder her und Sie erhalten einen neuen Versuch.

Nach Anwahl von *Einstellungen* in der Charms-Leiste können Sie auf den Befehl *Spieloptionen* zugreifen und dann in der angezeigten Seitenleiste diverse Einstellungen anpassen. Weitere Informationen erhalten Sie über die Hilfe des Spiels, die Sie über die in der App-Leiste eingeblendete Schaltfläche *So wird gespielt* abrufen können.

22.1.4 Das Kartenspiel Solitaire

Bei Solitaire handelt es sich um ein Patience-Kartenspiel, dessen Nachbildung Sie kostenlos als Solitaire-App aus dem Windows Store installieren können.

1. Aufgerufen wird das Kartenspiel Solitaire nach der Installation über die Kachel *Microsoft Solitaire Collection* der Startseite (Bild 22.5, unten).
2. Sind Sie nicht mit einem Xbox Live-Konto verbunden, erscheint nach dem Start die obligatorische Aufforderung, sich am Microsoft-Konto anzumelden.

Diese Aufforderung können Sie, sofern keine Onlineverbindung verfügbar ist oder keine Spielstände in Ihr Xbox LIVE-Spielekonto übertragen werden sollen, über die *Abbrechen*-Schaltfläche beenden.

Die App Microsoft Solitaire Collection stellt Ihnen in der Rubrik »Spiele« eine ganze Sammlung unterschiedlicher Solitaire-Varianten und in der Rubrik »Aktuelles Design« zumindest das klassische Design zum Spielen bereit.

3. Wählen Sie in der Startseite eine der angezeigten Varianten (z.B. Klondike) an, um das Spiel zu starten. Wie bei Minesweeper erscheint ein Hinweis mit den Spielregeln, den Sie über die *Schließen*-Schaltfläche beenden.

Anschließend können Sie mit dem Spiel beginnen. Ziel des Spiels ist es, Karten nach vorgegebenen Regeln auf dem Spielfeld (Bild 22.6, links) umzuschichten. Für die Variante Klondike gelten folgende Regelungen.

- Vom Ausgangsstapel in der linken Ecke sind die aufgedeckten Karten auf die vier Zielstapel in der rechten oberen Ecke in der Reihenfolge As, 2, 3 bis Bauer, Dame, König und geordnet nach der jeweiligen Spielfarbe (Karo, Kreuz, Herz und Pik) abzulegen.
- Die Karten des Ausgangsstapels lassen sich durch Anwählen aufdecken und dann auf die unteren sieben Zwischenstapel anlegen. Dabei sind Karten abwechselnd in den Spielfarben Schwarz und Rot in absteigender Wertigkeit (König, Dame, Bauer, 10 bis 2) an die Zwischenstapel anlegbar.

Bei Bedarf blenden Sie die App-Leiste am unteren Bildschirmrand ein. Dort finden Sie eine Schaltfläche, um neue Karten zu geben (startet ein neues Spiel) oder einen Tipp bzw. die Hilfe abzurufen. In der oberen App-Leiste (Bild 22.6, links) können Sie auf die Spielevarianten zugreifen. Die Anwahl einer neuen Variante startet auch ein neues Spiel.

Bild 22.5: Xbox LIVE-App Solitaire aufrufen

1. Um die Spieleinstellungen anzupassen, blenden Sie die Charms-Leiste am rechten Seitenrand ein und wählen dann *Einstellungen*.
2. Wählen Sie in der Seitenleiste *Einstellungen* (Bild 22.6, rechte Spalte) den Befehl *Spieloptionen*.
3. In der angezeigten Seitenleiste passen Sie nun den Sound an die gewünschten Optionen (z.B. Abheben von einer oder drei Spielkarten) an.

Am oberen Spielfeldrand (Bild 22.6, links) werden die erreichte Punktzahl sowie die verstrichene Zeit angezeigt. Das Spiel ist gewonnen, wenn alle Karten auf den vier Zielstapeln am oberen Spielfeldrand abgelegt sind.

HINWEIS

Beachten Sie, dass die diversen Solitaire-Varianten etwas abweichende Regeln haben. Diese werden in der Hilfe des jeweiligen Programms erklärt. Abrufen lässt sich diese Hilfe über den Befehl *So wird gespielt* der Seitenleiste *Einstellungen* (Bild 22.6, rechte Spalte).

22.1.5 Microsoft Mahjong

Bei Mahjong handelt es sich um ein altes chinesisches Brettspiel, dessen Xbox LIVE-Fassung sich per Maus oder mittels Touchbedienung spielen lässt. Die App beziehen Sie kostenlos aus dem Windows Store.

1. Nach der Installation wird das Spiel über eine Kachel der Startseite aufgerufen (Bild 22.7, unten links).
2. Die Anmeldeaufforderung am Microsoft-Konto können Sie über die *Abbrechen*-Schaltfläche übergehen.

Bild 22.6: Xbox LIVE-Spiel Solitaire in der Klondike-Variante mit Optionen

3. Sie gelangen zur Startseite der App (Bild 22.7, Hintergrund oben), in der Sie über Kacheln der Rubriken »Spiele« und »Designs« die Spielvariante wählen.

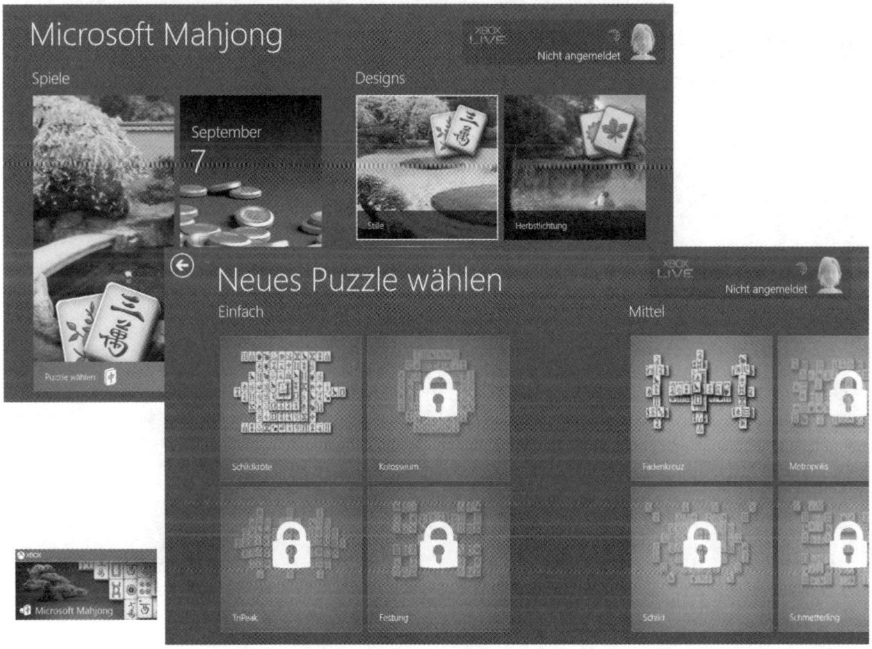

Bild 22.7: Aufruf des Xbox LIVE-Spiels Mahjong

Die Einträge in der Spalte »Designs« bestimmen das Hintergrundmotiv, während die Kachel der Rubrik »Spiele« Sie zur Auswahl der als »Puzzle« bezeichneten Spielaufstellung (Bild 22.7, Vordergrund, unten rechts) bringt. Mit einem Schloss gekennzeichnete Varianten sind in der kostenlosen Version der App gesperrt. Wählen Sie die nachfolgend beschriebene Variante »Schildkröte«

- Nach dem Spielstart lässt sich ein Lernprogramm absolvieren oder überspringen. Abhängig vom gewählten Spiellevel wird beim Spielstart dann das Spielfeld mit den Steinen eingeblendet.
- Ziel ist es, passende Pärchen an Spielsteinen durch Anwählen abzuräumen. Bei der »Schildkröte« (Bild 22.8) sind nur Spielsteine abräumbar, deren rechte oder linke Seite frei ist.
- Lassen sich keine Spielsteine mehr abheben, können Sie ggf. über das Element *Neu mischen* in der linken unteren Ecke die restlichen Spielsteine neu mischen lassen.
- Das Element *Rückgängig* in der rechten unteren Ecke des App-Fensters ermöglicht Ihnen, die letzten abgehobenen Spielsteine wieder zurückzuschieben. Dann lassen sich ggf. neue Kombinationen ausprobieren.
- Blenden Sie die App-Leiste am unteren Fensterrand ein (Bild 22.8), finden Sie Schaltflächen, um sich mit einem Tipp helfen zu lassen oder das Spiel zu unterbrechen. Zudem können Sie über eine Schaltfläche ein neues Spiel beginnen.

Bild 22.8: Spielfeld der Mahjong-Variante Schildkröte

Ähnlich wie bei anderen Apps lässt sich per Klick auf *Einstellungen* in der Charms-Leiste der Befehl *Spieloptionen* in der Seitenleiste *Einstellungen* wählen. Sie gelangen dann zu einer Seitenleiste, in der Sie einige Spieloptionen anpassen können.

HINWEIS

Es gibt eine Reihe weiterer, kostenloser Spiele im Windows Store, die hier aus Platzgründen nicht behandelt werden. Pinball FX ist z.B. die Nachbildung eines Flipper-Automaten. Probieren Sie bei Interesse einfach die verfügbaren Spiele-Apps aus.

22.2 Programmeinstellungen verwalten

In diesem Abschnitt lernen Sie, wie sich die Jugendschutzeinstellungen für Benutzerkonten über die Windows-Funktion »Family Safety« verwalten und Kompatibilitätsoptionen für Windows-Anwendungsprogramme (z.B. ältere Spiele) anpassen lassen.

22.2.1 Jugendschutzeinstellungen mit Family Safety verwalten

Eltern können in Windows die Jugendschutzeinstellungen, mittlerweile als Family Safety bezeichnet, verwalten und damit kontrollieren, welche Spiele ihre Sprösslinge nutzen. Zudem lässt sich die Verwendung verschiedener Programme limitieren. Die Verwaltung der Jugendschutzeinstellungen kann dabei nur von einem Benutzerkonto mit Administratorrechten erfolgen, wobei das durch den Jugendschutz eingeschränkte Konto zum Kreis der Standardbenutzer gehören muss. Wenn Ihre Kinder also das Administratorkennwort kennen (oder es keines gibt), ist der Jugendschutz wirkungslos. Um die Family Safety-Einstellungen für ein Standardbenutzerkonto anzupassen, gehen Sie in folgenden Schritten vor.

Bild 22.9: Family Safety-Funktionen aufrufen

1. Blenden Sie die Charms-Leiste am rechten Rand ein, und wählen Sie *Einstellungen*.
2. Geben Sie im Suchfeld »famil« ein und wählen Sie die Rubrik »Einstellungen« (Bild 22.9).
3. Wählen Sie einen der angezeigten Treffer, um auf die Family Safety-Funktionen zuzugreifen.

Welche Treffer aufgelistet werden, hängt davon ab, unter welchem Benutzerkonto Sie angemeldet sind. Sind Sie unter einem Standardbenutzerkonto angemeldet, erscheint der Befehl *Family Safety-Einstellungen für das eigene Konto anzeigen*, über den Sie sich die Einstellungen des Kontos anzeigen lassen können. Bei Anwahl anderer Befehle fordert die Benutzerkontensteuerung die Bestätigung eines Administrators samt Kennworteingabe. Es empfiehlt sich daher, die Family Saftey-Einstellungen vom eigenen Administratorkonto vorzunehmen.

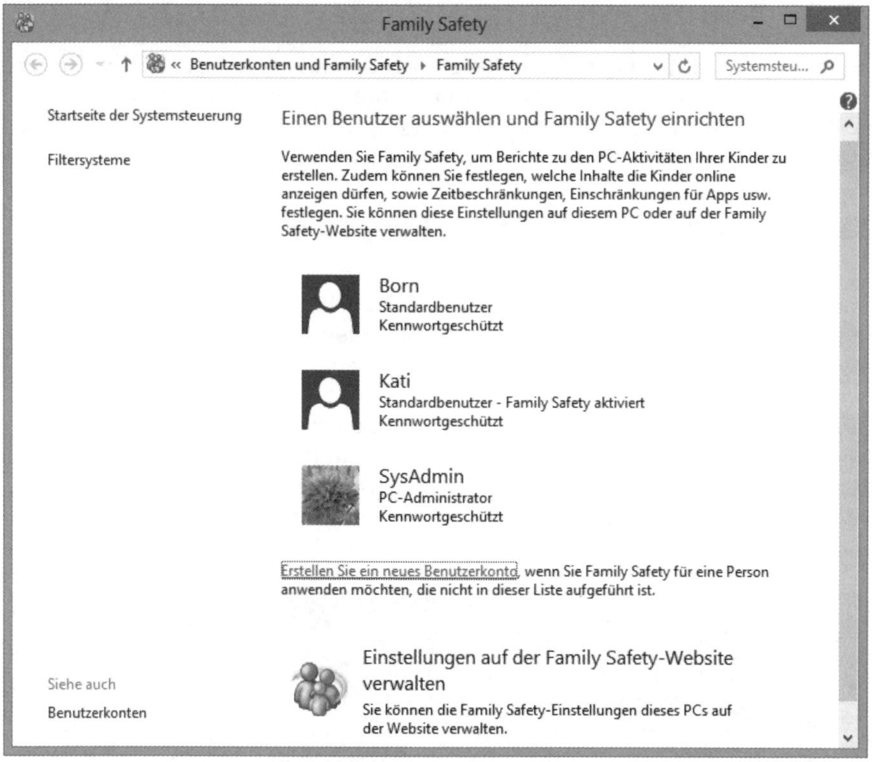

Bild 22.10: Auswahl der Konten bei Family Safety

Die Family Safety-Funktionen ersetzen die Jugendschutzeinstellungen früherer Windows-Versionen und werden mit einer Windows-Anwendung verwaltet. Nach dem Aufruf des Befehls *Family Safety* erscheint ein Dialogfeld mit dem gleichen Titel, in dem Sie vorhandene Konten verwalten oder neue Konten anlegen können (Bild 22.10).

- Wählen Sie eines der Konten vom Typ »Standardbenutzer«, um dessen Family Safety-Einstellungen verwalten zu können. Bei jedem Konto ist vermerkt, ob es sich um einen Standardbenutzer handelt und ob Family Safety bereits aktiviert ist.
- Existiert bereits ein Konto mit der Kennzeichnung, dass es sich beim Benutzer um ein Kind handelt (d.h., Family Safety ist eingerichtet), können Sie am unteren Rand auf den Eintrag *Einstellungen auf der Family Safety-Website verwalten* klicken, um Berichte einzusehen.
- Ist noch kein Standardkonto für das Familienmitglied vorhanden, wählen Sie den Hyperlink *Erstellen Sie ein neues Benutzerkonto*, um ein neues Standardbenutzerkonto für das Kind einzurichten.

Abhängig von Ihrer Auswahl führen Sie anschließend die benötigten Schritte zur Konfigurierung einer Funktion aus.

Neues Benutzerkonto einrichten

Haben Sie den Befehl zum Einrichten eines neuen Benutzerkontos angewählt, werden Sie durch die Formularseiten zum Erstellen dieses Kontos geführt. Sie können dabei wahlweise ein Microsoft-Konto mit E-Mail-Adresse und Kennwort oder ein lokales Benutzerkonto mit Benutzername und Kennwort anlegen (siehe auch *Kapitel 29*).

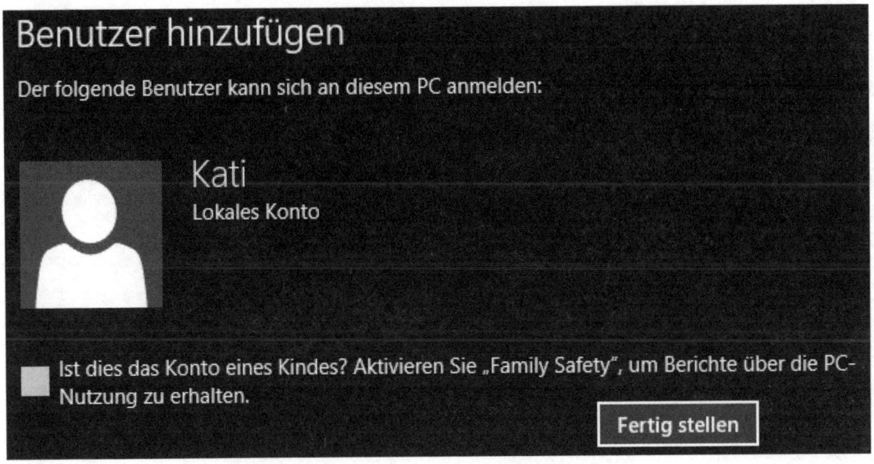

Bild 22.11: Family Safety-Option beim Anlegen eines Benutzerkontos

Markieren Sie im Dialogfeld aus Bild 22.11 das Kontrollkästchen *Ist dies das Konto eines Kindes? ...*, bevor Sie die Schaltfläche *Fertig stellen* wählen, um Berichte über die Nutzung des PC zu erhalten.

Filtersystem für Spielfreigaben wählen

Um Spielfreigaben zu verwalten, benötigen Sie ein Filtersystem, das die Altersfreigabe von Spielen auswertet. Wählen Sie in der Aufgabenleiste der Seite *Family Safety* (Bild 22.10) den Befehl *Filtersysteme*.

22.2.2 Family Saftey-Benutzereinstellungen verwalten

Haben Sie ein Benutzerkonto zum Verwalten der Family Safety-Einstellungen angewählt, gelangen Sie zur Seite *Benutzereinstellungen* (Bild 22.13), in der Sie die gewünschten Optionen einstellen.

- Markieren Sie das Optionsfeld *Ein – Einstellungen erzwingen* der Gruppe *Family Safety*, um den Schutz einzuschalten.
- Anschließend rufen Sie über die Hyperlinks der Gruppe *Windows-Einstellungen* die gewünschten Einstellseiten auf und passen deren Einstellungen an.

Zur Verwaltung führt die Family Safety-Funktion Sie durch verschiedene Konfigurationsseiten, die alle über einen ähnlichen Aufbau verfügen. Daher wird die Vorgehensweise am Beispiel der Spielefreigabe skizziert.

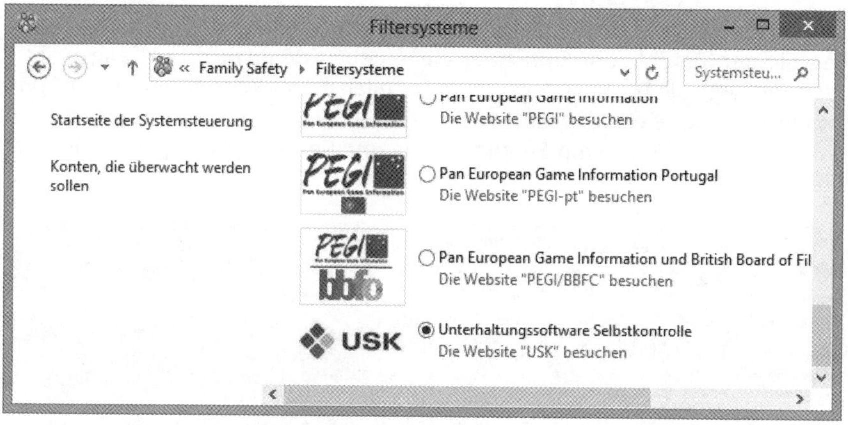

Bild 22.12: Auswahl des Family Safety-Filtersystems

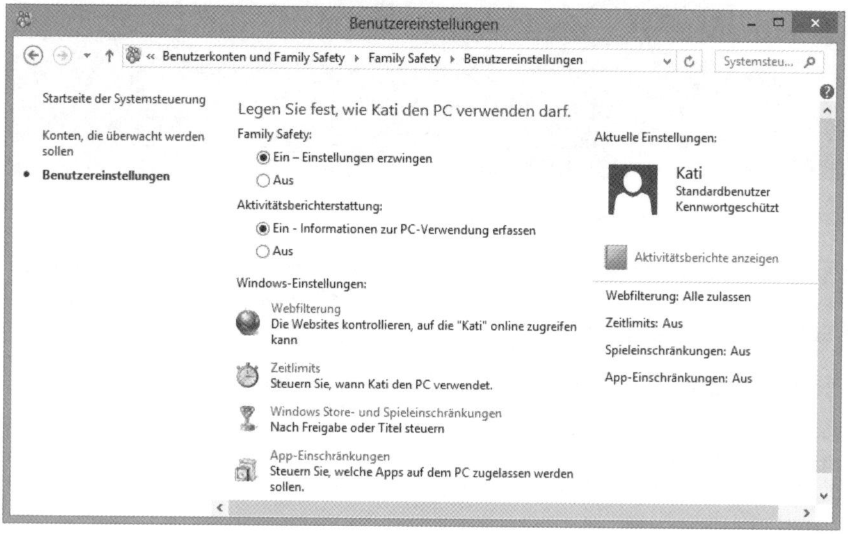

Bild 22.13: Benutzereinstellungen bei Family Safety

Spielfreigaben verwalten

Um Spielfreigaben (App-Installation aus dem Store bzw. Aufruf von Apps) zu verwalten, wählen Sie den Hyperlink *Windows Store- und Spieleinschränkungen* an. Dann erscheint die gleichnamige Detailseite mit den Optionen zur Verwaltung der Einstellungen (Bild 22.14).

- Markieren Sie im Formular (Bild 22.14, oben) über ein Optionsfeld, ob das Kind Spiele unbeschränkt oder nur zugelassene Spiele aufrufen darf.
- Bei Beschränkungen können Sie den Hyperlink *Windows Store- und Spielfreigaben festlegen* und *Bestimmte Spiele zulassen oder blockieren* wählen. Sie gelangen dann zur Folgeseite, in der Sie über Optionen wählen, welche Spiele der Benutzer aus dem Windows Store auswählen kann (Bild 22.14, Mitte).

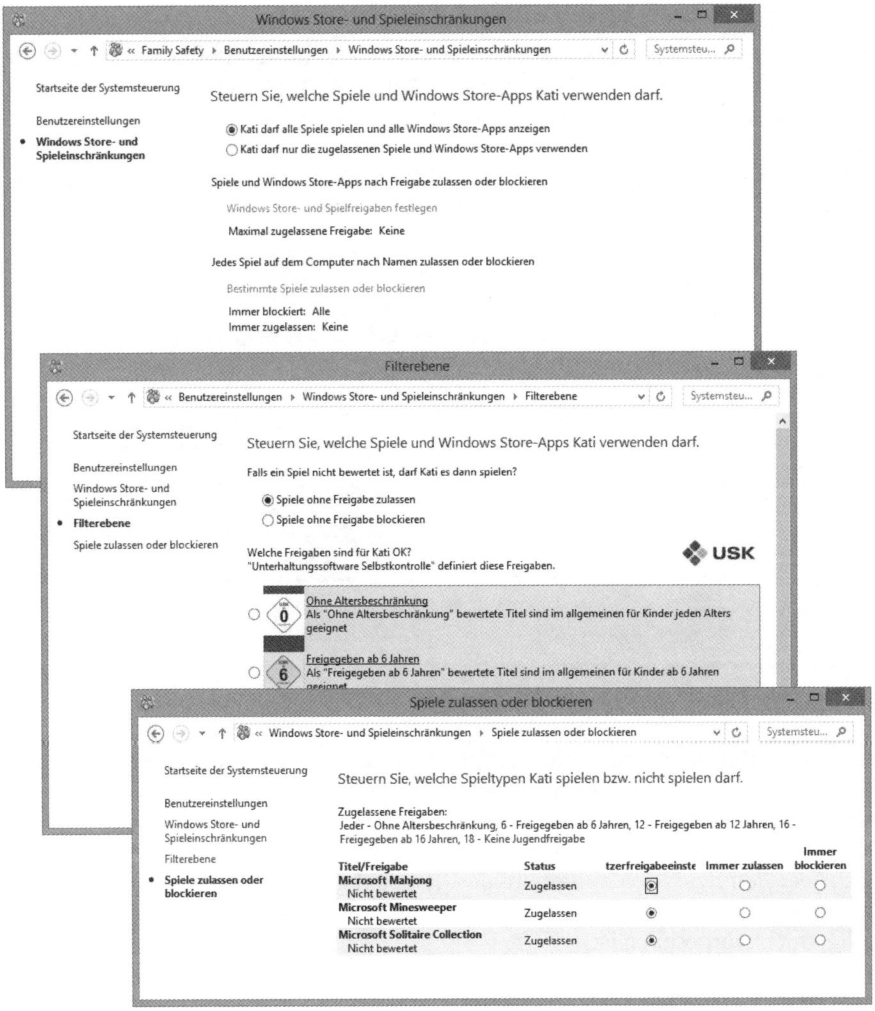

Bild 22.14: Windows Store- und Spieleinschränkungen

- Es lässt sich über Optionsfelder vereinbaren, ob Spiele ohne Altersfreigabe (z.B. der Unterhaltungssoftware Selbstkontrolle – USK) überhaupt zur Installation aufgerufen werden dürfen und welche Altersstufe für die Spielfreigabe gelten soll.
- Über den Hyperlink *Bestimmte Spiele zulassen oder blockieren* (Bild 22.14, oben) öffnen Sie ein Formular (Bild 22.14, unten), in dem die installierten Spiele-Apps aufgeführt werden und über dessen Optionsfelder diese zugelassen oder blockiert werden können.

Die Einstellungen werden sofort nach dem Setzen der Option wirksam, eine Schaltfläche zum Bestätigen gibt es nicht.

Zugangs- oder Sperrzeiten festlegen

Möchten Sie die Zugangszeiten zu einem Benutzerkonto einschränken, wählen Sie im Formular (Bild 22.13) den Hyperlink *Zeitlimits*. Anschließend können Sie im Folgeformular die Zeiten der Benutzung freigeben bzw. Zeitfenster blockieren (Bild 22.15, oben). Abhängig vom gewählten Hyperlink lassen sich Zeitintervalle (Bild 22.15, unten links) zur Nutzung oder Sperrzeiten (Bild 22.15, unten rechts) einrichten.

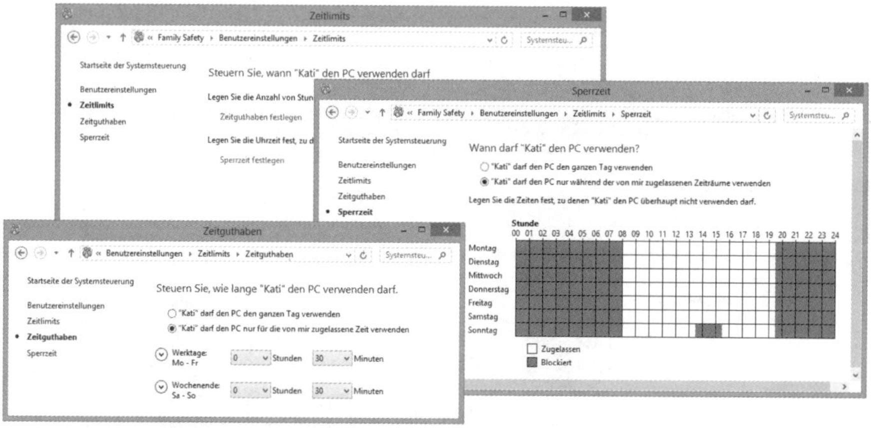

Bild 22.15: Zeitlimits oder Sperrzeiten festlegen

Um Sperrzeiten vorzugeben, markieren Sie einfach die betreffenden Felder Zeittafel (Bild 22.15, unten rechts) per Maus. Blau gefüllte Zeitfelder stehen für einen blockierten Zugang, weiße Zeitfelder erlauben den Zugang. Durch erneutes Markieren eines Felds wird der Zugang abwechselnd blockiert oder freigegeben. Versucht der Benutzer, sich außerhalb der freigegebenen Zeiten am Benutzerkonto anzumelden, erhält er eine entsprechende Meldung, dass ein Zugang zu diesen Zeiten nicht vorgesehen ist.

Windows-Apps blockieren

Möchten Sie verhindern, dass Ihre Kinder bestimmte Programme unter Windows nutzen, wählen Sie im Formular aus Bild 22.13, den Hyperlink *App-Einschränkungen*.

- Im Folgeformular *Welche App darf ... verwenden?* markieren Sie das Optionsfeld *... darf nur die zugelassenen Apps verwenden*.
- Anschließend markieren Sie in der angezeigten Liste (Bild 22.16) der installierten Programme die Kontrollkästchen aller Anwendungen, die für das Benutzerkonto freigegeben sind.

Microsoft bezeichnet in dieser Seite auch Windows-Anwendungen als Apps. Sofern Sie Anwendungen blockieren, prüfen Sie (z.B. durch eine Anmeldung des Benutzers), ob sich andere Programme noch verwenden lassen.

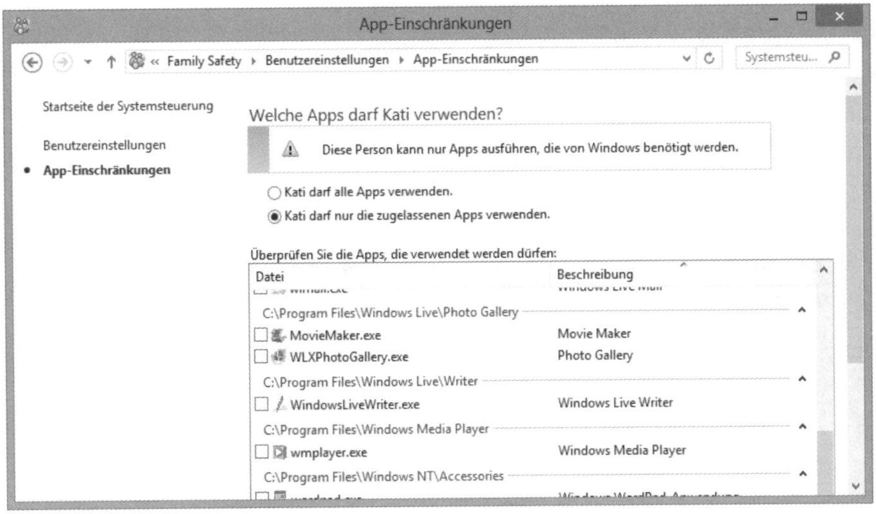

Bild 22.16: Apps freigeben oder sperren

HINWEIS

Um den Aufruf bestimmter Internetseiten durch Kinder zu verhindern, lässt sich der Hyperlink *Webfilterung* wählen. In Feldern lässt sich vorgeben, welche Websites und -dienste (z.B. Kommunikation) abrufbar sind. Zudem können Sie gezielt spezielle Webseiten zulassen oder sperren. Weiterhin können Sie in der Seite *Benutzereinstellungen* (Bild 22.13) den Hyperlink *Aktivitätsbericht anzeigen* anwählen. Es wird ein Bericht eingeblendet, in denen die am häufigsten besuchten Webseiten, die Zeiten der PC-Verwendung und die am häufigsten verwendeten Apps und Spiele aufgelistet sind.

22.2.3 Kompatibilitätsoptionen einstellen

Bei älteren Anwendungen und Spielen gibt es eventuell Probleme bei der Ausführung unter Windows 8. Eine Möglichkeit besteht darin, verschiedene Kompatibilitätsoptionen für das Programm zu setzen und diese versuchsweise auszuprobieren.

1. Klicken Sie das Symbol der Programmdatei oder der Verknüpfungsdatei mit der rechten Maustaste an und wählen Sie den Kontextmenübefehl *Eigenschaften*.
2. Wechseln Sie im Eigenschaftenfenster zur Registerkarte *Kompatibilität* und stellen Sie dort die gewünschten Optionen ein (Bild 22.17).

Auf der Registerkarte können Sie das Kontrollkästchen *Programm im Kompatibilitätsmodus ausführen für* der Gruppe *Kompatibilitätsmodus* markieren und dann die erforderliche Betriebssystemversion für die Anwendung über das zugehörige Listenfeld auswählen. Außerdem lassen sich in der Gruppe *Einstellungen* über verschiedene Kontrollkästchen bestimmte Optionen aktivieren (z.B. die Bildschirmauflösung auf 640 x 480 Bildpunkte begrenzen).

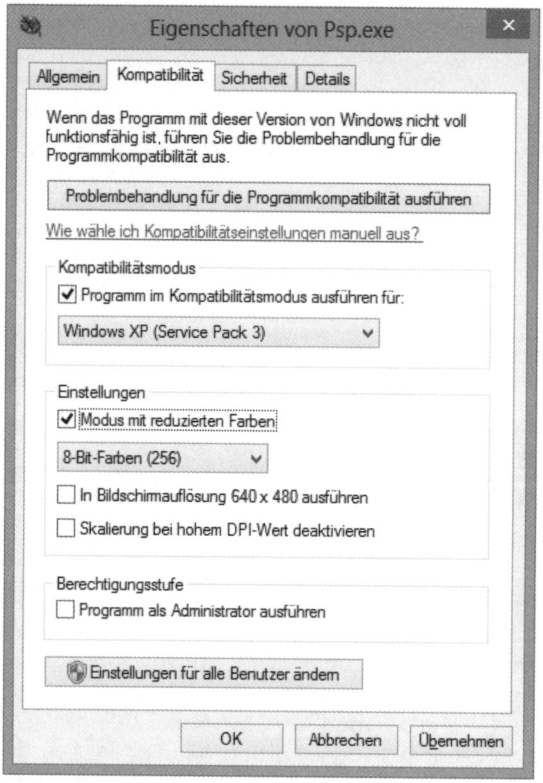

Bild 22.17: Kompatibilitätsoptionen

Benötigt das Programm Administratorrechte zur Ausführung, klicken Sie auf die Schaltfläche *Einstellungen für alle Benutzer anzeigen*. Dann wird eine neue Registerkarte *Kompatibilität für alle Benutzer* mit den gleichen Optionen wie in Bild 22.17 eingeblendet. Markieren Sie auf dieser Registerkarte das Kontrollkästchen *Programm als Administrator ausführen* und legen Sie ggf. die restlichen Kompatibilitätsoptionen fest. Beim späteren Aufruf der Anwendung fragt die Benutzerkontensteuerung dann den Namen und das Kennwort des Administratorkontos ab.

Sobald Sie das Dialogfeld über die *OK*-Schaltfläche schließen, wird die Anwendung für den gewählten Modus konfiguriert.

22.2.4 Windows die Kompatibilität ermitteln lassen

Ist unklar, welche Kompatibilitätsoptionen für ein Programm unter Windows erforderlich sind? Dann besteht die Möglichkeit, sich von Windows unterstützen zu lassen. Sie können im Dialogfeld *Eigenschaften* (Bild 22.17) die Schaltfläche *Problembehandlung für die Programmkompatibilität ausführen* der Registerkarte *Kompatibilität* wählen.

Noch einfacher ist es, das Verknüpfungssymbol oder die *.exe*-Programmdatei mit der rechten Maustaste anzuklicken und dann den Kontextmenübefehl *Behandeln von Kompatibilitätsproblemen* zu wählen.

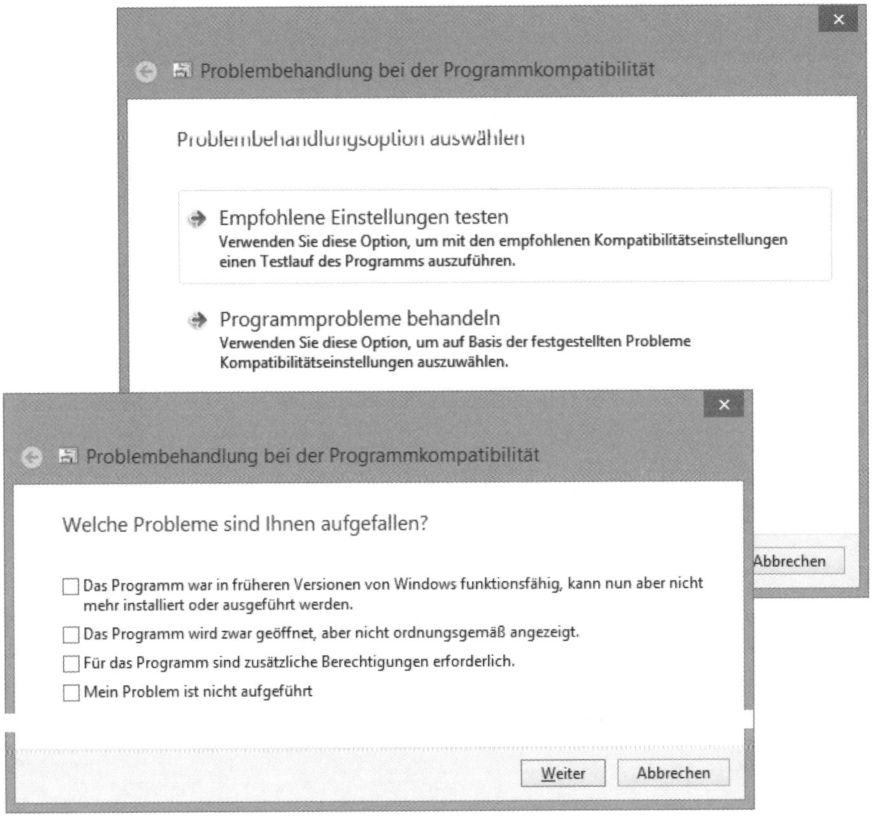

Bild 22.18: Programmkompatibilität per Assistent einstellen

- Windows startet einen Assistenten, in dessen Dialogfeld *Programmkompatibilität* (Bild 22.18, oben) Sie zwischen den Befehlen *Empfohlene Einstellungen testen* und *Programmprobleme behandeln* wählen können. Beim erstgenannten Befehl legt Windows selbst Kompatibilitätseinstellungen fest und zeigt anschließend das Dialogfeld zum Testen der Einstellungen an.
- Beim letztgenannten Befehl erscheint ein Dialogfeld (Bild 22.18, unten), in dem Sie über Kontrollkästchen zutreffende Aussagen markieren können. Über die *Weiter*-Schaltfläche gelangen Sie zu einem Dialogfeld, in dem Sie eines der aufgeführten Betriebssysteme wählen. Danach gelangen Sie ebenfalls zum Dialogfeld zum Testen der Einstellungen. Wählen Sie im Dialogfeld die Schaltfläche *Programm starten*.

Funktioniert das Programm wie gewünscht, beenden Sie es und schalten zum Folgedialogfeld des Assistenten um. Dann klicken Sie auf den Befehl *Ja, diese Einstellungen für dieses Programm speichern*. Bei Problemen lässt sich die Schrittfolge durch Anwahl des Befehls *Nein, mit anderen Einstellungen wiederholen* erneut durchlaufen. Optional gibt es zudem einen Befehl, um die Kompatibilitätsprobleme an Microsoft zu melden.

23 Erleichterte Bedienung

Windows 8 stellt über die erleichterte Bedienung verschiedene Funktionen zur Unterstützung von Menschen mit Behinderungen zur Verfügung. Dieses Kapitel zeigt Ihnen, wie Sie diese Funktionen einsetzen.

23.1 Zugriff auf die erleichterte Bedienung

In diesem Abschnitt erfahren Sie, wie sich die Einstellungen der erleichterten Bedienung aufrufen und unter der neuen Benutzeroberfläche anpassen lassen.

23.1.1 Einstellungen zur erleichterten Bedienung anpassen

Die Einstellungen zur erleichterten Bedienung lassen sich in der Seite *PC-Einstellungen* einsehen (Bild 23.1, links).

1. Öffnen Sie die Charms-Leiste (z.B. mit der Tastenkombination ⊞+C) und klicken Sie auf *Einstellungen* (Bild 23.1, rechts).
2. Dann wählen Sie in der Seitenleiste *Einstellungen* den Befehl *PC-Einstellungen ändern*.
3. Anschließend lässt sich auf der Seite *PC-Einstellungen* die Kategorie *Erleichterte Bedienung* (Bild 23.1, links) anwählen.

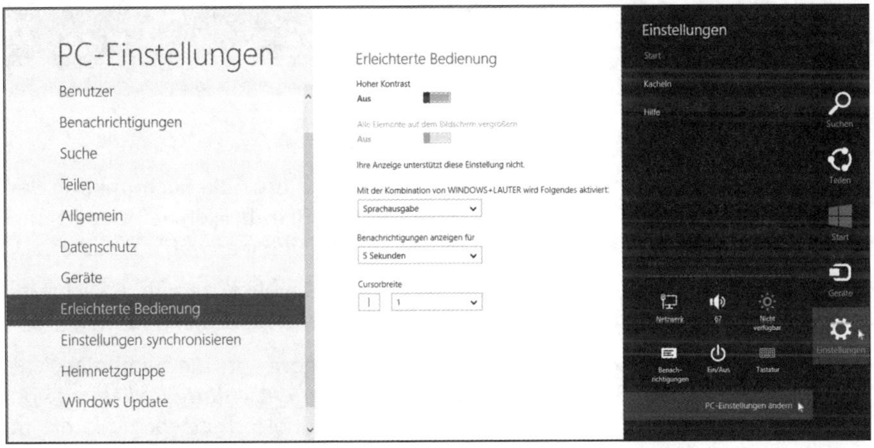

Bild 23.1: Erleichterte Bedienung anpassen

In der Spalte »Erleichterte Bedienung« können Sie die einzelnen Einstellungen zur erleichterten Bedienung ein-/ausschalten bzw. anpassen (Bild 23.1).

- *Hoher Kontrast:* Schaltet die Darstellung zu einem schwarzen Hintergrund mit weißem Text, um Menschen mit visuellen Beeinträchtigungen eine bessere Erkennbarkeit des Bildschirminhalts zu ermöglichen.

- *Alle Elemente auf dem Bildschirm vergrößern:* Vergrößert die Anzeige von Elementen auf ca. 200 %, sodass eine bessere Lesbarkeit gegeben ist (wird nicht von allen Bildschirmen unterstützt und die Option bleibt gesperrt – verwenden Sie stattdessen die Bildschirmlupe zum Vergrößern).
- Im unteren Bereich der Rubrik *Erleichterte Bedienung* geben Sie über ein Listenfeld vor, welche Funktion über die Tastenkombination der [⊞]-Taste mit der Lauter-Taste aktiviert werden sollen. Sie können zwischen »Sprachausgabe«, »Bildschirmlupe«, »Bildschirmtastatur« und »Nichts« wählen.

Ein weiteres Listenfeld ermöglicht die Festlegung der Zeitdauer von Benachrichtigungen. Zudem lässt sich die Cursorbreite für Textfelder vorgeben.

23.1.2 Center für erleichterte Bedienung aufrufen

Die Eingabehilfen lassen sich sehr komfortabel über das Center für erleichterte Bedienung starten. Dieses Center stellt auch Assistenten bereit, um spezielle Einstellungen vorzunehmen.

Bild 23.2: Center für erleichterte Bedienung aufrufen

- Sie können das Center für erleichterte Bedienung über die Suchfunktion der Startseite aufrufen, indem Sie im Suchfeld den Begriff »cen« eintippen und den Programmeintrag *Center für erleichterte Bedienung* anwählen (Bild 23.2).
- Falls die Systemsteuerung geöffnet ist, wählen Sie die Kategorie *Erleichterte Bedienung* und auf der Folgeseite *Center für erleichterte Bedienung*.
- Haben Sie die Systemsteuerung von der Kategorie- in die Symbolansicht umgestellt, finden Sie dort ein Symbol *Center für erleichterte Bedienung* vor. Ein Doppelklick oder Doppeltippen auf das Symbol öffnet ebenfalls die in Bild 23.3 gezeigte Seite.

Das Center für erleichterte Bedienung schaltet zum Windows-Desktop um und meldet sich mit der in Bild 23.3, Vordergrund, gezeigten Seite. Die Bedienung des Programms ist recht einfach:

- Im oberen Bereich finden Sie vier Einträge, um die Bildschirmlupe, die Bildschirmtastatur (Beschreibung in *Kapitel 3*), die Sprachausgabe und die Umschaltung auf hohen Kontrast direkt aufzurufen. Nach Anwahl des betreffenden Befehls startet die zugeordnete Anwendung (z.B. Bildschirmlupe).

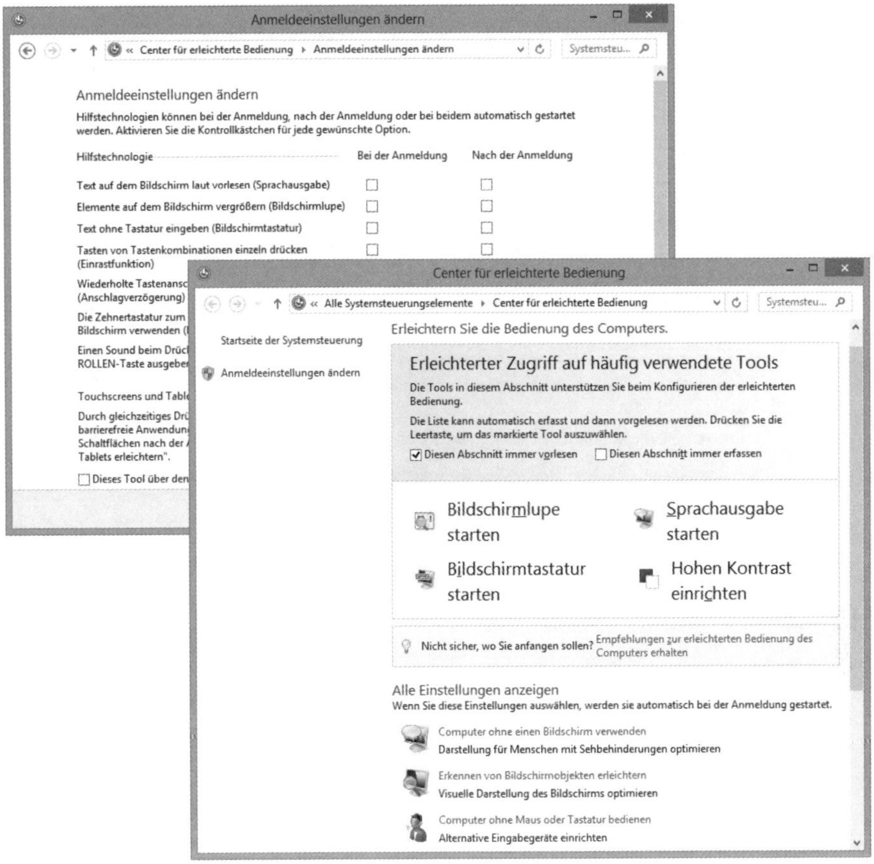

Bild 23.3: Center für erleichterte Bedienung

- Administratoren können in der Aufgabenleiste (Bild 23.3, Vordergrund, unten, linke Spalte) des Centers für erleichterte Bedienung den Befehl *Anmeldeeinstellungen ändern* wählen. Dann erscheint die in Bild 23.3, Hintergrund oben, gezeigte Informationsseite. Über Kontrollkästchen lässt sich die Verwendung der Einstellungen während und nach der Benutzeranmeldung vorgeben. Zudem besteht die Möglichkeit, vor Änderungen am System einen Wiederherstellungspunkt zu erzeugen (um Windows über die Systemwiederherstellung ggf. wieder zurücksetzen zu können).
- Im unteren Abschnitt *Alle Einstellungen anzeigen* des Centers für erleichterte Bedienung (Bild 23.3, Vordergrund unten) finden Sie eine Liste mit Befehlen, um Windows für Menschen mit unterschiedlichen (visuellen, motorischen oder anderen) Einschränkungen anzupassen und Unterstützung bei der Bedienung zu gewähren. Nach Anwahl des betreffenden Befehls öffnet sich eine Seite (Bild 23.4, unten), auf der die gewünschten Optionen über Kontrollkästchen und Optionsfelder gewählt und mittels der *OK*-Schaltfläche übernommen werden können.

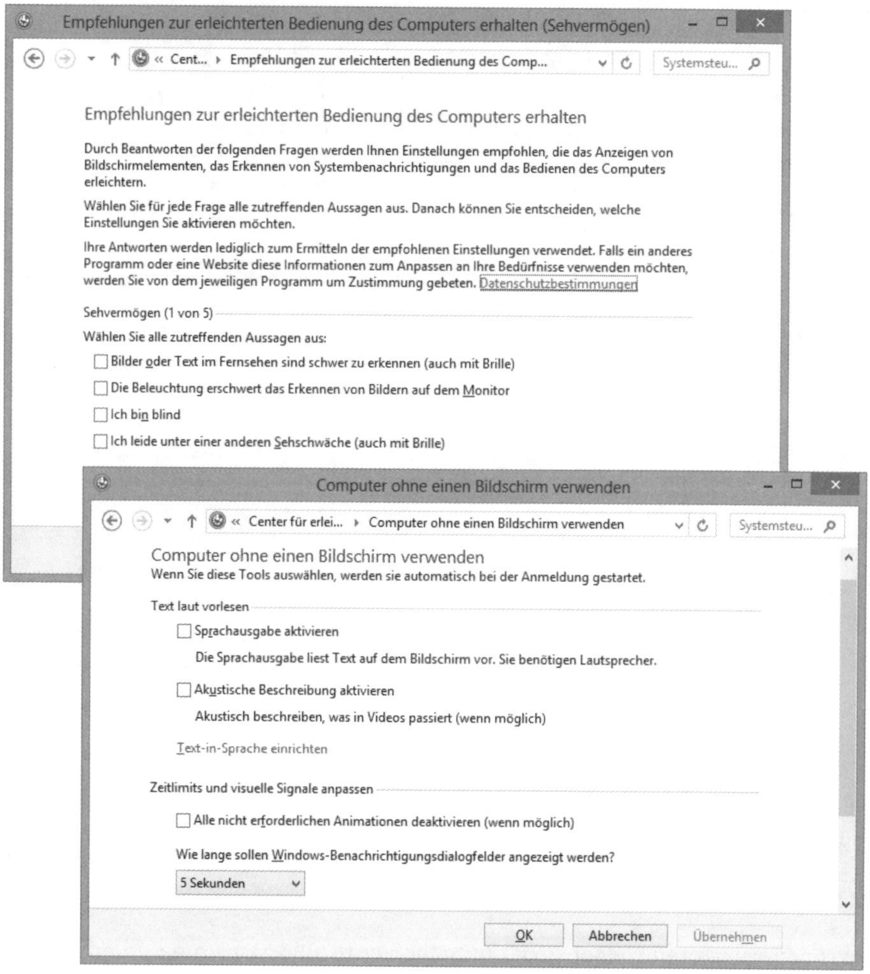

Bild 23.4: Konfigurationsseiten zur erleichterten Bedienung

- Benutzer, die unsicher sind, welche Befehle zu verwenden sind, können im gelb eingefärbten Informationsbereich »Nicht sicher, wo Sie anfangen sollen?« den Hyperlink *Empfehlungen zur erleichterten Bedienung des Computers erhalten* anwählen. Dann startet ein Konfigurationsassistent (Bild 23.4, oben), der den Benutzer durch mehrere Schritte führt. In einzelnen Seiten lassen sich Kontrollkästchen mit zutreffenden Aussagen markieren. Über die *Weiter*-Schaltfläche am unteren Fensterrand sowie über die *Zurück*-Schaltfläche in der linken oberen Fensterecke lässt sich zwischen den Schritten des Assistenten blättern.

Weitere Hinweise zu den einzelnen Optionen finden Sie in den nachfolgenden Abschnitten.

23.2 Arbeiten mit Eingabehilfen

Windows unterstützt die Anpassung der Eingabehilfen durch Assistenten und Konfigurationsseiten. Nachfolgend wird kurz erläutert, wie Sie diese Assistenten zur Konfiguration einsetzen und Eingabehilfen verwenden.

23.2.1 Zugriff auf die Eingabehilfen bei der Anmeldung

Speziell bei der Benutzeranmeldung stehen Menschen mit Einschränkungen vor dem Problem, dass gegebenenfalls noch kein Zugriff auf die Funktionen zur erleichterten Bedienung möglich ist. Sofern Sie diese Hilfen nicht über die Administratoreinstellungen (siehe vorherige Seite) bei der Anmeldung erzwingen, lassen sich einige Optionen auch auf der Anmeldeseite abrufen.

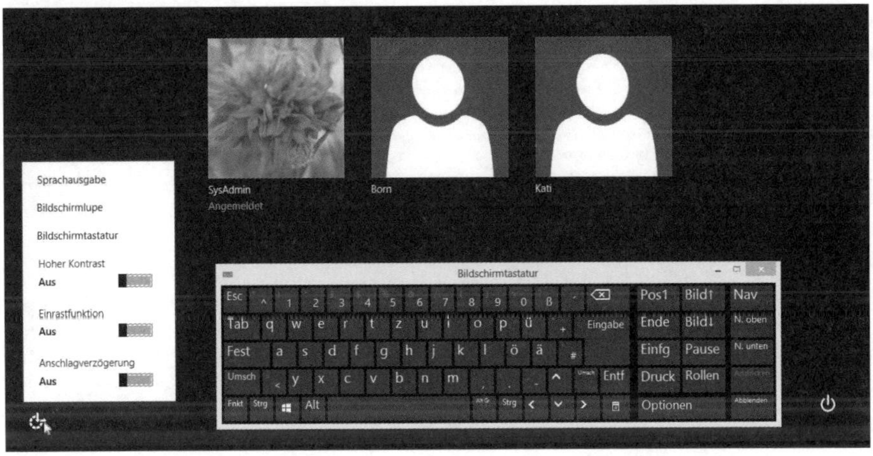

Bild 23.5: Erleichterte Bedienung bei der Anmeldung

1. Es genügt, in der Anmeldeseite auf die am unteren linken Desktoprand sichtbare Schaltfläche *Erleichterte Bedienung* zu klicken (Symbol in Bild 23.5, links unten).
2. Eine daraufhin eingeblendete Palette ermöglicht es, durch Aktivieren verschiedener Schiebeschalter die gewünschten Funktionen (z.B. Hoher Kontrast, Anschlagverzögerung etc.) zur erleichterten Bedienung auszuwählen.

Die Bildschirmtastatur zur Eingabe des Anmeldekennworts lässt sich direkt über einen Hyperlink *Bildschirmtastatur* einblenden. Der Befehl *Sprachausgabe* schaltet die Funktion ein und *Bildschirmlupe vergrößern* bringt die Bildschirmlupe zur Anzeige.

23.2.2 Barrierefrei trotz Sehbehinderung

Menschen mit einer stärkeren Sehbehinderung oder mit nur noch geringem Restsehvermögen können einerseits die in *Kapitel 30*beschriebenen Funktionen zur Anpassung der Bedienoberfläche (z.B. Bildschirmauflösung reduzieren, DPI-Auflösung erhöhen) verwenden, um Inhalte kontrastreicher oder vergrößert darzustellen. Windows unterstützt die Anpassung durch verschiedene Funktionen, von der Bildschirmlupe bis hin zu besonders kontrastreichen Anzeigeschemata. Auch Vorlesefunktionen (Screenreader) sind vorhanden. Der Befehl *Erkennen von Bildschirmobjekten erleichtern* im Center für erleichterte Bedienung zeigt die Konfigurationsseite aus Bild 23.6, in der Sie die jeweils gewünschten Optionen durch Markieren der Kontrollkästchen einschalten können.

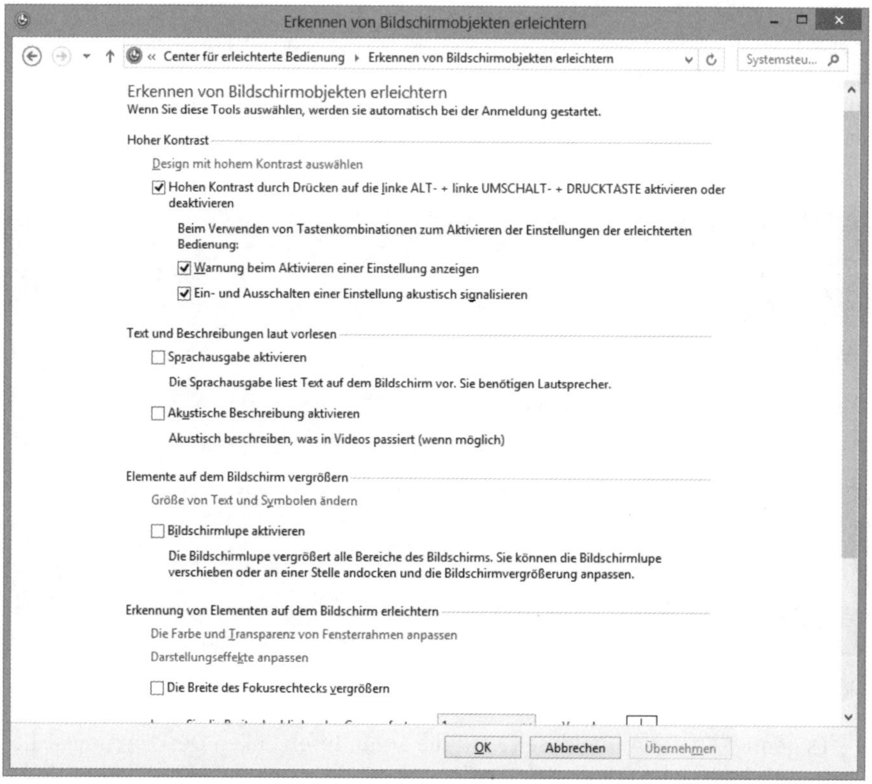

Bild 23.6: Erkennen von Bildschirmobjekten erleichtern

23.2.3 Verwendung der Bildschirmlupe

Die Bildschirmlupe ist bei Menschen mit starker Sehbehinderung hilfreich, um Teile des Bildschirms vergrößert anzuzeigen.

- Die Aktivierung kann über die Seitenleiste *Suchen* durch Eingabe des Begriffs »Bild« (Kategorie *Apps*) und anschließende Anwahl der Kachel *Bildschirmlupe*, über das Center für erleichterte Bedienung oder direkt durch Drücken der Tastenkombination [⊞]+[+] eingeschaltet werden.
- Die oben erwähnte Tastenkombination der [⊞]-Taste mit der Lautstärkeregelung lässt sich ebenfalls zum Aktivieren der Sprachausgabe, der Bildschirmlupe oder Bildschirmtastatur konfigurieren.

Die aktivierte Bildschirmlupe zeigt einen vergrößerten Bildschirmbereich (Bild 18.39), in dem eine stilisierte Lupe oder eine Bedienleiste eingeblendet wird.

- Die Bedienleiste *Bildschirmlupe* enthält zwei Schaltflächen mit den Symbolen + und –, über die sich die Vergrößerung schrittweise erhöhen bzw. reduzieren lässt.
- Den gleichen Effekt erhalten Sie bei eingeschalteter Bildschirmlupe durch Drücken der Tastenkombinationen [Win]+[+] und [Win]+[-].

Windows blendet aber die Bedienleiste nach kurzer Zeit aus und zeigt stattdessen ein Lupensymbol an. Ein Mausklick auf dieses Lupensymbol bringt die Bedienleiste wieder zur Anzeige. Durch Wischen mit dem Finger oder Ziehen mit der Maus lässt sich der vergrößerte Lupenbereich verschieben.

Bild 23.7: Fenster der Bildschirmlupe, Bedienleiste und Optionen

Über das Menü der Schaltfläche *Ansichten* (Bild 23.8) lässt sich festlegen, wie die Bildschirmlupe verwendet werden darf.

- Im Modus »Angedockt« (nur bei Anzeige des Windows-Desktops freigeschaltet) wird der Vergrößerungsbereich am oberen Desktoprand über die volle Bildschirmbreite eingeblendet. Der Modus lässt sich auch über die Tastenkombination [Strg]+[Alt]+[D] abrufen.
- Beim Modus »Lupe« wird ein rechteckiger Lupenbereich zur Anzeige des vergrößerten Bildschirmbereichs angezeigt. Die Bildschirmlupe führt den Vergrößerungsbereich dabei den Mausbewegungen nach. Der Modus wird über die Tastenkombination [Strg]+[Alt]+[L] eingeschaltet.
- Im Vollbildmodus wird der komplette Bildschirm vergrößert dargestellt. Diesen Modus empfinde ich am angenehmsten, wenn Bildschirminhalte nicht nur gelesen, sondern auch Eingaben und Bedienungen in Fenstern oder Dialogfeldern erfolgen sollen. Die Tastenkombination [Strg]+[Alt]+[F] schaltet

zur Vollbilddarstellung. In diesem Modus lässt sich die Tastenkombination [Strg]+[Alt]+[ ] drücken. Dann dunkelt Windows den Desktop ab, setzt die Vergrößerung zurück und markiert mit einem hellen Ausschnitt den momentan auf dem Desktop vergrößerten Bereich. Beim Loslassen der Tasten erscheint erneut die vergrößerte Vollbilddarstellung.

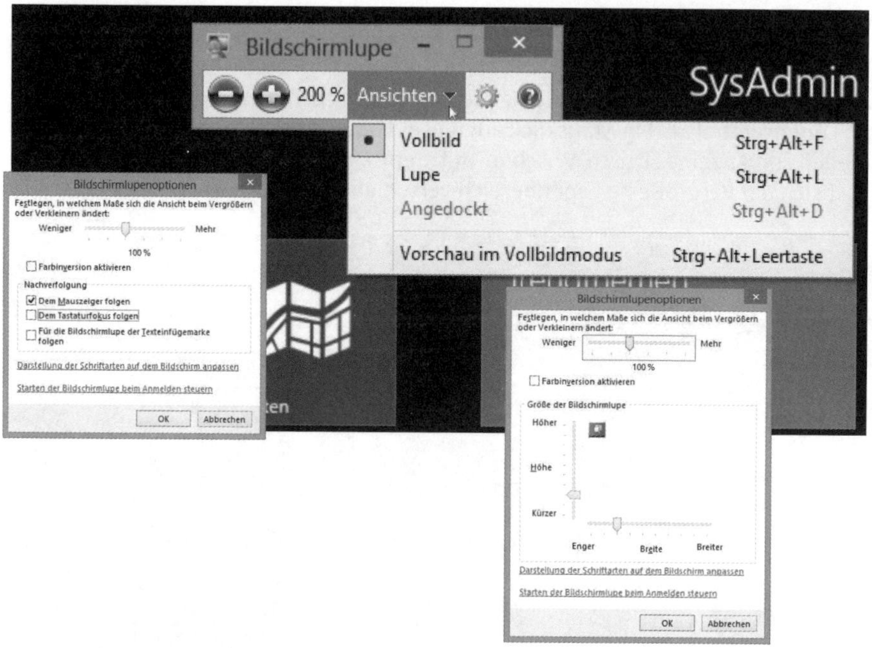

Bild 23.8: Bedienleiste und Optionen der Bildschirmlupe

Um das Verhalten der Bildschirmlupe anzupassen, lässt sich in der Bedienleiste *Bildschirmlupe* die Schaltfläche *Optionen* (das Zahnrad-Symbol) anklicken. Dann öffnet die Bildschirmlupe das Dialogfeld *Bildschirmlupenoptionen* (Bild 23.8, links und rechts unten). Dessen Aussehen hängt vom eingestellten Anzeigemodus ab.

- Bild 23.8, unten rechts, zeigt die Optionen für den Modus »Lupe«. Dort lässt sich über die Schieberegler nur die Breite und Höhe des Lupenbereichs anpassen – der Vergrößerungsbereich wird ja automatisch dem Mauszeiger nachgeführt. Abhängig von der Sehbeeinträchtigung lässt sich in diesem Modus noch das Kontrollkästchen *Farbinversion aktivieren* markieren, da diese einen starken Kontrast (schwarzer Hintergrund mit weißer Schrift) ermöglicht.
- In den anderen Anzeigemodi erscheint dagegen das in Bild 23.8, links, gezeigte Dialogfeld *Bildschirmlupenoptionen*. Dort lässt sich über einen Schieberegler die Vergrößerung wählen. Über Kontrollkästchen geben Sie vor, ob die Bildschirmlupe dem Mauszeiger, dem Tastaturfokus (beim Drücken der [⇆]) und/oder der Texteinfügemarke folgen soll. Die Option, um den Vergrößerungsbereich automatisch dem Mauszeiger nachzuführen, ist standardmäßig markiert. Abhängig von der Sehbeeinträchtigung lässt sich das Kontrollkästchen *Farbinversion aktivieren* markieren, da diese einen starken Kontrast (schwarzer Hintergrund mit weißer Schrift) ermöglicht.

Sobald Sie die *Schließen*-Schaltfläche der Bedienleiste anwählen, wird die Bildschirmlupe beendet.

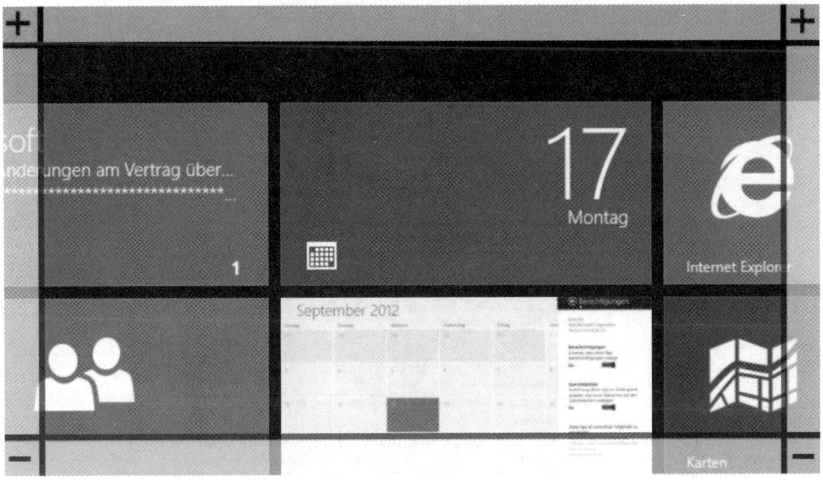

Bild 23.9: Bildschirmlupe bei Touch-Displays

> **HINWEIS**
> Bei Systemen mit Touchbedienung werden an den Bildschirmrändern Leisten mit den Zeichen + und – eingeblendet (Bild 23.9). Über diese Symbole und eine Art Bildlaufleiste soll die betreffende Person den Ausschnitt der Bildschirmlupe auf dem Desktop verschieben und auch den Zoomfaktor anpassen können. Allerdings klappte die Handhabung auf meinen Testsystemen nicht wirklich. Die Bedienelemente am Fensterrand blieben wirkungslos und das Arbeiten war unmöglich. Da ich an meinem Tablet-PC eine Tastatur angeschlossen habe, konnte ich die Bildschirmlupe mittels der Tastenkombination ⊞+- abschalten.

> **TIPP**
> Im Internet Explorer reicht ein Doppelklick oder ein Doppeltippen auf das Dokumentfenster, um die Anzeige zwischen einer vergrößerten und der normalen Darstellung umzuschalten.

23.2.4 Hilfen für Tastatur und Maus

Menschen mit sensomotorischen Beeinträchtigungen oder Defiziten haben oft Schwierigkeiten, eine Maus sowie Tastatureingaben zu betätigen. Hier bieten die beiden Befehle *Verwenden der Maus erleichtern* und *Bedienung der Tastatur erleichtern* im Center für erleichterte Bedienung eine entsprechende Unterstützung.

- Die Option *Verwenden der Maus erleichtern* öffnet das in Bild 23.10, oben links, sichtbare Fenster, in dem Sie z.B. spezielle, besser zu erkennende Mauszeiger wählen, die Funktionen der »Tastaturmaus« (Maussteuerung erfolgt über die Zehnertastatur) oder das Umschalten auf Fenster durch Zeigen aktivieren können. Die Tastaturmaus wird über das Kontrollkästchen *Maustasten aktivieren* eingeschaltet. Über den Hyperlink *Maustasten einrichten* öffnet sich die in Bild 23.10, unten links, sichtbare Konfigurationsseite, über die Sie Tastenkombinationen zum Umschalten auf die Tastaturmaus, die Beschleunigung und weitere Optionen vorgeben können.

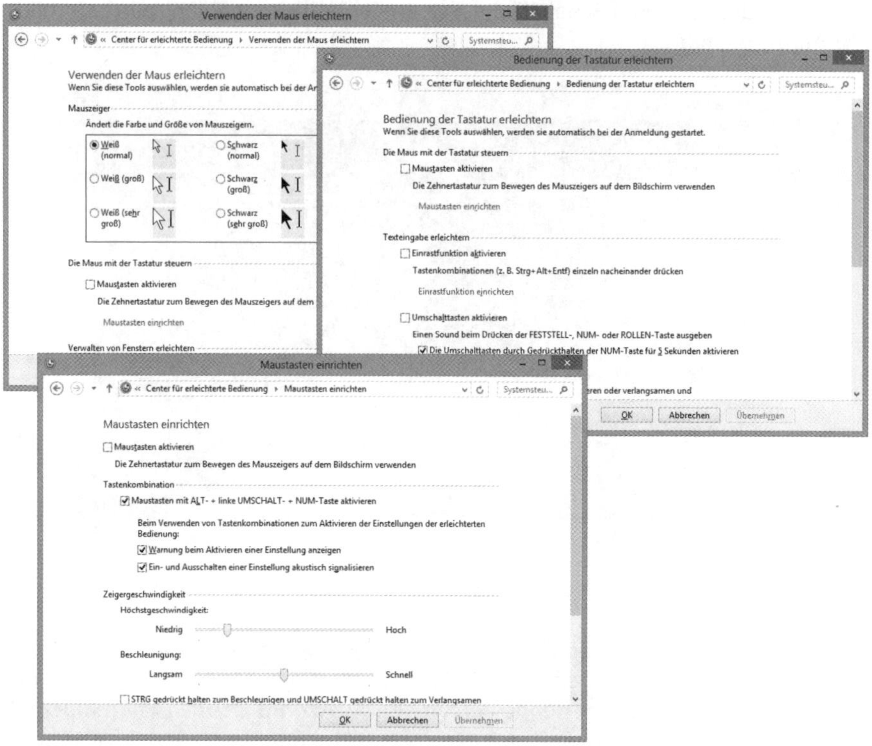

Bild 23.10: Verwenden von Maus und Tastatur erleichtern

- Über den Befehl *Bedienung der Tastatur erleichtern* im Center für erleichterte Bedienung öffnen Sie die in Bild 23.10, oben rechts, gezeigte Seite, über deren Optionen Sie ebenfalls die Maussteuerung über die Tastatur aktivieren können. Zusätzliche Optionen ermöglichen z.B., die Einrastfunktion der Tastatur (hilfreich bei Einfingerbedienung, um Tastenkombinationen wie [Strg]+[C] einzugeben), die Anschlagverzögerung (sinnvoll bei spastischem Muskeltonus oder Tremor) einzuschalten bzw. einzurichten usw.

Am Ende der betreffenden Konfigurationsseiten finden Sie Hyperlinks, über die sich Informationsseiten zu den betreffenden Optionen abrufen lassen.

23.2.5 Sprachausgabe unter Windows

In Windows 8 beginnt die Sprachausgabe sofort nach dem Öffnen des Centers für erleichterte Bedienung mit dem Vorlesen des Seiteninhalts. Das Center für erleichterte Bedienung ermöglicht, die Sprachausgabe auch explizit zu starten. Diese Sprachausgabe ist für blinde oder stark sehbehinderte Menschen hilfreich, da sie alle Änderungen auf dem Windows-Desktop, auf der Startseite oder in App-Fenstern akustisch meldet.

- Sie erfahren, wenn ein Desktopsymbol markiert wurde, ob sich ein Dialogfeld oder ein Fenster auf dem Desktop öffnet, ob die Taskleiste angewählt oder ob Apps gestartet wurden. Bei Fenstern, App-Seiten und Dialogfeldern wird dabei der Titel und ggf. der Dialogfeldinhalt vorgelesen. Das Gleiche gilt für Schaltflächen oder andere Bedienelemente.

- Zudem sagt die Spracheingabe alle Texteingaben an. Markieren Sie einen eingetippten Text, wird dieser bei manchen Anwendungen wie dem Windows-Editor oder WordPad komplett vorgelesen. Rufen Sie eine Internetseite auf, sagt die Sprachausgabe deren URL an. Zeigen Sie in der Webseite auf Hyperlinks, die mit einer QuickInfo versehen sind, wird deren Text vorgelesen. Wird ein Hyperlink angeklickt, die linke Maustaste aber gedrückt gehalten, liest Windows den Hyperlink vor.

Im Gegensatz zu Windows 7 enthält Windows 8 eine deutsche Stimme, sodass die Sprachausgabe gut verständlich ist.

- Die Sprachausgabe meldet sich nach dem Start mit einem Fenster, in dem sich verschiedene Optionen anwählen lassen (Bild 23.11, unten rechts). Der Inhalt des Fensters wird sofort vorgelesen.
- Wählen Sie eine Option der Sprachausgabe an, zeigt das Fenster die zugehörigen Einstelloptionen (Bild 23.11, oben links). Durch Markieren der Kontrollkästchen können Sie vorgeben, ob Optionen ein- oder ausgeschaltet werden sollen.

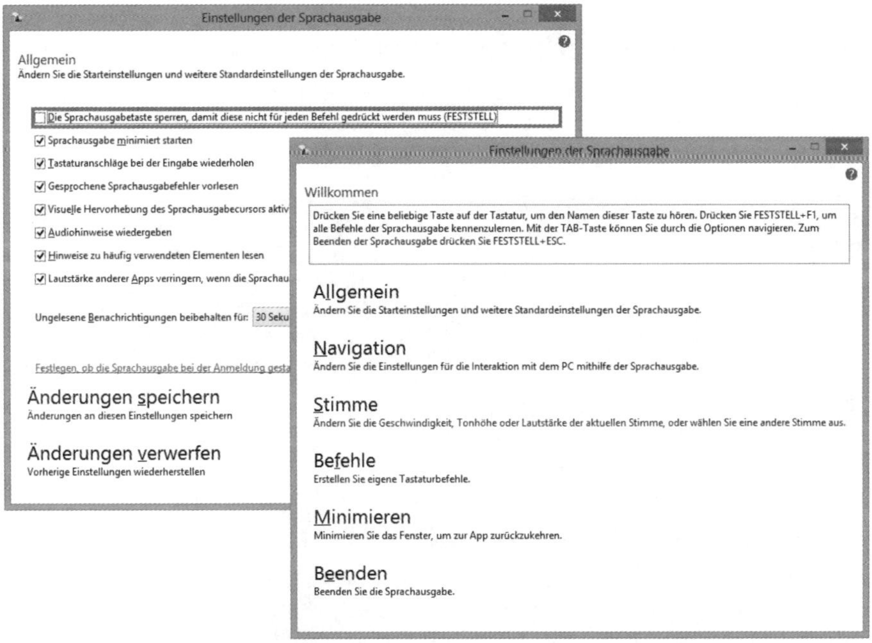

Bild 23.11: Einstellungen der Sprachausgabe

Unter *Allgemein* lässt sich beispielsweise festlegen, ob die Sprachausgabe zukünftig minimiert starten soll, ob Audiohinweise gegeben werden sollen, ob die Lautstärke anderer Apps bei aktiver Sprachausgabe reduziert werden soll und vieles mehr. Am unteren Rand des Fensters finden sich dann zwei Befehle, um Änderungen an den Einstellungen zu speichern oder zu verwerfen. Der Befehl *Stimme* ermöglicht Ihnen, die Sprecherstimme zwischen zwei Varianten umzuschalten.

> HINWEIS
> Windows 8 hat bezüglich der Sprachausgabe, zumindest gegenüber früheren Windows-Versionen, z.B. mit den deutschen Stimmen, zugelegt. Je nach Beeinträchtigung des Benutzers kann es aber erforderlich werden, auf einen kommerziell angebotenen Screenreader wie JAWS, HAL, COBRA, Virgo etc. zurückzugreifen. Achten Sie beim Einsatz solcher Programme aber darauf, dass die Produkte kompatibel zu Windows 8 sind. Dies gilt auch für Zusatzgeräte wie Braillezeilen.

23.3 Spracherkennung und -steuerung

Für Menschen mit einer Sehbehinderung oder motorischen Beeinträchtigungen bzw. Lähmungen, die sich sprachlich mitteilen können, dürfte die Sprachsteuerung des Computers ein interessantes Thema darstellen. Neben der Steuerung von Windows ist auch die Erfassung geschriebener Texte durch Diktieren denkbar. Windows wird mit einer Funktion zur Spracheingabe ausgeliefert. Um die Spracheingabe zu nutzen, wird ein am Computer angeschlossenes und eingerichtetes Mikrofon benötigt. Zudem muss die Spracherkennung trainiert werden und der Bediener muss die betreffenden Sprachbefehle kennen. Nachfolgend möchte ich kurz erläutern, wie sich die Spracherkennung von Windows einrichten und verwenden lässt.

23.3.1 Die Spracherkennung aufrufen und anpassen

Zum Aufrufen der Spracherkennung blenden Sie die Seitenleiste *Suchen* (z.B. über das gleichnamige Symbol der Charms-Leiste) am rechten Seitenrand ein. Anschließend reicht es, den Teilbegriff »Sprach« im Suchfeld einzutippen.

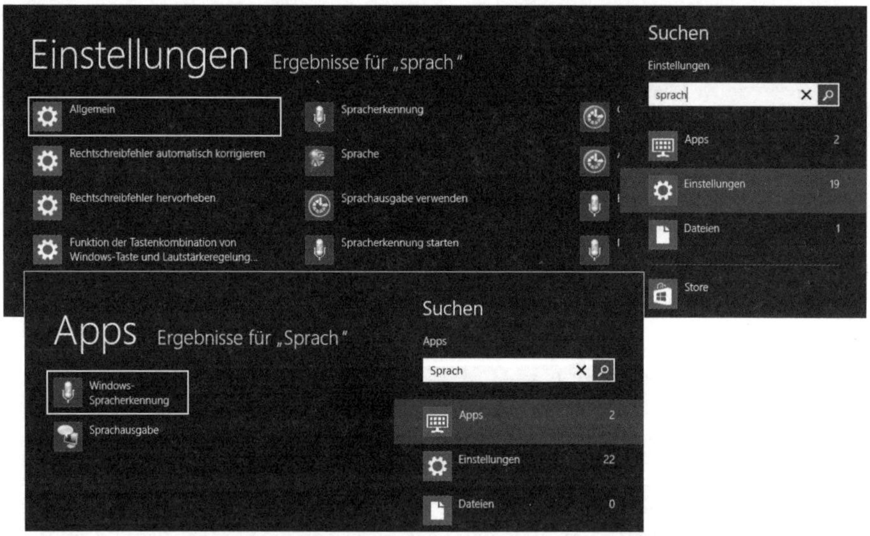

Bild 23.12: Spracherkennung aufrufen

- Ist die Kategorie *Apps* gewählt, lässt sich in der Trefferliste der Befehl *Windows-Sprachsteuerung* anwählen (Bild 23.12, unten).

- In der Kategorie *Einstellungen* (Bild 23.12, oben) finden Sie weitere Befehle wie den Eintrag *Spracherkennung* oder *Sprachsteuerung starten*, über die Sie auf die Einstellungen und Funktionen der Sprachsteuerung zugreifen.

> HINWEIS
> Das Fenster der Spracherkennung lässt sich auch über die Systemsteuerung unter *Erleichterte Bedienung/Spracherkennung* aufrufen.

Der Befehl *Spracherkennung* in der Trefferliste öffnet beispielsweise das gleichnamige Fenster auf dem Windows-Desktop (Bild 23.13). Über das Fenster können Sie verschiedene Befehle abrufen.

- *Mikrofon einrichten:* Wählen Sie als Erstes diesen Befehl, um die Eingangslautstärke des Mikrofons zu überprüfen. Ein Assistent führt Sie in verschiedenen Dialogfeldern durch das Einrichten. Wählen Sie die Art des Mikrofons und lesen Sie danach einen angezeigten Text in normaler Lautstärke vor. Sie sollten dann im Fortschrittsbalken eine Pegelanzeige in grüner Farbe sehen, wobei die Pegelausschläge in den grünen Bereich reichen sollen. Pegelausschläge im rot markierten Bereich deuten auf eine zu hohe Lautstärke hin.
- *Sprachlernprogramm ausführen:* Dieser Befehl öffnet das Fenster eines Lernprogramms zum Umgang mit der Spracheingabe. Über Schaltflächen am unteren Fensterrand können Sie zwischen verschiedenen Lektionen umschalten.
- *Computer trainieren:* Dieser Befehl startet ebenfalls einen Assistenten, der Sie in verschiedenen Dialogfeldern durch das Training führt. In den Dialogfeldern werden Ihnen Texte angezeigt, die Sie per Mikrofon einsprechen sollen. Die eingesprochenen Sätze ermöglichen der Spracheingabe ein Training, um Sie als Sprecher besser zu erkennen.

Der Befehl *Sprachreferenzkarte öffnen* öffnet das Fenster *Windows-Hilfe und Support*, in dem Sie Informationen zur Verwendung der Spracherkennung finden. Über den Befehl *Spracherkennung starten* aktivieren Sie die Spracherkennung.

23.3.2 Die Spracherkennung konfigurieren

Eine Spracherkennung am Computer ist sprecherabhängig, d. h., die Funktion muss vor der Verwendung konfiguriert werden. Daher startet beim ersten Aufruf der Spracherkennung über den Befehl *Windows-Spracherkennung* ein Einrichtungsassistent. Zum nachträglichen Einrichten der Spracherkennung gehen Sie wie im vorherigen Abschnitt besprochen vor und wählen den Befehl *Mikrofon einrichten*. Ein Assistent führt Sie dann durch die wichtigsten Schritte zum Einrichten der Spracherkennung (Bild 23.14).

- Sie müssen die Art des Mikrofons wählen (Bild 23.14, links) und erhalten danach einen Hinweis zur Positionierung des Mikrofons (Bild 23.14, unten).
- Gehen Sie über die *Weiter*-Schaltfläche zum nächsten Dialogfeld, ist der angezeigte Text in normaler Lautstärke vorzulesen (Bild 23.14, oben rechts). Windows verwendet diesen Schritt zum Einpegeln des Mikrofons.

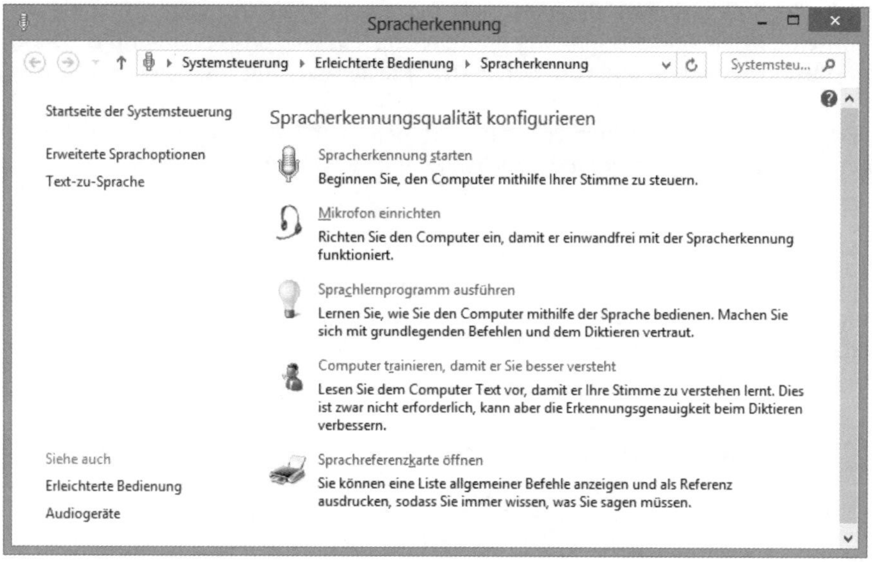

Bild 23.13: Fenster *Spracherkennung*

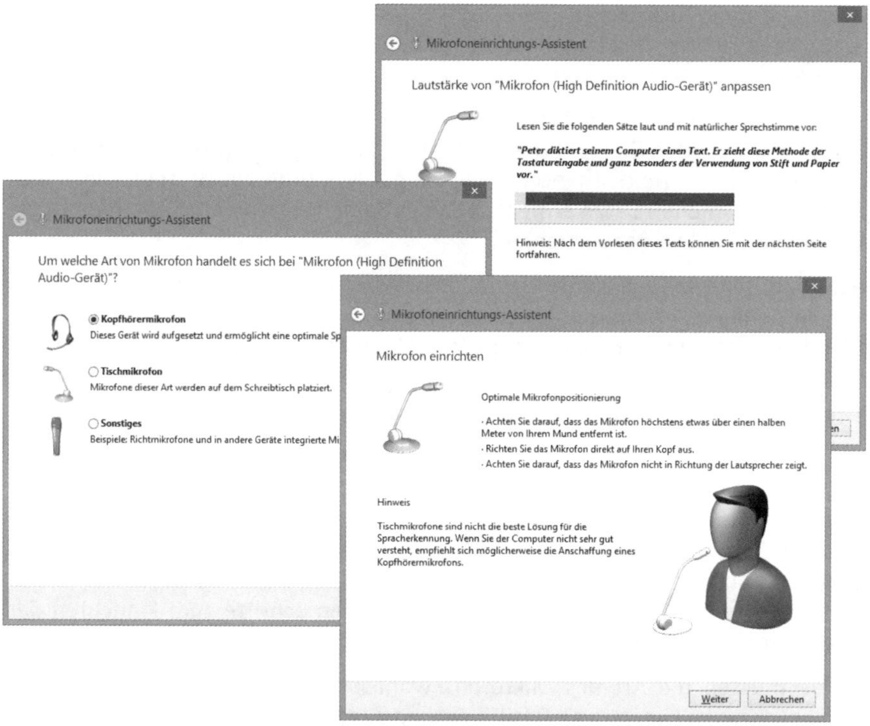

Bild 23.14: Mikrofon zur Spracherkennung konfigurieren

Sie sollten dann im Fortschrittsbalken eine Pegelanzeige in grüner Farbe sehen. Die Pegelausschläge sollten in den grünen Bereich reichen. Pegelausschläge im rot markierten Bereich deuten auf eine zu hohe Lautstärke hin. Bei einem fehlenden Pegelausschlag liegt ein Fehler vor oder das Mikrofon ist ausgeschaltet (siehe folgende Erläuterungen). Sobald das Mikrofon erkannt wurde, lässt sich die *Weiter*-Schaltfläche anwählen. Bei der Erstkonfigurierung werden Sie dann durch weitere Dialogfelder zur Konfigurierung geführt.

TIPP

Zeigt das Dialogfeld zum Testen des Mikrofons keinen Pegelausschlag? Dann ist irgendetwas mit der Mikrofonabstimmung nicht in Ordnung. Prüfen Sie als Erstes, ob das Mikrofon an der richtigen Audiobuchse angeschlossen ist (grüne Buchse = Lautsprecher, orange Buchse = Mikrofon). Falls es bei einem Desktopcomputer mit dem Mikrofonanschluss an der vorderen Gehäusebuchse nicht klappt, schauen Sie nach, ob eine Mikrofonbuchse an der hinteren Gehäuseseite existiert, und testen Sie diese. Ist dort kein Fehler zu finden, klicken Sie auf dem Windows-Desktop mit der rechten Maustaste auf das Lautsprechersymbol der Taskleiste und wählen den Kontextmenübefehl *Aufnahmegeräte*. Im Eigenschaftenfenster *Sound* lässt sich auf der Registerkarte *Aufnahme* nachsehen, ob ein Mikrofon konfiguriert wurde. Wird auf der Registerkarte *Aufnahme* kein Mikrofoneingang angezeigt, klicken Sie eine Stelle der Registerkarte mit der rechten Maustaste an und markieren die Kontextmenübefehle *Deaktivierte Geräte anzeigen* sowie *Getrennte Geräte anzeigen*. Der Mikrofoneingang muss mit einem grünen Kreis mit weißem Häkchen versehen sein. Sie können den Mikrofoneingang mit der rechten Maustaste anklicken und über den Kontextmenübefehl *Als Standardgerät wählen* entsprechend markieren. Wenn Sie dann ins Mikrofon sprechen, sollte die Pegelanzeige auf der Registerkarte in Form eines grünen Balkens ausschlagen. Dann ist das Mikrofon arbeitsbereit.

23.3.3 Stimmentraining der Sprachsteuerung

Um die Spracherkennung besser auf den Benutzer abzustimmen, lässt sich ein Stimmentraining durchführen. Beim Erstaufruf der Sprachausgabe folgen nach der Mikrofonkalibrierung die entsprechenden Schritte.

- Um die Spracherkennung nachträglich zu konfigurieren, starten Sie z.B. die Sprachausgabe (siehe unten), klicken die Steuerleiste mit der rechten Maustaste an und wählen den Kontextmenübefehl *Sprachlernprogramm starten* (Bild 23.15).
- Die Spracherkennung startet ebenfalls einen Assistenten, der Sie in verschiedenen Dialogfeldern durch das Stimmentraining führt. Klicken Sie jeweils auf die *Weiter*-Schaltfläche. Lesen Sie die in den einzelnen Dialogfeldern angezeigten Texte in normaler Sprechlautstärke vor.

Sobald das Dialogfeld mit der Schaltfläche *Fertig stellen* erscheint, beenden Sie den Assistenten über diese Schaltfläche. In den Dialogfeldern gibt die Spracherkennung Ihnen zudem die Möglichkeit, eine Sprachreferenzkarte (mit Hinweisen zur Sprachsteuerung) zu drucken.

23.3.4 Die Spracherkennung verwenden

Ist das Mikrofon eingerichtet und das Stimmentraining abgeschlossen, können Sie die Spracherkennungsfunktion verwenden. Zum Aufruf der Spracherkennung verwenden Sie die im Abschnitt »23.3.1 Die Spracherkennung aufrufen und anpassen«, besprochenen Techniken. Die Spracherkennung blendet ein kleines Fenster mit einer Statusanzeige auf dem Windows-Desktop ein (Bild 23.15). Die Farbe der Mikrofonschaltfläche sowie ein Statustext signalisieren den Modus der Spracherkennung. Klicken Sie die Statusanzeige der Spracherkennung mit der rechten Maustaste an, erscheint das in Bild 23.15 gezeigte Kontextmenü.

- Über den Menüeintrag *Optionen* lässt sich über Untermenübefehle festlegen, ob die Spracherkennung ein hörbares Feedback geben soll, ob das Programm beim Windows-Start auszuführen ist, ob Text zur Korrektur in ein Korrekturdialogfeld einzutragen ist und ob sich die Spracherkennung immer im Diktatmodus (zur Texteingabe) befinden soll.
- Das Untermenü *Konfiguration* stellt Befehle zum Einrichten des Mikrofons, zum Stimmentraining sowie zum Zugriff auf die Seite *Spracherkennung* (Bild 23.13) der Systemsteuerung zur Verfügung.

Über weitere Befehle lässt sich der Zuhörenmodus der Spracherkennung ein-/ausschalten, das Sprachlernprogramm starten oder die Hilfeseite mit der Sprachreferenzkarte aufrufen. Über die Sprachreferenzkarte erhalten Sie detaillierte Erläuterungen zum Umgang mit dem Programm sowie Hinweise zum Aufrufen von Funktionen.

Bild 23.15: Statusanzeige der Spracherkennung

HINWEIS

Zum besseren Erkennen von Wörtern beim Diktat lassen sich Einträge im Sprachwörterbuch ergänzen. Rufen Sie das betreffende Dialogfeld über den Kontextmenübefehl *Sprachwörterbuch öffnen* (Bild 23.15) auf. Im Startdialogfeld können Sie einen der angezeigten Befehle wählen, um Wörter hinzuzufügen, zu ändern oder vom Diktat auszuschließen. Die Zahl der angezeigten Befehle hängt davon ab, ob bereits Wörter vereinbart sind oder nicht. In Folgedialogfeldern lassen sich dann Wörter per Tastatur eintippen, Optionen vergeben und die Aussprache per Mikrofon erfassen. Mit einem gut abgestimmten Mikrofon und entsprechend trainierter Spracherkennung können erfahrene Sprecher das System sprachgesteuert bedienen.

An dieser Stelle möchte ich die Einführung in die Funktionen zur erleichterten Bedienung beenden. Aus Platzgründen konnte vieles nur angerissen werden. Andererseits erfordert der Einsatz unterstützender Technologien häufig auch eine Abstimmung der Hardware mit Spezialein-/-ausgabegeräten. Hier möchte ich interessierte oder betroffene Leser auf den von mir bei Markt+Technik erschienenen Titel »Computer trotz Handicap« verweisen, der auf solche Technologien in diesem Bereich eingeht und auch Spezialhardware vorstellt, allerdings nicht auf Windows 8 abgestimmt ist.

24 Eingabeaufforderung und Windows-Anwendungen

Windows stellt das Fenster der Eingabeaufforderung bereit, um ältere DOS-Anwendungen auszuführen oder Befehle über die Eingabeaufforderung aufzurufen. Zudem gibt es noch einige ganz hilfreiche Windows-Anwendungen, die in diesem Kapitel kurz vorgestellt werden sollen.

24.1 Arbeiten mit der Eingabeaufforderung

Das Fenster der Eingabeaufforderung ist ganz hilfreich, um DOS-Anwendungen auszuführen oder um über Befehle auf spezielle Funktionen zuzugreifen. Der nachfolgende Abschnitt zeigt Ihnen den Umgang mit der Eingabeaufforderung.

24.1.1 Die Eingabeaufforderung aufrufen und beenden

Das Fenster der Eingabeaufforderung lässt sich über verschiedene Ansätze aufrufen.

Bild 24.1: Eingabeaufforderung aufrufen

1. Verwenden Sie die Suche der Startseite, indem Sie die Charms-Leiste am rechten Bildschirmrand einblenden.
2. Dann wählen Sie das Symbol *Suchen* und geben Sie *cmd* im Suchfeld der Seitenleiste ein.
3. Anschließend können Sie den angezeigten Befehl *Eingabeaufforderung* wählen (Bild 24.1, oben).

4. Benötigen Sie die Eingabeaufforderung mit administrativen Berechtigungen, markieren Sie die Kachel (mit der rechten Maustaste anklicken oder per Finger kurz nach unten ziehen).
5. Anschließend wählen Sie in der eingeblendeten App-Leiste die Schaltfläche *Als Admin ausführen* (Bild 24.1, unten) und bestätigen die Sicherheitsnachfrage der Benutzerkontensteuerung.

> TIPP
>
> Sie können zum Öffnen der Eingabeaufforderung auch den Text »cmd« in das Suchfeld der Startseite eintippen und die [↵]-Taste drücken. Benötigen Sie die Eingabeaufforderung mit administrativen Berechtigungen, drücken Sie die Tastenkombination [Strg]+[⇧]+[↵].

Das Fenster der Eingabeaufforderung (Bild 18.39) zeigt dann die Meldung des Befehlsprozessors.

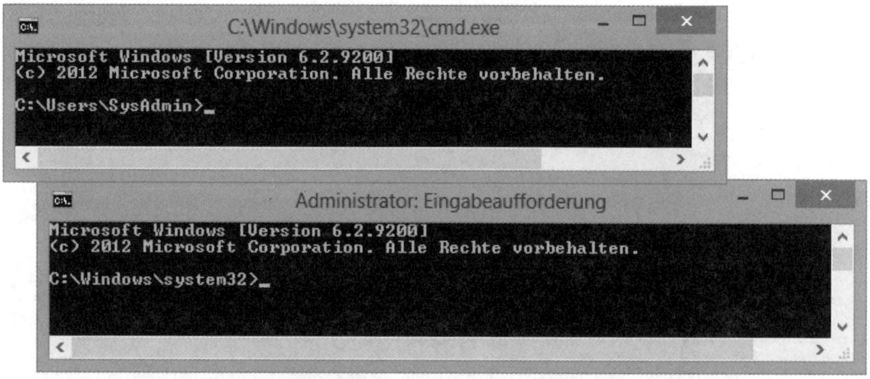

Bild 24.2: Fenster der Eingabeaufforderung

In der Zeile mit der Eingabeaufforderung werden das aktuelle Laufwerk und das aktuelle Verzeichnis angezeigt. Welches Verzeichnis voreingestellt ist, hängt von der Aufrufart auf.

- Starten Sie die Eingabeaufforderung normal, zeigt der Pfad auf die Ordner des Benutzerkontos. In der Titelleiste findet sich dann der Hinweis auf den Pfad des Befehlsprozessors *cmd.exe* (Bild 18.39, oben).
- Haben Sie die Eingabeaufforderung über *Als Administrator ausführen* aufgerufen, ist der Windows-Ordner *system32* voreingestellt (Bild 18.39, unten). Zudem enthält die Titelleiste den Text »Administrator: Eingabeaufforderung«.

Sie können anschließend in beiden Varianten Befehle in der Eingabezeile eingeben oder MS-DOS- sowie Windows-Programme aufrufen. Um bestimmte Administratoraufgaben auszuführen (z.B. schreibender Zugriff auf Registrierungseinträge im Zweig *HKLM* oder auf Systemdateien), ist eine administrative Eingabeaufforderung erforderlich. Starten Sie aus einer administrativen Eingabeaufforderung z.B. den Windows-Editor mit dem Befehl *Notepad* [↵], erbt das Programm ebenfalls Administratorrechte. Sie können dann z.B. Systemdateien wie *hosts* etc. im Editor öffnen und anschließend auch Änderungen zurückspeichern.

Zum Schließen der Eingabeaufforderung tippen Sie den Befehl *Exit* ein und drücken anschließend die [↵]-Taste. Das Fenster der Eingabeaufforderung lässt sich zudem über die *Schließen*-Schaltfläche in der rechten oberen Ecke schließen.

24.1.2 Weitere Varianten zum Öffnen der Eingabeaufforderung

Der obige Ansatz zum Aufruf der Eingabeaufforderung eignet sich für Touchbedienung. Bei Desktopsystemen mit Maus und Tastatur bieten sich weitere Aufrufvarianten an.

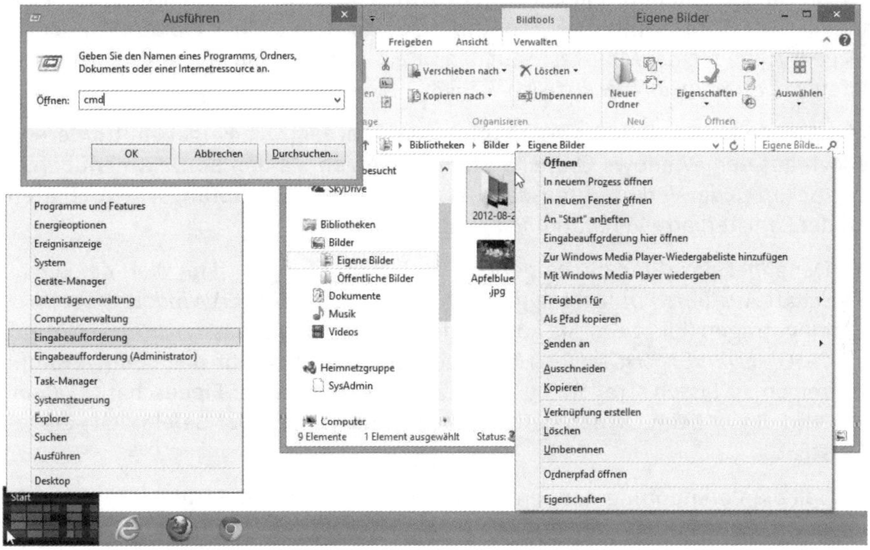

Bild 24.3: Eingabeaufforderung aufrufen

- Drücken Sie die Tastenkombination [⊞]+[R], können Sie im Dialogfeld *Ausführen* (Bild 24.3, oben links) den Befehl *cmd* eingeben und die Eingabeaufforderung über die *OK*-Schaltfläche öffnen.
- Öffnen Sie in einem Ordnerfenster das Kontextmenü eines Ordners bei gedrückter [⇧]-Taste, blendet Windows den Befehl *Eingabeaufforderung hier öffnen* ein (Bild 24.3, rechts). Wählen Sie diesen Befehl, stellt Windows automatisch den Pfad zu diesem Ordner in der Befehlszeile ein.

Eine administrative Eingabeaufforderung lässt sich aber mit den beiden obigen Varianten nicht öffnen. Die Auswahl zwischen dem Aufruf der Eingabeaufforderung oder der administrativen Eingabeaufforderung ermöglicht das Schnellstartmenü.

1. Zeigen Sie per Maus in die linke untere Desktopecke und warten Sie, bis die Hover-Schaltfläche *Start* eingeblendet wird. Oder drücken Sie die Tastenkombination [⊞]+[X].

2. Klicken Sie die Schaltfläche *Start* mit der rechten Maustaste an (Bild 24.3, unten links) und wählen Sie im eingeblendeten Schnellstartmenü die Befehle *Eingabeaufforderung* oder *Eingabeaufforderung (Administrator)*.

Beim Aufruf der administrativen Eingabeaufforderung ist dann die Abfrage der Benutzerkontensteuerung zu bestätigen.

24.1.3 Desktopverknüpfung auf Eingabeaufforderung

Benötigen Sie das Fenster der Eingabeaufforderung häufiger, empfiehlt es sich, eine entsprechende Verknüpfung auf dem Desktop einzurichten. Administratoren können hierzu z.B. das Symbol der Datei *cmd.exe* aus dem Ordner *Windows\system32* bei gedrückter rechter Maustaste auf den Desktop ziehen und im Kontextmenü den Befehl *Verknüpfungen hier erstellen* wählen.

Beim Doppelklick auf dieses Verknüpfungssymbol zeigt die Eingabeaufforderung jedoch auf den Windows-Ordner *system32*. Wählen Sie den Kontextmenübefehl *Eigenschaften* der Verknüpfungsdatei, lassen sich die Verknüpfungseigenschaften auf der Registerkarte *Verknüpfung* anpassen (Bild 24.4).

- Der angezeigte Pfad der eingerichteten Verknüpfung wird im Wert der Eigenschaft *Ausführen in* festgelegt. Dort ist der feste Wert *C:\Windows\System32* eingetragen (Bild 24.4). Sie können den Wert der Eigenschaft *Ausführen in* auf *%HOMEDRIVE%%HOMEPATH%* setzen, um den Pfad auf das Benutzerprofil zeigen zu lassen. Tragen Sie einen anderen Pfad in der Eigenschaft *Ziel* ein, wird dieser beim Öffnen der Eingabeaufforderung in der Befehlszeile eingestellt.
- Soll die Verknüpfung das Fenster mit der Eingabeaufforderung im Administratormodus öffnen, wählen Sie auf der Registerkarte *Verknüpfung* die Schaltfläche *Erweitert* und markieren im angezeigten Dialogfeld *Erweiterte Eigenschaften* das Kontrollkästchen *Als Administrator ausführen*. Dann erscheint beim Aufruf der Eingabeaufforderung das Dialogfeld der Benutzerkontensteuerung und die Eingabeaufforderung zeigt den Text »Administrator« in der Titelleiste.

Bei Bedarf können Sie auf der Registerkarte *Verknüpfung* über die Schaltfläche *Anderes Symbol* ein solches für die Verknüpfungsdatei zuweisen.

Der Befehlsprozessor *cmd.exe* lässt sich zudem mit verschiedenen Optionen aufrufen (z.B. *cmd /c*). Wenn Sie in der Eingabeaufforderung den Befehl *cmd.exe /?* eintippen und durch Drücken der [↵]-Taste ausführen, wird Ihnen eine Informationsseite mit den Aufrufoptionen und den zugehörigen Erläuterungen angezeigt. Diese Befehlsoptionen lassen sich im Eigenschaftenfenster der Verknüpfung im Feld *Ausführen in* eintragen. Geben Sie einfach den *%SystemRoot%\system32\cmd.exe* in das Feld *Ausführen in* ein und hängen Sie die Optionen an diesen Befehl an.

HINWEIS

Neben dem 32-Bit-Befehlsprozessor *cmd.exe* finden Sie bei 32-Bit-Systemen noch den 16-Bit-Befehlsprozessor *command.com* im Ordner *system32*. Diesen sollten Sie möglichst nicht mehr verwenden.

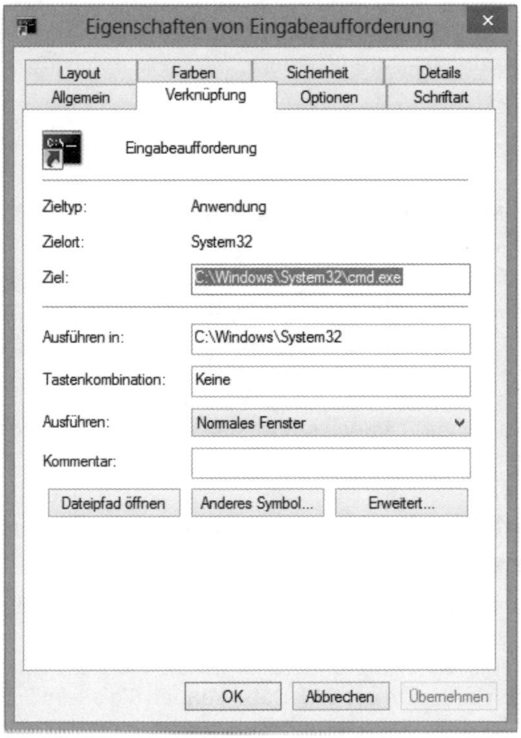

Bild 24.4: Verknüpfungseigenschaften der Eingabeaufforderung

24.1.4 Befehle in der Eingabeaufforderung ausführen

Die Eingabeaufforderung stellt Ihnen verschiedene Konsolenbefehle zur Verfügung. Um einen Befehl auszuführen, tippen Sie ihn im Fenster der Eingabeaufforderung ein und bestätigen Sie diesen durch Drücken der [↵]-Taste. Mit dem Befehl

```
dir [↵]
```

veranlassen Sie zum Beispiel, dass das Inhaltsverzeichnis des aktuellen Ordners im Fenster der Eingabeaufforderung angezeigt wird.

Beim Aufruf der Eingabeaufforderung wird der Inhalt des Ordners des Benutzerkontos (im Pfad *C:\Users*) als Verzeichnis angezeigt. Der Befehl

```
cd Text [↵]
```

veranlasst den Wechsel zum angegebenen Unterordner (hier *Text*). Mit *cd ..* lässt sich eine Ordnerebene höher gehen. Eine Auflistung der von der Eingabeaufforderung unterstützten Befehle erhalten Sie, wenn Sie die Anweisung

```
help [↵]
```

in das Fenster der Eingabeaufforderung eintippen. Benötigen Sie detailliertere Informationen zu einem der Befehle, geben Sie diesen als Argument in der *help*-

Anweisung an. Alternativ können Sie den Befehl, gefolgt von einem */?*, eintippen, um die Hilfeseite abzurufen. Mit den Befehlen

```
help dir ↵
```

oder

```
dir /? ↵
```

erhalten Sie beispielsweise zusätzliche Erläuterungen zum *dir*-Befehl.

HINWEIS

Eine ausführliche Übersicht über die in der Eingabeaufforderung verfügbaren Befehle finden Sie auf der Microsoft-Webseite `http://technet.microsoft.com/de-de/library/cc778084(WS.10).aspx` [w8-k24-001]. Die Referenz bezieht sich zwar auf Windows Server 2003, gilt aber auch für Windows 8. Unter `http://windows.microsoft.com/de-DE/windows-vista/Command-Prompt-frequently-asked-questions` [w8-k24-002] gibt es noch einige Hinweise zum Umgang mit der Eingabeaufforderung.

24.1.5 Stapelverarbeitungsdateien zum Ausführen von Befehlen

Die Eingabeaufforderung von Windows 8 unterstützt das Ausführen von Stapelverarbeitungsdateien (Batchprogrammen). Es handelt sich dabei um Textdateien mit der Dateinamenerweiterung *.bat* (oder *.cmd*), die sich im Windows-Editor erstellen und pflegen lassen. In der BAT-Datei können Sie die im Fenster der Eingabeaufforderung zulässigen Befehle angeben, wobei jeder Befehl in eine eigene Zeile geschrieben wird. Mit dem Befehl *REM* lassen sich Kommentare auszeichnen.

Die in nachfolgendem Listing gezeigte Befehlssequenz des Batchprogramms *Test.bat* zeigt den Inhalt des Benutzerordners an. Anschließend legt das Programm einen neuen Unterordner *Test* im Benutzerprofil an, erzeugt dort eine Textdatei mit dem Verzeichnisinhalt und löscht abschließend sowohl die neue Datei als auch den neuen Ordner.

```
@Echo off
REM Anzeige des Benutzerordnerinhalts,
REM anlegen, Löschen von Ordnern
REM Wechsle zum Benutzerordner "Dokumente"
cd %HOMEDRIVE%%HOMEPATH%
REM Zeige den Ordnerinhalt an
dir
MD Test
REM Zeichne Inhalt auf Screen und schreibe dir.txt
dir
dir *.* > .\Test\dir.txt
REM Warte auf Benutzereingabe
Echo Der Ordner 'Test' wurde angelegt
Pause Bitte eine Taste drücken
del Test /q /s
rd Test
```

```
Echo Der Ordner 'Test' wurde gelöscht
Pause Bitte eine Taste drücken
REM Wir sind fertig
```

Listing 24.1: Beispiel eines Batchprogramms

Die erste Zeile *@Echo off* unterdrückt die Anzeige der ausgeführten Befehle im Fenster der Eingabeaufforderung. Die mit *REM* beginnenden Anweisungen sind Kommentare. Der Ablauf des Stapelverarbeitungsprogramms wird durch *Pause*-Befehle unterbrochen. Erst wenn der Benutzer eine Taste drückt, setzt die Eingabeaufforderung den Programmablauf fort. Über die *Echo*-Anweisung lassen sich Informationen im Fenster der Eingabeaufforderung ausgeben.

24.1.6 Programmstart aus der Eingabeaufforderung

Neben den in den vorhergehenden Abschnitten erwähnten Befehlen des Windows-Befehlsprozessors *cmd.exe* können Sie aus dem Fenster der Eingabeaufforderung beliebige Programme aufrufen. Hierzu sind lediglich der Name der ausführbaren Datei und ggf. die benötigten Parameter als Kommando einzugeben. Um beispielsweise den Windows-Editor aus dem Fenster der Eingabeaufforderung aufzurufen, tippen Sie den Befehl *Notepad.exe* ein und drücken dann die [↵]-Taste. Windows-Programme starten in separaten Fenstern.

Um eine Dokumentdatei direkt in der zugehörigen Anwendung aus dem Fenster der Eingabeaufforderung zu öffnen, geben Sie hinter dem Programmnamen ein Leerzeichen und dann den Namen der Dokumentdatei in der Form *<pfad>\<Name>.<Erweiterung>* [↵]-Taste ein (z.B. *notepad.exe extras.txt* oder *notepad.exe .\Test\dir.txt*). Windows öffnet die betreffende Datei im Windows-Editor.

> HINWEIS
>
> Windows benutzt die Umgebungsvariable *path*, um bestimmte Standardordner für die Befehlsausführung zu berücksichtigen. Auf diese Weise lassen sich Programme direkt ohne Pfadangabe aufrufen. Der Inhalt der *path*-Umgebungsvariablen wird Ihnen angezeigt, wenn Sie in das Fenster der Eingabeaufforderung den Befehl *path* eintippen und mit der [↵]-Taste abschließen. Befindet sich das auszuführende Programm nicht im aktuellen Verzeichnis oder im Pfad, müssen Sie beim Befehl für die aufzurufende Anwendung das Programmverzeichnis mit angeben.

24.1.7 Steuertasten zur Befehlseingabe

Der Befehlsprozessor *cmd.exe* speichert die letzten Befehle und stellt Ihnen einige Tastenabkürzungen zur optimalen Befehlseingabe zur Verfügung.

- Verwenden Sie die Cursortasten [↑] und [↓], um zwischen den zuletzt eingegebenen Befehlen zu blättern und diese durch Drücken der [↵]-Taste erneut ausführen.
- Drücken Sie die Funktionstaste [F7], erscheint in der Eingabeaufforderung sogar ein Menü mit den Namen der zuletzt eingegebenen Befehle. Sie können

dann mittels der Cursortasten [↑] und [↓] in der Befehlsliste navigieren und durch Drücken der [↵]-Taste Befehle aufrufen. Die [Esc]-Taste schließt das Menü.

- Die Funktionstaste [F3] ruft den letzten Befehl in der Eingabezeile ab.
- Mit der [←]-Taste lassen sich Zeichen links von der Einfügemarke in der Befehlszeile löschen. Die Cursortaste [→] bringt dagegen die gelöschten Zeichen rechts von der Einfügemarke wieder in die Eingabezeile zurück.
- Über die Cursortaste [←] können Sie die Einfügemarke im Befehlstext nach links versetzen.
- Tippen Sie neue Zeichen ein, werden diese an der aktuellen Position der Einfügemarke eingefügt oder sie überschreiben den Befehlsteil rechts von der Marke. Die Umschaltung zwischen Überschreiben und Einfügen erfolgt durch Drücken der [Einfg]-Taste.
- Mit der Funktionstaste [F9] erscheint eine Abfrage »Auszuführender Befehl« und Sie können die Nummer des auszuführenden Befehls eintippen – wobei die Nützlichkeit dieses Befehls begrenzt ist.

Durch Verwenden dieser Abkürzungstasten ist eine sehr komfortable Befehlseingabe in der Eingabeaufforderung möglich.

24.1.8 Verwendung des Start-Befehls

Windows unterstützt in der Eingabeaufforderung den Befehl *Start*, mit dem sich weitere Optionen beim Aufruf einer Anwendung angeben lassen. Es gilt die folgende Aufrufsyntax:

```
Start [option] Programmname [parameter]
```

Über das Argument *[option]* unterstützt Windows 8 verschiedene Schalter. Der Befehl *start* öffnet beim Aufruf von Konsolenbefehlen standardmäßig ein zweites Konsolenfenster. Dabei kann der Fenstertitel beim Aufruf über die Option *»Titeltext«* angegeben werden (z.B. *start »Verzeichnis« dir* erzeugt ein zweites Fenster mit dem Titel »Verzeichnis« und der Ausgabe des *dir*-Befehls). Die Option */min* bewirkt, dass die Anwendung minimiert als Schaltfläche in der Taskleiste erscheint. Möchten Sie, dass der Befehlsprozessor auf das Beenden der aufgerufenen Anwendung wartet, geben Sie beim Aufruf zusätzlich den Schalter */wait* an. Mit den Optionen */Low*, */Normal*, */High* und */Realtime* lässt sich die Priorität zur Ausführung der betreffenden Anwendungen einstellen. Eine Übersicht aller unterstützten Optionen erhalten Sie, indem Sie den Befehl *Start /?* im Fenster der Eingabeaufforderung eingeben.

24.1.9 16-Bit-Anwendungsunterstützung

MS-DOS-Programme sind häufig als 16-Bit-Anwendungen ausgeführt. Solche Anwendungen lassen sich prinzipiell nicht in einem 64-Bit-Windows ausführen. Lediglich in einer 32-Bit-Windows-Umgebung kann die 16-Bit-Anwendungsunterstützung aktiviert werden. Diese Begrenzung wird z.B. beim Aufruf des MS-DOS-Editors *edit.com* über die Befehlszeile sichtbar. Beim ersten Aufruf eines 16-Bit-Programms erscheint dann ein Dialogfeld *16 Bit-Anwendungsunterstützung* (Bild 24.5), in dem Administratoren die Ausführung von 16-Bit-Programmen aktivieren oder deaktivieren können.

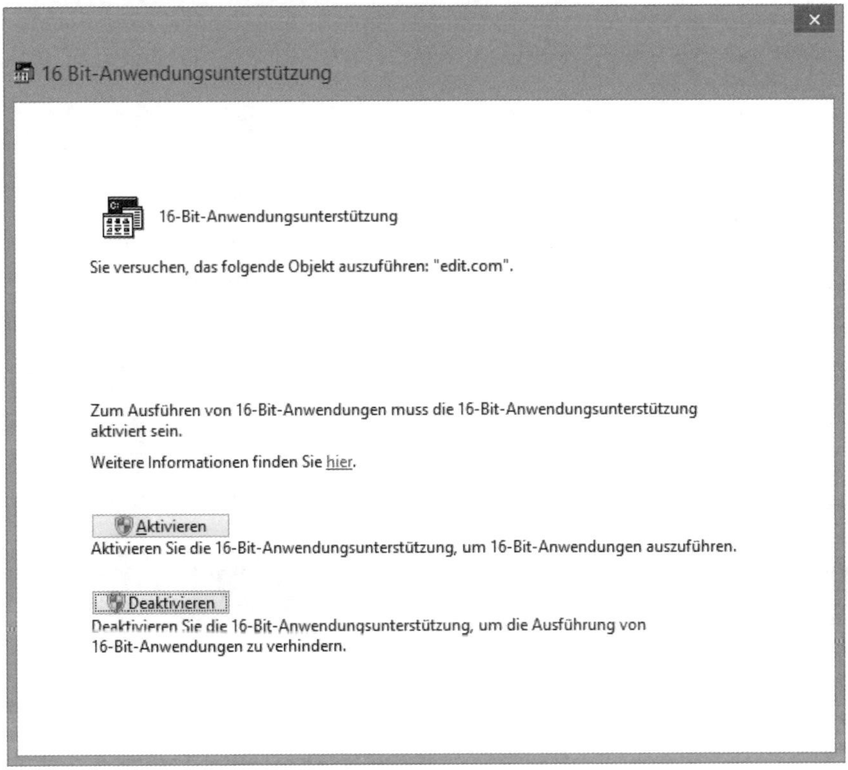

Bild 24.5: Aktivierung der 16-Bit-Anwendungsunterstützung

24.1.10 Datenaustausch mit Windows per Zwischenablage

Inhalte im Fenster der Eingabeaufforderung lassen sich markieren, in die Windows-Zwischenablage kopieren und anschließend in andere Fenster von Anwendungsprogrammen (Windows- oder MS-DOS-Anwendungen) übernehmen.

- Zum Markieren von Texten im Fenster der Eingabeaufforderung klicken Sie auf das Systemmenü in der linken oberen Fensterecke und wählen den Untermenübefehl *Bearbeiten/Markieren* (Bild 24.6, unten). Anschließend können Sie beliebige Textstellen im Fenster der Eingabeaufforderung durch Ziehen per Maus markieren.
- Zum Kopieren des markierten Textes der Zwischenablage öffnen Sie das Systemmenü und wählen den Untermenübefehl *Bearbeiten/Kopieren*. Anschließend können Sie zum Fenster der Anwendung wechseln und den Inhalt der Zwischenablage über den Befehl *Einfügen* des Menüs *Bearbeiten* (bzw. sofern unterstützt, über die Tastenkombination Strg+V) einfügen.

- Haben Sie Textinhalte aus dem Fenster der Eingabeaufforderung oder aus anderen Anwendungsfenstern in die Zwischenablage übertragen? Möchten Sie diesen Text (z.B. einen Befehl) in das Fenster der Eingabeaufforderung einfügen? Drücken Sie die [↵]-Taste, um in eine neue Befehlszeile zu gelangen. Danach wählen Sie im Systemmenü den Untermenübefehl *Bearbeiten/Einfügen*.

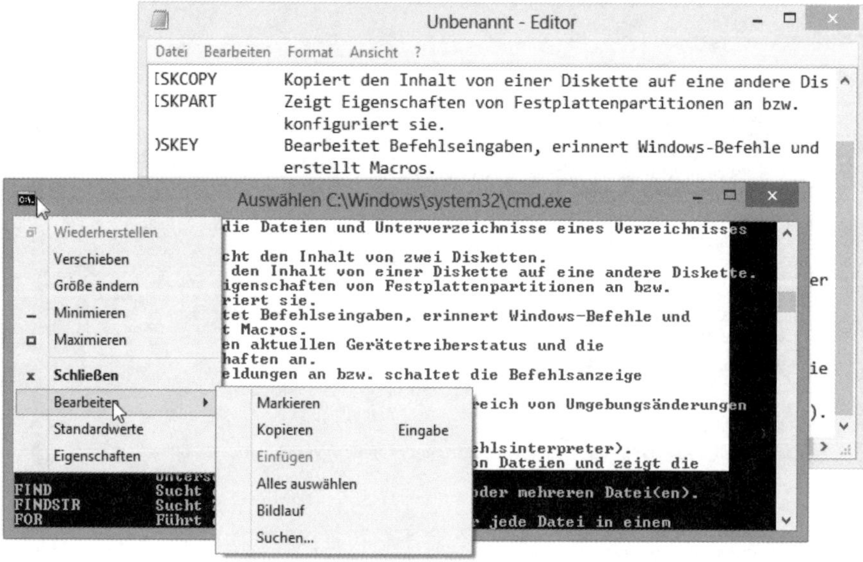

Bild 24.6: Markieren und Kopieren in der Eingabeaufforderung

Auf diese Weise können Sie Teile bereits abgesetzter Befehle im Fenster der Eingabeaufforderung markieren, in die Zwischenablage kopieren und wieder in die Befehlszeile einfügen. Oder Sie transferieren die Ausgaben im Fenster der Eingabeaufforderung in das Fenster einer Anwendung. Bild 24.6 zeigt das Fenster der Eingabeaufforderung mit einem markierten Text, das geöffnete Systemmenü und ein Fenster des Windows-Editors im Hintergrund, in das Text aus der Zwischenablage eingefügt wurde.

> TIPP
> Über den Befehl *Bearbeiten* des Systemmenüs der Eingabeaufforderung können Sie auch den Befehl *Suchen* wählen. Dann öffnet sich ein Dialogfeld, über das Sie, ähnlich wie im Windows-Editor, im Fenster der Eingabeaufforderung nach Texten suchen können. Über die Bildlaufleiste am rechten Bildschirmrand oder über das Rädchen einer Maus lässt sich im Fenster der Eingabeaufforderung blättern.

24.1.11 Eigenschaften der Eingabeaufforderung

Haben Sie eine Verknüpfung auf die Eingabeaufforderung angelegt, können Sie über deren Kontextmenübefehl *Eigenschaften* auf das Eigenschaftenfenster zurückgreifen. Alternativ können Sie im Systemmenü des Fensters der Eingabeaufforderung den Befehl *Eigenschaften* (Bild 24.6) wählen, um das Eigenschaftenfenster zu öffnen. Auf den verschiedenen Registerkarten des Eigenschaftenfensters (Bild 24.7) finden Sie die Eigenschaften des Anwendungsfensters. Für die Registerkarten mit den Eigenschaften des Fensters der Eingabeaufforderung gilt Folgendes.

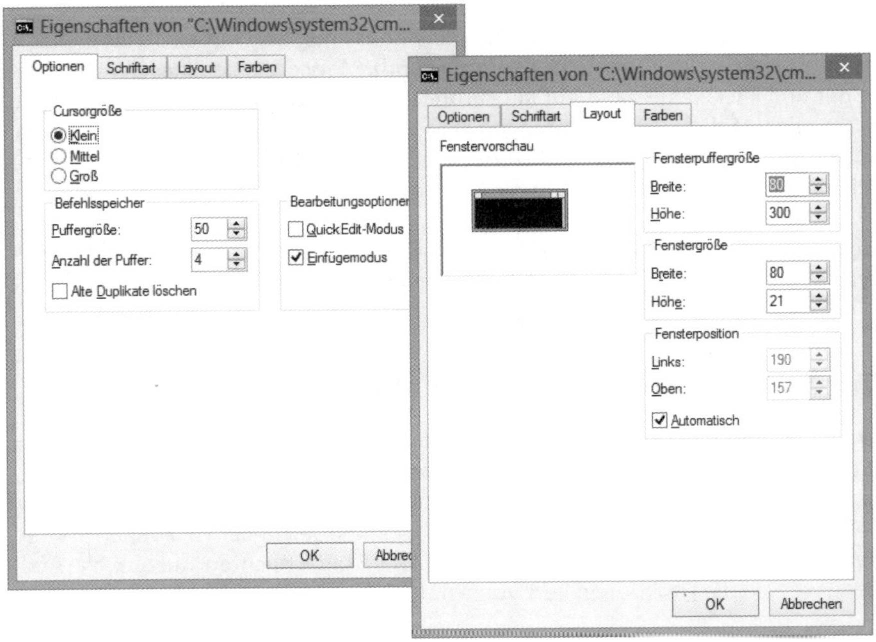

Bild 24.7: Eigenschaften der Eingabeaufforderung

Registerkarte Optionen

Auf der Registerkarte *Optionen* (Bild 24.7, links) finden Sie in der Gruppe *Cursorgröße* Optionsfelder, um die Cursorgröße einzustellen. Die Gruppe *Befehlsspeicher* definiert die Größe der einzelnen Puffer (zur Aufzeichnung eingegebener Befehle) sowie deren Anzahl.

In der Gruppe *Bearbeitungsoptionen* der Registerkarte *Optionen* können Sie festlegen, wie das Fenster auf die Maus und auf die Zwischenablage reagiert. Markieren Sie das Kontrollkästchen *QuickEdit-Modus*, ermöglicht Windows, Texte im Fenster der Eingabeaufforderung direkt per Maus zu markieren. Erkennbar ist dieser Modus am Markierungszeichen, das sich von einem Unterstrich zu einem weißen Viereck ändert. Eine Markierung des Kontrollkästchens *Einfügemodus* bewirkt, dass Texte aus der Zwischenablage in das Fenster eingefügt werden. Ohne Markierung überschreibt Windows die Texte im Fenster der Eingabeaufforderung.

Registerkarten Schriftart, Layout und Farben

Auf der Registerkarte *Schriftart* lässt sich festlegen, welche Schriftarten und Schriftgrößen Windows im Fenster der Eingabeaufforderung verwenden soll. Die Registerkarte *Layout* (Bild 24.7, rechts) definiert die Fensterabmessungen und -position. Zusätzlich lässt sich in der Gruppe *Fensterpuffergröße* angeben, wie viele Zeichen pro Zeile und wie viele Zeilen der Puffer zur Zeichenausgabe aufnehmen soll. Dieser Puffer bestimmt den Bereich des Fensters, in dem Sie über die Bildlaufleiste im Fenster blättern können. Ist das Kontrollkästchen *Automatisch* markiert, positioniert Windows das Fenster beim Öffnen automatisch gemäß den Angaben auf der Registerkarte.

Die Registerkarte *Farben* ermöglicht die Anpassung der Farbeinstellungen für bestimmte Fensterelemente (z.B. Hintergrund). Markieren Sie eines der Optionsfelder und klicken Sie dann auf ein Farbfeld der angezeigten Farbpalette, um die Farbe einzustellen. Die Änderungen der Eigenschaften werden übernommen, sobald Sie das Eigenschaftenfenster über die *OK*-Schaltfläche einer Registerkarte schließen.

TIPP

Über den Befehl *Standardwerte* im Systemmenü des Eigenschaftenfensters lassen sich die Windows-Voreinstellungen wieder zurücksetzen.

24.2 Windows-Fax und -Scan

Windows 8 enthält nach wie vor die Windows-Anwendung Windows-Fax und -Scan, über die Sie einen Scanner zum Erfassen von Bildvorlagen ansteuern können. Zudem steht im Fenster *Geräte und Drucker* das Gerät *Fax* zur Verfügung. Sofern ein Modem samt Telefonanschluss bei Ihnen verfügbar ist, können Sie den Rechner zum Versenden und Empfangen von Faxnachrichten nutzen. Nachfolgend werden die Funktionen kurz vorgestellt.

24.2.1 Programm aufrufen, Fax-Funktionen einrichten

Das Programm Windows-Fax- und -Scan lässt sich über die Suchfunktion der Startseite aufrufen.

1. Blenden Sie die Charms-Leiste am rechten Seitenrand ein und wählen Sie das Symbol *Suchen*.
2. Tippen Sie in der Seitenleiste *Suchen* den Begriff »Fax« ein und wählen Sie den angezeigten Treffer *Windows-Fax und -Scan* (Bild 24.8).

Bild 24.8: Windows-Fax und -Scan aufrufen

> Sofern Sie das Programm häufiger verwenden, markieren Sie den Eintrag (z.B. per Rechtsklick) und wählen in der App-Leiste den Befehl *An »Start« anheften* oder *An Taskleiste anheften*. Dann lässt sich das Programm über eine Kachel der Startseite bzw. über eine Schaltfläche der Taskleiste aufrufen.
>
> TIPP

Bevor Sie mit dem Faxversand (bzw. -empfang) beginnen können, muss Windows-Fax und -Scan zunächst eingerichtet werden. Dabei wird das zum Faxversand benötigte Modem identifiziert und Sie können das Faxkonto anlegen. Ist diese Einrichtungen noch nicht erfolgt, startet ein Einrichtungsassistent (Bild 24.10), sobald Sie das erste Fax senden möchten.

Alternativ lässt sich im Fenster *Windows-Fax und -Scan* der Befehl *Faxkonten* im Menü *Extras* wählen. Im Dialogfeld *Faxkonten* (Bild 24.9) wählen Sie dann die Schaltfläche *Hinzufügen*, um den Assistenten zu starten und das erste Dialogfeld abzurufen. Der Einrichtungsassistent fragt in mehreren Dialogschritten das zu verwendende Gerät ab (Bild 24.10).

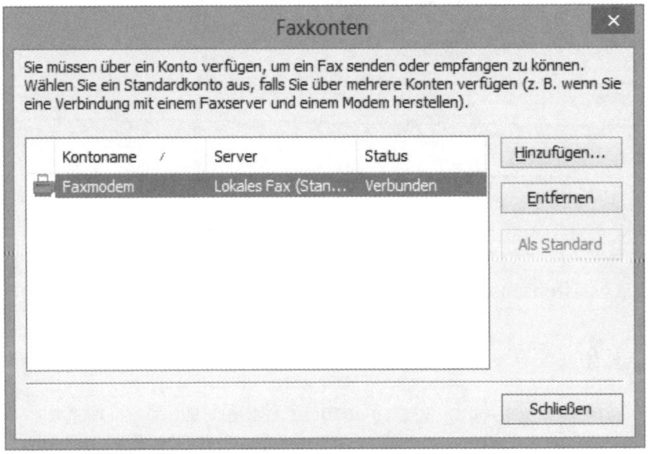

Bild 24.9: Faxkonten einrichten

- Im ersten Schritt (Bild 24.10, oben links) stellen Sie über die angebotenen Befehle eine Verbindung zu einem Faxserver in einem Netzwerk oder zu einem lokalen Faxmodem her. Ist ein analoges Modem im Rechner eingebaut, wird dieses automatisch identifiziert und zum Faxversand bzw. -empfang vorbereitet.
- Im Folgedialogfeld ist bei Verwendung eines Faxservers der UNC-Netzwerkpfad in ein Textfeld einzutragen. Verwenden Sie ein lokales Modem, kann ein Name für das Modem eingetragen werden (Bild 24.10, Mitte links).
- Im dritten Dialogfeld (Bild 24.10, unten) des Einrichtungsassistenten lässt sich wählen, wie eingehende Faxnachrichten zu behandeln sind. Administratoren können die automatische Annahme oder die Benachrichtigung konfigurieren.
- Die Warnung der Firewall für Windows-Fax und -Scan (Bild 24.10, Vordergrund rechts) bestätigen Sie über die Schaltfläche *Zugriff zulassen*. Anschließend geben Sie die Funktion über die Benutzerkontensteuerung frei.

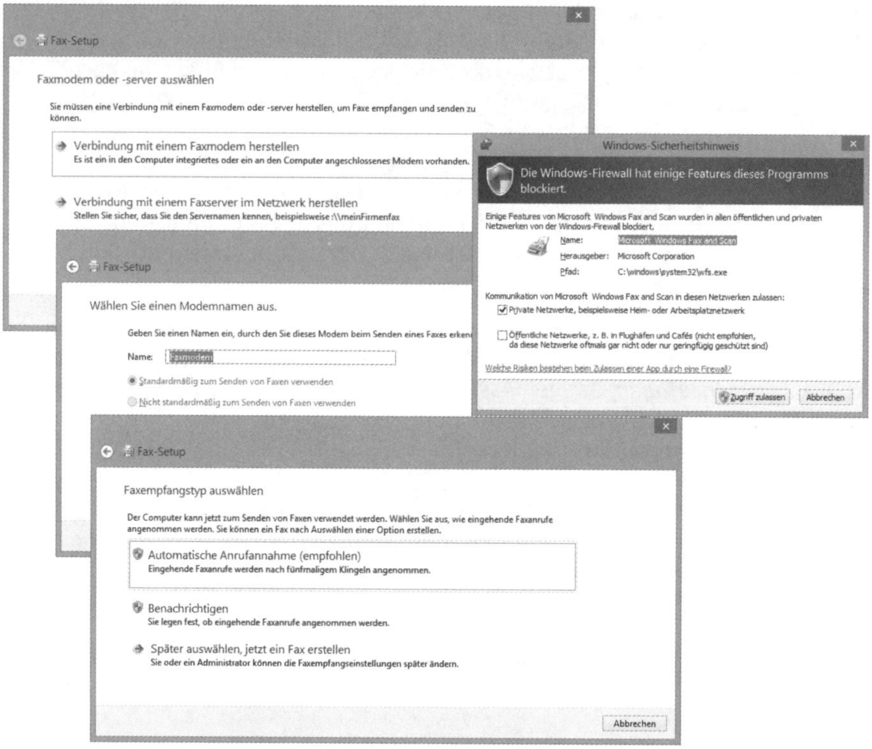

Bild 24.10: Dialogfelder des Assistenten zur Fax-Einrichtung

HINWEIS

Die Einbindung geeigneter Hardware zum Versenden von Faxnachrichten kann sich als Problem erweisen. Ist eine (aktive) ISDN-Karte installiert, muss vom Hersteller ein entsprechender Treiber bezogen und installiert werden, der ein Softmodem für die ISDN-Karte über eine CAPI 2.0-Schnittstelle bereitstellt (siehe auch meinen Blog-Beitrag unter `http://www.borncity.com/blog/2007/08/14/faxen-unter-windows-vista/` [w8-k24-003], der auch für Windows 8 gilt). Sofern diese Konstellation bei Ihnen vorliegt, schauen Sie auf den Webseiten des Geräteherstellers nach, ob entsprechende Treiber angeboten werden. Eine Übersichtsbeitrag, was beim Faxen unter Windows zu berücksichtigen ist, habe ich unter `http://www.borncity.com/blog/2009/10/15/faxen-in-windows-7/` [w8-k24-004] veröffentlicht. Diese Hinweise gelten auch für Windows 8.

Über den Befehl *Faxeinstellungen* des Menüs *Extras* lässt sich das in Bild 24.11 gezeigte Dialogfeld mit den verschiedenen Registerkarten abrufen. Auf der Registerkarte *Allgemein* können Sie einstellen, ob der Faxempfang durch das Modem unterstützt wird. Die Schaltfläche *Weitere Optionen* öffnet ein Dialogfeld, in dem Sie die Absenderkennung für Faxnachrichten eintragen können. Auf der Registerkarte *Sicherheit* lassen sich für die Benutzerkonten Zugriffsberechtigungen auf den Faxausgang festlegen.

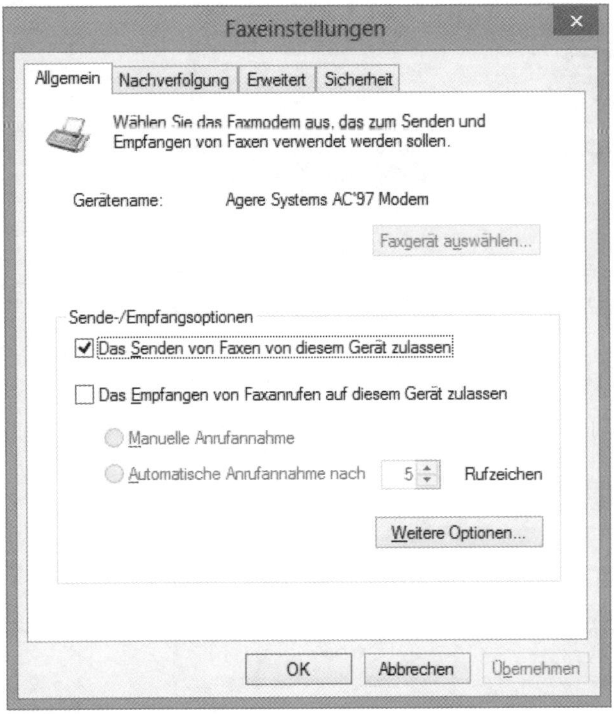

Bild 24.11: Faxeinstellungen anpassen

Der Befehl *Optionen* im Menü *Extras* öffnet ein weiteres Dialogfeld, in dem Sie festlegen können, ob beim Eintreffen einer Faxnachricht eine Benachrichtigung (z.B. per E-Mail) erfolgen soll.

24.2.2 Ein Fax erstellen und senden

Zum Erstellen einer Faxnachricht gibt es mehrere Möglichkeiten. Viele Benutzer bevorzugen es, die Texte in der gewohnten Anwendung (z.B. einem Textbearbeitungsprogramm wie Microsoft Word) zu verfassen.

Dies ist kein Problem, da Windows automatisch einen Fax-Druckertreiber einrichtet und den betreffenden Druckausgaben bereitstellt. In Bild 24.12 sehen Sie im Hintergrund das Fenster des Windows-Editors Notepad, bei dem die Druckfunktion aufgerufen wurde. Wählen Sie den Drucker *Fax* aus, schickt dieses Gerät die Ausgaben an Windows-Fax und -Scan. Dort wird dann eine neue Faxnachricht angelegt und die Druckausgabe als TIF-Grafikdatei angehängt (Bild 24.13, oben).

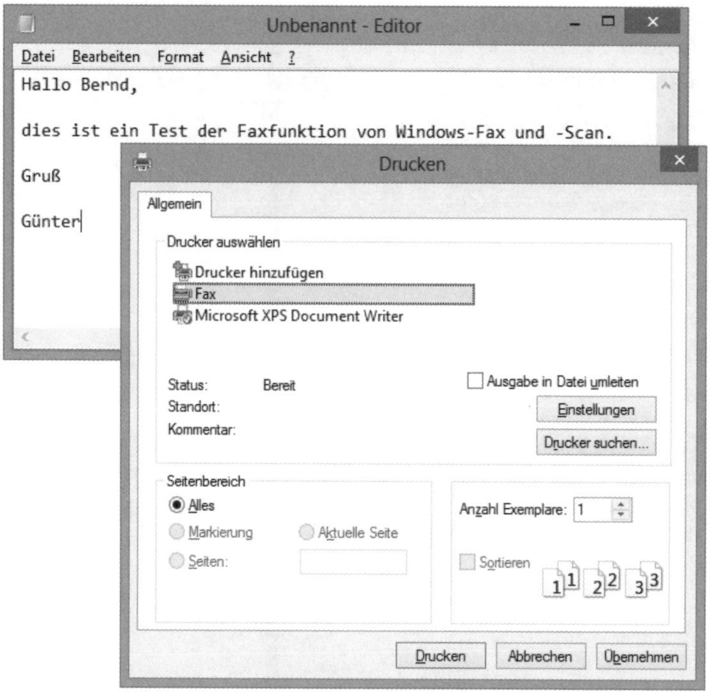

Bild 24.12: Dokument auf dem Faxausgang drucken

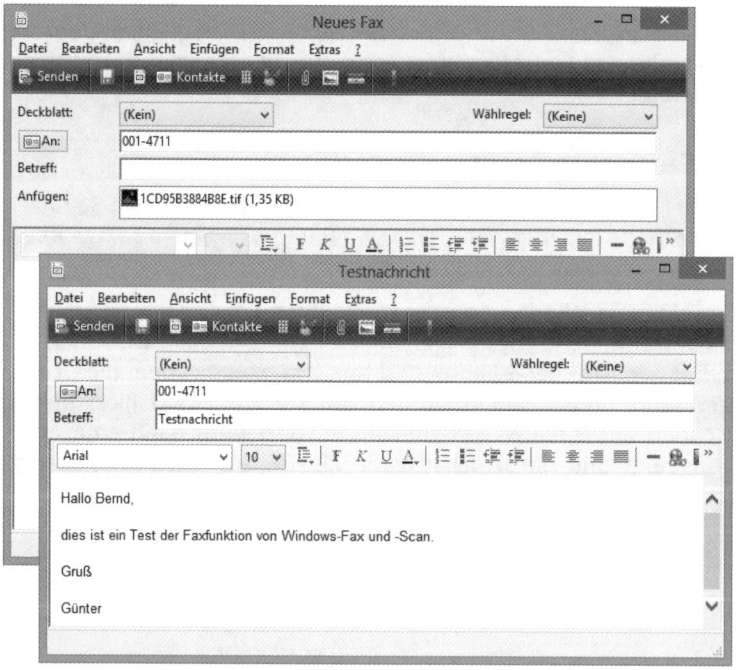

Bild 24.13: Neue Faxnachricht erstellen

Die andere Möglichkeit besteht darin, die Faxnachricht direkt in Windows-Fax und -Scan zu erstellen. Rufen Sie das Programm über das Startmenü auf und klicken Sie in der Symbolleiste auf die Schaltfläche *Neues Fax*. Sobald sich das Fenster zum Erstellen der Nachricht öffnet, können Sie den Betreff und den Nachrichtentext ergänzen (Bild 24.13, unten). Anschließend tragen Sie in das Empfängerfeld die Faxnummer ein. Hängt das Modem an einer Telefonanlage und benötigen Sie für den Anruf ein Amt, das über eine Ziffer (z.B. 0) bereitgestellt wird, können Sie dies über die Wählregeln in Windows vereinbaren. Diese Wählregeln lassen sich dann über das Listenfeld im Fenster des Faxnachrichteneditors abrufen. Die Alternative besteht darin, die Ziffer für das Amt einfach vor der Empfängernummer einzutragen. Sobald Sie auf die *Senden*-Schaltfläche klicken, wird das Fenster geschlossen und die Faxnachricht im Ordner *Postausgang* des Windows-Fax und -Scan-Fensters abgelegt (Bild 24.14).

Windows-Fax und -Scan verwaltet den Faxversand aus diesem Ordner automatisch. Sie können aber Einträge im Ordner *Postausgang* mit der rechten Maustaste anwählen und über Kontextmenübefehle löschen, anhalten und erneut zum Versand freigeben. Möchten Sie sich über den Status des Faxversands informieren, wählen Sie im Menü *Extras* den Befehl *Faxstatusmonitor*. Dann wird das Dialogfeld mit den Statusmeldungen eingeblendet. Über die Schaltfläche *Details einblenden/Details ausblenden* des Dialogfelds können Sie die Anzeige des Dialogfelds erweitern oder einschränken. In der erweiterten Darstellung wird der Status der letzten Nachrichten angezeigt.

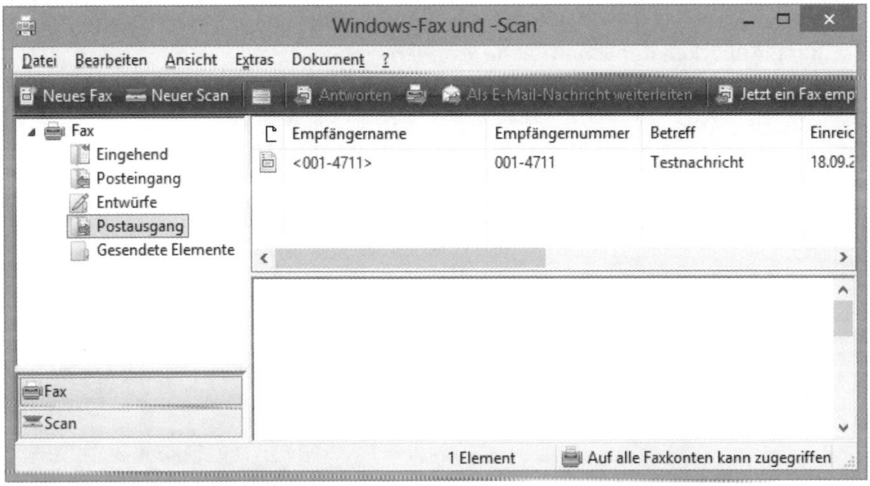

Bild 24.14: Faxnachrichten verwalten

Haben Sie das Faxmodem so konfiguriert, dass Anrufe nicht automatisch angenommen werden (dies ist z.B. hilfreich, wenn das Modem mit am normalen Telefonanschluss hängt), lässt sich ein eingehendes Fax über die Schaltfläche *Anruf annehmen* des Dialogfelds entgegennehmen. Eingehende Faxnachrichten werden im Ordner *Posteingang* abgelegt.

24.2.3 Scans mit Windows-Fax und -Scan anfertigen

Windows-Fax und -Scan ermöglicht Ihnen, Scans über einen angeschlossenen Scanner anzufertigen. Dies macht z.B. beim Einscannen von Texten und Textvorlagen Sinn (Bilder lassen sich mit der Fotos-App oder dem Import-Assistenten einlesen, siehe *Kapitel 18*). Um eine Vorlage zu scannen, gehen Sie in folgenden Schritten vor.

1. Starten Sie Windows-Fax und -Scan und klicken Sie in der Symbolleiste des Anwendungsfensters auf die Schaltfläche *Neuer Scan* (Bild 24.15, Hintergrund).
2. Wählen Sie im angezeigten Dialogfeld *Neuer Scan* (Bild 24.15, Vordergrund) über das Listenfeld *Profil* den Eintrag *Dokumente*. Soll eine Bildvorlage gescannt werden, stellen Sie das Profil auf *Foto* um.
3. Wählen Sie im Listenfeld *Farbformat* einen Eintrag aus. Für Fotos ist der Eintrag *Farbe* einzustellen, während beim Scannen von Texten die Vorgabe *Graustufen* oder *Schwarz und Weiß* genügt.
4. Stellen Sie das Dateiformat zum Speichern der gewünschten Scandatei ein und passen Sie ggf. die Auflösung in DPI an. Über die beiden Regler *Helligkeit* und *Kontrast* lässt sich ggf. die Qualität der Scans bei blassen Vorlagen verbessern.
5. Die Einstellungen kontrollieren Sie im Vorschaufenster, indem Sie auf die Schaltfläche *Vorschau* klicken. Dort lässt sich bei Bedarf auch die Größe des Scanbereichs vorgeben. Ist das Ergebnis in Ordnung, starten Sie den Scan durch Anklicken der Schaltfläche *Scannen*.

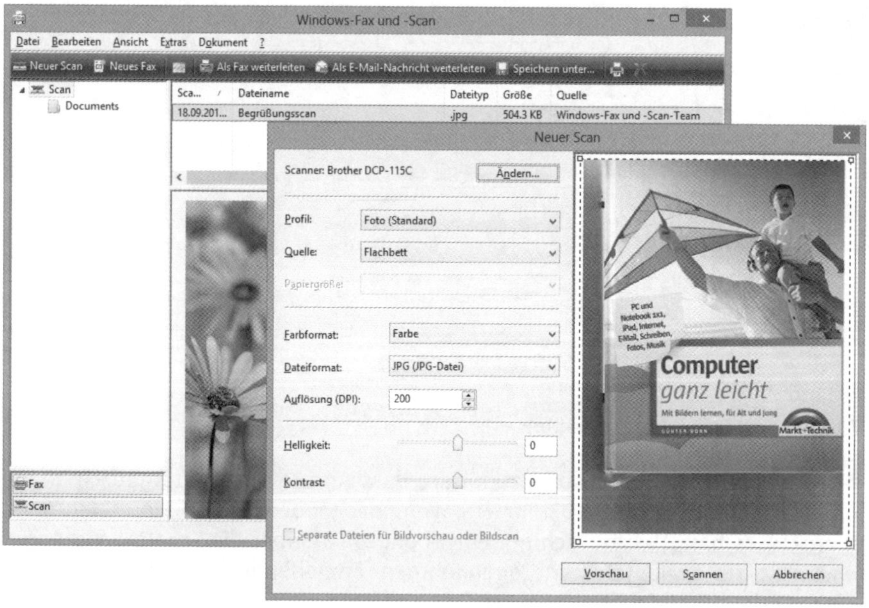

Bild 24.15: Scans in Windows-Fax und -Scan

Warten Sie, bis Windows-Fax und -Scan die Vorlage eingescannt hat. Das Dialogfeld *Neuer Scan* verschwindet automatisch und das eingescannte Motiv taucht in der rechten Spalte des Programmfensters auf (Bild 24.15, Hintergrund). Windows-Fax und -Scan sichert die eingescannte Grafikdatei automatisch im Ordner *Dokumente/Gescannte Dokumente*. Sie können dann die Darstellung durch Anklicken des Eintrags im Ansichtsfenster abrufen.

HINWEIS

Es kann auch sein, dass der Windows-Import-Assistent nach dem Scannen auftaucht. Der Assistent führt Sie dann durch die Schritte zum Import des gescannten Fotos. Dies ist in *Kapitel 18*, im Abschnitt »18.1.3 Import über den Import-Assistenten von Windows«, beschrieben. Nach dem erfolgreichen Import taucht das gescannte Dokument in der Bibliothek *Bilder* im Importordner auf.

Bei Fotos, die farbig erfasst und per E-Mail verschickt oder in Farbdokumente eingebunden werden sollen, sollten Sie als Farbformat *Farbe* und als Grafikformat *JPG* einstellen. Eine Auflösung von 200 DPI reicht für die meisten Druckerzeugnisse aus. Nur bei der Erstellung hochwertiger Fotoscans, die ggf. noch vergrößert werden sollen, ist eine höhere Auflösung von 300 oder mehr DPI beim Scannen einzustellen. Beachten Sie: Je höher die Auflösung in DPI, umso größer wird die Scandatei. Texte sollten Sie versuchsweise als *Schwarzweiß*- oder als *Graustufen*-Bild scannen. Scans von Vorlagen, die grafisch weiterverarbeitet und in Druckqualität gespeichert werden müssen, sollten Sie dagegen im Dateiformat *TIFF* ablegen lassen. Dies führt zwar zu größeren Dateien, aber die beim JPEG-Format durch die Komprimierung auftretenden Qualitätsverluste kommen beim TIFF-Format nicht vor.

24.2.4 Verwalten der gescannten Vorlagen

Alle gescannten Vorlagen werden in der rechten Spalte des Programmfensters in chronologischer Folge aufgelistet. Das Windows-Fax und -Scan-Programmfenster stellt Ihnen eine Reihe von Funktionen zur Verwaltung und Weiterverarbeitung der gescannten Vorlagen bereit. Über die Schaltflächen der Symbolleiste, über Kontextmenübefehle (Bild 24.16) sowie über die Menüleiste lassen sich die gescannten Vorlagen bearbeiten und organisieren.

- Mit der Schaltfläche *Speichern unter* der Symbolleiste oder über den Befehl *Speichern unter* des Menüs *Datei* lässt sich ein Dialogfeld öffnen, in dem Sie den Speicherort, den Namen und das Grafikformat der anzufertigenden Kopie der Scandatei wählen können.
- Die Schaltfläche *Als Fax weiterleiten* erzeugt eine Faxnachricht, an die die gescannte Vorlage als Grafik automatisch angefügt wird. Sie brauchen lediglich die Empfängeradresse, den Betreff und ggf. noch einen Text für das Deckblatt zu verfassen und können das gesamte Dokument als Fax versenden.
- Ist ein mit Windows 8 kompatibler E-Mail-Client installiert, wird mit der Schaltfläche *Als E-Mail-Nachricht weiterleiten* das Fenster des Nachrichteneditors mit einer neuen Nachricht geöffnet, wobei die Grafikdatei der gescannten Vorlage als Anlage angehängt ist. Ergänzen Sie die E-Mail-Adresse des Empfängers, die Betreffzeile und den Nachrichtentext. Anschließend lässt sich die Nachricht mit dem angehängten Scan per E-Mail versenden.

- Klicken Sie die im Programmfenster aufgelisteten Scaneinträge mit der rechten Maustaste an, erscheint ein Kontextmenü mit verschiedenen Befehlen. Über den Befehl *Ansicht* lässt sich eine Scandatei in der Einzelbildansicht in der Fotos-App öffnen (siehe *Kapitel 18*). Mit den Befehlen *Löschen* und *Umbenennen* können Sie Scandateien aus der Liste entfernen oder mit einem neuen Namen versehen. Über den Befehl *Zoom* öffnen Sie ein Untermenü mit den Vergrößerungsfaktoren für die Darstellung in der Vorschau.
- Wählen Sie in der linken Spalte des Programmfensters den Eintrag *Scan* mit einem Rechtsklick an, lässt sich im Kontextmenü ein neuer Dokumentordner anlegen. Ein Rechtsklick auf einen solchen neu angelegten Ordner zeigt ein Kontextmenü mit Befehlen, um diesen Ordner umzubenennen, zu löschen oder zu verschieben. Öffnen Sie das Kontextmenü einer Scandatei in der rechten Spalte des Programmfensters, lässt sich der Befehl *In Ordner verschieben* wählen. In einem Dialogfeld werden Ihnen dann die in der linken Spalte aufgeführten Ordner als Zielordner angeboten. Das Programm verschiebt die Scandateien beim Schließen des Dialogfelds in den gewählten Zielordner.

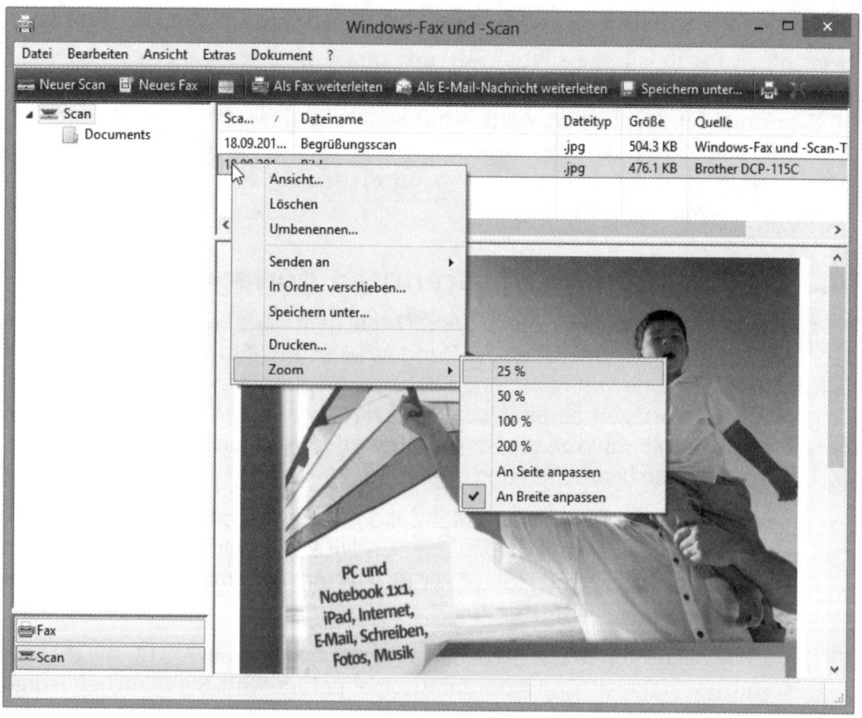

Bild 24.16: Kontextmenübefehle in Windows-Fax und -Scan

Über diese Funktionen können Sie die gescannten Vorlagen strukturiert in einer Ordnerhierarchie ablegen. Über die beiden unteren Einträge in der linken Spalte des Anwendungsfensters lässt sich zwischen der Fax- und der Scandarstellung umschalten.

24.2.5 Scanprofile festlegen – das steckt dahinter

Die Werte im Listenfeld *Profil* ermöglichen Ihnen bereits werkseitig, zwischen Fotos und Dokumenten zu wechseln. Zudem können Sie auf die zuletzt verwendeten Einstellungen zurückgreifen. Wenn Sie häufiger verschiedene Dokumenttypen (Fotos, Magazine, Texte etc.) einscannen, sind jeweils die Einstellungen (z.B. Farbformat und Auflösung oder das Grafikformat) vor jedem Scan im Dialogfeld *Neuer Scan* anzupassen. Alternativ ermöglicht der Eintrag *Profil hinzufügen* im Listenfeld, die Einstellungen unter einem Namen als Profil abzuspeichern. Dann lassen sich die Einstellungen unter dem Profilnamen abrufen und zum Scannen verwenden.

1. Um ein Profil festzulegen, wählen Sie den Wert *Profil hinzufügen* im Listenfeld *Profil*. Oder Sie verwenden den Befehl *Scaneinstellungen* im Menü *Extras*, um das Dialogfeld *Scanprofile* aufzurufen, und klicken dort auf die *Hinzufügen*-Schaltfläche.
2. Das Dialogfeld *Neues Profil hinzufügen* entspricht im Aufbau dem Dialogfeld *Neuer Scan*. Tragen Sie in das Feld *Profilname* den Namen für das gewünschte Profil ein und stellen Sie dann die restlichen Optionen auf die gewünschten Vorgabewerte.

Sobald Sie die Schaltfläche *Profil speichern* wählen, wird das Dialogfeld geschlossen und die Profildaten werden in eine Datei gesichert. Sie können später über den Profilnamen jederzeit auf diese Einstellungen zurückgreifen.

HINWEIS

Die Scanfunktionen von Windows-Fax und -Scan setzen auf den WIA-Treibern des Scanners auf. Leider existiert das Problem, dass Microsoft die Treiberarchitektur im Hinblick auf den Kontext, in dem Scandienste ablaufen, bereits bei Windows Vista geändert hat (für Windows 8 gelten die gleichen Voraussetzungen). Als Konsequenz werden Scanner nur dann funktionieren, wenn vom Gerätehersteller mindestens ein für Windows Vista entwickelter und freigegebener WIA-Treiber angeboten wird. Die Problematik habe ich bereits für Windows 7 unter `http://www.borncity.com/blog/2009/12/03/scanner-unter-windows-7/` [w8-k24-005] beschrieben.

24.3 Weitere hilfreiche Programme

Windows 8 enthält noch einige Windows-Anwendungen, die mitunter gute Dienste verrichten. Dies reicht vom Taschenrechner über Editoren bis hin zu einem Journal. Nachfolgend stelle ich einige dieser Programme vor.

24.3.1 Der Windows-Rechner

Über die Seitenleiste *Suche* können Sie die Windows-Anwendung *Rechner* (Bild 24.17, oben) aufrufen sowie über die Schaltflächen der App-Leiste an der Startseite oder an der Taskleiste anheften. Der Windows-Rechner läuft auf dem Desktop und besitzt einige zusätzliche Funktionen, die ganz hilfreich sind (Bild 24.17, unten).

Öffnen Sie das Menü *Ansicht*, lässt sich der Rechner zwischen den Modi *Standard, Wissenschaftlich, Programmierer* und *Statistik* umschalten. Mit dem Befehl *Verlauf* werden die letzten Rechenschritte in der Art einer Rechenmaschine im Display mit angezeigt – Sie können also Rechnungen leichter überprüfen. Der Befehl *Zifferngruppierung* blendet in der Anzeige einen Punkt hinter der Tausenderstelle ein. Interessant sind auch die Funktionen *Einheitenumrechnung, Datumsberechnung* und *Arbeitsblätter*, die einen Erweiterungsbereich am rechten Fensterrand einblenden. In diesem Bereich lassen sich unterschiedliche Funktionen wie Einheitenumrechnung, Kraftstoffverbrauch etc. über die Befehle des Menüs *Ansicht* einblenden. Über den Befehl *Basismodus* wird der Erweiterungsbereich wieder ausgeblendet. Details zu den einzelnen Funktionen lassen sich in der Programmhilfe nachlesen (abrufbar über das *?*-Menü).

Bild 24.17: Windows-Rechner

24.3.2 Der Windows-Editor zum Bearbeiten von Textdateien

Textdateien (Dateinamenerweiterungen wie *.txt, .ini, .log, .bat* etc.), die ausschließlich Text enthalten, lassen sich mit dem Windows-Editor Notepad ansehen und bearbeiten. Um eine Textdatei im Windows-Editor Notepad (Bild 24.18, Hintergrund) zu laden, können Sie diese per Doppelklick anwählen. Dies funktioniert aber nur, wenn der Befehl *Öffnen* des Dateityps mit dem Windows-Editor verknüpft ist. Andernfalls können Sie versuchsweise das Symbol der Textdatei mit der rechten Maustaste anwählen und im Kontextmenü den Befehl *Bearbeiten* wählen. Stehen weder die Befehle *Bearbeiten* noch *Öffnen* bereit, verwenden Sie im Kontextmenü den Befehl *Öffnen mit* und wählen den Windows-Editor als Anwendung zum Öffnen.

Sie können das Programm *Notepad.exe* auch über die Seitenleiste *Suche* der Startseite (Eingabe des Suchbegriffs »Editor«) oder durch Eingabe des Befehls *Notepad.exe* in das Textfeld des Dialogfelds *Ausführen* aufrufen. Anschließend lässt sich eine Textdatei per Maus aus einem Ordnerfenster in das geöffnete Fenster des Editors ziehen. Das Programm öffnet die Textdatei und zeigt den Inhalt an.

Im geöffneten Fenster des Windows-Editors (Bild 24.18) kann über den Befehl *Öffnen* des Menüs *Datei* oder über die Tastenkombination Strg+O der *Öffnen*-Dialog aufgerufen werden (Bild 24.18, unten). Das Dialogfeld entspricht im Aufbau weitgehend einem Ordnerfenster. Sie können über den Navigationsbereich den Ordner suchen, in dem die Textdatei gespeichert ist. Standardmäßig zeigt das Ordnerfenster nur Textdateien mit der Dateinamenerweiterung *.txt* an. Über die Schaltfläche neben dem Textfeld *Dateiname* lässt sich aber ein Menü öffnen und der Dateifilter auf *Alle Dateien (*.*)* stellen. Dann zeigt Windows alle Dateien im Dialogfeld *Öffnen* an. Anschließend lässt sich die gewünschte Textdatei markieren und abschließend über die Schaltfläche *Öffnen* im Editor laden.

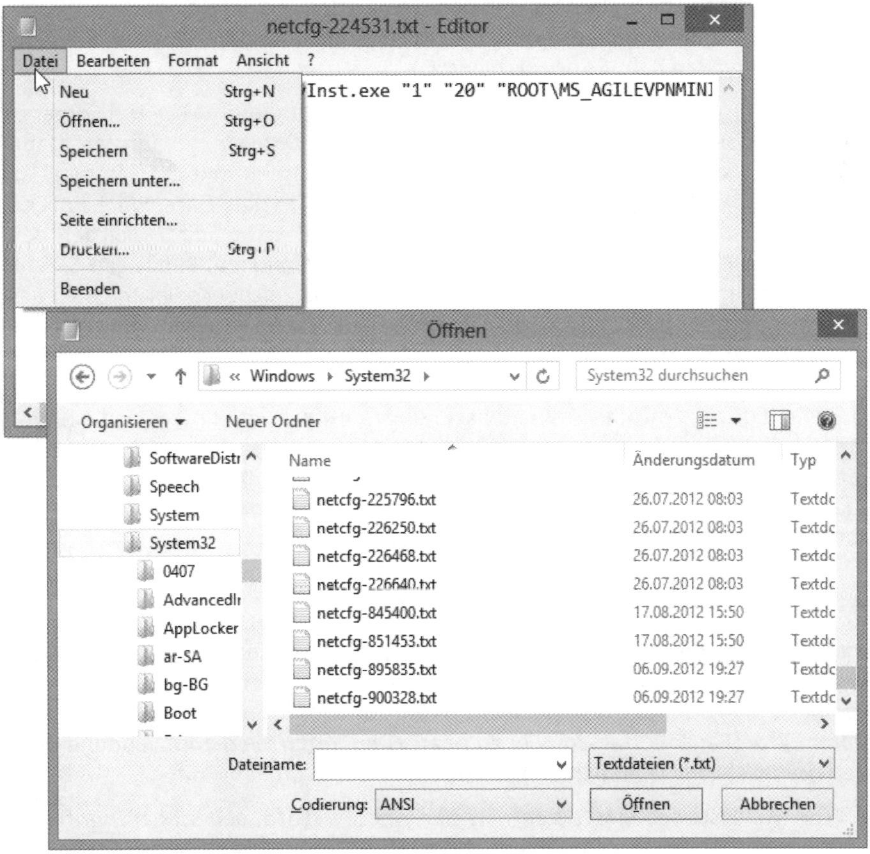

Bild 24.18: Windows-Editor und Dialogfeld *Öffnen*

HINWEIS

Textdateien können in verschiedenen Zeichencodierungen gespeichert werden. Neben dem von Windows benutzten Unicode-Zeichensatz werden der in älteren Windows-Versionen verwendete ANSI-Zeichensatz sowie der reduzierte Unicode-Zeichensatz UTF-8 (enthält 256 Zeichen der westeuropäischen Sprachen) beim Laden von Textdateien unterstützt. Der Eintrag *Unicode Big Endian* berücksichtigt die abweichende Codierung bei der Speicherung von 16-Bit-Werten auf Motorola-CPUs (dort wird zuerst das höherwertige Byte und dann das niederwertige Byte gespeichert) zum Intel »Little Endian«-Speicherformat. Die verschiedenen Varianten lassen sich über das Listenfeld *Codierung* im Dialogfeld *Öffnen* vorgeben.

Zum Speichern eines bearbeiteten Textdokuments verwenden Sie den Befehl *Speichern* im Menü *Datei* (bzw. die Tastenkombination [Strg]+[S]). Haben Sie das Dokument aus einer bestehenden Datei geladen, wird der aktuelle Inhalt des Editors in diese Datei geschrieben. Bei neuen Textdokumenten, die Sie über den Befehl *Neu* im Menü *Datei* angelegt haben, öffnet sich das Dialogfeld *Speichern unter*, in dem Sie den Zielordner und den Namen der Textdatei angeben müssen. Möchten Sie ein bestehendes Dokument in einer neuen Datei sichern, wählen Sie im Menü *Datei* den Befehl *Speichern unter*.

Im Feld *Dateityp* wird der zu speichernde Dateityp (standardmäßig *.txt*) vorgegeben. Bei Bedarf lässt sich hier auch der Eintrag *Alle Dateien (*.*)* abrufen. Dann geben Sie die Dateinamenerweiterung im Dateinamen mit an. Tragen Sie anschließend den Namen der Dokumentdatei in das Textfeld *Dateiname* ein. Das Listenfeld *Codierung* ist standardmäßig auf *ANSI* gesetzt. Der Editor speichert den Text in der Zeichencodierung älterer Windows 9x-Versionen. Benötigen Sie die Dateien im Unicode-Format, lässt sich die betreffende Zeichencodierung über das Listenfeld abrufen. Hierbei gilt das Gleiche wie beim Laden von Textdateien (siehe den vorhergehenden Abschnitt).

HINWEIS

Ist die im Editor geöffnete Textdatei schreibgeschützt oder wird sie von einem anderen Programm benutzt, erscheint beim Speichern das Dialogfeld *Speichern unter*. Speichern Sie dann die Datei unter einem neuen Dateinamen, da der Editor die Originaldatei nicht überschreiben kann. Informationen über die Funktionen des Windows-Editors erhalten Sie über dessen Hilfe.

24.3.3 Textbearbeitung mit WordPad

Das Windows-Programm WordPad ermöglicht Ihnen neben der Texteingabe die Gestaltung von Textdokumenten durch veränderte Schriftgröße, Fettdruck etc., was auch als Formatierung bezeichnet wird. Um Texte mit dem Windows-Programm WordPad zu erfassen oder zu bearbeiten, rufen Sie die Anwendung über die Seitenleiste *Suchen* durch Eingabe des Begriffs »WordPad« auf.

- Die Titelleiste des Fensters enthält die Symbolleiste für den Schnellzugriff und zeigt den geladenen Dokumenttitel an. Die Symbolleiste für den Schnellzugriff kann Schaltflächen zum Zugriff auf häufig benötigte Funktionen (Speichern, Drucken, Rückgängig machen, neues Dokument holen) aufweisen. Zudem lässt sich die Symbolleiste (wie beim Explorer) vom Benutzer anpassen.

- Am unteren Fensterrand finden Sie noch die Statusleiste, in der WordPad ggf. Meldungen anzeigt. Zudem findet sich am rechten Rand der Statusleiste ein Schieberegler, über den der Zoomfaktor für die Anzeige des Dokumentbereichs einstellbar ist.
- Unterhalb der Titelleiste ist ganz links die Registerkarte *Datei* angeordnet. Diese zeigt ein Menü mit Befehlen zum Öffnen oder Speichern von Dokumenten etc.

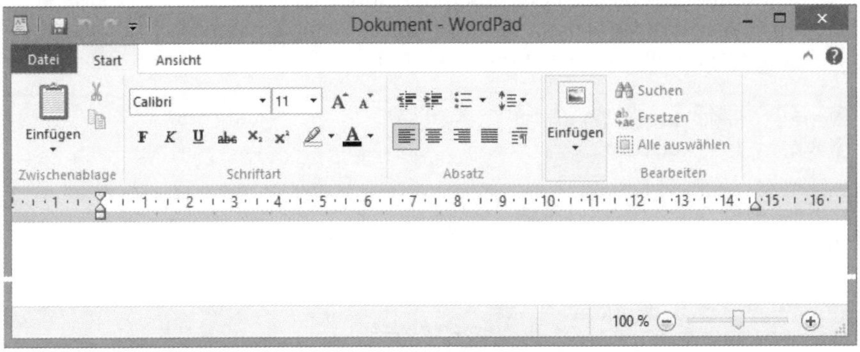

Bild 24.19: WordPad-Fenster

- Weiterhin enthält der Kopfbereich des Fensters noch ein Menüband (in Microsoft Office 2007 auch als »Multifunktionsleiste« bezeichnet) mit den Registerkarten *Start* und *Ansicht*. Diese Registerkarten enthalten die Schaltflächen und Elemente, um den Text zu bearbeiten (suchen, ausschneiden etc.) und mit Formatierungen wie Schriftarten und -größen zu versehen oder die Darstellung anzupassen. Die Schaltflächen sind dabei in Funktionsgruppen wie *Zwischenablage*, *Schriftart*, *Absatz* etc. zusammengefasst.
- Der Dokumentbereich dient zur Aufnahme des Textes. Beim Aufruf des Programms ist der Dokumentbereich leer. Oberhalb des Dokumentbereichs wird ein Lineal angezeigt, an dem sich die Position im Text ablesen lässt. Im Dokumentfenster sehen Sie zudem die Einfügemarke (auch als Schreibmarke bezeichnet), die als blinkender schwarzer Strich im Text dargestellt wird. Weiterhin nimmt der Mauszeiger die Form des Textcursors an, sobald Sie mit der Maus auf den Dokumentbereich zeigen. Diese Marke zeigt an, wo das nächste einzugebende Zeichen auf dem Bildschirm eingefügt wird. Einfügemarken werden in Windows überall verwendet, wo Texte einzugeben sind. Die Einfügemarke haben Sie schon in den vorherigen Kapiteln (z.B. beim Umbenennen von Dateinamen) kennengelernt.

Zeigen Sie auf den Textbereich, erscheint anstelle des Mauszeigers der Textcursor. Dieser lässt sich genauso wie der Mauszeiger handhaben. Sie können mit dem Textcursor auf ein Wort zeigen, etwas markieren oder klicken. Der Zeilenabstand, die Art des Zeilenumbruchs oder ein fehlendes Lineal lassen sich auf der Registerkarte *Ansicht* des Menübands konfigurieren. Ähnlich wie beim Editor lassen sich in WordPad Textdokumente unterschiedlicher Formate laden und speichern. Weitere Hinweise zum Umgang mit dem Programm finden Sie in dessen Programmhilfe.

TIPP

Sie können die Anzeige in der Dokumentansicht des WordPad-Fensters per Maus zoomen, indem Sie die [Strg]-Taste drücken und dann an der Maus das Scrollrädchen verstellen. Weiterhin enthält das WordPad-Anwendungsfenster in der rechten unteren Ecke einen Schieberegler zum Anpassen des Zoomfaktors.

24.3.4 Arbeiten mit Kurznotizen

Sicherlich kennen Sie die kleinen gelben Haftnotizen, auf die man sich zu Merkendes notiert. Arbeiten Sie viel mit dem Computer? Dann können Sie solche Notizen direkt unter Windows erstellen und verwalten.

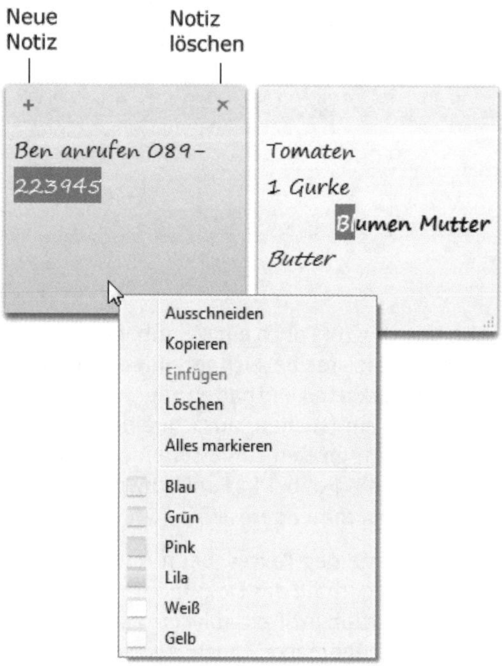

Bild 24.20: Kurznotizen verfassen

1. Blenden Sie die Seitenleiste *Suchen* am rechten Rand ein, geben Sie »Kur« im Suchfeld ein und wählen Sie die angezeigte Kachel *Kurznotizen*.
2. Um im Programmfenster die Kurznotizen zu verfassen, klicken Sie auf das Fenster und tippen einfach den gewünschten Text ein.

Die Stelle, an der Sie gerade Text eingeben, wird durch einen senkrechten blinkenden Strich, die Schreibmarke, gekennzeichnet. Drücken Sie die [Eingabe]-Taste, um eine neue Zeile in die Notiz einzufügen. Die Schreibmarke lässt sich auch über die Cursortasten [←] und [→] im Text verschieben. Die Cursortasten [↑] und [↓] dienen auch zum Blättern im Fenster der Notiz.

Möchten Sie eine weitere Notiz anlegen, klicken Sie auf die Schaltfläche *Neue Notiz*. Anschließend können Sie den Text in das neu eingeblendete Fenster eintippen. Eine nicht mehr benötigte Notiz lässt sich durch die in der rechten oberen Ecke sichtbare Schaltfläche löschen. Klicken Sie mit der rechten Maustaste auf das Fenster einer Notiz, öffnet sich ein Kontextmenü (Bild 24.20) mit Befehlen zum Arbeiten mit der Zwischenablage (Ausschneiden, Kopieren, Einfügen), zum Markieren und Löschen sowie zum Einfärben der Notizzettel.

Tasten	Bedeutung	Tasten	Bedeutung
Strg+[+]	Text wird tiefgestellt	Strg+T	Text durchstreichen
Strg+⇧+[+]	Text wird hochgestellt	Strg+I	Text kursiv
Strg+L	Text linksbündig	Strg+U	Text unterstreichen
Strg+R	Text rechtsbündig	Strg+B	Text fett
Strg+E	Text zentriert	Strg+D	Notiz löschen
Strg+⇧+L	Aufzählungszeichen	Strg+N	Neue Notiz

Tabelle 24.1: Tasten zur Formatierung und Steuerung

HINWEIS

Das Programm bietet keine Möglichkeit zum Anpassen der Schriftart und kann die Notizen auch nicht in Dateien speichern. Allerdings werden die Texte automatisch im Benutzerprofil unter *AppData\Roaming\Microsoft\Sticky Notes* in der Datei *StickyNotes.snt* gesichert, stehen also auch nach einem Windows-Neustart weiterhin zur Verfügung. Bild 24.1 enthält noch einige Tastenkombinationen, um den Text der Notiz zu formatieren oder Notizen anlegen und löschen zu können. Die Tastenkombinationen Strg+X, Strg+C und Strg+V zum Arbeiten mit der Zwischenablage lassen sich ebenfalls einsetzen. Durch mehrmaliges Drücken der Tastenkombination Strg+⇧+L kann die Art der Aufzählung (Punkt, Nummer, kleine/große Buchstaben, kleine/große römische Zahlen und vieles mehr) umgestellt werden.

24.3.5 Arbeiten mit dem Windows-Journal

Das Windows-Journal ermöglicht Ihnen auf einfache Weise, Notizen als handschriftliche Aufzeichnungen zu erfassen. Blenden Sie die Seitenleiste *Suchen* am rechten Rand ein, tippen Sie »Jour« im Suchfeld ein und wählen Sie die angezeigte Kachel *Windows-Journal*. Dann startet eine Windows-Anwendung, in deren Fenster Sie die handschriftlichen Notizen anfertigen können (Bild 24.21). Die Symbolleiste enthält Schaltflächen, um die Zeichenwerkzeuge zu wählen oder anzupassen.

- Über das Menü der Schaltfläche *Stift* lässt sich die Stärke des Stiftwerkzeugs anpassen, die Schaltfläche *Textmarker* ermöglicht, Textstellen farblich zu markieren. Wählen Sie die Schaltfläche *Radierer*, können Sie Journalinhalte entfernen.
- Das Auswahltool ermöglicht Ihnen, einen handschriftlichen Textbereich mit einer Freihandlinie einzurahmen. Der Auswahlbereich wird dann als Umrisslinie dargestellt.

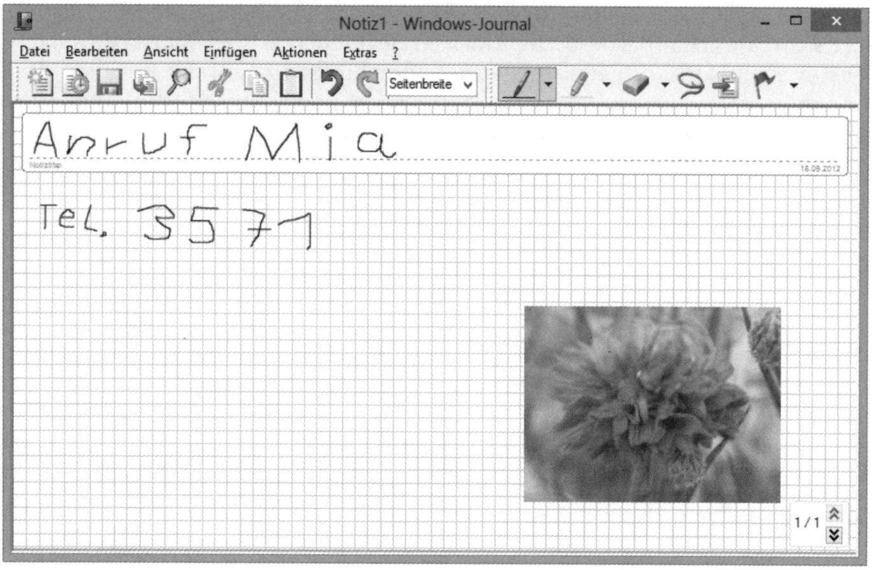

Bild 24.21: Notizen im Windows-Journal erstellen

- Die Schaltfläche *Kennzeichner* stellt ein Menü zur Auswahl verschiedenfarbiger Flaggensymbole bereit. Klicken Sie anschließend in den Textbereich, wird dieser durch eine kleine stilisierte Flagge gekennzeichnet.

Über das Menü *Einfügen* lassen sich Seiten, Textbereiche und Bilder in einem Journal einfügen. Ein Textbereich ist ein Container im Journal, in dem Sie per Tastatur Textnachrichten einfügen können. Die Notizen lassen sich über die Schaltfläche *Speichern* bzw. über den gleichnamigen Befehl und über den Befehl *Speichern unter* im Menü *Datei* in einer Journaldatei im Ordner *Dokumente/Notizen* sichern. Aus diesem Ordner lassen sich neue Notizen über Vorlagen mittels des Befehls *Neue Notiz von Vorlage* erzeugen. Das Menü *Datei* enthält auch den Befehl *Drucken*, um die Notiz auf einem Drucker auszugeben.

24.3.6 Mathematik-Eingabebereich

Über die Seitenleiste *Suchen* können Sie über die Eingabe »math« die Kachel *Mathematik-Eingabebereich* finden und das zugehörige Programm aufrufen. Dieses meldet sich mit einem kleinen Eingabefenster (Bild 24.22).

Über das Menü der Schaltfläche *Optionen* lässt sich der hier links sichtbare Seitenbereich am linken bzw. rechten Rand des Eingabefensters ein-/ausblenden. Das Menü stellt auch Befehle bereit, um das Raster im Schreibbereich oder die Tasten `Entf` und `↵` der Bildschirmtastatur in der rechten oberen Ecke ein-/auszublenden. Die *Schließen*-Schaltfläche des Anwendungsfensters minimiert dieses. Sie können aber das Anwendungssymbol im Infobereich der Taskleiste anklicken (ggf. vorher die Schaltfläche *Ausgeblendete Symbole einblenden* anwählen) und das Fenster über den Befehl *Einblenden* wieder anzeigen. Der Menübefehl *Beenden* schließt dagegen die Anwendung.

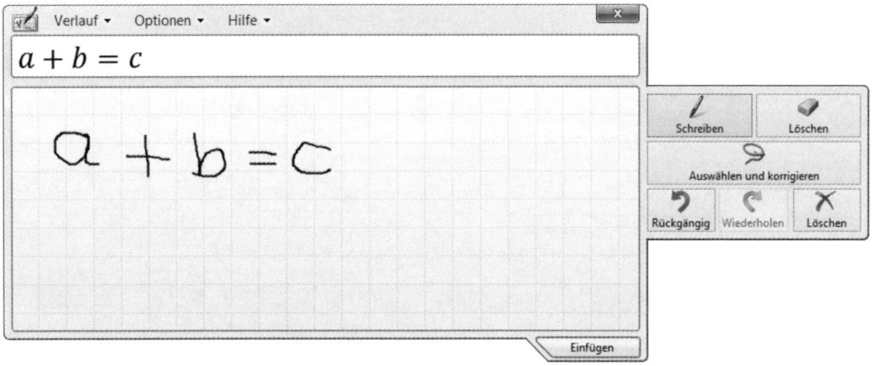

Bild 24.22: Mathematik-Eingabebereich

- Zur Eingabe schreiben Sie die mathematische Formel freihändig (per Eingabestift oder per Finger auf Touchscreens) in den Eingabebereich des Fensters. Das Programm versucht die Formel zu erkennen und zeigt diese im Textbereich (am oberen oder unteren Fensterrand) an.
- Wurden Teile der Formel fehlerhaft erkannt, klicken Sie im Seitenbereich auf die Schaltfläche *Auswählen und korrigieren*, kreisen den fehlerhaften Bereich per Stift im Eingabebereich ein und wählen aus der eingeblendeten Liste den zutreffenden Term aus.
- Wird kein zutreffender Term angezeigt, müssen Sie die einzelnen Zeichen der bereits eingegebenen Formel entfernen. Wählen Sie im Seitenbereich die Schaltfläche *Löschen* und radieren Sie anschließend den unzutreffenden Teil der Formel im Eingabebereich aus.
- Mittels der Schaltfläche *Löschen* lässt sich der gesamte Eingabebereich leeren, die Schaltflächen *Rückgängig* und *Wiederholen* können die letzten Eingabeoperationen zurücknehmen bzw. erneut anwenden.

Korrekt erkannte Formeln lassen sich mittels der am unteren Rand des Eingabebereichs sichtbaren Schaltfläche *Einfügen* an geeignete Anwendungen wie Word 2010 übertragen. Die optional in der Titelleiste eingeblendeten Tasten `Entf` und `↵` ermöglichen, Zeichen im Text rechts von der Schreibmarke des Anwendungsfensters zu löschen bzw. neue Zeilen einzufügen.

Windows 8 komplett

Teil 4 Installation, Wartung & Administration

In den Kapiteln dieses Teils wird gezeigt, wie sich Windows auf einem Rechner installieren und anschließend über Windows Update auf dem aktuellen Stand halten lässt. Weitere Kapitel behandeln die Installation von Gerätetreibern und Software und befassen sich mit der Systemsteuerung oder der Administration von Druckern, Geräten und Netzwerkfunktionen. Außerdem werden die Benutzerverwaltung zum Erstellen von Benutzerkonten, die Anpassung der Benutzeroberfläche und die Sicherheitsfunktionen vorgestellt.

25 Netzwerke einrichten und verwenden

Rechner lassen sich per Kabel oder Funkverbindung über einen DSL-(W)LAN-Router zu einem Netzwerk zusammenschalten. Dieser Router kann auch einen Internetzugang bereitstellen. Zudem lässt sich ein Internetzugang per UMTS-Verbindung herstellen Nachfolgend erfahren Sie, wie sich Netzwerke unter Windows in Betrieb nehmen lassen, was es zu UTMS-Verbindungen zu wissen gibt und wie Netzwerkfunktionen verwendet werden.

25.1 Netzwerkgrundlagen – das sollten Sie wissen

Sofern Sie bisher noch nie etwas mit einem Netzwerk zu tun hatten, können Sie nachfolgend das Wissen zu den Netzwerkgrundlagen erwerben. Dies hilft Ihnen bei der Planung des eigenen Netzwerks.

25.1.1 Netzwerkvarianten im Überblick

Bei Netzwerken können die Rechner auf verschiedene Arten per WLAN-Funknetz oder Kabel zusammengeschaltet werden. Ein häufig verwendeter Ansatz besteht darin, die Rechner über Netzwerkkabel oder Funkstrecken mittels eines (W)LAN-Routers zu verbinden (Bild 25.1).

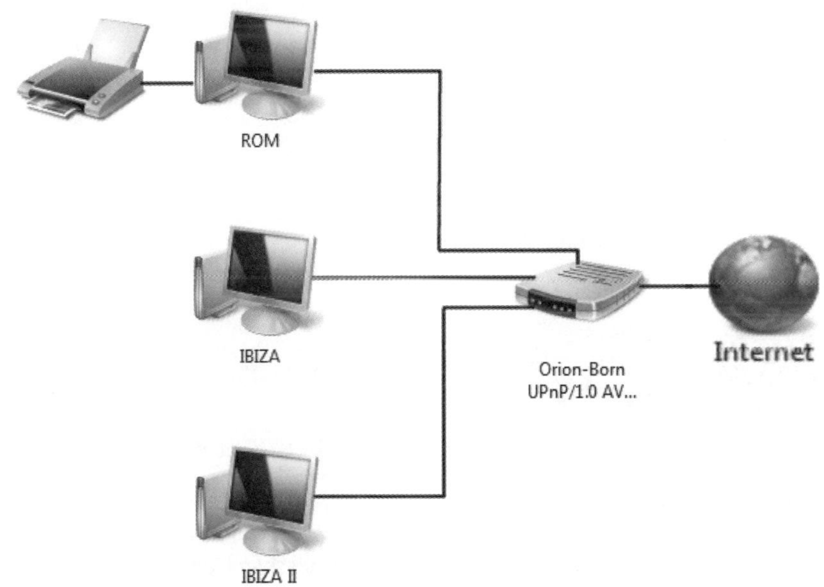

Bild 25.1: Netzwerkvarianten

Alle Rechner im Netzwerk sind gleichberechtigte Teilnehmer. Ein Benutzer kann Ressourcen wie Festplatten, Verzeichnisse oder Drucker seines Rechners für andere Anwender im Netzwerk freigeben und auf im Netzwerk freigegebene Ressourcen zugreifen. Man spricht auch von Heim- oder Arbeitsgruppennetzwerken. Auch die unter Windows 8 mögliche Heimnetzgruppe fällt in diese Kategorie.

HINWEIS

Bei größeren Netzwerken mit sehr vielen Rechnern und Benutzern ist es erforderlich, die Ressourcen sowie die Zugangskontrolle zentral zu verwalten. In diesem Fall kommen auf Servern basierende Netzwerklösungen zum Einsatz, wobei ein Rechner ausschließlich als Server fungiert und mit einer Serversoftware wie Windows Server 2012 läuft. Der Server stellt die gemeinsam benutzbaren Ressourcen (Drucker, Festplatten) bereit, während die anderen Rechner, als Clients bezeichnet, nur auf den Server zugreifen. Diese Netzwerkkonfiguration wird in diesem Buch aber nicht behandelt.

25.1.2 Netzwerkverkabelung und Netzwerkstandards

Die Vernetzung von Computern lässt sich über Kabel oder Funktechnik durchführen. Zwischenzeitlich sind eigentlich alle Rechner mit einer RJ-45-Buchse für den LAN-Betrieb oder mit einem WLAN-Adapter für Funknetzwerke ausgestattet. Zur Vernetzung mehrerer Computer über Kabel wird mittlerweile fast ausschließlich die sogenannte Twisted-Pair-Verkabelung (10Base2) verwendet, die verdrillte Telefonkabel (CAT-5 UTP-Kabel, maximale Leitungslänge ca. 90 m) benutzt. Für die Twisted-Pair-Verkabelung bietet der Handel bereits vorkonfektionierte und ungeschirmte sogenannte Cat-5 UTP-Kabel (UTP steht für Unshielded Twisted Pair) an. Diese besitzen den in Bild 25.2, oben, gezeigten Stecker, der in die RJ-45-Anschlussbuchsen des Netzwerkausgangs passt.

Bild 25.2: RJ-45-LAN-Buchse und RJ-45-Stecker an einem Cat-5 UTP-Kabel

Um mehrere Rechner zu vernetzen, wird eine sternförmige Verkabelung über CAT-5 UTP-Kabel oder über Drahtlosnetzwerke vorgenommen. Im Knotenpunkt kommt dann ein Koppelelement zum Einsatz, das als passiver Hub, als Switch oder als (W)LAN-Router (Bild 25.3) ausgeführt werden kann. Je nach Netzwerkkarte kann über die Twisted Pair-Verkabelung ein Netzwerk mit 10 Megabit (veraltet), 100 Megabit oder 1 Gigabit Übertragungsgeschwindigkeit aufgebaut werden. Die

Angabe 10/100 bei Netzwerkkarten besagt, dass die Karte wahlweise beide Geschwindigkeiten unterstützt. Bei einem gemischten Betrieb, bei dem Netzwerkkarten unterschiedlicher Geschwindigkeit verwendet werden, stellen sich alle Karten im Netzwerk auf diese niedrigere Geschwindigkeit ein.

Bild 25.3: DSL WLAN-Router mit Funkanschluss (Quelle: AVM)

HINWEIS

Ein Hub ist nichts anderes als ein passiver Knoten, der die sternförmige Verkabelung der Rechner über CAT-5 UTP-Leitungen ermöglicht. Alle Datenpakete eines Rechners werden an alle anderen Netzwerkteilnehmer geleitet, was deren Datenlast erhöht und die Übertragungsleistung reduziert. Ein Switch ist eine intelligente Verteilstation, die ebenfalls mehrere Rechner über CAT-5 UTP-Kabel sternförmig miteinander verbindet, Datenpakete aber direkt zwischen Quell- und Zielrechner vermittelt. Ein Router ist eine intelligente Koppelstation zur Vernetzung mehrerer Rechner, wobei eine Verbindung zwischen Netzwerksegmenten (z.B. lokalem LAN und externem Internet) möglich ist. Datenpakete, die an Rechner des internen Netzwerks gehen, werden direkt an die betreffenden Stationen geleitet. Datenpakete an das externe Netzwerk werden entsprechend an dieses Segment weitergeleitet. Faktisch kommen heutzutage nur noch (W)LAN-DSL-Router zur Vernetzung im privaten Bereich zum Einsatz. Der WLAN-Teil ermöglicht Funknetzwerke, während das integrierte DSL-Modem einen Breitband-Internetzugang für alle Rechner des Netzwerks bereitstellt.

Sind die zu vernetzenden Rechner sehr weit auseinander, erfordert eine Verkabelung mit CAT-5 UTP-Kabeln einen gewissen Aufwand. Um die erforderlichen Installationsarbeiten zu vermeiden, bietet – neben anderen Anbietern – die Firma Devolo spezielle Adapter an (Bild 25.4), die eine Netzwerkverbindung über das heimische Stromnetz ermöglichen. Sie brauchen dann nur zwei dieser Koppelstationen in die im jeweiligen Raum vorhandenen Steckdosen zu stecken und dann diese Stationen über CAT-5-Kabel mit den RJ-45-Netzwerkanschlüssen des Rechners zu verbinden. Dann sorgt die Devolo PowerLine-Technik für die Übertragung der Datenpakete über die Stromleitung.

Bild 25.4: Koppeladapter für die PowerLine-Technologie (Quelle: Devolo)

Die zweite, sehr populäre Variante besteht in der Verwendung von Funknetzwerken (auch als WiFi-LAN bezeichnet). Hierbei werden WiFi-LAN-Netzwerkkarten bzw. WLAN-USB-Sticks zur Vernetzung der jeweiligen Rechner benutzt.

HINWEIS

Bei Funknetzwerken gibt es mehrere Standards. Die ältere und langsamere 802.11b-Norm ermöglicht eine (theoretische) Übertragungsgeschwindigkeit von 11 Megabit. Moderne WiFi-LAN-Komponenten unterstützen dagegen die 802.11g-Norm, die Übertragungsraten bis zu 54 Megabit zulässt, oder die noch schnellere 802.11n-Norm (150 Mbit). Beachten Sie aber, dass die praktisch erreichbaren Übertragungsgeschwindigkeiten deutlich unter diesen theoretischen Werten liegen können. Vom Autor durchgeführte Versuche zeigten, dass z.B. bei einer stahlbewehrten Betondecke die Nettodatenübertragungsrate eines 54-Megabit-802.11g-Netzwerks auf unter 1 Megabyte pro Sekunde sinken kann. Der Standard 802.11n ermöglicht eine theoretische Bruttodatenübertragung von bis zu 150 Mbit/Sekunde, benötigt aber mehrere Antennen.

25.2 Wireless-LAN-Verbindung einrichten

Bei kabelgebundenen Netzwerken verbinden Sie lediglich die Rechner mittels Netzwerkkabeln mit dem LAN-Router, fertig ist die Netzwerkinfrastruktur. Die Inbetriebnahme eines Funknetzwerks (WiFi-LAN) erfordert dagegen mehrere Schritte.

25.2.1 WLAN-Router konfigurieren

In der Regel wird ein WLAN-Router als Zugangspunkt (WLAN-Router) für das Funknetzwerk verwendet. Die einzelnen Rechner nehmen über die Funkstrecke Verbindung zum WLAN-Router auf, der dann die Daten verteilt und den Internetzugang bereitstellt. Die Hersteller statten die Geräte zwar mit einer Grundkonfiguration aus, sodass diese beim Einschalten funktionsfähig sind. Meist sind aber ein Standardname wie »default«, »devolo« etc. für den Netzwerknamen (SSID, steht für Service Set Identifier) und eine ungesicherte Übertragung voreingestellt. Aus

Sicherheitsgründen empfiehlt es sich, die betreffenden Einstellungen bereits bei der Erstinbetriebnahme des WLAN-Routers zu ändern.

> HINWEIS
> Theoretisch können Sie die Konfigurierung des WLAN-Routers über eine Funkstrecke vornehmen, indem Sie die WLAN-Karte in den Standardeinstellungen belassen und das Webinterface ansprechen. Da Sie aus Sicherheitsgründen die Zugangsdaten des Herstellers im WLAN-Router ändern sollten, kommt es bei diesem Vorgang zu einem Verbindungsabbruch. Da es anschließend Probleme beim erneuten Verbindungsaufbau geben kann, empfiehlt es sich, den WLAN-Router zur Konfigurierung über ein CAT-5-Netzwerkkabel mit einem Rechner zu verbinden.

Die Inbetriebnahme und Konfiguration des WLAN-Routers erfolgt herstellerspezifisch entweder über eine spezielle Konfigurationssoftware oder über den Browser.

- Stellt der WLAN-Router ein Webinterface zur Verfügung, starten Sie den Browser und tippen dann die in den Herstellerunterlagen angegebene Webadresse in das Adressfeld ein (Bild 25.5).
- Unterstützt der WLAN-Router UPnP (Universal Plug and Play), können Sie ein Ordnerfenster öffnen und im Navigationsbereich das Symbol *Netzwerk* wählen. Taucht das Symbol für den UPnP-Router in der Netzwerkumgebung auf, öffnen Sie dessen Kontextmenü und wählen den Befehl *Gerätewebseite anzeigen*, um die Konfigurationsseite im Browser zu öffnen. In Einzelfällen kann es sein, dass der Browser eine Meldung anzeigt, dass die Seite nicht angezeigt werden kann. In diesem Fall ist zum Zugriff auf die Konfigurationsseite die IPAdresse des Routers im Adressfeld des Ordnerfensters einzugeben.

Bei einem per Kennwort abgesicherten Gerät müssen Sie die vom Hersteller vorgegebenen (oder die vom Administrator geänderten) Anmeldedaten eintippen. Anschließend sollte eine Webseite mit den Konfigurationsoptionen des WLAN-Routers erscheinen, und Sie können die WLAN-Einstellungen vornehmen (Bild 25.5). Details zur Konfigurierung und zur Absicherung des WLAN-Routers gegen unbefugte Nutzung finden Sie in der Herstellerdokumentation sowie in den nachfolgenden Abschnitten.

> HINWEIS
> Aus Sicherheitsgründen sollten Sie in den Konfigurationsdialogen das herstellerspezifische Kennwort abändern. Verwenden Sie ein Kennwort, das von Dritten nicht so einfach erraten werden kann (z.B. »Swmd7Z« als Synonym für »Schneewittchen mit den sieben Zwergen«).

- Standardmäßig gibt das Gerät einen Funkkanal vor, auf dem der WLAN-Router sendet und empfängt. Kommt es zu Interferenzen mit einer Nachbar-WLAN-Station, setzen Sie den Funkkanal um drei Stufen hoch oder herunter. Fall Sie Probleme mit dem WLAN-Zugang an Notebooks haben, verwenden Sie versuchsweise die Kanäle 1 bis 9 (höhere Kanalnummern führen manchmal zu Problemen).
- Legen Sie ggf. den Übertragungsmodus des WLAN-Routers auf die von den Geräten benötigten Funkstandards (z.B. 802.11g+b oder 802.11n) fest. Bei der

Einstellung »802.11g+b« kann der WLAN-Router automatisch die Geschwindigkeit für Geräte anpassen.

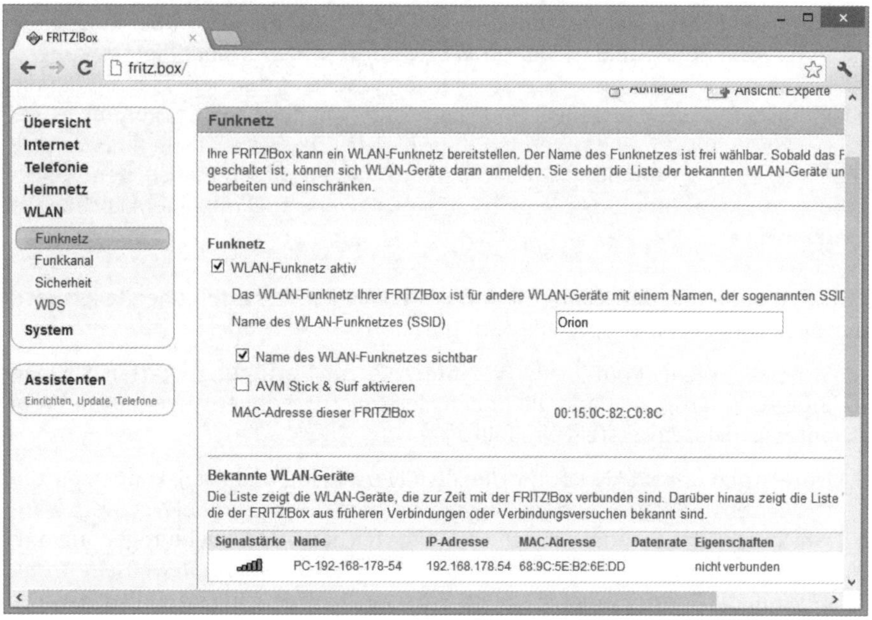

Bild 25.5: Webseite zur Konfigurierung des WLAN-Routers

- Ändern Sie auch den Netzwerknamen (SSID) so ab, dass er keinen direkten Rückschluss auf die Art des Funknetzwerks zulässt. Das häufig empfohlene Abschalten der Bekanntgabe des Netzwerknamens (SSID-Broadcasting) ist in meinen Augen wenig hilfreich. Versteckte Netzwerke lassen sich mit geeigneten Mitteln durchaus für »Einbruchsversuche« aufspüren, schaffen andererseits Probleme für den regulären Betreiber. So lässt sich z.B. nicht mehr erkennen, wenn zwei WLAN-Stationen auf dem gleichen Kanal senden und sich so gegenseitig stören.
- Der Zugriff auf den WLAN-Router ist (schon aus Gründen der sogenannten Störerhaftung bei Missbrauch durch Dritte) durch eine Verschlüsselung zu schützen. Die Übertragung der Daten zwischen den Teilnehmern des Funknetzes lässt sich mit den Methoden WEP (Wireless Equivalent Privacy), WPA (WiFi Protected Access) oder WPA2 absichern. Da eine WEP-Verschlüsselung leicht geknackt werden kann, stellen Sie die WPA- bzw. WPA2-Verschlüsselung für den Zugriff auf den WLAN-Router ein. Beim WPA-Verfahren lassen sich noch die Verschlüsselungsvarianten TKIP und AES (bei WPA2) verwenden. Bei Problemen sollten Sie die ältere TKIP-Variante versuchen, da AES bzw. WPA2 noch nicht auf allen WiFi-Karten implementiert ist. Den vom WLAN-Router angezeigten Schlüssel notieren Sie sich, da er auf den anzubindenden Geräten benötigt wird.

Die meisten Router unterstützen die Filterung der Datenpakete über die MAC-Adressen (steht für Media Access Code) der verwendeten Netzwerkkarte. Die

MAC-Adresse eines Rechners lässt sich über den Befehl *ipconfig /all* in der Eingabeaufforderung ermitteln. Diese MAC-Adressen sind dann bei der Konfigurierung des WLAN-Routers in eine Tabelle einzutragen. Der WLAN-Router blockt anschließend alle MAC-Adressen, die nicht in der Tabelle aufgeführt sind, bei Verbindungsaufnahmen über WLAN ab. Dies erhöht die Sicherheit gegen versehentliches Eindringen Dritter und gegen Gelegenheitshacker. Beachten Sie aber, dass sich die MAC-Adressen mit Spezialprogrammen fälschen lassen. Aus Praxiserfahrung rate ich von der Verwendung einer MAC-Filterung ab. Zu häufig sind mir Fälle vorgekommen, wo Leute stunden- oder tagelang nach Fehlern beim WLAN-Zugang gesucht haben und dass die »vor langer Zeit« aktivierte MAC-Filterung schlichtweg in Vergessenheit geraten war.

25.2.2 WLAN-Verbindung herstellen und trennen

Bereits bei der Installation erscheint eine Seite zum Einrichten des WLAN-Zugangs. Um zu einem späteren Zeitpunkt WLAN-Zugangsdaten einzugeben oder die Verbindung mit einem WLAN-Zugangspunkt (WLAN-Router, Hotspot) herzustellen bzw. zu trennen, gibt es folgende Möglichkeiten.

Bild 25.6: Zugriff auf Netzwerkeinstellungen vom Desktop

- Wählen Sie im Infobereich der Taskleiste das Symbol des Netzwerk- oder Drahtlosnetzwerkadapters (Bild 25.6).
- Blenden Sie die Charms-Leiste am rechten Seitenrand ein und klicken Sie auf das Symbol *Einstellungen*. Danach wählen Sie in der Seitenleiste *Einstellungen* das Drahtlosnetzwerksymbol (Bild 25.7, rechts).

Anschließend wird eine Seitenleiste *Netzwerke* eingeblendet (Bild 25.7, links). Dort werden alle gefundenen Funknetzwerke (WLAN, 3G, 4G), ggf. mit ihrem Namen, aufgelistet.

TIPP

Taucht Ihr WLAN-Router nicht in der Liste auf, prüfen Sie bitte, ob am WLAN-Router die Funknetzfunktion und die Bekanntgabe des Netzwerknamens eingeschaltet sind. Findet der Rechner keine Funknetzwerke, prüfen Sie, ob der WLAN-Adapter am Notebook oder Tablet-PC eingeschaltet ist und ob die Treiber für den WLAN-Adapter korrekt installiert sind. Kommt keine Verbindung zustande, überprüfen Sie den benutzten WLAN-Kanal und ob ein MAC-Filter die Datenübertragung blockiert. Gelegentlich sind auch veraltete WLAN-Treiber die Ursache für Verbindungsprobleme. Ist das Funksignal sehr schwach oder kommt es häufig zu Verbindungsabbrüchen? Stahlbetondecken oder feuchte Holz- und Gipskartonwände schwächen das Funksignal stark. Störungen ergeben sich durch Funktelefone, andere WLAN-Stationen, die auf dem gleichen Kanal senden, sowie Mikrowellen etc. Suchen Sie ggf. einen anderen Standort bzw. beseitigen Sie die Störquellen oder wechseln Sie den WLAN-Kanal. Unter `http://www.borncity.com/blog/2010/03/08/first-aid-faq-zur-netzwerkeinrichtung/` [w8-k25-001] findet sich ein noch auf Windows 7 bezogener, aber auch für Windows 8 verwendbarer Artikel, der sich mit Fragen zur Netzwerkeinbindung befasst.

Zeigen Sie auf einen der angezeigten Einträge für Funknetzwerke, blendet Windows eine QuickInfo mit den Kenndaten (Funktyp, Verschlüsselung) ein (in Bild 25.7, links, als Montage hinzugefügt). Die Signalstärke lässt sich an den stilisierten Balken erkennen.

Bild 25.7: Zugriff auf ein WLAN-Netzwerk

1. Klicken Sie in der eingeblendeten Liste der Verbindungen auf den Eintrag für das gewünschte Funknetzwerk.
2. Setzen Sie ggf. die Markierung des Kontrollkästchens *Automatisch verbinden* (Bild 25.7, links), um die Verbindung automatisch herzustellen.
3. Wählen Sie die *Verbinden*-Schaltfläche, um eine getrennte Verbindung aufzubauen.

4. Fehlt der Zugangsschlüssel für das Drahtlosnetzwerk, erscheint ein Textfeld (Bild 25.7, Einblendung im Vordergrund), in dem Sie den Netzwerkschlüssel eintragen und dies über die *Weiter*-Schaltfläche bestätigen.

Der Netzwerkschlüssel entspricht dem Wert, der am WLAN-Router für den Zugang festgelegt wurde. Die am Router eingestellte Verschlüsselungsmethode (WPA, WPA2 etc.) ermittelt Windows selbsttätig. Bei korrekt eingegebenem Netzwerkschlüssel wird Windows versuchen, bei Anwahl der *Verbinden*- bzw. *Weiter*-Schaltfläche eine Verbindung zum WLAN-Router herzustellen.

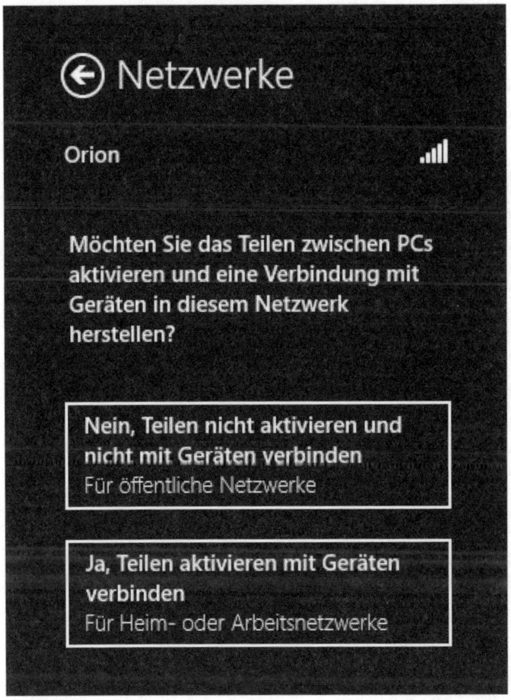

Bild 25.8: Teilen über Freigaben zulassen

In einem Netzwerk lassen sich Geräte wie Drucker oder Festplatten bzw. Ordner für andere Teilnehmer im Netzwerk freigeben. Windows 8 fragt bei der erstmaligen Verbindungsaufnahme des Rechners mit einem neuen Netzwerk nach, ob die Verbindungen geteilt werden dürfen (Bild 25.8). Wählen Sie *Ja, Teilen aktivieren mit Geräten verbinden*, falls Sie Freigaben in Heim- oder Arbeitsnetzwerken verwenden möchten.

HINWEIS

Ist das Kontrollkästchen zum automatischen Verbinden markiert, stellt Windows später beim Hochfahren die WLAN-Verbindung automatisch her, sobald das Notebook in die Nähe des Zugangspunkts kommt. Falls die automatische Verbindungsaufnahme nicht klappt, gehen Sie wie hier beschrieben vor und wählen die *Verbinden*-Schaltfläche.

25.2.3 Besonderheiten bei Hotspot-Verbindungen

Bei einem öffentlichen WLAN-Zugangspunkt (als Hotspot bezeichnet) erfolgt die Verbindungsaufnahme per WLAN mit den gleichen Schritten wie beim eigenen Drahtlosnetzwerk. Allerdings gibt es einige Besonderheiten.

- Da öffentliche Hotspots in der Regel nicht mit einem Netzwerkschlüssel abgesichert sind, entfällt die Abfrage dieses Schlüssels. Ein solches öffentliches Funknetzwerk ist ungesichert, d. h., Dritte können sowohl Ihre übertragenen Daten aufzeichnen als ggf. auch per Funk auf Ihren Rechner zugreifen.
- Windows markiert ungesicherte WLAN-Verbindungen mit einem stilisierten Schild mit Ausrufezeichen in der Netzwerkliste und informiert Sie bei Anwahl der Verbindung durch einen entsprechenden Hinweis (Bild 25.9) in der Verbindungsliste über die unsichere Verbindung.

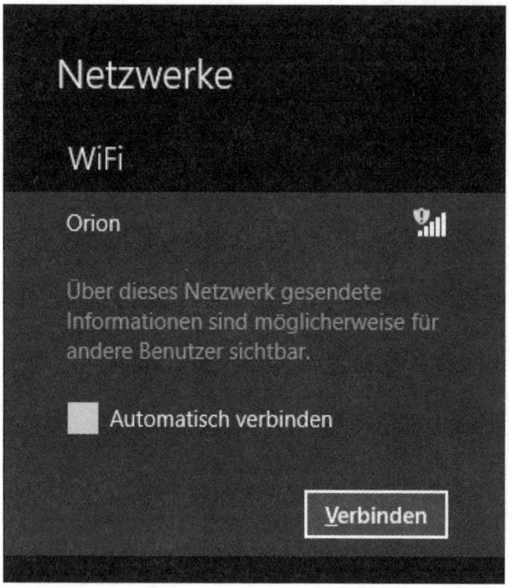

Bild 25.9: Zugriff auf ein ungesichertes WLAN-Netzwerk

- Aus Sicherheitsgründen sollten Sie das Kontrollkästchen zur automatischen Verbindungsaufnahme unmarkiert lassen. Stellen Sie die WLAN-Verbindung manuell her, um sicherzugehen, dass Sie nicht unbeabsichtigt online sind.

Um zu verhindern, dass Dritte über das Funknetzwerk auf die Freigaben der Festplatte Ihres Geräts zugreifen können, sollten Sie bei der Nachfrage zum Teilen der Inhalte (Bild 25.8) den Befehl *Nein, Teilen nicht aktivieren ...* wählen.

ACHTUNG

Achten Sie bei Verwendung einer ungesicherten Internetverbindung darauf, dass bei Eingaben von sensiblen Daten in Internetformulare (z.B. Internetbanking, Kennwortdialoge zur Anmeldung an E-Mail-Konten etc.) immer eine sichere SSL-Verbindung (Anzeige des Vorspanns *https:* in der Adresszeile statt *http:*) im Browser benutzt wird. Dann werden zumindest die Daten SSL-verschlüsselt zum Anmeldeserver übertragen.

Die Betreiber eines Hotspots beschränken den Zugriff auf das Internet auf einen »berechtigten Benutzerkreis«. Beim Aufruf der ersten Internetseite im Browser erscheint daher meist die Startseite des Hotspot-Anbieters mit einem Formular zur Eingabe der Benutzerkennung.

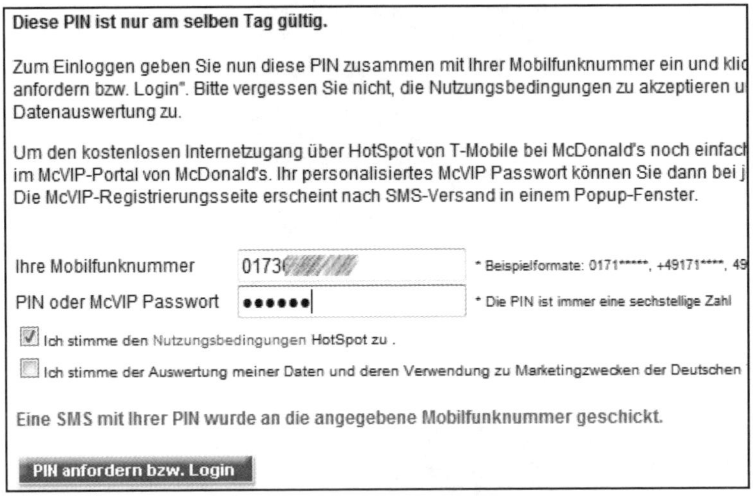

Bild 25.10: Ausschnitt aus einer Anmeldeseite eines Hotspot-Betreibers

Das Bild 25.10 zeigt die Anmeldeseite eines öffentlichen Hotspots, in die Sie eine Handynummer eintragen können. Über den per SMS auf das Handy übermittelten Freigabecode lässt sich dann eine Stunde kostenlos surfen. Erst bei erfolgreicher Anmeldung gelangen Sie ins Internet.

HINWEIS

Bei Hotels oder Cafés erfragen Sie die Zugangsdaten beim Betreiber, der auch die Modalitäten der Bezahlung vor Ort regelt. Erkundigen Sie sich beim Anbieter eines Hotspots nach den Zugangsmodalitäten. Bei kostenpflichtigen Hotspots sollten Sie nachfragen, wie die Verbindungsgebühren abgerechnet werden und was eine Zeit- oder Volumeneinheit kostet.

25.2.4 Internetzugang per Mobilfunkverbindung

Speziell bei Mobilgeräten (Net- und Notebooks) besteht die Möglichkeit, eine Funkverbindung über GPRS (14 bis ca. 56 Kbit/s, mit EDGE bis zu 220 Kbit/s), UMTS (max. 384 Kbit/s, mit HSDPA bis zu 7 Mbit/s) oder LTE (bis 100 Mbit/s) zur Herstellung einer Internetverbindung zu verwenden. Sofern kein entsprechendes Modem vorhanden ist, lässt sich ein UTMS- oder LTE-USB-Surfstick verwenden (Bild 25.11). In Windows 8 ist bereits eine Unterstützung für Mobilfunkverbindungen eingebaut. Sobald das betreffende Modem erkannt und die Verbindung eingerichtet ist, taucht diese in der Seitenleiste *Netzwerke* auf (Bild 25.12). Zu erkennen sind diese Verbindungen am stilisierten Symbol eines Telefons.

Das Auf- und Abbauen einer mobilen Internetverbindung per UTMS/LTE erfolgt über die Seitenleiste *Netzwerke* und funktioniert genau so, wie auf den vorhergehenden bzw. nachfolgenden Seiten gezeigt. Bei Mobilfunkverbindungen weist die

Seitenleiste zusätzlich noch den Schiebeschalter *Flugzeugmodus* auf (Bild 25.12), über den Sie diese Verbindungen generell deaktivieren können – das 3G-/4G-Modem wird dann abgeschaltet.

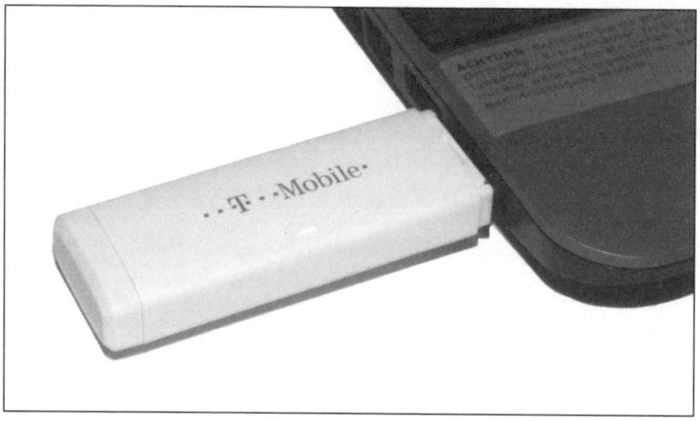

Bild 25.11: UMTS-USB-Stick zur mobilen Internetanbindung

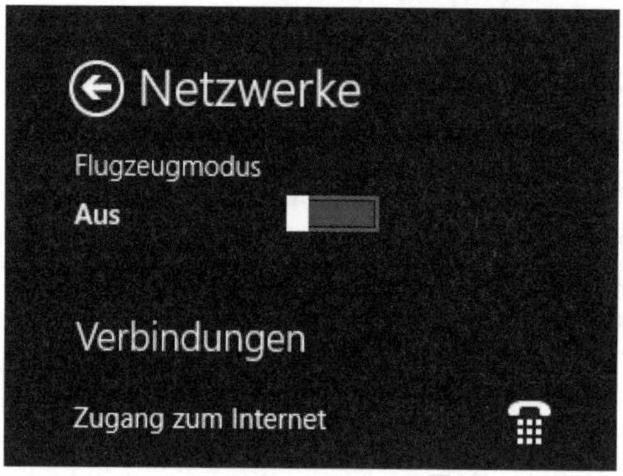

Bild 25.12: Verwaltung einer mobilen Internetverbindung

HINWEIS

Einzige Schwierigkeit ist, dass bis zum Erscheinen von Windows 8 erhältliche UMTS-Surfsticks und Geräte mit UTMS-Modem keine Windows 8-Unterstützung bieten. Auf meinem WeTab Tablet-PC war ich daher gezwungen, eine geeignete Mobile-Partner-Einwahlsoftware für das verbaute HUAWEI EM770-Modem zu installieren. Die Mobile-Partner-Software bringt auch geeignete Treiber mit, um eine ganze Reihe an UTMS-Modems zu unterstützen. HUAWEI arbeitet intern aber daran, für Windows 8 geeignete Komponenten bereitzustellen. Ich habe den Zustand, der sich beim Schreiben dieses Kapitels ergab, in einem Blog-Beitrag unter `http://www.borncity.com/blog/2012/09/20/windows-8-status-zur-3g-4g-untersttzung/` [w8-k25-002] dokumentiert. Stellen Sie eine mobile Internetverbindung per Smartphone über Tethering oder mittels UTMS-Hotspot bereit, sind die gleichen Schritte wie beim Verbinden mit einem WLAN-Router zu verwenden.

25.2.5 Einwählverbindung per Analogmodem/ISDN

Im Zeitalter von DSL und UTMS ist der Internetzugang per Analogmodem oder ISDN eigentlich nur ein Randthema. Für Leser, die auf diese Technik angewiesen sind, möchte ich kurz erläutern, wie eine Einwahlverbindung für Modem oder ISDN eingerichtet werden kann. Vorausgesetzt wird, dass ein Analogmodem oder eine ISDN-Karte mit entsprechenden Treibern vorhanden ist.

1. Öffnen Sie die Systemsteuerung (z.B. über das Menüband des Ordnerfensters *Computer*), tippen Sie in das Suchfeld der Systemsteuerung den Begriff »Modem« ein und wählen Sie den Eintrag *Telefon und Modem*.
2. Bei der erstmaligen Einwahl tragen Sie in das Dialogfeld *Standortinformationen* die Ortsvorwahl und den Namen für den Standort ein. Bestätigen Sie die Eingaben über die *OK*-Schaltfläche. Nachträglich lassen sich die Standortinformationen auf der Registerkarte *Wählregeln* festlegen (Bild 25.13, links).
3. Wechseln Sie im Eigenschaftenfenster *Telefon und Modem* zur Registerkarte *Modems*, klicken Sie auf die Schaltfläche *Hinzufügen* (Bild 25.13, rechts) und bestätigen Sie ggf. die Abfrage der Benutzerkontensteuerung.

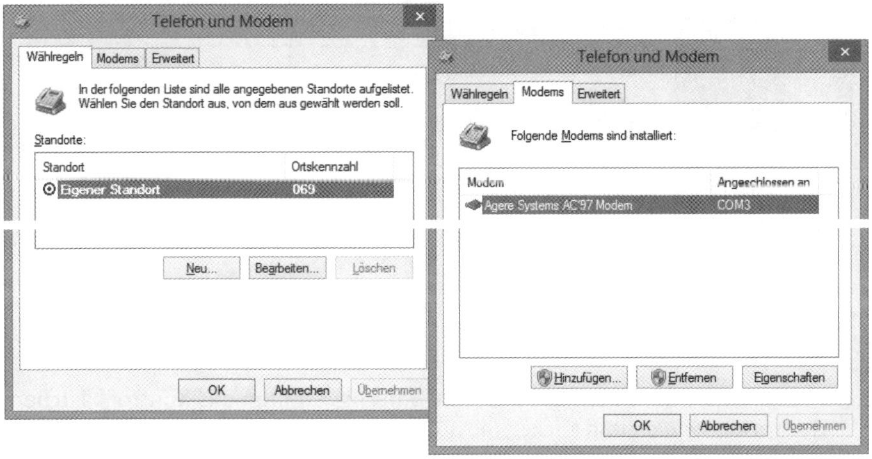

Bild 25.13: Wählregeln und Modems

Dann startet ein Modemeinrichtungsassistent zur Modemerkennung und Treiberinstallation. Das Modem kann automatisch ermittelt oder durch den Benutzer vorgegeben werden. Vor den nächsten Schritten zur Modemerkennung ist daher sicherzustellen, dass das analoge Modem am Rechner angeschlossen und ggf. eingeschaltet ist.

4. Falls ein Plug&Play-Modem (z.B. bei einem modernen Handy) vorhanden ist, darf im Dialogfeld des Installationsassistenten (Bild 25.14, oben links) das Kontrollkästchen *Modem auswählen* nicht markiert sein, wenn Sie auf die *Weiter*-Schaltfläche klicken.
5. Wird das Modem erkannt, schließen Sie das Dialogfeld und das Eigenschaftenfenster zur Modeminstallation über die *Fertig stellen*-Schaltfläche.

Kann Windows das Modem nicht identifizieren, blättern Sie über die *Zurück*-Schaltfläche des Dialogfelds zur Ansicht aus Bild 25.14, oben links, zurück und setzen die Installation mit folgenden Schritten fort.

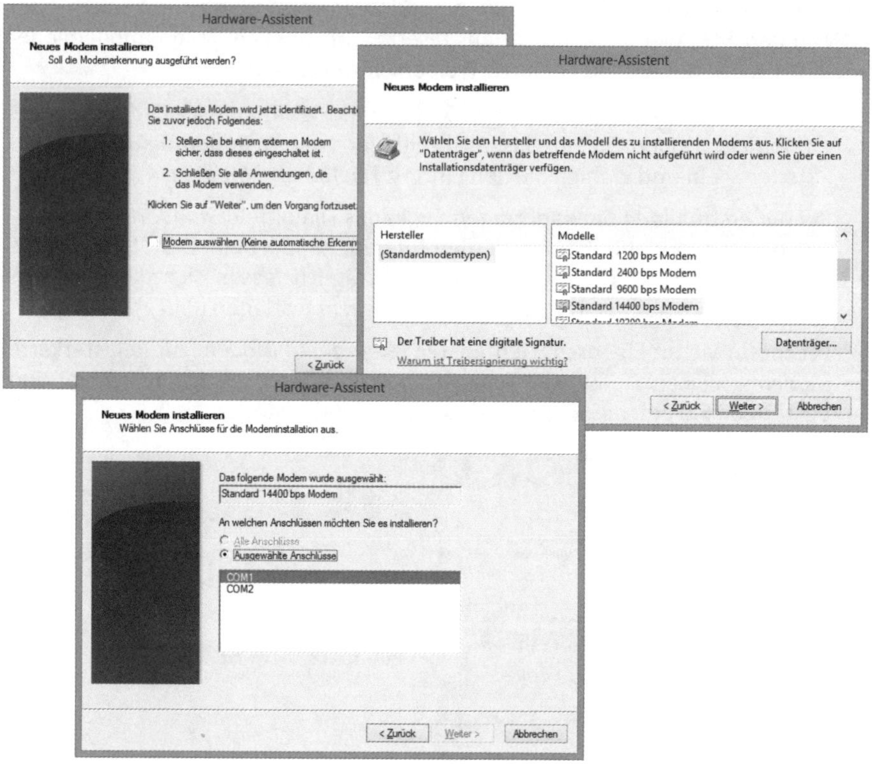

Bild 25.14: Modem einrichten

6. Markieren Sie im Dialogfeld des Hardware-Assistenten das Kontrollkästchen *Modem auswählen* und klicken Sie auf die *Weiter*-Schaltfläche.

7. In der Liste *Neues Modem installieren* (Bild 25.14, oben rechts) wählen Sie das Modem aus der Liste der angezeigten Modemhersteller und Gerätetypen aus. Wird das Modem nicht angezeigt, klicken Sie auf die Schaltfläche *Datenträger*, legen die Treiber-CD des Modemherstellers ein und wählen den Modemtreiber aus dem entsprechenden Treiberordner aus.

8. Über die *Weiter*-Schaltfläche gelangen Sie zum Dialogfeld aus Bild 25.14, unten, in dem Sie ggf. die COM-Schnittstelle, an der das Modem hängt, auswählen.

9. Anschließend durchlaufen Sie die weiteren Dialogfelder über die *Weiter*-Schaltfläche und lassen das Modem installieren. Klappt die Installation, lässt sich das letzte Dialogfeld über die *Fertig stellen*-Schaltfläche schließen.

Auf diese Weise können Sie einen oder mehrere Modemtreiber installieren. Nach der Installation sollte das Modem auf der Registerkarte *Modems* auftauchen (Bild 25.13).

HINWEIS

Über die Schaltfläche *Eigenschaften* lässt sich auf das Eigenschaftenfenster des ausgewählten Modems zugreifen. Auf der Registerkarte *Diagnose* des Eigenschaftenfensters finden Sie Schaltflächen, um das Modem zu testen.

Verwenden Sie eine ISDN-Leitung für den Internetzugang, installieren Sie die Treiber für die ISDN-Einheit (ISDN-Karte oder externes Gerät mit ISDN-Funktion, z.B. FRITZ!ISDN USB). Hier liefern die Gerätehersteller in der Regel ein Installationsprogramm mit, das die benötigten Treiber für die Hardware sowie die zur Kommunikation verwendete CAPI 2.0-Schnittstelle installiert. Wichtig ist, dass dieses Programm für Windows 8 geeignet ist.

25.2.6 Einwählverbindung einrichten

Im Idealfall steht eine Einwahlsoftware zur Verfügung, die alle Einwahlparameter bereitstellt. Soll die Einwählverbindung per Modem oder ISDN manuell eingerichtet werden (z.B. weil keine Einwahlsoftware vorhanden ist oder ein Handy zum Internetzugang verwendet wird)? Die Schritte zum manuellen Einrichten einer Einwählverbindung sind für analoge Modems und ISDN-Zugänge gleich.

1. Öffnen Sie das Fenster der Systemsteuerung, tippen Sie den Begriff »Einwahl« in das Suchfeld ein und wählen Sie anschließend auf den angezeigten Befehl *Einwählverbindung einrichten*.
2. Erscheint ein Dialogfeld *Welches Modem soll verwendet werden?*, wählen Sie das gewünschte Gerät und dann die *Weiter*-Schaltfläche.
3. Geben Sie im Folgedialogfeld (Bild 25.15) die Verbindungsdaten ein und klicken Sie anschließend auf die *Verbinden*-Schaltfläche.

Die Zugangsdaten werden Ihnen vom Provider des Internetzugangs mitgeteilt. Falls Sie sich absichern möchten, sollten Sie das Kontrollkästchen *Dieses Kennwort speichern* nicht markieren. Dann muss das Kennwort bei jedem Einwahlvorgang in das betreffende Dialogfeld eingetragen werden. Markieren Sie das Kontrollkästchen *Zeichen anzeigen*, erscheint das eingegebene Kennwort im Klartext im Kennwortfeld.

HINWEIS

Sollen auch andere Benutzer diese Einwählverbindung verwenden können, markieren Sie das Kontrollkästchen *Anderen Benutzern erlauben, diese Verbindung zu verwenden* und bestätigen Sie dies über die Benutzerkontensteuerung. Erfolgt der Telefonzugang über eine Telefonzentrale und benötigen Sie eine bestimmte Ziffer für die Amtsverbindung? Dann vereinbaren Sie das über die Wählregeln. Klicken Sie im Dialogfeld *Wählverbindung einrichten* (Bild 25.15) auf den am rechten Rand angezeigten Hyperlink *Wählregeln*. In das dann angezeigte Dialogfeld *Standortinformationen* (Bild 25.13, links) tragen Sie die Ortsnetzkennzahl des eigenen Wohnorts und in das Feld *Amtskennziffer* die Ziffer für die Amtholung ein. Meist wird dies eine 0 oder eine 1 sein. Beim Wählverfahren sollte standardmäßig die Option *MFV* markiert sein, da zwischenzeitlich nur noch das Tonwahlverfahren zum Einsatz gelangt.

Hat alles geklappt, erscheint beim ersten Aufbau der Verbindung ein Dialogfeld, das Sie über den erfolgreichen Verbindungsaufbau informiert. Dieses können Sie über die *Schließen*-Schaltfläche beenden. Anschließend lässt sich die Einwählverbindung wie eine UMTS-Verbindung über die Seitenleiste *Netzwerke* verwalten.

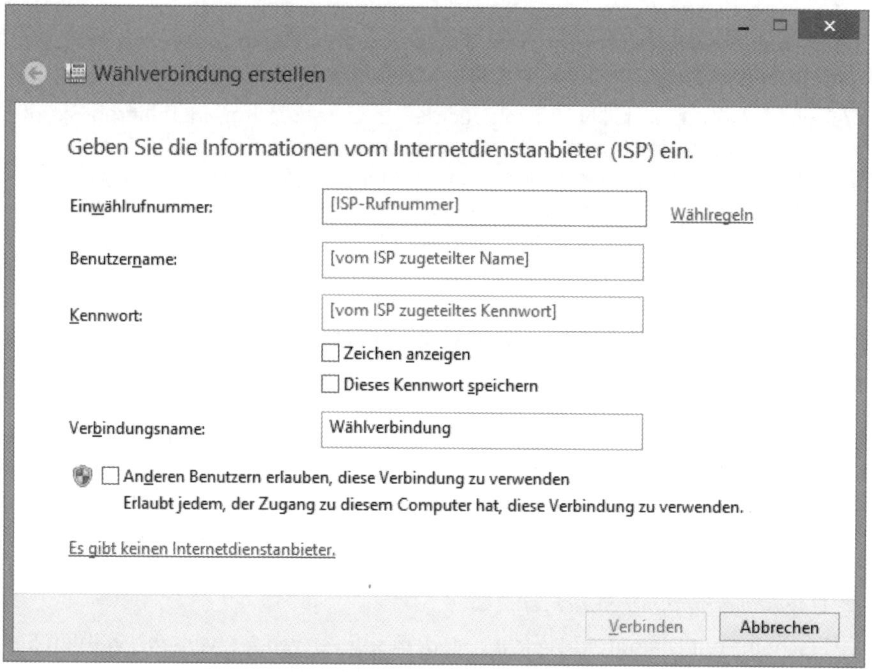

Bild 25.15: Einwählverbindung einrichten

25.2.7 Drahtlosverbindung trennen

Möchten Sie die Drahtlosverbindung wieder trennen (z.B. nach einer Anmeldung an einem Hotspot)? Gehen Sie in folgenden Schritten vor.

1. Gehen Sie wie auf den vorherigen Seiten beschrieben vor und blenden Sie die Seitenleiste *Netzwerke* am rechten Bildschirmrand ein.
2. Sobald die Liste der Verbindungen in der Seitenleiste erscheint, wählen Sie den Eintrag für die aktive Verbindung aus.
3. Wählen Sie die beim Eintrag für die aktive Verbindung eingeblendete Schaltfläche *Trennen* (Bild 25.16).

Beim Arbeiten mit dem eigenen, abgesicherten WLAN-Netzwerk können Sie genauso vorgehen, obwohl eine Trennung dort eigentlich nicht erforderlich ist.

TIPP

Da WLAN-Strecken potenziell unsicher sind, empfiehlt es sich, unbenutzte WLAN-Geräte zu deaktivieren. Am Notebook findet sich meist eine Tastenkombination zum Abschalten des WLAN-Adapters. Am WLAN-Router gibt es eine Taste oder eine Option in den Konfigurationsseiten. Bei akkubetriebenen Geräten hat dies zudem den Vorteil, dass die Stromaufnahme sinkt, Sie also länger mobil bleiben. Zudem senkt es in allen Fällen die Strahlenbelastung durch die WLAN-Sendestationen. Im stationären Bereich empfehle ich daher, aus Gesundheits- und Sicherheitsgründen auf WLAN zu verzichten und gleich auf eine LAN-Verkabelung für das Heimnetzwerk zu setzen.

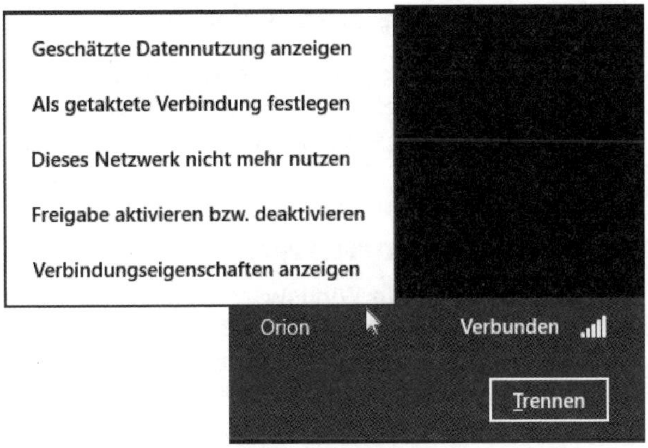

Bild 25.16: Trennen einer WLAN-Verbindung

Wählen Sie einen Netzwerkeintrag in der Seitenleiste mit der rechten Maustaste an, finden Sie im Kontextmenü Befehle (Bild 25.16), um eine aktivierte Freigabe wieder zu deaktivieren. Über den Befehle *Dieses Netzwerk nicht mehr benutzen* werden die Zugangsdaten zu einem Funknetzwerk aus dem Netzwerkprofil entfernt. Der Befehl *Als getaktete Verbindung festlegen* signalisiert Windows, dass die Verbindung entweder zeitabhängig oder über das Datenvolumen abgerechnet wird. In den PC-Einstellungen des Systems lässt sich dann in der Kategorie *Funk* festlegen, dass keine Updates und Treiber über diese Verbindung heruntergeladen werden. Ein eigener Befehl ermöglicht das geschätzte Datenvolumen, das über die Verbindung abgewickelt wurde, anzuzeigen. Der Befehl *Verbindungseigenschaften anzeigen* öffnet das in Bild 25.17 gezeigte Eigenschaftenfenster. Über die beiden Registerkarten *Verbindung* und *Sicherheit* können Sie die Verbindungseinstellungen einblenden sowie den Sicherheitsschlüssel anpassen oder einsehen.

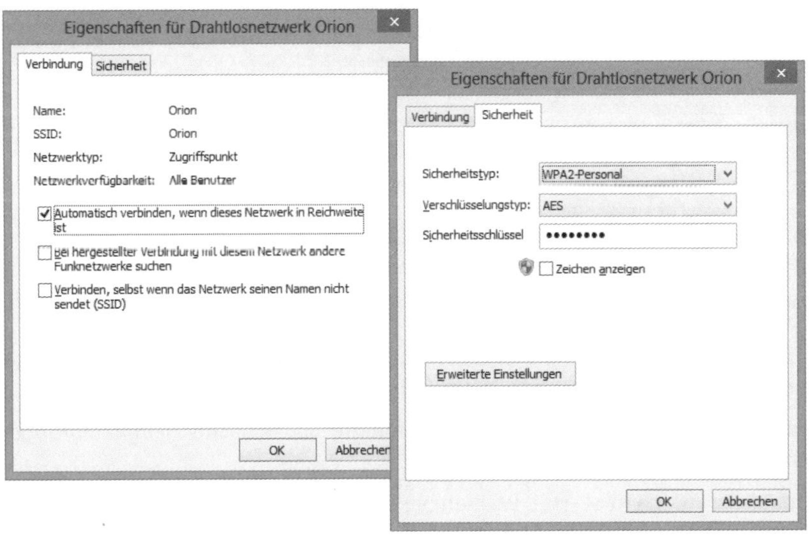

Bild 25.17: Eigenschaften einer WLAN-Verbindung

25.3 Eine Heimnetzgruppe betreiben

Sobald Sie Ihre Rechner korrekt verkabelt oder per Funknetzwerk mit einem WLAN-Router verbunden haben, lassen sich mehrere Windows 7/8-Stationen zu einer Heimnetzgruppe verbinden. Nachfolgend wird gezeigt, wie dies funktioniert und was dabei zu beachten ist.

25.3.1 Eine Heimnetzgruppe einrichten

Die Funktion der Heimnetzgruppe wurde neu in Windows 7 eingeführt, um die Vernetzung einiger Rechner im Privatbereich stark zu vereinfachen. Sie können also nur Rechner mit Windows 7 oder Windows 8 in die Heimnetzgruppe integrieren. Windows übernimmt weitgehend die Verwaltung der Netzwerkfunktionen, sobald ein Rechner einer Heimnetzgruppe zugeordnet wurde. Zum Betrieb einer Heimnetzgruppe legen Sie diese auf einem Rechner unter Windows an. Hier die Schritte, um das Ganze möglichst einfach zu halten.

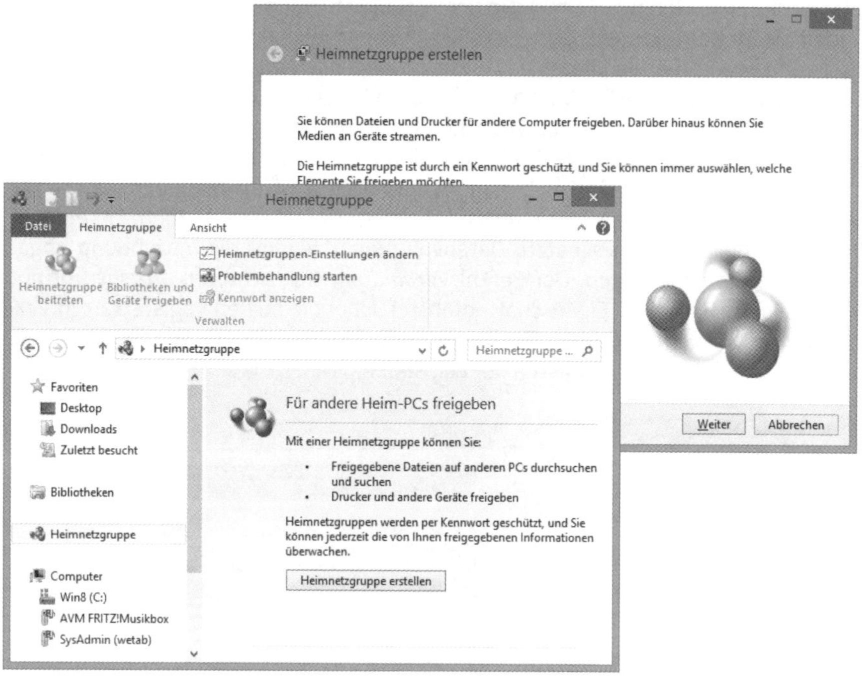

Bild 25.18: Heimnetzgruppe auf dem ersten Rechner anlegen

1. Öffnen Sie im Explorer ein Ordnerfenster und wählen Sie im Navigationsbereich den Eintrag *Heimnetzgruppe* (Bild 25.18, unten links).
2. Wählen Sie die im Inhaltsbereich angezeigte Schaltfläche *Heimnetzgruppe erstellen* (Bild 25.18, unten).
3. Sobald der Assistent startet, wählen Sie im ersten Dialogfeld die Schaltfläche *Weiter* (Bild 25.18, oben rechts).

4. Setzen Sie im Dialogfeld des Einrichtungs-Assistenten die Listenfelder der freizugebenden Objekte auf »Freigegeben« (Bild 25.19, unten) und wählen Sie die *Weiter*-Schaltfläche.
5. Notieren Sie das im Dialogfeld angezeigte Kennwort (oder drucken Sie dieses aus) und klicken Sie auf die *Fertig stellen*-Schaltfläche (Bild 25.19).

Windows richtet dann die Heimnetzgruppe automatisch ein und erteilt auch die Freigaben für die Bibliotheken und Drucker des betreffenden Benutzerkontos. Das Kennwort sollten Sie sich notieren oder ausdrucken, da es zum Beitreten anderer Windows 7/8-Rechner zur Heimnetzgruppe benötigt wird.

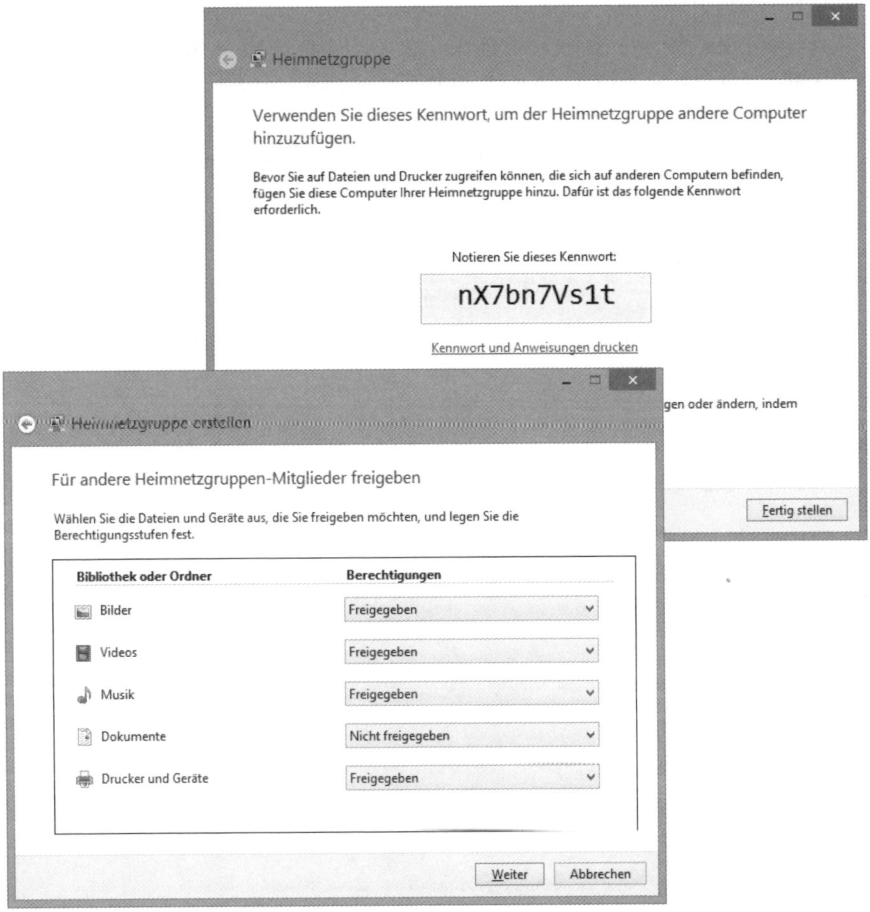

Bild 25.19: Freigaben für die Heimnetzgruppe erteilen und Kennwort notieren

25.3.2 Rechner in Heimnetzgruppe aufnehmen

Ist die Heimnetzgruppe auf dem ersten Rechner eingerichtet, finden andere Windows 7- und Windows 8-Rechner diese Heimnetzgruppe. Um einen zweiten Windows-Rechner zur Heimnetzgruppe hinzuzufügen, führen Sie folgende Schritte aus.

1. Öffnen Sie auf dem betreffenden Rechner den Explorer und wählen Sie im Navigationsbereich den Eintrag *Heimnetzgruppe* (Bild 25.20, unten).
2. Wählen Sie im Inhaltsbereich die angezeigte Schaltfläche *Jetzt beitreten* (Bild 25.20, unten).
3. Sobald der Assistent startet, wählen Sie im ersten Dialogfeld die *Weiter*-Schaltfläche und geben Sie im nächsten Dialogfeld die gewünschten Bibliotheken über die Listenfelder frei (Bild 25.19, unten).
4. Über die *Weiter*-Schaltfläche gelangen Sie zum nächsten Dialogfeld, in dessen Textfeld (Bild 25.20, oben) Sie das notierte Kennwort der Heimnetzgruppe eingeben.
5. Wählen Sie die *Weiter*-Schaltfläche des Dialogfelds und dann im nächsten Dialogfeld die Schaltfläche *Fertig stellen*.

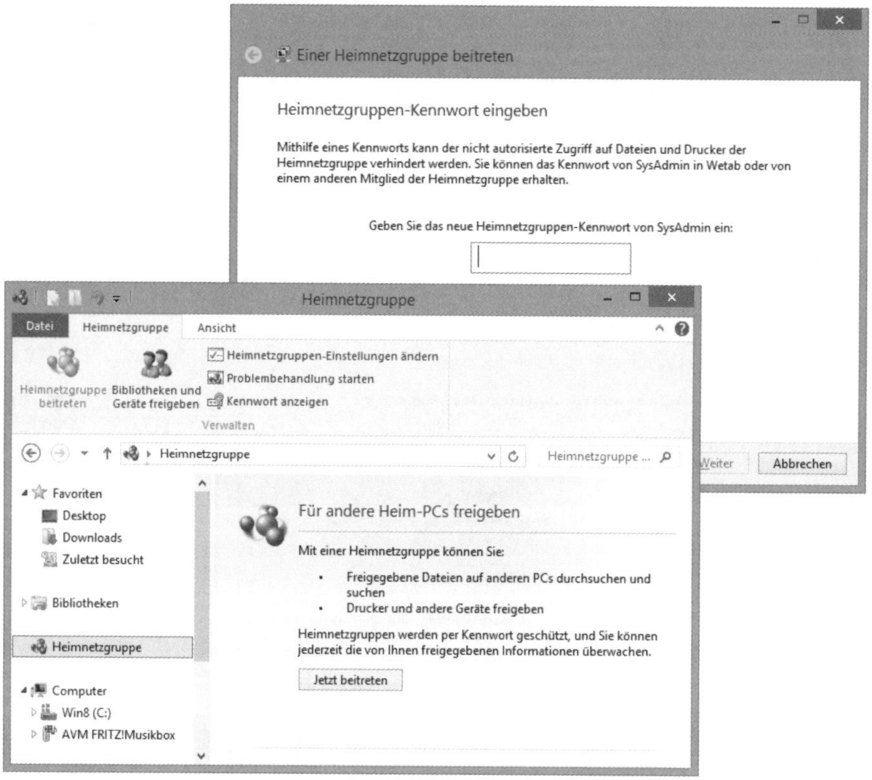

Bild 25.20: Zur Heimnetzgruppe beitreten

Windows durchsucht beim Beitreten das Netzwerk nach anderen Stationen und fragt im Dialogfeld *Heimnetzgruppen-Kennwort eingeben* den Sicherheitscode für das Heimnetzwerk ab. Wurde der korrekte Code eingegeben, tritt der Rechner der Heimnetzgruppe bei und Sie können das Dialogfeld schließen. Ab diesem Zeitpunkt ist die Heimnetzgruppe arbeitsfähig.

25.3.3 Heimnetzgruppe verlassen und anpassen

Windows ermöglicht den Betrieb einer Heimnetzgruppe neben einem Arbeitsgruppennetzwerk. Es gibt aber sicherlich Fälle, wo der Rechner aus einer Heimnetzgruppe herausgenommen werden soll – und es ist denkbar, dass Sie die Einstellungen der Heimnetzgruppe unter Windows einsehen oder anpassen möchten. Wurde eine Heimnetzgruppe eingerichtet, Sie haben aber das Kennwort vergessen oder möchten dieses ändern?

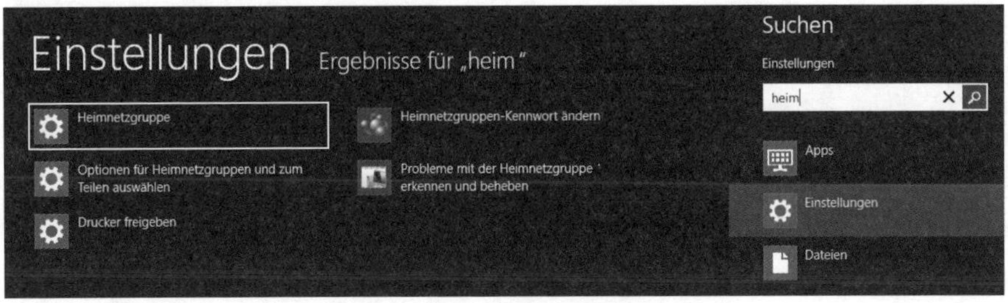

Bild 25.21: Zugriff auf Heimnetzgruppenfunktionen

- Blenden Sie die Seite *PC-Einstellungen* über *Einstellungen* der Charms-Leiste und den Befehl *PC-Einstellungen ändern* ein.
- In der Kategorie »Heimnetzgruppe« wird im Abschnitt *Mitgliedschaft* das Kennwort angezeigt. Dort finden Sie auch Schalter, um die Freigaben für Bibliotheken und Geräte aufzuheben.
- Um das Kennwort zu ändern, blenden Sie die Seitenleiste *Suchen* über die Charms-Leiste ein und tippen den Suchbegriff »Heim« ein.
- In der Kategorie *Einstellungen* werden verschiedene Treffer aufgelistet (Bild 25.21). Der Befehl *Heimnetzgruppen-Kennwort ändern* bringt Sie direkt zum Fenster *Heimnetzgruppe* (Bild 25.22).

Im Fenster (Bild 25.22) sehen Sie, welche Elemente in der Heimnetzgruppe freigegeben sind. Zudem finden Sie Befehle, um die Einstellungen der Heimnetzgruppe zu ändern.

- Über den Link *Für die Heimnetzgruppe freigegebene Elemente ändern* wird die Seite geöffnet, in der Sie die betreffenden Freigaben über Listenfelder aufheben können.
- Haben Sie das Kennwort vergessen, klicken Sie auf den Link *Kennwort für die Heimnetzgruppe anzeigen oder drucken*.
- Gefällt Ihnen das von Windows vergebene Kennwort nicht, klicken Sie auf den Link *Kennwort ändern*, bestätigen die Abfrage der Benutzerkontensteuerung, wählen im Folgedialog den Befehl *Kennwort ändern*. Dann lässt sich im nächsten Dialogfeld ein neues Kennwort eintippen und über die *Weiter*-Schaltfläche aktivieren.
- Wählen Sie den Link *Heimnetzgruppe verlassen*, können Sie in einem zweiten Dialogfeld über verschiedene Befehle bestimmen, ob die Heimnetzgruppe verlassen werden soll oder ob Sie lediglich die Freigaben ändern möchten.

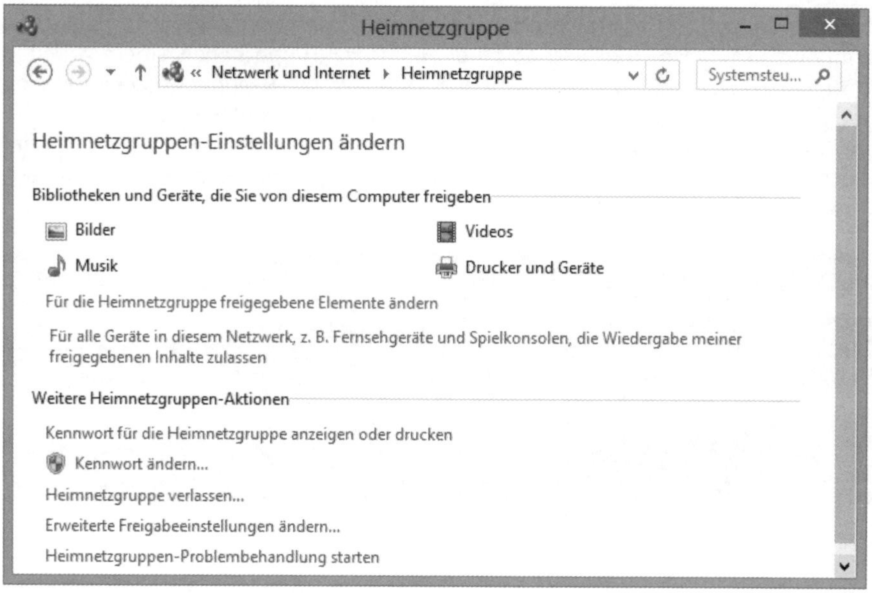

Bild 25.22: Heimnetzgruppen-Einstellungen verwalten

Die Änderungen an den Einstellungen der Heimnetzgruppe und die Freigabe der Bibliotheken können einige Sekunden dauern.

HINWEIS

Gibt es Probleme beim Einrichten der Heimnetzgruppe, wählen Sie den Link *Heimnetzgruppen-Problembehandlung starten* (Bild 25.22). Dann hilft ein Assistent bei der Problembehebung bzw. beim Einrichten.

25.4 Netzwerke mit Arbeitsgruppen einrichten

Um ggf. mehr Kontrolle über Netzwerkfreigaben zu haben, können Sie auch ein Arbeitsgruppennetzwerk verwenden. Dieses ermöglicht zudem, andere Rechner mit Windows XP oder Windows Vista zu integrieren. Voraussetzung ist, dass Sie Ihre Rechner korrekt verkabelt oder per Funknetzwerk verbunden haben. Dann wird Windows die Netzwerkfunktionen automatisch einrichten und den Rechner zu einer bestehenden Arbeitsgruppe hinzufügen. Nachfolgend wird gezeigt, wie Sie bestimmte Einstellungen anpassen und vorgehen, wenn das Netzwerk nicht funktioniert.

25.4.1 Einstellungen im Netzwerk- und Freigabecenter überprüfen

Bei der ersten Inbetriebnahme verwendet Windows Standardeinstellungen für das Netzwerk (z.B. den Arbeitsgruppennamen »WORKGROUP«). Nicht immer wird das automatische Einrichten des Netzwerks klappen. Wird der Windows-Rechner z.B. zu einem bereits vorhandenen Netzwerk hinzugefügt, sind ggf. einige Anpassungen erforderlich. Um die Einstellungen zu überprüfen oder anzupassen, müssen Sie das Netzwerk- und Freigabecenter öffnen.

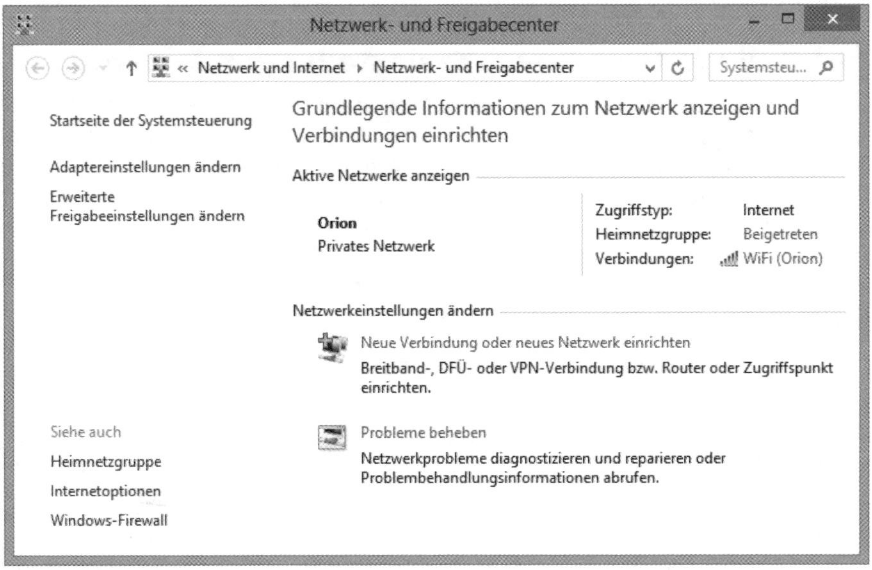

Bild 25.23: Netzwerk- und Freigabecenter

1. Öffnen Sie den Explorer, wählen Sie im Navigationsbereich den Eintrag *Netzwerk* und klicken Sie im Menüband auf der Registerkarte *Netzwerk* die Schaltfläche *Netzwerk- und Freigabecenter* an.
2. Im Fenster *Netzwerk- und Freigabecenter* (Bild 25.23) können Sie die Netzwerkkonfiguration einsehen und über die eingeblendeten Befehle anpassen.

Über das Fenster des Netzwerk- und Freigabecenters (Bild 25.23) erhalten Sie Zugriff auf die Funktionen zur Analyse und Verwaltung des Netzwerks. Es werden aktive Netzwerke im oberen Teil des Fensters aufgelistet. Sie sehen, ob einer Heimnetzgruppe beigetreten wurde und welche Verbindungen vorhanden sind. Im unteren Teil des Netzwerk- und Freigabecenters finden Sie noch verschiedene Befehle, um Netzwerkeinstellungen des Netzwerks anzupassen.

- Über *Neue Verbindungen oder neues Netzwerk einrichten* starten Sie den Assistenten, über den Sie WLAN-, VPN- und Einwählverbindungen konfigurieren können.
- Der Befehl *Probleme beheben* startet den Diagnose-Assistenten, der in verschiedenen Schritten versucht, eine Reparatur defekter Netzwerkverbindungen durchzuführen.

Über die Befehle der Aufgabenleiste des Netzwerk- und Freigabecenters können Sie zudem die Adaptereinstellungen einsehen und ändern sowie auf die erweiterten Freigabeeinstellungen zugreifen. Die betreffenden Funktionen werden in den folgenden Abschnitten besprochen. Beachten Sie aber, dass zum Verändern von

Netzwerkeinstellungen Administratorrechte erforderlich sind. Arbeiten Sie unter einem Standardbenutzerkonto, fragt die Benutzerkontensteuerung den Namen und das Kennwort eines Administratorkontos ab. Zudem erfordern einige Änderungen, dass der Rechner anschließend neu gestartet wird.

25.4.2 Erweiterte Freigabeeinstellungen ändern

In einem privaten Netzwerk ist es hilfreich, wenn die vorhandenen Geräte im Ordnerfenster *Netzwerk* aufgelistet werden. Dann lässt sich sofort erkennen, ob ein Gerät oder ein Rechner über das Netzwerk erreichbar ist. In einem öffentlichen Netzwerk (z.B. beim Zugriff auf Hotspots) wird die Netzwerkerkennung dagegen aus Sicherheitsgründen deaktiviert. Die Umschaltung erfolgt automatisch durch den aktuellen Netzwerkstandort. Arbeiten Sie in einem lokalen Netzwerk und ist die Geräteerkennung abgeschaltet? Oder möchten Sie die erweiterten Freigabeeinstellungen kontrollieren bzw. ändern?

1. Klicken Sie im Fenster *Netzwerk- und Freigabecenter* (Bild 25.23) in der Aufgabenleiste auf den Befehl *Erweiterte Freigabeeinstellungen ändern.*
2. Expandieren Sie ggf. im Fenster *Erweiterte Freigabeeinstellungen* (Bild 25.24) die Detailansicht der Profile »Privat« und »Gast oder Öffentlich«, indem Sie auf die Schaltfläche am rechten Rand des Profiltitels klicken.
3. Anschließend markieren Sie eines der Optionsfelder *Netzwerkerkennung einschalten* bzw. *Netzwerkerkennung ausschalten* und klicken auf die Schaltfläche *Änderungen speichern.* Zusätzlich lässt sich ein Kontrollkästchen zum automatischen Setup von Geräten aktivieren.

Die Speicherung ist durch eine Sicherheitsabfrage der Benutzerkontensteuerung zu bestätigen. Auf die gleiche Weise können Sie die restlichen Optionen im Fenster *Erweiterte Freigabeeinstellungen* anpassen. Hier noch einige Hinweise zu einigen der angebotenen Optionen für die erweiterten Freigabeeinstellungen.

- *Datei- und Druckerfreigabe:* Markieren Sie das Optionsfeld *Datei- und Druckerfreigabe einschalten* der Gruppe, um Benutzern das Freigeben von Druckern, Laufwerken, Ordnern und Dateien zu ermöglichen. Benutzer von Standardkonten können dabei die im Besitz des Benutzerkontos befindlichen Dateien freigeben. Administratoren haben die Möglichkeit, beliebige Laufwerke, Ordner und Dateien im Netzwerk freizugeben.
- *Heimnetzgruppen-Verbindungen:* In dieser Kategorie steuern Sie, ob die Verwaltung der Heimnetzgruppen durch Windows oder über Benutzerkonten und Kennwörter erfolgt. Bei der ersten Variante legt Windows das Kennwort zum Zugriff auf das Heimnetzwerk fest. Die zweite Variante erfordert, dass auf jedem Rechner Benutzerkonten gleichen Namens samt Kennwort eingerichtet sind. Dann wird das Benutzerkonto, unter dem der Benutzer bei Netzwerkzugriffen angemeldet ist, zur Authentifizierung gegenüber dem Netzwerk verwendet.
- *Freigabe des öffentlichen Ordners:* Standardmäßig ist der Ordner *Öffentlich* samt den Unterordnern nicht im Netzwerk freigegeben, da dessen Inhalt ja von allen Benutzern innerhalb des Netzwerks einsehbar bzw. nutzbar wäre. Sie können die Freigabe explizit über das Optionsfeld *Freigabe einschalten ...* der Gruppe »Alle Netzwerke« aktivieren.

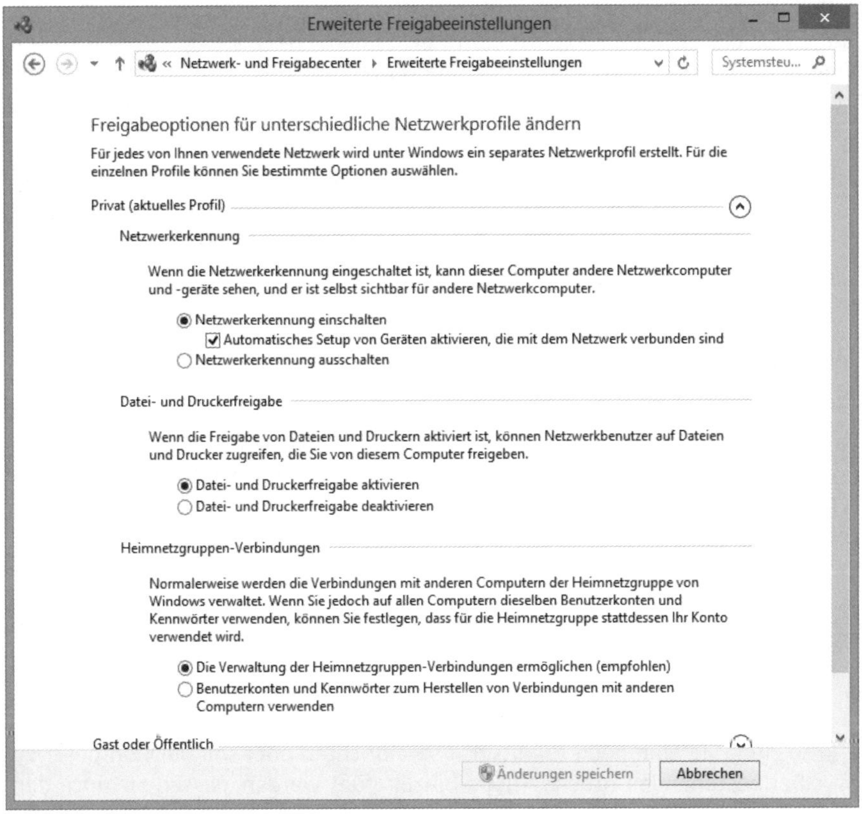

Bild 25.24: Erweiterte Freigabeeinstellungen

- *Kennwortgeschütztes Freigeben:* Windows gibt Dateien (und Ordner) nur für Benutzer frei, für die ein kennwortgeschütztes Benutzerkonto auf dem Rechner vorhanden ist. Sie können aber vereinbaren, dass Dateien (und Ordner) auch über einen Kennwortschutz freigegeben werden. Dann zeigt Windows beim Zugriff auf Freigaben im Netzwerk ein Dialogfeld zur Abfrage des Benutzernamens und des Kennworts.

Über weitere Optionen können Sie die Schlüssellänge für Dateifreigabeverbindungen auf 128 Bit festlegen oder Medienstreaming zulassen. Wie Sie Mediendateien im Netzwerk über einen Streamingserver freigeben und über geeignete Clients wiedergeben, wird in *Kapitel 20* besprochen.

25.4.3 Rechnername vergeben und Arbeitsgruppe beitreten

Der Computer muss innerhalb des Netzwerks einen eindeutigen Netzwerknamen zur Identifizierung aufweisen. Dieser Computername wird bei der Windows-Installation in einem Dialogfeld vorgeschlagen und angelegt (siehe *Kapitel 32*). Als Arbeitsgruppenname verwenden Windows Vista bis Windows 8 die Vorgabe »WORKGROUP«, während Windows XP z.B. »MSHEIMNETZ« einsetzt. Betreiben

Sie die Windows-Rechner in einem anders benannten Arbeitsgruppennetzwerk, können Sie dieser Gruppe explizit beitreten. Zudem lassen sich die Vorgaben von Windows für Arbeitsgruppen- und Computername ändern. Um eine eigene Arbeitsgruppe einzurichten bzw. beizutreten oder den Netzwerknamen eines Rechners anzupassen, gehen Sie folgendermaßen vor.

1. Öffnen Sie den Explorer, markieren Sie im Navigationsbereich den Eintrag *Computer* und wählen Sie dann im Menüband auf der Registerkarte *Computer* die Schaltfläche *Eigenschaften*. Oder verwenden Sie die Tastenkombination [⊞]+[Pause] zum Aufruf der Seite.
2. Auf der Seite *Basisinformationen über den Computer anzeigen* wählen Sie in der Aufgabenleiste den Befehl *Erweiterte Systemeinstellungen*. Anschließend bestätigen Sie die Sicherheitsabfrage der Benutzerkontensteuerung.
3. Auf der Registerkarte *Computername* des Eigenschaftenfensters *Systemeigenschaften* können Sie dann im Textfeld *Computerbeschreibung* einen kurzen Text eintippen (Bild 25.25, links). Der Text gibt anderen Netzwerkteilnehmern einen Hinweis auf die Art des Computers.
4. Wählen Sie danach die Schaltfläche *Ändern*, um das in Bild 25.25, rechts, gezeigte Dialogfeld aufzurufen.
5. Tippen Sie in das Feld *Computername* den Namen des gewünschten Computers ein. Dieser muss im Netzwerk eindeutig sein und darf max. 15 Zeichen, aber keine Leerzeichen oder Umlaute enthalten, um auch von älteren Computern im Netzwerk erkannt zu werden.
6. Möchten Sie eine neue Arbeitsgruppe einrichten oder soll der Computer zu einer bestehenden Arbeitsgruppe hinzugefügt werden, passen Sie noch den Inhalt im Feld *Arbeitsgruppe* an.

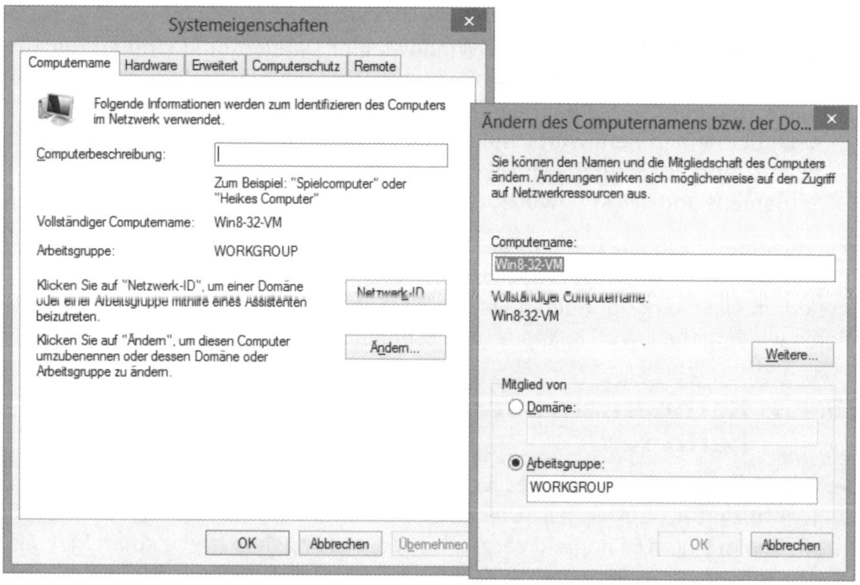

Bild 25.25: Arbeitsgruppe und Computername anpassen

Wenn Sie anschließend die Dialogfelder und Registerkarten über die *OK*-Schaltflächen schließen, übernimmt Windows die Änderungen in der Netzwerkkonfiguration. Haben Sie den Namen der Arbeitsgruppe geändert, werden Sie in einem Willkommen-Dialog als Mitglied der Arbeitsgruppe begrüßt. Damit die Änderungen wirksam werden, müssen Sie den Rechner neu starten. Der Rechner wird anschließend im Netzwerk unter dem neuen Namen angezeigt und Sie sehen beim Aufruf des Ordnerfensters *Computer* bei der Navigation zum Symbol *Netzwerk* die in der Arbeitsgruppe gerade vorhandenen Rechner.

HINWEIS

Sie können die Arbeitsgruppe individuell (z.B. »Büro-Netz«, »Familien-Netz« etc.) benennen. Für die Computernamen empfiehlt es sich zur leichteren Identifizierung, die Namen von Räumen (z.B. »Arbeitszimmer«, »Kinderzimmer«) oder anderen Kategorien (z.B. »Familie«, »Spiele-PC«, »Notebook«) etc. zuzuweisen. In meinen Netzwerken benenne ich die Arbeitsstation nach europäischen Städten (z.B. »Paris«, »Berlin«, »Wien«), belasse den Arbeitsgruppennamen aber auf »WORKGROUP«.

Falls Sie den Namen der Arbeitsgruppe von »WORKGROUP« in einen anderen Begriff umbenennen, müssen Sie diese Änderungen an allen Rechnern der gewünschten Arbeitsgruppe mit den obigen Schritten durchführen.

25.4.4 Adaptereinstellungen einsehen

Windows verwaltet alle Netzwerkadapter für Verbindungen (Einwählverbindungen, LAN-Verbindungen, Drahtlosverbindungen) in einem Ordnerfenster. Um sich über vorhandene Adapter zu informieren oder deren Status bzw. deren Eigenschaften anzusehen, müssen Sie den betreffenden Ordner öffnen.

1. Öffnen Sie das Ordnerfenster *Netzwerk- und Freigabecenter* (z.B. über die Systemsteuerung, siehe auch vorhergehende Abschnitte).
2. Wählen Sie in der am linken Fensterrand angezeigten Aufgabenleiste des Netzwerk- und Freigabecenters den Befehl *Adaptereinstellungen ändern.*

Windows öffnet das Ordnerfenster *Netzwerkverbindungen* (Bild 25.26), in dem alle auf dem lokalen Rechner vorhandenen Netzwerkverbindungen aufgeführt werden. Sie können dann die nachfolgend beschriebenen Funktionen verwenden.

Den Status einer Netzwerkverbindung abfragen/ändern

Gibt es Probleme bei einer Netzwerkverbindung oder möchten Sie wissen, ob Daten übertragen werden bzw. ob eine Einwählverbindung aktiv ist, können Sie deren Status abfragen. Hierzu reicht entweder ein Doppelklick auf das betreffende Symbol oder Sie öffnen das Kontextmenü der Verbindung und wählen den Kontextmenübefehl *Status* (Bild 25.26). Windows öffnet das Statusfenster mit der Registerkarte *Allgemein*, auf der sich verschiedene Statusinformationen befinden (Bild 25.27).

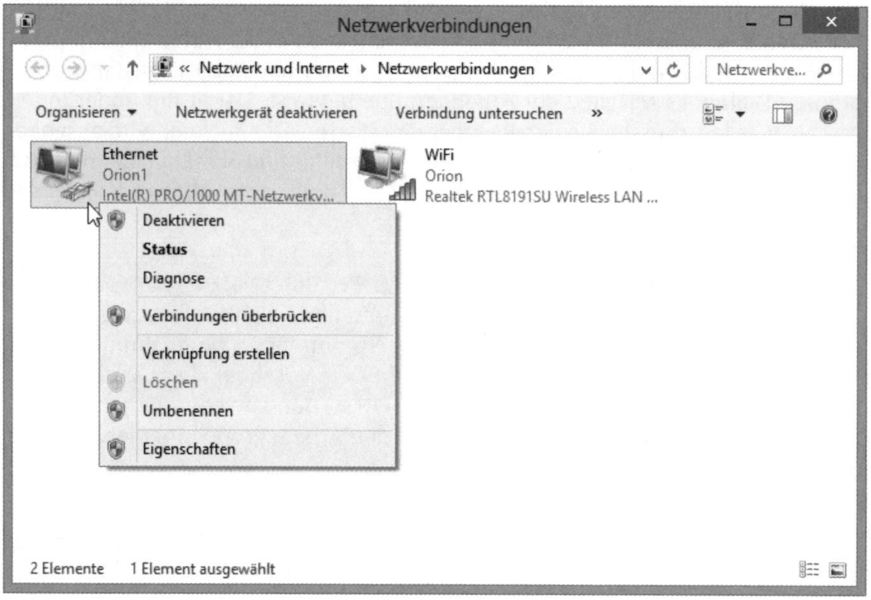

Bild 25.26: Übersicht über Netzwerkverbindungen

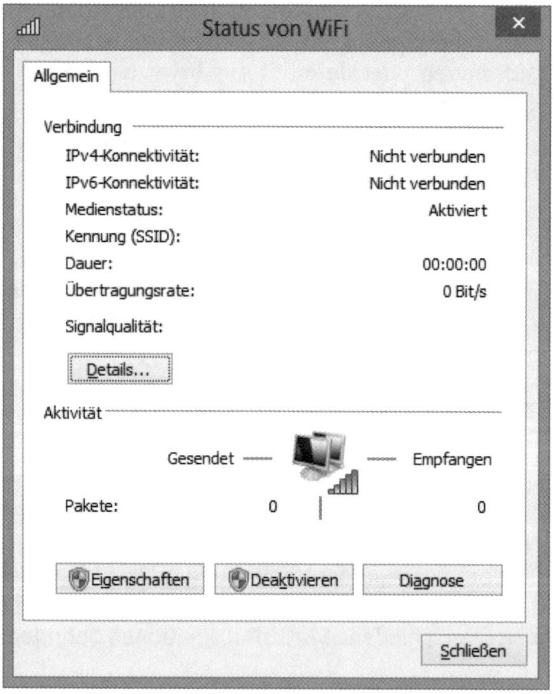

Bild 25.27: Statusanzeige einer Netzwerkverbindung

- Im Abschnitt *Verbindung* sehen Sie die Übertragungsrate und wie lange diese Verbindung bereits besteht. Bei LAN-Netzwerkverbindungen erkennen Sie dann, ob diese Daten mit 10 oder 100 Mbit übertragen. Bei Einwählverbindungen über Modem, ISDN oder DSL sind die Informationen über die verfügbare Übertragungsgeschwindigkeit und die Verbindungsdauer hilfreich (z.B. um die Leitungsqualität abzuschätzen oder um bei einer vergessenen Onlineverbindung zu kontrollieren, wie lange diese bereits aktiv war). In den Zeilen *IPv4-Konnektivität* und *IPv6-Konnektivität* geben die Texte »Internet« und »Lokal« an, ob über das betreffende Internetprotokoll eine lokale Verbindung oder eine Internetverbindung abgewickelt wird. Bei Verwendung einer Netzwerkbrücke weisen LAN-Adapter in diesen Zeilen aber den Wert »Nicht verbunden« auf.
- In der Gruppe *Aktivität* sehen Sie bei einer aktiven Verbindung, ob Daten übertragen werden. Dabei wird zwischen gesendeten und empfangenen Daten unterschieden. Diese Informationen ermöglichen eine sehr schnelle Diagnose, ob andere Rechner im Netzwerk erkannt werden. Sendet Windows zwar über die Verbindung ins LAN, empfängt aber keine Daten, ist entweder kein Rechner im betreffenden Netzwerk vorhanden oder die Verbindung ist gestört.

Bei einer gestörten Netzwerkverbindung ist es gelegentlich hilfreich, diese über die Schaltfläche *Deaktivieren* abzuschalten. Allerdings ist für diesen Vorgang eine Administratorberechtigung erforderlich und Sie müssen den Vorgang über die Benutzerkontensteuerung bestätigen. Das Dialogfeld mit der Statusanzeige verschwindet dann und die Verbindung wird im Ordnerfenster *Netzwerkverbindungen* abgeblendet dargestellt.

Zum erneuten Aktivieren der Verbindung wählen Sie das Symbol im Ordnerfenster *Netzwerkverbindungen* entweder per Doppelklick an oder Sie verwenden den Kontextmenübefehl *Aktivieren*. Nach einer Bestätigung der Sicherheitsabfrage der Benutzerkontensteuerung wird Windows die Verbindung wieder ins Netzwerk aufnehmen.

Hilft das kurzzeitige Deaktivieren einer LAN-Verbindung bei Störungen nicht, können Sie die Schaltfläche *Diagnose* im Statusdialog anwählen. Dann wird die Windows-Netzwerkdiagnose aufgerufen, die eine Verbindungsüberprüfung und Netzwerkdiagnose vornimmt und ggf. Vorschläge zur Behebung des Problems unterbreitet. Auf den folgenden Seiten finden Sie Hinweise, wie sich bestimmte Einstellungen anpassen und damit einhergehende Probleme beheben lassen.

Eigenschaften einer Netzwerkverbindung einsehen

Eine Netzwerkverbindung bezieht sich auf einen Netzwerkadapter und kann verschiedene Protokolle und Dienste abwickeln. Bei Problemen oder zur Einstellung bestimmter Optionen müssen Sie die Eigenschaften einer Netzwerkverbindung abrufen. Wählen Sie die Schaltfläche *Eigenschaften* im Statusdialog (Bild 25.27) einer Verbindung an, oder Sie öffnen das Kontextmenü der Netzwerkverbindung im Ordnerfenster *Netzwerkverbindungen* und wählen den Kontextmenübefehl *Eigenschaften* (Bild 25.26). In beiden Fällen benötigen Sie eine Administratorberechtigung und die Fortsetzung des Vorgangs ist über die Benutzerkontensteuerung zu bestätigen. Anschließend erscheint das Eigenschaftenfenster der Verbindung, in dem alle installierten Hardwareadapter, Protokolle und Dienste der Netzwerkverbindung auf der Registerkarte *Netzwerk* aufgelistet sind (Bild 25.28).

Bild 25.28, links, enthält die Statusanzeige einer Netzwerkverbindung. Standardmäßig werden für eine Netzwerkverbindung der verwendete Netzwerkadapter, die beiden TCP/IP-Protokolle IPv4 und IPv6 sowie verschiedene Dienste aufgelistet (Bild 25.28, links). Für die Protokolle und Dienste können Sie über die Markierung des angezeigten Kontrollkästchens steuern, ob diese für die Verbindung vorhanden sind oder nicht.

Für ein lokales Netzwerk werden neben den TCP/IP-Protokollen noch die Dienste *Client für Microsoft-Netzwerke* und *Datei- und Druckerfreigabe für Microsoft-Netzwerke* benötigt. Windows verwendet zudem die erweiterten Protokolle zur Verbindungsschichterkennung sowie den QoS-Paketplaner-Dienst zur Steuerung der Auslastung. Benötigen Sie bestimmte Dienste, Protokolle oder Clients, die noch nicht aufgeführt sind, lassen sich diese über die Schaltfläche *Installieren* zur Verbindung hinzufügen. Allerdings bietet Windows diese Komponenten nicht mehr an, d. h., Sie benötigen einen Datenträger, der die zu installierende Software enthält. Die Schaltfläche *Deinstallieren* ermöglicht Ihnen, einen markierten Eintrag in der Elementliste für die Verbindung zu entfernen. In der Praxis dürften bei Heimnetzwerken aber keine Änderungen erforderlich werden.

Über die Schaltfläche *Konfigurieren* lassen sich die Hardwareeigenschaften des Netzwerkadapters anpassen. Interessant sind vor allem die Einträge für das IP-Internetprotokoll. Markieren Sie diese, können Sie über die *Eigenschaften*-Schaltfläche die IP-Adressen sowie die Art der Adressvergabe (dynamische oder statische Zuweisung von IP-Adressen) festlegen (Bild 25.28, rechts).

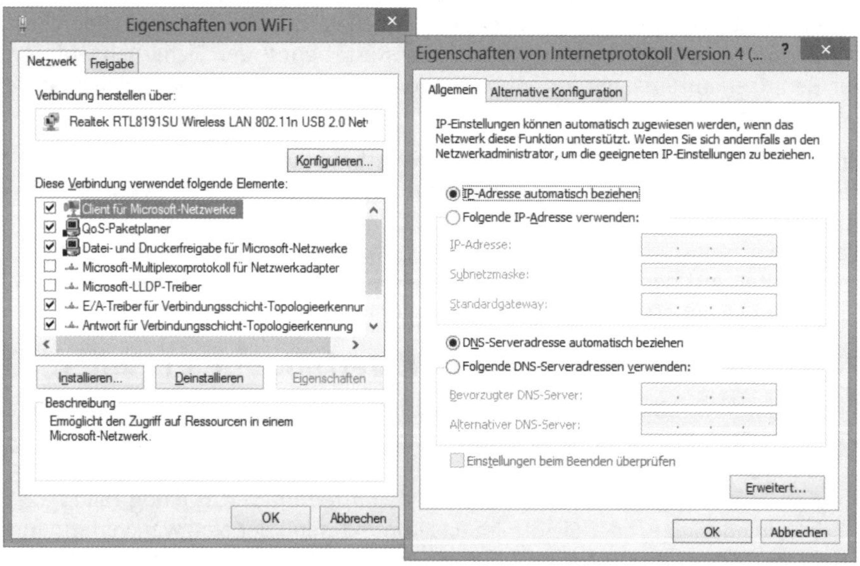

Bild 25.28: Eigenschaften einer Netzwerkverbindung

Haben Sie eine Netzwerkbrücke im System eingerichtet, taucht in den Netzwerkverbindungseigenschaften der LAN-Karte nur noch der Hardwareadapter auf. Die Einträge für Protokolle und Dienste fehlen. In diesem Fall müssen Sie die Eigenschaften der Netzwerkbrücke aufrufen, um die IP-Einstellungen anzupassen.

HINWEIS

Windows setzt auf das TCP/IP-Protokoll auf, unterstützt aber zur IP-Adressierung zwei Varianten, die ältere IPv4-Notation sowie die neuere IPv6-Notation mit erweitertem Adressraum. Aus diesem Grund finden Sie im Eigenschaftenfenster der Netzwerkverbindung die beiden Einträge für das TCP/IP-Protokoll.

Spezialfragen zur Vergabe der IP-Adressen im Netzwerk

Windows setzt beim Netzwerktransfer auf das TCP/IP-Protokoll auf. Zur Identifizierung der einzelnen Rechner innerhalb der TCP/IP-Netzwerkschicht müssen diese mit einer eindeutigen IP-Adresse versehen sein. Eine IP-Adresse ist in der IPv4-Variante eine 32-Bit-Zahl, die in einer dezimalen Schreibweise im Format 192.168.0.1 angegeben wird. Die IPv6-Variante deckt einen erweiterten Adressraum ab und benutzt 128 Bit. Die Adressen werden in hexadezimaler Schreibweise (z.B. als 2001:0db8:85a3:08d3:1319:8a2e:0370:7344, siehe `http://de.wikipedia.org/wiki/IPv6` [w8-k25-003]) dargestellt. Innerhalb des lokalen Netzwerks müssen die IP-Adressen eindeutig sein, da sich anderenfalls die Rechner nicht adressieren lassen.

Beim Aufbau des Netzwerks muss ein Mechanismus vorhanden sein, der den einzelnen Rechnern eine eindeutige IPv4-Adresse zuweist. Die Rechner eines lokalen (Sub-)Netzwerks erhalten dann fortlaufende IPv4-Adressen, die sich meist in der letzten Stelle unterscheiden (z.B. 192.168.0.1, 192.168.0.2, 192.168.0.3 etc.). Wird eine Internetverbindung aufgebaut, erhält das die Verbindung aufnehmende Gerät (Rechner oder DSL-Router) vom Provider ebenfalls eine weltweit eindeutige IP-Adresse zugewiesen. Über diese Adresse lässt sich der Rechner jederzeit im Internet identifizieren (d. h., beim Surfen hinterlassen Sie Ihre IP-Adresse als Datenspur). Für die IPv6-Adressen gilt sinngemäß das Gleiche, allerdings brauchen Sie sich in einem Heimnetzwerk normalerweise nicht mit den erweiterten IPv6-Adressen auseinanderzusetzen.

Wichtig ist lediglich, dass Sie wissen, dass solche IP-Adressen dynamisch im Netzwerk zugeordnet oder statisch den einzelnen Maschinen zugewiesen werden können. Windows kann die IP-Adressen über zwei Quellen beziehen:

- Sind nur Rechner über einen Hub miteinander verbunden, verwendet Windows die APIPA-Technik (APIPA steht für Automatic Private IP Addressing) zur dynamischen Vergabe der IP-Adressen im Netzwerk. Startet der erste Rechner im Netzwerk und findet er keinen DHCP-Server zur Zuteilung einer IP-Adresse, wird über einen Zufallszahlengenerator eine private IP-Adresse im Bereich 169.254.1.0 und 169.254.254.255 vergeben. Es gibt aber Fälle, wo es zu Problemen bzw. Konflikten kommt. Dann legen Sie ggf. fest, welche Geräte für die Zuweisung der dynamischen IP-Adressen im Netzwerk zuständig sind. Es kann sogar sein, dass Sie die automatische IP-Adressvergabe abschalten und die IP-Adressen manuell zuweisen müssen.

- Sofern Sie einen WLAN-DSL-Router zur Verbindung der vernetzten Rechner und zur Herstellung der Internetverbindung verwenden, kann die IP-Adressvergabe durch den Router erfolgen. Damit die Adressvergabe klappt, muss die Funktion eines DHCP-Servers im Router vorhanden und eingeschaltet sein. Das Kürzel DHCP steht für Dynamic Host Configuration Protocol, das die dynamische Vergabe von IP-Adressen regelt. Meldet sich ein Rechner neu im Netzwerk an, fordert Windows eine IP-Adresse vom DHCP-Server an. Über die vom DHCP-Server vergebene dynamische IP-Adresse ist der Rechner im Netzwerk erreichbar. Diese Lösung sorgt dafür, dass keine IP-Adressenkonflikte im Netzwerk auftreten.

Ist der DHCP-Server im Router abgeschaltet, nutzt Windows die interne APIPA-Technik zur dynamischen Adresszuweisung. Details zu den Einstellungen des DHCP-Servers entnehmen Sie der Herstelleranleitung des Routers.

ACHTUNG

Wichtig ist, dass der Router eingeschaltet ist, bevor die Rechner hochgefahren und das Netzwerk geladen wird. Andernfalls werden keine IP-Adressen zugewiesen.

Feste IP-Adressvergabe für das Netzwerk

Ist kein DHCP-Server im Netzwerk vorhanden und möchten Sie APIPA nicht nutzen, können Sie den Rechnern eines Netzwerks auch feste IP-Adressen zuweisen. Hierzu müssen Sie die Funktion zum automatischen Beziehen der IP-Adressen abschalten und die IP-Adressenwerte für jede Netzwerkverbindung zuweisen.

1. Öffnen Sie das Eigenschaftenfenster des betreffenden LAN-Adapters (Bild 25.28, links) gemäß den Ausführungen auf den vorherigen Seiten.
2. Markieren Sie auf der Registerkarte *Netzwerk* des Eigenschaftenfensters den Eintrag *Internetprotokoll Version 4 (TCP/IPv4)* oder *Internetprotokoll Version 6 (TCP/IPv6)* und klicken Sie dann auf die Schaltfläche *Eigenschaften* (Bild 25.28, links).
3. Setzen Sie auf der Registerkarte *Allgemein* des Eigenschaftenfensters (Bild 25.28, rechts) die Markierung des Optionsfelds von *IP-Adresse automatisch beziehen* auf *Folgende IP-Adresse verwenden* und geben Sie danach die IP-Adresse sowie die Subnetzmaske ein.

Anschließend können Sie die geöffneten Dialogfelder und Registerkarten über die *OK*-Schaltfläche schließen. Während der Anpassung verlangt die Benutzerkontensteuerung eine Bestätigung, dass der Vorgang fortgesetzt werden darf. Die Änderungen werden u. U. erst wirksam, nachdem Sie den Rechner neu gestartet haben.

Sie können den Rechnern die festen IPv4-Adressen 192.168.0.1, 192.168.0.2 etc. und die Subnetzmaske 255.255.255.0 zuweisen. Bei festen IP-Adressen ist es egal, welcher Rechner zuerst eingeschaltet wird, da keine Station als DHCP-Server fungiert. Zudem fährt Windows geringfügig schneller hoch, da die Abfrage des DHCP-Servers entfällt. Bei der Konfiguration einer Firewall lassen sich die IP-Adressen der Rechner vorgeben, deren Verbindungsanforderungen von der Firewall durchgelassen werden sollen. Der Nachteil der festen Adressvergabe besteht darin, dass es schnell zu

Konflikten kommen kann, wenn zwei Rechnern die gleiche IP-Adresse zugewiesen wird. Sie müssen also genau Buch führen, welche Adressen vergeben werden. Kommt es in einem lokalen Netzwerk zu Adresskonflikten (diese werden über eine Fehlermeldung angezeigt), sollten Sie gemäß den obigen Schritten prüfen, ob eventuell auf zwei Rechnern die gleiche IP-Adresse konfiguriert wurde. Die feste Zuordnung von IP-Adressen ist nur bei kleineren Netzwerken mit wenigen Rechnern praktikabel, da Sie bei jeder Änderung ggf. die Konfiguration aller Rechner anpassen müssen. In der Praxis werden Sie daher entweder einen DHCP-Server im (W)LAN-Router nutzen oder Windows die IP-Adressvergabe mittels APIPA ermöglichen.

HINWEIS

Falls Sie später das Netzwerk über einen Router betreiben möchten oder eine Internetverbindungsfreigabe verwenden, denken Sie daran, das Optionsfeld *IP-Adresse automatisch beziehen* erneut zu markieren. Kann ein Rechner keine Verbindung mit dem Netzwerk aufnehmen, prüfen Sie, ob diesem eventuell eine feste IP-Adresse zugewiesen wurde, während die anderen automatische IP-Adressen beziehen. Dann müssen Sie das Optionsfeld *IP-Adresse automatisch beziehen* erneut markieren.

Der Rechner muss alternative IP-Adressen verwenden

Gelegentlich kommt es vor, dass ein Rechner in wechselnden Umgebungen betrieben wird, in denen sowohl automatische IP-Adresszuweisungen über einen DHCP-Server als auch manuelle Adresszuweisungen oder alternative automatische IP-Konfigurationen erforderlich sind. Denken Sie an ein Notebook, das einmal in einem Firmennetzwerk mit DHCP-Server und dann in einem Heimnetzwerk ohne DHCP-Server aktiviert wird.

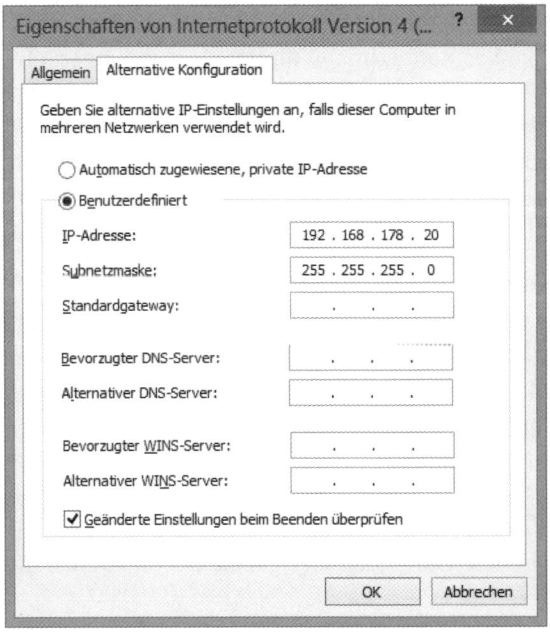

Bild 25.29: Zuweisen alternativer IP-Adressen

Windows besitzt die Möglichkeit, wahlweise zwischen zwei IP-Konfigurationen umschalten zu können. Beim Start wird geprüft, ob eine automatische IP-Adresskonfigurierung möglich ist. Trifft dies nicht zu, greift Windows auf die Einstellungen der Registerkarte *Alternative Konfiguration* zurück (Bild 25.29). Sie können daher wie oben beschrieben vorgehen und auf der Registerkarte *Allgemein* die Option *IP-Adresse automatisch beziehen* markieren. Auf der Registerkarte *Alternative Konfiguration* markieren Sie das Optionsfeld *Automatisch zugewiesene, private IP-Adresse*. Benötigen Sie eine feste IP-Adresse, markieren Sie das Optionsfeld *Benutzerdefiniert* und tragen anschließend eine feste IP-Adresse samt Subnetzmaske in die betreffenden Felder ein.

25.4.5 Nutzen einer Netzwerkbrücke

Befinden sich zwei Netzwerkadapter im Computer und hängen diese Karten an zwei verschiedenen Netzwerksegmenten, kann auf dem betreffenden Computer zwar auf die Rechner beider Netzwerke zugegriffen werden. Damit aber ein Netzwerkverkehr zwischen den beiden Segmenten möglich wird, müssen Sie eine Netzwerkbrücke einrichten. Dann fungiert die Brücke als Gateway, das Datenpakete an das jeweils andere Netzwerksegment weiterleitet.

1. Öffnen Sie das Ordnerfenster *Netzwerkverbindungen* (Bild 25.26, siehe den vorhergehenden Abschnitt »25.4.4 Adaptereinstellungen einsehen«).
2. Im Ordnerfenster *Netzwerkverbindungen* markieren Sie die Symbole der zu überbrückenden LAN-Verbindungen, öffnen dann mit der rechten Maustaste das Kontextmenü und wählen den Kontextmenübefehl *Verbindungen überbrücken*.

Nachdem Sie den Sicherheitsdialog der Benutzerkontensteuerung bestätigt haben, richtet Windows die Netzwerkbrücke für die markierten Verbindungen ein und zeigt dann das Symbol der Netzwerkbrücke im Ordnerfenster *Netzwerkverbindungen*. Bei Bedarf können Sie das Kontextmenü anderer Verbindungen öffnen und den Befehl *Zu Brücke hinzufügen* wählen, um diese Verbindungen in der Netzwerkbrücke zu berücksichtigen.

Möchten Sie später eine LAN-Verbindung von der Netzwerkbrücke entfernen, öffnen Sie deren Kontextmenü und wählen den Befehl *Von der Brücke entfernen*. Sind der Brücke keine Verbindungen mehr zugewiesen, können Sie (sofern noch vorhanden) das Symbol der Netzwerkbrücke mit der rechten Maustaste anwählen und über den Kontextmenübefehl *Löschen* aus dem Fenster *Netzwerkverbindungen* entfernen.

25.4.6 Netzwerkverbindungen testen, wenn es Probleme gibt

Gibt es Probleme mit dem neu eingerichteten Netzwerk und können die Rechner keine Verbindung zueinander aufnehmen? Dann ist guter Rat teuer und Sie müssen auf Ursachenforschung gehen.

- Überprüfen Sie in diesem Fall zuerst die Verkabelung bei LAN-Netzwerken. Die gängigen LAN-Adapter besitzen eine LED-Anzeige, die bei funktionierendem Netzwerk blinken sollte.
- Bei Drahtlosnetzwerken ist zu überprüfen, ob diese eingeschaltet und ob die korrekten Netzwerkschlüssel für den WLAN-Zugang eingetragen sind.

- Überprüfen Sie im Geräte-Manager, ob die vorhandenen Netzwerkadapter erkannt und korrekt mit den benötigten Treibern installiert wurden (siehe auch *Kapitel 28*).
- Weiterhin lässt sich im Fenster des Netzwerk- und Freigabecenters der am unteren Rand aufgeführte Befehl *Probleme beheben* aufrufen. Dann analysiert ein Netzwerkdiagnose-Assistent die Probleme und macht Vorschläge zur Behebung bzw. repariert die Netzwerkeinstellungen automatisch.
- Falls es Probleme mit dem Zugriff auf die Freigaben anderer Rechner gibt, überprüfen Sie über das Netzwerk- und Freigabecenter und die erweiterten Freigabeeinstellungen (siehe vorhergehende Abschnitte), ob Freigaben zugelassen und ob Freigaben erteilt wurden (siehe *Kapitel 26*). Nicht übereinstimmende Benutzerkontennamen oder fehlende Kennwörter sind ein beliebter Fehler bei Windows XP-Umsteigern.

Gelegentlich hilft es auch, alle Komponenten (z.B. den Router) auszuschalten und Windows neu zu starten, um Netzwerkprobleme zu beheben. Achten Sie auch darauf, aktuelle Treiber für Netzwerkkarten und WLAN-Adapter einzusetzen und aktuelle Firmware auf dem WLAN-Router einzusetzen.

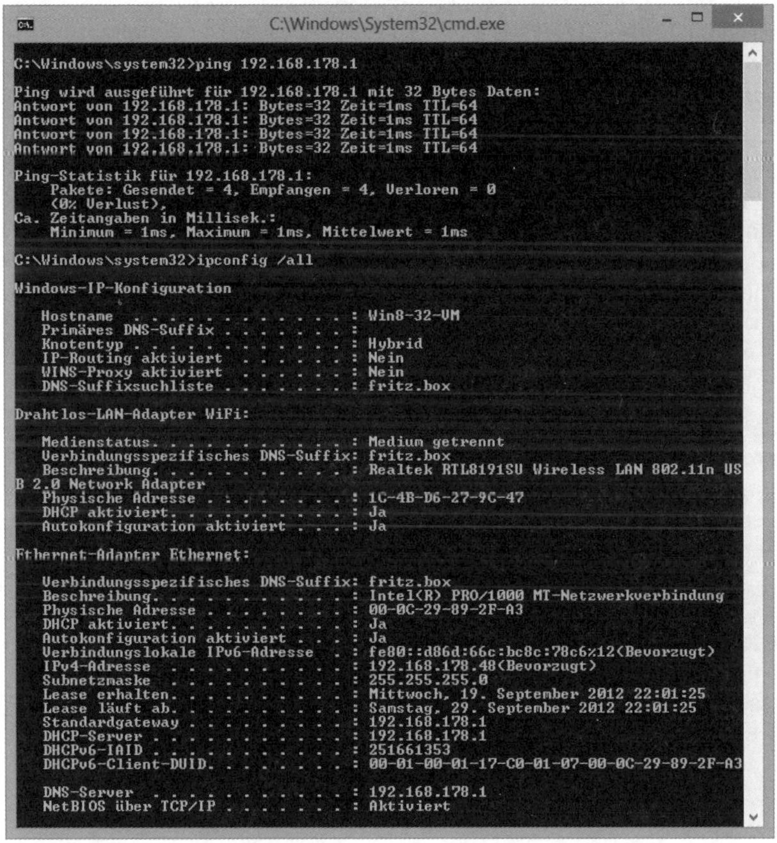

Bild 25.30: Befehle zum Testen der Netzwerkkonfiguration

Falls es Probleme beim Zugriff auf Freigaben gibt, können Sie zumindest im Fenster der Eingabeaufforderung testen, ob der Rechner auf der TCP/IP-Ebene Verbindung zu anderen Rechnern im Netzwerk oder zum Internet hat. Hierzu öffnen Sie das Fenster der Eingabeaufforderung (z.B. über das Schnellzugriffmenü). Dann können Sie über den *ping*-Befehl testen, ob ein Rechner im Internet oder im Netzwerk erreichbar ist. Der Befehl

```
ping 192.168.178.1[↵]
```

versucht, den Rechner mit der IPv4-Adresse 192.168.178.1 auf der untersten Ebene des IP-Protokolls anzusprechen. Ist dieser Rechner vorhanden und über das Netzwerk erreichbar, liefert *ping* eine entsprechende Rückmeldung (Bild 25.30). Anstelle der hier beispielhaft benutzten IP-Adresse müssen Sie beim *ping*-Aufruf natürlich die IP-Adressen in Ihrem eigenen Netzwerk verwenden.

Die IP-Adresse eines Netzwerkrechners lässt sich herausfinden, indem Sie auf diesem Rechner die Eingabeaufforderung aufrufen, den Befehl *ipconfig /all* eintippen und mit der [↵]-Taste bestätigen. Der Befehl liefert meist mehrere IP-Adressen zurück, von denen sich eine auf den Netzwerkadapter bezieht (Bild 25.30). Diese Adresse ist dann im *ping*-Befehl der Gegenstelle einzutragen.

Ist der gewünschte Rechner trotz korrekt angegebener IP-Adresse nicht im Netzwerk ansprechbar, prüfen Sie bitte die Verkabelung. Ist dort alles in Ordnung, prüfen Sie, ob die IP-Adressen korrekt zugewiesen wurden (z.B. durch feste IP-Konfiguration oder über einen DHCP-Server).

Ist der betreffende Rechner mit *ping* über seine IP-Adresse ansprechbar, können Sie versuchsweise den NetBIOS-Namen als Parameter angeben. Dies ist der Netzwerkname, den Sie im Netzwerkassistenten eingetragen haben. Mit *ping Rom* würde dann der Rechner mit dem Namen *Rom* im lokalen Netzwerk angesprochen. Der Befehl *ping localhost* übergibt eine *ping*-Anforderung an den lokalen Rechner. Mit *ping www.borncity.de* lässt sich auch eine Internetverbindung zu einem Internetserver überprüfen. Der *ping*-Befehl zeigt Ihnen nicht nur an, wie lange der Anruf zum Server gebraucht hat. In der Antwort liefert *ping* auch gleich die IP-Adresse des betreffenden Webservers mit.

Können Sie die Rechner im Netzwerk über die IP-Adresse mit *ping* erreichen, funktionieren aber *ping*-Aufrufe mit Netzwerknamen nicht, kann ein falscher Arbeitsgruppenname die Ursache sein. Sie sollten dann die Einstellungen für den Rechnernamen und den Namen des Heimnetzwerks kontrollieren (siehe die vorhergehenden Seiten).

TIPP

Bei einem Drahtlosnetzwerk kann es vorkommen, dass entweder die WLAN-Antennen oder der Adapter deaktiviert sind (bei Notebooks und WLAN-Routern lässt sich die WLAN-Funktion abschalten). Zudem reduzieren feuchte Wände oder Stahlbetondecken die Signalgüte. Die Signalstärke einer WLAN-Verbindung wird Ihnen sowohl im Dialogfeld zur Verbindungsaufnahme als auch im Netzwerk- und Freigabecenter in grafischer Form als stilisiertes Balkendiagramm angezeigt (siehe vorherige Abschnitte zur WLAN-Einrichtung). Weitere Unterstützung bei der Identifizierung und Behebung von Netzwerkproblemen liefert Ihnen die Windows-Hilfe.

26 Arbeiten im Netzwerk

Sobald ein funktionsfähiges Netzwerk eingerichtet wurde, können Sie Laufwerke, Ordner und Drucker zur gemeinsamen Nutzung freigeben sowie auf entsprechende Komponenten anderer Rechner zugreifen. Zudem stellt Windows Ihnen einige Funktionen zur Verfügung, die sich innerhalb eines Netzwerks, per Bluetooth oder per Internet (z. B. FTP) verwenden lassen. Die folgenden Abschnitte zeigen, wie Sie die betreffenden Funktionen verwenden.

26.1 Freigaben im Arbeitsgruppennetzwerk verwalten

Bei einer Heimnetzgruppe werden Bibliotheken und Geräte wie beispielsweise Drucker automatisch beim Einrichten freigegeben. Bei Arbeitsgruppennetzwerken ist dies nicht der Fall. Um anderen Teilnehmern über das Arbeitsgruppennetzwerk Zugriff auf Ihre Dateien oder den Drucker zu gewähren, geben Sie diese Elemente zur gemeinsamen Verwendung frei. Nachfolgend wird gezeigt, wie Freigaben erfolgen und was dabei zu beachten ist.

26.1.1 Freigaben für das Netzwerk zulassen

Um Drucker, Laufwerke oder Ordner zur gemeinsamen Verwendung im Arbeitsgruppennetzwerk freigeben zu können, muss dies durch den Administrator zugelassen werden. Die Schritte, um eine Heimnetzgruppe oder ein Arbeitsgruppennetz einzurichten und Details zum Zugriff auf das Netzwerk- und Freigabecenter und die erweiterten Freigabeeinstellungen anzupassen, sind in *Kapitel 25* beschrieben. Wie Sie Mediendateien im Netzwerk über einen Streamingserver freigeben und über geeignete Clients wiedergeben, ist in *Kapitel 20* besprochen.

26.1.2 Ressourcen im Netzwerk freigeben

Damit andere Benutzer im Heimnetzwerk auf Laufwerke, Ordner oder Dateien zugreifen können, muss deren Besitzer (oder ein Administrator) diese als Ressourcen freigeben. Auch dies ist kein schwieriges Unterfangen. Wie Sie Drucker freigeben, können Sie in *Kapitel 27* nachlesen. Um einen Ordner oder eine Datei zur gemeinsamen Benutzung freizugeben, führen Sie die folgenden Schritte aus.

1. Öffnen Sie ein Ordnerfenster und navigieren Sie zum Ordner mit dem freizugebenden Unterordner oder der freizugebenden Datei.
2. Markieren Sie das Symbol des freizugebenden Elements (z. B. Ordner) im Ordnerfenster und wählen Sie im Menüband auf der Registerkarte *Freigeben* einen Eintrag in der Gruppe *Freigeben für*. Sie können auch im Kontextmenü den Befehl *Freigeben für* (Bild 26.1, unten) und dann im Untermenü einen der angebotenen Befehle wählen.
3. Sobald der Freigabe-Assistent erscheint, durchlaufen Sie die Dialogfelder und setzen die Freigabeeigenschaften.

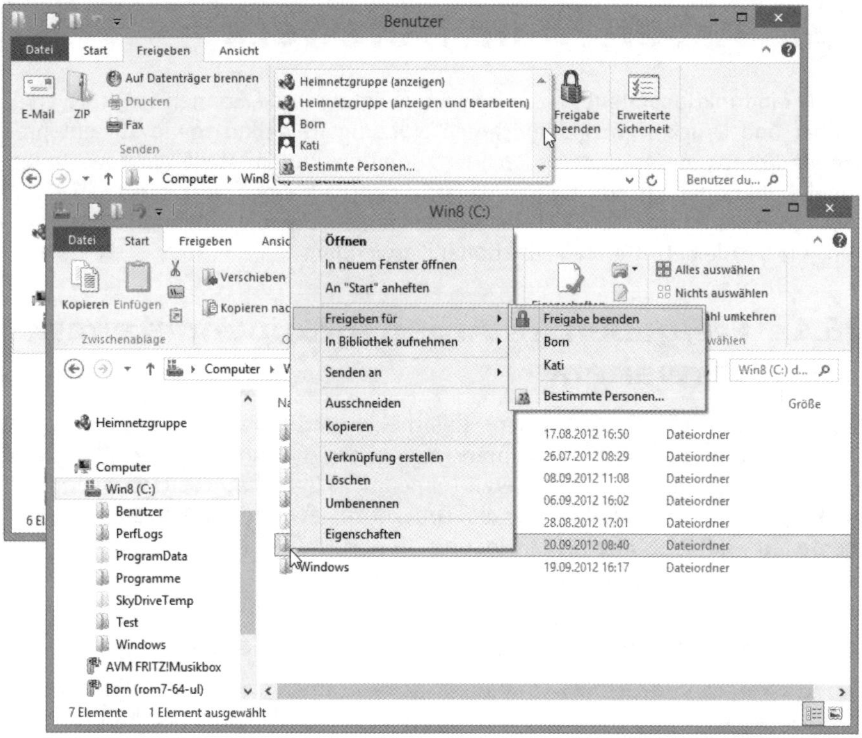

Bild 26.1: Ressourcen im Netzwerk freigeben

Die genaue Vorgehensweise bei der Freigabe, die in *Freigeben für* sichtbaren Befehle sowie die angezeigten Dialogfelder hängen etwas von der Netzwerkumgebung und den Windows-Einstellungen ab.

- *Heimnetzgruppe:* Ist der Rechner Mitglied in einer Heimnetzgruppe, lässt sich unter *Freigeben für* einer der Befehle *Heimnetzgruppe (anzeigen)* und *Heimnetzgruppe (anzeigen und bearbeiten)* anwählen (Bild 26.1, oben). Der letztgenannte Befehl ermöglicht den Benutzern des Heimnetzwerks auch einen schreibenden Zugriff auf die Dateien der Freigabe. Windows ermöglicht in einem Dialogfeld *Dateifreigabe* über Schaltflächen *Einstellungen ändern* und *Einstellungen nicht ändern* die Einstellungen anzupassen.
- *Freigaben für Benutzer:* Sind weitere Benutzerkonten eingerichtet, lassen sich deren Benutzernamen für die Freigabe wählen. In Arbeitsgruppennetzwerken können Benutzer, die auf einem Rechner unter diesem Kontennamen angemeldet sind, auf die Freigaben zugreifen.
- *Freigabe für bestimmte Personen:* Der Befehl *Bestimmte Personen* im Menü *Freigeben zu* (Bild 26.1) öffnet das in Bild 26.2, unten, gezeigte Dialogfeld *Personen für die Freigabe auswählen* des Freigabe-Assistenten. Legen Sie in diesem Dialogfeld den Kreis der zugriffsberechtigten Personen und deren Zugriffsmöglichkeiten fest und bestätigen Sie dies über die Schaltfläche *Freigabe*. Windows fragt ggf., ob das Netzwerk zu einem privaten Netzwerk zu

machen ist (Bild 26.2, oben links), und zeigt dann das Dialogfeld *Der Ordner wurde freigegeben* (Bild 26.2, oben rechts). Schließen Sie dieses über die *Fertig*-Schaltfläche.

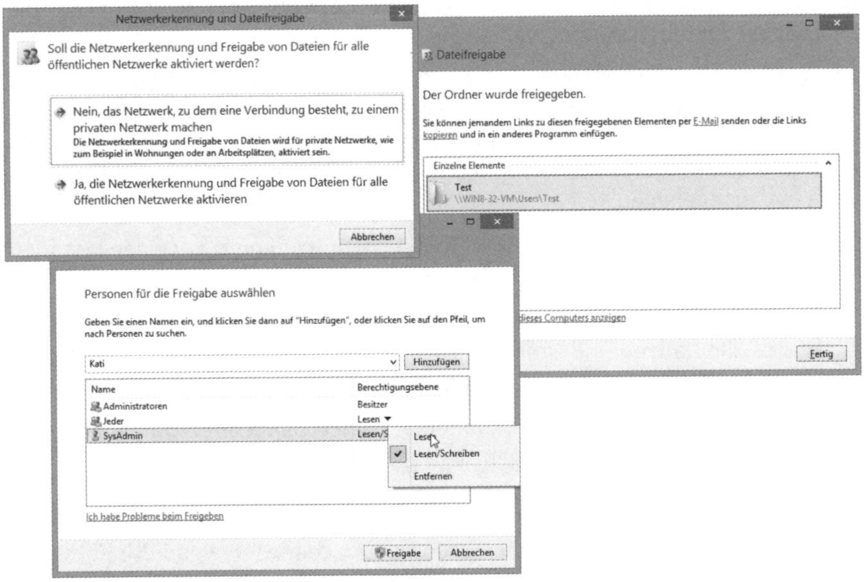

Bild 26.2: Freigabe eines Elements durchführen

Um im Netzwerk auf die Freigabe eines Ordners, einer Datei oder eines Laufwerks zugreifen zu dürfen, verlangt Windows 8 (wie auch alle Versionen ab Windows XP), dass die betreffende Person ein Konto mit einem Kennwort auf dem Zielrechner besitzt. Dabei lässt sich die Zugriffsberechtigung sehr differenziert zuweisen, d. h., Sie können im Freigabedialogfeld festlegen, für welche Personen die Freigabe zulässig sein und welche Zugriffsrechte diese haben sollen.

Der Freigabe-Assistent trägt automatisch den Besitzer der Datei in das Dialogfeld *Personen für die Freigabe auswählen* ein (Bild 26.2, unten), d. h., dieser Besitzer kann ggf. von einem Netzwerkrechner auf die eigenen Dateien zugreifen. Möchten Sie auch anderen Personen den Zugriff gewähren, öffnen Sie das Listenfeld im Dialogfeld *Personen für die Freigabe auswählen*, wählen einen der angebotenen Einträge (Bild 26.3) und übertragen diesen mittels der *Hinzufügen*-Schaltfläche in die Liste der berechtigten Personen. Das Listenfeld enthält dabei bereits die Namen aller Konten, die auf dem Freigaberechner eingerichtet sind.

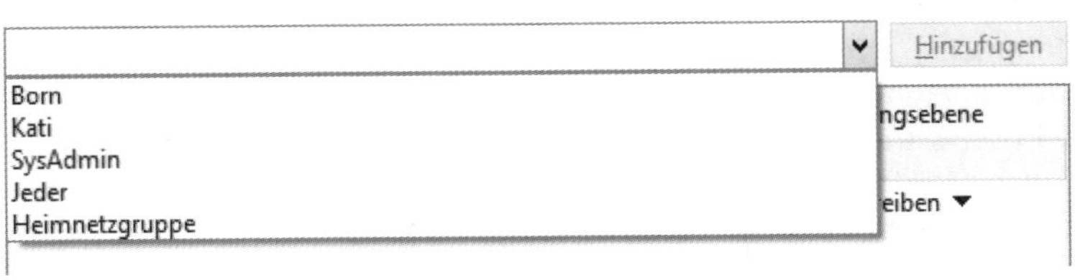

Bild 26.3: Personen für die Freigabe auswählen

- Wählen Sie individuelle Einträge mit den Namen der Benutzerkonten in der Liste (Bild 26.3), lassen sich mehrere Einzelbenutzer über die *Hinzufügen*-Schaltfläche in die Liste der Zugriffsberechtigten aufnehmen.
- Sollen alle Benutzer mit Konten auf dem Computer per Netzwerk auf die Dateien zugreifen dürfen, wählen Sie im Listenfeld den Wert *Jeder*.

Sobald die Liste der zugriffsberechtigten Personen im Dialogfeld vorliegt, können Sie noch für jeden dieser Einträge vorgeben, ob der betreffende Benutzer die freigegebenen Objekte nur lesen oder auch ändern darf. Hierzu klicken Sie in der rechten Spalte *Berechtigungsebene* auf den Pfeil zum Öffnen des Menüs und wählen einen der angegebenen Befehle aus (Bild 26.2, unten).

- Der Wert *Lesen* gewährt dem betreffenden Benutzerkonto nur einen lesenden Zugriff per Netzwerk auf die freigegebenen Elemente.
- Über *Lesen/Schreiben* gestatten Sie dem Nutzer des betreffenden Benutzerkontos, die Dateien und Ordner anzuzeigen, Elemente hinzuzufügen und alle Elemente zu ändern oder zu löschen.

Über den Menüeintrag *Entfernen* können Sie einen Benutzereintrag wieder aus der Liste der Zugriffsberechtigungen austragen.

HINWEIS

Haben Sie einen Ordner oder eine Datei markiert, aber in der Symbolleiste des Ordnerfensters oder im Kontextmenü fehlt die Option zur Freigabe? In diesem Fall ist die Freigabe der betreffenden Kategorie im Netzwerk- und Freigabecenter noch gesperrt. Wechseln Sie zum Netzwerk- und Freigabecenter und schalten Sie die Option *Datei- und Druckerfreigabe aktivieren* ein (siehe *Kapitel 25*).

Benutzerordner wie *Eigene Dokumente*, *Eigene Musik* etc. lassen sich unter einem Standardbenutzerkonto freigeben. Zur Freigabe beliebiger Ordner benötigen Sie jedoch Administratorrechte (erkennbar am Symbol der Benutzerkontensteuerung, das in der Schaltfläche *Freigabe* eingeblendet wird). Die hier gezeigte Verwendung des Freigabe-Assistenten hat aber aus meiner Sicht zwei entscheidende Nachteile: Das ganze Verfahren ist untransparent (speziell beim Aufheben der Freigaben). Und der Assistent gibt bei der Freigabe eines Benutzerordners wie *Eigene Bilder* gleich das ganze Verzeichnis *Users* im Netzwerk frei. Meine Empfehlung ist daher, den Freigabe-Assistenten abzuschalten und die Ausführungen im nachfolgenden Abschnitt zur Freigabe von Laufwerken zu befolgen.

Spezialfall öffentliche Ordner

Sie können die öffentlichen Ordner (*Öffentliche Bilder*, *Öffentliche Musik* etc.) über *Freigaben für* zur Verwendung im Netz freigeben oder diese Freigabe entziehen. Bei den öffentlichen Ordnern erscheint allerdings der Befehl *Erweiterte Freigabeeinstellungen* im Menü. Der Befehl öffnet die Seite *Erweiterte Freigabeeinstellung*, auf der Sie in der Gruppe »Alle Netzwerke« das Optionsfeld *Freigabe einschalten ...* oder *»Freigabe des öffentlichen Ordners« deaktivieren* wählen können (siehe *Kapitel 25*, Abschnitt »25.4.2 Erweiterte Freigabeeinstellungen ändern«).

26.1.3 Erweiterte Freigaben auf Laufwerke erteilen

Um ein komplettes Laufwerk zur gemeinsamen Verwendung im Netzwerk freizugeben, sind praktisch die gleichen Schritte wie zur Freigabe von Ordnern oder Dateien durchzuführen. Allerdings verwendet Windows keinen Assistenten für die vereinfachte Freigabe.

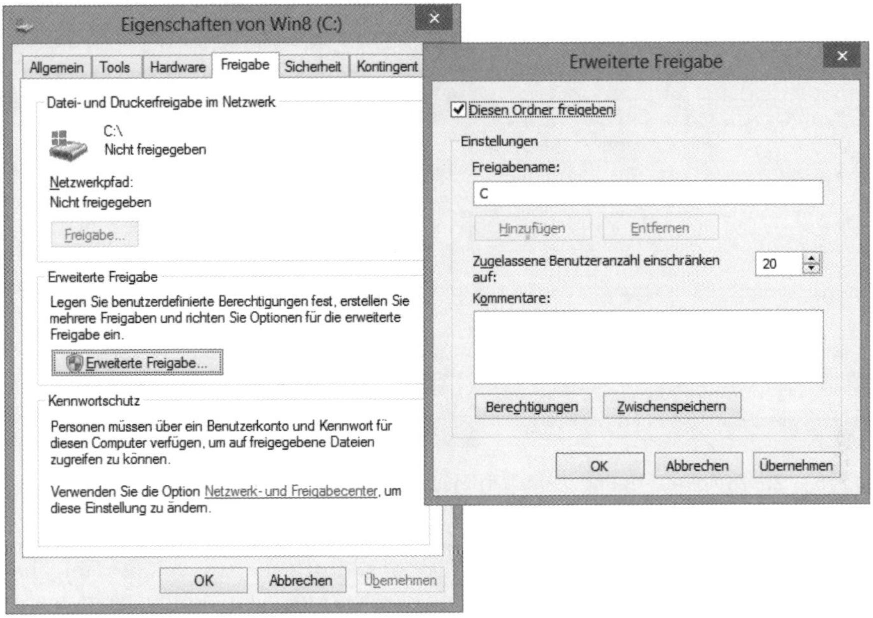

Bild 26.4: Erweiterte Freigabe für Laufwerke

1. Markieren Sie das Laufwerkssymbol im Ordnerfenster *Computer* und wählen Sie auf der Registerkarte *Freigeben* des Menübands den Befehl *Erweiterte Freigabe* bzw. im Kontextmenü den Befehl *Freigeben für/Erweiterte Freigabe*.
2. Wählen Sie im Eigenschaftenfenster des Laufwerks die auf der Registerkarte *Freigabe* gezeigte Schaltfläche *Erweiterte Freigabe* (Bild 26.4, links) und bestätigen Sie die Sicherheitsabfrage der Benutzerkontensteuerung.
3. Markieren Sie im Dialogfeld *Erweiterte Freigabe* (Bild 26.4, rechts) das Kontrollkästchen *Diesen Ordner freigeben*.
4. Passen Sie bei Bedarf den Freigabenamen im zugehörigen Textfeld an, tragen Sie ggf. einen Kommentar in das Kommentarfeld ein und reduzieren Sie – falls gewünscht – die Zahl der Benutzer.
5. Legen Sie die Zugriffsberechtigungen über die Schaltfläche *Berechtigungen* sowie bei Bedarf die Optionen zum Zwischenspeichern über die entsprechende Schaltfläche fest und schließen Sie dann die Dialogfelder über die *OK*-Schaltfläche.

Windows gewährt maximal 20 Personen den gleichzeitigen Zugriff auf eine Freigabe. Sie können diese Zahl aber über das entsprechende Drehfeld reduzieren. Die Schaltfläche *Berechtigungen* öffnet die Registerkarte *Freigabeberechtigungen*

(Bild 26.5, links), über die Sie Zugriffsberechtigungen durch Markieren der betreffenden Kontrollkästchen für das freigegebene Objekt vergeben können.

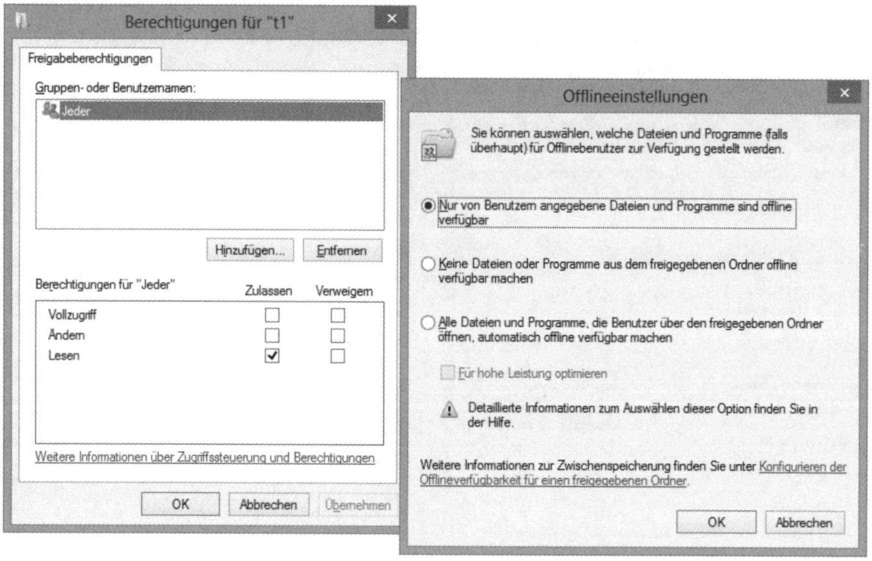

Bild 26.5: Zugriffsberechtigungen und Offlineeinstellungen

Über die Schaltfläche *Zwischenspeichern* öffnen Sie das in Bild 26.5, rechts, gezeigte Dialogfeld. Dort lässt sich über Optionen festlegen, was mit per Freigabe geöffneten Dateien passieren soll, wenn die Netzwerkverbindung nicht mehr existiert. Bei Bedarf lässt sich vorgeben, dass die vom Benutzer geöffneten Programme und Dateien oder alle Dateien der Freigabe bei einer bestehenden Netzwerkverbindung offline für den betreffenden Benutzer bereitgestellt werden. Dies bedeutet, Windows legt eine Kopie der Dateien auf dem betreffenden Rechner des Nutzers ab und gleicht diese Kopie bei bestehender Netzwerkverbindung mit der Freigabe ab. Der Benutzer hat dann die Möglichkeit, diese Kopien bei bestehender Netzwerkverbindung über das Windows-Synchronisierungscenter zu aktualisieren. Diese Funktion ist aber nur für Benutzer wirksam, die von Windows XP Professional, Windows Vista Business/Ultimate, Windows 7 Professional/Ultimate oder Windows 8 Pro bzw. Enterprise per Netzwerk auf die Freigaben zugreifen. Die Home-Varianten von Windows unterstützen keine Offlinedateien. Daher wird das Arbeiten mit Offlinedateien in diesem Buch nicht behandelt.

HINWEIS

Die erweiterte Freigabe wird auch bei Ordnern und Dateien bereitgestellt, wenn Sie im Ordnerfenster im Menüband zur Registerkarte *Ansicht* wechseln. Dort können Sie die Menüschaltfläche *Optionen* wählen und im Dialogfeld *Ordneroptionen* auf der Registerkarte *Ansicht* die Markierung des Kontrollkästchens *Freigabe-Assistent verwenden (empfohlen)* löschen. Dies hat den Vorteil, dass Sie den Freigabenamen für einen Ordner vergeben können. Netzwerkbenutzer sehen diesen Namen in den Freigaben und müssen nicht kryptisch über Verzeichnisse wie *C:\Users\Born\...* zum gewünschten Freigabeordner navigieren. Ich schalte die erweiterte Freigabe standardmäßig auf allen meinen Windows-Rechnern ein.

26.1.4 Überblick über Ihre Freigaben

Windows kennzeichnet die Symbole freigegebener Laufwerke in der linken unteren Ecke mit zwei stilisierten Personen (Bild 26.6, Hintergrund). Wählen Sie einen freigegebenen Ordner im Ordnerfenster an, wird der Status der Freigabe in der Statusleiste des Fensters angezeigt. Bei sehr vielen freigegebenen Dateien und Ordnern geht die Übersicht aber schnell verloren. Sie haben aber zwei Möglichkeiten, sich einen schnellen Überblick über Ihre Freigaben zu verschaffen.

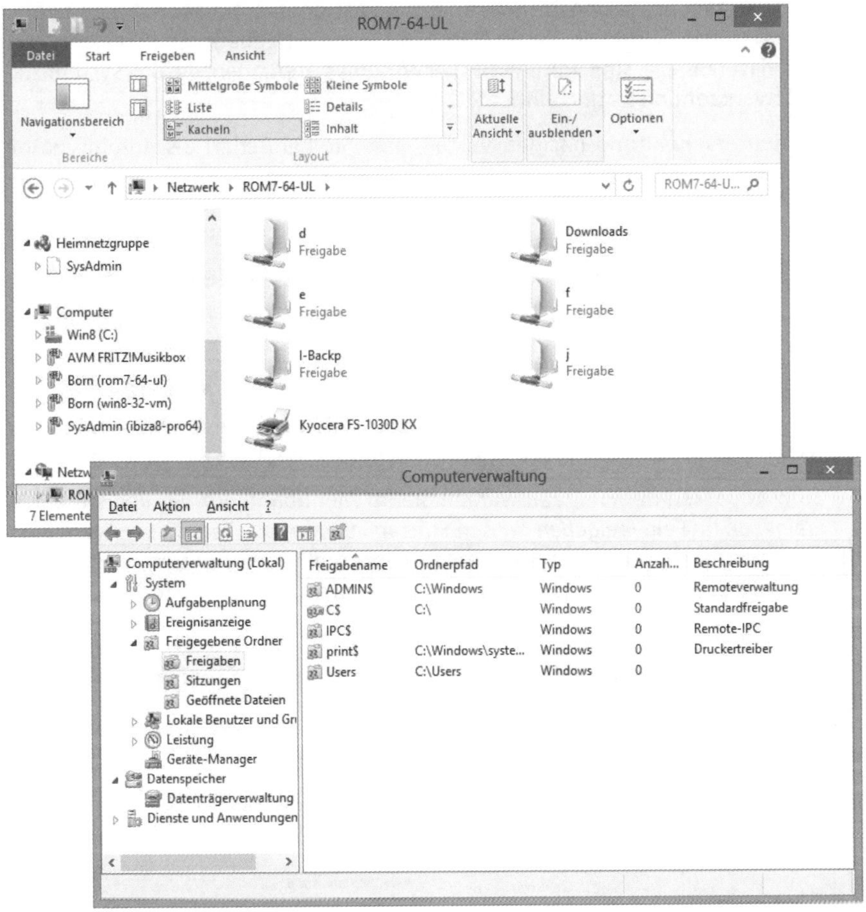

Bild 26.6: Verwaltung der Freigaben

- Öffnen Sie ein Ordnerfenster und wählen Sie im Navigationsbereich den Zweig *Netzwerk* an. Sobald Sie das Symbol des eigenen Rechners anwählen, listet Windows im Navigations- und Inhaltsbereich die freigegebenen Objekte auf (Bild 26.6, oben). Wählen Sie den Eintrag *Heimnetzgruppe* im Navigationsbereich des Ordnerfensters, erscheinen ebenfalls die freigegebenen Bibliotheken.

- Administratoren können in einem Ordnerfenster den Eintrag *Computer* des Navigationsbereichs wählen und dann auf der Registerkarte *Computer* die Schaltfläche *Verwalten* wählen. Oder Sie blenden die Hover-Schaltfläche *Start* in der linken unteren Bildschirmecke per Maus ein, klicken mit der rechten Maustaste und wählen den Kontextmenübefehl *Computerverwaltung*. In der aufgerufenen Computerverwaltung wählen Sie in der linken Spalte den Zweig *Freigegebene Ordner* (Bild 26.6, unten). Über die Untereinträge *Freigaben*, *Sitzungen* und *Geöffnete Dateien* verschaffen Sie sich einen schnellen Überblick über Freigaben, auf den Rechner zugreifende Benutzer und von diesen geöffnete Dateien. Freigaben, deren Name mit einem angehängten $-Zeichen versehen ist (z. B. *C$*), sind administrative Windows-Freigaben, die das System zur Netzwerkadministration einrichtet.

Die Computerverwaltung hat den Vorteil, dass Sie bei Bedarf als Administrator über Kontextmenübefehle Freigaben aufheben, Sitzungen unterbrechen oder geöffnete Dateien schließen können.

26.1.5 Eine Freigabe anpassen und wieder aufheben

Möchten Sie eine Freigabe anpassen oder wieder aufheben, markieren Sie das betreffende Element im Ordnerfenster.

- Zum Aufheben der Freigabe wählen Sie im Menüband auf der Registerkarte *Freigeben* die Schaltfläche *Freigabe beenden* (Bild 26.7). Bei Anwahl der Schaltfläche erfolgt keine sichtbare Reaktion, Windows hebt die Freigabe aber auf.
- Zum Anpassen der Freigabe wählen Sie im Menüband auf der Registerkarte *Freigeben* im Feld *Freigeben für* den Eintrag »Bestimmte Personen«. Sie gelangen zum Dialogfeld des Freigabe-Assistenten (Bild 26.3, unten), in dem Sie, wie im Abschnitt »26.1.2 Ressourcen im Netzwerk freigeben«, erläutert, Freigaben ändern oder Personen löschen können.

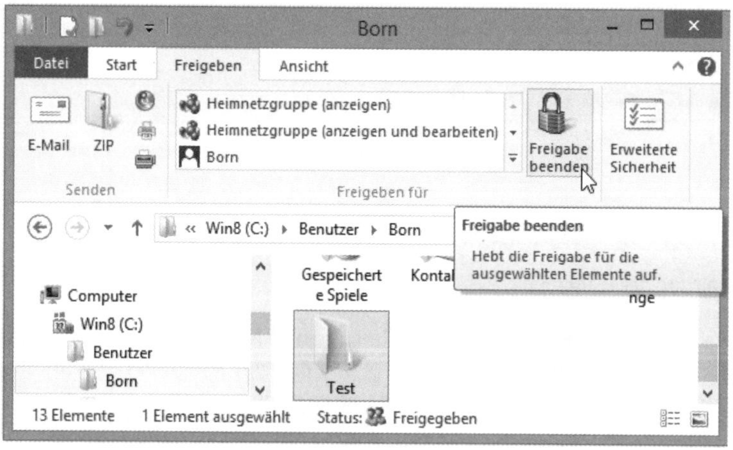

Bild 26.7: Freigaben beenden und Berechtigungen anpassen

Das Dialogfeld (Bild 26.3, unten), erscheint nur bei aktiviertem Freigabe-Assistent. Bei Laufwerken oder abgeschaltetem Freigabe-Assistent markieren Sie das Element und wählen auf der Registerkarte *Freigeben* des Ordnerfensters den Befehl *Erweiterte Freigabe*. Sie gelangen zum Eigenschaftenfenster des Elements, auf dessen Registerkarte *Freigabe* (Bild 26.4, links) Sie die Schaltfläche *Erweiterte Freigabe* anwählen. Sobald Sie die Abfrage der Benutzerkontensteuerung bestätigen, können Sie im angezeigten Dialogfeld die Markierung des Kontrollkästchens *Diesen Ordner freigeben* löschen (Bild 26.4, rechts).

26.2 Zugriff auf Netzwerkressourcen

Sind Ressourcen (Drucker, Laufwerke, Ordner und Dateien) im Netzwerk freigegeben, können Sie von anderen Rechnern oder vom gleichen Rechner auf diese Freigaben zugreifen. Nachfolgend wird gezeigt, welche Möglichkeiten Windows hierzu bereitstellt.

26.2.1 So greifen Sie auf Freigaben im Netzwerk zu

Windows ermöglicht Ihnen, auf sehr einfache Weise in der Netzwerkumgebung zu navigieren und auf freigegebene Ordner, Laufwerke und Drucker der Arbeitsgruppen zuzugreifen.

- Öffnen Sie ein Ordnerfenster und wählen Sie im Navigationsbereich den Eintrag *Heimnetzgruppe*. Anschließend können Sie einen der in dieser Gruppe vorhandenen Teilnehmer anwählen und auf dessen Freigaben zugreifen (Bild 26.8, oben).
- Ist der Rechner Mitglied in einer Arbeitsgruppe (oder möchten Sie auf Rechner anderer Arbeitsgruppen zugreifen), wählen Sie im Navigationsbereich des Ordnerfensters den Eintrag *Netzwerk* (Bild 26.8, unten). Dort finden Sie die Symbole aller im Netzwerk aktiven Rechner. Wählen Sie einen der angezeigten Rechner der Arbeitsgruppe, um dessen Freigaben (z.B. Ordner, Drucker) einzublenden.

Freigaben erkennen Sie daran, dass unterhalb des Ordnersymbols ein stilisierter Netzwerkanschluss zu sehen ist. Anschließend können Sie wie mit lokalen Ordnern arbeiten. Ein Doppelklick oder Doppeltippen auf das betreffende Symbol bringt Sie eine Ordnerebene tiefer, bis Sie auf der Ebene der Dateien angelangt sind.

> HINWEIS
>
> Markieren Sie eine Freigabe im Ordnerfenster und wählen Sie das Adressfeld an, zeigt Windows den UNC-Netzwerkpfad (UNC steht für Universal Naming Convention), auf dem die freigegebene Ressource liegt. Die Angabe *Rom7* signalisiert, dass sich die Ressource auf einem Rechner mit dem Namen *Rom7* befindet. Sind auf dem Rechner keine Ressourcen freigegeben, bleibt das Ordnerfenster leer.

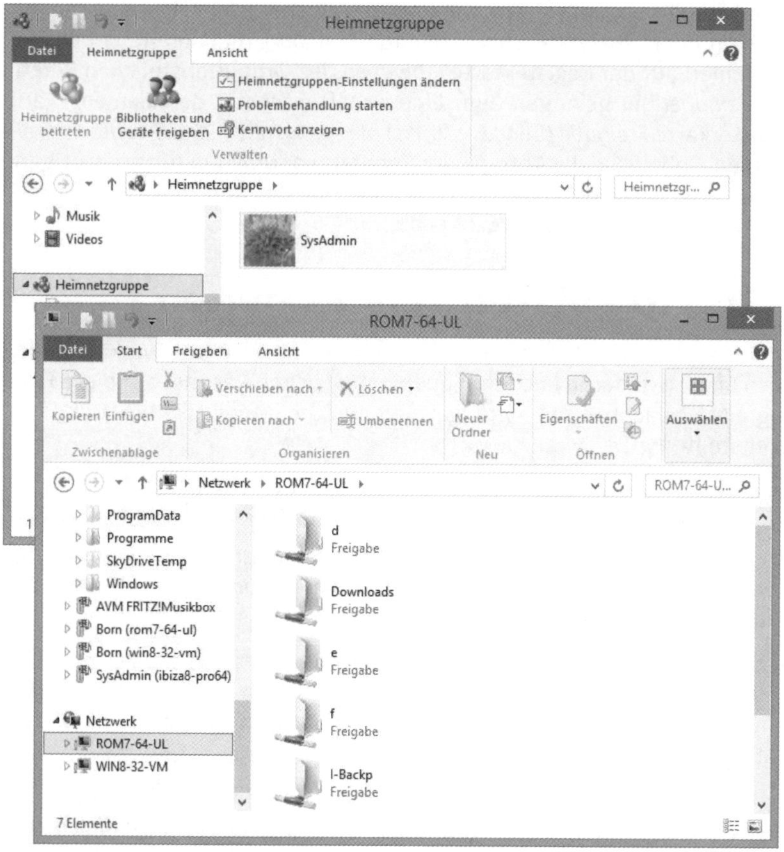

Bild 26.8: Zugriff auf Netzwerkfreigaben

26.2.2 Netzwerksicherheit und Zugriffsprobleme

Windows zeigt Ihnen im Ordnerfenster *Netzwerk* alle Rechner, die im lokalen Netzwerk gefunden werden, unabhängig von der Arbeitsgruppenzugehörigkeit, an. Rechner, die Mitglieder der eigenen Arbeitsgruppe sind, werden aber schneller gefunden und angezeigt.

Ist die Netzwerkerkennung abgeschaltet, werden keine Rechnersymbole und Geräte in der Netzwerkumgebung angezeigt. Sie können die Geräteerkennung dann aber über die unterhalb der Symbolleiste des Ordnerfensters angezeigte Informationsleiste temporär oder dauerhaft über die erweiterten Freigabeeinstellungen (siehe *Kapitel 25*) einschalten.

Beachten Sie, dass Sie zum Zugriff auf die freigegebenen Ressourcen entsprechende Zugriffsberechtigungen benötigen. Mit Ausnahme des Ordners *Öffentlich* ist zum Zugriff auf Freigaben ein mit einem Kennwort versehenes Konto auf dem jeweiligen Freigaberechner erforderlich. Über dieses Benutzerkonto und das zugehörige Kennwort erfolgt die Identifizierung der Zugriffsberechtigungen.

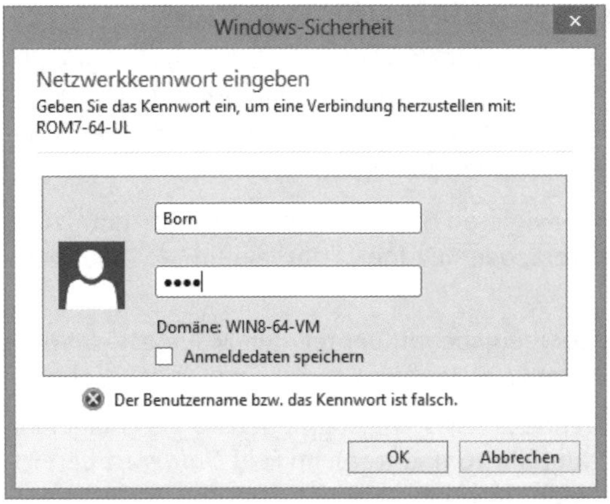

Bild 26.9: Dialogfeld zur Eingabe eines Netzwerkkennworts

Versuchen Sie von einem fremden Benutzerkonto auf eine freigegebene Ressource zuzugreifen, erscheint ggf. ein Anmeldedialogfeld *Windows-Sicherheit* (Bild 26.9) mit einer Abfrage des Benutzerkontos und des zugehörigen Kennworts. Tragen Sie dann den Namen eines auf der Zielmaschine vorhandenen Benutzerkontos mit Zugriffsberechtigung auf die Freigabe samt Kennwort ein, um sich am betreffenden Rechner anmelden zu können.

TIPP

Taucht häufiger das Dialogfeld *Netzwerkfehler* mit der Meldung »Auf \\<Rechnername> ... konnte nicht zugegriffen werden« mit dem Fehlercode 0x80070035 auf (Bild 26.10), wenn ein Windows 8-Rechner aus dem Ruhezustand aufgeweckt wurde und dann über WLAN auf Freigaben anderer Rechner zugreifen soll? Sie können dann die im Dialogfeld angezeigte Schaltfläche *Diagnose* wählen, um die Problembehandlung laufen zu lassen. Meist klappen nach einer halben Minute die Zugriffe wieder. Abhilfe schafft, ggf. die Computerverwaltung (z.B. über einen Rechtsklick auf die in der linken unteren Bildschirmecke angezeigte Hover-Schaltfläche *Start* aufrufbar) zu öffnen und dort in der linken Spalte *Dienste und Anwendungen/Dienste* anzuwählen. Dann sind die Dienste »Netzwerkverbindungen«, »NLA (Network Location Awareness)« und »RAS-Verbindungsverwaltung« zu kontrollieren und – falls erforderlich – jeweils von *Manuell* auf *Automatisch* zu stellen.

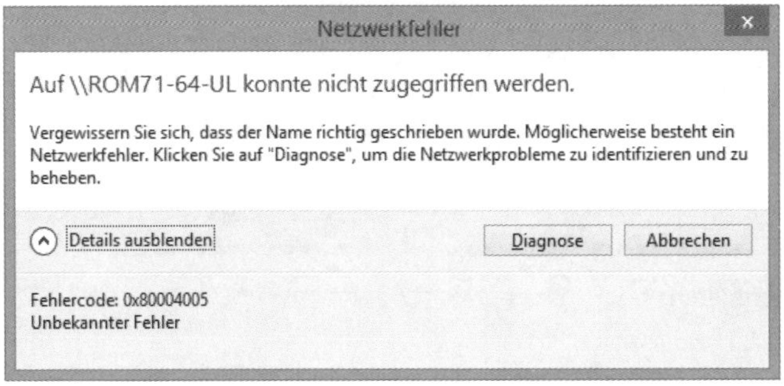

Bild 26.10: Netzwerkfehler

26.2.3 Netzlaufwerke verbinden und trennen

Arbeiten Sie lieber mit Laufwerkssymbolen im Ordnerfenster *Computer*, anstatt über das Ordnerfenster *Netzwerk* navigieren zu müssen? Oder unterstützen ältere Programme nur Zugriffe auf Laufwerke? Dann können Sie einem im Netzwerk freigegebenen Ordner einen Laufwerksnamen zuweisen.

1. Öffnen Sie ein Ordnerfenster, navigieren Sie zum *Netzwerk* und dann zum freigegebenen Element (Laufwerk oder Ordner), das einem Netzlaufwerk zugewiesen werden soll.
2. Klicken Sie das Ordnersymbol der Freigabe mit der rechten Maustaste an und wählen Sie den Kontextmenübefehl *Netzlaufwerk zuordnen* (Bild 26.11, oben).
3. Passen Sie im Listenfeld *Laufwerk* des Assistenten ggf. den vorgeschlagenen (freien) Laufwerksbuchstaben an (Bild 26.11, unten). Im Feld *Ordner* ist bereits der UNC-Netzwerkpfad der Freigabe sichtbar.

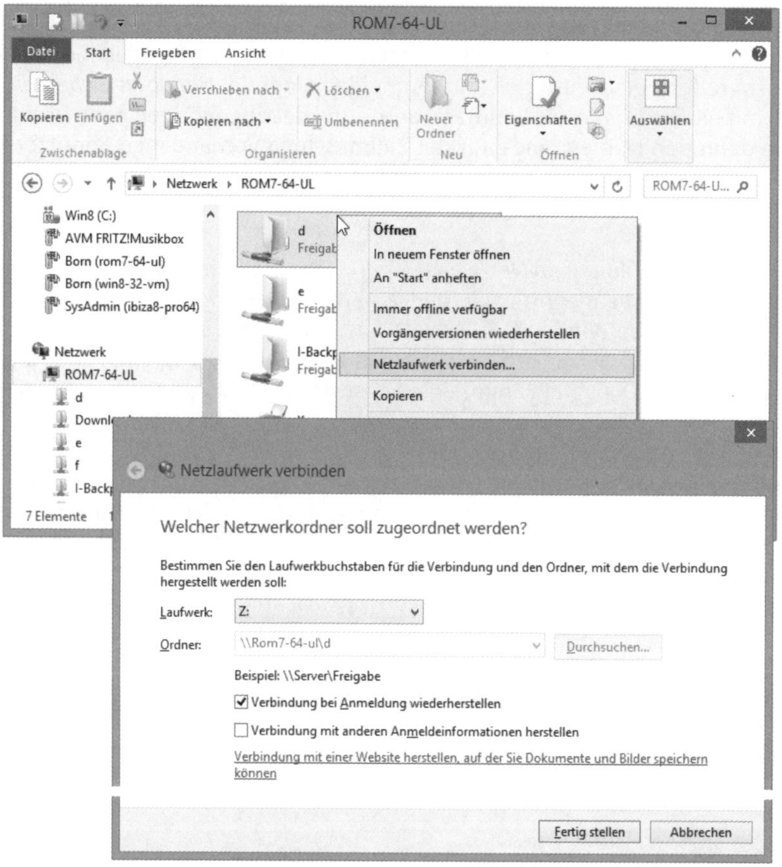

Bild 26.11: Netzlaufwerk definieren

4. Soll das Netzlaufwerk bei der nächsten Anmeldung am Computer automatisch zugewiesen werden, markieren Sie das Kontrollkästchen *Verbindung bei Anmeldung wiederherstellen*. Dies setzt aber eine gültige Netzwerkverbindung zum Freigaberechner beim Systemstart voraus.

Zudem können Sie das Kontrollkästchen *Verbindung mit anderen Anmeldeinformationen herstellen* wählen, um mit einem anderen Benutzernamen auf die Freigabe zugreifen zu können. Sobald Sie das Dialogfeld über die Schaltfläche *Fertig stellen* schließen, richtet Windows das Laufwerkssymbol im Ordnerfenster *Computer* ein (Bild 26.12). Weiterhin wird die Ressource in einem Ordnerfenster geöffnet. Über das Laufwerkssymbol des Ordnerfensters *Computer* können Sie zukünftig direkt auf die Netzwerkressource zugreifen.

Und das Laufwerk wieder trennen

Um eine bestehende Verbindung für ein Netzlaufwerk wieder aufzuheben, wählen Sie im Ordnerfenster *Computer* das Symbol des Netzwerklaufwerks mit der rechten Maustaste an und wählen Sie im Kontextmenü den Befehl *Trennen* (Bild 26.12). Windows trennt die Verbindung zur Netzwerkressource und entfernt das Laufwerkssymbol aus dem Ordner *Computer*.

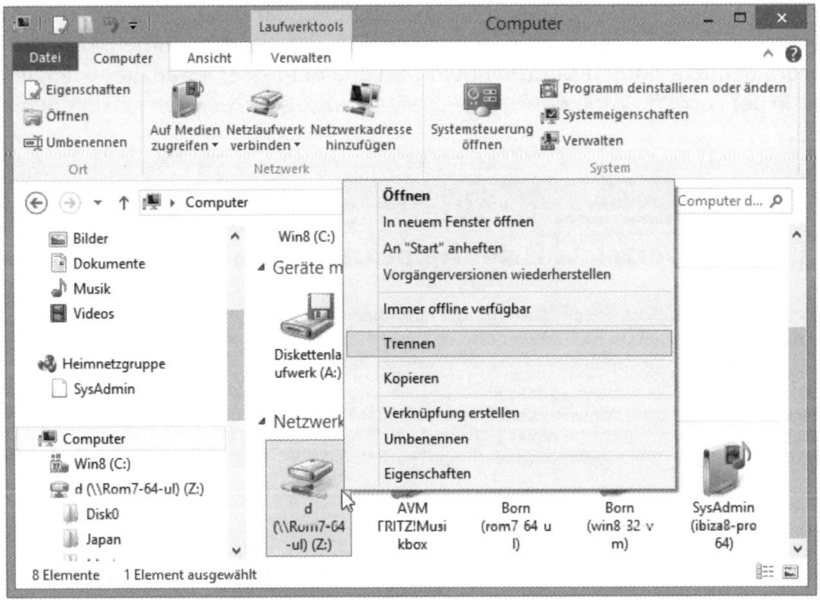

Bild 26.12: Netzlaufwerk trennen

26.3 Zugriff auf FTP-Server

Zum Transfer von Dateien zwischen einem lokalen Computer und einem Internetserver wird das FTP-Protokoll genutzt. Sie benötigen einen FTP-Client, um sich am FTP-Server anzumelden und Dateien anzusehen sowie zwischen Server und lokalem Computer zu übertragen. Windows 8 stellt verschiedene FTP-Clients bereit, mit deren Hilfe Sie auf FTP-Server zugreifen können.

26.3.1 Der ftp-Befehl der Eingabeaufforderung

Im Fenster der Eingabeaufforderung steht der Befehl *ftp* für diesen Zweck zur Verfügung. Mit der Eingabe *ftp* ↵ starten Sie das Programm. Sobald sich der Client mit dem >-Zeichen meldet, lässt sich eine Befehlsübersicht durch Eintippen von *?* ↵ abrufen. Dann können Sie sich über die Befehle des *ftp*-Kommandos am Server anmelden und Dateien austauschen. Mit dem *bye*-Kommando wird der FTP-Client beendet und Sie gelangen zur Eingabeaufforderung zurück. Der Vorteil dieses Ansatzes besteht darin, dass sich solche Befehlsfolgen ggf. in Batchdateien oder durch Umleitung der Ein-/Ausgaben automatisieren lassen. Für den normalen Benutzer ist der Umgang mit dem *ftp*-Kommando auf der Ebene der Kommandozeile aber etwas gewöhnungsbedürftig. Alternativ lassen sich die nachfolgenden Ansätze für FTP-Zugriffe verwenden.

26.3.2 Den Internet Explorer als FTP-Client verwenden

Zum (lesenden) Zugriff auf einen FTP-Server können Sie das Fenster des Internet Explorers (oder eines anderen Browsers) öffnen und in das Adressfeld die FTP-Adresse in der Form *ftp://ftp.xxx.com* eintippen. Die Zeichen *xxx* stehen hier für den Namen des FTP-Servers. Sobald Sie die Eingabe über die ↵-Taste bestätigen, versucht der Browser, Kontakt mit dem FTP-Server aufzunehmen. Um sich mit einem Benutzernamen samt Kennwort an einem FTP-Server anzumelden, ist die URL in der Form *ftp://<Kennwort>:<Benutzername>@ftp.xxx.com* einzugeben.

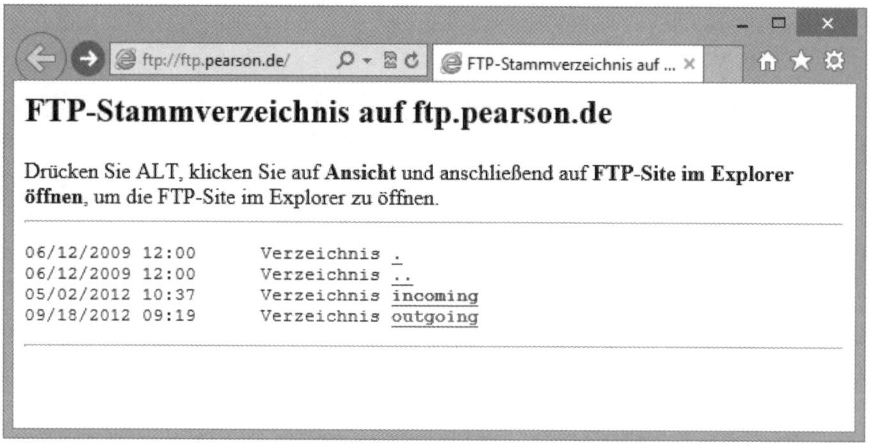

Bild 26.13: Zugriff auf einen FTP-Server im Browser

Existiert der FTP-Server und akzeptiert dieser einen anonymen Zugang ohne Benutzerkennung und Kennwort bzw. akzeptiert er die beim Aufruf angegebenen Benutzerdaten, wird der Verzeichnisinhalt des Stammordners als Webseite eingeblendet (Bild 26.13). Sie können dann über Hyperlinks zwischen den Verzeichnissen navigieren und Dateien durch Anklicken der Hyperlinks downloaden. Allerdings ist das Arbeiten nicht allzu komfortabel.

26.3.3 Den FTP-Client des Explorer verwenden

Öffnen Sie ein Ordnerfenster, klicken Sie auf das Ende des Adressfelds, tippen Sie die FTP-Adresse in das Adressfeld ein und drücken Sie die [↵]-Taste. Der Vorspann *ftp://* ist sogar entbehrlich. Sie können also die Adresse direkt in der Form *ftp.xxx.de* eingeben. Es muss sich aber um eine gültige FTP-Adresse (z.B. *ftp.pearson.de*) handeln. Kann ein Kontakt zum FTP-Server hergestellt werden und akzeptiert der Server einen anonymen Zugriff, erscheint dessen Stammverzeichnis im Ordnerfenster (Bild 26.14, Hintergrund links).

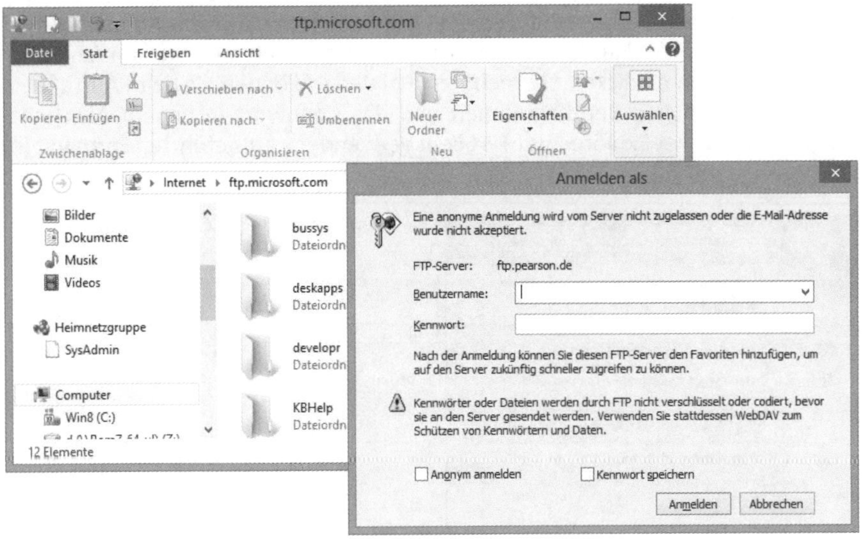

Bild 26.14: Zugriff auf einen FTP-Server im Explorer

Erfordert der FTP-Server eine Anmeldung mit Benutzername und Kennwort zur Autorisierung? Dann erscheint das Dialogfeld *Anmelden als* (Bild 26.14, Vordergrund unten rechts). Geben Sie im Dialogfeld *Anmelden als* den Benutzernamen und das Kennwort ein, markieren Sie ggf. die Kontrollkästchen und schließen Sie das Dialogfeld über die *Anmelden*-Schaltfläche.

Manche FTP-Server erlauben eine anonyme Anmeldung mit dem Benutzernamen *anonymous* und einem leeren Kennwort. Markieren Sie dann das Kontrollkästchen *Anonym anmelden*. Andernfalls heben Sie die Markierung auf und tragen den Benutzernamen und das Kennwort in die entsprechenden Felder ein. Sobald Sie die *Anmelden*-Schaltfläche anklicken, wird das Dialogfeld geschlossen und der FTP-Client versucht eine Anmeldung am FTP-Server. Im Erfolgsfall wird dann das für den betreffenden Benutzernamen freigegebene FTP-Verzeichnis im Ordnerfenster eingeblendet.

Sie können anschließend im Ordnerfenster des FTP-Clients wie in jedem anderen Ordnerfenster navigieren und Unterordner durch Doppelklicken öffnen. Mit einer entsprechenden Berechtigung lassen sich in diesem Ordnerfenster Unterordner anlegen sowie Ordner und Dateien umbenennen oder löschen. Das funktioniert ebenfalls wie bei lokalen Ordnerfenstern (z.B. über Kontextmenübefehle).

Zum Herunterladen von Inhalten des FTP-Servers auf die lokale Festplatte ziehen Sie einfach die gewünschten Dateien und Ordner aus dem FTP-Fenster in das Fenster eines lokalen Ordners. Zum Hochladen neuer Dateien ziehen Sie diese per Maus aus dem Ordnerfenster des lokalen Quellordners in das geöffnete Ordnerfenster des FTP-Clients. Es funktioniert also alles wie beim Kopieren auf lokalen Ordnern. Schließen Sie das FTP-Ordnerfenster, wird die Verbindung zum FTP-Server abgebaut. Bricht die Onlineverbindung ab, kann der FTP-Client auch nicht mehr auf den Server zugreifen.

Windows speichert dabei die von Ihnen eingetippten FTP-Adressen. Rufen Sie das Ordnerfenster später erneut auf und tippen Sie den Text *ftp.* in das Adressfeld ein, listet Windows die bekannten FTP-Adressen im Adressfeld auf. Sie können dann den Eintrag durch Anklicken übernehmen. Bei Bedarf können Sie beim Aufruf des FTP-Servers auch den Benutzernamen und das Kennwort in der im Abschnitt »26.3.2 Den Internet Explorer als FTP-Client verwenden« aufgeführten Form mit in der URL angeben.

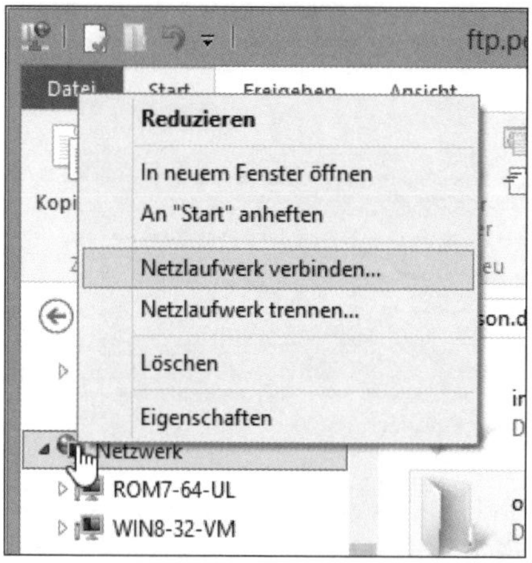

Bild 26.15: Verknüpfung auf einen FTP-Server als Netzlaufwerk einrichten

TIPP

Um ggf. Ordner auf einem FTP-Server verschieben oder einfach komfortabler arbeiten zu können, empfiehlt sich der Einsatz eines FTP-Clients von Fremdanbietern. Laden Sie sich z.B. FileZilla unter `http://sourceforge.net/projects/filezilla` [w8-k26-001] herunter und setzen das kostenlose, aber sehr leistungsfähige FTP-Programm unter Windows ein.

Öffnen Sie in einem Ordnerfenster das Kontextmenü des Eintrags *Netzwerk*, lässt sich der Befehl *Netzlaufwerk verbinden* anwählen (Bild 26.15). Dann öffnet sich das in Bild 26.11, unten, gezeigte Dialogfeld zur Definition eines Netzlaufwerks. Klicken Sie auf den als Hyperlink ausgeführten Befehl *Verbindung mit einer Website herstellen* ..., startet ein Assistent. Dieser führt Sie in verschiedenen Dialogfeldern durch die Schritte zum Einrichten einer FTP- oder WebDAV-Verbindung (WebDAV ist eine Festplatte im Internet). Einige Hinweise zum Einrichten von WebDAV-Verbindungen finden Sie in meinem Blog unter `http://www.borncity.com/blog/2010/01/30/webdav-verbindungen-in-windows-7/` [w8-k26-002].

26.4 Gerätekopplung über Bluetooth

Bluetooth ist eine Funktechnik, über die Geräte wie Headsets, Handys, Tastaturen, Mäuse etc. oder auch Rechner Daten untereinander austauschen können. In den folgenden Abschnitten wird kurz gezeigt, wie sich Geräte über Bluetooth koppeln lassen.

26.4.1 Bluetooth im Überblick

Bluetooth-Sender werden nach ihrer Sendeleistung in verschiedene Klassen unterteilt. Klasse 1 sendet mit 100 Milliwatt und kann Distanzen bis zu 100 Metern überbrücken. In Klasse 2 reduziert sich die Funkleistung auf 2,5 Milliwatt und die Distanz beträgt bei optimalen Verhältnissen 30 bis 50 Meter. In Klasse 3 lassen sich Distanzen von 10 Metern überbrücken. Die Leistung beträgt dabei nur noch 1 Milliwatt, um Energie zu sparen.

Zudem haben sich historisch verschiedene Bluetooth-Versionen herausgebildet. Auf die ursprüngliche Version 1.0 folgte die kaum veränderte Version 1.1. In Version 1.2 wurde ein verbessertes Verfahren zum Kanalwechsel vorgesehen, während die Version 2.0 (Extended Data Rate, EDR) höhere Datenübertragungsraten zulässt. Version 2.1 vereinfacht das Verbinden der Bluetooth-Geräte untereinander.

- Um eine Bluetooth-Verbindung aufzubauen, müssen Sie die betreffende Funktion an den jeweiligen Geräten einschalten. Zudem gibt es bei einigen Geräten (z.B. Handys) die Option, das Bluetooth-Gerät für andere Geräte sichtbar zu schalten.
- Um eine Verbindung aufzubauen, müssen beide Partner die gleichen Bluetooth-Profile beherrschen. In einem Bluetooth-Profil sind die Funktionen (Dial Up, Object Push etc.), die das Gerät bietet, festgelegt. Details finden Sie z.B. unter `http://de.wikipedia.org/wiki/Bluetooth` [w8-k26-003].
- Wird ein Bluetooth-Gerät eingeschaltet, scannt es für ca. 30 Sekunden seine Umgebung auf weitere Sender. Wird ein zweites Bluetooth-Gerät gefunden, kann eine Kopplung (Pairing) erfolgen. Dabei müssen die Geräte die Kontaktaufnahme, als Pairing bezeichnet, zulassen. Das Pairing kann mit einem PIN-Code abgesichert werden und ist auf dem angesprochenen Gerät durch den Benutzer zu bestätigen.

Bild 26.16: Hama Nano-Bluetooth-Adapter

Einige Geräte wie Notebooks sind mit Bluetooth-Funktionen ausgestattet. Alternativ können Sie die Geräte mit einem USB-Bluetooth-Adapter ausrüsten. Der in Bild 26.16 gezeigte Hama Nano-Bluetooth-Adapter ist so klein, dass er fast vollständig in der USB-Buchse eines Notebooks verschwindet. Alternativ können Sie selbstverständlich auch USB-Bluetooth-Adapter anderer Hersteller einsetzen, die in der Regel aber etwas weiter aus der USB-Buchse herausstehen. Dies hat aber den Vorteil, dass der Adapter auffällt und bei Nichtgebrauch abgezogen wird.

26.4.2 Bluetooth-Einstellungen anpassen

Sobald Sie den Bluetooth-Adapter erstmalig an den Rechner (z.B. Notebook) anschließen, werden die erforderlichen Treiber installiert. Windows 8 enthält bereits eine Bluetooth-Unterstützung, d. h., die Treiber werden in der Regel automatisch eingerichtet. Bei installierten Bluetooth-Treibern erscheint im Infobereich der Taskleiste das Bluetooth-Symbol (Bild 26.17, unten rechts). Gegebenenfalls müssen Sie die Schaltfläche *Ausgeblendete Symbole einblenden* anklicken, um die Palette mit dem Bluetooth-Symbol sichtbar zu machen.

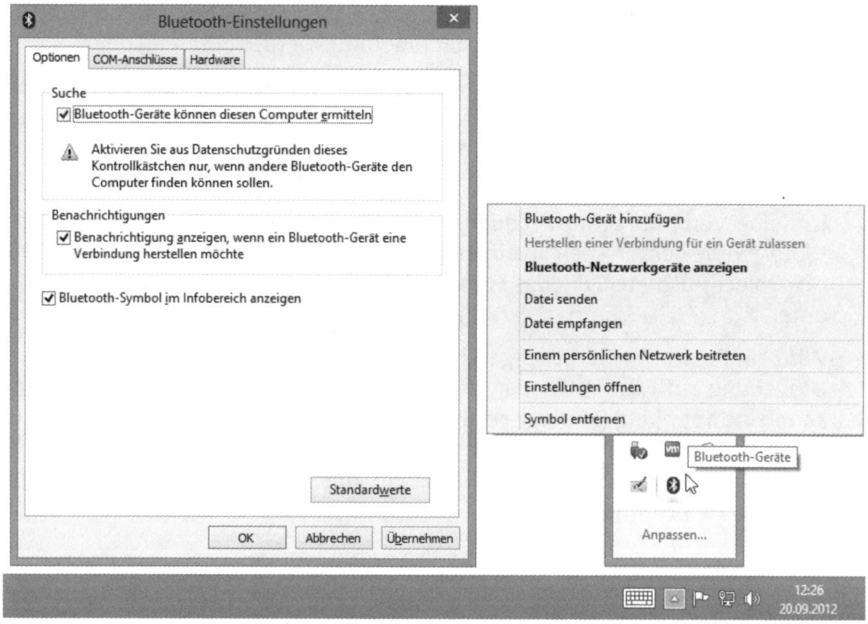

Bild 26.17: Gekoppelte Bluetooth-Geräte und -Einstellungen

Um die Eigenschaften des Bluetooth-Adapters einzusehen oder diesen zur Erkennung durch andere Geräte freizugeben, wählen Sie im Kontextmenü des im Infobereich der Taskleiste angezeigten Bluetooth-Symbols den Befehl *Einstellungen öffnen* (Bild 26.17, rechts). Windows öffnet das in Bild 26.17, links, gezeigte Eigenschaftenfenster *Bluetooth-Einstellungen*.

Um sicherzustellen, dass der Windows-Rechner mit Bluetooth-Geräten gekoppelt werden kann, markieren Sie auf der Registerkarte *Allgemein* die in Bild 26.17, links, sichtbaren Kontrollkästchen. Das Kontrollkästchen *Bluetooth-Geräte können diesen Computer ermitteln* ist zu markieren, wenn das System durch andere Bluetooth-Geräte gefunden werden darf. Diese Option ist aus Sicherheitsgründen normalerweise ausgeschaltet.

HINWEIS

Falls Sie das Bluetooth-Symbol irrtümlich über den Kontextmenübefehl *Symbol entfernen* aus dem Infobereich ausgetragen haben, ist dies kein Beinbruch. Sie können im Fenster der Systemsteuerung den Befehl *Geräte und Drucker* anwählen. Im gleichnamigen Ordnerfenster sollte auch der Bluetooth-Adapter als Gerät auftauchen und Sie können über dessen Kontextmenübefehl *Bluetooth-Einstellungen* auf die Eigenschaften (Bild 26.17, links) des Adapters zugreifen.

ACHTUNG

Sofern Windows 8 keine Treiber für den vorhandenen Bluetooth-Adapter enthält, benötigen Sie Treiber des Adapterherstellers. Achten Sie aber darauf, dass diese Treiber für Windows 8 geeignet sind und dass kein Bluetooth-Stack des Herstellers installiert wird. Der Bluetooth-Stack älterer Implementierungen ist in der Regel nicht mit Windows 8 kompatibel und funktioniert u.U. nicht mit Windows 8. Ob die Treiber direkt installiert werden können oder ob ein Setup-Programm auszuführen ist, entnehmen Sie der Dokumentation des Bluetooth-Adapters.

26.4.3 Rechner oder Geräte über Bluetooth koppeln

Bevor Sie Bluetooth-Geräte verwenden können, sind diese zu koppeln. Die Kopplung zum Windows-Rechner kann über das Gerät angestoßen werden, oder Sie lassen über Windows Bluetooth-Geräte auffinden und koppeln. Um die Bluetooth-Kopplung mit einem Gerät über Windows einzuleiten, gehen Sie folgendermaßen vor.

1. Stellen Sie sicher, dass das zu koppelnde Bluetooth-Gerät eingeschaltet sowie die Bluetooth-Funktion und die Erkennbarkeit des Geräts freigegeben sind.
2. Blenden Sie die Charms-Leiste am rechten Fensterrand ein, wählen das Symbol *Einstellungen* und dann in der gleichnamigen Seitenleiste den Befehl *PC-Einstellungen ändern*.
3. Wählen Sie in der Kategorie *Geräte* der Seite *PC-Einstellungen* die Schaltfläche *Gerät hinzufügen* (Bild 26.18, Hintergrund).
4. Sobald das Bluetooth-Gerät in der Liste *Gerät auswählen* erscheint (Bild 26.18, Vordergrund rechts), wählen Sie dieses an und befolgen die Anweisungen zum Pairing.

HINWEIS

Alternativ können Sie das Bluetooth-Symbol in der Taskleiste von Windows per Rechtsklick anwählen. Der Kontextmenübefehl *Bluetooth-Gerät hinzufügen* (Bild 26.17, unten) öffnet ebenfalls die Kategorie *Geräte* in der Seite *PC-Einstellungen* und startet die Gerätesuche.

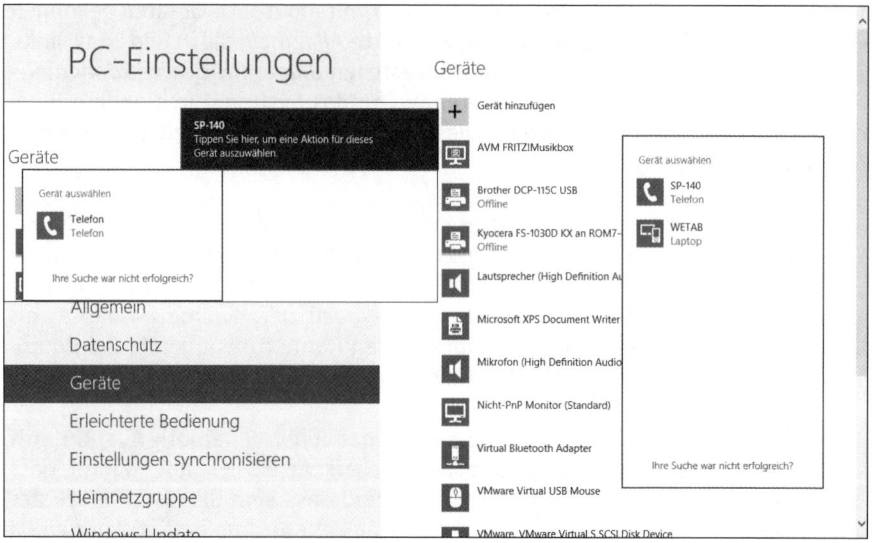

Bild 26.18: Bluetooth-Kopplung unter Windows einleiten und akzeptieren

Sie können die Kopplung auch vom Gerät initiieren, indem Sie folgende Schritte ausführen.

1. Stellen Sie sicher, dass in den Bluetooth-Eigenschaften von Windows das in Bild 26.17, links, sichtbare Kontrollkästchen *Bluetooth-Geräte können diesen Computer ermitteln* auf der Registerkarte *Allgemein* markiert ist.
2. Weisen Sie das Gerät über dessen Bluetooth-Einstellungen an, nach weiteren Geräten zu suchen. Sobald der Windows-Rechner als Gerät gefunden wurde, erscheint eine Benachrichtigung in der rechten oberen Bildschirmecke des Windows-Rechners (Bild 26.18, Einblendung links).
3. Wählen Sie die Benachrichtigung an, warten Sie, bis das Gerät in der Geräteliste *Gerät auswählen* aufgeführt wird (Bild 26.18, Einblendung links), wählen Sie das Gerätesymbol an und führen anschließend die Anweisungen zum Pairing aus.

Bezüglich des Pairing gibt es zwei Modi, die durch Windows automatisch festgelegt werden (Bild 26.19).

- In einem Modus gibt Windows den Pairing-Code vor und fordert Sie auf, diesen am anderen Gerät zu bestätigen. Im Idealfall wird auf dem Gerät der Code angezeigt und Sie brauchen lediglich die Übereinstimmung über die mit *OK* oder ähnlich beschriftete Schaltfläche zu bestätigen. Oder es erscheint ein Eingabefeld, in dem Sie den Pairing-Code eintragen.
- Die andere Variante besteht darin, dass Windows ein Textfeld einblendet, in dem Sie einen eigenen Pairing-Code eintippen und dann die *Weiter*-Schaltfläche bestätigen. Anschließend ist dieser Pairing-Code auf dem Gerät zu bestätigen oder in einem Textfeld einzutragen und über eine Schaltfläche zu bestätigen.

Bild 26.19: Pairing-Abfragen unter Windows

Für die Koppelung haben Sie ca. 30 Sekunden Zeit, danach wird der Vorgang abgebrochen. Sobald die Geräte erfolgreich gekoppelt sind, taucht das Gerät mit seinem Gerätenamen in der Liste *Geräte* (Bild 26.18, rechts) der Seite *PC-Einstellungen* auf.

HINWEIS

Wählen Sie einen solchen Eintrag in der Liste an, wird am rechten Rand ein Kreis mit einem Strich eingeblendet. Das Anwählen dieses Symbols ermöglicht das Löschen des Geräts aus der Geräteliste, wobei dieser Vorgang über eine eingeblendete *Entfernen*-Schaltfläche zu bestätigen ist. Das Löschen ist erforderlich, falls Fehler bei gepaarten Geräten auftreten und sich keine Daten mehr übertragen lassen.

26.4.4 Daten austauschen

Um Daten zwischen Geräten auszutauschen oder mit dem Gerät einem Bluetooth-Netzwerk beizutreten, wählen Sie das Bluetooth-Symbol im Infobereich der Taskleiste mit der rechten Maustaste an. Im Kontextmenü (Bild 26.17, unten) lassen sich dann verschiedene Befehle abrufen.

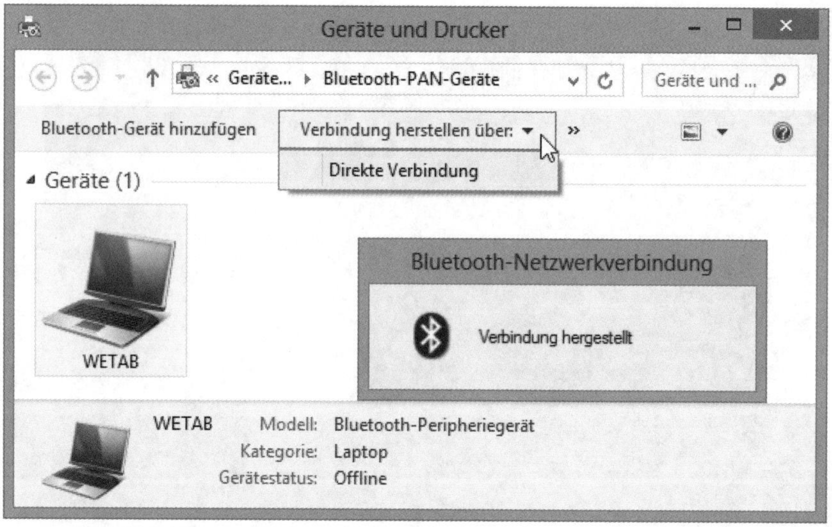

Bild 26.20: Bluetooth-Gerät auswählen und dem Personal Area Network (PAN) beitreten

- Der Befehl *Einem persönlichen Netzwerk beitreten* ermöglicht, mehrere Geräte über eingerichtete Bluetooth-Verbindungen zu einem Netzwerk zu verbinden. Windows öffnet ein Fenster (Bild 26.20), in dem die BT-Verbindung aufgeführt wird. Über die Schaltfläche *Verbindung herstellen über* und deren Befehl *Direkte Verbindung* stellen Sie die Verbindung zum Personal Area Network (PAN) her. Sie können bei einer bestehenden PAN-Verbindung über die Netzwerkumgebung auf die Freigaben des anderen Geräts (in der Regel eines anderen Rechners) zugreifen. Dies entspricht den im Abschnitt »26.2 Zugriff auf Netzwerkressourcen«, beschriebenen Techniken zum Arbeiten im Netzwerk. Wählen Sie das gekoppelte Gerät im Ordnerfenster per Mausklick an, lässt sich über die Schaltfläche *Die Verbindung mit dem Gerätenetzwerk trennen* der Symbolleiste das Netzwerk wieder verlassen.

- Um eine Datei zwischen zwei Geräten zu übertragen, wählen Sie auf der Empfängerseite im Kontextmenü des Bluetooth-Symbols den Befehl *Datei empfangen* (Bild 26.17, unten). Ein Dialogfeld zeigt an, dass die Station auf die Daten wartet. Anschließend wählen Sie auf der Senderseite den Kontextmenübefehl *Datei senden* des Bluetooth-Symbols. Ein Assistent ermöglicht in zwei Dialogschritten die Auswahl des Empfängergeräts (Bild 26.21, oben links) und der zu sendenden Datei (Bild 26.21, oben rechts).

- Auf der Empfängerseite wird dann die empfangene Datei in einem weiteren Dialogfeld (Bild 26.21, unten rechts) gemeldet und mit ihrem Dateinamen angezeigt. Sie können über die *Durchsuchen*-Schaltfläche des Dialogfelds den Zielordner festlegen. Anschließend verwenden Sie die Schaltflächen *Weiter* und *Fertig stellen*, um die übertragene Datei im Zielordner zu speichern und den Assistenten zu schließen.

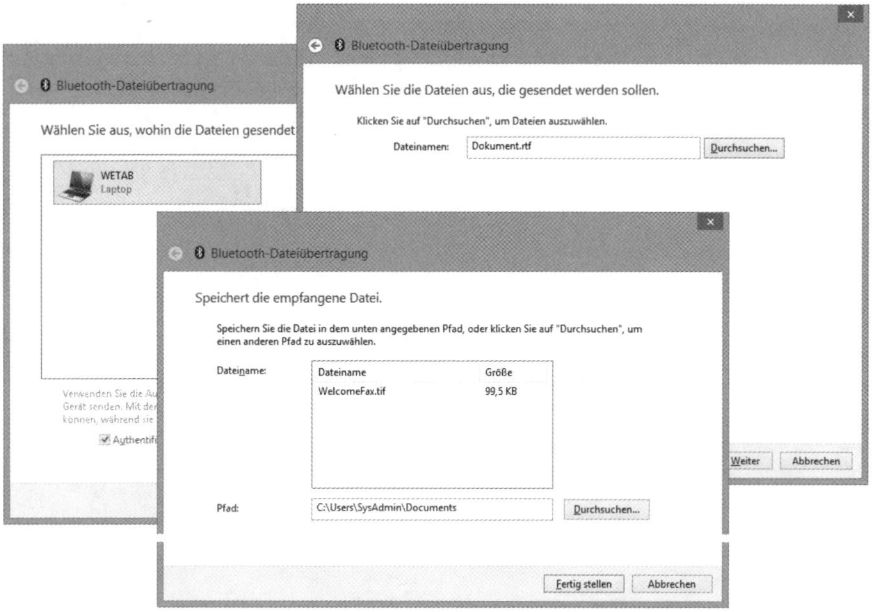

Bild 26.21: Datei per Bluetooth versenden

Auf diese Weise lassen sich per Bluetooth Dateien zwischen verschiedenen Geräten (Windows-Rechnern und/oder Handy) austauschen. Der Vorteil dieses Ansatzes besteht darin, dass der Benutzer die volle Kontrolle darüber hat, ob und welche Daten auszutauschen sind.

HINWEIS

Etwas verwirrend empfinde ich persönlich den ständigen Wechsel zwischen Windows-Desktop und der Seite *PC-Einstellungen*. Während die Gerätekopplung über die Kategorie *Geräte* der Seite *PC-Einstellungen* erfolgt, sind dort aber keine Kontextmenübefehle zur Steuerung der Bluetooth-Verbindung vorhanden. Sie sind also gezwungen, zum Desktop zu wechseln und das Kontextmenü des Bluetooth-Symbols zum Dateitransfer anzugehen. Bezüglich der Details bei der Bluetooth-Handhabung auf einem externen Gerät informieren Sie sich in den Geräteunterlagen. Eine Bluetooth-Kopplung mit Apples iOS-Geräten (iPhone, iPad) ist nicht möglich. Für Android 2.x-Geräte habe ich unter `http://www.borncity.com/blog/2011/09/14/bluetooth-mit-dem-simvalley-sp-60/` [w8-k26-004] eine Kopplung beschrieben. Für Android 4.x-Geräte funktioniert die Handhabung in ähnlicher Weise.

27 Geräte und Drucker

In diesem Kapitel werden die Funktionen zur Verwaltung von Druckern und Geräten vorgestellt. Zudem erfahren Sie, was es im Hinblick auf den Umgang mit Druckaufträgen zu wissen gibt.

27.1 Geräteverwaltung in Windows

Windows besitzt Funktionen, um Ihnen einen schnellen Überblick über installierte bzw. vorhandene Geräte und Drucker zu geben. Nachfolgend werden diese Funktionen beschrieben.

27.1.1 Die Geräte- und Druckerübersicht

Möchten Sie auf einen Blick sehen, welche Drucker und Geräte an Ihrem Rechner installiert sind? In Windows 8 gibt es dazu zwei Möglichkeiten.

Bild 27.1: Kategorie *Geräte* in den PC-Einstellungen

- Blenden Sie die Charms-Leiste am rechten Bildschirmrand ein und wählen Sie *Einstellungen*. In der gleichnamigen Seitenleiste klicken oder tippen Sie auf *PC-Einstellungen ändern*. Dann lässt sich in der Seite *PC-Einstellungen* die Kategorie *Geräte* öffnen. In der rechten Spalte tauchen alle installierten Geräte auf (Bild 27.1). Neu angeschlossene (USB-)Geräte und Drucker werden in der Regel automatisch in die Liste aufgenommen. Über die Schaltfläche *Gerät hinzufügen* können Sie Windows aber anweisen, nach einem neuen Gerät zu suchen. Dies wird in *Kapitel 26* beim Suchen nach Bluetooth-Geräten genutzt.

- Die Alternative besteht darin, die Systemsteuerung (z. B. über ein Ordnerfenster) zu öffnen und den Befehl *Geräte und Drucker* anzuwählen. Im gleichnamigen Fenster (Bild 27.2) listet Windows installierte Drucker sowie Geräte nach Gruppen geordnet auf und zeigt auch deren Status an. Über die Schaltflächen der Symbolleiste lassen sich Geräte und Drucker hinzufügen, Geräte entfernen und Druckaufträge anzeigen.

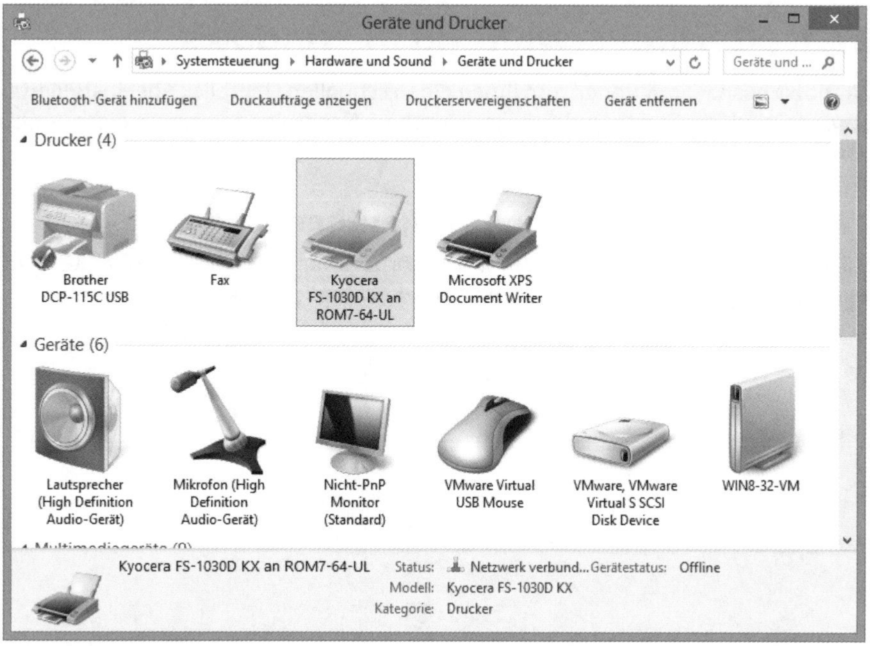

Bild 27.2: Fenster *Geräte und Drucker*

Schön ist, dass die Hersteller bei neueren Geräten spezifische Gerätesymbole zum Download per Internet bereitstellen. Bei Multifunktionsgeräten kann der Hersteller zudem optional eine spezifische Gerätseite (Bild 27.3) bereitstellen. Diese wird entweder über den Kontextmenübefehl *Öffnen* oder durch einen Doppelklick auf das Gerätesymbol angezeigt. Über die Geräteseite erhalten Sie Zugriff auf diverse Verwaltungsfunktionen.

HINWEIS

Persönlich bevorzuge ich die Geräteverwaltung über das Fenster *Geräte und Drucker*, da ich bei der Verwendung von mehreren Windows 8-Testsystemen gelegentlich Fehler auf der Seite »PC-Einstellungen/Geräte« hatte. Dann wurden die Geräte nicht erkannt und nicht angezeigt. Im Fenster *Geräte und Drucker* konnten die Fehler behoben und Drucker explizit installiert werden. Nachfolgend beziehe ich mich daher im Rahmen der Geräteverwaltung auf dieses Fenster.

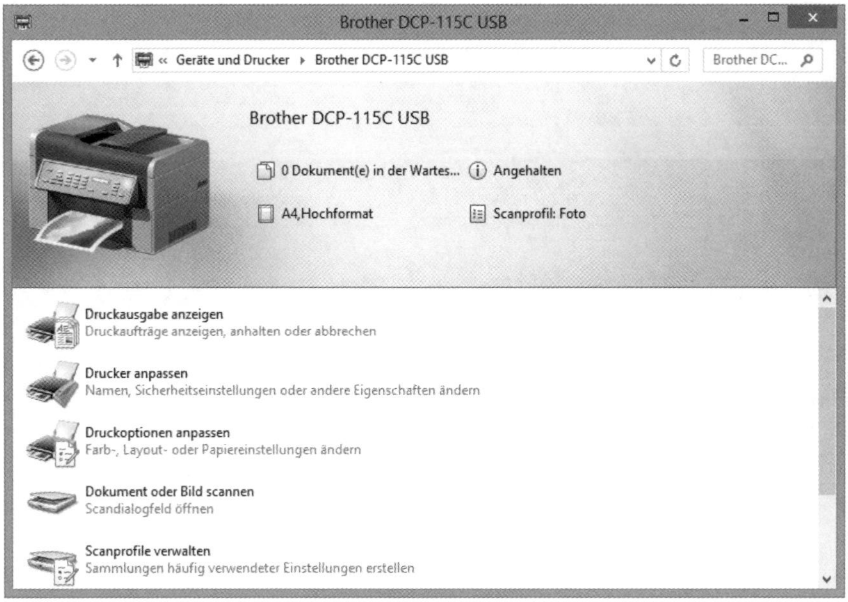

Bild 27.3: Geräteseite eines Multifunktionsgeräts

27.1.2 Geräte verwalten

Standardmäßig werden eingeschaltete Drucker und Geräte beim ersten Anschließen durch Windows erkannt und die Installation der erforderlichen Gerätetreiber erfolgt automatisch. Sie werden im Infobereich der Taskleiste oder auf der Seite »PC-Einstellungen/Geräte« (Bild 27.1) durch entsprechende Einblendungen informiert.

> Bei manchen Geräten klappt die Hardwareerkennung nicht oder es ist vor dem Anschluss erforderlich, eine herstellerspezifische Installationsroutine auszuführen, bevor das Gerät erkannt wird. Hier sollten Sie das Handbuch des Geräteherstellers unbedingt vor der Inbetriebnahme lesen, um Näheres herauszufinden.
>
> ACHTUNG

Geräte manuell hinzufügen

Bei Geräten, die über Funkstrecken (Bluetooth) eingebunden werden, klappt die automatische Geräteerkennung durch Windows nicht (nur die Bluetooth-Einheit wird über Treiber eingebunden).

1. Um solche Geräte in Windows einzubinden, wählen Sie in der Symbolleiste des Fensters *Geräte und Drucker* die Schaltfläche *Gerät hinzufügen* (Bild 27.4, oben).
2. Windows startet einen Assistenten, der nach entsprechenden Geräten sucht (Bild 27.4, unten). Tauchen Geräte im angezeigten Dialogfeld auf, markieren Sie das gewünschte Gerät und durchlaufen über die *Weiter*-Schaltfläche die Schritte zur Gerätekopplung.

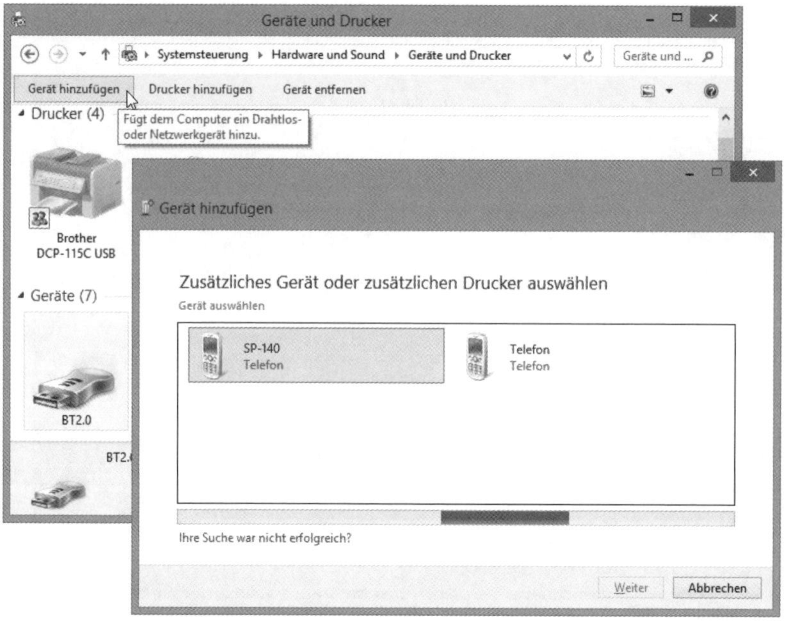

Bild 27.4: Geräte manuell hinzufügen

Die weitere Vorgehensweise hängt dann vom betreffenden Gerät ab. Bei manchen Bluetooth-Headsets nimmt der Assistent automatisch die Kopplung vor, wenn diese empfangsbereit sind. Bei anderen Bluetooth-Geräten, die zum Datenaustausch geeignet sind (z.B. Handys), ist zur Gerätekopplung eine Identifizierung über eine PIN erforderlich. Einige Informationen dazu finden Sie in *Kapitel 26* im Abschnitt »26.4 Gerätekopplung über Bluetooth«.

Gerätefunktionen abrufen

Im Fenster *Geräte und Drucker* besteht in der Möglichkeit, zentral auf die Funktionen der Geräte zuzugreifen. Öffnen Sie das Kontextmenü eines Gerätesymbols, um auf die für das betreffende Gerät verfügbaren Befehle zuzugreifen (Bild 27.5). Weiterhin blendet Windows nach Auswahl eines Geräts verschiedene Schaltflächen kontextsensitiv in der Symbolleiste ein.

- Gibt es zum Beispiel Probleme mit einem Gerät (erkennbar an einem kleinen gelben Dreieck mit Ausrufezeichen im Gerätesymbol), wählen Sie den Kontextmenübefehl *Problembehandlung* (bzw. die gleichnamige Schaltfläche der Symbolleiste). Dann startet ein Assistent zur Problemdiagnose. Abhängig von den gefundenen Problemen schlägt dieser dann verschiedene Maßnahmen (z.B. Neuinstallation der Gerätetreiber) vor oder führt Reparaturmaßnahmen aus.
- Bei Wechseldatenträgern finden Sie dagegen Befehle, um das Dialogfeld *Automatische Wiedergabe* aufzurufen, ein Ordnerfenster zum Anzeigen der Dateien zu öffnen oder um das Medium auszuwerfen. Andere Geräte weisen z.B. Befehle zum Anpassen der Soundeinstellungen oder zur Auswahl der Bluetooth-Funktionen (z.B. Kopfhörer- oder Telefoniefunktionen) auf.

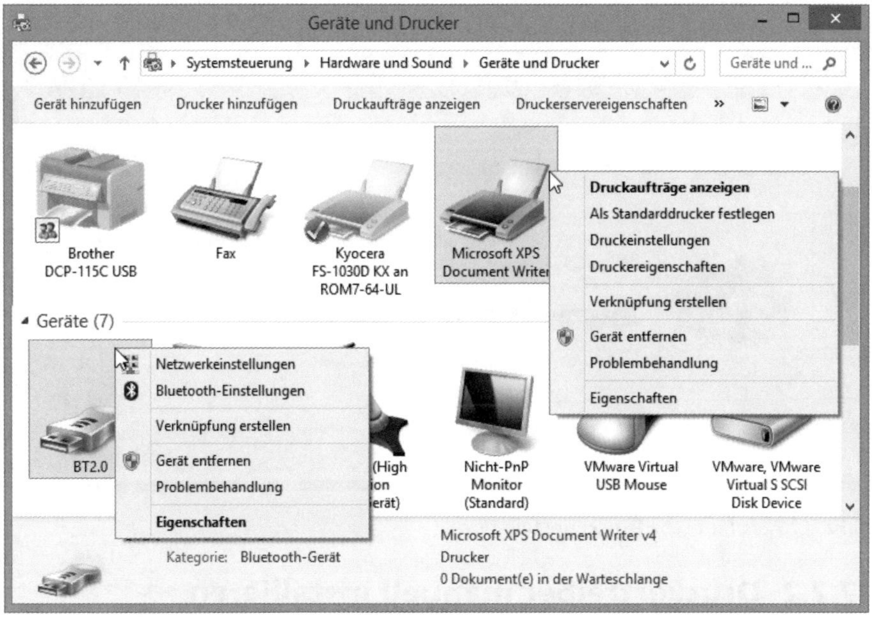

Bild 27.5: Auf Gerätefunktionen zugreifen

Über den Befehl *Gerät entfernen* lässt sich der Eintrag aus dem Fenster entfernen. Wie Druckereinträge verwaltet werden, wird im nachfolgenden Abschnitt besprochen.

27.2 Drucker installieren und verwalten

Zur Ansteuerung der Drucker verwendet Windows die sogenannten Treiber. Diese Druckertreiber werden von den Geräteherstellern entwickelt und sind in Windows enthalten, liegen den Geräten auf CD/DVD bei oder lassen sich von der Supportseite des Herstellers per Internet herunterladen. Der folgende Abschnitt befasst sich mit den Funktionen zur Druckerinstallation und zum Einrichten des Druckers.

27.2.1 Automatische Treiberinstallation durch Windows

Moderne Drucker werden in der Regel nach dem Anschließen an die USB-Schnittstelle und dem Einschalten automatisch erkannt. Das Betriebssystem installiert den benötigten Treiber und informiert per Fortschrittsanzeige über diesen Vorgang (Bild 27.6).

Nach erfolgreicher Installation taucht das Symbol des neuen Druckers im Ordnerfenster *Geräte und Drucker*, in der Seitenleiste *Geräte* und in der Liste unter *PC-Einstellungen/Geräte* sowie im *Drucken*-Dialogfeld auf. Sie können anschließend mit dem Gerät arbeiten.

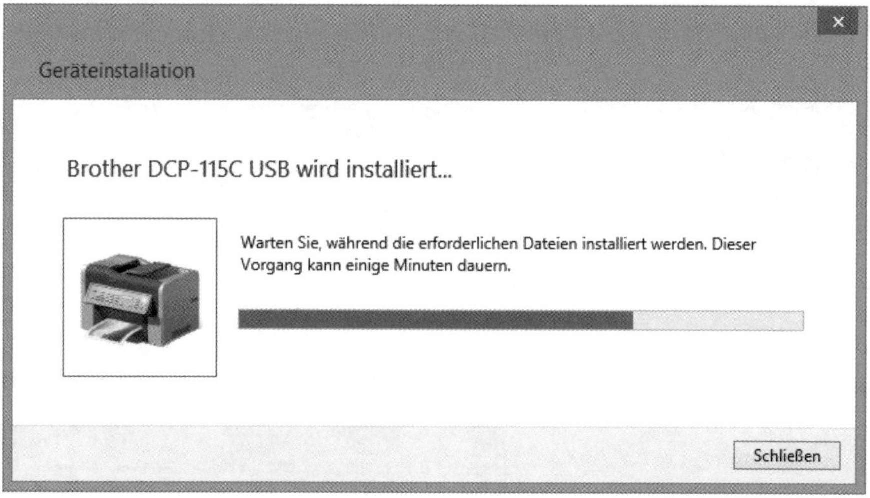

Bild 27.6: Automatische Druckerinstallation

27.2.2 Druckertreiber manuell installieren

Wird der Drucker durch Windows nicht automatisch erkannt? Installiert das Betriebssystem ein fehlerhaftes Gerät oder scheitert die Treiberinstallation? In diesen Fällen können Sie unter einem Administratorkonto eine manuelle Druckerinstallation durchführen.

1. Öffnen Sie das Fenster *Geräte und Drucker* und wählen Sie in der Symbolleiste die Schaltfläche *Drucker hinzufügen* (Bild 27.7, Hintergrund) an.
2. Windows startet einen Assistenten, der Sie durch die Schritte zur Einrichtung des neuen Druckers führt. Wählen Sie dort die gewünschten Optionen aus. Über die Schaltfläche *Weiter* können Sie in den Dialogseiten vorwärts und mit *Zurück* rückwärts blättern.

Die einzelnen Schritte zur Druckereinrichtung hängen etwas vom Installationsumfeld und vom Druckermodell ab. Hier eine grobe Übersicht über den Ablauf.

- Im Startdialogfeld versucht Windows, den Drucker zu suchen. Wird dieser gefunden, wählen Sie den Eintrag an und durchlaufen die weiteren Installationsschritte. Wird kein Drucker gefunden (Bild 27.7, unten), wählen Sie den Befehl *Der gesuchte Drucker ist nicht aufgeführt*. Sie können dann in einem zweiten Dialogfeld (Bild 27.7, Mitte rechts) über Optionsfelder wählen, ob ein lokaler Drucker, ein Netzwerkdrucker oder ein Internetdrucker einzurichten ist.
- Wählen Sie im Dialogfeld aus Bild 27.7, Mitte rechts, den Befehl *Lokalen Drucker oder Netzwerkdrucker mit manuellen Einstellungen hinzufügen*, um einen am Computer angeschlossenen Drucker, der nicht erkannt wird, zu installieren.

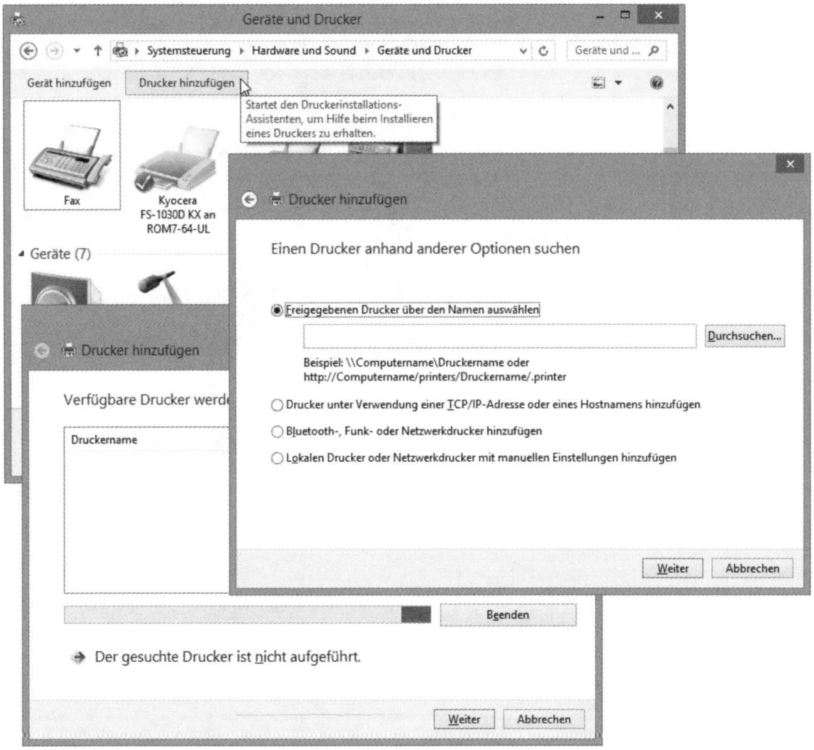

Bild 27.7: Installationsassistent für Drucker aufrufen

- In den Folgedialogfeldern (Bild 27.8, unten links) wählen Sie den Hersteller und in der rechten Liste das Modell Ihres Druckers. Ist der Drucker in der Liste nicht aufgeführt, können Sie über die Schaltfläche *Windows Update* online nach weiteren Treibern suchen lassen. Verfügen Sie über einen Datenträger oder ein Download-Paket des Druckerherstellers mit Windows-Treibern, wählen Sie die Schaltfläche *Datenträger*.
- Anschließend legen Sie bei markiertem Optionsfeld *Vorhandenen Anschluss verwenden* einen Druckeranschluss über das zugehörige Listenfeld (Bild 27.8, rechts oben) fest. Parallele Schnittstellen werden mit »LPT« aufgelistet, serielle Schnittstellen tragen die Bezeichnung »COM« und beim Eintrag »USB« handelt es sich um einen USB-Anschluss. Der Eintrag »File« ermöglicht Ihnen, die Druckerausgabe generell in Dateien umzuleiten.
- In weiteren Dialogfeldern können Sie ggf. den (vorgegebenen) Namen des Druckers anpassen und dann die Druckerinstallation abschließen. Sobald das in Bild 27.9, rechts oben, sichtbare Dialogfeld erscheint, legen Sie über die beiden Optionsfelder fest, ob der Drucker nur lokal verwendet oder im Netzwerk zur gemeinsamen Verwendung freigegeben werden soll. Bei einer Freigabe im Netzwerk tragen Sie in die zugehörigen Textfelder den Freigabenamen sowie einen Hinweis zum Druckerstandort ein. Diese Informationen werden anderen Netzwerkteilnehmern angezeigt.

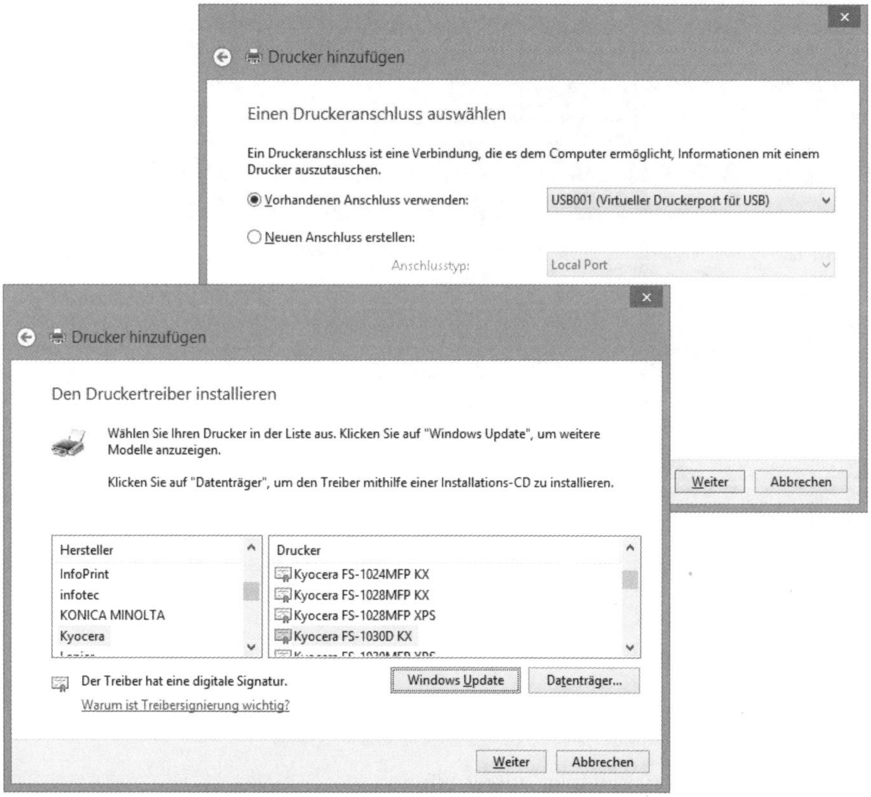

Bild 27.8: Installationsdialoge des Drucker-Assistenten

- Soll das Gerät als Standarddrucker für alle Ausgaben des Rechners verwendet werden, belassen Sie im Dialogfeld aus Bild 27.9, unten, die Markierung des Kontrollkästchens *Als Standarddrucker festlegen*. Anschließend wählen Sie im Dialogfeld die Schaltfläche *Testseite drucken*. Warten Sie, bis die Testseite ausgedruckt wurde. Bei Problemen mit der Druckausgabe finden Sie in einem eingeblendeten Dialogfeld den Hyperlink *Hilfe zum Drucken*, über den Sie durch die Problembehandlung geführt werden. Wurde die Seite korrekt ausgedruckt, wählen Sie die Schaltfläche *Schließen* des Dialogfelds und bestätigen im Druckerdialogfeld die *Fertig stellen*-Schaltfläche.

Nach diesen Schritten ist der Drucker eingerichtet und wird als Symbol im Ordnerfenster *Geräte und Drucker* aufgeführt (Bild 27.7). Sie können das Gerät verwenden.

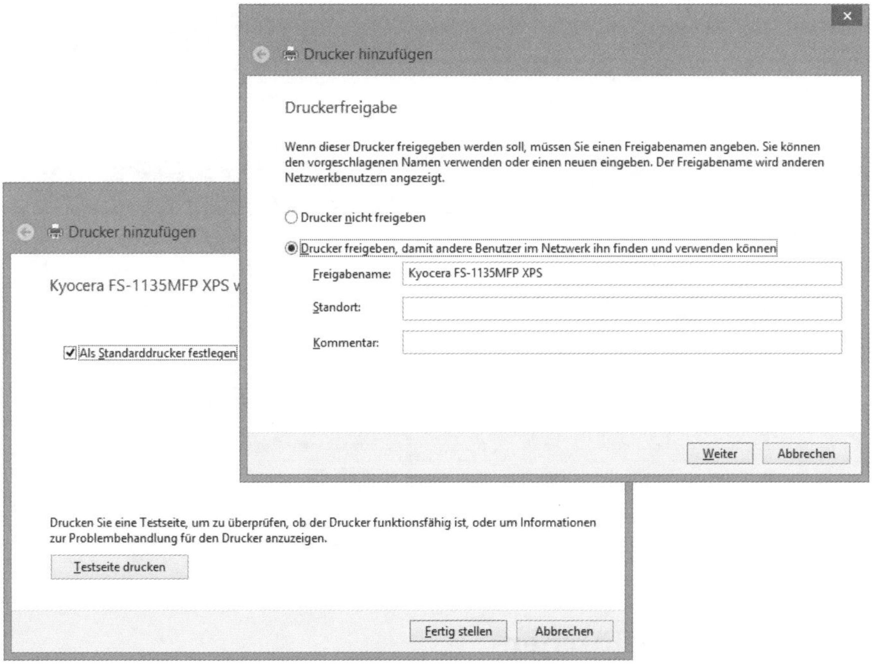

Bild 27.9: Weitere Dialogfelder zur Konfiguration des Druckers

27.2.3 Netzwerkdrucker einrichten

Arbeiten Sie in einem Netzwerk und sind auf anderen Rechnern angeschlossene Drucker zur gemeinsamen Nutzung freigegeben? Oder besitzen Sie einen Drucker, der direkt am Netzwerk hängt? Zum Verwenden solcher Drucker über das Netzwerk ist ebenfalls ein Druckertreiber für das Netzwerkgerät zu installieren. Dies funktioniert ähnlich wie die Installation eines lokalen Druckertreibers.

1. Rufen Sie den Assistenten zur Druckerinstallation auf (die Schritte sind im vorhergehenden Abschnitt beim Einrichten eines lokalen Druckers beschrieben).
2. Warten Sie, bis der Drucker im Dialogfeld *Drucker hinzufügen* (Bild 27.10, unten links) aufgeführt wird. Wählen Sie den Drucker aus und betätigen Sie dann die *Weiter*-Schaltfläche.
3. Im Dialogfeld aus Bild 27.10, oben rechts, wird der Netzwerkname des Druckers angezeigt. Verwenden Sie die *Weiter*-Schaltfläche und warten Sie, bis der Drucker eingerichtet ist. Schließen Sie den Assistenten über die Schaltfläche *Fertig stellen*.

Die Schritte entsprechen dem Einrichten eines lokalen Druckers. Im Dialogfeld mit der Fertigmeldung können Sie z.B. eine Testseite ausdrucken lassen.

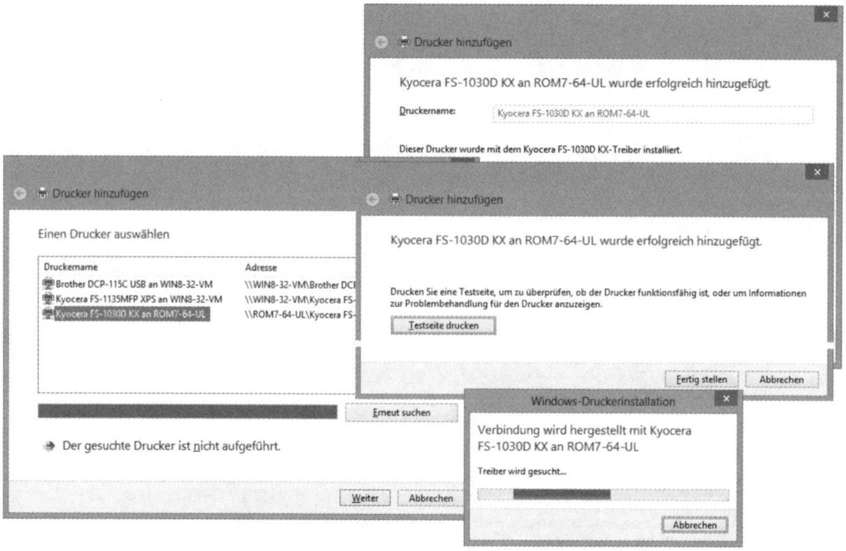

Bild 27.10: Netzwerkdruckerinstallation

27.2.4 Drucker löschen

Zum Löschen eines Druckers sind nur wenige Mausklicks erforderlich. Öffnen Sie unter einem Administratorkonto das Ordnerfenster *Geräte und Drucker* (siehe vorhergehende Seiten), markieren Sie das Druckersymbol mit einem Mausklick und wählen Sie in der Symbolleiste die Schaltfläche *Gerät entfernen*. Alternativ können Sie auch den gleichnamigen Kontextmenübefehl des Druckersymbols wählen. Bestätigen Sie ggf. die angezeigte Abfrage der Benutzerkontensteuerung. Nach einer Sicherheitsabfrage, ob das Gerät entfernt werden darf, die Sie über die *Ja*-Schaltfläche bestätigen, wird der Drucker aus dem Ordnerfenster gelöscht.

HINWEIS

Es wird auch nur das Druckersymbol aus dem Ordnerfenster gelöscht; die Druckertreiber bleiben weiterhin installiert. Schließen Sie den Drucker erneut an das System an, können Sie den Treiber mittels der auf den vorhergehenden Seiten erläuterten Schritte zur Druckerinstallation reaktivieren. Den Druckertreiber können Sie über die Eigenschaften des Druckerservers löschen (siehe den Abschnitt »27.2.5 Eigenschaften des Druckerservers anpassen« in diesem Kapitel).

27.2.5 Eigenschaften des Druckerservers anpassen

Die Ausgabe der Druckdaten erfolgt durch den Windows-Druckerserver. Sie können die Eigenschaften dieses Druckerservers abfragen und gegebenenfalls anpassen.

1. Markieren Sie im Ordnerfenster *Geräte und Drucker* das gewünschte Druckersymbol und wählen Sie in der Symbolleiste die Schaltfläche *Druckerserver-eigenschaften* (Bild 27.11, Hintergrund).

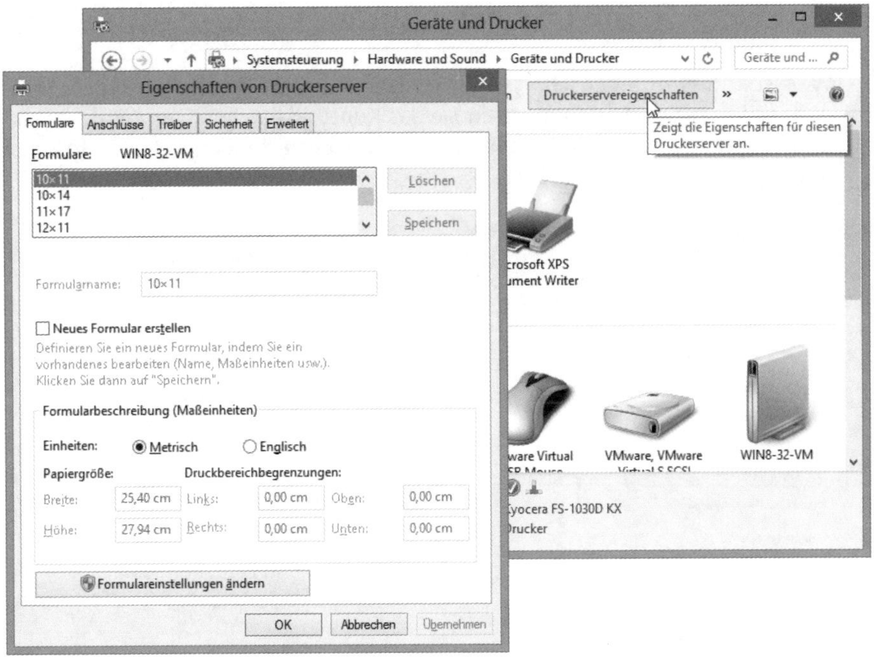

Bild 27.11: Eigenschaften des Druckerservers

2. Windows öffnet ein Eigenschaftenfenster mit verschiedenen Registerkarten (Bild 27.11, Vordergrund), in denen Sie die Einstellungen einsehen und ändern können.

Auf der Registerkarte *Treiber* werden beispielsweise die installierten Druckertreiber aufgeführt. Haben Sie einen Drucker gelöscht, können Sie dessen Treibereintrag anwählen und über die Schaltfläche *Entfernen* ebenfalls löschen lassen.

Auf der Registerkarte *Erweitert* werden verschiedene Optionen und die Lage des Spoolordners für Druckausgaben angezeigt. Möchten Sie bei Druckerstörungen eine Benachrichtigung in Form einer QuickInfo erhalten? Dann markieren Sie das Kontrollkästchen *Informative Benachrichtigung xxx* für den lokalen oder den Netzwerkdrucker. Um die »abgeblendeten« Eigenschaften zu ändern, wählen Sie erst die Schaltfläche *Erweiterte Einstellungen ändern* an und bestätigen die Abfrage der Benutzerkontensteuerung. Alle vorgenommenen Änderungen werden wirksam, sobald Sie die Registerkarte über die *OK*-Schaltfläche schließen.

27.2.6 Druckerfreigabe für das Netzwerk verwalten

Um einen am System angeschlossenen lokalen Drucker für die allgemeine Benutzung innerhalb des Netzwerks freizugeben, führen Sie folgende Schritte unter einem Administratorkonto aus:

1. Wählen Sie im Fenster *Geräte und Drucker* das Symbol des freizugebenden Druckers per Doppelklick an.

2. Wählen Sie im Fenster des Druck-Managers im Menü *Drucker* den Befehl *Freigabe* (Bild 27.12, links).
3. Wechseln Sie im Eigenschaftenfenster des Druckers zur Registerkarte *Freigabe* (Bild 27.12, rechts), markieren Sie das Kontrollkästchen *Drucker freigeben* und tragen Sie einen Freigabenamen in das betreffende Textfeld ein oder übernehmen Sie die Vorgabe.

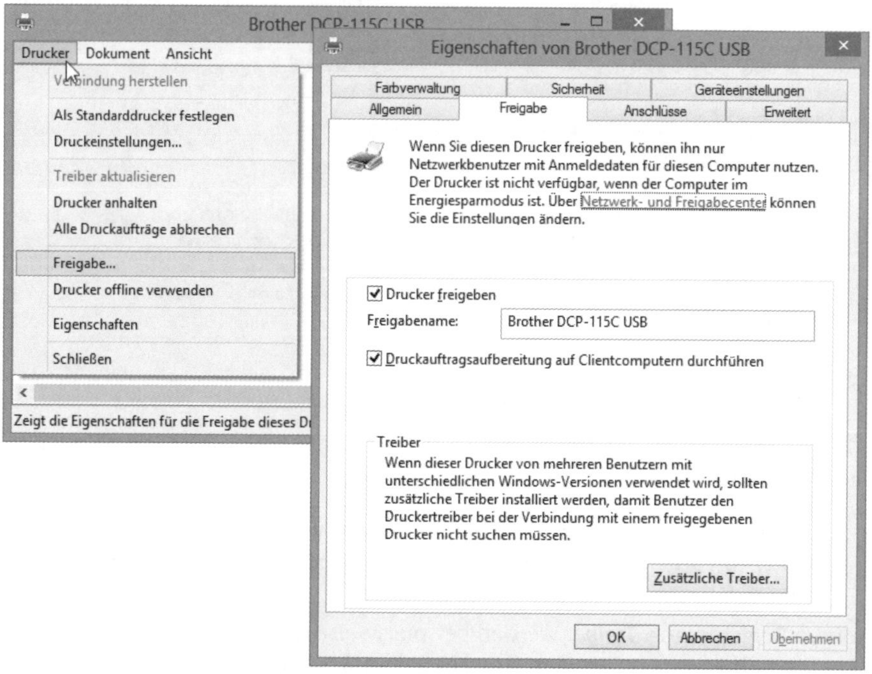

Bild 27.12: Druckerfreigabe im Netzwerk

Windows gibt den Drucker unter dem angegebenen Namen im Netzwerk frei, sobald Sie die Registerkarte über die *OK*-Schaltfläche schließen. Anschließend können andere Benutzer im Netzwerk einen Netzwerkdrucker auf ihren Systemen einrichten und dann den freigegebenen Drucker verwenden.

Möchten Sie die Freigabe eines Druckers im Netzwerk wieder aufheben, führen Sie die obigen Schritte erneut aus, löschen aber auf der Registerkarte *Freigabe* die Markierung des Kontrollkästchens *Drucker freigeben*. In Eigenschaftenfenster erhalten Sie übrigens auch Zugriff auf die unterschiedlichen Druckereigenschaften.

27.3 Wissenswertes zum Drucken

Der folgende Abschnitt enthält noch einige Hinweise zur Druckausgabe und erläutert, wie Sie auf Druckerstörungen reagieren oder die Druckoptionen anpassen.

27.3.1 Drucken aus Windows-Anwendungen

Hinweise, wie Sie aus Apps drucken, finden Sie in den verschiedenen Kapiteln dieses Buchs (z.B. in *Kapitel 3* und *15*). Nun möchte ich noch einige Hinweise zum Drucken aus Desktop-Anwendungen geben. Windows bietet Ihnen hier verschiedene Möglichkeiten zum Drucken von Dokumenten. Da die Vorgehensweise identisch ist, hier eine Übersicht.

- Die gebräuchlichste Variante besteht darin, das in der Anwendung geladene Dokument über die in der Symbolleiste bzw. im Menüband des Anwendungsfensters sichtbare *Drucken*-Schaltfläche auszudrucken. In diesem Fall wird normalerweise das gesamte Dokument auf dem Standarddrucker und mit den Standardeinstellungen ausgegeben. Während der Druckausgabe zeigt die betreffende Anwendung ggf. eine Statusanzeige, über deren *Abbrechen*-Schaltfläche Sie die Ausgabe stoppen können.
- Möchten Sie die Druckoptionen oder das Ausgabegerät kontrollieren, wählen Sie dagegen den Befehl *Drucken* im Menü *Datei* oder im Menü der Anwendungsschaltfläche (z.B. bei WordPad die *Datei*-Schaltfläche, Bild 27.13, Hintergrund) des Anwendungsfensters oder drücken die Tastenkombination Strg+P. Dann öffnet Windows das Dialogfeld *Drucken*, das Ihnen Gelegenheit zur Auswahl der Druckoptionen gibt. Verwendet die Anwendung das von Windows bereitgestellte Dialogfeld, sieht dieses wie in Bild 27.13, Vordergrund, gezeigt aus. Manche Anwendungen wie beispielsweise die Microsoft Office-Programme verwenden aber eigene Druckdialoge, die ein leicht abweichendes Aussehen aufweisen. Im Dialogfeld *Drucken* lassen sich die Druckoptionen sowie der Drucker wählen und die Druckausgabe über die *Drucken*-Schaltfläche starten.

Einige Dokumentdateien lassen sich auch direkt aus Windows auf dem Standarddrucker ausgeben, ohne dass Sie dazu die zugehörige Anwendung starten müssen. Klicken Sie z.B. mit der rechten Maustaste auf eine Dokumentdatei und befindet sich im Kontextmenü der Befehl *Drucken* (Bild 27.14), können Sie das Dokument direkt aus Windows drucken. In diesem Fall startet Windows die für den Dokumenttyp passende Anwendung und veranlasst diese, das Dokument zu laden und zu drucken. In der Regel bemerkt der Benutzer davon nichts, da das Anwendungsfenster meist unsichtbar bleibt oder nur kurzzeitig auf dem Desktop erscheint.

Die Anwendung übergibt die aufbereiteten Druckdaten an den Windows-Druck-Manager. Dies hat den Vorteil, dass der Druckvorgang bereits nach kurzer Zeit aus Sicht der Anwendung abgeschlossen ist und der Benutzer mit dem Programm weiterarbeiten kann. Der Druck-Manager übernimmt dann die Druckausgabe im Hintergrund. Sobald die Daten an den Druck-Manager weitergereicht wurden, lässt sich die Druckausgabe aber nicht mehr aus der Anwendung heraus abbrechen. Sie haben aber die Möglichkeit, über den Druck-Manager auf Druckaufträge zuzugreifen und diese zwangsweise zu beenden (siehe folgende Abschnitte).

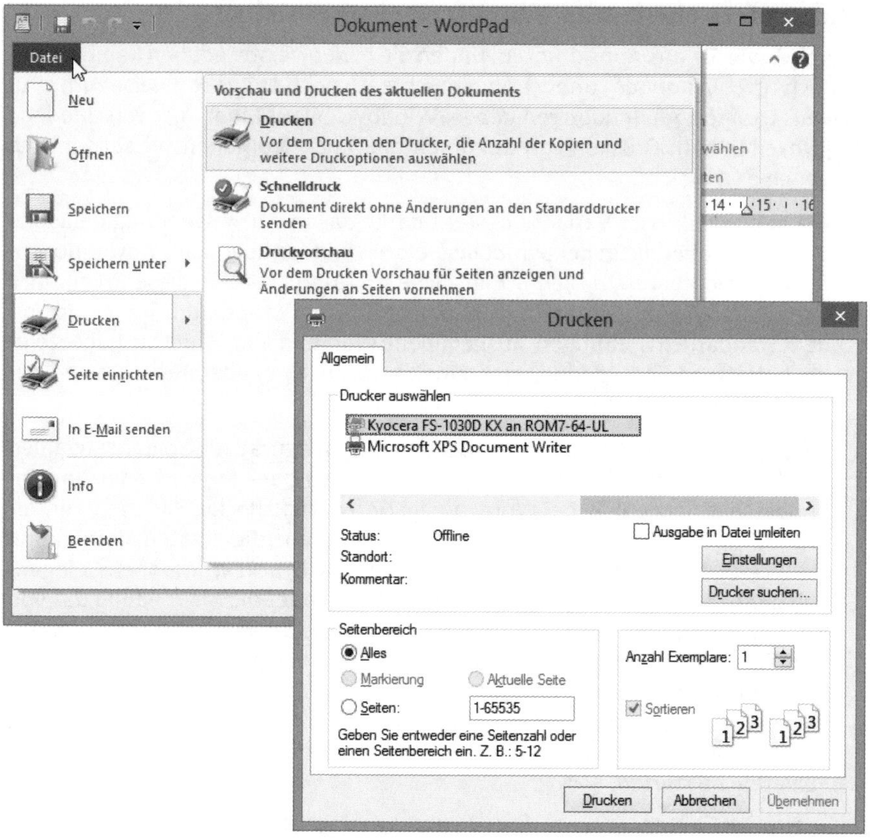

Bild 27.13: *Drucken*-Dialogfeld einer Anwendung

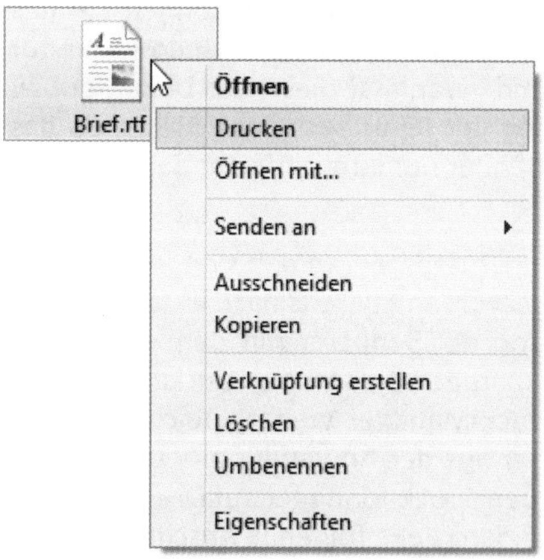

Bild 27.14: Kontextmenü mit *Drucken*-Befehl eines Dokuments

27.4 Druckoptionen festlegen

Auf der Registerkarte *Allgemein* des Dialogfelds *Drucken* (Bild 27.13, Vordergrund) lassen sich die Druckoptionen einstellen. Die Gruppe *Drucker auswählen* zeigt eine Liste der installierten bzw. verfügbaren Drucker sowie die Eigenschaften des aktuell gewählten Ausgabegeräts.

- Beim ersten Aufruf des Dialogfelds ist der Standarddrucker eingestellt. Um einen anderen Drucker auszuwählen, klicken Sie das betreffende Symbol in der Druckerliste an. Diese Auswahl bleibt gültig, bis Sie das Anwendungsprogramm wieder schließen.
- Über das Symbol *Drucker hinzufügen* der Druckerliste lassen sich auch direkt im Dialogfeld *Drucken* neue Drucker installieren. Arbeiten Sie in einem Netzwerk, können Sie über die Schaltfläche *Drucker suchen* ein Ordnerfenster öffnen, in dem sich auf Netzwerkstationen und deren freigegebene Drucker zugreifen lässt. Der ausgewählte Netzwerkdrucker kann dann zur Ausgabe verwendet werden.
- Eine Markierung des Kontrollkästchens *Ausgabe in Datei umleiten* im Dialogfeld *Drucken* leitet die Ausgabe der Druckdaten in eine lokale Datei um. Nach dem Start des Ausdrucks erscheint ein Dialogfeld zur Auswahl des Zielverzeichnisses der Druckdatei (Bild 27.15). Wählen Sie den Zielordner und geben Sie einen Dateinamen in das Textfeld ein, wird die Druckdatei mit der Dateinamenerweiterung *.prn* im Zielordner gespeichert. Verwenden Sie einen PostScript-Drucker, stellen Sie den Dateityp auf »Alle Dateien (*.*)« und geben im Dateinamen die Dateinamenerweiterung *.ps* mit an. Solche PostScript-Dateien lassen sich beispielsweise mit dem Adobe Distiller in eine PDF-Datei überführen.
- In der Gruppe *Seitenbereich* des Dialogfelds *Drucken* legen Sie fest, ob das Gesamtdokument (Option *Alles*) oder lediglich ein ausgewählter Bereich (*Markierung* oder *Seiten*) zu drucken ist. Das Optionsfeld *Markierung* wird nur freigegeben, wenn vor Aufruf des *Drucken*-Dialogfelds ein Teil des Dokuments markiert war. Ist das Optionsfeld *Seiten* markiert, ist im zugehörigen Textfeld der Seitenbereich (z.B. »10–15«) anzugeben. Je nach Anwendung lassen sich über die Gruppe *Anzahl Exemplare* die Anzahl der gewünschten Kopien und die Sortieroption einstellen.

HINWEIS

Standardmäßig stellt Windows bereits den Drucker »Microsoft XPS Document Writer« zur Verfügung. Dies ist ein besonderer Druckkanal, der die Druckergebnisse als *.oxps*- oder *.xps*-Datei auf der Festplatte speichern kann. Solche Druckdateien lassen sich später per Doppelklick in der Reader-App ansehen (*Kapitel 17*). Wer lieber auf das PDF-Format setzt (und dieses aus allen Anwendungen heraus per Druckfunktion erzeugen will), kann einen der frei verfügbaren PDF-Druckertreiber (z.B. Bullzip PDF Printer, `http://www.bullzip.com/` [w8-k27-001]) installieren. Diese Ausgaben lassen sich mit der Reader-App oder mit dem kostenlosen Adobe Reader (`http://www.adobe.com/de/downloads/` [w8-k27-002]) anzeigen.

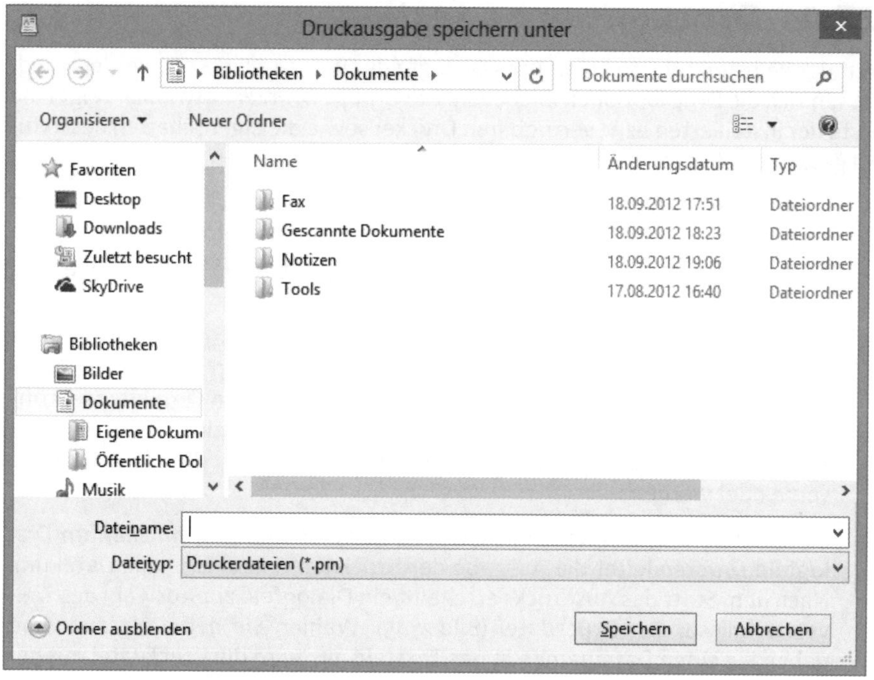

Bild 27.15: Drucken in eine Datei

Die Schaltfläche *Einstellungen* des *Drucken*-Dialogfelds öffnet ein Eigenschaftenfenster mit Registerkarten wie *Layout* und *Papier/Qualität*.

- Auf der Registerkarte *Layout* lassen sich die Ausrichtung der Seite (Hoch-/Querformat) sowie je nach Druckertyp die Seitenreihenfolge oder die Zahl der Seiten pro Blatt einstellen (Bild 27.16, unten links).
- Über die Registerkarte *Papier/Qualität* (Bild 27.16, oben links) können Sie bei geeigneten Druckern über Optionsfelder zwischen Schwarz-Weiß- und Farbdruck umstellen. Ggf. finden sich noch Optionen zur Auswahl der Druckqualität oder Listenfelder zur Auswahl der Papierquelle und der Papierart.
- Klicken Sie auf der angezeigten Registerkarte auf die Schaltfläche *Erweitert*, öffnet Windows ein Dialogfeld mit den erweiterten Dokumenteinstellungen für den Drucker (Bild 27.16, rechts). Durch Anwählen einzelner Zweige können Sie die verfügbaren Optionen anzeigen und auswählen. Klicken Sie auf eine als Hyperlink dargestellte Textstelle, blendet Windows das verfügbare Steuerelement ein. Im Zweig *Papier/Ausgabe* lässt sich beispielsweise die Papiergröße oder die Anzahl der Kopien wählen. Die Grafikqualität bei der Druckausgabe wählen Sie ebenfalls in diesem Dialogfeld im Zweig *Grafik*.

Beachten Sie aber, dass die Optionen der Registerkarte *Layout* sowie die erweiterten Druckoptionen vom gewählten Drucker abhängen. Unter Umständen zeigt das Dialogfeld bei Ihnen abweichende Informationen.

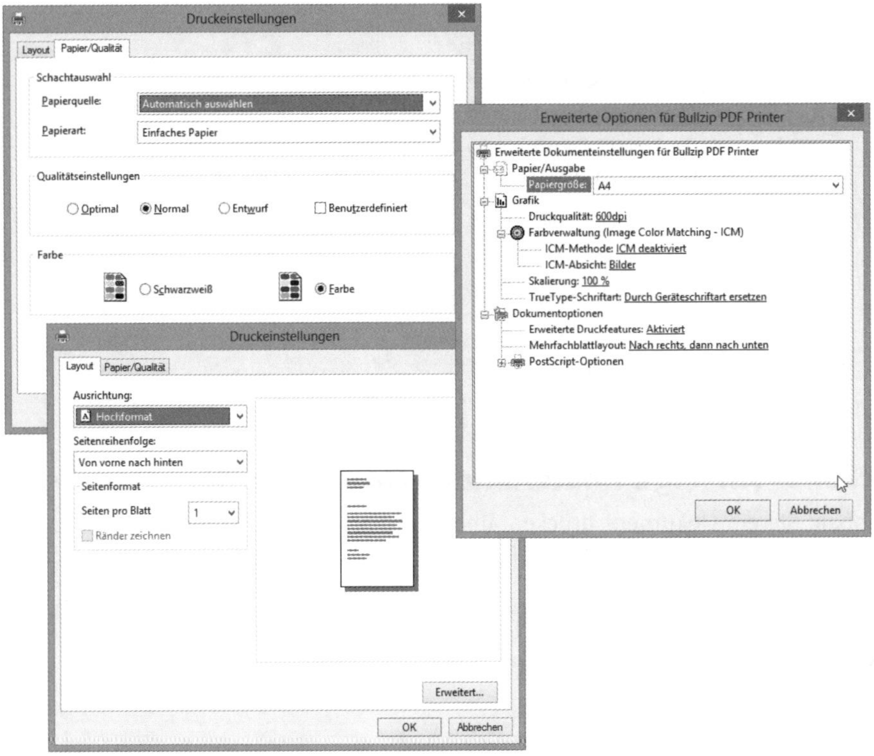

Bild 27.16: Druckereinstellungen

27.4.1 Den Standarddrucker festlegen

Bei mehreren Druckern (dies ist bei Windows durch den Fax- und XPS-Drucker quasi immer der Fall) wird eines dieser Geräte als Standarddrucker verwendet. Alle Druckausgaben (z.B. über die Schaltfläche *Drucken*) erfolgen dann an dieses Gerät.

1. Um ein anderes Gerät als Standarddrucker festzulegen, öffnen Sie das Fenster *Geräte und Drucker* über das Startmenü.
2. Klicken Sie das Symbol des gewünschten Druckers mit der rechten Maustaste an und wählen Sie den Kontextmenübefehl *Als Standarddrucker festlegen* (Bild 27.17).

Den Standarddrucker erkennen Sie an der Markierung (grüner Kreis mit Häkchen) des Druckersymbols. Weiterhin wird der Befehl *Als Standarddrucker festlegen* im Kontextmenü des betreffenden Druckers durch ein Häkchen markiert.

> Sie können den Standarddrucker auch direkt im Dialogfeld *Drucken* festlegen, indem Sie in der Liste *Drucker auswählen* ein Druckersymbol mit der rechten Maustaste anklicken und den Kontextmenübefehl *Als Standarddrucker festlegen* wählen.
>
> TIPP

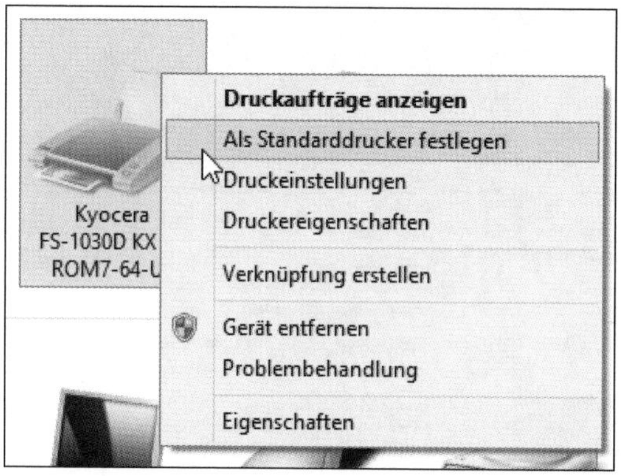

Bild 27.17: Auswahl des Standarddruckers

27.4.2 Anzeige anstehender Druckaufträge

Sobald Sie ein Dokument drucken, übergibt die Anwendung die Druckdaten an den Windows-Druck-Manager. Solange der Druckauftrag noch nicht abgewickelt (d.h. an den Drucker ausgegeben) ist, zeigt Windows ein stilisiertes Druckersymbol im Infobereich der Taskleiste (Bild 27.18).

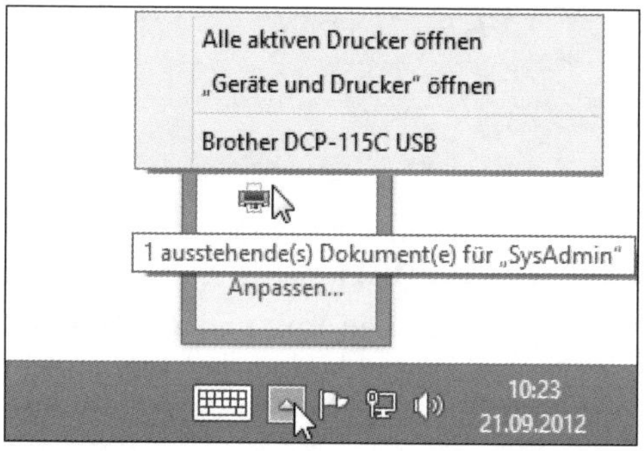

Bild 27.18: Anzeige anstehender Druckaufträge

Notfalls wählen Sie die Schaltfläche *Ausgeblendete Symbole einblenden* in der Taskleiste an, um die komplette Palette der Symbole zu sehen. Um eine Übersicht zu erhalten, wie viele Druckaufträge anstehen, reicht es, mit der Maus auf das Druckersymbol zu zeigen. Windows blendet dann eine QuickInfo mit der Anzahl der Druckaufträge ein (Bild 27.18). Über das Kontextmenü des Symbols lässt sich auf den Druck-Manager des aktuellen Druckers, auf den Druck-Manager aller Drucker oder auf das Fenster *Geräte und Drucker* zugreifen. Das Druckersymbol verschwindet automatisch aus dem Infobereich der Taskleiste, sobald alle anstehenden Druckaufträge abgewickelt wurden.

HINWEIS

Liegt eine Druckerstörung (Papiermangel, Papierstau etc.) vor, wird der anstehende Druckauftrag nicht abgewickelt. Das Druckersymbol bleibt dann im Infobereich der Statusleiste sichtbar und das Gerät wird das Dokument auch nicht ausdrucken. Zudem kann Windows eine entsprechende Fehlerbenachrichtigung ausgeben. In diesem Fall müssen Sie den Grund der Störung ermitteln. Prüfen Sie, ob der Drucker am Computer angeschlossen und eingeschaltet ist. Kontrollieren Sie auch, ob Strom vorhanden ist. Manchmal sind lockere Stecker oder gezogene Netzstecker die Ursache für Störungen. Prüfen Sie, ob der Drucker fälschlicherweise auf Offline geschaltet ist, und stellen Sie in diesem Fall den Drucker auf Online. Prüfen Sie, ob der Drucker über Papier und andere Verbrauchsmaterialien (z.B. Toner, Tinte etc.) verfügt. Das Druckerhandbuch gibt Ihnen ggf. Auskunft über mögliche Ursachen einer Störung. Sofern die Ursache der Druckerstörung nicht direkt am Drucker ersichtlich ist, können Sie den Fehlerstatus auch im Fenster des Druck-Managers erfragen (Bild 27.19). Sobald die Störung behoben ist, nimmt Windows die Druckausgabe wieder auf. Können Sie die Störung nicht beseitigen, sollten Sie ggf. den Druckauftrag aus dem Druck-Manager löschen (siehe die folgenden Seiten).

27.4.3 Druckaufträge kontrollieren

Sobald Sie ein Dokument drucken, übergibt die Anwendung die Druckdaten an den Windows-Druck-Manager. Zur Kontrolle und Verwaltung der Druckaufträge öffnen Sie das Fenster des Druck-Managers (z.B. über das Kontextmenü des im Infobereich der Taskleiste eingeblendeten Druckersymbols oder über den Kontextmenübefehl *Druckaufträge anzeigen* des Druckersymbols im Fenster *Geräte und Drucker*). Im Fenster des Druck-Managers werden die anstehenden Druckaufträge zeilenweise aufgelistet (Bild 27.19). Der gerade in Bearbeitung befindliche Auftrag erscheint in der obersten Zeile. In mehreren Spalten liefert der Druck-Manager folgende Informationen:

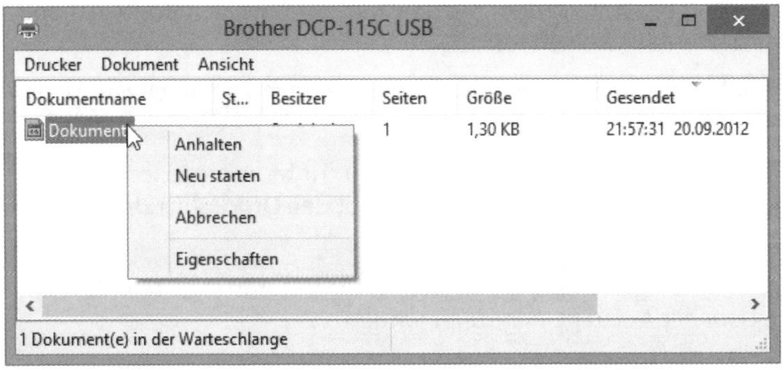

Bild 27.19: Druckaufträge und Kontextmenübefehle im Druck-Manager

- In der ersten Spalte wird der vom druckenden Programm vergebene Dokumentname aufgeführt.
- Die zweite Spalte *Status* zeigt Informationen über den Status des jeweiligen Druckauftrags. Bei den noch wartenden Druckaufträgen sehen Sie, ob diese vom Benutzer angehalten wurden.

- Die Spalte *Besitzer* meldet Ihnen in einem Netzwerk, wer dieses Dokument ausdrucken möchte (hilfreich bei Druckerstörungen, um den Besitzer des Dokuments zu verständigen).
- Die Spalten *Seiten* und *Größe* signalisieren bei längeren Dokumenten den Fortschritt des Ausdrucks.
- Die letzte Spalte *Gesendet* gibt noch die Startzeit an, zu der das Dokument vom Programm zum »Ausdrucken« gegeben wurde.

Über die Menüleiste können Sie die Druckausgabe steuern und beispielsweise die Druckaufträge anhalten, fortsetzen oder abbrechen (siehe die folgenden Abschnitte).

TIPP

Sind die Spalten zu schmal und eine Information wird am rechten Rand abgeschnitten? Dann zeigen Sie mit der Maus auf den Spaltentrenner im Spaltenkopf und ziehen diesen bei gedrückter linker Maustaste nach rechts. Dadurch wird die Spalte breiter.

27.4.4 Druckaufträge anhalten, fortsetzen oder abbrechen

Zum Anhalten eines Druckauftrags oder zum Abbrechen klicken Sie mit der rechten Maustaste in der Spalte *Dokumentname* des Druck-Managers auf die Zeile des gewünschten Druckauftrags und wählen im Kontextmenü den gewünschten Befehl aus (Bild 27.19). Die Befehle stehen alternativ auch im Menü *Dokument* zur Verfügung.

- Mit *Anhalten* wird die Ausgabe anstehender, aber noch nicht begonnener Aufträge angehalten und in der Spalte *Status* mit einer entsprechenden Meldung bestätigt. Dadurch lassen sich umfangreichere Druckaufträge zugunsten dringender Aufträge zurückstellen.
- Die Ausgabe erfolgt erst, nachdem Sie den Auftrag über den Kontextmenübefehl *Fortsetzen* erneut freigeben.
- Mit dem Befehl *Abbrechen* lassen sich anstehende Aufträge (auch der aktuell in Bearbeitung befindliche) verwerfen.
- Gab es Probleme beim Ausdruck (z.B. Papierstau, Tintenpatrone leer), können Sie den Befehl *Neu starten* wählen. Windows gibt den Druckauftrag erneut ab der ersten Seite wieder aus.

Es dauert aber immer einige Sekunden, bis der Status des Auftrags geändert und die aktualisierte Liste der Aufträge angezeigt wird.

TIPP

Möchten Sie alle Druckaufträge abbrechen, ist es günstiger, im Menü *Drucker* den Befehl *Alle Druckaufträge abbrechen* zu wählen (Bild 27.20). In diesem Menü können Sie auch den Befehl *Drucker anhalten* wählen. Dann unterbricht Windows die Druckausgabe. Das Anhalten des Druckers ist recht praktisch, falls dieser zeitweise nicht benutzbar ist. Sie können bei einem angehaltenen Drucker den anstehenden Druckauftrag über die Kontextmenübefehle *Neu starten* aktualisieren und über *Abbrechen* gezielt beenden. Geben Sie danach den Drucker durch erneute Anwahl des Befehls *Drucker anhalten* wieder zur Ausgabe frei.

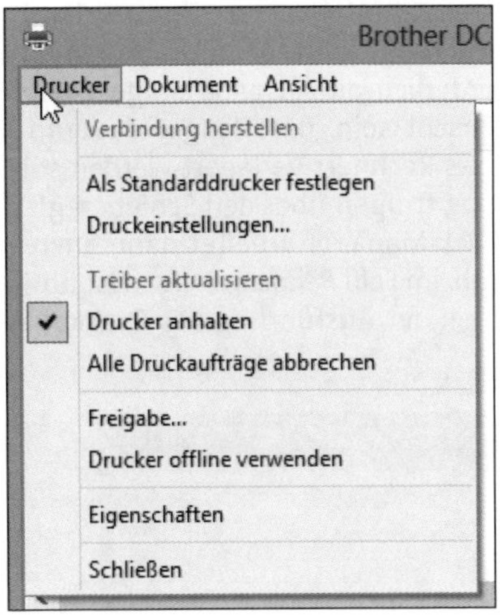

Bild 27.20: Menü *Drucker* mit den verfügbaren Befehlen

Im Menü *Drucker* erkennen Sie auch, ob das Gerät als Standarddrucker eingestellt ist. In diesem Fall erscheint vor dem Befehl *Als Standarddrucker festlegen* ein kleines Häkchen. Fehlt dieses Häkchen, klicken Sie einfach auf den Befehl. Dann stellt Windows das betreffende Gerät als Standarddrucker ein.

Ist der Drucker im Netzwerk zur gemeinsamen Nutzung durch Dritte freigegeben? Dann sollten Sie das Gerät zur Störungsbehebung nicht einfach abschalten. Halten Sie die Druckausgabe für den lokalen, aber im Netzwerk als Server fungierenden Drucker an. Müssen Sie bereits begonnene Druckaufträge abbrechen, informieren Sie die betroffenen Besitzer. Drucken Sie selbst über ein Netzwerk? Dann klappt der Befehl *Drucker anhalten* nicht, da der Druck-Manager in diesem Fall als Client arbeitet und nicht einfach die Druckausgabe des Servers anhalten kann. Verwenden Sie stattdessen den Befehl *Drucker offline verwenden*, um im Client die Druckausgabe an den Druckerserver abzuschalten. Durch erneute Anwahl der betreffenden Befehle lässt sich der Drucker wieder freigeben (ein Häkchen vor dem Befehl signalisiert, ob der Drucker offline ist).

27.4.5 Die Eigenschaften eines Druckauftrags anpassen

Druckaufträge besitzen verschiedene Eigenschaften wie eine Priorität, einen Besitzer oder ein Zeitintervall, zu dem der Auftrag ausgedruckt werden darf etc. Um diese Eigenschaften einzusehen oder anzupassen, klicken Sie den Druckauftrag im Fenster des Druck-Managers mit der rechten Maustaste an und wählen den Kontextmenübefehl *Eigenschaften*. Anschließend können Sie auf der Registerkarte *Allgemein* des Eigenschaftenfensters (Bild 27.21) die Angaben zum Druckauftrag einsehen sowie die Priorität und das Zeitfenster ändern.

Läuft ein Rechner mit dem angeschlossenen Drucker kontinuierlich durch, haben Sie die Möglichkeit, die Druckausgabe eines Auftrags zeitlich verzögert auszuführen. Setzen Sie in der Gruppe *Zeitplan* die Markierung auf das Optionsfeld *Nur von* und legen Sie in den zugehörigen Drehfeldern das Zeitintervall fest. Der Druckauftrag wird dann nur im angegebenen Zeitintervall ausgeführt. Beim Drucken mehrerer umfangreicher Dokumente ist es ggf. erforderlich, die Ausgabe einiger Dokumente vorzuziehen. Weiterhin kann es erwünscht sein, dass länger dauernde Druckaufträge in Zeiten geringer Auslastung des Rechners verlagert werden sollen. Hierzu können Sie den anstehenden Druckaufträgen über den Schieberegler unterschiedliche Prioritäten zuweisen. Der Druck-Manager arbeitet dann anstehende Druckaufträge gemäß Ihren Prioritäten ab. Im Feld *Benachrichtigen* ist übrigens der Name des Besitzers aufgeführt, der bei der Ausführung des Druckauftrags zu benachrichtigen ist.

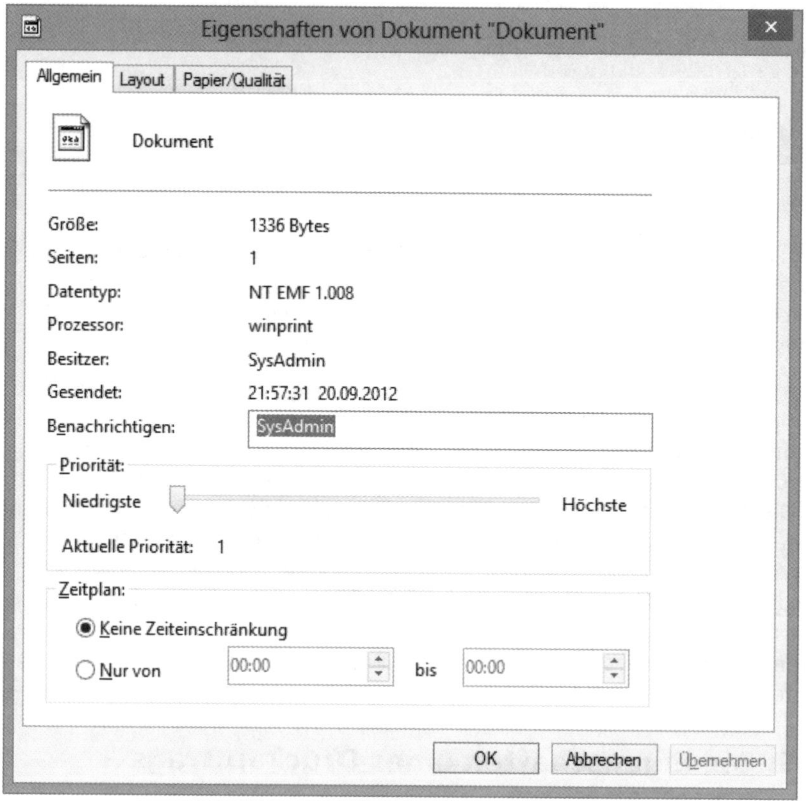

Bild 27.21: Eigenschaften eines Druckauftrags

28 Hard- und Softwareinstallation

Zum Betrieb von Hardware benötigt Windows entsprechende Treiber. Zudem lassen sich unter dem Betriebssystem neue Softwarekomponenten einrichten bzw. installierte Komponenten wieder entfernen. Dieses Kapitel befasst sich mit der Frage, wie sich neue Hard- und Software (mit Administratorberechtigungen) installieren und ggf. wieder entfernen lässt.

28.1 Geräteinstallation unter Windows

Dieser Abschnitt beschreibt, was Sie bei der Installation von Hardware bzw. der zugehörigen Treiber beachten sollten.

28.1.1 Automatische Treiberinstallation

Sobald Sie ein neues Gerät an den Windows 8-Rechner anschließen, sollte dieses durch das Betriebssystem erkannt werden. Das Gleiche gilt nach dem Einbau einer neuen Komponente. Windows wird diese Komponente nach dem nächsten Hochfahren und Anmelden erkennen.

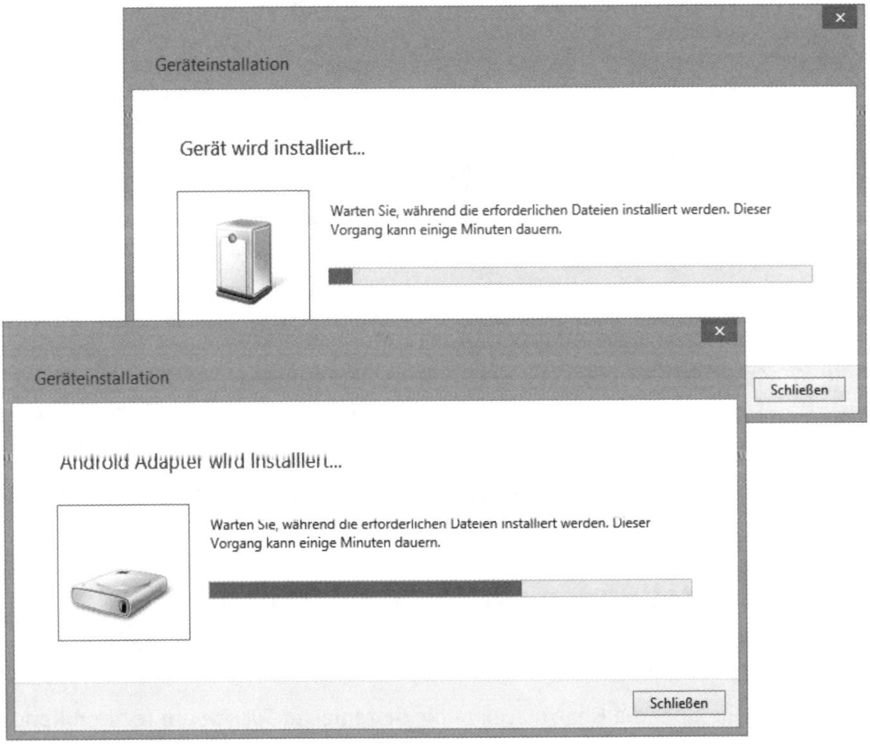

Bild 28.1: Informationen während der Treiberinstallation

In beiden Fällen startet ein Hardware-Assistent zur Geräteinstallation und informiert Sie über ein Dialogfeld, dass die Treiberinstallation erfolgt (Bild 15.19, oben). Im Idealfall unterstützt Windows 8 bereits das betreffende Gerät und stellt intern die benötigten Treiber bereit. Andernfalls versucht das Betriebssystem, die Treiber über Windows Update nachzuladen. Sobald das Gerät erkannt ist, zeigt Windows den Gerätetyp im Dialogfeld an (Bild 15.19, unten).

Dieses Dialogfeld sehen Sie aber nur bei angezeigtem Desktop. Wird die neue Benutzeroberfläche angezeigt und haben Sie auf der Seite *PC-Einstellungen* die Kategorie *Geräte* gewählt, erscheint während der Treiberinstallation eine Fortschrittsanzeige in der Geräteliste. Anschließend taucht das Gerät unter seinem Namen in der Geräteliste auf (Bild 28.2).

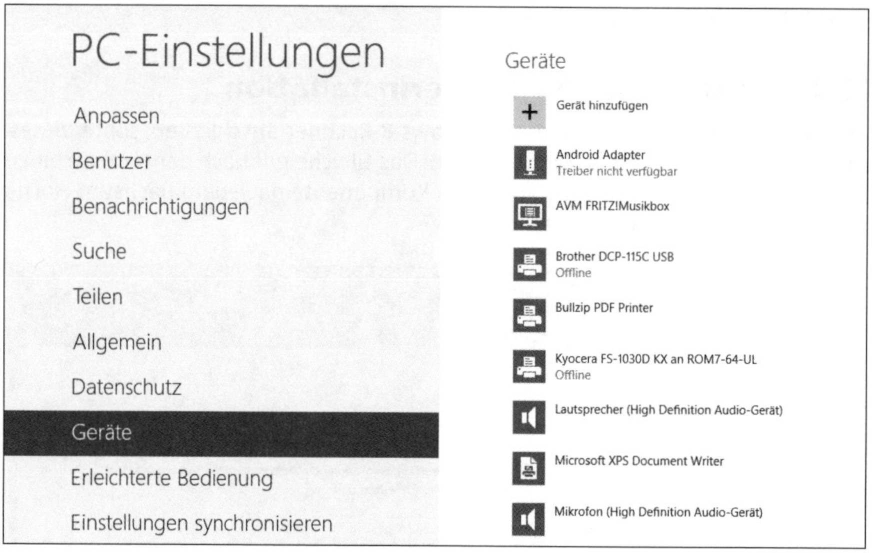

Bild 28.2: Geräteseite mit Informationen zu Fehlern bei der Treiberinstallation

Kann Windows keine Treiber für ein Gerät anbieten und schlägt auch die Suche nach Treibern auf dem Windows Update-Server fehl, erhalten Sie auf der Seite *PC-Einstellungen/Geräte* einen entsprechenden Hinweis. In Bild 28.2 fehlt beispielsweise der Treiber für den in der Geräteliste aufgeführten Android Adapter. In diesem Fall bleibt Ihnen nur die nachfolgend beschriebene, manuelle Treiberinstallation übrig.

28.1.2 Einstellungen zur Geräteinstallation

Wird bei Ihnen generell keine automatische Geräteinstallation ausgeführt, kann dies an einer Systemeinstellung liegen.

1. Blenden Sie über die Charms-Leiste die Seitenleiste *Suchen* am rechten Rand ein und tippen Sie den Begriff »Geräte« ein.
2. Wenn Sie anschließend die Kategorie *Funktionen* in der Seitenleiste *Suchen* wählen, werden die passenden Funktionen als Kacheln angezeigt (Bild 28.3).

3. Wählen Sie den Eintrag *Geräteinstallationseinstellungen ändern* und legen Sie dann die gewünschte Option fest.

Bild 28.3: Gerätefunktionen aufrufen

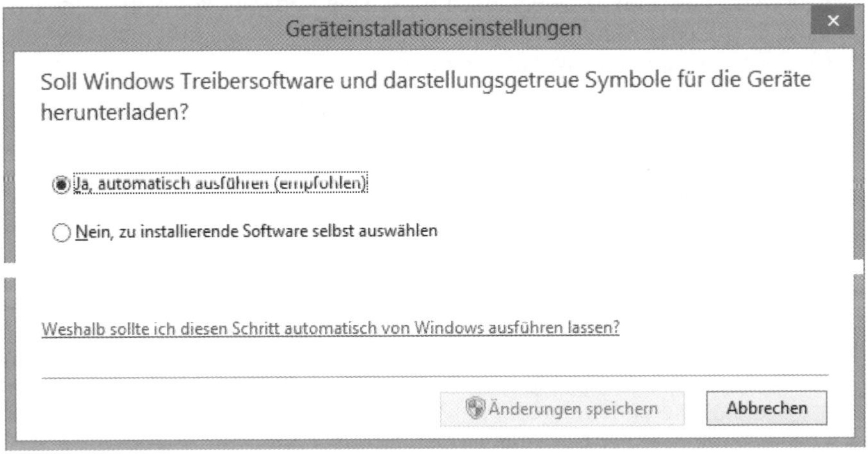

Bild 28.4: Geräteinstallationseinstellungen anpassen

Um eine automatische Treiberinstallation (und das Herunterladen darstellungsgetreuer Gerätesymbole für das Fenster *Geräte und Drucker*) zu erzwingen, markieren Sie das Optionsfeld *Ja, automatisch ausführen (empfohlen)*. Sobald Sie die Markierung umsetzen, lässt sich der Vorgang über die dann freigegebene Schaltfläche *Änderungen speichern* abschließen und ist über die Benutzerkontensteuerung zu bestätigen.

Noch ein Hinweis zur Geräteinstallation bei einer Internetverbindung über Einwählverbindungen oder Mobilfunknetze: Solche Verbindungen werden als »getaktete Verbindungen« bezeichnet, da die Abrechnung zeit- oder volumenabhängig erfolgt. Möchten Sie verhindern, dass eine Geräteinstallation zu einem Download von Treibern führt, gehen Sie zur Seite *PC-Einstellungen/Geräte* (Bild 28.2). Die Seite lässt sich direkt über den Befehl *Gerätesoftware in getakteten*

Internetverbindungen installieren aufrufen (Bild 28.3). Am unteren Ende der rechten Spalte lässt sich der Schiebeschalter *Download über getaktete Verbindungen* auf »Aus« stellen.

Dann unterbleibt der Download von Treibern, solange eine Mobilfunkverbindung aktiv ist.

28.1.3 Treiber manuell installieren

Gibt es Probleme bei der automatischen Treiberinstallation, bleibt Ihnen nur, die fehlenden Komponenten manuell zu installieren. Die genaue Vorgehensweise hängt dabei von den Begleitumständen ab. Hier einige Ansätze, was Sie tun können.

- Rufen Sie die Seite *PC-Einstellungen/Geräte* (Bild 28.2) auf und wählen Sie die Schaltfläche *Gerät hinzufügen*. Dies startet die Überprüfung auf neue Geräte – mit etwas Glück werden das Gerät und der zugehörige Treiber gefunden und automatisch eingerichtet.
- Prüfen Sie, ob der Gerätehersteller in seinen Unterlagen eine bestimmte Vorgehensweise vorschreibt. Gelegentlich muss eine Software vor dem Anschluss bzw. Einbau eines Geräts installiert werden. Diese hält die Informationen zur Geräteidentifikation für Windows bereit.
- In anderen Fällen legt der Gerätehersteller ein Treiberinstallationsprogramm auf CD oder DVD bei bzw. stellt dieses im Internet zum Download bereit. Dann ist das Treiberinstallationsprogramm auszuführen. Dieses installiert automatisch die für das Gerät benötigten Treiber.
- Die dritte Variante besteht darin, dass Treiber lokal auf einer CD/DVD oder als Download in einem lokalen Ordner vorliegen, es aber kein Treiberinstallationsprogramm gibt. In diesem Fall verwenden Sie die nachfolgend beschriebenen Funktionen des Geräte-Managers zur nachträglichen Treiberinstallation.

In allen Fällen ist es aber wichtig, dass der zu installierende Treiber zu Ihrem Windows 8-System und zum verwendeten Gerät passt. Bei älteren Geräten häufig noch beiliegenden Treiber-CDs sind die Gerätetreiber auf ältere Windows-Versionen wie Windows XP abgestimmt. Dann gibt es erfahrungsgemäß Probleme bei der Installation. Oder das Gerät funktioniert nach der Treiberinstallation nicht oder nicht richtig. Auf einem 64-Bit-Windows benötigen Sie zwingend 64-Bit-Treiber, die zudem durch den Hersteller signiert sein müssen. Achten Sie daher bei der Beschaffung neuer Hardware darauf, dass der Hersteller Windows 8 mit Treibern unterstützt.

28.1.4 Hardwareübersicht im Geräte-Manager kontrollieren

Bei der Installation neuer Hardwarekomponenten bzw. nach dem Entfernen von Geräten kann es zu Konflikten und Fehlern kommen. Manchmal wird kein Treiber installiert. Gelegentlich ist eine Treiberaktualisierung erforderlich oder ein Gerät muss deaktiviert werden. Eine Übersicht über die installierte Hardware samt deren Status liefert Ihnen der Geräte-Manager. Dieser ist auch die zentrale Instanz zur Behebung von Geräteproblemen. Zum Aufrufen des Geräte-Managers haben Sie mehrere Möglichkeiten.

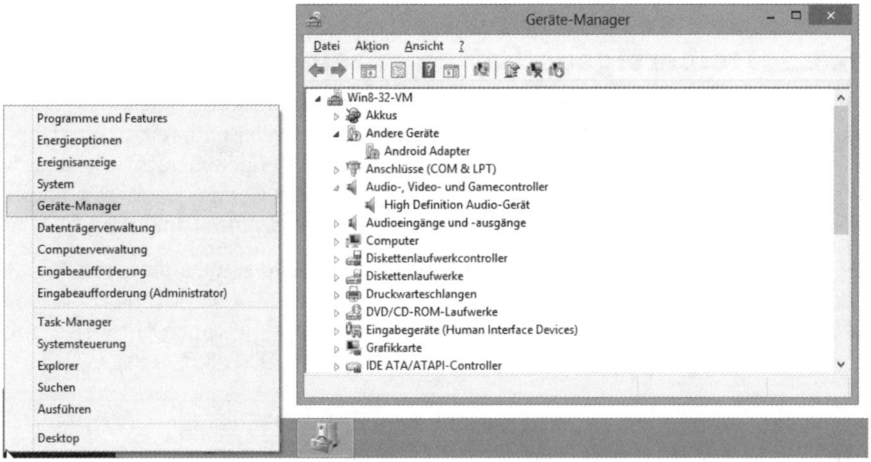

Bild 28.5: Geräte-Manager aufrufen

- Zeigen Sie per Maus in die linke untere Ecke des Windows-Desktops. Öffnen Sie per Klick mit der rechten Maustaste das Kontextmenü der eingeblendeten *Start*-Schaltfläche und wählen Sie den Befehl *Geräte-Manager* (Bild 28.5, Hintergrund).
- Drucken Sie die Tastenkombination [⊞]+[Pause] und wählen Sie in der Aufgabenleiste des angezeigten Fensters *System* den Befehl *Geräte-Manager.*
- Alternativ können Sie die Suchleiste über die Charms-Leiste am rechten Seitenrand einblenden und im Suchfeld den Text »Geräte« eintippen. Dann lässt sich bei angewählter Kategorie *Einstellungen* der angezeigte Befehl *Geräte-Manager* wählen (Bild 28.3).

Der Aufruf des Geräte-Managers erfordert keine Administratorberechtigungen. Das Programm weist Sie lediglich in einem Dialogfeld darauf hin, dass Sie sich nicht im Administratormodus befinden.

Der Geräte-Manager zeigt alle im System installierten Geräte samt deren Status nach Kategorien geordnet (z.B. Computer, Datenträger, Grafikkarte etc.) in einem Hardwarebaum an (Bild 28.5, rechts). Bei Bedarf können Sie die Zweige mit den angezeigten Geräten per Doppelklick auf den Namen der Gerätekategorie erweitern oder einklappen.

Die Symbolleiste des Fensters enthält (u.U. erst bei Anwahl eines Geräts) Schaltflächen, um nach geänderter Hardware zu suchen oder Geräte zu deaktivieren, zu aktivieren und zu deinstallieren. Im Menü *Ansicht* finden Sie übrigens einige Befehle, um die Anzeige nach bestimmten Kriterien zu sortieren oder ausgeblendete Geräte anzuzeigen.

Bei Problemen mit einem Gerät erweitert Windows beim Öffnen des Geräte-Managers die betreffenden Zweige automatisch. Ein gelbes Ausrufezeichen im Symbol des betreffenden Geräts weist auf ein Treiberproblem hin, das die Gerätefunktion beeinträchtigt (meist ist kein Treiber installiert). Deaktivierte Geräte werden durch einen nach unten zeigenden Pfeil im Gerätesymbol gekennzeichnet.

28.1.5 Treibereigenschaften anzeigen

Um sich über die Eigenschaften eines Treibers zu informieren, suchen Sie den betreffenden Geräteeintrag im Geräte-Manager. Anschließend reicht ein Doppelklick (oder Doppeltippen) auf das Symbol des betreffenden Geräts, um dessen Eigenschaftenfenster zu öffnen. Alternativ können Sie das Gerätesymbol mit einem Rechtsklick anwählen und den Kontextmenübefehl *Eigenschaften* anklicken.

Der Geräte-Manager öffnet ein Eigenschaftenfenster (Bild 28.6), auf dessen Registerkarten Sie Informationen über den Treiber erhalten. Die Registerkarte *Allgemein* informiert Sie über den Treiberstatus und liefert ggf. auch Hinweise auf einen vom Treiber an Windows gemeldeten Fehlercode (Bild 28.6, links).

HINWEIS

Wurde der Geräte-Manager nicht über ein Administratorkonto aufgerufen, können Sie im Eigenschaftenfenster eines Geräts auf der Registerkarte *Allgemein* über die Schaltfläche *Einstellungen ändern* die entsprechenden Berechtigungen anfordern. Dieser Vorgang muss über die Benutzerkontensteuerung bestätigt werden. Dann werden alle Schaltflächen zum Aktualisieren, Aktivieren/Deaktivieren oder Deinstallieren von Gerätetreibersoftware freigegeben.

Auf der Registerkarte *Details* können Sie über das Listenfeld *Eigenschaft* verschiedene Informationen abrufen, die das Gerät oder der installierte Treiber bei der Abfrage durch Windows liefert. Bei Geräten, zu denen Windows keine Treiber findet, hilft eventuell der auf der Registerkarte *Details* ermittelte Gerätetyp bei der Suche nach Treibern im Internet.

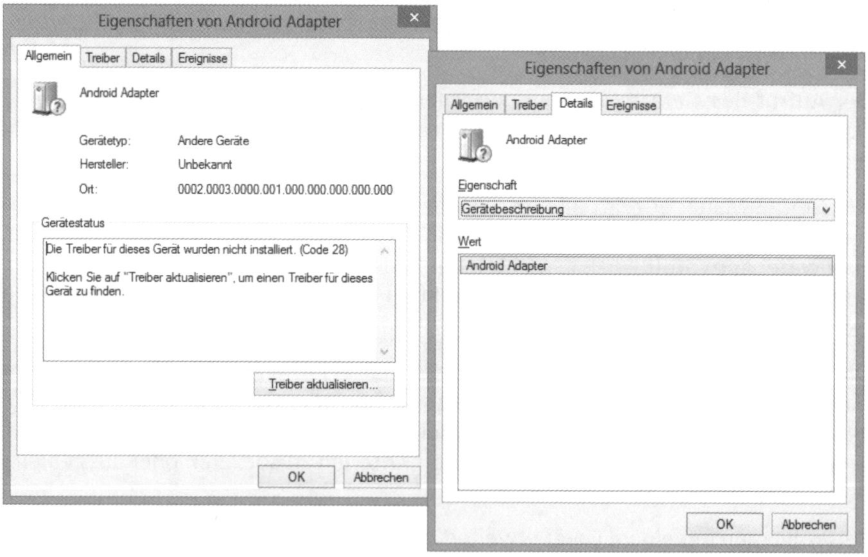

Bild 28.6: Treibereigenschaften anzeigen

28.1.6 Treiber deaktivieren, aktivieren oder deinstallieren

Über den Geräte-Manager lassen sich Treiber deaktivieren. Dann wird das Gerät durch Windows nicht benutzt. Zum Deaktivieren sind folgende Schritte erforderlich.

1. Wählen Sie das betreffende Gerätesymbol per Doppelklick im Geräte-Manager an und verschaffen Sie sich ggf. über die Schaltfläche *Einstellungen ändern* der Registerkarte *Allgemein* administrative Berechtigungen (siehe vorheriger Abschnitt).
2. Wechseln Sie zur Registerkarte *Treiber*, klicken Sie dort auf die Schaltfläche *Deaktivieren* (Bild 28.7, links) und bestätigen Sie das Dialogfeld mit der Sicherheitsabfrage über die *Ja*-Schaltfläche.

Anschließend wird das Gerät deaktiviert und im Geräte-Manager mit einem nach unten zeigenden Pfeil gekennzeichnet. Möchten Sie das Gerät später erneut verwenden, führen Sie die gleichen Schritte aus, wählen aber auf der Registerkarte *Treiber* die Schaltfläche *Aktivieren*. Anschließend befolgen Sie die Anweisungen des Aktivierungsassistenten.

Um einen Gerätetreiber zu deinstallieren, führen Sie die obigen Schritte aus, um sich administrative Rechte zu verschaffen. Danach gehen Sie nach der folgenden Handlungsanweisung vor.

1. Klicken Sie auf der Registerkarte *Treiber* auf die Schaltfläche *Deinstallieren* (Bild 28.7, links).
2. Im Folgedialogfeld *Deinstallation des Geräts bestätigen* (Bild 28.7, rechts) markieren Sie das ggf. vorhandene Kontrollkästchen *Die Treibersoftware für dieses Gerät löschen* und klicken auf die *OK*-Schaltfläche.

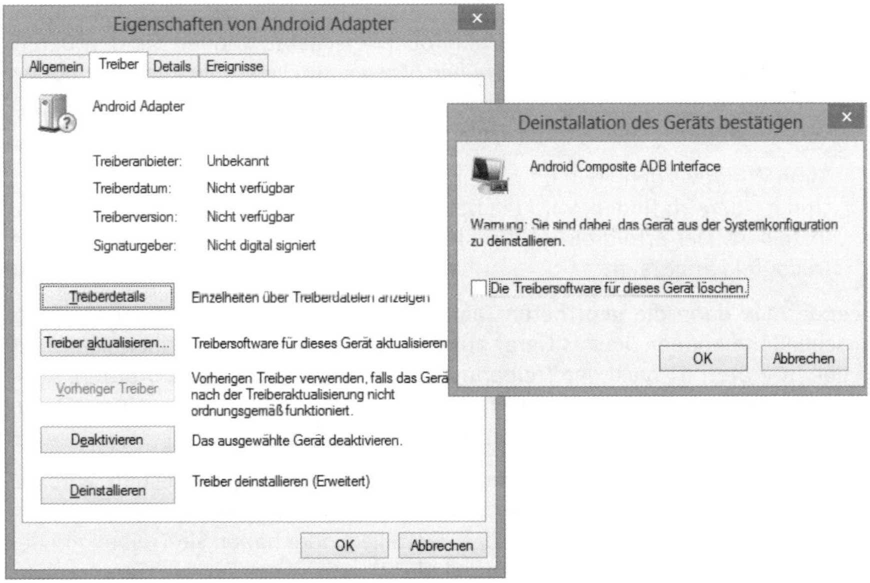

Bild 28.7: Treiber im Geräte-Manager deinstallieren

Eine Fortschrittsanzeige informiert Sie über die Deinstallation des Treibers. Sobald der Vorgang abgeschlossen ist, fahren Sie das System herunter und bauen die betreffende Hardwarekomponente aus – bei per USB angeschlossenen Geräten reicht das Abziehen von der USB-Buchse.

28.1.7 Treiber aktualisieren oder installieren

Konnte Windows keinen Treiber für ein angeschlossenes oder eingebautes Gerät finden bzw. installieren? Gibt es Probleme mit einem Treiber und verfügen Sie über eine neuere Fassung vom Gerätehersteller? Die Aktualisierung des Treibers erfolgt über den Geräte-Manager und die Registerkarte *Treiber*.

1. Wählen Sie das betreffende Gerätesymbol im Geräte-Manager per Doppelklick an oder verwenden Sie den Kontextmenübefehl *Eigenschaften*.
2. Klicken Sie auf der Registerkarte *Allgemein* (Bild 28.6) ggf. auf die Schaltfläche *Einstellungen ändern*, um Administratorberechtigungen zu erlangen.
3. Aktivieren Sie auf der Registerkarte *Treiber* (Bild 28.7, links) die Schaltfläche *Treiber aktualisieren*.
4. Anschließend befolgen Sie die auf den folgenden Seiten erläuterten Schritte des Installationsassistenten zur Treiberinstallation.

HINWEIS

Im Eigenschaftenfenster können Sie mittels der Registerkarten auch Details zu den von einem Treiber belegten Ressourcen abfragen. Geht etwas bei der Treiberaktualisierung schief, kehren Sie über die Schaltfläche *Vorheriger Treiber* auf der Registerkarte *Treiber* zur Vorgängerversion zurück.

Die Treiberinstallation erfolgt in Windows durch einen Assistenten, der Ihnen verschiedene Möglichkeiten zur Aktualisierung bietet.

- Sobald das Dialogfeld aus Bild 28.8, oben, erscheint, können Sie den Befehl *Automatisch nach aktueller Treibersoftware suchen* anwählen. Windows durchsucht den Computer sowie Windows Update (bei bestehender Internetverbindung) nach geeigneten Treibern.
- Kann Windows den Treiber im Treibercache des Computers oder im Windows Update-Bereich finden, wird die betreffende Datei ggf. heruntergeladen und installiert. Der erfolgreiche Abschluss der Treiberinstallation wird in einem Dialogfeld angezeigt.

Beenden Sie dann die geöffneten Dialogfelder über die *Schließen*-Schaltfläche. Anschließend können Sie das Gerät auf seine Funktionsfähigkeit überprüfen. Bei einigen Geräten ist nach der Treiberinstallation ein Neustart auszuführen. Windows 8 informiert Sie über diese Notwendigkeit. Sie sollten ggf. auch die Dokumentation des Geräteherstellers konsultieren.

Hat der Gerätehersteller Microsoft keinen Treiber zur Verfügung gestellt, wird die Suche auf dem Computer oder über Windows Update ergebnislos bleiben. Verfügen Sie über eine Treiber-CD/-DVD des Herstellers oder haben Sie Treiber von der Internetseite des Herstellers heruntergeladen?

1. In diesem Fall wählen Sie in der linken oberen Ecke des Dialogfelds die Schaltfläche *Zurück* und anschließend im Dialogfeld aus Bild 28.8, oben, den Befehl *Auf dem Computer nach Treibersoftware suchen*.
2. Im Dialogfeld *Auf dem Computer nach Treibersoftware suchen* (Bild 28.8, unten) legen Sie dann den Pfad zum Ordner mit den Treiberdateien fest. Über die *Durchsuchen*-Schaltfläche lässt sich ein Dialogfeld zur Auswahl des Treiberordners öffnen. Schließen Sie das Dialogfeld über die *OK*-Schaltfläche.
3. Markieren Sie im Dialogfeld *Auf dem Computer nach Treibersoftware suchen* ggf. das Kontrollkästchen *Unterordner einbeziehen* und wählen Sie die *Weiter*-Schaltfläche.

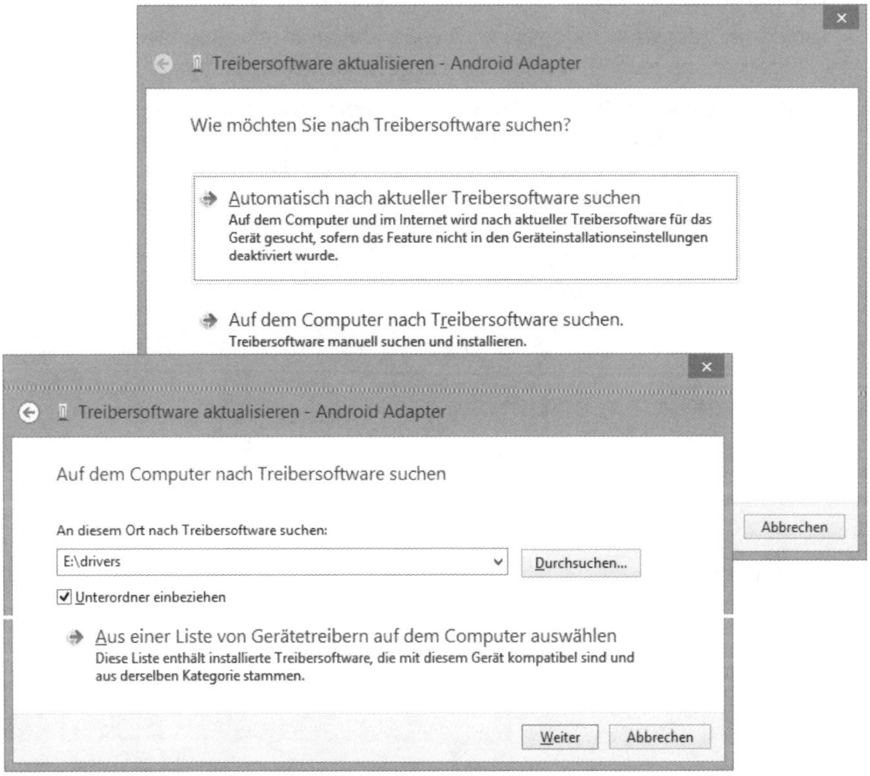

Bild 28.8: Dialogfelder zur Treiberinstallation

Der Hardware-Assistent sucht am angegebenen Speicherort nach den Treibern. Dieses Vorgehen hat den Vorteil, dass Sie auch eine eingelegte Treiber-CD/-DVD oder ein entpacktes Archiv mit Treiberdateien als Pfad angeben können. Dann sucht Windows anhand der Gerätekennung den richtigen Treiber aus der Treibersammlung heraus. Wird ein passender Treiber gefunden, beginnt der Hardware-Assistent mit der Installation. Dabei gelten die gleichen Abläufe wie bei der automatischen Treiberinstallation (siehe die vorhergehenden Seiten).

Werden keine neueren Treiber gefunden, meldet der Assistent dies in einem Dialogfeld. Das Gleiche gilt, falls keine passenden Treiber vorhanden sind. Bei älteren Treibern meldet Windows 8, dass deren Installationsmodus nicht unterstützt wird. Wissen Sie, um welche Art von Gerät es sich handelt, und verfügen Sie über Treiber? Dann klicken Sie in der linken oberen Ecke des Dialogfelds auf die Schaltfläche *Zurück* und gehen folgendermaßen vor.

1. Wählen Sie im Dialogfeld *Auf dem Computer nach Treibersoftware suchen* (Bild 28.8, unten) den Befehl *Aus einer Liste von Gerätetreibern auf dem Computer auswählen*.
2. Wählen Sie im Folgedialog aus der Geräteliste die Gerätekategorie (Bild 28.9, oben links) und klicken Sie auf die *Weiter*-Schaltfläche.
3. Sobald im nächsten Dialogschritt die Gerätevarianten eingeblendet werden (Bild 28.9, oben rechts), wählen Sie das gewünschte Gerät aus.
4. Besitzen Sie eine Treiber-CD, klicken Sie auf die Schaltfläche *Datenträger* und wählen in den Folgedialogen den Pfad zum Datenträger sowie die Treiberdatei aus (Bild 28.9, unten). Nach dem Schließen der Dialogfelder sollte sich das Gerät im Dialogfeld aus Bild 28.9, oben rechts, auswählen lassen.

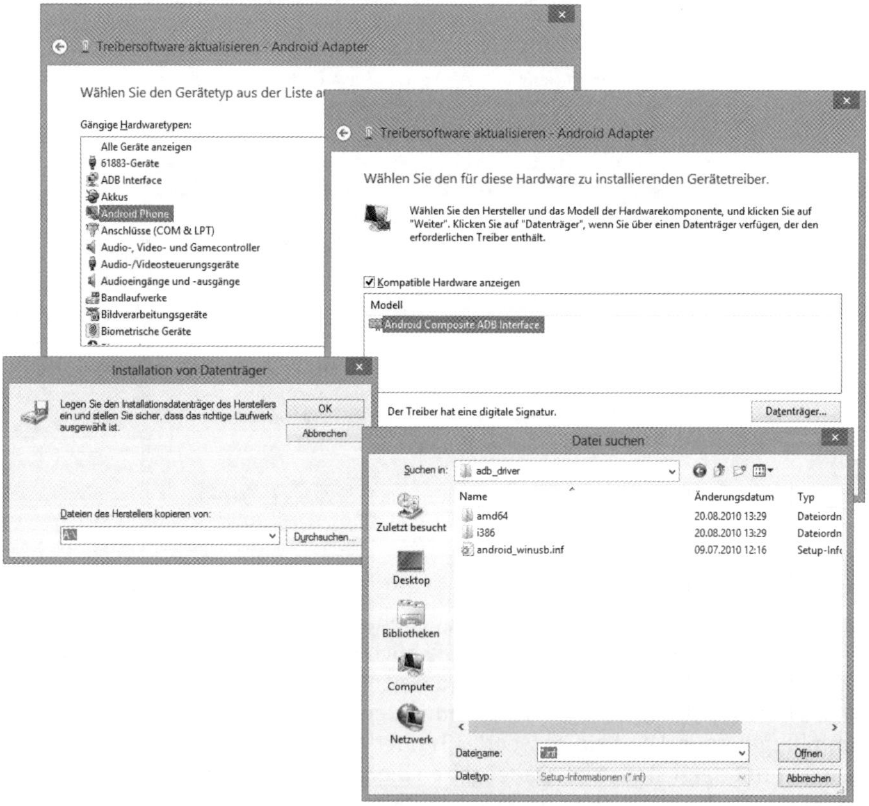

Bild 28.9: Manuelle Auswahl eines Geräts und des Treibers

Sobald Sie das Gerät ausgewählt haben und im Dialogfeld die *Weiter*-Schaltfläche betätigen, versucht Windows, den Treiber zu installieren. Mit etwas Glück klappt dies und das Gerät funktioniert dann unter Windows 8.

Probleme bei der Treiberinstallation

Bei der Installation eines Gerätetreibers, der nicht von Microsoft für Windows 8 freigegeben wurde, kann es zu einigen Problemen kommen. Bei einem 32-Bit-Windows erscheint ggf. ein Dialogfeld mit einer Warnung, dass der Treiber nicht digital signiert ist. Wenn Sie der Download-Quelle des Treibers trauen, können Sie die Treibersoftware trotzdem installieren lassen. Bei einer 64-Bit-Windows-Variante werden dagegen digital signierte Treiber zwingend vorgeschrieben.

Liefert ein Gerätehersteller ein Installationsmedium mit, das nur ältere Treiber für Windows XP enthält? Sie können diesen Treiber installieren lassen. Mit etwas Glück wird das Gerät auch unter Windows 8 funktionieren.

Probleme gibt es aber beim Einbinden von Scannern (oder Digitalkameras), die vom Hersteller ohne Windows 8-Treiber ausgeliefert werden. Wird ein WIA-Treiber für Windows XP installiert, taucht das Gerät vielleicht in der Geräteliste des Ordners *Geräte und Drucker* auf. Allerdings funktioniert das Gerät nicht korrekt, wenn kein auf Windows Vista bzw. Windows 8 abgestimmter WIA-Treiber installiert ist. Solche Treiber sind zwingend erforderlich, da die Microsoft-Entwickler den Sicherheitskontext für WIA-Dienste (seit Windows Vista) von Local System auf Local Service geändert haben. Grundsätzlich wird daher jeder für Windows XP oder frühere Windows-Versionen entwickelte WIA-Treiber unter Windows 8 den Dienst versagen – Sie können dann das Gerät bestenfalls über Grafikprogramme im TWAIN-Modus nutzen.

28.2 Software installieren/deinstallieren

Die folgenden Abschnitte beschreiben, wie sich optionale Windows-Funktionen zum System hinzufügen lassen und wie Sie installierte Programme wieder entfernen können.

28.2.1 Windows-Funktionen hinzufügen/entfernen

Windows wird mit zusätzlichen Funktionen ausgeliefert, die aber nicht alle aktiviert sind. Sie können diese Funktionen bei Bedarf aktivieren und diese auch schnell wieder entfernen.

1. Blenden Sie die Seitenleiste *Suchen* (z.B. über die Charms-Leiste) am rechten Rand ein und geben Sie den Begriff »Fea« im Suchfeld ein.
2. Markieren Sie die Kategorie *Einstellungen* und wählen den Befehl *Windows-Funktionen aktivieren oder deaktivieren* (Bild 28.10) und bestätigen Sie ggf. die Sicherheitsabfrage der Benutzerkontensteuerung.
3. Warten Sie, bis Windows eine Liste der verfügbaren Funktionen in einem Dialogfeld anzeigt (Bild 28.11). Erweitern Sie ggf. den betreffenden Zweig und setzen oder löschen Sie die Markierung der Kontrollkästchen.

Bild 28.10: Befehle zum Anpassen der Windows-Features suchen

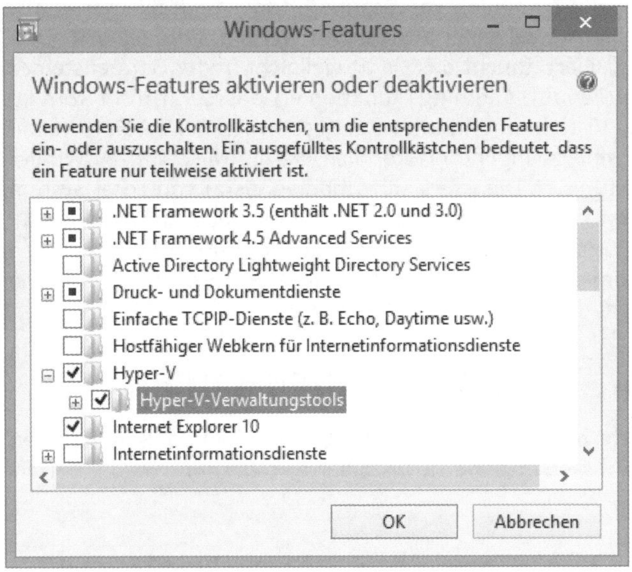

Bild 28.11: Windows-Funktionen ein-/ausschalten

Sobald Sie das Dialogfeld über die *OK*-Schaltfläche schließen, werden die markierten Funktionen eingeschaltet. Vorher deaktivierte Kontrollkästchen bewirken, dass die Funktionen abgeschaltet werden.

28.2.2 Neue Features beziehen

Bei der Suche nach »Features« listet die Kategorie *Einstellungen* noch zwei zusätzliche Befehle zum Hinzufügen von Features auf (Bild 28.10).

- *Features zu Windows 8 hinzufügen*: Über diesen Befehl lassen sich zusätzliche Funktionen zur aktuellen Windows 8-Version hinzufügen. Dies kommt z.B. zur Installation des Windows Media Center zur Anwendung (siehe *Kapitel 21*).

- *Weitere Features mit einer neuen Version von Windows beziehen:* Dieser Befehl stellt z.B. die Upgrade-Möglichkeit von Windows 8 auf die Version Windows 8 Pro zur Verfügung.

Beide Befehle lassen sich nur durch Administratoren verwenden und erfordern die Bestätigung der Benutzerkontensteuerung. Windows zeigt dann das Fenster aus Bild 28.12, in dem Sie über den obersten Befehl den benötigten Produktschlüssel online erwerben können.

> Beachten Sie, dass die beiden Befehle nicht in allen Windows 8-Varianten verfügbar sind, sondern nur dann, wenn dieses sinnvoll ist.
>
> HINWEIS

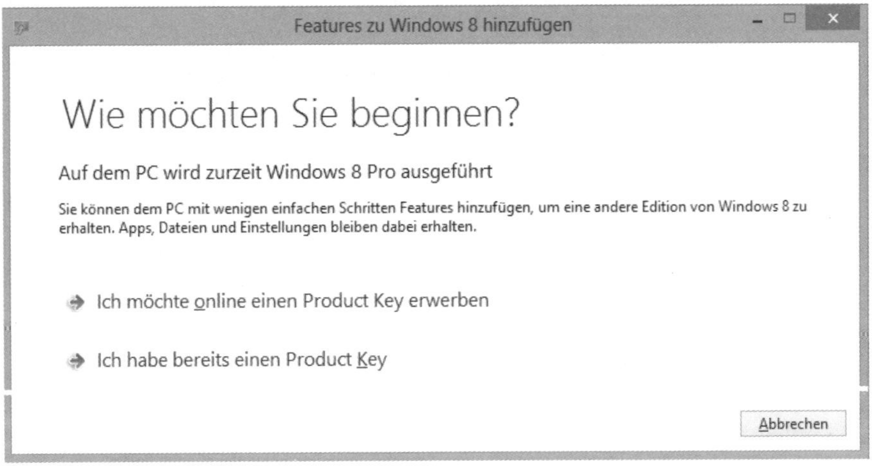

Bild 28.12: Features zu Windows hinzufügen

Besitzen Sie bereits einen entsprechenden Produktschlüssel, wählen Sie den Eintrag *Ich habe bereits einen Product Key* und geben diesen Schlüssel im angezeigten Textfeld des nachfolgenden Fensters ein. In mehreren Schritten führt Windows 8 dann entweder das Upgrade auf Windows 8 Pro oder das Hinzufügen des Windows Media Center aus. Für diese Schritte werden online zwar einige Daten ausgetauscht. Es ist aber kein Download eines kompletten Windows 8 Pro oder Media Centers erforderlich – die benötigten Bestandteile sind bereits in jeder installierten Windows 8-Variante enthalten, müssen aber über einen passenden Produktschlüssel freigeschaltet werden. Das Hinzufügen des neuen Features erfordert mindestens einen Neustart. Beim Herunterfahren und erneuten Hochfahren informiert Sie Windows 8 über entsprechende Meldungen, dass Funktionen hinzugefügt werden.

28.2.3 Programme installieren/deinstallieren

Zum Installieren neuer Software reicht es meist, den Datenträger mit den Installationsdateien in ein Laufwerk einzulegen und das zugehörige Setup-Programm auszuführen. Das Gleiche gilt für aus dem Internet heruntergeladene Setup-Programme. Wie Sie ältere Programme ggf. über Kompatibilitätsoptionen auf Windows 8 abstimmen, ist in *Kapitel 22* beschrieben. Legt das Programm bei der Installation entsprechende Deinstallationsinformationen unter Windows ab, lässt es sich später bei Bedarf auch wieder deinstallieren.

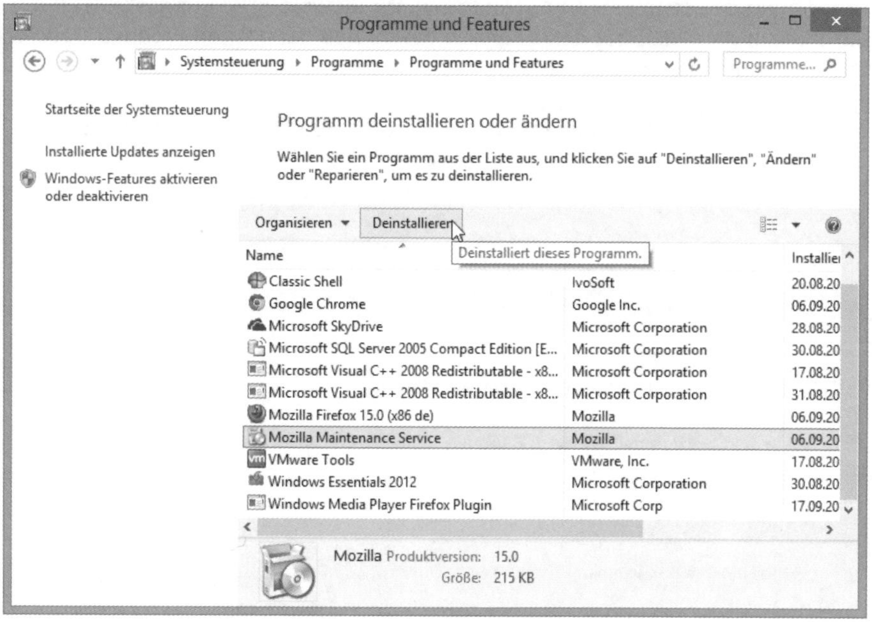

Bild 28.13: Programme deinstallieren

1. Öffnen Sie z.B. das Fenster der Systemsteuerung und wählen Sie dann den Befehl *Programm deinstallieren* in der Gruppe *Programme*.
2. Im nächsten Fenster (Bild 28.13) wählen Sie den gewünschten Eintrag in der Programmliste per Maus an und klicken dann in der Symbolleiste auf die Schaltfläche *Deinstallieren*.

Anschließend befolgen Sie die Anweisungen des Deinstallations- oder Wartungs-Assistenten. Je nach Anwendung ermöglicht dieser Assistent Ihnen, den Funktionsumfang des Programms zu verändern, das Programm zu reparieren oder zu entfernen.

HINWEIS

Manche Programme weisen auch Schaltflächen wie *Reparieren* oder *Ändern* im Dialogfeld *Programme und Funktionen* zum Aufrufen des betreffenden Assistenten auf.

28.2.4 Standardprogramme festlegen

Windows 8 ermöglicht Ihnen, Standardprogramme für bestimmte Aufgaben im Betriebssystem einzustellen. So ist es nicht zwingend erforderlich, dass der Internet Explorer zum Surfen im Web benutzt wird.

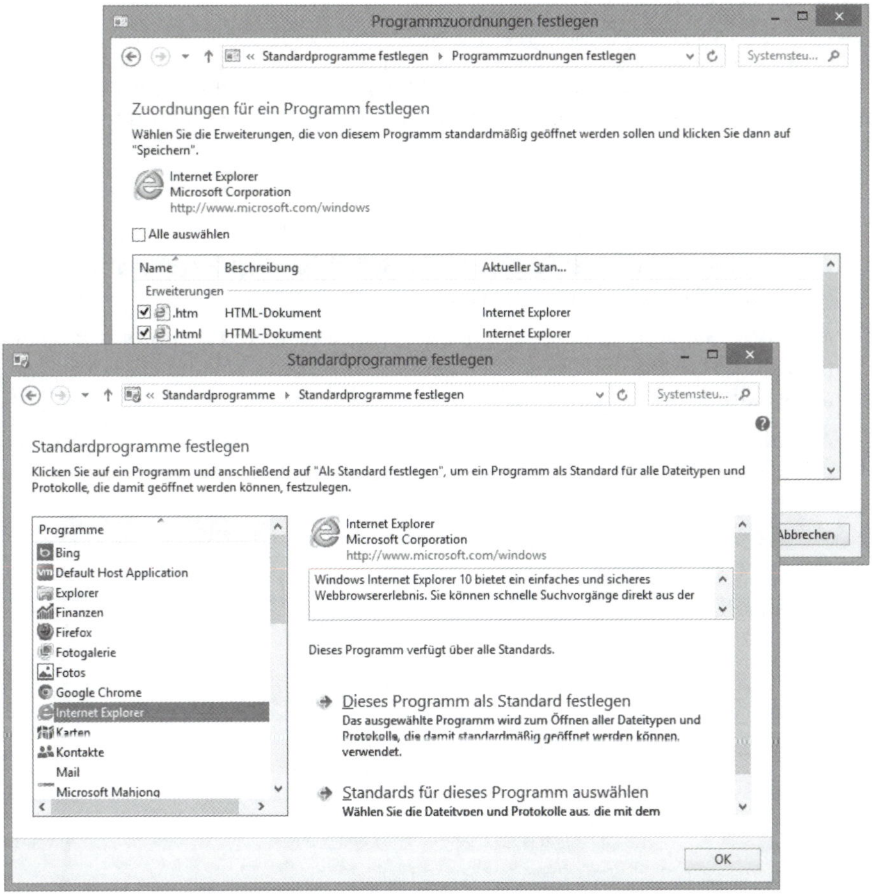

Bild 28.14: Standardprogramme festlegen

1. Um die Voreinstellungen des Betriebssystems anzupassen, öffnen Sie z.B. die Systemsteuerung, tippen »Standard« im Suchfeld des Fenster ein und wählen den angezeigten Befehl *Standardprogramme festlegen*.

2. Passen Sie im Dialogfeld *Standardprogramme festlegen* (Bild 28.14, Vordergrund) die gewünschten Optionen an.

Wählen Sie das gewünschte Standardprogramm in der angezeigten Liste aus und klicken Sie in der rechten Spalte des Dialogfelds auf eine Option. Verwenden Sie *Dieses Programm als Standard festlegen*, um die Anwendung komplett als Standard vorzugeben. Über den Befehl *Standards für dieses Programm auswählen* öffnet sich eine zweite Seite (Bild 28.14, Hintergrund), in der Sie über Kontrollkästchen individuell für verschiedene Dateitypen und Protokolle vorgeben, ob Windows diese Anwendung als Standard verwenden soll.

28.2.5 Dateitypenzuordnung anpassen

In *Kapitel 11* wird gezeigt, wie Sie Dateitypen über den Befehl *Öffnen mit* einer Anwendung zuweisen können. Windows 8 bietet alternativ die Möglichkeit, über die Option *Standardprogramme* einzelne Dateitypen auszuwählen und Anwendungen zuzuordnen.

1. Öffnen Sie die Systemsteuerung, geben Sie »Standard« im Suchfeld ein und wählen Sie den angezeigten Befehl *Standardprogramme*.
2. Danach wählen Sie in der Folgeseite den Befehl *Dateityp oder Protokoll einem Programm zuordnen* (Bild 28.15, oben).
3. Markieren Sie in der Seite *Dateityp oder Protokoll einem Programm zuordnen* (Bild 28.15, Hintergrund unten) den gewünschten Dateityp und klicken Sie auf die Schaltfläche *Programm ändern*.
4. Anschließend wählen Sie in der eingeblendeten Palette (Bild 28.15, Vordergrund unten) die Anwendung aus, die diesem Dateityp zuzuordnen ist.

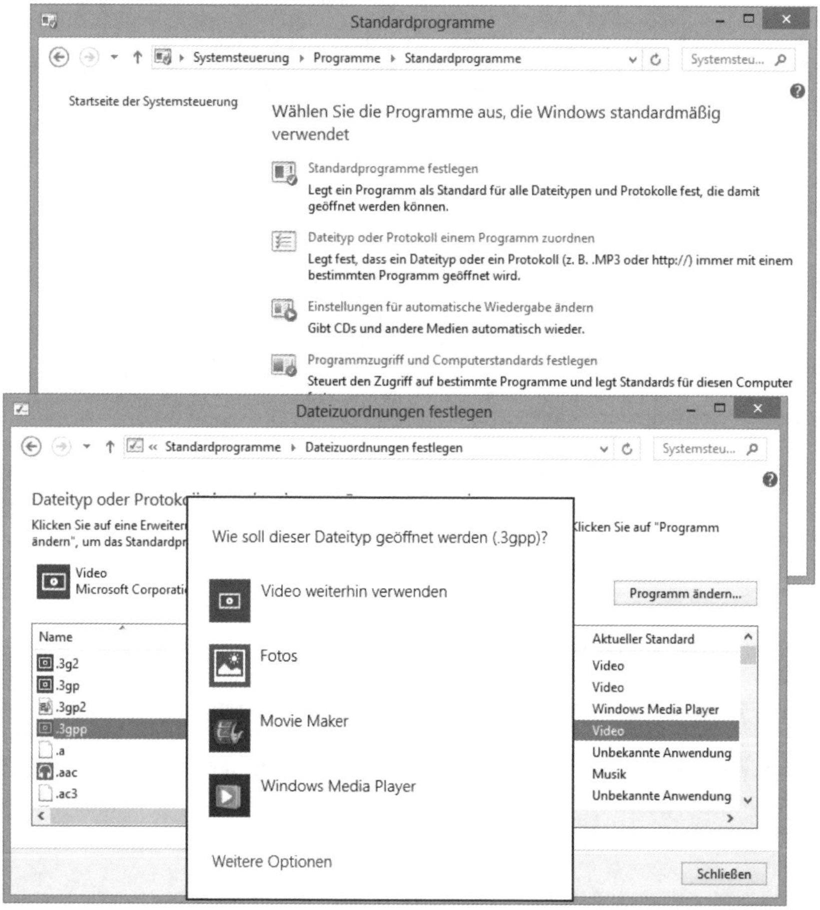

Bild 28.15: Dateitypen zuordnen

Mit dieser Vorgehensweise lassen sich nicht nur Dateitypen neuen Anwendungen zuordnen. Am Ende der Liste finden Sie auch Einträge für Protokolle, über die Sie auf die gleiche Weise Anwendungen zuordnen können. Falls also beim Anklicken eines *mailto:*-Links das E-Mail-Programm nicht mehr aufgerufen wird, überprüfen Sie den Eintrag des *MAILTO*-Protokolleintrags in der Liste.

HINWEIS

Die Anpassung der automatischen Wiedergabe im Dialogfeld *Programmstart* ist in *Kapitel 8* beschrieben. Über den Befehl *Programmzugriff und Computerstandards festlegen* öffnen Sie nach Bestätigung der Sicherheitsabfrage der Benutzerkontensteuerung ein Fenster, in dem Sie den Standardbrowser, das Standard-E-Mail-Programm etc. vorgeben können.

29 Benutzerkonten verwalten

In diesem Kapitel geht es um die Frage, wie sich Benutzerkonten verwalten lassen. Windows 8 stellt komfortable Funktionen zum Anlegen, Ändern oder Löschen von Benutzerkonten bereit. Über diese Funktionen können Anwender die Einstellungen des eigenen Kontos und Administratoren die Eigenschaften aller Benutzerkonten pflegen.

29.1 Verwaltung des eigenen Benutzerkontos

In *Kapitel 2* ist im Abschnitt »2.1.1 Benutzerkonten – das sollten Sie wissen« erwähnt, dass Windows 8 zwischen Administratoren und Standardbenutzern sowie zwischen lokalen Benutzerkonten und Microsoft-Konten unterscheidet. Zur Absicherung gegen Missbrauch sollten lokale Konten mit einem Kennwort geschützt werden (Microsoft-Konten erfordern zwingend ein Kennwort). Zudem empfiehlt es sich, unter Standardbenutzerkonten zu arbeiten. Der folgende Abschnitt erläutert, wie sich die Einstellungen des aktuellen Benutzerkontos anpassen lassen.

29.1.1 Kontenpflege per PC-Einstellungen oder Systemsteuerung?

Windows 8 stellt zudem Funktionen zur Verwaltung der Benutzerkonten über die Seite *PC-Einstellungen* und zusätzlich über die Systemsteuerung zur Verfügung. Um auf die Einstellungen eines Benutzerkontos zuzugreifen, können Sie folgende Schritte ausführen:

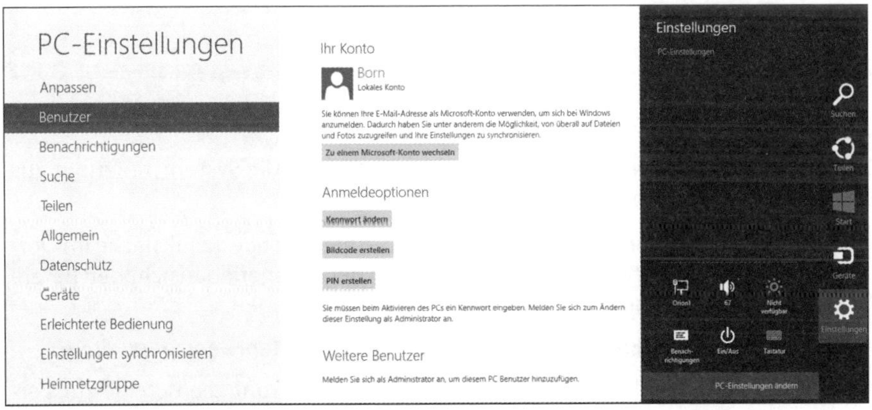

Bild 29.1: Zugriff auf die Benutzerkonteneinstellungen

1. Blenden Sie die Charms-Leiste am rechten Seitenrand ein und wählen Sie *Einstellungen* (Bild 29.1, rechts).

2. Wählen Sie in der Seitenleiste *Einstellungen* den Befehl *PC-Einstellungen ändern*.
3. Auf der Seite *PC-Einstellungen* (Bild 29.1, links) wählen Sie die Kategorie *Benutzer* aus.

Anschließend können Sie auf die Einstelloptionen des eigenen Benutzerkontos zugreifen. Administratoren erhalten zudem die Möglichkeit, die Konteneinstellungen anderer Benutzer zu pflegen sowie weitere Benutzerkonten anzulegen.

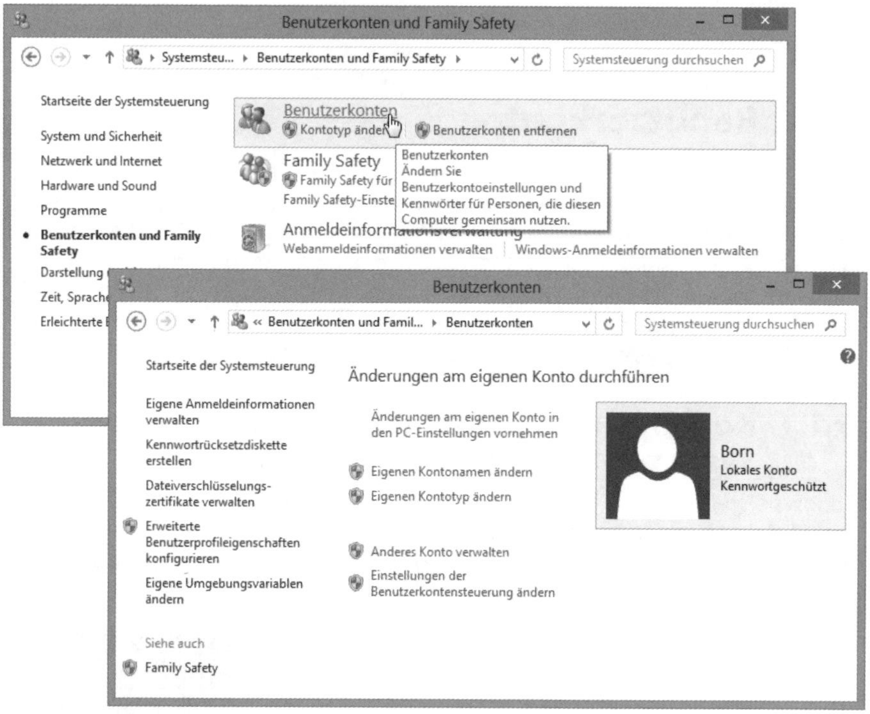

Bild 29.2: Benutzerkonten in der Systemsteuerung

Zur Verwaltung lokaler Benutzerkonten lässt sich auch die Systemsteuerung aus Windows 8 verwenden.

1. Rufen Sie die Systemsteuerung (z. B. über die betreffende Schaltfläche im Ordnerfenster *Computer*) auf und wählen Sie in der Kategorienansicht den Befehl *Benutzerkonten und Family Safety*.
2. Wählen Sie in der Folgeseite (Bild 29.2, oben) den Befehl *Benutzerkonten*.

Anschließend stehen Ihnen im Fenster der Systemsteuerung die Befehle zur Verwaltung des eigenen, lokalen Benutzerkontos zur Verfügung (Bild 29.2, unten). In Windows 8 lässt sich von Standardbenutzern aber lediglich der Befehl *Änderungen am eigenen Konto in den PC-Einstellungen vornehmen* auswählen. Sie gelangen dann zur Seite *PC-Einstellungen* (Bild 29.1). Administratoren können die mit einem stilisierten Schild gekennzeichneten Befehle anwählen, um Anpassungen an Konten vorzunehmen.

29.1.2 Wechsel zwischen lokalem Konto und Microsoft-Konto

Windows 8 unterscheidet zwischen lokalen Benutzerkonten und Benutzerkonten, die einem Microsoft-Live-ID-Konto zugeordnet sind. Letztere werden als Microsoft-Konten bezeichnet und ermöglichen die Synchronisierung von Einstellungen mit dem SkyDrive-Laufwerk bzw. von Benutzereinstellungen über verschiedene PCs (Roaming-Profile).

Bild 29.3: Wechsel zu einem Microsoft-Konto

1. Um zwischen einem lokalen oder einem Microsoft-Konto zu wechseln, blenden Sie die Charms-Leiste am rechten Bildschirmrand ein (z.B. durch Wischen oder mit ⊞+C).
2. Wählen Sie *Einstellungen* und in der gleichnamigen Seitenleiste den Befehl *PC-Einstellungen ändern*.
3. Auf der Seite *PC-Einstellungen* wählen Sie in der linken Spalte die Kategorie *Benutzer* an.
4. Danach verwenden Sie die mit *Zu einem lokalen Konto wechseln* oder *Zu einem Microsoft-Konto wechseln* (Bild 15.19, oben) beschriftete Schaltfläche, um den Kontentyp zu wechseln.

Die Schaltfläche wird kontextabhängig beschriftet und ermöglicht, den Typ des aktuellen Benutzerkontos zwischen einem lokalen Konto oder einem Microsoft-Live-ID-Konto umstellen. Die Umstellung zwischen einem lokalen und einem Microsoft-Konto ist auch für Standardbenutzer möglich.

Von lokalem zum Microsoft-Konto wechseln

Ein Microsoft-Konto ermöglicht den Abgleich der Benutzerkonteneinstellungen mit den online gespeicherten Daten. Zudem entfällt die bei verschiedenen Apps erforderliche Anmeldung am Microsoft-Konto (z.B. für Zugriffe auf SkyDrive, auf ein E-Mail-Konto etc.). Hier noch einige Informationen zum Wechsel von einem lokalen Benutzerkonto zu einem Microsoft-Konto.

- Beim Wechsel von einem lokalen Benutzerkonto zu einem Microsoft-Konto fragt Windows das Kennwort des lokalen Benutzerkontos ab (Bild 15.19, Mitte). Tragen Sie dieses in das Textfeld ein und bestätigen Sie mit der *Weiter*-Schaltfläche.
- Im nächsten Schritt gelangen Sie zur Anmeldeseite für das Microsoft-Konto (Bild 15.19, unten). Tragen Sie die E-Mail-Adresse des Microsoft-Kontos im angegebenen Feld ein und wählen Sie die *Weiter*-Schaltfläche.
- Besteht eine Onlineverbindung, gelangen Sie nach einigen Sekunden zur Anmeldeseite des Microsoft-Kontos (Bild 29.4, oben), in dem die E-Mail-Adresse bereits vorgegeben ist. Tragen Sie dann das zugehörige Kennwort ein und wählen Sie die *Weiter*-Schaltfläche. Besitzen Sie noch kein Microsoft-Konto, können Sie sich über den Button in der linken unteren Ecke für ein solches kostenloses Konto registrieren (siehe folgende Seite).
- Gegebenenfalls wird noch die Seite *Fügen Sie Sicherheitsinfos hinzu* angezeigt (Bild 29.4, Mitte). Diese Seite weist Felder auf, in denen Sie eine Telefonnummer, eine alternative E-Mail-Adresse sowie eine geheime Frage wie den Geburtsort der Mutter samt der zugehörigen Antwort eintragen können. Es werden mindestens zwei Sicherheitsinformationen (z.B. geheime Frage und alternative E-Mail-Adresse) für den Fall benötigt, dass Sie das Anmeldekennwort für das Microsoft-Konto vergessen haben. Ergänzen Sie die fehlenden Informationen in den Eingabefeldern und wählen Sie die *Weiter*-Schaltfläche.
- Diese Informationen werden online gespeichert und Windows zeigt die Seite aus (Bild 29.4, unten) an. Bestätigen Sie die Schaltfläche *Fertig stellen*.

Windows 8 verbindet das Benutzerkonto mit dem Microsoft-Konto und zeigt dies in einer Statusinformation auch an. Die Benutzeranmeldung erfolgt zukünftig mit den Anmeldedaten des Microsoft-Kontos (und nicht mehr mit den lokalen Kontendaten). Zu erkennen ist dies an den in der Anmeldeseite angezeigten Kontendaten (Kontenname und Kontenbild).

Gleichzeitig verschickt Microsoft eine E-Mail mit dem Titel »Microsoft account security info confirmation« oder ähnlich, je nach Spracheinstellung, an die angegebene, alternative E-Mail-Adresse. In der Nachricht werden Sie über die erstmalige Anmeldung des Rechners am Microsoft-Konto informiert. Über eine Schaltfläche *Confirm xxxx* (xxx steht für den Namen des Rechners) in der betreffende E-Mail gelangen Sie zur Live.com-Anmeldeseite. Dort bestätigen Sie die Aufnahme des betreffenden

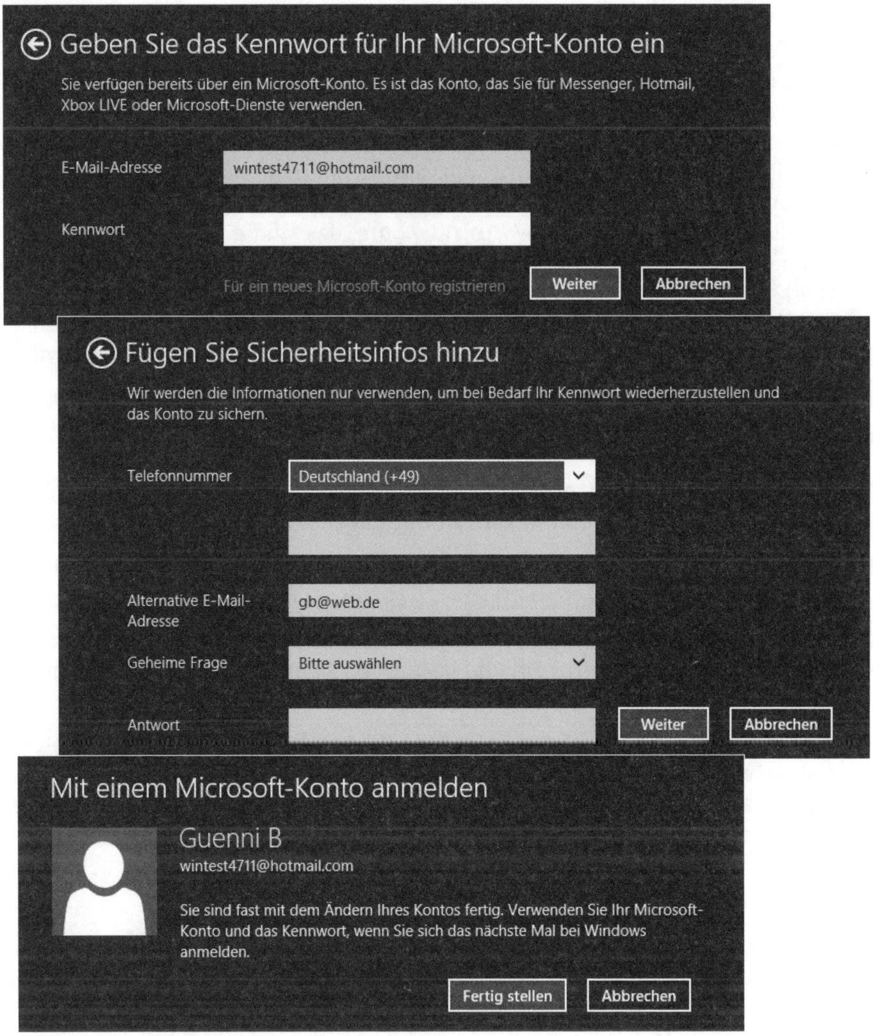

Bild 29.4: Anmeldeseite des Microsoft-Kontos

Windows 8-Rechners in das Live-ID-Konto oder lehnen dies ab. Sie können insgesamt fünf Windows 8-Rechner mit einem Live-ID-Konto verwalten.

HINWEIS

Ein Problem bei den Microsoft Live-ID-Konten ist die nicht sonderlich transparente Verwaltung der Profilinformationen. So wurden mir englischsprachige Benachrichtigungen per E-Mail zugestellt, weil ich irgendwann das Testkonto unter hotmail.com registriert und keine weiteren Informationen angegeben hatte. Wie Sie ggf. die Sprache umstellen, ist im Abschnitt »29.1.3 Ein Microsoft-Konto neu registrieren und anpassen«, beschrieben.

Ob Sie ausschließlich unter einem Microsoft-Konto arbeiten oder eher ein lokales Benutzerkonto mit Anmeldung an einem Microsoft-Konto verwenden, hängt vom persönlichen Geschmack ab. Zu Beginn der Arbeit mit den Vorversionen von Windows 8 habe ich Microsoft-Konten verwendet. Als Nachteil empfand ich in der Testphase mit verschiedenen Maschinen, dass von mir immer mal wieder ungewollt Einstellungen aus neu installierten Rechnern im Microsoft-Konto und damit auch auf anderen Rechnern übernommen wurden. Zudem störte mich das längliche Kennwort für das Microsoft-Konto, das ich bei jeder Benutzeranmeldung eingeben musste. Und die Verwaltung ist auf fünf Rechner begrenzt, ein Wert, den ich durch Installation mehrerer Windows 8-Varianten in der 32-Bit- und 64-Bit-Edition schnell erreicht hatte. Ich bin daher dazu übergegangen, mit lokalen Benutzerkonten zu arbeiten und mich nur bei Bedarf in Apps wie dem Windows Store etc. beim Microsoft-Konto anzumelden.

Wechsel zu einem lokalen Benutzerkonto

Sind Sie unter einem Microsoft-Konto angemeldet, möchten aber zu einem lokalen Benutzerkonto zurückkehren? Dies ist mit folgenden Schritten möglich.

1. Öffnen Sie die Seite *PC-Einstellungen/Konten* (Bild 29.5, oben) und wählen Sie die dann eingeblendete Schaltfläche *Zu einem lokalen Konto wechseln*.
2. Geben Sie in der angezeigten Formularseite (Bild 29.5, Mitte links) das Kennwort des Microsoft-Kontos ein und bestätigen Sie dies über die *Weiter*-Schaltfläche.
3. Tragen Sie in der angezeigten Folgeseite (Bild 29.5, Mitte rechts) den Kontennamen des lokalen Kontos sowie dessen Kennwort in die betreffenden Felder ein, ergänzen Sie das Feld für den Kennworthinweis und bestätigen Sie dies alles über die *Weiter*-Schaltfläche.
4. Wählen Sie in der angezeigten Formularseite (Bild 29.5, unten) die Schaltfläche *Abmelden und fertig stellen*.

Dann trennt Windows die Verbindung des Benutzerkontos mit dem Microsoft-Konto und konfiguriert dieses als lokales Konto. Zum Zugriff auf den Windows Store, auf E-Mail-Konten per Mail-App etc. können Sie sich auch mit dem lokalen Benutzerkonto am Microsoft-Konto anmelden.

TIPP

Der Wechsel von einem Microsoft-Konto zu einem lokalen Benutzerkonto ist z.B. auch hilfreich, falls es Probleme mit einer App beim Zugriff auf das Microsoft-Konto gibt. Starten Sie danach Windows neu und stufen Sie das lokale Benutzerkonto bei Bedarf wieder zum Microsoft-Konto um – oder melden Sie sich in der App am Microsoft-Konto an.

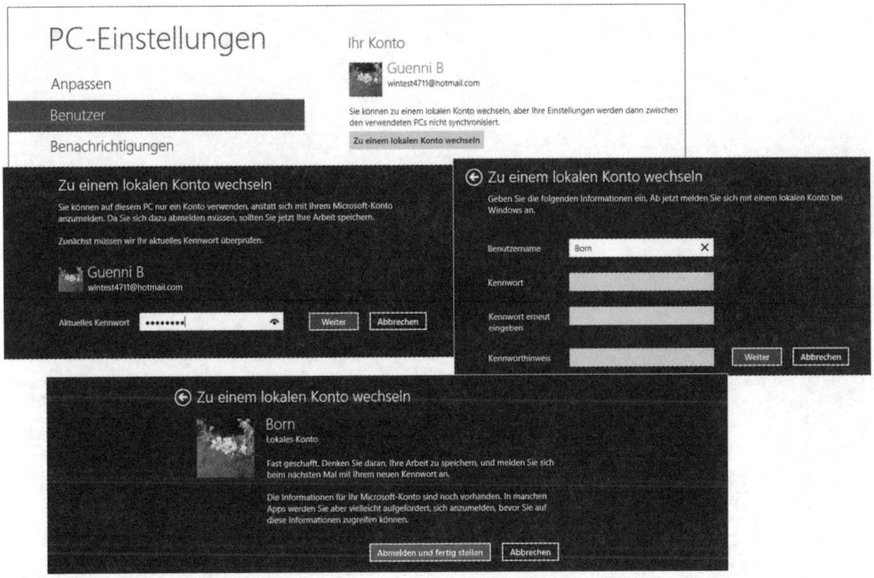

Bild 29.5: Zu einem lokalen Konto wechseln

29.1.3 Ein Microsoft-Konto neu registrieren und anpassen

Besitzen Sie noch kein Konto mit einer Live-ID, lässt sich dieses beim Umstellen auf ein Microsoft-Konto registrieren. Wählen Sie auf der Seite, über die die E-Mail-Adresse abgefragt wird (Bild 29.4, oben), den am unteren Seitenrand sichtbaren Hyperlink *Für ein neues Microsoft-Konto registrieren*. Sie werden zu einem Anmeldeformular weitergeleitet, mit dem Sie sich für eine neue E-Mail-Adresse registrieren können (Bild 29.6).

- Legen Sie eine E-Mail-Adresse für das Konto fest, wobei Sie über das Listenfeld hinter dem @-Zeichen zwischen hotmail.de, live.de oder hotmail.com wählen können.
- Tragen Sie die restlichen Informationen zu Vorname, Nachname, Land und Postleitzahl sowie ein Kennwort ein. Geben Sie ein mindestens acht Zeichen umfassendes Kennwort in die beiden Kennwortfelder ein. Verwenden Sie ein Kennwort, das nicht einfach erraten werden kann, da es Ihre digitale Identität für das Microsoft-Konto absichern soll.
- Wählen Sie dann die *Weiter*-Schaltfläche und ergänzen Sie auf der Folgeseite *Fügen Sie Sicherheitsinfos hinzu* (siehe Bild 29.4, Mitte) die Felder, um zwei Sicherheitsmerkmale (alternative E-Mail-Adresse, Telefonnummer oder geheime Frage) festzulegen.

Über die *Weiter*-Schaltfläche durchlaufen Sie die Registrierungsseiten, bis das Microsoft-Konto mit der betreffenden E-Mail angelegt wurde. Die Zugangsdaten (E-Mail-Adresse und Kennwort) gelten dann für den Zugriff auf das zugeordnete E-Mail-Konto, das zugeordnete Microsoft-Konto, das angelegte SkyDrive-Laufwerk und für das Xbox LIVE-Konto.

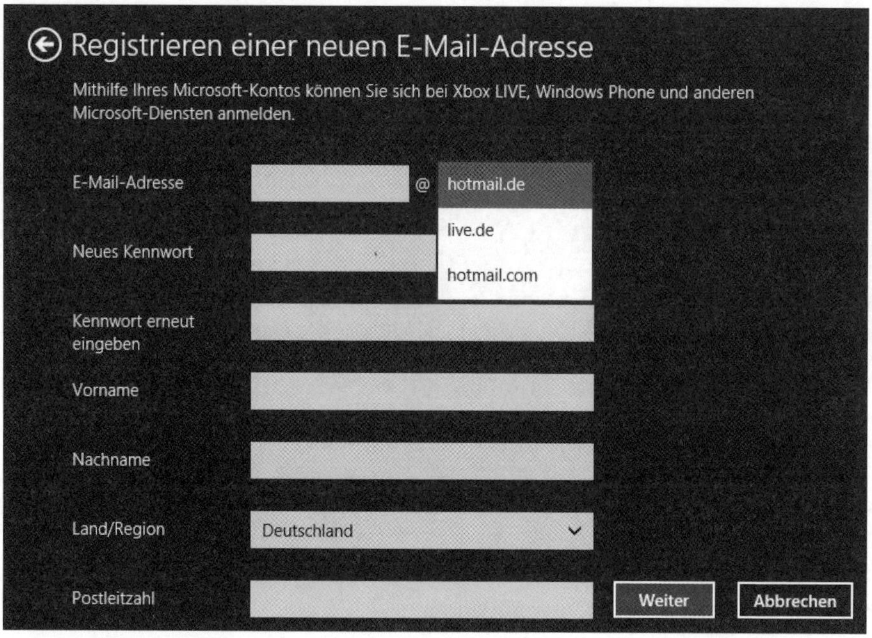

Bild 29.6: Seite zum Registrieren eines Microsoft-Kontos

29.1.4 Konten- und Profildaten eines Microsoft-Kontos anpassen

Bei einem Microsoft-Konto werden Konten- und Profildaten online geführt. Nachfolgend wird kurz erläutert, was Sie zur Verwaltung der Konten- und Profildaten wissen sollten.

Kontenbild und -name beim Microsoft-Konto ändern

Bei einem Microsoft-Konto benutzt Windows 8 das beim Onlinekonto abgelegte Profilbild und den Benutzernamen in der lokalen Anmeldeseite sowie in den Benutzerkonteninformationen auf der Startseite. Möchten Sie diese Daten anpassen?

1. Rufen Sie in einem Browser die Webseite `https://www.live.com` auf und melden Sie sich mit dem Benutzernamen sowie dem Kennwort des Microsoft-Kontos an.
2. In der rechten oberen Ecke des Browserfensters finden Sie einen Eintrag mit dem Benutzernamen, den Sie anwählen.
3. Anschließend wählen Sie den Befehl *Profil bearbeiten* (Bild 29.7) und korrigieren Sie die gewünschten Informationen im Profil.

Auf der Webseite *Profil* (Bild 29.7) finden Sie in der linken oberen Ecke den Benutzernamen. Wählen Sie den Hyperlink *Bearbeiten*, öffnet sich eine neue Seite, in der Sie einen Vor- und Nachnamen für den Benutzer eintragen und über die *Speichern*-Schaltfläche bestätigen können.

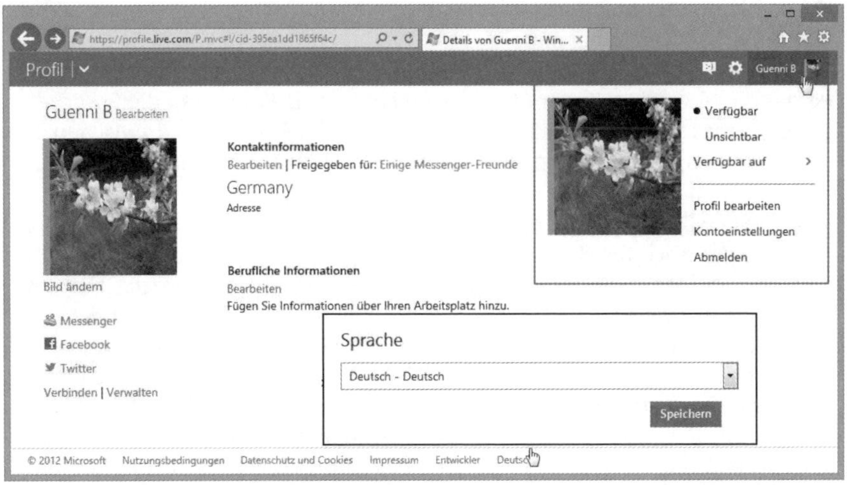

Bild 29.7: Anpassen des Microsoft-Kontos

Der Hyperlink unterhalb des Profilbilds öffnet eine Auswahlseite, in der Sie mittels der *Durchsuchen*-Schaltfläche eine lokal auf dem Computer gespeicherte Grafikdatei auswählen, zum Microsoft-Konto hochladen und über die *Speichern*-Schaltfläche der Webseite dem Profil zuweisen können. Dieses Profilbild wird sowohl im Onlineauftritt des Live-ID-Kontos als auch unter Windows 8 bei allen Microsoft-Konto-Informationsseiten (Anmeldeseite, Kontendaten in der Startseite) angezeigt.

Sprachumstellung beim Microsoft-Konto

Die Verwaltung der Einstellungen bzw. die Anpassung der Sprache für die Benutzeroberfläche und die Benachrichtigungen der Microsoft-Konten (Live-ID-Konten) ist leider nicht sonderlich transparent gelöst. Standardmäßig erwartet man eigentlich die Option zum Umschalten der Sprache in den Profilinformationen. Dummerweise ändert Microsoft immer mal wieder den Ort, wo die Sprache für das Profil umgestellt werden kann. Hier ein Ansatz, der in den meisten Fällen funktionieren sollte.

- Zum Umstellen der Sprache ist eine Anmeldung am Live.com- oder Outlook.com-Benutzerkonto mittels der Windows Live-ID erforderlich.
- Arbeiten Sie noch unter einem alten Profil, lässt sich über die am rechten oberen Seitenrand aufgeführten Symbole des Kontos ein Menü öffnen (Bild 29.7) und auf die Profilinformationen zugreifen. Der Menübefehl ist z.B. *Account settings* oder *Konteneinstellungen* benannt.
- Schauen Sie, ob in der Profilseite ein mit *Language* oder *Sprache* bezeichneter Hyperlink aufgeführt wird, und wählen Sie diesen an. Sie gelangen zu einer Seite, in der Sie die gewünschte Sprache wählen können.
- Wurde das Live-ID-Konto bereits auf das neue Microsoft-Layout umgestellt? Dann finden Sie in allen Kontenseiten (z.B. SkyDrive, Outlook.com etc.) in der Fußzeile der Webseite den Eintrag »Deutsch«, »English« etc. Bei Anwahl des Eintrags öffnet sich ein Fenster *Sprache* (Bild 29.7) o. ä., in dem Sie die gewünschte Sprache über ein Listenfeld auswählen und über die *Speichern*-Schaltfläche zuweisen können.

Ob dies so bleibt oder ob Microsoft im Rahmen der nächsten Renovierungsaktion die Option erneut an eine andere Stelle verlagert (die Position des Eintrags »Deutsch« neben dem Eintrag für Impressum oder Datenschutz ist nicht sonderlich eingängig), ist offen. Zudem besitze ich ein Live-ID-Konto, wo die Spracheinstellungen bisher nur temporär funktionieren und ich beim Wechsel zwischen den Seiten auf eine englischsprachige Benutzeroberfläche zurückfalle.

HINWEIS

Die größte Schwäche des Microsoft-Konten-Ansatzes ist in meinen Augen die Intransparenz, wo ich als Benutzer welche Informationen verwalte. Über den Menübefehl *Kontoeinstellungen* gelangen Sie zur Seite *Kontoübersicht*, auf der Benutzername, E-Mail-Adresse, die Kennwort- und Sicherheitsinfos sowie die verwalteten Maschinen aufgeführt werden. Dort lässt sich ein Microsoft-Konto auch schließen (sprich: deaktivieren). Über den Menübefehl *Profil bearbeiten* gelangen Sie zur Seite *Profil*, in der Profilname, das Profilbild, Kontaktinformationen, optionale berufliche Informationen sowie die Verbindungen zu Diensten wie Flickr, Twitter, Facebook oder Messenger verwaltet werden. Eine Option, um die Profildaten eines Microsoft-Kontos bei Problemen zurückzusetzen, habe ich bisher nicht gefunden. Vergessen Sie nach einer Anmeldung am Live-ID-Konto nicht die Benutzerabmeldung über das in der rechten oberen Ecke der Webseite abrufbare Menü.

29.1.5 Anmeldeoptionen ändern

Windows ermöglicht Ihnen, Anmeldeoptionen wie das Kennwort für das Benutzerkonto zu ändern. Zudem können eine PIN- oder eine Bildanmeldung eingerichtet werden. Zum Ändern der Anmeldeinformationen gehen Sie in folgenden Schritten vor.

1. Rufen Sie die Seite *PC-Einstellungen* über *Einstellungen* der Charms-Leiste und den Befehl *PC-Einstellungen ändern* der angezeigten Seitenleiste auf.
2. Wählen Sie auf der Seite *PC-Einstellungen* auf der linken Seite die Kategorie *Benutzer* und auf der rechten Seite die gewünschte Schaltfläche in der Gruppe *Anmeldeoptionen* aus (Bild 29.8).

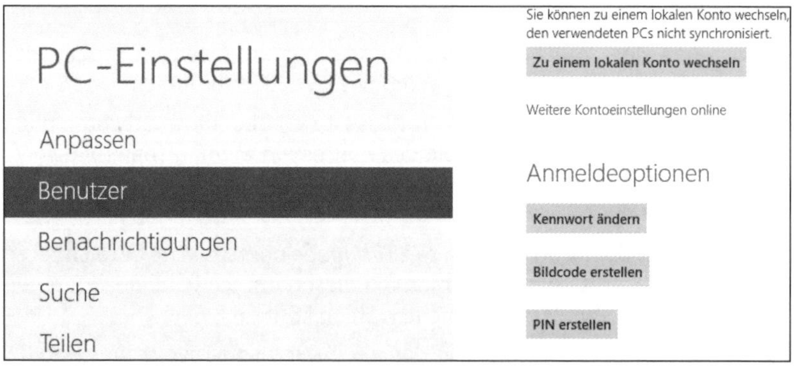

Bild 29.8: Anmeldeoptionen des Kontos ändern

Nach Anwahl der Schaltfläche werden Sie über Formularseiten durch die betreffenden Schritte zum Ändern der Anmeldeoptionen geführt.

Kennwort für Benutzerkonto ändern

Zum Ändern des Kennworts eines Benutzerkontos klicken Sie auf die Schaltfläche *Kennwort ändern* (Bild 29.8). Geben Sie in der angezeigten Seite das alte Kennwort über die Felder des Formulars ein, wählen Sie die *Weiter*-Schaltfläche und legen Sie in den Feldern das neue Kennwort fest. Anschließend bestätigen Sie über die Schaltfläche *Fertig stellen*. Beachten Sie bei einem Live-ID-Konto, dass dieses geänderte Kennwort auch für die Anmeldung per Webbrowser zum Zugriff auf SkyDrive oder Hotmail etc. gilt.

Anmeldung per PIN-Code einrichten

Um eine Anmeldung per PIN-Code einzurichten, wählen Sie die Schaltfläche *PIN erstellen* (Bild 29.8). Windows fragt nach Anwahl der Schaltfläche in einem Fenster das aktuelle Kennwort ab. Anschließend können Sie in einem weiteren Formular (Bild 29.9, oben) einen PIN-Code anstelle des Benutzerkennworts festlegen. Bei definiertem PIN-Code wird bei der Benutzeranmeldung ein entsprechender Hinweis im Kennwortfeld eingeblendet (Bild 29.9, unten). Details zur Anmeldung finden Sie in *Kapitel 2*.

Bild 29.9: Anmeldung per PIN einrichten

Ein PIN-Code für ein Benutzerkonto lässt sich über die Schaltfläche *Entfernen*, die Windows in der Kategorie *Benutzer/Anmeldeoptionen* der Seite *PC-Einstellungen* einblendet, auch wieder löschen.

Bildcode zur Anmeldung erstellen

Möchten Sie eine Anmeldung per Bildcode einrichten? Wählen Sie in der Kategorie *Benutzer/Anmeldeoptionen* der Seite *PC-Einstellungen* die Schaltfläche *Bildcode erstellen* (Bild 29.8) an. Im ersten Schritt wird dann das aktuelle Kennwort abgefragt.

- Anschließend erscheint eine Formularseite (Bild 29.10, unten) mit Hinweisen zum Einrichten des Bildkennworts. Wählen Sie die Schaltfläche *Bild auswählen* und legen Sie das für die Benutzeranmeldung gewünschte Bild fest.
- In der Folgeseite bestätigen Sie die in der linken Seitenleiste angezeigte Schaltfläche *Dieses Bild verwenden*. Alternativ können Sie über die Schaltfläche *Neues Bild auswählen* eine Seite öffnen, über die sich ein anderes Motiv zur Bildanmeldung wählen lässt.
- Nach Auswahl des verwendeten Bildes gelangen Sie zur Seite aus Bild 29.10, oben. Dort definieren Sie drei Gesten (Einkreisen von Gesichtern, Striche zwischen Motiven, Antippen von Bildpunkten), die später zur Anmeldung per Bildcode dienen sollen. Sie werden aufgefordert, diese Gesten zu definieren und anschließend zu wiederholen. Dieser Vorgang kann jederzeit über die in der linken Seitenleiste eingeblendete Schaltfläche *Von vorn* neu gestartet werden.

Sind die Gesten festgelegt und akzeptiert, kann der Bildcode über die Schaltfläche *Fertig stellen* übernommen werden. Ist ein Bildcode für ein Benutzerkonto eingerichtet, blendet Windows in der Kategorie *Benutzer/Anmeldeoptionen* der Seite *PC-Einstellungen* die Schaltfläche *Entfernen* ein. Über diese Schaltfläche lässt sich der Bildcode auch wieder austragen. Hinweise zur Benutzeranmeldung per Bildcode finden Sie in *Kapitel 2*.

Bild 29.10: Anmeldung per Bildkennwort einrichten

29.1.6 Einstellungen synchronisieren (Roaming-Profile)

Verwenden Sie ein Microsoft-Live-ID-Konto für die Benutzeranmeldung, kann Windows die Benutzereinstellungen über dieses Konto synchronisieren. Meldet sich der Benutzer an verschiedenen PCs unter dem gleichen Microsoft-Benutzerkonto an, werden die benutzerdefinierten Einstellungen auf dem Desktop mit dem Live-ID-Konto abgeglichen. Voraussetzung ist lediglich, dass der Rechner als vertrauenswürdig eingestuft wurde. Ob und wie die Einstellungen synchronisiert werden sollen, lässt sich in den PC-Einstellungen festlegen (Bild 29.11).

1. Die Seite rufen Sie auf, indem Sie die Charms-Leiste einblenden (z.B. mit [Win]+[C]), dann auf *Einstellungen* klicken und in der gleichnamigen Seitenleiste den Befehl *PC-Einstellungen ändern* wählen.
2. Auf der Seite *PC-Einstellungen* stellen Sie zunächst sicher, dass in der Kategorie *Benutzer* ein Microsoft-Konto ausgewählt ist.
3. Wählen Sie anschließend in der linken Spalte der Seite *PC-Einstellungen* die Kategorie *Einstellungen synchronisieren* aus.

Anschließend können Sie in der rechten Spalte der angezeigten Seite (Bild 29.11) die PC-Synchronisierung komplett deaktivieren oder zulassen. Bei zugelassener Synchronisierung lässt sich vorgeben, welche der Einstellungen (Desktop-Hintergrund, Designs, Spracheinstellungen, Vorgaben für erleichterte Bedienung etc.) über das Live-ID-Konto synchron gehalten werden sollen.

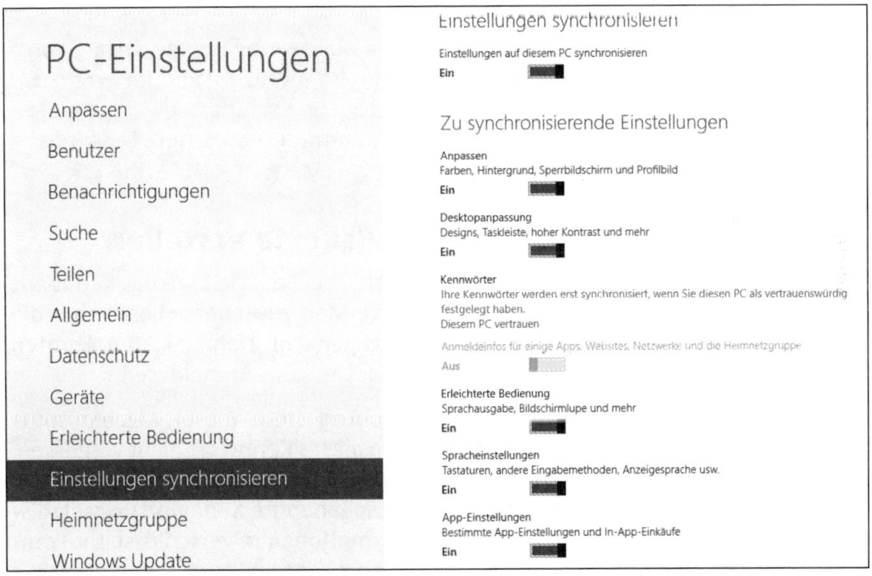

Bild 29.11: Einstellungen synchronisieren

ACHTUNG

Das Konzept der Roaming-Profile, bei dem Benutzereinstellungen für den Desktop etc. über das Live-ID-Konto abgeglichen werden, hat noch einige Probleme. So ist es mir schon mal passiert, dass ich eine neue Maschine zum Testen mit Windows 8 aufgesetzt und mit meinem Live-ID-Konto verbunden habe. Als ich mich nach Fertigstellung der Installation auf einer zweiten Maschine mit dem gleichen Live-ID-Benutzerkonto anmeldete, war deren Windows-Desktop (bis auf den Papierkorb) leer. Windows hatte beim Setup einfach das alte Roaming-Profil überschrieben und bei der Neuanmeldung wurde dies auf der zweiten Maschine übernommen.

Synchronisierung nur für vertrauenswürdige PCs

Die Synchronisierung ist nur für vertrauenswürdige PCs möglich. Jeder mit einem Live-ID-Konto aktivierte PC wird zum Live-ID-Konto hinzufügt. Der Besitzer der Live ID erhält eine E-Mail, über die dann der Eintrag bestätigt werden muss. Sofern der PC noch nicht als vertrauenswürdig eingestuft wurde, erfolgt eine entsprechende Anzeige in der Kategorie *Einstellungen synchronisieren* (Bild 29.11). Wählen Sie den in der rechten Spalte der angezeigten Seite gezeigten Hyperlink *Diesem PC vertrauen*. Nach Anwahl des betreffenden Links öffnet sich die Internet Explorer-App mit der Seite des Microsoft-Kontos, wobei die Rubrik *Sicherheitsinfos* ausgewählt ist.

Sie können dann eine Bestätigungsmail an eines der auswählbaren Konten senden lassen oder den PC als vertrauenswürdig einstufen. In der Kategorie *Übersicht* werden die entsprechend eingestuften Systeme unter »Kennwort- und Sicherheitsinfo« aufgelistet.

HINWEIS

Beachten Sie aber, dass aus Sicherheitsgründen nur eine begrenzte Anzahl von PCs in die Liste aufgenommen werden können. Ist dieses Maximum erreicht, erscheint beim Hinzufügen eines neuen PC der Hinweis, dass die maximale Anzahl erreicht sei. Dann bleibt nur, einen der Einträge zu löschen. Dies muss über eine zugestellte E-Mail bestätigt werden.

29.1.7 Eine Kennwortrücksetzdiskette erstellen

Arbeiten Sie mit einem Microsoft-Konto, lässt sich bei Bedarf ein neues Kennwort über die Microsoft-Server generieren und per E-Mail zusenden. Hierzu sind die Sicherheitsinformationen des Microsoft-Kontos gedacht. Den Link zum Abrufen des neuen Benutzerkennworts finden Sie auf der Live.com-Anmeldeseite.

Bei kennwortgeschützten lokalen Benutzerkonten steht dieser Mechanismus nicht zur Verfügung. Dort ist es wichtig, dass Sie dieses Kennwort nicht vergessen. Um nicht auf die Unterstützung eines Administrators zum Zurücksetzen eines Kennworts angewiesen zu sein, lässt sich eine sogenannte Kennwortrücksetzdiskette erstellen. Diese enthält die Anmeldeinformationen in verschlüsselter Form und ermöglicht Ihnen im Notfall den Zugang zum System. Auch wenn viele PCs kein Diskettenlaufwerk mehr haben, lassen Sie sich von dem Begriff »Diskette« nicht abschrecken. Sie können auch einen USB-Stick oder eine für Digitalkameras oder MP3-Player benutzte Speicherkarte für diesen Zweck verwenden. Wichtig ist lediglich, dass über ein Wechseldatenträgerlaufwerk auf das Speichermedium zugegriffen werden kann.

1. Hierzu legen Sie einen leeren und formatierten Datenträger in das Wechseldatenträgerlaufwerk ein und rufen die Seite *Änderungen am eigenen Konto durchführen* (Bild 29.12, Hintergrund links) gemäß den Hinweisen am Kapitelanfang über die Systemsteuerung auf.
2. Wählen Sie in der Aufgabenleiste des Fensters des lokalen Benutzerkontos den Befehl *Kennwortrücksetzdiskette erstellen* (Bild 29.12, Hintergrund links).
3. Sobald der Assistent startet, wählen Sie im Willkommen-Bildschirm die *Weiter*-Schaltfläche und im Folgedialogfeld (Bild 29.12, Hintergrund unten) das beschreibbare Wechseldatenträger-Laufwerk des USB-Sticks oder der Speicherkarte zum Speichern der Rücksetzinformationen aus.
4. Wählen Sie erneut die Schaltfläche *Weiter*, geben Sie im Dialogschritt *Aktuelles Benutzerkontokennwort* Ihr Kennwort ein (Bild 29.12, oben rechts) und wählen Sie wieder *Weiter*.
5. Sobald der Assistent im Statusdialogfeld meldet, dass der Kennwortrücksetzdatenträger erstellt wurde, wählen Sie die *Weiter*-Schaltfläche und dann im Abschlussdialogfeld die *Fertig stellen*-Schaltfläche.

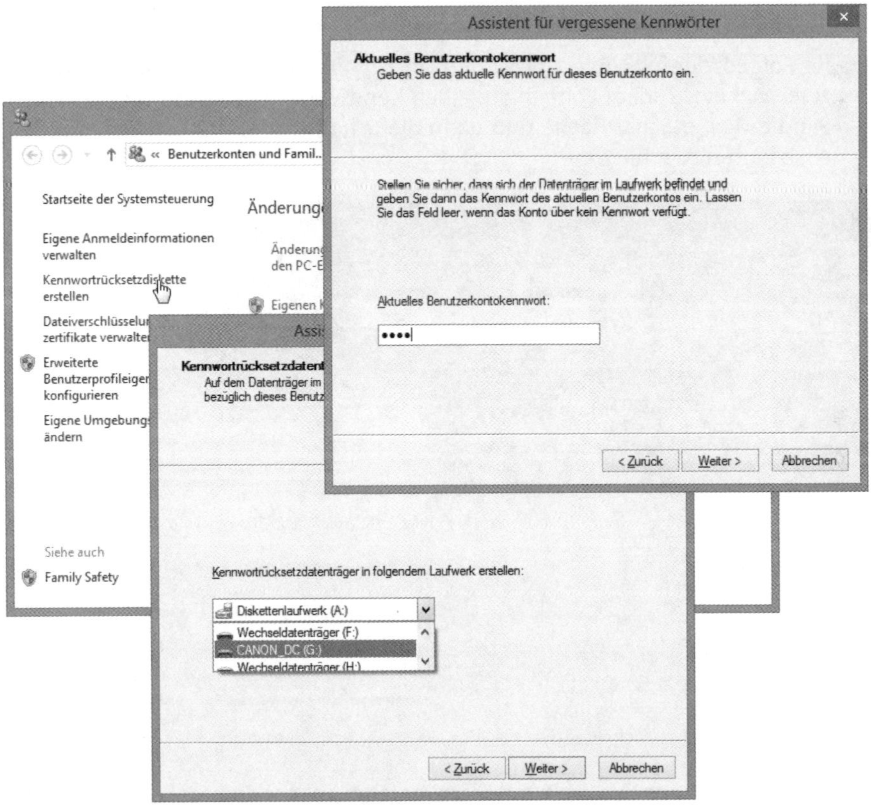

Bild 29.12: Kennwortrücksetzdatenträger erstellen

Der Assistent wird beendet und Sie können das Medium (USB-Stick, Speicherkarte) entnehmen. Beschriften Sie den Wechseldatenträger entsprechend und bewahren Sie ihn an einem sicheren Ort auf.

Kennwort per Kennwortrücksetzdatenträger zurücksetzen

Haben Sie Ihr Kennwort vergessen, verfügen aber über einen Kennwortrücksetzdatenträger? Dann lässt sich mit diesem eine Anmeldung ohne das alte Kennwort bewerkstelligen.

1. Tippen Sie in der Anmeldeseite ein falsches Kennwort für das Benutzerkonto ein, um die Anzeige *Das Kennwort ist falsch ...* zu erhalten. Bestätigen Sie die unterhalb der Meldung angezeigte *OK*-Schaltfläche.
2. Legen Sie den Kennwortrücksetzdatenträger in das Wechseldatenträgerlaufwerk ein und wählen Sie auf der Anmeldeseite den nun (unterhalb des Kennwortfelds) sichtbaren Hyperlink *Kennwort zurücksetzen* (Bild 29.13, oben).
3. Sobald der Assistent startet, gehen Sie über die Schaltfläche *Weiter* zum Folgedialogfeld, wählen das Laufwerk mit dem Medium aus (Bild 29.13, unten links) und dann die *Weiter*-Schaltfläche.
4. Im Folgedialogfeld (Bild 29.13, unten rechts) geben Sie ein neues Kennwort zwei Mal ein. Zudem können Sie einen Kennworthinweis eintragen. Wählen Sie die *Weiter*-Schaltfläche und dann die Schaltfläche *Fertig stellen*, um den Assistenten zu schließen.

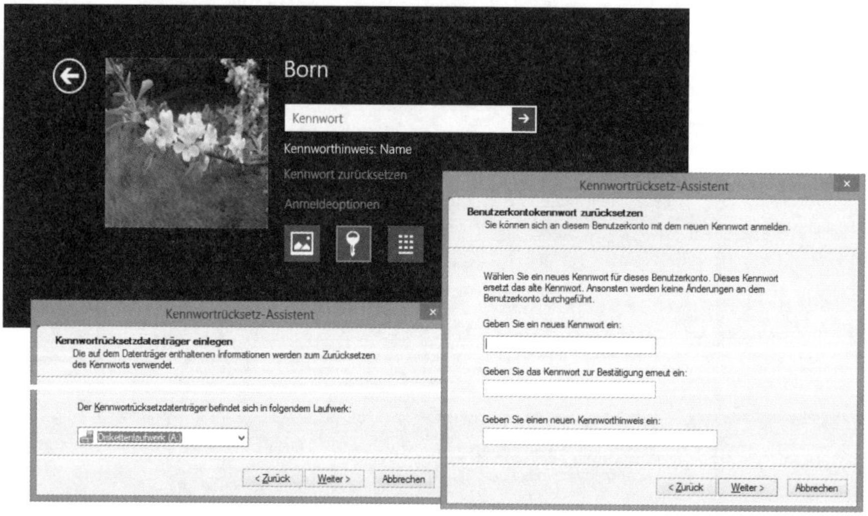

Bild 29.13: Kennwort zurücksetzen

Anschließend können Sie sich mit dem gerade im Assistenten eingegebenen neuen Kennwort auf der Willkommensseite am Benutzerkonto anmelden. Bei diesen Schritten werden die Kontoeinstellungen so zurückgesetzt, dass Zertifikate und Windows-Anmeldeinformationen gültig und weiter benutzbar bleiben.

29.1.8 Eigene Anmeldeinformationen verwalten

In der Aufgabenleiste der Seite *Änderungen am eigenen Konto durchführen* (Bild 29.12, Hintergrund links) finden Sie noch weitere Befehle zum Anpassen spezieller Kontoeinstellungen.

- Der Befehl *Eigene Anmeldeinformationen verwalten* öffnet die in Bild 29.14 gezeigte Seite des Windows-Tresors.
- Wählen Sie einen der Einträge *Webanmeldeinformationen* oder *Windows-Anmeldeinformationen* im Dialogfeld an, werden im unteren Teil der Seite die Anmeldeinformationen aufgelistet, die im betreffenden Tresor gespeichert sind.
- Sie können die Hyperlinks auf der Seite anklicken und die Adressen von Webseiten samt den zugehörigen Anmeldeinformationen eingeben.
- Der Befehl *Windows-Anmeldeinformationen* zeigt die auf dem Computer gespeicherten Profile zur Anmeldung an anderen Netzwerkrechnern.

Der Eintrag »WETAB« in Bild 29.14 enthält z. B. das Netzwerkkennwort und den Benutzernamen, um auf die Freigaben des betreffenden Rechners zuzugreifen.

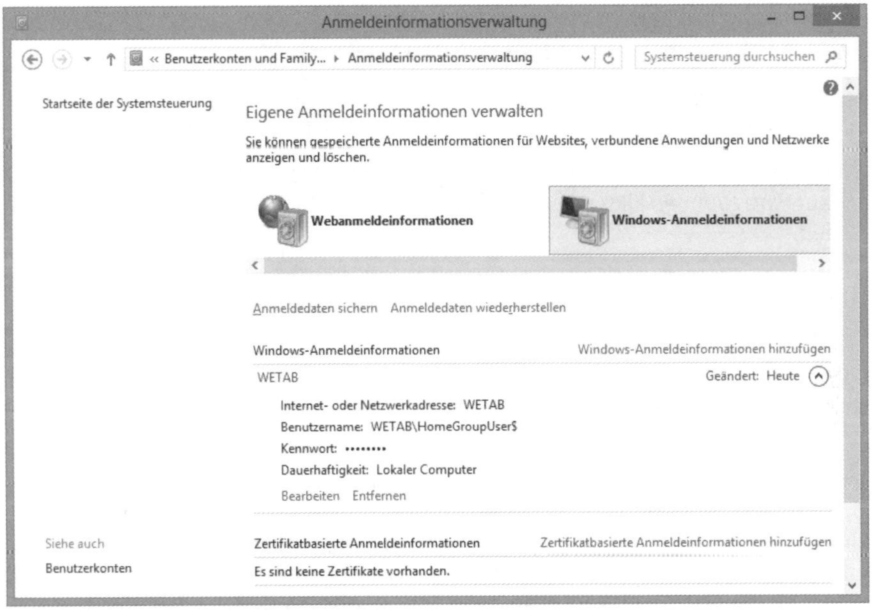

Bild 29.14: Verwaltung der Windows-Anmeldeinformationen

Wählen Sie die runde Schaltfläche am rechten Rand eines Eintrags, erweitert Windows die Darstellung und zeigt Hyperlinks an, um die Einträge zu entfernen oder zu bearbeiten.

HINWEIS

Über den Befehl *Eigene Umgebungsvariablen ändern* (Bild 29.12, oben links, Bild 29.12) öffnet sich ein Dialogfeld, über das Sie Umgebungsvariablen für das Benutzerkonto festlegen können. Solche Werte werden gelegentlich von älteren Anwendungen ausgewertet. Systemweite Umgebungsvariablen definieren Sie dagegen in den erweiterten Systemeigenschaften (siehe *Kapitel 31*, Abschnitt »Systemweite Umgebungsvariable einsehen und ändern«).

29.2 Benutzerkontenverwaltung für Administratoren

Administratoren können unter dem eigenen Benutzerkonto nicht nur Treiber, Software und Updates installieren sowie Internetverbindungen einrichten. Windows ermöglicht es diesem Personenkreis auch, auf Dateien anderer Benutzer zuzugreifen sowie Benutzerkonten für alle Benutzer des Systems zu pflegen (anlegen, ändern oder löschen). Natürlich kann ein unter seinem Benutzerkonto angemeldeter Administrator auch die im vorhergehenden Abschnitt beschriebenen Techniken nutzen, um eigene Kontoinformationen zu bearbeiten. Die folgenden Abschnitte beschreiben die Funktionen, um Einstellungen anderer Konten zu bearbeiten.

29.2.1 Benutzerkonten hinzufügen

Das Anlegen eines Benutzerkontos lässt sich in der Windows-Benutzerkontenverwaltung mit wenigen Schritten unter einem Administratorenkonto erledigen.

1. Wechseln Sie zur Seite *PC-Einstellungen*, indem Sie die Charms-Leiste öffnen, auf *Einstellungen* klicken und in der Seitenleiste *PC-Einstellungen ändern* wählen.
2. Wählen Sie auf der Seite *PC-Einstellungen* die Kategorie *Benutzer*, um am unteren rechten Seitenrand die vorhandenen Konten aufzulisten (Bild 29.15, oben).
3. Wählen Sie die Schaltfläche *Benutzer hinzufügen* und geben Sie über die angezeigten Formularseiten (Bild 29.15, unten) die benötigten Informationen ein.

Um ein Microsoft-Konto für einen Benutzer einzurichten, reicht die Eingabe der zugehörigen E-Mail-Adresse im angezeigten Formular (Bild 29.15, unten). Optional können Sie eine neue E-Mail-Adresse über den in der linken unteren Ecke sichtbaren Hyperlink *Für neue E-Mail-Adresse registrieren* bei Microsoft beantragen und so ein neues Microsoft-Konto anlegen (siehe Abschnitt »29.1.3 Ein Microsoft-Konto neu registrieren und anpassen«).

Um ein lokales Konto einzurichten, wählen Sie den Hyperlink *Ohne Microsoft-Konto anmelden* und klicken in der Folgeseite auf die Schaltfläche *Lokales Konto* (Bild 29.16, unten). Danach tragen Sie im Formular *Benutzer hinzufügen* (Bild 29.16, Einblendung im Vordergrund) den Benutzernamen, das Benutzerkennwort und den Kennworthinweis ein. Verwenden Sie die *Weiter*-Schaltfläche, um das Konto anlegen zu lassen.

Bild 29.15: Benutzerkonten hinzufügen

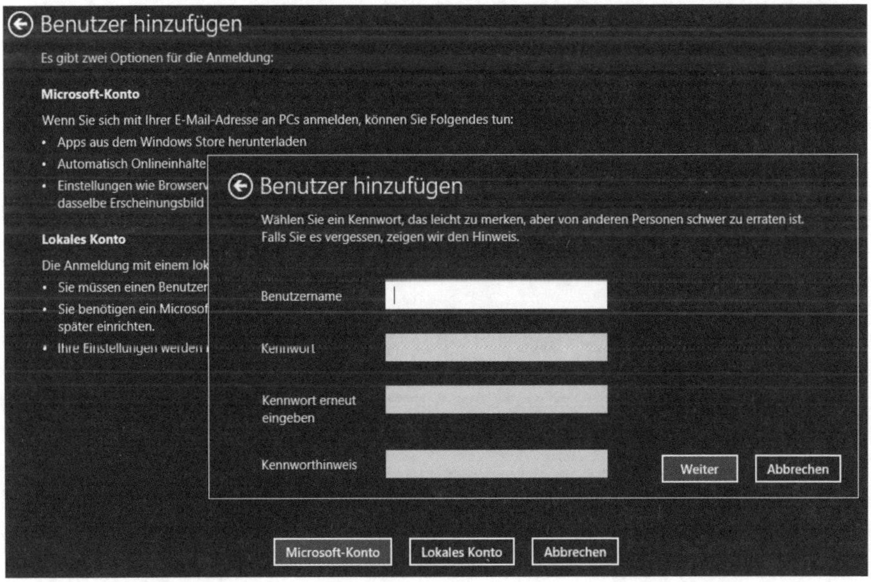

Bild 29.16: Anlegen eines neuen Benutzerkontos

HINWEIS

Meldet sich der betreffende Benutzer zum ersten Mal am neuen Konto an, legt Windows das Benutzerprofil mit den Einstellungen für den Desktop und die Ordner bzw. die Bibliotheken des Benutzerkontos (*Dokumente, Bilder* etc.) neu an.

29.2.2 Benutzerkonten verwalten

Ein Administrator kann über die Systemsteuerung auf alle Benutzerkonten zugreifen und deren Einstellungen anpassen. Öffnen Sie die Systemsteuerung (z.B. über das Schnellzugriffsmenü der Hover-Schaltfläche *Start* des Desktops) und gehen Sie auf den Befehl *Benutzerkonten & Family Safety* und dann auf *Benutzerkonten*. In der angezeigten Seite (Bild 29.17, oben) finden Sie Befehle zur Verwaltung des eigenen und fremder Benutzerkonten. Die mit einem stilisierten Schild markierten Befehle lassen sich nur nach Bestätigung der Benutzerkontensteuerung ausführen.

- Klicken Sie auf den Befehl *Anderes Konto verwalten*, gelangen Sie zur Seite mit der Liste aller bereits existierenden Konten (Bild 29.17, Mitte rechts). Wählen Sie ein Konto aus, wird die Seite *Konto ändern* (Bild 29.17, unten links) mit den verfügbaren Befehlen eingeblendet.
- Wird ein Benutzerkonto nicht mehr benötigt, wählen Sie den Befehl *Konto löschen*. Um die Dateien, die der Benutzer bereits angelegt hat, weiterhin zu verwenden, klicken Sie im Folgedialog auf die Schaltfläche *Dateien behalten*. Benötigen Sie die Daten jedoch nicht mehr und möchten den dadurch belegten Speicherplatz auf der Festplatte freigeben, wählen Sie die Schaltfläche *Dateien löschen* und bestätigen dies auf der letzten Seite über die Schaltfläche *Konto löschen*.
- Hat ein Benutzer das Kennwort für ein lokales Benutzerkonto vergessen und verfügt nicht über eine Kennwortrücksetzdiskette? Wählen Sie in der Seite aus Bild 29.17, unten, den Befehl *Kennwort ändern*. Geben Sie auf der Folgeseite das neue Kennwort in die beiden Felder *Neues Kennwort* und *Neues Kennwort bestätigen* ein, ergänzen Sie ggf. den Kennworthinweis und wählen Sie auf die Schaltfläche *Kennwort ändern*. Dieses Umsetzen des Kennworts sollten Sie nur im Notfall verwenden, da dadurch der Zugriff auf verschlüsselte Dateien oder Zertifikate oder der Zugriff auf Freigaben und Internetseiten verloren geht.

TIPP

Vor dem Entfernen eines Kontos, dessen Dateien Sie behalten möchten, empfehle ich, diese in die öffentlichen Ordner zu verschieben. Dieses Verschieben in den Ordner *Öffentlich* stellt sicher, dass alle Benutzer Zugriff auf diese Dateien erhalten, ohne dass Sie die Zugriffsrechte explizit anpassen müssen.

Als Administrator können Sie die Einstellungen (Kontotyp, Kontoname) des aktuell gewählten Benutzerkontos durch Anwahl des betreffenden Befehls ändern.

- Beim Umsetzen des Kontotyps über den Befehl *Kontotyp ändern* haben Sie über die angezeigten Optionsfelder die Auswahl zwischen *Administrator* und *Standard* für den Kontotyp. Beachten Sie aber, dass aus Sicherheitsgründen nur ein Administratorkonto pro System vorhanden sein sollte.

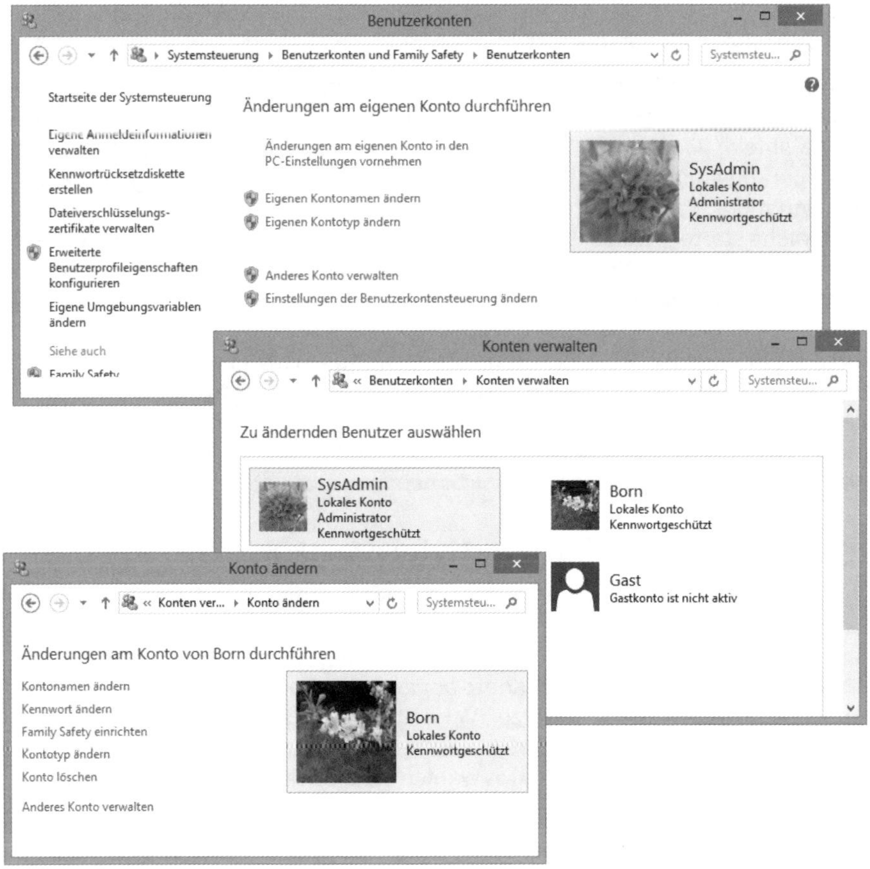

Bild 29.17: Benutzerkonten anpassen

- Um den Namen eines Benutzerkontos zu ändern, wählen Sie den Befehl *Kontonamen ändern* und tragen den neuen Kontonamen in das betreffende Formular ein. Sobald Sie dies über die betreffende Schaltfläche der Seite bestätigt haben, führt Windows die Änderungen am Konto aus.

Bei geändertem Kontonamen erscheint dieser auch im Anmeldedialog.

> Persönlich empfehle ich Ihnen, auf das Umbenennen von Benutzerkonten zu verzichten. Die Benutzerkontenverwaltung ändert nur den intern in Windows benutzten »vollständigen Benutzernamen«, während der interne Windows-Benutzername auf dem ursprünglichen Wert verbleibt. Zudem kann Windows den Ordnernamen des Benutzerprofils nicht ändern. Dies kann bei Eingriffen in das System zu allerlei Problemen führen, wenn der ursprüngliche Name unbekannt ist.
>
> ACHTUNG

Über die Aufgabenleiste des eigenen Administratorenkontos lässt sich der Befehl *Erweiterte Benutzerprofileigenschaften konfigurieren* aufrufen. Im Dialogfeld *Benutzerprofile* lässt sich der Typ zwischen einem lokalen und einem Roaming-

Profil umstellen. Letzterer hat aber nur bei einer Domäneneinbindung eine Bedeutung und wird in diesem Buch nicht behandelt.

Als Administrator können Sie auch den Befehl *Einstellungen der Benutzerkontensteuerung* in der Systemsteuerung anwählen (Bild 29.17, oben). Windows öffnet ein Dialogfeld, über dessen Schieberegler Sie die Einstellungen der Benutzerkontensteuerung anpassen können. Unter Windows 8 ergeben Änderungen aber keinen Sinn mehr, da einerseits Apps bei abgeschalteter Benutzerkontensteuerung nicht mehr starten. Daher hat Microsoft eine Sperre in Windows 8 eingebaut, sodass sich die Stufe »Nie benachrichtigen« zwar anwählen lässt, dies die Benutzerkontensteuerung aber nicht deaktiviert.

HINWEIS

Rufen Sie in Windows 8 Pro die Computerverwaltung (z. B. über die Systemsteuerung oder über das mit [Win]+[X] einblendbare Schnellstartmenü) auf, finden Sie dort den Zweig *Lokale Benutzer und Gruppen*. Über den Unterzweig *Benutzer* können Administratoren ebenfalls lokale Benutzerkonten verwalten. Diese Funktionalität wird in diesem Buch nicht behandelt.

29.2.3 Das Gastkonto aktivieren

Windows 8 besitzt ein spezielles Gastkonto, unter dem sich mehrere Benutzer als Gast am Rechner anmelden können. Dieses Gastkonto zeichnet sich dadurch aus, dass der Benutzer keine Rechte zur Veränderung der Computereinstellungen erhält. Standardmäßig ist dieses Konto abgeschaltet, lässt sich aber jederzeit aktivieren. Wählen Sie in der Seite zur Verwaltung der Benutzerkonten (Bild 29.17, Mitte rechts) in der Liste aller bereits existierenden Konten das Symbol des Gastkontos. Auf der Seite des Gastkontos wählen Sie die Schaltfläche *Einschalten*.

Windows gibt dann dieses Konto zur Benutzung frei. Um das Konto zu deaktivieren, gehen Sie entsprechend vor, wählen aber im Fenster des Kontos den Befehl *Gastkonto ausschalten*. Die Benutzerkontenverwaltung besitzt keine Funktionen, um das Gastkonto mit einem Kennwort zu versehen.

30 Anpassen des Systems

Die Systemsteuerung stellt die Funktionen zum Anpassen diverser Windows-Einstellungen bereit. Zudem bietet Windows 8 in der Seitenleiste *Einstellungen* sowie in der Seite *PC-Einstellungen* Möglichkeiten, um Systemeinstellungen anzupassen. In diesem Kapitel lernen Sie den Umgang mit der Systemsteuerung kennen und finden Hinweise, wie Sie bestimmte Einstellungen für Windows anpassen.

30.1 Windows-Einstellungen anpassen

Windows 8 ermöglicht Ihnen einen zentralen Zugriff auf diverse Einstellungen über die neue Benutzeroberfläche, stellt aber weiterhin die Systemsteuerung zur Verfügung. Nachfolgend erhalten Sie einen kurzen Überblick, wie Sie die Windows-Einstellungen anpassen können.

30.1.1 So gelangen Sie zu den Einstellungen

Der Zugriff auf die wichtigsten Windows-Einstellungen ist direkt über Elemente der Seitenleiste oder in der Seite *PC-Einstellungen* möglich.

Bild 30.1: Schneller Zugriff auf die Einstellungen

1. Blenden Sie die Charms-Leiste am rechten Bildschirmrand (z.B. durch Wischen vom rechten Rand oder durch Zeigen per Maus in die rechte obere oder untere Desktop-Ecke) ein. Wählen Sie das Symbol *Einstellungen* (Bild 30.1, rechts).
2. Wählen Sie die gewünschte Funktion bzw. den Befehl in der angezeigten Seitenleiste *Einstellungen* (Bild 30.1) und passen Sie die gewünschten Einstellungen an.

Im oberen Teil der eingeblendeten Seitenleiste *Einstellungen* erhalten Sie bereits kontextgesteuert einige Befehle zum Zugriff auf Einstellungen angeboten.

- War die Startseite beim Aufrufen der Seitenleiste sichtbar, zeigt die Seitenleiste *Einstellungen* den Text »Start« und andere Befehle (Bild 30.1, Mitte) als beim Aufruf vom geöffneten Windows-Desktop (Bild 30.1, links).
- Über den Befehl *Kacheln* (Bild 30.1, Mitte) gelangen Sie zur gleichnamigen Seitenleiste (Bild 30.1, Einblendung im Vordergrund), in der Sie persönliche Informationen aus dem Konto löschen und die Verwaltungstools für Administratoren auf der Startseite ein-/ausblenden können.
- Beim Aufruf über den Desktop können Sie mit dem Befehl *Systemsteuerung* (Bild 30.1, links) das gleichnamige Fenster öffnen und weitere Anpassungen vornehmen (siehe folgende Abschnitte).
- Der Befehl *Anpassung* (Bild 30.1, links) öffnet die Seite zum Ändern des Desktophintergrunds und der Fensterfarben (siehe *Kapitel 4*).

Im unteren Bereich der Seitenleiste *Einstellungen* finden Sie Symbole (Bild 30.2), über die sich auf die wichtigsten Einstellungen (Netzwerk, Lautstärke, Helligkeit, Benachrichtigungen, Ein-/Ausschalten und Tastatursprache) zugreifen lässt.

- Das Symbol *Ein/Aus* zeigt die Befehle zum Herunterfahren oder Neustarten von Windows 8 (siehe *Kapitel 2*).
- Windows 8 kann Benachrichtigungen (z.B. über eintreffende Mails, Termine) auf dem Bildschirm einblenden. Das Symbol *Benachrichtigungen* ermöglicht Ihnen, über Befehle diese Benachrichtigungen für eine vorgegebene Zeit auszublenden.
- Über das Symbol mit den Balken erhalten Sie Zugriff auf die Seitenleiste *Netzwerke*. Dort kontrollieren Sie Funknetzwerke (WLAN) und/oder Mobilfunkverbindungen (3G/4G, siehe *Kapitel 25*).
- Das Lautsprechersymbol zeigt die Lautstärke in Prozent und ermöglicht Ihnen, den Ton über einen Schieberegler lauter und leiser zu stellen.
- Unterstützt das Notebook oder der Tablet-PC die Anpassung der Bildschirmhelligkeit, wird das zugehörige Symbol freigegeben und ermöglicht Ihnen, über einen Schieberegler die Anzeige heller oder dunkler einzustellen.
- Ist das Symbol der Tastatur freigegeben, lässt sich über eine Palette gegebenenfalls das Tastaturlayout (deutsch, englisch) umschalten sowie über den untersten Befehl die Bildschirmtastatur bzw. der Handschrifteingabebereich einblenden.

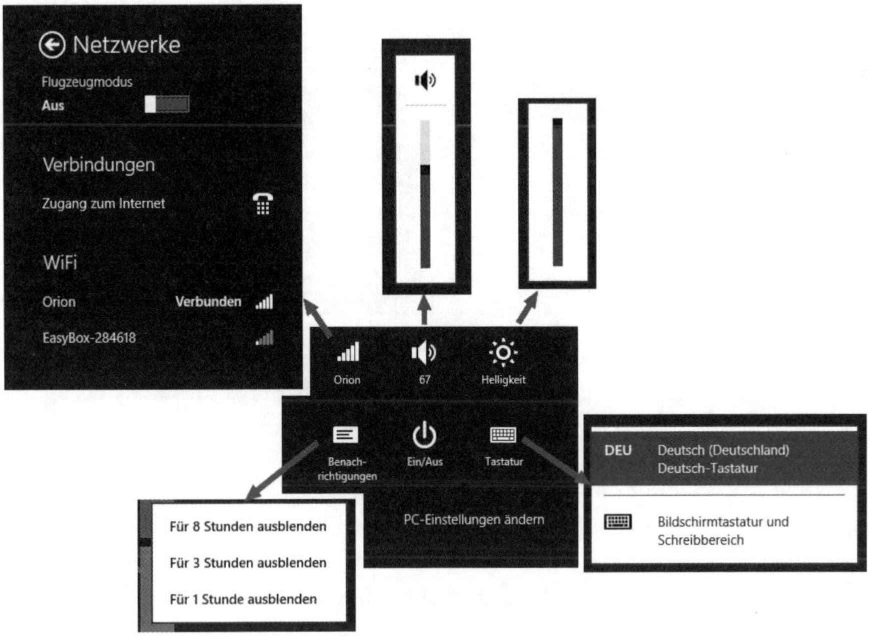

Bild 30.2: Direktes Anpassen diverser Einstellungen

Über den Befehl *PC-Einstellungen ändern* (Bild 30.2) am unteren Rand der Seitenleiste *Einstellungen* öffnen Sie die Seite *PC-Einstellungen* (Bild 30.3). Diese Seite gewährt Ihnen den schnellen Zugriff auf die wichtigsten Windows-Einstellungen.

- Wählen Sie in der linken Spalte der eingeblendeten Seite *PC-Einstellungen* die gewünschte Kategorie aus, um anschließend in der rechten Spalte auf die zugehörigen Einstellungen zuzugreifen.
- In der Kategorie *Benachrichtigungen* legen Sie über Schalter beispielsweise fest, ob und welche Apps Benachrichtigungen einblenden dürfen.
- Die Kategorie *Suche* dient zum Festlegen der für die Suche zu verwendenden Apps.
- Unter *Allgemein* können Sie eine Reihe weiterer Optionen, z.B. zum App-Wechsel, vorgeben.
- Unter *Datenschutz* legen Sie fest, ob Apps den Standort und das Profilbild verwenden dürfen.

Hinweise zu weiteren Details einzelner Kategorien finden Sie (kontextbezogen) in den verschiedenen Kapiteln dieses Buchs und auf den nachfolgenden Seiten.

HINWEIS

Nicht immer sind alle Kategorien und Optionen auf einem System verfügbar. Der Eintrag *Funk* ist z.B. nur vorhanden, wenn WLAN-Adapter und UMTS-Modems (3G-Verbindungen) erkannt werden. Die Unterkategorie *Bildschirmtastatur* beim Punkt *Allgemein* wird z.B. nur bei Geräten mit Touchbedienung eingeblendet.

Bild 30.3: Seite *PC-Einstellungen*

30.1.2 Zugriff auf die Systemsteuerung

Für detaillierte Einstellungen des Systems (z.B. Maus und Tastatur anpassen, Programme deinstallieren, Funktionen aktivieren) stellt Windows 8 die Systemsteuerung zur Verfügung. Der Zugriff auf die Systemsteuerung ist über verschiedene Vorgehensweisen möglich.

- Sie können bei geöffnetem Windows-Desktop die Charms-Leiste einblenden, das Symbol *Einstellungen* wählen und dann in der Seitenleiste *Einstellungen* den Befehl *Systemsteuerung* wählen (siehe vorhergehender Abschnitt).
- Oder Sie tippen, bei angezeigter Startseite, »Sys« ein. Dann sollte sich der Suchtreffer *Systemsteuerung* per Maus wählen lassen.
- Als eine weitere Alternative ist das Schnellzugriffmenü in der linken unteren Fensterecke über einen Rechtsklick auf die Hover-Schaltfläche *Start* – oder durch Drücken der Tastenkombination [Win]+[X] – einzublenden und der Menübefehl *Systemsteuerung* zu wählen.
- Zudem finden Sie im Menüband des Ordnerfensters *Computer* (z.B. direkt aufrufbar über [Win]+[E]) auf der Registerkarte *Computer* die Schaltfläche *Systemsteuerung* vor.

Nach dem Aufruf erscheint das Fenster der Systemsteuerung mit den Befehlen zum Anpassen des Computers auf dem Windows-Desktop.

30.1.3 Die Systemsteuerung im Überblick

Das Fenster der Systemsteuerung (Bild 30.4, unten) enthält in der Kategorienansicht die nach verschiedenen Kategorien geordneten Befehle. Jede Kategorie besteht aus einem Titeleintrag und einigen häufig benötigten Befehlen. Zeigen Sie auf den Hyperlink eines Titeleintrags, blendet die Systemsteuerung eine QuickInfo mit Zusatzinformationen zur Nutzung der betreffenden Kategorie ein.

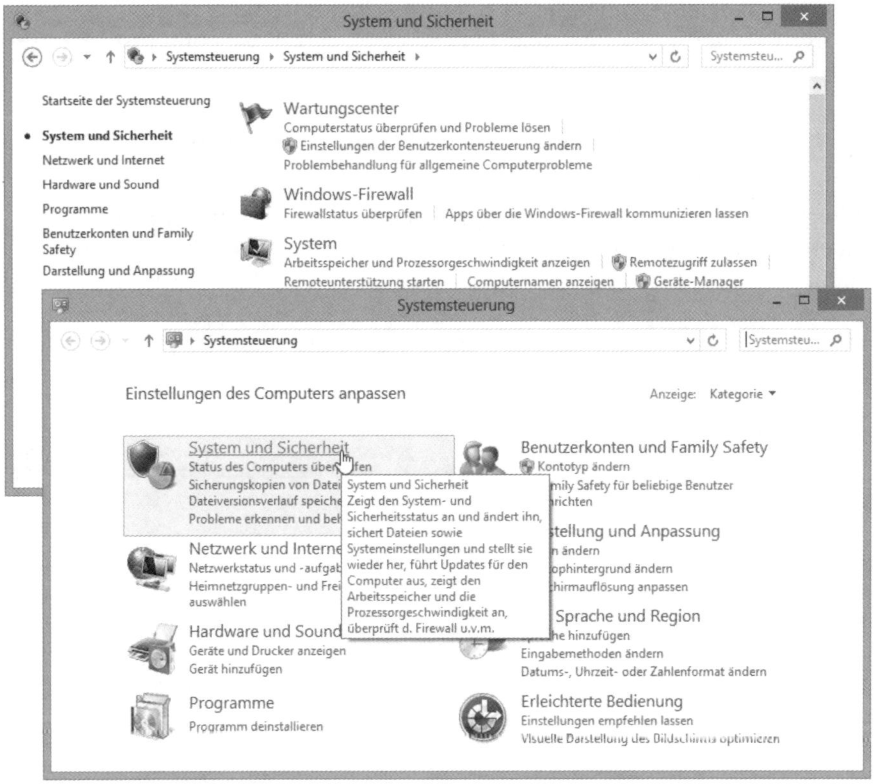

Bild 30.4: Fenster der Systemsteuerung

- Wählen Sie einen der Titeleinträge an, öffnet die Systemsteuerung eine weitere Seite (Bild 30.4, oben) mit allen Befehlen oder Optionen der jeweiligen Kategorie. Enthält diese Seite Titeleinträge, lässt sich über diese zur nächsten Unterseite, in der die verfügbaren Optionen oder Befehle aufgeführt werden, navigieren.
- Innerhalb einer Unterseite zeigt die Systemsteuerung unterhalb des Kategorientitels häufig benötigte Befehle als Hyperlinks an. Wählen Sie einen dieser Hyperlinks, gelangen Sie direkt zur Seite mit den entsprechenden Optionen.
- In der linken Spalte der Fenster wird häufig eine Aufgabenleiste eingeblendet. Dort bietet Ihnen die Systemsteuerung Hyperlinks zum Aufrufen weiterer Funktionen an.

Sie können also durch Anwahl der Hyperlinks sehr komfortabel im Fenster der Systemsteuerung navigieren und die gewünschten Funktionen abrufen.

- Über die beiden Schaltflächen *Zurück* und *Vorwärts* in der oberen linken Fensterecke blättern Sie zwischen den bereits besuchten Seiten der Systemsteuerung.
- Die Adressleiste des Fensters ermöglicht Ihnen, direkt zur übergeordneten Ebene zurückzugehen.

In der Aufgabenleiste finden Sie nach Anwahl einer Unterseite zudem den Hyperlink *Startseite der Systemsteuerung*, über den Sie jederzeit die Anfangsseite aufrufen können.

30.1.4 Systemsteuerung: Einzelsymbolansicht und Suche

Bevorzugen Sie die aus einzelnen Symbolen bestehende Darstellung der Systemsteuerung, die Sie vielleicht aus früheren Windows-Versionen kennen (Bild 30.5, unten)?

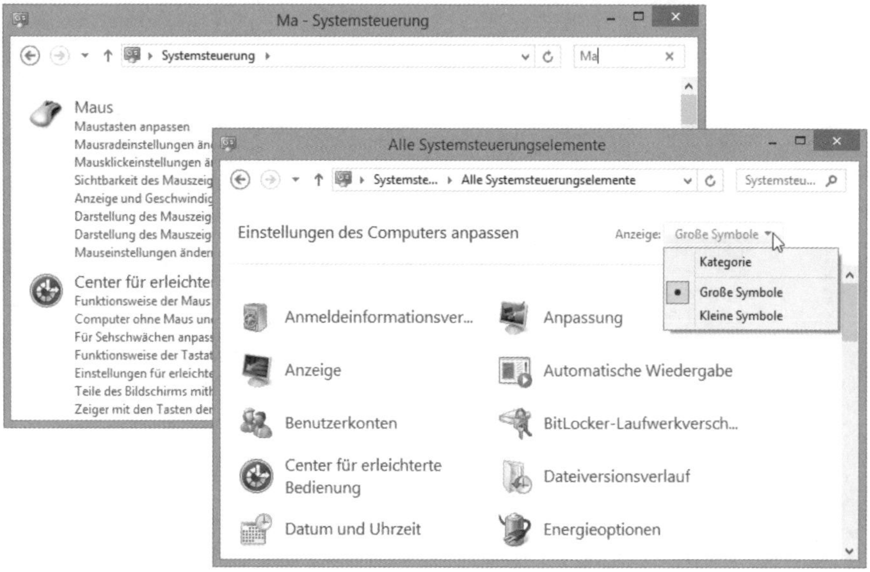

Bild 30.5: Einzelsymbolansicht und Suche in der Systemsteuerung

Dann stellen Sie den Wert der Schaltfläche *Anzeige* über das betreffende Menü von »Kategorie« auf »Große Symbole« oder »Kleine Symbole« um (Bild 30.5, unten).

- Bei Anwahl eines Symbols im Fenster der Systemsteuerung werden ggf. die aus früheren Windows-Versionen bekannten Eigenschaftenfenster mit Registerkarten angezeigt.
- Bei manchen Einträgen erscheint dagegen eine Formularseite zur Anpassung der betreffenden Systemeigenschaften.

Eine sehr effiziente Möglichkeit zum Zugriff auf Funktionen der Systemsteuerung besteht in der Verwendung der Suchfunktion. Es genügt, in das Suchfeld in der oberen rechten Fensterecke einen Teilbegriff einzutippen. Bereits während der Eingabe filtert Windows die möglichen Befehle und zeigt diese im Fenster der Systemsteuerung an (Bild 30.5, oben).

HINWEIS

Verschiedene Funktionen der Systemsteuerung (z.B. Anpassen von Internet- oder Ordneroptionen, Netzwerkfunktionen etc.) werden in anderen Kapiteln, im Kontext zum jeweiligen Thema, behandelt. Nachfolgend finden Sie daher die Beschreibung ausgesuchter Funktionen der Systemsteuerung, mit denen sich weitere Windows-Einstellungen anpassen lassen. Beachten Sie bei der Verwendung der Systemsteuerung, dass Sie für Änderungen, die sich auf das gesamte System auswirken (dazu gehört auch das Einstellen von Uhrzeit und Datum), Administratorrechte benötigen. Das heißt, bei vielen Funktionen werden Sie aufgefordert, die Sicherheitsabfrage der Benutzerkontensteuerung zu bestätigen.

30.2 Zeit, Sprache und Region anpassen

Über die Kategorie *Zeit, Sprache und Region* der Systemsteuerung können Sie sowohl die Uhrzeit und das Datum einstellen als auch Anpassungen an den Sprach- bzw. Regionseinstellungen vorzunehmen.

30.2.1 Datum und Uhrzeit stellen

Windows zeigt im Infobereich der Taskleiste die Uhrzeit bzw. das Datum an. Standardmäßig wird die Uhrzeit mit einem Internet-Zeitserver abgeglichen. Falls die Uhr trotzdem falsche Werte zeigt, können Sie diese Einstellungen überprüfen und ggf. anpassen. Hierzu haben Sie gleich zwei Möglichkeiten, wobei Sie aber Administratorberechtigungen benötigen.

- Öffnen Sie in Windows 8 die Systemsteuerung und wahlen Sie die Kategorie *Zeit, Sprache und Region*. Anschließend wählen Sie auf der folgenden Seite den Hyperlink *Datum und Uhrzeit festlegen*.
- Alternativ klicken oder tippen Sie im Infobereich der Taskleiste die angezeigte Uhrzeit an und wählen im eingeblendeten Kalenderblatt mit der Uhr den Hyperlink *Datum- und Uhrzeiteinstellungen ändern*.

In beiden Fällen öffnet Windows das Eigenschaftenfenster *Datum und Uhrzeit* (Bild 30.6, links). Zum Anpassen der Uhrzeit oder des Datums gehen Sie folgendermaßen vor.

1. Wählen Sie im angezeigten Eigenschaftenfenster auf der Registerkarte *Datum und Uhrzeit* die Schaltfläche *Datum und Uhrzeit ändern* und bestätigen Sie anschließend die ggf. angezeigte Sicherheitsabfrage der Benutzerkontensteuerung.
2. Passen Sie im Dialogfeld *Datum- und Uhrzeiteinstellungen* (Bild 30.6, rechts) das Datum und/oder die Uhrzeit an und schließen Sie die Dialogfelder und Registerkarten über die *OK*-Schaltflächen.

Zum Ändern des aktuellen Datums klicken Sie z.B. die Einträge im Kalenderblatt mit der Maus an. Ein Klick auf einen Tag stellt diesen als aktuelles Datum ein. Die Schaltflächen rechts und links in der Kopfzeile des Kalenderblatts ermöglichen es Ihnen, zwischen den Monaten zu blättern.

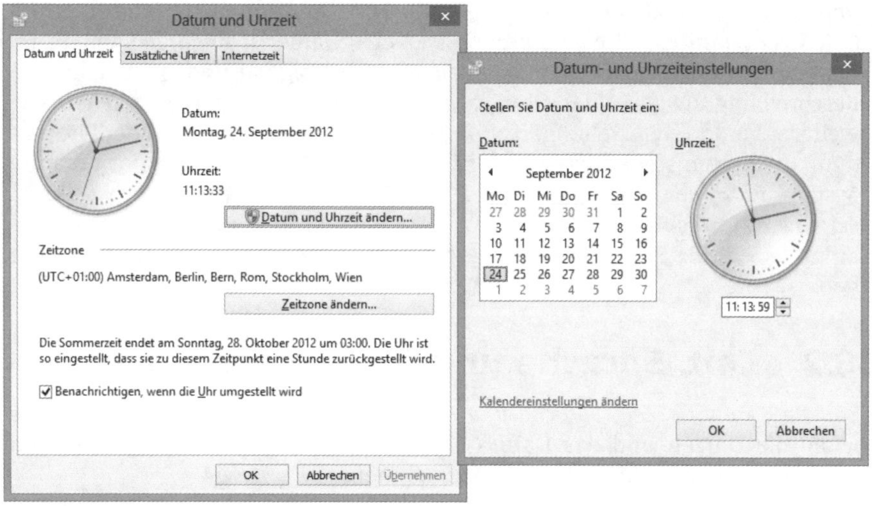

Bild 30.6: Uhrzeit und Datum anpassen

Ein Mausklick auf den angezeigten Monatsnamen wechselt zur Jahresübersicht, weitere Mausklicks zeigen die Jahrzehntübersicht und schließlich die Jahrhundertübersicht an. Auf diese Weise können Sie auch den Monat und das Jahr auswählen. Statt Mausklicks tippen Sie auf einem Touchscreen einfach die Elemente an.

Um die Uhrzeit anzupassen, markieren Sie den Wert für die Stunden, für die Minuten oder für die Sekunden im Drehfeld. Dann lässt sich der neue Wert eintippen oder über die Schaltflächen des Drehfelds einstellen.

HINWEIS

Drehfelder sind Steuerelemente zur Anpassung numerischer Werte. Sie können den Wert direkt in das Drehfeld eintippen oder über die am rechten Rand des Drehfelds angezeigten Schaltflächen (die kleinen Dreiecke) schrittweise erhöhen bzw. verringern.

30.2.2 Anpassen der Zeitzone

Die Zeitzone legt fest, wie die Uhrzeit und das Datum anzuzeigen sind und ob eine automatische Umstellung auf die Sommer-/Winterzeit erfolgen soll.

1. Um die Zeitzone der Uhrzeitanzeige anzupassen, melden Sie sich unter einem Administratorkonto an und gehen wie beim Ändern des Datums oder der Uhrzeit vor, wählen aber auf der Registerkarte *Datum und Uhrzeit* die Schaltfläche *Zeitzone ändern* (Bild 30.6, links).
2. Im Dialogfeld *Zeitzoneneinstellungen* (Bild 30.7) wählen Sie dann die Zeitzone über das betreffende Listenfeld. Für Deutschland, Österreich, die Schweiz, Luxemburg, Lichtenstein und Südtirol sollte der Wert auf »UTC+01:00« stehen. Weiterhin ist das Kontrollkästchen *Uhr automatisch auf Sommer-/Winterzeit umstellen* zu markieren.

Die Änderungen werden übernommen, sobald Sie das Dialogfeld über die *OK*-Schaltfläche schließen und dann auf der Registerkarte auf *Übernehmen* klicken.

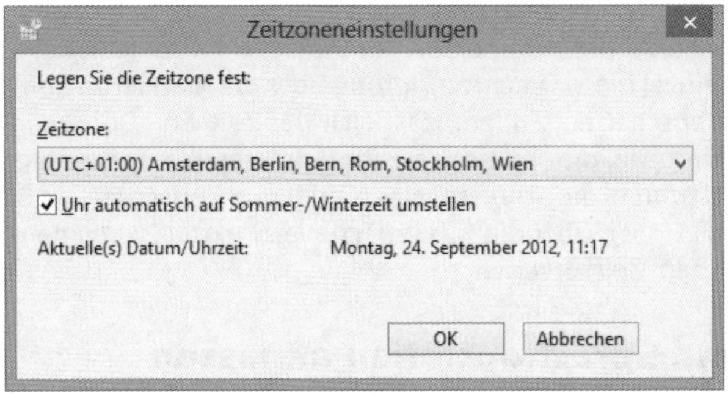

Bild 30.7: Zeitzone anpassen

TIPP

Benötigen Sie eine schnelle Übersicht über Ortszeiten von verschiedenen Ländern? Wechseln Sie im Eigenschaftenfenster *Datum und Uhrzeit* zur Registerkarte *Zusätzliche Uhren* (Bild 30.8, rechts). Hier können Sie zwei zusätzliche Uhren mit abweichenden Zeitzonen samt Namen vorgeben. Markieren Sie die Kontrollkästchen und legen Sie die gewünschten Einstellungen fest. Wenn Sie die Registerkarte über die *OK*-Schaltfläche schließen, lassen sich die unterschiedlichen Zeiten über eine QuickInfo im Infobereich der Taskleiste abrufen.

30.2.3 Internet-Zeitsynchronisation anpassen

Windows 8 kann bei einer bestehenden Internetverbindung eine automatische Zeitsynchronisation über Zeitserver vornehmen. Dies verhindert, dass die Uhr gravierend falsch geht. Zum Anpassen der betreffenden Einstellungen rufen Sie das Eigenschaftenfenster *Datum und Uhrzeit* gemäß den obigen Anweisungen auf. Wenn Sie zur Registerkarte *Internetzeit* wechseln (Bild 30.8, oben links), sehen Sie, wann die nächste Synchronisierung erfolgen soll.

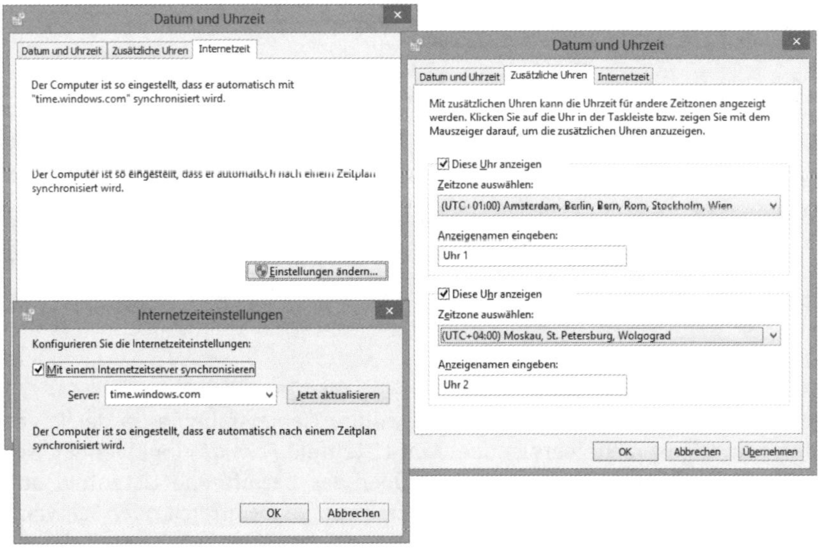

Bild 30.8: Internetzeiteinstellungen anpassen und zusätzliche Uhren verwenden

Wählen Sie die Schaltfläche *Einstellungen ändern* und bestätigen die Sicherheitsabfrage der Benutzerkontensteuerung, können Sie im Dialogfeld *Internetzeiteinstellungen* (Bild 30.8, unten links) diese Synchronisierung über die Markierung des Kontrollkästchens zu- oder abschalten. Zudem lässt sich der Zeitserver über ein Listenfeld anpassen. Ersetzen Sie die voreingestellte Adresse des Zeitservers `time.windows.com` bei Bedarf durch die Adresse eines anderen Zeitservers (z.B. `time.nist.gov` oder `ptbtime1.ptb.de`). Über die Schaltfläche *Jetzt aktualisieren* nehmen Sie einen Abgleich mit dem Zeitserver vor.

30.2.4 Regions- und Sprachoptionen anpassen

Windows sowie Anwendungsprogramme verwenden zur Darstellung des Datums und der Uhrzeit sowie für Zahlen und Währungsangaben bestimmte Einstellungen. Diese Einstellungen beeinflussen u.U. auch die Art, wie Listen sortiert und durchsucht werden. Standardmäßig richtet Windows 8 die Regions- und Spracheinstellungen nach dem bei der Installation gewählten Gebietsschemata ein. Sie können diese Einstellungen aber bei Bedarf einsehen und anpassen.

1. Wählen Sie in der Systemsteuerung die Kategorie *Zeit, Sprache und Region* und auf der folgenden Seite den Befehl *Region*.
2. Anschließend passen Sie die gewünschten Einstellungen auf den Registerkarten des Eigenschaftenfensters *Region* (Bild 30.9, links) an.

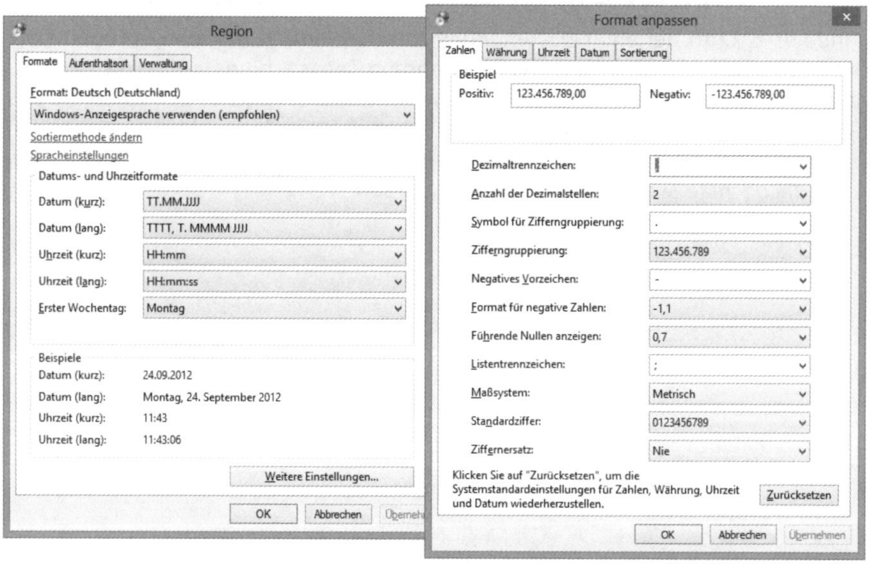

Bild 30.9: Regions- und Sprachoptionen anpassen

Auf der Registerkarte *Formate* wird das gewählte Gebietsschema (in der Regel »Windows-Anzeigesprache verwenden«) im Listenfeld *Format* eingeblendet. Sie haben aber die Möglichkeit, das Format über das betreffende Listenfeld auf abweichende deutschsprachige Gebietsschemata (z.B. Österreich oder Schweiz) umzustellen.

Weiterhin lassen sich die Formatvorgaben zur Anzeige von Datum und Uhrzeit über entsprechende Listenfelder umstellen. Windows-Anwendungen verwenden diese Formateinstellungen zur Darstellung von Zahlen und Währungsbeträgen. Hat eine Anwendung Probleme bei der Darstellung oder Berechnung von Zahlen bzw. Währungsbeträgen, können Sie versuchsweise die Einstellungen anpassen, indem Sie auf der Registerkarte *Formate* die Schaltfläche *Weitere Einstellungen* anklicken. Windows öffnet dann das in Bild 30.9, rechts, gezeigte Eigenschaftenfenster, auf dessen Registerkarten Sie festlegen können, welche Darstellungsoptionen von Windows zu verwenden sind.

- Die Registerkarte *Zahlen* enthält die Vorgaben, wie Dezimaltrennzeichen und Zifferngruppierung (Tausendertrennzeichen) anzuzeigen sind. Weiterhin werden das Listentrennzeichen, das Maßsystem sowie die Zahlendarstellung (Vorzeichen, Dezimalstellen) etc. festgelegt.
- Die Anzeige von Währungsbeträgen bestimmen Sie über die Felder der Registerkarte *Währung*. Neben dem Tausendertrennzeichen (Feld *Symbol für Zifferngruppierung*) und dem Dezimaltrennzeichen lassen sich beispielsweise das Währungssymbol und dessen Position angeben.
- Das Format der Zeitanzeige (z.B. das Trennzeichen sowie Zeitangaben mit bzw. ohne Sekundenanzeige) wird über die Felder auf der Registerkarte *Uhrzeit* festgelegt. Die Listenfelder der Gruppe *Zeitformate* enthalten Zeichenketten, die das Format der Stunden-, Minuten- und Sekundenanzeige vorgeben.
- Auf der Registerkarte *Datum* beeinflussen Sie die Formatierung der Datumsanzeige (Schreibweisen für kurze oder lange Datumsangaben). Zudem lässt sich auf dieser Registerkarte das »Jahrtausendproblem« bei zweistelligen Jahresangaben älterer Software lösen. Über die Gruppe *Kalender* wird ein Zeitintervall (Standard ist 1930 bis 2029) vorgegeben, um zweistellige Jahreszahlen in vierstellige Zeitangaben umzusetzen (die Jahreszahl 55 steht für 1955, während die Angabe 11 in 2011 konvertiert wird).
- Auf der Registerkarte *Sortierung* lässt sich die Sortierreihenfolge zwischen »Wörterbuch« und »Telefonbuch« (Sortierung erst nach Name, dann nach Vorname, ä hinter a etc.) umstellen. Diese Vorgabe wird von Anwendungen zur Sortierung von Listen benutzt.

Die Einstellungen werden übernommen, sobald Sie das Eigenschaftenfenster über die *OK*-Schaltfläche schließen.

HINWEIS

Auf der Registerkarte *Aufenthaltsort* des Eigenschaftenfensters *Region* (Bild 30.9, links) wählen Sie den aktuellen Aufenthaltsort (z.B. das Land), an dem Sie sich aufhalten. Der Standort wird von verschiedenen Diensten abgefragt, um regionsspezifische Informationen zu liefern. Auf der Registerkarte *Verwaltung* lässt sich die Sprache für Programme vorgeben, die nicht mit dem in Windows verwendeten Unicode kompatibel sind. Weiterhin können Sie der Willkommensseite und neuen Benutzerkonten das Tastaturlayout und die Anzeigesprache zuweisen. Diese Option ist sinnvoll, wenn verschiedene Sprachpakete installiert sind und neue Benutzerkonten mit einer anderen Sprache angelegt werden sollen. In der Regel brauchen Sie diese Einstellungen aber in Windows nicht anzupassen.

30.2.5 Tastaturlayout und Spracheinstellungen ändern

Windows 8 unterstützt verschiedene Tastaturlayouts und auch Spracheinstellungen für Benutzerkonten. In *Kapitel 4* ist im Abschnitt »4.3.5 Eingabesprache und Sprachunterstützung« die Umschaltung des Tastaturlayouts behandelt.

Sprache hinzufügen und auswählen

Möchten Sie eine zusätzliche Eingabesprache für das Tastaturlayout verwenden, wählen Sie in der Systemsteuerung im Abschnitt *Zeit, Sprache und Region* den Link *Sprache hinzufügen*. Auf der Seite *Spracheinstellungen ändern* (Bild 30.10, oben) klicken Sie auf *Sprache hinzufügen*.

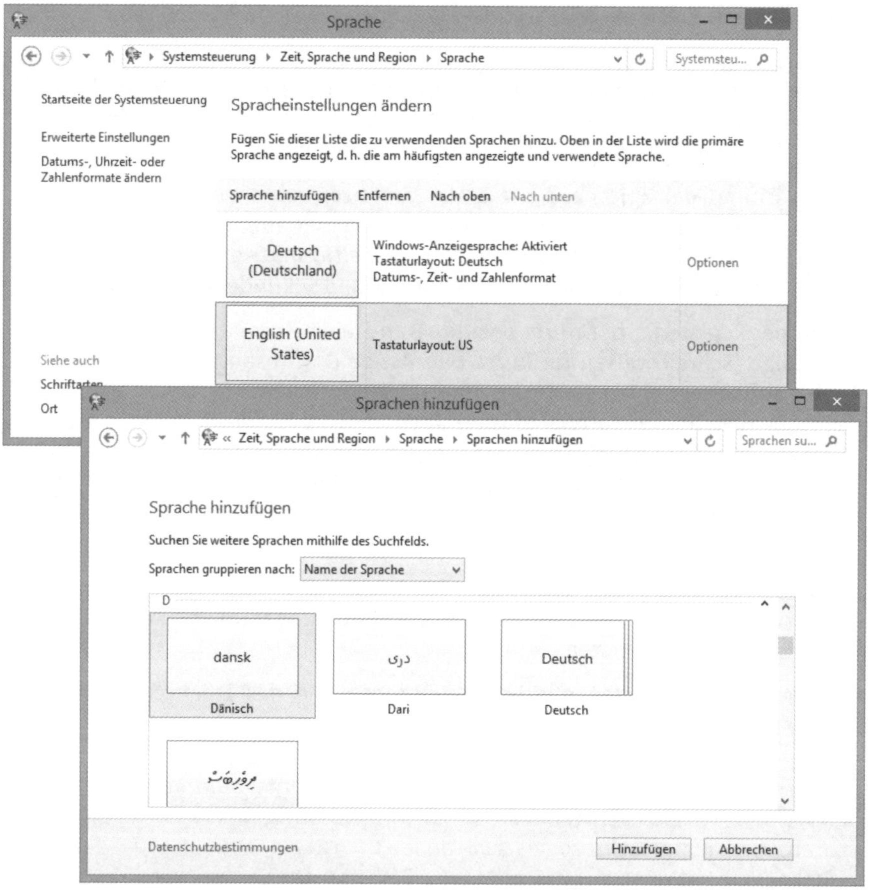

Bild 30.10: Sprachen verwalten

Im folgenden Fenster lässt sich in der Seite *Sprache hinzufügen* (Bild 30.10, unten) die gewünschte Sprache über eine der Kacheln auswählen. Gibt es mehrere Sprachvarianten (z.B. Deutsch-Luxemburg, Deutsch-Deutschland etc.), zeigt Windows nach Anwahl der *Hinzufügen*-Schaltfläche (bzw. *Öffnen*, falls die Sprache bereits vorhanden ist) eine Unterseite, in der Sie die Sprachvariante auswählen. Nach Anwahl der Schaltfläche *Hinzufügen* wird das Sprachpaket in der Liste (Bild 30.10, oben) aufgeführt. Sie sehen dort, ob die Anzeigesprache, das Tastaturlayout und die Zeit-/Datumsformate unterstützt werden. Die Kennung »Anzeigesprache« signalisiert, dass die Benutzeroberfläche in der betreffenden Sprache dargestellt wird.

> HINWEIS
>
> Wählen Sie einen Spracheintrag in der Liste aus Bild 30.10, oben, an, lässt sich das zugehörige Sprachpaket über die Schaltfläche *Entfernen* vom System löschen. Die Schaltfläche *Nach oben* bzw. *Nach unten* ermöglicht, die Position des Sprachpakets in der Liste der Sprachen zu verschieben. Das zuerst aufgeführte Sprachpaket legt die primäre Sprache fest.

Hinter jedem eingerichteten Spracheintrag findet sich der Hyperlink *Optionen* (Bild 30.10, oben), bei dessen Anwahl sich die Seite *Sprachoptionen* (Bild 30.11) öffnen lässt.

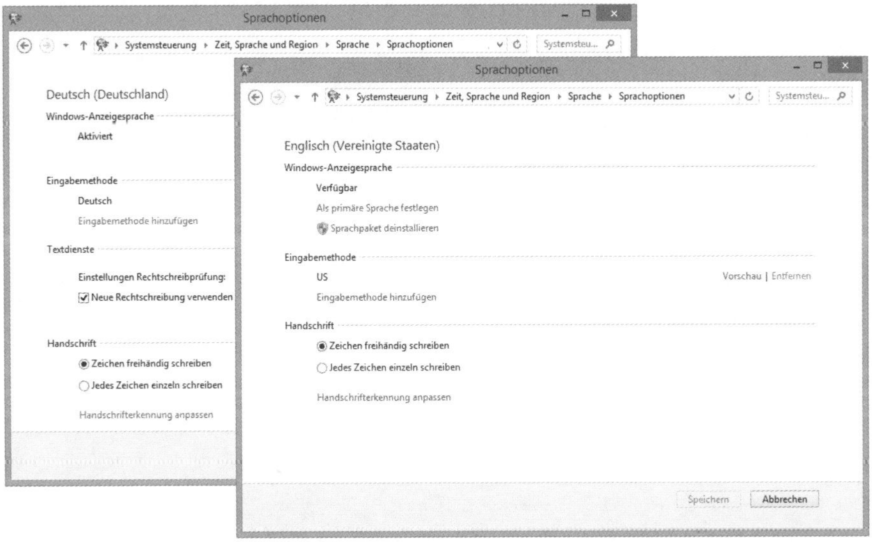

Bild 30.11: Sprachoptionen anpassen

Über die auf der Seite eingeblendeten Optionen lassem sich die Windows-Anzeigesprache (sofern unterstützt), die Eingabemethode, die Rechtschreibprüfung sowie die Handschrifterkennung aktivieren bzw. verwalten. Änderungen müssen mit einem Klick auf die Schaltfläche *Speichern* gesichert werden.

HINWEIS

Windows 8 unterstützt in allen Versionen verschiedene Anzeigesprachen, mit denen sich die komplette Benutzeroberfläche auf die gewünschte Sprache umstellen lässt. Diese Umstellung kann systemweit oder kontenbezogen erfolgen. Ein deutsches Windows 8 lässt sich so mit einer englischen Benutzeroberfläche versehen. Auf der Seite *Sprachoptionen* (Bild 30.11) befindet sich ggf. in der Gruppe *Windows-Anzeigesprache* eine Schaltfläche, um ein Sprachpaket herunterzuladen, zu installieren oder auch wieder zu deinstallieren. Microsoft hat unter `http://support.microsoft.com/kb/2607607` [w8-k30-001] eine entsprechende Beschreibung veröffentlicht. Beim Verfassen dieses Manuskripts stand eine Download-Möglichkeit aber noch nicht zur Verfügung. Ist ein entsprechendes Sprachpaket installiert, lässt sich auf der Seite *Sprachoptionen* der Hyperlink *Als primäre Sprache festlegen* anwählen. Nach einer Abmeldung wird das Benutzerkonto auf die gewählte Anzeigesprache umgestellt.

Sprachpakete manuell installieren

Herstellern von Geräten oder Firmen bzw. Privatpersonen, die Verträge für Volumenlizenzen, für MSDN- oder TechNet-Abos abgeschlossen haben, gewährt Microsoft Zugriff auf die Windows 8-Sprachpakete. Diese liegen auf DVD für die 32- und 64-Bit-Versionen von Windows 8 vor. Sofern Sie also Zugriff auf ein solches Sprachpaket in Form einer *.cab*-Datei (z.B. *en-us.cab*) haben, lässt sich dieses auch manuell installieren. Dabei gibt es verschiedene Methoden.

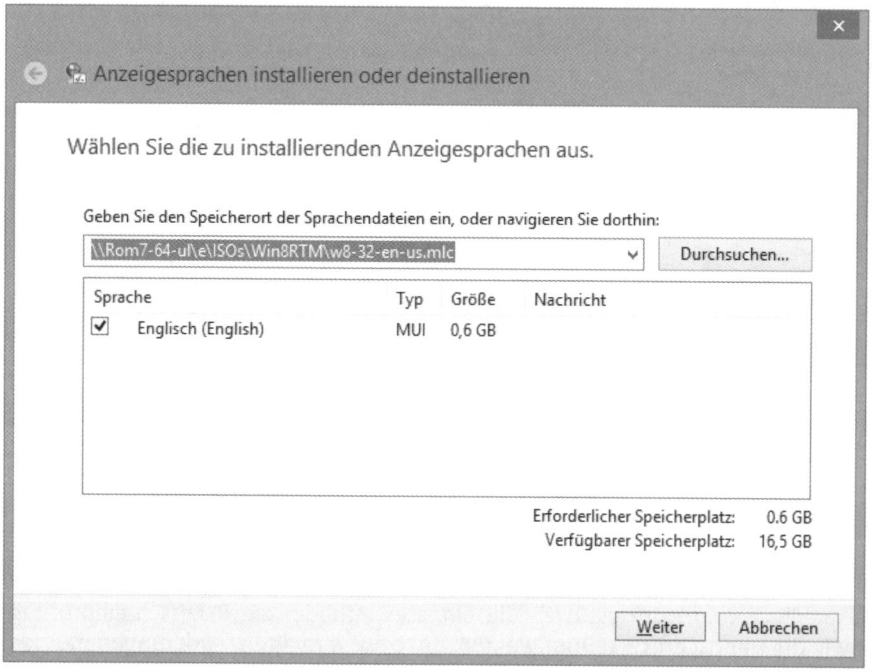

Bild 30.12: Anzeigesprache installieren

- Fertigen Sie von der Datei mit dem Sprachpaket eine Kopie an und benennen Sie die Dateinamenerweiterung *.cab* in *.mlc* um. Ein Doppelklick auf die Datei startet dann den Installations-Assistenten für Sprachpakete (Bild 30.12).
- Alternativ können Sie eine Eingabeaufforderung mit Administratorrechten öffnen und den Befehl *lpksetup* eingeben. Dann erscheint ein Dialogfeld (Bild 30.13), über dessen Befehle Sie Sprachpakete aus *.cab*-Dateien installieren oder deinstallieren können. In einem zweiten Dialogschritt ermöglicht das Dialogfeld des Assistenten dann die Auswahl des Sprachpakets (*.cab*-Datei).

Sie erhalten in beiden Varianten die Möglichkeit, ein Sprachpaket per Kontrollkästchen auszuwählen und über die *Weiter*-Schaltfläche in einem zweiten Dialogfeld die Anerkennung der Lizenzbedingungen zu bestätigen. Dann installiert Windows 8 das Sprachpaket, was einige Zeit dauern kann.

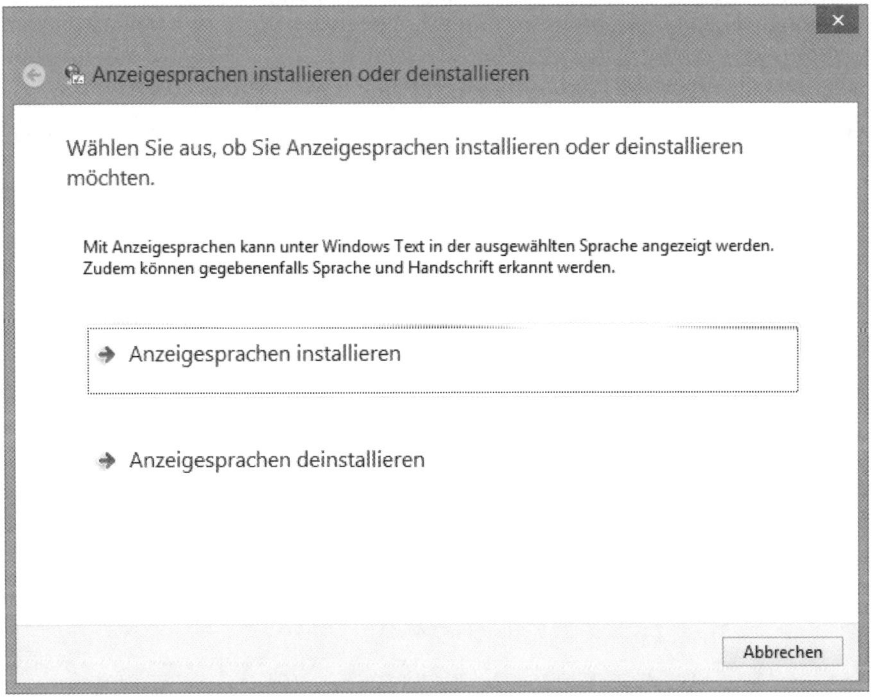

Bild 30.13: Dialogfeld zur Installation der Anzeigesprache

Ist ein entsprechendes Sprachpaket installiert, bietet die Seite *Sprachoptionen* (Bild 30.11, rechts) unter *Windows-Anzeigesprache* die Möglichkeit, eine alternative Anzeigesprache auszuwählen.

30.3 Hardware, Sound, Tastatur und Maus anpassen

Windows ermöglicht Ihnen, verschiedene Optionen der Tastatur oder der Maus anzupassen. Weiterhin können Sie auf verschiedene Hardwarekomponenten oder die Soundeinstellungen über die Systemsteuerung zugreifen.

30.3.1 Zugriff auf die Hardware-Kategorien

Zum Anpassen der Einstellungen für die Hardwarekomponenten rufen Sie die Systemsteuerung auf und wählen auf der Startseite den Eintrag *Hardware und Sound*. Anschließend zeigt das Fenster der Systemsteuerung eine Liste mit Symbolen, über die Sie auf verschiedene Geräteeinstellungen und Funktionen zugreifen können (Bild 30.14). Wählen Sie den Titel einer Kategorie an, öffnet Windows das zugehörige Eigenschaftenfenster mit allen Registerkarten zum Anpassen der betreffenden Optionen. Klicken Sie auf einen der in der Gruppe angezeigten Hyperlinks, gelangen Sie direkt zum Dialogfeld mit den Einstelleigenschaften.

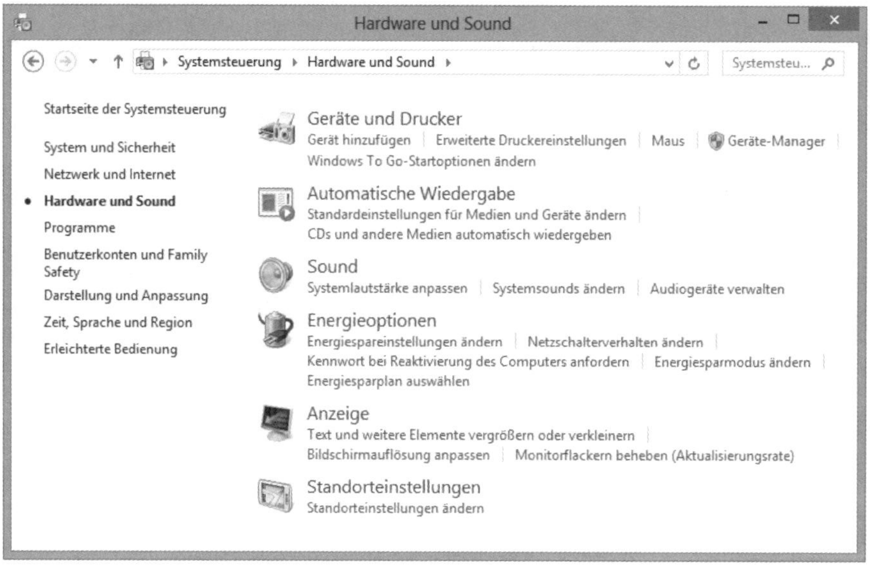

Bild 30.14: Kategorie *Hardware und Sound* der Systemsteuerung

Nachfolgend finden Sie eine kurze Übersicht, wie sich verschiedene Geräteoptionen für Tastatur und Maus über die betreffenden Einträge der Systemsteuerung anpassen lassen. Weitere auf der Seite abrufbare Funktionen werden in anderen Kapiteln, im Kontext der betreffenden Anwendung, behandelt.

30.3.2 Mauseinstellungen anpassen

Die Anpassung der Mauseigenschaften erfolgt über die Systemsteuerung nach Auswahl von *Hardware und Sound* im Abschnitt *Geräte und Drucker* mit einem Klick auf den Link *Maus*. Windows öffnet ein Eigenschaftenfenster mit mehreren Registerkarten (Bild 30.15). Für die Registerkarte *Tasten* gilt Folgendes:

- Die Umstellung der Maus für Linkshänder erfolgt auf der Registerkarte *Tasten* (Bild 30.15, links), indem Sie das Kontrollkästchen *Primäre und sekundäre Taste umschalten* im Abschnitt *Tastenkonfiguration* markieren. Standardmäßig ist die Maus für Rechtshänder eingestellt.
- Die Doppelklickgeschwindigkeit lässt sich im Abschnitt *Doppelklickgeschwindigkeit* auf der Registerkarte *Tasten* (Bild 30.15, links) einstellen. Ziehen Sie den Schieberegler per Maus in die gewünschte Richtung. Ob ein Doppelklick erkannt wird, können Sie im Testfeld mit dem Ordnersymbol probieren. Durch einen Doppelklick öffnen und schließen Sie den Ordner.
- Die Option *KlickEinrasten einschalten* ermöglicht das Markieren oder Ziehen per Maus, ohne dabei ständig die Maustaste gedrückt halten zu müssen. Markieren Sie das entsprechende Kontrollkästchen und passen Sie ggf. die Einstellungen über die Schaltfläche *Einstellungen* an.

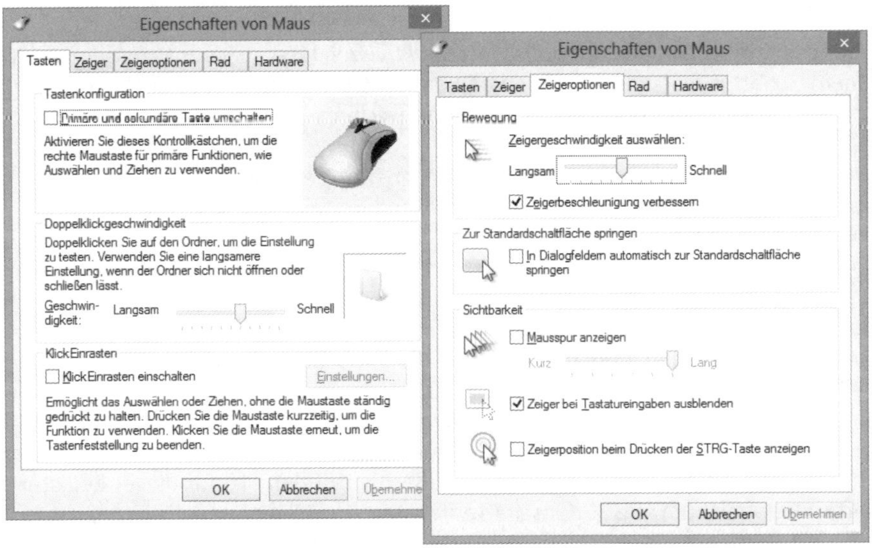

Bild 30.15: Mauseigenschaften

Die Registerkarte *Zeigeroptionen* bietet Optionen zur Beeinflussung der Darstellung des Mauszeigers bei Bewegungen (Bild 30.15, rechts).

- Der Schieberegler der Gruppe *Bewegung* auf der Registerkarte ermöglicht Ihnen, die Geschwindigkeit einzustellen, mit der der Mauszeiger über den Bildschirm verschoben wird.

- Markieren Sie das Kontrollkästchen *In Dialogfeldern automatisch zur Standardschaltfläche springen*, setzt Windows den Mauszeiger auf die vom Programmierer der Anwendung vorgesehene Standardschaltfläche eines Dialogfelds.
- Der Abschnitt *Sichtbarkeit* ermöglicht Ihnen, über das Kontrollkästchen *Mausspur anzeigen*, den Mauszeiger bei jeder Mausbewegung als Spur entlang der Bewegungsrichtung darzustellen. Die Länge dieser Mausspur lässt sich über den Schieberegler definieren.
- Die Option *Zeiger bei Tastatureingaben ausblenden* im Abschnitt *Sichtbarkeit* ermöglicht Windows, den Mauszeiger bei Tastatureingaben zu unterdrücken. Optional markieren Sie das Kontrollkästchen *Zeigerposition beim Drücken der STRG-Taste anzeigen*. Dann lässt sich der Mauszeiger vom Benutzer einblenden.

Die Zeigeroptionen sind bei einigen Displays hilfreich, wenn der Mauszeiger nur schlecht erkennbar ist. Die von Windows verwendeten unterschiedlichen Zeigerformen für verschiedene Aktivitäten lassen sich auf der Registerkarte *Zeiger* einstellen. Sie können über ein Listenfeld zwischen verschiedenen Schemata wählen. Weiterhin lässt sich jeder Mauszeiger in der Liste *Anpassen* markieren und über die Schaltfläche *Durchsuchen* durch einen neuen Zeiger aus einer Mauszeigerdatei ersetzen.

Über das Kontrollkästchen *Zeigerschatten aktivieren* lässt sich der Mauszeiger mit einem Schatten versehen. Bei Bedarf können Sie mittels der Schaltfläche *Speichern unter* ein Schema unter neuem Namen sichern.

TIPP

Welche Zeigerform den einzelnen Mausaktionen zugeordnet ist, sehen Sie in der auf der Registerkarte angezeigten Liste. Markieren Sie einen Eintrag, wird der zugehörige Zeiger im Vorschaufeld in der rechten oberen Ecke der Registerkarte dargestellt.

Auf der Registerkarte *Rad* können Sie bei einer Maus mit einem Scrollrädchen die Größe des vertikalen und horizontalen Bildlaufs beeinflussen. Die Drehfelder geben den Scrollwert in Zeilen bzw. Zeichen für die Drehung des Rädchens um einen Schritt vor. Die Registerkarte *Hardware* wird bei verschiedenen Geräten eingeblendet und ermöglicht, diverse hardwarespezifische Einstellungen des Geräts anzuzeigen und ggf. zu konfigurieren. Außerdem finden Sie auf dieser Registerkarte Optionen, um das Eigenschaftenfenster zur Treiberaktualisierung einzublenden. Bei der Maus lässt sich über diese Registerkarte beispielsweise die Erkennung eines Rädchens einstellen. Bei Touchpads kann eine herstellerspezifische Registerkarte zum Anpassen der Touchpad-Einstellungen hinzukommen.

30.3.3 Anpassen der Tastatureinstellungen

Um die Tastatureinstellungen anzupassen, tippen Sie in das Suchfeld der Systemsteuerung den Begriff »Tastatur« ein und klicken in der Ergebnisseite auf den Befehl *Tastatur*. Windows öffnet ein Eigenschaftenfenster, auf dessen Registerkarte *Geschwindigkeit* Sie verschiedene Einstellungen vornehmen können (Bild 30.16).

Bild 30.16: Tastatureinstellungen

Halten Sie eine Taste längere Zeit gedrückt, wird das Zeichen nach einer gewissen Verzögerungsdauer mehrfach ausgegeben. Die Verzögerung und die Wiederholrate lassen sich auf der Registerkarte *Geschwindigkeit* im Abschnitt *Zeichenwiederholung* über die Schieberegler verändern. Das Ergebnis lässt sich direkt überprüfen, indem Sie das Eingabefeld anklicken und dann testweise eine Taste gedrückt halten.

Über den Schieberegler im Abschnitt *Cursorblinkrate* können Sie die Blinkfrequenz des Eingabecursors (bei der Texteingabe) verändern. Über die Registerkarte *Hardware* lässt sich der Tastaturtreiber aktualisieren.

30.3.4 Audiogeräte konfigurieren

Zum Zugriff auf Audioeinstellungen wählen Sie die Kategorie *Hardware und Sound* in der Systemsteuerung. Dann können Sie direkt über den Befehl *Audiogeräte verwalten* der Kategorie *Sound* (Bild 30.14) auf das Eigenschaftenfenster *Sound* aus Bild 30.17 zugreifen.

- Die Registerkarte *Wiedergabe* (Bild 30.17, links oben) führt alle im System gefundenen Wiedergabegeräte für Sound auf. Sobald Sie das betreffende Gerät in der Liste anklicken, lässt sich über die Schaltfläche *Konfigurieren* das in Bild 30.17, rechts unten, gezeigte Dialogfeld öffnen. In diesem können Sie die Einrichtung der Lautsprecher durchführen, um z.B. die Mehrkanaltonausgabe abzugleichen. Die Schaltfläche *Als Standard* legt das betreffende Ausgabegerät (bei mehreren Ausgabegeräten) für alle zukünftigen Audioausgaben fest. Bei vielen Anwendungen lässt sich aber die Art des Ausgabegeräts individuell wählen. Über die Schaltfläche *Eigenschaften* öffnen Sie ein zusätzliches Eigenschaftenfenster, über dessen Registerkarten Sie die Lautstärke und Balance der Lautsprecher (Pegel) einstellen, auf Treibereigenschaften zugreifen oder erweiterte Optionen anpassen können.

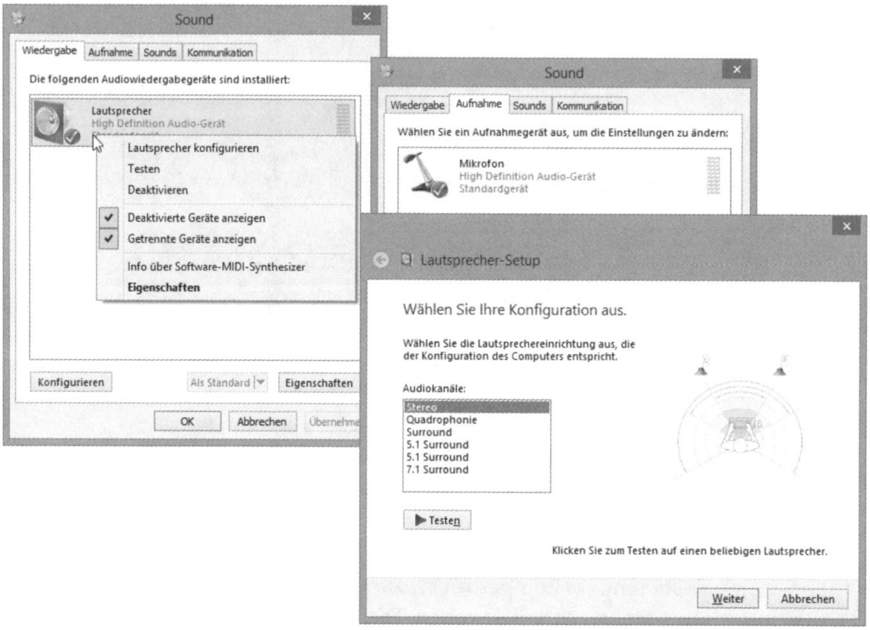

Bild 30.17: Audioeinstellungen anpassen

- Wurden Aufnahmegeräte oder Audioeingänge vom System erkannt, werden sie im Eigenschaftenfenster *Sound* auf der Registerkarte *Aufnahme* eingeblendet (Bild 30.17, oben rechts). Über die Schaltfläche *Konfigurieren* können Sie für ein ausgewähltes Aufnahmegerät ein spezielles Dialogfeld öffnen, über das sich die Mikrofoneinstellungen anpassen lassen. Auf der Seite finden Sie außerdem Optionen, um die Spracherkennung zu konfigurieren oder das Lernprogramm für die Spracherkennung zu starten. Die Schaltfläche *Als Standard* legt das Aufnahmegerät für alle Audioaufnahmen fest. Über die Schaltfläche *Eigenschaften* öffnen Sie ein zusätzliches Eigenschaftenfenster, über dessen Registerkarten Sie den Eingangspegel des Mikrofons regeln oder auf die Treibereigenschaften zugreifen.

Die Einstellungen werden beim Schließen des Eigenschaftenfensters über die *OK*-Schaltfläche wirksam.

HINWEIS

Klicken Sie mit der rechten Maustaste auf einen Eintrag der Registerkarten *Wiedergabe* und *Aufnahme*, lassen sich im Kontextmenü getrennte und ausgeblendete Geräte anzeigen. Der Eintrag *Stereomix* auf der Registerkarte *Aufnahme* stellt die digitalen Audiosignale vom Ausgang der Soundkarte bereit. Dieser Kanal lässt sich z.B. von Audioaufzeichnungsprogrammen verwenden, um das Signal des Audioausgangs (z.B. bei der Wiedergabe von Streamingdaten wie Webradio) mitzuschneiden. Der Eingang ist aber nur bei herstellerspezifischen Audiotreibern vorhanden.

Die Registerkarte *Kommunikation* stellt verschiedene Optionsfelder bereit, über die Sie vorgeben, wie die Lautstärke anderer Sounds zu reduzieren ist, sobald Sie den PC für Telefongespräche verwenden.

Über den Befehl *Systemlautstärke anpassen* der Systemsteuerungskategorie *Sounds* öffnen Sie das Dialogfeld des Mixers, über dessen Schieberegler Sie die Ausgabelautstärke einzelner Geräte oder Anwendungen anpassen können. Diese Registerkarten und Fenster können sie auch über das Kontextmenü des im Infobereich der Taskleiste eingeblendete Lautsprechersymbols aufrufen.

30.3.5 Soundereignisse konfigurieren

Windows kann bestimmten Ereignissen wie auftretenden Fehlern, schließenden Programmen etc. akustische Ausgaben zuweisen. Diese Sounddateien werden wiedergegeben, sobald das Ereignis auftritt. Das Zuweisen der Sounddateien zu den betreffenden Systemereignissen erfolgt auf der Registerkarte *Sounds* (Bild 30.18).

Diese Registerkarte öffnen Sie über den Befehl *Systemsounds ändern* der System steuerung (Bild 30.14). Die Registerkarte zeigt Ihnen in der Liste *Programmereignisse* die unterstützten Ereignisse sowie die zugeordneten Sounddateien. Eine zugeordnete Sounddatei ist durch einen stilisierten Lautsprecher vor dem jeweiligen Ereignis dargestellt. Markieren Sie den betreffenden Eintrag, zeigt Windows den Namen der jeweiligen WAV-Datei im Feld *Sounds* an. Über die Schaltfläche *Testen* (links neben der Schaltfläche *Durchsuchen*) lässt sich die Sounddatei abspielen.

1. Um ein akustisches Signal für ein Ereignis festzulegen, markieren Sie den betreffenden Eintrag in der Liste *Programmereignisse* der Registerkarte *Sounds*.
2. Anschließend öffnen Sie das Listenfeld *Sounds*, wählen eine der vorhandenen WAV-Dateien aus und bestätigen dies über die Schaltfläche *Übernehmen*.

Um eine zugewiesene Sounddatei vom Ereignis zu trennen, setzen Sie den betreffenden Eintrag im Listenfeld *Sounds* auf »(Kein)« zurück. Die definierten Zuweisungen lassen sich über die Schaltfläche *Speichern unter* als Audioschema unter einem Namen ablegen. Wählen Sie später ein solches Soundschema im Listenfeld *Soundschema* aus, genügt ein Mausklick auf die Schaltfläche *Übernehmen*, um die Einstellungen zu setzen.

Bild 30.18: Soundereignisse definieren

30.4 Energieoptionen und -sparpläne

Windows 8 bietet Ihnen verschiedene Möglichkeiten zum Einstellen von Energiesparoptionen (als Energiesparpläne bezeichnet). Zudem können Sie das Verhalten der Tasten zum Herunterfahren des Geräts oder des Notebookdeckels anpassen. Nachfolgend erhalten Sie einen Überblick über diese Funktionen.

30.4.1 Anzeige des Energiezustands bei Notebooks

Net- und Notebooks können Sie am Stromnetz oder über Akku betreiben. Daher ist es hilfreich, auf einen Blick zu erkennen, über welche Energiequelle das Gerät betrieben wird. Im Infobereich der Taskleiste wird das Symbol einer stilisierten Batterie eingeblendet. Betreiben Sie das Notebook am Stromnetz, wird neben dem Batteriesymbol ein stilisierter Stecker eingeblendet. Im Akkubetrieb erscheint dagegen nur das Symbol einer stilisierten Batterie im Infobereich.

Das Symbol zeigt dabei sogar den Ladezustand des Akkus an. Zeigen Sie im Infobereich auf das eingeblendete Symbol der Energiequelle, erscheint eine QuickInfo mit dem Ladezustand. Wählen Sie das Symbol per Mausklick an, zeigt Windows eine erweiterte Darstellung (Bild 30.19), in der Sie den Energiesparplan über Optionsfelder umstellen können. Hierbei besitzen die Optionen folgende Bedeutung:

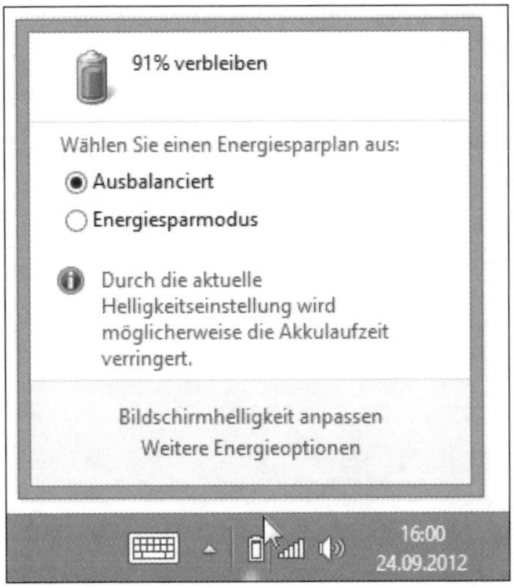

Bild 30.19: Anzeige des Energiestatus bei Notebooks

- *Ausbalanciert:* Dieser Modus ist für Notebooks optimal geeignet, da er die volle Leistung bei der Nutzung des Geräts garantiert, andererseits aber in Phasen der Inaktivität in einen energiesparenden Modus umschaltet.
- *Energiesparmodus:* Verwenden Sie die Option, um die Akkuladung des Notebooks bestmöglich auszunutzen. Der Rechner wird durch Verringerung der Systemleistung energiesparend betrieben.
- *Höchstleistung:* Dieser optionale Modus gewährleistet eine maximale Systemleistung und beste Reaktionsfähigkeit des Geräts, bedingt aber eine schnellere Abnahme der Akkuladung im Mobilbetrieb.

Über die in der Palette eingeblendeten Hyperlinks *Bildschirmhelligkeit anpassen* und *Weitere Energieoptionen* können Sie direkt auf die betreffende Einstellseite zugreifen.

HINWEIS

Vom Gerätehersteller oder Benutzer können ggf. weitere Energiesparpläne definiert werden, die dann ebenfalls als Optionsfeld angeboten werden. Sie können die Akkulaufzeit des Systems durch einige Maßnahmen verlängern. Benutzen Sie im Akkubetrieb kein DVD-Laufwerk und schalten Sie Bluetooth-, GPS-, 3G-/4G- oder WLAN-Adapter bei Nichtbenutzung ab. Windows 8 reduziert bereits automatisch die Helligkeit der Anzeige, um Energie zu sparen. Verzichten Sie auf leistungsfressende Anwendungen wie Spiele oder Programme zur Audio- und Videowiedergabe.

30.4.2 Energieoptionen anpassen

Windows bietet verschiedene Optionen zum Energiemanagement, die sich über die Systemsteuerung oder die Hyperlinks aus Bild 30.19 abrufen lassen. Öffnen Sie die Systemsteuerung und wählen Sie auf der Startseite den Befehl *Hardware und Sound*. Auf der Folgeseite lässt sich dann der Befehl *Energiespareinstellungen ändern* wählen, um das Dialogfeld aus Bild 30.20, oben, zu öffnen. Der Befehl *Energiesparmodus ändern* öffnet dagegen direkt das Dialogfeld aus Bild 30.20, unten rechts.

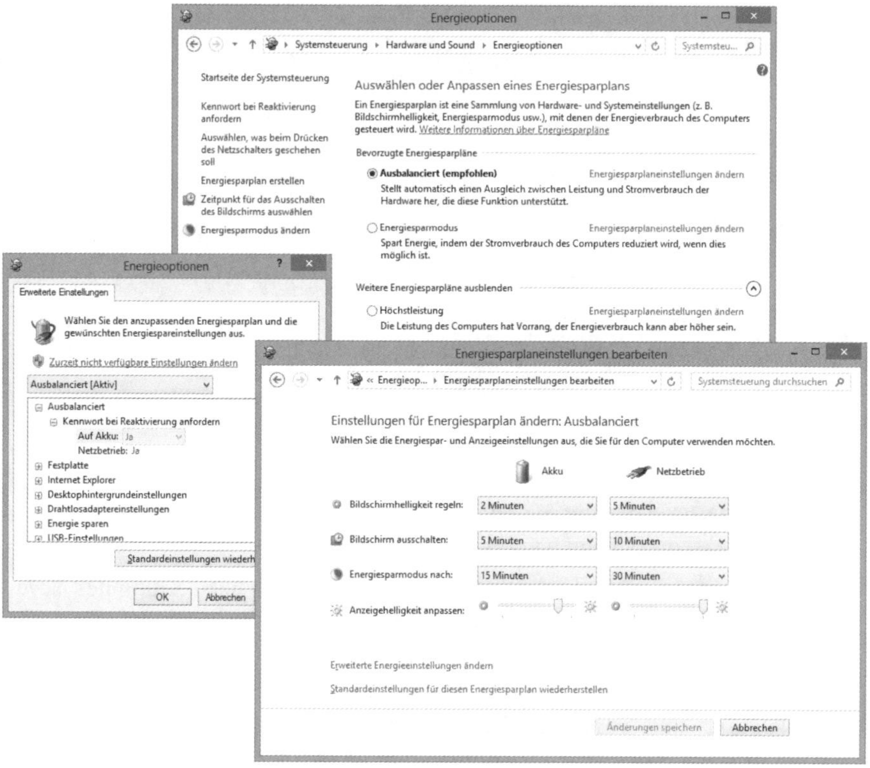

Bild 30.20: Energiesparplan einsehen und anpassen

- Im Fenster *Energieoptionen* (Bild 30.20, oben) erkennen Sie an der Markierung des betreffenden Optionsfelds den momentan eingestellten Energiesparplan. Durch Anklicken eines Optionsfelds wählen Sie zwischen den bevorzugten Energiesparplänen. Standardmäßig tauchen nur zwei bevorzugte Energiesparoptionen auf. Sie können aber über die am rechten Rand der Kategorie *Weitere Energiesparpläne auswählen* sichtbare Schaltfläche die Detailanzeige mit weiteren Energiesparplänen einblenden. Bei Net- und Notebooks oder Tablet-PCs enthält die Seite *Energieoptionen* am unteren Rand noch einen Schieberegler, über den Sie die Bildschirmhelligkeit vorgeben können.
- Möchten Sie die Einstellungen für den Energiesparmodus des Geräts ändern, wählen Sie im Fenster *Energieoptionen* (Bild 30.20, oben) den beim jeweiligen Optionsfeld eingeblendeten Hyperlink *Energiesparplaneinstellungen ändern*. Windows öffnet die in Bild 30.20, unten rechts, sichtbare Seite *Energiesparplaneinstellungen bearbeiten*. Bei mobilen Geräten stehen zwei Spalten für Einstellungen mit Akku- und mit Netzbetrieb zur Verfügung, während bei Desktoprechnern nur die Optionen für Netzbetrieb vorhanden sind. Über die Listenfelder wählen Sie die Wartezeit bei inaktivem Gerät bis

zum Ausschalten des Bildschirms oder bis zum Aktivieren des Energiesparmodus. Bei Notebooks finden Sie zusätzliche Listenfelder, um die Wartezeit bis zum Reduzieren der Bildschirmhelligkeit vorzugeben, und zwei Schieberegler *Anzeigehelligkeit anpassen*, um die Einstellungen für Akku- und Netzbetrieb separat vorzugeben.

- Klicken Sie in der Seite *Energiesparplaneinstellungen bearbeiten* (Bild 30.20, unten rechts) auf den Hyperlink *Erweiterte Energieeinstellungen ändern*, öffnet sich das Eigenschaftenfenster *Energieoptionen* aus Bild 30.20, unten links. Über das Listenfeld auf der Registerkarte *Erweiterte Einstellungen* können Sie die verschiedenen Energiesparpläne (Energiesparmodus, Ausbalanciert, Höchstleistung) abrufen. Dann lassen sich in der angezeigten Liste zusätzliche Einstellungen für verschiedene Geräte, Adapter sowie Funktionen festlegen und über die *OK*-Schaltfläche bestätigen. Im Zweig *Netzschalter und Zuklappen* finden Sie Optionen, über die Sie vorgeben können, was beim Zuklappen des Notebookdeckels oder bei Anwahl der Funktion *Beenden* passieren soll.

Um eigene Energiesparpläne anzulegen, wählen Sie in der Aufgabenleiste des Fensters *Energieoptionen* (Bild 30.20, oben) den Befehl *Energiesparplan erstellen*. Windows öffnet eine Seite, in der Sie den Basisenergiesparplan (*Ausbalanciert, Energiesparmodus, Höchstleistung*) über Optionsfelder wählen können. In einem Textfeld ist der Name für den neuen Energiesparplan einzutragen. Die *Weiter*-Schaltfläche zeigt dann das Dialogfeld aus Bild 30.20, unten rechts, in dem Sie die Wartezeiten bis zum Abschalten des Bildschirms und bis zum Einsetzen des Energiesparmodus etc. für den neuen Energiesparplan festlegen. Über die *Erstellen*-Schaltfläche wird der Energiesparplan unter dem angegebenen Namen abgelegt und lässt sich später nutzen.

> HINWEIS: Rufen Sie später die Seite mit diesem Energiesparplan auf, enthält diese am unteren Rand einen Hyperlink mit dem Befehl *Energiesparplan löschen*, um den Eintrag wieder zu entfernen.

30.4.3 Netzschalterverhalten ändern

Sie können das System normalerweise durch Drücken des Netzschalters oder bei Notebooks durch Zuklappen des Gehäusedeckels herunterfahren. Einige Geräte besitzen zudem eine Energiespartaste. Windows ermöglicht Ihnen, das Verhalten dieser Tasten anzupassen.

1. Öffnen Sie die Systemsteuerung und wählen Sie den Befehl *Hardware und Sound*.
2. Klicken Sie auf der Folgeseite im Bereich *Energieoptionen* auf den Befehl *Netzschalterverhalten ändern*.
3. Anschließend passen Sie im Fenster *Systemeinstellungen* (Bild 30.21) die Werte der angezeigten Listenfelder an.

Über die Listenfelder können Sie vorgeben, ob der betreffende Schalter den Energiesparmodus aufrufen, das System herunterfahren oder nichts tun soll.

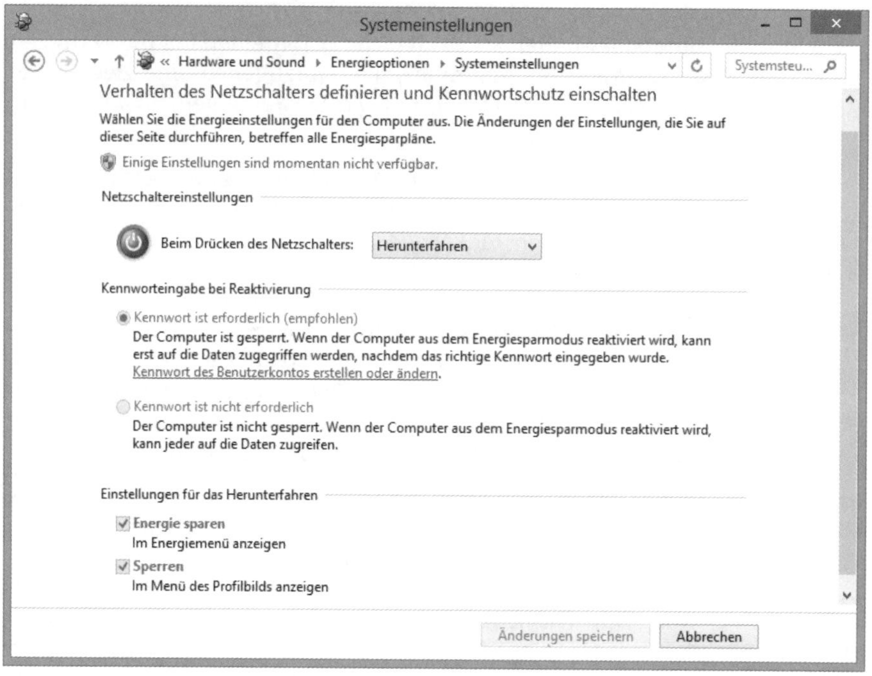

Bild 30.21: Netzschalterverhalten ändern

30.5 Windows-Anzeige und Grafikoptionen

In diesem Abschnitt erfahren Sie, wie sich verschiedene Einstellungen der Windows-Anzeige oder Grafikoptionen in Windows 8 ändern lassen und wie Sie einen Bildschirmschoner einrichten.

30.5.1 Designs online beziehen

In *Kapitel 4* ist im Abschnitt »4.1.5 Den Desktop-Hintergrund anpassen« der Umgang mit Designs beschrieben. Dort wird auch gezeigt, wie sich Hintergrundbilder zuweisen oder die Fensterfarben anpassen können. Diese individuellen Anpassungen sind ggf. aber überflüssig. Microsoft bietet sogenannte Theme-Packs mit besonderen Designs für verschiedene Länder mit und ohne integrierte Diashow an. Hierzu wählen Sie auf dem Windows-Desktop den Kontextmenübefehl *Anpassen* und dann auf der Seite *Anpassung* den Hyperlink *Weitere Designs online beziehen* (Bild 30.22) an. Im Browser wird dann eine Microsoft-Internetseite angezeigt, von der Sie die gewünschten Designs kostenlos herunterladen können. Die *.themepack*-Dateien lassen sich als Download in beliebige Ordner speichern. Wählen Sie eine so heruntergeladene Datei per Doppelklick an, wird diese installiert und gleichzeitig aktiviert. Anschließend finden Sie ein solches Design auf der Seite *Anpassung* in der Kategorie *Eigene Designs* (Bild 30.22). Klicken Sie den betreffenden Eintrag mit der rechten Maustaste an, lässt sich das Design über den Kontextmenübefehl *Löschen* entfernen (wobei das aktuell verwendete Design nicht gelöscht werden kann).

30.5.2 Designs speichern und gemeinsam nutzen

Sie können die Einstellungen für die Fensterfarben, den Windows-Hintergrund etc. mit den in diesem Kapitel gezeigten Schritten anpassen. Windows legt diese Änderungen in der Kategorie »Eigene Designs« unter dem Namen *Nicht gespeichertes Design* an.

Markieren Sie das Design und klicken Sie auf den Hyperlink *Design speichern*, öffnet sich ein Dialogfeld *Design speichern unter*. Tippen Sie einen Namen in das Textfeld ein und schließen das Dialogfeld über die *OK*-Schaltfläche, wird das Design in Windows unter diesem Namen registriert und taucht zukünftig auch mit dem Namen im Fenster *Anzeige* auf.

> TIPP
> Haben Sie ein Design gespeichert, das Sie entfernen möchten? Stellen Sie zuerst ein anderes Design ein. Dann öffnen Sie das Kontextmenü des zu löschenden Designs und wählen dort den Befehl *Design löschen*. Die Designs werden übrigens im Benutzerprofil im Pfad *\Users\<Benutzername>\AppData\Local\Microsoft\Windows\Themes* gespeichert. In weiteren Unterordnern finden Sie auch die Desktophintergrundbilder, die mit verschiedenen Local- und Theme-Packs installiert werden.

Möchten Sie ein Windows-Design (mit eigenen Hintergründen, Sounds, Mauszeigern, Anzeigeeinstellungen etc.) mit anderen Benutzern oder auf anderen Rechnern teilen? Öffnen Sie das Kontextmenü des Designs und wählen Sie den Kontextmenübefehl *Design für die Freigabe speichern* (Bild 30.22). Es öffnet sich ein Dialogfeld, über das Sie das Design in einer *.themepack*-Datei in einem beliebigen Ordner speichern können. Ist dieser Ordner im Netzwerk freigegeben, können andere Benutzer auf die *.themepack*-Datei zugreifen und diese per Doppelklick installieren. Bei Bedarf können Sie die Datei auch per E-Mail versenden.

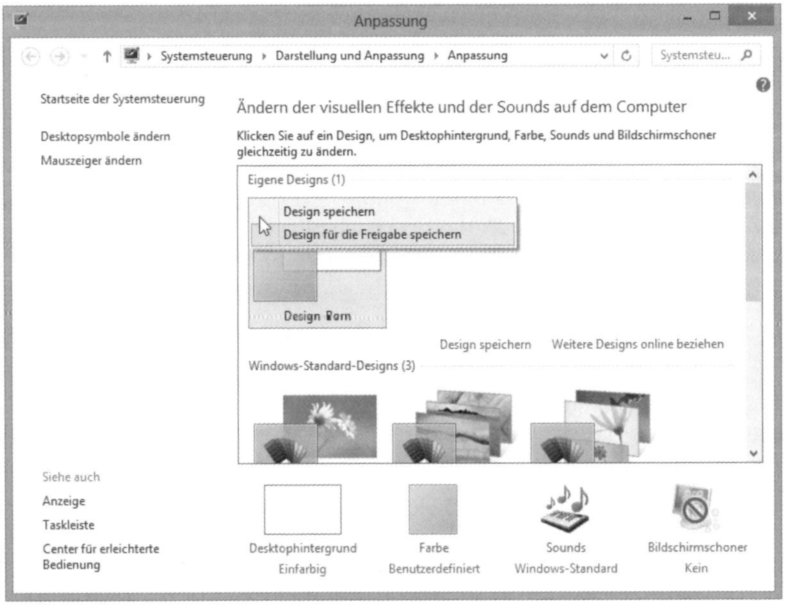

Bild 30.22: Windows-Designs speichern, freigeben und löschen

30.5.3 Den Bildschirmschoner konfigurieren

Windows 8 enthält einige Bildschirmschoner, die bei einem unbenutzten Computer aktiv werden können. Dies ist bei modernen Flachbildschirmen nicht mehr als Schutz vor dem Einbrennen von Logos oder Masken erforderlich. Trotzdem wird so mancher Anwender auf Bildschirmschoner nicht verzichten wollen.

Bild 30.23: Anpassen der Bildschirmschoner-Optionen

1. Öffnen Sie die Seite *Anpassung* (Bild 30.22) und wählen Sie am unteren Rand den Hyperlink *Bildschirmschoner*.
2. Stellen Sie im angezeigten Dialogfeld (Bild 30.23) das Listenfeld *Bildschirmschoner* auf den gewünschten Wert ein. Je nach Bildschirmschoner können Sie die Schaltfläche *Einstellungen* anklicken und verschiedene Optionen anpassen.
3. Anschließend stellen Sie den Wert für die Wartezeit ein, bis der Bildschirmschoner bei inaktivem Rechner in Aktion tritt.
4. Möchten Sie, dass bei aktiviertem Bildschirmschoner eine Neuanmeldung am Benutzerkonto erforderlich wird, markieren Sie das Kontrollkästchen *Anmeldeseite bei Reaktivierung*.

Der Bildschirmschoner wird aktiv, sobald Sie das Dialogfeld über die *OK*-Schaltfläche schließen. Ein unbenutzter Computer wird nach Ablauf der eingestellten Wartezeit den Bildschirmschoner aktivieren. Tippen Sie eine Taste an der Tastatur an oder bewegen Sie die Maus, erscheint der Sperrbildschirm und Sie können zur Benutzeranmeldung wechseln.

30.5.4 Anpassen der Anzeigeauflösung/-eigenschaften

Möchten Sie die Bildschirmauflösung anpassen oder kontrollieren? Soll die Darstellung (z.B. bei einem Notebook) auf einen externen Bildschirm oder Projektor umgestellt werden?

1. Klicken Sie mit der rechten Maustaste auf eine freie Stelle des Desktops und wählen Sie den Kontextmenübefehl *Bildschirmauflösung*.
2. Passen Sie auf der angezeigten Seite (Bild 30.24) die gewünschten Eigenschaften an und klicken Sie auf die *OK*-Schaltfläche.

Die Bildschirmauflösung lässt sich über den Schieberegler der Menüschaltfläche *Auflösung* in Stufen verstellen. Es werden nur solche Werte angeboten, die von der Grafikkarte bzw. vom Bildschirm unterstützt werden.

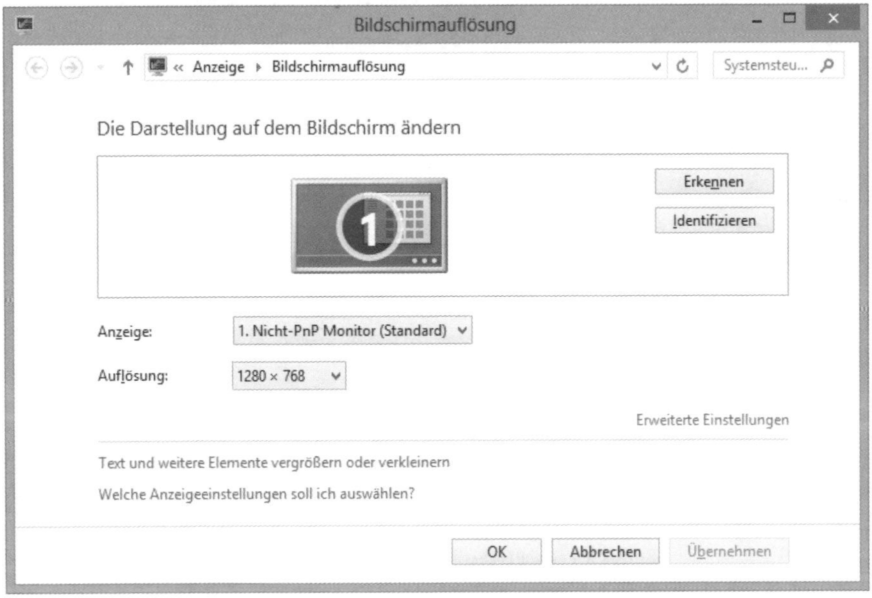

Bild 30.24: Anzeigeeinstellungen

Unterstützt die Grafikkarte mehrere Monitore und ist ein externes Anzeigegerät angeschlossen, können Sie die Anzeige über das Listenfeld *Anzeige* auf den gewünschten Monitor umschalten. Die Schaltfläche *Erkennen* ermöglicht, den zweiten Monitor zu erkennen, und über die Schaltfläche *Identifizieren* wird das Anzeigegerät ermittelt, auf dem die Ausgabe erfolgt. Windows blendet dann kurzzeitig eine Ziffer (1 oder 2 für erstes und zweites Anzeigegerät) auf dem Desktop ein.

30.5.5 Erweiterte Optionen der Grafikkarte einstellen

Über den Hyperlink *Erweiterte Einstellungen* auf der Seite *Bildschirmauflösung* (Bild 30.24) lässt sich ein Eigenschaftenfenster (Bild 30.25) mit verschiedenen Registerkarten öffnen. Auf der Registerkarte *Grafikkarte* (Bild 30.25, unten links) werden Informationen zur Grafikkarte angezeigt und Sie können über die Schaltfläche *Eigenschaften* auf weitere Einstellungen zugreifen. Die Schaltfläche *Alle Modi auflisten* listet die von der Grafikkarte unterstützten Darstellungsmodi auf.

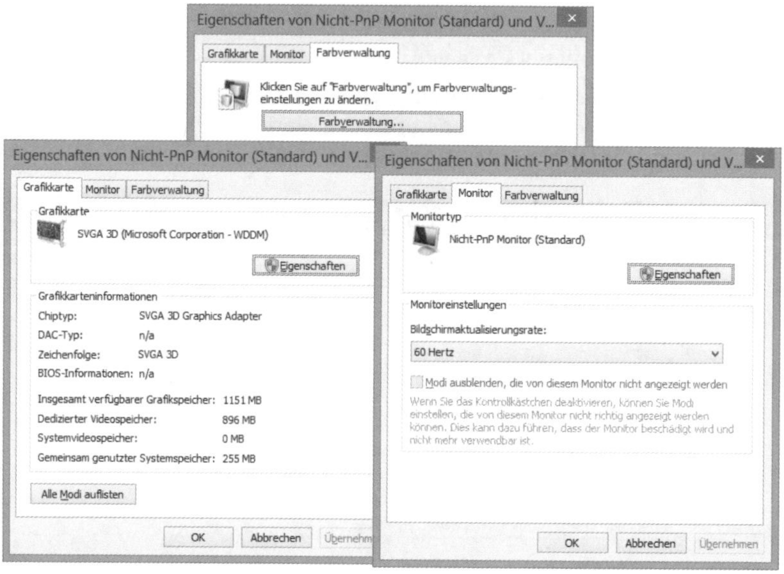

Bild 30.25: Erweiterte Eigenschaften der Grafikkarte

Auf der Registerkarte *Monitor* (Bild 30.25, unten rechts) kann die Bildschirmaktualisierungsrate der Grafikkarte für den angeschlossenen Monitor und die Farbtiefe angepasst werden. Der Wert sollte bei den kaum noch verwendeten Röhrenbildschirmen mindestens 75 Hertz betragen, um eine flimmerfreie Anzeige zu erreichen. Je nach gewählter Auflösung können aber auch höhere Werte eingestellt werden. Bei Flachbildschirmen sind aber Werte unter 60 Hertz für eine flimmerfreie Darstellung ausreichend.

HINWEIS

Über die Schaltfläche *Farbverwaltung* der gleichnamigen Registerkarte (Bild 30.25, oben) lassen sich ggf. Farbprofile für die Ausgabegeräte (z.B. Drucker) verwalten. Es erscheint ein separates Eigenschaftenfenster (Bild 30.26) mit mehreren Registerkarten, auf denen Sie Farbprofile angeben können. Sie benötigen dann vom Hersteller gelieferte ICM-Dateien, die Sie für das Gerät laden und zuweisen können. Die Farbverwaltung bewirkt, dass Farben möglichst realitätsnah auf dem Ausgabegerät dargestellt werden. Ausführliche Hinweise zur Farbverwaltung liefert die Windows-Hilfe, die direkt über einen im Dialogfeld der Farbverwaltung eingeblendeten Hyperlink aufgerufen werden kann. Falls ggf. Fotos in der Windows-Fotoanzeige mit einem Farbstich wiedergegeben werden, können Sie dieses Problem durch Löschen des Farbprofils beheben.

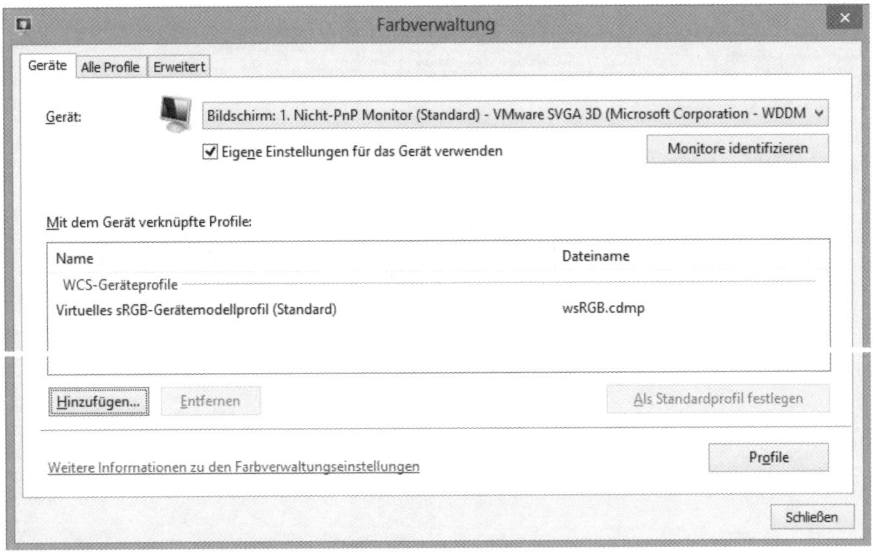

Bild 30.26: Farbverwaltung für Geräte

30.5.6 DPI-Auflösung der Schriftgröße anpassen

Die Schriften auf dem Desktop oder in Fenstern werden standardmäßig mit einer Auflösung von 96 DPI (DPI ist die Abkürzung für Dots per Inch und bedeutet Punkte pro Zoll) dargestellt, was für normale Zwecke ausreicht. Bei Bedarf können Sie aber eine höhere Auflösung für Schriften vereinbaren.

1. Öffnen Sie die Seite *Bildschirmauflösung* (Bild 30.24) über den gleichnamigen Kontextmenübefehl des Desktops und klicken Sie auf den Befehl *Text und weitere Elemente vergrößern*.
2. Markieren Sie in der Seite *Die Größe aller Elemente ändern* (Bild 30.27) eines der Optionsfelder.

Die Änderungen werden übernommen, sobald Sie das Dialogfeld über die *OK*-Schaltfläche schließen und dann auf der Seite die *Übernehmen*-Schaltfläche anklicken. Anschließend müssen Sie sich vom Benutzerkonto ab- und dann wieder anmelden. Mit höheren DPI-Werten werden die Schriften größer dargestellt, sodass Sie diese besser erkennen können. Allerdings passen dann auch weniger Inhalte auf den Bildschirm.

HINWEIS

Über die Befehle der Aufgabenleiste erhalten Sie Zugriff auf die Bildschirmauflösung und die Farbverwaltung. Zudem lässt sich die ClearType-Funktion ein- oder ausschalten.

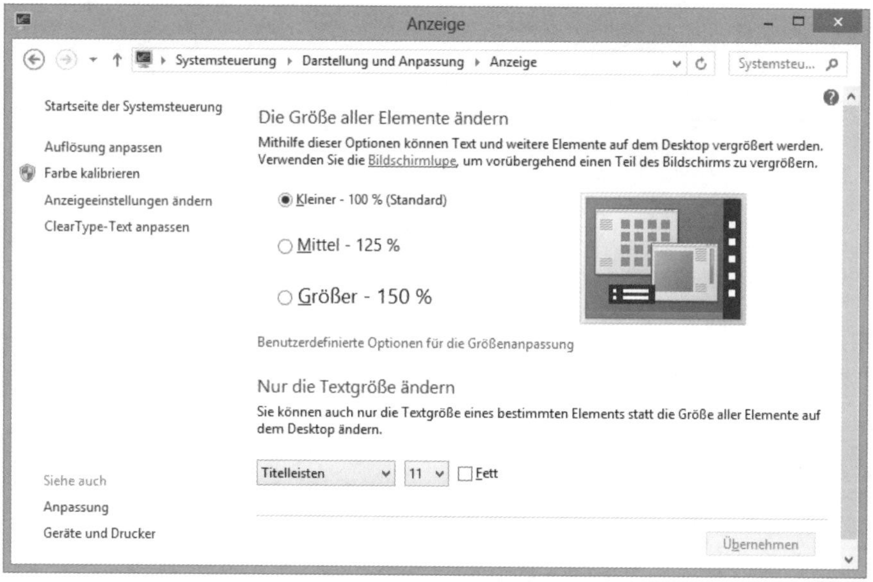

Bild 30.27: DPI-Auflösung für Schriften und Elemente anpassen

30.6 Verschiedene Einstelloptionen

In diesem Abschnitt möchte ich noch einen kurzen Überblick über einige weitere Einstelloptionen und Funktionen geben. Dies reicht von der Anpassung des Infobereichs der Taskleiste über die Verwaltung von Schriftarten bis hin zum Umgang mit dem Windows-Mobilitätscenter.

30.6.1 Infobereich der Taskleiste anpassen

Um die Eigenschaften der im Infobereich eingeblendeten Symbole sowie das Anzeigeverhalten zu ändern, öffnen Sie über den Kontextmenübefehl *Eigenschaften* die Eigenschaftenseite des Infobereichs (Bild 30.28, oben). Über die Listenfelder der Spalte *Verhalten* können Sie einzelne Symbole ein- oder ausblenden.

Wählen Sie den Hyperlink *Benachrichtigungssymbole anpassen*, um die Seite aus Bild 30.28, unten, zu öffnen. Über die Listenfelder der Spalte *Verhalten* der einzelnen Symbole können Sie vorgeben, wie Windows deren Benachrichtigungssymbole im Infobereich anzeigen soll. So können Symbole immer eingeblendet, immer ausgeblendet oder nur im inaktiven Zustand versteckt werden.

Das automatische Ausblenden inaktiver Symbole im Infobereich der Taskleiste steuern Sie über eine Markierung des Kontrollkästchens *Immer alle Symbole und Benachrichtigungen auf der Taskleiste anzeigen* (Bild 30.28, unten). Klicken Sie auf den Hyperlink *Systemsymbole aktivieren oder deaktivieren*, wird die Anzeige der Seite auf die Darstellung aus Bild 30.28, oben, umgestellt. Über den Hyperlink *Standardverhalten für Symbole wiederherstellen* setzen Sie die Einstellungen auf die Vorgaben bei der Installation zurück. Alle Einstellungen werden wirksam, sobald Sie das Dialogfeld über die *OK*-Schaltflächen schließen.

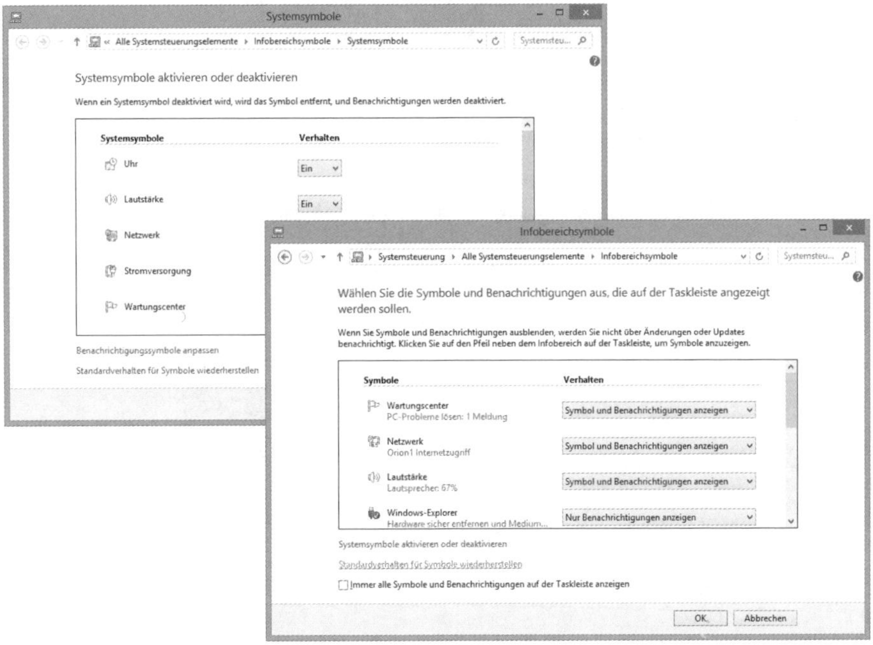

Bild 30.28: Benachrichtigungssymbole des Infobereichs anpassen

30.6.2 Das Mobilitätscenter verwenden

Bei Notebooks oder Tablet-PCs stellt Windows noch das Mobilitätscenter zur Verfügung (Bild 30.29, unten). Aufrufen lässt sich das Windows-Mobilitätscenter z.B. über die Systemsteuerung, indem Sie im Suchfeld »Mobilit« eintippen und dann den Befehl *Windows-Mobilitätscenter* wählen (Bild 30.29, oben).

Über das Fenster des Windows-Mobilitätscenters können Sie schnell bestimmte Einstellungen Ihres Notebooks wie die Lautsprecherlautstärke anpassen, den Akkustatus oder den Status Ihrer drahtlosen Netzwerkverbindung überprüfen sowie die Helligkeit eines angeschlossenen Bildschirms einstellen. Auch eine Schaltfläche zum Drehen des Bildschirms gibt es. Die Schaltfläche *Präsentation* ermöglicht, den Bildschirminhalt auf einen externen Projektor auszugeben. Dies entspricht dem Befehl *Zweiter Bildschirm* der Seitenleiste *Geräte* (siehe *Kapitel 3*, Abschnitt »3.4.1 Multimonitorbetrieb verwenden«).

30.6.3 Schriftarten ansehen

Windows wird mit verschiedenen installierten Schriftarten ausgeliefert. Auch Anwendungen können zusätzliche Schriften einrichten. Einen Überblick über die installierten Schriftarten erhalten Sie, indem Sie in der Systemsteuerung die Kategorie *Darstellung und Anpassung* und in der Folgeseite den Eintrag *Schriftarten* wählen.

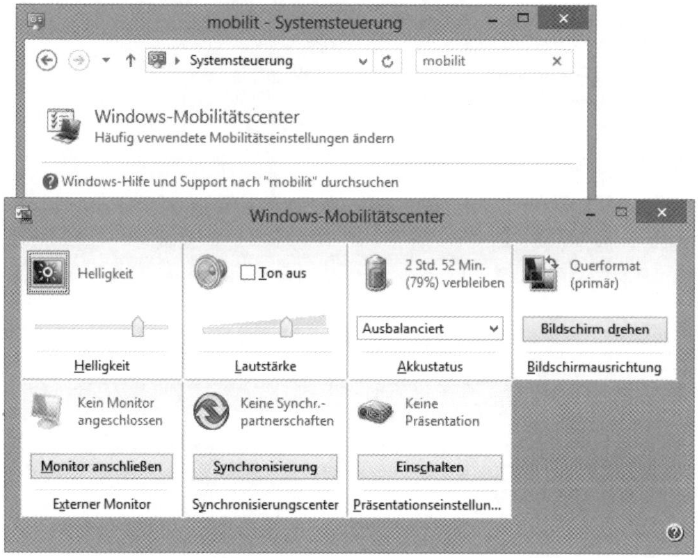

Bild 30.29: Windows-Mobilitätscenter bei Notebooks

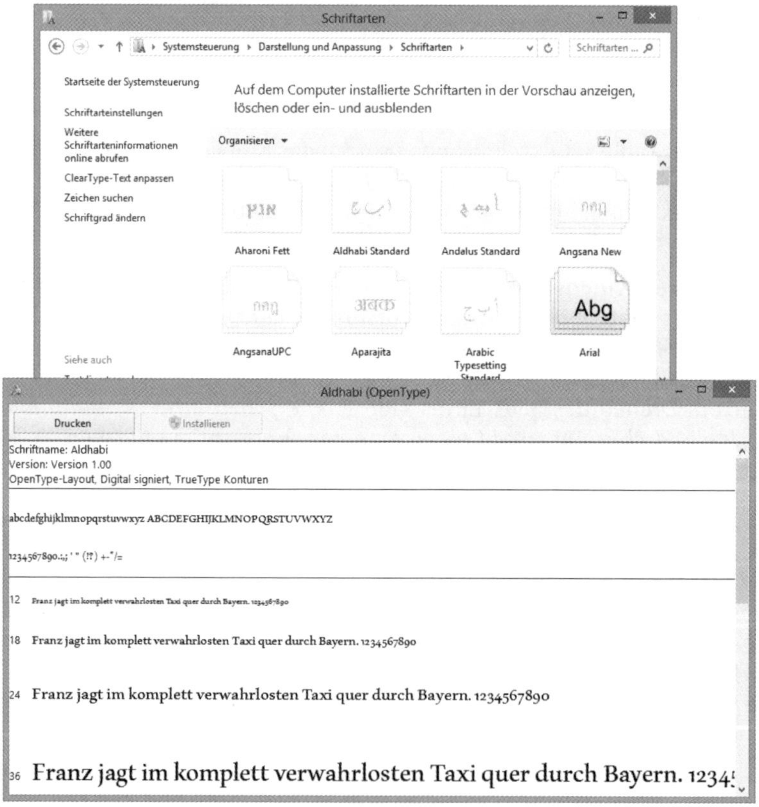

Bild 30.30: Übersicht über installierte Schriftarten

Windows listet in der in Bild 30.30, oben, gezeigten Seite die installierten Schriftarten auf. Schriftfamilien (Schriftschnitte für fett, halbfett, kursiv, fett kursiv etc.) werden dabei durch ein gestapeltes Symbol angezeigt. Ein Doppelklick auf das Symbol schaltet dann in eine Darstellung um, in der nur die Mitglieder der Schriftfamilie im Fenster auftauchen.

Möchten Sie sich die Schriftart ansehen, klicken Sie den betreffenden Eintrag in der Seite an und wählen Sie danach die Schaltfläche *Vorschau* in der Symbolleiste des Fensters. Windows öffnet dann das in Bild 30.30, unten, gezeigte Fenster, in dem ein Beispieltext in verschiedenen Schriftgraden angezeigt wird und sich über eine Schaltfläche drucken lässt.

30.6.4 Schriftarten verwalten

Im Internet und auf Datenträgern werden zusätzliche Schriftarten angeboten, die sich unter Windows installieren und anschließend in allen Anwendungen nutzen lassen. Windows stellt verschiedene Funktionen zur Verwaltung der Schriftarten bereit.

- Um eine neue Schriftartendatei unter Windows zu installieren, klicken Sie diese mit der rechten Maustaste an und wählen den Kontextmenübefehl *Installieren*.
- Alternativ können Sie die Schriftartendatei bei gedrückter linker Maustaste in das Fenster *Schriftarten* ziehen. Die Installation ist über die Benutzerkontensteuerung zu bestätigen.

Anschließend erscheinen die in der Datei enthaltenen und nun installierten Schriftarten im Ordnerfenster *Schriftarten*.

Zum Entfernen einer installierten Schriftart reicht es, diese im Fenster *Schriftarten* anzuwählen und dann die Schaltfläche *Löschen* in der Symbolleiste des Fensters zu betätigen. Nach einer Sicherheitsabfrage sowie einer separaten Bestätigung über die Benutzerkontensteuerung wird die ausgewählte Schrift unwiderruflich aus dem Windows-Ordner *\Fonts* entfernt. Bei verknüpft installierten Schriftarten wird lediglich die Verknüpfung entfernt, die Originaldatei aber unverändert belassen.

HINWEIS

Windows kopiert beim Installieren die Schriftartendateien in den Systemordner *Fonts* des Windows-Verzeichnisses. Möchten Sie vermeiden, dass Windows die installierten Schriftarten im Ordner *\Fonts* ablegt? Klicken Sie in der Aufgabenleiste des Ordnerfensters *Schriftarten* auf den Befehl *Schriftarteinstellungen*. Anschließend markieren Sie im Dialogfeld *Schriftarteinstellungen* (Bild 30.31) das Kontrollkästchen *Installation von Schriftarten über eine Verknüpfung zulassen*. Dann legt Windows bei Schriftarteninstallationen zukünftig lediglich Verknüpfungen auf die Schriftartendateien des Fremdordners im Ordner *\Fonts* an.

In vielen Programmen lassen sich beim Verfassen von Texten die zu verwendenden Schriftarten zuweisen. Unterstützt ein Programm dies, kann es die nicht zu den Spracheinstellungen passenden Schriftarten in der Fontauswahl ausblenden.

1. Um die Filterung der Schriftarten generell abzuschalten, können Sie im Fenster *Schriftarten* in der Aufgabenleiste den Befehl *Schriftarteinstellungen* wählen.
2. Im Dialogfeld *Schriftarteinstellungen* (Bild 30.31) heben Sie die Markierung des Kontrollkästchens *Schriftarten auf der Grundlage der Spracheinstellungen ausblenden* auf.

Manuell lassen sich die Schriftarten ein-/ausblenden, indem Sie einen Eintrag in der Schriftenseite markieren. Dann können Sie in der Symbolleiste die mit *Ausblenden* bzw. *Einblenden* beschriftete Schaltfläche anwählen, um den Modus umzuschalten.

HINWEIS

In der Aufgabenleiste des Ordnerfensters *Schriftarten* finden Sie weitere Befehle, um die ClearType-Funktion zur Schriftartenanzeige ein-/auszuschalten, den Schriftgrad für die Anzeige durch Änderung des DPI-Grads anzupassen oder die Zeichentabelle aufzurufen. Über den Befehl *Weitere Schriftarteninformationen online abrufen* lässt sich eine Webseite zum Thema »Fonts für Windows« abrufen. Die Windows Hilfe- und Supportseiten enthalten unter dem Stichwort »Schriftarten« ebenfalls einige Informationen rund um das Thema.

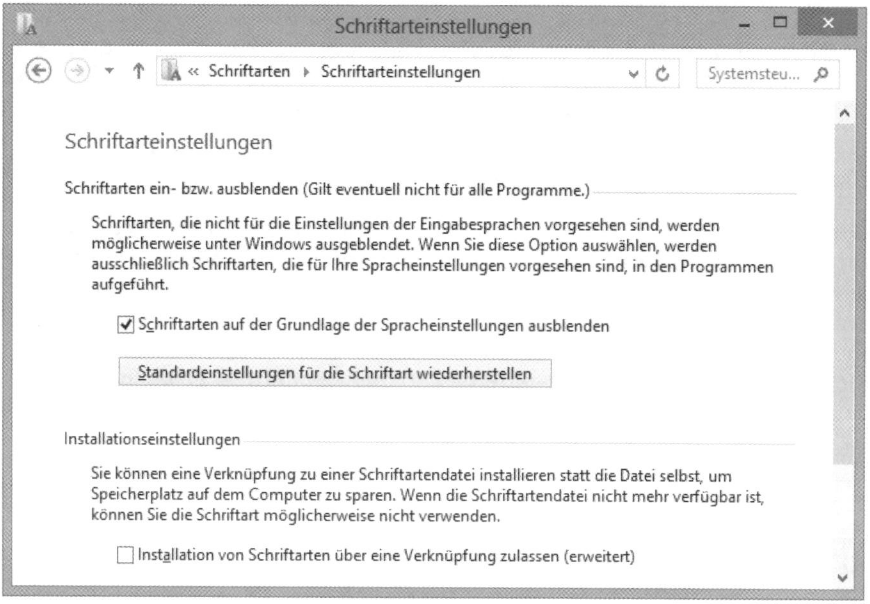

Bild 30.31: Schriftarteinstellungen anpassen

31 Systemverwaltung und Optimierung

Windows 8 stellt einige Funktionen bereit, mit denen sich das System im Hinblick auf seine Leistung überwachen und analysieren lässt. Zudem können Administratoren einige Verwaltungswerkzeuge nutzen sowie Einstellungen am System vornehmen. Die folgenden Seiten stellen einige dieser Werkzeuge und Funktionen vor und gehen auch auf das Thema Sicherheit ein.

31.1 Windows-Sicherheitsfunktionen und Fragen

Dieser Abschnitt befasst sich mit Fragen zur richtigen Absicherung eines Windows 8-Systems und zeigt, wie Sie die Sicherheit des Betriebssystems mit dem Wartungscenter überprüfen.

31.1.1 Maßnahmen zur Erhöhung der Sicherheit!

Jeder Windows-Benutzer sollte im eigenen Interesse verschiedene Maßnahmen zur Erhöhung der Computersicherheit treffen.

- Halten Sie die Software des Computers auf dem aktuellen Stand, d. h., installieren Sie alle Windows-Updates und auch alle Aktualisierungen für die benutzten Anwendungen. Die Verwendung der in Windows integrierten Update-Funktion ist auf den folgenden Seiten beschrieben. Nur so können Sie sicherstellen, dass bekannte und vom Hersteller durch Patches behobene Sicherheitslücken auch auf Ihrem System geschlossen werden.
- Verwenden Sie die in Windows, im Internet Explorer, in Windows Mail und in Anwendungsprogrammen eingebauten Sicherheitsfunktionen, die das Ausbreiten von Schadprogrammen verhindern. Dazu gehören z.B. die Verwendung des Windows-Wartungscenters (siehe folgende Abschnitte), die Nutzung von Standardkonten und der Benutzerkontenverwaltung oder das Festlegen der Ausführungssperre für in Office-Dokumenten enthaltene Makros. Dann haben Viren und andere Schadprogramme weniger Chancen zur Verbreitung.
- Verwenden Sie den in Windows integrierten Windows Defender mit seinem Virenscanner oder ein anderes, auf Windows 8 abgestimmtes Virenschutzprogramm, das Schadprogramme erkennen und deren Ausbreitung auf dem Rechner verhindern kann. Wichtig ist allerdings, dass die Signaturdateien des Virenschutzprogramms auf dem aktuellen Stand gehalten werden, da andernfalls neue Schädlinge nicht erkannt werden können.

Lassen Sie auch Ihren gesunden Menschenverstand walten, denn die Tricks der Betrüger werden immer ausgebuffter. Viren, die als angebliche Grußkarte oder Programmverbesserung (Updates) per E-Mail verschickt werden, lassen sich vom Anwender durchaus unter Administratorkonten unter Umgehung der Sicherheitsabfrage der Benutzerkontensteuerung installieren. Gefälschte Webseiten, die Kreditkartennummern oder Geheimzahlen von Scheckkarten abfischen, Internetangebote, die sich nur nach Eingabe einer Adresse, Telefonnummer oder E-Mail-Adresse nutzen lassen, sind Beispiele solcher Fallen. Hier noch ein paar Tipps, was zu beherzigen ist.

- Beziehen Sie Programmdateien nur aus vertrauenswürdigen Quellen (z.B. renommierte Webseiten, CDs/DVDs in Büchern oder Zeitschriften etc.) und unterziehen Sie jede über das Internet oder von externen Speichermedien auf das System übernommene Datei einer Prüfung durch einen aktuellen Virenscanner.
- Ungefragt zugesandte E-Mails unbekannter Absender sollten Sie sofort löschen (es sei denn, Sie erhalten solche Nachrichten planmäßig – z.B. Kundenanfragen etc.). Speichern Sie E-Mail-Anhänge, sodass diese vor dem Öffnen einer Virenprüfung durch ein Virenschutzprogramm unterzogen werden können. Schalten Sie die Anzeige der Dateinamenerweiterungen in Ordnerfenstern ein (siehe *Kapitel 9*).

Mit etwas Wissen, genügend Vorsicht und gesundem Menschenverstand lassen sich viele Risiken erkennen und umgehen. Details zu den obigen Punkten, mit denen sich die Computersicherheit verbessern lässt, sind in den verschiedenen Kapiteln dieses Buches behandelt.

31.1.2 Das Wartungscenter warnt bei Sicherheitsmängeln

Das Windows-Wartungscenter überwacht das Betriebssystem und warnt den Benutzer durch eine im Infobereich des Windows-Desktops eingeblendete QuickInfo (Bild 31.1), wenn gravierende Sicherheitslücken in Windows erkannt werden. Zudem wird das im Infobereich der Taskleiste angezeigte Symbol des Wartungscenters – ein roter Kreis mit einem weißen x – eingeblendet.

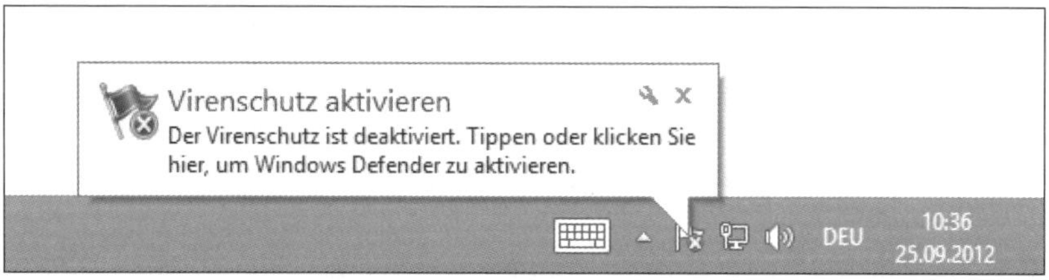

Bild 31.1: Warnung bei gravierenden Sicherheitsproblemen

Das Wartungscenter sammelt Statusinformationen. Kündigen sich Sicherheitsprobleme an (z.B. abgelaufene Virensignaturdatei, abgeschalteter Virenscanner, fehlende kritische Betriebssystemaktualisierungen) oder gibt es eine Sicherheitslücke (Firewall abgeschaltet), lassen sich die Details über das Wartungscenter-Symbol im Infobereich der Taskleiste gezielt abrufen.

- Zeigen Sie auf das Symbol, erscheint eine QuickInfo mit weiteren Informationen (Bild 31.2, unten rechts). Sie erfahren z.B., ob PC-Probleme aufgetreten sind und wie viele Meldungen anstehen.
- Ein Mausklick auf das Symbol öffnet eine Palette, in der weitere Details aufgelistet sind (Bild 31.2, unten rechts). Sie erfahren dann, um welche Art von Problemen es sich handelt.

Über die in der Palette angezeigten Hyperlinks können Sie direkt auf die Details bzw. die Funktionen zum Beheben des Problems zugreifen. Weiterhin findet sich hier der Hyperlink *Wartungscenter öffnen*, über den Sie direkt auf das Fenster des Wartungscenters zugreifen und Details einsehen können (Bild 31.2, links). Für die angezeigten Informationen überwacht das Wartungscenter in den Kategorien »Sicherheit« und »Wartung« verschiedene Bereiche:

- *Netzwerkfirewall:* Das Wartungscenter prüft, ob die in Windows integrierte Firewall (oder zu Windows 8 kompatible Firewall von Drittherstellern) eingeschaltet ist. Eine Firewall verhindert unerwünschte Zugriffe aus dem Internet auf den lokalen Computer.
- *Windows Updates:* Diese Windows Update-Funktion ermittelt bei Onlinesitzungen, ob Aktualisierungen für das Betriebssystem vorhanden sind, meldet sich bei anstehenden Updates und kann diese automatisch aus dem Internet einspielen. Das Wartungscenter überwacht, ob die Funktion auf *Updates automatisch installieren (empfohlen)* steht, und meldet, wenn das Update abgeschaltet oder auf einen anderen Modus umgestellt wurde.
- *Virenschutz/Schutz vor Spyware und unerwünschter Software:* Der Windows-Defender kann vor unerwünschter Software schützen und enthält einen integrierten Virenscanner. Weiterhin können Sie zu Windows 8 kompatible Virenscanner oder Internetsicherheitslösungen von Drittherstellern installieren. Das Wartungscenter überwacht, ob ein Virenscanner aktiv und ob dessen Signaturdateien aktuell sind. Ein deaktivierter Virenschutz oder abgelaufene Signaturdateien werden gemeldet.

Weitere Sicherheitseinstellungen des Wartungscenters beziehen sich auf die Benutzerkontensteuerung, Internetsicherheitseinstellungen, den SmartScreen-Filter, den Netzwerkszugriffsschutz sowie die Windows-Aktivierung. Administratoren erhalten über eingeblendete Hyperlinks *Einstellungen ändern* einen direkten Zugriff auf die Seiten, um die Einstellungen für die Benutzerkontensteuerung oder den SmartScreen-Filter anzupassen.

Im Bereich *Wartung* des Wartungscenters finden Sie zudem Hinweise auf gefundene Probleme, können nach Lösungen suchen und eine automatische Wartung ausführen lassen. Die automatische Wartung führt Systemdiagnosen, Sicherheitsüberprüfung und Prüfungen auf fehlende Updates durch.

Sicherheitseinstufung auf einen Blick

Um nähere Informationen zu gemeldeten Sicherheitsproblemen zu erhalten oder die Sicherheitseinstellungen anzupassen, genügt die Anwahl des Symbols der Windows-Sicherheitswarnung im Infobereich der Taskleiste (Bild 31.2, rechts unten). Anschließend wählen Sie den Hyperlink *Wartungscenter öffnen* an. Daraufhin öffnet sich das Fenster des Wartungscenters (Bild 31.2, oben links) auf dem Windows-Desktop.

> HINWEIS
>
> Alternativ können Sie die Systemsteuerung öffnen, auf *System und Sicherheit* klicken und im Abschnitt *Wartungscenter* den Befehl *Computerstatus überprüfen und Probleme lösen* anwählen.

In der rechten Spalte des Wartungscenters sehen Sie sofort den Status der überwachten Kategorien.

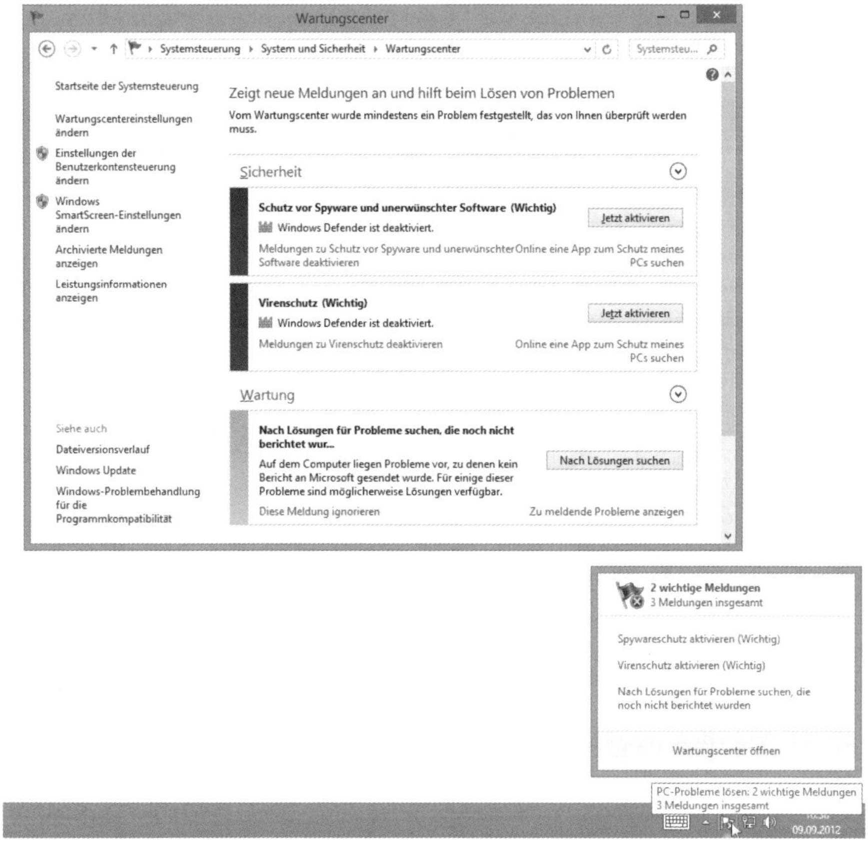

Bild 31.2: Warnung des Wartungscenters

- Ein gelber Balken weist auf eine ggf. reduzierte Sicherheit hin. Dies ist beispielsweise der Fall, wenn Sie die automatische Update-Funktion so einstellen, dass Sie bei anstehenden Updates vor dem Download und vor der Installation zustimmen müssen. Windows signalisiert Ihnen mit dem gelben Balken, dass Sie diese Kategorie unter Sicherheitsaspekten im Auge behalten sollten.

- Eine mit roter Farbe markierte Kategorie weist dagegen auf ein potenzielles Sicherheitsproblem (z.B. abgeschaltete Firewall, nicht aktivierter Virenscanner) hin. Sie sollten diesem Punkt dann schnellstmöglich nachgehen.

Über die runde, am rechten Rand der jeweiligen Kategorie sichtbare Schaltfläche *Details ein-/ausblenden* lassen Sie Detailinformationen anzeigen oder verstecken (einfach die Schaltfläche anwählen). Je nach überwachter Funktion stellt das Wartungscenter direkt innerhalb der rechten Spalte Schaltflächen zum Einschalten oder Hyperlinks zum Anpassen der erforderlichen Einstellungen bereit. In der Aufgabenleiste links im Fenster finden Sie Hyperlinks, um auf weitere Funktionen oder Einstellseiten zuzugreifen. Hier noch einige Informationen

Wartungscentereinstellungen ändern

Um die Einstellungen des Windows-Wartungscenters zu ändern, wählen Sie in der Aufgabenleiste des Fensters (Bild 31.2) den Hyperlink *Wartungscentereinstellungen ändern* an.

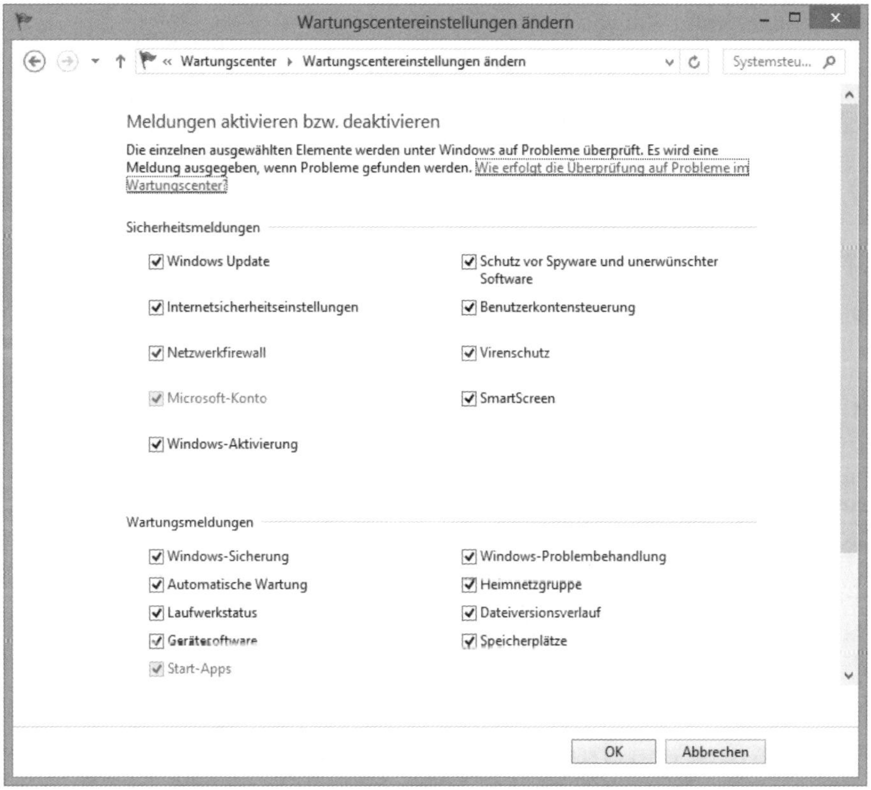

Bild 31.3: Wartungscentereinstellungen ändern

In dem daraufhin eingeblendeten Dialogfeld (Bild 31.3) wählen Sie über Kontrollkästchen, welche Meldungen im Infobereich und im Wartungscenter eingeblendet werden sollen.

31.1.3 Wissen zur Windows-Firewall

Windows 8 enthält eine integrierte 2-Wege-Firewall, die den Nachrichtenverkehr gegenüber dem Netzwerk und gegenüber öffentlichen Netzwerken (Internet) filtern kann. Standardmäßig ist die Windows-Firewall eingeschaltet und wird durch die erweiterten Netzwerkeinstellungen sowie die Auswahl des Netzwerkstandorts gesteuert. Die folgenden Abschnitte geben einen kurzen Überblick über die Funktionen der Windows-Firewall.

Was macht die Firewall?

Ein Rechner, der mit einem lokalen Netzwerk oder mit dem Internet verbunden ist, lässt sich über seine eindeutige IP-Adresse identifizieren. Entsprechende Programme können über diese IP-Adresse aus dem Netzwerk und aus dem Internet auf den Rechner zugreifen. Ohne Firewall ist der Rechner im Internet für Dritte zu sehen. Diese können dann Sicherheitslücken des Betriebssystems nutzen, um auf den Computer zuzugreifen. Ein Einbruch in einen Rechner über die Internetverbindung eröffnet die Möglichkeit zum Einschleusen von Trojanern, Viren und anderen Schadprogrammen.

Eine Firewall überwacht den Datenverkehr zwischen dem Internet bzw. dem Netzwerk und dem Computer. Jedes Datenpaket, das über das TCP/IP-Protokoll nach draußen ins Internet geht, und jedes aus dem Internet eintreffende Datenpaket wird von der Firewall gefiltert. Über ein Regelwerk entscheidet die Firewall dann, ob die Nachricht über den betreffenden Port dem Dienst zugestellt wird oder nicht. Nur wenn der Benutzer einen Port für eine Anwendung freigibt, leitet die Firewall die Nachrichten der betreffenden Dienste weiter.

HINWEIS

Ports sind Kommunikationskanäle im TCP/IP-Protokoll, über die der Datenaustausch zwischen dem Internet/Netzwerk und verschiedenen Diensten des Computers abgewickelt wird. Die Portnummern innerhalb der transportierten Nachrichten steuern die Weiterleitung an die jeweiligen Dienste.

Neben der Windows-Firewall gibt es Produkte von Drittherstellern (Security-Pakete) mit funktional erweiterten Möglichkeiten. Aus praktischer Sicht ist es aber in meinen Augen wenig sinnvoll, ein solches Paket wegen der enthaltenen Firewall zu kaufen. Diese ist nicht sicherer oder unsicherer als die Windows-Firewall. Router, mit denen mehrere Rechner über DSL ins Internet gehen können, bieten in der Regel ebenfalls eine integrierte Firewall, die eingehende Datenpakete filtert. In diesem Fall sollten Sie auf diese externe Firewall zurückgreifen, da sie weniger anfällig für Beeinflussungen durch Schädlinge ist, die sich auf dem Rechner eingenistet haben.

Programme möchten Ports freigeben

Die Windows 8-Firewall ist standardmäßig eingeschaltet und überwacht eingehende (sowie teilweise ausgehende) Daten nach bestimmten Regeln. Versucht ein der Firewall unbekanntes Programm auf dem lokalen Computer Ports der Firewall zu öffnen, meldet die Firewall dies über ein Dialogfeld (Bild 31.4).

- Trauen Sie dem Programm, d. h., soll für dieses eine Kommunikation aus externen Netzwerken zugelassen werden, klicken Sie auf die Schaltfläche

Zugriff zulassen. Sie benötigen dazu eine Administratorberechtigung bzw. dass die Freigabe über eine Sicherheitsabfrage der Benutzerkontensteuerung zu bestätigen ist. Dann trägt die Firewall diese Ausnahme in ihre interne Regelliste ein. Die Sicherheitswarnung unterbleibt zukünftig.

- Die Windows-Firewall verwendet mehrere Profile für die unterschiedlichen Netzwerkstandorte (Heimgruppennetz, Arbeitsgruppennetz und öffentliches Netz). Über Kontrollkästchen können Sie im Dialogfeld aus Bild 31.4 festlegen, ob die Kommunikation nur aus dem internen Netzwerk oder auch aus einem öffentlichen Netzwerk (Internet) zulässig sein soll. Letzteres ist nicht empfohlen.

Bild 31.4: Windows-Sicherheitshinweis der Firewall

Wenn Sie ein bekanntes Programm gestartet haben und das Dialogfeld *Windows-Sicherheitshinweis* (Bild 31.4) erscheint, müssen Sie entscheiden, ob Sie die Kommunikation in der Firewall freigeben. Die durch die Firewall geblockten Verbindungen beeinflussen die Funktionsfähigkeit der betreffenden Anwendung. Internettelefonie mit eingehenden Anrufen ist z.B. nur möglich, wenn die Firewall die betreffenden Anfragen zum Telefonieprogramm durchlässt. Ähnliches gilt ggf. für Filesharing-Programme oder andere Anwendungen, die über das Internet angesprochen werden müssen.

Firewallstatus prüfen und anpassen

Um sich über den Status der Windows-Firewall zu informieren, öffnen Sie die Systemsteuerung, tippen in das Suchfeld den Begriff »Firewall« ein und klicken dann auf den angezeigten Befehl *Firewallstatus überprüfen*. Dann öffnet sich die in Bild 31.5 gezeigte Seite. Über die beiden Profile »Private Netzwerke« und »Gast oder öffentliche Netzwerke« sehen Sie sofort den Status der Firewall. Ein grüner Balken signalisiert, dass die Firewall für diese Netzwerkstandorte aktiv ist.

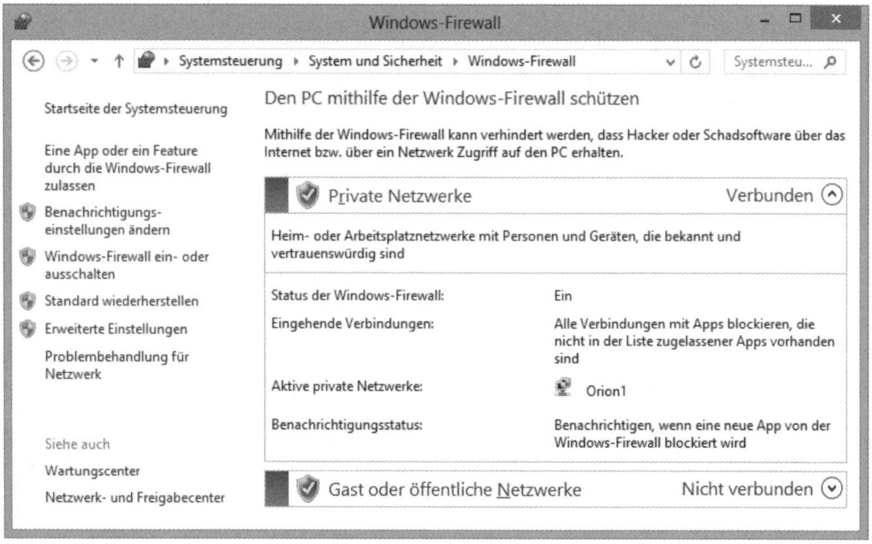

Bild 31.5: Seite mit den Windows-Firewalleinstellungen

Über die Schaltfläche am rechten Rand des Profiltitels lassen sich die Details mit dem Status aus- und wieder einblenden. Über die Befehle in der Aufgabenleiste der Seite können Administratoren auf die Einstellungen der Firewall zugreifen.

Ein Programm oder Feature durch die Windows-Firewall zulassen

Wählen Sie in der Aufgabenleiste des Windows-Firewall-Fensters den Befehl *Eine App oder ein Feature durch die Windows-Firewall zulassen*, erscheint die Seite aus Bild 31.6, oben, in der die Windows-Firewall die aus Ausnahmen eingetragenen Programme auflistet. Administratoren können die Schaltfläche *Einstellungen ändern* anwählen und die Abfrage der Benutzerkontensteuerung bestätigen. Dann werden die Kontrollkästchen freigegeben.

- Durch Aktivieren der betreffenden Kontrollkästchen lässt sich für die beiden Netzwerkprofile »Heim/Arbeit (Privat)« und »Öffentlich« steuern, ob der betreffende Port oder die Anwendung als Ausnahme zugelassen ist. Bei nicht markierten Kontrollkästchen ist die Kommunikation der als Ausnahmen eingetragenen Programme dagegen blockiert.
- Markieren Sie einen Eintrag und klicken Sie auf die Schaltfläche *Details*, gibt die Windows-Firewall in einem Dialogfeld einige Hinweise auf das betreffende Programm oder das Feature.
- Über die Schaltfläche *Entfernen* löschen Sie markierte Einträge, die durch Software oder den Benutzer zur Liste der zugelassenen Programme hinzugefügt wurden.
- Über die Schaltfläche *Andere App zulassen* öffnen Sie das Dialogfeld *App hinzufügen* (Bild 31.6, unten links). Dort lassen sich lokal installierte Apps und Anwendungen auswählen und für die Kommunikation freischalten. Die Schaltfläche

Netzwerktypen öffnet ein Dialogfeld, in dem Sie über Kontrollkästchen festlegen können, ob nur private oder auch öffentliche Netzwerke gefiltert werden sollen.

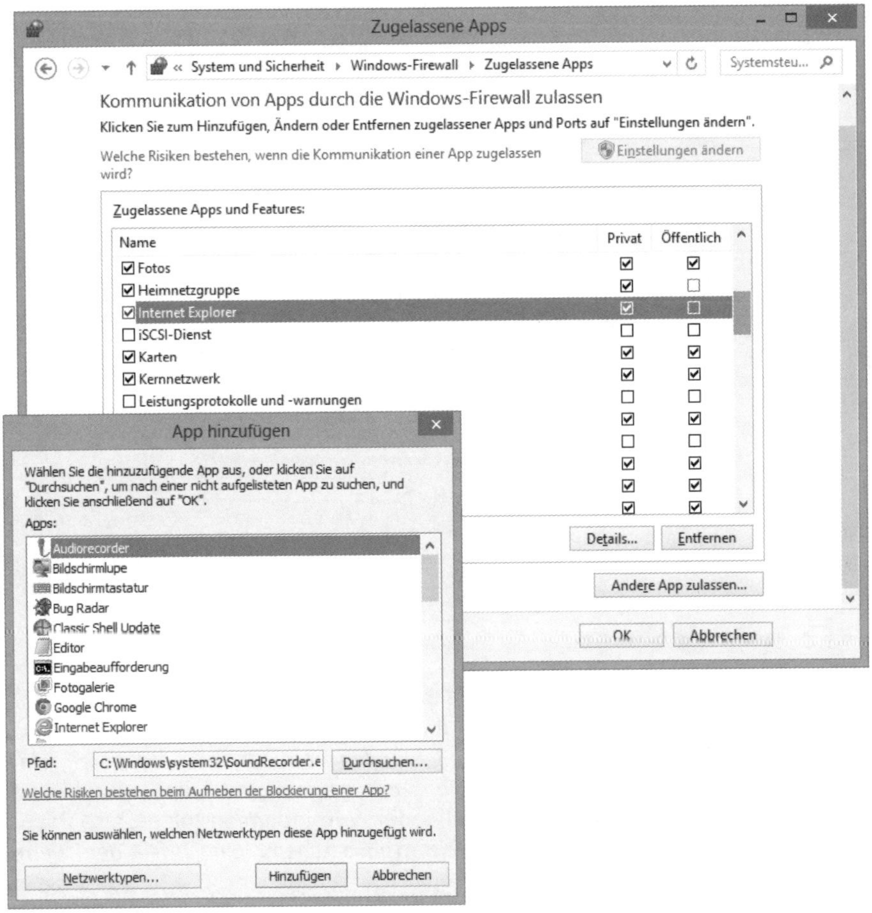

Bild 31.6: Einstellung der Firewallausnahmen

Über die *OK*-Schaltfläche übernehmen Sie die Änderungen. Diese Konfiguration der Firewall sollte aber nur von erfahrenen Anwendern benutzt werden. Bei fehlendem Hintergrundwissen achten Sie lediglich darauf, dass die Windows-Firewall aktiv ist. Geben Sie nur solche Programme als Ausnahmen frei, denen Sie trauen und deren Funktionen eine Kommunikation mit dem Internet unbedingt erfordern.

Firewall ein-/ausschalten, Benachrichtigungseinstellungen ändern

Über die beiden Links *Benachrichtigungseinstellungen ändern* und *Windows-Firewall ein- oder ausschalten* im Aufgabenbereich des Firewall-Fensters (Bild 31.5) lässt sich die in Bild 31.7 gezeigte Konfigurationsseite öffnen. Auch hier werden wieder zwei Profile für private und öffentliche Netzwerke unterschieden. Über Optionsfelder entscheiden Sie, ob die Firewall für die betreffenden Standorte ein- oder ausgeschaltet sein soll.

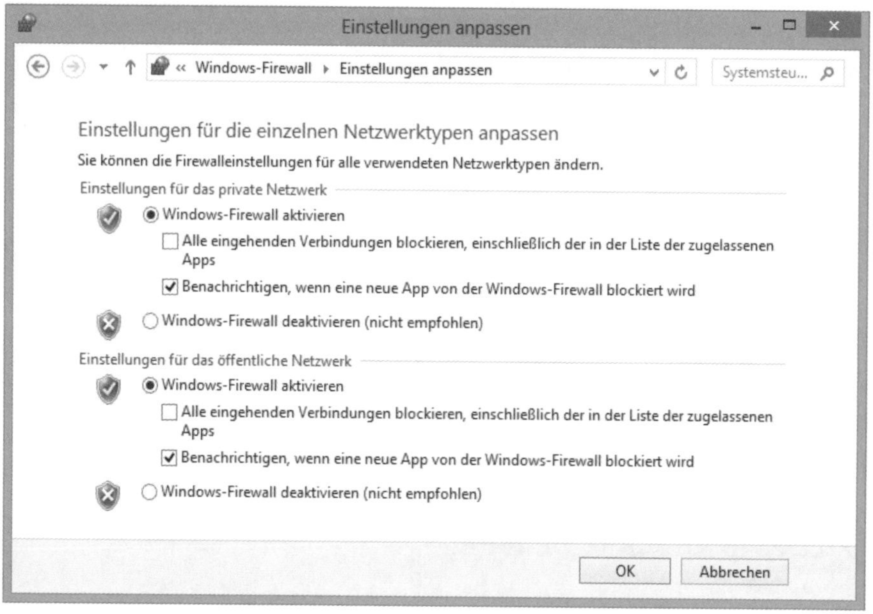

Bild 31.7: Firewall ein-/ausschalten

Dort sollte aus Sicherheitsgründen die Option *Windows-Firewall aktivieren* markiert sein, damit die Windows-Firewall für das betreffende Profil arbeiten kann. Ist zusätzlich das Kontrollkästchen *Alle eingehenden Verbindungen blockieren, einschließlich der in der Liste der zugelassenen Apps* markiert, lässt die Firewall keine Ausnahmen zu und blockiert alle eingehenden Verbindungen (bietet also maximale Sicherheit). Durch Markieren des Kontrollkästchens *Benachrichtigen, wenn eine neue App von der Windows-Firewall blockiert wird* stellen Sie sicher, dass die in Bild 31.4 gezeigte Meldung erscheint, sobald eine Anwendung versucht, Ports für eine eingehende Kommunikation freizugeben. Die Änderungen werden beim Anklicken der *OK*-Schaltfläche übernommen.

31.1.4 Firewall mit erweiterter Sicherheit

Die Firewall in Windows 8 besitzt die Möglichkeit, auch ausgehende Verbindungen zu blockieren. Die Konfigurierung erfolgt über die Microsoft Management Console (MMC). Diese können Sie über den Befehl *Erweiterte Einstellungen* in der Aufgabenleiste der Windows-Firewall öffnen. Sie können zudem in das Suchfeld der eingeblendeten Seitenleiste *Suchen* auch den Befehl *wf.msc* eingeben und die Tastenkombination [Strg]+[⇧]+[↵] drücken (führt das Snap-In mit Administratorberechtigungen aus). Das Snap-In meldet sich mit dem in Bild 31.8, Hintergrund, gezeigten Fenster. In der linken Spalte finden Sie die Kategorien für die Firewallregeln, die Zweige für die Überwachung etc.

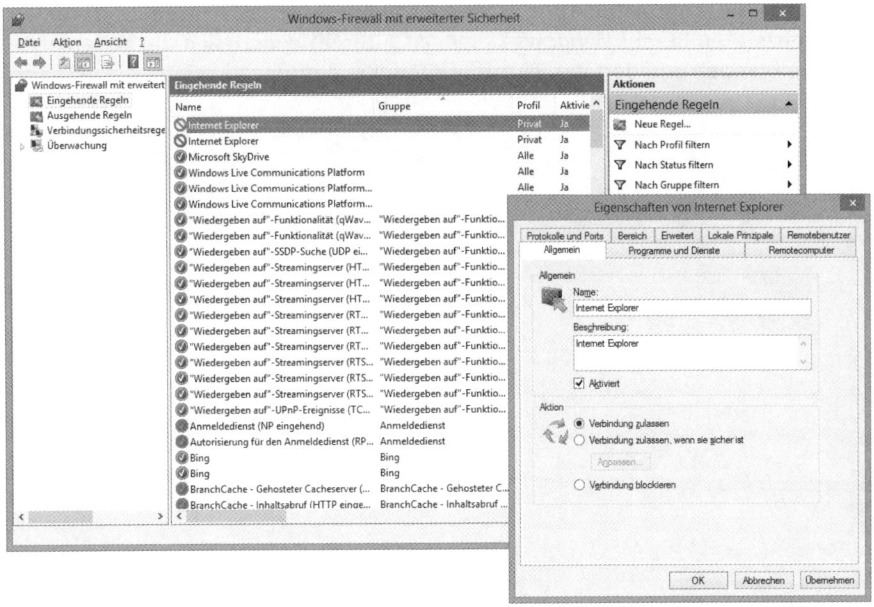

Bild 31.8: Windows-Firewall mit erweiterter Sicherheit

Wählen Sie in der linken Spalte die Kategorie *Eingehende Regeln* oder *Ausgehende Regeln*, taucht eine ganze Liste an freigegebenen Anwendungen auf (Bild 31.8, Hintergrund). Ein Doppelklick auf einen solchen Eintrag öffnet das in Bild 31.8, Vordergrund, gezeigte Dialogfeld, über dessen Registerkarten Sie die Regeln für ausgehende Verbindungen anpassen können. Auf diese Weise lassen sich auch ausgehende Verbindungen durch die Windows-Firewall blockieren.

Möchten Sie neue Regeln für ein- oder ausgehende Verbindungen festlegen, markieren Sie in der linken Spalte eine der oberen drei Kategorien und können anschließend in der rechten Spalte (dem *Aktionen*-Bereich) den Befehl *Neue Regel* wählen. Daraufhin startet ein Assistent, der Sie in verschiedenen Dialogschritten bei der Definition der Firewallregel unterstützt. Die detaillierte Diskussion der entsprechenden Funktionen sprengt den Ansatz dieses Buchs. Klicken Sie in der linken Spalte auf den obersten Eintrag *Windows-Firewall mit erweiterter Sicherheit*, lassen sich in der mittleren Spalte mehrere Hyperlinks mit Onlinedokumentationen von Microsoft zu diesem Thema abrufen.

> TIPP
>
> Sie können die Wirksamkeit der Windows-Firewall testen, indem Sie beispielsweise die Webseite `http://www.com-magazin.de/sicherheit/sicherheits-check/firewall-check.html` [w8-k31-001] aufrufen.

31.1.5 Systemüberprüfung mit Windows Defender

Windows Defender überprüft den Computer auf Schadprogramme und führt auch Echtzeit-Scans beim Zugriff auf Dateien aus. Wird Schadsoftware erkannt, blockiert Windows Defender die Daten und entfernt diese. Um den Status des Programms zu überprüfen oder eine Aktualisierung durchzuführen, öffnen Sie beispielsweise die Systemsteuerung, tippen »Defender« im Suchfeld ein und wählen den angezeigten Befehl *Windows Defender*. Alternativ lässt sich die Seitenleiste *Suche* einblenden und dort der Begriff »Defender« eintippen.

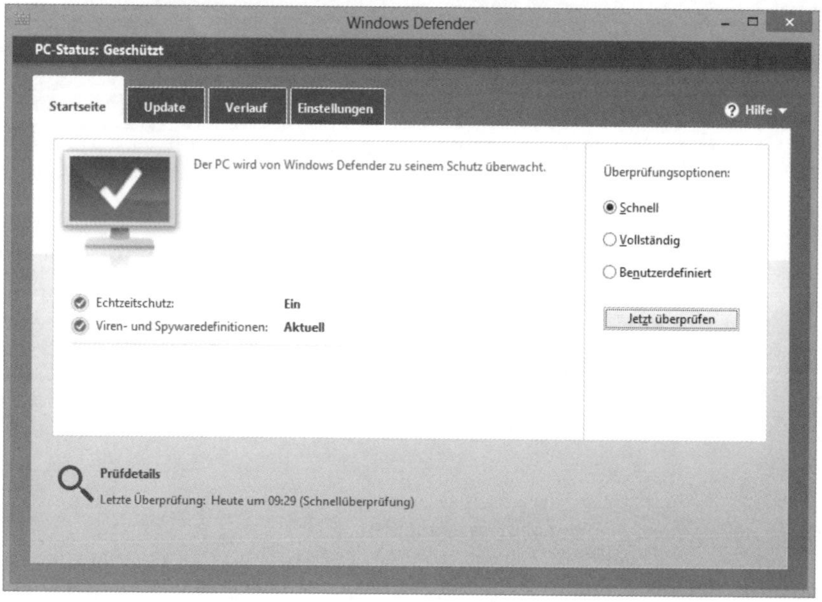

Bild 31.9: Startseite von Windows Defender

Windows Defender informiert Sie in einem Fenster (Bild 31.9), ob ein Update erforderlich ist und wann die letzte Überprüfung auf Schadprogramme durchgeführt wurde. Klicken Sie auf die Schaltfläche *Jetzt überprüfen*, um eine Überprüfung des Systems einzuleiten. Über Optionsfelder geben Sie die Prüftiefe (Schnellüberprüfung, vollständige und benutzerdefinierte Überprüfung) vor.

Das Programm beginnt mit dem Scan des Systems und zeigt die gescannten Dateien sowie die Ergebnisse im Programmfenster an. Da der Scan durchaus einige Zeit dauern kann, lässt sich die Prüfung mittels einer Schaltfläche abbrechen. Sie können den Vorgang später über die in der Startseite eingeblendete Schaltfläche fortsetzen. Das Ergebnis dieser Überprüfung wird im Programmfenster eingeblendet. Windows Defender kann dabei schädliche Software in einen Quarantänebereich verschieben.

- Um sich über das Ergebnis der Prüfung detaillierter zu informieren, wählen Sie die Registerkarte *Verlauf* im Fenster an.
- Anschließend markieren Sie eines der Optionsfelder, um nach Einträgen in der Quarantäne, in zugelassenen Elementen oder nach allen Elementen zu filtern.
- Wählen Sie die am unteren Rand sichtbare Schaltfläche *Details einblenden*, erweitert Windows Defender die Darstellung im Fenster um die gefilterten Elemente. Der Defender führt bei markierter Option *Unter Quarantäne gestellte Elemente z.B.* in einer Liste ggf. unerwünschte Software auf, die durch den Virenscanner blockiert wurde (Bild 31.10).

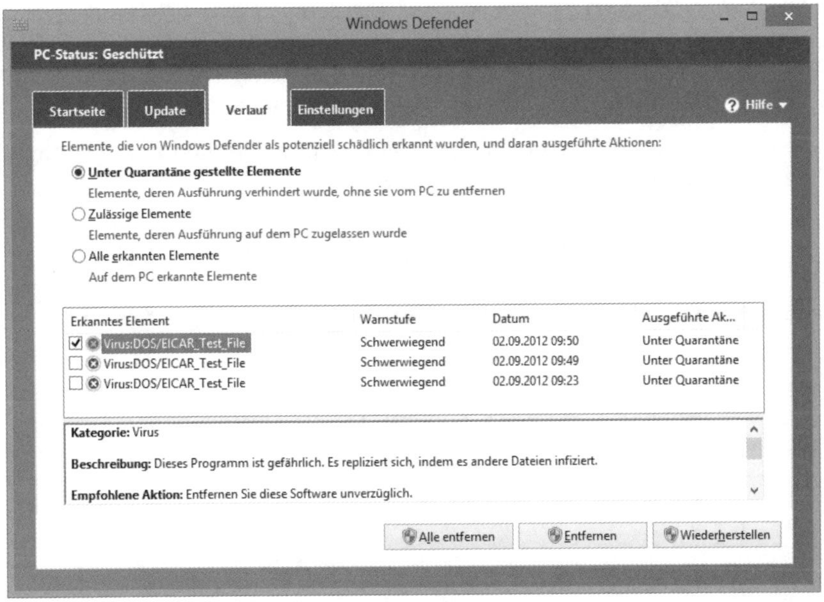

Bild 31.10: Verlaufsanzeige in Windows Defender

Durch Anwahl eines Eintrags lassen sich im unteren Feld der Verlaufsanzeige nähere Informationen zur betreffenden Schadroutine abfragen. Über Schaltflächen lassen sich Einträge in der Liste der erkannten Elemente entfernen oder zulassen. Die Schaltfläche *Wiederherstellen* ermöglicht Ihnen, ein irrtümlich in der Quarantäne gelandetes Element in die Liste der zulässigen Elemente zu übernehmen.

HINWEIS

Windows 8 beinhaltet einen Virenscanner, da die Scan-Engine der Microsoft Security Essentials in Windows Defender integriert ist. Ist die Signaturdatei zur Erkennung von Schadsoftware des Windows Defender nicht mehr aktuell, erkennt dies das Programm und zeigt im Wartungscenter sowie beim Aufruf eine entsprechende Benachrichtigung im Programmfenster an. Sie können dann über die angezeigte Schaltfläche die Signaturdatei per Internet aktualisieren lassen. Zudem verteilt Microsoft Defender-Signaturdateien automatisch über Windows Update, sodass der Windows Defender bei einem System mit Internetzugang in der Regel aktuell ist.

Beachten Sie auch, dass der Windows Defender automatisch deaktiviert wird, sobald ein Virenschutzprogramm eines Drittherstellers installiert wird.

31.1.6 Einstellungen des Windows Defender anpassen

Um die Prüfeinstellungen des Windows Defender einzusehen bzw. anzupassen, wählen Sie im Fenster des Defenders die Registerkarte *Einstellungen* (Bild 31.11). Auf der Registerkarte finden Sie in der linken Spalte verschiedene Kategorien. Bei Anwahl eines Eintrags werden die zugehörigen Einstellungen im rechten Teil des Fensters eingeblendet.

- *Echtzeitschutz:* Über das angezeigte Kontrollkästchen lässt sich der Echtzeitschutz, der eine Virenprüfung beim Zugriff auf Dateien durchführt, temporär abschalten. Allerdings schaltet Windows diesen Echtzeitschutz nach wenigen Sekunden wieder ein – egal, was im Kontrollkästchen angezeigt wird.
- *Administrator:* Ermöglicht Ihnen, über ein Kontrollkästchen den Windows Defender zu aktivieren oder zu deaktivieren.
- *Erweitert:* Diese Seite ermöglicht, über Kontrollkästchen vorzugeben, welche Speicherorte (Wechseldatenträger, Wiederherstellungspunkte, Archivdateien etc.) zu überprüfen sind und ob allen Benutzern die Verlaufsergebnisse angezeigt werden dürfen. Zudem lässt sich wählen, wie lange die Dateien im Quarantänebereich verbleiben, bis der Defender diese automatisch löscht.

Die Kategorie *MAPS* ermöglicht die Einstufung, wie sie den Microsoft Active Protection Service verwenden möchten. Belassen Sie die Einstellung auf *Einfaches Mitglied*. Über weitere Einträge lassen sich Listen ausgeschlossener Dateien, Speicherorte, Dateitypen und Prozesse verwalten.

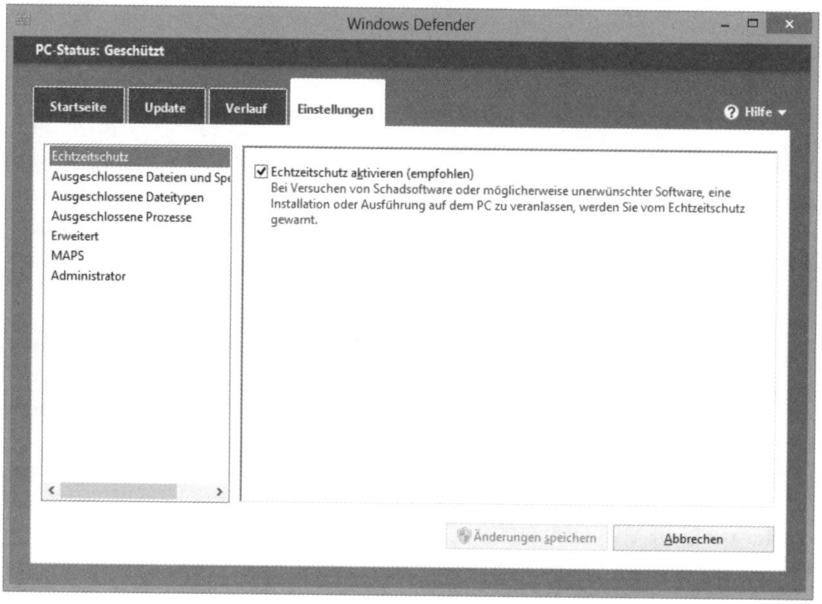

Bild 31.11: Einstellungen von Windows Defender anpassen

31.2 Windows aktualisieren und pflegen

Windows 8 unterstützt die Aktualisierung durch Updates über das Internet. Dabei werden ggf. sicherheitskritische Aktualisierungen und Fehler behoben. Weiterhin gibt es die Möglichkeit, Windows bei Problemen zu aktualisieren oder auf den Auslieferungszustand zurückzusetzen. Die betreffenden Funktionen werden nachfolgend besprochen.

31.2.1 Was hat sich bei Windows Update geändert?

Windows wird standardmäßig so eingerichtet, dass erforderliche Updates (speziell Sicherheitsaktualisierungen) automatisch per Internetverbindung heruntergeladen und installiert werden. Sie brauchen sich also darum nicht zu kümmern. Allerdings hat Microsoft einige Änderungen gegenüber früheren Windows-Versionen vorgenommen.

Windows Update sammelt Aktualisierungen, die einen Neustart erfordern, um diese in einem Rutsch zu installieren. Bei Systemen, die dauerhaft in Betrieb sind, prüft Windows Update, wie lange ein Neustart verzögert wird. Spätestens nach drei Tagen ohne Neustart wird das System automatisch heruntergefahren und dann neu gestartet.

Sie erhalten eine Benachrichtigung auf der Anmeldeseite (Bild 31.12), wenn Neustarts durch die Installation von Updates erforderlich werden. Führen Sie dann das Update per Neustart oder durch Herunterfahren über das Menü der Schaltfläche *Ein/Aus* in der Seitenleiste oder in der Anmeldeseite gezielt durch (siehe auch *Kapitel 2*, Abschnitt »2.2.2 Herunterfahren und Neustart«).

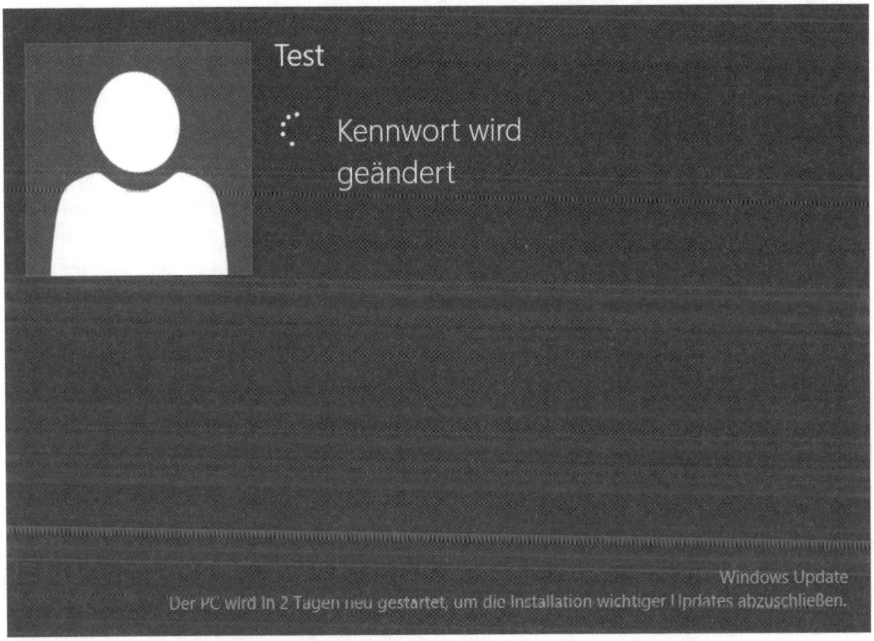

Bild 31.12: Benachrichtigung bei anstehenden Updates

31.2.2 Kontrolle auf Updates

Ist das System für eine automatische Suche nach Updates und zu deren Installation konfiguriert, brauchen Sie sich um nichts zu kümmern. Windows 8 prüft bei jeder Onlinesitzung, ob Updates auf den Microsoft-Update-Servern vorliegen, lädt diese herunter und installiert die Aktualisierungen nach den auf den vorherigen Seiten genannten Kriterien.

Fehlt eine permanente Internetverbindung oder ist die automatische Update-Installation deaktiviert, lässt sich der Update-Status überprüfen. Einen schnellen Überblick, ob es Probleme gibt oder ob Aktualisierungen fehlen, erhalten Sie über das am Kapitelanfang behandelte Wartungscenter.

1. Alternativ können Sie die Charms-Leiste am rechten Seitenrand und die Seitenleiste *Einstellungen* über das gleichnamige Symbol einblenden.
2. Wählen Sie dort den Befehl *PC-Einstellungen ändern* an. Auf der Seite *PC-Einstellungen* aktivieren Sie die Kategorie *Windows Update*.

Windows zeigt dann im rechten Teil der Seite (Bild 31.13) die Update-Einstellung und den Update-Status des Systems. Über die Schaltfläche *Jetzt nach Updates suchen* lässt sich eine manuelle Überprüfung des Updatestatus ausführen.

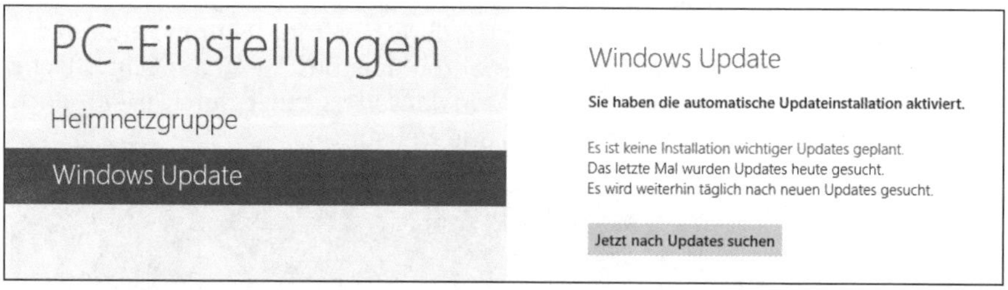

Bild 31.13: Windows Updates überprüfen

Blenden Sie die Charms-Leiste beispielsweise über ⊞+C am rechten Bildschirmrand ein und wählen Sie *Suche*, lässt sich in der gleichnamigen Seitenleiste der Begriff »windows update« eingeben. Die Kategorie *Einstellungen* enthält verschiedene Befehle zum Zugriff auf die Update-Funktionen (Bild 31.14). Die Einträge *Windows Update* und *Nach Updates suchen* bringen die Seite *PC-Einstellungen* (Bild 31.13) zur Anzeige.

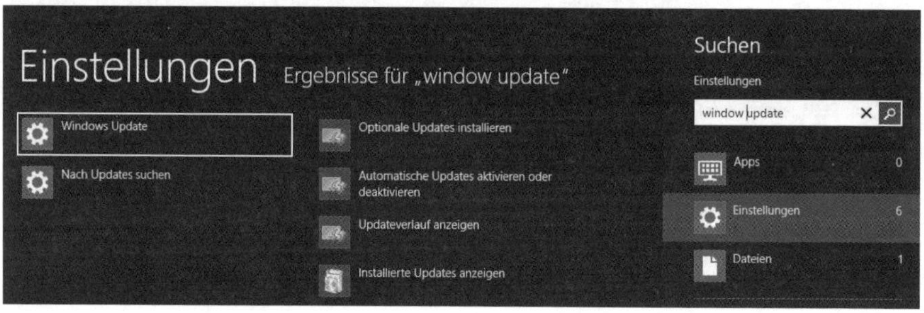

Bild 31.14: Zugriff auf Windows Updates-Funktionen

Zur Kontrolle der Update-Einstellungen, des Update-Verlaufs etc. öffnen Sie die Systemsteuerung und geben »Update« im Suchfeld ein. Anschließend wählen Sie den Befehl *Windows-Update* im Fenster der Systemsteuerung aus (Bild 31.15, Hintergrund oben). Zusätzlich lassen sich weitere Befehle zum direkten Zugriff auf verschiedene Update-Einstellungen im Fenster der Systemsteuerung abrufen.

Der Befehl *Windows Update* öffnet das Dialogfeld aus Bild 31.15, unten, in dem Ihnen die Anzahl anstehender Updates angezeigt wird. In der Aufgabenleiste finden Sie zudem die Befehle, um auf Update-Einstellungen, den Update-Verlauf etc. zugreifen zu können.

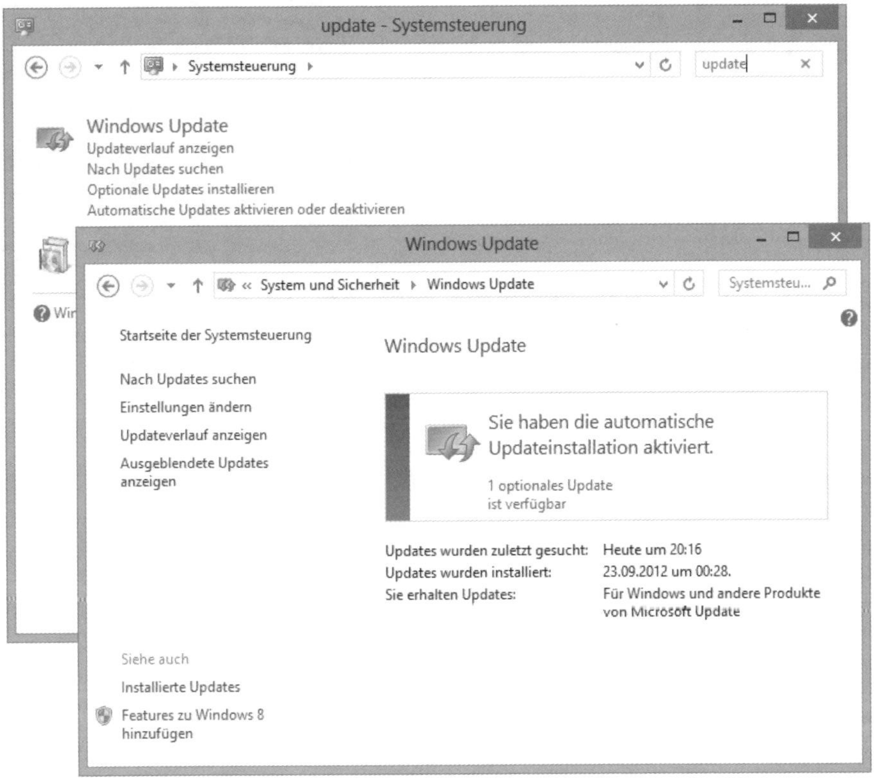

Bild 31.15: Windows Updates-Seite der Systemsteuerung

31.2.3 Update-Einstellungen ändern

Bei der Installation wird Windows 8 so eingerichtet, dass Updates automatisch heruntergeladen und installiert werden. Sie können aber auch zu einem späteren Zeitpunkt die Update-Einstellungen an Ihre Anforderungen anpassen.

1. Öffnen Sie die Systemsteuerung und tippen Sie im Suchfeld des Fensters den Text »Update« ein.
2. Wählen Sie den eingeblendeten Befehl *Automatische Updates aktivieren oder deaktivieren* (Bild 31.15, Hintergrund oben).
3. Anschließend passen Sie im Fenster *Einstellungen ändern* die gewünschten Optionen (Bild 31.16) an, wählen die *OK*-Schaltfläche und bestätigen die Sicherheitsabfrage der Benutzerkontensteuerung.

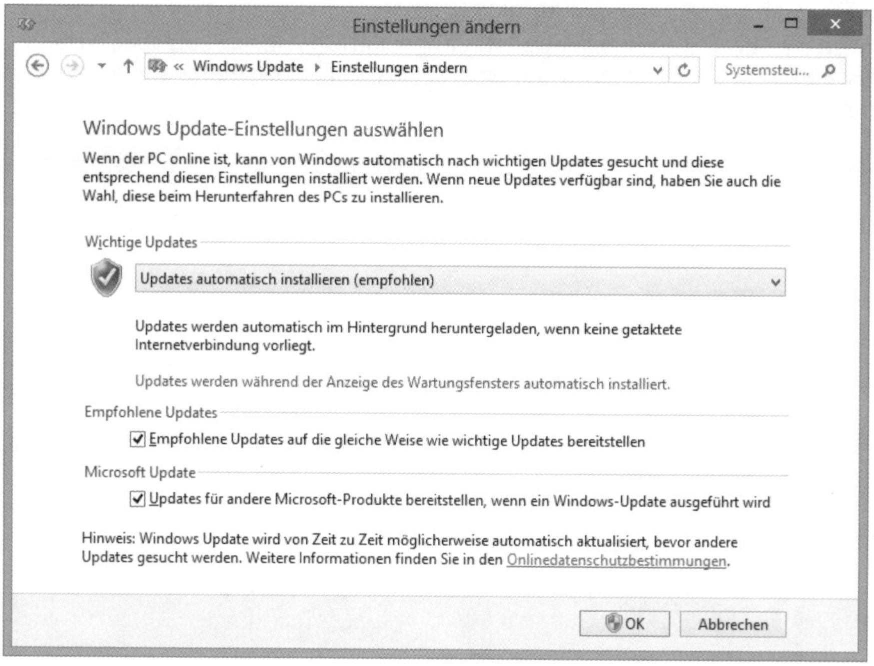

Bild 31.16: Anpassen der Update-Optionen

Über das Listenfeld *Wichtige Updates* können Sie die Vorgaben für Updates einstellen.

- Die Option *Updates automatisch installieren (empfohlen)* ist standardmäßig durch Windows aktiviert, erfordert aber eine ständige Onlineverbindung. Diese Einstellung ist für Anwender empfehlenswert, die sich bezüglich der Aktivierung um nichts kümmern möchten.
- Wer lieber die Kontrolle darüber behalten möchte, was Microsoft an Updates auf den Rechner schiebt, sollte die Option *Updates herunterladen, aber Installation manuell ausführen* wählen. Dann wird zumindest vor der Installation gefragt, ob die Updates durchgeführt werden sollen. Dies gibt Ihnen Gelegenheit, die Installationspakete auszuwählen und Update-Vorgänge mit einem erforderlichen Neustart in Zeiten zu legen, in denen nicht mehr am System gearbeitet wird.
- Sofern Sie nur eine getaktete Internetverbindung (Modem-/ISDN-/UMTS-Verbindung) besitzen und die volle Kontrolle über Updates benötigen, markieren Sie das Optionsfeld *Nach Updates suchen, aber Zeitpunkt zum Herunterladen und Installieren manuell festlegen*. Dann können Sie den kompletten Update-Vorgang schrittweise kontrollieren.

Die Option *Nie nach Updates suchen (nicht empfohlen)* sollte nach Möglichkeit nicht markiert werden. Auch Windows 8 wird Sicherheitslücken und Fehler enthalten, die mit der Zeit bekannt und durch Microsoft mit Aktualisierungen (als Patches bezeichnet) geschlossen werden. Lassen Sie sich daher zumindest von

Windows Update über anstehende Aktualisierungen informieren. Die Option *Nie nach Updates suchen (nicht empfohlen)* ist eigentlich nur dann sinnvoll, wenn Sie ein System ohne Internetzugang betreiben und Aktualisierungen über CDs bzw. DVDs installieren können.

HINWEIS

Microsoft trennt die anstehenden Aktualisierungen in verschiedene Kategorien wie Sicherheitsaktualisierungen, kritische Updates und empfohlene Updates. Standardmäßig bezieht die automatische Update-Funktion nur Sicherheitsaktualisierungen und kritische Updates zur Fehlerbehebung ein. Um auch empfohlene Updates für Microsoft-Anwendungen bzw. Programmerweiterungen in die Update-Suche einzubeziehen, sollten Sie das Kontrollkästchen *Empfohlene Updates auf die gleiche Weise wie wichtige Updates bereitstellen* markieren. Weiterhin finden Sie in der Gruppe *Microsoft-Update* ein Kontrollkästchen, über das Sie auch Updates für andere Microsoft-Produkte zulassen oder ablehnen können.

31.3 Die Systemwiederherstellung verwenden

Windows 8 verfügt über die Funktion der Systemwiederherstellung, mit der das Betriebssystem wichtige Dateien gezielt als Wiederherstellungspunkte speichern kann. Solche Wiederherstellungspunkte werden automatisch vom Computer als Prüf- oder Installationswiederherstellungspunkte bei der Installation von Treibern bzw. Programmen angelegt. Zusätzlich lassen sich gezielt Wiederherstellungspunkte anlegen. Bei Bedarf haben Sie dann die Möglichkeit, Windows 8 über die Wiederherstellung auf einen solchen Wiederherstellungspunkt zurückzusetzen. Dies ist hilfreich, wenn nach der Installation eines Treibers, einer Software oder nach einer Systemänderung Fehlfunktionen im System auftreten. Nachfolgend wird kurz erläutert, wie Sie Wiederherstellungspunkte anlegen und zum Zurücksetzen des Systems nutzen.

31.3.1 Die Systemwiederherstellung aufrufen und konfigurieren

Der Aufruf der Wiederherstellung erfordert, dass Sie über eine Administratorberechtigung verfügen. Der Aufruf kann über mehrere Wege erfolgen.

- Öffnen Sie die Systemsteuerung und geben Sie im Suchfeld »Wieder« ein. Anschließend wählen Sie den angezeigten Befehl *Wiederherstellung*. Daraufhin erscheint eine Liste der verfügbaren Befehle zum Zugriff auf Funktionen der Wiederherstellung. Wählen Sie den Befehl *Systemwiederherstellung konfigurieren*. Anschließend wird das Eigenschaftenfenster *Systemeigenschaften* mit der Registerkarte *Computerschutz* (Bild 31.17, Vordergrund, unten links) geöffnet.
- Die Alternative besteht darin, die Tastenkombination [⊞]+[Pause] zu drücken oder das optional einblendbare Desktopsymbol *Computer* mit der rechten Maustaste anzuwählen und im Kontextmenü den Befehl *Eigenschaften* anzu-

wählen. Im Fenster *System* wählen Sie in der Aufgabenleiste den Befehl *Erweiterte Systemeinstellungen* und wechseln im Eigenschaftenfenster *Systemeigenschaften* zur Registerkarte *Computerschutz* (Bild 31.17, Vordergrund, unten links).

In allen Fällen ist beim Aufruf der Wiederherstellung die Sicherheitsabfrage der Benutzerkontensteuerung zu bestätigen. Auf der Registerkarte *Computerschutz* finden Sie Schaltflächen, um einen Wiederherstellungspunkt anzulegen (*Erstellen*) oder den Assistenten zur Wiederherstellung aufzurufen (*Systemwiederherstellung*).

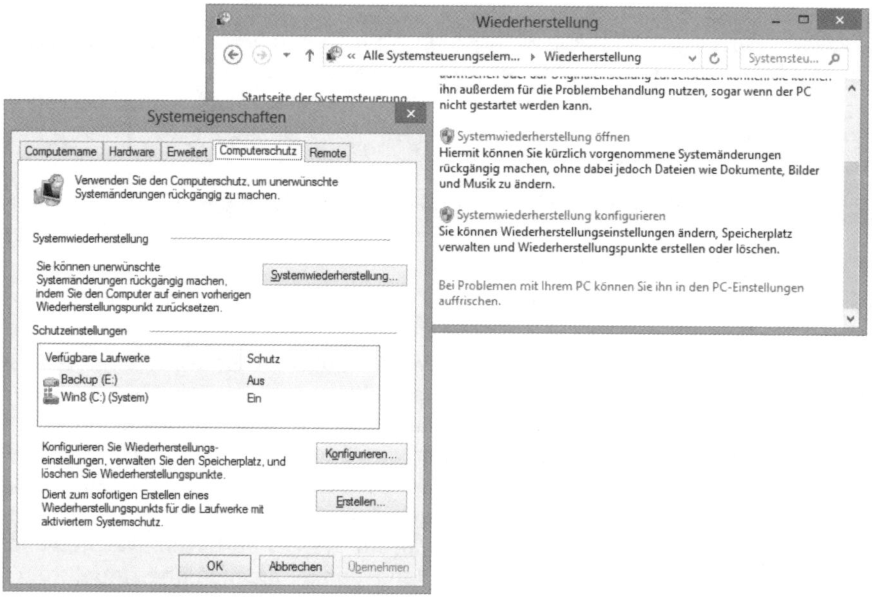

Bild 31.17: Fenster *System* und Registerkarte *Computerschutz*

Weiterhin werden Ihnen auf der Registerkarte die im System verfügbaren Laufwerke aufgelistet. In der Spalte »Schutz« wird angezeigt, ob diese durch die Systemwiederherstellung überwacht werden oder nicht. Über die Konfigurierung lässt sich der Schutz eines Laufwerks ein- oder ausschalten.

1. Um die Konfigurierung für ein Laufwerk anzupassen, markieren Sie dieses auf der Registerkarte *Computerschutz* und wählen die Schaltfläche *Konfigurieren*.
2. Anschließend passen Sie im Dialogfeld *Systemschutz* (Bild 31.18) die Einstelloptionen an und schließen die Änderung über die *OK*-Schaltfläche ab.

Durch Auswahl des jeweiligen Optionsfelds kann die Wiederherstellung für das gewählte Laufwerk ein- oder ausgeschaltet werden. Über den Schieberegler lässt sich die maximale Speicherbelegung auf dem Systemlaufwerk für Wiederherstellungspunkte vorgeben. Die Schaltfläche *Löschen* ermöglicht Ihnen, Wiederherstellungspunkte zu entfernen.

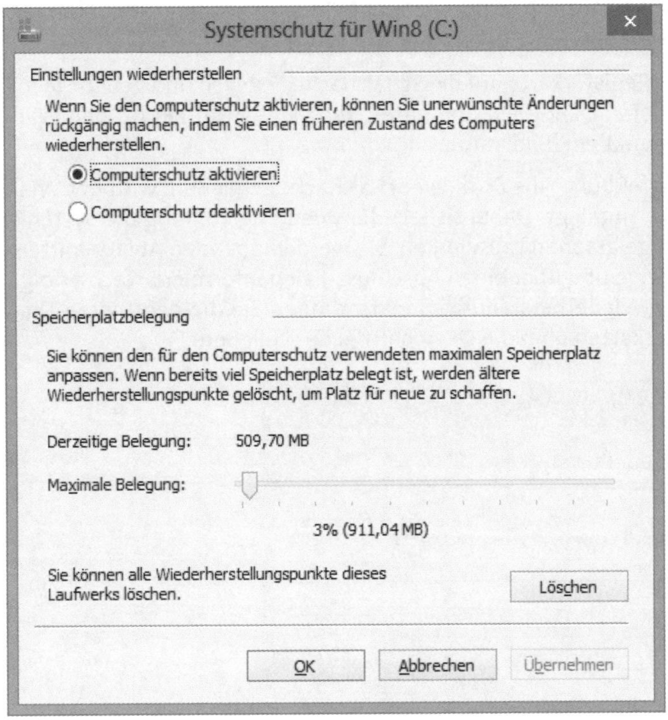

Bild 31.18: Einstellungen der Wiederherstellung anpassen

HINWEIS

Die Wiederherstellung bezieht nur Windows-Einstellungen und Systemdateien sowie installierte Programmdateien in die Sicherung ein. Dies ermöglicht Ihnen, das System bei Problemen auf einen früheren Zustand zurückzusetzen, ohne dass zuletzt empfangene E-Mails oder erstellte Dokumente verloren gehen. Die Wiederherstellungspunkte werden in einem geschützten Bereich des jeweiligen (NTFS-)Laufwerks abgelegt. Ist nicht genügend freie Kapazität vorhanden, werden die ältesten Wiederherstellungspunkte gelöscht. Laufwerke, die unter 300 MByte freie Laufwerkskapazität oder weniger als 1 Gbyte Gesamtkapazität aufweisen, bezieht Windows 8 nicht in die Wiederherstellung ein.

TIPP

Haben Sie auf dem System eigene Partitionen mit logischen Laufwerken zur Speicherung größerer Dokumente (z.B. Videos, Fotosammlungen etc.) angelegt? Da die Wiederherstellung keine von Benutzern angelegten Dokumentdateien einbezieht, können Sie Laufwerke, die zur Sicherung Ihrer benutzerspezifischen Dokumente herangezogen werden, von der Sicherung ausnehmen.

31.3.2 So können Sie einen Wiederherstellungspunkt anlegen

Möchten Sie den aktuellen Systemzustand in einem Wiederherstellungspunkt sichern? Manuelle Wiederherstellungspunkte lassen sich auf der Registerkarte *Computerschutz* mit folgenden Schritten anlegen.

1. Rufen Sie die Registerkarte *Computerschutz* (Bild 31.17, Vordergrund) über die im vorhergehenden Abschnitt beschriebenen Wege auf.
2. Klicken Sie in der Registerkarte auf die Schaltfläche *Erstellen* und geben Sie im dann eingeblendeten Dialogfeld *Computerschutz* einen Namen für den Wiederherstellungspunkt ein (Bild 31.19).

Sobald Sie das Dialogfeld über die *Erstellen*-Schaltfläche schließen, wird der Wiederherstellungspunkt angelegt. Dabei sichert die Wiederherstellung die Systemzustände auf allen zugelassenen Laufwerken. Sie werden über den Ablauf mittels einer Fortschrittsanzeige und über einen Abschlussdialog informiert. Nach erfolgreichem Anlegen des Wiederherstellungspunkts können Sie die geöffneten Dialogfelder und Registerkarten über die *OK*-Schaltfläche schließen.

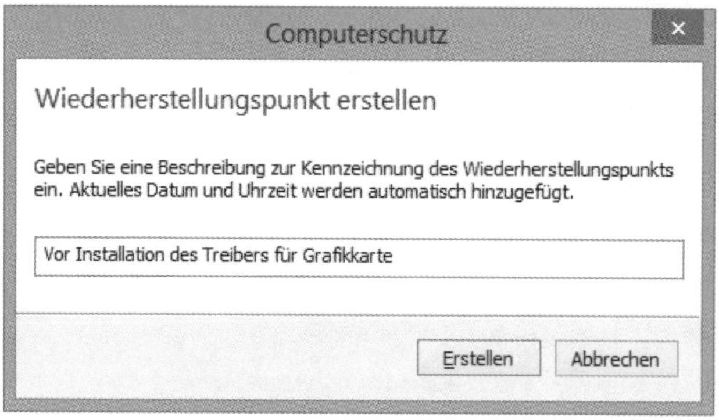

Bild 31.19: Wiederherstellungspunkt benennen

TIPP

Sie sollten vor der Installation einer neuer Software oder vor Änderungen am System bzw. vor dem Anpassen der Windows-Registrierung manuell einen Wiederherstellungspunkt anlegen. Halten Sie das System frei von Schädlingen (Viren, Trojaner etc.). Andernfalls werden diese Schädlinge ggf. mit im Wiederherstellungspunkt gesichert und Sie schleppen die Schädlinge beim Wiederherstellen des Systems erneut ein! Beim Windows Defender ist die Überprüfung von Wiederherstellungspunkten durch die Scan-Engine standardmäßig eingeschaltet.

31.3.3 System auf einen Wiederherstellungspunkt zurücksetzen

Möchten Sie das System auf einen Wiederherstellungspunkt zurücksetzen? Dies ist beispielsweise dann sinnvoll, wenn nach der Installation neuer Hard- und Software oder nach Anpassungen am System Probleme auftreten. Zum Wiederherstellen eines definierten Zustands mittels der Wiederherstellung gehen Sie folgendermaßen vor.

1. Rufen Sie die Wiederherstellung entsprechend den Ausführungen auf den vorhergehenden Seiten über die Systemsteuerung auf und wählen Sie den Befehl *Systemwiederherstellung öffnen* (Bild 31.17, Hintergrund, oben links).

2. Wählen Sie im Dialogfeld aus Bild 31.20, unten links, den gewünschten Wiederherstellungspunkt aus. Liegt dieser länger in der Vergangenheit, markieren Sie das Optionsfeld *Anderen Wiederherstellungspunkt auswählen*.
3. Klicken Sie auf die *Weiter*-Schaltfläche, und wählen Sie den gewünschten Sicherungspunkt im Dialogfeld (Bild 31.20, oben rechts). Bei Bedarf lässt sich über eine Schaltfläche nach betroffenen Programmen suchen.

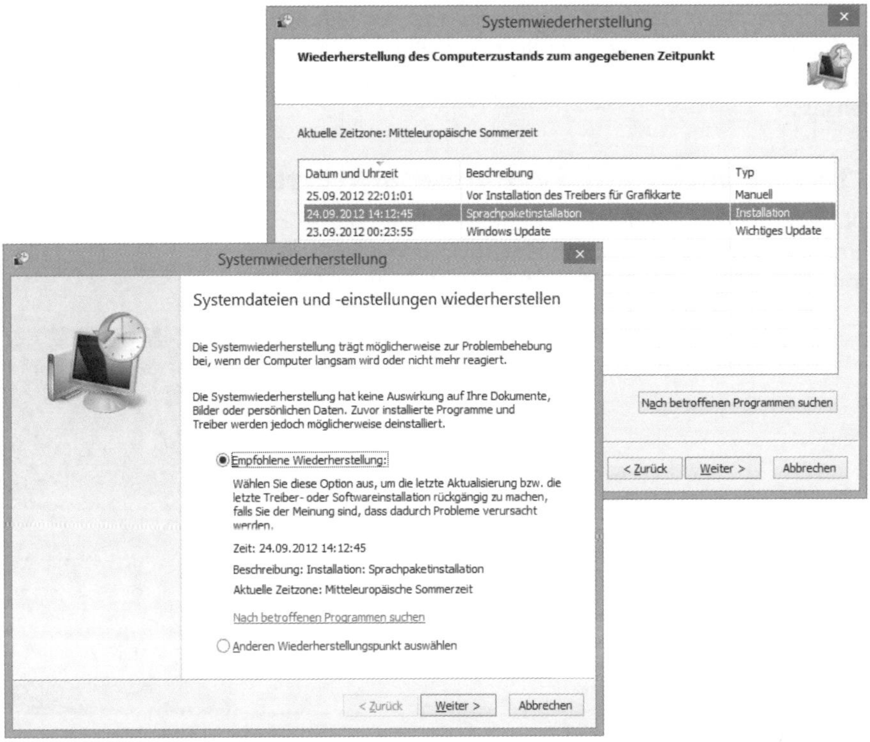

Bild 31.20: Auswählen und bestätigen des Wiederherstellungspunkts

Bestätigen Sie über die Schaltfläche *Fertig stellen*. Die Warnung, dass die Wiederherstellung erst nach Abschluss des Vorgangs beendet werden kann, bestätigen Sie über die *Ja*-Schaltfläche.

Nun erscheint eine Fortschrittsanzeige, die den Ablauf bei der Vorbereitung der Wiederherstellung zeigt. Windows stellt dabei die Informationen zur Wiederherstellung zusammen, fährt das System herunter und setzt beim Neustart das Betriebssystem auf den Zustand des gewählten Wiederherstellungspunkts zurück. Sie werden beim Start über eine Statusanzeige über den Vorgang informiert. Ein Statusdialog informiert Sie, wenn das System erfolgreich zurückgesetzt wurde.

> **HINWEIS** Sie können die Wiederherstellung auch aus dem Computerreparaturmodus des Installations-/Reparaturdatenträgers (siehe folgende Abschnitte) aufrufen.

31.4 Reparaturansätze in Windows

In Windows 8 sind neben der Systemwiederherstellung verschiedene Funktionen enthalten, mit denen sich die Starteinstellungen anpassen und ein nicht mehr funktionierendes System auffrischen oder auf den Installationszustand zurücksetzen lässt.

31.4.1 Zugriff auf Systemreparaturfunktionen

Gibt es Probleme mit den Funktionen von Windows 8, haben Sie die Möglichkeit, Funktionen zur Systemreparatur (Auffrischen oder Zurücksetzen auf den Installationszustand) aufzurufen. Gehen Sie mit folgenden Schritten vor.

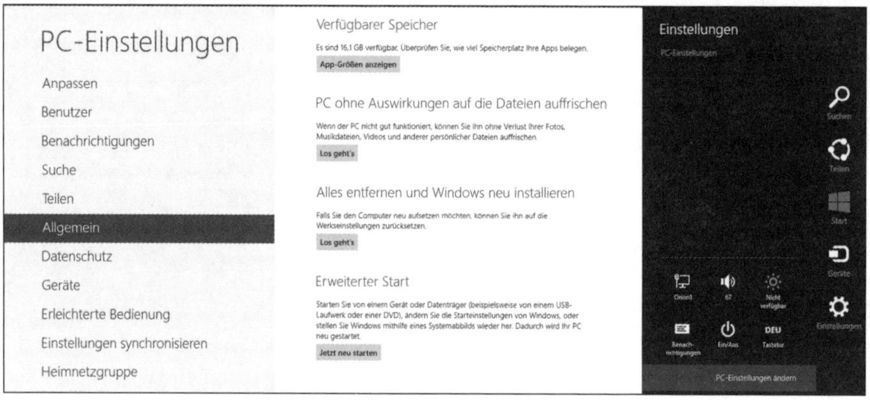

Bild 31.21: Zugriff auf die Systemreparaturfunktionen

1. Blenden Sie die Charms-Leiste (z.B. über ⊞+C) am rechten Desktoprand ein (Bild 31.21, rechts) und wählen Sie *Einstellungen*.
2. Wählen Sie in der Seitenleiste *Einstellungen* den Hyperlink *PC-Einstellungen ändern*.
3. Markieren Sie auf der Seite *PC-Einstellungen* (Bild 31.21, links) in der linken Spalte die Kategorie *Allgemein* und blättern Sie in der rechten Spalte nach unten.
4. Anschließend wählen Sie eine der Schaltflächen *Los geht's* im Abschnitt *PC ohne Auswirkung auf die Dateien auffrischen* oder *Alles entfernen und Windows neu installieren*.

In einem eingeblendeten Formular erhalten Sie Informationen über die betreffende Funktion. Bestätigen Sie den Vorgang über die *Weiter*-Schaltfläche. Windows 8 führt Sie durch die weiteren Schritte zum Zurücksetzen oder Auffrischen.

Der eigentliche Vorgang erfolgt in einer als Windows Recovery Environment (Windows RE) bezeichneten Umgebung (Bild 31.22).

- Sobald in Windows PE die Option zum Zurücksetzen gewählt wurde, erscheint die Seite aus Bild 31.22, links. Wählen Sie das Symbol *Problembehandlung*.
- Anschließend können Sie auf der Folgeseite (Bild 31.22, rechts) die Befehle *PC auffrischen* und *Originaleinstellung wiederherstellen* auswählen.

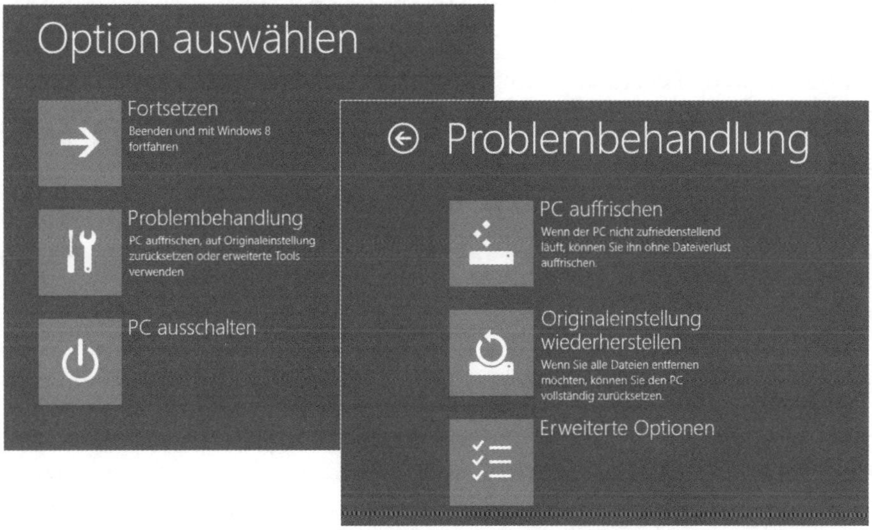

Bild 31.22: Seiten der Windows RE-Umgebung zur Problembehandlung

In weiteren Schritten werden Sie ggf. aufgefordert, den Installationsdatenträger einzulegen, da dieser zum Kopieren der Dateien benötigt wird.

Details zum Zurücksetzen des PC auf Originaleinstellungen

Die Funktion *Alles entfernen und Windows neu installieren* (Originaleinstellung wiederherstellen) ermöglicht Ihnen, das System in den Ausgangszustand zurückzusetzen und alle Daten vom Rechner zu entfernen. Windows PE formatiert die Windows-Partition, sodass persönliche Daten entfernt werden. Um beim Zurücksetzen auch sensible Daten wirklich zu löschen, lässt sich auf einer weiteren Seite über eine Option vorgeben, ob persönliche Dateien auf der Festplatte gründlich oder schnell zu löschen sind. Bei der gründlichen Löschung überschreibt Windows PE die Daten durch Zufallsmuster, bevor die Partition formatiert wird. Dies ist z.B. hilfreich, wenn der PC mit Windows 8 an Dritte weitergegeben werden soll.

Auffrischen des PC zur Problembehebung

Treten nur Probleme mit Windows 8 auf, lässt sich das Betriebssystem über die Funktion *PC ohne Auswirkung auf die Dateien auffrischen* auf einen definierten Zustand zurücksetzen, ohne die Benutzerdaten zu verlieren. Dieses Auffrischen geht weit über die oben beschriebene Systemwiederherstellung hinaus und entspricht der Neuinstallation von Windows – wobei aber die Daten, Einstellungen und installierte Apps erhalten bleiben.

Der Vorgang erfolgt ebenfalls unter Windows RE, wobei die Abläufe der auf den vorhergehenden Seiten beim Zurücksetzen skizzierten Vorgehensweise entsprechen. Der Benutzer wählt die Funktion *PC ohne Auswirkung auf die Dateien auffrischen* und wird dann durch die Auswahlseiten geführt, auf denen er gegebenenfalls (bei Multiboot-Systemen) das zu aktualisierende Betriebssystem auswählen muss.

Sobald das Aktualisieren angestoßen ist, scannt die Windows-Reparaturumgebung (Windows RE) die Festplatte auf Daten, Einstellungen und Apps. Diese Elemente werden dann auf dem betreffenden Laufwerk gesichert. Microsoft hat in einem Entwicklerblog noch einige zusätzliche Informationen, welche Daten und Einstellungen bei diesem Vorgang gesichert und später restauriert werden, gegeben.

- Einstellungen für WLAN-Verbindungen und Mobilfunkverbindungen
- BitLocker und BitLocker-To-Go-Einstellungen
- Zuordnungen für Laufwerkbuchstaben sowie persönliche Einstellungen des Benutzers (Hintergrund der Anmeldeseite, Desktop-Hintergrund)

Die Zuordnung von Dateitypen, die Display-Einstellungen sowie die Windows-Firewall-Einstellungen werden dagegen beim Aktualisieren des Betriebssystems verworfen, weil es bei Fehlkonfigurierungen zu Problemen kommen kann. Dann installiert Windows RE eine neue Kopie von Windows 8 und restauriert anschließend die Daten, Einstellungen und Apps.

Nach dem erfolgreichen Durchführen dieser Schritte startet der Rechner mit der neu installierten Windows 8-Kopie. Anschließend kann sich der Benutzer wie gewohnt am Benutzerkonto anmelden und weiterarbeiten.

HINWEIS

Beim Aktualisieren werden nur Apps gesichert, Windows-Anwendungen müssen Sie dagegen nach dem Aktualisieren manuell nachinstallieren. Hierzu führt Microsoft zwei Gründe an (siehe `http://www.borncity.com/blog/2012/01/05/windows-8-refresh-und-reset-funktionen/` [w8-k31-002]). Einmal kann eine solche Anwendung der Grund für die Fehlfunktion sein. Die Identifizierung des Schuldigen kann aber ein Problem sein. Zweitens möchte man verhindern, dass »problematische« Anwendungen automatisch erneut installiert werden und so Windows 8 wiederum beschädigen. Zudem verhindern auch unterschiedliche Installer-Technologien, dass der Vorgang der automatischen Installation fehlerfrei und sauber ausgeführt werden kann. Weiterhin werden für viele Anwendungen Lizenzschlüssel zur Installation benötigt. Hinzu kommt, dass Anwender und Administratoren die Installationen durch spezifische Einstellungen anpassen. Apps lassen sich dagegen sauber deinstallieren und dann erneut installieren.

31.4.2 Verwenden des »Erweiterten Starts«

In Windows 8 ist das Windows Repair Environment (Windows RE) bereits eingebaut. Solange Windows also noch bootet, lassen sich dessen Funktionen zur Problemdiagnose und -behebung aufrufen. Hierzu ist der erweiterte Start aufzurufen.

HINWEIS

Die in früheren Windows-Versionen verwendbare Taste F8 funktioniert wegen des in Windows 8 eingeführten »Fast Boot«-Modus aber nur noch schlecht (laut Microsoft gibt es im Standardfall gerade einmal ein 200 Millisekunden dauerndes Zeitfenster, in dem die Taste erkannt werden kann). Nur wenn der Rechner in ein Bootmenü zur Auswahl mehrerer Betriebssysteme startet, lässt sich die Funktionstaste F8 recht problemlos zum Aufrufen der erweiterten Startoptionen verwenden. Aus diesem Grunde hat Microsoft standardmäßig die nachfolgend beschriebene Aufrufmöglichkeit vorgesehen.

1. Gehen Sie, wie im Abschnitt »31.4.1 Zugriff auf Systemreparaturfunktionen«, beschrieben vor, um die Seite *PC-Einstellungen* aufzurufen.
2. Wählen Sie in der Seite *PC-Einstellungen* die Kategorie *Allgemein* und verwenden Sie im Abschnitt »Erweiterter Start« die Schaltfläche *Jetzt neu starten* (Bild 31.21).
3. Warten Sie, bis Windows 8 neu gestartet wurde. Sind mehrere Betriebssysteme installiert, wählen Sie im Bootmenü den Eintrag der gewünschten Windows 8-Installation an.
4. Wählen Sie im Menü *Option auswählen* (Bild 31.22, links) den Punkt *Problembehandlung*.
5. In der Folgeseite wählen Sie die Option *Erweiterte Optionen* (Bild 31.22, rechts).

Sie gelangen zur Seite *Erweiterte Optionen* (Bild 31.23), in der Sie folgende Funktionen auswählen können.

- *Automatische Reparatur:* Diese Option startet einen Assistenten, der versucht, einen beschädigten Booteintrag auf dem Systemlaufwerk zu reparieren. Der Assistent kann gegebenenfalls auch beschädigte Startdateien wiederherstellen und neu gefundene Betriebssysteminstallationen zum Bootmenü hinzufügen. Notfalls ist dieser Vorgang bis zu drei Mal mit jeweils anschließendem Neustart durchzuführen.
- *System wiederherstellen:* Ermöglicht den Aufruf der Systemwiederherstellung (siehe Abschnitt »31.3.3 System auf einen Wiederherstellungspunkt zurücksetzen«), um Windows auf einen früheren Systemzustand zurückzusetzen.
- *Systemimage-Wiederherstellung:* Die Option ermöglicht das Zurückspielen einer unter Windows 8 angefertigten Sicherungskopie des kompletten Systems. Ein Systembackup lässt sich in der Systemsteuerung über die Kategorie *Dateiversionsverlauf*, nach Anwahl des in der linken unteren Fensterecke angezeigten Befehls *Windows 7-Dateiwiederherstellung*, anfertigen (wird aber wegen seiner Fehlerträchtigkeit in diesem Buch nicht behandelt).

- *Eingabeaufforderung:* Öffnet das Fenster der Eingabeaufforderung, in dem Sie verschiedene Befehle ausführen können. Beenden lässt sich dieses Fenster über die *Schließen*-Schaltfläche. Alternativ können Sie den *exit*-Befehl eintippen und mittels der [↵]-Schaltfläche abschließen.
- *Starteinstellungen:* Über diesen Befehl können Sie die erweiterten Startoptionen für Windows 8 aufrufen und ausführen lassen (siehe folgende Seite).

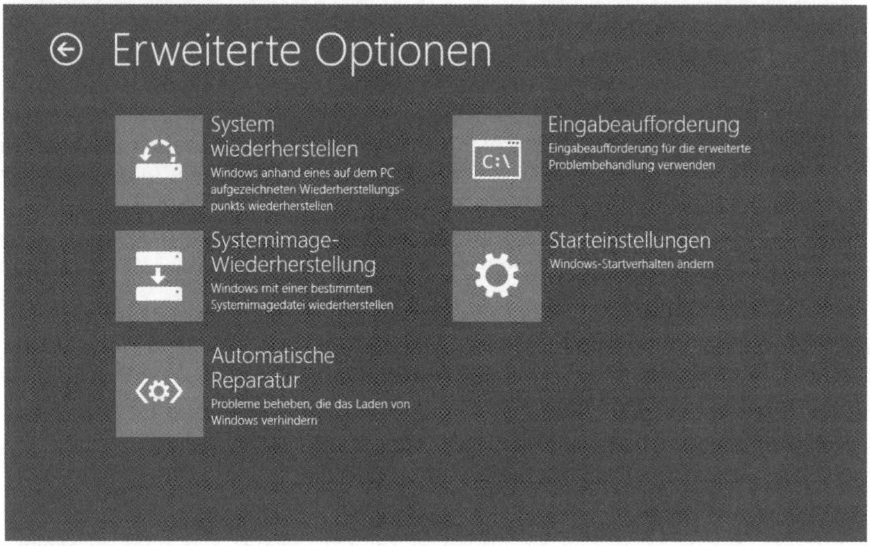

Bild 31.23: Erweiterte Optionen zur Problembehandlung

Das Fenster der Eingabeaufforderung lässt sich bei gebootetem Windows PE jederzeit durch Drücken der Tastenkombination [Strg]+[F10] öffnen.

Abgesicherter Start und weitere Option unter Starteinstellungen

Gibt es Probleme mit Windows 8 und Sie möchten einen abgesicherten Start ausführen, gehen Sie wie folgt vor. Die dafür nötige Option ist weiterhin vorhanden, allerdings etwas versteckt.

- Gehen Sie wie im vorherigen Abschnitt skizziert vor, um die Seite mit den erweiterten Optionen aufzurufen. Wählen Sie dann die Option *Starteinstellungen* (Bild 31.23).
- Diese zeigt als Erstes die Seite aus Bild 31.24 und führt nach Bestätigung der Schaltfläche *Neu starten* einen Neustart aus.

Sie gelangen dann in ein erweitertes Menü *Starteinstellungen* (Bild 31.25), in dem Sie eine Reihe zusätzlicher Startoptionen finden. Durch Drücken einer Funktionstaste wie [F1] lässt sich der erste Eintrag, mit [F2] der zweite Eintrag und so weiter aufrufen. Die Funktionstaste [F10] wechselt zu einer zweiten Seite mit dem Eintrag *Wiederherstellungsumgebung starten* (Bild 31.25, Einblendung unten rechts).

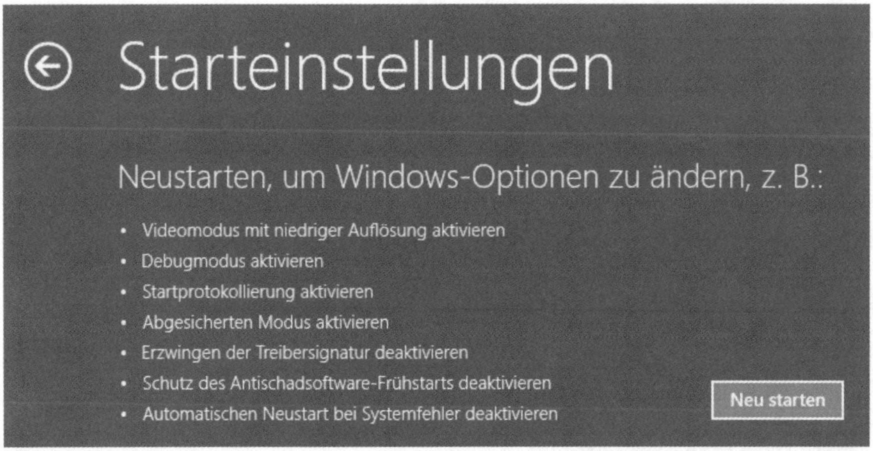

Bild 31.24: Neustart zum Ändern der Windows-Optionen

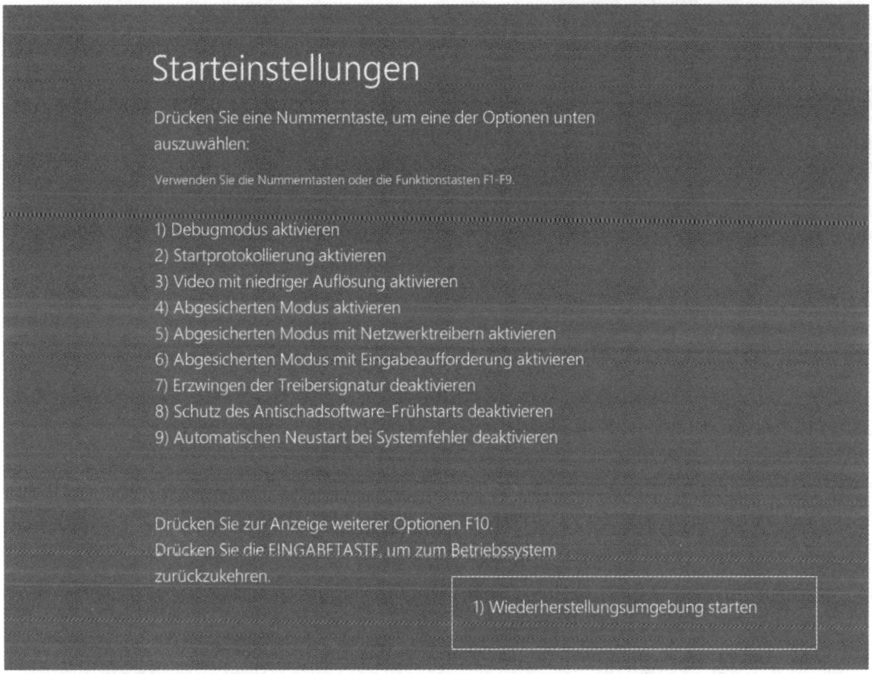

Bild 31.25: Menüseite *Starteinstellungen*

Bei Problemen mit bestimmten Hardwaretreibern oder nicht mehr funktionierenden Einstellungen auf der Ebene des Benutzerkontos oder des Netzwerks können Sie den Befehl *Abgesicherten Modus aktivieren* oder eine der Varianten wählen. Dann startet Windows in einem Modus mit reduzierter Bildschirmauflösung und eingeschränkter Funktionalität. Sie können dann ggf. Installationsschritte von Treibern oder Software sowie Konfigurationsänderungen rückgängig machen oder das System über die Wiederherstellung zurücksetzen. Der abgesicherte Modus wird auf dem Windows-Desktop durch einen schwarzen Hintergrund und entsprechende Schriftzüge in den vier Ecken des Bildschirms angezeigt (Bild 31.26).

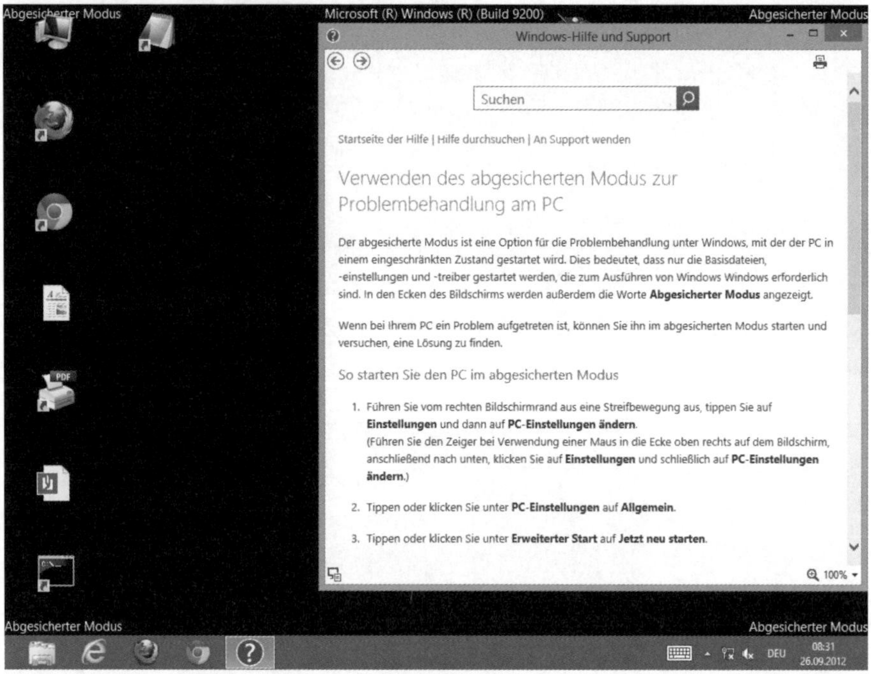

Bild 31.26: Windows-Desktop im abgesicherten Modus

31.4.3 Systemreparatur mit Windows PE

Ein beschädigter Master Boot Record, fehlende Startdateien oder fehlerhafte Einträge in der BCD-Datenbank verhindern u.U. den Start von Windows 8. In diesem Fall können Sie die Windows 8-Installations-DVD zur Reparatur verwenden. Diese beinhaltet ein Windows-PE-System (PE steht für Preinstall Environment – nachfolgend verwende ich auch Windows RE, was für Repair Environment steht) mit diversen Reparaturfunktionen.

1. Booten Sie den Rechner über die Windows 8-Setup-DVD bzw. das Installationsmedium (z.B. USB-Stick mit Installationsdateien).

Drücken Sie gegebenenfalls beim Rechnerstart (solange noch die BIOS-Startmeldungen erscheinen) eine Taste wie beispielsweise [Esc] oder [F12] zum Aufrufen des BIOS-Bootmenüs oder die Funktionstaste [F2] bzw. [Entf] zum Aufrufen des BIOS-Setups. Die zu drückende Taste hängt vom verwendeten BIOS ab und wird in der Regel kurz im Startbildschirm angezeigt. Anschließend sind die Bootoptionen so einzustellen, dass von CD/DVD gebootet wird.

Bild 31.27: Computerreparaturoptionen von Windows 8 aufrufen

2. Drücken Sie, sofern Sie dazu aufgefordert werden, eine Taste, um das Booten vom Datenträger einzuleiten.
3. Sobald das Dialogfeld aus Bild 31.27, unten rechts, erscheint, wählen Sie die Sprache für das Tastaturschema und das Zeitformat aus und dann die *Weiter*-Schaltfläche.
4. Im nächsten Dialogfeld (Bild 31.27, oben links) ist dann der Hyperlink *Computerreparaturoptionen* in der unteren linken Ecke anzuwählen.

Mit diesen Schritten startet Windows 8 die Reparaturkonsole, die dann die unterstützten Reparaturfunktionen bereitstellt. In der Seite *Option auswählen* (Bild 31.22, links) wählen Sie die Option *Problembehandlung*. Dann können Sie über die Optionen der Folgeseite, wie in den vorherigen Abschnitten beschrieben, den PC auffrischen oder zurücksetzen. Verwenden Sie in der Folgeseite die Option *Erweiterte Optionen*, um auf Funktionen wie automatische Reparatur, Systemwiederherstellung oder die Eingabeaufforderung zuzugreifen. Über das Fenster der Eingabeaufforderung erhalten Sie die Möglichkeit, wichtige Dateien vom Systemlaufwerk auf Wechselmedien wie USB-Sticks zu sichern.

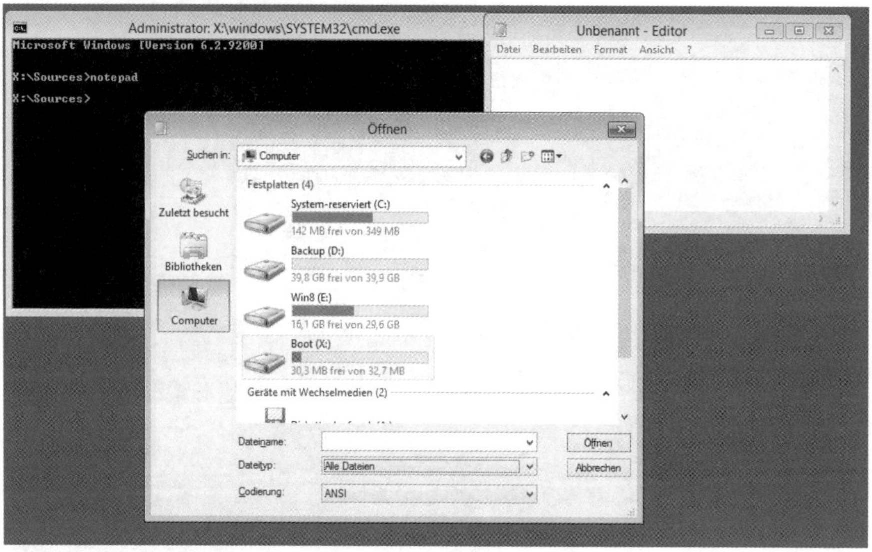

Bild 31.28: Dateifunktionen des Editors verwenden

TIPP

Da das Arbeiten in der Eingabeaufforderung nicht jedermanns Sache ist, können Sie zum Arbeiten mit Dateien zu einem Trick greifen. Tippen Sie in der Eingabeaufforderung *notepad* ein und drücken Sie die Taste [↵]. Anschließend wählen Sie im Menü *Datei* des Windows-Editors den Befehl *Öffnen*. Wenn Sie im Dialogfeld *Öffnen* den Dateityp auf »Alle Dateien« stellen und die Schaltfläche *Computer* anwählen, sollten die zugreifbaren Laufwerke angezeigt werden (Bild 31.28). Über das Kontextmenü lassen sich dann Dateien und Ordner kopieren, umbenennen und löschen. Sie können einen USB-Stick am Rechner anschließen und zu sichernde Dateien auf dieses Medium kopieren. Alternativ können Sie auch portable Dateimanager wie das Tool a43 (`http://www.alterion.us/a43/` [w8-k31-003]) auf einen USB-Stick kopieren und dann aus der Eingabeaufforderung starten.

Sofern Sie keine Setup-DVD von Windows 8 besitzen, können Sie einen sogenannten Computerreparaturdatenträger zum Booten des Rechners und Aufruf der Reparaturumgebung erstellen. Suchen Sie in der Systemsteuerung den Befehl *Dateiversionsverlauf* und wählen Sie in der Aufgabenleiste in der linken unteren Ecke den Befehl *Windows 7-Dateiwiederherstellung*. Sie gelangen zur Seite *Eigene Dateien sichern*, in der Sie in der linken Spalte sowohl einen Befehl zum Erstellen eines Systemabbilds als auch zum Erstellen eines Systemreparaturdatenträgers finden. Assistenten führen Sie dann durch die Schritte, um ein Systemabbild des Windows-Laufwerks auf eine Festplatte zu sichern oder einen Systemreparaturdatenträger auf eine CD zu brennen. Das Systemabbild (Windows-Backup) lässt sich unter Windows RE über die Option *Systemimage-Wiederherstellungen* der Seite *Erweiterte Optionen* (Bild 31.23) zurücklesen.

> Beachten Sie, dass es eine 32- und eine 64-Bit-Version der Setup-DVD von Windows 8 gibt. Die Reparaturoptionen einer 32-Bit-Setup-DVD lassen sich immer nur auf eine 32-Bit-Windows 8-Installation anwenden, während die 64-Bit-Setup-DVD für eine 64-Bit-Windows 8-Installation zu verwenden ist. Dies gilt auch für den ggf. erstellten Computerreparaturdatenträger und ist wichtig, falls Sie in Multiboot-Umgebungen arbeiten, da dann die Auswahl des zu »reparierenden« Betriebssystems angeboten wird. Haben Sie mit einem 64-Bit-Installationsdatenträger gebootet, werden die Reparaturoptionen zum Aktualisieren oder Zurücksetzen bei Auswahl einer 32-Bit-Installation scheitern. Sie bekommen dann nur den Hinweis, dass der Modus nicht unterstützt wird.
>
> ACHTUNG

31.4.4 Einstellungen des Bootmenüs anpassen

Im Multiboot-Betrieb stellt Windows 8 beim Systemstart ein Bootmenü zur Betriebssystemauswahl zur Verfügung. Der Benutzer kann dann per Touchscreen oder per Tastatur und Maus den gewünschten Betriebssystemeintrag wählen und dieses Betriebssystem booten. Sind mehrere Bootmenüeinträge vorhanden, beim Einschalten des Rechners startet aber sofort eine Windows 8-Installation, ohne dass das Bootmenü angezeigt wird? Oder ist die Anzeigedauer des Bootmenüs zu kurz? Das lässt sich mit Windows-Bordmitteln problemlos ändern.

1. Drücken Sie die Tastenkombination [Win]+[R], um das Dialogfeld *Ausführen* einzublenden. Bei Touchbedienung rufen Sie das Dialogfeld über die Seitenleiste *Suchen* mittels des Begriffs »Aus« über die Kategorie *Apps* auf.
2. Geben Sie im Dialogfeld *Ausführen* den Befehl *msconfig* ein und bestätigen Sie diesen über die *OK*-Schaltfläche. Bei Standardbenutzerkonten ist dann die Sicherheitsabfrage der Benutzerkontensteuerung zu bestätigen.
3. Anschließend wechseln Sie im Fenster *Systemkonfiguration* (Bild 31.29) zur Registerkarte *Start* und passen dort den Wert im Feld *Timeout* an.

In Bild 31.29 ist der Wert für *Timeout* auf 30 Sekunden gesetzt, was der Standardvorgabe entspricht. Sobald Sie das Fenster über die *OK*-Schaltfläche schließen und Windows 8 neu starten, sollte das Bootmenü für die angegebene Zeit angezeigt werden.

Über die Schaltfläche *Als Standard* können Sie einen markierten Bootmenüeintrag (bei mehreren Einträgen) als Standard auswählen. Dieser ist automatisch beim Starten voreingestellt und wird ohne Benutzerauswahl verwendet. Existieren mehrere Bootmenüeinträge, von denen einer nicht mehr benötigt wird, markieren Sie diesen auf der Registerkarte *Start* und wählen dann die *Löschen*-Schaltfläche. Wenn Sie das Fenster über die *OK*-Schaltfläche schließen und Windows 8 neu starten, sollten die Änderungen wirksam sein.

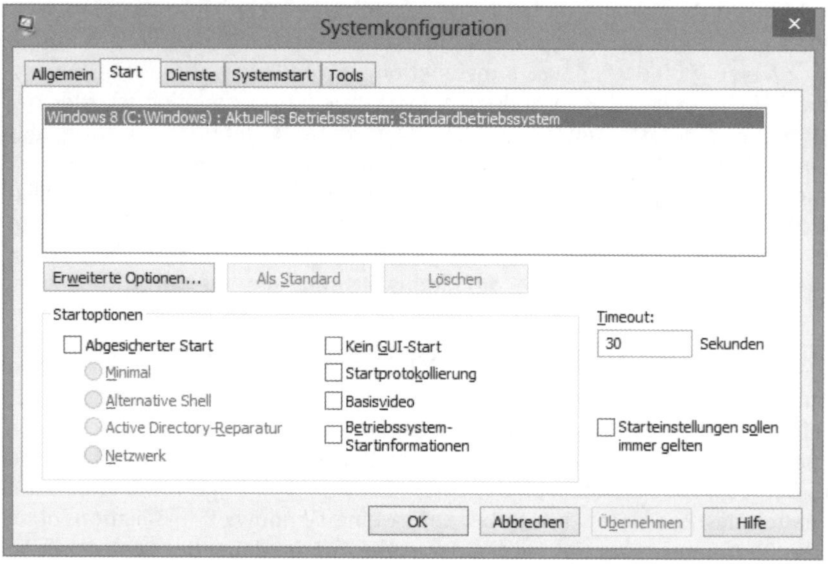

Bild 31.29: Anpassen des Windows 8-Bootmenüs

31.5 Leistungsanalyse unter Windows

Als Administrator sollten Sie die Werkzeuge kennen, die Windows 8 Ihnen zur Leistungsanalyse bereitstellt. Nachfolgend werden die Funktionen zur Systemübersicht und zur Leistungsanalyse kurz erläutert.

31.5.1 Computerdetails anzeigen

Recht informativ ist die Informationsseite *Basisinformationen über den Computer anzeigen* (Bild 15.19). Zum Aufrufen reicht es, den Startmenüeintrag *Computer* mit einem Rechtsklick anzuwählen und den Kontextmenübefehl *Eigenschaften* zu wählen. Auf der Seite werden Ihnen sehr übersichtlich die wichtigsten Informationen über den Computer bereitgestellt.

- In der Rubrik *Windows-Edition* sehen Sie auf einen Blick, welches Windows verwendet wird. Zudem können Sie bei Bedarf über den Hyperlink *Weitere Features mit einer neuen Edition von Windows 8 beziehen* ein Dialogfeld öffnen, um einen Produktschlüssel für eine höhere Windows 8-Version zu beziehen und/oder einzugeben und das System umzustellen (siehe *Kapitel 1* und *Kapitel 21*).
- Unter *System* werden Ihnen der Prozessortyp, der Arbeitsspeicherausbau, die Betriebssystemvariante (32 oder 64 Bit) sowie der Windows-Leistungsindex angezeigt. Der im Leistungsindex angegebene Wert liefert Ihnen nützliche Hinweise, falls Windows 8 nicht optimal auf dem Computer läuft. Je kleiner der Leistungsindex, umso schwächer ist der Rechner oder eine seiner Komponenten. Verwenden Sie den Hyperlink *Windows-Leistungsindex*, um Details zur Bewertung einzelner Komponenten zu erfahren. Dort können Sie auch eine Bewertung neu ausführen lassen.

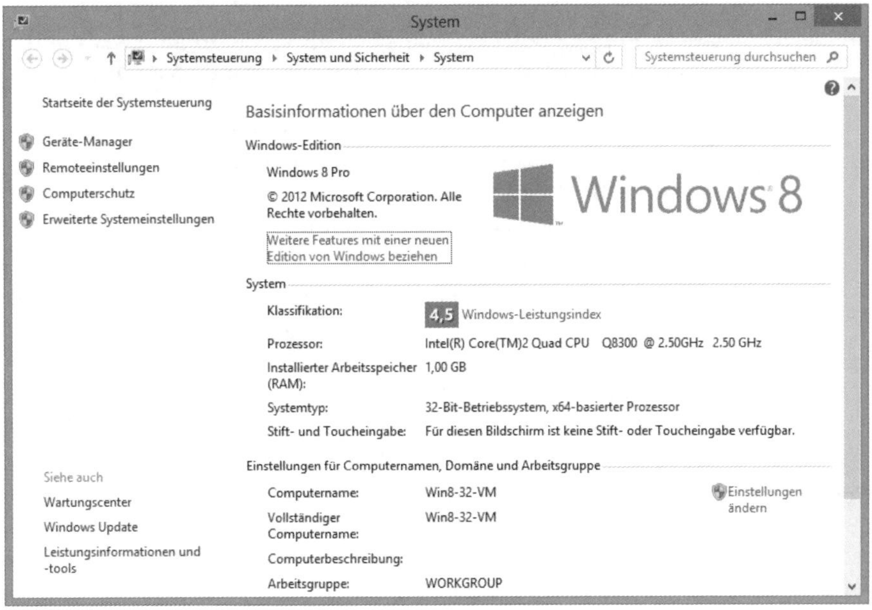

Bild 31.30: Basisinformationen über den Computer anzeigen

- Die Rubik *Einstellungen für Computernamen, Domäne und Arbeitsgruppe* fasst die für den Netzwerkbetrieb relevanten Daten zusammen. Über den Hyperlink *Einstellungen ändern* können Administratoren nach Bestätigung der Sicherheitsabfrage der Benutzerkontensteuerung das Eigenschaftenfenster *Systemeigenschaften* aufrufen. Auf der Registerkarte *Computername* lassen sich der Netzwerkname des Rechners anpassen sowie die Arbeitsgruppe zuordnen (siehe *Kapitel 25*).

In der untersten Rubrik *Windows-Aktivierung* erfahren Sie, ob eine gültige Windows-Version auf dem Rechner installiert und aktiviert ist. Zudem können Details zur Produktaktivierung abfragen. Eine fehlende Aktivierung lässt sich auch über die Seite »PC-Einstellungen« nachholen.

31.5.2 System- und Leistungsanalyse mit dem Task-Manager

Der Task-Manager ermöglicht Ihnen, in gewissem Umfang die Leistung des Systems zu analysieren. Aufrufen lässt sich der Task-Manager mittels der Tastenkombination [Strg]+[Alt]+[Entf], wobei Sie dann auf der gezeigten Seite den Befehl *Task-Manager* wählen müssen. Alternativ lässt sich die Tastenkombination [Strg]+[⇧]+[Esc] zum direkten Aufruf verwenden. Oder Sie setzen den Kontextmenübefehl *Task-Manager starten* der Windows-Taskleiste zum Aufruf an. Anschließend wechseln Sie über die in der linken unteren Ecke des Task-Managers sichtbare Schaltfläche *Mehr Details* zur erweiterten Darstellung. Über die Registerkarten des Task-Managers können Sie sich gezielt über laufende Prozesse und Dienste informieren, nachsehen, welche Benutzer angemeldet sind, und auch Leistungsinformationen zum System bzw. zum Netzwerk anzeigen.

TIPP

Im Menü *Optionen* des Fensters finden Sie den Befehl *Immer im Vordergrund*, um die zwangsweise Anzeige des Task-Managers im Vordergrund jeweils ein- oder auszuschalten – ein Häkchen signalisiert den eingeschalteten Modus.

- Auf der Registerkarte *Prozesse* (Bild 31.31, links) sehen Sie, welche Prozesse im Arbeitsspeicher gehalten werden und welche Ressourcen (z.B. CPU-Auslastung) diese belegen. Die Spalte *Status* zeigt nur Werte für Apps, wenn Sie im Menü *Ansicht* die Befehle *Statuswerte/Anhaltestatus anzeigen* markieren.
- Lässt sich eine Anwendung mehrfach starten, werden deren Prozesse in der Regel in entsprechender Anzahl in der Prozessliste auftauchen. Erfahrene und unter einem Administratorkonto angemeldete Benutzer können einen Prozess per Mausklick markieren und dann über die Schaltfläche *Prozess beenden* aus dem Speicher entfernen. Hilfreich ist dies, wenn Prozesse von Anwendungen hängen. Beachten Sie aber, dass durch das Beenden »falscher« Prozesse die Systemstabilität bzw. -funktionalität beeinflusst werden kann.

Wenn Sie den Windows-Explorer (Eintrag *explorer.exe*) beenden, verschwindet z.B. der komplette Windows-Desktop samt Startmenü und Taskleiste. Bei Anwahl des Explorers wird aber die Schaltfläche *Neu starten* zum Zurücksetzen der Windows-Shell angeboten. Zudem können Sie Programme über den Befehl *Neuen Task ausführen* im Menü *Datei* aufrufen.

Möchten Sie die Anzeige der Prozessliste nach verschiedenen Kriterien sortieren, klicken Sie einfach auf den betreffenden Spaltenkopf. Über die Spalte *CPU* werden die Prozesse z.B. geordnet nach der CPU-Nutzung aufgelistet.

TIPP

Wechseln Sie zur Registerkarte *Details* und öffnen Sie das Kontextmenü eines Eintrags, stehen Ihnen verschiedene Befehle zur Verfügung. Dort finden Sie den Befehl *Dateipfad öffnen*, um direkt zum Programmordner der betreffenden Datei zu wechseln. Über den Kontextmenübefehl *Priorität festlegen* öffnet sich ein Untermenü. Wählen Sie dann den gewünschten Befehl aus, um die Prozesspriorität zu erhöhen oder herabzusetzen. Prozesse mit niedrigerer Priorität erhalten nur dann Rechenzeit, wenn Prozesse übergeordneter Prioritätsebenen ruhen. Auf der Prioritätsebene *Echtzeit* werden anstehende Aufgaben sofort ausgeführt. Die meisten Befehle sind aber nur für erfahrene Anwender und Administratoren sinnvoll.

- Manche Anwendungen (z.B. Microsoft SQL Server, Adobe Photoshop Elements, Faxdienste etc.) starten auch automatisch Prozesse (Autostartprogramme), die es der Anwendung ermöglichen, schneller auf bestimmte Ereignisse zu reagieren. Benötigen Sie diese Anwendungen nicht? Auf der Registerkarte *Autostart* werden alle beim Windows-Start automatisch aufgerufenen Programme aufgelistet. Sie können dort Einträge markieren und über die Schaltfläche *Deaktivieren* aus dem Autostart herausnehmen. Dies verbessert die Leistung von Windows.
- Die Registerkarte *App-Verlauf* listet die ausgeführten Apps samt deren Ressourcenverbrauch in einer Liste auf.

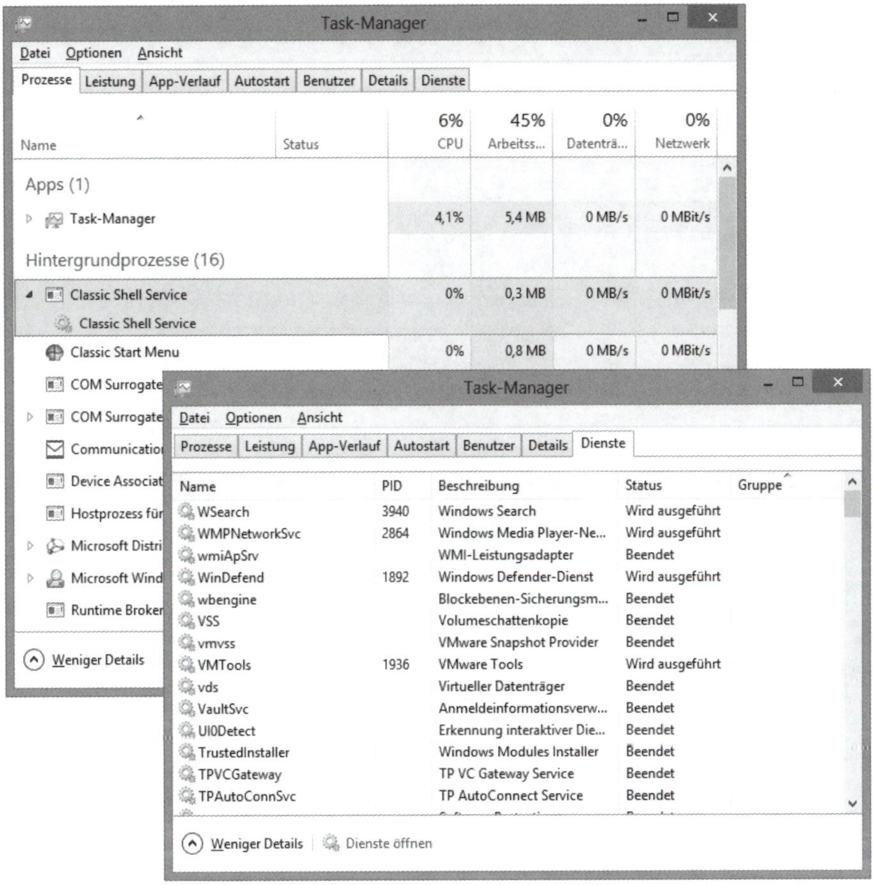

Bild 31.31: Prozesse und Dienste im Task-Manager

- Die Registerkarte *Dienste* (Bild 31.31, rechts) zeigt Ihnen eine Auflistung aller unter Windows laufenden Dienste. Dienste sind Programme, die vom System im Hintergrund ausgeführt werden und über kein Programmfenster verfügen. Über das Kontextmenü eines Eintrags lassen sich Dienste anhalten, beenden und auch wieder starten. Zudem können Administratoren über den Hyperlink *Dienste öffnen* zur Verwaltungsfunktion *Dienste* der Microsoft Management Console (MMC) wechseln.
- Die Registerkarte *Benutzer* listet alle momentan am System angemeldeten Benutzer auf. Sie können über das Kontextmenü eines Benutzereintrags den Benutzer zwangsweise abmelden (Befehl *Trennen*) oder diesem eine Nachricht zukommen lassen. Beachten Sie aber, dass beim Trennen eines Benutzers laufende Anwendungen beendet werden. Dann gehen u.U. ungesicherte Änderungen von in Anwendungen geladenen Dokumenten verloren. Über den Befehl *Verbinden* können sich Administratoren direkt am betreffenden Benutzerkonto anmelden und ggf. laufende Anwendungen beenden.

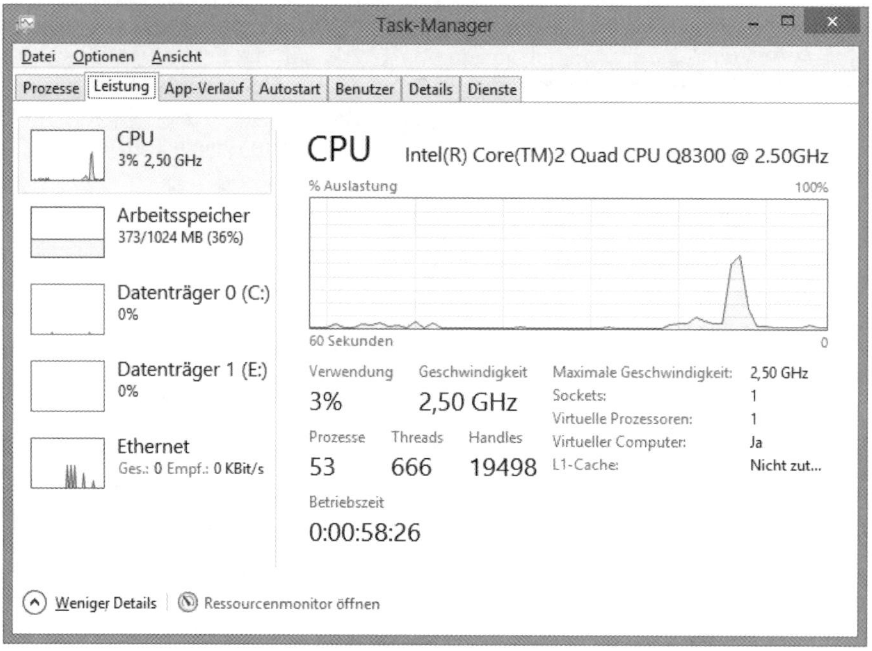

Bild 31.32: Anzeige der Leistung im Task-Manager

- Die Registerkarte *Leistung* bietet Ihnen die Möglichkeit, die CPU-, Datenträger-, Netzwerk- und Speichernutzung im zeitlichen Verlauf und als Augenblickswerte abzurufen (Bild 31.32). Wählen Sie die Minigrafik in der linken Spalte an, um diese in Großansicht im rechten Teil des Fensters abzurufen. Über den Hyperlink *Ressourcenmonitor öffnen* können Administratoren zudem das entsprechende Analysewerkzeug aufrufen (siehe folgende Abschnitte).

Ist der Task-Manager aktiv, blendet dieser eine grafische Anzeige der CPU-Auslastung im Infobereich der Taskleiste ein (ggf. den Anzeigemodus *Immer im Vordergrund* wählen). Sie können also die Prozessorauslastung während des Betriebs bequem bei minimiertem Fenster des Task-Managers verfolgen. Zeigen Sie auf das Symbol im Infobereich, blendet Windows eine QuickInfo mit dem genauen Wert der CPU-Auslastung in der Anzeige ein.

31.6 Systemeinstellungen anpassen

Die nachfolgenden Abschnitte bieten Ihnen einen Überblick, wie Sie als Administrator über bestimmte Funktionen die Systemeinstellungen anpassen oder die Leistungseinstellungen des Systems beeinflussen können.

31.6.1 Erweiterte Systemeinstellungen ändern

Windows 8 ermöglicht Administratoren den Zugriff auf die erweiterten Systemeinstellungen, über die sich nicht nur die Optionen des Bootmenüs (siehe vorherige Seiten) einstellen, sondern auch Umgebungsvariablen, die Lage der Auslagerungsdatei, Systemoptimierungen und visuelle Effekte anpassen lassen.

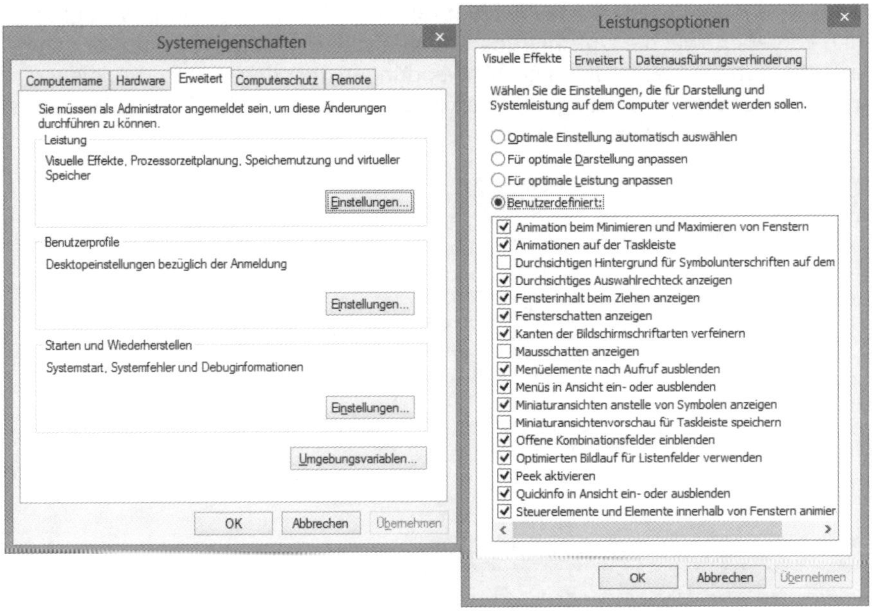

Bild 31.33: Registerkarte *Erweitert* und *Visuelle Effekte* der Systemeigenschaften

1. Zum Zugriff auf diese Einstellungen öffnen Sie die Seite *Basisinformationen über den Computer anzeigen* (z.B. über die Tastenkombination ⊞+Pause).
2. Klicken Sie in der Aufgabenleiste der angezeigten Seite (Bild 15.19) auf den Eintrag *Erweiterte Systemeinstellungen*.

Nachdem Sie die Sicherheitsabfrage der Benutzerkontensteuerung bestätigt haben, passen Sie im Eigenschaftenfenster *Systemeigenschaften* auf der Registerkarte *Erweitert* (Bild 31.33, links) die nachfolgend beschriebenen Funktionen an.

Visuelle Effekte anpassen

Klicken Sie auf der Registerkarte *Erweitert* (Bild 31.33, links) die Schaltfläche *Einstellungen* in der Gruppe *Leistung* an. Im dann eingeblendeten Eigenschaftenfenster *Leistungsoptionen* optimieren Sie auf der Registerkarte *Visuelle Effekte* (Bild 31.33, rechts) die Systemleistung des Computers im Hinblick auf die Darstellung bzw. passen sie an.

Markieren Sie eines der Optionsfelder, um die Optimierung für eine optimale Darstellung oder optimale Leistung vorzunehmen. Das Optionsfeld *Benutzerdefiniert* wird markiert, sobald in der angezeigten Liste Einstelloptionen geändert wurden.

Durch Aktivieren der Kontrollkästchen können Sie verschiedene visuelle Effekte wie Mausschatten, durchsichtige Titel in Desktopsymbolen etc. ein- oder ausschalten.

Leistungsoptionen einstellen

Windows kann die Systemleistung auf das Ausführen von Anwendungen oder auf die bevorzugte Ausführung von Hintergrunddiensten optimieren. Sie können Windows auf der Registerkarte *Erweitert* (Bild 31.34, oben links) der Leistungsoptionen vorgeben, wie die Optimierung erfolgen soll. Markieren Sie eines der Optionsfelder, um die Prozessorzeit den Anwendungen oder den Hintergrunddiensten bevorzugt zuzuteilen. Bei einem Betrieb als Desktoprechner (typisch für Windows 8-Systeme) sollte die Option *Programme* markiert sein.

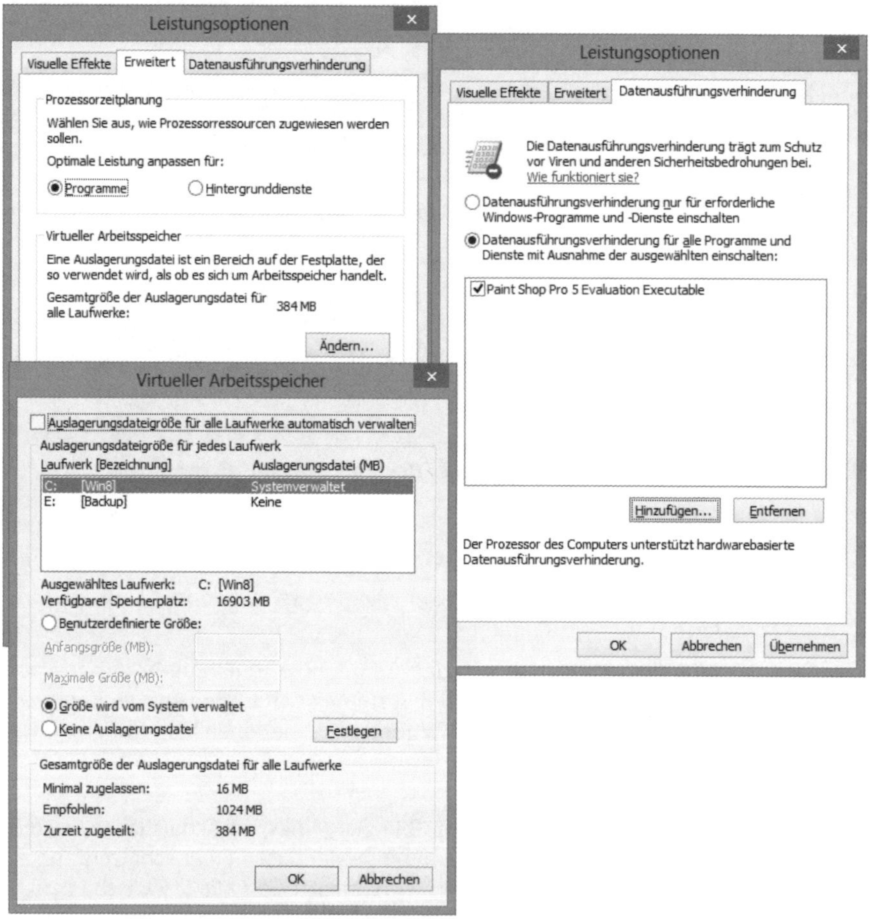

Bild 31.34: Leistungsoptionen, virtueller Arbeitsspeicher und Datenausführungsverhinderung

Optionen für die Auslagerungsdatei setzen

Windows legt automatisch eine Auslagerungsdatei auf dem Systemlaufwerk ab, um bei Speichermangel Teile des Arbeitsspeichers in diese Datei auszulagern. Falls die Kapazität der Festplatte zu klein oder eine zweite Festplatte vorhanden ist, kann die Anpassung der Auslagerungsdateieinstellungen hilfreich sein. Wählen Sie auf der Registerkarte *Erweitert* (Bild 31.34, oben links) des Eigenschaftenfensters *Leistungsoptionen* die Schaltfläche *Ändern* in der Gruppe *Virtueller Arbeitsspeicher*. Dann öffnet Windows das Dialogfeld *Virtueller Arbeitsspeicher* (Bild 31.34, unten links), in dem die Lage und Größe der Auslagerungsdatei aufgeführt werden. Löschen Sie die Markierung des Kontrollkästchens *Auslagerungsdateigröße für alle Laufwerke automatisch verwalten*, um die Optionen anpassen zu können.

Wählen Sie als Erstes das gewünschte Laufwerk aus, das die Auslagerungsdatei aufnehmen soll. Anschließend setzen Sie die gewünschten Optionen (z.B. minimale und maximale Größe der Auslagerungsdatei) für dieses Laufwerk. Sobald Sie das Dialogfeld über die *OK*-Schaltfläche schließen, werden die Einstellungen übernommen und nach dem nächsten Systemstart wirksam.

Datenausführungsverhinderung nutzen

Viren und andere Schadprogramme benutzen häufig die Technik, Programmcode im Datenbereich des Arbeitsspeichers abzulegen, um dann durch Überschreiben fremder Arbeitsspeicherbereiche diesen Code durch das Betriebssystem zur Ausführung zu bringen. Der Zugriff auf fremde Arbeitsspeicherbereiche kann bei manchen Prozessoren hardwaremäßig überwacht und blockiert werden. Windows kann diese Versuche aber auch softwaremäßig erkennen und die betreffenden Programme blockieren.

Hierzu stellt Windows 8 die Registerkarte *Datenausführungsverhinderung* im Eigenschaftenfenster *Leistungsoptionen* zur Verfügung (Bild 31.34, rechts). Standardmäßig wird die Datenausführungsverhinderung nur für diejenigen Windows-Programme aktiviert, bei denen dies erforderlich ist (meist ältere Anwendungen). Gibt es Probleme mit einer solchen Anwendung und wird diese ständig beendet? Dann können Sie das Optionsfeld *Datenausführungsverhinderung für alle Programme und Dienste mit Ausnahme der ausgewählten einschalten* markieren. Anschließend klicken Sie auf die Schaltfläche *Hinzufügen* und nehmen die betreffende Anwendung in die Liste der durch die Datenausführungsverhinderung nicht überwachten Programme auf. Die Datenausführungsverhinderung überwacht die Speicherzugriffe der betreffenden Anwendungen nicht. Die in Windows 8 enthaltenen Anwendungen lassen sich nicht in die Ausnahmeliste aufnehmen. Änderungen auf der Registerkarte werden nach einem Systemstart wirksam.

Systemweite Umgebungsvariablen einsehen und anpassen

Auch Windows 8 unterstützt noch das Konzept der Umgebungsvariablen, die in Zeiten von MS-DOS benutzt wurden, um Informationen global für Programme bereitzustellen. Zum Pflegen der Umgebungsvariablen wählen Sie auf der Registerkarte *Erweitert* des Eigenschaftenfensters *Systemeigenschaften* die Schaltfläche *Umgebungsvariablen* (Bild 31.33, links).

Im Dialogfeld *Umgebungsvariablen* finden Sie die beiden Gruppen *Benutzervariablen für <Benutzername>* und *Systemvariablen* vor (Bild 31.35). Über die Schaltflächen *Neu*, *Bearbeiten* und *Löschen* können Sie die Umgebungsvariablen der jeweiligen Gruppen pflegen. Mit der Schaltfläche *Neu* öffnen Sie beispielsweise ein Dialogfeld, um eine neue Umgebungsvariable unter Angabe eines Namens und des Werts anzulegen.

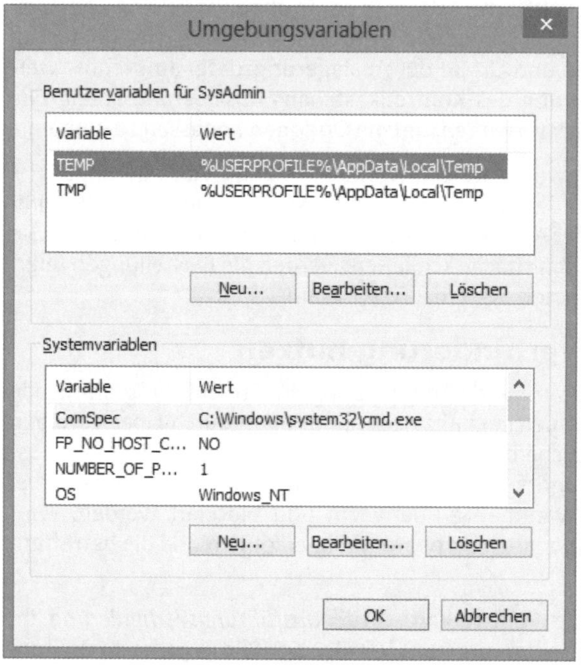

Bild 31.35: Umgebungsvariablen anpassen

Die Umgebungsvariablen der Gruppe *Systemvariablen* stehen unter allen Benutzerkonten zur Verfügung und lassen sich durch Anwendungen abfragen. Die Benutzervariablen beziehen sich immer auf das betreffende Benutzerkonto. Da die meisten Windows-Anwendungen aber die Registrierung oder zwischenzeitlich Konfigurationsdateien von .NET Framework (Assembly-Manifeste) verwenden, nimmt die Bedeutung von Umgebungsvariablen stark ab.

HINWEIS

Umgebungsvariablen, die nur im Kontext eines Benutzerkontos gelten sollen, werden dagegen über die Seiten zur Verwaltung eines Benutzerkontos verwaltet (siehe *Kapitel 29*).

Verhalten bei Systemfehlern anpassen

Windows 8 ist so voreingestellt, dass bei kritischen Fehlern ein Neustart des Systems ausgeführt und ein Fehlerabbild erzeugt wird. Um dies zu ändern, klicken Sie auf der Registerkarte *Erweitert* (Bild 31.33) die Schaltfläche *Einstellungen* in der Gruppe *Starten und Wiederherstellen* an. Dann erscheint das gleichnamige Dialogfeld (Bild 31.36), in dem sich nicht nur die Optionen für das Bootmenü einstellen lassen. Im unteren Teil des Dialogfelds können Sie über Kontrollkästchen festlegen, wie Windows auf Systemfehler reagieren soll. Das Kontrollkästchen *Automatisch Neustart durchführen* bewirkt, dass Windows 8 nach kritischen Systemfehlern den Rechner automatisch neu startet. Persönlich schalte ich diese Option ab, um bei Fehlern einen Hinweis zu erhalten und ggf. eine Fehlernummer notieren zu können.

Startet das System nicht mehr, z.B. weil ein Treiber einen Absturz beim Hochfahren oder im Betrieb verursacht, können Sie Windows im abgesicherten Modus, ohne Treiber zu laden, starten und die Option deaktivieren. Weiterhin können Sie Fehlerereignisse in das Systemprotokoll aufnehmen oder Debuginformationen in eine Sicherungsdatei schreiben lassen. Diese Datei wird ggf. von der Fehlerberichterstattung an Microsoft übertragen.

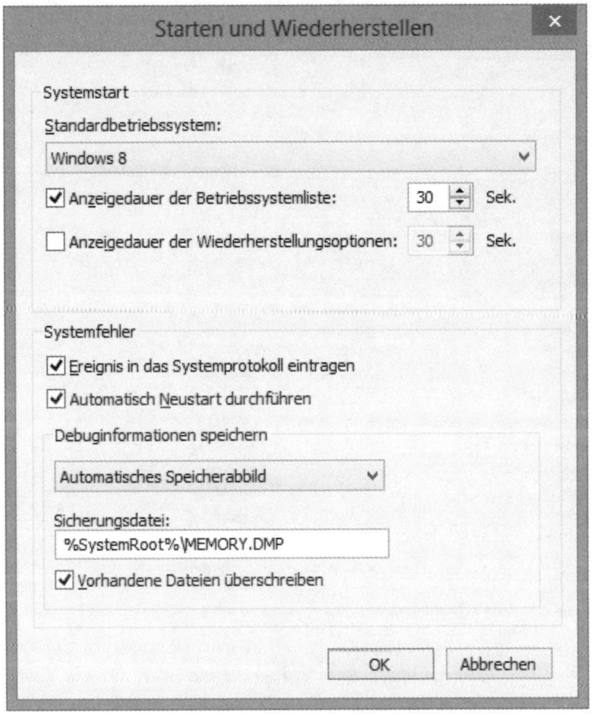

Bild 31.36: Optionen zum Starten und Wiederherstellen

31.7 Verwaltungs- und Überwachungsfunktionen

Windows 8 stellt noch eine Sammlung von Verwaltungs- und Überwachungsfunktionen für Administratoren bereit. Nachfolgend werden diese Funktionen in einem kurzen Überblick vorgestellt.

31.7.1 Aufrufen der Verwaltungs- und Leistungstools

Windows 8 bietet dem Administrator weitere Werkzeuge zur Verwaltung des Systems oder zur Leistungsanalyse. Diese lassen sich über die Systemsteuerung abrufen, indem Sie in der Startseite die Kategorie *System und Sicherheit* und dann die Kategorie *Verwaltung* anwählen.

Windows öffnet das Ordnerfenster *Verwaltung* (Bild 31.37), in dem Sie Verknüpfungen auf verschiedene Verwaltungsfunktionen wie die Aufgabenplanung, die Computerverwaltung etc. erhalten. Über Funktionen wie die Computerverwaltung lassen sich bestimmte Systeminformationen abrufen und Einstellungen anpassen. Alternativ haben Sie die Möglichkeit, die Verwaltungstools in der Startseite einzublenden (siehe *Kapitel 30*, Abschnitt »30.1.1 So gelangen Sie zu den Einstellungen«).

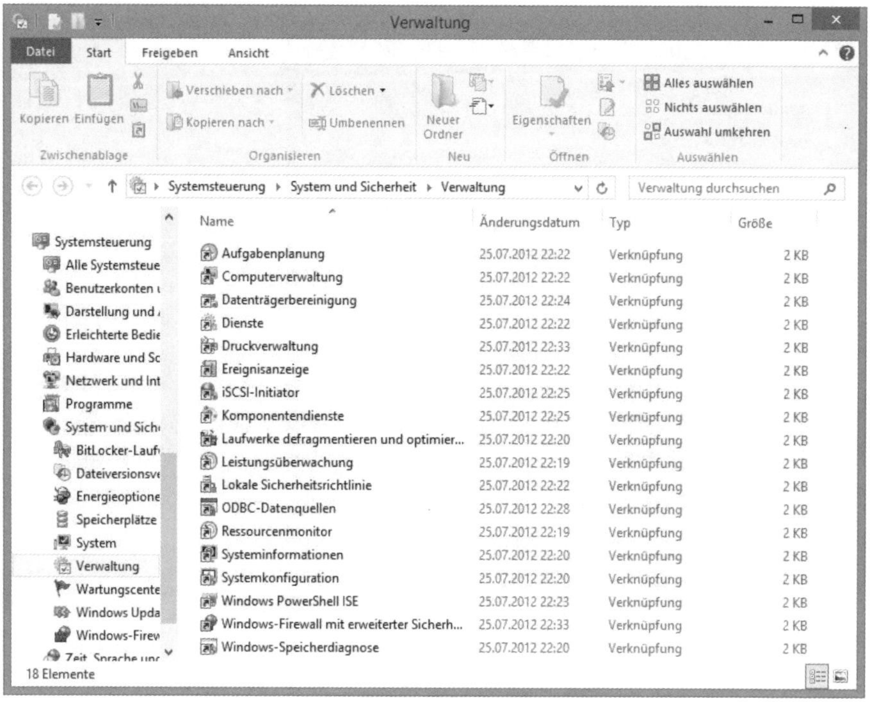

Bild 31.37: Aufrufen der Verwaltungsfunktionen

Tippen Sie dagegen in das Suchfeld der Systemsteuerung den Begriff »Leistung« ein und wählen anschließend den angezeigten Befehl *Leistungsinformationen und -tools*, gelangen Sie zur Seite *Bewertung und Verbesserung der Leistung des Computers*. Wählen Sie in der Aufgabenleiste dieser Seite den Befehl *Weitere Tools*, erscheint die Seite aus Bild 31.38. Auf dieser Seite stellt Ihnen Windows Befehle zum Aufrufen verschiedener Tools zur Leistungsanalyse und -verbesserung (z.B. Ressourcenmonitor, Systemintegritätsbericht etc.) zur Verfügung.

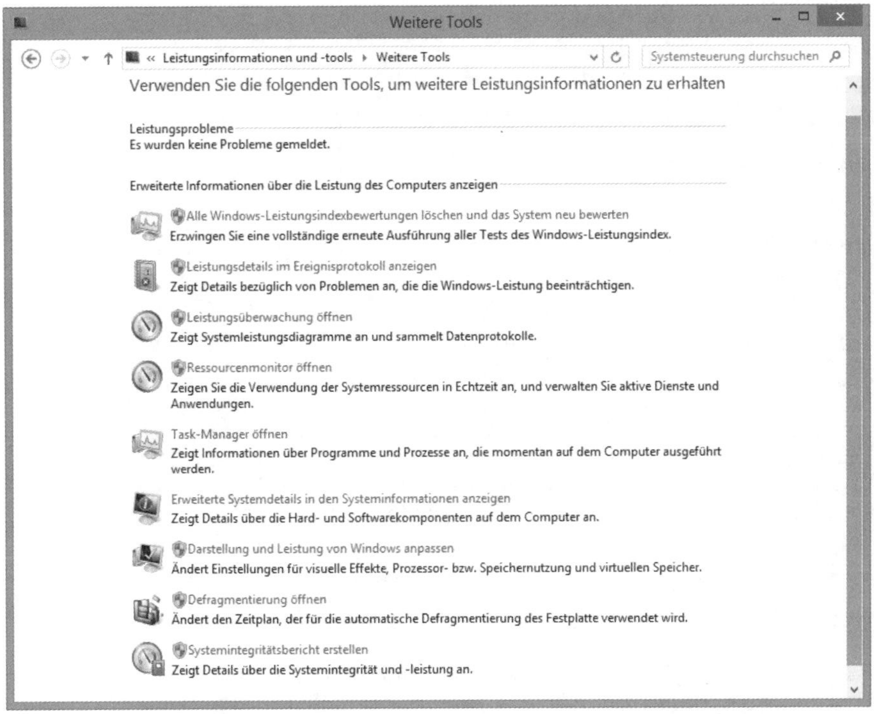

Bild 31.38: Leistungsanalysetools und Problembehandlung

> **HINWEIS** Einige der über diese Seiten erreichbaren Werkzeuge sind in anderen Kapiteln dieses Buches beschrieben (z.B. *Kapitel 13* nutzt die Datenträgerverwaltung bzw. die Computerverwaltung zur Konfigurierung von Laufwerkspartitionen). Ausgesuchte Funktionen werden in den nachfolgenden Abschnitten kurz vorgestellt.

31.7.2 Leistungs-, Zuverlässigkeits- und Systeminformationen

Windows 8 besitzt integrierte Werkzeuge, um Leistungs-, Zuverlässigkeits- oder Systeminformationen in Form von Berichten zusammenzustellen. Diese sind zur Diagnose von Problemen und für den Support durch den Hersteller hilfreich.

- Benötigen Sie eine detaillierte Übersicht über die aktuellen Systemeinstellungen? Wählen Sie im Fenster *Weitere Tools* den Befehl *Erweiterte Systemdetails in den Systeminformationen anzeigen* (Bild 31.38). Dann wird das Fenster aus Bild 31.39, oben rechts, eingeblendet. In der linken Spalte sind die verfügbaren Kategorien aufgelistet. Durch Anwählen eines Eintrags blendet das Programm die jeweiligen Informationen in der rechten Spalte ein. Weiterhin haben Sie die Möglichkeit, gezielt über das Suchfeld und die zugehörige Schaltfläche nach Informationen in der Systemkonfiguration nachzuschlagen. Über die Befehle der Menüleiste lassen sich verschiedene Zusatzfunktionen abrufen. So können Sie beispielsweise die Informationen als Bericht in Textdateien speichern.

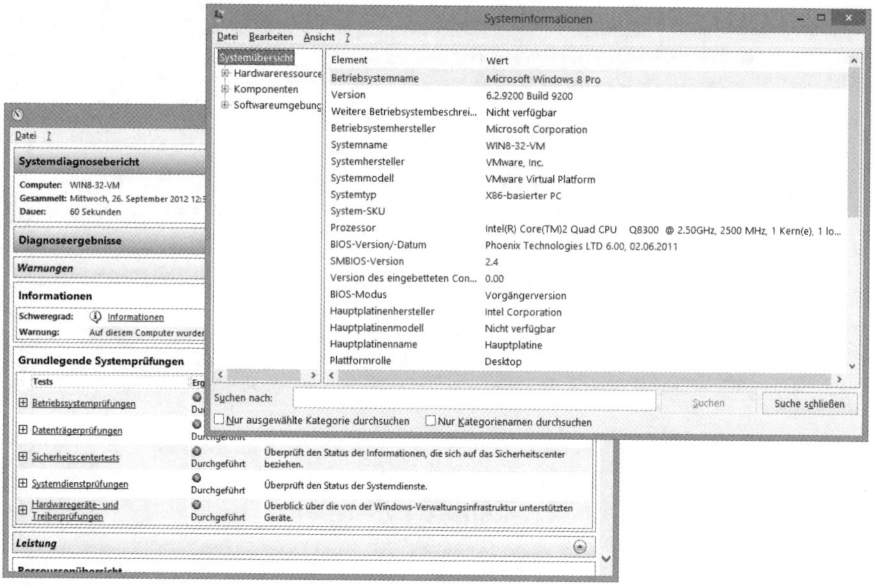

Bild 31.39: Informationen zum System, zur Leistung und zur Zuverlässigkeit

- Die Zuverlässigkeit und Leistungsfähigkeit des Systems lässt sich über den Eintrag *Systemintegritätsbericht erstellen* der in Bild 31.38 gezeigten Seite aufrufen. Nach Bestätigen der Sicherheitsabfrage der Benutzerkontensteuerung analysiert die betreffende Anwendung das System und liefert einen detaillierten Bericht über den Sicherheitsstatus oder über Treiber- und Systemprobleme (Bild 31.39, unten links).

Über die jeweiligen Programmfenster können Sie Systeminformationen oder Details zur Zuverlässigkeits- und Leistungsüberwachung abrufen.

31.7.3 Zugriff auf den Ressourcenmonitor

Über den Befehl *Ressourcenmonitor öffnen* auf der Seite *Weitere Tools* (Bild 31.38) öffnet sich nach einer Bestätigung der Abfrage der Benutzerkontensteuerung der Ressourcenmonitor (Bild 31.40).

Über mehrere Registerkarten lässt sich auf verschiedene Ressourceninformationen zugreifen. Auf der Registerkarte *Übersicht* erhalten Sie in der linken Spalte eine Übersicht über die CPU-Auslastung, zur Datentransferrate bei Netzwerk- und Datenträgerzugriffen sowie zur Arbeitsspeicherauslastung. Am rechten Rand blendet das Programm zudem den grafischen Verlauf der Auslastung ein.

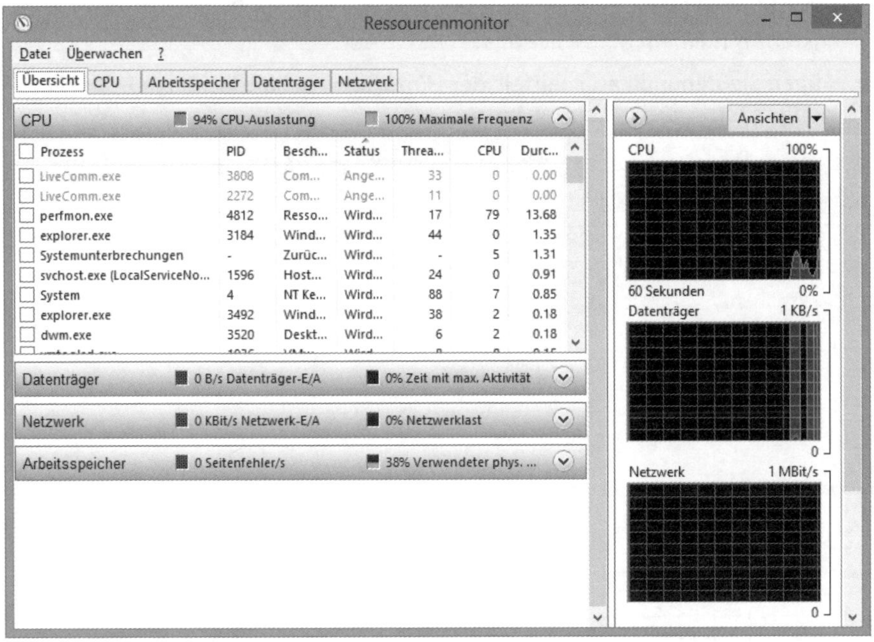

Bild 31.40: Ressourcenmonitor

31.7.4 Die Leistungsüberwachung verwenden

Die Leistungsfähigkeit des Systems lässt sich über den Eintrag *Leistungsüberwachung öffnen* auf der Seite *Weitere Tools* (Bild 31.38) aufrufen. Alternativ können Sie die Verknüpfung *Leistungsüberwachung* im Ordnerfenster *Verwaltung* wählen (Bild 31.37). Sie müssen allerdings als Administrator angemeldet sein, um die Funktion nutzen zu können. Nach dem Bestätigen der Sicherheitsabfrage der Benutzerkontensteuerung erscheint das in Bild 31.41 gezeigte Fenster.

Über die Struktur in der linken Spalte können Sie verschiedene Darstellungen und Informationen zur Leistungsüberwachung abrufen. Klicken Sie auf den Eintrag *Leistung*, erscheint die Textdarstellung der Systemleistung. Wählen Sie den Zweig *Leistung/Überwachungstools/Leistungsüberwachung*, wird der Windows-Systemmonitor in der rechten Spalte angezeigt (Bild 31.41, Hintergrund unten). Dieser lässt sich zur Leistungsanalyse heranziehen, indem Sie z.B. die Prozessorauslastung oder die Speichernutzung weiterer Kenngrößen überwachen und grafisch aufzeichnen lassen. Ist im rechten Teil des Fensters die grafische Darstellung des Systemmonitors sichtbar, gehen Sie folgendermaßen vor:

1. Klicken Sie in der Symbolleiste des Fensters auf die Schaltfläche *Hinzufügen* (Schaltfläche mit dem Pluszeichen). Der Systemmonitor öffnet anschließend ein Dialogfeld zur Auswahl der Leistungsindikatoren (Bild 31.41, Vordergrund, oben).
2. Wählen Sie im Dialogfeld den Computer (z.B. <*Lokaler Computer*>) und klicken Sie in der oberen linken Liste auf eine der Kategorien mit dem gewünschten

Leistungsindikator. Suchen Sie danach in der unteren Liste die gewünschte Instanz mit einem Mausklick aus.

3. Fügen Sie den Indikator mittels der *Hinzufügen*-Schaltfläche zur Liste *Hinzugefügte Leistungsindikatoren* hinzu.

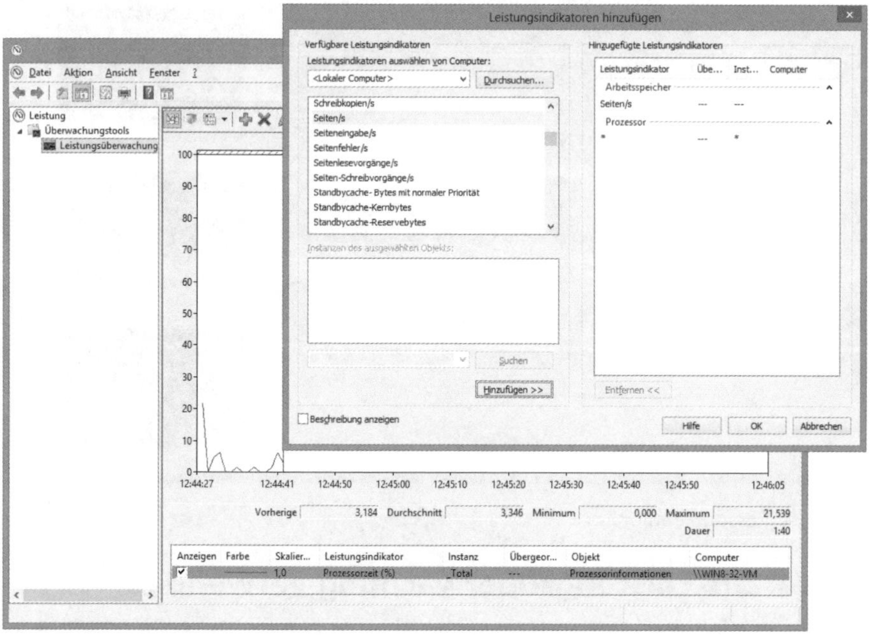

Bild 31.41: Leistungsüberwachung

Wiederholen Sie diese Schritte, um ggf. mehrere Indikatoren in die Überwachung aufzunehmen. Sobald alle Indikatoren definiert sind, können Sie das Dialogfeld *Leistungsindikatoren hinzufügen* über die *OK*-Schaltfläche schließen. Der Systemmonitor wird die Daten in der Grafikanzeige berücksichtigen. Über weitere Schaltflächen des Anwendungsfensters können Sie Leistungsindikatoren entfernen oder Werte in Dateien speichern. Weitere Informationen zur Zuverlässigkeits- und Leistungsüberwachung liefert die Programmhilfe.

31.7.5 Dienste verwalten

Windows 8 benutzt eine Reihe von als Dienste bezeichneten Programmen, die im Hintergrund laufen und bestimmte Funktionen bereitstellen. Die Verwaltung dieser Dienste erfolgt über einen eigenen Manager (Bild 31.42), der sich z. B. über den Eintrag *Dienste* im Ordner *Verwaltung* (Bild 31.37) – oder direkt über die Schaltfläche *Dienste* auf der gleichnamigen Registerkarte des Windows Task-Managers – aufrufen lässt. Voraussetzung ist aber, dass Sie als Administrator angemeldet sind.

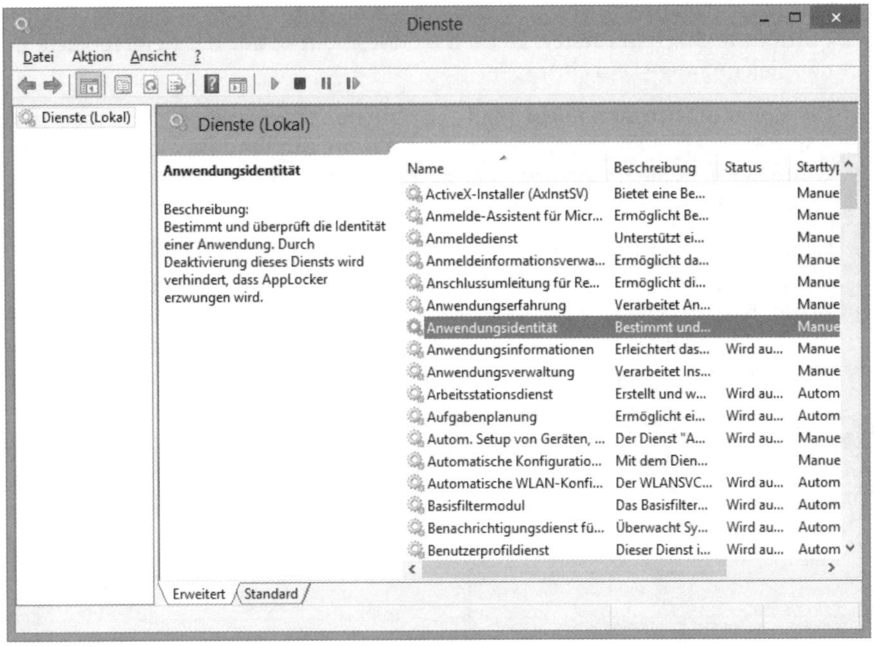

Bild 31.42: Dienste verwalten

Die Verwaltung der Dienste erfolgt über die sogenannte Microsoft Management Console (MMC). Diese zeigt im rechten Fenster zwei Registerkarten mit den am unteren Rand angeordneten Registerreitern *Erweitert* und *Standard*. Wählen Sie den Registerreiter *Standard*, listet Windows 8 lediglich die Dienste in der rechten Fensterhälfte auf. Die Registerkarte *Erweitert* weist im rechten Teilfenster eine Spalte für Zusatzinformationen auf (Bild 31.42). Bei Anwahl eines Dienstnamens wird in der Spalte eine Beschreibung zum betreffenden Dienst eingeblendet.

In beiden Varianten zeigt die Microsoft Management Console (MMC) die Liste der im System bekannten Dienste. Für jeden Dienst erscheinen der Name, eine Beschreibung, der aktuelle Status sowie der Starttyp. In der Spalte *Anmelden als* wird außerdem angegeben, wie der Dienst unter Windows angemeldet wird. In dieser Spalte finden Sie in der Regel den Eintrag *Lokales System*, d. h., der Dienst wurde vom System gestartet.

Klicken Sie mit der rechten Maustaste auf einen in der Liste aufgeführten Dienst, erscheint ein Kontextmenü mit Befehlen zum Starten, Anhalten und Beenden dieses Dienstes. Über den Kontextmenübefehl *Eigenschaften* öffnet die Microsoft Management Console das Eigenschaftenfenster dieses Dienstes mit verschiedenen Registerkarten (Bild 31.43):

- Auf der Registerkarte *Allgemein* (Bild 31.43, links oben) werden der Anzeigename sowie der Pfad zur EXE-Datei des Dienstes aufgeführt. Weiterhin können Sie im Listenfeld *Starttyp* wählen, ob der Dienst automatisch beim Windows-Start (oder durch andere Dienste) oder manuell gestartet wird. Die Schaltflächen *Starten*, *Beenden*, *Anhalten* und *Fortsetzen* erlauben Ihnen zusätzlich, Dienste zu stoppen und erneut auszuführen. Benötigt ein Dienst bestimmte Startparameter, können Sie diese direkt auf der Registerkarte in das gleichnamige Feld eintragen.

- Die Registerkarte *Anmelden* (Bild 31.43, rechts oben) ermöglicht Ihnen, ein Konto für den Dienst vorzugeben. Standardmäßig wird das lokale Systemkonto benutzt. Sie haben aber jederzeit die Möglichkeit, auch andere Konten auszuwählen, sofern Sie deren Kennwort kennen.
- Die Registerkarte *Wiederherstellung* (Bild 31.43, links unten) liefert Ihnen Einstellmöglichkeiten, um auf Ausfälle eines Dienstes zu reagieren. Dies stellt sicher, dass ein Dienst ggf. mehrfach gestartet wird. Über die Option *Fehlerzähler zur Befehlszeile hinzufügen* können Sie verfolgen, wie häufig ein Dienst ausgefallen ist.

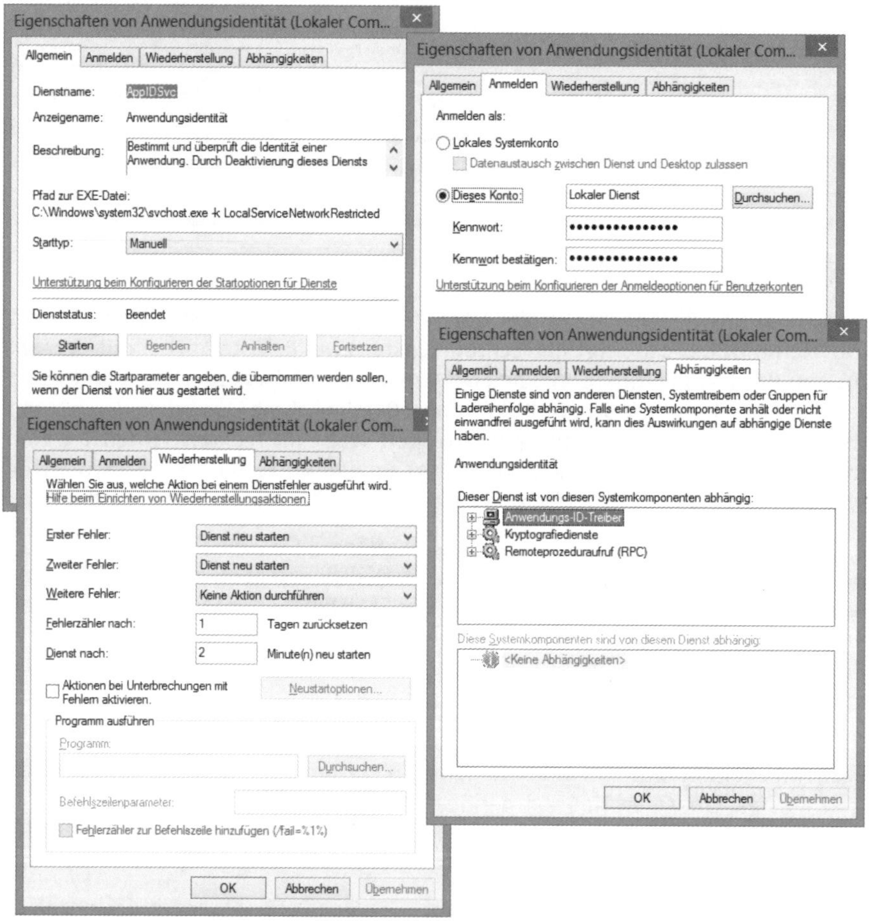

Bild 31.43: Eigenschaften eines Dienstes

- Über die Registerkarte *Abhängigkeiten* (Bild 31.43, rechts unten) können Sie feststellen, ob der Dienst von anderen Diensten abhängt bzw. ob andere Dienste diesen Dienst benötigen. Beim Aufruf der Registerkarte ermittelt Windows die Abhängigkeiten und gibt diese anschließend in zwei Listen auf der Registerkarte aus.

Die Registerkarte *Abhängigkeiten* ist mitunter ganz hilfreich, falls sich ein Dienst nicht starten lässt, weil ein anderer Dienst Probleme macht. Kontrollieren Sie die Abhängigkeiten und versuchen Sie, zuerst die betreffenden Dienste zu starten.

31.7.6 Verwenden der Ereignisanzeige

Windows überwacht und protokolliert verschiedene Ereignisse (z.B. Anmeldung eines Benutzers, Start des Systems etc.). Zur Auswertung der Protokolle können Administratoren auf die Ereignisanzeige zurückgreifen (Bild 31.44). Das Programm *Ereignisanzeige* lässt sich z.B. über das Ordnerfenster *Verwaltung* (Bild 31.37) aufrufen. Nach der Bestätigung der Sicherheitsabfrage der Benutzerkontensteuerung erscheint das Fenster der Ereignisanzeige (Bild 31.44), in dem Sie die Ereignisse in einem Fenster abrufen und nach verschiedenen Kriterien filtern können.

Die Ereignisanzeige benutzt ebenfalls die Microsoft Management Console und zeigt beim Start eine Zusammenfassung der Ereignisse in der rechten Spalte an. In der linken Spalte (Bereichsebene) werden die Kategorien für die Protokollereignisse aufgeführt. Durch Anklicken der Einträge lässt sich die Struktur in der linken Spalte expandieren und Sie können in den Ereigniskategorien navigieren. Gegenüber früheren Windows-Versionen verwendet Windows 8 mehr Kategorien zur Sammlung der jeweiligen Ereignisse. Um die Ereignisse aufzulisten, müssen Sie in der linken Spalte im erweiterten Zweig die gewünschte Kategorie anklicken. Dann werden die in der Kategorie gespeicherten Ereignisse im rechten Teil des Fensters als Liste eingeblendet. Für jedes Ereignis werden dabei das Datum und die Quelle angegeben. Die jüngsten Ereignisse tauchen dabei oben in der Ereignisliste auf. Das Symbol und der Text in der Spalte *Ebene* geben Ihnen dabei einen Hinweis, ob es sich um eine Warnung, um einen Fehler oder um ein kritisches Ereignis handelt. Wird ein Eintrag in der Liste per Mausklick markiert, listet die Ereignisanzeige die zugehörigen Informationen im unteren Teil der rechten Spalte auf den zwei Registerkarten *Allgemein* und *Details* auf.

Die Rubrik *Windows-Protokolle* listet verschiedene Kategorien auf, die bei der Administration eines Windows 8-Systems recht hilfreich sein können. In der Kategorie *Anwendung* werden alle Ereignisse aufgeführt, die durch Anwendungsprogramme verursacht werden. In der Kategorie *Sicherheit* werden Sie über Anmeldeversuche und Netzwerkzugriffe auf den Rechner informiert. Möchten Sie beispielsweise wissen, welche Benutzer sich zu welchen Zeiten angemeldet haben oder ob jemand versucht hat, sich ohne gültiges Kennwort am System anzumelden? Dann wählen Sie in der Ereignisanzeige den Eintrag *Sicherheit* aus. Anschließend werden im rechten Fenster alle Einträge dieses Protokolls aufgeführt. Die Kategorie *System* zeigt Ereignisse für das laufende System (z.B. gestartete Dienste). Unter *Benutzerdefinierte Ansichten* hat Microsoft bereits einen Eintrag angelegt, über den Sie sich über administrative Ereignisse wie Fehler oder Warnungen informieren können.

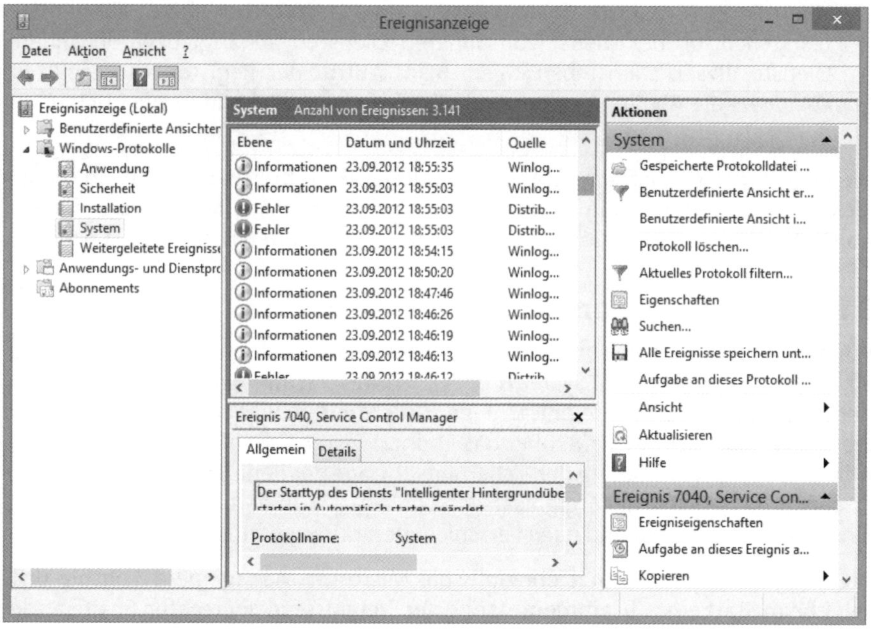

Bild 31.44: Ereignisanzeige

TIPP

Mit der Zeit wird eine Kategorie sehr viele Einträge aufweisen. Öffnen Sie das Kontextmenü einer in der linken Spalte angezeigten Kategorie, können Sie den Befehl *Protokoll löschen* wählen. Dann erhalten Sie in einem Dialogfeld die Möglichkeit, die Protokolleinträge in einer Textdatei zu sichern oder gleich zu löschen. Weiterhin bietet das Kontextmenü Befehle zum Speichern, Laden und Filtern von Protokolleinträgen.

31.7.7 Alles im Zugriff mit der Computerverwaltung

Über die Computerverwaltung stellt Windows ein zentrales Werkzeug zur Verwaltung des Rechners bereit. Auch die Computerverwaltung ist als Anwendung der Microsoft Management Console (MMC) realisiert. Administratoren können das Werkzeug über den Eintrag *Computerverwaltung* des Ordners *Verwaltung* (siehe Bild 31.37) aufrufen. Nach Bestätigung der Sicherheitsabfrage der Benutzerkontensteuerung erscheint das Fenster der Computerverwaltung (Bild 31.45). In der linken Spalte können Sie dann unter verschiedenen Kategorien die gewünschte Funktion wählen.

- *System:* In dieser Kategorie finden Sie die nachfolgend aufgeführten Funktionen zur Verwaltung der Ereignisanzeige, zur Anzeige der Systeminformationen, zur Verwaltung freigegebener Ordner etc.
- *Aufgabenplanung:* Enthält die (in diesem Buch nicht beschriebenen) Funktionen, um über den Aufgabenplaner verschiedene Funktionen automatisch zu starten (z.B. Systemsicherung, Virenscan, Defragmentierung).

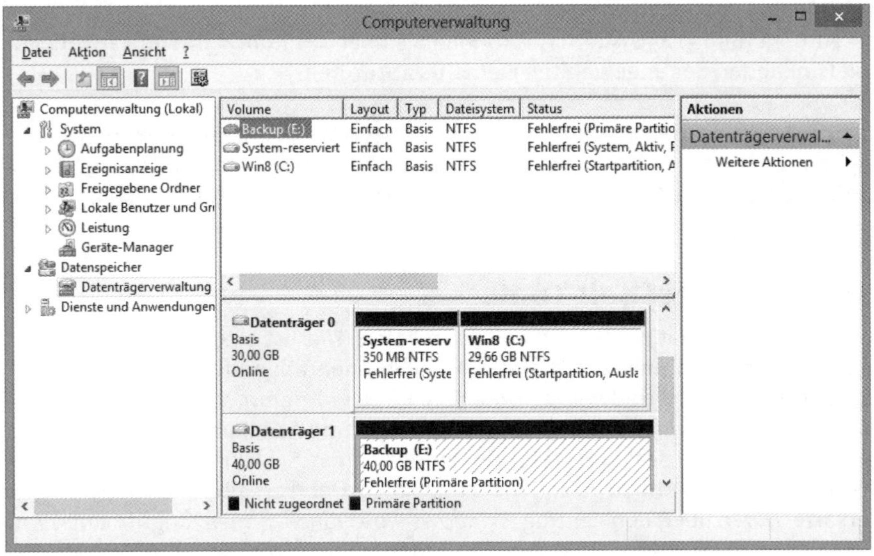

Bild 31.45: Computerverwaltung

- *Ereignisanzeige:* Erlaubt, auf die oben beschriebene Ereignisanzeige zuzugreifen und die Ereignisprotokolle auszuwerten.
- *Freigegebene Ordner:* Hilfreich im Netzwerk, da in den Unterzweigen die Freigaben des Rechners, die aktuell laufenden Sitzungen (Zugriffe über das Netzwerk auf den Rechner) und die geöffneten Dateien aufgelistet werden. Die Einträge erlauben es dem Administrator, z.B. Sitzungen anderer Benutzer zwangsweise zu trennen.
- *Lokale Benutzer und Gruppen:* Die Option ist nicht in allen Windows-Varianten vorhanden und ermöglicht die Verwaltung lokaler Gruppen und Benutzerkonten. Verwenden Sie die in *Kapitel 29* beschriebenen Funktionen.
- *Leistung:* Ruft die Anzeige der betreffenden Anwendung in der rechten Spalte ab und erlaubt z.B., den Systemmonitor anzuwählen (siehe vorhergehende Abschnitte).
- *Geräte-Manager:* Der Eintrag öffnet den Geräte-Manager in der rechten Spalte. Dieser gewährt Ihnen einen Überblick über installierte Geräte und deren Treiber (siehe *Kapitel 28*).
- *Datenspeicher:* Dieser Zweig enthält die Funktionen zur Datenträgerverwaltung, zur Defragmentierung lokaler Laufwerke sowie zur Verwaltung logischer Laufwerke und Wechselmedien (siehe *Kapitel 13*).
- *Dienste und Anwendungen:* In diesem Zweig finden Sie die Funktionen, um Dienste zu starten und zu stoppen (siehe vorhergehende Seiten) oder um auf weitere Anwendungen zuzugreifen.

Durch Anklicken der Symbole des Strukturbaums können Sie anschließend die Funktionen und deren Daten im rechten Fenster abrufen. Die rechts eingeblendete Spalte erlaubt Ihnen, zusätzliche Aufgaben für die angewählte Kategorie aufzurufen (Bild 31.45). Alternativ können Sie aber das Kontextmenü verwenden, um Funktionen des angewählten Elements abzurufen.

HINWEIS

Die in der Computerverwaltung zusammengefassten Funktionen stehen teilweise auch einzeln zur Verfügung. Die betreffenden Funktionen sind auf den vorhergehenden Seiten und in den vorhergehenden Kapiteln beschrieben.

31.7.8 PowerShell-Tools

Windows 8 wird mit der PowerShell ausgeliefert. Dies ist einerseits eine Befehlszeilenschnittstelle, über die bestimmte Funktionen abgerufen werden können. Zudem ermöglicht die PowerShell, die Befehle zu Programmen (Skripten) zu kombinieren, über die Informationen abgerufen, Systemeinstellungen verändert oder Aufgaben automatisch durchgeführt werden können. Sie können ein Ordnerfenster öffnen und das Windows-Laufwerk anwählen. Dann erhalten Sie auf der Registerkarte *Datei* über den Eintrag *Windows PowerShell öffnen* Zugriff auf zwei Befehle, um die Windows PowerShell als Standardbenutzer oder als Administrator aufzurufen. Zudem können Sie in der Seitenleiste *Suchen* die Begriffe »Powershell« und »Powershell ISE« eintippen. Bei gewählter Kategorie *Apps* sollten Kacheln angezeigt werden, über die Sie auf die Windows PowerShell und Windows PowerShell ISE Zugriff erhalten.

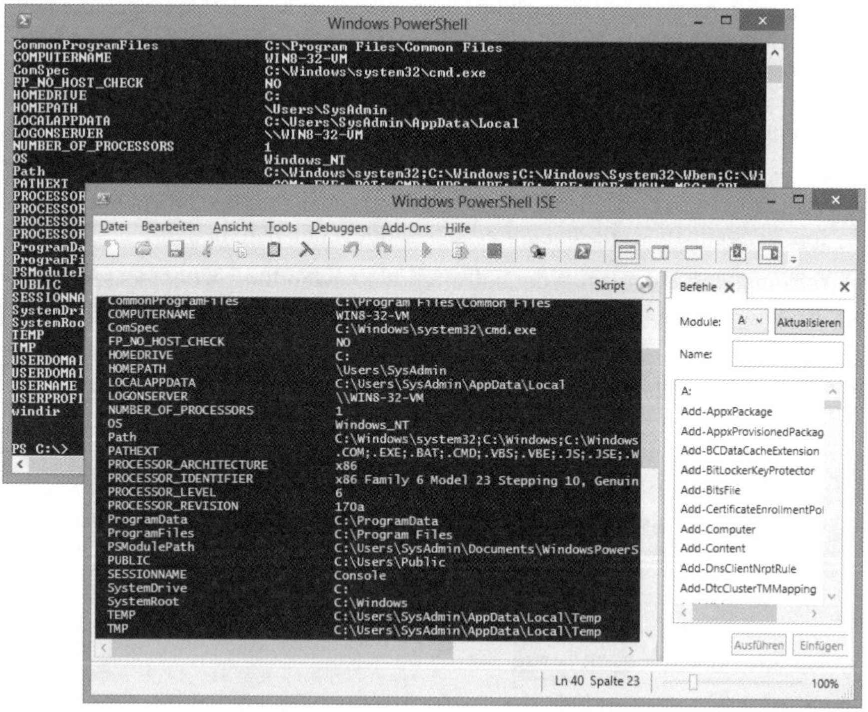

Bild 31.46: PowerShell-Konsole und ISE

Mit dem Befehl *Windows PowerShell* öffnen Sie das Fenster der PowerShell-Konsole (Bild 31.46, oben), in die Sie direkt Befehle zum Ausführen in der PowerShell eingeben können. Die Ausgaben der Befehle werden dabei im Konsolenfenster angezeigt. Mit `dir env:` ↵ lassen sich beispielsweise die Umgebungsvariablen anzeigen.

Der Befehl *Windows PowerShell ISE* öffnet die Entwicklungsumgebung der PowerShell (Bild 31.46, unten), in der Sie *.ps1*-Programme mit PowerShell-Befehlen erstellen, speichern und interaktiv testen können. Um Skriptdateien der PowerShell ausführen zu können, müssen Sie aber im unteren Fenster der Entwicklungsumgebung den Befehl *Set-ExecutionPolicy Unrestricted* eintippen (andernfalls verweigert Windows die Ausführung). Die PowerShell ist ein mächtiges Werkzeug für Programmierer und Administratoren, deren Beschreibung allerdings den Umfang dieses Buchs bei Weitem sprengen würde.

32 Windows installieren

In diesem Kapitel finden Sie Hinweise, wie Sie Windows 8 installieren. Dies reicht von der Installation über eine Setup-DVD bis hin zur Verwendung eines USB-Sticks mit den Setup-Dateien.

32.1 Windows-Installation

Dieser Abschnitt befasst sich mit den Schritten zur Windows-Installation und zeigt, was es dabei zu beachten gibt.

32.1.1 Vorbereitungen zur Installation

Bevor Sie mit der Installation des Betriebssystems beginnen, sollten Sie einige Vorbereitungen treffen.

- *Prüfung der Hardwarevoraussetzungen:* Das Betriebssystem benötigt zur Installation bestimmte Hardwarevoraussetzungen. Stellen Sie sicher, dass die Mindestanforderungen bezüglich Hauptspeicherausbau, Prozessorgeschwindigkeit und freier Festplattenkapazität erfüllt sind (siehe *Kapitel 1*).
- *Prüfung der Softwarevoraussetzungen:* Windows 8 lässt sich auf einem geeigneten Rechner jederzeit neu installieren. Die Installations-DVD kann beim Systemstart gebootet werden (Bootoptionen notfalls im BIOS des Rechners anpassen). Weiterhin kann eine bestehende Installation von Windows XP, Windows Vista oder Windows 7 auf Windows 8 aktualisiert werden.Voraussetzung ist jedoch, dass nicht zu Windows 8 kompatible Software deinstalliert wurde.

Microsoft stellt unter `http://www.microsoft.com/en-us/windows/compatibility/en-US/CompatCenter/Home` [w8-k32-001] Informationen zur Kompatibilität bestimmter Komponenten zur Verfügung. Zudem wird bei Upgrades die Kompatibilität überprüft. Wenn Sie neue Geräte anschaffen, achten Sie darauf, dass diese Gerätetreiber für Windows 8 mitbringen, bzw. beim Softwarekauf achten Sie darauf, dass die Programme als für dieses Betriebssystem geeignet ausgewiesen werden.

> **HINWEIS** Beim Upgrade älterer Windows-Versionen auf Windows 8 bleiben i.d.R. nur die persönlichen Dateien erhalten. Nur beim Upgrade von Windows 7 kann Windows vorinstallierte und kompatible Programme übernehmen. Ich habe einige Informationen unter `http://www.borncity.com/blog/2012/06/28/microsoft-verrt-upgrade-pfade-fr-windows-8/` [w8-k32-002] zusammengetragen. Allerdings sollten Sie nach Möglichkeit auf ein Upgrade von Windows 7 mit Erhalt der installierten Programme verzichten. Es gibt immer wieder erhebliche Probleme, die auf ein solches Upgrade zurückzuführen sind.

Sofern Sie beabsichtigen, eine bestehende Windows Vista-Installation zu aktualisieren (wovon ich persönlich eher abrate – nutzen Sie die Gelegenheit, ein sauberes System zu bekommen), sollten Sie das System entsprechend vorbereiten.

- Nutzen Sie die Gelegenheit zum Aufräumen des Systems und deinstallieren Sie alle Programme, die zukünftig nicht mehr benötigt werden.
- Rufen Sie die Datenträgerbereinigung auf, um alle temporären Dateien und den Inhalt des Papierkorbs von den Laufwerken des Systems zu entfernen.
- Führen Sie ggf. eine Defragmentierung durch und lassen Sie eine Fehlerüberprüfung der Datenträger ausführen. Festplattenlaufwerke sollten im NTFS-Dateisystem formatiert sein (das Systemlaufwerk muss das NTFS-Format aufweisen).
- Möchten Sie Windows 8 parallel zu einem bestehenden Windows Vista/Windows 7 installieren, stellen Sie sicher, dass eine genügend große Partition zur Installation vorhanden ist. Zur Partitionsaufteilung lassen sich spezielle Programme wie Paragon Partition Manager verwenden.
- Führen Sie vor der Installation eine Virenprüfung durch. Deinstallieren Sie anschließend die Software zum Virenschutz.
- Sichern Sie alle wichtigen Daten (Dokumente) und Systemeinstellungen. Im Idealfall legen Sie ein komplettes Backup des Windows-Laufwerks mit einem entsprechenden Sicherungsprogramm an.

Notieren Sie die Kennwörter von E-Mail-Konten und Zugängen zu Internet-Accounts etc. Stellen Sie auch sicher, dass Sie über die Installationsmedien und Installationsschlüssel aller Anwendungen verfügen, die nach dem Upgrade auf Windows 8 ggf. weiterbenutzt werden müssen. Laden Sie vor dem Upgrade nach Möglichkeit bereits die Windows 8-Treiber für im System nachträglich eingebaute Hardware oder angeschlossene Geräte aus dem Internet und brennen Sie das Ganze auf eine CD oder DVD (bzw. kopieren es auf einen USB-Memory-Stick).

32.1.2 Neuinstallation auf einem Rechner ohne Betriebssystem

Um Windows 8 auf einem System ohne vorhandenes Betriebssystem zu installieren, schalten Sie den Rechner ein, legen Sie die Installations-DVD in das Laufwerk ein und stellen Sie sicher, dass die BIOS-Einstellungen das Booten vom DVD-/BD-Laufwerk unterstützen. Danach führen Sie folgende Schritte aus.

1. Starten Sie den Computer neu. Während des Bootvorgangs werden Sie u.U. aufgefordert, eine Taste zu drücken, um von der DVD zu booten und um das Setup auszuführen. Sobald Sie dies bestätigen, lädt das Setup-Programm das Basissystem vom Installationsmedium.
2. Sobald das Dialogfeld aus Bild 32.1, unten, erscheint, wählen Sie die gewünschte Installationssprache, das Format zur Anzeige von Uhrzeit und Datum sowie das Tastaturlayout und klicken auf die *Weiter*-Schaltfläche.
3. Im Dialogfeld aus Bild 32.1, oben rechts, klicken Sie auf die Schaltfläche *Jetzt installieren*.
4. Tragen Sie im nachfolgend gezeigten Dialogfeld den Product Key ein und bestätigen Sie mit der *Weiter*-Schaltfläche.

Bild 32.1: Auswahl der Installationssprache und Zeitformate beim Setup

HINWEIS

Im Gegensatz zu Windows 7 lässt sich Windows 8 nur mit einem gültigen Product Key installieren. Dieser Schlüssel bestimmt auch, ob Windows 8 oder Windows 8 Pro installiert wird. Verwenden Sie eine Windows 8 Enterprise-SKU zur Installation, wird der Product Key ggf. nicht abgefragt. Ohne gültigen Schlüssel lässt sich eine Enterprise-Version nicht aktivieren und wird in einen funktional reduzierten Modus versetzt, bei dem alle paar Stunden die Aufforderung zur Aktivierung angezeigt wird.

Sofern Sie eine Windows 8 Enterprise-Installation aktivieren möchten, öffnen Sie eine Eingabeaufforderung mit administrativen Berechtigungen und geben den Befehl *slmgr.vbs -ipk <product key>* ein, wobei *<product key>* für den Produktschlüssel steht. Sobald der Produktschlüssel eingetragen wurde, ist der Befehl *slmgr.vbs –ato* im Fenster der Eingabeaufforderung auszuführen, um die betreffende Installation zu aktivieren.

5. Erscheint das Dialogfeld zur Anerkennung der Lizenzbedingungen, lesen Sie sich diese durch. Anschließend markieren Sie das Kontrollkästchen *Ich akzeptiere die Lizenzbedingungen* und klicken auf die *Weiter*-Schaltfläche.

6. Das Setup-Programm zeigt dann das Dialogfeld *Wählen Sie eine Installationsart aus* (Bild 32.2, Mitte links), in dem Sie die Installationsart durch Anklicken der Option *Benutzerdefiniert: nur Windows installieren* ... auswählen.

Die Upgrade-Option zeigt eine Aufforderung, das Bootmedium zu entfernen und das System mit dem vorhandenen Windows neu zu starten. Zum Upgrade muss das Setup-Programm aus der laufenden Windows-Version heraus aufgerufen werden. Bei einer Neuinstallation lässt sich nur die benutzerdefinierte Variante auswählen.

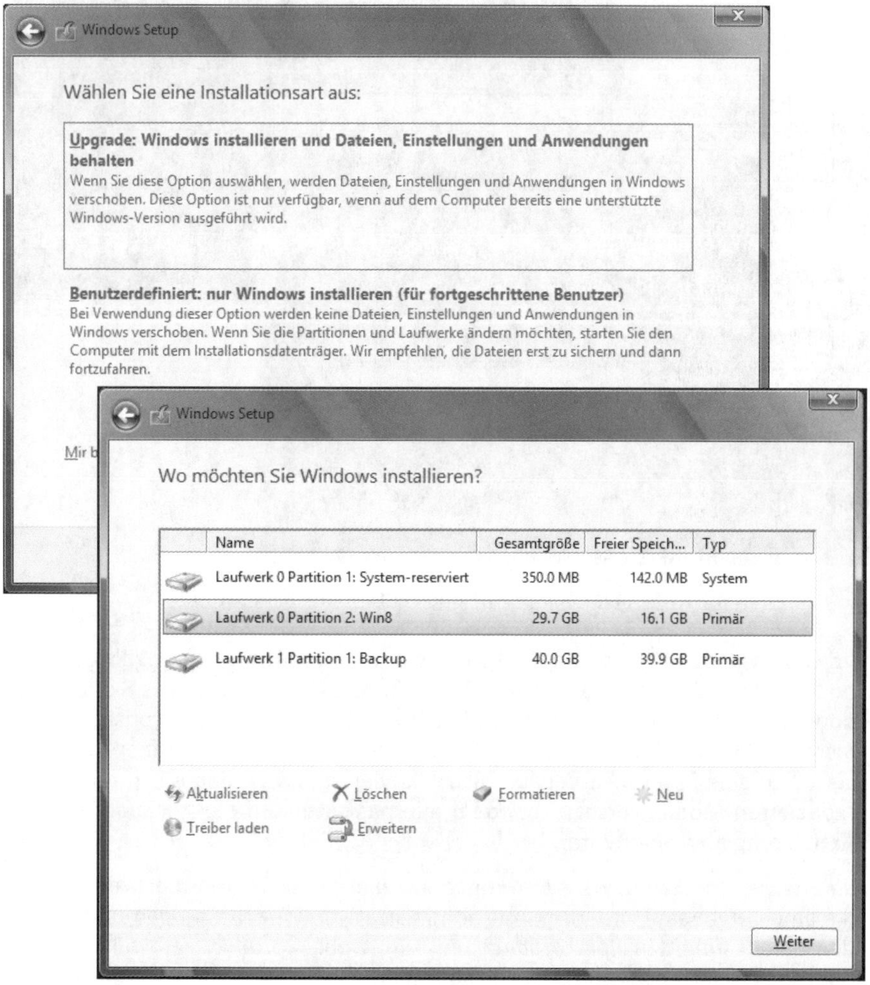

Bild 32.2: Installation starten und Installationsoptionen wählen

7. Das Setup-Programm zeigt dann das Dialogfeld zur Auswahl des Installationsziels (Bild 32.2, unten rechts), in dem Sie die Partition zur Installation und ggf. weitere Optionen auswählen müssen.

Bei einer Neuinstallation bzw. benutzerdefinierten Installation benötigt das Setup-Programm die Angabe, auf welcher Partition das Betriebssystem zu installieren ist. Wichtig ist dabei, dass die gewählte Partition genügend freie Kapazität zur Installation aufweist. Bei einer vorhandenen Installation reicht der freie Speicherplatz oft nicht aus, um die temporär zu kopierenden Installationsdateien zwischenzuspeichern. Das Setup belässt nämlich in der Regel die alten Dateien auf der Partition und benennt das Windows-Verzeichnis in *Windows.old* um.

Verfügt die Festplatte nicht mehr über genügend freie Kapazität, können Sie über den am unteren Dialogfeldrand eingeblendeten Hyperlink die in Bild 32.2, unten rechts, sichtbaren Schaltflächen (z.B. *Erweitern, Neu, Löschen, Formatieren*) einblenden und Partitionen löschen, formatieren und neu zuweisen. Sofern die Partitionen bereits Daten enthalten, verzichten Sie auf die Formatierung, da diese Daten ansonsten verloren gehen.

HINWEIS

Bei Bedarf können Sie über eine Schaltfläche noch spezielle Treiber (z.B. die SATA2-Treiber des Motherboard-Herstellers) für die Festplatte von einem USB-Stick oder einer separaten CD nachladen.

Sind mehrere Partitionen vorhanden, können Sie einen der angebotenen Einträge wählen. Falls Sie Windows 8 auf einem System mit bestehendem Betriebssystem oder vorhandener Datenpartition installieren, achten Sie darauf, dass Sie nicht irrtümlich die falsche Partition auswählen. Windows 8 lässt sich z.B. auf einer getrennten Partition parallel zu Windows 7 oder Windows Vista installieren.

Bei der Installation auf einer leeren Festplatte legt das Setup-Programm automatisch eine Systempartition »System-reserviert« an (in Bild 32.2, unten rechts, der Datenträger 0). Bei Windows 8 beträgt die Größe 350 MByte, während eine von Windows 7 angelegte Partition 100 MByte umfasst. Diese Partition nimmt die Windows-Startdateien und den Boot-Manager auf und wird bei einer Verschlüsselung des Systemlaufwerks durch BitLocker benötigt. Installieren Sie Windows 8 dagegen im Dualboot-Modus auf einem System mit einem vorhandenen Betriebssystem, tauscht das Setup-Programm lediglich den Boot-Manager auf dem aktiven Bootlaufwerk aus und speichert dort auch seine Startdateien.

Sobald das Dialogfeld zur Auswahl des Installationsziels über die *Weiter*-Schaltfläche verlassen wird, beginnt das Setup mit dem Kopieren der Dateien und der Installation des Betriebssystems. Der Vorgang wird durch eine Fortschrittsanzeige signalisiert (Bild 32.3). Warten Sie, bis alle Schritte durchlaufen wurden und das System neu startet. Anschließend können Sie die im folgenden Abschnitt beschriebenen Schritte zum Einrichten des Systems durchführen.

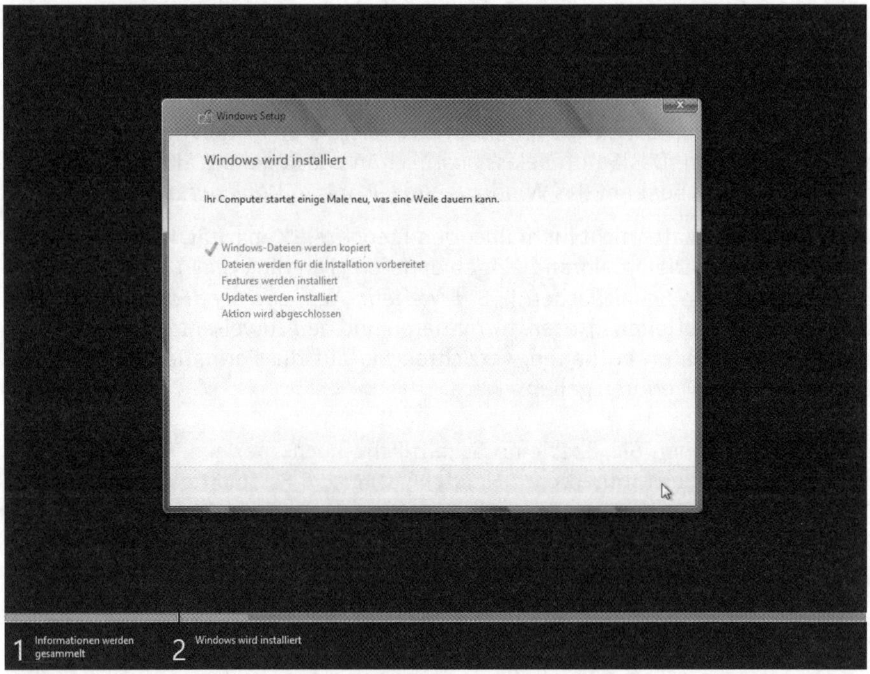

Bild 32.3: Anzeige des Installationsablaufs

32.1.3 Personalisierung des Systems beim Setup

Sobald die Windows-Dateien kopiert und das System neu gestartet wurde, richtet das Setup die Geräte ein (wird auf dem Bildschirm angezeigt). Anschließend leitet das Setupprogramm die Schritte zum Personalisieren des Systems ein. Dabei werden der Netzwerkname für den Rechner sowie ein Benutzerkonto festgelegt.

- Geben Sie in der ersten Seite (Bild 32.4) einen bis zu 15 Zeichen langen (NetBIOS-)Namen für den Rechner ein. Unter diesem Namen taucht der Windows 8-Rechner zukünftig im Netzwerk auf.
- Bei Bedarf lässt sich auf der Seite (Bild 32.4) noch auf eine der Farbkombinationen in der angezeigten Palette klicken, um die Hintergrundfarbe für die Startseite und die Seitenleisten festzulegen. Anschließend verwenden Sie die *Weiter*-Schaltfläche zum Wechseln zur nächsten Seite.

Der Folgeschritt hängt von der Hardwareumgebung ab. Windows setzt eine Internetverbindung voraus, um ein Benutzerkonto mit einem Live-ID-Konto zu verknüpfen. Findet das Setupprogramm einen WLAN-Adapter, erscheint die Seite aus Bild 32.5.

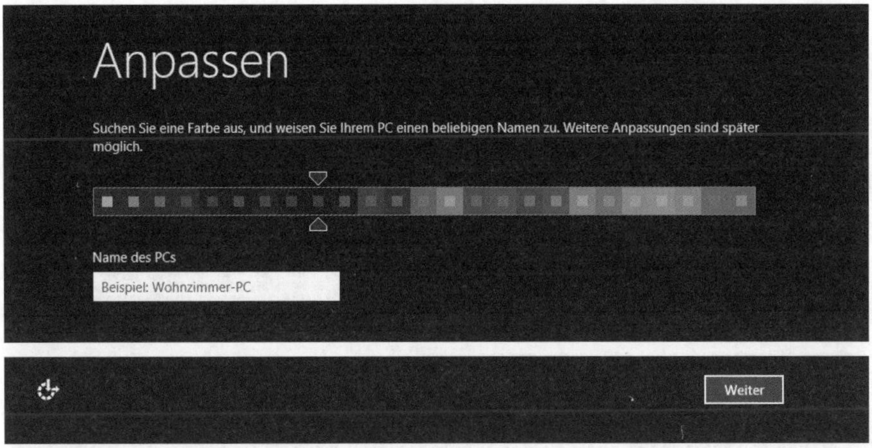

Bild 32.4: Rechnername und Hintergrundfarbe festlegen

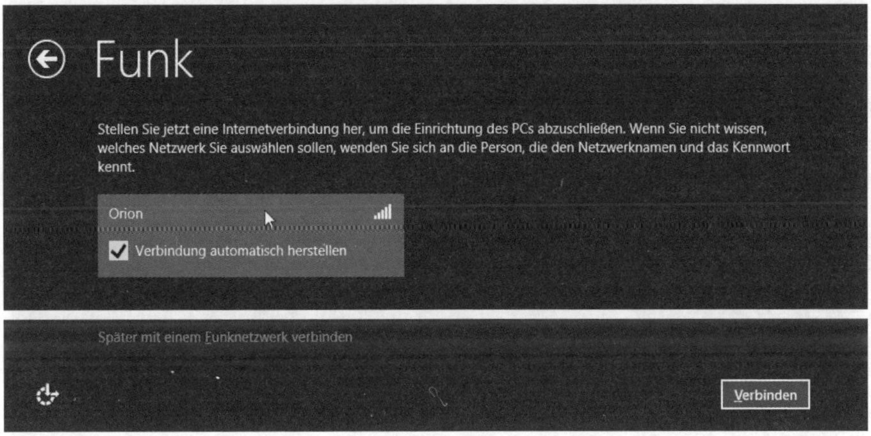

Bild 32.5: Verbindung mit einem WLAN herstellen

Klicken Sie in diesem Fall auf das gewünschte Funknetzwerk und stellen Sie sicher, dass das Kontrollkästchen *Verbindung automatisch herstellen* markiert ist. Wenn Sie anschließend auf die *Verbinden*-Schaltfläche klicken, gelangen Sie zu einer Seite zur Eingabe des Verbindungsschlüssels (Bild 32.6). Tippen Sie den Verbindungsschlüssel (WPA2-Key) in das betreffende Textfeld ein und bestätigen Sie erneut die *Verbinden*-Schaltfläche. Das Setupprogramm versucht dann, eine Verbindung mit dem WLAN-Router herzustellen und eine Verbindung einzurichten. Gelingt dies, geht es zur Seite mit dem Express-Setup (Bild 32.7). Bei einem System mit LAN-Anschluss gelangt der Benutzer direkt zur Seite *Einstellungen*.

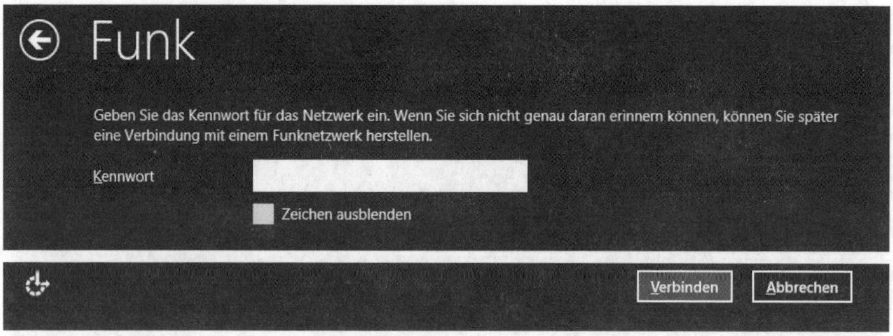

Bild 32.6: Eingabe des WLAN-Zugangsschlüssels

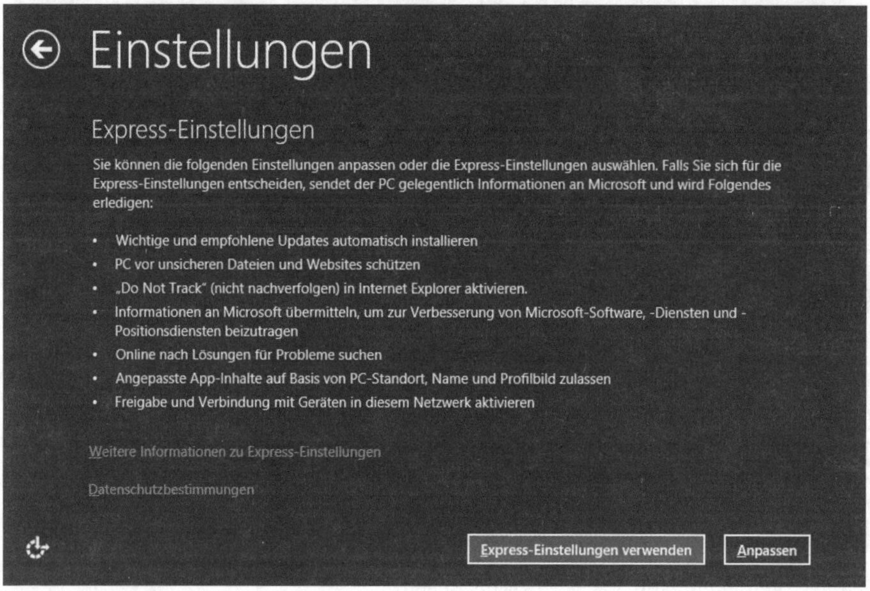

Bild 32.7: Setup-Seite »Einstellungen«

Auf der Seite *Einstellungen* (Bild 32.7) lässt sich die Schaltfläche *Express-Einstellungen verwenden* anwählen. Dann arbeitet das Setupprogramm mit Vorgabewerten. Alternativ kann der Benutzer die Schaltfläche *Anpassen* verwenden und dann in den Folgeseiten die Einstelloptionen individuell setzen. Dann lassen sich in den individuellen Einstellungen Freigaben von Ordnern und Geräten im Netzwerk aktivieren oder sperren (Bild 32.8, oben).

Eine weitere Seite dient dem Festlegen der Update-Optionen (Bild 32.8, unten). Die dritte Seite ermöglicht Festlegungen, welche Daten an Microsoft übertragen und welche Dienste genutzt werden dürfen. In der vierten Einstellungsseite legen Sie fest, ob online nach Problemlösungen gesucht werden soll und ob Apps den Standort, den Benutzernamen und gegebenenfalls ein Profilbild übertragen dürfen.

In weiteren Schritten gilt es dann, ein Benutzerkonto für Windows 8 einzurichten. Dieses verfügt über administrative Berechtigungen und wird zum Verwalten des Systems benötigt.

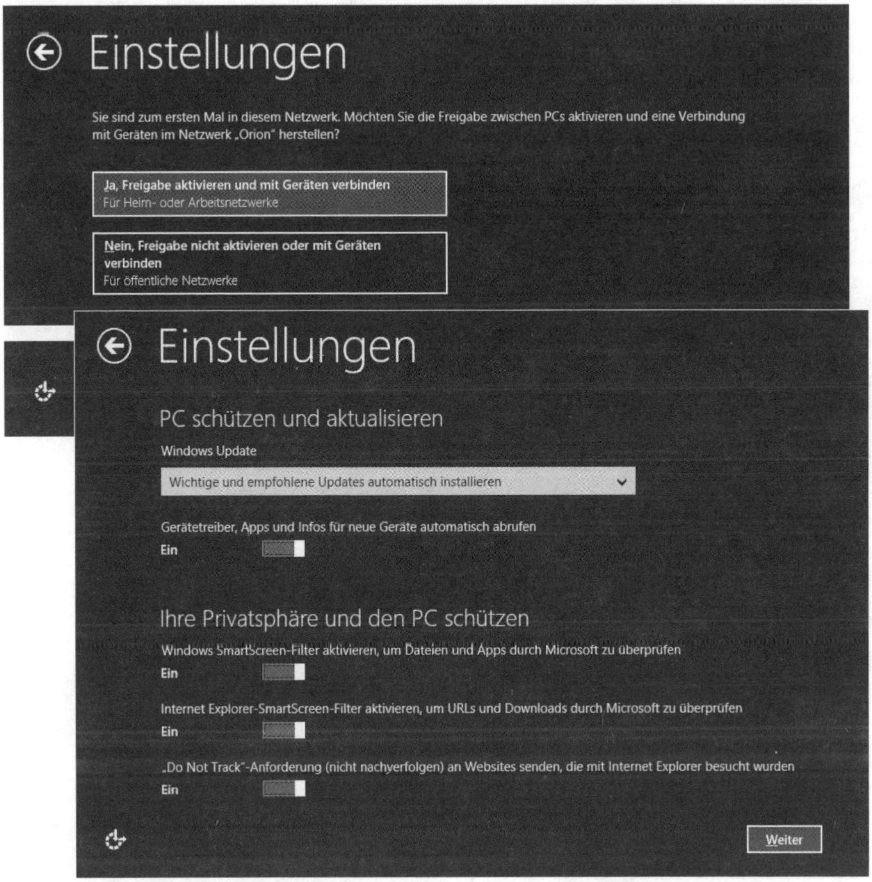

Bild 32.8: Einstellungen individuell festlegen

Ein Benutzerkonto für das neu eingerichtete Windows 8 lässt sich mittels einer Formularseite definieren (Bild 32.9). Windows 8 weist gegenüber früheren Windows-Varianten eine Besonderheit auf. Ein Benutzerkonto kann lokal eingerichtet werden. Windows 8 unterstützt unter dem Begriff »Microsoft-Konto« aber auch ein Live-ID-Konto zur Benutzeranmeldung.

> HINWEIS
>
> Ein Microsoft-Konto bietet die Möglichkeit, dort die Benutzerkonfiguration zu speichern. Dann lassen sich unterschiedliche Windows 8-Rechner über dieses Konto synchronisieren. Persönlich bin ich zwischenzeitlich (auch aus Gründen der Vereinfachung) aber dazu übergegangen, beim Setup ein lokales Benutzerkonto zur Windows 8-Administration einzurichten. Dieses kann ich bei Bedarf später mit einem Microsoft-Konto verbinden oder auf diesen Kontentyp umstellen.

Tragen Sie in der Seite aus Bild 32.9, oben, die E-Mail-Adresse des Live-ID-Kontos ein, falls das Benutzerkonto damit verbunden werden soll. In einer Folgeseite wird dann das Kennwort des Live-ID-Kontos abgefragt. In einer dritten Seite gibt Microsoft Ihnen die Möglichkeit, eine Sicherheitsüberprüfungsinfo festzulegen (siehe auch *Kapitel 29*). Um beim Verlust eines Anmeldekennworts den Rechner entsperren zu können, lässt sich auf der Seite *Sicherheitsüberprüfungsinfo* eine Mobilfunknummer eintragen. An diese Nummer wird ein Kennwort übermittelt, wenn der Benutzer dieses vergessen hat. Wer keine Telefonnummer angeben möchte, kann diese Seite über die *Weiter*-Schaltfläche überspringen.

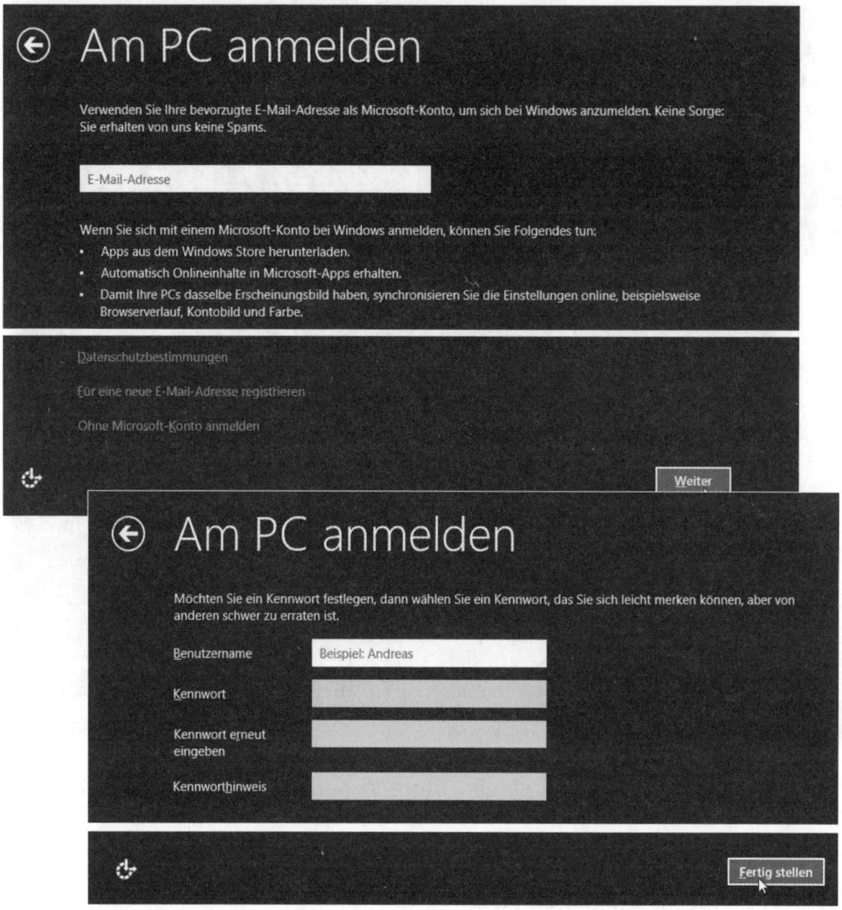

Bild 32.9: Benutzerkonto einrichten

Klickt der Benutzer auf die *Weiter*-Schaltfläche, versucht Windows 8 eine Live-ID-Anmeldung und ordnet den Rechner dem Live-ID-Konto zu. In diesem Fall wird von Microsoft eine Bestätigungsmail an die angegebene E-Mail-Adresse geschickt. Diese Mail enthält einen Link, mit dem der Rechner als Bestandteil des Live-ID-Kontos zu bestätigen ist. Erst dann wird die Windows 8-Installation als vertrauenswürdig eingestuft.

Fehlt die Internetverbindung oder verwenden Sie den in der unteren linken Ecke eingeblendeten Hyperlink *Ohne Microsoft-Konto anmelden* (Bild 32.9, oben), erscheint die Seite, in der Sie eine Schaltfläche *Lokales Konto* anwählen. In der dann angezeigten Formularseite (Bild 32.9, unten rechts) tragen Sie die Daten in ein lokales Benutzerkonto (Benutzername, das gewünschte Kennwort und ein Kennworthinweis) ein. Nach dem Einrichten des Benutzerkontos ist die Installation abgeschlossen und Windows wird fertig eingerichtet. Während dieser Zeit wird auf dem Bildschirm eine Animation mit ersten Lernschritten zur Bedienung eingeblendet. Anschließend gelangen Sie zum Startbildschirm von Windows 8.

32.2 Weitere, spezielle Installationsvarianten

Neben der auf den vorhergehenden Seiten erläuterten Installation auf einem neuen Rechner gibt es auch die Möglichkeit, Windows 8 als Upgrade zu einem vorhandenen Windows oder auf einer separaten Partition oder in einer virtuellen Festplatte zu installieren. Nachfolgend möchte ich auf einige spezielle Fragen rund um spezielle Installationsvarianten eingehen.

32.2.1 System auf Windows 8 aktualisieren

Sofern ein upgradefähiges Windows XP/Vista/7 auf Ihrem Rechner installiert ist und dieser die Hardwareanforderungen von Windows 8 erfüllt (siehe vorhergehende Abschnitte), können Sie das System auch direkt auf Windows 8 aktualisieren.

Bild 32.10: Upgrade-Schritt 1

1. Starten Sie den Rechner mit der betreffenden Windows-Installation, melden Sie sich an und legen Sie die Windows 8-Installations-DVD in das DVD-Laufwerk ein.
2. Falls das Setup über die Autostart-Funktion nicht automatisch aufgerufen wird, öffnen Sie das Ordnerfenster *Arbeitsplatz* bzw. *Computer*, wählen das

DVD-Laufwerk an und starten das Setup-Programm von der Installations-DVD mit einem Doppelklick.

3. Anschließend befolgen Sie die Anweisungen des Installationsassistenten und führen Sie danach die im vorhergehenden Abschnitt beschriebenen Schritte zur Installation aus.

Beim Upgrade fragt ein Assistent, ob die neuesten Updates gleich aus dem Internet zu laden sind (Bild 32.10). Stimmen Sie diesem ggf. zu und warten, bis der Download abgeschlossen ist. Dann ist in einem weiteren Dialogfeld der passende Product Key einzutragen. Dieser Produktschlüssel kann sich auf eine Vollversion oder auf eine Upgrade-Version beziehen, muss aber zum System passen. Der Schlüssel entscheidet, ob Windows 8 oder Windows 8 Pro installiert wird.

ACHTUNG

Bei Upgrades prüft das Setup, ob eine upgradefähige Windows-Installation vorliegt (wobei auch ein Windows 8 Consumer Preview oder Release Preview akzeptiert wird). Als Benutzer sind Sie verantwortlich, dass bei Upgrades vorher eine legale Windows-Version installiert war. Nach dem Upgrade darf die vorher installierte Windows-Version nicht mehr verwendet werden.

In einem weiteren Dialogfeld werden Sie zur Anerkennung der Lizenzbedingungen aufgefordert. Bestätigen Sie dies durch Markieren des betreffenden Kontrollkästchens.

Dann legen Sie über ein Optionsfeld fest (Bild 32.11, oben), ob Daten behalten werden sollen oder ob die Partition gelöscht werden darf. Bemerkt der Installationsassistent Probleme, die eine Installation verhindern, wird dies in einem Dialogfeld mit Vorschlägen zur Behebung der Ursache angezeigt (Bild 32.11, Mitte).

Anschließend beginnt das Setup mit dem Kopieren der Dateien (Bild 32.11, unten). Warten Sie, bis die Schritte abgeschlossen sind, und befolgen Sie ggf. die vom Setup-Programm erteilten Anweisungen. Der Rechner wird nach dem Kopieren der Dateien neu gestartet und dann werden im ersten Abschnitt dieses Kapitels die beschriebenen Schritte zum Einrichten des Betriebssystems durchgeführt.

HINWEIS

Geht etwas beim Upgrade schief, kann der Setup-Assistent in vielen Fällen eine Wiederherstellung der vorherigen Windows-Version durchführen. Sie werden dann in einer entsprechenden Bildschirmanzeige über diesen Vorgang informiert.

Microsoft hat auch einen Web-Installer für Windows-Upgrades angekündigt. Während ich den Installer in Vorabversionen testen konnte, stand dieser für die endgültige Version von Windows 8, zumindest beim Schreiben des Manuskripts, nicht zur Verfügung. Sofern Ihnen ein solcher Web-Setup-Assistent zur Verfügung steht, muss dieser unter einem Administratorkonto gestartet werden. Der Assistent prüft das System auf Kompatibilität und lädt dann die benötigten Setup-Dateien aus dem Internet herunter. Im Anschluss bietet der Assistent die Möglichkeit an, die Setup-Dateien auf einen USB-Stick zu speichern oder auf eine DVD zu brennen.

Bild 32.11: Weitere Upgrade-Schritte

32.2.2 Windows 8 im Dualboot-Modus installieren

Sie können neben Windows 8 auch Versionen von Windows 7, Windows Vista oder Windows XP auf der Festplatte halten. Sie sollten lediglich Folgendes beherzigen.

- Sorgen Sie dafür, dass die älteren Betriebssysteme bereits funktionsfähig auf dem Rechner installiert sind.
- Wichtig ist, dass für Windows 8 eine eigene Partition in ausreichender Größe auf der Festplatte vorhanden ist.
- Der Rechner ist von der Setup-DVD zu booten und im Setup ist die Installationsart *Benutzerdefiniert* zu wählen. Bei der Auswahl des Installationsziels ist eine Partition vorzugeben, auf der noch kein Windows installiert ist.

Nachdem Windows 8 über die auf den vorhergehenden Seiten beschriebenen Installationsschritte eingerichtet wurde, erscheint beim Booten des Systems ein Bootmenü, über das Sie dann die gewünschte Betriebssystemversion auswählen können. In *Kapitel 31* binden Sie einige Hinweise, wie das Bootmenü mit Bordmitteln angepasst werden kann.

HINWEIS

Windows 8 ersetzt bei der Installation den Boot-Lader älterer Windows-Versionen und verwendet beim Systemstart den neuen Boot-Lader *BootMgr*. Die Verwaltung der Boot-Einträge erfolgt über eine BCD-Datenbank, die sich mit Tools wie EasyBCD (`http://neosmart.net/dl.php?id=1` [w8-k32-003]) einsehen und anpassen lässt.

32.2.3 Windows 8 zur Installation vom USB-Stick vorbereiten

Sofern Sie Windows 8 auf einem Netbook oder einem Tablet-PC installieren möchten, ist in vielen Fällen kein DVD-Laufwerk vorhanden. Dann bleibt nur die Installation von einem USB-Stick. Laden Sie sich das Windows 7 USB DVD Download Tool aus dem Microsoft-Store (`http://emea.microsoftstore.com/DE/de-DE/Service-Center/Windows-7-USB-DVD-Download-Tool` [w8-k32-004]) herunter und installieren Sie das Programm unter Windows 7 oder älteren Versionen.

Um die Windows 8-Installationsdateien auf einen (mindestens 4 Gbyte großen) USB-Stick zu übertragen, gehen Sie folgendermaßen vor:

1. Rufen Sie das Windows 7 USB DVD Download Tool nach dessen Installation über das eingerichtete Desktopsymbol auf und bestätigen Sie die Sicherheitsabfrage der Benutzerkontensteuerung.
2. Anschließend legen Sie in den vom Programm angezeigten Dialogfeldern (Bild 32.12) die Optionen zum Erzeugen des USB-Sticks fest.

Wählen Sie im ersten Dialogfeld die *.iso*-Datei mit dem Abbild der Windows 8-Installationsdateien aus (Bild 32.12, unten) und klicken Sie auf die *Weiter*-Schaltfläche. In weiteren Dialogfeldern können Sie die Option *USB-Gerät* (Bild 32.12, Mitte) und dann das Laufwerk mit dem USB-Stick (Bild 32.12, oben) wählen. Das Kopieren lässt sich anhand einer Fortschrittsanzeige verfolgen. Läuft der Vorgang erfolgreich ab, können Sie das Programm beenden und den USB-Stick über den Kontextmenübefehl *Auswerfen* des Laufwerks trennen. Danach lässt sich prüfen, ob der USB-Stick auf dem gewünschten Rechner bootfähig ist.

HINWEIS

Besitzen Sie Windows 8 nur auf DVD? Zum Erstellen einer ISO-Datei mit dem Abbild der Windows 8-Installations-DVD können Sie das Programm *ImgBurn* (Download unter `http://www.imgburn.com` [w8-k32-005]) verwenden.

ACHTUNG

Bei Systemen mit UEFI statt BIOS klappt der obige Ansatz nicht. Hier hilft nur, einen USB-Stick mit den Installationsdateien selbst zu erstellen. Den benötigten Ansatz habe ich in meinem Blog unter `http://www.borncity.com/blog/2012/07/26/windows-7-installation-per-usb-stick-auf-efi-systemen/` [w8-k32-007] exemplarisch für Windows 7 beschrieben. Die Hinweise gelten auch für Windows 8.

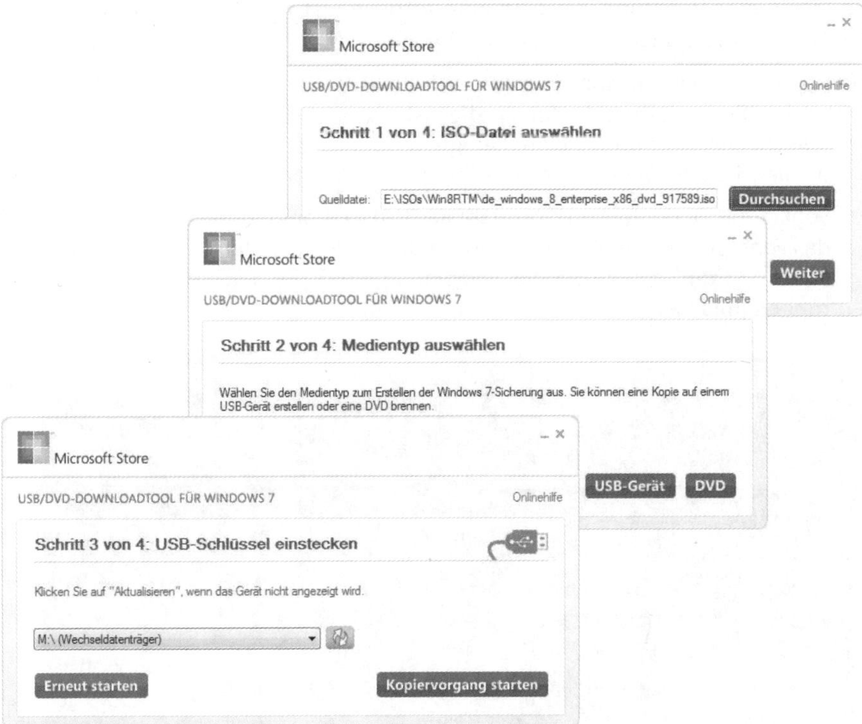

Bild 32.12: Dialogfelder zum Erstellen eines Installations-USB-Sticks

32.2.4 Installation auf einer virtuellen Festplatte

Statt Windows 8 auf eine eigene Partition zu installieren, lässt sich auch eine virtuelle Festplatte in Form einer *.vhd*-Datei als Installationsziel verwenden. Solche virtuellen Laufwerke lassen sich mittels der Datenträgerverwaltung (erreichbar über die Computerverwaltung) unter Windows 7 oder Windows 8 einrichten. Die Laufwerke werden dabei als *.vhd*-Dateien auf einem vorhandenen Laufwerk gespeichert.

Alternativ könne Sie auch während der Windows 8-Installation das Kommandozeilenprogramm *diskpart* zum Erzeugen von *.vhd*-Disks und zum Einbinden in das Windows-Dateisystem verwenden. Die Installation auf einer virtuellen Disk hat den Vorteil, dass keine Neupartitionierung der Festplatte erforderlich ist – Sie benötigen lediglich ein NTFS-Laufwerk mit genügend großer Kapazität, um die *.vhd*-Datei zu speichern.

ACHTUNG

Der VHD-Boot wird nur von Windows 8 Pro und Windows 8 Enterprise, nicht jedoch von Windows 8 bzw. Windows RT unterstützt. Hintergrundinformationen zu virtuellen Laufwerken und Angaben zu Einschränkungen bei *.vhd*-Laufwerken finden Sie auf der Internetseite `http://technet.microsoft.com/de-de/library/dd440865%28WS.10%29.aspx` [w8-k32-006]. Dort sind auch einige Einschränkungen beschrieben, die mit der Verwendung von *.vhd*-Laufwerken als Installationsziel einhergehen.

Zur Installation von Windows 8 auf eine virtuelle Festplatte können Sie in folgenden Schritten vorgehen:

1. Booten Sie den Rechner mit dem Windows 8-Installationsdatenträger (DVD oder USB-Stick). Durchlaufen Sie die Installationsschritte, z. B. zur Auswahl der Sprache, bis Sie zum Auswahldialogfeld für die Installationsart gelangen, und wählen Sie dort die »Benutzerdefinierte Installation«.
2. Sobald das Dialogfeld zur Auswahl des Installationsziels erscheint, öffnen Sie das Fenster der Eingabeaufforderung durch Drücken der Tastenkombination ⇧+F10 und binden Sie die *.vhd*-Datei gemäß den nachfolgenden Erläuterungen (Bild 32.13) ein.

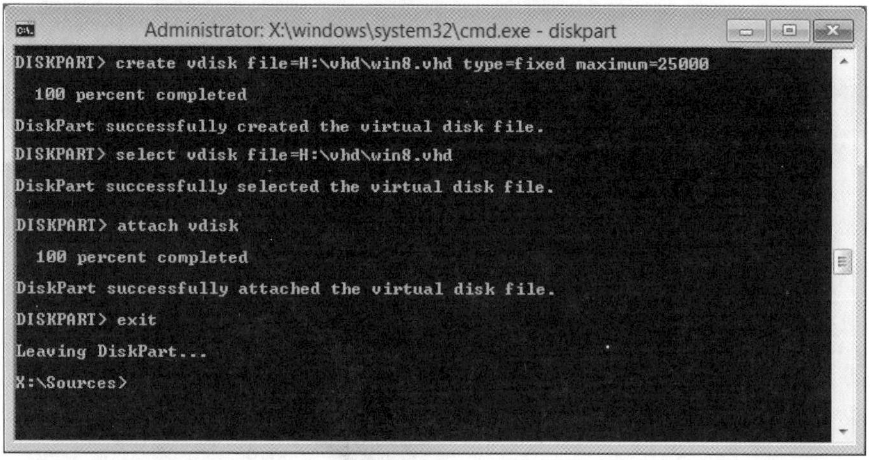

Bild 32.13: Anlegen und Einbinden einer .vhd-Datei

Das Einbinden einer bestehenden oder das Anlegen einer neuen *.vhd*-Datei lässt sich mit dem Programm *diskpart* (auch während des Setups) durchführen. Öffnen Sie hierzu beim Windows-Setup das Fenster der Eingabeaufforderung. Zum Einbinden einer existierenden *.vhd*-Datei (beispielsweise mit dem Namen *win8.vhd* im Ordner *E:\vhd*) während des Installationsvorgangs geben Sie folgende Befehle im Fenster der Eingabeaufforderung ein:

```
diskpart
select vdisk file=E:\vhd\win8.vhd
attach vdisk
exit
```

Falls noch keine *.vhd*-Datei auf einem NTFS-Datenträger existiert, können Sie diese direkt in *diskpart* mit folgender Befehlssequenz in der Eingabeaufforderung erstellen:

```
diskpart
create vdisk file=E:\vhd\win8.vhd type=fixed maximum=25000
select vdisk file=E:\vhd\win8.vhd
attach vdisk
exit
```

Der zweite Befehl erzeugt eine virtuelle, leere Festplatte mit einer festen Kapazität von 25 Gbyte auf dem angegebenen Laufwerk im vorgegebenen Pfad (wobei die Angabe *type=fixed* auch entfallen kann, da diese Option voreingestellt ist). Sie können alternativ die Option *type=expandable* verwenden, damit die virtuelle Disk dynamisch erweiterbar ist. Voraussetzung zum Anlegen der virtuellen Disk ist, dass das oben angegebene Verzeichnis *\vhd* bereits auf dem logischen Laufwerk *E:* existiert.

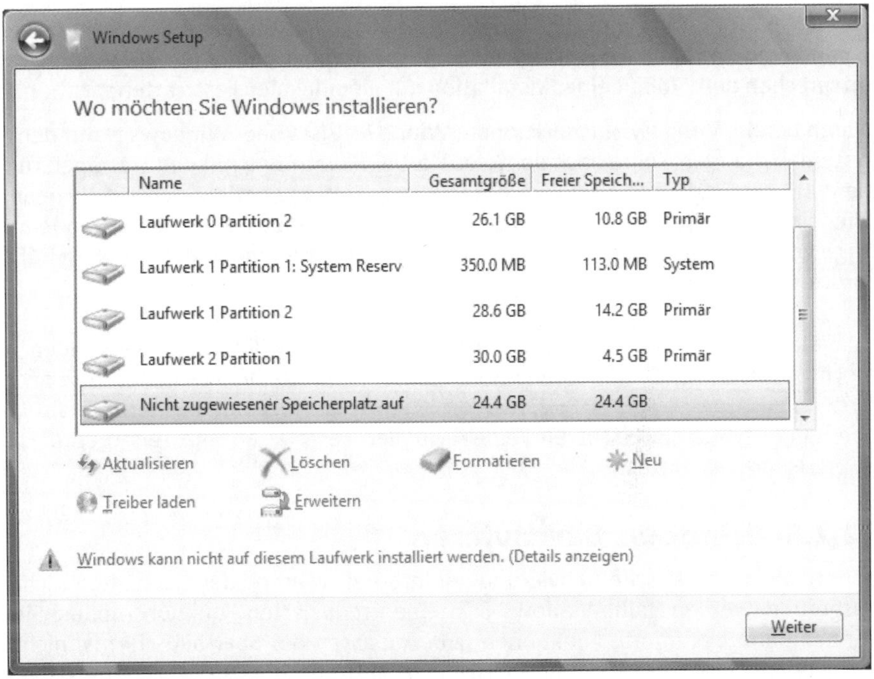

Bild 32.14: Auswahl einer (virtuellen) Festplatte als Installationsziel

Existiert eine virtuelle Festplatte und ist diese eingebunden, setzen Sie die Windows 8-Installation mit folgenden Schritten fort:

3. Schließen Sie das Fenster der Eingabeaufforderung und klicken Sie im Dialogfeld des Installationsassistenten auf die Schaltfläche *Aktualisieren* bzw. *Refresh* (Bild 32.14). Dann sollte das neu angelegte bzw. eingebundene virtuelle Laufwerk in der Datenträgerliste auftauchen.
4. Markieren Sie das virtuelle Laufwerk (das genügend Kapazität zur Installation aufweisen sollte) und klicken Sie auf die *Weiter*-Schaltfläche, um die weiteren Installationsschritte zu durchlaufen.

Falls Sie mehrere unpartitionierte Bereiche auf der Festplatte vorliegen haben, lässt sich das erzeugte virtuelle Laufwerk nur über seine Datenträgernummer identifizieren. Verschieben Sie gegebenenfalls die Spaltentrenner per Maus, um die Datenträgernummer lesen zu können. Achten Sie darauf, den richten Eintrag zur Installation zu markieren.

HINWEIS

In Bild 32.14 meldet Setup, dass das gewählte Laufwerk nicht zur Installation geeignet sei. Ursache für den Hinweis ist, dass das Windows-Setup untersucht, ob das Booten von diesem Medium vom BIOS unterstützt wird. Im konkreten Fall hatte ich die Installation in einer virtuellen Maschine getestet und die Installation trotz der Warnung über die *Weiter*-Schaltfläche angestoßen. Eine solche Fehlermeldung kenne ich auch von realen Maschinen. In allen Umgebungen konnte ich Windows 8 trotzdem einwandfrei aus der *.vhd*-Datei booten.

Das Setup-Programm wird die Dateien zum virtuellen Laufwerk kopieren, diese expandieren und auch die Einträge in der BCD-Datenbank einfügen. Diese Schritte entsprechen dem Ablauf einer Installation auf einer lokalen Festplattenpartition.

Waren bereits Windows-Installationen (Windows Vista oder Windows 7) auf dem System vorhanden, sollte nach dem Neustart ein Bootmenü mit den Einträgen für die Windows-Varianten erscheinen. Einer dieser Einträge bezieht sich auf die neue Windows 8-Installation im virtuellen Laufwerk. Zum Anpassen der Bootmenüeinträge verwenden Sie die Hinweise in *Kapitel 31* oder greifen auf das Tool EasyBCD zurück.

ACHTUNG

Falls Sie das Programm EasyBCD zum Anpassen des Bootmenüs verwenden möchten, achten Sie darauf, mindestens die Version 2.0.1 von der Internetseite `http://neosmart.net/dl.php?id=1` [w8-k32-003] herunterzuladen. Ältere Versionen von EasyBCD unterstützen keine virtuellen Festplatten und zerstören die BCD-Datenbank.

32.2.5 Windows 8 aktivieren

Konnte die automatische Aktivierung per Internet während der Installation nicht ausgeführt werden, fällt Windows 8 in einen reduzierten Funktionsmodus. Sie können dann bestimmte Funktionen (z.B. Anpassen des Sperrbildschirms) nicht verwenden. Zudem erscheint periodisch eine Aufforderung zur Aktivierung. Über eine Schaltfläche werden Sie zur passenden Kategorie in der Seite *PC-Einstellungen* geleitet. Bei bestehender Internetverbindung lässt sich dann die Aktivierung über eine angezeigte Schaltfläche nachholen.

Windows 8 komplett

Teil 5 Anhang

A Hilfreiche Webseiten

Hilfreiche Informationen zu Windows 8 finden sich auf den nachfolgend aufgeführten Webseiten.

Microsoft-Entwicklerblog

In diesem Blog finden sich immer interessante Artikel mit Hintergrundinformationen zur Entwicklung bestimmter Windows 8-Funktionen.

`http://blogs.msdn.com/b/b8/` [w8-koA-001]

Microsoft-Answers-Forum zu Windows 8

Das Forum von Microsoft zu Windows 8 (auch Consumer und Release Preview). Einfach das Wissen der Community bei Problemen nutzen. Ich bin dort auch als Communitymoderator unterwegs.

`http://answers.microsoft.com/de-de/windows/forum/windows_8` [w8-koA-002]

Windows 8-Beiträge in meinem Blog

In den Channels »Windows 8« und »Windows 8 Beta« finden sich Beiträge rund um Windows 8.

`http://www.borncity.com/blog/` [w8-koA-003]

Forum zu Windows 8 bei WinVistaSide.de

Im Unterforum von WinVistaSide.de veröffentlicht einer der Forenbetreiber, André Ziegler, immer wieder nützliche Informationen zu Windows 8 und seinen Funktionen.

`http://www.winvistaside.de/forum/index.php?showforum=19` [w8-koA-004]

Windows 8-Forum bei Dr. Windows

Die Seite wird von Martin Geuß (von Microsoft mit dem MVP-Award ausgezeichnet) betrieben und enthält ein hilfreiches Forum zu Windows 8. Zudem finden sich immer wieder News zu Windows 8 auf der Dr. Windows-Startseite.

`http://www.drwindows.de/windows-8/` [w8-koA-005]

B Windows FAQ

C Windows-Tipps

Index

B

C

D

E

F

G

H

I

J

K

M

N

O

P

R

T

U

V

W

X

Z